AF878063

Systemwechsel zwischen
Projekt und Prozeß

KSPW: Transformationsprozesse

Schriftenreihe der Kommission
für die Erforschung des sozialen und politischen Wandels
in den neuen Bundesländern e.V. (KSPW)

Herausgegeben vom Vorstand der KSPW:
Hans Bertram, Hildegard Maria Nickel,
Oskar Niedermayer, Gisela Trommsdorff

Band 13

Die Veröffentlichungen der Kommission zur Erforschung des sozialen und politischen Wandels in den neuen Bundesländern (KSPW) umfassen folgende drei Reihen:

- Berichte zum sozialen und politischen Wandel in Ostdeutschland
- Beiträge zu den Berichten
- Reihe „Transformationsprozesse“

Systemwechsel zwischen
Projekt und Prozeß

KSPW: Transformationsprozesse

Schriftenreihe der Kommission
für die Erforschung des sozialen und politischen Wandels
in den neuen Bundesländern e.V. (KSPW)

Herausgegeben vom Vorstand der KSPW:
Hans Bertram, Hildegard Maria Nickel,
Oskar Niedermayer, Gisela Trommsdorff

Band 13

Die Veröffentlichungen der Kommission zur Erforschung des sozialen und politischen Wandels in den neuen Bundesländern (KSPW) umfassen folgende drei Reihen:

- Berichte zum sozialen und politischen Wandel in Ostdeutschland
- Beiträge zu den Berichten
- Reihe „Transformationsprozesse“

Hans Bertram,
Wolfgang Kreher,
Irene Müller-Hartmann (Hrsg.)

Systemwechsel zwischen Projekt und Prozeß

Analysen zu den Umbrüchen in Ostdeutschland

Springer Fachmedien Wiesbaden GmbH 1998

ISBN 978-3-8100-1634-8 ISBN 978-3-663-11590-8 (eBook)
DOI 10.1007/978-3-663-11590-8

© 1998 Springer Fachmedien Wiesbaden
Ursprunglich erschienen bei Leske + Budrich, Opladen 1998

Das Werk einschließlich aller seiner Teile ist urheberrechtlich geschützt. Jede Verwertung außerhalb der engen Grenzen des Urheberrechtsgesetzes ist ohne Zustimmung des Verlages unzulassig und strafbar. Das gilt insbesondere fur Vervielfältigungen, Ubersetzungen, Mikroverfilmungen und die Einspeicherung und Verarbeitung in elektronischen Systemen.

Redaktion: Irene Muller-Hartmann, Berlin
Satz, Layout und Grafik-Produktion: Ulrich Schmedes, Halle/Saale

Inhalt

Teil 2
Umbruch sozialer Lagen, deren Erleben und Bewältigung

Editorial

Der vorliegende Band präsentiert ausgewählte Ergebnisse eines Wettbewerbes der Kommission für die Erforschung des sozialen und politischen Wandels in den neuen Bundesländern e. V. (KSPW) zur Publikation von Diplom- und Magisterarbeiten der Sozial- und Wirtschaftswissenschaften.

Die KSPW, Ende 1991 auf Anregung des Wissenschaftsrates als zeitlich begrenzte Initiative gegründet und aus Zuwendungen des Bundesministeriums für Bildung, Wissenschaft, Forschung und Technologie (BMBF) sowie des Bundesministeriums für Arbeit und Sozialordnung (BMA) finanziert, hatte es sich zur Aufgabe gemacht,

- den sozialen und politischen Wandel in den neuen Bundesländern zu erforschen bzw. seine Erforschung zu fördern,
- damit auch die empirischen und theoretischen Grundlagen für politische Handlungsempfehlungen zu verbessern sowie
- angesichts des Umbruchs der Sozialwissenschaften in den neuen Bundesländern das sozialwissenschaftliche Wissenschaftler/innen-Potential und den Nachwuchs dort zu unterstützen.

In einer *ersten Forschungs- und Förderphase (1992)* wurden 176 sogenannte „Kurzstudien“ vergeben (Antrags-Eingänge: rund 1.700), von denen rund 150 Forschungsberichte als Graue Reihe (alte Folge) im Selbstverlag der KSPW veröffentlicht wurden. Die Kurzstudien sollten sozialwissenschaftliche Analysen anregen, das im Umbruch befindliche sozialwissenschaftliche Potential in Ostdeutschland unterstützen sowie empirische Daten der ostdeutschen Sozialwissenschaft sichern helfen. Ausgewählte Forschungsergebnisse der ersten Phase wurden zudem in den Bänden 1-8 der Reihe *„KSPW: Transformationsprozesse“* im Verlag Leske + Budrich vom Vorstand der KSPW herausgegeben.

In der *zweiten Forschungs- und Förderphase* (1993-1994) förderte die KSPW vor allem 60 größere Projekte zum ostdeutschen Transformationsprozeß (Antrags-Eingänge: rund 250), wovon ausgewählte in den Bänden 9-29 der Reihe *„KSPW: Transformationsprozesse“* veröffentlicht wurden.

Die *dritte Forschungs- und Förderphase* macht - über die Arbeit von 6 Berichtsgruppen - die sozialwissenschaftliche Berichterstattung über den Transformationsprozeß zur zentralen Aufgabe der Kommissionstätigkeit. Neben der laufenden Berichterstattung in Publikationen, Konferenzen und Beratungen wurden die Ergebnisse der gesamten Forschungsanstrengungen zu thematischen Berichten zusammengefaßt, deren Konzepte 1993 entwickelt wurde, deren Realisation ab Mitte 1994 begonnen hat und die in sechs *„Berichten zum sozialen und politischen Wandel in Ostdeutschland"* mit den dazugehörigen 28 Bänden mit *„Beiträgen zu den Berichten"* Ende 1996/Anfang 1997 publiziert wurden.

Der vorliegende Band 13 der Reihe *„KSPW: Transformationsprozesse"* ordnet sich in die eingangs genannten Ziele der Kommission ein: Zum einen finden interessierte Leser aus der Wissenschaft, der politischen Administration sowie aus der sozialen und politischen Praxis Materialien, Analysen und anwendungsbezogene Konzeptionen, die für die tägliche Auseinandersetzung mit dem und im Transformationsprozeß genutzt werden können; zum anderen gibt er Sozialwissenschaftlerinnen und Sozialwissenschaftlern - speziell dem wissenschaftlichen Nachwuchs - Gelegenheit, die Ergebnisse ihrer Forschung hier zu präsentieren.

Berlin, im Oktober 1997

Hans Bertram
Vorsitzender des Vorstandes
Kommission für die Erforschung des sozialen und politischen Wandels
in den neuen Bundesländern e. V.

Nachwuchsförderung der KSPW: Das Beispiel „Publikation von Diplom- und Magisterarbeiten der Sozial- und Wirtschaftswissenschaften“

Hans Bertram/Wolfgang Kreher/Irene Müller-Hartmann

Die Kommission für die Erforschung des sozialen und politischen Wandels in den neuen Bundesländern (KSPW) hatte 1995 einen Wettbewerb zur Publikation von Diplom- und Magisterarbeiten der Sozial- und Wirtschaftswissenschaften ausgeschrieben. Sie wollte (gemäß ihrer Satzung) auf diese Weise den wissenschaftlichen Nachwuchs fördern und talentierten jungen Wissenschaftlern die Möglichkeit zur Publikation bieten. Die Arbeiten sollten sich mit Transformationsprozessen in den neuen Bundesländern beschäftigen. Gewünscht waren auch Arbeiten, die Vergleiche zu mittelosteuropäischen Staaten zum Gegenstand hatten. Folgende Themenbereiche waren vorgegeben:

- Arbeit und Beschäftigung im Umbruch;
- Die Entwicklung der sozialen Ungleichheit in den neuen Bundesländern und ihre sozialpolitische Beeinflussung;
- Politische Interessenvermittlung, Kommunal- und Verwaltungspolitik im Transformationsprozeß;
- Individuelle Entwicklung, Sozialisation und Ausbildung im Transformationsprozeß Ostdeutschlands;
- Die lokale und regionale Dimension des politischen und sozialen Wandels in den neuen Bundesländern;
- Die Umwandlung der Arbeits- und Sozialordnung in den neuen Bundesländern.

Angesprochen wurden junge Wissenschaftler, die herausragende Diplom- oder Magisterarbeiten in folgenden Disziplinen angefertigt hatten: Kulturwissenschaft, Pädagogik, Politikwissenschaft, Psychologie, Rechtswissenschaft, Soziologie, Verwaltungswissenschaft, Volks- und Betriebswirtschaftslehre. Bewerben konnten sich junge Wissenschaftler bis zu einem Alter von 33 Jahren, die in den Jahren 1993 bis 1995 an einer Universität oder Hochschule der Bundesrepublik Deutschland eine Diplom- oder Magisterarbeit geschrieben hatten. Die Arbeit mußte mindestens mit „sehr gut“ benotet worden sein. Besonders Bewerber aus den neuen Bundesländern wurden ermutigt, an dem Wettbewerb teilzunehmen.

Durch eine Fachjury wurden 21 Arbeiten zur Publikation ausgewählt, die in stark gekürzter und bearbeiteter Form in diesem Sammelband veröffentlicht werden können.

Dieses ungewöhnliche Kompendium von Diplom- und Magisterarbeiten widerspiegelt, welches große Interesse junge Wissenschaftler an einer Vielzahl von Universitäten und Hochschulen dem sozialen Wandel in Ostdeutschland entgegenbringen. Ob in Berlin, Dresden, Halle und Eichstätt oder in Mannheim, Konstanz, Bremen, Bamberg und Tübingen - überall beteiligen sich junge Wissenschaftler an der Erforschung der Transformationsprozesse in den neuen Bundesländern. Aus der Sicht verschiedenster Wissenschaftsdisziplinen und mit unterschiedlichen Methoden und Themenstellungen bearbeiten sie hochaktuelle Fragestellungen. Zumeist an übergreifenden Forschungsprojekten ihrer Heimatinstitute und -Lehrstühle beteiligt, konnten sie in der Zusammenarbeit mit namhaften Forschern ihre Fähigkeit zur wissenschaftlichen Arbeit unter Beweis stellen. Sowohl für den Kreis der aus den alten Bundesländern kommenden Autoren, als auch für die Autoren aus den neuen Bundesländern mögen mit dem Forschungsgegenstand „Sozialer Wandel in den neuen Bundesländern“ vielfältige neue soziale Erfahrungen verbunden gewesen sein, die zu einem besseren Verständnis der Probleme der Menschen in Ostdeutschland und zu einem unverstellten Blick auf sie geführt haben. Das ist an vielen Arbeiten ablesbar.

Im ersten Teil des Buches werden Arbeiten vorgestellt, die den wirtschaftlichen Wandel in den neuen Bundesländern darstellen. Im zweiten Teil dominiert in den Beiträgen die Beschäftigung mit dem Umbruch sozialer Lagen, dessen Erleben und Bewältigung. Im dritten Teil werden von den Autoren Veränderungen in Politik und Verwaltung behandelt.

Die Autoren widmen sich sehr detailliert den sozialen, politischen und wirtschaftlichen Veränderungen in den neuen Bundesländern, beschreiben und analysieren sie. Sie versuchen, aus der Sicht verschiedenster theoretischer Ansätze den sozialen Wandel zu erklären sowie Schlußfolgerungen für zukünftige Entwicklungen zu ziehen. Mit dieser Deskription und Detailfülle geben sie dem interessierten Leser viele wertvolle Informationen über den konkreten Verlauf der Transformationsprozesse in Ostdeutschland, wie er in anderen wissenschaftlichen Publikationen kaum zu finden ist.

Die Beiträge enthalten ebenso eine Vielzahl konkreter Anregungen und Empfehlungen für politische Entscheidungsprozesse. So analysieren beispielsweise *Jochen Lang*, *Amina Zuk* und *Markus Danwerth* die Wirkungen konkreter Gesetze und Fördermaßnahmen für die wirtschaftliche Entwicklung in den neuen Bundesländern. *Jochen Lang* geht es um eine Evaluierung der Investitionsförderung kleinerer und mittlerer Unternehmen in den neuen Bundesländern, um die Bemühungen der Länder zur Verbesserung ihrer Förderpolitik sowie der Förderinstrumente und um den Nachweis gegenwärtig bestehender förderpolitischer Defizite seitens des Bundes und der Länderregierungen. *Amina Zuk* zeigt die immense Bedeutung ausländischer Investoren für die Integration der ostdeutschen Unternehmen in die Weltwirtschaft auf. *Markus Danwerth* macht sich Gedanken, wie das von Politikern aufgestellte Schlagwort der „Erhaltung industrieller Kerne in den neuen Bundesländern" angesichts aktueller Deindustrialisierungstendenzen mit Leben erfüllt werden kann. Er erörtert industriepolitische Vorschläge zur Rettung industrieller Kerne und zur gleichzeitigen Schaffung moderner und zukunftsträchtiger Unternehmen. Ausgehend von modernisierungstheoretischen Überlegungen begründet *Andreas Fier* den Transformationsbedarf Ostdeutschlands; seine Arbeit macht auf Interdependenzen zwischen der politischen und wirtschaftlichen Entwicklung seit der Wiedervereinigung aufmerksam und untersucht das Zusammenspiel wirtschaftlicher und politischer Kräfte am Beispiel der Entwicklung von Unternehmungsgründungen.

Zu hoffen bleibt, daß vor allem die kritischen Erörterungen der jungen Autoren sowie die von ihnen entwickelten Lösungsvorstellungen von den Entscheidungsträgern in Politik und Wirtschaft zur Kenntnis genommen werden. Gleichzeitig tragen die Autoren dazu bei, daß in unserer schnellebigen Zeit die historischen Ereignisse und Veränderungen in den neuen Bundesländern nicht in Vergessenheit geraten. Hier wird in einer ansprechenden und sinnvollen Weise im Rahmen von Diplom- und Magisterarbeiten Geschichte festgehalten. Wer weiß später einmal, wie die konkreten Entscheidungsprozesse und Machtkämpfe bei der Länderbildung und dem Aufbau der Verwaltungsapparate in Sachsen verliefen, wer die politischen Akteure waren und wie sie handelten. So ist es für den Leser außerordentlich spannend in der Arbeit von *Markus Schubert* zu verfolgen, welche aktive Rolle der aus der Bürgerbewegung der DDR stammende Politiker Arnold Vaatz (heute Sächsischer Umweltminister, MdL sowie Mitglied des CDU-Bundesvorstands) als Leiter des Koordinierungsausschusses in den politischen Auseinandersetzungen um die Bildung des Landes Sachsen spielte und wie es zur Ablösung der alten Eliten im Staatsapparat, in der Wirtschaft, Verwaltung und anderen Subsystemen kam. Der Autor geht in seiner Arbeit davon aus, „daß eine gelungene Revolution nicht nur auf der geistigen Ebene stattfinden kann, indem Ideologien und Legitimationsgrundlagen der politischen Systeme grundlegend ausgetauscht werden, sondern daß es vielmehr zu einem durchgreifenden Elitenwechsel in der Gesellschaft kommen muß, der den geistigen Wandel materiell sichert“ (S.561).

Oder wer kennt die Auswirkungen der Kollektivierung in den 50er Jahren auf die Lebensverläufe der Bauern und ihrer Kinder in Mecklenburg, kann sich ein Bild davon machen, wie die Familien- und Hofgeschichten dieser Bauern als konkret erlebte DDR-Geschichte im Zusammenhang zur heutigen Bereitschaft stehen, einen landwirtschaftlichen Familienbetrieb wiedereinzurichten. *Kai Brauer* geht es in seinem soziologisch hochinteressanten und lesenswerten Beitrag um die relativ unbekannte Geschichtsaufarbeitung der ländlichen Gesellschaft in Ostdeutschland nach 1945. Er nutzt dazu die Methodik der Gemeindestudie und stellt mittels Biographien die Ausgangsbedingungen der Bauern auf dem Weg in die Marktwirtschaft dar. Dabei behandelt er vor allem die Veränderungen der intergenerationellen Beziehungen durch die Kollektivierung. Er sieht in der Unterbrechung der generativen Kontinuität der Übernahme eines Bauernhofes durch die folgende Generation eine wesentliche Ursache für die geringen Erfolge der politischen Akteure in Ostdeutschland heute, landwirtschaftliche Familienbetriebe wiedereinzurichten.

Was wissen wir über das Politikverständnis bürgerbewegter Frauen aus Oppositionsgruppen in der DDR, die gerade in der Wendezeit im Neuen Forum, in den Bewegungen Demokratie jetzt und Demokratischer Aufbruch politisch sehr aktiv waren, und über die Beweggründe ihres heutigen Rückzug aus der institutionalisierten politischen Öffentlichkeit? Es ist das Verdienst von *Ingrid Miethe*, durch lebensgeschichtlich-narrative Interviews mit Frauen der DDR-Opposition Ursachen und Zusammenhänge zu klären, warum sich ein Großteil von ihnen heute für einen Weg außerhalb der politischen Institutionen entschieden hat.

Nicht weniger interessant und spannend stellen sich die mit der Transformation der großchemischen Industrie im „Chemiedreieck“ zwischen Halle, Bitterfeld und Merseburg verbundenen Verteilungs- und Strukturprobleme dar. Warum hatten die westdeutschen Chemiekonzerne als ehemalige Stammbetriebe kein Interesse mehr an einer Vereinigung mit ihren ehemaligen Töchterbetrieben und am Erhalt eines vierten großen Chemiestandorts in Deutschland? Welchen Einfluß nahmen die Gewerkschaften, die Parteien, der Bund und die Länderregierung in Sachsen-Anhalt auf die Konfliktlösung? Auf diese Fragen gibt *Rafael Weiß* mit seinem Beitrag eine Antwort, wenn er die Mechanismen analysiert, die zur Lösung des sektoralen Verteilungsproblems in der Chemieindustrie geführt haben.

Informativ für den Leser sind auch die Beiträge, die sich mit den kommunalen Gebiets- und Verwaltungsreformen in den neuen Bundesländern beschäftigen. Die Autoren belegen mit ihren Analysen, wie die aufgrund der Vereinigung notwendig gewordenen Verwaltungsreformen tendenziell auf eine Anpassung an die politisch-administrativen Strukturen der alten Bundesländer hinausliefen. *Klaus Schulenburg* arbeitet am Beispiel des Landes Brandenburg Gemeinsamkeiten und Unterschiede zu den entsprechenden Reformen in den alten Bundesländern in den 60er und 70er Jahren heraus. Er zeigt für Brandenburg auf, wie der latente Konflikt zwischen der Verbesserung der Leistungsfähigkeit der Verwaltung und der Beibehaltung der lokalen Demokratie gelöst wurde.

Stephanie Reulen analysiert die unterschiedlichen landesspezifischen Legitimationsmuster der Kreisgebiets- und Gemeindereformen in den Landtagen von Brandenburg und Sachsen. Während man in Brandenburg mehr Wert legte auf die Begründung der administrativen Effizienz und sich an den technokratischen Modellen in Nordrhein-Westfalen und Schleswig-Holstein orientierte, stand in Sachsen der politisch-integrative Aspekt der Verwaltungsreformen im Mittelpunkt, wobei die kommunalfreundlichen, politisch-integrativen Modelle von Bayern und Baden-Württemberg das Vorbild waren.

Bernd Redlingshöfer beschäftigt sich – unterstützt von *Ursula Hoffmann-Lange* - mit einem konkreten Fall von Elitenwechsel auf kommunaler Ebene und zwar mit der Gemeindevertretung von Jena. Sie konstatieren für Jena eine Angleichung der Rekrutierungs- und Karrieremuster der Kommunalpolitiker und der politischen Strukturen an westdeutsche Muster und interpretieren das als eine Konsequenz der Übernahme des politischen Institutionengefüges der alten Bundesrepublik. Ihre Analysen belegen, wie sich in Ost- und Westdeutschland zunehmend ein einheitliches System der Interessenvertretung und -vermittlung herausbildet. Im Unterschied zu den alten Bundesländern würden in der Jenaer Gemeindevertretung aber mehr Mandatsträger anzutreffen sein, die nicht Mitglied einer Partei sind. Gleichzeitig stellen die Autoren für Jena im Vergleich zur Zeit der politischen Wende eine Marginalisierung der Bürgerbewegung fest. Die aus der Bürgerbewegung hervorgegangene Elite war offensichtlich nur eine Transformationselite für einen begrenzten Zeitraum. Sie wurde z. B. in Jena zwischen der ersten und zweiten Wahlperiode immer mehr aus den kommunalen Gremien verdrängt. Für den Austausch der alten Eliten spricht die große Anzahl der Mandatsträger unter 35 Jahren.

Oliver Schwab wendet sich der Fragestellung zu, ob sich die mit Euroregionen verbundenen Fördermaßnahmen und -instrumente - ausgehend von den guten Erfahrungen an den EU-Binnengrenzen - auch für die grenzüberschreitende regionale Zusammenarbeit zwischen Polen und Deutschland bewährt haben. Er unterbreitet eine Reihe kritischer Hinweise und Vorschläge, wie die Förderung von Grenzregionen zum östlichen Nachbarn zu verbessern wäre.

Der Umbruch sozialer Lagen im Zuge der Transformation in den neuen Bundesländern und die subjektive Bewältigung dieser Prozesse werden dem Leser aus der Sicht unterschiedlicher Disziplinen präsentiert: der Sozialstruktur- und Mobilitätsforschung, der Pädagogik, der Sozialpsychologie, der Biographie- und Frauenforschung. Zu diesem Themenkreis wurden die meisten Arbeiten vorgelegt. Das Spektrum reicht von einer Analyse der Determinanten subjektiven Wohlbefindens von Schülern der 8. Klasse unterschiedlicher Schultypen in Ost- und Westberlin nach der Wiedervereinigung, über Untersuchungen zur Wohlfahrtsentwicklung von Familienhaushalten mit Kindern, bis zur Aufarbeitung familialer Generationsbeziehungen unter dem Aspekt der Weitergabe von Erziehungsstilen.

So zeigt *Philip Yorck Herzberg* unter Nutzung sozialpsychologischer Methoden auf der Grundlage einer Längsschnittstudie auf, welche Bedeutung dem subjektiven Wohlbefinden Jugendlicher gerade heute für die erfolgreiche Bewältigung der Anforderungen zukommt, die sich aus dem Zusammenwachsen beider Teile Berlins ergeben.

In drei Aufsätzen nutzen die Autoren für ihre empirischen Analysen das Sozio-ökonomische Panel, das seit 1984 in den alten Bundesländern und seit 1990 auch in den neuen Bundesländern im Auftrag des Deutschen Instituts für Wirtschaftsforschung (DIW) durchgeführt wird:

Stefan Sandbrink beschreibt auf dieser empirischen Grundlage die parallel zu den Ost-West-Wanderungen verlaufende arbeitsbedingte Pendelmobilität. Er unternimmt den Versuch, die Mikro- und Makroperspektive räumlicher Mobilität im Zuge der deutschen Vereinigung miteinander zu verbinden. Es gelingt ihm, neben gesamtwirtschaftlichen Aspekten besonders die Auswirkungen des Pendelns auf die Betroffenen aufzuzeigen. Dargestellt werden nicht nur die positiven Auswirkungen des Arbeitspendelns von Ost- nach Westdeutschland, die Mobilitätsgewinne, sondern auch die negativen Auswirkungen, die Mobilitätskosten. Sein Aufsatz stellt eine profunde Analyse der sozialen Lage der Westpendler und ihrer Familien im zeitlichen Verlauf seit 1990 dar. Er weist Veränderungen im Charakter des Westpendelns und in der sozio-demographischen Struktur der Westpendler nach. Aufgrund verschlechterter ökonomischer Rahmenbedingungen haben sich die pendelbedingten Mobilitätsgewinne deutlich verringert. Pendelten in der „ersten Generation“ vor allem junge Leute, darunter besonders Facharbeiter in den Westen, um höhere Löhne zu erzielen, so sind es in der „zweiten Generation“ ältere Arbeitnehmer und Frauen, also Gruppen die eher zu den arbeitsmarktpolitischen Verlierern der Vereinigung gehörten. Westpendler zu werden, erklärt sich vermehrt aus einer individuellen Notlage heraus bzw. stellt eine Alternative zur Arbeitslosigkeit dar. Die Erwerbstätigkeit im Westen hat für viele ostdeutsche Arbeitspendler einen Qualifizierungseffekt, der nach Beendigung des Arbeitspendelns ihre Chancen auf dem ostdeutschen Arbeitsmarkt erhöht. Das derzeitige Arbeitspendeln trägt zum Ausgleich zwischen zwei regionalen Arbeitsmärkten bei, ohne dabei selektiv wirkende Wanderungsprozesse auszulösen. Es hat eine verbindende Funktion zwischen dem ost- und dem westdeutschen Arbeitsmarkt.

Aus sozialstruktureller Sicht beschäftigt sich *Thomas Bulmahn* auf der Datenbasis des Sozio-ökonomischen Panels mit der Veränderung der sozialen Schichtung und Mobilität der ostdeutschen Bevölkerung seit der Wende, d. h. mit der Frage nach dem Ausmaß sozialer Ungleichheit und beruflicher Mobilität. Für die DDR zum Ende der 80er Jahre weist er eine ausgeprägte Struktur sozialer Ungleichheit nach. Die ersten zwei Jahren nach der Wiedervereinigung sind in den neuen Bundesländern gekennzeichnet durch ein außerordentlich hohes Ausmaß sozialer Mobilität. Der massive Abbau der Erwerbstätigkeit war Quelle dieser strukturellen Mobilität, von 1990 bis 1994 hat sich das Ausmaß sozialer Ungleichheit in Ostdeutschland nur geringfügig erhöht. Dabei verringerte sich der Abstand der in der DDR unterprivilegierten Lagen (besonders der Rentner) zum Bevölkerungsdurchschnitt leicht. Überdurchschnittliche Verbesserungen haben leitende und hochqualifizierte Angestellte erfahren.

Audrey Hoffmann geht der Fragestellung nach, ob Familienhaushalte mit Kindern besonderen Belastungen im Transformationsprozeß ausgesetzt sind, standen sie doch im Zentrum der DDR-Sozialpolitik. Sie untersucht, unter Nutzung des Sozio-ökonomischen Panels, die Veränderung der sozialen Lage von Familienhaushalten seit 1990 und belegt anschaulich die sich abzeichnenden Benachteiligungen von Familien mit Kindern, insbesondere von kinderreichen Familien. Ursachen dafür sieht sie in der starken Betroffenheit dieser Haushalte durch Arbeitslosigkeit, besonders der Frauen. Frauen mit drei und mehr Kindern haben so gut wie keine Chance mehr auf dem Arbeitsmarkt. Sie sind fast vollständig aus dem Erwerbsleben ausgeschieden. Die Differenz zwischen dem Einkommen der Familien mit ein und zwei Kindern und dem der kinderreichen Familien hat sich seit 1990 vergrößert. Verbessert hat sich die Ausstattung der Wohnungen mit hochwertigen und arbeitssparenden Konsumgütern. Die Mietbelastung wird von einem größer werdenden Teil der Familien als zu hoch eingeschätzt. Kinderreiche Familien spüren diese Belastung am deutlichsten. Sie sind auch zu einem wesentlich höheren Prozentsatz auf Wohngeldzahlungen angewiesen als die anderen Familienhaushalte. Die subjektive Zufriedenheit ist in den zurückliegenden Jahren seit der Vereinigung in den untersuchten Bereichen Lebensstandard, Haushaltseinkommen, Zustand der Umwelt und Angebot an Waren und Dienstleistungen gestiegen. Auf diesen Gebieten werden die Wohlfahrtsgewinne, die die Familien im Zuge der Vereinigung erzielen konnten, am deutlichsten reflektiert. Der Aufsatz weist anschaulich nach, daß in den neuen Bundesländern mit dem Vorhandensein eines dritten Kindes das Risiko einer deutlichen Benachteiligung der Familie in wesentlichen Lebensbereichen steigt. Gerade für diese Familien sind nach Einschätzung der Autorin die familienpolitischen Leistungen gegenwärtig unzureichend.

Markus Müller faßt in seinem Beitrag die Wiedervereinigung Deutschlands als ein „natürliches Experiment" auf, in dem die Auswirkungen unterschiedlicher Wirtschafts- und Sozialsysteme auf die soziale Lage der Bevolkerung, speziell der Rentner, untersucht werden können. Damit wurde sich die sozialwissenschaftlich einmalige Chance bieten, das bestehende Rentensystem auf seine Leistungs- und Belastungsfähigkeit sowie die Umsetzung bestehender sozialpolitischer Intentionen zu überprüfen. Im Mittelpunkt dieses Aufsatzes steht die sozialpolitisch bedeutsame Frage, ob das Rentensystem in der bestehenden Form als alleinige Stütze der Alterssicherung in Ostdeutschland Armut vermeiden und den im Erwerbsleben erworbenen sozialen Status und Lebensstandard der Bürger erhalten kann. Analysiert werden die Wirkungen verschiedener Überleitungsgesetze und -regelungen des Rentensystems auf die soziale Lage der älteren Bevölkerung in den neuen Bundesländern und das Ausmaß sozialer Ungleichbehandlungen von Teilgruppen der Rentner.

Regina Kroplin und *Wolfgang Schnecking* gehen in ihrem Beitrag dem veränderten Geschlechterverhältnis in Ostdeutschland im Verlauf des Transformationsprozesses nach. Sie konstatieren eine Vertiefung der sozialen Ungleichheit zwischen den Geschlechtern und fassen die ostdeutschen Frauen als die Verlierer der Einheit auf. Ihre Analysen bestätigen, daß die Erwerbsneigung ostdeutscher Frauen bei gleichzeitigem Wunsch nach Kindern trotz hoher Frauenarbeitslosigkeit bestehen geblieben ist. Das könnte die langst fällige Diskussion um das Verhältnis von Erwerbs- und Reproduktionsarbeit in der heutigen Bundesrepublik voranbringen. Eine Aufwertung der Reproduktionsarbeit in der Familie und die Aufhebung einer starren Trennung zwischen Erwerbs- und Reproduktionsarbeit könnte nach Meinung der Autoren ein Weg zu mehr Gleichheit zwischen Männern und Frauen in der modernen Industriegesellschaft sein.

Auch *Bettina Becker* beschäftigt sich in ihrem Aufsatz mit der Frage, warum ostdeutsche Frauen auf dem Wunsch nach Erwerbstätigkeit trotz schwieriger Rahmenbedingungen beharren und mehrheitlich die Rolle der „Nur-Hausfrau“ nicht annehmen. Aus biographischer Perspektive analysiert sie die Bedeutung, die ostdeutsche Frauen der Erwerbstätigkeit zumessen. Sie läßt am Beispiel von Biographien junger Frauen aus Frankfurt/Oder und Umgebung den Leser nachvollziehen, wie unterschiedlich berufliche Diskontinuitäten und Brüche als Folge der Transformation (Arbeitslosigkeit, Umschulung und Arbeitsbeschaffungsmaßnahmen) erlebt und verarbeitet werden, jedoch am Erwerbswunsch festgehalten wird. Sie zeigt die biographische Verankerung der Selbstverständlichkeit von Erwerbsarbeit im Leben dieser Frauen auf und belegt, wie stabil diese Handlungsorientierungen, die ihre Wurzeln in der Zeit vor 1989 haben, trotz schlechter Arbeitsmarktchancen heute noch sind.

Familiale Generationsbeziehungen stehen im Mittelpunkt des Aufsatzes von *Karin Bock*. Eine weibliche Generationenlinie wird unter der pädagogischen Fragestellung nach Erziehungskonzepten und deren Umsetzung in die Erziehungspraxis verfolgt. Am Beispiel der biographischen Erfahrungen von Großmüttern (1915-23), Müttern (1940-25) und Töchtern (1968-74) werden die Beziehungen und Verflechtungen der drei Generationen dargestellt.. Es wird nach dem Wandel der Beziehungen zwischen ihnen aus der Sicht sozialisatorischer und sozialgeschichtlicher Veränderungen in Sachsen-Anhalt gefragt. Es wird deutlich, welchen Einfluß die älteren Familienmitglieder auf die Erziehung der jüngeren Generationen haben und welches pädagogisches Verhältnis zwischen den verschiedenen Generationen einer Familie besteht. Die Autorin veranschaulicht in den biographischen Erzählungen von Großmüttern, Müttern und Töchtern, wie die jeweilige Elterngeneration ein ganz bestimmtes Konzept bei der Erziehung ihrer Kinder verfolgt und zu welchen Wirkungen es in der jeweiligen „Kinder-Generation“ führt. Diese Arbeit präsentiert ihre wissenschaftlichen Aussagen als lebendige, geistig anregende Lektüre - ein Kompliment, das auf mehrere der hier vorgelegten Aufsätze junger Sozialforscher zutrifft.

Teil 1:

Die Wirtschaft der neuen Bundesländer: Zwischen Zusammenbruch und Aufschwung

Politik und Wirtschaft am Ende der DDR und die Anfänge der neuen Bundesländer

Andreas Fier

In dieser Arbeit geht es um die Stadien der politischen und wirtschaftlichen Wiedervereinigung Deutschlands, dabei speziell um die Interdependenzen zwischen politischer und wirtschaftlicher Entwicklung. Welche Ursachen hatte der Zusammenbruch der DDR 1989 und woraus begründet sich ein „Transformationsbedarf"? Wie reagierten die politischen Akteure auf Handlungen der Wirtschaft - und umgekehrt? Das Zusammenspiel der wirtschaftlichen und politischen Kräfte, das den Transformationsprozeß der ehemaligen DDR hin zu den neuen Bundesländern bestimmte, wird am Beispiel der Entwicklung von Unternehmensgründungen in den neuen Bundesländern untersucht. Dabei wird die Gründungsdynamik in sektoraler und regionaler Hinsicht beschrieben. Es zeigt sich, daß die neuen Bundesländer zwischen 1989 und 1993 bereits einen eindrucksvollen ökonomischen Wandlungsprozeß durchlaufen haben, wobei sich dieser Prozeß an der Entwicklung Westdeutschlands orientiert. Wenngleich die Herausforderungen für Ostdeutschland auch heute noch beachtlich sind, so bleibt doch festzustellen, daß außerordentliche Fortschritte durch die Erlangung der Demokratie stattfanden.*

1. Das Ende der DDR

Einleitend wird anhand der Modernisierungstheorie der Frage nachgegangen, welche politischen und wirtschaftlichen Defizite in der DDR, im Vergleich zu westlichen Industrienationen, bestanden und zu ihrem Zusammenbruch

---

* Ich danke dem Zentrum für Europäische Wirtschaftsforschung und der Deutschen Forschungsgemeinschaft für die Unterstützung sowie dem Verband der Vereine Creditreform für die Überlassung der hier genannten Daten. Besonders danke ich Michael Woywode fur seine Anregungen, Ideen und die vielen Stunden, die wir uber das Thema diskutierten. Dietmar Harhoff, Konrad Stahl, Fabian Steil und Hermann Weber danke für die notwendige Unterstützung und Kritik zu vielen Aspekten dieser Arbeit. Jurgen Moka und Wolfgang Schnell halfen mir bei der Aufbereitung des Datenmaterials.

führten. Bei diesem Vorgehen basiert die Grundidee darauf, an Beispielen von entwickelten Gesellschaften Bedingungen abzulesen, die für ein selbst tragendes Wirtschaftswachstum und eine demokratische Ordnung erforderlich sind. Es wird allgemein angenommen, daß die gesellschaftliche Entwicklung durch verschiedene Stadien gekennzeichnet sei, die durch politische und wirtschaftliche Einschnitte markiert sind. Auf den Stufen der Entwicklung werden Erkenntnisse kumuliert, die Entwicklungssprünge ermöglichen. Der Transformationsbegriff unterstellt Mangel und Stagnation, aus denen die Notwendigkeit einer „Umwandlung, Umformung bzw. Umgestaltung" resultiert. Im folgenden wird der Versuch unternommen, darzustellen, wo sich die DDR auf ihrem politischen und wirtschaftlichen Entwicklungspfad am Ende der achtziger Jahre befand und warum dieser Stand zu Umbruch und Umgestaltung führte.

1.1 Entwicklungsstadien des Modernisierungsprozesses von Gesellschaften

Ausgehend von der Unterscheidung entwickelter (moderner) westlicher und noch nicht entwickelter (traditioneller) Gesellschaften wird Modernisierung als ein universell ablaufender Prozeß verstanden. In diesem Prozeß findet eine schrittweise Zerstörung von Grundstrukturen traditioneller Gesellschaften statt, und es kommt zu einem kontinuierlichen Aufbau effizienter staatlicher und gesellschaftlicher Strukturen. Im Zuge der Transformation werden in rückständigen Ländern Bedingungen geschaffen, die für ein sich selbst tragendes Wirtschaftswachstum und eine demokratische Ordnung erforderlich sind. Dabei geht es der Modernisierungstheorie nicht um Fremdbestimmung oder Abhängigkeiten[1], sondern es wird unterstellt, daß im Sinne eines natürlichen Entwicklungsgesetzes Bedingungen geschaffen werden, welche die Leistungsfähigkeit politischer und wirtschaftlicher Systeme erhöhen. In Anlehnung an *Zapf* wird Modernisierung hier als eine epochale und langfristige Umwandlung verstanden, die Wirtschaftswachstum, politische Selbstbestimmung, soziale Mobilisierung sowie kulturelle und internationale Transformationen umfaßt (vgl. Zapf 1993).

Wendet man sich dem Entwicklungsprozeß der Wirtschaft eines Landes zu, dann lassen sich Schlüsselgrößen ausmachen, denen für diesen Prozeß

1 Die gegenlaufige Theorierichtung „Dependencia" kritisiert die Modernisierungstheorie, da sie Unterentwicklung als ein Ergebnis struktureller Abhangigkeiten definiert, die aus der Verflechtung von Industrie- und Entwicklungsländern resultiert.

eine besondere Bedeutung zukommt. Betrachtet man z. B. die Verteilung der Beschäftigten über alle Wirtschaftszweige, so läßt sich das Bild einer Volkswirtschaft nach Beschäftigtenschwerpunkten nachzeichnen. Auf diese Weise können Strukturen gefunden werden, die die Wirtschaft eines Landes kennzeichnen und es von anderen unterscheiden. Bedeutend sind bei derartigen Vergleichen das Ausgangsniveau und die Entwicklung über die Zeit.

Bleiben wir bei den Beschäftigten, so zeigt sich, daß moderne Industrienationen durch eine Verlagerung der Beschäftigtenschwerpunkte von der Agrar- über die Industrie- hin zur Dienstleistungsgesellschaft (vom primären über den sekundären hin zum tertiären Wirtschaftssektor) über die Zeit charakterisiert wird. Eine solche Entwicklung ist zu beobachten, weil Erfahrungen kumulieren, Produktivitätssteigerungen erzielt werden und letztlich eine flächendeckende Versorgung gewährleistet wird. Marktwirtschaftliche Systeme[2] weisen im Zuge des Entwicklungsprozesses eine hohe Dynamik auf, weil sie stets auf der Suche nach neuen Märkten sind, auf denen Angebot und Nachfrage noch nicht im Einklang stehen. Die Modernisierungstheorie nimmt an, daß es nach der Agrargesellschaft einer Vorbereitungsphase bedarf, bevor ein überproportionales Wirtschaftswachstum erzielt wird. Im Anschluß an diese Vorbereitung, die sich durch eine Ausweitung der Marktaktivitäten, durch ökonomische Ersparnisse, durch unternehmerische Talente, etc. beschreiben läßt, „startet eine Volkswirtschaft durch". Es beginnt eine „take-off"-Phase, in der ein Land wächst, in der es sich entwickelt.

Die erste These, der hier nachgegangen wird, ist die, daß sozialistischen Systemen ein solcher wirtschaftsbezogener „take-off" fehlt. In sozialistischen Systemen werden Märkte und Preise dirigiert, so daß - trotz eines vorhandenen Potentials - jede Dynamik und lebensverbessernde Entwicklung unterbunden wird. Da Politik und Wirtschaft in diesen Systemen eine notwendige Einheit bilden, agieren sie stets miteinander, nie eigenständig. Sie sind in ihrer Entwicklung aneinander gefesselt, so daß sich eine korrigierende Wirkung jeder einzelnen Kraft - die ein Gleichgewicht schaffen könnte - nicht entfalten kann.

Betrachten wir die Beschäftigung der Bundesrepublik und der Deutschen Demokratischen Republik von 1960 an im Vergleich, so zeichnet sich für die DDR ein stetiger, konstanter Pfad der Berufstätigen nach Wirtschaftszweigen ab. Die volkswirtschaftliche Bedeutung, die hier z. B. der Landwirtschaft zukommt, macht deutlich, daß am Ende der DDR in ihr noch wesentliche Ele-

---

2 Dieses Wirtschaftssystem sichert Dynamik durch Wettbewerb. Als ein zentrales marktwirtschaftliches Organisationsprinzip beschreibt Wettbewerb eine Konkurrenzsituation sowohl auf der Seite der Anbieter, als auch auf der Seite der Nachfragenden nach Gütern.

mente einer Agrargesellschaft vorherrschten (Abbildung 1). Die abgetragene Anzahl der Beschäftigten in Land- und Forstwirtschaft liegt 1989, gemessen an den Gesamtbeschäftigten, ein Drittel über dem der Bundesrepublik. Es ist zu beobachten, daß eine Beschäftigtenentwicklung es in nahezu 30 Jahren nicht vermag, andere Wirtschaftszweige abzulösen. Insbesondere den Beschäftigten im Dienstleistungssektor gelingt es zahlenmäßig nicht, z. B. die Anzahl der Berufstätigen in Land- und Forstwirtschaft zu dominieren.

Abbildung 1: Deutsche Demokratische Republik (1960-1989) - Berufstätige nach Wirtschaftsbereichen

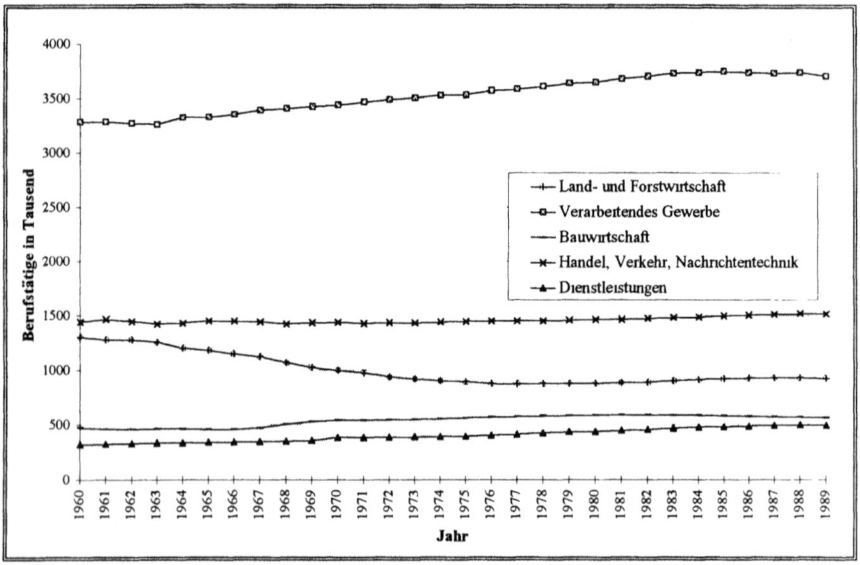

Quelle: eigene Darstellung, Statistisches Bundesamt

Nach der letzten großen Enteignungswelle der 70er Jahre stagniert jede Entwicklung, die auch die Jahre zuvor nur schwach ausgeprägt war. Seit 1970 zeichnet sich ein nahezu paralleler Verlauf der Beschäftigtenzahlen nach Wirtschaftszweigen ab. Keine Branche löst eine andere in der Zahl der Beschäftigten ab. Eine Verlagerung der Beschäftigtenschwerpunkte, die Produktivitätsgewinne, Rationalisierung, Änderungen im Nachfrageverhalten o. ä. erklärt hätte, findet nicht statt.

Ganz anders der Verlauf in der Bundesrepublik. Hier bleibt die Anzahl der Beschäftigten in den Wirtschaftszweigen keineswegs konstant und ohne Dynamik. Hier kreuzen sich die Pfade in den 60er Jahren und nehmen wachsende (Dienstleistungen) oder fallende (Land- und Forstwirtschaft) Verläufe an.

Abbildung 2: Bundesrepublik Deutschland (1960-1989) - Erwerbstätige nach Wirtschaftsbereichen

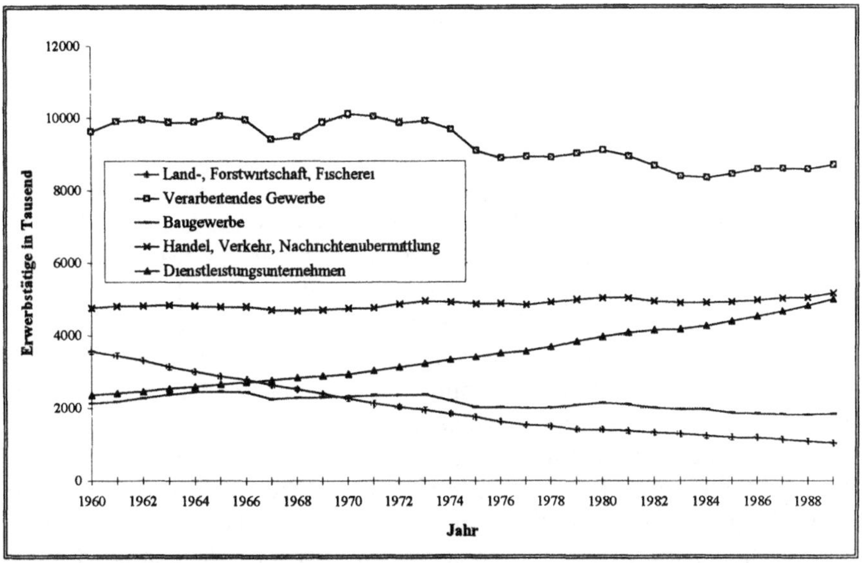

Quelle: eigene Darstellung, Statistisches Bundesamt

Nicht alle, aber bestimmte Wirtschaftszweige, sind voller Dynamik. Sie kompensieren und beeinflussen sich gegenseitig, wie z. B. das Verarbeitende Gewerbe und das Baugewerbe, die einen vergleichbaren Verlauf aufzeigen. Andere Sektoren zeigen sich hingegen unabhängig oder verlaufen zueinander konträr. In diesen Wirtschaftszweigen kann von Veränderung durch Modernisierung, Veränderung durch Anpassung und Entwicklung gesprochen werden, die sich auf die Anzahl der Beschäftigten niederschlägt. Rationalisierungen durch den Einsatz moderner Produktions- und Fertigungsanlagen richten den Arbeitskräftebedarf neu aus. Neue Beschäftigungsfelder, z. B. in den Dienstleistungen durch einen veränderten Einsatz von Technologien, sorgen über den Arbeitsmarkt für neue Nachfrage. Ein Überangebot und gesellschaftlicher Wandel setzen auf der anderen Seite Arbeitskräfte frei, bzw. schaffen keine neuen Arbeitsstätten. Mit dieser Entwicklung wandeln sich Anforderungsprofile an Berufsgruppen, Ausbildung und Fertigkeiten, was wiederum Dynamik schafft.

Neben den Beschäftigtenschwerpunkten ist das Investitionsvolumen ein weiterer Parameter, an dem sich Modernisierung messen läßt. Ein hohes Investitionsvolumen, das sich aus dem Zugang an Bauwerken, Ausrüstungen und Lagerbeständen in den Wirtschaftsbereichen einer Volkswirtschaft ergibt, sind entscheidende Merkmale für eine „take-off"-Phase. In den gesamten 40 Jahren der DDR ist ein drastischer Anstieg des Investitionsaufkommens, wie er in der Bundesrepublik zwischen 1951 bis 1960 stattfand, nicht festzustellen. Stabilität - nicht Dynamik kennzeichnet auch hier die Entwicklung.

Weiterhin behauptet die Modernisierungstheorie, daß sich bestimmte Industriesektoren entwickeln, die durch Spezialisierung, hohe Innovationsintensität und Know-how überdurchschnittliche Wachstumsraten erzielen, die wiederum Rückwirkungen auf andere Wirtschaftsbereiche haben. Zu diesen Sektoren zählt beispielsweise die Herstellung von Büromaschinen, Datenverarbeitungsgeräten und -einrichtungen. Diese Branche entwickelt sich in den 80er Jahren in der DDR nur mühsam. Ein mit Westdeutschland vergleichbarer Boom oder eine Trendwende hin zu Massenkommunikationsmitteln und Computertechnik, die breite Bevölkerungsschichten erreichen, ist nicht auszumachen (Statistisches Bundesamt 1993: 24). Die Gründe liegen in der fehlenden Marktwirtschaft, in der vorherrschenden Eigentumsordnung, sowie in mangelhaften Anreiz- und Entlohnungssystemen. Die hohe Marktkonzentration in allen Wirtschaftsbereichen und damit verbunden die geringe Konkurrenz, sowie die geringe Anzahl der Betriebe bei gleichzeitig hohem Beschäftigtenanteil ließen das Wirtschaftssystem träge und inflexibel werden. Politisch waren Veränderungen nicht denkbar und wirkten sich durch die Einheit von Politik und Wirtschaft auch auf die Wirtschaft aus.

Dieser an beispielhaften Faktoren in der Wirtschaft festgestellte Mangel fordert angesichts der systemimmanenten Einheit von Politik und Wirtschaft zur Prüfung einer zweiten These auf: Politische Strukturen und Machtverteilung sind über die Zeit starr und ohne Alternative.

Die Schaffung einer Legitimitätsbasis für die DDR, z. B. durch rechtliche Garantien, konnte unter dem Führungsanspruch der Partei nicht gelingen. Alternativen existierten nur in den durch das Politbüro gesetzten Grenzen, denn Alternativen in der Politik hätten Konkurrenzdenken und Auseinandersetzung (und damit Entwicklung!) bedeutet. Die damit einhergehende Dynamik hätte die herrschende SED in ihrem Machtanspruch bedroht und ihre Existenz gefährdet. So steuerte der Führungskader durch eine Politik der Abgrenzung, konträr zu den Notwendigkeiten einer Modernisierung, in eine unbeherrschbare Legitimitätskrise. Dem Wunsch nach Erneuerung und Veränderung begegnete die Staatsführung über Jahre hinweg mit einem „Zick-Zack-Kurs" (Weber 1989: 458), d. h. mit einer Willensbekundung zu Veränderungen und, nach kurzfristigen Lockerungen, mit einer Rücknahme gemachter Zugeständnisse. Die selbsternannte und auf Machterhalt konzentrierte Polit-Elite konnte wegen ihres Selbstverständnisses Dynamik nicht zulassen, da diese Zweifel an der absoluten Regierungsfähigkeit offenbart hätte. Somit kann rückblickend für die DDR festgestellt werden: Demokratische Legitimation durch freie Wahlen und konkurrierende Parteien durfte es unter der Herrschaft der SED nicht geben. Ebensowenig ist eine Entwicklung hin zu chancengleicher politischer Beteiligung und überzeugender Konfliktbewältigung auszumachen. Politische Alternativen durch Opposition und Konkurrenz wurden zur Sicherung der bestehenden Machtkonstellation unter allen Umständen verhindert.

Dieser auf politische Stabilität gerichtete Kurs, bei gleichzeitig anwachsenden wirtschaftlichen und gesellschaftlichen Problemen, führte zur friedlichen Revolution im Jahre 1989.

„Entscheidend für die Überlebensfähigkeit oder Bestandgefährdung von politischen Systemen ist, ob reale, kalkulierbare und zu bevorzugende Alternativen existieren, die die Bürger veranlassen können, dem Regime die aktive und passive Loyalität zu entziehen." (Merkel 1991: 39) Versteht man Ausreiseanträge oder die Massenabwanderungen (Ungarn, Prag, Warschau) im Herbst 1989 als Alternative für die Bürger der DDR, um der reformunwilligen SED-Spitze die Loyalität aufzukündigen, und berücksichtigt man ferner das latente Wiedervereinigungsgebot der Bundesrepublik, so erweist sich die Situation als zugespitzte Krise des Systems im Jahr 1989. Den Botschaftsflüchtlingen bot sich die seit 1961 unmöglich gewordene Chance einer ungewissen, aber hoffnungsvollen Zukunft. Die Beweggründe junger Menschen und Familien waren vielfältig. Der Glaube an eine „einmalige Möglichkeit", bis hin zu dem Wunsch, einen höheren Lebensstandard und bessere Konsummöglichkeiten zu erlangen, sind offensichtliche Erklärungen. Ausschlaggebend für die Entscheidungen waren immer wieder Systemverdrossenheit und Zukunftslosigkeit als Ausdruck schwindender Identität und mangelnder Legitimation.

Diese auf Konformität ausgerichtete Politik zeigt, daß eine in der Modernisierungstheorie beschriebene Entwicklung mittels einer „Durchbruchphase", z. B. die Ablösung von Ernennungssystemen durch faire Wahlsysteme und -mechanismen, nie umfassend verwirklicht wurden. Politische Teilnahme der Bevölkerung beschränkte sich auf die Teilnahme an der Verwirklichung parteipolitisch gesetzter Ziele. In anderen Worten: Teilnahme bedeutete die Integration in das sozialistische System über Transmissionsriemen, z. B. über die Massenorganisationen.

Die Probleme in der Bundesrepublik waren und sind nicht gering. Entscheidend ist jedoch der Umgang mit denselben. Konflikt und Konsens, Partizipation, Wahlmöglichkeiten, Entscheidungsfreiheit und Rechtsstaatlichkeit führten zu einem leistungsfähigen politischen und wirtschaftlichen System. Die Gesellschaft der DDR war dagegen weitgehend desillusioniert, die Wirtschaft stagnierte und die Politik proklamierte Kontinuität und Stabilität, ohne diese zukunftsfähig und mehrheitsbildend durchsetzen zu können. Erwartungen und Zukunftsperspektiven der betroffenen und verantwortlichen Akteure in Politik, Wirtschaft und Gesellschaft werden in demokratischen Regierungssystemen in einem sich ständig ändernden Prozeß neu gebildet und zum Ausgleich gebracht. Ein derart komplexer Vorgang, in dem immer neue sachliche Herausforderungen zu bewältigen sind, läßt sich im Rahmen einer marktwirtschaftlichen Demokratie nachweislich besser lösen als im ehemaligen Regierungs- und Wirtschaftssystem der DDR. Der in der DDR vorherrschende Mangel an Konkurrenz, Defizite in der Versorgung sowie die allgegenwärtige Staatsmacht verhinderten eine dynamische Entwicklung und damit einen „take-off". Modernität, Erwartungen und Zukunftsaussichten werden in Demokratien gemeinschaftlich gestaltet und nicht einseitig verordnet, wie einst im demokratischen Sozialismus.

1.2 Ursachen des Zusammenbruchs der DDR

Zu den Ursachen der Destabilisierung der DDR zählte die schwindende Bereitschaft der Bevölkerung, den Beschlüssen der politischen Führung passiv Folge zu leisten. Die einstigen Stärken des administrativ zentralistisch organisierten Systems schlugen in Schwächen um. Die enge Verknüpfung der hierarchisch angeordneten Systeme zur Machterhaltung beeinflußten sich gegenseitig negativ und überforderten eine handlungsunfähige Staatsspitze. Der nur im Verbund funktionstüchtige Staatsapparat wies bedeutsame Strukturschwächen und Unsicherheiten auf, die er - dem gewohnten Prinzip folgend - auf alle Ebenen übertrug. So läßt sich für den Zusammenbruch der DDR schwerpunktmäßig feststellen:

- Zu den internen Krisenfaktoren der achtziger Jahre zählte das Unvermögen der politischen Führung, Ansprüche aus der Bevölkerung zu kompensieren. Der umfassende Führungsanspruch der Partei und die hohen Anforderungen an die Gesellschaft kollidierten mit dem Wunsch nach Partizipation. An Perspektiven z. B. auf freie Persönlichkeitsentfaltung oder die Befriedigung individueller Bedürfnisse und Interessen mochte keiner mehr glauben. Parteien, Verbände und Massenorganisationen waren nicht in der Lage, dieses wachsende Dissenzbewußtsein aufzufangen.

denn eine kritische Diskussionsfähigkeit wurde ihnen nicht zugestanden. Die Folge war ein immer stärker um sich greifendes Schwinden passiver Loyalität, sowie zunehmende Interessenkonflikte. So wurde der politische und soziale Dirigismus nicht länger hingenommen und schaukelte sich auf, bis zur finalen Losung „Wir sind das Volk".

- Als krisenbeschleunigende externe Faktoren sind die Innen- und Außenpolitik der UdSSR unter Gorbatschow zu nennen. Diese bewirkte in allen Ländern Mittel- und Osteuropas, daß sich die Menschen der ökonomischen, ideologischen und sozialen Probleme in ihrem Staat annahmen. Die Verweigerung der DDR-Führung gegenüber Vorstellungen, wie sie in der neuen sowjetischen Politik deutlich wurden, führten zu steigender Frustration, Unmut und Unzufriedenheit. Darüber hinaus lockerte die mit dem KSZE-Prozeß eingeleitete Entspannungspolitik der Großmächte das zwischen der UdSSR und der DDR bestehende Militärbündnis, das der DDR im Falle innenpolitischer Konflikte das Eingreifen der Sowjetarmee gewährleistet hatte. Im Zeitverlauf nahm der Einfluß der sich isolierenden DDR auf die benachbarten sozialistischen Länder immer weiter ab. Damit verschärfte der Bündnisverlust in der sozialistischen Außenpolitik die Krise der DDR auch innenpolitisch. Die Unfähigkeit der DDR-Führung zur Integration von Reformen offenbarte und vergrößerte ihre Legitimationsschwierigkeiten und machte den in allen Bereichen sichtbaren Mangel an wirklicher Partizipation offensichtlich.

Da ein solches System weder positive Interessen hervorzurufen noch progressive Ziele vorzugeben vermochte und es in seiner Propaganda fortwährend neue, vielversprechende Kurse ausrief, die de facto erfolglos blieben, war in seinem „Wesenskern" die Lähmung und Erschöpfung des gesamten Entwicklungspotentials angelegt (vgl. Staritz 1985).

Für die an die Politik gekoppelte Planwirtschaft zeichnete sich ein Stadium mit vergleichbaren negativen Symptomen ab: „Die DDR-Führung steht nun vor dem Dilemma, eine Modernisierung der Wirtschaft mit Hilfe von Basisinnovationen zu erreichen, die enorme Vorleistungen in Forschung, Entwicklung und Produktion erfordern, und dies bei sinkender Investitionsquote, einer sich verschlechternden Umwelt und einer vernachlässigten wissenschaftlich-technischen Basis."[3]

- Investitionen weltwirtschaftlich bedeutender Industriebranchen, einzelner Bereiche der Landwirtschaft und der Bauwirtschaft stagnierten. Die Folge war eine zunehmende Veralterung der Produktionsanlagen, wodurch wie-

3 Maier, H. In: Die Zeit vom 28. November 1986.

derum die Produktivität der Wirtschaft sank. Verstärkt wurde dieser Prozeß durch niedrige zeitliche Auslastungen der Maschinen (Leerlaufzeiten) und durch Fehlzeiten der Arbeitskräfte.

- Hohe Wachstumsraten in der Konsumtion bei gleichzeitiger Erhöhung der Durchschnittslöhne und massiven Subventionen im Grundbedarf stand eine stagnierende Produktivität entgegen. Die Folgen waren ein fehlender marktpreisbezogener Leistungsindikator und eine unzureichende Erwirtschaftung wettbewerbsfähiger Konsumgüter.
- Die infrastrukturellen Defizite im Schienen-, Straßen- und Schiffahrtsverkehr beeinträchtigten die landesweite Versorgung erheblich und führten zu unrentablen Produktionsbedingungen. Die mangelnde flächendekkende Ausstattung der DDR mit Telekommunikationsmitteln führte zu weiteren Fehlplanungen, steigerte die individuelle Unzufriedenheit und demotivierte, anstatt zu höheren Leistungen anzuspornen.
- Energieintensive, überholte Maschinenparks (Anlagenbestand) trugen zu einer Verknappung und Verteuerung der Ressourcen bei.

1.3 Transformationserfordernisse

Die politische Führung war stets bemüht, ihr wirtschaftliches System an das moderner westlicher Demokratien anzupassen, ohne von ihren starren politischen Dogmen abweichen zu müssen. Es lag in ihrem Bestreben, einzelne Stadien der Modernisierung der politischen, wirtschaftlichen und gesellschaftlichen Entwicklung kraft bestimmter Beschlüsse und Anstrengungen zu überspringen, um dann auf der nächsthöheren Stufe wieder einzusteigen. (Schon in Übergang von den 50er zu den 60er Jahren hatte *Ulbricht* im Wettbewerb der Systeme das „Überholen ohne Einzuholen" proklamiert.) Dieses Staatsziel scheiterte, weil kein politischer oder wirtschaftlicher Bereich in der Lage war, grundlegende Erfahrungen zu machen und eigenständige Entscheidungen zu treffen. Die DDR befand sich, verglichen mit westlichen Industrienationen, zu Ende der 80er Jahre auf mehreren Entwicklungsstufen gleichzeitig. So müssen breite Bereiche in der Wirtschaftsstruktur als rückständig bezeichnet werden; eine politische Selbstbestimmung wurde systematisch unterbunden. Lediglich in ausgewählten sozialen Bereichen ließe sich ein moderner Stand konstatieren. Retrospektiv betrachtet, läßt dies den Schluß zu, daß kein gleichmäßiger, schrittweiser Prozeß, der zu einer ganzheitlich modernen Gesellschaftsform hätte führen können, von der DDR durchlaufen wurde. Die politische Führung war nicht in der Lage, etwaige Herausforderungen durch Integration, Identitätsbildung, Legitimitätsbildung, politischer Beteiligung oder Umverteilung zu bewältigen.

2. Politik und Wirtschaft im Transformationsprozeß

Am 9. November 1989 öffnete die Deutsche Demokratische Republik (DDR) die Grenze zu Berlin und zu Westdeutschland. Diesem Ereignis vorausgegangen war ein jahrzehntelanger Auflösungsprozeß der sozialistischen DDR, an dessen Ende die Wiedervereinigung der beiden deutschen Teilstaaten stehen sollte. Im Interaktionsprozeß zwischen Politik und Wirtschaft kann die Gründungsdynamik von Unternehmen in den neuen Bundesländern als wichtiger Indikator für wirtschaftliche Gesundung angesehen werden. Den Schwerpunkt dieses Kapitels bildet eine Analyse des Verlaufs der Gründungsaktivitäten, die einen Eindruck über die Evolution der ostdeutschen Wirtschaft vermitteln sollen.

Der Großteil der Wissenschaftler, die sich mit den Entwicklungen in der DDR nach dem Fall der Mauer befaßt haben, kommt zu dem Schluß, daß es sich bei dem Erneuerungsprozeß in der DDR nicht mehr um den Prozeß einer systemimmanenten Reform, sondern um eine systematische Transformation, d. h. um einen grundsätzlichen Wandel des Systems selbst handeln müsse (vgl. Deutsche Studien 1990). Im folgenden werden zentrale Elemente des Transformationsprozesses von der Planwirtschaft zur Marktwirtschaft, die der Treuhandanstalt vom Gesetzgeber übertragenen Aufgaben und wichtige staatliche Unterstützungsmaßnahmen im Rahmen des Transformationsprozesses analysiert.

2.1 Von der Planwirtschaft zur sozialen Marktwirtschaft

Zur Beseitigung der Planwirtschaft und der damit einhergegangenen Wirtschaftsmisere bedurfte es massiver Kapital-, Technologie- und Wissenstransfers. Darüber hinaus war der Aufbau einer über Sachkenntnis verfügenden Verwaltung erforderlich. Die Finanzierung der infrastrukturellen Faktoren wurde größtenteils von der öffentlichen Hand übernommen. Die Bundesregierung versuchte, durch eine erhöhte Neuverschuldung bei gleichzeitiger Erhöhung der Steuerlasten für die Bürger und Einsparungen in anderen Bereichen des Haushalts diese Leistungen zu finanzieren, ohne die gesamtwirtschaftliche Stabilität der Bundesrepublik Deutschland zu gefährden. Gleichzeitig wurden Anreize geschaffen, die den „Standort Ostdeutschland" für potentielle Investoren aus dem In- und Ausland attraktiv machen sollten. Denn nur bei einem erheblichen Engagement der Wirtschaft des Westens, also bei ausgeprägten Aktivitäten der Großunternehmen, Banken, Versicherungen, des Handels, aber auch kleiner und mittlerer Unternehmen, sind Unterschiede im Lebensstandard zu Westdeutschland und Westeuropa in absehbarer Zeit aufzuheben.

Mit der Einführung der Niederlassungs- und Gewerbefreiheit nach dem Vorbild der Bundesrepublik wurden wichtige Voraussetzungen für ein wirtschaftliches Engagement von investitionsbereiten Bürgern in den neuen Bundesländern geschaffen. Es galt, die seit 40 Jahren bestehenden „Entscheidungs-, Informations- und Motivationsstrukturen vollständig abzulösen und durch ganz andere, neue zu ersetzen."(Gutmann 1990: 18) Erst wenn die Rechtsgrundlagen geschaffen, die Auflagen zur Sanierung von Altlasten, die Art und Höhe der Investitionsanreize, die Planvorhaben beim Ausbau der Infrastruktur etc. bekannt sind, werden wirtschaftliche Vorteile und Risiken für die Wirtschaftsakteure kalkulierbar und ein Engagement überhaupt in Erwagung gezogen. Aber nicht nur eine Veränderung der Strukturen, auch Einstellungsänderungen in den Köpfen der Menschen waren erforderlich.

Mit der wirtschaftlichen Transformation einher ging die politische Transformation. Erst die Modernisierung der Politik, die Ablösung sowjetsozialistischer Herrschaftsstrukturen durch demokratische Wahlen legitimierte den liberalen und sozialen „Umbau" in den neuen Bundesländern. „Die Überwindung der parteizentrierten Struktur von Gesellschaft und Politik" war, wie Glaeßner vermutete, „conditio sine qua non für eine erfolgreiche Modernisierung." (Glaeßner 1990: 76)

Die Modernisierung der Politik bedeutete, wie im Wirtschaftsbereich nicht anders, die Transformation des künstlich gestützten DDR-Systems hin zu freiheitlich entwickelten, demokratischen Strukturen. „Modernisierung des politisch-administrativen Systems heißt schließlich, die relative Selbständigkeit, die Eigenverantwortlichkeit und die Handlungsspielräume der Einzelbürokratien (...) auszubauen, um sie in die Lage zu versetzen, die ökonomisch und politisch notwendige Flexibilität und Reaktionsfähigkeit auf neue Problemkonstellationen zu erlangen." (Glaeßner 1990: 76) Der administrativ-zentralistische Sozialismus, der keine föderativen Partizipationsmöglichkeiten eröffnete, mußte beseitigt werden. Die Föderalisierung und Dezentralisierung zählten daher zu den ersten demokratischen Forderungen im Frühjahr 1990. „Die nach den Volkskammerwahlen am 18. März 1990 gebildete Große Koalition unter dem Ministerpräsidenten *de Maizière* vereinbarte, eine föderative Republik zu schaffen". Voraussetzung hierfür war, „die Errichtung kompatibler Länderstrukturen zur Bundesrepublik, der Erlaß von Landesverfassungen, die Errichtung von parlamentarischen Regierungssystemen in den neuen Ländern, die Schaffung einer Länderkammer, eine Neuverteilung der Staatsaufgaben zwischen dem Zentralstaat und den Gliedstaaten sowie der Erlaß einer föderativen Finanzordnung." (Laufer 1991: 64)

2.2 Treuhandanstalt - Agentur und Mittler

Die Treuhandanstalt ist gewissermaßen eine „Transformationsagentur" (Hansel 1990: 64), der als Anstalt des öffentlichen Rechts die Rolle zukommt, „gemäß den Bestimmungen des Treuhandgesetzes" vom 17. Juni 1990 „die früheren Volkseigenen Betriebe wettbewerblich zu strukturieren und zu privatisieren." (Einigungsvertrag 1990) Nach den Prinzipien der sozialen Marktwirtschaft und im Sinne einer Transformation von Wirtschaftseinheiten sollte volkseigenes Vermögen privatisiert und verwertet werden. Die Treuhandanstalt hatte die „historisch einzigartige Aufgabe, eine zentralwirtschaftlich organisierte Wirtschaftsstruktur in die sozial und marktwirtschaftlich gestaltete Ordnungsform der Bundesrepublik Deutschland zu transformieren." (Turek 1992: 667) Die Volkskammer[4] formulierte als Anforderungen:

„Die Treuhandanstalt hat die Strukturanpassung der Wirtschaft an die Erfordernisse des Marktes zu fördern, indem sie insbesondere auf die Entwicklung sanierungsfähiger Betriebe zu wettbewerbsfähigen Unternehmen und deren Privatisierung Einfluß nimmt. Sie wirkt darauf hin, daß sich durch zweckmäßige Entflechtung von Unternehmensstrukturen marktfähige Unternehmen herausbilden und eine effiziente Wirtschaftsstruktur entsteht." (Treuhandgesetz 1990)

Bei den 13.781 im Gesamtportfolio der Treuhandanstalt ausgewiesenen gewerblichen Unternehmen und Unternehmensteilen mußten langfristige Entscheidungen darüber getroffen werden, wie eine Transformation zum Aufbau einer leistungs- und wettbewerbsfähigen modernen Wirtschaft zu erfolgen hätte. Dazu mußten die alten zentralwirtschaftlichen Strukturen entflochten und die Voraussetzungen für die Entwicklung einer differenzierten Wirtschaftsstruktur geschaffen werden. Die Devise der Treuhandanstalt lautete daher: „Wir fördern bei der Privatisierung und Sanierung von Unternehmen besonders die Bildung kleiner und mittlerer Unternehmen." (Treuhand-

4 Volkskammerbeschluß vom 17. Juni 1990 und um Maßgaben im Artikel 25, S. 1 Einigungsvertrag erweitert bzw. übernommen.

anstalt o. J.: 5) Dieses Vorgehen war auch politisch wünschenswert, da man sich von einem wiederentstehenden Mittelstand eine schnelle Zunahme an Arbeitsplätzen und eine bessere Versorgung der Bevölkerung mit Gütern und damit eine Erhöhung von Lebensqualität und Zufriedenheit versprach. Die Treuhandanstalt mußte in kürzester Zeit einen funktionsfähigen, administrativen Apparat für die größte Holding der Welt errichten. Spezialisten für „Merger & Acquisation Business" sollten nach dem Grundmuster einer privatisierenden „Merchant Bank" operieren und sich streng an marktwirtschaftlichen Gesichtspunkten orientieren.

Ungeklärte Eigentumsfragen, eine schwierige Marktsituation für die meisten Unternehmen, veraltete Technologien und ökologische Altlasten erschwerten aber die Arbeit der Treuhandanstalt erheblich. Einerseits sollte sich die Treuhandanstalt an marktwirtschaftlichen Grundsätzen orientierten, ihren gesetzlichen und damit politischen Auftrag erfüllen, andererseits wurde von ihr erwartet, jede Privatisierung mit sozial- und strukturpolitischen Auflagen zu versehen. Zu weitreichende Auflagen aber schreckten in- und ausländische Kaufinteressenten ab. In einer Anfangsphase sah die Geschäftspolitik der Treuhand die schnellstmögliche Privatisierung oder Liquidierung der staatlichen Betriebe vor. Diese Politik sowie die Selektionswirkungen eines zunehmend harten internationalen Wettbewerbs führten zu einer drastischen Zunahme der Arbeitslosigkeit in den neuen Bundesländern. Das Sozialgefälle zwischen den alten und den neuen Bundesländern wuchs, und das Vertrauen der ostdeutschen Bevölkerung in den Staat nahm in demselben Maße ab, wie die Zahlen der Kurzarbeiter, der Frühpensionierten, der Arbeitslosen und der nur vorübergehend Beschäftigten zunahmen.

2.3 Der Staat als wirtschaftspolitischer Akteur

2.3.1 Das Gemeinschaftswerk Aufschwung Ost

Die von der Politik erwartete Freisetzung der Kräfte der Marktwirtschaft zur erfolgreichen Durchführung der Systemtransformation wurden offensichtlich überschätzt. Statt dessen wuchs der Druck seitens der Wirtschaft und Gesellschaft auf die Politik, von der ein größeres Engagement erwartet wurde. Im Frühjahr 1991 zeichnete sich ab, daß der „Kaltstart" (vgl. Sinn 1991) nicht den erhofften Verlauf nahm. Einerseits ist dies auf ein risikoaverses Entscheidungsverhalten von Unternehmern aufgrund unsicherer Rechtsgrundlagen zurückzuführen, andererseits blockierten auch eigennützige Strategien westlicher Unternehmen und Konzerne eine positivere Entwicklung in Ostdeutschland. Mit den Umstrukturierungs- und Privatisierungsprozessen hatten auch die Arbeitsmarkt- und Strukturprobleme erheblich zugenommen. Infolge zunehmender Forderungen der Oppositionsparteien, Gewerkschaften und ostdeutschen Landesregierungen entschloß sich die Bundesregierung zu einer aktiveren Wirtschafts-, Struktur- und Arbeitsmarktpolitik: „Die Kritik, die Treuhandanstalt habe die Privatisierungspolitik zu sehr gegenüber einer sozial verträglichen Sanierungspolitik in den Vordergrund gestellt, hat im März 1991 zu einer Entscheidung auf politischer Ebene geführt." (Turek 1992: 670) Bundeskanzler *Kohl* und die Ministerpräsidenten der neuen Länder kamen überein, die Treuhandanstalt für den Aufschwung Ost zu einer aktiveren Sanierungspolitik zu verpflichten.[5]

Die Bundesregierung und die Landesregierungen reagierten auf Forderungen von Wirtschaft, Gesellschaft und oppositionellen Gruppen mit einer massiven Belebung der öffentlichen Nachfrage, um zur Verbesserung der wirtschaftlichen Lage beizutragen.[6] Erstmals sollte mit dem „Gemeinschaftswerk Aufschwung Ost" eine konzeptionelle Verbindung arbeitsmarkt- und strukturpolitischer Maßnahmen angestrebt werden. Im Rahmen des Steueränderungsgesetzes 1991 ging die Wirtschaftspolitik zu einer offensiveren und zeitlich gestreckten Direktförderung betrieblicher Investitionen in den neuen Bundesländern über, die vom Bundesminister der Finanzen Theo Waigel wie folgt gerechtfertigt wurde: „Die Bundesregierung hat bereits vielfältige Hilfen und Anstöße gegeben, um einen Investitionsaufschwung in Gang zu setzen. Bis diese Maßnahmen breite Wirkung zeigen, ist es notwendig, die öffentliche Nachfrage zeitlich begrenzt zu forcieren und dadurch eine Beschäftigungsbrücke zu schlagen. Hierfür wird das Gemeinschaftswerk Aufschwung Ost geschaffen, durch das als Initialzündung eine schnelle Beschäftigungswirkung erzielt werden soll." (Bundesminister der Finanzen 1991: 114) Ein wichtiger Bestandteil der Förderungsmaßnahmen bezog sich auf Unternehmensgründungen, die wichtige ordnungs- und beschäftigungspolitische Aufgaben erfüllen sollten. Diese Leistungen konnten von der in der DDR vorherrschenden monolithisch strukturierten Wirtschaft nicht erbracht werden. Im folgenden soll gezeigt werden, wo und in welchem Umfang die

---

5 Vgl. Grundsätze der Zusammenarbeit zwischen Bund, neuen Ländern und Treuhandanstalt für den Aufschwung Ost vom 14. März 1991. In: Presse- und Informationsamt der Bundesregierung (Hrsg.): Bulletin: 213f.

6 Erste Wirtschaftshilfen, die die Umstrukturierung und Strukturanpassung in Ostdeutschland vorantreiben sollten, sind bereits im Februar 1990 bewilligt worden. Vgl Bundesministerium für Wirtschaft, Wirtschaftliche Hilfen, 1990.

Maßnahmen des „Gemeinschaftswerkes Aufschwung Ost" und flankierende Wirtschaftsförderungshilfen ansetzten.

2.3.2 Finanzhilfen durch staatliche Kreditinstitute

Die bedeutendsten staatlichen Kreditinstitute im Prozeß der Wiedervereinigung und beim Aufbau der neuen Bundesländer sind die Deutsche Ausgleichsbank (DtA) und die Kreditanstalt für Wiederaufbau (KfW). Die DtA ist eine bundesunmittelbare Anstalt des öffentlichen Rechts und nimmt als selbständige Spezialbank des Bundes eine besondere Stellung ein. In Erfüllung ihres gesetzlichen Auftrages „wird die Bank als Instrument der staatlichen Wirtschafts-, Umwelt-, und Sozialpolitik dort in ausgleichendem Sinne tätig, wo eine staatliche Förderung im Sinne des Nachteilsausgleichs angezeigt ist." (Deutsche Ausgleichsbank 1992: 5) Als ähnlich sind die Aufgaben und Tätigkeiten der KfW zu bezeichnen, die insbesondere langfristige Investitions- und Exportfinanzierungen betreffen. Entscheidend für die Analyse zur Umsetzung politischer Programme ist auch bei ihr die Instrumentalfunktion. Die Bank unterstützt „die wirtschaftspolitischen, insbesondere strukturpolitischen Ziele der Bundesregierung." (Kreditanstalt für Wiederaufbau 1992: 5) Für beide Banken gilt, daß sie die von der Politik der Bundesregierung getroffenen Entscheidungen auf gesetzlicher Grundlage unmittelbar umzusetzen haben und damit Banken mit wirtschaftspolitischer Aufgabenstellung sind. Beide Banken stehen im Mittelpunkt der Kreditgewährung in den neuen Bundesländern, unterstützen die THA und verfügen über Mittel für ERP-, Umweltschutz-, und Strukturhilfeprogramme.

Anhand der von KfW und DtA bewilligten und verbürgten Kredite ist unmittelbar das finanzielle Engagement der Bundesrepublik in den verschiedenen Förderungsbereichen über die Zeit abzulesen. Die folgenden Berechnungen und Abbildungen der Jahre 1990 bis 1993 belegen das gewaltige Finanzvolumen, das für die fünf neuen Länder im Zusammenhang mit dem Aufbau Ost bewilligt wurde.

Die KfW fördert kleine und mittelständische Unternehmen, Umweltschutzmaßnahmen und sonstige Strukturmaßnahmen. Die Daten verdeutlichen den Kurs der Bundesregierung, bei der Transformation ein besonderes Gewicht auf die Förderung von kleinen und mittleren Unternehmen (Mittelstand) zu legen. Modernisierungs-, Mittelstands-, Regional- und Investitionskreditprogramme sollen helfen, einerseits ehemals Volkseigene Großbetriebe in leistungsfähige Unternehmenseinheiten nach westdeutschem Vorbild umzuwandeln, andererseits die Neugründung von Unternehmen in den neuen Bundesländern zu fördern.

Abbildung 3: Förderung der ostdeutschen Wirtschaft - KfW, Kumuliert 1990 bis 1993 (KfW-Geschäftsberichte)

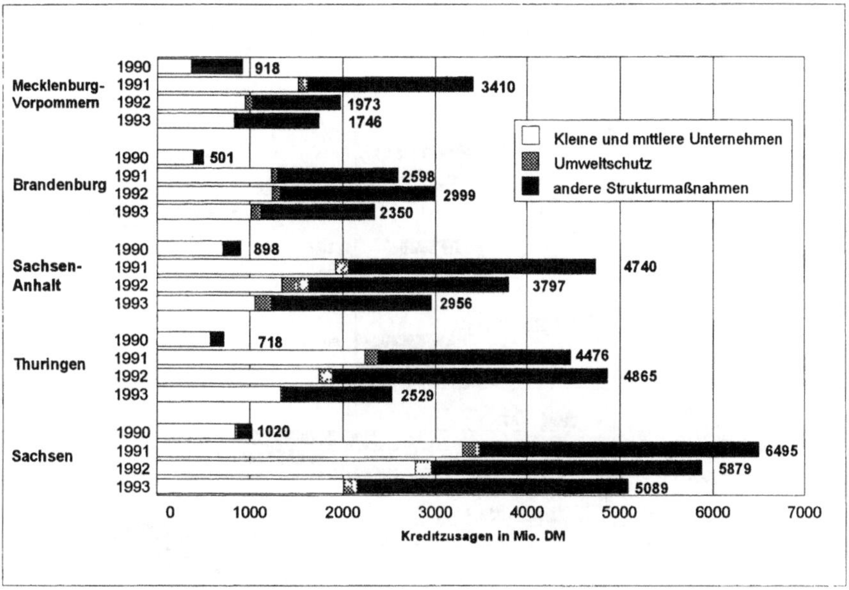

Quelle: eigene Darstellung, DtA

Neben der Existenzgründungs- und Mittelstandsförderung bildet die Förderung sonstiger Strukturmaßnahmen einen Schwerpunkt der KfW. Sie gewährt Finanzierungshilfen an ostdeutsche Kommunen und den Wohnungssektor. Die eingerichteten Kommunalkreditprogramme, die im Zuge des Gemeinschaftswerks „Aufschwung Ost" 1991 eine beeindruckende Aufstockung erfuhren, dienen der Finanzierung dringender Infrastrukturinvestitionen und der Wohnraummodernisierung. Umweltschutzinvestitionen wurden von der KfW erst ab 1991 mit nennenswerten Beträgen gefördert, nachdem sich das Ausmaß der Altlasten und Umweltschäden abschätzen ließ. Aus der Entwicklung der Förderzahlen läßt sich ablesen, daß sich das Fördervolumen von 1990 bis 1991 nahezu versechsfachte. Brandenburg und Thüringen erfuhren in 1992 nochmals eine Aufstockung, während die Fördervolumen der übrigen Bundesländern rückgängig war, insgesamt aber auf hohem Niveau verblieb.

Das vorrangige Ziel der DtA ist die Förderung von Existenzgründungen. Gründungsaktivitäten sollen dort gefördert werden, wo erfolgversprechende Gründungskonzepte mit spezifischen Finanzierungsschwierigkeiten einhergehen. Dieser speziellen Förderung liegt die Annahme zugrunde, daß einem dynamischen und flexiblen Mittelstand eine Schlüsselrolle bei der Lösung drängender Beschäftigungsprobleme und bei einem tiefgreifenden Strukturwandel zukommt.

Abbildung 4: Forderung der ostdeutschen Wirtschaft - DtA, Kumuliert 1990 bis 1993 (DtA-Geschaftsberichte)

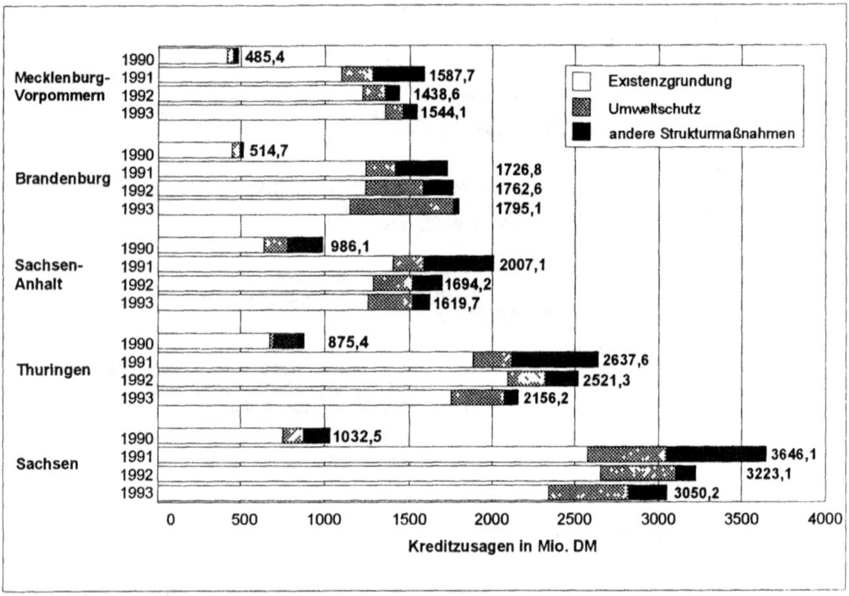

Quelle: eigene Darstellung, DtA

Bei der DtA wurden die Kreditzusagen zwischen 1990 auf 1991 verdreifacht und blieben im Jahr 1992 nahezu auf dem Niveau von 1991. Umfangreicher als die KfW ist die DtA bei Umweltschutzprogrammen tätig. Die Förderung von Strukturmaßnahmen in den neuen Bundesländern ist hauptsächlich der KfW vorbehalten. Die Verteilung der bewilligten Fördermittel auf die einzelnen Bundesländer gestaltet sich ähnlich wie bei der KfW. Im Vergleich erhielt Sachsen den mit Abstand größten Anteil an Fördergeldern, gefolgt von Thüringen und Sachsen-Anhalt. Die finanziellen Mittel und Bewilligungsvolumen, mit denen der Aufbau einer wettbewerbsfähigen und vom Mittelstand getragenen Wirtschaft errichtet werden sollte, waren bis Ende des Jahres 1990 noch nicht sehr bedeutend. So betrugen die Kreditzusagen der KfW für die neuen Bundesländer Ende 1990 lediglich 4,1 Milliarden DM, die der DtA 3,9 Milliarden DM. 1991 erfuhren diese eine erhebliche Steigerung auf 21,7 Milliarden DM bei der KfW und 11,6 Milliarden DM bei der DtA. Trotz einer allmählichen Rückführung wurden auch 1993 diese notwendig hohen

Kreditzusagen von 14,7 Milliarden DM (KfW) und 10,2 Milliarden DM (DtA) beibehalten.

3. Ostdeutschland - Wirtschaftsprofil im Wandel

Das politische und wirtschaftliche System der ehemaligen DDR hat in wenigen Jahren einen grundlegenden Wandel erfahren. Sozialistische, planwirtschaftliche und zentral verwaltete Strukturen wurden von einem durch Marktwirtschaft, Pluralismus und Föderalismus bewährten Ordnungssystem abgelöst. Dieser Transformationsprozeß läßt erwarten, daß Privateigentum, privatisiertes Staatseigentum und Niederlassungsfreiheit eine grundlegende Änderung der Unternehmensstruktur in Ostdeutschland bewirken. Insbesondere im Hinblick auf unternehmerische Gründungsaktivitäten lassen sich für die Entwicklung in den neuen Bundesländer die folgenden Hypothesen aufstellen:

1. Begünstigt durch eine massive finanzielle Förderung und durch die Schaffung rechtlicher Voraussetzungen sollte nach der Wende eine ausgeprägte Gündungsdynamik zu beobachten sein.
2. In Bezug auf die Evolution der verschiedenen Branchen ist eine hohe Anzahl von Unternehmensgründungen im tertiären Wirtschaftssektor zu erwarten.
3. Die zunehmende Freiheit von Plänen und Ideologie begünstigt die Entwicklung effizienter Wirtschaftsstrukturen durch Agglomerationen in Ballungsräumen.

Die der Analyse zugrunde liegenden Daten stammen aus der Datenbank über Unternehmen der größten deutschen Kreditauskunftei, des Verbandes der Vereine Creditreform e. V. (CREDITREFORM). Bei CREDITREFORM handelt es sich um 136 im gesamten Bundesgebiet angesiedelte lokale Vereine, von denen Unternehmen in zugeordneten Regionen recherchiert werden. Im Datenbestand sind ca. 2,8 Millionen Angaben zu bundesdeutschen Unternehmen gespeichert. Die CREDITREFORM-Datei ist somit die größte deutsche Unternehmensdatei und kann als nahezu repräsentativer Querschnitt bundesrepublikanischer Unternehmen angesehen werden.

Seit 1989 analysiert eine Forschungsgruppe am Zentrum für Europäische Wirtschaftsforschung (ZEW) und an der Universität Mannheim Unternehmensdaten, die ihr von CREDITREFORM zur Verfügung gestellt werden.[7]

---

7 Die Paneldatei ist detailliert in Stahl, K. (1991), Harhoff, D./Stahl, K. (1993) und Woywode, M., (1993) beschrieben.

Die nachfolgenden Abbildungen und Aussagen basieren auf einem Unternehmenssample, in dem alle seit November 1989 von CREDITREFORM in den neuen Bundesländern erfaßten Unternehmen enthalten sind. Mit Hilfe dieser Daten läßt sich der ökonomische Transformationsprozeß der ostdeutschen Wirtschaft im Zeitablauf darstellen.

3.1 Gründungsdynamik und -verstetigung im Zeitverlauf

Zur Überprüfung der ersten Hypothese wird zunächst die kumulierte Anzahl aller seit November 1989 monatlich in Ostdeutschland und den neuen Bundesländern gegründeten Unternehmen auf einer Zeitachse abgetragen. Wie in Abbildung 5 dargestellt ist, zeigt sich bereits kurz nach dem Fall der Mauer ein starker Anstieg der Gründungsaktivitäten, der bis Juli 1990 reicht. Im Frühjahr 1990 zeigt sich in den neuen Bundesländern erstmals im Vergleich zu den Verhältnissen in der ehemaligen Deutschen Demokratischen Republik eine merklich erhöhte Gründungsaktivität. Danach verzeichnet CREDITREFORM jeden Monat eine stetig wachsende Anzahl von Gründungen, die im Juli 1990 mit über 19.000 Unternehmensgründungen ihren Höhepunkt erreicht. Im gleichen Zeitraum werden in Westdeutschland durchschnittlich 6.000 bis 10.000 Unternehmensgründungen pro Monat bei CREDITREFORM registriert. Nach dem Juli 1990 ist eine sich in Zyklen stetig abschwächende Gründungsaktivität bis zum Ende des Beobachtungszeitraums im Dezember 1993 zu beobachten. Die zu Jahresbeginn und zu Jahresmitte jeweils auffallend hohen Gründungszahlen erklären sich neben wichtigen gründungsinduzierenden politischen und wirtschaftlichen Ereignissen, die auf diese Monate fallen, aus der Tatsache, daß der 1. Januar oder der 1. Juni häufig zur Abgrenzung des Geschäftsjahres und somit als Gründungszeitpunkt durch den Unternehmer gewählt werden.

Die am 13. Februar 1990 zwischen Bundeskanzler Kohl und Ministerpräsident Modrow getroffene Vereinbarung zur Bildung einer Expertenkommission, welche am 20. Februar 1990 erstmalig zusammenkommt, um die Währungsunion, Wirtschaftseinheit und Sozialunion vorzubereiten, gilt als Startpunkt für anhaltende Gründungstätigkeiten in der ehemaligen DDR. Sowohl die am 18. März 1990 folgenden ersten freien, gleichen und geheimen Wahlen, als auch der am 23. April 1990 von der Bundesregierung geäußerte Vorschlag zur Währungsunion im Rahmen eines Staatsvertrages beflügeln die Erwartungen der Wirtschaftsakteure, und bis Ende April ist die monatliche Zahl der Gründungen auf 10.000 angewachsen. Bereits in dieser frühen Phase der Wiedervereinigung, in der viele Rechtsfragen noch ungeklärt sind, unterstützt die Deutsche Ausgleichsbank schon Existenzgründungen mit Fördergeldern, wie aus dem Geschäftsbericht der DtA 1991 ersichtlich ist.

Abbildung 5: Unternehmensgründungen in Ostdeutschland (1990-1994)

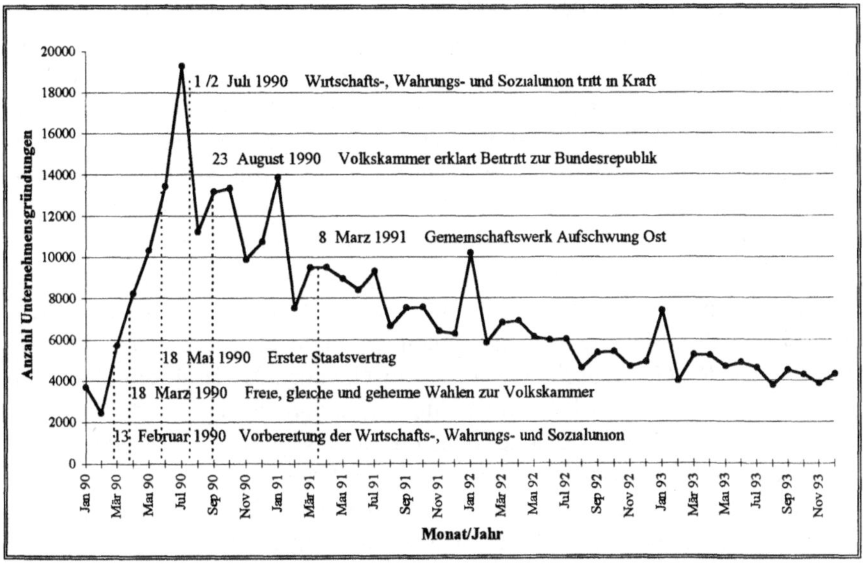

Quelle: eigene Darstellung, ZEW

Die Unterzeichnung des ersten Staatsvertrages über die Schaffung einer Währungs-, Wirtschafts- und Sozialunion am 18. Mai 1990 führt zu einem wahren Gründungsboom in Ostdeutschland, der bis Ende Juli 1990 anhält. Die Anzahl der Unternehmensgründungen steigt von etwa 13.400 Gründungen Ende Mai auf etwa 19.200 zum Ende Juli 1990 an - eine Zahl, die seither nicht annähernd mehr erreicht wird. Dabei ist zu berücksichtigen, daß die hier ausgewiesenen Zahlen keine originären Gründungen sind, sondern daß in diesen Zeitraum viele Umgründungen und Ausgründungen ehemaliger Volkseigener Betriebe fallen, die von CREDITREFORM als Unternehmensgründung mit neuer Rechtspersönlichkeit erfaßt werden (vgl. Felder et al. 1996).

Nach dieser außerordentlichen Gründungsphase schwächt sich die Gründungsdynamik bis Ende 1990 auf ein Niveau von monatlich ca. 11.600 Unternehmen ab. Das Inkrafttreten der Währungs-, Wirtschafts- und Sozialunion, welche die D-Mark zur einheitlichen Währung Deutschlands macht, zieht keine Gründungswelle nach sich. Die erste Gründungseuphorie scheint vorüber. Ein leichter Anstieg der Gründungszahlen ist im September und Oktober 1990 zu verzeichnen. In diesen Monaten erfolgt die Beitrittserklärung der ehemaligen DDR zur Bundesrepublik Deutschland durch die Volkskammer (23. August 1990) und der endgültige Beitritt nach Art. 23 GG am 3. Oktober 1990. Trotz kleiner positiver Tendenzen (Dezember 1990 und Januar 1991) schwächt sich das Gründungsgeschehen bis Ende Februar 1991 auf das seit 10 Monaten niedrigste Niveau ab. Die Wirtschaft reagierte allen Appellen der Politik zum Trotz vielfach zurückhaltend. Mit der Strategie „Aufschwung Ost" wollte die Bundesregierung, nach deutlicher Kritik aller am Transformationsprozeß beteiligten Kräfte, neue Zeichen setzen, um den ausgebliebenen Aufschwung mittels eines „Kickstarts für die Wirtschaft" herbeizuzwingen. Das im März 1991 vorgelegte „Gemeinschaftswerk Aufschwung Ost" stellt ein mit großen Finanzmitteln ausgestattetes staatliches Projekt dar, in dessen Rahmen die Änderung des Steuergesetzes zur Direktförderung betrieblicher Investitionen verabschiedet wurde. Vermutlich ist der zwischenzeitliche leichte Anstieg in den Gründungszahlen ab März 1991 auf erste Wirkungen des Gemeinschaftswerkes Aufschwung Ost zurückzuführen. Im Juni 1991 wurden ca. 8.400 Unternehmensgründungen registriert. Nach diesem zwischenzeitlichen Anstieg sinkt die durchschnittliche Gründungsaktivität stetig auf ein Niveau von 6.000 bis 8.000 Unternehmensgründungen pro Monat bis Mitte 1992 ab. Ab Juli 1992 verstetigen sich die Gründungszahlen und pendeln sich bei monatlich ca. 5.000 Gründungen ein.

Um festzustellen, welche Branchen sich in den neuen Bundesländern etablieren, und ob Unternehmensgründungen in eher investitionsorientierten oder konsumorientierten Bereichen erfolgen, wird der zeitliche Gründungsverlauf in Abhängigkeit von Wirtschaftszweigen untersucht. Es ist zu vermuten, daß - bedingt durch die Mangelwirtschaft, die in der DDR vorherrschte - zunächst Gründungen im konsumnahen Bereich eine gute Chance haben würden. Aber auch Gründungen im Baugewerbe sollten aufgrund des bedeutenden öffentlichen Auftragsvolumens sowie angesichts des Nachholbedarfs im privaten Wohnungsbau gute Aussichten besitzen und damit viele potentielle Unternehmer dazu bewegen, in diesen Branchen ein Unternehmen zu gründen. Die Ergebnisse sind in Abbildung 6 dargestellt.

Die Gründungszahlen werden auf der Ein-Steller-Wirtschaftszweigebene[8] analysiert. Es ergibt sich hierbei folgendes Bild: Der Handel weist durchgehend die höchsten Gründungszahlen auf. Unternehmensgründungen im Bereich „sonstige Dienstleistungen" verzeichnen die zweithöchste Anzahl an

8 Das Statistische Bundesamt schlusselt Wirtschaftsbranchen auf bis zu fünf Ebenen, wobei eine funfstellige Zahl die detaillierteste unternehmerische Tatigkeit beschreibt

Gründungen. In einer Anfangsphase kam es auch zu zahlreichen Gründungen im Produzierenden Gewerbe, doch nahm diese Zahl rasch ab.

Abbildung 6: Das ostdeutsche Gründungsgeschehen nach Branchen 1990 bis 1994

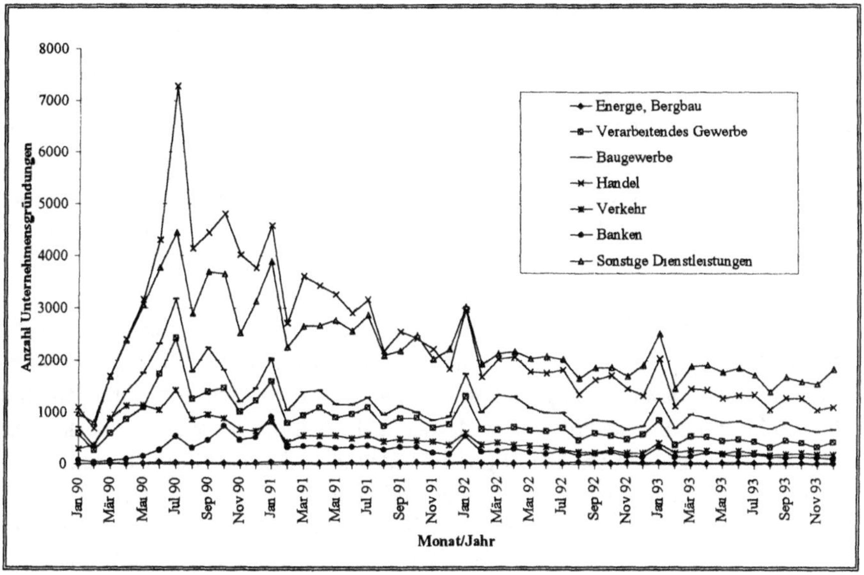

Quelle: eigene Darstellung, ZEW

In diesem Zeitraum nahmen zahlreiche Industrie-Kombinate der DDR ihre Um- bzw. Ausgründung vor. Eine ausgeprägte Gründungstätigkeit hat im Baugewerbe erst relativ spät eingesetzt, sie erweist sich aber im Zeitablauf als vergleichsweise stabil.

Wie nun ist die sich entwickelnde Branchenstruktur in der DDR-Wirtschaft zu bewerten? Der tertiäre Wirtschaftsbereich umfaßt die Wirtschaftszweige Handel, Verkehr, Banken und sonstige Dienstleistungen. 1985 hatten in der ehemaligen DDR alle Dienstleistungen nur einen Anteil von 15 Prozent des Bruttosozialprodukts, während es in der Bundesrepublik bereits 41 Prozent waren, Tendenz steigend. (Informationen zur politischen Bildung 1991: 35) Aus der Abbildung wird deutlich, daß sich die Branchen nach der Unterzeichnung der Währungs-, Wirtschafts- und Sozialunion (18. März 1990) dauerhaft in einer bestimmten Reihenfolge anordneten. Seit April 1990 dominiert der Handel das Gründungsgeschehen, gefolgt von sonstigen Dienstleistungen, dem Baugewerbe und dem verarbeitenden Gewerbe, dem Verkehr, den Banken sowie dem Bereich Energie und Bergbau. Vergleicht man diese Rangfolge nach absoluten Gründungszahlen mit der Rangfolge der absoluten Gründungshäufigkeit in den alten Bundesländern, so läßt sich hier eine bemerkenswerte Übereinstimmung feststellen.

3.2 Agglomerationen im regionalen Gründungsgeschehen

Die Enttäuschung über die wirtschaftliche Entwicklung in den neuen Bundesländern beruht nicht darauf, daß die Besserung der ökonomischen Situation ausbleibt, sondern darauf, daß sie weit langsamer verläuft als ursprünglich gehofft wurde. In welcher beachtlichen Weise sich die Wirtschaftsstrukturen änderten, soll anhand der Beschreibung des Bestands an Industriebetrieben in der DDR 1989 und den im Jahr 1990 von CREDITREFORM erfaßten Unternehmensgründungen erläutert werden.

Betrachtet man die unterschiedliche Konzentration von Industriebetrieben in der ehemaligen DDR, so fällt auf, daß ein Großteil der 3.428 Betriebe in den südlichen Bezirken angesiedelt ist. Die Bezirke Chemnitz, Dresden und Halle führen die Landesordnung in der Anzahl der Betriebe wie auch in der Anzahl der Beschäftigten an. Traditionell handelt es sich hierbei um Regionen mit einst hohen wirtschaftlichen Potentialen und guten Beschäftigungsaussichten.

Die Abbildung 7 beschreibt die Verteilung der Industriebetriebe und Kombinate im Jahr 1989. Den Produktionsschwerpunkt bilden dabei die Industriebereiche Maschinen- und Fahrzeugbau gefolgt von der Leicht- und Lebensmittelindustrie.

Aus der amtlichen Statistik der DDR wird deutlich, daß der Anteil der Arbeitskräfte in Kombinaten und Betrieben der DDR mit mehr als 1.000 Beschäftigten im Jahr 1988 doppelt so hoch war wie in der Bundesrepublik. „In der DDR entfiel durchweg auf den Hauptanbieter ein größerer Produktionsanteil als auf die drei größten Unternehmen im Bundesgebiet zusammen, die sich überdies den Inlandsmarkt mit ausländischen Anbietern teilen mußten." (Härtel/Krüger 1991: 14). Wie die Abbildung verdeutlicht, war das Wirtschaftssystem bestimmt von Monopolen, Konzentration und Staatseigentum. Staatsinterventionismus und Ideologie verhinderten umfassende Markteintritts- und Marktaustrittsentscheidungen. Das statistische Betriebsregister der DDR verzeichnet 1990 131 Kombinate im Bereich der Industrieministerien und 21 Kombinate im Bauwesen. Daneben gab es etwa 20.000 private kleine Unternehmer, Handwerker und Gewerbetreibende. Das heißt der privatwirtschaftliche Anteil an den Unternehmen war in der DDR sehr gering. In Westdeutschland wurde die Anzahl der „Unternehmen" (Unternehmen, Betriebe, Gewerbetreibende) Ende der 80er Jahre auf ca. 2,3 Millionen geschätzt.

Die Umwandlung dieser Kombinate und der mit ihnen verbundenen Betriebe in privatwirtschaftliche Rechtsformen (AG, GmbH) stellte den Anfang einer umfassenden Ausgründungs-, Reprivatisierungs- und Liquidationswelle dar. Die von 1976 an zwangsweise in Kombinate überführten Unternehmen versuchten im Jahre 1990 als erste, ihre Eigenständigkeit zurückzuerlangen. Die Umwandlungsverordnung, die im März 1990 durch die Volkskammer erlassen wurde, war gleichsam der „Startschuß" für die Auflösung und Umgründung von Kombinatsbetrieben. Sie ermöglichte zum einen deren Fortführung, wobei statt der Bezeichnung VEB oder VEK die Bezeichnung GmbH oder AG aufzunehmen waren, zum anderen aber heißt es: „Die umgewandelte Gesellschaft kann auch eine neue Firma gemäß den Rechtsvorschriften annehmen."[9] Dieser Absatz ermöglichte es den bis 1979 zwangsweise zusammengeführten Betrieben, sich von der Kombinatsleitung zu befreien. Ein Großteil der Unternehmen nutzte diese Chance.

Für den Beobachtungszeitraum von Januar bis Ende 1990 läßt sich ein Wandel von einer zentralistischen Planwirtschaft zu einer dezentralen, auf Privateigentum beruhenden Marktwirtschaft anhand der Gründungsaktivitäten eindrucksvoll feststellen.

Wie in der Abbildung 8 ersichtlich, kristallisieren sich nach der Wende prosperierende Wirtschaftsräume und strukturschwache Regionen heraus, wie sie auch in der Bundesrepublik existieren. Städte, die eine kulturelle und wirtschaftliche Tradition aufweisen, lassen sich als bevorzugte Gründungsgebiete ausmachen. Die ehemals nur geringfügig mit Betrieben besetzte Peripherie hat einen deutlichen Zuwachs erfahren. Bevölkerungsstarke Großstädte erweitern ihre Einzugsgebiete, und im Zeitverlauf entstehen unübersehbare Agglomerationen.

9 Gbl. der DDR I, 1990, Nr. 14, § 4, Abs. 4, Satz 2.

Abbildung 7

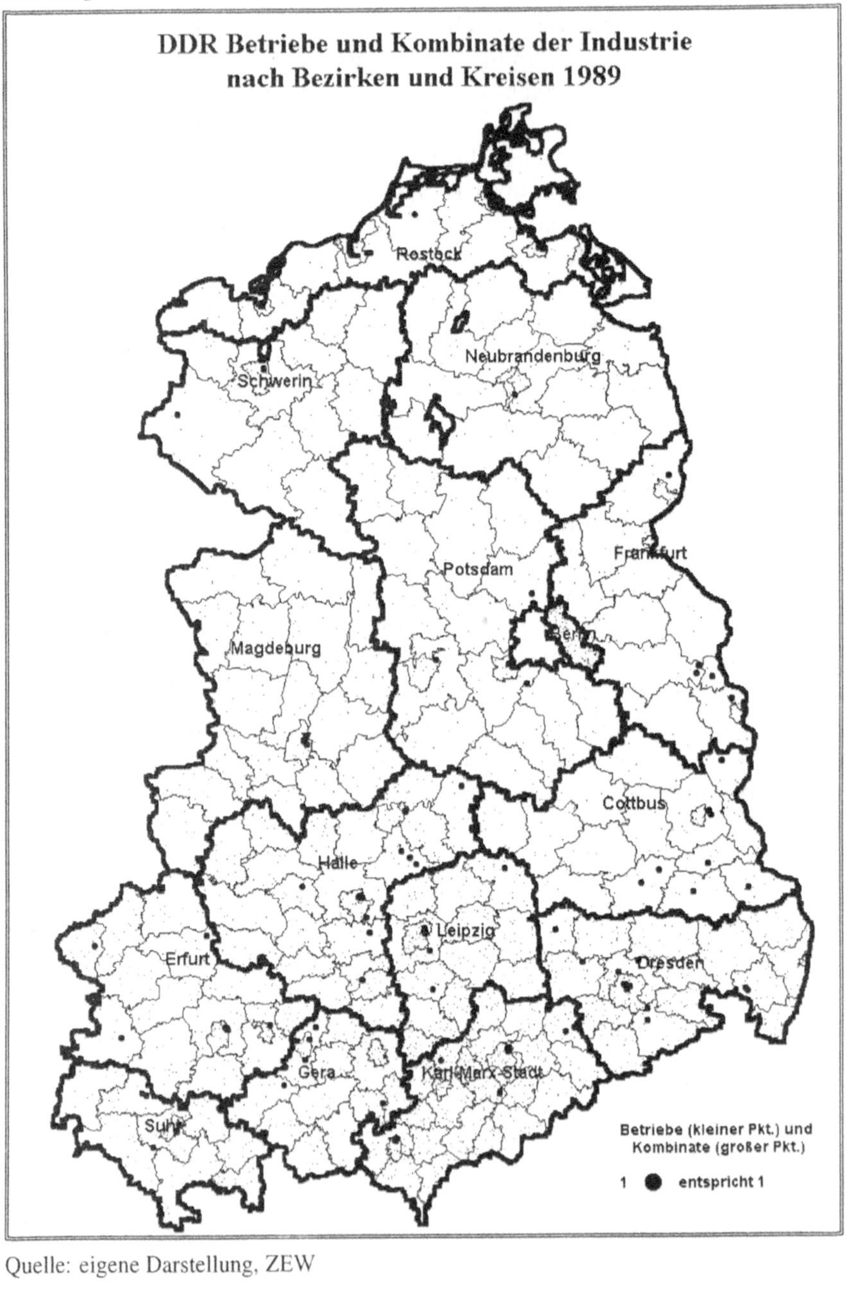

Quelle: eigene Darstellung, ZEW

Rostock, Schwerin und der Südwesten von Berlin erfahren durch ihre vorteilhafte Lage an Ostsee und Binnengewässern einen deutlichen Gründungs- bzw. Niederlassungsaufschwung. Das industrielle Bild in den neuen Bundesländern ist sehr heterogen. Neben neuen „Wohlstandsinseln" verharren große Industrieregionen wie der Braunkohletagebau in der Lausitz oder der Kali- und Kupferbergbau im Mansfelder Land sowie die sächsische Textilindustrie in der Krise. Die z. T. recht ausgeprägten Gründungsaktivitäten dieser Regionen sind nicht ausschließlich positiv zu benennen. Ehemals beschäftigungsintensive Kombinate und Betriebe wurden durch die Treuhand zerschlagen. Viele unrentable Produktionsstätten fanden keine Käufer, wurden stillgelegt oder konnten nicht mehr saniert werden. Zu den auch in Westdeutschland beobachtbaren Phänomenen zählt in diesem Zusammenhang, daß Arbeitnehmer, deren Arbeitsplatz bedroht ist, den Schritt in die Selbständigkeit wagen. Darüber hinaus kam es zu vielen Betriebsweiterführungen durch die eigene Belegschaft. Derartige „Push-Gründungen" besitzen, wie viele empirische Studien zu diesem Thema zeigen (vgl. Brüderl/Preisendörfer/ Ziegler 1992: 1-15), schlechte Erfolgsaussichten und bringen für viele Gründer ein hohes Insolvenzrisiko mit sich. Tiefgreifende strukturelle Wandlungen, wie sie beispielsweise im Ruhrgebiet stattgefunden haben, konnten in nur zwei Jahren nicht vollzogen werden. Eine zögerliche Politik, harter internationaler Wettbewerb und marktwirtschaftliches Kalkül verschärfen zusätzlich die soziale und beschäftigungspolitische Problemlage.

Der hier auf der Basis von Kreditauskunfteidaten festgestellte zeitliche Gründungsverlauf deckt sich mit Angaben anderer Wirtschaftsforschungsinstitute wie dem DIW und dem IWH oder dem IAB, die sich bei ihren Analysen vorwiegend auf Gewerbemeldedaten der Statistischen Landesämter beziehen.

Aus dem Vergleich der Gründungsintensitäten in den einzelnen Jahren (hier nicht dargestellt) wird ersichtlich, daß sich sehr früh gründungsintensive Regionen herausbildeten, die nicht unbedingt mit den hochverdichteten Kernregionen übereinstimmen, sondern eher als Umland zu bezeichnen sind. Die Region zwischen Erfurt, Jena und Leipzig bis hinauf nach Magdeburg weist eine überdurchschnittlich hohe Gründungsintensität auf. Auch die Region um das Chemiedreieck Leuna, Buna, Bitterfeld ist, relativ zu der Anzahl der Erwerbsfähigen in der Region, ein bevorzugter Ort für Unternehmensgründungen, sicherlich begünstigt durch die außerordentlichen Infrastrukturmaßnahmen, die hier geleistet wurden. Interessanterweise scheinen die grenznahen Kreise nur in den seltensten Fällen von der Nähe zu den alten Bundesländern, zur Tschechoslowakei oder zu Polen hinsichtlich der Gründungsaktivitäten profitiert zu haben.

Abbildung 8

Ostdeutschland - Unternehmensgründungen im Produzierenden Gewerbe nach Kreisen 1990

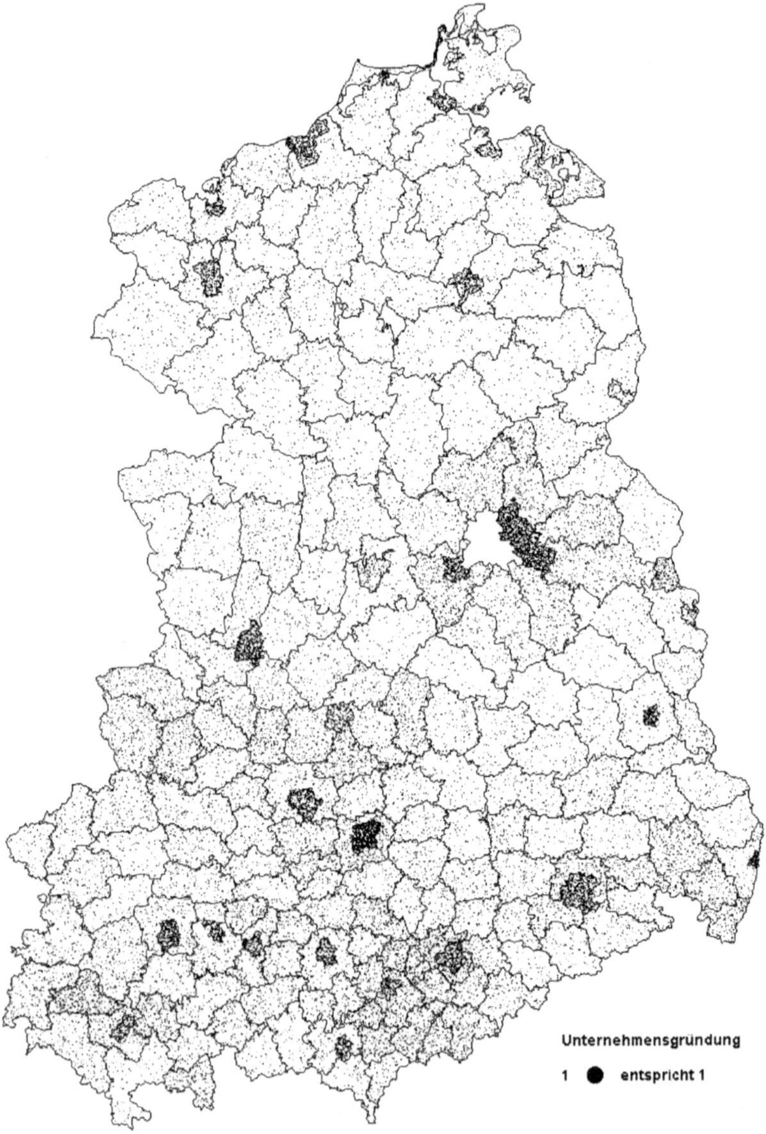

Quelle: eigene Darstellung, ZEW

Eine Ausnahme hiervon bilden die Kreise entlang der Autobahn A2 in Richtung Berlin, zwischen Wolfsburg, Magdeburg, Brandenburg bis nach Berlin. Hier ist eine außergewöhnlich hohe Gründungsaktivität zu verzeichnen. Ebenso war die Region im Osten von Berlin, in Richtung der polnischen Grenze, bei der Unternehmensansiedlung eher begünstigt. Auch Schwerin und die Hafenstadt Rostock verzeichneten eine überdurchschnittlich hohe Unternehmensgründungsintensität. Diese Beobachtungen werfen die Frage auf, inwieweit die infrastrukturelle Ausstattung der Regionen die Gründungsaktivitäten beeinflußt. Insgesamt zeigt sich, daß die Gründungshäufigkeit der Jahre 1990/91 im Zeitverlauf nachgelassen hat.[10] Lediglich einige Regionen in Thüringen sowie im Dreiländereck zwischen Thüringen, Sachsen und Sachsen-Anhalt verzeichnen Ende 1992 noch eine bemerkenswerte Gründungsaktivität. Die vorliegenden Zahlen für das Jahr 1994 lassen vermuten, daß sich die Gründungsdynamik noch weiter abgeschwächt hat. Es muß aber betont werden, daß sich die Gründungsraten lange Zeit auf einem Ausnahmeniveau befunden haben und sich jetzt tendenziell an das Niveau in den alten Bundesländern anpassen.

4. Zusammenfassung

Politik, Wirtschaft und Gesellschaft haben den Gang der Wiedervereinigung Deutschlands entscheidend geprägt. Dabei entwickelten diese Bereiche getrennt voneinander eine Eigendynamik, die nicht kontrolliert oder gesteuert werden konnte. Diese Dynamik, so wurde einleitend erläutert, beschreibt einen Prozeß nachholender Entwicklung. Der „take-off", wie ihn die Modernisierungstheorie beschreibt und in der DDR noch unmöglich war, hat 1990 eingesetzt.

Zwei wichtige Gründe für das unkoordinierte Vorgehen der Anspruchsgruppen im Prozeß der Wiedervereinigung liegen in den unterschiedlichen Zielsystemen der Anspruchsgruppen und den unsicheren Erwartungen in Bezug auf die zukünftige Entwicklung. Die Menschen in den neuen Bundesländern verlangten nach einer Angleichung der Lebensverhältnisse an das Westniveau, die Parteien und ihre Politiker waren um ihre Wiederwahl und den Machterhalt bemüht, die Wirtschaft suchte nach profitablen Anlagemöglichkeiten.

---

10 Eine Betrachtung der absoluten Zahl von Unternehmensgründungen in den einzelnen Regionen ist aufgrund der unterschiedlichen Siedlungsdichte (Einwohner oder Erwerbspersonen pro qkm) nur bedingt aussagekräftig. Es ist für weitergehende regionale Analysen daher notwendig, die Unternehmensgründungen in Relation zur Raumstruktur (Einwohner, Verkehrsanbindungen, Pendlerbeziehungen etc.) zu setzen.

Die abstrakten Zielvorstellungen, wie die Angleichung der Lebensverhältnisse in den alten und neuen Bundesländern, wurden von der Politik und der Wirtschaft in konkrete Maßnahmepläne umgesetzt, wobei sich die Akteure über die Mittel-Zweck-Beziehungen der eingesetzten Instrumente nur begrenzt im klaren waren. Sechs Jahre nach der Wiedervereinigung zeigen sich die ersten Wohlfahrtseffekte, allerdings müssen eine ganze Reihe von Begleiterscheinungen in Kauf genommen werden. Große Teile der wirtschaftlichen, politischen und gesellschaftlichen Strukturen der ehemaligen DDR sind den neuen demokratischen und marktwirtschaftlichen Leitlinien gewichen. Erst nach dieser destruktiven Phase konnte das neue System etabliert werden, daß nun Wirkungen entfaltet, die der Markt determiniert. Der soziale Aspekt der sozialen Marktwirtschaft wird z. B. durch die Bekämpfung von Arbeitslosigkeit auch in den neuen Ländern eine der wichtigsten Herausforderungen für alle gesellschaftlichen Kräfte bleiben.

Am Beispiel der Gründungsaktivitäten in den neuen Bundeslandern zeigte sich die enge Verknüpfung gesellschaftlicher Forderungen, politischer Handlungen und wirtschaftlicher Reaktionen. Die Schaffung von Privateigentum, die weitgehende Freigabe der Preise, die Entwicklung von Existenzförderprogrammen etc. waren wichtige politische Voraussetzungen für ein umfangreiches unternehmerisches Engagement. Innerhalb der letzten Jahre hat ein tiefgreifender Umstrukturierungsprozeß in der ostdeutschen Wirtschaft stattgefunden, der treffend auch als Modernisierungsprozeß bezeichnet werden kann. Der Trend führt hin zu regionaler Differenzierung, Tertiärisierung und einer Entflechtung überholter Wirtschaftsstrukturen. Insofern gleichen sich die ökonomischen Verhältnisse in den neuen Bundesländern denen in den alten Bundesländern an. Die gesellschaftliche Angleichung wird dagegen weitaus mehr Zeit in Anspruch nehmen. Die Bundesregierung, die jeweiligen Landesregierungen und alle Deutschen tragen politisch, finanziell und durch persönliches Engagement ihren Teil zur Verwirklichung der Einheit bei. Angesichts der noch immer großen sozialen Probleme ist die Schaffung einer Solidargemeinschaft aller Bürger wünschenswert, welche dazu beitragen kann, die noch bestehenden Vorbehalte im Westen wie im Osten zu beseitigen.

Es wird deutlich, wie schwierig die Systemtransformation eines planwirtschaftlichen Systems hin zu einem marktwirtschaftlichen System vonstatten geht, und wieviel Zeit sie erfordert. Es läßt sich aus den in dieser Arbeit geschilderten Anpassungsproblemen ermessen, um wieviel schwieriger eine solche Transformation sein muß, wenn kein wirtschaftlich potenter Bruderstaat, der als Referenzsystem dienen kann, zur Seite steht.

Literatur

Allmond, G./Powell, B., 1966: Comparative Politics - System, Process and Policy. Boston/Toronto.

Brüderl, J./Preisendörfer, P./Ziegler, R., 1992: Survival changes of newly founded business organizations. In: American Soiological Review, Vol. 57.

Bundesminister der Finanzen, 1991: Gemeinschaftswerk Aufschwung Ost - Finanzierungshilfen der Bundesregierung. Bonn.

Deutsche Ausgleichsbank, 1990-1994: Jahresberichte. Berlin.

Fier, A./Woywode, M., 1994: Unternehmensgründungen im ostdeutschen Transformationsprozeß. In: ZEW Wirtschaftsanalysen (2. Jg.) 3.

Glaeßner, G.-J., 1990: Modernisierung und Demokratisierung - Die Krise der DDR und die Zukunft des Politischen Systems. In: Deutsche Studien (28. Jg.) 109: 67-79.

Gutmann, G., 1990: Aufgaben und Probleme einer Wirtschaftsreform in der DDR: I. Das Transformationsgebot. In: Deutsche Studien (28. Jg.) 109: 13-23.

Hansel, F., 1993: Die Transformation der ostdeutschen Wirtschaft durch die Treuhandanstalt. In: Glaeßner, Gert-Joachim (Hrsg.): Der lange Weg zur Einheit - Studien zum Transformationsprozeß in Ostdeutschland. Berlin.

Harhoff, D./Stahl, K., 1993: Unternehmensentwicklung in den neuen Bundesländern. In: ZEW Wirtschaftsanalysen (1. Jg.) 1.

Härtel, H./Krüger, R., 1991: Aktuelle Entwicklungen von Marktstrukturen in den neuen Bundesländern. In: Aus Politik und Zeitgeschichte 29.

Kreditanstalt für Wiederaufbau, 1990-1994: Bericht über das Geschäftsjahr. Frankfurt a. M.

Laufer, H., 1991: Das föderative System der Bundesrepublik Deutschland. München.

Merkel, W., 1991: Das geplünderte Deutschland - Die wirtschaftliche Entwicklung im östlichen Teil Deutschlands von 1945-1989. Bonn.

Presse- und Informationsamt der Bundesregierung, 1990: Vertrag zwischen der Bundesrepublik Deutschland und der Deutschen Demokratischen Republik über die Herstellung der Einheit Deutschlands - Einigungsvertrag. Bonn.

Pye, L., 1966: Aspects of Political Development. Boston/Toronto.

Schwarz, R., 1991: Über Innovationspotentiale und Innovationshemmnisse in der DDR-Wirtschaft. In: Wissenschaftszentrum für Sozialforschung, discussion papers, FS IV 91-26, Berlin.

Sinn, G./Sinn, Hans-Werner, 1990: Kaltstart - Volkswirtschaftliche Aspekte der Deutschen Vereinigung. Tübingen.

Stahl, K., 1991: Das Mannheimer Unternehmenspanel - Konzeption und Entwicklung. In: Mitteilungen der Arbeitsmarktlage und Berufsforschung, Vol. 4, No. 3: 735-738.

Statistisches Amt der DDR, 1990: Statistisches Jahrbuch der DDR - 1990. Berlin.

Statistisches Bundesamt, 1993: Sonderreihe mit Beiträgen für das Gebiet der ehemaligen DDR. Heft 4, Stuttgart.

Statistisches Bundesamt, 1994: Sonderreihe mit Beiträgen fur das Gebiet der ehemaligen DDR. Heft 19, Stuttgart.

Turek, J., 1992: Treuhandanstalt. In: Weidenfeld, W./Korte, K.-R. (Hrsg.): Handwörterbuch zur Deutschen Einheit. Bonn/Frankfurt a. M.

Weber, H., 1989: Geschichte der DDR. München.

Weber, H., 1991: DDR - Grundriß der Geschichte 1945-1990. Hannover.

Wetzker, K./Institut für angewandte Wirtschaftsforschung, 1990: Wirtschaftsreport. Berlin.

Woywode, M., 1993: Überlebenschancen von Unternehmen - Eine empirische Untersuchung auf der Basis des Mannheimer Unternehmenspanels. In: ZEW Wirtschaftsanalysen (1. Jg.) 1.

Zapf, W., 1977: Probleme der Modernisierungspolitik. Meisenheim.

Zapf, W., 1991: Die Modernisierung moderner Gesellschaften - Verhandlungen des 25. Deutschen Soziologentages in Frankfurt am Main 1990. Frankfurt/New York.

Zapf, W., 1993: Entwicklung und Sozialstruktur moderner Gesellschaften. In: Korte, H./Schäfers, B. (Hrsg.): Einführung in die Hauptbegriffe der Soziologie. Opladen.

Regionale Wirtschaftsförderung in den neuen Bundesländern

Ein Vergleich von Evaluationen und Weiterentwicklung der Förderung

Jochen Lang

1. Einleitung

Mit der Vereinigung der Deutschen Demokratischen Republik und der Bundesrepublik Deutschland wurde die umfassende Angleichung der beiden Systeme nötig. Entsprechend der politischen Willensbildung im Einigungsprozeß, die Vereinigung als Beitritt der DDR zur BRD nach Artikel 23 des Grundgesetzes zu gestalten, bedeutete das im wesentlichen eine Anpassung der DDR an das in Westdeutschland bestehende gesellschaftliche, politische, rechtliche und ökonomische System.

Das Ziel des wirtschaftlichen Einigungsprozesses liegt folglich in einem nivellierten Wohlstandsniveau und in der strukturellen Anpassung der DDR-Wirtschaft. Über Dauer und Kosten der wirtschaftlichen Transformation gab es bei Beobachtern wie Akteuren zwar zunächst einige Irrtümer. Daß jedoch erhebliche Anstrengungen erforderlich sind, war abzusehen. Die Transferleistungen des Bundes, der westdeutschen Länder und Gemeinden erreichten von Anfang 1991 bis Ende 1995 ein Volumen von brutto rund 980 Milliarden DM. Abzüglich der Rückflüsse aus Steuer- und Verwaltungsmehreinnahmen in den neuen Ländern ergeben sich Nettotransfers in Höhe von rund 780 Milliarden DM. Darunter dürfte sich die Wirtschaftsförderung im engeren Sinne, also die direkte Förderung der gewerblichen Wirtschaft ohne Ausgaben der Treuhand, auf rund 70 Milliarden DM belaufen.

Aus dem übergeordneten Ziel, der Schaffung einheitlicher Lebensverhältnisse, leitete die Bundesregierung eine wachstumsorientierte wirtschaftspolitische Strategie für die neuen Bundesländer ab. Sie setzt sich aus vier Elementen zusammen: Erneuerung des volkswirtschaftlichen Produktionsapparats durch Investitionsförderung, Privatisierung der Staatsunternehmen, Schutz der Menschen durch arbeitsmarktpolitische Maßnahmen sowie Beseitigung von wachstumsmindernden Engpassen z. B. in den Bereichen Infrastruktur oder administrative Entscheidungsprozesse (vgl. Siebert 1993: 5f.).

Den Kern des implementierten Maßnahmenbundels zur Wirtschaftsförderung bildet die direkte Investitionsförderung mit Schwerpunkt auf kleinen und mittleren Unternehmen (KMU).[1] Sie soll im folgenden evaluiert werden. Dabei werden nur allgemeine horizontale Hilfen berücksichtigt und nicht etwa sektor- oder funktionsspezifische Programme, wie z. B. für Forschung und Entwicklung. Die Evaluation beschränkt sich auf eine Wirkungsanalyse, d. h. es wird die Umsetzung des gewählten Instrumentariums untersucht, und es werden dabei nicht alle möglichen oder unmöglichen (politischen) Alternativen berücksichtigt. Auf Grundlage dieser Sekundärevaluation anhand vorliegender Studien wird schließlich versucht, die „Wirkung" von Evaluationen einzuschätzen, indem deren Ergebnissen die Bemühungen der (Landes-) Regierungen zur Verbesserung ihrer Förderpolitik gegenubergestellt werden.

Die Untersuchung der politischen bzw. praktischen Relevanz von Evaluationen ist insbesondere vor dem Hintergrund interessant, daß nach einer ersten Welle der Evaluationsbegeisterung im Zuge der Reformpolitik der sozialliberalen Koalition, einer zweiten Welle zur Legitimation der Budgetkurzungen in der ersten Halfte der achtziger Jahre (vgl. Derlien 1990) heute eine dritte Welle folgt und Evaluationen staatlicher Förderprogramme durch den sanften Druck der Europäischen Kommission zunehmend Bedeutung gewinnen (vgl. Bachtler/Michie 1995). Bereits in den Strukturfondsverordnungen von 1988 bzw. 1993 werden ex-ante-, begleitende und ex-post-Evaluationen der Strukturfondsinterventionen gefordert. Treibende Kraft beim Ausbau von Evaluationssystemen ist die Kommission:

> *„Ein effizientes Finanzmanagement, eine wirksame Erfolgs- und Finanzkontrolle und eine bessere Evaluierung sind nicht nur Leitprinzipien des Verwaltungshandelns, sondern eine der politischen Prioritaten der neuen Kommission."*
> (Wulf-Mathies 1995: 2)

Untersucht wird im folgenden erstens, welche Erfolge die implementierten Fördermaßnahmen erreichen und welche Defizite feststellbar sind; zweitens

1 Wegen der z T. sehr unterschiedlichen in der Literatur verwendeten Definitionen fur KMU gilt im folgenden die beihilferechtliche Definition der EU Danach sind KMU Unternehmen mit bis zu 250 Beschaftigten, einem Jahresumsatz von bis zu 20 Millionen ECU bzw einer Bilanzsumme von bis zu 10 Millionen ECU, die sich zu hochstens 25 Prozent im Besitz von Unternehmen befinden, die keine KMU sind (Amtsblatt der Europaischen Gemeinschaften Nr C 213/2 v. 19. August 1992) Diese Definition ist Grundlage der Beihilfekontrolle der Europaischen Kommission und wird deshalb auch in den meisten Forderprogrammen angewendet

welche Ansätze zur Verbesserung der Förderpolitik es seitens der Landesregierung und der Bundesregierung als zentrale staatliche Akteure gibt.

Dazu werden zunächst sehr knapp die Ausgangslage und die wichtigsten Förderinstrumente umrissen (2. Kapitel). Aus dem aktuellen Stand der Evaluationsforschung wird ein Analyseraster abgeleitet und die ausgewählten Studien werden kurz vorgestellt (3. Kapitel) und ausgewertet (4. Kapitel). Die Lernpfade insbesondere der Landesregierungen werden anhand von Dokumenten wie Beschlüssen von Landesregierungen bzw. Landtagen, Berichten von eingesetzten Arbeitsgruppen u. ä. sowie 14 vom Autor durchgeführten Experteninterviews mit Förderreferenten der Landeswirtschaftsministerien[2] sowie der z. T. geschäftsbesorgenden Sonderkreditinstitute der Länder vergleichend zusammengestellt (5. Kapitel).

2. Ausgangslage und wichtigste Instrumente

Die sukzessive Aufwertung der Mark der DDR gegenüber der DM und schließlich die Wirtschafts- und Währungsunion am 1. Juli 1990 wirkte wie ein exogener Schock auf die DDR-Wirtschaft. Aufgrund der nach Westen abwandernden Nachfrage, rasch steigender Lohnkosten und des Zusammenbruchs des Handels mit RGW-Staaten brachen Produktion und Beschäftigung dramatisch ein. Bereits im zweiten Halbjahr 1990 war die Bruttowertschöpfung nurmehr halb so hoch wie in den ersten sechs Monaten des Jahres (vgl. dazu und zum folgenden DIW/IfW/IWH 1995; DIW/IfW 1991). Neben exogenen Faktoren lagen die Ursachen des Zusammenbruchs jedoch vor allem in der Struktur der DDR-Wirtschaft. Ihre Produktions- und Beschäftigungsstruktur Ende der achtziger Jahre entsprach der Westdeutschlands in den sechziger Jahren. Die Betriebe produzierten mit einem weitgehend abgeschriebenen, technisch veralteten und verschlissenen Kapitalstock und erreichten - bei hoher Umweltbelastung - nur eine niedrige Produktivität und Rentabilität. Ein weiteres zentrales Problem bildete der desolate Zustand der Infrastruktur. Das veraltete Telekommunikationsnetz konnte die boomende Nachfrage nicht annähernd befriedigen; ähnliche, wenn auch weniger gravierende Engpässe bestanden im Verkehrsbereich. Vor allem wegen ungeklärter

---

2 Die Bemühungen des Thüringer Wirtschaftsministeriums konnen dabei leider nur sehr allgemein erfaßt werden, weil sich - im Gegensatz zu den funf anderen Landesregierungen - das Erfurter Ministerium trotz aller Bemuhungen des Autors nicht willens oder in der Lage zeigte, dazu Auskunfte zu erteilen

Eigentumsfragen aufgrund des Prinzips „Rückgabe vor Entschädigung" zeichnete sich rasch ein Mangel an Gewerbeflächen und -räumen ab.

Im Rahmen von Unternehmensbefragungen konnten folgende zentralen Probleme festgestellt werden: fehlende Finanzierungsmittel für Investitionen; unzureichende eigene Vertriebswege; zu hoher Personalbestand; unzugängliche fremde Vertriebswege; veraltete Anlagen; zu schnell steigende Löhne; unzureichende Infrastruktur; zu große Anlagen und Bauten; fehlendes Vertrauen der Kunden; unzureichende Qualifikation der Mitarbeiter; zu strenge gesetzliche Produktionsauflagen; unzureichende Produktqualität. In zahlreichen Erhebungen werden zu geringes Eigenkapital und daraus folgende Liquiditätsschwächen als zentrale Unternehmensprobleme genannt. Verschärft wird die geringe Eigenkapitalbasis durch den daraus resultierenden Mangel an Kreditsicherheiten und durch die nur sehr begrenzt zu verkraftenden Zahlungsausfälle oder -verzögerungen.

Nachdem für eine wirtschaftspolitische Herausforderung, wie sie die Vereinigung der beiden deutschen Staaten darstellt, keine fertigen Konzepte vorlagen und auch keine Zeit bestand, sie auszuarbeiten, wurde mit dem Einigungsvertrag das westdeutsche Instrumentarium der regionalen Wirtschaftsförderung in wesentlichen Teilen übertragen. Anpassungen erfolgten hinsichtlich des Begünstigtenkreises, der Förderintensität sowie der Zugangsmöglichkeiten (vgl. Lichtblau 1995: 77; Heimpold/Junkernheinrich/ Skopp 1994: 31). Im Zentrum der Investitionsförderung stehen die Gemeinschaftsaufgabe „Verbesserung der regionalen Wirtschaftsstruktur" (GA), die Investitionszulage, die Sonderabschreibungsmöglichkeiten sowie Darlehensprogramme des Bundes, die von den Sonderkreditinstituten Deutsche Ausgleichsbank (DtA) und Kreditanstalt für Wiederaufbau (KfW) abgewickelt werden. Die europäische Strukturfondsförderung erfolgt im Bereich der Investitionsförderung bis 1994 durch die Kofinanzierung der GA. Die Implementation der Förderung erfolgt durch die einzelnen Länder, deren Sonderkreditinstitute, die Sonderkreditinstitute des Bundes sowie die Finanzämter.

Die seit 1970 in den alten Ländern implementierte GA wurde insbesondere durch eine Erhöhung der Fördersätze und die Erklärung des gesamten Gebiets der neuen Länder zum Fördergebiet angepaßt. Die Länder können (und tun dies z. T. seit 1992) regionale Förderschwerpunkte definieren, allgemein wird jedoch zumindest in den ersten Jahren ohne regionale Differenzierung gefördert. Deshalb und wegen der massiven nicht regional konditionierten Förderung durch die anderen Instrumente kann kaum mehr von *regionaler* Wirtschaftsförderung im eigentlichen Sinne gesprochen werden. Die Höchstfördersätze der GA betragen in Abhängigkeit von der Investitionsart 15 bis

23 Prozent und können bei Kumulierung mit anderen Instrumenten um maximal 12 Prozent überschritten werden. Von Bund, Ländern und EU wurden 1990 bis 1995 GA-Zuschüsse mit einem Gesamtvolumen von rund 40 Milliarden DM finanziert. Im Gegensatz zur GA besteht auf die Gewährung der Investitionszulage von zunächst 12 Prozent ein Rechtsanspruch bei Erfüllung der Fördervoraussetzungen. Sie wurde in Abweichung zur Praxis in den alten Ländern nicht an die GA gebunden, sondern auch den Unternehmen gewährt, die die GA-Kriterien, wie z. B. überregionalen Absatz, nicht erfüllen. Das Volumen der durch die Finanzämter geleisteten Investitionszulagen betrug von 1991 bis 1995 rund 19 Milliarden DM. Ab 1. Juli 1992 wurde die Investitionszulage auf 8 Prozent reduziert, seit 1993 wurde nach Branchen differenziert und für lokale Investoren eine auf 20 Prozent erhöhte Zulage gewährt. Für abnutzbare Wirtschaftsgüter können im ersten und den folgenden vier Jahren Sonderabschreibungen von 50 Prozent der Anschaffungs- bzw. Herstellungskosten in Anspruch genommen werden. Zwischen 1991 und 1995 ergaben sich daraus Steuermindereinnahmen von rund 20,5 Milliarden DM. Bei den „großen" Darlehensprogrammen sind insbesondere das Eigenkapitalhilfeprogramm (EKH) und die ERP-Programme von Bedeutung. EKH-Darlehen sind in den ersten zehn Jahren tilgungsfrei, werden in den ersten sechs Jahren niedrig verzinst, es sind keine Sicherheiten erforderlich, und das Darlehen haftet im Insolvenzfall mit. Von 1990 bis 1995 wurden zur Finanzierung der revolvierenden Kredite rund 3,5 Milliarden DM Zinszuschüsse aufgewendet. Aus dem ERP-Sondervermögen werden für KMU verschiedene Kredite zu Zinsen unter dem Marktniveau gewährt. Weitere Vergünstigungen bestehen in den langen Laufzeiten von bis zu 20 Jahren, tilgungsfreien Jahren sowie der jederzeitigen Rückzahlbarkeit. Von März 1990 bis Juli 1995 wurden insgesamt 484.964 Kredite mit einem Volumen von 39,4 Milliarden DM von KfW und DtA über die Hausbanken vergeben.

Die Unternehmen können die meisten Förderprogramme mit anderen kumulieren. Somit ist sowohl für die Zielgruppe der Programme als auch für eine Evaluation weniger das einzelne Programm als vielmehr der für das jeweilige Unternehmen gemischte „Fördercocktail" von Interesse. Das hat jedoch auch zur Folge, daß kaum die Wirkungen einzelner Programme erfaßt werden können.

3. Analyseraster und ausgewertete Studien

Vor der Zusammenfassung der Ergebnisse ausgewählter Studien soll in sehr knapper Form ein Überblick über Methoden zur Evaluation von (Wirtschafts-) Förderprogrammen gegeben werden.[3] Daraus kann ein Raster für die Auswertung der methodisch teils sehr unterschiedlichen Studien abgeleitet werden.

Die verschiedenen in der Literatur aufzufindenden Begriffe sind ein Grund für die bisweilen mangelnde Übersichtlichkeit der Methodenliteratur, weil kaum Konsens über ihre jeweilige Verwendung besteht. Zahlreiche Begriffe werden teils synonym, teils mit sehr unterschiedlichen Bedeutungen gebraucht. Deshalb soll im folgenden kurz festgelegt werden, was mit den zentralen Begriffen (in diesem Beitrag) gemeint ist.

Abbildung 1: Evaluationsmethoden

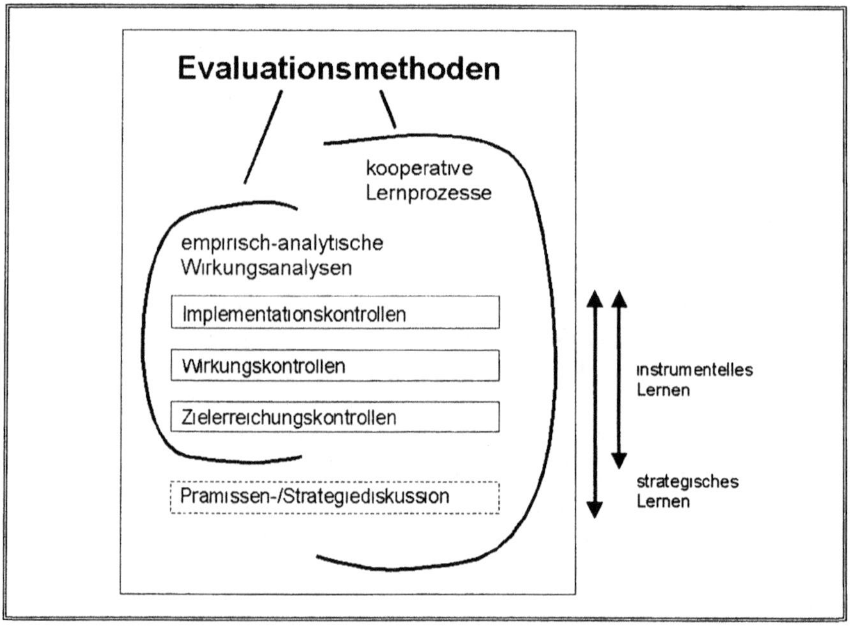

In der vorliegenden Literatur überwiegen empirisch-analytische Wirkungsanalysen, bei denen unter Verwendung von überwiegend quantitativen Methoden versucht wird, Kausalitätshypothesen über die Wirkung von Pro-

3 Dieser Überblick beruht im wesentlichen auf Rossi/Freeman 1985, Frankenfeld 1994, Finne/Levin/Nielssen 1995; Hellstern/Wollmann (Hrsg.) 1984, Hembach 1980, Hubener/Halberstadt 1976; Naschold 1994 sowie Beywl 1988

grammen zu testen. Diese Vorgehensweise wird jedoch notwendigerweise durch qualitative Methoden ergänzt, um rein-quantitative Werte anzureichern, einzuordnen bzw. erläutern zu können. In der zeitlichen Dimension dominiert die ex-post-Perspektive.

Hinsichtlich der methodischen Vorgehensweise und der Reichweite der einzelnen Analyseschritte können die vier Ebenen Implementationskontrolle, Zielerreichungskontrolle, Wirkungskontrolle und Prämissen- bzw. Strategiediskussionen unterschieden werden (vgl. Abb. 1).

Bei Implementationskontrollen, dem notwendigerweise ersten Schritt von ex-post-Evaluationen, wird ein Vergleich der konkreten Handlungsabsichten mit den tatsächlichen Handlungen durchgeführt. Die den Programmen zugeteilten Ressourcen können den bewilligten bzw. abgeflossenen Mitteln gegenübergestellt werden. Qualitativ kann insbesondere die Beratungs- und Bearbeitungsleistung der Programmverwaltung geprüft werden. Die Frage des nächsten Schritts, der Zielerreichungskontrolle, lautet: Wurden die politisch gesetzten Handlungsziele erreicht? Dazu ist meist zunächst eine Operationalisierung der in den Programmdokumenten niedergelegten Ziele erforderlich. Die anhand der Entwicklung der entsprechenden Indikatordaten feststellbaren sozioökonomischen Veränderungen können dann argumentativ den Programmen zugeschrieben werden. Auch hierbei handelt es sich jedoch noch um eine Vorstufe der eigentlichen Wirkungskontrolle. Damit soll schließlich nachgewiesen werden, ob die feststellbaren sozioökonomischen Veränderungen auf die Programme rückführbar sind. Dies bildet den methodisch schwierigsten Teil von Wirkungsanalysen. Weil bisher keine praktikablen Wege absehbar sind, die sich stellenden methodischen Probleme zu lösen, werden überwiegend zwei Wege beschritten, um sich Wirkungskontrollen zu nähern:

1. Die Berechnung von Subventionswerten bzw. der Reduzierung von Kapitalnutzungskosten durch Investitionsförderung sowie
2. die Befragung der geförderten Unternehmen.

Um die begrenzte Reichweite und die inhärenten Schwächen dieser Methoden zu kompensieren, sollten möglichst beide (und weitere) kombiniert werden; also „multi-method impact assessments" (Rossi/Freeman 1985: 221) angewendet werden.

Mit aus Implementations-, Zielerreichungs- und Wirkungskontrollen bestehenden Evaluationen ist nur zweckrationales, also instrumentelles Lernen möglich, weil nicht notwendigerweise die den Maßnahmen zugrundeliegenden Prämissen bzw. die gewählte Strategie evaluiert werden. Strategisch-paradigmatisches Lernen wird erst möglich, wenn diese Ebene in die Evaluation einbezogen wird. Diese Ebene kann jedoch dann ausgeklammert werden, wenn lediglich der bereits in Förderprogramme umgesetzte politische Wille evaluiert werden soll, wie das in den ausgewählten Arbeiten überwiegend geschieht.

Zur Wirtschaftsförderung in den neuen Ländern liegt inzwischen ein sehr breites Spektrum an Veröffentlichungen vor. In einem großen Teil davon werden Evaluationen vorgenommen, allerdings meist nur in einem sehr weiten Sinne. Prämissen- bzw. Strategiediskussionen finden sich sehr häufig, sie werden allerdings meist nur mit einzelnen Aspekten der anderen drei methodischen Ebenen (s.o.) unterfüttert. Um aus dem sehr heterogenen Bestand an vorliegenden zugänglichen Arbeiten eine verwertbare Auswahl zu treffen, wurden die folgenden Kriterien angewendet: Mindestens eines der wichtigsten (Groß-)Programme wird untersucht; die zeitliche Perspektive ist ex-post; die Maßnahmen werden anhand eines offen dargelegten Wirkungsmodells evaluiert. Bei letzterem handelt es sich um das wichtigste bzw. „härteste" Kriterium, denn diese Anforderung wird von den meisten vorliegenden Arbeiten nicht erfüllt.

Vier der acht ausgewählten Studien sind im Auftrag von Bundes- bzw. Landesministerien erstellte Gutachten (ifo/IWH 1994a; ifo/IWH 1994b; Heimpold/Junkernheinrich/Skopp 1994; RBF 1995). Zwei kleinere Arbeiten konzentrieren sich auf Wirkungskontrollen in Form der Berechnung von Subventionswerten (Frank 1993; Lichtblau 1993). Alle anderen Studien erfassen alle drei hier interessierenden methodische Ebenen. In ihnen wird neben anderen Methoden zur Wirkungskontrolle auch jeweils eine Unternehmensbefragung ausgewertet. Zwei Studien haben einen regionalen Schwerpunkt: Krüger et al. (1994) untersuchen Brandenburg, Heimpold/Junkernheinrich/Skopp (1994) beschränken ihre Analyse auf Sachsen-Anhalt. Alle anderen ausgewählten Studien erfassen die Förderung in ganz Ostdeutschland.

Die Frage nach den Erfolgen und Defiziten nach fünf Jahren Investitionsförderung in Ostdeutschland kann in Form einer Zusammenfassung der Ergebnisse der ausgewerteten Studien beantwortet werden (4. Kapitel). Die ermittelten Erfolge und Defizite der Förderpolitik bilden die Grundlage für die Einschätzung der bereits ergriffenen Ansätze zur Verbesserung der Förderpolitik (5. Kapitel) sowie für die Politikempfehlung dazu (6. Kapitel).

4. Erfolge und Defizite

Das insgesamt geförderte Investitionsvolumen sowie die damit geschaffenen bzw. gesicherten Arbeitsplätze können leider nicht beziffert werden, weil aufgrund der Kumulierungsmöglichkeiten der einzelnen Programme jeder Arbeitsplatz und jede investierte DM so oft in der Förderstatistik erscheinen, wie viele verschiedene Fördermöglichkeiten dafür in Anspruch genommen wurden.

Als Kennzahlen können jedoch die durch die einzelnen Programme geförderten Investitionen und z. T. Arbeitsplätze[4] verwendet werden:

- Aus Mitteln der GA wurden von Oktober 1990 bis Ende 1995 27.832 Investitionsvorhaben mit einem Investitionsvolumen von rund 133 Milliarden DM mit Zuschüssen von 24 Milliarden DM gefördert. Bis Ende 1994 wurden mit GA-Zuschüssen 493.625 Arbeitsplätze zusätzlich geschaffen sowie 334.627 gesichert. Das durchschnittliche Zuschußvolumen je Vorhaben belief sich auf 923.900 DM, je geförderten Arbeitsplatz wurden durchschnittlich 27.600 DM bewilligt. Der durchschnittliche tatsächliche Fördersatz als Anteil der Zuschüsse am geförderten Investitionsvolumen betrug 18,2 Prozent (Deutscher Bundestag 1993a, 1994, 1995a).
  Die durchschnittlichen Investitions- und Beschäftigungseffekte der GA-Förderung werden von wenigen Großprojekten mit sehr hoher Kapitalintensität verzerrt. Einen Beleg für diese These bietet die Vergabestatistik 1993 von Sachsen-Anhalt: Auf die Gruppe Chemie, Spalt- und Brutstoffe, Mineralölverarbeitung entfielen zwei Drittel des Investitionsvolumens, aber nur 16 Prozent der Beschäftigungseffekte. Die Kapitalintensität lag mit 1.048.000 DM je geförderten Arbeitsplatz fast um das Vierfache über dem Durchschnitt des verarbeitenden Gewerbes (Heimpold/Junkernheinrich/Skopp 1994: 109).
- Zu Investitionszulagen und Sonderabschreibungen werden keine differenzierten Vergabestatistiken geführt. Hier muß sich folglich mit dem input-Volumen begnügt werden. Demnach wurden bis Ende 1995 Investitionszulagen in Höhe von 19,1 Milliarden DM sowie Sonderabschreibungen in Höhe von 20,5 Milliarden DM gewährt (BMWi).
- Von April 1990 bis Juli 1995 wurden 138.301 EKH-Darlehen vergeben mit einem Gesamt-Kreditvolumen von 14,3 Milliarden DM. Die durchschnittliche Darlehenshöhe belief sich damit auf 103.400 DM (DtA 1991-1995; BMWi 1995a).
- Aus dem ERP-Sondervermögen wurden von April 1990 bis Ende 1994 Kredite zur Förderung von Aufbauinvestitionen in Höhe von 12,3 Milliarden DM vergeben. 1995 waren es laut Haushaltsansatz ein ERP-

---

4 Hierbei handelt es sich allerdings um reine output-Daten aus den Förderstatistiken. Sie sagen nur aus, daß x DM Investitionen oder y Arbeitsplätze *gefördert* wurden, jedoch nichts darüber, ob diese Investitionen oder Arbeitsplätze *aufgrund der Förderung* zustande kamen.

Kreditvolumen von insgesamt 9,8 Milliarden DM, darunter 3,2 Milliarden für Aufbauinvestitionen (Deutscher Bundestag 1991, 1993b, 1995b).

- Die Darlehensförderung gewerblicher Investitionen durch die KfW in den neuen Ländern insgesamt erreichte bis zum 30. September ein Zusagevolumen von 41,3 Milliarden DM. Damit wurden 87,3 Milliarden DM Investitionen sowie 2,3 Millionen gesicherte bzw. neugeschaffene Arbeitsplätze gefördert. Das durchschnittliche Kreditvolumen betrug ca. 450.000 DM. Mit der gesamten KfW-Förderung für den industriellen Mittelstand[5] wurden bis Ende 1993 rund 920.000 Arbeitsplätze gesichert bzw. geschaffen. Durchschnittlich beabsichtigten die geförderten Unternehmen, 8 zusätzliche Mitarbeiter einzustellen. Je investierte Million DM wurden durchschnittlich 2 neue Arbeitsplätze geschaffen. Die durchschnittliche Investition lag je Unternehmen bei 4 Millionen, je Beschäftigten bei 38.100 DM/Jahr (KfW 1995; Seidel 1994).

Die Aussagekraft dieser Zahlen ist vor allem aus zwei Gründen begrenzt: Einerseits beziehen sie sich auf einzelne Programme, Investitionsvorhaben werden jedoch in der Regel zugleich aus verschiedenen Programmen gefördert; andererseits handelt es sich bei den ohnehin nur sehr lückenhaft vorliegenden Daten lediglich um von den Antragstellern angegebene Planwerte, bzw. um reine Additionen der Vergabefälle und des jeweiligen Förder-/Kreditvolumens.

Brauchbarere Aussagen liefern dagegen die Ergebnisse der Studien, die anhand der drei verwendeten Ebenen (Implementationskontrollen; Zielerreichungskontrollen; Wirkungskontrollen) des Auswertungsrasters zusammengefaßt werden:

4.1 Implementationskontrollen

Verteilung nach Unternehmens- bzw. Vorhabengröße

Die detailliertere Auswertung der Vergabestatistik zeigt, daß aufgrund der zugrundeliegenden Strategie und der Programmierung der Instrumente tendenziell kapitalintensive Investitionsprojekte gefördert wurden. Das durchschnittliche GA-geförderte Investitionsvolumen je geschaffenen bzw. gesicherten Arbeitsplatz liegt bei rund 150.000 DM (vgl. Deutscher Bundestag 1995a: 186-196). Dieser Durchschnittswert sagt allerdings noch nichts uber

5 Hier definiert als Unternehmen des produzierenden Gewerbes (ohne Handwerk) bis zu einem Umsatz von 1 Milliarde DM (entsprechend der Fordergrenze des KfW-Mittelstandsprogramms).

die tatsächliche Streuung aus. Für Sachsen-Anhalt konnte ermittelt werden, daß zwar kleinere Investitionsprojekte bei der Anzahl der Förderfälle überwiegen, jedoch beim vergebenen Zuschußvolumen deutlich die meist kapitalintensiveren Großprojekte dominieren (Heimpold/Junkernheinrich/Skopp 1994: 87). Die Beschäftigungseffekte dürften jedoch bei kleineren Projekten tendenziell höher sein: Die Analyse der Vergabedaten der KfW-Förderung für den industriellen Mittelstand[6] ergab, daß in kleineren Unternehmen[7] durchschnittlich drei Arbeitsplätze je investierter Million DM geschaffen wurden gegenüber nur zwei je Millionen DM im gesamten industriellen Mittelstand. Vor allem in den ersten Jahren war an der KfW-Förderung des industriellen Mittelstands ein großer Anteil an Unternehmen mit weniger als 20 Beschäftigten beteiligt. Hier dürften vor allem Neugründungen ins Gewicht fallen (vgl. Seidel 1994: 13-14).

Regionale Verteilung

Der durchschnittlicher Fördersatz der GA betrug 18,2 Prozent. Die einzelnen Länder förderten aber offensichtlich nach unterschiedlichen Strategien: In Sachsen wurden je Arbeitsplatz die niedrigsten Zuschüsse bewilligt, entsprechend liegt im Freistaat auch der durchschnittliche Fördersatz mit 16,3 Prozent am niedrigsten. In Brandenburg dagegen wurde mit 20,4 Prozent der höchste durchschnittliche Fördersatz erreicht. Mit 45.500 DM Zuschuß je Arbeitsplatz erreichte Brandenburg auch in dieser Kategorie die höchsten Werte. In Brandenburg sind die geförderten Investitionsprojekte mit Investitionen je Arbeitsplatz von 223.300 DM auch die kapitalintensivsten. Das höchste Investitionsvolumen je Vorhaben wurde mit 8,6 Millionen DM in Sachsen-Anhalt erreicht. Allerdings sind diese Projekte offenbar auch arbeitsintensiver als in Brandenburg, denn die Investitionen je Arbeitsplatz (202.900 DM) wie auch die Zuschüsse je Arbeitsplatz (36.500 DM) fallen geringer aus als in Brandenburg. In Thüringen lag der Schwerpunkt der Förderung offenbar bei kleineren Projekten: Die Investitionen lagen bei 3,5 Millionen DM, die Zuschüsse bei 678.100 DM je gefördertem Vorhaben. Seit 1990 nehmen Investitions- und Zuschußvolumen je Projekt ab. Allerdings lagen 1993 die Investitionen je Arbeitsplatz mit 174.300 DM deutlich höher als 1990/91 mit 119.600 DM. Leider liegen keine aktuelleren nach Arbeitsplätzen differenzierten Daten vor (vgl. Deutscher Bundestag 1993a; 1994; 1995a; Bundesamt für Wirtschaft).

---

6 Hier: Unternehmen des verarbeitenden Gewerbes mit bis zu einer Milliarde DM Umsatz
7 Hier: Unternehmen mit bis zu 50 Mitarbeitern

In der Programmierung der Förderdarlehen gibt es keine länderbezogene Präferenz. Die Abweichung der Anteile der Länder an den gewährten Förderkrediten von den Bevölkerungs- bzw. BIP-Anteilen der Länder fällt insgesamt folglich gering aus. Es besteht lediglich ein gewisses Süd-Nord-Gefälle aufgrund der vorhandenen industriellen Zentren (Seidel 1994: 17) sowie insgesamt ein geringerer Anteil an EKH-Darlehen sowie KfW-Krediten für KMU in Gebieten mit eher ländlicher Struktur (vgl. DtA 1991-1995; KfW 1995; RBF 1995).

Die in einigen Ländern bereits früh regional differenzierte GA scheint - zumindest 1992 in Brandenburg - nicht als regionalpolitisches Instrument zu greifen. Das kann aus der ähnlichen, bzw. teilweise ungünstigeren[8] Verteilung der GA-Mittel im Vergleich mit den Mitteln regional nicht konditionierter Programme geschlossen werden. Abgesehen davon dürfte angesichts der Breite des aufgelegten Instrumentariums jede regionale Schwerpunktsetzung konterkariert worden sein (vgl. Krüger et al. 1994: 34f.).

In Sachsen-Anhalt wird die GA-Förderung im Gegensatz zu Brandenburg bisher nicht regional differenziert. Heimpold/Junkernheinrich/Skopp (1994) ermitteln für das Jahr 1993 folgende regionalen Schwerpunkte der GA-geförderten Pro-Kopf-Investitionen: Entlang bestehender bzw. projektierter Verkehrsachsen werden fast fünfmal höhere Werte erreicht als in anderen Regionen (Heimpold/Junkernheinrich/Skopp 1994: 72). Im Umland der Kernstädte sind durchgängig 1,6-5,7fach höhere Pro-Kopf-Investitionen feststellbar als in den Städten selbst. Die Gründe dafür dürften in den allgemeinen Agglomerationsvorteilen der Kernstädte liegen, von denen das jeweilige Umland besser profitieren kann - weil mehr Flächen für größere Betriebe verfügbar sind, die zudem weniger durch Restitutionsansprüche blockiert sind, weil die Verkehrsengpässe geringer sind u.a. (Heimpold/Junkernheinrich/Skopp 1994: 78f.). Demgegenüber bleiben die ländlichen Regionen Sachsen-Anhalts deutlich zurück: Die Pro-Kopf-Investitionen liegen bei einem Viertel des Landesdurchschnitts (Heimpold/Junkernheinrich/Skopp 1994: 78f.).

Verteilung nach Branchen

Hinsichtlich der Verteilung der Förderung nach Branchen sind besonders wenig auswertbare Daten verfügbar. Für die KfW-Förderung im industriellen

8 „Ungünstig" heißt in diesem Zusammenhang: entgegen der mit der regionalen Differenzierung der Förderkulisse angestrebten Verteilung.

Mittelstand[9] bis Ende 1993 zeigt sich, daß die Grundstoff- und Produktionsgüterindustrie einen seit 1990 stetig steigenden Anteil am geförderten Investitionsvolumen genießt. Das dürfte vor allem auf den Bereich Steine und Erden entfallen, der von der starken Baukonjunktur profitiert. 1993 ist erstmals ein Rückgang erkennbar, offenbar ist der Aufbau von Kapazitäten bereits weit fortgeschritten (vgl. ifo/IWH 1994a: 59; Seidel 1994: 15). Der Anteil der Investitionsgüterindustrie hat seit 1992 stark zugenommen, vor allem der Stahl- und Leichtmetallbau sowie die Elektrotechnik. Auch diese Bereiche profitieren von der Bautätigkeit sowie der Modernisierung der Nachrichten- und Schienenverkehrsinfrastruktur (vgl. Seidel 1994: 16f.). In der Nahrungs- und Genußmittelindustrie wurden offenbar bereits relativ früh notwendige Investitionen getätigt, weil vergleichsweise schnell der Umstrukturierungsprozeß geschafft wurde. Dieser Bereich profitierte von regionalem Absatz sowie der zunehmenden Neigung der Verbraucher, wieder mehr heimische Produkte nachzufragen (vgl. ifo/IWH 1994a: 59; Seidel 1994: 17).

In Sachsen-Anhalt wurde 1993 aus der GA überwiegend das verarbeitende Gewerbe gefördert: 90 Prozent der Vorhaben und 96 Prozent der Investitionen und der Zuschüsse entfielen darauf (vgl. Heimpold/Junkernheinrich/Skopp 1994: 84). Innerhalb des verarbeitenden Gewerbes dominieren mit 64 Prozent der geförderten Investitionen eindeutig Chemie, Spalt- und Brutstoffe und Mineralölverarbeitung (vgl. Heimpold/Junkernheinrich/Skopp 1994: 86).

Administrative Probleme

Trotz des umfangreichen Informationsangebots über die zahlreichen Förderprogramme für Unternehmen in den neuen Ländern werden in den ausgewerteten Studien erhebliche Informationsprobleme festgestellt. Das führt häufig dazu, daß eigentlich förderfähige Projekte nicht gefördert werden, weil das Unternehmen erst nach Projektbeginn von der Fördermöglichkeit erfährt (vgl. Haus 1992: 14f.). Als Informationsmakler haben RBF zufolge Hausbanken, gefolgt von Steuer- und Unternehmensberatern die größte Bedeutung. Den Kammern kommt eine vergleichsweise geringe Bedeutung zu (RBF 1995: 30, 44).

Bei vorliegender unzureichender Information liegt die Frage nach den Beratungsleistungen nahe. Neben den Beratungsstellen der öffentlichen Institutionen kommt dabei den Geschäftsbanken eine zentrale Rolle zu. Als Hausbanken sind sie in die Finanzierungsberatung automatisch eingebunden, zu-

9 Hier definiert als Unternehmen des produzierenden Gewerbes (ohne Handwerk) bis zu einem Umsatz von 1 Milliarde DM (entsprechend der Fordergrenze des KfW-Mittelstandsprogramms) (Seidel 1994: 8).

dem laufen insbesondere die Darlehensprogramme nach dem Hausbankverfahren, d. h. die Hausbank stellt für den Unternehmer den Förderantrag. Die geförderten Unternehmen äußern insbesondere folgende Kritik: zu wenig individuelle und engagierte Beratung, keine optimalen Finanzierungslösungen im Sinne der maximalen Ausschöpfung öffentlicher Fördermöglichkeiten, zu viel Verkauf/Mitverkauf eigener (teurerer) Finanzierungsangebote, die häufig für das Unternehmen nicht erforderlich seien (Haus 1992: 16, 24):

Die Kritik zielt nur hinsichtlich der ersten Jahre auf mangelnde Qualifikation der Kreditsachbearbeiter. Sie ist vielmehr eine logische Konsequenz des rationalen Verhaltens von Banken (vgl. ifo/IWH 1994b: 87ff.). Zunächst kann davon ausgegangen werden, daß die eigenen Finanzierungsangebote für die Bank lukrativer sind; des weiteren bestehen für die Banken z. T. nur geringe Margen (Haus 1992: 16, 24). Bei Kleinkrediten von DM 10.000 und einer üblichen Marge von 1 Prozent (vgl. Existenzförderung ...: 1) ergibt sich für das Institut kaum ein hinreichend großer Anreiz. Schließlich nimmt die Beratungs- und Finanzierungsbereitschaft der Bank ab, je unbedeutender die Investitions- und Kreditsumme ist (ifo/IWH 1994b: 90). Das trifft jedoch gerade die kleineren Unternehmen mit besonders großem Beratungsbedarf.

Die Hausbanken werden folglich weniger als Berater denn als kritische Prüfer der Investitionsprojekte angesehen (Krüger et al. 1994: 27; ifo/IWH 1994b: 90). Dementsprechend verwundert es nicht, daß von seiten sich schlecht beraten fühlender Unternehmen den öffentlichen Wirtschaftsförderungsgesellschaften bzw. -ämtern und den Förderbanken des Bundes und der Länder vergleichsweise gute Beratungsleistungen und -engagement zugesprochen werden (ifo/IWH 1994b: 90; Krüger et al. 1994: 27).

RBF schließen aus einer Ablehnungsquote der ERP-Anträge von nur 4 Prozent auf eine wirksame Prüfung durch die Hausbanken (RBF 1995: 13). „Wirksam" kann in diesem Zusammenhang auch mit „hart" übersetzt werden. Die überwiegend bessere Umsatzsituation der geförderten Unternehmen gegenüber den nicht-geförderten kann somit nicht unbedingt allein auf die Förderung zurückgeführt werden, sondern durchaus auch auf die Selektionspraxis der Hausbanken, die eben nur solchen Unternehmen zur Beantragung von ERP-Krediten raten, die auch Zins und Tilgung erwarten lassen. Nachdem die Hausbanken gegenüber den Förderbanken ins Obligo gehen müssen, sind diese Ergebnisse nicht überraschend.

Die harte Prüfung durch die Hausbanken hat Vorteile und Nachteile: Einerseits arbeiten die geförderten Unternehmen danach auf einer solideren betriebswirtschaftlichen Grundlage als andere (vgl. RBF 1995: 31). Andererseits wird durch die Vorselektion zwar die Durchlaufzeit der Anträge bei den

Förderbanken verkürzt, durch die Vorverlagerung der (zeitaufwendigen) Prüfung in die Hausbanken wird dieser Effekt jedoch teilweise konterkariert (vgl. ifo/IWH 1994b: 90)

Die Länge der Zeiträume zwischen Antrag, Bewilligung und Mittelbereitstellung beeinflußt die Wirkung der Förderung in Fällen, in denen das Vorhaben begonnen werden kann, weil die Bewilligung erteilt ist oder in Aussicht gestellt wurde, die Mittel jedoch noch nicht abgerufen werden können und damit Zwischenfinanzierungen erforderlich werden (Haus 1992: 17).

Die Auswertung der schriftlichen Unternehmensbefragung von ifo/IWH zeigt, daß allgemein am häufigsten die lange Bearbeitungszeit der Förderanträge, das aufwendige Regelwerk sowie die lange Zeit zwischen Zusage und Auszahlung der Fördermittel als hemmend eingeschätzt werden (ifo/IWH 1994a: 143f.). Diese Verfahrensprobleme wurden weit häufiger genannt als materielle Probleme, wie fehlende Kreditsicherheiten, Aufbringen des Eigenmittelanteils oder das Nichterfüllen der Förderkriterien. Ähnliche Ergebnisse brachte eine telefonische Befragung des ifo Instituts vom Juni 1994 (ifo/IWH 1994b: 115).

Das IWH wertete die gemeinsam mit dem ifo Institut gewonnenen Befragungsergebnisse gesondert für das Land Sachsen-Anhalt aus (Heimpold/Junkernheinrich/Skopp 1994: 116-120). Dabei wurde nicht nach Unternehmensgrößen unterschieden. Insgesamt ergaben sich nur geringe Unterschiede zur Gesamtheit der Befragten: Verfahrensprobleme werden in Sachsen-Anhalt deutlich häufiger genannt. Das könnte ein Hinweis auf besonders ineffiziente Prozesse in Sachsen-Anhalt sein, sollte jedoch angesichts der vergleichsweise geringen Fallzahl nicht zu stark gewertet werden. Auffällig ist das in Sachsen-Anhalt offenbar besonders virulente Problem fehlender Kreditsicherheiten. Lange Bearbeitungszeiten haben vor allem zwei Ursachen:

1. eine Überlastung der bearbeitenden Stelle durch zahlreiche vorliegende Anträge und
2. die Aufwendigkeit der Antragstellung und -bearbeitung (Haus 1992: 21).

Letzteres gilt insbesondere für die GA-Zuschüsse, zu deren Beantragung zahlreiche Unterlagen erforderlich sind wie Finanzierungsplan, Investitionsplan, Bonitätsbescheinigung der Hausbank, Erklärung über Vereinbarkeit des Vorhabens mit Raumordnung und Landesplanung durch die zuständige Behörde oder die Stellungnahme der zuständigen Kammer (Haus 1992: 19; vgl. Krüger et al. 1994: 17).

Die Verantwortung für die langen Bearbeitungszeiten der Anträge für ERP-Mittel wird von den geförderten Unternehmen überwiegend bei den Hausbanken gesehen. Diese Einschätzung überwiegt deutlich auch bei den Unternehmen, die sich von ihrer Hausbank ansonsten insgesamt gut betreut fühlen.

Die Bearbeitungs- bzw. Bewilligungsfristen werden bei Anträgen für GA-Zuschüsse üblicherweise mit ca. 6 Wochen veranschlagt. Sie können bei auftretenden Verfahrensproblemen aber bis zu einem Jahr betragen (Krüger et al. 1994: 17). Für die Beantragung von ERP-Darlehen ermittelte das RBF eine durchschnittliche Vorbereitungszeit vom ersten Gespräch mit der Hausbank bis zur förmlichen Antragstellung von 15,6 Wochen. Die durchschnittliche Bearbeitungszeit von der förmlichen Antragstellung bei der Hausbank bis zur Bewilligung durch die Hauptleihinstitute beträgt 9,6 Wochen. Bei beiden Werten gibt es große Schwankungen. Hierin dürften sich die unterschiedlichen Qualitäten der eingereichten Unterlagen der Unternehmen widerspiegeln; zugleich spielen vermutlich auch die unterschiedlichen Größenordnungen der beantragten Darlehen und damit das Interesse der Hausbank an der Bearbeitung des Antrags eine Rolle.

Die nach Unternehmensgrößen differenzierte Betrachtung der Hemmnisse bei der Beantragung von Fördermitteln zeigt, daß lange Antragsbearbeitungszeiten sowie lange Zeitspannen zwischen Bewilligung und Auszahlung der Mittel mit steigender Beschäftigtenzahl mehr als Problem empfunden werden. Dagegen stellen für kleinere Unternehmen unzureichende Beratung, die fehlende Kalkulierbarkeit der Höhe der Förderung sowie das Aufbringen von Kreditsicherheiten größere Hemmnisse dar als für größere Unternehmen (ifo/IWH 1994a: 146). Insgesamt zeigt sich an der häufigeren Einstufung „verhindert" auch, daß kleinere Unternehmen die Hemmnisse als gravierender einschätzen als größere. Das ist vor allem vor dem Hintergrund bemerkenswert, daß die Förderprogramme z. T. ausdrücklich KMU begunstigen sollen. Je kleiner ein Unternehmen ist, desto gravierendere Auswirkungen haben Schwierigkeiten bei der Inanspruchnahme der Förderung. Dieser Effekt wirkt dem Ziel der schwerpunktmäßigen Förderung von KMU systematisch entgegen (vgl. ifo/IWH 1994a: 148). Im Gegensatz zum Bewilligungsprozeß bei Zuschüssen und zinsvergünstigten Darlehen wird am Verfahren für die Investitionszulage und die Sonderabschreibungen wenig Kritik geäußert. Beide werden durch die zuständigen Finanzämter bewilligt und ausbezahlt, erfordern wenig Unterlagen, und es besteht ein Rechtsanspruch auf die Förderung (Haus 1992: 23).

4.2 Zielerreichungskontrollen

In keiner der ausgewerteten Studien wird eine Zielerreichungskontrolle entsprechend der Definition in Kapitel 3 durchgeführt. Deshalb wird an dieser Stelle anhand einiger ausgewählter volkswirtschaftlicher Eckdaten eine eigene Zielerreichungskontrolle vorgenommen. Dazu müssen aus der allgemeinen Zielformulierung plausible operationale Ziele abgeleitet werden. Angesichts des Oberziels „Schaffung einheitlicher Lebensverhältnisse" kann - grob vereinfacht - eine Anpassung der Arbeitslosenquoten und des Anteils des verarbeitenden Gewerbes an der Erwerbstätigkeit an die westdeutschen Werte unterstellt werden. Für die erforderlichen Sachkapitalinvestitionen und BIP-Wachstumsraten muß dagegen auf Beispielrechnungen[10] zurückgegriffen werden.

Die Gegenüberstellung der Ziel- bzw. Referenzwerte (vgl. Tabelle 1) mit der Entwicklung der ausgewählten Indikatoren ergibt folgende Zielerreichungsgrade:

- Beim Wachstum ist 1992-94 ein Zielerreichungsgrad von rund 50 Prozent zu konstatieren. Berücksichtigt man allerdings das negative Wachstum 1990/1991, dann liegt der Grad erheblich niedriger, weil das fehlende Wachstum zusätzlich aufgeholt werden muß.
- Bei den Anlageinvestitionen ist der untere Rand des Zielkorridors seit 1991, der obere Rand seit 1994 erreicht. Somit kann zunächst ein Zielerreichungsgrad von 100 Prozent festgestellt werden. In Verbindung mit den Wachstumswerten erscheint jedoch fraglich, ob die Zielgrößen von Priewe/Hickel und Buttler/Klauder aufrechterhalten werden können. Bei Betrachtung der GA-Vergabestatistik zeigt sich etwa, daß das Verhältnis zwischen neugeschaffenen und erhaltenen Arbeitsplätzen nicht 1:2, wie von Priewe/Hickel angenommen, sondern 1,5:1 ist. Damit ergibt sich - bei Gültigkeit der Annahme, daß ein neuzuschaffender Arbeitsplatz teurer ist als ein zu erhaltender - ein deutlich höheres erforderliches Investitionsvolumen und somit ein niedrigerer Zielerreichungsgrad.
- Hinsichtlich der Zahl der Erwerbstätigen sind im 1. Halbjahr 1995 85-92 Prozent des Ziels erreicht.
- Beim Anteil des produzierenden Gewerbes an der Beschäftigung wurde der Zielkorridor 1992 nach unten verlassen, die bisherige Entwicklung

10 Priewe/Hickel (1991) und Buttler/Klauder (1992) wurden stellvertretend für andere Modellrechnungen ausgewählt, um Zielkorridore fur die Indikatoren BIP/Kopf-Wachstum, Anlageinvestitionen und Zahl der Erwerbstatigen zu gewinnen. Die Berechnungen beruhen jeweils auf dem Ziel der Anpassung an das westdeutsche Wohlstands- und Produktionsniveau sowie auf einem Anpassungszeitraum von 10 Jahren (vgl. Priewe/Hickel 1991: 121ff.; Buttler/Klauder 1992. 253).

der Quote zeigt weiter nach unten und liegt derzeit bei 86-93 Prozent. Angesichts des Trends zur Deindustrialisierung müßte hier folglich eher von Zielverfehlungs- als von Zielerreichungsgraden gesprochen werden.

Tabelle 1: Entwicklung ausgewählter Indikatoren

	1990		1991		1992		1993		1994		1995[a]	Ziel/ Referenz
BIP/Kopf-Wachstum (%)	-16,4		-21,7		7,8		7,8		8,7		7,0[b]/ 5,5[h]	13-15,8% p.a.[c]
Halbjahr	1.	2.	1.	2.	1.	2.	1.	2.	1.	2.	1.	
Anlageinvestitionen (Milliarden DM)[f]	28,7	36,6	45,1	50,0	56,0	61,7	62,7	71,6	73,4	82,9	[g]	100-144 p.a.[c]
Erwerbstätige gesamt (1000)	9076	8060	7462	6903	6423	6298	6183	6259	6237	6433	6411	7000-7500[c]
Erwerbst. prod. Gewerbe (%)	44,7	44,9	41,8	38,6	35,9	35,2	34,8	34,9	34,5	34,7	34,3	37-40%[d]
Arbeitslosenquote gesamt (%)	7,3	9,5	11,8	14,2	13,9	15,1	16,2	15,7	14,2	14,3	14,7	6,3-9,9%[e]
Arbeitslosenquote Männer (%)		6,4	8,0	8,9	10,0	9,7	10,4	11,2	10,4	9,6	10,1	5,8-9,4%[e]
Arbeitslosenquote Frauen (%)		8,2	11,2	14,7	18,9	18,6	20,2	21,5	21,3	19,2	18,7	7,0-9,4%[e]

a ...... 1. Halbjahr
b ...... gegenüber 1. Halbjahr 1994
c ...... nach Priewe/Hickel (1991): 121ff. und Buttler/Klauder (1992): 253
d ...... Schwankung der entsprechenden Werte Westdeutschlands 1989-1993, Quelle: Statistisches Bundesamt (1995). Tabellensammlung zur wirtschaftlichen und sozialen Lage in den neuen Bundesländern, Ausgabe 1/95, Wiesbaden, S. 11-13
e ...... Schwankung der entsprechenden Werte Westdeutschlands 1989-1995, Quelle. Amtliche Nachrichten der Bundesanstalt für Arbeit Nr. 11/1995, S. 1.589; Jahreszahlen 1993, S. 43
f ...... in Preisen von 1991
g ...... Seit 1995 werden die Anlageinvestitionen vom Statistischen Bundesamt nicht mehr nach neuen und alten Ländern getrennt erhoben (telefonische Auskunft des Statistischen Bundesamts)
h ...... Das DIW schätzt das BIP-Wachstum für 1995 auf ca. 5,5% (SZ v. 10.01.1996)

Quelle der Halbjahreswerte: Volkswirtschaftliche Gesamtrechnung des Statistischen Bundesamtes und des DIW sowie Bundesanstalt für Arbeit, zitiert nach Beschäftigungsobservatorium Ostdeutschland Nr. 16/17, November 1995, S. 2-3, eigene Berechnungen

- Die Arbeitslosenquote hat ihren Höchststand im 1. Halbjahr 1993 zwar inzwischen deutlich unterschritten, der Zielerreichungsgrad beträgt bisher aber nur 43-67 Prozent.[11] Hinter der gesamten Arbeitslosenquote stehen große geschlechtsspezifische Unterschiede. Bei der Frauenarbeitslosigkeit beträgt der Zielerreichungsgrad nur 37-50 Prozent. Dieses Ergebnis dürfte aber erheblich höher liegen, wenn sich die Erwerbsneigung der Frauen auf westdeutsches Niveau gesenkt hätte. Auch wenn es zynisch klingt, kann das schließlich aus dem Ziel „einheitliche Lebensverhältnisse" im Sinne von Anpassung der neuen Länder an die alten logisch abgeleitet werden. Der Zielerreichungsgrad bei der Männerarbeitslosigkeit beträgt 57-93 Prozent. Dieses Ergebnis ist jedoch mit einiger Vorsicht zu betrachten, weil der obere Wert des Zielkorridors in Westdeutschland erheblich stärker schwankt als bei der Frauenarbeitslosigkeit.[12]

Wenn - aus oben genannten Gründen - die Anlageinvestitionen nicht berücksichtigt werden, zeigt sich zusammenfassend folgendes gespaltene Bild der Zielerreichung zur Halbzeit des unterstellten Anpassungszeitraums von zehn Jahren: Bei der Zahl der Beschäftigten wurden - gemessen am Zielwert - bereits vergleichsweise gute Werte erreicht, allerdings ist der Trend beim Anteil der Beschäftigten im produzierenden Gewerbe negativ. Schlechter sieht das Ergebnis bei den Arbeitslosenquoten aus, zudem scheint - nach einem leichten Rückgang - nunmehr eine Stabilisierung der Werte auf hohem Niveau eingetreten zu sein. Die Wachstumswerte sind deutlich zu niedrig; bei Berücksichtigung des zusätzlichen Aufholbedarfs aufgrund der Schrumpfung 1990/91 liegt der Zielerreichungsgrad hier unter 50 Prozent.

4.3 Wirkungskontrollen

Hinsichtlich der Wirkungskontrollen sei nochmals darauf verwiesen, daß es sich hierbei nur um Näherungsversuche handeln kann. Für die Ergebnisse gelten zudem die Relativierungen aufgrund der bekannten methodischen Schwächen. Das gilt insbesondere für die Befragungsergebnisse. Die Ergebnisse der Studien werden im folgenden anhand der Gruppierung aus Kapitel 3 zusammengefaßt:

---

11 Berechnet als Verhaltnis der Werte von Zielkorridor und Arbeitslosenquote im 1 Halbjahr 1995

12 Besonders an dieser Stelle ist nochmals darauf hinzuweisen, daß entsprechend der Anlage dieser Arbeit (vgl. Kapitel 1) hier die Ziel*erreichungsgrade* diskutiert werden und nicht die ökonomische oder gar politische *Sinnhaftigkeit* der Ziele selbst.

Beispielrechnungen zur Reduzierung der Kapitalnutzungskosten

Die Beispielrechnungen zeigen, daß bei kumulierter Inanspruchnahme der Förderinstrumente

- sich Liquiditätseffekte von mehr als 50 Prozent ergeben können (Lichtblau 1993);
- der Subventionseffekt unter Umständen so hoch sein kann, daß auch unrentable Investitionen interessant werden können. Das gilt allerdings nur dann, wenn die Sonderabschreibungsmöglichkeiten in vollem Umfang genutzt werden können, wenn also verrechenbare Gewinne aus anderen Bereichen vorliegen (Lichtblau 1993; Frank 1993; ifo/IWH 1994a);
- bei Sonderabschreibungen allgemein das Problem besteht, daß sie nur von den Unternehmen voll genutzt werden können, die bereits Gewinne erwirtschaften (Lichtblau 1993). Davon gab es jedoch gerade in den ersten Jahren noch sehr wenige in den neuen Ländern (Haus 1992);
- bei kleineren Investitionsprojekten die Eigenkapitalhilfe weitaus bedeutender ist als der GA-Zuschuß und die Investitionszulage (Frank 1993).

Befragungen zur Beeinflussung von Unternehmensentscheidungen

Auf die „Standardfrage" („Die Programme ermöglichten es, ...") gaben bei verschiedenen Umfragen zwischen 37 und 44 Prozent der Unternehmen die - subjektive - Einschätzung ab, daß die Förderung Investitionen erst ermöglicht habe („...die Investition überhaupt durchzuführen"). Daß früher oder mehr investiert werden konnte, erklärten 11-38 Prozent („...die Investition zeitlich vorzuziehen" bzw. „...in größerem Umfang zu investieren"); reine Mitnahmeeffekte wurden aus Unternehmenssicht in 11-22 Prozent der Fälle eingestanden („Die Programme hatten keine Wirkung") (vgl. ifo/IWH 1994a; ifo/IWH 1994b; Heimpold/Junkernheinrich/Skopp 1994; RBF 1995; Krüger et al. 1994).

Die Unterscheidung verschiedener Fördermaßnahmen zeigt, daß die Unternehmen Förderkrediten größere Wirkungen zuschreiben als verlorenen Zuschüssen (ifo/IWH 1994b). Dieses Ergebnis ist insbesondere angesichts der geringeren fiskalischen Kosten von Krediten interessant.

Auch bei der Einschätzung der Wirkungen ist eine Unterscheidung nach Unternehmensgrößen aufschlußreich (vgl. ifo/IWH 1994b):

- mit steigender Größe nimmt die Anstoßwirkung der Förderung ab gegenüber der Möglichkeit, früher bzw. mehr zu investieren;
- kleinere Unternehmen können mit Hilfe der geförderten Investitionen seltener Arbeitsplätze einsparen als größere, die zudem - laut Befragung - mehr Arbeitsplätze aufgrund der Förderung abbauen als neue schaffen.

5. Verbesserung der Förderpolitik und ihrer Evaluation

5.1 Weiterentwicklung der Instrumente

Beim zentralen Instrument GA wurde mit der Verabschiedung des 24. Rahmenplans im Mai 1995 die Merklichkeit der Förderung durch eine Anhebung der Höchstfördersätze deutlich erhöht. Die bisherige Differenzierung der Fördersätze nach Investitionsarten wird aufgegeben und durch eine grundsätzliche Gleichbehandlung ersetzt. Der Höchstfördersatz beträgt nunmehr 35 Prozent und wird für KMU auf 50 Prozent aufgestockt. Verbunden mit einer Reduzierung des Mittelvolumens ist folglich mit einer Bündelung der Mittel bzw. einer deutlicheren Schwerpunktsetzung der Länder bei der Förderung zu rechnen. Unter anderem zur Bestimmung dieser Schwerpunkte ist begleitend nun auch die Erarbeitung von regionalen Entwicklungskonzepten aus GA-Mitteln förderfähig. In einem Modellversuch sind erstmals auch nicht-investive Maßnahmen förderfähig (Deutscher Bundestag 1995a: 12ff.).

Bei der Verlängerung von Investitionszulage und Sonderabschreibungsmöglichkeiten bis Ende 1998 wird erstmals ein sektoraler Schwerpunkt auf das verarbeitende Gewerbe gelegt. Ohne Variation der Förderpalette wird das Eigenkapitalhilfeprogramm bis 1998 verlängert. Die ERP-Programme werden auf unbestimmte Zeit verlängert (vgl. BMWi 1995b: 40).

Zusätzlich wird ein Beteiligungsfonds Ost für die Jahre 1996-98 aufgelegt. Jährlich werden 500 Millionen DM als langfristiges Eigenkapital bzw. als nachrangige Darlehen bereitgestellt. Die Abwicklung erfolgt über die KfW, die zinsgünstige Beteiligungen gewährt, sowie über die DtA, die nachrangig haftende Darlehen an mittelständische Unternehmen zur Finanzierung „weicher“ Investitionen vergibt (BMWi 1995c: 24).

5.2 Weiterentwicklung der Verfahren

Bei der Weiterentwicklung der Verfahren sind Bemühungen zur Zusammenfassung von ähnlichen Programmen bzw. Fördertatbeständen sowie - in Verbindung damit - zur Verbesserung der Programm-Information und des Zugangs zu Programmen erkennbar. Letzteres soll insbesondere durch die angestrebte Zusammenfassung der Bearbeitungsstellen erreicht werden. Es sind allerdings sehr unterschiedliche Fortschritte (oder „Zielerreichungsgrade“) zu konstatieren: Bei den länderübergreifenden Initiativen beschränken sich die

Ergebnisse meist auf gemeinsame Vorschläge, die von den Ländern in eigener Verantwortung umgesetzt werden sollen. In den Ländern gibt es z. T. sehr ambitionierte Vorhaben und Selbstverpflichtungen (insbesondere in Brandenburg), konkrete Ergebnisse bei der Bündelung von Programmen wurden allerdings erst in Mecklenburg-Vorpommern erreicht:

Abbildung 2: Ansatze zur Weiterentwicklung der Verfahren

Länderübergreifende Initiativen • Von Januar bis Juli 1995 erarbeitete eine Bund-Länder-Arbeitsgruppe zur „Verbesserung der Transparenz und Konsistenz der Mittelstandsförderung" einen Bericht, der neben Vorschlägen zur weiteren Arbeit die Förderprogramme gegliedert nach vier „Förderbausteinen" enthält. • Die Ministerpräsidentenkonferenz setzte im März 1995 eine Arbeitsgruppe zur Erarbeitung von Vorschlägen zum effizienteren Einsatz der Fördermittel ein. Die Arbeitsgruppe sah sich allerdings – neben den sachlichen Problemen – erheblichen politischen Schwierigkeiten ausgesetzt. Vor allem verhinderte die Verteilungsdiskussion zwischen alten und neuen Ländern über Umfang und Ausgestaltung der Förderpraxis in Ostdeutschland die Arbeit (vgl. MWT 1995a: 9). Der im Dezember 1995 vorgelegte Entwurf beschränkte sich hinsichtlich der Weiterentwicklung der Verfahren auf den Vorschlag, die Bearbeitung von Programmen möglichst auf zentrale Stellen wie Investitionsbanken und Landesförderinstitute zu übertragen (MWT 1995b: 4ff.).
Ressortübergreifende Überarbeitung sämtlicher Förderprogramme • Auf Grundlage eines Landtagsbeschlusses erarbeitete eine interministerielle Arbeitsgruppe der Landesregierung Brandenburg einen „Bericht zur Wirksamkeitserhöhung der Förderpolitik im Land Brandenburg". Er enthält Beschlüsse zur Verbesserung von Information über Forderprogramme und Zugang zu ihnen, zur Bündelung von Programmen sowie zur Einrichtung eines koordinierenden Förderprogrammausschusses bei der Staatskanzlei (Landtag Brandenburg 1995). • Die sächsische Staatsregierung setzte im Herbst 1994 eine Staatssekretärsarbeitsgruppe ein. Sie soll kleinere Programme zusammenfassen, Bewilligungsverfahren vereinfachen sowie regionale Schwerpunktsetzungen entwickeln (Biedenkopf 1995). Bisher liegen noch keine veröffentlichten Berichte oder Beschlüsse der Arbeitsgruppe vor.

Fortsetzung Abbildung 2
Überarbeitung der Landes-Wirtschaftsförderung • In Mecklenburg-Vorpommern erarbeitete das Wirtschaftsministerium ein Landesaufbauprogramm, das alle Wirtschaftsförderungsmaßnahmen des Landes in sieben „Fördersäulen" zusammenfaßt. Dem Antragsteller sollen die verschiedenen Programme aus einer Hand und mittels eines einzigen Antrags angeboten werden. • Thüringens Wirtschaftsministerium will die Fördermaßnahmen von EU, Bund und Ländern in wenigen „Förderbausteinen" zusammenfassen. Dabei sollen die verschiedenen Richtlinien und Ausführungsbestimmungen vereinfacht und zusammengefaßt werden (vgl. Vogt 1995; HB 18./19. August 1995; SZ 7. November 1995). Bisher liegen außer Pressemeldungen allerdings keine verfügbaren Ergebnisse oder Berichte vor.
Keine übergreifende Überarbeitung der Förderpolitik • Berlin • Sachsen-Anhalt

Der Vergleich der Ansätze mit den Ergebnissen der ausgewählten Evaluationen zeigt, daß insgesamt zumindest kein Widerspruch besteht: Die Erhöhung der GA-Fördersätze für KMU könnte den bisherigen de-facto-Förderschwerpunkt auf Großprojekte reduzieren, womit u.a. den tendenziell positiveren Beschäftigungseffekten bei KMU Rechnung getragen wird. Der fehlenden regionalpolitischen Wirkung der GA könnte mit der Förderung regionaler Entwicklungspläne und ihrer – zumindest indikativen – Bedeutung für Antragsentscheidungen entgegengewirkt werden. Die Förderbarkeit von Beratungsleistungen und vor allem die Verfahrensverbesserungen können durchaus als Reaktion auf die kritisierten, insbesondere bei KMU erheblichen Informations- und Beratungsdefizite verstanden werden.

Die aus Unternehmenssicht große Bedeutung von Eigenkapitalhilfe und Förderkrediten spiegelt sich in der Verlängerung von EKH und ERP-Programmen wider. Ein Ausbau der Darlehensförderung, der sich mit den Unternehmenseinschätzungen und den festgestellten tendenziell höheren Wirkungen bei niedrigeren fiskalischen Kosten legitimieren ließe, erfolgt jedoch nicht.

Hinsichtlich der Entwicklung der bisher noch eher rudimentären Evaluationspraxis zeigen sich neben einem übergreifenden Ansatz insbesondere in zwei Ländern innovative Ansätze: Die Landesregierung Brandenburg will eine begleitende Evaluation der Förderpolitik erreichen. Einerseits sollen die notwendigen Daten für Zielerreichungskontrollen anhand finanzieller und physischer Indikatoren erhoben werden. Diese Daten sind die Grundlage fur externe Studien, mit denen die Ressorts „stärker als bisher" die Wirksamkeit einzelner Programme analysieren lassen sollen, sowie für übergreifende Evaluationen der Förderpolitik (Landtag Brandenburg 1995: 25).

In Sachsen-Anhalt soll für die Strukturfonds-Förderperiode 1994-99 erstmals eine begleitende Evaluation durchgeführt werden. Allgemein geht ein bedeutender Impuls zur Veränderung der Evaluationspraxis von den Strukturfonds aus.[13] Die laut Gemeinschaftlichem Förderkonzept vorgesehene Zwischenbilanz der Förderperiode 1994-99 zum Ende des dritten Durchführungsjahres (vgl. Kommission 1994: 148) wird im Gegensatz zur bisherigen Praxis voraussichtlich die erste Evaluation der Strukturfondsförderung, die nach dem Prinzip der Partnerschaft erfolgt. Bislang gaben die Länder bzw. der Bund Gutachten in Auftrag (oder auch nicht), die Kommission holte ihrerseits eigene Expertisen ein.

Der ad-hoc-Ausschuß Evaluierung des Begleitausschusses zur Ziel-1-Förderung in Deutschland beschloß in seiner Sitzung am 7. Dezember 1995 einheitliche terms of reference[14] sowie einen Zeitplan für die zu ziehende Zwischenbilanz. Für jedes Land und jeweils jeden der Fonds soll je ein Evaluationsauftrag erteilt werden; übergreifend soll ein Evaluator die zusammenfassende Zwischenbilanz des gesamten GFK durchführen. In den Gutachten sollen insbesondere das Informationssystem zur Erfassung, Verarbeitung und Verwendung der Indikatorenwerte überprüft werden, die Zielerreichungsgrade, Effektivität und Effizienz sowie die angewendete Förderstrategie analysiert werden. Darüber hinaus soll der Evaluator Empfehlungen zur Verbesserung von Effektivität und Effizienz der Förderung machen. Die Evaluation soll also die vier Ebenen Implementationskontrolle, Zielerreichungskontrolle, Wirkungskontrolle und Prämissen- bzw. Strategiediskussion sowie eine Politikempfehlung enthalten.

Die - sehr geraffte - Bilanz der Weiterentwicklung von Instrumenten und Vergabeverfahren wirft die Frage auf, weshalb überhaupt die Evaluationspraxis überarbeitet wird, wenn doch bereits mit den bisherigen Arbeiten auf den ersten Blick befriedigende „Wirkungen" erreicht wurden. Warum dann also

13 Dieser Impuls wirkt auf die Evaluation der nationalen Forderung durch die Kofinanzierung einiger Programme, vorwiegend der GA, direkt. Mit indirekten Wirkungen auf die Evaluationspraxis bei anderen, nicht kofinanzierten Programmen kann vermutlich dann gerechnet werden, wenn die im folgenden beschriebenen Veranderungen „gute", also verwertbare Ergebnisse fur die Programmbeteiligten bringen (siehe auch unten, 6 2).

14 „terms of reference" meint in diesem Zusammenhang den Ausschreibungstext mit der Aufgabenbeschreibung fur Gutachter

die angestrebte „partnerschaftliche“, also kooperative Evaluation[15], warum erstmals vernetzt zwischen einzelnen Ländern und einzelnen EU-Strukturfonds? Dazu sollen an dieser Stelle nur die beiden Hinweise erfolgen, daß die Verbesserungen einerseits nicht weit genug gehen[16] - der „Zielerreichungsgrad“ der Evaluationen also nicht groß genug sein könnte - und andererseits die Verbesserungen auch aufgrund der Evaluationspraxis erst sehr spät erfolgen. Schließlich liegen zahlreiche Ergebnisse bereits seit einigen Jahren vor.

Die zunächst positive Bilanz wird zusätzlich durch die Einschätzungen der Programmanager zur Relevanz von Evaluationen relativiert: Die *politische* Relevanz von Evaluationen wurde von den vom Autor befragten Förderreferenten und Mitarbeitern der Sonderkreditinstitute allgemein als vergleichsweise hoch eingeschätzt. Die Leitungsebene zeige großes Interesse, es gebe viele Anfragen im Landtag. Die politische Relevanz sei auch abhängig von der jeweiligen Haushaltslage. Diese positive Einschätzung gilt allerdings nicht für Berlin: Die „fehlende Evaluationskultur“ der Berliner Senatsverwaltung für Wirtschaft resultiere auch aus dem fehlenden politischen Interesse an Evaluationen.

Die praktische Relevanz von Evaluationen, also die Verwendung bzw. Umsetzung ihrer Ergebnisse, wird dagegen durchgängig als geringer eingeschätzt als die politische. Fremde Arbeiten dienten durchaus als Entscheidungshilfe, dies sei jedoch stark abhängig von der Qualität des Gutachtens. Evaluationsergebnisse dürften etwa bei Schwerpunktsetzungen oder Mittelumverteilungen innerhalb der Förderprogramme eine Rolle spielen.

6. Ergebnisse

Neben der Auflösung der beiden Fragen in den Kapiteln 4 und 5 sollen als Ergebnisse im folgenden einige Überlegungen festgehalten werden, welche Aspekte der z. T. bereits ergriffenen Ansätze zur Weiterentwicklung der Förderpolitik wie ihrer Evaluation als besonders wichtig erscheinen und wo Handlungsbedarf besteht. Hinsichtlich der Förderpolitik basieren die Empfehlungen auf den Ergebnissen der durchgeführten Sekundärevaluation; die Empfehlungen zur Weiterentwicklung der Evaluationspraxis ergeben sich vor

---

15 In diesem Zusammenhang kooperativ zwischen den Ebenen EU - Bund - Lander, aber auch zwischen Evaluator und Programmbeteiligten im Sinne von Kapitel 4.

16 Die meisten der skizzierten Verbesserungsansatze verbleiben noch im Ankundigungsstadium und sind noch nicht umgesetzt.

allem aus der Auswertung des Literaturstands sowie der Experteninterviews mit Programmbeteiligten - also den Adressaten von Evaluationen auf der Arbeitsebene.

6.1 Empfehlungen zur Weiterentwicklung der Förderpolitik

Rückblickend ist überlegenswert, ob die sofortige Übertragung der West-GA angesichts des aufwendigen Antrags- und Bewilligungsverfahrens zum Erreichen ihrer regionalpolitischen Ziele problemgerecht war - zumal anzunehmen ist, daß diese regionalpolitische Zielsetzung aufgrund der Förderpraxis und vor allem der massiven nicht regional konditionierten Förderung nur in Teilen erfüllt werden konnte. Alternativ hätten andere Instrumente ausgebaut und zur Kofinanzierung der EU-Strukturfondsmittel verwendet werden können: beispielsweise die Investitionszulage, die angesichts des Rechtsanspruchs darauf sowie des einfacheren und schnelleren Verfahrens den Begünstigten wie auch der Verwaltung vermutlich geringere Schwierigkeiten bereitet hätte.

Heute sieht sich die Förderpolitik jedoch veränderten Problemlagen ausgesetzt. Die anfangs noch dominierende Infrastrukturproblematik überwiegt nicht mehr, heute treten - gerade wegen der dynamischen Entwicklung von Unternehmen - Liquiditäts-, Eigenkapital- sowie Managementprobleme in den Vordergrund. Sie sind zu einem erheblichen Teil wachstumsbedingt; beruhen u.a. auf Förderungsausfällen oder erhöhten Auftragsvorfinanzierungen.

Nach umfangreicher „hardware"-Förderung erscheint nun neben Hilfen zum Eigen- und Fremd- bzw. Risikokapital eine verstärkte Unterstützung der „software" sinnvoll, also Beratungs-, Know-how-, Qualifikations- und Managementförderung.

Angesichts der geringeren fiskalischen Kosten und der Befragungsergebnisse der ausgewerteten Studien erscheint eine vermehrte Förderung durch vergünstigte Darlehen überlegenswert. Entgegen den theoretisch ermittelten geringeren Subventionswerten von Förderkrediten schreiben die befragten Unternehmen ihnen eine größere Bedeutung für die Entwicklung des Unternehmens zu. Das häufig problematisierte Hausbankverfahren könnte eventuell durch eine Erhöhung bzw. degressive Staffelung der Hausbankmargen verbessert werden, um die Risikoprämie der Banken und damit ihr Interesse an der Bearbeitung auch kleiner Förderkredite zu steigern. Die häufig kritisierte Wirkung von Hausbanken als Engpaß bei der Förderung von KMU könnte damit reduziert werden.

Die Erweiterung der Förderpalette der GA ist auch eine Reaktion auf die Diskussion um die Sinnhaftigkeit der Kopplung der Mittel aus dem EU-Regionalfonds an die GA und die in Folge dieser Diskussion für die Förderperiode 1994-99 eröffnete Möglichkeit für die Länder, die Regionalfondsmittel auch außerhalb der GA zu verwenden. Die Eignung des GA als Rahmen für den Einsatz der Strukturfondsmittel wurde verbessert, um die Anreize zur Entkopplung von Regionalfonds und GA zu vermindern, denn dann würden die Funktion der GA als regionalpolitisches Leitinstrument und ihre Koordinierungsfunktion weiter reduziert (vgl. Deutscher Bundestag 1995a: 12).

Die Verwendung von Regionalfondsmitteln außerhalb der GA hat für die Länder den Vorteil, sie flexibler einsetzen und die weit größere Förderpalette des Strukturfonds (vgl. z.B. Frankenfeld 1994: 11; Budde et al. 1991: 207) ausnutzen zu können. Durch die Bindung der Mittel an die GA ergibt sich eine trichterförmige Verengung der Förderpaletten von den breiten Fördermöglichkeiten der Strukturfondsverordnung über den GA-Rahmenplan bis zu den regionalen GA-Förderprogrammen der einzelnen Länder. Dagegen bringt eine Entkopplung auch Nachteile: Die Koordinierung - eventuell zusätzlicher - Programme mit dem Regionalfonds macht einen höheren Verwaltungsaufwand nötig als die Durchleitung der Mittel durch die GA (vgl. Toepel/Weise 1995: 34), an der sich die Länder ohnehin beteiligen. Insgesamt dürfte weiterhin die Kopplung sinnvoll sein; die Möglichkeit zur teilweisen Entkopplung bietet einerseits den Ländern das politische Druckmittel für Öffnungen bzw. Erweiterungen der GA (wie im 24. Rahmenplan bereits erfolgt). Andererseits können durch die tatsächliche Entkopplung qualitativ abweichende Fördermöglichkeiten der Länder ausgebaut werden. So könnte der Tendenz der GA zur Förderung kapitalintensiver Großprojekte entgegengewirkt werden und kleinen und mittleren Unternehmen das aufwendige GA-Verfahren sowie die Restriktionen von GA-Positivliste und Fernabsatzkriterium erspart werden.

Im Gegensatz zu den ersten Jahren erscheint heute eine Stärkung der regionalen Konditionierung der Förderung sinnvoll, das heißt auch eine Reduzierung des Volumens nicht-konditionierter Hilfen wie etwa Investitionszulage und Sonderabschreibungen zu Gunsten regionalwirksamer Maßnahmen. Einerseits zeichnen sich regionale Disparitäten auch innerhalb der neuen Länder inzwischen deutlicher ab (vgl. Blien 1994), vor allem aber liegen - im Gegensatz zu den Anfangsjahren - mittlerweile die Landesentwicklungsplanungen der Landesregierungen vor, die Grundlage für eine verstärkte Regionalisierung sind. Damit ergibt sich die Möglichkeit einer Konzentration der Mittel auch auf regionale Schwerpunkte, wenn die bestehenden Maximalfördersätze dort gewährt werden können. Die Förderkulisse sollte allerdings nicht allzu differenziert gestaltet werden, um die Merklichkeit der Forderung als Wirkungsvoraussetzung auch der regionalen Schwerpunktsetzung zu erhalten.

Eine Reduzierung des Gesamtvolumens der Förderung erscheint angesichts der Ergebnisse der Zielerreichungskontrolle noch nicht sinnvoll und erfolgt eher aus (Ost-West-) verteilungspolitischen Gründen. Anlaß und Legitimation der Forderung bestehen weiterhin (vgl. etwa Dohnanyi/Pohl o. J.).

Die Kritik an der mangelnden Übersichtlichkeit der Forderung wird durch zwei Einwände relativiert: Zunächst besteht für das einzelne Unternehmen nicht die vielbeschworene Vielzahl von Förderprogrammen, weil nur jeweils eine kleine Auswahl an Fördermöglichkeiten in Frage kommt; andererseits wird seitens der Unternehmen gerade den Landesprogrammen eine vergleichsweise große Bedeutung zugemessen. Das ist ein Beleg für die Notwendigkeit der förderpolitischen Feinsteuerung durch die Landesregierungen.

Das spricht jedoch wiederum nicht gegen eine Erleichterung des Zugangs zu den Programmen und gegen eine Bündelung der Fördermöglichkeiten. Bestehende rechtliche Schwierigkeiten bei der Zusammenfassung von Fördertatbeständen zu größeren Programmen müssen entsprechende Vorhaben nicht vereiteln. Entscheidend ist schließlich, daß die Programme aus Sicht der Begünstigten zusammengefaßt sind. In Mecklenburg-Vorpommern wird Investitionsförderung beispielsweise weiterhin aus der GA und einem ergänzenden Landesprogramm gefördert, allerdings entscheidet die Bewilligungsstelle darüber, welches der beiden Programme in Anspruch genommen wird - für das antragstellende Unternehmen gibt es nur noch „ein“ Programm statt tatsächlich zwei.

In den Ländern gibt es z. T. sehr weitgehende Vorhaben zur Steigerung der Benutzerfreundlichkeit der Förderung, allerdings konnte bisher nur relativ wenig umgesetzt werden. Ob die Initiativen weiterhin intensiv weiterbearbeitet werden, wenn die öffentliche Debatte um Verwendung bzw. Verschwendung von Fördermitteln in den neuen Ländern nachläßt, bleibt jedoch fraglich.

Darüber hinaus ist überlegenswert, ob - sicherlich innerhalb gewisser Grenzen - die mit dem Antrag einzureichenden Unterlagen vereinfacht werden könnten bzw. ob nicht gänzlich auf einige Belege verzichtet werden könnte. Eine gewisse Aufwendigkeit erscheint zwar sinnvoll, um die Zielgenauigkeit der Förderung zu sichern, indem nur die bedürftigen Unternehmen in den Genuß der Subventionierung kommen. Angesichts der zu vermutenden und in Teilen auch erkennbaren Mitnahmeeffekte auch beim praktizierten Verfahren konnten die relativen forderpolitischen bzw. volkswirtschaftlichen Gewinne jedoch eventuell höher sein als die entsprechenden Verluste bei weniger aufwendigen Prüfungsverfahren.

6.2 Empfehlungen zur Weiterentwicklung der Evaluationspraxis

Hinsichtlich der „Evaluationskultur“ ist in den neuen Ländern derzeit einiges in Bewegung: Insbesondere die Europäische Kommission drängt auf eine verbesserte Evaluationspraxis bei den aus den Strukturfonds mitfinanzierten Programmen. Bei der Vereinbarung der Ausschreibungsbedingungen für die Gutachten zur Zwischenbilanz der Strukturfonds-Förderperiode 1994-99 wurden bereits erhebliche Fortschritte erreicht (vgl. oben). In einigen Ländern, beispielsweise Brandenburg und Sachsen-Anhalt, soll in Teilen zur begleitenden Evaluation übergegangen werden. Der größte Vorteil begleitender Evaluationen besteht darin, daß die Rückkopplungsschritte bei der Programmierung der Förderinstrumente damit häufiger und erheblich verkürzt werden können: Wie für andere Förderprogramme auch kann die (Re-) Programmierung der Förderperioden der Strukturfonds als Rückkopplungsschleife verstanden werden: Vereinfacht ausgedrückt steht am Beginn die politische Willensbildung zur Förderung. Darauf folgt die Programmierung der entsprechenden Förderinstrumente. Nach der Einsetzung der administrativen Verfahren erfolgt die Implementation der Instrumente, die Mittel können ihre Wirkungen im sozioökonomischen Bereich entfalten. Wirkungs- und vor allem Zielerreichungskontrollen sind die Grundlage für die erneute Willensbildung, die zur Reprogrammierung der Instrumente führt usw.

Mit der Zwischenbewertung der Förderperiode wird der Rückkopplungszeitraum um die Hälfte verkürzt; diese Verkürzung könnte theoretisch beliebig oft wiederholt werden. Daraus ergibt sich eine begleitende (oder „ongoing“) Evaluation, deren Ergebnisse sofort und ohne Umwege umgesetzt werden können - und damit auch eine Möglichkeit zum Übergang von statischen ex-post-Wirkungsanalysen mit fraglicher „Wirkung“ zu dynamischen Evaluationen mit direktem, systematischen feedback. Die Etablierung umfassenderer und methodisch anspruchsvollerer Evaluationen wird auch durch den fortgeschrittenen Aufbau der Verwaltungen begünstigt, der - sicher begrenzt - Kapazitäten freisetzt.

Dabei sind weiterhin einige Schwierigkeiten methodischer wie kommunikativer Art zu überwinden. Zunächst besteht häufig das Problem, daß weiterhin gewisse kognitive Dissonanzen auf seiten der Adressaten von Evaluationen existieren. Evaluationen werden häufig mit traditionellen Kontroll-Terminologien beschrieben, daraus wird leicht eine Assoziation mit personenorientierten Leistungs- oder Rechtmäßigkeitsprüfungen bzw. die Interpretation mit Schuld und Verantwortlichkeit anstelle von Ursache und Wirkung abgeleitet (Derlien 1990: 44).

Diesen Schwierigkeiten kann entgegengewirkt werden, wenn einerseits hohe methodische Standards gesichert werden und andererseits die Evaluation an den Bedürfnissen der Adressaten, also neben der politischen Ebene insbesondere den Programmdurchführern auf Arbeitsebene der Verwaltung, orientiert wird. Die vom Autor durchgeführte Befragung der Programmbeteiligten nach ihren Vorstellungen einer „optimalen Evaluation" der Förderpolitik ergab einerseits den Wunsch nach Überwindung der methodischen Probleme von Wirkungskontrollen. Andererseits bezogen sich die Aussagen vorwiegend auf die Rolle des Evaluators. Zwar müsse eine Vergabe nach außen erfolgen und der Evaluator größtmögliche Unabhängigkeit haben. Zugleich müsse aber eine ausgeprägte Verwaltungskenntnis vorhanden sein; für das gegenseitige Verständnis von Evaluator und Programmbeteiligten sei wiederum Nähe zur Verwaltung erforderlich. Die Mitarbeiter der Landesregierungen müßten intensiv einbezogen werden.

Die auch seitens der Verwaltung geforderte verstärkte kooperative Dialogorientierung von Evaluationen bietet die Chance, eine strategische Verwertung von Evaluationsergebnissen („double-loop-learning"), und damit eine größere politische Wirkung von Evaluationen gegenüber einer rein instrumentellen Verwertung („single-loop-learning") (vgl. Finne/Levin/Nilssen 1995: 13) zu erreichen.

Entscheidend dürfte sein, daß neben der offenbar steigenden Bereitschaft von Politik und Verwaltung zur Evaluation von Förderprogrammen die wissenschaftliche Begleitforschung ihren Rückstand gegenüber dem enorm gewachsenen Stellenwert bzw. dem quantitativen Wachstum der regionalen Strukturpolitik (Frankenfeld 1994: 12) aufholt - also anwendbare Evaluationsmethoden mit hohem „Wirkungspotential" entwickelt und in der Auftragsforschung auch einsetzt. Zugleich dürfen die Regierungen die gegenwärtigen Ansätze zur Verbesserung der Evaluationspraxis nicht auf die Optimierung eines reinen Fördercontrollings reduzieren, das im wesentlichen nur die Rechtmäßigkeit der Mittelvergabe und -verwendung pruft.

Insgesamt dürfte angesichts der Anstrengungen der Landesregierungen (auch unter Beteiligung der Bundesministerien und vor allem der Europaischen Kommission) zur Verbesserung der Förderpolitik und ihrer Evaluation ein erhebliches Potential für einen Wissen- bzw. Erfahrungsrucktransfer in die alten Bundesländer entstanden sein. Allerdings mussen diese Bestrebungen noch ihre Dauerhaftigkeit zeigen - ob sie also tatsächlich langfristig angelegt und wirksam sind oder nur kurzfristige politische bzw. administrative

Reaktionen auf die Debatte um die Verwendung oder Verschwendung von Fördermitteln in Ostdeutschland sind.

Literatur

Ausgewertete Studien

Frank, G., 1993: Wirkungsanalyse der Subventionen für Investitionen in den neuen Bundesländern. In: Zeitschrift für Betriebswirtschaft 2: 121-128.

Haus, M., 1992: Aufbau mittelständischer Unternehmen in den neuen Bundesländern durch Investitionsförderung. Förderarten und Förderwirkungen, (IfM-Materialien 95), Bonn.

Heimpold, G./Junkernheinrich, M./Skopp, R., 1994: Regionale Wirtschaftsförderung in Sachsen-Anhalt. Analyse des Einsatzes von Fördermitteln der Gemeinschaftsaufgabe „Verbesserung der regionalen Wirtschaftsstruktur“ in den Jahren 1991-1993, (IWH-Forschungsreihe 94, 3), Halle.

ifo Institut für Wirtschaftsforschung/Institut für Wirtschaftsforschung Halle (ifo/IWH), 1994a: Die Effizienz der finanzpolitischen Fördermaßnahmen in den neuen Bundesländern, (ifo Studien zur Finanzpolitik 53), München.

ifo Institut für Wirtschaftsforschung/Institut für Wirtschaftsforschung Halle (ifo/IWH), 1994b: Finanzierungsprobleme kleiner und mittlerer Unternehmen der gewerblichen Wirtschaft in den neuen Bundesländern. (ifo Studien zur Strukturforschung 18), München.

Krüger, M. et al., 1994: Wirksamkeit der Instrumente der regionalen Wirtschaftsförderung in den neuen Bundesländern. (Graue Reihe der KSPW 94-01), Berlin.

Lichtblau, K., 1993: Investitionsförderung in den neuen Ländern. In: iw-trends 3: 17-35.

Roland Berger Forschungsinstitut (RBF), 1995: Effizienzanalyse öffentlicher Wirtschaftsförderung anhand einer Repräsentativbefragung von kleinen und mittleren Unternehmen in den neuen Bundesländern. Bedeutung, Einfluß und Wirkung der ERP-Förderung, Gutachten im Auftrag des Bundesministeriums für Wirtschaft, München.

Weitere Literatur

Bachtler, J./Michie, R., 1995: A New Era in EU Regional Policy Evaluation? The Appraisal of the Structural Funds. In: Regional Studies 8: 745-751.

Beywl, W., 1988: Zur Weiterentwicklung der Evaluationsmethodologie. Grundlegung, Konzeption und Anwendung eines Modells der responsiven Evaluation, Frankfurt a. M. et al.

Biedenkopf, K., 1995: Sachsen bringt Licht in Dickicht der Förderprogramme. In: Leipziger Volkszeitung vom 27./28. Mai.

Blien U., 1994: Konvergenz oder dauerhafter Entwicklungsrückstand? Einige theoretische Überlegungen zur empirischen Regionalentwicklung in den neuen Bundesländern. In: Informationen zur Raumentwicklung 4: 273-285.

Budde, R. et al., 1991: Übertragung regionalpolitischer Konzepte auf Ostdeutschland. (Untersuchungen des Rheinisch-Westfälischen Instituts für Wirtschaftsforschung Essen H. 2), Essen.

Bundesministerium für Wirtschaft (BMWi), 1995a: Wirtschaftsdaten neue Länder – August, Bonn.

Bundesministerium für Wirtschaft (BMWi), 1995b: Jahreswirtschaftsbericht 1995. Bonn.

Bundesministerium für Wirtschaft (BMWi), 1995c: Aufbau Ost. Die zweite Hälfte des Weges – Stand und Perspektiven. Bericht der Bundesregierung zur Entwicklung in den neuen Ländern, BMWi-Dokumentation Nr. 382. Bonn.

Buttler, F./Klauder, W., 1992: Investitionsförderung – Schlüssel zur Lösung des Beschäftigungsproblems. In: Mitteilungen aus der Arbeitsmarkt- und Berufsforschung 3: 252-259.

Derlien, H.-U., 1990: Program Evaluation in the Federal Republic of Germany. In: Rist, R. C. (Hrsg.): Program Evaluation and the Management of Government. Patterns and Prospects across eight Nations, New Brunswick: 37-51.

Deutsche Ausgleichsbank (DtA), 1991-1994: Geschäftsberichte 1990-1994. Bonn.

Deutscher Bundestag, 1991: Bericht der Bundesregierung über die Entwicklung der Finanzhilfen des Bundes und der Steuervergünstigungen gemäß § 12 des Gesetzes zur Förderung der Stabilität und des Wachstums der Wirtschaft (StWG) vom 8. Juni 1967 für die Jahre 1989 bis 1992 (Dreizehnter Subventionsbericht). Drs. 12/1525, Bonn.

Deutscher Bundestag, 1993a: Zweiundzwanzigster Rahmenplan der Gemeinschaftsaufgabe „Verbesserung der regionalen Wirtschaftsstruktur“ für den Zeitraum 1993 bis 1996 (1997). Drs. 12/4850, Bonn.

Deutscher Bundestag, 1993b: Bericht der Bundesregierung über die Entwicklung der Finanzhilfen des Bundes und der Steuervergünstigungen gemäß § 12 des Gesetzes zur Förderung der Stabilität und des Wachstums der Wirtschaft (StWG) vom 8. Juni 1967 für die Jahre 1991 bis 1994 (Vierzehnter Subventionsbericht). Drs. 12/5580, Bonn.

Deutscher Bundestag, 1994: Dreiundzwanzigster Rahmenplan der Gemeinschaftsaufgabe „Verbesserung der regionalen Wirtschaftsstruktur" für den Zeitraum 1994 bis 1997 (1998). Drs. 12/7175, Bonn.

Deutscher Bundestag, 1995a: Vierundzwanzigster Rahmenplan der Gemeinschaftsaufgabe „Verbesserung der regionalen Wirtschaftsstruktur" für den Zeitraum 1995 bis 1998 (1999). Drs. 13/1376, Bonn.

Deutscher Bundestag, 1995b: Bericht der Bundesregierung über die Entwicklung der Finanzhilfen des Bundes und der Steuervergünstigungen gemäß § 12 des Gesetzes zur Förderung der Stabilität und des Wachstums der Wirtschaft (StWG) vom 8. Juni 1967 für die Jahre 1993 bis 1996 (Fünfzehnter Subventionsbericht). Drs. 13/2230, Bonn.

Deutsches Institut für Wirtschaftsforschung/Institut für Weltwirtschaft (DIW/IfW), 1991: Gesamtwirtschaftliche und unternehmerische Anpassungsfortschritte in Ostdeutschland. Erster Bericht. In: DIW-Wochenbericht 12: 123-143.

Deutsches Institut für Wirtschaftsforschung/Institut für Weltwirtschaft/ Institut für Wirtschaftsforschung Halle (DIW/IfW/IWH), 1995: Gesamtwirtschaftliche und unternehmerische Anpassungsfortschritte in Ostdeutschland. Dreizehnter Bericht. in: DIW-Wochenbericht 27-28: 463-493.

Dohnanyi, K./Pohl, R., o. J.: Deutschlands Berechtigung Wirtschaftsbeihilfen zu gewähren wegen der Fortdauer der wirtschaftlichen Nachteile aus der ehemaligen Teilung Deutschlands (Gutachten). unveröff. Ms.

Europäische Kommission, 1994: Gemeinschaftliches Förderkonzept für die Entwicklung und die strukturelle Anpassung der Regionen mit Entwicklungsrückstand (Ziel 1) Deutschland 1994-1999. Brüssel.

Finne, H./Levin, M./Nilssen, T., 1995: Trailing Research: A Model for Useful Program Evaluation. In: Evaluation 1: 11-32.

Frankenfeld, P., 1994: Theoretische Grundlagen zur Methodik der Evaluierung. In: Bremer Zeitschrift für Wirtschaftspolitik 4: 5-68.

Hellstern, G. -M./Wollmann, H. (Hrsg.), 1984: Handbuch zur Evaluierungsforschung. Bd. 1, Opladen.

Hembach, K., 1980: Der Stellenwert von Wirkungsanalysen in der Regionalpolitik. Eine Systematisierung der Problematik am Beispiel der regionalen Wirtschaftspolitik (Europäische Hochschulschriften: Reihe 5, Volks- und Betriebswirtschaft 274), Frankfurt a. M. et al.

Hubener, A./Halberstadt, R., 1976: Erfolgskontrolle politischer Planung. Probleme und Ansätze in der Bundesrepublik Deutschland (Kommission für wirtschaftlichen und sozialen Wandel 124), Göttingen.

Kreditanstalt für Wiederaufbau (KfW), 1995: Regionale Verteilung der Kreditzusagen der KfW für gewerbliche Investitionen in den neuen Bundesländern und Ost-Berlin. unveröff. Ms., Frankfurt a. M.

Landtag Brandenburg, 1995: Wirksamkeitserhöhung der Förderpolitik im Land Brandenburg. Bericht der Landesregierung (Drs. 2/1500), Potsdam.

Lichtblau, K., 1995: Von der Transfer- in die Marktwirtschaft. Strukturpolitische Leitlinien für die neuen Länder, Köln.

Ministerium für Wirtschaft und Technologie des Landes Sachsen-Anhalt (MWT), 1995a: Effiziente Gestaltungsmöglichkeiten in der Landesförderung. Redemanuskript für einen Vortrag vor dem Verband offentlicher Banken am 26. Oktober 1995 in München, unveröff. Ms., Magdeburg.

Ministerium für Wirtschaft und Technologie des Landes Sachsen-Anhalt (MWT), 1995b: Bericht der Arbeitsgruppe „Effizienter und zielgerichteter Einsatz von Fördermitteln in Deutschland. Entwurf vom Dezember 1995, unveröff. Ms., Magdeburg.

Naschold, F., 1994: Ergebnissteuerung, Wettbewerb, Qualitätspolitik. Entwicklungspfade des offentlichen Sektors in Europa. (Modernisierung des öffentlichen Sektors; Sonderband 1), Berlin.

o. V., 1995: Existenzforderung wird verbessert. In: vwd-neue Bundesländer v. 28. März.

Priewe, J./Hickel, R., 1991: Der Preis der Einheit. Bilanz und Perspektiven der deutschen Vereinigung, Frankfurt a. M.

Rossi, P. H./Freeman, H.E., 1985: Evaluation. A systematic approach, Beverly Hills et al.

Seidel, P., 1994: Der industrielle Mittelstand in den neuen Bundesländern 1990 bis 1993. Analyse der bisherigen Entwicklungsprozesse der von der KfW geförderten Unternehmen des industriellen Mittelstandes in Ostdeutschland, Frankfurt a. M.

Siebert, H., 1993: Junge Bundesländer: Gibt es wirtschaftspolitische Alternativen? (Kieler Diskussionsbeiträge 200), Kiel.

Toepel, K./Weise, Ch., 1995: Die Förderung von gewerblichen Investitionen in Ostdeutschland durch den Europäischen Fonds für Regionale Entwicklung. Fallstudien Ostberlin, Brandenburg und Mecklenburg-Vorpommern, (DIW-Diskussionspapier Nr. 108), Berlin.

Vogt, E., 1995: Landesregierungen bemühen sich um Licht im Förderdschungel. Investoren können unter rund 1000 Förderprogrammen auswählen. In: Handelsblatt v. 4. Oktober.

Wulf-Mathies, M., 1995: Eröffnungsrede zur Europäischen Konferenz über Evaluierung Brüssel 16. November.

Ausländische Direktinvestitionen und Privatisierung mittelständischer Unternehmen in den neuen Bundesländern

Amina Zuk

1. Direktinvestitionen und multinationale Unternehmen

1.1 Vorbemerkungen

„Für den Wiederaufbau und die Modernisierung der ostdeutschen Wirtschaft spielen ... ausländische Direktinvestitionen eine Schlüsselrolle." (Müller 1992: 169) Eine Direktinvestition ist der „... Erwerb von Kapitalanteilen (oder die Gewährung von Krediten) durch Unternehmen im Ausland, der mit einer Einflußnahme ... auf die Geschäftsführung verbunden ist" (Broll/Gilroy 1989: 266). Der Investor bringt dabei moderne Technologien, Kapital, Marketingkonzepte und Managementwissen in das erworbene Unternehmen ein (vgl. Jahrmann 1994: 59). Laut deutschem Außenwirtschaftsrecht beinhalten Direktinvestitionen folgende Aktivitäten, die meldepflichtig bei der zuständigen Landeszentralbank sind (vgl. Jahrmann 1994: 59; BMWi 1992, Anlage: 1f.; AWG § 26 (2) in Verbindung mit §§ 55-58):

- die Gründung oder den Erwerb von Unternehmen, Niederlassungen und Betriebsstätten;
- den Erwerb von Unternehmensbeteiligungen (mind. 20 Prozent);
- die Kreditgewährung an Unternehmen des Gebietsansässigen bzw. an Unternehmen, an denen der Kapitalgeber mit mehr als 20 Prozent beteiligt ist;
- die Ausstattung der Unternehmen mit Anlagegütern.

Realkapitaltransfers infolge ausländischer Direktinvestitionen stellen neben dem Außenhandel einen wichtigen Aspekt der internationalen Wirtschaftsbeziehungen dar. Die Hauptakteure sind dabei die multinationalen Unternehmen, d. h. Unternehmen, die in verschiedenen Ländern wirtschaftlich tätig sind. Die Schlüsselposition multinationaler Unternehmen innerhalb der Weltwirtschaft besteht vor allem darin, daß durch sie die internationale Arbeitsteilung und Kapitalverflechtung vorangetrieben wird, was u. a. auch zu einer Verschärfung des Standortwettbewerbs nicht nur zwischen den Industrieländern führt (vgl. Broll/Gilroy 1989: 122f.).

1.2 Ursachen und Auswirkungen von Direktinvestitionen

Ein älterer Erklarungsansatz multinationaler Unternehmen und damit auch von Direktinvestitionen ist die Arbitragemöglichkeit zwischen Standorten mit niedriger und hoher Grenzproduktivität des Kapitals, wobei jedoch Marktunvollkommenheiten vernachlässigt werden. Deshalb wurde er auch zugunsten anderer Theorien, z. B. des sogenannter Transaktionskostenansatzes, fallengelassen (vgl. Caves 1982: 35, 65; Horstmann 1992: 472; Sander 1992: 7ff.). Der populäre *eclectic approach* von Dunning basiert auf drei Kategorien von Wettbewerbsvorteilen, über die ein Investor verfügen muß, um im Ausland erfolgreich zu sein (standortspezifische, eigentümerspezifische sowie Internalisierungsvorteile). So heißt es: „The eclectic approach derives the existence of each kind of advantage as a necessary condition and the simultaneous existence of advantages of each kind as a sufficient condition for FDI to be the superior strategy of international economic activity.“ (Sander 1992: 10). Die eigentümerspezifischen Vorteile sollen die Kosten der Direktinvestition kompensieren, das Gastgeberland hingegen muß standortspezifische Vorteile bieten. Durch Marktversagen bei nicht durchsetzbaren Eigentumsrechten an *intangible assets* (wie z. B. Patente) im Ausland können hohe Transaktionskosten auf ein multinationales Unternehmen zukommen, welche nur durch Internalisierung auf Basis eigener Auslandsniederlassungen vermieden werden können (vgl. Dunning 1981: 30ff.; Welfens 1990: 26; Horstmann 1992: 472).

Ausländische Direktinvestitionen weisen verstärkt prozyklische Tendenzen auf, d. h. sie sind Teil unternehmerischer Wachstumsstrategien (vgl. Jungnickel 1993: 317f.). Bei der Entwicklung der Direktinvestitionen laßt sich eine deutliche Abgrenzung zwischen arbeitsintensiven und forschungs- bzw. kapitalintensiven Branchen vornehmen. Bei ersteren war vor allem in der Vergangenheit eine stark ausgeprägte Diversifizierung erkennbar, hier spielte das Kriterium der Kostenersparnis insbesondere bei Arbeitslöhnen eine große Rolle. Bei neueren Direktinvestitionen verliert jedoch die Kostenorientierung gegenüber anderen Motiven, wie z. B. der Erschließung neuer Märkte (Absatzorientierung), verstärkt an Boden. Die damit einhergehende Umweltorientierung ist vor allem für die Standortwahl ausschlaggebend. So kann heute ein wachsender Trend zu Auslandsinvestitionen der innovativen, kapitalintensiven Produktionszweige in Westeuropa und den USA beobachtet werden, was u. a. mit einer Verbesserung der wirtschaftspolitischen Rahmenbedingungen erklärt werden kann. Das Kriterium der Beschaffungsorientierung (z. B. sicherer Rohstoffbezug) ist kaum noch von Bedeutung (vgl. Broll/Gilroy 1989: 120f.; Jahrmann 1994: 61).

Anhand dieser Motive läßt sich eine Typisierung der Direktinvestitionen vornehmen in (vgl. Glismann et al. 1987: 123f.):

- den weltmarktorientierten Typ, dessen Ziel die Ausnutzung der Standortvorteile des Gastlandes zur Belieferung der internationalen Märkte ist;
- den Importsubstitutionstyp, dessen Ziel die Umgehung tarifärer und nicht-tarifärer Handelshemmnisse ist;
- und den Vertriebstyp, dessen Ziel die Erschließung bzw. Erhaltung des Auslandsmarktes ist.

Es kann eine Übereinstimmung der Zielregionen und -branchen von Direktinvestitionen mit den vorherrschenden Außenhandelsbeziehungen der Industrieländer beobachtet werden. Diese Beziehung, auch als *cross-hauling* bezeichnet, beweist die intra-industrielle Struktur der Direktinvestitionen und somit die vordergründige Absatzorientierung. Es läßt sich ableiten, daß gut funktionierende Export- und Importbeziehungen oft einen Anreiz zur Durchführung von Direktinvestitionen bieten. Gleichermaßen können erfolgreiche Direktinvestitionen zu einer Auffrischung bzw. einer weiteren Intensivierung bestehender Außenhandelsbeziehungen führen. Exporte und Direktinvestitionen konkurrieren also nicht miteinander, sie stehen vielmehr in einer komplementären Beziehung, was auch in der allgemeinen Gleichgewichtstheorie des internationalen Handels demonstriert wird (vgl. Broll/Gilroy 1989: 122; Caves 1982: 56ff.; Welfens 1990: 26).

Die rechtlichen Rahmenbedingungen für Direktinvestitionen sind in erster Linie das Niederlassungsrecht des jeweiligen Landes, Vorschriften des Arbeits- und Steuerrechts sowie Fragen des Kapital- und Gewinntransfers. Jahrmann sieht die grundlegenden Vorteile für den Investor in der Verbesserung der Wettbewerbsfähigkeit, der Präsenz am Absatzmarkt bzw. der Erschließung neuer Absatzmärkte, der Möglichkeit zu billigen Re-Importen sowie der Vermeidung von Einfuhrproblemen. Als weitere Kriterien werden die Absenz eines Währungsrisikos, niedrigere Transportkosten zum Abnehmer, oft günstigere Rohstoffpreise und z.T. niedrigere Lohnkosten angeführt. Ein potentieller Auslandsinvestor entscheidet jedoch nicht nur aufgrund (kurzfristiger) Kosten-Erlös-Relationen, sondern wird auch die Ausbildung und Qualifikation der Arbeitskräfte oder die Qualität der öffentlichen Verwaltungen berücksichtigen (vgl. Müller 1992: 175ff.; Oppenländer/Gerstenberger 1992: 7). Nicht zu vernachlässigen sind etwaige Steueranreize des Gastlandes und andere Begünstigungen, wenn Direktinvestitionen in einem Land besonders erwünscht sind. Als mögliche Nachteile für den Investor werden ein reglementierter Gewinntransfer, politische Risiken im Investitionsland (z. B. Enteignung), die Diskriminierung gegenüber inländischen Produktionsstätten und der Zwang zu einer Minderheitsbeteiligung angeführt (vgl. Jahrmann 1994: 61; Wagner 1991: 6f.; Broll/Gilroy 1989: 37). Nettokapitalexporte sind im Empfängerland oft umstritten, wobei insbesondere der sogenannter Ausverkauf und die sich daraus ergebende Beeinflussung der heimischen Wirtschaft durch das Ausland als Argument angegeben werden. Glismann u. a. hingegen vertreten die Auffassung: „Direktinvestitionen können nicht als solche für das Empfängerland nachteilig sein; andere, länderspezifische Faktoren entscheiden letztlich darüber, welchen Nutzen ein Empfängerland daraus ziehen kann." (Glismann et al. 1987: 128).

2. Die neuen Bundesländer als Standort für ausländische Direktinvestitionen

2.1 Die Ausgangslage für Direktinvestitionen in Ostdeutschland

Nachdem die Bundesrepublik Deutschland schon seit einigen Jahren laut Transferstatistik ein Nettokapitalexporteur auf dem Gebiet der Direktinvestitionen ist, d. h. mehr Kapital in das Ausland transferiert, als im Gegenzug eingeführt wird, können seit 1990 erstmals Direktinvestitionen in größerem Ausmaß auch in Ostdeutschland durchgeführt werden. Dies ist sicherlich auch ein Grund dafür, daß zumindest die Bestände der ausländischen Direktinvestitionen in Deutschland weiterhin kontinuierlich steigen. So betrugen die unmittelbaren und mittelbaren konsolidierten Bestände ausländischer Direktinvestitionen in Deutschland 192,8 Milliarden DM im Jahr 1992 gegenüber knapp 143 Milliarden DM im Jahr 1989. Für die Zukunft wird insgesamt ein leichter Zuwachs der Kapitalimporte aufgrund der Zuflüsse in die fünf neuen Länder prognostiziert (vgl. BMWi 1992: 5ff.; Deutsche Bundesbank 1994: 58; Horstmann 1992: 472).

Die wirtschaftliche Entwicklung Ostdeutschlands seit dem Jahr 1990 läßt sich durch vier Kriterien beschreiben: die schockartige Umstellung der

Marktverhältnisse, eine extreme Aufwertung der Währung, beachtliche Lohnsteigerungen und zu niedrige Bruttoanlageinvestitionen der Industrien (vgl. Wölfling 1994: 6; Kitterer 1990: 12ff.). Die Bestimmung der relativen Standortqualität der neuen Bundesländer stellt sich momentan als schwierig dar, da vor allem die Auswahl geeigneter Referenzländer schwerfällt. Die fünf neuen Länder müssen sich hinsichtlich ihrer Standortfaktoren hauptsächlich an Westdeutschland messen lassen, die Entwicklungs- und Schwellenländer scheiden als Vergleichsobjekte aus (vgl. Krakowski et al. 1992: 531). Diese Auffassung wird von Hankel geteilt: „Ziel und Richtung des ostdeutschen Anpassungs- und Umstrukturierungsprozesses ist die Herstellung einer mit der westdeutschen Wettbewerbsstärke und Produktivität vergleichbaren Wirtschaftsstruktur.“ (Hankel 1991: 38). So existieren z. Z. kaum Spill-Over-Effekte zwischen den Unternehmen in den neuen Bundesländern, d. h. es ergeben sich keine positiven Wirkungen z. B. aus der Baukonjunktur für andere Wirtschaftszweige (Hankel 1991: 39).

Der Außenhandel Ostdeutschlands hatte nach 1990 einen dramatischen Einbruch zu verzeichnen. Auf den Westmärkten waren die erzielbaren Exportpreise für die DDR-Produkte nicht kostendeckend, zumal durch die Währungsunion ein erheblicher Aufwertungseffekt initiiert wurde. Dies verursachte einen ca. 30prozentigen Absatzrückgang im Jahr 1990, gefolgt von nochmals 20 Prozent im Jahr 1991. Die Lage auf den Ostmärkten stellte sich anfangs noch etwas anders dar, weil die Geschäfte im Jahr 1990 noch auf Transferrubelbasis abgewickelt wurden. Aber im Jahr 1991 mußten die Unternehmen Absatzeinbrüche um die 60 Prozent trotz des Hermes-Sonderprogramms hinnehmen. Im Jahr 1993 betrug das ostdeutsche Exportniveau mit 12 Milliarden DM nur noch 20 Prozent gegenüber dem zahlenmäßigen Wert im Jahr 1989, was einem Anteil von nur 2 Prozent am gesamtdeutschen Exportvolumen entspricht (vgl. Die Wirtschaft 1993: 26). Folglich nimmt die Bedeutung des inländischen Absatzmarktes für ostdeutsche Unternehmen zu, woran sich auch Ausländer bei ihren Investitionsentscheidungen orientieren müssen.

Laut Hankel sind „...[eine] unzureichende steuerliche Förderung von Neu-Investitionen, [die] unzulässige Belastung mit Altschuldendienst bei Alt-Investitionen (sic!), mangelnde Deregulierung, [das] Fortbestehen bürokratischer Hemmnisse und [die] zu starke Konzentration auf die Verwertung von Alt-Vermögen (Treuhandanstalt)..“ (Hankel 1991: 39) die gravierendsten Hemmnisse für den „Aufschwung Ost“. Als weitere Standortnachteile lassen sich ökologische Altlasten, der veraltete Kapitalstock, der hohe Anteil arbeits- und ressourcenintensiver Produktionsprozesse, die unterentwickelte Infrastruktur, die Entwicklung der Lohnkosten sowie das derzeitig schon sehr hohe Niveau der Arbeitslosigkeit nennen. Als Plus für die neuen Bundesländer können die geringen Kapitalkosten durch hohe direkte und indirekte Subventionen, die hohe Qualifikation des vorhandenen Arbeitskräftepotentials, die gewachsenen Beziehungen und Marktkenntnisse in bezug auf Osteuropa (einen Wiederanstieg der Nachfrage vorausgesetzt) und die außergewöhnlichen Entfaltungsmöglichkeiten beim Aufbau moderner Produktionsstätten und einer innovativen Infrastruktur gelten (vgl. Krakowski et al. 1992: 531ff.; Wölfling 1994: 9f.). Ein entscheidender Standortvorteil gegenüber anderen, kostengünstigeren Standorten für Direktinvestitionen, z. B. den osteuropäischen Staaten, ist die freie Transferierbarkeit der Gewinne in der deutschen Währung. Bei einer Direktinvestition in Ostdeutschland entfallen die vielleicht vermuteten kostenorientierten Motive fast völlig, zumindest wenn niedrigere Arbeitskosten gefordert sind. Stadermann äußert sich so: „Ein in der Gegenwart zu erreichender Lohnunterschied kann für Investitionsentscheidungen nicht als Vorteil kalkuliert werden, weil die mögliche Verfestigung des Lohngefälles und damit die Enge der Absatzmärkte für die potentiellen Investoren nachteilig auf die Grenzleistungsfähigkeit des Kapitals gerade so wirken, wie die Lohnvorteile in der Gegenwart positiv wirken sollen." (Stadermann 1991: 71). Gegebenenfalls lassen sich die Einstiegskosten der Investition, d. h. der Erwerb der Produktionsstätte bzw. Immobilie günstiger gestalten, da die von der Treuhandanstalt geforderten Preise oftmals unter dem tatsächlichen Marktwert lagen.

In Ostdeutschland erzielte Unternehmensgewinne werden nach bundesdeutschem Steuerrecht recht hoch besteuert, wenn auch vorübergehende Vergünstigungen wie die Aussetzung von Gewerbekapital- und Vermögenssteuer eingeführt wurden. So betrug die (westdeutsche) Steuerbelastung bei Gewinnthesaurierung 66 Prozent im Jahr 1990, gegenüber nur 26 Prozent in der Schweiz (vgl. Klodt et al. 1989: 190f.). Allerdings ist zu beachten, daß sich das Gastgeberland durch Besteuerung von Direktinvestitionen den größten, da sofort meßbaren Nutzen sichern kann. In den neuen Bundesländern gilt das deutsche und das europäische Wettbewerbsrecht unmittelbar und uneingeschränkt. Danach unterliegen sämtliche Unternehmenskäufe und -beteiligungen der Fusionskontrolle. Das deutsche Kartellamt beobachtet insbesondere Unternehmen, deren Jahresumsatz über 2 Milliarden DM liegt. Die EU-Kommission muß diejenigen Unternehmenszusammenschlüsse genehmigen, bei denen ein bestimmender Einfluß auf die Tätigkeit des anderen Unternehmens ausgeübt wird. Es gelten die Umsatzschwellen von weltweit insgesamt mehr als 5 Milliarden ECU bzw. 250 Millionen ECU innerhalb der Union. Allerdings sind ausländische Unternehmen in der Regel nicht betroffen, vor allem wenn sie bisher nicht auf dem deutschen Markt tätig waren (vgl. Göbbel et al. 1991: 67). In Deutschland kann auf der Grundlage des § 23 AWG eine Beschränkung der Kapitaleinfuhr erfolgen, um ein inflatorisches Geldmengenwachstum zu verhindern. Ausländern kann beispielsweise der Erwerb von Unternehmen bzw. die Beteiligung an Unternehmen im Inland untersagt werden (vgl. Jahrmann 1994: 80; AWG § 23). Die Besteuerung von ausländischen Direktinvestitionen erfolgt in der Regel auf Basis sogenannter Doppelbesteuerungsabkommen. Dabei wird entweder festgelegt, welche Einkünfte im Quellenstaat und welche im Wohnsitzstaat besteuert werden (Freistellungsmethode), oder es wird eine getrennte Besteuerung durchgeführt, wobei die im Ausland angefallenen Steuern auf die Steuerschuld im Wohnsitzstaat angerechnet werden (Anrechnungsmethode) (vgl. Jahrmann 1994: 120; Kitterer 1990: 119f.; Göbbel et al. 1991: 55ff.).

2.2 Ausländische Investoren als Partner der Restrukturierungspolitik der Treuhandanstalt

Das allgemeine Ziel der Privatisierung durch die Treuhandanstalt bestand in der Gewinnung von unternehmerischem Management, kaufmännischem und technologischem Know-how, der Beschaffung von Investitions- und Innovationskapital sowie der Akquirierung entsprechender Vertriebswege und Absatzmärkte für die produzierten Güter (vgl. Die Wirtschaft 1993: 29). Die Privatisierungskonditionen der Treuhandanstalt waren dabei für in- und ausländische Erwerber identisch. Dazu zählten (vgl. Die Wirtschaft 1993: 29f.):

- die Entwicklung eines tragfähigen Unternehmenskonzeptes durch den Erwerber;
- Vertragszusagen bzgl. des Umfangs der geplanten Investitionen;
- Zusagen des Erwerbers über die Erhaltung und Schaffung von Arbeitsplätzen auf Basis einer betriebswirtschaftlichen Kalkulation zu Produktivität und Personalstärke;
- die Festlegung von Vertragsstrafen (Pönalien) im Falle der Nichteinhaltung der Investitions- und Arbeitsplatzzusagen;
- die Aushandlung eines angemessenen Verkaufspreises.

Beim Verkauf waren die Passiva, vor allem die laufenden Verluste, wichtiger als die vorhandenen Aktiva wie Grund und Boden. Hankel dazu: „Die von der Treuhandanstalt verwalteten zu verkaufenden ehemaligen VEB sind mit einer auch nach ihrer Halbierung beachtlichen Kreditschuldquote belastet, die inzwischen mehr als dreimal so hoch verzinst werden muß wie zu Lebzeiten der DDR." (Hankel 1991: 41). Ein Investor, der sich zur Übernahme von Altlasten verpflichtete oder umfangreiche Investitions- und Arbeitsplatzzusagen machte, konnte einen größeren Verhandlungsrahmen in bezug auf den Kaufpreis in Anspruch nehmen. Demzufolge muß die Aussage von Gobbel u. a., daß die Höhe des Kaufpreises dem vollen Unternehmenswert entsprechen müsse, relativiert werden (vgl. Die Wirtschaft 1993: 29f.; Klinz 1991: 34; andererseits Göbbel et al. 1991: 63). Dies wird auch durch die Praxis bestätigt, wobei insbesondere die spektakulären 1 DM-Verkäufe in das Blickfeld der Öffentlichkeit gerückt wurden. Zu den Instrumenten der aktiven Sanierungsbegleitung der Treuhandanstalt zählen Gesellschafterdarlehen, Forderungsabkäufe, die Gewährung von Zinszuschüssen und Übernahme von Einzelbürgschaften sowie die Hilfe bei der Beseitigung ökologischer Altlasten oder die Sozialplanfinanzierung (vgl. Die Wirtschaft 1993: 35; THG § 9). Diese Vergünstigungen wurden auch ausländischen Firmen in den neuen Bundesländern gewährt.

Tabelle 1: Die Top-Ten der ausländischen Investoren

Land	Privatisierungen	Invest.-zusagen (Mio. DM)	Arbeitsplätze	Erlöse (Mio. DM)
Dänemark	28	548	3.228	340
Frankreich	87	5.457	25.512	1.446
Großbritannien	125	2.180	16.895	888
Italien	42	1.901	6.477	315
Kanada	9	1.848	16.710	34
Luxemburg	12	406	2.208	276
Niederlande	93	1.189	10.220	389
Österreich	101	1.022	16.427	316
Schweiz	131	1.162	19.097	746
USA	77	2.959	13.095	536

Quelle: THA, Zentrales Controlling (Stand: 31. 03. 1994). In: Die Wirtschaft (1994).

Folgt man der Argumentation von Freudenberg und Bird, so hatte die Treuhandanstalt den direkten Auftrag zur Internationalisierung: „...the Treuhand is committed to internationalizing the privatisation process and avoiding the creation of pan-German monopolies..." (Freudenberg/Bird 1991: 39). Bento sieht vor allem in dem hohen Kapitalbedarf für die strukturelle Anpassung Ostdeutschlands, der vom IWH auf 1,5 bis 2 Billionen DM geschätzt wird, die Notwendigkeit von Auslandsinvestitionen für das Wachstum der ostdeutschen Wirtschaft (vgl. Preuße 1991: 219f.; IWH 1992: 90; Bento 1993: 19). Indessen stellte sich die Wirklichkeit im Jahr der Beendigung der Geschäftstätigkeit der Treuhandanstalt etwas anders dar, denn nur etwa 900 der ehemaligen VEB, rund 10 Prozent, gingen in ausländischen Besitz über (Stand Oktober 1994). Dem entsprechen auch die Anteile bei den Beschäftigungszusagen mit ca. 150.000 bis 160.000 Arbeitsplätzen und den geplanten Investitionen mit 22 Milliarden DM (etwa 10 Prozent bzw. 11 Prozent). Da sich ausländische Investoren außerdem auf der „grünen Wiese", in Joint-Ventures bzw. Vertriebsorganisationen oder auch privaten Firmen in den neuen Bundesländern engagieren, kann insgesamt eine Zahl von 3.600 Unternehmen mit ausländischer Beteiligung angenommen werden (Mitteilung der THA, Mitteldeutsche Zeitung v. 7. 10. 1994).

In der obigen Tabelle 1 sind die zehn wichtigsten ausländischen Investoren nach ihren Herkunftsländern angeführt, einschließlich der bis März 1994 vereinbarten Investitions- und Arbeitsplatzzusagen sowie der erzielten Erlöse der Treuhandanstalt. Die meisten Direktinvestitionen wurden zwar von schweizerischen Unternehmen vorgenommen, jedoch gaben Investoren aus Frankreich die höchsten Investitions- und Arbeitsplatzzusagen, wobei sicherlich das Projekt „Leuna 2000" den größten Anteil hat. Zu beachten ist, daß die in Tabelle 2 dargestellten regionalen Daten (März 1994) von den ausgewiesenen Gesamtdaten ausländischer Direktinvestitionen in den neuen Bundesländern abweichen, da einige der ehemaligen Treuhandfirmen nicht genau zuzuordnen sind (vgl. Die Wirtschaft 1994, Anhang: 5). Außerdem sind Unsicherheiten bei den kumulierten Treuhanddaten gegenüber den jährlich veröffentlichten Bundesbankdaten zu berücksichtigen, da bei ersteren der Fall eines Investors für mehrere Unternehmen oder umgekehrt nicht gesondert berücksichtigt wird und Verkäufe ohne Investitions- oder Beschäftigungsvereinbarungen nicht erfaßt werden (vgl. Sander 1992: 6).

Es kann festgestellt werden, daß die Zahl ausländischer Direktinvestitionen zwar im Bundesland Sachsen am höchsten ist, jedoch der Umfang der zugehörigen Investitionszusagen unter dem Brandenburgs liegt. Auch sind die brandenburgischen Beschäftigungszusagen die höchsten in den neuen Ländern. Hier spielt wohl die Sonderstellung Berlins als alter und neuer Hauptstadt- und Regierungssitz eine Rolle. Die Attraktivität Berlins hat zusätzliche investitionsbegünstigende Auswirkungen auf das nähere Umland, den sogenannten Berliner Speckgürtel. Es treten außerdem Verdrängungseffekte auf. So werden z. B. aufgrund von Mietsteigerungen Betriebsteile der Fertigung nach Brandenburg ausgelagert, um von den ostdeutschen Subventionen zu profitieren. Insgesamt ist ein hohes räumliches Aggregationsniveau und ein starkes Nord-Süd-Gefälle der Investitionen erkennbar. Die Ursache wird u. a. in der unterschiedlichen Kapitalintensität der ansässigen Wirtschaftszweige gesehen. So ist Mecklenburg-Vorpommern, das Land mit der niedrigsten Auslandsbeteiligung, vorwiegend landwirtschaftlich geprägt und weist einen geringen Industriebesatz auf. Dagegen herrscht in den Ballungszentren im Süden, wie z. B. der Region Halle-Leipzig, ein hohes Investitionsniveau, auch in Hinblick auf ausländisches Engagement. Industriezentren weisen als Vorzüge eine gut ausgebaute Infrastruktur, hochqualifiziertes Humankapital und die Einbindung in funktionierende Informationsnetze auf. Es kann ein Zusammenhang zwischen dem Verdichtungsgrad der Wirtschaftsstruktur und der Investitionsentscheidung beobachtet werden. Dementsprechend sind die getätigten Bruttoanlageinvestitionen der (einheimischen) Industriebetriebe ein gutes Entscheidungskriterium für ausländische Investoren (vgl. IWH 1994a: 2).

Tabelle 2: Regionale Verteilung ausländischer Investoren in den NBL

Bundesland	Privatisierungen	Beschäftigungszusagen (Tsd.)	Investitionszusagen (Mio. DM)	Erlöse (Mio. DM)
Berlin	115	30,415	2.521	1.553
Brandenburg	142	45,275	6.197	1.204
Meckl.-Vorp.	70	8,028	1.473	354
Sachsen	260	31,685	3.867	1.278
Sachsen-Anh.	130	19,529	4.552	579
Thüringen	110	14,75	2.814	341

Quelle: THA, Zentrales Controlling (Stand: 31. 03. 1994); In: Die Wirtschaft (1994).

2.3 Motive ausländischer Investoren in den neuen Bundesländern

Ausländische bzw. multinationale Unternehmen, die eine Direktinvestition in der ehemaligen DDR in Betracht ziehen, haben von vornherein größere Hindernisse als deutsche Erwerber zu überwinden. Dazu zählen insbesondere der Mangel an persönlichen Kontakten zu den in Frage kommenden Unternehmen oder die Unkenntnis der besonderen Struktur der ostdeutschen Industrie. Bei Umfragen kommt zudem immer die Unzufriedenheit mit der inflexiblen und zeitaufwendigen Arbeitsweise der Treuhandanstalt während des Ausschreibungsprozesses zum Ausdruck, ein Problem auch für deutsche Investoren. Auch werden stets die allgemeinen deutschen Standortnachteile genannt: hohe Unternehmenssteuern, kurze Arbeitszeiten, hohe Arbeitskosten und auch der Gewerkschaftseinfluß. Als wichtigste Investitionshemmnisse wurden in verschiedenen Umfragen hohe Lohnkosten bei vergleichsweise niedriger Produktivität, Altlasten und ungeklärte Eigentumsverhältnisse sowie die schlecht ausgebaute Infrastruktur angeführt (vgl. Freudenberg/Bird 1991: 39; Beyfuss 1992: 6f., 31). Die Motive der ausländischen Unternehmen für eine Direktinvestition in den neuen Bundesländern differieren durchaus von denen westdeutscher Investoren (siehe Abb. 1).

Abbildung 1: Motive ausländischer und deutscher Investoren in den NBL, Ergebnisse einer IAW-Umfrage von 1991 (Häufigkeit in v.H.)

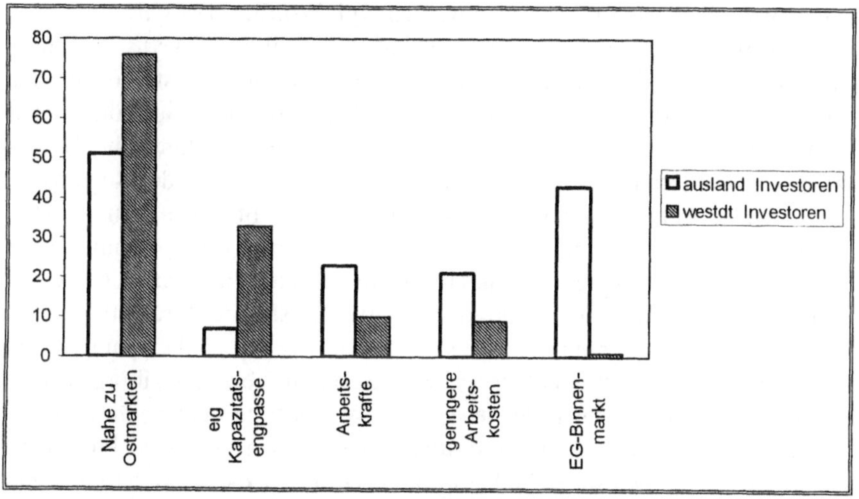

Quelle: in Anlehnung an THA-Informationen (1991), entnommen aus Bento (1993)

Es läßt sich schlußfolgern, daß bei ausländischen Direktinvestitionen in den neuen Bundesländern wohl vor allem die Internalisierungsvorteile (siehe Abschnitt 1.2), d. h. günstige Such- und Verhandlungsbedingungen sowie Kaufpreise durch die Treuhandanstalt im Vordergrund stehen. Durch diesen Vorzug werden Standortnachteile Ostdeutschlands ausgeglichen, hingegen kommen die vorhandenen Standortvorteile wie die günstige strategische Lage (Ostmärkte bzw. europäischer Binnenmarkt) oder die Investitionssubventionierung erst richtig zum Tragen. Dies wird auch durch einige interessante Reportagen bestätigt, die über die Entwicklung ausländischer Tochterfirmen berichten (vgl. Die Wirtschaft 1994: 271ff.).

2.4 Die regionale Wirtschafts- und Strukturförderung

Es war nicht die Aufgabe der Treuhand als größte Staatsholding der Welt, eine auf die Bedürfnisse der neuen Bundesländer ausgerichtete Struktur- und Regionalpolitik zu betreiben. Vielmehr konnte und sollte sie nur auf betriebswirtschaftlicher Ebene tätig werden und allenfalls Anstöße für erforderliche Maßnahmen der Strukturförderung geben (vgl. Klinz 1991: 36; Kuhl/ Wahse 1994: 122ff.). Nachdem die Treuhandanstalt jedoch zum 31. Dezember 1994 ihren Geschäftsbetrieb eingestellt hat, zeigt sich verstärkt die Notwendigkeit einer speziell auf ein günstiges Investitionsklima in Ostdeutschland ausgerichteten Wirtschaftspolitik. Dabei darf der Einsatz strukturpolitischer Instrumente, wie beispielsweise der Förderpolitik, nicht als Gegensatz einer Wettbewerbspolitik gesehen werden (vgl. Wölfling 1994: 5).

Da nun die vergleichsweise günstige Möglichkeit des Erwerbs ehemaliger volkseigener Betriebe entfällt, müssen kapitalkräftige Investoren aus dem Ausland auf andere Weise angezogen werden. Außerdem kann die Einhaltung bereits vertraglich festgelegter Investitionszusagen durch die Gewährung von Fördermitteln gesichert werden. Die Kernbereiche der Regionalpolitik in den Altbundesländer gelten auch für die fünf neuen Länder. Dazu zählt vor allem die Verbesserung der Infrastrukturausstattung, damit die vorhandenen ökonomischen Potentiale richtig genutzt werden können. Als wichtige Instrumente der regionalen Strukturpolitik sind das Strukturhilfegesetz sowie die Förderprogramme der Gemeinschaftsaufgabe „Verbesserung der regionalen Wirtschaftsstruktur" zu nennen. So soll ein überregional organisierter Ausbau der Bundesstraßen, Schienen- und Wasserwege durchgeführt werden, weiterhin sind Zuschüsse für Infrastrukturinvestitionen bis zu 90 Prozent der Kosten sowie zinsgünstige Kredite im Rahmen des Gemeindekreditprogramms möglich. Im Bereich der Regionalförderung wurde von Bund und Ländern eine Reihe finanzieller Anreize zur Lenkung der Investitionen in die Förderregionen (Ansiedlungspolitik) oder zur Initiierung bei ansässigen Unternehmen (Bestandspflegepolitik) geschaffen, wie z. B. Investitionszulagen und -zuschüsse, zinsgünstige Darlehen, Sonderabschreibungen oder steuerfreie Rücklagen. Insgesamt betrugen die Finanzhilfen für die neuen Bundesländer rund 24 Milliarden DM im Zeitraum von 1991 bis 1993, für das Jahr 1994 sollten Mittel im Umfang von 11,9 Milliarden DM bereitgestellt werden (vgl. Heine 1991: 196f.; Heimpold/Junkernheinrich 1994: 152f.; BMWi 1994: 43).

An dieser Stelle werden nun die wichtigsten Förderprogramme dargestellt und hinsichtlich ihrer möglichen Wirkungen analysiert.

Die Investitionszulage wird für neue, bewegliche Wirtschaftsgüter, bei langfristiger Fertigung bereits auf Anzahlung und Teilherstellungskosten vom zuständigen Finanzamt gewährt. Ausgeschlossen von der Förderung sind geringwertige Wirtschaftsgüter bis 800 DM. Der Antrag für die steuerfreien Investitionszulagen muß bis zum 30. September des folgenden Jahres vorliegen. Die Investitionszulage betrug 12 Prozent für nach zwischen dem 1. Juli 1990 und dem 31. Dezember 1991 gelieferte oder fertiggestellte Wirtschaftsgüter. Für Investitionen, die vor dem 1. Januar 1993 begonnen und vor dem 1. Januar 1995 abgeschlossen sind (in der Verlängerung vor dem 1. Juli 1994 und vor dem 1. Januar 1997), wird eine 8prozentige Zulage bewilligt. Die Investitionszulage konnte zumindest in den ersten Jahren der Restrukturierung als ein „Konjunkturprogramm für den Westen" bezeichnet werden, von dem in erster Linie die Investitionsgüterindustrie profitierte (vgl. Necker 1991: 48f.; BDI 1991: 75; Haus 1992: 17f.). Im Jahr 1994 wurde eine Änderung des Investitionszulagengesetzes beschlossen. Die erweiterte Zulage beträgt 20 Prozent für Investitionen mit Beginn vor dem 1. Januar 1995 und Abschluß vor dem 1. Januar 1997, kann jedoch nur von Unternehmern in Anspruch genommen werden, die am 9. November 1989 ihren Wohnsitz in der ehemaligen DDR hatten (vgl. o.V. 1994a: 30; BMWi 1994: 62).

Unternehmen in Ostdeutschland können Investitionszuschüsse von maximal 23 Prozent für Investitionen in Bauten, Sachanlagen und immaterielle Wirtschaftsgüter gewährt werden. Der Abschluß des Vorhabens muß drei Jahre nach Beantragung des Zuschusses erfolgen. Weiterhin können Sonderabschreibungen auf bewegliche und unbewegliche Wirtschaftsgüter in Höhe bis zu 50 Prozent der Anschaffungs- oder Herstellungskosten, also im eigentlichen Sinne Steuerstundungen, in Anspruch genommen werden. Die Wirtschaftsgüter müssen dabei ein Jahr nach Fertigstellung bzw. Erwerb zu eigenbetrieblichen Zwecken verwendet werden. Eine Voraussetzung dafür sind allerdings Erträge bzw. Ertragserwartungen; je nach Ertragslage ist eine Verteilung auf vier Jahre möglich. Es kann ein arbeitsplatzschaffender Effekt bei Verrechnung der Sonderabschreibungen mit Erträgen abgeleitet werden. Vordergründig ergibt sich ein spürbarer Liquiditätseffekt, insgesamt jedoch nur eine begrenzte Kostensenkung bei Investitionen. Die Sonderabschreibung gilt nur befristet, und zwar für Investitionen zwischen 31. Dezember 1990 und 1. Januar 1997. Weiterhin wurden Entlastungsmaßnahmen bei der Gewerbe- und Vermögenssteuer eingeführt, die beide bis zum 31. Dezember 1995 ausgesetzt waren (vgl. Necker 1991: 48f.; BDI 1991: 75f.; BMWi 1993a: 63ff.).

Auch die Regionalpolitik der Europäischen Union ist speziell für Ostdeutschland von größerer Bedeutung, die Zuflüsse aus dem Regionalfonds betrugen in den Jahren 1991 bis 1993 rund eine Milliarden DM jährlich (vgl. Heine 1991: 197; Göbbel et al. 1991: 111). Im Sommer 1994 haben sich die Bundesregierung und die Europäische Kommission in Brüssel über das Gemeinschaftliche Förderkonzept (GFK) und das Operationelle Programm (OP) für die Ziel-1-Gebiete, dazu zählen die fünf neuen Länder und Ostberlin seit dem 1. Januar 1994, geeinigt. Im Förderzeitraum 1994 bis 1999 werden 13,640 Milliarden ECU bzw. 27 Milliarden DM aus Mitteln der Europäischen Strukturfonds bereitgestellt, der Einsatz erfolgt als Kofinanzierung zusammen mit Bundes- oder Landesmitteln. Der Europäische Fonds für regionale Entwicklung (EFRE) stellt ungefähr die Hälfte der Fördermittel, die für Investitionen im Produktionssektor und in der wirtschaftsnahen Infrastruktur verwendet werden. Dabei werden im neuen Förderzeitraum neben Maßnahmen im Forschungs- und Entwicklungsbereich sowie Umweltinvestitionen ausdrücklich kleine und mittlere Unternehmen angesprochen. Die Kopplung der EFRE-Förderung an die „Gemeinschaftsaufgabe regionale Wirtschaftsförderung" wird aufgehoben, was den Einsatz der Mittel auf Landesebene vereinfacht (vgl. o.V. 1994b: 1ff.; Sitte/Ziegler 1994: 217ff.).

In Abbildung 2 sind die Ergebnisse einer IWH-Unternehmensumfrage aus dem Jahr 1992 zum Einsatz von Fördermitteln in den neuen Bundesländern dargestellt. Es kann festgestellt werden, daß die Investitionszulage mit Abstand am häufigsten in Anspruch genommen wird. Dies läßt sich wohl mit der unproblematischen Beantragung über das Finanzamt begründen, wodurch eine relativ schnelle Mittelbereitstellung ermöglicht wird. Daß hingegen einige Fördermittel nur in recht geringem Umfang eingesetzt werden, hängt von einem eingeschränkten Adressatenkreis der Hilfen ab. So werden beispielsweise Eigenkapitalhilfen oder auch Leistungen für eine Beratungsförderung in der Regel nur an Selbständige und Existenzgründer vergeben, andererseits ist das HERMES-Programm auf größere (ost-)exportabhängige Unternehmen ausgerichtet (Heimpold/Junkernheinrich 1994: 162f.). Es kann erwartet werden, daß zumindest das relative Verhältnis beim Einsatz der verschiedenen Fördermittel beibehalten wird. Jedoch läßt sich ein Trend zum Ausbau der Forschungs- und Entwicklungsprogramme sowie der Fördermöglichkeiten auf Landesebene erkennen.

Abbildung 2: Inanspruchnahme von Förderhilfen in Ostdeutschland (in v.H. der befragten Unternehmen; Mehrfachnennungen möglich)

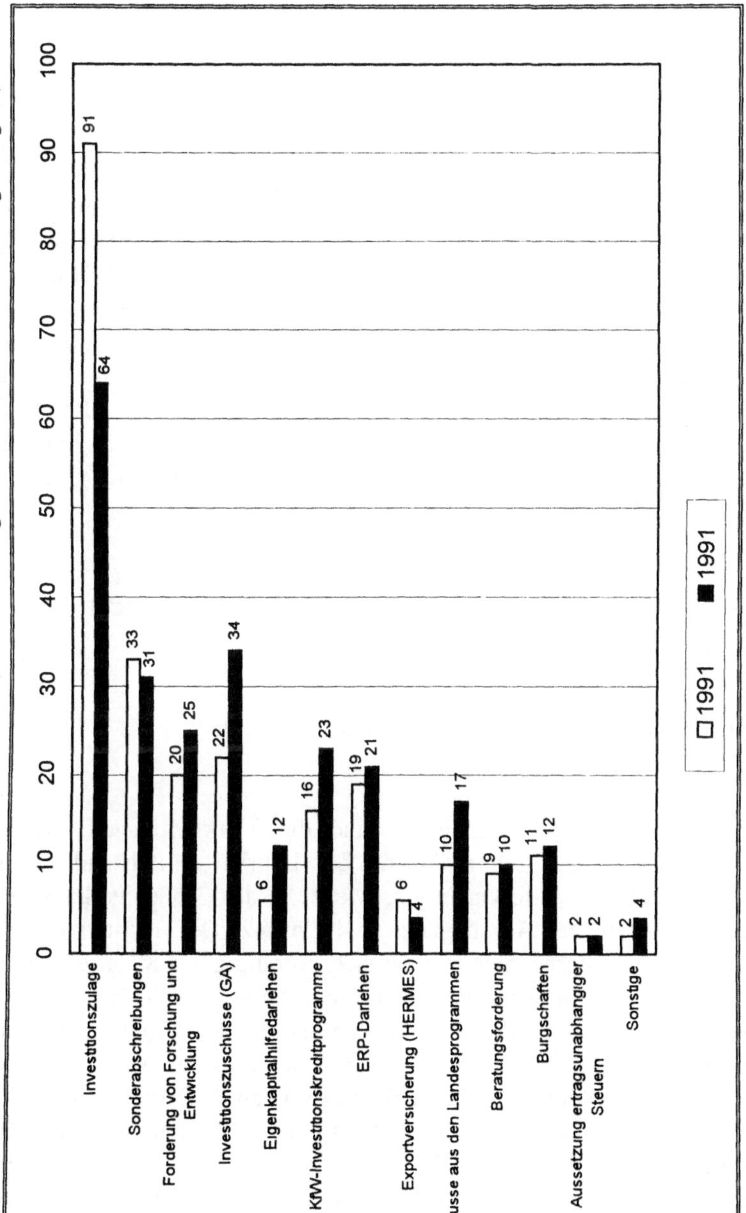

Quelle: in Anlehnung an IWH-Sonderumfrage, in: Heimpold/Junkernheinrich (1994)

Die Mehrzahl der in den neuen Bundesländern existierenden Programme der Wirtschaftsförderung kommt auch für ausländische Investoren in Frage. Somit kann eine Subventionierung von Investitionen in Ostdeutschland weitere Direktinvestitionen attrahieren, eine quantitative Abschätzung der tatsächlichen Effekte ist jedoch kaum möglich, da viele Unternehmen einen besonderen Anreiz der Fördermittel und Steuererleichterungen bestreiten. Es kann jedoch zumindest ein willkommener Mitnahmeeffekt der Subventionen konstatiert werden. Dies wird beispielsweise auch durch eine Sonderauswertung des Einsatzes von Fördermitteln in Sachsen-Anhalt durch das IWH bestätigt, allerdings wird keine Abgrenzung ausländischer Investoren vorgenommen. So war die Investitionsförderung insgesamt bei 37 Prozent der Unternehmen wirksam, von denen jedoch nur 18 Prozent zu einer Vorwegnahme der Anlage bzw. 24 Prozent zu höheren Investitionen angeregt wurden. Bei etwa 20 Prozent der Firmen konnte ein 100prozentiger Mitnahmeeffekt konstatiert werden, weil der getätigte Investitionsumfang unverändert blieb (vgl. Haus 1992: 30f.; IWH 1994b: 24f., 116ff.).

3. Die besondere Rolle der mittelständischen Wirtschaft

3.1 Die Bedeutung des Mittelstandes für das Wirtschaftswachstum

„Die mittelständischen Unternehmen sind die Marktwirtschaft." (Albach 1983: 1), äußert Albach sehr prägnant. Der Begriff „Mittelstand" schließt zum einen quantitative Merkmale ein, wie z. B. die Größenindikatoren Bilanzsumme, Anzahl der Arbeitsplätze und Umsatz. Der qualitative Aspekt mittelständischer Unternehmen bezieht sich vorrangig auf Kriterien wie beispielsweise unternehmerische Verantwortung, die sich auch auf die Organisationsstruktur auswirkt. Der besondere Stellenwert des Mittelstandes wurde in Deutschland und auch international erst in den 80er Jahren richtig gewürdigt (vgl. BMWi 1993b: 1ff.). „In modernen Volkswirtschaften sind die kleinen und mittleren Unternehmen die eigentlichen Giganten für Wirtschafts- und Wachstumsdynamik." (Die Wirtschaft 1993: 22). Klinz erweitert diese Aussage dahingehend, „...[daß] sich gerade der Mittelstand in schwierigen Zeiten, in Zeiten der Stagnation oder der zyklischen Abflachung als besonders widerstandsfähig erweist." (Klinz 1991: 28). Die Vorteile eines mittelständischen Unternehmens liegen in der frühzeitigen Aufspürung von Marktnischen und seiner Flexibilität, dieses Marktpotential auszuschöpfen. Mittelständler agieren heutzutage nicht nur im lokalen oder regionalen Rahmen, sondern auch zunehmend überregional und international. Sie profitieren also direkt vom Abbau der Grenzen und dem Zusammenwachsen der Märkte (vgl. Klinz 1991: 28; Haus 1992: 1). Gerade bei der Privatisierung der Treuhandunternehmen hat sich gezeigt, daß ein Großteil der ausländischen Investoren kleine und mittlere Unternehmen bevorzugt.

Die ostdeutsche Wirtschaft wies ein großes Strukturdefizit im mittelständischen Bereich auf. In diesem Zusammenhang äußert sich Hölscher: „In allen Wirtschaftsbereichen fehlt es an kleinen und mittleren Unternehmen, und im sektoralen Vergleich ist der Dienstleistungsbereich vergleichsweise schwach repräsentiert. Diese Unausgewogenheit in der Wirtschaftsstruktur zeigt einen Mangel an interindustrieller und intraindustrieller Verflechtung an." (Hölscher et al. 1991: 169). Die alten Bundesländer hingegen besitzen eine stark ausgeprägte mittelständische Struktur, etwa 95 Prozent der Unternehmen liegen in der Größengruppe bis 500 Mitarbeiter (vgl. BDI 1991: 7). In den neuen Bundesländern muß von ganz anderen Voraussetzungen ausgegangen werden. Noch im Jahr 1970 wurden in der ehemaligen DDR über 11.000 Betriebe in der Gruppe bis 1.000 Mitarbeiter erfaßt. In der Enteignungswelle im Jahr 1972 wurden über 10.000 private Betriebe mit ca. 1 Millionen Beschäftigten verstaatlicht. Der Mittelstand in Ostdeutschland wurde dermaßen stark dezimiert, daß ein ganzes Wirtschaftssegment fast völlig vernichtet wurde. Eine Gesundung aus eigener Kraft war unmöglich. Im Jahr 1989 existierten dann auch nur knapp über 2.000 kleine und mittlere Betriebe. Dagegen waren 3,3 Millionen Arbeitskräfte in 270 Kombinaten tätig, das entsprach etwa 90 Prozent der Erwerbstätigen in der DDR. Den Kombinaten waren jeweils bis zu 70.000 Mitarbeiter zugeordnet. Da nur eine vertikale Fertigungstiefe verfolgt wurde, waren diese übergroßen Unternehmensstrukturen nicht wettbewerbsfähig (vgl. Hölscher et al. 1991: 170; Klinz 1991: 28f.).

Die Wiederbelebung des industriellen Mittelstandes in den neuen Bundesländern ist von großer Bedeutung, wenn die Initiative „Aufschwung Ost" Erfolg haben soll. Klinz äußert sich wie folgt: „Wenn es nicht gelingt, den Mittelstand hier wieder zu dem zu machen, was er einmal war, dann wird sich der gesamte Aufbau der Volkswirtschaft zumindest verzögern." (Klinz 1991: 30). Ostdeutsche Unternehmen müssen dabei in ihre Wertschöpfungskette auch produktionsbegleitende Dienstleistungen aufnehmen, um international wettbewerbsfähig zu sein. Denn gerade für kleine und mittlere Firmen konnen sich die relativ hohen und noch weiter steigenden Lohnkosten zu einem entscheidenden Nachteil im internationalen Geschäft entwickeln. Weiterhin sind Altkredite, ökologische Altlasten und auch die Bewertung von Grundstücken als kritische Faktoren für Mittelständler einzuordnen (vgl. Klinz 1991: 31ff.). Die von der Treuhandanstalt privatisierten Betriebe sind zum Großteil mittelständische Unternehmen. So haben 90 Prozent der Firmen weniger als 250 Mitarbeiter, 45 Prozent sogar weniger als 50 Beschäftigte (vgl. Kühl/Wahse 1994: 128). Diese Veränderung der Größenstruktur kann als Folge der Aufspaltungspolitik der Treuhand interpretiert werden, allerdings hat auch der zumeist nach der Privatisierung einsetzende enorme Personalabbau einen bedeutenden Anteil. Allerdings bietet diese Ordnung eine gute Voraussetzung für mittelständische Investoren aus dem Ausland, die bisher den Einstieg in die neuen Bundesländer aufgrund eines unüberschaubaren Unternehmensgefüges gescheut haben. Die Gesamtzahl kleiner und mittlerer Unternehmen in den neuen Bundesländern wurde vom Institut für Mittelstandsforschung auf 395.000 marktaktive Firmen zum Stichtag 13. Dezember 1992 geschätzt (vgl. Kokalj/Richter 1992: 47ff.; BMWi 1993a: 285).

3.2 Die Programme zur Mittelstandsförderung

Einen Schwerpunkt bei der Herausbildung mittelständischer Strukturen in den neuen Bundesländern bilden die Privatisierungen im Rahmen des Management-Buy-Out (MBO) mit einem Anteil von 17 Prozent. Die entsprechenden Privatisierungsverträge beinhalten 120.000 Arbeitsplatz- und 4,5 Milliarden DM Investitionszusagen, wobei im Gegenzug Sonderkonditionen wie Kaufpreisstundung oder Pachtkauf eingeräumt wurden (vgl. Die Wirtschaft 1993: 37). Die mittelstandsorientierte Privatisierung durch die Treuhandanstalt weist verschiedene Kriterien auf. So erhielten mittelständische Kaufinteressenten bei gleichen Voraussetzungen den Vorzug vor anderen Bewerbern. Des weiteren wurde das Spaltungsgesetz zur Förderung der Auf- und Abspaltung von Betriebsteilen in eigenständige Kapitalgesellschaften geschaffen und eine Entflechtung auf Vorrat durchgeführt. Es konnte eine Trennung des Grund und Bodens von den Betrieben und ein gesonderter Verkauf der Immobilien erfolgen. Für die Treuhandfirmen selbst wurde der Zwang eingeführt, sich von überflüssigen Vermögensteilen (z. B. Beteiligungen, Grundstücke) zu trennen, um eine Verbesserung der Bilanzstruktur durch Streichung von Altkrediten, Ausgleichsverbindlichkeiten etc. zu erreichen (vgl. BDI 1991: 89; Kokalj/Richter 1992: 21, 50f.; SpTrVG 1991). Als Beispiel für die Entflechtung eines Großunternehmens können die Uhrenwerke Ruhla angeführt werden. Die Treuhandanstalt nahm eine Aufspaltung des Großunternehmens in 39 kleine und mittelständische Unternehmen vor. Diese waren Mitte 1994 weitgehend privatisiert, z. T. auch als MBO-Unternehmen. Damit konnten über 2.500 Arbeitsplätze erhalten werden. Es liegen Investitionszusagen der Neueigentümer im Umfang von über 100 Millionen DM vor, außerdem werden die Unternehmen durch Landesbürgschaften unterstützt (vgl. Die Wirtschaft 1993: 33f.).

Für den Mittelstand in den neuen Bundesländern können 40 verschiedene Förderinstrumente mit bis zu 700 Einzelmaßnahmen Anwendung finden. Hier sollen nur die wichtigsten Programme in Kurzform vorgestellt werden (vgl. Haus 1992: 3). Zum einen wäre wohl das KfW-Mittelstandsprogramm zu nennen, das neben der Finanzierung deutscher Direktinvestitionen in der EU auch ausländische Investitionsvorhaben in Deutschland unterstützt, wenn der Jahresumsatz des Investors unter 500 Millionen DM liegt. Die Kredite können dabei bis zu 75 Prozent des Investitionsvolumens bei einem Jahresumsatz des Investors unter 100 Millionen DM betragen, anderenfalls bis zu 66 Prozent bei einer jeweiligen Kreditobergrenze von 10 Millionen DM. Der Antrag wird dabei über die Hausbank gestellt, die auch die Primärhaftung und Besicherung übernehmen muß. Für DM-Kredite gilt ein fester Zinssatz für eine maximale Laufzeit von 10 Jahren (Stand September 1994: 7,0 Prozent p. a.), wobei in den ersten beiden Jahren keine Zinszahlungen zu leisten sind (vgl. Jahrmann 1994: 448f.). Ein anderes Instrument der Mittelstandsförderung sind die zinsgünstigen Kredite des Bundes aus dem ERP-Sondervermögen, die von Existenzgründern sowie von kleinen und mittleren Unternehmen in den neuen Bundesländern in Anspruch genommen werden können. Die Laufzeit der ERP-Kredite beträgt 15 Jahre für Anlageinvestitionen und 20 Jahre für Bauvorhaben, wobei die Tilgung bis zu 5 Jahren ausgesetzt werden kann. Der Kredithöchstbetrag beläuft sich auf 2 Millionen DM, es werden maximal 50 Prozent der Investitionskosten finanziert (Zinssatz September 1994: 6 Prozent p. a.). Die Beantragung von ERP-Krediten ist auch für ausländische Unternehmen mit einer ostdeutschen Niederlassung möglich. Für das Jahr 1993 betrugen die Mittel des ERP-Sondervermögens 10 Milliarden DM für die neuen Bundesländer und Berlin-Ost (vgl. Göbbel et al. 1991: 113f.; BMWi 1993c: 180). Weitere Finanzierungsmöglichkeiten für mittelständische Unternehmen (z. T. nur für selbständige Existenzen) sind Kredite aus dem Eigenkapitalhilfeprogramm, Investitionskredite der Kreditanstalt für Wiederaufbau oder der Deutschen Ausgleichsbank, die als quasi öffentliche Banken eine höhere Risikobereitschaft verantworten können (vgl. Göbbel et al. 1991: 115ff.; BMWi 1994: 48f.; Krüger 1994: 12).

An dieser Stelle sollen spezielle Landesförderprogramme, wie beispielsweise in Sachsen-Anhalt gültig, aufgeführt werden. Da existiert zum einen die „Mittelständische Kapitalbeteiligung“, die für kleine und mittlere gewerbliche Unternehmen bis zur Umsatzgröße von 100 Millionen DM in Frage kommt. Sie wird in Form einer stillen Beteiligung bis maximal 1 Millionen DM und bis zu 15 Jahren Laufzeit gewährt. Das Zinszuschußprogramm des Landes kann Darlehen in Höhe von 10.000 bis 300.000 DM um jährlich 2 Prozent verbilligen, die Laufzeit beträgt 5 Jahre. Weiterhin kann die Bürgschaftsbank des Landes bei Krediten bis zu 1 Millionen DM mit einer Laufzeit von 15 bzw. 23 Jahren Ausfallbürgschaften bis zu 80 Prozent übernehmen, wenn es sich um Kredite handelt, die für Bauten bestimmt sind und wenn andere Kreditbesicherungen fehlen. Daneben gibt es noch die Möglichkeit einer Innovationsförderung in Form eines nicht rückzahlbaren Zuschusses von beispielsweise 40 Prozent für Unternehmen bis zu 250 Mitarbeitern (vgl. Krüger 1994: 7; MWTV 1994: 31f.). Mit der Änderung des Investitionszulagengesetzes am 1. Juli 1994 wurde auch eine erhöhte Investitionszulage von 10 Prozent für kleine und mittlere Unternehmen, d. h. mit einer Beschäftigtenzahl unter 250 Personen im investierenden Unternehmen, beschlossen. Die maximale Höhe der Investitionen liegt bei 5 Millionen DM pro Jahr. Dies ist keine wohnsitzabhängige Förderung, somit sind auch ausländische Mittelständler angesprochen (vgl. o. V. 1994a: 30).

Auch auf europäischer Ebene wurden verschiedene Programme zur Mittelstandsförderung geschaffen. Im Sommer 1994 beschloß das Europäische Parlament, die Förderung der Wettbewerbsfähigkeit kleiner und mittlerer Unternehmen in der Europäischen Union im Rahmen der Gemeinschaftsinitiative „Industrieller Wandel“ mit einer Milliarde ECU bzw. 1,93 Milliarden DM im Zeitraum 1994 bis 1999 zu unterstützen. Von dieser Summe sind Mittel im Umfang von 800 Millionen ECU für Unternehmen in den sogenannten Ziel 1-Regionen vorgesehen, das sind wirtschaftlich schwache Gebiete mit hoher Arbeitslosigkeit wie beispielsweise die neuen Bundesländer. Die restlichen 200 Millionen ECU sollen zur Förderung von Unternehmenskontakten zwischen den ärmeren Regionen und den Kerngebieten eingesetzt werden. Als förderungswürdig gelten Unternehmen mit weniger als 250 Arbeitskräften, einem Jahresumsatz von weniger als 20 sowie eine Bilanzsumme von nicht mehr als 10 Millionen ECU (vgl. o. V. 1994b: 6). Als Förderziele werden „die Verbesserung der Produktionssysteme, die Organisation der Unternehmen, eine rationelle Energienutzung und die Zusammenarbeit mit Forschungszentren“ (o. V. 1994c: 6) genannt. Die Kommission der Europäischen Union hat ein Gesamtkonzept für die Gemeinschaftsinitiativen zur

Regionalpolitik entwickelt. Besonderes Interesse gilt an dieser Stelle der Initiative für kleine und mittlere Unternehmen, welche die Aufgabe hat, „... vor allem in weniger entwickelten Regionen kleinen und mittleren Unternehmen (KMU) zu helfen, sich auf die Anforderungen des Binnenmarktes einzustellen und international wettbewerbsfähig zu werden." (o. V. 1994d: 4).

Ungeachtet des vielseitigen Fördermittelangebotes klagen durchschnittlich 20 bis 36 Prozent kleiner und mittelständischer Unternehmen über eine Investitionsbehinderung infolge von Engpässen in bezug auf Eigenkapital, Liquidität und Sicherheiten. Diese Finanzierungsprobleme können allgemein als Umstellungsprobleme der Wirtschaft angesichts des strukturellen Anpassungsdrucks interpretiert werden, wobei jedoch die Banken aufgrund des höheren Ausfallrisikos bei der Kreditvergabe zunehmend vorsichtiger vorgehen. Dies wiederum gefährdet die Wirtschaftsbasis vieler Unternehmen, die so von vornherein schlechte Chancen im Wettbewerb haben (vgl. Haus 1992: 18f.; IWH 1994c: 1ff.).

4. Fallstudie eines mittelständischen Unternehmens in Sachsen-Anhalt

4.1 Die Samen Mauser Quedlinburg GmbH

Die Samen Mauser Quedlinburg GmbH[1] ist aus der Quedlinburger Saatgut GmbH[2] hervorgegangen. Diese gehörte vor der Wirtschafts- und Währungsunion am 1. Juli 1990 unter dem Namen VEB Saat- und Pflanzgut zum Kombinat für Pflanzenzüchtung und Saatgutwirtschaft, das auch in Quedlinburg beheimatet war. Der Landkreis Quedlinburg liegt im westlichen Teil des Landes Sachsen-Anhalt, also direkt an der ehemaligen innerdeutschen Grenze. Diese Region war schon vor 1990 vorwiegend landwirtschaftlich geprägt, sieht man von einigen, jetzt weitgehend stillgelegten größeren Industrieunternehmen ab. Als gravierendste Standortnachteile sind die schlecht ausgebaute Infrastruktur und das fehlende wirtschaftliche Umfeld zu nennen, wobei nach 1990 noch keine entscheidenden Verbesserungen erfolgt sind. Die

1 Die folgende Darstellung beruht Auskünften, Firmenprospekten und Katalogen des Unternehmens (Stand 1994).

2 Seit 01.07.1995 firmiert das Unternehmen wieder unter dem alten Namen, es erfolgte ein abermaliger Besitzerwechsel aufgrund von Problemen der Schweizer Holding. Der neue Eigentümer ist ein deutscher Geschaftsmann (Anm. d. V.).

Stadt Quedlinburg selbst kann angesichts guter Böden und klimatischer Bedingungen auf eine über hundertjährige Tradition in der Saatzucht zurückblicken.

Zum 1. Januar 1992 wurde das Treuhandunternehmen Quedlinburger Saatgut GmbH an die Samen Mauser Holding AG mit Sitz in Rickenbach/Schweiz veräußert. Die Übernahme erfolgte auf Basis eines *asset purchasing*, d. h. es wurden nur bestimmte Unternehmenswerte erworben. Die Samen Mauser Holding AG übernahm einen Teil der Immobilien, das Warenlager sowie das Personal und das vorhandene Know-how der Quedlinburger Saatgut GmbH. Außerdem wurde ein Teil der Züchtung in das Anlagevermögen einbezogen. Mit Beginn des ersten Geschäftsjahres am 1. Juli 1992 wurden weitere Ausgliederungen mit der Gründung der Samen Mauser Quedlinburg Zucht und Produktion GmbH und der Samen Mauser Quedlinburg Immobilien GmbH durchgeführt. Schließlich kam es mit Wirkung vom 1. Juli 1994 zur Gründung der Samen Mauser Deutschland GmbH als deutsche Holding, die ebenfalls ihren Sitz in Quedlinburg hat. Die Schweizer Holding, welche mit 51 Prozent an der deutschen Holding beteiligt war, verkaufte ihre Anteile an der Samen Mauser Quedlinburg GmbH an die deutsche Holding und zu einem geringen Teil an die niederländische Firma Van Waveren Industrie Samen GmbH, welche als Neuzugang in die deutsche Holding einging und neue Marktanteile in Westeuropa sichern sollte. Die Schweizer Firma kann aufgrund ihrer internationalen Beteiligungen und Handelsniederlassungen als ein multinationales Unternehmen bezeichnet werden.

An dieser Stelle sollen einige Aussagen zum Unternehmensprofil des Erwerbers gemacht werden. Der Geschäftszweck der Samen Mauser Holding AG besteht vorrangig in der Beteiligung an Produktions-, Dienstleistungs- und Handelsunternehmen, wobei die Unternehmenstätigkeit nicht nur auf die Saatgutbranche beschränkt ist. Als Dienstleistungsunternehmen wären beispielsweise die Tochtergesellschaften Samen Mauser Immobilien AG mit Sitz in Rickenbach/Schweiz sowie die schon erwähnte, noch existierende Samen Mauser Quedlinburg Immobilien GmbH zu betrachten. In der Samen Mauser Quedlinburg Zucht und Produktion GmbH wurde Auftragsforschung als Dienstleistung für Dritte durchgeführt. Laut Gesellschaftsvertrag beinhaltete der Gegenstand des Unternehmens Samen Mauser Quedlinburg GmbH folgende Aktivitäten: die Produktion, Aufbereitung und Veredlung, Verpackung sowie den Vertrieb von Saat- und Pflanzgut.

Die Unternehmensgröße spielt, wie in Abschnitt 3 dieser Arbeit verdeutlicht, eine bedeutende Rolle bei der Vergabe von Fördermitteln. Bei der Wirtschaftsprüfung zum 30. Juni 1994 wurde die Samen Mauser Quedlinburg GmbH als sogenannte „Mittelgroße Kapitalgesellschaft“ im Sinne des § 267

HGB klassifiziert. Die Kriterien für die Abgrenzung gegenüber einer sogenannten „Kleinen Kapitalgesellschaft“ waren dabei vorrangig die Bilanzsumme und die Arbeitnehmerzahl im Jahresdurchschnitt, der Posten Umsatzerlöse wurde vernachlässigt. Somit läßt sich die Bilanzsumme auf einen Wert zwischen 3,9 Millionen DM und 15 Millionen DM schätzen (vgl. HGB § 267 Abs. 1, 2). Der Personalbestand von 161 Mitarbeitern zum o. g. Bilanzstichtag gliederte sich wie folgt: 70 Arbeiter, 89 Angestellte sowie 2 Auszubildende.

Das Unternehmen besaß eine stark verzweigte territoriale Struktur. Neben dem Stammbetrieb in Quedlinburg gab es Geschäftsstellen in Güstrow (Mecklenburg-Vorpommern), Dresden (Sachsen), Jüterbog (Brandenburg), Wenden (Nordrhein-Westfalen), Dettingen (Baden-Württemberg), Walsrode (Niedersachsen) und ein Ladengeschäft in der Quedlinburger Innenstadt. Die Geschäftsstellen in den neuen Bundesländern und das Ladengeschäft wurden als Teil der alten Betriebsstruktur zu DDR-Zeiten beibehalten. Als Ausgleich für die Abspaltung der anderen DDR-Geschäftsstellen, wie z. B. Erfurt, kamen die Absatzschienen in den Altbundesländern hinzu. Die drei Hauptfunktionsbereiche Geschäftsleitung, Finanzen/Controlling und Produktion wurden jeweils in sich noch einmal absatzstrukturiert. Der sogenannte Profibereich bezog sich dabei vorrangig auf Produkte in frischer oder konservierter Form, hier wurde auch der Export abgewickelt. Der Hobbybereich hingegen sollte Privatkunden, z. B. Kleingärtner bedienen. Dieser Zielgruppe entsprach auch das Angebot der Geschäftsstellen und des Ladengeschäfts. Das Produktsortiment der Samen Mauser Quedlinburg GmbH umfaßte insgesamt 600 Sorten von Gemüse- und Blumensaatgut, Gras- und Landsaaten sowie Samen von Heil- und Gewürzkräutern. Die Jahreskapazität wurde mit 50 Millionen Samentüten und 10 Millionen Blumenzwiebelpackungen für das gesamte Unternehmen einschließlich Tochterfirmen angegeben.

4.2 Darstellung der Investitionsentscheidung

Um die Motive der Mutterfirma aus der Schweiz für eine Direktinvestition in den neuen Bundesländern explizieren zu können, soll in erster Linie die frühere Marktstellung des Quedlinburger Unternehmens betrachtet werden. Der VEB Saat- und Pflanzgut erreichte zu DDR-Zeiten einen Anteil von 25 Prozent seines Absatzvolumens auf den Ostmärkten, dies entsprach einem Warenwert von 8 bis 10 Millionen Mark. Diese Exportquote konnte auch nach der deutschen Einheit noch bis Ende 1991 bzw. Anfang 1992 gehalten werden, dann machte sich das Wegbrechen der Ostmärkte auch in der Saatgutbranche empfindlich bemerkbar. So wurde gleichzeitig mit der Übernahme durch die Schweizer Holding eine Umorientierung im Absatzverhalten in Angriff genommen. Um einen Zugang zu den lukrativeren Westmarkten zu erhalten, wurden die schon erwähnten Geschäftsstellen in den Altbundesländern gegründet. Im Jahr 1994 waren keine weiteren Absatzrückgänge auf den Ostmärkten zu verkraften, die dorthin gerichteten Exporte hatten sich bei ca. 1,5 Millionen DM eingepegelt.

Zum Gesamtumsatz im Jahr 1994 können keine konkreten Angaben gemacht werden, da derartige Aussagen der schweizerischen Offenlegungsmentalität widersprechen. Nach Angaben des Unternehmens war insgesamt eine leichte Aufwärtstendenz der Absatzzahlen zu verzeichnen, was vordergründig mit der allmählichen Markterschließung in der EU zusammenhing. Außerdem wurden in Nord- und Zentralafrika sowie im arabischen Raum weitere Stützpunkte für Züchtung und Vertragsanbau eingerichtet, die u. a. auch den dortigen Marktzugang erleichtern sollten. Als langfristige Absatzstrategie wurde die Belieferung des Weltmarktes ins Auge gefaßt.

Die Schweizer Samen Mauser Holding AG unterhielt schon vor der deutschen Wiedervereinigung inoffizielle Geschäftsbeziehungen mit dem Quedlinburger Unternehmen, die von den wirtschaftsleitenden Apparaten der DDR geduldet wurden. Hier soll ein kurzer Blick auf die Stellung der Schweiz in Europa insbesondere unter dem Gesichtspunkt internationaler Wirtschaftsbeziehungen geworfen werden. Die Schweiz kann als anschauliches Beispiel einer sogenannter kleinen offenen Volkswirtschaft angesehen werden, da sie eine hohe Auslandsabhängigkeit aufweist. Diese besteht neben dem Handel vor allem auf dem Gebiet der Direktinvestitionen. Die Empfangerländer schweizerischer Auslandsinvestitionen sind weitgehend identisch mit den wichtigsten Handelspartnern, da aufgrund des zu kleinen Inlandsmarktes die Exportförderung als Hauptmotiv gelten kann. Da die Schweiz kein Mitglied der Europäischen Union ist, versuchen die Unternehmen auf anderem Wege, einen Zugang zu dem begehrten EU-Binnenmarkt zu erreichen. Dies erklärt auch die in zahlenmäßig großem Umfang getätigten schweizerischen Direktinvestitionen in Deutschland und speziell den neuen Bundesländern. (siehe Tabelle 1).

Der Privatisierungsvorgang im Fall der Quedlinburger Saatgut GmbH wurde interessanterweise durch eigene Sondierungen des Schweizer Investors vor Ort in Gang gesetzt, die (Um-)Wege uber die Treuhandanstalt bzw. die IHK-Unternehmensbörse wurden nicht beschritten. Zur Beurteilung des Kaufobjektes wurde ein Gutachten einer Wirtschaftsprüfungsgesellschaft angefordert sowie durch eigene Mitarbeiter im Treuhandunternehmen selbst recherchiert. Die eigentlichen Kaufverhandlungen mit der Treuhandanstalt nahmen einen Zeitraum von zehn Monaten in Anspruch, der Vertrag wurde am 30. April 1992 rückwirkend zum 1. Januar 1992 abgeschlossen. Dabei wurden alle Preisbestandteile konkret festgelegt, so daß keine späteren Konkretisierungen erforderlich waren. Die Treuhandanstalt hat das für die Privatisierung vorzulegende Unternehmenskonzept nicht maßgeblich beeinflußt, da die für den Verkauf notwendigen Entflechtungen schon im Vorfeld vorgenommen wurden.

Die folgenden Argumente für eine Direktinvestition am Standort Quedlinburg wurden in Anlehnung an eine Umfrage des Instituts der Deutschen Wirtschaft zum Thema „Auslandsinvestitionen in der Bundesrepublik Deutschland“ aus dem Jahr 1992 hinterfragt (vgl. Beyfuss 1992: 43ff.). Zusätzlich wurde der Fragebogen zum Projekt „Der Privatisierungsprozeß in den neuen Bundesländern“ des Instituts für Mittelstandsforschung eingesetzt (vgl. Kokalj/Richter 1992: 47ff.).

In Tabelle 3 werden die Motive für die Investition in den neuen Bundesländern hinsichtlich der Bedeutung einerseits und den erfüllten Erwartungen andererseits analysiert.

Als Gründe für den Unternehmenserwerb wurden angegeben: Marktnähe, die Erschließung osteuropäischer Märkte sowie die Nutzung eines qualifizierten Arbeitskräftepotentials. Der hauptsächliche Unternehmenszweck der deutschen Niederlassung wurde in der Produktion eigener Erzeugnisse gesehen, die größtenteils auch der Produktpalette des Schweizer Stammunternehmens entsprachen. Weiterhin sollte die Tochter Aufgaben von Service und Marketing sowie von Logistik und Organisation für die Muttergesellschaft wahrnehmen. Die Bedeutung des Investitions- und Produktionsstandortes Deutschland respektive neue Bundesländer wurde als wichtig eingeschätzt, wobei die Mitgliedschaft in der EU wohl die ausschlaggebende Rolle gespielt haben dürfte. Auf Deutschland entfiel der höchste Anteil an den Auslandsinvestitionen der Mutter Samen Mauser Holding AG, wobei keine direkten Anlagen, abgesehen von den Geschäftsstellen der Samen Mauser Quedlinburg GmbH, in Westdeutschland getätigt wurden. Speziell zum Anreiz der öffentlichen Investitionsförderung ließe sich anmerken, daß diese nach Aussagen des Unternehmens erst nach dem Kauf schrittweise in die Investitionsstrategie einbezogen wurde. Wesentliche Schwachstellen für den Investitionsstandort Ostdeutschland wurden vor der Entscheidung nicht gesehen, und insbesondere das Problem der möglicherweise zu leistenden Umweltabgaben wurde im Vorfeld zufriedenstellend geklärt.

Tabelle 3: Investitionsmotive

Motive	Bedeutung				Erfüllung		
	sehr groß	groß	gering	keine	ja	teil- weise	nein
1. Guter Standort zur Belieferung der EU-Absatzmärkte		X				X	
2. Erschließung neuer Märkte		X				X	
3. Marktpflege (Service etc.)			X			X	
4. Sicherung bestehender Märkte			X			X	
5. Sorge vor „Festung Europa“				X	-	-	-
6. Gute Exportbasis für Osteuropa		X				X	
7. Nähe zu Kunden			X			X	
8. Nähe zu Lieferanten				X	-	-	-
9. Höhere Qualifikation der Arbeitskräfte		X				X	
10. Bessere Infrastrukturausstattung				X	-	-	-
11. Image „Made in Germany“				X			
12. Allgemein gute investive Rahmenbedingungen		X			X		
13. Überwindung von Importbarrieren				X	-	-	-
14. öffentliche Investitionsförderung			X		X		
15. Höhere Renditen				X	-	-	-
16. Höhere Produktivität				X	-	-	-
17. Höherer Technologiestatus		X			X		

Quelle. In Anlehnung an Beyfuss (1992), Stand der Aussagen: Mitte 1994

Die im Unternehmen nach der Privatisierung getätigten Investitionen beziffern sich für das erste Geschäftsjahr 1992 auf 2,613 Millionen DM und für das Folgejahr auf 6,746 Millionen DM. Für das Jahr 1994 waren insgesamt Anlageinvestitionen in Höhe von 7,041 Millionen DM geplant. Es wurde ein Gesamtinvestitionsvolumen von ca. 50 Millionen DM angestrebt, zur Jahresmitte 1994 waren über 30 Prozent der geplanten Investitionen realisiert.

Ein Teil des Investitionsvolumens wurde mit Fremdkapital in Form eines Kredites von einer westdeutschen Großbank, nicht der Hausbank, finanziert. Die Absicherung des Fremdkapitals erfolgte über eine Grundschuld, eine Sicherungsübereignung von Betriebsvermögen des erworbenen Unternehmens sowie eine Patronatserklärung des Erwerberunternehmens. Es wurden außerdem geleaste Investitionsgüter mit einem Anschaffungswert von ca. 800.000 DM in Betrieb genommen, welche nicht in die Bilanz eingingen.

Im Mittelpunkt des Vorhabens standen Neubauten für Gewächshausanlagen mit 13.000 Quadratmeter Hochglas. Der förderfähige Investitionsaufwand des Projektes betrug insgesamt 42,185 Millionen DM, davon entfielen 29,185 Millionen DM auf Gebäude und 13 Millionen DM auf Sachanlagen. Die gesamten Eigenmittel des Unternehmens beliefen sich auf 17,375 Millionen DM, wobei 6,632 Millionen DM selbst aufgebracht wurden. Der restliche Betrag bestand aus 9,703 Millionen DM an Investitionszuschüssen und 1,040 Millionen DM an Investitionszulagen, die jeweils als Fördermittel in das Eigenkapital des Unternehmens eingingen. Die für die Investition benötigten Fremdmittel betrugen insgesamt 37,583 Millionen DM. Zum Zeitpunkt des 1. Juli 1994 betrug die damit verbundene Kreditaufnahme 26,840 Millionen DM. Die Samen Mauser Quedlinburg GmbH nahm folgende Vergünstigungen im Rahmen der Wirtschaftsförderung in Anspruch: die Investitionszulage nach dem Investitionszulagengesetz, den Investitionszuschuß der Gemeinschaftsaufgabe „Verbesserung der regionalen Wirtschaftsstruktur“ sowie einen Investitionskredit der Kreditanstalt für Wiederaufbau.

4.3 Erwartungen des Geschäftsbetriebes für die Folgejahre

Die Auftragslage des Unternehmens zum Recherchezeitpunkt[3], d. h. die Anzahl der eingegangenen Bestellungen, wurde als saisonüblich eingeschätzt, gleichwohl aber eher als unbefriedigend bezeichnet. Aufgrund der Branchenzugehörigkeit müssen stets saisonale Schwankungen und darüber hinaus auch Wettereinflüsse bei der Absatzplanung berücksichtigt werden. Die Beurteilung der allgemeinen Entwicklung der wichtigsten Unternehmenskennzahlen seit der Privatisierung ist in Tabelle 4 dargestellt.

Es fällt auf, daß gerade die kurzfristig erfolgswirksamen Kennzahlen wie Kosten und Umsatz keine erwartete Entwicklung nahmen. Hingegen wurden eher langfristig zu betrachtende Faktoren wie die Marktbeziehungen oder das Produktimage besser eingeschätzt. Die (langfristigen) Wachstumsaussichten

3 Aussagen im Sommer 1994 (Anm. d. Verf.).

des erworbenen Unternehmens wurden im Vergleich zum Stammunternehmen in der Schweiz als besser beurteilt.[4] Die Marktbedingungen wurden fur den Profibereich und für den Privat-/Hobbybereich unterschiedlich eingeschätzt. Der Profibereich wird von einigen wenigen Großunternehmen aus den USA, den Niederlanden und Japan beherrscht. Im deutschen Raum hingegen sind nur kleine und mittelständische Unternehmen tätig, welche vorrangig Privatabnehmer beliefern. Es ist jedoch in beiden Bereichen äußerst schwierig, vorhandene Marktanteile auszuweiten bzw. Zugang zu neuen Märkten zu erhalten.

Tabelle 4: Entwicklung von Unternehmenskennzahlen und -bereichen

Kennzahl/Bereich	Entwicklung			
	sehr zufriedenstellend	zufriedenstellend	nicht zufriedenstellend	noch keine Einschatzung
Umsatzentwicklung			X	
Ertragsentwicklung			X	
Kostenentwicklung			X	
Produktivitatsentwicklung		X		
Auftragsentwicklung			X	
Vertriebsnetzaufbau		X		
Marktaufbau		X		
Aufbau von Zulieferbeziehungen		X		
Aufbau des Produkt- bzw. Dienstleistungsimages		X		
Qualitatsentwicklung		X		

Quelle: In Anlehnung an Beyfuss (1992), Stand der Aussagen: Mitte 1994.

Die nachfolgende Tabelle 5 stellt die vom Unternehmen genannten möglichen Hemmnisfaktoren für den Privatisierungsprozeß hinsichtlich ihrer Bedeutung dar. Es kann festgestellt werden, daß viele der üblicherweise genannten Investitionshemmnisse in Ostdeutschland aus Sicht des befragten Unternehmens entfallen. Es lassen sich Erleichterungen bei der Realisierung bereits begon-

4 Allerdings entscheiden i.d.R. die kurzfristigen Kennzahlen der ersten Jahre daruber, ob ein privatisiertes Unternehmen in den neuen Bundeslandern uberleben kann Im ungunstigsten Fall wurde sich ein Investor rechtzeitig zuruckziehen, um die Verluste fur das Stammunternehmen im Ausland zu begrenzen Dies ist dann auch Mitte 1995 geschehen (Anm d Verf).

nener Vorhaben ableiten, was sicherlich auch für die Mehrzahl ausländischer Direktinvestitionen gelten kann. Andererseits ist zu berücksichtigen, daß die schon erläuterten Unternehmenskennzahlen zum wichtigsten Entscheidungskriterium für ausländische Investoren in den neuen Bundesländern geworden sind.

Tabelle 5: Potentielle Hemmnisfaktoren der Privatisierung

Hemmnisfaktor	Bedeutung			
	groß	mittel	gering	ohne
grundsatzlich ungeklärte Eigentumsverhaltnisse				X
Anspruche Dritter an das Kaufobjekt				X
Mangel in der allgemeinen öffentliche Verwaltung			X	
Unklarheiten bei der Anwendung des Steuerrechts			X	
Funktionsmängel im Bankensektor in den NBL			X	
mangelhaftes Angebot von unternehmensnahen Dienstleistungen (Steuerberater, Rechtsanwälte etc.)				X
Dauer der Genehmigungsverfahren durch die Verwaltungsbehorden		X		
Verzogerungen bei notariellen Beurkundungen				X

Quelle: in Anlehnung an Beyfuss (1992), Stand der Aussagen: Mitte 1994.

Tabelle 6: Umsetzung des Unternehmenskonzeptes

Kriterium	Erfullung		
	gunstiger als erwartet	erwartungs-gemaß	ungunstiger als erwartet
Zeitbedarf		X	
Sanierungsbedarf			X
Durchfuhrung des Personalabbaus		X	
Akquisition von neuen Mitarbeitern		X	
Leistungsmotivation der Mitarbeiter		X	
Qualifikation der Mitarbeiter		X	
Zusammenarbeit mit der Verwaltung		X	
allgemeine Rahmenbedingungen		X	
wirtschaftsfreundliche Grundeinstellung der Region			X

Quelle: in Anlehnung an Kokalj/Richter (1992), Stand: Mitte 1994.

In Tabelle 6 wird die Umsetzung des Unternehmenskonzeptes zum Recherchezeitpunkt vor dem Hintergrund der Erwartungen des Investors dargestellt. Auch hieraus läßt sich eine Einschätzung des Erfolges der durchgeführten Direktinvestition ableiten. So wurden die zu erwartenden Sanierungskosten bei der Übernahme des Unternehmens zu optimistisch kalkuliert, was dann auch negative Folgen für den weiteren Geschäftsbetrieb hatte. Auch waren die Standortnachteile Quedlinburgs von größerer Bedeutung für den Absatz und somit auch den Fortbestand des Unternehmens, als ursprünglich angenommen wurde.

5. Resümee: Chancen und Risiken einer wachsenden Internationalisierung in den neuen Bundesländern

Nach den in der DDR über 40 Jahre vorherrschenden Autarkiebestrebungen sind ausländische Investoren insofern von großer Bedeutung, als die neuen Bundesländer in die Weltwirtschaft integriert werden müssen (vgl. Die Wirtschaft 1993: 37). Dazu ist es insbesondere notwendig, die ostdeutschen Produkte international wettbewerbsfähig zu gestalten, damit sie sich auf den Auslandsmärkten behaupten können. Die entscheidenden Vorteile ausländischer Direktinvestitionen im Zuge der Privatisierung ostdeutscher Unternehmen liegen in der Einbringung moderner Technologien, die möglicherweise auch in den Altbundesländern noch nicht eingesetzt werden, sowie im Zutritt zu den internationalen Stammärkten des Erwerberunternehmens. Die Wettbewerbsfähigkeit der privatisierten Unternehmen kann durch die Partizipation an den sogenannten *firm-specific assets* des Investors gesteigert werden. Solche immateriellen Werte können neben technischem Know-how auch Managementwissen oder die sogenannte *Corporate Identity*, d. h. das Image des Erwerberunternehmens sein. Des weiteren erhöhen sich durch ausländische Direktinvestitionen die Kooperationsmöglichkeiten, was vor allem für kleine und mittelständische Firmen durch den sogenannten „Schneeballeffekt" ein neues Tätigkeitsfeld eröffnen würde (vgl. Caves 1982: 3f.; Horstmann/Markusen 1989: 41ff.; Sander 1992: 5; Bento 1993: 20f.). Die ausländischen Direktinvestitionen in den neuen Bundesländern verhalten sich sensitiv gegenüber Marktsignalen und Politikanreizen. Durch ausländische Direktinvestitionen wird ein externer Wettbewerb angeregt, in dessen Folge auch die inländischen Investitionen dynamisiert werden (vgl. Preuße 1991: 232f.; Sander 1992: 30).

Bei der Entscheidung, ob ausländische Direktinvestitionen für die heimische Volkswirtschaft wünschenswert sind oder nicht, ist für die neuen Bundesländer die Höhe des Netto-Kapitalzuflusses maßgeblich. In diesem Zusammenhang muß die Relation zwischen den Gewinntransfers des multinationalen Unternehmens, die einen Kapitalabfluss in der Zahlungsbilanz des Gastlandes darstellen, und den sogenannten *Gains from Investment*, den effektiven Direktinvestitionsgewinnen für das Gastland, betrachtet werden. Entscheidend für den letztendlichen Wohlfahrtsgewinn bei der Duldung bzw. Förderung von ausländischen Direktinvestitionen ist die Höhe der Gewinntransfers, die einen bestimmten kritischen Punkt nicht überschreiten dürfen. Aus verteilungspolitischer Sicht ist zu berücksichtigen, daß ausländische Direktinvestitionen stets in den nächsten Perioden einen Einkommenstransfer in das Ausland zur Folge haben. Die relative Verteilung des Faktoreinkommens ist jedoch kein geeigneter Indikator für die Wohlfahrtseffekte von Direktinvestitionen, da andere Aspekte, wie z. B. die Steigerung der internationalen Wettbewerbsfähigkeit infolge des Technologietransfers, unberücksichtigt bleiben (vgl. Broll/Gilroy 1989: 163; Caves 1982: 113f.).

An die Realisierung von Direktinvestitionen und deren Multiplikatorwirkung auf andere Unternehmen wird die Hoffnung gebunden, daß sie verstärkt zum wirtschaftlichen Aufschwung in den neuen Bundesländern und zu einer Verbesserung der Arbeitsmarktsituation beitragen (vgl. Müller 1992: 185). Ob die tatsächliche Entwicklung diese Erwartungen bestätigt, kann mit dem heutigen Erfahrungsstand noch nicht endgültig beurteilt werden. Momentane Tendenzen in den bisher gegründeten ausländischen Tochterunternehmen in Ostdeutschland lassen derartig hoffnungsvolle Prognosen kaum zu. Optimisten sagen jedoch schon für das Ende der 90er Jahre eine positive Entwicklung des Wirtschaftsstandortes Ostdeutschland voraus. Mit der Umsetzung des Großteils der vertraglich zugesicherten Investitionen im Zeitraum von 1994 bis 1996 soll eine Wachstumsdynamik einsetzen, in deren Zuge weitere Investitionen der heimischen Wirtschaft erwartet werden. Das Zukunftsbild in den neuen Bundesländern wird als ein hochmoderner und wettbewerbsfähiger Wirtschaftsstandort dargestellt. Allerdings wird auf die Langwierigkeit des „Weges vom Plan zum Markt“ verwiesen und die Verzögerung zwischen der Tätigung einer Investition und deren Amortisierung in Betracht gezogen (vgl. Die Wirtschaft 1993: 38). Das Hauptaugenmerk eines objektiven Betrachters der wirtschaftlichen Umstrukturierung in Ostdeutschland sollte jedoch nicht auf einigen Paradebeispielen der Umsetzung ausgehandelter Unternehmenskonzepte liegen. Vielmehr müßten diejenigen Fälle, in denen sowohl Arbeitsplatz- als auch Investitionszusagen aus den unterschiedlichsten

Gründen (zumeist eine schlechte Umsatzentwicklung des neuerworbenen Unternehmens) nicht eingehalten werden, stärker in den Mittelpunkt der wissenschaftlichen Analyse und der daraus abzuleitenden wirtschaftspolitischen Maßnahmen gestellt werden.

Gerade weil die deutsche Standortattraktivität so fraglich geworden ist, bleibt nur zu hoffen, daß die dringenden ostdeutschen Belange nicht zugunsten anderer krisengeschüttelter Wirtschaftszweige und Regionen der Altbundesländer auf unbefristete Zeit zurückgestellt werden.

Literatur

Albach, H., 1983: Die Bedeutung mittelständischer Unternehmen in der Marktwirtschaft. In: Institut für Mittelstandsforschung (Hrsg.): ifm-Materialien 4, Juni.

AWG, 1961: Außenwirtschaftsgesetz v. 28. April 1961, BGBl. I 481, 495, 1555, i. d F. des Dritten Gesetzes zur Änderung des Zollgesetzes v. 25. März 1964 (BGBl. I S. 245), des Gesetzes v. 28. Oktober 1964 (BGBl. I S. 821), des Gesetzes v. 18. August 1965 (BGBl. I S. 892), mit allen späteren Änderungen.

AWV, 1986: Außenwirtschaftsverordnung v. 18. Dezember 1986, BGBl. I, S. 2671, i. d F. v. 18. Dezember 1990 (BAnz. S. 6757) mit allen späteren Änderungen.

BDI, 1991: Mittelstand im Aufbau. Reden und Diskussionsbeiträge auf dem Tag des industriellen Mittelstandes am 25. April 1991 im Gewandhaus zu Leipzig. In: Bundesverband der Deutschen Industrie e. V. (Hrsg.): BDI-Drucksache Nr. 247. Köln.

Bento, P., 1993: Die Bedeutung von ausländischen Investitionen und die Gestaltung kapitalattraktiver Standortbedingungen - Das Beispiel der Privatisierungspolitik der Treuhandanstalt. In: FIWW-Berichte 12 (Juli): 19-31.

Beyfuss, J., 1992: Ausländische Direktinvestitionen in Deutschland: Bestandsaufnahme und Ergebnisse einer Unternehmensbefragung. In: Institut der Deutschen Wirtschaft (Hrsg.): Beiträge zur Wirtschafts- und Sozialpolitik Nr. 205. Köln.

BMWi, 1992: Neuere Entwicklungen und Perspektiven für Direktinvestitionen. In: BMWi (Hrsg.): BMWi-Dokumentation Nr. 325, August.

BMWi (Hrsg.), 1993a: Ein internationaler Standort mit Zukunft: Die neuen deutschen Bundesländer. Oktober 1993.

BMWi, 1993b: Unternehmensgrößenstatistik 1992/1993 - Daten und Fakten. In: BMWi (Hrsg.): BMWi-Studienreihe Nr. 80, März.

BMWi (Hrsg.), 1993c: Wirtschaft in Zahlen '93. September 1993.

BMWi (Hrsg.), 1994: Jahreswirtschaftsbericht 1994. Januar 1994.

Broll, U./Gilroy, B. M., 1989: Außenwirtschaftstheorie: Einführung und neuere Ansätze. München/Wien.

Caves, R. E., 1982: Multinational Enterprise and Economic Analysis. Cambridge.

Deutsche Bundesbank, 1994: Die Kapitalverflechtung der Unternehmen mit dem Ausland nach Ländern und Wirtschaftszweigen 1989 bis 1992. Beilage zu Statistische Beihefte zu den Monatsberichten der Deutschen Bundesbank, Reihe 3, Zahlungsbilanzstatistik, Mai 1994, Nr. 5.

Die Wirtschaft (Wochenzeitung; Hrsg.), 1993: Kombinate: was aus ihnen geworden ist. Berlin/München.

Die Wirtschaft (Wochenzeitung; Hrsg.), 1994: Privatisierte: was aus ihnen wird - Reportagen aus den neuen Ländern. Berlin/München.

Dunning, J. H., 1981: Explaining the International Direct Investment Position of Countries: Towards a Dynamic or Developmental Approach. In: Weltwirtschaftliches Archiv (117. Jg.) 1: 30-64.

Frank, G., 1993: Subventionen für Investitionen in den Neuen Bundesländern. In: Zeitschrift für Betriebswirtschaft (63. Jg.) 2: 121-128.

Freudenberg, Th./Bird, A., 1991: Acquiring in East Germany: A Guide for Investors. In: M&A Europe (3. Jg.) 6 (Juli/August): 39-45.

Glismann, H. H./Horn, E.-J./Nehring, S./Vaubel, R., 1987: Weltwirtschaftslehre. Eine problemorientierte Einführung, Bd. 2, Entwicklungs- und Beschäftigungspolitik, 3., überarb. u. erw. Aufl., Göttingen/Zürich.

Göbbel, B./Moecke, H.-J./Rubbra, D., 1991: Die fünf neuen Bundesländer als Wirtschaftspartner. In: Bundesstelle für Außenhandelsinformation (BfAI; Hrsg.): Bundesrepublik Deutschland. Köln.

Hankel, W., 1991: Eine Mark und ein Markt für Deutschland - Ordnungspolitische Aspekte der deutschen Währungsunion. In: Westphal, A./Herr, H./Heine, M./Busch, U. (Hrsg.): Wirtschaftspolitische Konsequenzen der deutschen Vereinigung. Frankfurt/New York: 28-45.

Haus, M., 1992: Aufbau mittelständischer Unternehmen in den neuen Bundesländern durch Investitionsförderung - Förderarten und Förderwirkungen. In: Institut für Mittelstandsforschung (Hrsg.): ifm-Materialien 95 (Dezember).

Heimpold, G./Junkernheinrich, M., 1994: Regionale Wirtschaftspolitik in den neuen Bundesländern - Bestandsaufnahme, Probleme, Perspektiven. In:

IWH (Hrsg.): Wirtschaft im Systemschock. Die schwierige Realität der ostdeutschen Transformation, Berlin: 149-169.

Heine, M., 1991: Zur Quadratur eines Kreises: Regionalpolitik in den neuen Bundesländern. In: Westphal, A./Herr, H./Heine, M./Busch, U. (Hrsg.): Wirtschaftspolitische Konsequenzen der deutschen Vereinigung. Frankfurt/New York: 195-214.

HGB, 1897: Handelsgesetzbuch v. 10. Mai 1897, i. d. F. v. 10. August 1992, RGBl. S. 219 bzw. BGBl. III 4100-1 mit allen späteren Änderungen.

Hölscher, J./Jacobsen, A./Tomann, H., 1991: Integration und Entwicklung: Die Lehren der deutschen Vereinigung für Osteuropa. In: Westphal, A./ Herr, H./Heine, M./Busch, U. (Hrsg.): Wirtschaftspolitische Konsequenzen der deutschen Vereinigung. Frankfurt/New York: 168-191.

Horstmann, I. G./Markusen J. R., 1989: Firm-specific Assets and the Gains from Direct Foreign Investment. In: Economica, Vol. 56 (February): 41-47.

Horstmann, W., 1992: Direktinvestitionen - Ein Indikator für die internationale Standort-Wettbewerbsfähigkeit? In: Wirtschaftsdienst (72. Jg.) 9: 472 - 476.

IWH, 1992: Ostdeutschland 1992 und 1993: Zwischen Skepsis und Hoffnung. In: Institut für Wirtschaftsforschung Halle (Hrsg.): Herbstgutachten.

IWH, 1994a: Jahresdurchschnittliche Bruttoanlageinvestitionen der Industriebetriebe. In: Institut für Wirtschaftsforschung Halle (Hrsg.): IWH-Kurzinformationen Nr. 30 (30. September).

IWH, 1994b: Regionale Wirtschaftsförderung in Sachsen-Anhalt - Analyse des Einsatzes von Fördermitteln der Gemeinschaftsaufgabe „Verbesserung der regionalen Wirtschaftsstruktur“ in den Jahren 1991-1993. In: Institut für Wirtschaftsforschung Halle (Hrsg.): IWH-Forschungsreihe Nr. 3.

IWH, 1994c: Finanzierungsprobleme kleiner und mittlerer Unternehmen der gewerblichen Wirtschaft in den neuen Bundesländern nehmen zu. In: Institut für Wirtschaftsforschung Halle (Hrsg.): IWH-Kurzinformationen Nr. 29 (17. August).

Jahrmann, F.-U., 1994: Außenhandel. In: Olfert, K. (Hrsg.): Kompendium der praktischen Betriebswirtschaft. 7., überarb. und erw. Aufl., Ludwigshafen.

Jungnickel, R., 1993: Neue Trends der internationalen Direktinvestitionen. In: Wirtschaftsdienst (73. Jg.) VI: 317-324.

Kitterer, B. H.-J., 1990: Investieren in den neuen Bundesländern. Freiburg i. Br.

Klinz, W., 1991: Stand und Perspektiven der mittelständischen Industrie in den neuen Bundesländern. In: BDI (Hrsg.): Mittelstand im Aufbau. Reden und Diskussionsbeiträge auf dem Tag des industriellen Mittelstandes am 25. April 1991 im Gewandhaus zu Leipzig, BDI-Drucksache Nr. 247, Köln: 27-38.

Klodt, H./Schmidt, K.-D. (Hrsg.), 1989: Weltwirtschaftlicher Strukturwandel und Standortwettbewerb: die deutsche Wirtschaft auf dem Prüfstand. In: Institut für Weltwirtschaft, Kieler Studien 228, Tübingen.

Kokalj, L./Richter, W., 1992: Mittelstand und Mittelstandspolitik in den neuen Bundesländern: Privatisierung. In: Institut für Mittelstandsforschung (Hrsg.): Schriften zur Mittelstandsforschung. Nr. 46 NF, Bonn.

Krakowski, M./Lau, D./Lux, A., 1992: Die Standortqualität Ostdeutschlands. In: Wirtschaftsdienst (72. Jg.) X: 530-536.

Krüger, M., 1994: Wirksamkeit der Instrumente der regionalen Wirtschaftsförderung in den neuen Bundesländern. In: Kommission für die Erforschung des sozialen und politischen Wandels in den neuen Bundesländern e.V. (KSPW; Hrsg.): Graue Reihe 94-01, Berlin.

Kühl, J./Wahse, J., 1994: Die Rolle der Treuhandanstalt für die Beschäftigungsentwicklung in Ostdeutschland. In: Nickel, H. M./Kühl, J./Schenk, S. (Hrsg.): Erwerbsarbeit und Beschäftigung im Umbruch. Berlin.

MWTV, 1994: Fakten & Projekte - Bericht zur wirtschaftlichen Lage des Landes Sachsen-Anhalt. In: Ministerium für Wirtschaft, Technologie und Verkehr des Landes Sachsen-Anhalt (Hrsg.): Jahresbericht 1993.

Müller, K., 1992: Kapitalzuflüsse in den ostdeutschen Wirtschaftsraum. In: Köhler, C./Pohl, R. (Hrsg.): Währungspolitische Probleme im integrierten Europa. Veröffentlichungen des Instituts für Empirische Wirtschaftsforschung, Bd. 29, Berlin.

Necker, T., 1991: Der BDI - Interessenvertreter der gesamten deutschen Industrie. In: BDI (Hrsg.): Mittelstand im Aufbau. Reden und Diskussionsbeiträge auf dem Tag des industriellen Mittelstandes am 25. April 1991 im Gewandhaus zu Leipzig, BDI-Drucksache Nr. 247, Köln: 39-54.

Oppenländer, K. H./Gerstenberger, W., 1992: Direktinvestitionen als Ausdruck zunehmender Internationalisierung der Märkte. In: ifo-Schnelldienst (45. Jg.) 10: 3-11.

o. V., 1994a: Änderung des Investitionszulagengesetzes. In: Steuern+Gewerbe 4 (August): 30.

o. V., 1994b: Einigung über Mittel des Europäischen Strukturfonds. In: SPI aktuell 4: 1-22.

o. V., 1994c: KMU-Förderung: Zwei Milliarden. In: EUmagazin 6: 6.

o. V., 1994d: Hilfe für die Regionen: Gemeinschaftsinitiativen. In: EUR-OP News (3. Jg.) 2 (Sommer): 4.

Preuße, H. G., 1991: Der Beitrag des ausländischen Risikokapitals zur wirtschaftlichen Transformation in den neuen Bundesländern. In: Zeitschrift für Wirtschaftspolitik (40. Jg.) 3: 219-237.

Sander, B., 1992: Foreign Investor's Activities in Eastern Germany Motivations and Strategies. In: Institute of World Economics (Hrsg.): Kiel Working Paper No. 550 (December).

Sitte, R./Ziegler, A., 1994: Die EU-Strukturfonds nach der Reform. In: WSI-Mitteilungen (47. Jg.) 4: 214-222.

SpTrVG, 1991: Gesetz über die Spaltung der von der Treuhandanstalt verwalteten Unternehmen v. 5. April 1991, BGBl. I Nr. 22, S. 854.

Stadermann, H.-J., 1991: Produktivitat und Lohn im Arbeitsmarkt Ostdeutschlands. In: Westphal, A./Herr, H./Heine, M./Busch, U. (Hrsg.): Wirtschaftspolitische Konsequenzen der deutschen Vereinigung. Frankfurt/New York: 58-72.

THG, 1990: Gesetz zur Privatisierung und Reorganisation des volkseigenen Vermögens (Treuhandgesetz) v. 17. Juni 1990, i. d. F. v. 22. Juni 1990, BGBl. I 1990 Nr. 33, S. 300.

Wagner, H., 1991: Einführung in die Weltwirtschaftspolitik: internationale Wirtschaftsbeziehungen - internationale Organisationen - internationale Politikkoordinierung. München/Wien.

Welfens, P. J. J., 1990: Internationalisierung von Güterproduktion und Ressourceneinsatz: wirtschaftspolitische Herausforderung durch Standortwettbewerb offener Volkswirtschaften? In: Cassel, D. (Hrsg.): Wirtschaftssysteme im Umbruch - Sowjetunion, China und industrialisierte Marktwirtschaften zwischen internationalem Anpassungszwang und nationalem Reformbedarf. München: 17-46.

Wölfling, M., 1994: Ostdeutsche Wirtschaftsstruktur im Wandel: Vom Systemschock zur Wettbewerbsfahigkeit. In: Institut für Wirtschaftsforschung Halle (Hrsg.): IWH-Diskussionspapiere Nr. 18 (Juni).

Die Erhaltung industrieller Kerne in den neuen Bundesländern: eine kritische Würdigung

Markus Danwerth

1. Die Anpassungskrise in Ostdeutschland

Als Bundeskanzler Helmut Kohl im Dezember 1992 mit dem Versprechen vor die Presse trat, „industrielle Kerne" in den neuen Bundesländern zu erhalten, löste er damit eine Kontroverse unter den wirtschaftlichen und politischen Institutionen aus, wie dem Verfall der ostdeutschen Industrie zu begegnen sei. Nahezu alle Wirtschaftszweige waren von den Anpassungsschocks der Transformation betroffen, zu denen vor allem der Übergang von der Plan- zur Marktwirtschaft, die Währungsumstellung und die damit verbundene Aufwertung sowie die plötzliche Einbindung in den internationalen Wettbewerb durch Öffnung der Grenzen (Wegner 1991: 35, Krakowski et al. 1992: 139) zu zählen sind. Es zeigte sich, daß die meisten Unternehmen auf freien Märkten „infolge ineffizienten Faktoreinsatzes, obsoleter Produktionsanlagen und den Marktverhältnissen nicht entsprechender Produktsortimente und Produktqualitäten" (Sachverständigenrat 1991: 255) nicht konkurrenzfähig waren. Unter Anpassung ist im folgenden die Reaktionen der Marktteilnehmer auf die veränderte Marktsituation und die damit einhergehende Veränderung der Produktionsstruktur einer Wirtschaft zu verstehen.

Um wettbewerbsfähige Strukturen in den Unternehmen zu schaffen, mußten die Produktionsfaktoren teilweise effizienteren Verwendungen zugeführt, Produktionssortimente bereinigt und Produktqualitäten verbessert werden. Zusätzlich bedurfte es einer Umstellung auf neue Bezugs- und Absatzsysteme. Dies erforderte insgesamt eine Neuausrichtung der Produktion der Unternehmen. Hinzu kam, daß die Unternehmen gezwungen waren, ihre Organisation umzugestalten und nach Öffnung der Grenzen auch Marketingaktivitäten aufzunehmen.

Die Hoffnung war begründet, daß mit voranschreitender Anpassung es immer mehr Unternehmen und Wirtschaftszweigen gelingen würde, ihre Wettbewerbsfähigkeit zu verbessern. Hinzu kamen neugegründete und moderne Unternehmungen. Gleichzeitig war aber die Stillegung marktuntauglicher Betriebe noch nicht abgeschlossen. Diese beiden Prozesse, die schließlich die Umstrukturierung der ostdeutschen Wirtschaft bewerkstelligen sollten, arbeiteten asymmetrisch, d. h. wettbewerbsunfähige Unternehmen verschwanden eher vom Markt als neue, leistungsfähige Unternehmen entstanden. Als Folge schrumpfte die gesamtwirtschaftliche Produktion und Beschäftigung mit Beginn der Anpassung, bevor mit einer breiten Aufwärtsentwicklung in den neuen Bundesländern zu rechnen war.

Vor allem in der Industrie, und hier insbesondere im Verarbeitenden Gewerbe, traten die gravierendsten Probleme auf. Da das Verarbeitende Gewerbe - anders als der Dienstleistungssektor und das Handwerk - in Konkurrenz zu überregionalen Wettbewerbern steht, war es vom Exporteinbruch der fruheren RGW-Länder sowie von der Wettbewerbsschwäche gegenüber den westlichen Anbietern in erster Linie betroffen. Ostdeutschland hatte auf diese Weise „fast schlagartig seine Exportbasis verloren" (Wissenschaftlicher Beirat beim BMWI 1991: 2). Ebenso brach die Binnennachfrage nach ostdeutschen Industrieprodukten zusammen. Diese, in ihrem Ausmaß nicht erwarteten Absatzrückgänge führten zu einer Senkung der Produktion im Verarbeitenden Gewerbe auf ein Drittel gegenüber dem Niveau vor der Wahrungs-, Wirtschafts- und Sozialunion (DIW 1992c: 576) und zu einem Abbau von fast drei Viertel der Arbeitsplätze in diesem Wirtschaftsbereich. Dabei war festzustellen, daß nicht nur überkommene Sektoren, wie zum Beispiel die Stahl- oder Werftindustrie, die auch im Westen schrumpfen müssen, von der Anpassungskrise betroffen waren, sondern auch Wirtschaftszweige in Mitleidenschaft gezogen wurden, denen mittel- und langfristig Wachstumschancen eingeräumt wurden (Heise/Ziegler 1992: 547). Eine weitgehende Deindustrialisierung der ostdeutschen Wirtschaft wurde daher befurchtet; Ostdeutschland könne, wenn erst einmal die Exportbasis verloren wäre, nicht mehr einen endogenen, sich selbst tragenden Wirtschaftsaufschwung initiieren (Priewe/Hickel 1991: 201ff.).

Um den Niedergang der ostdeutschen Industrie aufzuhalten, boten sich grundsätzlich zwei mögliche Ansätze an: Die Schaffung neuer, moderner Unternehmen in zukunftsträchtigen Branchen mit den damit verbundenen rentablen und dauerhaften Arbeitsplätzen oder die Erhaltung der bestehenden industriellen Strukturen durch eine industriepolitische Strategie. Wirtschaftspolitische Akteure im Anpassungsprozeß der ostdeutschen Wirtschaft waren vor allem die Bundesregierung und die Treuhandanstalt. Die Politik der Regierung zielte mit ihrer Wirtschaftsförderung primär darauf ab, den Wirtschaftsstandort Ostdeutschland attraktiv zu machen, um dadurch dringend benötigtes Kapital aus den westlichen Bundesländern und dem Ausland anzuziehen (Heise/Ziegler 1992: 551f.). Im Rahmen der Investitionsförderungs- und Infrastrukturmaßnahmen setzte die Bundesregierung auf Mittel der regionalen und sektoralen Strukturpolitik, die zum großen Teil bereits im Westen - allerdings auf einem erheblich niedrigeren quantitativen Niveau - angewandt wurden. Die allgemeine Investitionsförderung wurde als nicht ausreichend angesehen. Durch sie allein wurden die spezifischen Probleme der bestehenden Betriebe nicht gelöst. Der Treuhandanstalt wurde die Aufgabe übertragen, die ehemaligen volkseigenen Betriebe in Kapitalgesellschaften umzuwandeln, um sie anschließend möglichst schnell zu privatisieren. Überleben sollten nur die Unternehmen, die in der Beurteilung privater Investoren kurz- bis mittelfristig als wettbewerbsfähig angesehen wurden.

Heise/Ziegler resümierten daher, daß die Wirtschaftsförderung der Bundesregierung und die Privatisierungspolitik der Treuhandanstalt am Anfang „nicht auf den Erhalt vorhandener Strukturen, sondern auf die Schaffung neuer, moderner und ... zukunftsträchtiger Branchen“ (ebd.: 551) setzte. Fast drei Jahre nach der Währungs-, Wirtschafts- und Sozialunion konnte man konstatieren, daß die Wirtschaftspolitik der Bundesregierung nicht das erhoffte Kapitalvolumen für einen Aufschwung in den neuen Bundesländern anziehen konnte. Gleichzeitig drohten auch nach Abschluß des operativen Geschäfts bei der Treuhandanstalt, daß nicht privatisierte Unternehmen im Staatseigentum verbleiben. Im Rahmen dieses Szenarios wurde der Ruf nach industriepolitischen Strategien zum Erhalt der industriellen Basis in Ostdeutschland lauter, also nach einer Politik, die am vorhandenen Bestand der industriellen Unternehmen ansetzte.

Der vorliegende Aufsatz geht der Frage nach, wie das Schlagwort von der „Erhaltung industrieller Kerne“ mit Leben erfüllt werden kann. Eine solche Politik zielte darauf ab, vorhandene Industrieunternehmen in Ostdeutschland vor einer Stillegung zu bewahren und Arbeitsplätze zu sichern. Objekte der verschiedenen industriepolitischen Vorschläge waren vornehmlich die zum damaligen Zeitpunkt noch im Treuhandbesitz befindlichen Unternehmen des Verarbeitenden Gewerbes. Das anschließende Kapitel stellt die Probleme der ostdeutschen Industrie in den Mittelpunkt seiner Betrachtung. Ausgehend von Anpassungsproblemen der Industrie wird der Befürchtung vor einer Deindustrialisierung Ostdeutschlands Rechnung getragen. Im dritten Kapitel sollen die industriepolitischen Vorschläge zur Rettung „industrieller Kerne“ in den neuen Bundesländern erörtert werden. Eine Abgrenzung dieser Vorschläge nach mehreren Kriterien ist nötig. Im vierten Kapitel werden Instrumente zum „Erhalt industrieller Kerne“ vorgestellt. Explizit werden Lohnsubventionen, Beschäftigungs- und Qualifizierungsgesellschaften sowie deren spezielle Ausgestaltung in Gesellschaften zur Arbeitsförderung, Beschäftigung und Strukturentwicklung, Management-Kommanditgesellschaften und das ATLAS-Projekt diskutiert. Dem Schlußkapitel kommt die Aufgabe zu, die wesentlichen Erkenntnisse der Arbeit in einem Resümee zusammenzufassen.

2. Problemanalyse zur Situation der Industrie in den neuen Bundesländern

2.1 Probleme der Modernisierung und Umstrukturierung

Nach dem Zusammenbruch der sozialistischen Planwirtschaft in der ehemaligen DDR wurde erst allmählich der immens große Modernisierungs- und Umstrukturierungsbedarf der ostdeutschen Industrie deutlich. Sowohl die Angebote der Unternehmen als auch die Aufteilung der Industrie in ihre einzelnen Wirtschaftszweige entsprachen - entgegen anderslautenden Beteuerungen - nicht den Präferenzen der Wirtschaftssubjekte, sondern waren Ergebnis einer 40-jährigen zentral gesteuerten Verwaltungswirtschaft.

Die Planwirtschaft führte dazu, daß

- Ressourcen in ihrer Verwendung fehlgeleitet wurden,
- die Wirtschaftssektoren in ihrer Größe und Struktur durch Autarkiebestrebungen und Fehlplanungen und nicht durch Nachfragepräferenzen der Wirtschaftssubjekte bestimmt wurden und
- „Modernisierungsinvestitionen im Kapitalbestand der Unternehmen systematisch zugunsten eines überhöhten Konsumniveaus vernachlässigt wurden“ (Budde et al. 1991: 49), um den Rückstand zu den westlichen Ländern nicht noch offenkundiger werden zu lassen.

Angesichts der führenden Stellung der ehemaligen DDR innerhalb des RGW wurden die Wirkungen der exogenen Schocks auf die ostdeutsche Industrie und damit auch das Ausmaß der Anpassungskrise unterschätzt. Der Handel mit den osteuropäischen Ländern läßt sich dabei wie folgt kurz charakterisieren (Krakowski et al. 1992: 145f.): Zwar wurden - infolge der Koordination der Produktion und Spezialisierung der Länder auf bestimmte Produkte - größere Produktserien zur Nutzung von Kostenvorteilen durchaus begünstigt, gleichzeitig wurde aber der Anreiz zur Innovation international wettbewerbsfähiger Produkte erheblich gemindert. „So hat der RGW-Handel vorhandene Strukturen eher festgeschrieben als zu einem Strukturwandel beigetragen“ (ebd.: 147). Die Einbindung im RGW sollte deshalb nicht den Blick dafür verstellen, daß die ehemalige DDR von den internationalen Wettbewerbsmärkten abgeschottet war. Produkte, die für den Export ins westliche Ausland bestimmt waren, wurden darüber hinaus in der Regel hochsubventioniert. Ein permanenter Strukturwandel der verschiedenen Industriezweige fand in dem Ausmaß, wie er in Marktwirtschaften üblich ist, in der DDR nicht statt.

Die durch systemimmanente Mängel einer Zentralverwaltungswirtschaft und abgeschlossener Märkte hervorgerufenen Strukturdefizite, die für die ostdeutsche Industrie insgesamt galten, lassen erahnen, mit welchen Anpassungsproblemen und Modernisierungserfordernissen die Betriebe in den neuen Bundesländern konfrontiert waren (Budde et al. 1991: 40ff.):

- Die Unternehmensleitungen waren in der Planwirtschaft in erster Linie darauf ausgerichtet, die Planvorgaben zu erfüllen. Die ausschließliche Orientierung auf das Beschaffungssystem und nicht auf den Absatz der Unternehmung führte zu überhöhten Lagerbeständen, betrieblichen Autonomiebestrebungen sowie einer ständigen Improvisation bei der Produktion. Mit dem Übergang zur Marktwirtschaft waren diese Verhaltensweisen - die unter den Friktionen einer Planwirtschaft ihre Logik hatten - schlagartig nicht mehr zielgerichtet. Gefragt waren jetzt funktionierende Vertriebssysteme, ein völlig neuer betrieblicher Organisationsaufbau sowie theoretische und praktische Marketingkenntnisse.
- Um von Zulieferbetrieben möglichst unabhängig zu sein, wurden immer mehr vorgelagerte Produktionsschritte im eigenen Kombinat vollzogen. Die Fertigungstiefe der Industrieproduktion war dementsprechend in DDR-Betrieben höher als in Unternehmen, die unter marktwirtschaftlichen Bedingungen agieren. Bei letzteren ist der Anteil der Vorleistungen an der Gesamtproduktion höher, weil bestimmte Produktionsstufen durch Zukäufe von Gütern und Leistungen aus fremden Unternehmen und Branchen substituiert werden. Dagegen wurden in der ostdeutschen Industrie die Vorteile der zwischenbetrieblichen Arbeitsteilung kaum wahrgenommen.
- Am deutlichsten zeigte sich die niedrige Innovationsgeschwindigkeit der DDR-Industrie in den überalterten Produktionsanlagen. Darüber hinaus waren im allgemeinen die Produktionsanlagen der ehemaligen DDR von geringerer Qualität und niedrigerem technischen Niveau.
- Die ehemaligen Kombinate verfügten über ein ungewöhnlich breites Produktsortiment. Dieses Phänomen läßt sich zum einen mit dem fehlenden Zwang zur Spezialisierung und Arbeitsteilung der ostdeutschen Industrieunternehmen, und zum anderen durch das Autarkiestreben der einzelnen Kombinate erklären.

Damit läßt sich als erstes Zwischenfazit feststellen, daß die Industrie bis auf wenige Branchen denkbar schlecht gerüstet war für den Übergang zur Marktwirtschaft. Die Ausgangsposition zur Privatisierung der ostdeutschen Industriebetriebe und zur Schaffung der Wettbewerbsfähigkeit war alles andere als günstig. „Weder vom internen Preisgefüge, noch von den Liefer- und Leistungsbeziehungen, noch von der Marktorganisation her war die Industrie auf den Weltmarkt ausgerichtet“ (Schmid-Schönbein 1991: 237).

2.2 Gefahren einer Deindustrialisierung

Knapp drei Jahre nach der Währungs-, Wirtschafts- und Sozialunion relativierten sich allzu optimistische Voraussagungen, die einen schnellen wirtschaftlichen Aufschwung in den neuen Bundesländern prophezeiten. Die oben dargestellten Probleme auf dem Weg zur Anpassung an den internationalen Wettbewerbsmarkt erwiesen sich als viel komplexer und langwieriger. Insbesondere wurde das Ausmaß des Schrumpfungsprozesses im Verarbeitenden Gewerbe unterschätzt. In diesem Wirtschaftssektor kam es zu einem drastischen Rückgang der Produktion und zu einem gravierenden Arbeitsplatzabbau. Die Stimmen, die eine weitgehende Deindustrialisierung Ostdeutschlands befürchteten, nahmen infolge der dramatischen Entwicklung zu (DIW 1993: 252, Priewe/Hickel 1991: 23).

Mit dem Begriff der Deindustrialisierung wurden bestimmte „Zukunftsperspektiven“ für die neuen Bundesländer assoziiert. Als wichtigste wurden die Preisgabe potentieller Standortvorteile der ehemaligen DDR durch den langfristigen Verlust der industriellen Substanz (Priewe/Hickel 1991: 213), die rückläufige Tendenz der zur Verfügung stehenden Arbeitsplätze und der zu erzielenden Einkommenshöhen aufgrund der Schwächung der regionalen Exportbasis sowie der dadurch ausgelöste Rückgang von produktionsorientierten Dienstleistungen (ebd.: 201ff.) genannt. Durch einen kurzen Blick auf die Entwicklung bei der Produktion und den Arbeitsplätzen im zeitlichen Rahmen des Transformationsprozesses, können anhand dieser Symptome der Anpassungskrise der Niedergang der ostdeutschen Industrie dargestellt und die damit verbundenen Probleme angedeutet werden.

2.2.1 Rückgang der Industrieproduktion

Gegenüber 1989 sank bis 1992 die Nettoproduktion des Verarbeitenden Gewerbes in Ostdeutschland auf ein Drittel des Ausgangswertes. Der drastische Absatzeinbruch vollzog sich - grob unterteilt - in zwei Schritten (Franz 1991:

575). Zunächst kam es 1990 zu einer Verlagerung der ostdeutschen Binnennachfrage auf westdeutsche und -europäische Märkte. Während des Transformationsprozesses fand aufgrund der hohen Transferzahlungen aus Westdeutschland kein allgemeiner Nachfragerückgang statt (Krakowski et al. 1992: 206), die Importe aus Westdeutschland und dem Ausland stiegen aber 1990 gegenüber 1989 real um 67 Prozent. Die Auslandsnachfrage blieb 1990, also auch nach der Währungsunion in der Mitte desselben Jahres, nahezu konstant. In jenem Jahr wurde der Export in die ehemaligen RGW-Länder durch eine Sonderregelung - der Handel wurde erst Anfang 1991 auf konvertible Währungen umgestellt - noch begünstigt (ebd.: 154). Mit dem Wegfall dieser Regelung kam es dann 1991 zu dem Rückgang der Exporte um zwei Drittel. Die Ausfuhren in die osteuropäischen Staatshandelsländer gingen noch stärker zurück. Dieser Exporteinbruch konnte auch durch die 1991 gewährten Hermes-Bürgschaften mit Sonderkonditionen für den Handel mit den Ländern der ehemaligen Sowjetunion nur zu einem geringen Teil aufgefangen werden (Stille et al. 1992: 154). Durch die Auflösung des RGW und die Umstellung des Handels dieser Länder auf konvertible Währungen herrschten nun auch hier Weltmarktbedingungen. Im Wettbewerb mit internationalen Anbietern offenbarte sich die Wettbewerbsschwäche ostdeutscher Unternehmen. Die Produkte waren hinsichtlich Qualität und Preisniveau vielfach dem internationalen Angebot unterlegen, ebenso mangelte es an Marketingstrategien und Vertriebsnetzen (Werner 1992: 208).

2.2.2 Arbeitsplätzeverlust

Der Beschäftigungseinbruch in Ostdeutschland war im Verarbeitenden Gewerbe am stärksten. Von 3 Millionen im Jahr 1989 ging die Zahl der Arbeitsplätze bis zum zweiten Halbjahr 1991 auf ca. 1,4 Millionen zurück und halbierte sich seitdem noch einmal, so daß im Februar 1993 nur noch knapp 770.000 Menschen im Verarbeitenden Gewerbe beschäftigt waren. Folglich reduzierte sich deren Anteil an der Gesamtbeschäftigung von gut einem Drittel auf etwa ein Achtel. Dieser dramatische Arbeitsplatzabbau hatte seine Ursachen im Produktionseinbruch des Verarbeitenden Gewerbes und darin, daß viele Dienstleistungsbereiche aus den Industrieunternehmen ausgelagert wurden (DIW 1992c: 576). Vielfältige Subventionsformen für die Industrieunternehmen durch den Staat und die Treuhandanstalt sowie der massive Einsatz einer auf Ostdeutschland zugeschnittenen Kurzarbeiterregelung sorgten dafür, daß der Beschäftigungsabbau dennoch hinter der Produktionsentwicklung zurückblieb (Budde et al. 1991: 186). Im Februar 1993 waren noch etwa 370.000 Menschen, davon 220.000 im Verarbeitenden Gewerbe in den Treuhandunternehmen beschäftigt.

Der kurze Überblick über die Entwicklung bei der Produktion und der Beschäftigung im Verarbeitenden Gewerbe hat gezeigt, daß der Deindustrialisierungsprozeß in den neuen Bundesländern schon weit fortgeschritten war. Der Produktionsrückgang und Arbeitsplatzabbau, der im Zuge eines „Gesundschrumpfungsprozesses“ anfangs als hinnehmbar erwartet wurde, machte an der (imaginären) kalkulierten Linie nicht halt. Ostdeutschland drohte zu einer Region ohne ausgeprägten industriellen Sektor zu werden. Dies wirkte sich aber für die Beschäftigung verheerend aus.

Die Bestandsaufnahme zur Situation der Industrie in den neuen Bundesländern sollte verdeutlichen, daß das Verarbeitende Gewerbe mit vielfältigen Problemen der Anpassung konfrontiert wurde. In Ostdeutschland setzte daraufhin ein bisher beispielloser Verfall der Industrie ein. Die Anpassungskrise mündete in einem Deindustrialisierungsprozeß, dem innerhalb von nur drei Jahren drei Viertel der industriellen Arbeitsplätze zum Opfer fielen. Es bestand das Risiko, daß der verschärfte Deindustrialisierungsprozeß auch Unternehmen und Wirtschaftszweige in Mitleidenschaft ziehen würde, die in ihrer Substanz mittelfristig wettbewerbsfähig waren. Mit dem Wegfall der Industriebasis in kürzester Zeit drohten nämlich die „historisch gewachsenen Verflechtungsstrukturen in den altindustrialisierten Gebieten“ (Budde et al. 1991: 38f.) zusammenzubrechen. Anfangs wurde der sich selbst verstärkende Niedergang der Industrie ohne tiefgreifende Gegenmaßnahmen hingenommen. Das geschah mit dem Vertrauen auf die Selbstheilungskräfte des Marktes und dem Hinweis auf die unabdingbare „Gesundschrumpfung“ im Anpassungsprozeß (Heise/Ziegler 1992: 554).

Mit Blick auf die Probleme der ostdeutschen Industrie, die weitgehende Deindustrialisierung innerhalb kürzester Zeit, konnten die bis dahin ergriffenen Maßnahmen der Wirtschaftspolitik nicht als problemadäquat bezeichnet werden (ebd.: 551). Es war zu konstatieren, daß insbesondere der „dynamische Ablauf notwendiger Arbeitsplatzneuschaffungen und -stillegungen in seiner quantitativen und zeitlichen Abfolge sträflich unberücksichtigt gelassen“ (Schüler 1992: 85) wurde. Der Niedergang der ostdeutschen Industrie fuhrte vor allem in den monostrukturierten Regionen zu massiven sozialen Implikationen. Gefordert wurde deshalb eine industriepolitische Strategie für die Zeit des Übergangs und der Umstrukturierung (Mc Kinsey & Company 1991: 4). Zum einen sollten mittelfristig wettbewerbsfähige Unternehmen nicht der Abwärtsspirale des Deindustrialisierungsprozesses zum Opfer fallen und zum anderen sollte über einen bestimmten Zeitraum versucht werden, „Unternehmen auch personell funktionstüchtig zu erhalten" (Hirschmann 1992: 52). Die industriepolitischen Vorschläge, die in diese Richtung zielten, sind Gegenstand des folgenden Kapitels.

3. Darstellung industriepolitischer Vorschläge

Gemeinsames oberstes Ziel aller wirtschaftspolitischen Maßnahmen war zweifellos die Beibehaltung Ostdeutschlands als Industriestandort. Die noch vorhandenen Industrieunternehmen im Treuhandbestand und die ihnen anhängenden Arbeitsplätze sollten nicht schutzlos dem Regulativ des Wettbewerbs übergeben werden. Dem Staat wurde nunmehr verstärkt die entscheidende Rolle bei der Frage, ob die verbliebenen Unternehmen weiter existieren, zugewiesen. Insofern lassen sich die von verschiedenen Seiten vorgetragenen Forderungen als industriepolitische Vorschläge zum Erhalt „industrieller Kerne" interpretieren. Die Politik der „Erhaltung industrieller Kerne" setzte bei dem vorhandenen Unternehmensbestand an. So schnell wie möglich sollten der fortgeschrittene Deindustrialisierungsprozeß zum Stillstand gebracht und die sozialen Implikationen des massiven Arbeitsplatzabbaus gemildert werden. Allerdings beschränkten sich die zuvor gemachten industriepolitischen Aussagen weitgehend auf politisch motivierte Garantien, z. B. die „industriellen Kerne" im Osten zu erhalten, einen bestimmten Arbeitsplatzbestand im Verarbeitenden Gewerbe zu sichern etc. Verdeutlicht man sich aber die dargestellte Ausgangslage der verbliebenen Treuhandunternehmen, so wird sehr schnell klar, daß es nur um einen grundlegenden Neuanfang für diese Unternehmen gehen konnte. Sollten Industriebetriebe erhalten werden, reichte es nicht aus, sogenannte klassische Sanierungsmaßnahmen, wie z. B. den Abbau überschüssigen Personals, Neubesetzung des Managements oder eine Entschuldung des Unternehmens, zu ergreifen. Zusätzlich kam es darauf an, die systembedingten Mängel der Planwirtschaft zu beseitigen und die Unternehmen durch schlüssige Konzepte für den internationalen Markt wettbewerbsfähig zu machen. Industriepolitische Vorschläge übertrugen diese Aufgaben dem Staat bzw. der Treuhandanstalt.

Der erste Abschnitt dieses Kapitels soll der besonderen Rolle der Treuhandanstalt im Spannungsfeld zwischen Privatisierung und Sanierung der Unternehmen gerecht werden. Mit verlangsamtem Tempo der Privatisierung wurde der politische Druck auf die Treuhandanstalt größer, die noch vorhandenen Betriebe durch eine Neuausrichtung wettbewerbsfähig zu machen. Im zweiten Abschnitt werden die vielfältigen Vorstellungen aufgeführt, die sich hinter dem Stichwort der „Erhaltung der industriellen Kerne“ verbargen. Die industriepolitischen Vorschläge unterschieden sich nämlich hinsichtlich ihrer Motive und ihrer Zielrichtung. Anhand von mehreren Kriterien sollen die Sanierungskonzepte abgegrenzt und diskutiert werden.

3.1 Die Privatisierungs- und Sanierungspolitik der Treuhandanstalt

Nach ihrer Gründung im Frühjahr 1990 begann die Treuhandanstalt im Herbst 1990 ihre Hauptarbeit. Gemäß dem Einigungsvertrag (Art. 25 I) war es ihre Aufgabe, „die früheren volkseigenen Betriebe wettbewerblich zu strukturieren und zu privatisieren“. Der Privatisierungsauftrag für sich genommen stand nie ernsthaft in der Kritik. Dagegen wurde der Treuhandanstalt oft vorgeworfen, „sie habe zu rasch und mit zu wenig Rücksicht auf die Beschäftigten und die betroffenen Regionen privatisiert“ (Härtel 1992: 170). Die Treuhandanstalt hat sich aber keineswegs nur am betriebswirtschaftlichen Kalkül orientiert, sondern handelte im Rahmen ihrer Privatisierungsverhandlungen auch struktur- und beschäftigungspolitisch motiviert. Entscheidend für den Zuschlag war nicht nur der Kaufpreis, sondern berücksichtigt wurden ebenso Arbeitsplatz- und Investitionszusagen: „Vorrang haben in jedem Fall solche Konzepte, die Arbeitsplätze sichern und neue schaffen. Der Kaufpreis ist dabei nur ein Aspekt neben Investitionen und unternehmerischem Engagement“ (Breuel 1991: 164). Die ausgehandelten Zusagen drückten in den meisten Fällen den Kaufpreis, der ohne diese Auflagen wohl höher ausgefallen wäre. Im Gegenzug wurde die Wahrscheinlichkeit gemindert, daß die Erwerber die Betriebe bloß ausschlachten und dann stillegen würden. Die Treuhandanstalt gewährte also ökonomisch betrachtet den Erwerbern „in Höhe dieser Preiszugeständnisse Subventionen für die Fortführung bestehender Betriebe“ (Härtel 1992: 170). Zugleich sollten die Investitionsauflagen dazu führen, daß notwendige Sanierungsmaßnahmen in den Betrieben unternommen wurden (ebd.). In der Argumentation Breuels wurden dadurch bereits viele „industrielle Kerne“ erhalten (Maier-Mannhart/Oldag 1993: 28). Zweifelhaft ist allerdings, ob die Treuhandanstalt durch diese Verkaufspraxis auch *langfristig* am meisten Arbeitsplätze sicherte und dem Ziel der Sanierung diente. Durchaus denkbar wäre es z. B., daß der Erwerber unwirtschaftliche Unternehmensteile stillegt und statt dessen moderne Produktionsstätten mit Arbeitsplätzen aufbaut, die auch über eine mögliche Vertragsdauer hinaus vorhanden gewesen wären. Mit Hilfe der ausgehandelten

Beschäftigungs- und Investitionszusagen waren aber die konkreten Arbeitsplätze in schon bestehenden Unternehmen am alten Standort *kurzfristig* sicherer.

Manchmal sind von der Treuhandanstalt mehrere Unternehmen zu Paketen geschnürt worden, die offensichtlich nicht mit der Ausnutzung von Synergievorteilen begründet werden konnten. Statt die Unternehmen möglichst weitgehend zu entflechten und sie dann zu verkaufen, wurden in diesen Fällen attraktive Unternehmen und solche, bei denen abzusehen war, daß sie schwer zu privatisieren sein würden, zu einem Verbund zusammengefaßt und angeboten. Die Treuhandanstalt wollte dadurch erreichen, daß für die notleidenden Objekte ebenfalls privatwirtschaftlich organisierte Sanierungsversuche unternommen wurden und diese Standorte nicht stillgelegt wurden (Härtel 1993: 3, Naujoks et al. 1992: 429). Das beste Beispiel für ein solches Vorgehen der Treuhandanstalt war der Verkauf der Minol-Tankstellen mit der Auflage, die Raffinerie in Leuna vollständig zu modernisieren und sie sogar zur größten europäischen Mineralölverarbeitungsanlage zu erweitern. Auf einen höheren Verkaufserlös, der möglicherweise bei einem getrennten Verkauf der beiden Objekte zu erzielen gewesen wäre, verzichtete die Treuhandanstalt zugunsten der Erhaltung des Standortes in Leuna. Nimmt man einzig und allein betriebswirtschaftliche Kriterien zum Maßstab, hätte die Treuhandanstalt wahrscheinlich anders handeln müssen. In manchen Fällen stellten sich die Paketlösungen als schlicht unverkäuflich heraus oder sie verlängerten zumindest die Privatisierungsverhandlungen erheblich. So läßt sich mit Bestimmtheit sagen, daß die Zusammenlegung von attraktiven Unternehmen und Objekten mit hohem Sanierungsbedarf zu einer einzigen Verkaufseinheit das Privatisierungstempo drosselte. Der pauschale Vorwurf, die Treuhandanstalt hätte generell auf Kosten der Beschäftigten und der betroffenen Regionen zu rasch privatisiert, kann somit widerlegt werden. Sanierungspolitische Überlegungen und Bestrebungen, bestehende Unternehmen zu erhalten und die vorhandenen Arbeitsplätze zu sichern, lassen sich von Beginn an bei der Arbeit der Treuhandanstalt erkennen.

Es bleibt als kurzes Zwischenfazit festzustellen, daß sowohl die gelegentliche Verknüpfung mehrerer Unternehmen zu einem Verkaufspaket als auch die zuvor dargestellte Aushandlung von Arbeitsplatz- und Investitionszusagen hauptsächlich struktur- und arbeitsmarktpolitisch motiviert waren. Dennoch konnte die Treuhandanstalt ihrem Privatisierungsauftrag gerecht werden, da sie letztlich die ehemaligen Staatsbetriebe privatisierte und die umfangreichen Aufgaben der Modernisierung und Neuausrichtung schließlich der Verantwortung privater Erwerber überließ. Die privaten Investoren sollten ihre eigenen Sanierungskonzepte einbringen und somit eine dezentrierte Sanierung der maroden Betriebe durchführen. Die Politik der „Sanierung durch Privatisierung“ bedeutete daher nichts anderes, als daß die Privatisierung das Mittel der Sanierung war (Schmid-Schönbein 1991: 243). Diese wurde auch in den geschilderten Fällen befolgt, in denen sanierungspolitische Ziele der Treuhandanstalt die rein einzelwirtschaftlichen Kriterien beim Verkauf überlagerten und diese sich oft inkongruent zueinander verhielten.

Die meisten Treuhandunternehmen befanden sich zu Beginn des Privatisierungsprozesses in einer desolaten Ausgangslage. Folglich stellte sich überhaupt nicht die Alternative, ob privatisiert oder zuerst saniert werden sollte. „Die tatsächliche Alternative hieß: Sanierung auf Rechnung und Risiko eines privaten Erwerbers oder Sanierung auf Rechnung und Risiko der Treuhandanstalt“ (Härtel 1993: 3). In den meisten Fällen der „Sanierung durch Privatisierung“ lag der Schwerpunkt der unternehmerischen Verantwortung für die Sanierung beim privaten Erwerber, sofern die finanziellen Zugeständnisse der Treuhandanstalt beim Verkauf nicht augenfällig zu hoch ausfielen und die Preisabschläge dabei eindeutig den Charakter von Erhaltungssubventionen einnahmen. Oft ließ sich durch die Arbeitsplatz- und Investitionszusagen die Erhaltung der Standorte ohnehin nicht garantieren, da die vereinbarten Vertragsstrafen bei Nichteinhaltung der Verträge letztendlich nicht ausreichend vor Stillegungen der Betriebe und Vertragsbrüchen schützten. Der direkte Einflußbereich des Staates zur Erhaltung des industriellen Standortes und der damit verbundenen Arbeitsplätze war bei der „Sanierung durch Privatisierung“ relativ gering.

Schon am Anfang des Privatisierungsprozesses stand für die Treuhandanstalt fest, daß nicht alle Industrieunternehmen sofort veräußert werden konnten. Die Erarbeitung tragfähiger Sanierungs- und Unternehmenskonzepte durch private Investoren dauerte seine Zeit; die Nachfrage nach rentablen und sanierungsfähigen Unternehmen entwickelte sich deshalb langsam. In der Zwischenzeit kam der Treuhandanstalt die Aufgabe zu, das wirtschaftliche Überleben der Unternehmen zu sichern, bei denen eine begründete Aussicht auf eine Privatisierung bestand. Das geschah durch sogenannte *passive* Sanierungen oder auch Überbrückungssanierungen. Sie umfaßten Bürgschaften der Treuhandanstalt für Liquiditätskredite sowie Maßnahmen zur Kostenreduktion, welche die Rentabilität der Unternehmen herstellen sollten. Dazu zählten in erster Linie der Abbau überschüssigen Personals, die Reduzierung der Fertigungstiefe, die Bereinigung der Produktpalette und die Aufgabe betriebsfremder Aktivitäten (Nolte 1992: 560). Im Hinblick auf die komplexen Modernisierungs- und Umstrukturierungserfordernisse der meisten Industrieunternehmen stellten solche Überbrückungssanierungen allenfalls eine notwendige Voraussetzung für die weitergehende, eigentliche Sanierung und Neuausrichtung der Unternehmen dar. Die dazu erforderlichen Maßnahmen sollten nach wie vor private Erwerber der Unternehmen ausführen.

Im Februar 1993 befanden sich noch etwa 1.200 Unternehmen des Verarbeiteten Gewerbes im Besitz der Treuhandanstalt. Dort waren ca. 220.000 Menschen beschäftigt, d. h. fast jeder dritte Arbeitsplatz im Verarbeitenden Gewerbe Ostdeutschlands (insgesamt ca. 770.000) war noch von der Treuhandanstalt abhängig. Insbesondere auf die Branchen Maschinenbau, Chemische und Eisenschaffende Industrie, Fahrzeugbau, Elektrotechnik sowie Textil- und Bekleidungsindustrie konzentrierte sich die Beschäftigung der Treuhandunternehmen. Dies waren jedoch gerade die Wirtschaftszweige, die bisher stark vom Ostgeschäft abhängig waren und nun auf den internationalen Märkten einen besonders starken Anpassungsbedarf zu meistern hatten (DIW 1992c: 575). Zusätzlich war die Betriebsgrößenstruktur dieser Branchen vorwiegend durch sehr große und mittelgroße Betriebe geprägt. Ein realistisches Urteil konnte nur zu der Feststellung führen, daß die Privatisierungschancen der verbliebenen Treuhandunternehmen minimal waren.

Die Frage lag nahe, was mit den nichtprivatisierten Unternehmen geschehen sollte. Die Treuhandanstalt operierte schon immer in einem „Spannungsfeld wirtschaftlicher Rationalität und politischer Opportunität“ (Naujoks et al. 1992: 425), allerdings verschärfte sich mit zunehmender Privatisierungsproblematik jetzt der politische Druck, Industriebetriebe zu erhalten und Arbeitsplätze zu sichern. Die Treuhandanstalt hatte nie explizit festgelegt, nach welchen Kriterien ein Unternehmen erhalten oder stillgelegt werden sollte. Dadurch war es ihr möglich, „alle Optionen für eine flexible Bewältigung der vielfältigen ... Aufgaben des wirtschaftlichen Transformationsprozesses offenzuhalten“ (Stille et al. 1992: 215). Ob allerdings die Arbeit der Treuhandanstalt auch Maßnahmen beinhalten sollte, die über eine Überbrükkungssanierung hinausgehen sollten, war stark umstritten. Die bisherige passive Sanierung konnte mit der Aussicht auf Privatisierung des Unternehmens begründet werden. Die eigentliche, *aktive* Sanierung im Sinne einer Modernisierung und einer Neuausrichtung des Unternehmens wäre dann immer noch auf Kosten und Risiko des Erwerbers durchgeführt worden. Verdeutlicht man sich aber den Zustand der verbliebenen Unternehmen und die schlechten Privatisierungschancen, konnten die Industriebetriebe nur am Leben erhalten werden, indem die Treuhandanstalt selbst einen Neuanfang der Unternehmen zu initiieren versuchte.

Im Rahmen einer sogenannten *aktiven* Sanierung übernahm die Treuhandanstalt in einer Art Stellvertreterfunktion die Geschäftspolitik des Industriebetriebes. Dazu gehörten die Erarbeitung von Unternehmenskonzepten, vielfältige Managementaufgaben und die Finanzierung von Investitionen. Mit Hilfe der aktiven Sanierungspolitik sollten neue Produkte gefunden und neue Märkte erschlossen werden. Zusätzlich wurden auflaufende Verluste ausgeglichen und die Unternehmen mit einem angemessenen Eigenkapital ausgestattet. Das Ziel der aktiven Sanierung durch die Treuhandanstalt war das Erreichen der Wettbewerbsfähigkeit der verbliebenen Treuhandunternehmen, um dadurch die Privatisierungschancen der Betriebe zu steigern.

Wurde das Unternehmen grundsätzlich als sanierungsfähig eingestuft - immerhin waren das 1992 etwa 70 Prozent der noch im Treuhandbereich befindlichen Betriebe - versuchte die Treuhandanstalt dessen Neuausrichtung und Umstrukturierung (Naujoks et al. 1992: 437). Die Tatsache, daß Großbetrieben die Sanierungsfähigkeit häufiger attestiert wurde als kleinen Unternehmen, zeigt den (wahrscheinlich ausgeübten) politischen Druck, Industriestandorte zu erhalten (DIW 1992b: 480). Vermutlich geschah das deshalb, weil die Treuhandanstalt „vor den arbeitsmarktpolitischen Auswirkungen von Liquidationen" (DIW 1992c: 575) zurückschreckte.

Gegen die betriebene aktive Sanierung sprachen zumindest vier Überlegungen:

a) Die Treuhandanstalt verfügte nicht über das nötige unternehmerische Wissen, um beurteilen zu können, ob anhand der Sanierungskonzeptionen tatsächlich eine Anpassung an die Marktverhältnisse gelingen würde (Hamm 1991: 65). Für Hunderte von Industriebetrieben mußten neue Produkte gefunden werden, neue Absatzkanäle aufgebaut werden, der Produktionsapparat modernisiert werden usw.

b) Aktive Sanierungsmaßnahmen beeinflußten entscheidend die zukünftige unternehmerische Ausrichtung des Industriebetriebes, sie waren daher im Gegensatz zu den Maßnahmen der Überbrückungssanierung nicht investorneutral. Da die Treuhandanstalt die Vorstellungen möglicher späterer Erwerber diesbezüglich nicht kennen konnte, verkleinerte sie dadurch (vermutlich) die Zahl der Interessenten für eine Übernahme der Unternehmung (Naujoks et al. 1992, 437).

c) Die Treuhandanstalt handelte ohne unternehmerisches Risiko. Schon das Verfahren bei der Prüfung der Sanierungsfähigkeit - Treuhandmitarbeiter urteilten über Sanierungskonzepte externer Berater der Unternehmen - vernachlässigte Handlungsanreize und Sanktionen, die erst ein Eigentümerverhalten hätten erzeugen können.

d) Eine aktive Sanierung in den Händen der Treuhandanstalt vergrößerte die Gefahr, daß nunmehr eindeutig struktur- und beschäfigungspolitischen Zielen der Vorzug vor ökonomischen Gesichtspunkten gegeben wurde (Watrin 1991a: 170). Das Ziel der Wettbewerbsfähigkeit und der Marktorientierung der zu sanierenden Unternehmen wurde dadurch ernsthaft in Frage gestellt.

Die Abwendung der Treuhandanstalt vom Primat der schnellen Privatisierung hin zu einer aktiven Sanierungspolitik war aufgrund der schleppenden Privatisierungsfortschritte seit dem Herbst 1992 zu erwarten gewesen. Diese Änderung in der Treuhandpolitik bot ausreichend Platz für industriepolitische Vorschläge. Die Erhaltung „industrieller Kerne" wurde der Verantwortung der Treuhandanstalt übergeben. Einige Autoren forderten sogar eine Festschreibung dieser neuen Aufgabe.[1]

3.2 Abgrenzung verschiedener Sanierungskonzepte

Die „Erhaltung der industriellen Kerne" blieb ein Schlagwort ohne klare Konturen. Seit dem politischen Versprechen Helmut Kohls wurden mehrere industriepolitische Konzepte für die ostdeutsche Industrie entwickelt, die sich auf dieses Projekt bezogen. An der Diskussion beteiligten sich neben der Regierung und der Treuhandanstalt auch die ostdeutschen Länder, die Opposition, die Gewerkschaften und die Arbeitgeber. Infolge dessen bestand eine große Uneinigkeit hinsichtlich Inhalten, Zielen und Mitteln einer Politik der „Erhaltung industrieller Kerne". Oft waren es keine schlüssigen Konzepte, sondern allenfalls einzelne Fragmente, die vorgeschlagen wurden. Bloße politische Bestands- und Beschäftigungsgarantien halfen nicht weiter.[2] Das Ziel und die Strategie fehlten, wie die fortschreitende Deindustrialisierung endlich zu stoppen wäre. Angebracht war aber ein entschlossenes und möglichst koordiniertes Handeln aller Beteiligten im Transformationsprozeß. Von dieser Wunschvorstellung war die Realität allerdings weit entfernt. Niemand wußte indes genau, was „industrielle Kerne" waren und was sie erhaltenswert machte. War allein die attestierte Sanierungsfähigkeit für die Erhaltung ausschlaggebend, wie es die Treuhandanstalt praktizierte, oder war an eine ge-

1 Die THA „muß sich beschaftigungspolitische Ziele geben, sie muß aktive Industriestrukturpolitik betreiben" (Priewe 1991a: 317).

2 Ein solches Vorgehen kommt im folgenden Zitat zum Ausdruck: „Spatestens seit den massiven Protesten der Sket-Belegschaft . . , die auch die Magdeburger Landespolitiker aufgeschreckt haben, zahlt Sket zu den industriellen Kernen Ostdeutschlands" (Oldag 1993: 18).

staltende Industriepolitik bei dem Projekt gedacht? Sollten nur betriebswirtschaftliche Kriterien zählen oder auch volkswirtschaftliche, damit Unternehmen das Überleben ermöglicht wurde? Und schließlich: Reichte es aus, daß ein Betrieb „strukturbestimmend" oder von „regionaler Bedeutung" war, um ihn durch eine umfassende Sanierung retten zu wollen? Diese kontrovers diskutierten Fragen stehen im folgenden im Mittelpunkt. Pro und Contra der verschiedenen Positionen sollen aufgezeigt werden. Gleichzeitig wird durch die Abgrenzung der Beiträge das Ziel verfolgt, deutlichere Konturen der Politik der „Erhaltung industrieller Kerne" zu zeichnen.

3.2.1 Strukturanpassung und Strukturgestaltung

Im Zusammenhang mit dem Projekt der „industriellen Kerne" wurden Vorwürfe erhoben, der Staat würde alte Strukturen zementieren und dadurch die Anpassungsvorgänge behindern. In der Debatte wurde dabei in der Regel die spezifische Situation vernachlässigt, wie sie sich bei der Transformation der Wirtschaftsordnung darstellte. Insbesondere im Verarbeitenden Gewerbe der DDR war der Strukturwandel in den achtziger Jahren mit einer äußerst geringen Geschwindigkeit (Krakowski et al. 1992: 139) verlaufen. Die Anpassungsschocks brachten es mit sich, daß nunmehr auf einen Schlag extreme Anpassungsreaktionen der Marktteilnehmer auf die veränderte Situation nötig wurden. Der Strukturwandel mußte mit einer Schnelligkeit und in einem Ausmaß bewerkstelligt werden, der die Anforderungen in dynamischen Marktwirtschaften, in denen der Strukturwandel „sowohl eine Voraussetzung als auch eine Begleiterscheinung der wirtschaftlichen Entwicklung" (Peters 1988: 11) ist, weit übertraf. Zusätzlich kam erschwerend hinzu, daß sich fast alle Branchen und Unternehmen diesen Anpassungserfordernissen stellen mußten. Der Vergleich zum Strukturwandel in westlichen Marktwirtschaften war zwar naheliegend, brachte aber die Gefahr der Unterschätzung der umfangreichen Aufgaben der Modernisierung und Umstrukturierung mit sich.

Strukturpolitische Eingriffe des Staates, die den Strukturwandel verzögerten, wurden bereits in der alten Bundesrepublik praktiziert. Staatliche Hilfen sollten allerdings im Rahmen einer *positiven Anpassungspolitik* auf zwei Fälle beschränkt bleiben (OECD 1982: 9): Im ersten Fall droht der schnelle Niedergang einer ganzen Branche. Zeitlich begrenzte Subventionen des Staates können eventuell soziale Kosten vermindern helfen, indem am Ende weniger Beschäftigte entlassen werden und nach gewonnener Zeitspanne dann genügend Ersatzarbeitsplätze in der betroffenen Region angeboten werden können. Die Subventionsmittel sollen also dazu beitragen, „den erforderlichen Kapazitätsabbau und die Freisetzung von Arbeitskräften so zu gestalten, wie es einem annähernd normal ablaufenden Anpassungsprozeß ... entsprechen würde" (Meißner/Fassing 1989: 184). Obwohl eine solche „*sektorale Strukturwandelverzögerungspolitik* auf generelle Bedenken stößt, kann sie in Ausnahmefällen unumgänglich sein und auch volkswirtschaftlich positiv wirken" (Peters 1988: 135; im Original nicht hervorgehoben). Der zweite Fall einer zulässigen Strukturpolitik ist die zeitweise Subventionierung überalteter Branchen. Die Mittelvergabe sollte an die Bedingung geknüpft sein, daß die Gelder ausschließlich zur Modernisierung und Umstrukturierung verwendet werden. Voraussetzung ist natürlich, daß mit der Wettbewerbsfähigkeit der Branche nach erfolgter Neustrukturierung gerechnet werden kann. Die Subventionen machen sich dann selbst entbehrlich. Da sie lediglich die Anpassung der Marktteilnehmer an die veränderte Marktlage fördern sollen, werden sie als *Anpassungssubventionen* bezeichnet.

Die Treuhandanstalt hat nie explizit für sich in Anspruch genommen, Strukturpolitik zu betreiben. Dennoch wirkten Entscheidungen, ob ein Unternehmen erhalten oder stillgelegt werden sollte, immer strukturpolitisch. „Industrielle Kerne", welche die Anpassung an die veränderte Marktlage nicht aus eigener Kraft schafften, erhielten durch die massiven Subventionen des Staates eine zweite Chance. Einige Kritiker sahen darin die Gefahr, daß „der Staat Strukturerhaltungspolitik betreibt, die Altes perpetuiert und Neues nicht entstehen läßt" (Donges 1993: 68). Andere wiederum begrüßten die Maßnahmen, da mit ihrer Hilfe die Anpassungsreaktionen der Unternehmen erleichtert wurden (Kroll/Wilhelm 1991: 527).

Die Beantwortung zweier zentraler Fragen kann dazu beitragen, den - nur scheinbar bestehenden - Widerspruch in den Aussagen aufzulösen:

a) Wie lauteten die formulierten Motive für die Subventionsgewährung der Treuhandanstalt im Rahmen der Erhaltung „industrieller Kerne"?
b) Wie waren die tatsächlich ergriffenen Maßnahmen strukturpolitisch zu beurteilen?

ad a) Die spezifische Ausgangslage im Verarbeitenden Gewerbe Ostdeutschlands verbot es, daß die von der OECD ausgesprochenen Empfehlungen für eine staatliche Strukturpolitik, die für bestimmte Strukturkrisen einzelner Branchen in Marktwirtschaften konzipiert wurden, nun unverändert auf die neuen Länder übertragen wurden. Dennoch fanden sich in den Stellungnahmen der Treuhandpräsidentin Breuel zu der Erhaltung „industrieller Kerne" Formulierungen, die an die zwei oben dargestellten Fälle anknüpften. Das Motiv einer *Strukturwandelverzögerungspolitik* ließ sich hinter folgenden Zitaten vermuten: „Allerdings muß man ... darauf achten, daß nicht fortgerissen wird, was in ruhigen Zeiten oder bei behutsamerer Entwicklung eine Überlebenschance hätte" (Breuel 1993: 60) und die Treuhandanstalt hat „den Begriff 'industrieller Kern' benutzt, um deutlich zu machen, daß der Strukturwandel nicht behindert werden darf, daß das Abschmelzen und die Entflechtung der Kombinate aber auch nicht im freien Fall erfolgen darf" (ebd.). Die Treuhandpolitik sollte dazu beitragen, daß der Strukturwandel in bestimmten Fällen verzögert abläuft. Konnten dadurch volkswirtschaftliche Kosten, die durch Massenarbeitslosigkeit und Abwanderung qualifizierter Arbeitskräfte entstehen, gespart werden, so war dieses strukturpolitische Element bei der Erhaltung „industrieller Kerne" gutzuheißen. Ferner war aus den Aussagen der Treuhandpräsidentin aber auch das Ziel einer zeitlich befristeten Anpassungsbegleitung potentiell wettbewerbsfähiger Betriebe zu entnehmen: „'Industrieller Kern' ist eine Metapher für den Versuch, die zukunftsträchtigen Potentiale in den Unternehmen herauszufinden, ihnen eine faire Entwicklungschance zu geben und letztlich aus diesem Kern heraus wieder Wachstum und Regeneration zu ermöglichen" (ebd.).

Auch nicht mit der komplexen Problemlage der neuen Bundesländer läßt sich die Tatsache entschuldigen, daß Sanierungsmotive nicht eindeutig formuliert und unzulässigerweise vermengt wurden. In den Aussagen der Treuhandanstalt hätte deutlich werden müssen, daß in einem Fall eine Verzögerung des Strukturwandels und im anderen Fall eine Anpassungsbegleitung der im Prinzip wettbewerbsfähigen Unternehmen beabsichtigt war. Beispielsweise mußte transparent gemacht werden, daß es bei der Sanierung von Branchen, die europaweit Kapazitäten abbauen müssen (Stahlindustrie, Textilindustrie), nur darum gehen konnte, eine zeitweilige Verlangsamung des Strukturwandels zu erreichen, um die Schrumpfungsprozesse sozialverträglich zu gestalten. Eine Sanierungspolitik der Treuhandanstalt, die diesen Grundsatz der Transparenz vernachlässigte, zog automatisch die Kritik von Ordnungspolitikern auf sich.

Außerdem mußte darauf hingewiesen werden, daß bestimmte Unternehmen subventioniert wurden und nicht einzelne Krisenbranchen. Dies barg die Gefahr in sich, daß die Funktionsfähigkeit des Wettbewerbs zum Teil (erheblich) eingeschränkt wurde.

ad b) Für eine strukturpolitische Beurteilung der Politik der „Erhaltung industrieller Kerne" sind letztlich nicht die angegebenen Motive entscheidend, sondern nur das tatsächlich verwirklichte Sanierungskonzept.

Als erstes fällt auf, daß die Sanierungsmaßnahmen der Treuhandanstalt weder zeitlich befristet noch degressiv gestaltet waren. Faktisch bestanden keine Zeitgrenzen. Ferner wurden die staatlichen Zuschüsse für Sanierungszwecke ausgeweitet, obwohl die Zahl der Treuhandunternehmen von Jahr zu Jahr abnahm. Pro Sanierungsfall stiegen die Subventionen also, statt - wie von Strukturpolitikern gefordert - degressiv abgebaut zu werden. Kritiker der Sanierungspolitik wiesen deshalb darauf hin, daß die subventionierten Unternehmen somit „nur bedingt einen Anreiz zur Anpassung an die Erfordernisse des Marktes durch Produktinnovationen und Verfahrensinnovationen in Verbindung mit Entlassungen von nicht benötigtem Personal“ (Donges 1993: 68) gehabt hätten. Die Neigung der Unternehmen zu einem „rent-seeking“-Verhalten wurde dadurch forciert, d. h. das unternehmerische Engagement konzentrierte sich nicht auf das Erreichen der Wettbewerbsfähigkeit, sondern auf die Erlangung weiterer, und nach Möglichkeit erhöhter, staatlicher Hilfen. Der Einstieg in Dauersubventionierungen der „industriellen Kerne“ war damit vorgezeichnet, zumal auch der politische Druck der Gewerkschaften zunahm, die Industriebetriebe zu erhalten (Donges 1993: 68). Eine zeitliche Befristung und degressive Gestaltung der Maßnahmen hätte die Beeinträchtigung des Wettbewerbs in Grenzen gehalten.

Zweitens ist zu kritisieren, daß sich die Zielsetzungen der Strukturwandelverzögerung einerseits und der Anpassungsbegleitung anderseits nicht deutlich genug voneinander getrennt in den Maßnahmen der Treuhandanstalt widerspiegelten. In Branchen, die europaweit Kapazitäten abbauen müssen, hätten sich die Subventionen zweifelsfrei auf die Kapazitätsverringerung und die soziale Abfederung der unumgänglichen Freisetzung von Arbeitskräften beschränken sollen. Das war (oft) nicht der Fall, wie z. B. die Ablehnung des Sanierungskonzeptes für die EKO-Stahl AG durch die EG-Kommission zeigte (o.V. 1993a: 29). Im anderen Fall der Unternehmen mit Aussicht auf Wettbewerbsfähigkeit hätte die Treuhandanstalt stärker darauf achten sollen, daß die Subventionen nur für Modernisierungen und Neuausrichtung der Betriebe gezahlt wurden. Daß die Gelder vorwiegend zum Ausgleich von laufenden Verlusten verwendet wurden, verzerrte den Wettbewerb mit bereits privatisierten Unternehmen über Gebühr.

Eine weitere Bedingung forderte, daß die staatlichen Unterstützungen nur als Hilfe zur Selbsthilfe gewährt werden.[3] Es blieb zu bemängeln, daß durch die Ausgestaltung der Sanierungskonzeption die Eigeninitiative der Unternehmen nicht nachdrücklich genug gefördert wurde. Insbesondere die Aussicht auf eine zeitlich unbefristete Unterstützung durch den Staat lähmte eher die Anstrengungen der Betriebe, aus eigener Kraft den Neuanfang zu schaf-

---

3 „Richtung und Inhalt der Anpassungsstrategien sind von den Unternehmen selbst zu bestimmen“ (Meißner/Fassing 1989: 185).

fen. Gemäß den Grundsätzen sollten nur Unternehmen aus Branchen berücksichtigt werden, die eine reelle Chance auf Erlangung der Wettbewerbsfähigkeit besaßen. Die Prüfung der Sanierungsfähigkeit war ein möglicher Ansatz, diese Bedingung einzubeziehen. Äußerungen der Treuhandpräsidentin deuten allerdings darauf hin, daß Sanierungspläne allein aus politischem Kalkül gebilligt wurden.[4] Bei Unbegrenztheit der finanziellen Mittel und unbefristeter Dauer der staatlichen Hilfen konnte so gut wie jedem maroden Unternehmen zumindest die Aussicht auf Wettbewerbsfähigkeit bescheinigt werden. Die Restriktion, die eigentlich den Kreis der Subventionsempfänger einschränken sollte, wurde dadurch unterlaufen.

Als Fazit der Überlegungen bleibt festzuhalten, daß strukturpolitische Bedenken bezüglich dem Projekt der „industriellen Kerne" nicht ausgeräumt werden konnten. Auf der einen Seite bestand nahezu Einigkeit darüber, daß der Staat in dieser besonderen Situation Unternehmen im Anpassungsprozeß in ihren Bemühungen um das Erreichen der Wettbewerbsfähigkeit unterstützen sowie einen nicht zu vermeidenden Arbeitsplatzabbau in Krisenbranchen durch eine Strukturwandelverzögerungspolitik sozialverträglich gestalten sollte. Auf der anderen Seite sahen sich Kritiker des Projekts in ihrer Befürchtung bestätigt, daß die Sanierungsmaßnahmen der Treuhandanstalt - entgegen anderslautenden Absichten - praktisch auf eine Strukturerhaltungspolitik hinausliefen. Strukturhilfen, welche die Anpassungsreaktionen der Marktteilnehmer nur erleichtern sollten, drohten in Erhaltungssubventionen zu münden, weil wesentliche Bedingungen der staatlichen Unterstützung nicht berücksichtigt wurden. Es fehlten sowohl eine zeitliche und quantitative Begrenzung der staatlichen Hilfen, eine degressive Gestaltung und eindeutige Zweckgebundenheit der Subventionen als auch stärkere Anreize zur Eigeninitiative der Unternehmen, damit das Prinzip der „Hilfe zur Selbsthilfe" erfüllt werden konnte. Betriebe blieben dann zwar aus beschäftigungspolitischen Gründen bestehen, jedoch wirkten die Maßnahmen der Treuhandanstalt eher strukturkonservierend als anpassungsfördernd. Dringend benötigte Impulse zur Strukturanpassung wurden vernachlässigt.

Politiker der SPD-Opposition und Gewerkschafter nahmen die Diskussion um die Erhaltung der „industriellen Kerne" zum Anlaß, die Etablierung einer lenkenden Industriepolitik für Ostdeutschland zu fordern. Die Umstrukturierung sollte nicht durch den Markt, sondern mit Hilfe einer voraus-

---

4 Birgit Breuel im Interview: „Am Geld wird keine von der Treuhand bestatigte Sanierung scheitern" (Kessler/Weidenfeld 1993. 20).

schauenden, *sektoralen Strukturgestaltungspolitik* gesteuert werden.[5] Im Rahmen eines Strukturentwicklungsplans sollte festgelegt werden, welche bestehenden Wirtschaftsstandorte gestärkt und wie der Neuaufbau zukunftsträchtiger Wirtschaftszweige gezielt gefördert werden konnte.[6] Dadurch sollte eine Konzentration bestimmter Branchen auf einzelne Regionen erreicht werden, z. B. der Chemieindustrie auf Sachsen-Anhalt.

Eine derartige Strukturgestaltungspolitik unterstellt, daß Politiker voraussagen können, in welche Richtung sich der Strukturwandel in Ostdeutschland bewegt. Dies trifft jedoch nicht zu; Politiker besitzen kein unternehmerisches Gespür dafür, welche Produkte in welchen Mengen nachgefragt werden und wie die Produktionen danach auszurichten sind. Deshalb fehlt ihnen das Wissen sowohl über zukünftig prosperierende Wirtschaftszweige als auch über die optimalen Wirtschaftsstandorte. Schließlich muß ein Strukturentwicklungsplan regionale Branchenschwerpunkte festlegen. Ohne stichhaltige Entscheidungskriterien und aufgrund des politischen Drucks aller Interessenten (Landespolitiker, Gewerkschaften, Branchenverbände etc.), bestand die Gefahr, daß sich die „'vorausschauende Strukturpolitik' entgegen ihrem Anspruch letztlich doch an den alten Strukturen orientieren" (Peters 1992: 198) würde. Im Ergebnis wäre daher die vorgeschlagene lenkende Industriepolitik aller Wahrscheinlichkeit nach in eine Strukturerhaltungspolitik gemündet.

3.2.2 Betriebs- und volkswirtschaftliche Aspekte in der Beschäftigungspolitik

Durch die Privatisierungen konnte die Treuhandanstalt erreichen, daß die eigentlichen Sanierungsmaßnahmen auf Kosten und Risiko der privaten Erwerber erfolgte. Der Verkauf der Unternehmen kam zustande, weil sich die privaten Investoren - trotz der umfangreichen Sanierungsaufgaben - von der betriebswirtschaftlichen Rentabilität der Betriebe überzeugen konnten. In den Fällen, in denen private Kapitalgeber die Sanierung durchführten, stellte „sich das Problem staatlichen Sanierungsengagements nicht" (Sprink 1986: 121).

---

5 „Die Neugliederung ganzer Industriezweige ist zu wichtig, als sie der THA allein zu uberlassen. Es mussen Beratungsgremien geschaffen werden, um den sektoralen Strukturwandel zu gestalten" (Engberding 1991: 329).

6 Peters bezeichnet diese Art der Strukturgestaltungspolitik als eine „regionalisierte Strukturpolitik", die das Ziel verfolgt, „okonomische Strukturen in bestimmten Regionen - eventuell auch gegen die Markttendenzen - nach politischen Leitvorstellungen zu formen, sowie mittels staatlich gesetzter Branchenschwerpunkte und darauf basierenden Forderprioritäten die Entwicklung bestimmter Wirtschaftszentren voranzutreiben" (Peters 1992: 196).

Etwa drei Jahre nach Gründung der Treuhandanstalt hatte sich das Bild gewandelt. Die meisten der Treuhandunternehmen arbeiteten weiterhin mit laufenden Verlusten. Häufig waren die Betriebe überschuldet und ihr Anlagevermögen in der Regel von geringem Wert (Priewe 1991b: 71). Private Investoren schreckten vor einem Kauf dieser Objekte und der erforderlichen Sanierung zurück. Ihr unternehmerisches Kalkül, das sich rein an betriebswirtschaftlichen Kriterien ausrichtete, erschwerte den Verkauf und damit eine Sanierung unter privater Obhut. Die Treuhandanstalt stand vor der Entscheidung, ob sie die ihr verbliebenen Unternehmen stillegen oder selbst sanieren sollte. Würde sie sich - analog den privaten Investoren - ausschließlich an einzelwirtschaftlichen Kriterien orientiert haben, hätte sie über den größten Teil der Treuhandbetriebe das Konkursverfahren einleiten müssen. Die Treuhandanstalt ist - entgegen anderslautender Kritik - nicht dieser streng betriebswirtschaftlichen Betrachtungsweise gefolgt. Statt die Mehrzahl der ihr anvertrauten Unternehmen nun nach erfolglosen Privatisierungsbemühungen zu schließen, versuchte sie eine aktive Sanierung unter staatlicher Obhut. Etwa 70 Prozent der Treuhandunternehmen wurde die Sanierungsfähigkeit attestiert. Anders als ein privater Investor, der nur seinen eigenen Nutzen maximiert, war die Treuhandanstalt dazu prädestiniert, volkswirtschaftliche Folgen ihres Handelns in ihren Entscheidungen mit zu berücksichtigen. Aus diesem Grund war es in einer Diskussion über die Erhaltung „industrieller Kerne" wichtig, zwischen der „betriebswirtschaftlichen Rentabilität eines Sanierungsvorhabens und der gesamtwirtschaftlichen Sanierungswürdigkeit" (Sprink 1986: 121) eines Unternehmens zu differenzieren.

Eine mögliche Option der Treuhandanstalt war die ausnahmslose Stillegung der verbliebenen Unternehmen und die Entlassung der Mitarbeiter. Dadurch wären der Volkswirtschaft jedoch *negative externe Effekte* entstanden, die im einzelwirtschaftlichen Kalkül nicht entscheidungsrelevant waren. Externe Kosten hätten dazu führen können, daß der Volkswirtschaft eine Stillegung der Unternehmen am Ende teurer gekommen wäre als eine Sanierung. Deshalb empfahl es sich nicht, die staatliche Sanierungspolitik generell als unerwünschten Eingriff in das Marktgeschehen zu verwerfen und sie als wirtschaftspolitische Option von vornherein abzulehnen (ebd.: 104). Werden die externen Kosten von Betriebsstillegungen und Entlassungen in einer volkswirtschaftlichen Rechnung berücksichtigt, kann sich im Ergebnis nämlich herausstellen, daß sich durch ein zeitlich befristetes Sanierungsengagement des Staates „die allokative Effizienz erhöht" (Steininger 1990: 126) und die gesellschaftliche Wohlfahrt steigt.

Negative externe Effekte im Zusammenhang mit einer Unternehmensstillegung haben ihre Ursache insbesondere darin, daß der Produktionsfaktor Arbeit nicht immer sofort in eine neue produktive Verwendung überführt werden kann (ebd.). Die freigesetzten Arbeitskräfte bewirken aber „volkswirtschaftliche Kosten, auch wenn sie nicht am gesamtwirtschaftlichen Produktionsprozeß teilnehmen“ (Sprink 1986: 105). Finden die entlassenen Arbeitskräfte keine neue Beschäftigung, muß die Gemeinschaft für Arbeitslosengeld und -hilfe und eventuell für Sozialhilfe aufkommen. Der Wertschöpfungsanteil der in der Regel geringer qualifizierten bzw. betriebsspezifisch qualifizierten Mitarbeiter geht während der Dauer der Arbeitslosigkeit verloren. Ferner entstehen durch den Übergang in ein neues Beschäftigungsverhältnis Mobilitätskosten.

Auf der einen Seite waren es vor allem folgende Faktoren in den neuen Bundesländern, die dafür sprachen, daß die durch Betriebsstillegungen und Entlassungen ausgelösten volkswirtschaftlichen Kosten nicht unerheblich gewesen wären und daher von der Treuhandanstalt in ihrer Politik berücksichtigt werden mußten (Steininger 1990: 127ff.):

a) In der ehemaligen DDR wurde die regionale Konzentration der Wirtschaftszweige gefördert. Dadurch entstanden mehrere monostrukturierte Gebiete, in denen einzelne Unternehmen für den regionalen Arbeitsmarkt dominierend waren. Der Großteil der noch verbliebenen Beschäftigten in Treuhandunternehmen konzentrierten sich auf relativ wenige Betriebe. Wären diese Unternehmen stillgelegt worden, wären voraussichtlich Arbeitskräfte aus der Region abgewandert, da nicht genügend Ersatzarbeitsplätze zur Verfügung standen. Die Mobilitätskosten wären hoch ausgefallen.
b) Für die Neugründung von Unternehmen in der Region ist die Verfügbarkeit qualifizierter Arbeitskräfte aber ein wichtiger Standortparameter. Die Chancen der Region, dauerhafte Ersatzarbeitsplätze zu schaffen, wären gesunken. Der Wirkungsgrad der massiven Wirtschaftsförderung der Bundesregierung hing aber nicht zuletzt davon ab, ob qualifizierte Arbeitskräfte in der Region vorhanden waren und für eine gewisse Zeit gehalten werden konnten.
c) Die meisten der entlassenen Arbeitnehmer, die gering qualifiziert, betriebsspezifisch qualifiziert oder nicht mobil waren, konnten nicht damit rechnen, bei der schwierigen Arbeitsmarktlage in Ostdeutschland und aufgrund der Konjunkturschwäche im Westen sofort einen neuen Arbeitsplatz zu finden. Der Produktionsverlust durch die Nichtbeschäftigung wäre voraussichtlich groß gewesen. Zusätzlich wäre auch bei den

Arbeitslosen ein Dequalifizierungseffekt entstanden, da sie zumindest zeitweise aus dem Arbeitsleben ausgeschieden wären.

Priewe/Hickel griffen einen Vorschlag der Unternehmensberatung Mc Kinsey auf und forderten, daß Arbeitsplätze in Ostdeutschland bis zu 300.000 DM subventioniert werden sollten (Priewe/Hickel 1991: 184f. u. 261). Dies würde volkswirtschaftlich günstiger sein als eine Entlassung der Arbeitnehmer. Allerdings werden in dieser gesamtwirtschaftlichen Rechnung neben den Kosten der Arbeitslosigkeit - m. E. wenig überzeugend - auch die der Wirtschaftsförderung für die Neuansiedlung von Unternehmen als Opportunitätskosten einer Betriebsstillegung angeführt. Realistischerweise war aber in den neuen Bundesländern davon auszugehen, daß in jedem Fall - also auch bei Erhaltung der „industriellen Kerne" - eine intensive Wirtschaftsförderung nötig gewesen wäre.

Auf der anderen Seite mußten in eine volkswirtschaftliche Betrachtung aber auch die wichtigsten gesamtwirtschaftlichen Kosten einer Sanierungspolitik eingehen (Sprink 1986: 106f.):

a) Trotz finanzieller Unterstützung der „industriellen Kerne" war das Erreichen der Wettbewerbsfähigkeit nicht garantiert. Dauersubventionen übertreffen aber bestimmt die volkswirtschaftlichen Kosten einer Stillegung.
b) Die Subventionsmittel wurden in Wirtschaftsbereichen mit einer höheren Produktivität erwirtschaftet und dann in die Unternehmen mit der geringeren Wertschöpfung transferiert. Gleichzeitig blieben Arbeitnehmer im alten Unternehmen beschäftigt, obwohl sie evtl. in ein Unternehmen mit höherer Produktivität hätten wechseln können.

Die beiden zuletzt genannten Punkte trugen tendenziell zu einer niedrigeren allokativen Effizienz durch eine staatliche Sanierungspolitik bei. Allerdings war durch die angespannte Arbeitsmarktlage in den neuen Ländern die Möglichkeit zum Arbeitsplatzwechsel in Branchen oder Unternehmen mit einer höheren Produktivität in vielen Fällen stark eingeschränkt.

Zusammenfassend läßt sich feststellen, daß durch das Einbeziehen volkswirtschaftlicher Aspekte die Entscheidungen der Treuhandanstalt, ob „industrielle Kerne" erhalten oder stillgelegt werden sollten, verbessert werden konnten. Neben betriebswirtschaftlichen bedurfte es auch volkswirtschaftlicher Sanierungskriterien. Aber auch unter volkswirtschaftlichen Aspekten waren staatliche Hilfen fragwürdig, die zeitlich und quantitativ unbegrenzt gewährt wurden.[7] In dem Fall der möglichen Erlangung der Wettbewerbsfä-

7 Mit volkswirtschaftlichen Vorteilen ließ sich z. B. nicht die Subventionierung eines Arbeitsplatzes in der ostdeutschen Werftindustrie mit jährlich bis zu 800 000 DM erklären, da sonst ein wettbewerbsfähiger Arbeitsplatz etwa 200 000 DM kostet (Lorz 1993: 9)

higkeit eines Unternehmens sollten Subventionen für einen Übergangszeitraum geleistet werden. Eine solche Strategie konnte sich volkswirtschaftlich lohnen, weil unter Umständen Entlassungen und Mobilitätskosten vermieden werden konnten. Daß aber keine Fristen für die staatlichen Hilfen genannt wurden, legt die Vermutung nahe, daß am Ende die Entscheidung über die Sanierung oder Stillegung eines Betriebes nicht „Ergebnis eines im vorhinein kalkulierbaren ökonomischen Kalküls“ (Sprink 1986: 113) war. Vielmehr ist anzunehmen, daß letztlich doch politisch bestimmte Verhandlungsprozesse der interessierten Parteien für die Zukunft der Industrieunternehmen ausschlaggebend waren.

3.2.3 Betriebszentrierte Sanierung versus standortorientierte Konzepte

Die neuen Bundesländer hielten sich auffallend zurück, eine abschließende Auflistung aller konkreten sanierungsfähigen Betriebe aus ihrer Sicht zu nennen. Statt dessen wurden Listen veröffentlicht, „in denen lediglich 'sanierungswürdige Regionen' aufgeführt“ (Hennemann 1993: 17) wurden. Diese Haltung ließ vermuten, daß die Länder beabsichtigten, alle Optionen für die in ihrem Bundesland ansässigen Betriebe offenzuhalten und vorschnell kein Unternehmen von der staatlichen Hilfe auszugrenzen. Industrieunternehmen sollten von der Treuhandanstalt in erster Linie aufgrund der Zugehörigkeit zu einer vorher ausgewiesenen Region saniert werden. Die wirtschaftliche Situation des einzelnen Betriebes spielte somit eine untergeordnete Rolle. Insbesondere die Länder Brandenburg mit dem Projekt „ZEUS“ (Zukunftsorientierte Entwicklung und Umstrukturierung der Standorte) und Thüringen verfolgten mit ihren Initiativen *standortorientierte* Konzepte (Nolte 1993: 189) zur Erhaltung der „industriellen Kerne“. Dagegen sprach die Treuhandanstalt weiter von individuellen Lösungen für die Treuhandunternehmen (Kessler/Weidenfeld 1993: 20). Sanierungskonzepte der Treuhandanstalt bezogen sich immer auf ein bestimmtes Unternehmen; insofern konnte man diese Vorgehensweise als „betriebszentriert“ (Nolte 1993: 189) bezeichnen.

Die Befürworter standortorientierter Konzepte verwiesen in ihrer Argumentation darauf, daß sich in der ehemaligen DDR Gebiete mit eindeutigen Agglomerationsvorteilen gebildet hätten. Diese Regionen hätten über eine „komplexe Industriestruktur mit starker interindustrieller Verflechtung“ (Priewe/Hickel 1991: 213) verfügt. Merkmale einer solchen Region wären gute Infrastrukturausstattungen, ein ausdifferenziertes Arbeitsplatzangebot sowie ein überdurchschnittlich hoher Industriebesatz gewesen (Heine 1991:

210). Gegenüber anderen Regionen hätten diese Räume Standortvorteile gehabt, die sich positiv auf die Bemühungen um die Neuansiedlung von Unternehmen ausgewirkt hätten. Voraussetzung wäre jedoch gewesen, daß die Erneuerung und Umstrukturierung der verbliebenen Treuhandunternehmen in der Region gelungen wäre (Priewe/Hickel 1991: 213). Im Fall einer Stillegung der Unternehmen wären diese interindustriellen Verflechtungen zerstört worden. Dies hätte zur Folge gehabt, daß weniger neue Betriebe in der Region gegründet wurden und auch überlebensfähige Unternehmen ihren Produktionsstandort langfristig verlagert hätten, sofern sie auf die Vorteile durch das Verbundsystem angewiesen waren (Heine/Walter 1990: 402f.).

Standortkonzepte verfolgten das Ziel, die größten Treuhandbetriebe einer Region im Rahmen der Sanierungspolitik jeweils nicht isoliert zu betrachten, sondern als Teil eines überragenden Gesamtentwicklungskonzeptes. Dadurch sollte den Verbundbeziehungen zwischen den Betrieben einer Region Rechnung getragen werden. Die einer staatlichen Unterstützung vorangehende Standortwahl orientierte sich vor allem an der Anzahl der ehemaligen und noch vorhandenen Industriearbeitsplätze (Nolte 1993: 189). Ein Gebiet konnte dann erwarten, in eine Förderliste aufgenommen zu werden, wenn die verbliebenen Treuhandunternehmen eine große Bedeutung für den regionalen Arbeitsmarkt hatten. Standortorientierte Konzepte waren folglich in erster Linie regional- und arbeitsmarktpolitisch motiviert. Indirekt suggerierte der Begriff der „zukunftsorientierten Entwicklung“, der in der Konzeption „ZEUS“ des Landes Brandenburg enthalten war, daß über die Erhaltung der Industrieunternehmen hinaus auch zukunftsträchtige Verflechtungsstrukturen innerhalb einer Region und zwischen den Wirtschaftszweigen hätten geplant und verwirklicht werden können. Insofern sind ebenfalls strukturpolitische Ziele mit den Standortkonzepten verbunden gewesen[8], die denen der Strukturgestaltungspolitik in Form der regionalisierten Strukturpolitik ähnlich sind.

Gegen standortorientierte Konzepte und für betriebszentrierte Sanierungen sprachen mehrere Argumente. Die Verbundsysteme zwischen den Industrieunternehmen entstanden häufig nicht aufgrund ökonomischer Rationalität, sondern infolge planwirtschaftlicher Überlegungen. Daß die „per Plan“ bestimmten Verflechtungen nachträglich auch unter marktwirtschaftlichen Bedingungen bestätigt würden, war eher unwahrscheinlich. Dagegen war anzunehmen, daß es - neben einigen Verbindungen, die erhalten blieben - zu

8 Die wird besonders deutlich im folgenden Zitat „Wir mussen uns von der Vorstellung losen, daß es beim Erhalt der industriellen Kerne um einzelne Unternehmen oder Branchen geht. Im Mittelpunkt muß die Entwicklung zukunftsfahiger Wirtschaftsstandorte stehen“ (Spath 1993: 65).

vielfältigen interindustriellen Umstrukturierungen kommen würde. Der Staat war aber nicht in der Lage, diese zukünftige Entwicklung vorauszusehen und quasi „am Reißbrett" zu entwickeln. Er hätte daher seine Unterstützung an alte Verflechtungen ausgerichtet und diese damit - auch gegen Markttendenzen - konserviert. Die eventuell durch den Übergang zur Marktwirtschaft notwendigen Umstellungen zu neuen Absatz- und Bezugssystemen wären dadurch lediglich auf einen späteren Zeitpunkt aufgeschoben worden. Ein weiterer Effekt wäre gewesen, daß einzelne Unternehmen in ihrer Funktion als Zulieferer oder Abnehmer von Produkten im ehemaligen Verbundsystem überbewertet und trotz fehlender Wettbewerbsfähigkeit durch Dauersubventionen erhalten worden wären.

Überhaupt bestand die Gefahr, daß standortorientierte Konzepte den früheren beschäftigungsstarken Industrieriesen wie Buna, Sket oder Takraf eine zu große Bedeutung „als industrieller Nukleus für die künftige Struktur einer Region" (Hennemann 1993: 17) beigemessen hätten. Die Orientierung der Standortkonzepte an ehemalig vorhandene, umfangreiche Arbeitsplätze überging den Befund, daß diese Betriebe in den Jahren zuvor stark geschrumpft waren und selbst bei diesem verminderten Beschäftigungsstand größte Schwierigkeiten hatten, wettbewerbsfähig zu werden. Diese oft monostrukturierten Gebiete erinnerten in ihren Problemen eher an altindustrialisierte Regionen, als daß in diesen Industrieunternehmen der Kern der zukünftigen Entwicklung einer Region zu sehen war. Ganz im Gegenteil war bei einseitiger Unterstützung der ehemals regional herausragenden Betriebe zu befürchten, daß die Monostrukturen nicht aufgebrochen und „möglicherweise zukunftsträchtige Wirtschaftsentwicklungen außerhalb der staatlich gesetzten Förderprofile abgebremst oder sogar unterbunden"(Peters 1992: 198) worden wären.

Die stärkere Gewichtung regionalpolitischer Ziele in den Standortkonzepten hätte zugleich bedeutet, daß die eigentlichen Absichten der Sanierung mehr in den Hintergrund gedrängt worden wären. Dabei drohte, daß die anzustrebende Neuausrichtung und Wettbewerbsfähigkeit der Unternehmen aus den Augen verloren wird.

Es war überhaupt nicht umstritten, daß dem Sanierungsauftrag „insbesondere bei regional strukturdominanten Unternehmen eine struktur-, arbeitsmarkt- und sozialpolitisch zentrale Bedeutung" (Heine/Schikora 1992: 84) zukam. Die Entscheidungen der Treuhandanstalt über die Stillegung oder Fortführung einzelner Unternehmen beeinflußten vor allem in Problemgebieten das wirtschaftliche und soziale Gefüge einer ganzen Region. Dennoch ist m. E. nicht überzeugend dargelegt worden, warum nun im Rahmen der „Erhaltung industrieller Kerne" von der betriebszentrierten Sanierung zugunsten einer standortorientierten Konzeption abgerückt werden sollte. Die bisher praktizierte Sanierungspolitik der Treuhandanstalt hatte gezeigt, daß bereits regional- und arbeitsmarktpolitische Aspekte berücksichtigt wurden. Dazu konnten aber die Einzelfallprüfungen beibehalten werden. Erforderlich waren individuelle Lösungen für die Unternehmen im Anpassungsprozeß, wobei regional- und sozialpolitische Folgen der jeweiligen Entscheidungen zu beachten waren.. Eine Umkehrung dieser Zielreihenfolge durch standortorientierte Konzepte empfahl sich dagegen nicht.

Das eindeutige Ziel des Projekts der „Erhaltung industrieller Kerne“ mußte es sein, die Unternehmen durch eine grundlegende strategische und operative Neuausrichtung für den internationalen Markt wettbewerbstüchtig zu machen. Strukturpolitisch hieß dies, daß der Staat die mittelfristig wettbewerbsfähigen Unternehmen bei ihrer Anpassung durch massive finanzielle und sonstige Hilfe begleitete. In den Fällen, in denen Krisenbranchen betroffen waren, sollte der Anpassungsprozeß verlangsamt werden, um ihn ohne vermeidbare soziale Härten durchführen zu können. Eine strukturkonservierende Sanierung konnte nicht das Ziel des Projekts sein. Der Staat mußte sich bei einer Sanierung an den volkswirtschaftlichen Kosten seiner Entscheidungen orientieren. Eine gesamtheitliche Lösung bedeutete, daß „der notwendige Umstrukturierungsprozeß sozialverträglich gestaltet und volkswirtschaftlich sinnvoll gesteuert“ (Heise 1991: 581) wurde. Dazu bedurfte es sorgfältiger Einzelfallprüfungen, die auch regional- und arbeitsmarktpolitische Aspekte mit in die Entscheidung einbezogen.

4. Instrumentelle Ansätze zum Erhalt „industrieller Kerne“

Vor dem Hintergrund der drohenden Deindustrialisierung lauteten die Ziele einer problemadäquaten Politik der „Erhaltung industrieller Kerne“ wie folgt:

- die möglichst schnelle Erreichung der Wettbewerbsfähigkeit der verbliebenen, noch nicht privatisierten Industrieunternehmen und
- eine sozialpolitisch verantwortungsvolle Anpassung der weiter schrumpfenden Branchen.

Als Antwort auf die Situation in Ostdeutschland sind eine Reihe von industriepolitischen Maßnahmen vorgeschlagen und teilweise auch verwirklicht worden. Die Heterogenität der Mittel war mit den unterschiedlichen Zielen zu erklären, die diese Instrumente primär verfolgten. Dieses Kapitel befaßt sich mit dem Vorschlag von Lohnsubventionen, mit Maßnahmen wie Beschäftigungs- und Qualifizierungsgesellschaften (BQG), deren Ausgestaltung in Form von Gesellschaften zur Arbeitsförderung, Beschäftigung und Strukturentwicklung (ABS), mit Management-Kommanditgesellschaften sowie dem ATLAS-Projekt.

4.1 Der Vorschlag von Lohnsubventionen

Infolge der raschen Lohnsteigerungen und der unzureichenden Anpassung der Beschäftigung an die niedrige Industrieproduktion lagen die Lohnstückkosten in den neuen Ländern über denen in Westdeutschland (DIW 1991: 511). Die Wettbewerbsfähigkeit der ostdeutschen Industrieunternehmen war in der Preiskonkurrenz dadurch stark beeinträchtigt. Lohnsubventionen des Staates sollten dazu beitragen, diese höhere Kostenbelastung der Unternehmen abzubauen, indem Lohnkosten und Lohneinkommen zeitlich begrenzt voneinander entkoppelt werden sollten (iwd 1992: 3). Lohnzuschüsse setzen bei einer Senkung der Arbeitskosten an, während die Investitionsförderung die Kapitalkosten der Unternehmen drückt. Mit dem Vorschlag der Lohnsubventionen wurden zwei Zielrichtungen verfolgt: Zum einen sollten sie „die Lücke zwischen 'produktivitätsgerechter' Lohnhöhe und einer Lohnhöhe, die einer Migration entgegenwirken soll, schließen" (Lenk 1992: 238). Zum anderen wurde damit eine zeitliche Streckung des notwendigen Umstrukturierungsprozesses beabsichtigt (Bartling 1992: 292). Stillegungen von Betrieben und somit Entlassungen hätten vermieden werden können, wenn während der Subventionsdauer der Neuanfang der Unternehmen gelingt.

Zugunsten einer Zahlung von Lohnsubventionen wurde angeführt, daß infolge einer Senkung der Arbeitskosten mehr Arbeitnehmer eingestellt und Wohlfahrtsverluste für die Gesellschaft eingespart worden wären, wenn Arbeitslose aufgrund der niedrigen Kosten eine Beschäftigung gefunden hätten (Sinn/Sinn 1992: 180ff.). Zusätzlich hätten bisher unrentable Unternehmen aufgrund der Staatszuschüsse ihre Wettbewerbsfähigkeit erlangt; ansonsten wären notwendige Entlassungen zurückgestellt worden. Die fehlende Konkurrenzfähigkeit der ostdeutschen Betriebe beruhte jedoch nicht auf einem Preis- bzw. Lohnproblem, sondern war vorwiegend geprägt durch Qualitätsnachteile der Produkte. Mehr als fraglich ist es, ob allein durch eine Entlastung bei den Arbeitskosten eine nennenswerte Absatzsteigerung hätte erzielt werden können. Die den Unternehmen eröffneten Preissenkungsspielräume hätten insbesondere bei höherwertigen Produkten nicht ausgereicht, um Kunden für qualitativ weniger gute Erzeugnisse zu finden (DIW 1991: 512f.).

Lohnsubventionen hätten keinen direkten Beitrag dazu geliefert, das Produktsortiment zu verbessern, den Kapitalstock zu erneuern, die Produktqualität zu erhöhen oder Managementprobleme zu lösen.

In dem Fall, daß Lohnsubventionen gewährt worden wären, befürchteten Kritiker, daß ohne eine glaubhafte zeitliche Begrenzung dieser wirtschaftspolitischen Maßnahme „falsche Signale für die Investitions- und betrieblichen Umstrukturierungsentscheidungen" (Bartling 1992: 293) gesetzt worden wären. Langfristig wäre dadurch der notwendige Strukturwandel behindert worden, weil den Unternehmen der Anpassungsdruck genommen worden wäre. Der eigentliche Grund der Lohnsubventionierung, nämlich der Kauf von Zeit „für Suchprozesse zur Modernisierung von Betrieben" (Ipsen 1992: 234), wäre damit in hohem Maß verfehlt worden, denn ohne eine zeitliche Befristung hätten die Betriebe keine Anreize zur Suche nach einem wettbewerbsfähigen Unternehmenskonzept gehabt.

Im Ergebnis mußte von Lohnsubventionen als ein mögliches Instrument zur Erhaltung „industrieller Kerne" abgeraten werden. Sie hätten keinen wirkungsvollen Beitrag geliefert, eine hohe Zahl von Arbeitsplätzen zu sichern bzw. neu zu schaffen. Statt dessen wäre damit zu rechnen gewesen, daß aufgrund der Mitnahmeeffekte eine massive Zusatzbelastung der öffentlichen Haushalte entstanden wäre. Probleme in der Qualitätskonkurrenz der ostdeutschen Betriebe wären nicht beseitigt worden. Die bereits praktizierte Verkaufspolitik der Treuhandanstalt, durch Preisnachlässe zusätzliche Beschäftigung zu fördern, konnte als Versuch gewertet werden, marginale Arbeitsplätze zu erhalten, die ohne preisliche Zugeständnisse verloren gegangen wären (Sinn/Sinn 1992: 184). Diese eingeschlagene Politik war, da sie den Umweg über Lohnsubventionen vermied und Mitnahmeeffekte beschränkte, eindeutig effizienter.

4.2 Beschäftigungs- und Qualifizierungsgesellschaften

Um die Privatisierungschancen der verbliebenen Treuhandunternehmen zu erhöhen, war ein weiterer Personalabbau in den ostdeutschen Industriebetrieben unumgänglich. Eine *aktive Arbeitsmarktpolitik* spielte angesichts des riesigen Ausmaßes der Anpassungskrise und der voraussichtlichen Dauer der Massenarbeitslosigkeit in den neuen Bundesländern eine gewichtige Rolle. Im Mittelpunkt der Diskussion standen Beschäftigungs- und Qualifizierungsgesellschaften (BQG). Beide Instrumente wurden in Ostdeutschland angewandt. Zu den ersten Gesellschaften gehörte die Qualifizierungsgesellschaft Energie und Umwelt mbH in Ost-Berlin, die am 30. 8. 1990 gegründet wurde und Beschäftigte des ehemaligen Kombinates „Kraftwerksanlagenbau Berlin" beruflich weiterbilden sollte.

Arbeitnehmer, die im Zuge der Sanierung und Umstrukturierung ihren Arbeitsplatz verloren, sollten von diesen „Auffanggesellschaften" aufgenommen werden. Während in Beschäftigungsgesellschaften hauptsächlich im öffentlichen Interesse liegende Tätigkeiten ausgeführt werden sollten, war es Aufgabe der Qualifizierungsgesellschaften, die beruflichen Fähigkeiten entlassener Arbeitskräfte zu verbessern und vorhandene Fertigkeiten zu erhalten.

In BQG wurden vor allem öffentlich geförderte Arbeitsbeschaffungs- und/oder Qualifizierungsmaßnahmen umgesetzt. Aber auch Kurzarbeiter wurden in den neuen Ländern von den Gesellschaften integriert. Infolge der Heterogenität der möglichen Formen von BQG wurde mit diesem arbeitsmarktpolitischen Instrumentarium ein breites Zielspektrum verfolgt (Klemmer 1991: 423f.):

- Vorrangiges Ziel war die sozialverträgliche Abfederung der mit dem wirtschaftlichen Anpassungsprozeß einhergehenden Massenentlassungen. Insbesondere sollte die Zeit zwischen der Zerstörung alter und der Bereitstellung neuer Arbeitsplätze überbrückt werden.
- Eine weitere wichtige Funktion von Qualifizierungsmaßnahmen war die Aufwertung vorhandener und die Schaffung neuer Humankapitalbestände. Die freigesetzten Arbeitskräfte sollten so die für neue Arbeitsplätze erforderlichen Berufsqualifikationen erhalten.
- Mit Hilfe von Beschäftigungs- und Qualifizierungsmaßnahmen sollten entlassene Beschäftigte in der Region gehalten und vor allem die Abwanderung der qualifizierten Arbeitskräfte verhindert werden.
- In Beschäftigungsgesellschaften sollte ein Teil der öffentlichen Güter (z. B. Altlastensanierung) hergestellt werden.
- Ein weitgestecktes Ziel der BQG war die Etablierung der Auffanggesellschaften auf dem regulärem Arbeitsmarkt. Durch den Versuch der Privatisierung sollten neue Arbeitsplätze geschaffen werden.

BQG wurden in erster Linie durch Leistungen der Bundesanstalt für Arbeit, aus Geldern des Gemeinschaftswerkes „Aufschwung Ost", durch Landesmittel und EG-Sozialfonds unterstützt. Qualifizierungsmaßnahmen wurden in der Regel in Höhe von 65 Prozent eines Referenznettoentgeltes bezuschußt. Das Arbeitsförderungsgesetz ließ zudem in den neuen Ländern die Kombination von Kurzarbeit und Qualifizierungsmaßnahmen zu. Die finanzielle Zuwendung von 65 Prozent des Nettoarbeitsentgeltes wurde in den meisten Fällen von den Unternehmen bis auf etwa 90 Prozent des bisherigen Nettoeinkommens aufgestockt (Sinn/Sinn 1992: 206). Die Förderung von Beschäftigungsmaßnahmen konnte sich sogar bis auf 100 Prozent des bisherigen Nettoentgeltes erstrecken. Darüber hinaus wurden den Gesellschaften zinslose Sachkostenzuschüsse bis zu 50 Prozent gewährt. Die wichtigsten Kriterien für die Förderung waren die Vermeidung von Arbeitslosigkeit, das öffentliche Interesse an den Arbeiten sowie deren Zusätzlichkeit. „Zusätzlich“ waren Maßnahmen, „wenn sie ohne Zuschüsse nicht oder erst zu einem späteren Zeitpunkt durchgeführt worden wären“ (ebd.). Die Förderungshöchstdauer betrug in der Regel ein Jahr und konnte in Ausnahmefällen um ein weiteres Jahr verlängert werden.

Gegen die Einrichtung von BQG wurde eine Reihe von Einwänden vorgebracht. Ein wichtiger Kritikpunkt war die Höhe der Zuschüsse, die in vielen Fällen 90 Prozent und mehr des regulären Arbeitsentgeltes ausmachten. Dadurch bestanden für die Arbeitskräfte wenig Anreize, eine Beschäftigung auf dem „ersten“ Arbeitsmarkt zu suchen. Allerdings waren in den neuen Bundesländern nicht die mangelnden Arbeitsanreize der Arbeitskräfte in BQG, sondern die zu geringe Anzahl von Arbeitsplätzen am „ersten“ Arbeitsmarkt das Hauptproblem (DIW 1992c: 587).

Außerdem blieb der Eindruck haften, daß viele Arbeitsbeschaffungsmaßnahmen (etwa die Altlastensanierung oder die Abbrucharbeiten stillgelegter Betriebe) auch von privaten Unternehmen hätten erledigt werden können. Diese wurden jedoch vom Markt verdrängt oder entstanden gar nicht, weil sie nicht in der Lage waren, mit BQG zu konkurrieren, deren Löhne zu 100 Prozent aus öffentlichen Kassen bezahlt wurden. Im Fall der erwähnten Qualifizierungsgesellschaft Energie und Umwelt mbH betrachteten private Träger beruflicher Bildungsmaßnahmen aus dem Westteil Berlins diesen Neuling als Konkurrenten, da sie selbst im östlichen Teil der Stadt Bildungsmaßnahmen durchführen wollten (Grühn et al. 1991: 350).

Es war notwendig, daß die Arbeitskräfte im Zuge des wirtschaftlichen Anpassungsprozesses für neue Produktionstechniken und Anforderungen geschult wurden (Watrin 1991b: 390). Qualifizierungsmaßnahmen waren ein adäquates Mittel, um den hohen Qualifizierungsbedarf in den neuen Bundesländern zu decken. Defizite im Management und in der Qualifikation wurden „häufig als entscheidende Engpässe für den betrieblichen Wandel angesehen“ (Klemmer 1991: 434). Da die Planwirtschaft der DDR mehr bezugs- als absatzorientiert war, fehlten wichtige Kenntnisse beispielsweise im Marketing, in der Marktforschung, im Vertrieb und in der Logistik. In diesen Bereichen waren Qualifizierungsmaßnahmen hinsichtlich der nötigen Umstrukturierungsprozesse der Wirtschaft hilfreich und ursachenbezogen. BQG waren auch deshalb sinnvoll, weil die Erfahrung zeigte, daß die in Auffanggesellschaften untergekommen Arbeitskräfte sich besser in Qualifizierungsmaßnahmen integrieren ließen als arbeitslose Kräfte (Sesselmeier 1992: 121). Insgesamt leisteten BQG im Anpassungsprozeß einen wichtigen Beitrag zur sozialen Absicherung in Zeiten extrem hoher Arbeitslosigkeit. Zusätzlich wurde den Arbeitnehmern eine Beschäftigungsperspektive offeriert.

BQG konnten neben der Aufgabe der sozialen Flankierung bei einer entsprechenden Ausgestaltung dazu verhelfen, daß der innerbetriebliche Strukturwandel in Ostdeutschland durch Fortbildungs- und Umschulungsmaßnahmen forciert wurde. So konnten sie „zum Erhalt und zur Entfaltung vorhandener Qualifikations- und Beschäftigungspotentiale in der Region“ (Bach 1992: 20) beitragen. Im Hinblick auf die Ziele einer Politik der „Erhaltung industrieller Kerne“ nahmen BQG somit eine wichtige Unterstützungsfunktion ein.

4.3 Gesellschaften zur Arbeitsförderung, Beschäftigung und Strukturentwicklung

Am 17. Juli 1991 wurde zwischen der Treuhandanstalt, den Arbeitgebern, den Gewerkschaften und den ostdeutschen Bundesländern eine „Rahmenvereinbarung zur Bildung von Gesellschaften zur Arbeitsförderung, Beschäftigung und Strukturentwicklung (ABS)“ abgeschlossen. Damit wurde eine Erklärung abgegeben, welche die Zweckmäßigkeit von BQG im ökonomischen Anpassungsprozeß Ostdeutschlands unterstrich, ihren Aufbau in Form von ABS konkretisierte und die personelle, sachliche und finanzielle Förderung der Gesellschaften grundsätzlich regelte.

Die Rahmenvereinbarung sah die Gründung von Trägergesellschaften auf Landesebene (TGL) in der Rechtsform von Gesellschaften mit beschränkter Haftung vor. Die TGL konnten sich ihrerseits an regionalen Trägergesellschaften (TGR) beteiligen. Trägergesellschaften unterstützten die ABS und übten ihnen gegenüber eine Verwaltungs- und Holdingfunktion aus.

ABS wurden durch Treuhandunternehmen auf personeller, sachlicher und finanzieller Ebene unterstützt. Diese Förderung setzte voraus, daß ein regionales Entwicklungskonzept einen tatsächlichen Bedarf an Hilfe anzeigte. Im Rahmen von Kooperationsverträgen zwischen den Treuhandunternehmen und der jeweiligen Trägergesellschaft wurde die jeweils zu leistende Unterstützung beschlossen. Vorgesehen war vor allem:

- die Bereitstellung von Räumen für Arbeitsbeschaffungs- und Qualifizierungsmaßnahmen zu besonders günstigen Konditionen,

- die kostenlose oder günstige Bereitstellung von Sachmitteln (Werkzeuge, Maschinen, Material etc.),
- die zeitlich befristete Übernahme der Kosten für einen Geschäftsführer sowie Beratungsleistungen und Managementhilfen,
- Starthilfen bei administrativen Aufgaben, etwa bei der Lohn- und Gehaltsabrechnung, Sozialversicherungsfragen, Buchhaltung etc. und
- die Vorfinanzierung von arbeitsmarktpolitischen Maßnahmen.

Gegenüber den im vorherigen Kapitel diskutierten BQG sollten ABS nicht nur sozial- und arbeitsmarktpolitische Aufgaben (Arbeitsförderung, Beschaftigung) erfüllen, sondern auch zur regionalen und sektoralen *Strukturentwicklung* beitragen (ebd.: 34). Diese Forderung der Gewerkschaften zielte darauf ab, durch ABS „längerfristige strukturpolitische Vorhaben wie den Aufbau von Gewerbe- und Technologiezentren oder regionalen Forschungseinrichtungen zu unterstützen" (Meyer 1991: 388). Zu diesem Zweck sollten nicht nur arbeitsmarktpolitische Hilfen bereitgestellt werden, sondern auch struktur- und technologiepolitische Förderprogramme zum Zuge kommen. Die Trägergesellschaften hatten in diesem Fall die Aufgabe, regionale bzw. branchenspezifische Initiativen bewußt zu fördern, die dann von den BQG umgesetzt werden sollten (DIW 1992a: 244). Auf gewerkschaftlicher Seite wurde insbesondere die Ergänzung der TGR mit bestimmten Schwerpunkten erwogen, um den ehemaligen industriepolitischen Strukturen in den jeweiligen Regionen gerecht zu werden. Als Beispiele für industriepolitische Schwerpunktbildungen wurden der Textilmaschinenbau in der TGR Chemnitz, die Eisen- und Stahlindustrie in der TGR Riesa und der Schienenfahrzeugbau in der TGR Bautzen genannt.

Dieser vorgeschlagene strukturpolitische Anspruch mußte kritisch betrachtet werden. Auch wenn die Schaffung zukünftiger Forschungs- und Technologiezentren angestrebt wurde, zeigte doch die ins Auge gefaßte Schwerpunktbildung bei der TGR, daß sich die zu „entwickelnde" Strukturpolitik an den alten Industriestrukturen orientierte. Die geplante Strukturgestaltung durch ABS entpuppte sich in diesem Fall letztlich als strukturerhaltende Maßnahme, die knappe Haushaltsmittel in schrumpfende Industriezweige lenken sollte und den Anpassungs- und Umstrukturierungsprozeß wahrscheinlich verzögert hätte.

4.4 Management-Kommanditgesellschaften

Die Treuhandanstalt verfolgte mit dem Konzept der Management GmbH & Co.KG das Ziel, für die Sanierung einer Anzahl ausgesuchter Unternehmen qualifizierte und erfahrene Manager zu gewinnen und dadurch die Privatisierungschancen der Betriebe zu erhöhen (Naujoks et al. 1992: 435ff.). Zu diesem Zweck wurde die Sanierungsaufgabe, die bislang in den Händen der Treuhandanstalt lag, auf die Management-Kommanditgesellschaften übertragen. Sie waren sowohl rechtlich als auch organisatorisch eigenständig konzipiert und stellten eine „Zwischenholding in bezug auf die Treuhandunternehmen und die Treuhandanstalt dar“ (ebd.: 435). Jede Management-KG setzte sich zusammen aus einer Anzahl von Industrieunternehmen verschiedener Branchen, die mit angemessenem Eigenkapital ausgestattet wurden und anschließend von der Treuhandanstalt als Sacheinlage in eine Gesellschaft eingebracht wurden. Diese Betriebe mußten eine Reihe von Kriterien erfüllen, damit sie in eine Management-KG aufgenommen wurden: Sie wurden grundsätzlich als sanierungsfähig angesehen. Sie wiesen einen hohen Umstrukturierungsbedarf auf, im Moment der Aufnahme waren sie ohne reelle Privatisierungschance und beschäftigten als Richtgröße über 250 Arbeitnehmer (Treuhandanstalt 1993: 6).

Die Sanierungsholdings in der Rechtsform der GmbH & Co.KG waren folgendermaßen konstruiert: Der Manager erhielt mit 96 Prozent eine Mehrheitsbeteiligung und die alleinige Geschäftsführung an der GmbH, während die Treuhandanstalt sich nur mit 4 Prozent beteiligte. Als Komplementär der Kommanditgesellschaft fungierte die GmbH, und Kommanditist war die Treuhandanstalt. Der geschäftsführende Manager haftete in Höhe seines Anteils von 96 Prozent am Stammkapital der GmbH, die Treuhandanstalt übernahm in Höhe ihres Anteils am Stammkapital der GmbH sowie mit ihrer Kommanditisteneinlage die Haftung. Das Stimmrecht war zu einem Drittel beim Manager und zu zwei Drittel bei der Treuhandanstalt angesiedelt. Wie hoch die Einlage der Treuhandanstalt als Kommanditistin war, bestimmte sich aus dem Innenverhältnis der KG. Zu jeder Management-KG wurde ein mit Vertretern der Treuhandanstalt und der Arbeitnehmerseite paritätisch besetzter Beirat gebildet, der die Gesellschaft mit unternehmerischem Sachverstand unterstützen sollte. Für eine Reihe von Sanierungsholdings wurden die Aufgaben der Beiräte wesentlich ausgeweitet. Diese Gremien mußten bei Unternehmensliquidationen, bei Entlassungen von mehr als 100 Beschäftigten und bei Teilverkäufen aus dem Betriebsvermögen, die den Wert von zehn Millionen DM überstiegen, zustimmen (ebd.: 26).

Durch die Konzeption eines speziellen Bonussystems sollte die Sanierung und Privatisierung der einzelnen Unternehmen in den Management-KG möglichst schnell vorangetrieben werden. Dazu wurden die Manager mit einem Bonus am Veräußerungserlös eines in den ersten zwei Jahren privatisierten Betriebes beteiligt, und zusätzlich wurden die Prämien so degressiv gestaffelt, daß ein Verkauf dem Manager dann den höchsten Zusatzgewinn erbringt, wenn letzterer sich schnell einstellte und mit möglichst vielen Arbeitsplatz- und Investitionszusagen verbunden war (Naujoks et al. 1992: 436) Mit Hilfe dieser Anreize erhoffte sich die Treuhandanstalt, das unternehmerische Engagement der geschäftsführenden Manager zu steigern (Stille et al. 1992: 225). Ohne Frage wirkte auch der wahrscheinliche Prestigegewinn für den Manager bei erfolgreicher Privatisierung als Anreiz.

Bislang erwies sich das Fehlen erfahrener Führungskräfte als ernstzunehmender Engpaßfaktor bei der Sanierung. Diesem Problem versuchte die Treuhandanstalt dadurch zu begegnen, daß sie die Manager in den Management-KG als alleinige geschäftsführende Gesellschafter mit umfassenden Kompetenzen ausstattete. Die Konstruktion der Sanierungsholdings war aber so angelegt, daß wichtige „Mitsprache- und Kontrollrechte bei Unternehmensplanung und ... bilanziellen Entscheidungen" (ebd.: 226) bei der Treuhandanstalt verblieben. Darüber hinaus wurden die Kompetenzen der Geschäftsführer durch die Einrichtung der Beiräte eingeschränkt. Einzelne Unternehmensentscheidungen mußten mit den Gewerkschaften und der Treuhandanstalt abgesprochen werden. Das Problem, genügend qualifizierte Sanierer zu finden, führte auch dazu, daß in der Regel sowohl Industrieunternehmen mit zu großem Umstrukturierungsaufwand als auch Großunternehmen nicht in die Portfolios der Management-KG aufgenommen wurden. Die Anforderungen für den Manager wurden schon durch die Größe und die heterogene Struktur der Unternehmensgruppen einer Sanierungsholding erschwert; Abstriche seitens der Treuhandanstalt mußten daher in der Zusammensetzung der Portfolios gemacht werden. Der großen Zahl der Unternehmen, bei denen es faktisch um einen kompletten Neuanfang ging, blieb somit der Zugang in eine Management-KG verwehrt.

Im Ergebnis sollte die Sanierung der verbliebenen Treuhandbetriebe mit Hilfe von Management-KG stärker „privatisiert" werden. Durch die Einführung von Anreiz- und Sanktionsmechanismen für die Manager versuchte die Treuhandanstalt, den Sanierungsprozeß effizienter zu gestalten und insgesamt zu beschleunigen. Insbesondere die Gewinnung erfahrener Manager sowie die Einbeziehung privatwirtschaftlichen Kalküls im Sanierungsprozeß wirkten sich positiv aus.

4.5 Das Projekt ATLAS

Die neuen Bundesländer hatten schon früh eine stärkere Beteiligung an allen Privatisierungs- und Sanierungsentscheidungen der Treuhandanstalt gefordert (Schommer 1991: 165). Sie entwickelten eigene Konzepte zum Erhalt „industrieller Kerne“, die ihren Einfluß auf den Entscheidungsprozeß der Treuhandanstalt verstärken sollten. Beispielhaft für die vielfältigen Initiativen der Länder wird das praktizierte Projekt ATLAS vorgestellt.

Das Projekt ATLAS (= *A*usgesuchte *T*reuhandunternehmen, vom *L*and *a*ngemeldet zur *S*anierung) ging zurück auf eine Absprache über die Zusammenarbeit zwischen der Treuhandanstalt und dem Bundesland Sachsen bei der Modernisierung und Sanierung von Treuhandunternehmen vom 23. April 1992 (Sächsisches Staatsministerium für Wirtschaft und Arbeit 1992). Diese sogenannte „Schommer-Breuel-Absprache“ sah vor, daß die Treuhandanstalt unter bestimmten Voraussetzungen bereit war, Treuhandunternehmen, die ihr von der sächsischen Staatsregierung benannt wurden, zu modernisieren. Die wichtigste Bedingung dafür war, daß sich der Freistaat Sachsen gleichzeitig dazu verpflichtete, diese Betriebe mit seinem Förderinstrumentarium zu unterstützen. Dazu zählten Mittel aus der Gemeinschaftsaufgabe zur Verbesserung der regionalen Wirtschaftsstruktur, Bürgschaften, Infrastrukturmaßnahmen und arbeitsmarktpolitische Instrumente. Voraussetzung für eine Förderung war, daß

- es sich um ein regional bedeutsames Unternehmen handelte und
- in einem von der Treuhandanstalt bestätigtem Unternehmenskonzept zum Ausdruck kam, daß die Wettbewerbsfähigkeit des Betriebes erreicht werden konnte und bestehende Arbeitsplätze erhalten bzw. neue geschaffen werden konnten.

Im Rahmen dieses Unternehmenskonzeptes unterstützte die Treuhandanstalt auch einen mehrjährigen Modernisierungsprozeß, indem sie finanzielle und unternehmerische Hilfen zur Verfügung stellte. Dennoch blieb die frühestmögliche Privatisierung das vorrangige Ziel.

Eine Verteilung der Entscheidungskompetenz auf mehrere Träger diente nicht dem Ziel einer zügigen und entschlossenen Umstrukturierung der verbliebenen Treuhandunternehmen. Dennoch konnte den Landesregierungen aufgrund des zunehmenden politischen Drucks eine stärkere Einflußnahme nicht verwehrt werden. Die Frage stellte sich nur, wie ein Mitspracherecht ausgestaltet werden sollte, damit nicht zu befürchten war, daß es zu einer Strukturerhaltung um jeden Preis kommen würde und der Umstrukturierungsprozeß behindert worden wäre. Die Erhaltung „industrieller Kerne“ benötigte eine klare Zielformulierung, nämlich die Sanierung und Modernisierung der sanierungsfähigen Treuhandunternehmen. Schon dieses Ziel erforderte einen sehr hohen Mitteleinsatz. Die Überfrachtung mit investitionslenkenden oder regionalpolitischen Aufgabenstellungen hätte aber das strategische Ziel der Sanierung grundsätzlich gefährdet.

5. Zusammenfassung

Kaum war das Schlagwort von der „Erhaltung industrieller Kerne" geboren, begann es schon „ein politisches Eigenleben zu entfalten" (Donges 1993: 68). Eine Fortführung verlustbringender Unternehmen machte aber nur dann einen Sinn, wenn versucht wurde, die Unternehmen schrittweise an die Wettbewerbsfähigkeit heranzuführen. Eine Privatisierung zu einem späteren Zeitpunkt mußte die oberste Maxime bleiben. Auf dem Weg dorthin wurden sogenannte klassische Sanierungsmaßnahmen bereits weitgehend ausgeschöpft. Jetzt konnte es nur noch darum gehen, einen Neuanfang auf der Basis personeller und materieller Kernbereiche der Unternehmen zu initiieren. Eine Konzentration der Kräfte auf die strategische und operative Neuausrichtung der Betriebe hieß gleichzeitig, daß andere Ziele in den Hintergrund treten mußten. Strukturpolitische Gestaltungsziele und regionalpolitisch motivierte Standortkonzepte, die im Zusammenhang mit der Erhaltung „industrieller Kerne" als Forderung genannt wurden, hätten zu einer Gefährdung des Erfolgs einer Umstrukturierung der Betriebe geführt.

Das strategische Ziel eines Neuanfangs bedeutete auch, daß allen strukturerhaltenden Maßnahmen eine Absage zu erteilen war. Um die Anpassung der Unternehmen zu fördern, bedurfte es klar durchdachter instrumenteller Umsetzungen der Sanierungs- und Umstrukturierungspolitik. Benötigt wurden vor allem Sanktionsmechanismen und Anreizsysteme, die das unternehmerische Element stärkten (Stille et al. 1992: 226). Insbesondere sollte dadurch ein wesentlicher Engpaßfaktor im Anpassungsprozeß, nämlich das Fehlen erfahrener Manager, beseitigt werden. Erforderlich dazu war ein Höchstmaß an Entscheidungskompetenz in der jeweiligen Geschäftsleitung. Ein Mitspracherecht übergeordneter Institutionen wie beispielsweise der Länderregierungen in Unternehmensentscheidungen mußte dagegen eingedämmt werden. Angestrebt werden sollte außerdem eine möglichst hohe Einbeziehung privatwirtschaftlichen Kapitals, damit die für die Sanierung verantwortlichen Manager auch an den dazugehörigen Risiken beteiligt wurden.

Wirtschaftspolitische Ansätze sollten so konstruiert sein, daß durch den politischen Druck das Ziel der Umstrukturierung und langfristigen Privatisierung der Altbetriebe nicht gefährdetet wurde (Ipsen 1992: 223). Aus diesem Grund empfahl es sich, beschäftigungspolitische Auswirkungen vom Modernisierungsprozeß abzukoppeln (ebd.). Die Stillegung von absehbar nicht sanierungsfähigen Betrieben mußte weiter möglich sein. BQG nahmen entlassene Arbeitskräfte auf und vermindern wenigstens kurz- und mittelfristig den politischen Druck, der auf der Sanierung, Privatisierung und Stillegung von Betrieben lastete. Beschäftigungspolitische Maßnahmen waren deshalb ein notwendiger Bestandteil der Politik zur „Erhaltung industrieller Kerne“, damit überhaupt unpopuläre Entscheidungen zugunsten einer Neuausrichtung der Treuhandunternehmen gefällt werden konnten.

Mit jeder drohenden Stillegung eines größeren Unternehmens war eine hohe Anzahl von Arbeitsplätzen gefährdet. In einer solchen Situation waren es vor allem Landespolitiker, die - um ihre Wählerstimmen bangend - die Fortsetzung der staatlichen Unterstützungen forderten, um das Unternehmen zu erhalten. Die Beschäftigung sollte durch strukturerhaltende Maßnahmen gesichert werden. Politiker schürten dadurch „die Hoffnung, der Staat könne die Probleme auf diese Weise lösen“ (Hamm/Wienert 1990: 310). Bundeswirtschaftsminister Rexrodt erklärte aber 1993 standhaft: „Eine glaubwürdige und finanzierbare Alternative zur gegenwärtigen Politik der Sanierung und Privatisierung ostdeutscher Unternehmen gibt es nicht, auch wenn Entlassungen und Stillegungen im Zuge des notwendigen Strukturwandels für die Betroffenen zweifellos schwer zu akzeptieren sind“ (o.V. 1993b: 9).

Literatur

Bach, E., 1992: Beschäftigungsgesellschaften als Instrument regionaler Beschäftigungssicherung und Weiterqualifizierung. In: Arbeitsgruppe Ökologische Wirtschaftspolitik (Hrsg.): Ökologische Probleme regionaler Strukturpolitik. Probleme und Lösungsmöglichkeiten nach der Vereinigung, Probleme der Einheit, Bd. 7, Marburg: 17-39.

Bartling, H., 1992: Wettbewerbsorientierte Wirtschaftsförderung in den neuen Bundesländern. In: Leuel, H.O. et al. (Hrsg.): ORDO: Jahrbuch für die Ordnung von Wirtschaft und Gesellschaft 43: 285-299.

Breuel, B., 1991: Der Auftrag der Treuhandanstalt. In: Wirtschaftsdienst (71. Jg.) 4: 163-165.

Breuel, B., 1993: Überlebensfähigen Unternehmen die Regeneration ermoglichen! In: Wirtschaftsdienst (73. Jg.) 2: 59-61.

Budde, R./Hamm, R./Klemmer, P./Lagemau, B./Schrumpf, H., 1991: Ubertragung regionalpolitischer Konzepte auf Ostdeutschland. Essen.

DIW, 1991: Allgemeine Lohnsubventionen - kein Ausweg aus der Beschäftigungskrise in Ostdeutschland. In: Wochenbericht (58. Jg.) 36: 511-513.

DIW, 1992a: Beschäftigungs- und Qualifizierungsgesellschaften in den neuen Bundesländern. In: Wochenbericht (59. Jg.) 18: 242-248.

DIW, 1992b: Gesamtwirtschaftliche und unternehmerische Anpassungsprozesse in Ostdeutschland. Sechster Bericht. In: Wochenbericht (59. Jg.) 39: 467-492.

DIW, 1992c: Die wirtschaftliche Lage in Deutschland. In: Wochenbericht (59. Jg.) 44: 570-599.

DIW, 1993: Die Lage der Weltwirtschaft und deutschen Wirtschaft im Frühjahr 1993. In: Wochenbericht (60. Jg.) 18-19: 237-274.

Donges, J.B., 1993: Konservierende Industriepolitik: unwirksam, kontraproduktiv, teuer. In: Wirtschaftsdienst (73. Jg.) 2: 67-70.

Engberding, T., 1991: Unternehmenssanierung und Strukturpolitik. In: Bosch, G./Neumann, H. (Hrsg.): Beschäftigungsplan und Beschäftigungsgesellschaft: neue Konzepte und Initiativen in der Arbeitsmarkt- und Strukturpolitik. Köln: 322-329.

Franz, W., 1991: Im Jahr danach: Die ostdeutsche Arbeitsmarktentwicklung. In: Wirtschaftsdienst (71. Jg.) 11: 573-577.

Hamm, R./Wienert, H., 1990: Strukturelle Anpassung altindustrieller Regionen im internationalen Vergleich. Schriftenreihe des Rheinisch-Westfälischen Instituts für Wirtschaftsforschung Essen, N.F., 48, Berlin.

Hamm, W., 1991: Versagt die Treuhandanstalt? In: Gröner, H./Kantzenbach, E./Mayer, O.G. (Hrsg.): Wirtschaftspolitische Probleme der Integration der ehemaligen DDR in die Bundesrepublik. Schriften des Vereins für Socialpolitik, Gesellschaft für Wirtschafts- und Sozialwissenschaften, N.F., 212, Berlin: 61-78.

Härtel, H.-H., 1992: Mehr Transparenz bei der Treuhandanstalt! In: Wirtschaftsdienst (72. Jg.) 9: 170-171.

Härtel, H.-H., 1993: Deindustrialisierung im Osten? In: Wirtschaftsdienst (73. Jg.) 1: 2-3.

Heine, M., 1991: Zur Quadratur eines Kreises: Regionalpolitik in den neuen Bundesländern. In: Westphal, A./Herr, H./Heine, M./Busch, U. (Hrsg.): Wirtschaftspolitische Konsequenzen der deutschen Vereinigung. Frankfurt/New York: 195-214.

Heine, M./Schikora, A., 1992: Gestaltungsspielräume der Regionalpolitik in den neuen Ländern. In: Arbeitsgruppe Ökologische Wirtschaftspolitik (Hrsg.): Ökologische Probleme regionaler Strukturpolitik: Probleme und Lösungsmöglichkeiten nach der Vereinigung. (Probleme der Einheit, Bd. 7), Marburg: 71-90.

Heine, M./Walter, D., 1990: Sektorale und räumliche Auswirkungen der Strukturanpassung in der DDR. In: Wirtschaftsdienst (70. Jg.) 8: 402-405.

Heise, A., 1991: Wirtschaftsförderung in den neuen Bundesländern. In: Wirtschaftsdienst (71. Jg.) 11: 578-581.

Heise, A./Ziegler, A., 1992: Struktur- und Industriepolitik in den ostdeutschen Bundesländern - Anforderungen an eine beschäftigungsorientierte Alternative. In: WSI-Mitteilungen (45. Jg.) 9: 545-555.

Hennemann, G., 1993: Harte Kerne und taube Nüsse. In: Süddeutsche Zeitung vom 9.2.: 17.

Hirschmann, K., 1992: Qualifizierung des Humankapitals zur Bewältigung der Transformationsarbeitslosigkeit. Strukturwandel und Konsequenzen. In: Bode, O.F./Hirschmann, K. (Hrsg.): Qualifizierungsmaßnahmen: aktive Weiterbildung als Alternative zur Transformationsarbeitslosigkeit. (Probleme der Einheit, Bd. 10), Marburg: 51-78.

Ipsen, D., 1992: Vom politischen Handlungszwang zur wirtschaftspolitischen Gestaltung der Systemtransformation in der Ex-DDR. In: Ipsen, D./Nickel, E. (Hrsg.): Ökonomische und rechtliche Konsequenzen der deutschen Vereinigung: wirtschaftspolitische sowie arbeits- und unternehmensrechtliche Gestaltungsaspekte der Systemtransformation. (Probleme der Einheit, Bd. 8), Marburg: 213-236.

iwd, 1992: Varianten einer notwendigen Korrektur. In: Informationsdienst (18. Jg.) 41: 3.

Kessler, M./Weidenfeld, U., 1993: „Kein Nachschlag". In: Wirtschaftswoche (47. Jg.) 3: 18-20.

Klemmer, P., 1991: Beschäftigungsplan und Beschäftigungsgesellschaften aus der Sicht der Regionalwirtschaft. In: Bosch, G./Neumann, H. (Hrsg.): Beschäftigungsplan und Beschäftigungsgesellschaft: neue Konzepte und Initiativen in der Arbeitsmarkt- und Strukturpolitik. Köln: 421-436.

Krakowski, M. et al., 1992: Die deutsche Wirtschaft im Anpassungsschock. Analyse der strukturellen Entwicklung der deutschen Wirtschaft. Strukturbericht 1991, (Veröffentlichungen des HWWA-Instituts für Wirtschaftsforschung Hamburg), Hamburg.

Kroll, H./Wilhelm, M., 1991: Auf dem Wege zum marktkonformen Eigentum. In: Wirtschaftsdienst (71. Jg.) 10: 520-527.

Lenk, T., 1992: Lohnsubventionen: Pro und Contra. In: Ipsen, D./Nickel, E. (Hrsg.): Ökonomische und rechtliche Konsequenzen der deutschen Vereinigung: wirtschaftspolitische sowie arbeits- und unternehmensrechtliche Gestaltungsaspekte der Systemtransformation. (Probleme der Einheit, Bd. 8), Marburg: 237-245.

Lorz, S., 1993: Spiel auf Zeit. In: Rheinischer Merkur vom 5.2.: 9.

Maier-Mannhart, H./Oldag, A., 1993: Was überleben will, muß sanierungsfähig sein. In: Süddeutsche Zeitung vom 19.2.: 28.

Mc Kinsey & Company, 1991: Privatisierung der Stahlindustrie in den fünf neuen Bundesländern - Überlegungen zu einem Restrukturierungskonzept. unveröff. Ms.

Meißner, W./Fassing, W., 1989: Wirtschaftsstruktur und Strukturpolitik. München.

Meyer, H.-W., 1991: Anforderungen aus gewerkschaftlicher Sicht. In: Wirtschaftsdienst (71. Jg.) 8: 385-388.

Naujoks, P./Sander, B./Schmidt, K.-D., 1992: Von der Privatisierung zur Sanierung - Kursänderung bei der Treuhandanstalt. In: Die Weltwirtschaft 4: 425-451.

Nolte, D., 1992: Zwischen Privatisierung und Sanierung - Zwei Jahre Treuhandpolitik. In: WSI-Mitteilungen (45. Jg.) 9: 555-563.

Nolte, D., 1993: Länderinitiativen zum Erhalt „industrieller Kerne" in Ostdeutschland. In: WSI-Mitteilungen (46. Jg.) 3: 188-190.

o.V., 1993a: Brüssel lehnt das Treuhand-Konzept für die Sanierung von EKO-Stahl ab. In: Süddeutsche Zeitung vom 29.4.: 29.

o.V., 1993b: Rexrodt lehnt neue Industriepolitik ab. In: Frankfurter Allgemeine Zeitung vom 30.7.: 9.

OECD, 1982: Positive Adjustment Policies. Managing Structural Change, Paris.

Oldag, A., 1993: Sket hofft auf das Geschäft mit Fernost. In: Süddeutsche Zeitung vom 9.2.: 18.

Peters, H.-R., 1988: Sektorale Strukturpolitik. München/Wien.

Priewe, J., 1991a: Die Aufgaben der Treuhandanstalt sind unlösbar. In: Bosch, G./Neumann, H. (Hrsg.): Beschäftigungsplan und Beschäftigungsgesellschaft: neue Konzepte und Initiativen in der Arbeitsmarkt- und Strukturpolitik. Köln: 303-321.

Priewe, J., 1991b: Die Treuhandanstalt braucht einen neuen gesetzlichen Auftrag. In: Grözinger, G. (Hrsg.): Nur Blut, Schweiß und Tränen? Alternativen zum Katastrophenhandeln bei der deutschen Einigung. (Probleme der Einheit, Bd. 2), Marburg: 57-81.

Priewe, J./Hickel, R., 1991: Der Preis der Einheit. Bilanz und Perspektiven der deutschen Vereinigung. Frankfurt a. M.

Sächsisches Staatsministerium für Wirtschaft und Arbeit, 1992: Modernisierung von Treuhandunternehmen in Sachsen. Pressemitteilung vom 30.4., Dresden.

Sachverständigenrat zur Begutachtung der gesamtwirtschaftlichen Entwicklung, 1991: Die wirtschaftliche Integration in Deutschland: Perspektiven - Wege - Risiken. Jahresgutachten 1991/92, Stuttgart.

Schmid-Schönbein, T., 1991: Anpassung der Verarbeitenden Industrie in Ostdeutschland. In: Westphal, A./Herr, H./Heine, M./Busch, U. (Hrsg.): Wirtschaftspolitische Konsequenzen der deutschen Vereinigung. Frankfurt/New York: 236-246.

Schommer, K., 1991: Eine Einbeziehung der Länder in den Umstrukturierungsprozeß war notwendig. In: Wirtschaftsdienst (71. Jg.) 4: 165-167.

Schüler, K.W., 1992: Gesamtwirtschaftliche Bestimmungsgründe der Beschäftigung im Osten und Westen Deutschlands. In: Ipsen, D./Nickel, E. (Hrsg.): Ökonomische und rechtliche Konsequenzen der deutschen Vereinigung: wirtschaftspolitische sowie arbeits- und unternehmensrechtliche Gestaltungsaspekte der Systemtransformation. (Probleme der Einheit, Bd. 8), Marburg: 75-96.

Sesselmeier, W., 1992: Arbeitsmarktpolitik in den neuen Bundesländern: Mehr als nur Lohnpolitik? In: Ipsen, D./Nickel, E. (Hrsg.): Ökonomische und rechtliche Konsequenzen der deutschen Vereinigung: wirtschaftspolitische sowie arbeits- und unternehmensrechtliche Gestaltungsaspekte der Systemtransformation. (Probleme der Einheit, Bd. 8), Marburg: 115-125.

Sinn, G./Sinn, H.-W., 1992: Kaltstart. Volkswirtschaftliche Aspekte der deutschen Vereinigung. 2. Aufl., Tübingen.

Späth, L., 1993: Eine Chance für zukunftsweisende Neuansätze. In: Wirtschaftsdienst (73. Jg.) 2: 64-67.

Sprink, J., 1986: Der Staat als Sanierer von Großunternehmen: Ursachen, Ziele, Probleme. Idstein.

Steininger, H., 1990: Eine Untersuchung der Subventionsargumente und -kosten. Univ. Diss., Regensburg.

Stille, F. et al., 1992: Strukturwandel im Prozeß der deutschen Vereinigung. Analyse der strukturellen Entwicklung, Strukturberichterstattung 1992, (DIW: Beiträge zur Strukturforschung, 136), Berlin.

Treuhandanstalt, 1993: Informationen, Ausgabe 18, März, Berlin.

Watrin, C., 1991a: Treuhandanstalt: Transformator im Prozeß der Systemänderung. In: Wirtschaftsdienst (71. Jg.) 4: 167-170.

Watrin, C., 1991b: Beschäftigungsgesellschaften - erfolgversprechendes Krisenmanagement auf dem Weg in den Aufschwung? In: Wirtschaftsdienst (71. Jg.) 8: 388-390.

Wegner, M., 1991: Systemtransformation und Beschäftigungsaussichten in den neuen Bundesländern. In: Vogler-Ludwig, K. (Hrsg.): Perspektiven für den Arbeitsmarkt in den neuen Bundesländern. (ifo-Studien zur Arbeitsmarktforschung, Bd. 7), München: 35-48.

Werner, K., 1992: Der Außenhandel der neuen deutschen Bundesländer mit Osteuropa. In: Wirtschaftsdienst (72. Jg.) 4: 206-214.

Wissenschaftlicher Beirat beim Bundesministerium für Wirtschaft, 1991: Lohn- und Arbeitsmarktprobleme in den neuen Bundesländern. (BMWi-Studienreihe, 75), Bonn.

Kontrollierte Reaktionen? Zur Transformation der großchemischen Industrie in Sachsen-Anhalt: Eine Fallstudie

Rafael Weiß

> *„Stoffumwandlungen sind chemische Vorgange, die in der Chemie als Reaktionen bezeichnet werden. Ausgangsstoffe und Endprodukte einer Reaktion haben immer unterschiedliche Eigenschaften. ... Zu den Bindungen kommt es durch das Bestreben der Elemente, einen moglichst stabilen Zustand zu erreichen“*
> *(Rosenbruch 1989: 21).*

1. Einleitung

Natasha Alperowicz prognostizierte in einem Artikel für die „Chemicalweek International“ im März 1990 eine „chemical reaction“ der Chemiewirtschaft des damals noch geteilten Deutschland. Die großchemischen Kombinate Ostdeutschlands stehen in historisch engen Beziehungen zu den IG Farben-Nachfolgern am Rhein. Unter anderem wurden die großchemischen Grundstoffproduzenten im sogenannten „Chemiedreieck“ zwischen Halle, Bitterfeld und Merseburg in der ersten Hälfte dieses Jahrhunderts von heutigen Stammbetrieben oder Töchtern der westdeutschen Chemiekonzerne gegründet. Was lag in der Euphorie über die deutsch-deutsche Vereinigung also näher als einen adäquaten Vorgang auch bei der Chemieindustrie zu vermuten?

Rückblickend lassen sich Entscheidungen ausgezeichnet kommentieren. Hier soll jedoch nicht beurteilt werden, was die beteiligten Akteure unter hohem situativen Anpassungsdruck hätten anders oder besser machen müssen. Die diesem Artikel zugrundeliegende Diplomarbeit an der Konstanzer Fakultät für Verwaltungswissenschaft untersucht vielmehr die Mechanismen, welche zur Lösung eines sektoralen Verteilungsproblems geführt haben. Mithin geht es nicht um das „Was“, dessen normative Bewertung den wirtschafts- und rechtsphilosophisch geprägten Disziplinen anvertraut bleibt, sondern um das „Wie“: das Management von Veränderungsprozessen zwischen Markt und Staat.

Die sachsen-anhaltinische Chemieregion mit ihrer ausgeprägten Monostruktur bietet diesbezüglich reichlich Anschauungsmaterial. Wie in einem Brennglas verdichten sich hier regionale und sektorale Strukturprobleme zu einer hochexplosiven Mischung und rufen als direkte Folge des passiven Wahlrechts politische Kräfte auf den Plan, die für das Problem eine Lösung zu haben glauben. Um ihre wirtschaftspolitischen Ziele durchzusetzen, brauchen sie jedoch entsprechende Unterstützung, was den Kreis der involvierten Akteure erweitert und den Fokus auf die Koordinations- und Steuerungsmechanismen an der Schnittstelle von Staat und Wirtschaft richtet. Was zudem die Chemieindustrie als Analysegegenstand ausgesprochen interessant erscheinen läßt, ist ihre bisherige Staatsferne. Als wirtschaftlich potente Branche hatte sie bislang nur in wenigen Politikfeldern enge Kontakte zum bundesdeutschen Staat, regelte Verteilungsfragen aber ausschließlich intern und ohne staatliche Hilfe. Die Verfügungsgewalt über Eigentumsrechte an der ostdeutschen Chemieindustrie, die im Oktober 1990 auf den Staat des wiedervereinigten Deutschland überging, versetzte diesen in eine noch nie dagewesene, exponierte Stellung gegenüber den Akteuren des Chemiesektors[1].

Theoretisch ist vorliegende Längsschnittanalyse eingebunden in die Fragestellung, wie die Akteure mit situativ bedingten Gelegenheiten zur Strukturanpassung innerhalb eines historisch entstandenen institutionellen Handlungsrahmen umgehen. Zu untersuchen ist somit das governance-System „as the totality of institutional arrangements - including rules and rule making agents - that regulate transactions inside and across the boundaries of an economic system“ (Hollingsworth 1994: 5) und seine Anpassungsfähigkeit inmitten einer außerordentlich dynamischen Problemumwelt, die als externe Variablen neue Akteure und bislang unbekannte Interessenkonstellationen einbringt.

2. Ausgangslage: Prosperität im „global village“

Um zu verstehen, warum sich die Akteure des Transformationsprozesses wie unten dargestellt verhalten, ist eine kurze Skizzierung ihrer produktionsspezifischen und institutionellen Ausgangsbedingungen erforderlich.

Die Produkte der chemischen Industrie unterteilen sich in die Hauptgruppen chemische Grundstoffe, (Spezial-)Erzeugnisse für Industrie und Land-

1 Vgl. zu dieser These in Bezug auf die gesamte „governance of industries“ bereits Lehmbruch (1994a: 5).

wirtschaft sowie Spezialerzeugnisse für den Konsum. Die erste Gruppe gliedert sich weiter in die organischen und anorganischen Industriechemikalien, die üblicherweise als Zwischenprodukte zur meist unternehmensinternen Weiterverarbeitung dienen. Diese commodities tragen zu mehr als 50 Prozent zum Branchenumsatz bei. Wichtigster Einsatzstoff der anteilsstarken Petrochemie ist das Mineralölprodukt Rohbenzin, aus dem über Dampfcracker und Reformer Olefine und Aromaten gewonnen werden. Diese Zwischenprodukte dienen wiederum als Ausgangsstoff für die Herstellung von Kunststoffen, synthetischen Fasern und Kautschuk, Lacken, Lösungsmitteln, Klebstoff, Pflanzenschutzmitteln u.ä.m. (Streck 1984: 177ff). Die „stoffumwandelnde Massenproduktion" wird in Westdeutschland überwiegend von der Großchemie betrieben, zu der die IG Farben-Nachfolger Bayer, BASF und Hoechst sowie sieben größere Konzerne der Peripherie gezählt werden. Diese zehn umsatzgrößten Unternehmen Westdeutschlands produzieren 78,4 Prozent der chemischen Grundstoffe Westdeutschlands, die größten drei allein noch 53,1 Prozent (Monopolkommission 1992/93: 23).

Grant u.a. charakterisieren den Chemiesektor „as an international industry which is able to function as a 'global village' in which it is possible to develop effektive policy networks" (1988: 72). Das governance-Regime des Chemiesektors ist also geprägt durch Mechanismen, die kollektive Orientierungen und kooperatives Verhalten zulassen und belohnen (Kenis 1992: 164). Die im wesentlichen durch historische Entwicklungen[2] institutionalisierte Ausschaltung des Wettbewerbsmechanismus wird erleichtert durch eine oligopolistische, fast statische Struktur, die wesentlich auf den kapitalintensiven Produktionsprozeß und die hohen Pionierkosten für Neuentwicklungen zurückzuführen ist. Auch die relative Problemlosigkeit, den Patentschutz zu umgehen, trägt zu umfangreichen market sharing agreements zwischen den Unternehmen der Großchemie bei (Grant/Paterson 1994: 153).

Gleichzeitig ist die selbstregulative Branche sehr auf Staatsferne bedacht. Am ausgeprägtesten zeigt sich dies bei der informellen Restrukturierung der europäischen Petrochemie zu Beginn der 80er Jahre[3]. Aber auch in den Politikfeldern Forschung, Anlagensicherheit und Umwelt bemüht sich die Industrie um Selbstregulierung und Reduzierung staatlicher Bevormundung auf ein Minimum (Woller 1985: 30ff). Die internationale Arbeitsteilung verstärkt in den hochindustrialisierten Industriestaaten den Trend in Richtung Bio-

2 Erinnert sei in diesem Zusammenhang an die marktbeherrschende Stellung der IG Farben und die Technologiereparationen in den Nachkriegsjahren, welche mit einem firmenübergreifenden Transfer von know how und Humankapital verbunden waren.

3 Als Fallstudie nachzulesen bei Grant et al. (1988).

technologie und neue Werkstoffe (Gronych 1993: 118). Das wiederum ruft auch auf Mikroebene neue Formen der zwischenunternehmerischen Arbeitsteilung hervor: Die Kombination komparativer Größenvorteile in Netzwerken (Grabher 1988). Allerdings gelten diese Netzwerkbildungen lediglich für die genannten innovativen Produkte. Bei der Grundstoff- und vor allem bei der Petrochemie herrscht noch eindeutig der Typus „integriertes Großunternehmen“ vor.

Dieses als „selbstregulativ“ beschriebene governance-Regime wirkt nun als latente Struktur auf die beteiligten Akteure im Transformationsprozeß, was nicht zwingend bedeutet, daß sie die Situation nicht zu einer *Verbesserung* ihrer jeweiligen Position nutzen wollten. Grundsätzlich aber, soviel kann hier plausibel vermutet werden, war weder der IG Chemie noch der deutschen Großchemie an einer *Verschlechterung* gelegen, was theoretisch unweigerlich zu einer Wiederherstellung des Sektorgleichgewichts und damit zur Wahrung des Status quo führen müßte.

3. Chemie und Region: Interessenausgleich im Umfeld struktureller Beharrung und situativer Problemlagen

Die deutsche Vereinigung als externer Schock und window of opportunity setzte dennoch, so meine Hypothese, genau dieses Sektorgleichgewicht unter erheblichen Anpassungsdruck und stellte womöglich den dominanten governance-Mechanismus regionalspezifisch in Frage. Die etablierten Akteure des Chemiesektors mußten durch den unerwarteten Zusammenschluß ihre Domäne gefährdet sehen. Der westdeutschen Großchemie drohte durch den petrochemischen Kombinatsverbund plötzlich ungewohnte Konkurrenz im eigenen Land.

Die ehemaligen IG Farben-Mitgliedsunternehmen im Chemiedreieck waren hinter dem eisernen Vorhang von den „informal networks“ abgeschnitten, was für sie nach der Vereinigung vor allem Absatzprobleme, für die westdeutschen Konzerne aber zunächst Unsicherheit über die wirtschaftliche Potenz ihrer alten Schwesterunternehmen bedeutete. Die IG Chemie sah sich mit einem Pendant im Osten konfrontiert, das ihren Einfluß innerhalb der Branche gefährdete. Vor allem aber betrat mit der Treuhandanstalt als Nachfolger der DDR-Industrieministerien und Besitzer der ostdeutschen Chemieunternehmen ein neuer Akteur die Arena, der den dominanten governance-Mechanismus in Frage stellen mußte. Als bundesunmittelbare Anstalt des öffentlichen Rechts bestand ihre zentrale Aufgabe gemäß Art. 25 des Einigungsvertrages darin, die „früheren volkseigenen Betriebe wettbewerblich zu strukturieren und zu privatisieren". Sie bildete das zunehmend politisierte Zentrum eines „Treuhand-Komplexes" und suchte dort unter kompromißhaftem Durchwursteln (Czada 1993: 150), mit organisationstechnischer Ausdifferenzierung und loser Kopplung (Seibel 1994) ihre Identität zu wahren, sprich: ihren Privatisierungsauftrag zu erfüllen. Das ansonsten staatsferne und selbstregulative Netzwerk der großchemischen Produzenten Westdeutschlands wurde plötzlich mit der Logik des politischen Wettbewerbs und einem Akteur konfrontiert, der sich nur schlechterdings in den brancheninternen Interessenausgleich einbinden ließ.

Die Ausgangslage innerhalb des Chemiesektors ist also für 1990 durchaus als allgemeine Unsicherheit über die zukünftige Entwicklung sowie das Potential und die Interessen zumindest der neu hinzugekommenen Akteure zu beschreiben. Relativ schnell wurde aber deutlich, daß der Staat mit der Währungs-, Wirtschafts- und Sozialunion, dem Einigungsvertrag und über die Treuhandanstalt die Eigentumsrechte exogen so zu reorganisieren suchte, daß die politisch-ökonomischen governance-Mechanismen der alten Bundesrepublik übertragen werden (Lehmbruch 1994: 16). Durch Zerstörung der vorgefundenen Strukturen, so die offensichtliche Hoffnung der Bundesregierung, sei eine bruchlose Einfügung in die bekannte und kontrollierbare Sektorkoordination möglich.

Ob dieses Kalkül im Chemiesektor aufgegangen ist, soll nachfolgend untersucht werden. Exemplarisch werden die beiden ehemaligen Chemie-Kombinate BUNA und Leuna im Transformationsprozeß darzustellen sein. Sie sind unter standortuntypischen Bedingungen entstanden, weisen enge historische Verbindungen zur westdeutschen Großchemie auf, bilden den Kern der ostdeutschen Grundchemieproduktion und erfahren daher eine besondere staatliche Aufmerksamkeit, die in auffallendem Gegensatz zur inszenierten öffentlichen Aufmerksamkeit für den Vorzeigestandort Bitterfeld steht.

3.1 Strukturelle Ausgangslage im „Chemiedreieck"

Unter den 12.000 VEB, Betriebsteilen und Immobilien, die am 17. Juni 1990 in Treuhandbesitz übergingen, befanden sich auch 281 Chemiefirmen mit einem Umsatz von 88,5 Milliarden DM und etwa 317.000 Beschäftigten[4], was

4 Wird die im Westen übliche Sypro-Definition zugrunde gelegt, die keine mineralöl- und kunststoffverarbeitende Industrie enthält, reduziert sich der Anteil der Chemiebe-

einem Anteil an der gesamten DDR-Industrie von 19,3 Prozent bzw. 11,2 Prozent entsprach (Schmidt-Tophoff/Tiby 1990: 65). Hierzu zählten jedoch, anders als in der Bundesrepublik, auch die Mineralöl- und Kunststoffverarbeitung. Von besonderer Bedeutung waren die traditionellen Chemiezentren im mitteldeutschen Raum. 46 Prozent der Chemiebeschäftigten waren in Sachsen-Anhalt tätig (IAB-Kurzbericht vom 3. Mai 1991). In den Kombinaten des „Chemiedreiecks“, das im wesentlichen die heutigen Kreise Merseburg-Querfurt, Bitterfeld, Halle/Stadt und Halle/Saalkreis umfaßt, waren 1989 ein Viertel der Beschäftigten der DDR-Chemie tätig. In den industriell monostrukturierten Kreisen Merseburg und Bitterfeld betrug damit der Anteil der vier großchemischen Betriebe an den Gesamtbeschäftigten 52,2 Prozent bzw. 42 Prozent (IAB Werkstattbericht 1992: 2). In den Stammbetrieben der ehemaligen Kombinate am Standort arbeiteten Ende 1989 absolut 77.525 Personen, davon in Leuna 27.400, in Buna 18.100, in Bitterfeld 17.495 und in Wolfen 14.531, womit sie etwa 70 Prozent aller Industriebeschäftigten der Region stellten. Diese Zahlen verdeutlichen das regionalpolitische Gewicht der Chemieindustrie für das Land Sachsen-Anhalt im Allgemeinen und die Region im Besonderen.

Das Ammoniakwerk Merseburg wurde 1916 als 100prozentige BASF-Tochter gegründet. Hauptmotiv, die für den Sprengstoffbedarf notwendigen Stickstoffe in einer neuen Anlage zu produzieren, statt die alte Anlage in Oppau zu erweitern, war die günstige Lage des Dorfes Leuna, fernab von der Reichweite französischer Kriegsflugzeuge (Teltschik 1992: 41). 1925 trat das Werk der IG Farben bei und hatte maßgeblichen Anteil am damaligen Gewicht der BASF innerhalb der Interessengemeinschaft. Neben der Ammoniakproduktion nach dem Haber-Bosch-Verfahren wurde das Chemiesortiment so stark erweitert, daß das Werk einen Vergleich mit der Ludwigshafener „Mutter“ nicht zu scheuen brauchte. Insbesondere die Methanol-Herstellung und die Kohlehydrierung nach Bergius begründeten den Ruf Leunas als „Wiege der klassischen Chemie“ (Streller 1986: 15).

Bei Kriegsende waren 85 Prozent der Anlagen zerstört. Der Rest wurde in die sowjetische Aktiengesellschaft für Mineraldünger umgewandelt und nicht demontiert. Schon damals spielten offensichtlich regional- und beschäftigungspolitische Erwägungen eine dominante Rolle. Seit 1954 firmieren die *Leuna-Werke* „Walter Ulbricht“ als VEB. Im April 1967 erfolgte die weitere

schaftigten auf etwa 180 000. Nachrichtlich sei erwahnt, daß vorliegende, stets politisch motivierte Studien zum Argernis des interessierten Beobachters diesen manifesten Unterschied gern verschweigen. Hier kann auf eine explizite Aufschlusselung verzichtet werden, da vornehmlich unternehmensbezogene Angaben ausschlaggebend sind.

Umwandlung in ein Kombinat, was jedoch auf die Beschäftigungsstruktur der Leuna-Werke kaum Auswirkungen hatte, da sie kaum externe Betriebsteile unterhielten. Zum 15. Juni 1990 beschloß der DDR-Ministerrat die Umwandlung des VEB Leuna in eine Aktiengesellschaft. Damit „segelten die Leuna-Werke" nach Auskunft ihres damaligen Vorstandsvorsitzenden und jetzigen Geschäftsführers Daßler „in die Marktwirtschaft". Optimistisch hatte man zu der Zeit noch angenommen, die Leuna AG als ganzheitliches Unternehmen erhalten zu können. Angesichts des redundanten Einheits- und Wirtschaftswundertaumels, der die gesamte Republik erfaßt hatte, und der anfänglich häufigen Sondierungsgespräche zwischen der westdeutschen Großchemie und ihren ehemaligen „Schwestern" in Ostdeutschland fiel die Illusion einer chemischen Reaktion auf fruchtbaren Boden. Für 1992 rechnete die Leuna-Geschäftsführung bereits mit dem Erreichen des break-even (L-E, 5. Oktober 1990).

Dieser Fehleinschätzung saßen nicht nur die Leuna-Werke auf. Auch die ersten unternehmenseigenen Restrukturierungskonzepte der *Buna AG* waren durchgängig zu optimistisch (Schraufstätter 1993: 71). Das Synthesekautschukwerk begann am 14. Januar 1937 mit der Produktion von Buna-Kautschuk auf Basis der Carbid-Acyetylenchemie in Schkopau. Vom Rückgriff auf die heimische Braunkohle, die hier vorrangig als Rohstofflieferant zur Autoreifenproduktion dienen sollte, versprach sich die kriegsvorbereitende NS-Diktatur eine stärkere Unabhängigkeit von Naturkautschuk- und Mineralölimporten. Obwohl Deutschland damit vor den USA die Bedeutung der Kautschuksynthese erkannte, wurde es im Verlauf des Krieges vom gewaltigen und binnen kurzem geschaffenen Produktionspotential der US-amerikanischen Kautschukkapazität mehr als einmal überrundet. Auf Mineralölbasis ließ sich wesentlich effizienter produzieren (Teltschik 1992: 82ff). 1943/44 deckten die Buna-Werke, Schkopau rund 50 Prozent des deutschen Kautschuk-Bedarfs. Der Betrieb, der unter Sowjetherrschaft eine ähnliche Entwicklung wie das 15 Kilometer südlicher liegende Ammoniakwerk nahm, wurde 1953 in DDR-Eigentum überführt. Das Kombinat VEB Chemische Werke Buna wurde von 1970 bis 1989 zum größten Plast- und Elastproduzenten der DDR ausgebaut. Insbesondere die Chlorchemie und die Staubemissionen führten während dieser Zeit zu erheblichen Umweltbelastungen.

Abbildung 1: Ubersicht uber die Pipelineverbunde in den neuen Bundeslandern

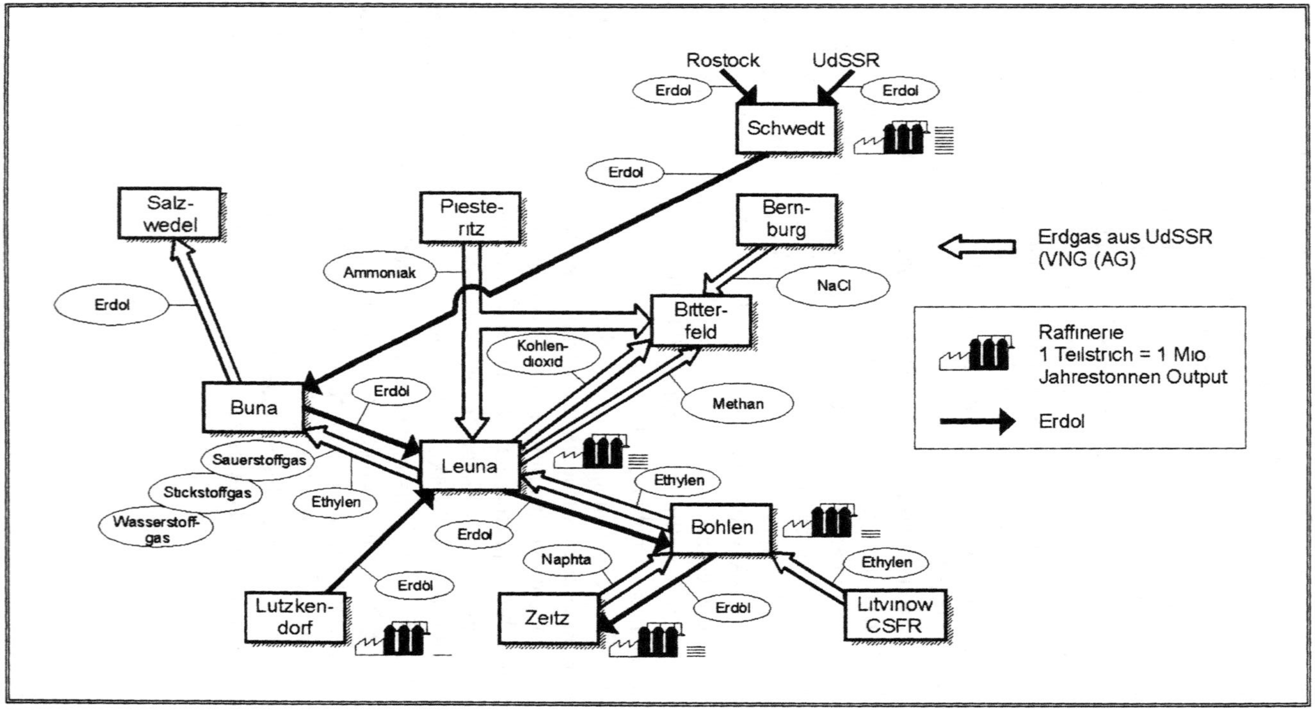

Quelle: Treuhand

Mit einer umfangreichen Organisationsreform wurden Ende der 60er Jahre Kombinate gebildet, mit den bekannten wirtschaftlichen Konsequenzen. Die Reform zerstörte die traditionell handwerkliche Produktionsstruktur Ostdeutschlands, unterstellte die Betriebe direkt dem Industrieministerium, trieb die Erosion des privaten Sektors sowie der Kompensationsfähigkeit staatlicher Mangelwirtschaft voran und ersetzte die intraregionalen Vorwärts- und Rückwärtsverflechtungen durch einen kombinatsinternen, interregionalen Tauschhandel (Grabher 1991).

Dennoch mußten die Chemiekombinate den der chemischen Produktion eigenen Verflechtungsstrukturen Rechnung tragen. Die technologischen, produktions- und standortbedingten Imperative im Grundstoffbereich sorgten nämlich für einen derart engen Verbund der einzelnen Kombinatsbetriebe, daß von einem geschlossenen Standort nur mit Blick auf die gesamte DDR-Chemie gesprochen werden kann (vgl. Abbildung 1).

Das Produktionsvolumen der DDR-Chemie betrug nur drei bis vier Prozent des in ganz Deutschland erwirtschafteten Chemieumsatzes (Lüdigk 1994: 11), was einen ersten Hinweis auf die geringen Kapazitäten der Chemieanlagen gibt. Wie noch zu zeigen sein wird, war dies eine Hauptursache für die Unrentabilität der DDR-Chemieproduktion und erweist sich langfristig als großes Problem für den Erhalt eines geschlossenen Chemiestandortes.

3.2 Inkrementale Erkenntnis und Positionsbestimmung

Bereits im Spätsommer des Einheitsjahres kam die renommierte Unternehmensberatung Arthur D. Little nach eingehender Analyse des Chemiedreiecks zum Ergebnis, „daß es eigentlich keine wirtschaftliche Notwendigkeit mehr gibt, dort chemische Industrie zu haben“ (Wirtschaftswoche 1990, Ausgabe DDR Nr. 40).

Notwendige Illusionen (Seibel 1992) und strategische Polarisierung des Parteienwettbewerbs in Gegenwart der anstehenden Bundestagswahlen führten zunächst zur Nichtanerkennung der offensichtlichen Probleme auch der chemischen Industrie Ostdeutschlands[5]. Erst langsam konnten oder wollten sich Treuhandanstalt und Unternehmensleitungen mit den realistischen Perspektiven einer nicht wettbewerbsfähigen Industrie auseinandersetzen. Ein Anlagenverschleißgrad von 50-55 Prozent in Leuna, Schkopau und Bitterfeld hatte zur Folge, daß 1989 etwa 20-25 Prozent der Chemiebeschäftigten mit

5 Weitestgehend unreflektiert und dezisionistisch wurde ein neues deutsches Wirtschaftswunder beschworen, wie Lehmbruch (1991) nachweist.

Reparaturarbeiten befaßt waren (Köhler/Sandmann 1994: 30). Der Plan „belohnte“ Volumen und nicht Innovationen, was zu einem produktionsstrukturellen Übergewicht von commodities und nur wenigen wertschöpfungsintensiven Produktionsstufen in Leuna und Schkopau führte. Die der Grundstoffproduktion dienenden Anlagen waren zwar weitgehend ausgelastet, produzierten jedoch viel zu kleine Losgrößen, um am Weltmarkt bestehen zu können. So wurden economies of scale, die eine Modernisierung der Westchemie nach dem Krieg wesentlich forcierten, in Ostdeutschland kaum wirksam. Zudem wurden potentielle Investoren anfangs durch, wie sich nachträglich herausstellt, überdramatisierte Umweltschäden abgeschreckt[6].

Die Umweltproblematik war für die IG Chemie der entscheidende Aufhänger, sowohl ihre beschäftigungs- als auch ihre industriepolitischen Zukunftsvisionen zu formulieren. Die Gewerkschaft verfolgte von Anbeginn das Primat staatlicher Vereinigung und Organisationshoheit und argumentierte daher massiv gegen die Unverantwortlichkeit zweier Gewerkschaften in einer Branche (CR vom 4. Mai 1990: 2). Wesentlich gelassener als die IG Metall unternahm sie keinen überhasteten Zusammenschluß, sondern höhlte ihr ostdeutsches Pendant programmatisch aus und nahm an den entscheidenden Stellen personelle Umbesetzungen vor. Auf diese Weise brauchte der „juristisch nutzlos gewordene Kokon“ am 31. Mai 1991 nur noch aufgelöst werden (Wilke 1991: 140). Als Anreiz für die ostdeutschen Chemiebeschäftigten mag gegolten haben, daß dem IG Chemie-Vorsitzenden und SPD-Bundestagsabgeordneten Hermann Rappe ausgezeichnete Kontakte zur westdeutschen Großchemie nachgesagt wurden. Rappe machte nie einen Hehl daraus, notfalls eine eigene, westdeutsche Chemiegewerkschaft in Ostdeutschland zu gründen (Wilke 1991: 137). Damit setzte er die kompromittierten Funktionäre der Ostgewerkschaft unter erheblichen Druck.

Mit der problemlosen Ausdehnung ihres Einflußbereichs erwarb die IG Chemie aber auch eine Bringschuld gegenüber den neuen Mitgliedern, die um ihre Arbeitsplätze bangten. Bereits im Frühjahr 1990 regten Rappe und der damalige IG CGK-Vorsitzende Löschner angesichts erster Massenentlassungen und Berichte über den Zustand der maroden Ostchemie Abschreibungserleichterungen für Investoren an, da sie ansonsten eine Erosion der ostdeutschen Industrie fürchteten (CR vom 4. Mai 1990: 2). Weiterhin forderte Rappe einen Runden Tisch und die Freistellung der Investoren von ei-

---

6 So ergab eine Umweltstudie von 1993, daß für 85 Prozent des Leunaer Werksgeländes keine flächenhaften Schadstoffbelastungen existieren. Für die gesamte Chemie-Werksfläche Ost bestehe lediglich zu 5 Prozent geringer, zu 10 Prozent hoher Sanierungsbedarf (Komar 1994).

ner Altlastenhaftung (CR vom 14. September 1990). Die Privatisierungspolitik der Treuhandanstalt müsse andererseits aber unbedingt vermeiden, „daß Käufer die Konkurrenz im Osten mit hohen Preisen wegkaufen und damit die Arbeitsplatzsicherheit in Gefahr gerät" (CR vom 21. Dezember 1990: 2). Die Sorge um die ostdeutsche Chemie führte dazu, daß die Gewerkschaft dringend ein koordiniertes Vorgehen von Treuhand, zuständigen Bundesressorts, Landesregierungen und Arbeitgeberverbänden zum Erhalt vor allem des sachsen-anhaltinischen Chemiestandortes anmahnte (CR vom 18. Februar 1991).

Anfangs hoffte die Gewerkschaft noch auf Rekrutierung von 200.000 Mitgliedern im Osten und forderte von westdeutschen Mitgliedern, Betriebsräten und Vertrauensleuten eine positive Grundeinstellung (CR vom 21. Dezember 1990). Diese Flexibilitätsreserven innerhalb der westdeutschen Belegschaft sind angesichts der Arbeitsplatzkonkurrenz im Osten gerade vor dem Hintergrund der binnenorganisatorisch engen Kopplung zwischen Gewerkschaftsspitze und „Betriebsfürsten" erstaunlich[7]. Hermann Rappe verstand es offenbar hervorragend, das offizielle Gewerkschaftsvotum für einen ostdeutschen Chemiestandort hüben herunterzuspielen und drüben als Aufbruch in eine glänzende Zukunft zu verkaufen. Taktisch klug betrieb die IG Chemie industriepolitische Rhetorik, während sie beschäftigungspolitisch für eine soziale Abfederung der kräftigen Arbeitsplatzverluste im Osten und damit für ein ruhiges Klima sorgte.

Die IG Chemie mußte, um ihre Mitglieder in den westdeutschen Chemiekonzernen nicht zu verprellen, auf eine neue, zukunftsträchtige und vor allem zusätzliche Chemieproduktion in den neuen Ländern setzen. Produktionsverlagerungen von West- nach Ostdeutschland hätten an den alten Chemiestandorten zwangsläufig Arbeitsplatzverluste bei der Hauptklientel der IG Chemie, den Arbeitern, bedeutet. Dies galt es, mitgliedschaftslogisch weitestgehend zu vermeiden. Eine von der 1990 gegründeten *Stiftung Arbeit und Umwelt* in Auftrag gegebene Studie „Lösungsansätze für die Beschäftigungs-, Struktur- und Umweltprobleme der chemischen Industrie im Großraum Halle/Leipzig/Merseburg" bot diesbezügliche Argumentationshilfe. Der Hauptvorschlag lautete, die mitteldeutsche Chemieregion so zu restrukturieren, daß sie langfristig eine Ökologieführerschaft übernehmen wird (NIW 2/1991: 126). Das könne jedoch nur innerhalb der gegebenen Verbundstrukturen erfolgen und müsse eine branchen- und regionsübergreifende Kooperation zum Ziel haben. Um die Vielzahl der Aufgaben, Instrumente und Träger der Regional-

7 Zur strukturellen Dominanz der betrieblichen Ebene vgl. Schneider (1988: 119), Whitston (1991: 209) und Hertle/Kadtler (1991: 193).

politik zu koordinieren, fordert Rappe zudem die Gründung regionaler Strukturfördergesellschaften (CR vom 23. März 1991). Auf dieser Idee basieren die später so genannten ABS-Gesellschaften, die aufgrund einer Vereinbarung zwischen Deutschem Gewerkschaftsbund, Bundesverband der deutschen Arbeitgeber und Treuhandanstalt am 1. Juli 1991 gebildet wurden und der IG Chemie im „Dreieck“ großen Einfluß auf die regionale Strukturpolitik gaben.

Die Illusion eines „chemical valley“ an der Saale vernachlässigte zwar völlig die gegebenen basischemischen Produktionsstrukturen der BUNA- und Leuna-Werke sowie die Situation im Weltchemiemarkt, war aber aus Sicht der Gewerkschaft notwendig zur Lösung ihrer vielfältigen Interessenkonflikte. Auf dieser Grundlage konnte die IG Chemie im Transformationsprozeß ausländisches und staatliches Engagement zum Erhalt einer ostdeutschen Chemieindustrie einfordern, ohne das traditionell gute industriepartnerschaftliche Verhältnis zu den Arbeitgebern im Westen aufs Spiel zu setzen. Darüber hinaus erfüllte die Vision einer Ökologieführerschaft der sachsen-anhaltinischen Chemie eine weitere wichtige Aufgabe gegenüber den regionalen Akteuren. Denn Ende des Jahres 1990 waren weder das Treuhand-Chemiedirektorat noch das Land Sachsen-Anhalt der Überzeugung, es bedürfe einer ostdeutschen Chemieindustrie (Interview 010: 2, 4). Die Landesregierung baute auf baldige Ansiedlung potenter Dienstleister und war am Erhalt einer umweltbelastenden Chemieindustrie, die man bereits jahrzehntelang ertragen mußte, nicht interessiert. Auch an dieser Stelle kehrte die IG Chemie die zentrale Bedeutung einer Umweltschutzindustrie für die regionale Entwicklung heraus. Daß die fossilen Kombinate in der vorhandenen Form nicht aufrecht erhalten werden konnten, wußte die IG Chemie natürlich. Sie setzte daher auf eine übergangsweise Sanierungsphase, die nach und nach endogen zu Einzelprivatisierungen und damit zu einer ostdeutschen, mittelständischen, innovativen Chemiestruktur am Standort geführt hätte. Diese Vorstellungen determinieren den industrie- und beschäftigungspolitischen Transformationspfad der IG Chemie und finden Eingang in die Kritik an den Vertragsinhalten, die zu sehr auf konjunktur-, energie- und wechselkursabhängige Grundstoffchemie setzen.

Im Land wurde die Bedeutung eines Experimentierfeldes für umweltfreundliche Prozesse, das sich verstärkt von einer reinen Umweltschädenbeseitigung, die auch die Treuhand aktiv unterstützte, ab- und der regionalwirtschaftlichen Entwicklung auf Basis der Chemie zuwendete, breit diskutiert. Dennoch reagierten die landespolitischen Akteure erst relativ später als die anderen Beteiligten auf die chemiespezifische Problematik, was zum einen an der bereits genannten Ablehnung weiterer Umweltbelastungen und zum anderen daran gelegen haben mag, daß sie die regionalpolitische Dimension verkannten. Massive Kritik übte vor allem die IG Chemie, welche mit ihrem *Beratungsbüro Bitterfeld* regionale Wirtschaftsförderung betrieb und damit die Tatenlosigkeit des sachsen-anhaltinischen Wirtschaftsministers Rehberger zu kompensieren versuchte, der die Verantwortung für die Chemieindustrie auffallend an Treuhand und Bund abschob (IG CPK 12/91). Erst die verstärkte Einbindung in die Gemeinschaft von IG Chemie, Chemiedirektorat und Kanzleramt zwang die Landespolitiker Ende 1991 zur Einrichtung chemiespezifischer Gremien .

Beim Wirtschaftsministerium wurde ein *Arbeitskreis Industriepolitik* eingerichtet. Seit Frühjahr 1992 beobachtet dieses aus Vertretern von Land, Arbeitgeberverbänden, Kammern, THA und Gewerkschaften bestehende Gremium die Entwicklung bedeutender Industrieunternehmen des Landes mit mindestens 200 Beschäftigten. Die Lage mehrerer Unternehmen wird bei den Zusammenkünften je im Einzelfall besprochen, um konkrete Fördermaßnahmen einzuleiten. Das Land unterstützt die als sanierungsfähig eingestuften Treuhand-Betriebe mit GRW-Mitteln, Bürgschaften und speziellen Forschungsgeldern (Nolte 1993: 188). Nach Auskunft des zuständigen Beamten im Wirtschaftsministerium Sachsen-Anhalts ist der Arbeitskreis als Untergremium der im Frühjahr 1991 bei den Staatskanzleien der Länder gebildeten Treuhand-Wirtschaftskabinette hauptsächlich damit befaßt, Unternehmen bei der Umsetzung von Sanierungs- und Privatisierungskonzepten auf dem Wege von Konsenslösungen intensiv zu begleiten, Differenzen mit der THA schon im Vorfeld auszubügeln und dabei die Einbindung wichtiger gesellschaftlicher Gruppen als Argument ins Feld zu führen (Interview 0310). Im Unterschied zu eher standortorientierten Konzepten in Thüringen und Brandenburg werden hier betriebszentrierte Beschlüsse gefaßt. Die verschiedenen Gremien gehen zurück auf die „Grundsätze der Zusammenarbeit von Bund, neuen Ländern und Treuhandanstalt für den Aufschwung Ost". Hierin verpflichtete sich die Treuhandanstalt im Ergebnis eines Spitzengesprächs mit dem Bundeskanzler und Vertretern der neuen Länder, trotz grundsätzlicher Entscheidungsautonomie insbesondere Stillegungen künftig mit den betroffenen Ländern abzustimmen.

Unabhängig davon wurde mit Beschluß des Landtags vom 4. Oktober 1991 der *„Zeitweilige Ausschuß Chemieindustrie"* gegründet. Er erhielt den Auftrag, sich mit den Konzeptionen zur Chemieregion Sachsen-Anhalts zu beschäftigen sowie ihre struktur-, beschäftigungs- und sozialpolitischen Auswirkungen zu untersuchen. Die Sitzungen fanden häufig vor Ort in den jeweiligen Betrieben statt. Der Ausschuß schätzt seine tatsächlichen Einflußmöglichkeiten auf die Privatisierungspolitik der Treuhandanstalt im Abschlußbericht eher skeptisch ein (LT-Drs. 1/3778). Die SPD-Opposition im Landtag nutzte den Ausschuß daher vorwiegend zur parteipolitischen Auseinandersetzung mit der Privatisierungspolitik der Treuhandanstalt. Ihre abweichende Position enthielt parallel zu den Vorstellungen der IG Chemie Forderungen, den Verbund zwischen den Großunternehmen und die F&E-Kapazitäten zur Entwicklung spezialisierter, verbrauchsnaher Produkte zu erhalten, sofort mit Modernisierungsinvestitionen und dem Aufbau einer Umweltschutz-Chemieindustrie zu beginnen. Mit dieser Abkehr vom Privatisierungsprimat der Treuhand ließ sich landesweit hervorragend Parteipolitik betreiben. Mit einer aktiven und integrierten Industriepolitik wollte die SPD das Entstehen verlängerter Werkbänke verhindern und über ein regionales Strukturförderprogramm die Chemielastigkeit der Region aufbrechen.

Zentrale Forderung war die Gründung einer Chemieholding „Vereinigte Chemische Industrie Sachsen-Anhalts" (VCSA). Über eine Industriebeteiligungsgesellschaft sollten Bund, Land und private Investoren ihrer gemeinsamen beschäftigungs- und strukturpolitischen Verantwortung nachkommen (LT-Drs. 1/845). Damit zeigte sich die SPD wesentlich entschlossener als die IG Chemie, die aus Rücksicht auf ihre westdeutsche Klientel vorsichtig agieren mußte und lediglich einen vorübergehenden Sanierungsaufschub in *standortbezogenen* Betreibergesellschaften anmahnte (Hb vom 17. Dezember 1991), um der westdeutschen Chemieindustrie weiterhin die Tür offen zu halten. Die Zusammenführung der vier Unternehmen unter einheitlicher Konzernführung mit Beteiligung von Bund und Land sollte hingegen nach SPD-Vorstellungen der besseren Koordination und Ausschaltung der intraregionalen Konkurrenz dienen (Friedrich-Ebert-Stiftung 1991; Drs. LT S-A 1/845). Eine derart sanierte Staatsholding Ost wäre aber vor allem für die westdeutsche Großchemie und ihre Vormachtstellung auf dem deutschen Markt möglicherweise doch zu einer Bedrohung geworden. Während ihre Vertreter den alten Schwesterunternehmen Besuche abstatteten und dort Hoffnung auf Übernahme weckten, nutzten sie die überraschende Nachfrage zum Abbau eigener Überkapazitäten und zögerten damit den eigenen Konjunktureinbruch hinaus. Mit tatsächlichem Engagement hielt sich die westdeutsche Großchemie aber sehr zurück.

3.3 Politische Signale

Relativ schnell wurde deutlich, daß sich die auf ihrem geringen Produktionsvolumen gründende Hoffnung der ostdeutschen Chemiekombinate auf Übernahme durch westdeutsche Konzerne nicht erfüllen würde. Deren Einstellung zu einer IG Farben im Osten, wie sie ursprünglich der Chemiegewerkschaft und der Treuhandanstalt vorschwebte, soll Bayer-Chef Strenger mit den Worten auf den Punkt gebracht haben: „Am besten man deckt ein Tischtuch drüber".
Neben dem marktpolitisch begründeten Desinteresse stellte sich aber noch ein produktionsstrukturelles Problem. Die unter DDR-Ägide gewachsene, eigentümliche Verbundproduktion ließ sich nicht mehr ohne weiteres in das Portfolio westlicher Chemiekonzerne einpassen. Eine ganzheitliche Übernahme der DDR-Kombinate hätte wegen der bestehenden market sharing agreements zwischen den europäischen Chemiefirmen zwangsläufige Interessenkollisionen ausgelöst, die für den Sektor gänzlich untypisch sind und unbedingt zu vermeiden waren. Daher beschränkte sich das Engagement der westdeutschen Großchemie auf die Ergänzung eigener Produktlinien im konsumnahen Bereich und die Errichtung von „Kathedralen in der Wüste" (Grabher 1991), die, eingebettet in die Konzernstruktur, nur wenige regionale Impulse auslösen[8]. Die Übernahme der Grundchemikalienproduktion des Chemiedreiecks und schon gar ökologische Experimente nach Vorstellungen der IG Chemie wurden kollektiv abgelehnt. Da eine Umweltschutzindustrie sich nicht einfach herzaubern ließ, hätte man an vorhandene Produktionsstrukturen anknüpfen müssen, was gänzlich außerhalb der Vorstellungen eines vorwärtsintegrierenden und international orientierten global players liegen mußte.

Ob der Treuhandanstalt diese strukturellen Schwierigkeiten einer Privatisierung bewußt waren, als sie sich 1990 für die Einschaltung von Beraterfirmen zur Erarbeitung von Unternehmenskonzepten für die Großchemie im Dreieck entschied, vermag noch nicht abschließend beurteilt werden. Interviews mit der Leuna-Geschäftsführung und die Versuche der Treuhandanstalt, die ostdeutsche Chemieverbundstruktur so zurechtzuschneiden, daß sie nahezu den Vorkriegsstrukturen entsprach, deuten eher darauf hin, daß zu diesem Zeitpunkt noch von einer ganzheitlichen Übernahme wenigstens der Chemiestammwerke in Leuna und Buna durch einen westlichen Chemiekonzern ausgegangen wurde.

---

8 Eine gezielte Umlenkung von Investitionen, wie sie die BASF zugunsten des bereits relativ modernen Schwarzheider Werks zur Erweiterung ihrer Grundstoffpalette vorgenommen hat, sind eher die Ausnahme (ISW 1992: 56).

In die Konzepterstellungsphase hinein gibt der Bundeskanzler bei einem Besuch der Chemieregion am 10. Mai 1991 eine Garantie für den Erhalt eines vierten Chemiestandortes in Deutschland[9]. Damit reagierte Helmut Kohl auf den zunehmenden Unmut eines beträchtlichen Wählerpotentials gegen die Privatisierungspolitik der Treuhandanstalt und den Aufruhr, den jüngste Gerüchte über nur 13.000 langfristig sichere Chemiearbeitsplätze in der Region verursacht hatten. Über eine Indiskretion waren Zahlen aus einem frühen McKinsey-Gutachten an die Öffentlichkeit gelangt (Christ/Neubauer 1991: 160). Nach Ausgliederung von Altersrentnern[10], Ausschöpfen der Vorruhestandsregelungen und dem Auslaufen der großzügigen DDR-Kurzarbeiterregelungen wurde langsam deutlich, daß es nun an die Substanz ging, sprich: betriebsbedingte Kündigungen bevorstanden. Von den am 1. Mai 1991 nurmehr 58.000 Chemiebeschäftigten[11] arbeiteten etwa 22.000 kurz, davon fast 17.000 mit Null-Stunden (IG CPK 1991: 2). Auf einer von der IG Chemie im März organisierten Großkundgebung forderte der Vorsitzende Rappe von der Treuhand eine Gleichbehandlung von Privatisierung und Sanierung, sieht aber gleichwohl einen staatlichen Chemiekonzern nur „als letzten Ausweg". Gewerkschaftsziel war in dieser Phase ein zumindest vorübergehender Erhalt der Großbetriebe, ein Sofortprogramm zur Umweltsanierung durch Beschäftigungsgesellschaften, mit denen man die freizusetzenden Chemiebeschäftigten und Gewerkschaftsmitglieder vorübergehend aufzufangen gedachte, eine zukunftsfähige Forschungsförderung und die endogene Entwicklung einer innovativen, ostdeutschen Chemieindustrie, die in scheinbar vorhandene Marktlücken vorstößt („Vor Ort" Chemie Sachsen-Anhalt 12/1991).

Auch hatte sich die Bundesregierung bereits im Februar 1991 im *Gemeinschaftswerk Aufschwung Ost* darauf festgelegt, zu verhindern, daß Ostdeutschland lediglich zu einem Konsumstandort mutiert. Vor diesem Hintergrund wollte der Kanzler nach eigenem Bekunden mit seiner Überlebensgarantie Hoffnung für die Chemiebeschäftigten in der Region geben (FAZ vom 11. Mai 1991: 5). Dieser, für den VCI-Landesverband Ost „entscheidende Beitrag zum Erhalt der Chemie in Mitteldeutschland" (Belitz 1993: 232) war für die Treuhandanstalt das deutliche Signal, von ihrem bislang halbherzigen

9 Treibende Kraft soll hier der fur den Aufbau Ost im Kanzleramt zustandige, jetzige Staatssekretar im BMWi Johannes Ludewig gewesen sein, der nach Auskunft samtlicher Interviewpartner durch sein unermudliches personliches Engagement fur die Chemieindustrie auffiel.

10 Zu DDR-Zeiten waren beispielsweise im Leuna-Werk 1 500 Rentner beschaftigt.

11 Von knapp 80.000, die den vier regionalen Chemieunternehmen nach Sypro zuzurechnen waren.

Engagement abzukommen und auf den Erhalt einer chemischen Industrie in Ostdeutschland hinzuarbeiten. Gleichwohl beließ ihr die Politik große Interpretationsräume bezüglich Qualität und Modernität des Chemiestandorts. Diesen taktischen Entscheidungsspielraum nutzte sie fortan entschlossen.

3.4 Neuorientierungen: Zeit des Erwachens

Der *Lenkungsausschuß Chemie*, in dem Vertreter aus Vorstand und Chemiebranchenteam der Treuhandanstalt, den betroffenen Ministerien und Landesregierungen, der IG Chemie sowie den Unternehmensleitern und den Beratungsfirmen Arthur D. Little und McKinsey saßen, verfolgte das anspruchsvolle Oberziel „Erhalt eines Optimums an Arbeitsplätzen unter ökonomisch vertretbaren Bedingungen“ (Schmidt-Tophoff 1993: 204).

Weil ein „Überleben“ aus rein betriebswirtschaftlichen Erwägungen von vornherein ausgeschlossen war, kamen die Beratungsunternehmen zwangsläufig zu dem Ergebnis, daß die Standorte der Großchemie „nur unter Zugrundelegung volkswirtschaftlicher Opportunitätsüberlegungen“ (Schmidt-Tophoff 1993: 208) *und* Berücksichtigung der Stillegungskosten (IG CPK 1991: 6) erhalten werden könnten. Sie bilanzierten für die Leuna Werke Stillegungskosten von 5,7 Milliarden DM gegenüber einer Anschubfinanzierung von 4,1 Milliarden DM (L-E, 27. September 1991), für BUNA 4,4 Milliarden DM gegenüber 3,3 Milliarden DM. Geplant war hier der Erhalt von 13.500 Arbeitsplätzen in den Rumpfbetrieben sowie weiterer 6.300 in Ausgliederungen (Gilles/Hertle 1994: 14).

Die IG Chemie kritisierte das Konzept entsprechend ihren eigenen Vorstellungen als zu grundstofflastig und wehrte sich vor allem gegen die Festlegung von Endpunkten für die Privatisierung (IG CPK-Pressedienst vom 9. Juli 1991; CR vom 12. Juli 1991). Dies werde dazu führen, daß der Osten Zulieferer für den qualitativ hochwertig produzierenden Westen wird. Die westdeutsche Großchemie, in der die Gewerkschaft ohnehin erhebliche Rekrutierungsschwächen hat, würde weitere Produktionsarbeitsplätze verlieren. In Sachsen-Anhalt würden sich die innovativen, mittelständischen Strukturen nicht endogen entwickeln, da ein reiner Produktionsstandort keine Forschung, Entwicklung und innovative Produkte benötigt. Der Gewerkschaft mußte daher an einer ökologischen Sanierung der Rumpfbetriebe gelegen sein, die als Knotenpunkte einer regional vernetzten Industriestruktur dienen und einem geschlossenen, originär ostdeutschen Chemiestandort Vorschub leisten. „Erst sanieren, dann privatisieren“, lautete jetzt das Gebot der Stunde (Rappe, zitiert in CR vom 6. Dezember 1991).

Wie noch deutlich wird, waren die Planzahlen viel zu optimistisch. Zu diesem Zeitpunkt diente eine derart dezisionistische Denkweise jedoch der Reduzierung von Komplexität und Unsicherheit im Zeichen der Krise. Vor allem der kurze, den Berechnungen zugrunde liegende Privatisierungszeitraum mußte angesichts der sich abzeichnenden Weltchemierezession illusionär erscheinen. Jede Verzögerung würde zwangsläufig viel Geld kosten und die ganzen Opportunitätskostenberechnungen obsolet werden lassen. Darüber hinaus lagen die im Konzept für die Einrichtung eines Arbeitsplatzes angesetzten Kosten von 100.000 bis 400.000 DM viel zu niedrig und sind eindeutiger Hinweis auf die Grundstofflastigkeit der Treuhand-Privatisierungsstrategie. Denn nach Angaben des Bundesarbeitgeberverbandes Chemie (BAVC) ist der Investitionsbedarf für einen modernen High-tech-Arbeitsplatz in der Chemie mit einer Million DM anzusetzen (Hb vom 2. Januar 1995).

Das im Januar 1992 vorgestellte Treuhandpapier „Privatisierungsstrategie für die Großchemie in den neuen Bundesländern“ ist eine eindeutige Abkehr von der bislang favorisierten standortinternen Separatlösung und als direkte staatliche Reaktion auf das Desinteresse der westdeutschen Großchemie zu interpretieren. Die DM-Aufwertung im Zuge der Währungsunion, wegbrechende Ostmärkte sowie die hohe Konkurrenz auf dem durch niedrige Gewinnmargen gekennzeichneten Grundstoffmarkt zwangen auch die Leuna-Geschäftsleitung zur Anerkennung des Unvermeidlichen (L-E Nr. 27/92). Unter Berücksichtigung der unter DDR-Ägide gewachsenen technologischen Verbunde ergibt sich für die jetzt angestrebten Privatisierungen ein Bild wie in Abbildung 2 dargestellt.

Mit der Definition *„standortübergreifender Privatisierungspakete“* gab die Anstalt ihr bisheriges, an Westdeutschland orientiertes Restrukturierungsmodell „integrierter Großbetrieb“ auf. Zum *Mineralölpaket* gehören Betriebsteile in Webau, Lützkendorf, Zeitz und Leuna. Das *Petrochemie-Paket* umfaßt den Olefinverbund und die dazugehörenden Betriebsteile von Leuna, BUNA und Böhlen. Die *Chemiepakete* könnten möglicherweise auch als Splitter ohne übergreifenden Bezug privatisiert werden (Belitz et al. 1993: 225ff). Die Treuhand schlägt damit einen Mittelweg ein, indem sie einerseits weiter zerschneidet, andererseits aber produktionstechnisch bedingte Strukturen der Chemiestandorte weitgehend berücksichtigt (Riemann in Leuna-Echo vom 13. März 1991: 6f). Erst mit diesem Neuzuschnitt signalisiert sie auch konzeptionell den unbedingten Willen zum Erhalt eines integrierten petrochemischen Standortes in Ostdeutschland.

Abbildung 2: Die Privatisierung muß die Verbundbeziehungen zwischen den Standorten berucksichtigen

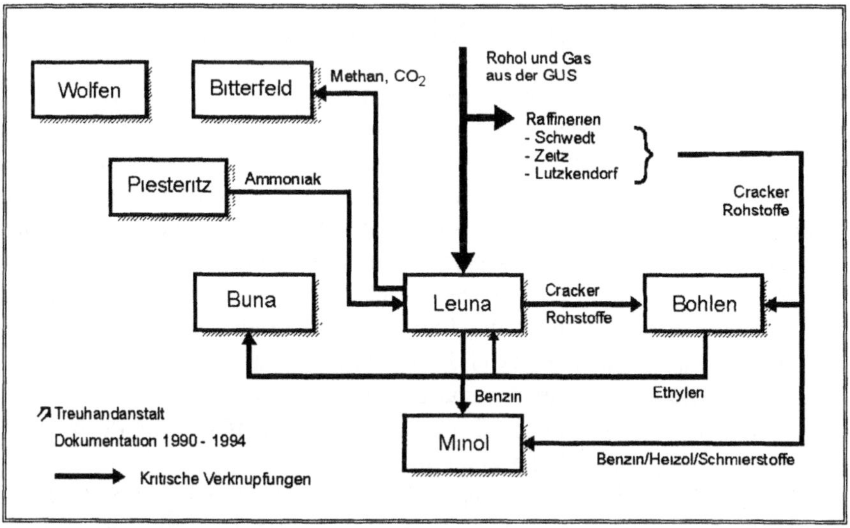

Ermöglicht wurde diese Neuorientierung durch eine interne Reorganisation des Chemiedirektorats U6/CH. Als sich Mitte 1991 abzeichnete, daß es überwiegend nicht zu den chemischen Reaktionen zwischen Ost- und Westchemie kommen würde, fügte man die Stammbetriebe zum Teil organisatorisch mit den ehemaligen, noch nicht regionalisierten oder privatisierten Betriebsteilen zusammen (THA 1994: 358). Fragmente der ehemaligen Kombinatsstrukturen wurden damit wieder erkennbar. Verbunden mit der nur defensiven Sanierungsstrategie mußte dies zwangsläufig strukturkonservierend (Fischer/Weissbach 1994: 67) wirken, war jedoch angesichts der gegebenen Umstände nicht zu vermeiden. Ansonsten hätte die Treuhand vom politischen Ziel des Standorterhalts abrücken müssen.

Die noch fehlenden Verbindungen zur mineralölverarbeitenden Industrie wurden ab Mitte 1992 zumindest organisatorisch wiederbelebt[12]. Das neue, unter politischem und marktpolitischem Druck entstandene Verbundkonzept, Symbol für den versprochenen Chemiestandort Ost, sowie die nun avisierte Privatisierungsreihenfolge

Mineralölwirtschaft -> Petrochemie -> Chemie

galt es fortan gegen alle Widrigkeiten durchzusetzen.

12 Schritt fur Schritt wurde die Verantwortlichkeit fur die Sachsischen Olefinwerke sowie die Sudraffinerien vom Direktorat Energie wieder auf das Direktorat Chemie ubertragen

3.5 Von der Raffinerie „Leuna 2000“ zur Mitteldeutschen Erdölraffinerie GmbH (Mider): Die unendliche Geschichte

Zentraler Dreh- und Angelpunkt der Treuhand-Strategie zur Revitalisierung der sachsen-anhaltinischen Chemiestandorte war die Leuna-Raffinerie. Sie sollte eine billige Rohstoffversorgung sichern und damit Ansiedlungsanreize für Chemieproduzenten auslösen. Da kein Chemiekonzern zur Gesamtübernahme des Komplexes bereit war, trennte die Anstalt den Chemieteil ab und versuchte nun, die Raffinerie separat nicht im Chemie- sondern im wesentlich heterogener strukturierten Mineralölsektor zu verkaufen. Leitbild war für die Treuhandanstalt offenbar die Erfahrung des Standortes Rotterdam, an dem sich in den 60er Jahren im Gefolge des Raffineriebaus ein ausgedehnter petrolchemischer und weiterverarbeitender Komplex entwickelte (ISW 1992: 58f). Über vertragliche Regelungen mit dem Raffinerie-Käufer hoffte die Anstalt, den avisierten Chemieverbund sichern zu können.

Weil die Leuna-Raffinerie aber auch einzeln wegen ohnehin bestehender Überkapazitäten der europäischen Mineralölindustrie nur schwer einen Käufer finden konnte, formulierte der Leiter des Treuhand-Unternehmensbereichs Chemie/Energie Schucht ein Junktim. Dem Käufer der Raffinerie, der ein hohes Risiko einging, da zu diesem Zeitpunkt zwar das politische Signal gegeben, aber noch keineswegs klar war, wie der Standort in zwei Jahren aussehen würde, wurden als Mitgift die lukrativen MINOL-Tankstellen angeboten.

Diese Vorleistung, verbunden mit dem Verbot einer geplanten Fertigprodukten-Pipeline von Hamburg nach Sachsen, welche das Überleben der Raffinerie und damit des gesamten Standortes gefährdet hätte (IG CPK 1991: 5a), führten am 23. Juli 1992 zur Unterzeichnung des nur scheinbar endgültigen Vertrages zwischen der THA und dem Elf/Thyssen-Konsortium. Zugesagt wurde eine Investitionssumme von 4,3 Milliarden DM und die langfristige Sicherung von 6.700 Arbeitsplätzen. Darüber hinaus verpflichtete sich die Gruppe, chemische Vorprodukte für die umliegenden Chemieunternehmen zur Verfügung zu stellen, u. a. 650.000 Tonnen Methanol pro Jahr.

Mit dem „strategisch-technisch, beschäftigungspolitisch und finanziell“ wohlbegründeten Zuschlag für das TED-Konsortium unter Führung der Elf aq. (THA, zitiert in CR vom 17. Januar 1992) trat die Treuhand eine Protestlawine innerhalb der europäischen Mineralölindustrie los. Für die „Leuna 2000“, so behaupten Branchenkenner, gebe es keinen Markt (Wilke 1994: 372). Dem Verkaufspreis von 720 Millionen DM ständen Kostenübernahmen seitens der Treuhandanstalt von 2,9 Milliarden DM gegenüber (CR vom 23. Oktober 1992). Darüber hinaus kritisiert der Mineralölverband die „falschen wirtschaftspolitischen Weichenstellungen und untypischen wettbewerbsverzerrenden Wirkungen“ der umfangreichen staatlichen Garantien, die den freien Zugang von Mineralölprodukten zur Leuna-Umgebung einschränken würden (CR vom 4. September 1992). Angesichts der europaweiten Kapazitätsunterauslastung hatten die westlichen Mineralölkonzerne, ähnlich der Chemieindustrie, mit dem Untergang der DDR auf ein zusätzliches Absatzgebiet gehofft. Mit der „Raffinerie 2000“ und der „Petrolchemie AG, Schwedt“ wurde nicht nur die DDR-Kapazität mit 20 Millionen Tonnen wieder erreicht. Vielmehr drohten die beiden regionalen Monopolisten wegen des Zusammenbruchs der weiterverarbeitenden Bereiche in Ostdeutschland und der völligen Überschätzung des Mineralölzuwachses zusätzlich über den regionalen Markt hinaus in die etablierten Absatzmärkte Westdeutschlands vorzustoßen.

Natürlich begab sich die Treuhandanstalt mit der Raffinerie-Entscheidung auf ordnungs- und wettbewerbspolitisches Glatteis. Durch den Raffinerieverkauf Schwedt und Leuna ist in Ostdeutschland nach Ansicht des HWWA-Instituts „ein wesentlich höherer Konzentrationsgrad bei der Mineralölverarbeitung als in Westdeutschland“ entstanden (Hb vom 21. Juni 1994: 6). Die Paketprivatisierung Minol/Leuna war für sie aber die einzige Möglichkeit, den politischen Wünschen zu entsprechen, ohne ihr Privatisierungsprimat zu verletzen. Denn die Überlebenschancen eines vierten Chemiestandortes in Deutschland sind angesichts der Überkapazitäten und Abschottungsstrategien der westdeutschen Chemiekonzerne nicht besonders hoch. Daher mußte die Treuhand genügend Anreize für Investoren setzen.

Die Tatsache, daß mit der Elf ein Mineralöl- und kein Chemiekonzern die Initialzündung für die Region gab und das Geschäft darüber hinaus zwangsläufig die anderen Unternehmen der Branche kompromittieren mußte, mag als Hinweis auf die governance dieses von der Chemie zu unterscheidenden Sektors interpretiert werden. Neben vielen klein- und mittelständischen Brennstoffhändlern tummeln sich auf dem deutschen Markt 16 größere Konzerne mit internationaler Ausrichtung, die zwei Drittel des Umsatzes tätigen. Dieser Umstand macht Absprachen problematisch und führt dazu, daß es keine versteckten Marktzutrittsbarrieren wie in der Chemieindustrie gibt (Brech 1994). Hier scheint der Wettbewerbsmechanismus eine wesentlich dominierendere Rolle zu spielen. Das erklärt, warum sich die Elf aq. mit ihrer strategischen Entscheidung für eine riskante Steigerung ihres Umsatzanteils am deutschen Markt von zwei auf acht Prozent als „enfant terrible“ der Branche gerieren kann. Der Mineralölsektor ist augenscheinlich strukturell unfähig gewesen, Einzelaktionen in diesem Ausmaß selbstregulativ zu verhindern.

Dennoch zwang die desolate Marktsituation für Mineralölprodukte die Treuhand zu weiteren schmerzhaften Zugeständnissen. Der Elf aq. gelang es, im Zuge der zweijährigen Nachverhandlungen ihre Beteiligung von wirtschaftlich und inoffiziell 100 Prozent auf 41 Prozent so weit zu vermindern, daß sie die Leuna-Beteiligung nicht mehr zu konsolidieren braucht (EID, 19. Dezember 1994). 24 Prozent gingen an die russischen Erdölunternehmen Rosneft, Surgutneftegaz und Megionneftegaz, die ihren Anteil über Erdöllieferungen bezahlen. Addinol und Zeitz werden nicht von Elf übernommen und die Kapazitäten von Raffinerie und Methananlage deutlich reduziert (Bayer AG, ddp-Ticker 24. Mai 1994.). Mit dem Thyssen-Kontingent, das nach Fertigstellung ursprünglich Elf übernehmen wollte, übernahm der Staat einen Anteil am Betriebsrisiko und bleibt nach Ansicht des HWWA „längerfristig im Obligo“(Hb vom 21. Juni 1994: 6).

Joker im ganzen Spiel war aber nach Ansicht politischer Beobachter erneut das Kanzleramt. Die Franzosen wußten, daß ein Flop die Zukunft des gesamten Chemiedreiecks in Frage stellen würde. Um der Elf aq. zusätzliches Tauschpotential für die bevorstehenden Verhandlungen zu verschaffen, kündigte Paris Klage gegen die bereits gelaufene deutsche Kalifusion vor dem europäischen Gerichtshof an (Die Zeit vom 4. März 1994). Da ein neuer Investor angesichts der veränderten Marktlage zu diesem Zeitpunkt nicht mehr zur Verfügung stand, drohte sogar ein Wiederaufleben des alten Pipeline-Plans der westdeutschen Mineralölindustrie, den die sachsen-anhaltinische Landesregierung mit Unterstützung der IG Chemie zwei Jahre zuvor erfolgreich unterbunden hatte. Daß die persönliche Intervention des Kanzlers gefruchtet hat[13], kommentiert die Mitteldeutsche Zeitung pointiert: „Kohl, der ehemalige Steinschleifer von der BASF in Ludwigshafen, hat Elf bei der Stange gehalten, selbst als die Franzosen wegen der Kapazitäten auf dem Ölmarkt kalte Füße bekamen“(MZ vom 26. Mai 1994).

Politik und Treuhandanstalt haben, entgegen marktpolitischen Determinanten und bei nur zweitrangiger Bedeutung der kurzfristigen Arbeitsplatzzusagen, eine Interessenkollision zumindest mit der westlichen Mineralölindustrie riskiert, um am Standort eine Chemieproduktion aufrechtzuerhalten. So gilt die Herauslösung und Einzelprivatisierung der Leuna-Raffinerie als „Initialzündung“ für den Bestand eines ostdeutschen Chemiestandorts.

13 Ein Interviewpartner sah verschworungstheoretisch sogar einen moglichen Zusammenhang mit der jungsten Mercedes-Produktionsentscheidung fur das Elsaß

3.6 Beharrlichkeiten und Verzögerungstaktik: Wie Probleme „abgekühlt“ werden

Die BUNA-Werke in Schkopau gingen wesentlich länger von einer Gesamtprivatisierung aus als Leuna. Das hängt unmittelbar mit der Privatisierungsreihenfolge zusammen, die sich die Treuhandanstalt mangels Investoren selbst auferlegen mußte. Der Böhlener Cracker, die Bunaer Ethylenchemie und die ganze Folgechemie hingen von den Naphta- und Methanollieferungen aus dem Raffineriebetrieb ab. Die Interessenten für einzelne Chemiegeschäfte warteten jeweils den nächsten Zug der Treuhand ab und minimierten damit ihr Risiko immens. Denn mit jeder Verzögerung der standortübergreifenden Privatisierung erhöhte sich der Druck des regionalen Interessenkartells auf die Treuhandanstalt, endlich mit der aktiven Sanierung anzufangen. Das konnte für Investoren bei späteren Privatisierungen nur vorteilhaft sein, widersprach jedoch gänzlich dem Treuhandauftrag. Wie aber kam es trotz dieser unterschiedlichen Interessen zu allgemein akzeptierten Ergebnissen?

Am 9. Juni 1990 wurde das Kombinat unter Abspaltung der Betriebsteile und damit eines Drittels der Beschäftigten in die Buna AG umgewandelt. Im Stammbetrieb verblieben 18.100 Mitarbeiter (Köhler/Sandmann 1994: 26). Die unter Weltmarktbedingungen völlig unwirtschaftliche Carbid-Acetylen-Chemie war Basis für fast die Hälfte aller Buna-Erzeugnisse. Nach Stillegung dieser Anlagen am 16. Juni 1991 mußte das Unternehmen die nun zur Weiterverarbeitung fehlenden Zwischenprodukte am Markt einkaufen. Um diesen für einen autarken, großchemischen Betrieb unbefriedigenden Zustand abzustellen, hätte es einer raschen Modernisierung der noch bestehenden und des Aufbaus neuer petrochemischer Anlagen bedurft.

Der noch 1990 abgeschlossene Kooperationsvertrag mit der zum VEBA-Konzern gehörenden Chemische Werke Hüls/Marl (CR vom 16. März 1990), das persönliche Engagement des Hüls-Vorstandsvorsitzenden Krauch, dessen Vater das Synthesekautschukwerk zeitgleich mit dem westdeutschen Unternehmen gründete, sowie der rasche Wechsel zweier Hüls-Manager in den Buna-Vorstand bestärkten 1991 noch Unternehmensleitung und Betriebsrat in ihrer Hoffnung auf eine chemische Reaktion. Erst im Verlauf des Jahres 1992 wurde langsam deutlich, daß die Buna AG für Hüls ein zu großer Brokken war („aufwärts“ BUNA vom 11. Januar 1995). Mit dem tödlichen Unfall des Veba-Vorstandsvorsitzenden Klaus Piltz und den finanziellen Schwierigkeiten der Chemiesparte im konjunkturellen Abschwung ebbte das Interesse an einem Arrangement mit dem Schkopauer Werk endgültig ab.

Unterdessen hatte sich mit ENI Chem ein weiterer Interessent gemeldet, der für kurze Zeit die Aufmerksamkeit auf sich lenkte. Die Italiener wollten allerdings zunächst für ein Jahr die Betriebsführung kommissarisch übernehmen, ohne nähere, längerfristige Verpflichtungen einzugehen. Natürlich stieß dies auf heftigen Widerstand von Unternehmensleitung und Betriebsrat, die hinter der Offerte lediglich Spionage durch einen potentiellen Konkurrenten vermuteten. Die vagen Vorstellungen zeigen aber auch, daß der ENI Chem ein solch umfangreiches Engagement wegen der unklaren Enwicklungsperspektiven des Chemiedreiecks nicht ganz geheuer war. Sie wollten zunächst den Fuß in die Tür setzen und dann die Erholung der Weltchemiekonjunktur sowie den Ausgang der Treuhand-Bemühungen um die Rohstoffversorgung in Leuna abwarten. Letztlich begründet sich die Substanzlosigkeit der ersten „gesamtheitlichen Lösung" für den später so genannten Olefinverbund in konjunkturbedingten und strukturellen Schwierigkeiten der ENI Chem sowie den politischen Turbulenzen in Italien (Der Spiegel vom 3. August 1992).

Parallel zu den Privatisierungsbemühungen schürte die Treuhand immer wieder Hoffnungen auf eine aktive Sanierung und den Gesamterhalt der Sparten Kautschuk, PVC und organische Chemie. Im Februar 1992, nach der scheinbar gelungenen Privatisierung der Leuna-Raffinerie, sah der Betriebsrat nach Gesprächen mit der Berliner Anstalt grünes Licht für Investitionen. Die Vorsitzende und heutige Landtagsabgeordnete Ingrid Häußler meinte: „Die Gespräche mit der Treuhand sind nicht immer so deutlich, daß man sagen kann, es ist etwas zugesagt worden. Aber wir haben den Eindruck, daß sich der Standpunkt der Treuhand zur Frage der Investitionen verändert hat" (CR vom 14. Februar 1992: 2). Unternehmensleitung und Betriebsrat argumentierten auf Basis eines gemeinsam mit den Hüls-Managern erarbeiteten Konzepts und setzten dabei auf Unterstützung durch die Treuhandanstalt. Es sah dringende, längst überfällige Investitionen in Anlagen der Buna AG vor.

Allerdings sah die Treuhand die Gefahr von Mitnahmeeffekten und gab grundsätzlich nur „investorneutrale" Mittel frei. Eine vorzeitige Festlegung auf bestimmte Vorstellungen hätte sie zudem ihrer Flexibilität und Spielräume in den laufenden Verhandlungen mit anderen potentiellen Investoren beraubt. Infolgedessen sind die häufigen Modernisierungsankündigungen von Unternehmensleitung und Betriebsrat, die das Veba-Konzept auch ohne private Hilfe umsetzen wollten, in dieser Phase mehr als Hoffnung auf eine selffulfilling-prophecy zu interpretieren denn als realistische Einschätzung der Lage. Ein Abweichen der Treuhand vom eingeschlagenen Kurs, Privatisierung sei die beste Form der Sanierung, kam nicht in Frage, da hierüber gerade auf der politischen Bühne ein heftiger Streit entbrannt war. Auch wenn die hohen Subventionen und sonstigen Zugeständnisse für Investoren das Bild verwässern, konnte vor allem die Bundesregierung aus ideologischen Gründen die bislang auferlegte industriepolitische Abstinenz des Staates bzw. das, was sie als solche definiert, nicht aufgeben.

Um so überraschter waren Unternehmensleitung und Betriebsrat, als die Treuhandanstalt im Herbst 1993 selbst die Initiative ergriff, dem Veba/Buna-Konzept noch den Böhlener Energie- und den Leuna-Polyolefinteil zuschlug und verkündete, notfalls selbst 1,5 Milliarden DM in den Olefinverbund zu investieren. Der Komplex werde nach Einschätzung von Treuhand-Direktor Schucht in Konkurrenz zur westdeutschen Kunststoffchemie treten (CR vom 22. Oktober 1993). Mit dem Argument, die Zurückhaltung der westdeutschen Großchemie zwinge die Anstalt zur Eigensanierung, um wenigstens Kernbereiche zu sichern, begründete Schucht kurz zuvor auch die Planung für eine Kunststoffrecycling-Anlage in Zeitz (Hb vom 18. Juni 1993: 13) In Bezug auf den Olefinkomplex sprach Schucht inoffiziell sogar von einem Staatsbetrieb, was viele Gegner, vor allem innerhalb der Treuhand, auf den Plan rief.

Zu dieser Zeit mußte die jüngste Mai-Prognose von 17.000 Chemiearbeitern im Dreieck (Das Parlament vom 13. August 1993) erneut nach unten korrigiert werden. Von den derzeit noch 14.000 Arbeitsplätzen in Treuhand-Unternehmen sollten im Zuge der Sanierung nochmals 4.000 wegfallen (CR vom 22. Oktober 1993). Für die THA war möglicherweise auch maßgeblich, daß die EG-Kommission erst im Juli den TED-Raffinerievertrag als mit Art. 93 I EWG-Vertrag vereinbar genehmigte (L-E, 2. Juli 1993). Offenbar bestanden bis zuletzt Befürchtungen, daß die Kommission, die erst im Frühjahr „auf besorgniserregende Beschwerden" über die Treuhand ein Verfahren gegen die Buna-Beihilfen eröffnet hatte (CR vom 12. Februar 1993), dem Bemühen der deutschen Politik, gegen marktliche und strukturelle Barrieren einen weiteren europäischen Chemiestandort zu etablieren, einen Riegel vorschieben würde.

Vor allem aber erklärt sich der vermeintliche Strategiewechsel aus dem bevorstehenden Wahljahr. Politisch wurde eine Perspektivgebung nun offenbar wichtiger eingeschätzt als ein Insistieren auf dem Treuhand-Auftrag. Vor allem, um die Grundsatzkritik der ostdeutschen Landesregierungen und der SPD-Opposition im Bund nicht wieder aufflammen zu lassen, sahen sich Anstalt und Bundesregierung zur Änderung ihrer politischen Rhetorik gezwungen, womit sie bei der Buna AG offene Türen einrannten. Unternehmensleitung und Belegschaft werteten den für sie offensichtlichen Kurswechsel als endgültiges und sicheres Signal, daß die Treuhand nun ernsthaft die lang ersehnte aktive Strukturpolitik betreiben würde und hofften, sich eigenständig zum „Meister der Kunststoffproduktion" entwickeln zu können (Interview).

Das Chemie-Direktorat hingegen nutzte die Euphorie und tauschte mit der Umwandlung der AG in eine GmbH zum 1. Januar 1994 auch die alte Veba/Hüls-Besetzung an der Unternehmensspitze gegen den Dow-Manager Brümmer und den Treuhand-Mitarbeiter Bayreuther aus. Im Februar 1994 wechselte zudem das ehemalige BDA-Vorstandsmitglied und heutiger Züricher Wirtschaftsberater von Brauchitsch als Vorsitzender in den Aufsichtsrat. Der Betriebsrat sah in diesen personalpolitischen Maßnahmen ein notwendiges Übel und stimmte der Treuhand-Personalpolitik trotz anfänglicher Vorbehalte zu. Glaubte man doch, daß die Treuhand für die Sanierung in Eigenregie verständlicherweise auf Leute ihres Vertrauens setzte („aufwärts" BUNA vom 11. Januar 1995: 6). Von dem Gespann wurde nun eine zügige Umsetzung des Polyolefinkonzeptes mit staatlicher Hilfe erwartet, zu der es aber nie kommen sollte. Der Wechsel der Gesellschaftsform war nämlich vor allem ein weiterer taktischer Treuhand-Zug zur Beruhigung der Lage, eine Etappe auf dem Weg zur Erfüllung ihres Privatisierungsauftrages.

Auch der neue Chef Brümmer konnte die anfänglichen Bedenken des Betriebsrates ob seiner Integrität und Loyalität gegenüber den Sanierungs- und Gesamterhaltungsinteressen der Belegschaft schnell zerstreuen. Gegenüber der Treuhand forderte er die versprochenen Mittel ein und sorgte letztlich für die Zusage einer Rohstoffpipeline von Rostock ins Dreieck. Erfolg hatte Brümmer in Bonn und Berlin mit einer betriebswirtschaftlichen Argumentation: Da bereits eine Trasse von Rostock über Schwedt ins Chemiedreieck bestehe, könne man doch die neue Pipeline einfach obenauf legen. Dies erspare insbesondere lange Genehmigungsverfahren, und man könne von der russischen GAZPROM billige Rohstoffe beziehen.

Natürlich war allen Beteiligten und insbesondere der westlichen Mineralöl- und Chemieindustrie klar, daß Schkopau damit autark und unabhängig von ihren Zulieferungen geworden wäre. Über Rostock hätte der Olefin-Verbund überall auf der Welt Rohstoffe kaufen können. Insbesondere bei Elf aq., für die sowohl eine Hamburger als auch eine Rostocker Pipeline eine massive Interessengefährdung darstellten, schrillten die Alarmglocken. Der designierte Mider-Generaldirektor Armand bezeichnete die Angelegenheit „als einen ganz schweren Fall" (MZ vom 10. November 1994). Um sich zu rechnen, müsse die Trasse für eine Durchlaßkapazität von 3,4 Millionen Tonnen konzipiert sein. Der Olefinverbund brauche wegen der bestehenden Verträge mit Mider/Leuna jedoch nur zusätzliche 1,5 Millionen Tonnen Naphta. Die Differenz, so die Befürchtung, könnte leicht durch Fertigprodukte wie Benzin aufgefüllt werden, was die Monopolstellung der Raffinerie erheblich gefährdet.

Die Treuhandanstalt war nun offiziell mit der Vorbereitung staatlicher Sanierungsmaßnahmen beschäftigt und wich damit augenscheinlich von ihrem strikten Privatisierungskurs ab. Im Dezember 1993 billigten Treuhand-Vorstand und Aufsichtsrat der Buna-Werke das Olefinkonzept. Gleichzeitig aber gab das Chemiedirektorat intern unmittelbare Anweisung an die Buna-Geschäftsführung, *keine* diesbezüglichen Anstrengungen zu unternehmen (Interview 0031). Mit der Umwandlung der Buna AG in eine GmbH hatte sie als Eigentümerin nun ein direktes Durchgriffsrecht auf die Geschäftspolitik. Zuvor konnten Aufsichtsrat und Geschäftsführung eine direkte Einflußnahme auf die Tagespolitik durch gemeinsames Vorgehen verhindern. Da zuvor das Privatisierungsprimat nie ernsthaft in Frage gestellt war, konnte sich die Anstalt eine derart lange Leine erlauben. Der Vorteil eines derartigen Arrangements bestand sogar darin, daß diese Gremien eine wichtige Pufferfunktion für die Treuhand wahrnahmen. Soziale Konflikte und Ärger der Belegschaft über unliebsame Treuhand-Entscheidungen wurden auf diese Weise vorgefiltert. Da nun aber Unternehmensleitung und Belegschaft damit rechneten, daß Investitionsmittel fließen, mußte die Anstalt doch eine engere Kopplung suchen, um genau dies zu verhindern. Buna-Chef Brümmer glaubt rückblickend, daß die Treuhand nie wirklich eine Eigensanierung Bunas wollte. Er sei zwar zur Umsetzung des modifizierten Veba/Hüls-Konzepts ins Unternehmen geholt worden, erhielt aber nie die dazugehörende Handlungsfreiheit (Interview 0031).

Offenbar mußte die Anstalt zunächst die endgültige Entwicklung der Leuna-Raffinerie abwarten, was einerseits deren zentrale Bedeutung innerhalb des Chemie-Verbundkonzeptes und andererseits die ständige Unsicherheit über die tatsächliche Umsetzungsfähigkeit unterstreicht. Als hier die Weichen gestellt waren, stimmte auch der Treuhand-Verwaltungsrat in enger Abstimmung mit dem Bundeskanzleramt im August 1994 dem integrierten Olefinkonzept *ohne* private Beteiligung zu. Lediglich Thyssen Handelsunion, die ein ähnliches Projektmanagement wie in Leuna anstrebte, sowie GAZPROM hatten bereits im Frühjahr einen Vorvertrag zur Übernahme einer qualifizierten Minderheit unterzeichnet. Die Treuhandanstalt rechnet mit 2,8 Milliarden Investitionen für Verbund und Pipeline (SZ vom 17. August 1994). Inklusive der Sozialpläne, Altlasten etc. hätte die Umsetzung dieses Konzepts nach Auskunft des Betriebsrates 5,5 Milliarden DM gekostet. Auf Basis dieses Konzeptes wurde das Bundesfinanzministerium angewiesen, die Mittel für aktive Sanierungsinvestitionen freizugeben. Die Treuhand verhinderte im operativen Bereich aber weiterhin die Ausgabenwirksamkeit und damit größere Investitionen unter staatlicher Direktive.

Dieser nach außen erneut eindeutige, tatsächlich aber nur vordergründige Hinweis auf eine Richtungsänderung der Treuhand-Privatisierungspolitik kann nur im Lichte der bevorstehenden Bundestagswahlen erklärt werden. Die Landtagswahlen im Frühjahr hatten zu massiven Einbrüchen für die Regierungskoalition und zu entsprechenden Gewinnen für SPD und PDS geführt. In den betreffenden Wahlkreisen Bitterfeld, Wolfen, Merseburg und Querfurt hatten Sozialdemokraten und PDS jeweils zwischen sieben und zehn Prozent hinzugewonnen. Die FDP verlor bis zu 14 Prozent gegenüber den Landtagswahlen 1990, während die CDU nur bis zu sechs Prozent Stimmen einbüßte (Statistisches Landesamt Sachsen-Anhalt). Gerade den Parteien der neuen Minderheitsregierung in Sachsen-Anhalt, die sich in der Opposition für eine staatliche Sanierung stark gemacht hatten, galt es, den Wind aus den Segeln zu nehmen, was auch gelang. So frohlockte die SPD im Landtag: „Die ideologisch geprägte Absage an eine verstärkte Staatstätigkeit, beispielsweise durch die Beteiligung des Bundes und des Landes an einer Chemieholding, ist inzwischen durch die Realität eingeholt worden. Es zeigt sich nun, daß nur unter der staatlichen Obhut eine durchgreifende Sanierung bis zur Privatisierung (z. B. für die BUNA GmbH) möglich ist“ (LT-Drs. 1/3778, Anlage 3).

Am 29. September 1994 stellte der Bundeskanzler persönlich das Sanierungskonzept der Buna-Belegschaft vor. Aber es war schon zu diesem Zeitpunkt an vielen Stellen wieder überholt. Denn als Wahlgeschenk hatte der US-Chemiekonzern Dow Chemical Company Midland (Michigan) nachts zuvor gemeinsam mit der Treuhand eine Absichtserklärung für eine Mehrheitsbeteiligung am mitteldeutschen Olefinverbund unterschrieben.

Auch wenn Wirtschaftsminister Rexrodt vor Mammutplanungen warnte, die zu kräftigen, staatlich subventionierten Wettbewerbsverzerrungen innerhalb der deutschen Petrochemie führten (FAZ vom 29. September 1994) und Helmut Kohl zugleich betonte, daß auch für deutsche Unternehmen „noch viel Platz“ sei (Bundespresseamt Nr. 372/94, 28. September 1994), ist die gelassene Reaktion der westdeutschen Großchemie angesichts eines neuen, potenten Investors im eigenen Land erklärungsbedürftig.

3.7 Ausländische Chemiekonzerne an der Saale: Keine Gefahr im Verzug

VCI-Präsident Becker bringt die Zwänge der international orientierten Großchemie auf den Punkt: Die Chemieproduktion müsse ins Ausland verlagert werden, da man insbesondere großvolumige Chemieprodukte wegen ihrer Beschaffenheit nur vor Ort bei ihren traditionellen Abnehmern Textil- und Automobilindustrie produzieren könne (RM vom 14. Oktober 1994). Daher konnten auch die Investoren im Chemiedreieck nicht auf den schnellen Profit hoffen. Nach Einschätzung des Leuna-Geschäftsführers setzen die Firmen ausschließlich auf ein Wachstum der osteuropäischen Märkte und strategische Standortvorteile, denn in die etablierten Märkte werde man nicht hineinkommen (Interview 002).

In Leuna engagierten sich zwar zahlreiche vorwiegend französische und belgische Chemieunternehmen bei der Privatisierung kleinerer Produktionslinien, von einem autarken Standort kann aber nicht mehr die Rede sein. Denn diese Bemühungen bauen auf den commodity-lastigen Kernbereichen der ostdeutschen Chemieunternehmen auf, integrieren aber vertikal in die Konzernstruktur, wodurch ein reiner Produktionsstandort mit divisional verlängerten Werkbänken der internationalen Großchemie entsteht. Ein auf politischen Geheiß unternommener Versuch der Treuhandanstalt, die Erosion der Chemieforschung zugunsten eines integrierten, innovativen Standortes durch organisatorische Bündelung zu stoppen, mußte an den inzwischen schon gefestigten Strukturen scheitern[14]. So kam es lediglich zu beschäftigungspolitisch motivierten Ausgründungsversuchen kleiner Forschungseinheiten, die allerdings in den ansässigen Chemiekonzernen kaum Auftraggeber finden und überwiegend von staatlichen Aufträgen leben. Weil die Investoren größtenteils nicht diversifizierten und sich die Investitionen zudem auf kleinere Engagements beschränken, kann geschlossen werden, daß der Produktionsstandort Leuna die bestehende europäische Marktaufteilung nicht berührt. Die Vormachtstellung deutscher Chemiekonzerne auf ihrem Hausmarkt ist nicht gefährdet.

Angesichts des notwendigen Überkapazitätenabbaus bei Petrochemikalien (Hb vom 31. Dezember 1990: 32) ist es plausibel zu behaupten, daß die europäische Großchemie kollektiv ein größeres Engagement aus gegenseitiger

---

14 Die erfolglosen Bemuhungen, dem sektoralen Modernisierungstrend, ınternationale Zentralisierung der Chemie-Innovationsforschung bei gleichzeitig dıvisionaler Dekonzentration der Produktpflege, entgegenzuwirken, lassen sich nachlesen beı Fischer/Weissbach (1994: 82f) und Belitz (1993).

Rücksichtnahme mied und lediglich kleine Chemieeinheiten Ostdeutschlands aus strategischen Gründen in ihre Restrukturierungen einbezog[15]. Hieran änderten auch günstige Standortfaktoren, wie die mit Hilfe der IG Chemie niedrigen Tariflöhne, staatlich subventionierte Energiepreise und günstige Abwasserabgaben, kurze Genehmigungsdauer, mit Blick auf die osteuropäischen Märkte niedrige Transportkosten und die Akzeptanz der Chemie in der Region (FAZ vom 17. Januar 1995: 4; „aufwärts" BUNA vom 11. Januar 1995) nichts.

Diese Standortvorteile gelten nämlich für jeden Chemiekonzern, der das Tor zu den Kunststoffmärkten Osteuropas sucht, ohne wirklich sicher zu sein, auch hindurchgehen zu können - außer Dow kam aber keiner. Für das Investitionsverhalten der Company müssen daher unternehmensspezifische und möglicherweise strukturelle Gründe ausschlaggebend gewesen sein, die sich in entscheidenden Punkten von den Interessen ihrer europäischen Konkurrenten unterscheiden.

Das fünftgrößte Chemieunternehmen der Welt stellt Basischemikalien, organische und anorganische Industriechemikalien, Kunststoffe, Lösemittel sowie Pharmaka und Produkte für den Pflanzenschutz her. Diese Produktionsstruktur zeigt bereits, daß das Hauptgewicht des 1897 gegründeten Konzerns auf Commodities liegt. In Deutschland ist Dow bislang an drei Standorten präsent. Rund 2.600 Mitarbeiter erwirtschafteten 1993 in den Werken Stade, Rheinmünster und Ahlen 199 Millionen DM Gewinn bei einem Umsatz von 2,5 Milliarden (SZ vom 30. September 1994). Damit spielt Dow auf dem deutschen Markt bislang nur eine eher untergeordnete Rolle.

Für Dow war das explosive Ansteigen der Erzeugerpreise für Ethylen und Propylen seit Anfang 1994 offenbar der entscheidende Auslöser für die aktive Suche nach Expansionsmöglichkeiten im Grundstoffbereich. Weil Dow Deutschland auf den Zukauf von Grund- und Zwischenprodukten angewiesen ist, spürte man wieder die Abhängigkeit von der Preispolitik der Zulieferer und Konkurrenten. Bis 1989 konnte die Company daran nichts ändern, da kein europäisches Land mehr die Genehmigung für einen weiteren Chemiestandort erteilt. Durch massive Intervention des deutschen Staates in Form der Treuhand und des Kanzleramtes war aber inzwischen im Chemiedreieck etwas entstanden, das Linderung für die strukturellen Beschwerden der Dow Chemical versprach. Es bot sich die Gelegenheit zur rückwärtsgerichteten Integration und damit zur kampflosen Wegnahme eines Marktsegments.

---

15 Ein ahnliches Phanomen beobachtete Kenis (1991) bei der Restrukturierung der europaischen Chemiefaserindustrie.

Einen Verdrängungswettbewerb nach vorn wird es dabei nicht geben. Dow wird sein deutsches Produktionsvolumen kaum steigern, sondern lediglich autarker von Zulieferern werden. Durch den Verlust eines Kunden verkleinert sich zwar der Rohstoffmarkt, es kommt aber kein neuer Anbieter hinzu. Diese passive Form des Verlustes muß für die westdeutsche Großchemie akzeptabel gewesen sein, ansonsten hätte es heftigeren Widerspruch gegeben[16]. Vor allem gegenüber den noch im Mai gehegten Befürchtungen hinsichtlich eines chemischen Staatskonzerns, der zwangsläufig einen vorwärtsgerichteten Verdrängungswettbewerb in den etablierten Märkten ausgelöst hätte, ist die jetzige Lösung durchaus erträglich.

Für die nach Autarkie strebende Dow Chemical war es jedoch zentral, daß ihr Engagement nicht durch neue Abhängigkeiten verwässert wird. Da sich Ethylen nicht nur aus Erdöl, sondern auch aus Erdgas herstellen läßt, kommt die Gazprom-Beteiligung der amerikanischen Dow sehr entgegen (Express vom 24. November 1994). Ausschlaggebend ist in diesem Zusammenhang die Rostocker Pipeline. Sie ermöglicht russische Erdgaslieferungen, gestattet aber gleichzeitig alternativen Zukauf der Ausgangsprodukte am Weltmarkt. Als sicher war, daß Leuna-Raffinerie und Rostocker Pipeline stehen und damit eine doppelte Versorgungssicherheit für einen nach Lesart der Dow „geographisch ungünstig gelegenen Standort“ (Dow-Manager Zell in „aufwärts“ BUNA vom 11. Januar 1995) gewährleistet ist, reiste Brümmer in die Vereinigten Staaten und meldete Vollzug. Für dieses Engagement war die Vorarbeit der Treuhandanstalt, auch wenn sie nicht auf aktive Sanierung hinauslief, von entscheidender Bedeutung. Solange Gefahr bestand, daß das westdeutsche Chemiekartell den Standort über eine Produktenpipeline zu ihren Konditionen versorgt, konnten die Amerikaner die riskante Investition nicht eingehen.

Auch wenn die Vereinbarung zwischen Treuhand und Dow Chemical zu heftigen Abstrichen gegenüber dem ursprünglichen Olefinkonzept in puncto Arbeitsplätze und Veredelungsgrad[17] führten, gaben der IG-Chemie-Chef Rappe und die Ministerpräsidenten von Sachsen-Anhalt und Sachsen, Höppner und Biedenkopf, dem Verhandlungsergebnis ihre Zustimmung. Die IG Chemie sah die Problematik um einiges entspannter als der Betriebsrat. Ihr

16 Moglicherweise ist diese Aktion sogar Teil eines internationalen Restrukturierungsprogramms. Denn in auffallendem zeitlichen Zusammenhang steht die Mega-Ubernahme des US-Arzneimittelherstellers Marion Merell Dow, an dem Dow Chemical die Aktienmehrheit halt, durch die Hoechst AG (SZ vom 2. Marz 1995).

17 In einem Spiegel-Kommentar heißt es: „Dow will Produkte von gestern mit Technologien von vorgestern herstellen“.

war vor allem daran gelegen, daß der Olefin-Verbund mehr als 2.000 Mitarbeiter beschäftigt und Dow trotz ihrer gewerkschaftsfernen Einstellung Mitglied im AVC-O wird, um die gewerkschaftliche Mitbestimmung zu gewährleisten[18]. Daß sich die industriefreundliche Gewerkschaft wegen ihrer intensiven Einbindung in die entscheidenden Verhandlungsgremien natürlich immer kooperativer zeigt als die Betriebsräte der ostdeutschen Unternehmen, wurde bereits 1992 deutlich, als Rappe sich ausdrücklich zu den Verhandlungsergebnissen der Treuhand bekannte. Die Betriebsräte waren wesentlich kritischer gegenüber den Konzepten und wollten konkrete Aussagen. Die vorübergehende Beteiligung an der Betriebsratsinitiative Ost im Frühjahr 1992 wurde jedoch schnell aufgegeben, da sie sich zunehmend als PDS-Forum entpuppte und die IG Chemie-Zentrale den völligen Abbruch der Bemühungen um die ostdeutsche Chemie androhte.

Der Treuhandanstalt, nach ihrer publikumswirksam inszenierten, nur scheinbaren Abwicklung nun als BVS auftretend, kam diese langersehnte Offerte der Amerikaner sehr gelegen. Daher zögerte sie nicht, dem Konzern bei Vertragsunterzeichnung am 4. April 1995 großzügig entgegenzukommen. Dem Kaufpreis von 300 Millionen DM, verbunden mit einer Investitionszusage der Dow Chemical von 1,5 Milliarden in den nächsten zehn Jahren, wird die BVS Investitionshilfen in Höhe von vier Milliarden DM, Verlustübernahmen bis 1999 in Höhe von 2,8 Milliarden DM und die Übernahme von Altlastenbeseitigungskosten (700 - 800 Millionen DM) gegenüberstellen. Zuzüglich der bereits geleisteten Schuldenübernahmen nach der Wende (zwei Milliarden DM), dem Bau der Rohstoffpipeline zum Ausgleich von Standortnachteilen, den Sozialplankosten für ca. 3.000 Mitarbeiter sowie den Kosten aus dem Stromvertrag[19] beziffert die europäische Kommission im Rahmen des beihilferechtlichen Hauptprüfungsverfahrens die Zuwendungen für die Sanierung des Olefinverbundes auf 11 Milliarden DM (Hb vom 9. Juni 1995: 12).

18 Mitbestimmungsgesetz von 1976.

19 Dow war zudem gelungen, was den alten Buna-Chefs Saalbach und Brümmer verwehrt worden war - die Nachverhandlung der Energiepreise mit der VKR. Die Veba Kraftwerke Ruhr AG faßten bereits 1991, vor dem Hintergrund des Buna-Huls-Arrangements, den Plan, Buna und Bohlen mit Strom zu versorgen. Mit 690 Millionen DM Landeszuschuß ließ sich die VKR gern davon abbringen, ein gunstigeres Steinkohlekraftwerk zu bauen, und konzipierte statt dessen ein 2,6 Milliarden DM teures Braunkohlekraftwerk (CR vom 13. Dezember 1991). Sachsen-Anhalt konnte auf diese Weise Arbeitsplätze im Bergbau halten. Die zwischen Treuhand und VKR ausgehandelten Energiepreise waren aber dermaßen teuer, daß es dem ehemaligen Dow-Manager Brummer nach seinem Wechsel „schier die Sprache verschlagen" haben soll (Interview 0031). Das nachträgliche Wegbrechen vieler Geschaftsteile fuhrte dazu, daß das Kraftwerk mit 2x800 Megawatt viel zu groß angelegt und damit unrentabel ist.

4. Fazit

Es ist nicht überraschend, daß mit Blick auf die Ausgangsfragestellung sowohl situative als auch institutionelle Faktoren das Handeln der Akteure beeinflußt haben. Beeindruckend ist jedoch die im Vergleich zur Stahl- oder Werftenindustrie spürbare „Gedämpftheit" des Transformationsprozesses im Chemiesektor.

Trotz der restriktiven ideologischen Vorgabe des Privatisierungsprimats[20] vollzog sich hier ein tastender Prozeß des Suchens nach Lösungen, des trial and error und des Organisationslernens. Gleichwohl entsteht selbst mit Hilfe ausländischer Chemiekonzerne kein vierter, integrierter Chemiestandort in Deutschland. Die verlängerten, stark subventionierten Werkbänke der internationalen Großchemie dienen überwiegend als Sprungbrett in die Ostmärkte, werden aber das bestehende Kräftegleichgewicht nicht zerstören. Zu den anläßlich des ausländischen Engagements erwarteten Interessenkonflikten ist es innerhalb des „Chemiedorfs" nicht gekommen.

Implizit wird die hohe Anpassungsfähigkeit der nach Ostdeutschland transformierten industriellen Steuerungsstrukturen belegt. Die horizontal ausgerichtete, netzwerkartige Governance des Chemiesektors ist an der signifikanten Veränderung durch den gänzlich neuen, monokratisch-zentralistischen Akteur Treuhandanstalt nicht zerbrochen. Die auf quasi-kartellartiger Kooperation und konsensbetonten Umgang mit der IG Chemie beruhenden Steuerungsstrukturen der gesamtdeutschen Chemieindustrie blieben weitestgehend erhalten - ebenso wie 20 Prozent der ostdeutschen Chemiearbeitsplätze.

Verhandlungstheoretisch könnte dieser „Erfolg" dahingehend interpretiert werden, daß Selbststeuerung im Schatten der Hierarchie (Scharpf 1991) bessere Behauptungschancen hat, als wenn sie ganz auf sich selbst gestellt wäre. Für staatliche Subventionen und Risikoübernahmen war die Chemiegewerkschaft beispielsweise bereit, ihr Wissen im Rahmen der ABS-Gesellschaften und der Stiftung Arbeit und Umwelt zur Verfügung zu stellen. Auch innerhalb der vielfältigen Verhandlungszirkel und Steuerungsgremien leisteten Experten der Arbeitgeber- und Arbeitnehmerseite aktive Implementationshilfe.

Ob die Region zwischen Halle, Bitterfeld und Merseburg ohne die kostspielige Abpufferung des Strukturwandels „überlebt" hätte, kann an dieser Stelle nicht beurteilt werden. Ein schlagartiger Wegfall von 80.000 Arbeitsplätzen wäre jedoch mit schärfsten sozialen und wirtschaftlichen Konflikten

---

20 Erklartes Ziel der politischen Spitze war die Verhinderung jeglicher Experimente (Lehmbruch 1994a: 11).

verbunden gewesen, die auszutragen der politische Wille fehlte. Diesen Umstand hinnehmend, wollte die Untersuchung Prozesse der Ergebnisfindung in einer Verhandlungsdemokratie beispielhaft nachzeichnen. Was angesichts heterogener Akteurs- und Interessenkonstellationen zählte, war der Kompromiß - und der ist im Fall der sachsen-anhaltinischen Großchemie vorerst gefunden worden.

Literatur

Alperowicz, N., 1990: The two Germanys: Chemical Reaction. In: Chemicalweek International Nr. 28.

Belitz, H. et al., 1993: Stand und Perspektiven des Forschungspotentials der chemischen Industrie im Raum Halle, Merseburg, Bitterfeld. DIW-Gutachten im Auftrage des Bundesministers für Wirtschaft, Berlin.

Brech, J., 1994: Auf dem deutschen Ölmarkt tummelt sich die ganze Welt. In: Die Welt, 23. Dezember.

Christ, P./Neubauer, R., 1991: Kolonie im eigenen Land. Die Treuhand, Bonn und die Wirtschaftskatastrophe der fünf neuen Länder, Berlin.

Czada, R., 1993: Die Treuhandanstalt im Umfeld von Politik und Verbänden. In: Fischer et al. (Hrsg.): Treuhandanstalt: Das Unmögliche wagen, Berlin.

Fischer, J./Weissbach, H.-J., 1994: Forschung und Entwicklung im Transformationsprozeß der großchemischen Industrie Sachsen-Anhalts. In: Schmidt, R. (Koordination): Der Transformationsprozeß der großchemischen Industrie Sachsen-Anhalts: 60-88.

Gilles, F.-O./Hertle, H.-H., 1994: Industrielle Beziehungen in der Großchemie Sachsen-Anhalts: Aufbau - Struktur -Politik. in: Schmidt, R. (Koordination): Der Transformationsprozeß der großchemischen Industrie Sachsen-Anhalts: 11-24.

Grabher, G., 1988: Unternehmensnetzwerke und Innovation. Veränderungen in der Arbeitsteilung von Groß- und Kleinunternehmen im Zuge der Umstrukturierung der Stahlindustrie und der chemischen Industrie, WZB-discussion papers, Dez.1988, FS I 88-20.

Grabher, G., 1991: Die neue Teilung - Kombinatsentflechtung und Westinvestitionen in den ostdeutschen Regionen. In: Raum 3: 37-45.

Grant, W./Paterson, W., 1994: The Chemical Industry: A Study in Internationalization. In: Hollingsworth et al (eds.): Governing Capitalist Economics. New York: 129-155.

Grant, W./Paterson, W./Whitston, C., 1988: Government and the Chemical Industry. A Comparative Study of Britain and West Germany, Oxford.

Gronych, R., 1993: Langfristperspektiven der chemischen Industrie in der Bundesrepublik Deutschland - Ökonomische Entwicklungspfade und Struktureffekte. In: Weiß (Hrsg.): Wirtschaftliche Entwicklung Deutschlands bis zum Jahr 2000. Szenarien und input-output-Analysen des DIW-AK Langfristprognosen, Wiesbaden.

Hertle, H.-H./Kädtler, J., 1991: Die industriepolitische Wende der industriellen Beziehungen. Gewerkschaftspolitik unter dem Primat der Industriepolitik am Beispiel der IG Chemie, Papier, Keramik. In: Soziale Welt (41. Jg.) 2: 183-205.

Hollingsworth, J. R./Schmitter, Ph. C./Streek, 1994: Capitalism, Sectors, Institutions, and Performance. In: Hollingsworth, J. R./Schmitter, Ph. C./Streek (eds.): Governing Capitalist Economies. Performance and Control of Economic Sectors, New York: 3-16.

IAB, 1991: Kurzbericht.

IAB werkstattbericht, 1992: Der Arbeitsmarkt im „Chemiedreieck". Entwicklung - Stand - Perspektiven, Nr. 21.

IG CPK, 1991: Unternehmenskonzepte für die Großchemie: Kurzfassung des Abschlußberichts. Unveröffentlichtes Arbeitspapier.

IG CPK, 1993: Länderwirtschaftsministerkonferenz: Beschluß zum Thema „Industriepolitik in Ostdeutschland". Unveröffentlichtes Arbeitspapier.

ISW, 1992: Zur umweltverträglichen Erneuerung der chemischen Industrie in den neuen Bundesländern und mögliche Auswirkungen auf das Arbeitsplatzangebot. Studie im Auftrag der IG CPK und der Hans-Böckler-Stiftung, Halle.

Kenis, P., 1992: The Sozial Construction of an Industry. A World of Chemical Fibres, Frankfurt a. M.

Köhler, A./Sandmann, E., 1994: Personalentwicklung und Beschäftigungspolitik in Unternehmen der chemischen Industrie Sachsen-Anhalts. In: Schmidt, R. (Koordination): Der Transformationsprozeß der großchemischen Industrie Sachsen-Anhalts: 26-45.

Lehmbruch, G., 1991: Die deutsche Vereinigung: Strukturen und Strategien. In: PVS 32: 585-604.

Lehmbruch, G., 1994: Dilemmata verbandlicher Einflußlogik im Prozeß der deutschen Vereinigung. In: Streek, W. (Hrsg.): Staat und Verbände. PVS-Sonderheft 25: 370-392.

Lüdigk, R., 1994: Probleme des Strukturwandels der chemischen Industrie in den neuen Bundesländern. Vortrag vor dem Arbeitskreis Marketingforschung des VCI am 10. November 1994 in Magdeburg, Skriptum des Instituts für Strukturpolitik und Wirtschaftsförderung Halle e. V.

Martinelli, A./Grant, W., 1991: Conclusion. In: Martinelli (ed.): International Markets and Global Firms. A Comparative Study of Organized Business in the Chemical Industry, London.

NIW-Niedersächsisches Institut für Wirtschaftsforschung, 1991: Lösungsansätze für die Beschäftigungs-, Struktur- und Umweltprobleme der Chemischen Industrie im Großraum Halle/Leipzig/Merseburg. Studie für die Stiftung „Arbeit und Umwelt" der IG Chemie-Papier-Keramik.

Nolte, D., 1993: Länderinitiativen zum Erhalt „industrieller Kerne" in Ostdeutschland. In: WSI-Mitteilungen 3: 188ff.

Scharpf, F. W., 1991: Zur Handlungsfähigkeit des Staates am Ende des zwanzigsten Jahrhunderts. In: PVS 4: 621-634.

Schmidt-Tophoff, J., 1993: Zur Transformation der ostdeutschen Chemieindustrie. In: Schmidt, R. (Hrsg.): Zwischenbilanz. Analysen zum Transformationsprozeß der ostdeutschen Industrie. Berlin: 193-214.

Schmidt-Tophoff, J./Tiby, C., 1990: Chemiekombinate: Aktivierung der Reserven. In: Jahrbuch Chemiewirtschaft: 61-73.

Schneider, V., 1988: Politiknetzwerke der Chemikalienkontrolle. Berlin/New York.

Schraufstätter; E., 1993: Die Privatisierung der ostdeutschen chemischen Industrie. In: Thieme (Hrsg.): Privatisierungsstrategien im Systemvergleich. Berlin: 67-75.

Seibel, W., 1992: Nessecary Illusions. Changing Governance Struktures in the New Germany, Revue Toquevill 13: 1-22.

Seibel, W., 1994: Das zentralistische Erbe. Die institutionelle Entwicklung der Treuhandanstalt und die Nachhaltigkeit ihrer Auswirkungen auf die bundesstaatlichen Verfassungsstrukturen In: Aus Politik und Zeitgeschichte 43-44.

Streck, W. R., 1984: Chemische Industrie. Strukturwandlungen und Entwicklungsperspektiven, hrsg. vom Ifo-Inst. für Wirtschaftsforschung Berlin.

Streller, K.-H., 1986: Geschichte des VEB Leuna-Werke „Walter Ulbricht" 1945-1981. Hrsg. von der SED-Kreisleitung des VEB Leuna-Werke.

Teltschik, W., 1992: Geschichte der deutschen Großchemie: Entwicklung und Einfluß in Staat und Gesellschaft. Weinheim.

Treuhandanstalt, 1994: Dokumentation 1990-1994: Band 4. Berlin.

Whitston, C., 1991: Chemical Unions in the United Kingdom and Germany. In: Martinelli (ed.): International Markets and Global Firms. A Comparative Study of Organized Business in the Chemical Industry, London: 189-227.

Wilke, M., 1991: Die IG Chemie-Papier-Keramik (IGC): Einheit im sozialpartnerschaftlichen Richtungsverband. In: Wilke/Müller (Hrsg.): Zwischen Solidarität und Eigennutz: Die Gewerkschaften des DGB im deutschen Vereinigungsprozeß, Forschungsbericht Konrad-Adenauer-Stiftung 68, Melle: 128-145.

Wilke, O., 1994: Elf oil AG. Die Farbe Lila. In: Wochenzeitung Die Wirtschaft (Hrsg.): Privatisierte: was aus ihnen wird. Reportagen aus den neuen Ländern, Berlin: 367-373.

Woller, R., 1985: Die Chemie. Hrsg. vom Institut für angewandte wirtschafts- und gesellschaftswissenschaftliche Forschung e. V., Köln.

Teil 2

Umbruch sozialer Lagen, deren Erleben und Bewältigung

Determinanten subjektiven Wohlbefindens bei Jugendlichen

Eine Längsschnittuntersuchung

Philipp Yorck Herzberg

In einer Längsschnittuntersuchung wurden 1993 und 1994 421 Jugendliche der 8. Klasse aus Ost- und Westberlin zum subjektiven Wohlbefinden, zu ihrer Persönlichkeit und anderen Variablen befragt. Ziel der Untersuchung war es, Bedingungen des subjektiven Wohlbefindens aufzuzeigen. Die Aussagefähigkeit subjektiven Wohlbefindens für die Bewältigung gesellschaftlicher Transformationsprozesse war integrativer Bestandteil der Auswertung.

„Sie lieben Levi's, Haschisch und Pro 7, und nachts, da quälen sie Mordgedanken." Mit solchen Umfrageergebnissen präsentiert z. B. das Berliner Magazin Tempo (April 1995) seinen Lesern das Bild der Jugendlichen von heute. Die Zahl der negativen Schlagzeilen über diese Altersgruppe ist groß, und dies scheint die Auffassung des Psychologen Fend (1991: 1) zu bestätigen, daß viele Erwachsene „einer von Sympathie und Interesse gespeisten Wahrnehmung der altersspezifischen Besonderheit der Altersphase 'Pubertät' bzw. 'Adoleszenz' verlustig gegangen sind".

Die vorliegende Arbeit fragt nach dem Befinden Jugendlicher in den 90er Jahren. Sie hat das Ziel, die hinreichenden und notwendigen Bedingungen des subjektiven Wohlbefindens zu untersuchen. Die Verarbeitung von Erfahrungen und Erlebnissen beeinflußt nicht nur die Befindlichkeit, auch das Wohlbefinden respektive Nichtwohlbefinden wirkt auf die Verarbeitung von Erlebnissen und Erfahrungen zurück (Abele/Becker 1991). So ist zu vermuten, daß das Ausmaß des Wohlbefindens auch die psychosoziale Entwicklung Jugendlicher modifiziert.

Die Phase der Jugend, sowohl als turbulenter und belastender als auch als besonders anregender und ertragreicher Abschnitt im Lebenslauf beschrieben, ist zur Zeit tiefgreifenden Strukturwandlungen ausgesetzt (Hurrelmann 1994: 11). Für die Arbeit ist die Beschreibung des Wohlbefindens und ihrer Determinanten wichtig. Subjektives Wohlbefinden kann als Indikator für die erfolgreiche Bewältigung von Anforderungen betrachtet werden und damit als Bezugspunkt dienen, die Auswirkungen von Belastungen und deren Verarbeitung einzuschätzen. Gleichwohl ergibt sich aus der Kenntnis der Determinanten psychischen Wohlbefindens Jugendlicher die Möglichkeit, auf individueller oder gesellschaftlicher Ebene gezielte Maßnahmen zur Schaffung angemessener Entwicklungsbedingungen einzuleiten.

Die vorliegende Arbeit ist eingebettet in ein umfangreiches Projekt, das sich mit der Entwicklung subjektiver Lebenstheorien bei Jugendlichen beschaftigt[1].

Ein Überblick über die Vielzahl der auf dem relativ jungen Forschungsgebiet des subjektiven Wohlbefindens konkurrierenden und in sehr unterschiedlichem Ausmaß empirisch bestätigten Ansätze kann im Rahmen des vorliegenden Buches nicht erfolgen. Hier muß auf die dem Beitrag zugrunde liegende Diplomarbeit (Herzberg 1995) verwiesen werden.

1. Einleitung

In den meisten Versuchen, subjektives Wohlbefinden begrifflich zu fassen, wurde die Faktorenstruktur empirischer Studien zum Wohlbefinden analysiert, wobei Faktoranalysen über einen Pool von Indikatoren zum Wohlbefinden berechnet wurden. Mayring (1991b) isolierte so als Mindestbestandteile eine emotional positive und eine emotional negative Komponente sowie eine kognitive Dimension des subjektiven Wohlbefindens.

Die derzeit aktuellen Definitionen des subjektiven Wohlbefindens beziehen sich auf diese Grundkomponenten: „*... the general consensus is that SWB* [subjective well-being, P. H.] *consists of three dimensions: (a) positive affect (how much positive affect one experiences), (b) negative affect (how much negative affect one experiences) and (c) life satisfaction (cognitive evaluation).*" (Feist et al. 1995) bzw. „*Subjective well-being is a person´s evaluative reaction to his or her life - either in terms of life satisfaction (cognitive evaluations) or affect (ongoing emotional reactions)*" (Diener/Diener 1995). Diese Definitionen überwinden die lange herrschende Einseitigkeit der empirischen Wohlbefindensforschung. Entweder wurde Wohlbefinden als kognitive Erfahrung definiert, in welcher ein Individuum eine bestimmte gegenwärtige Situation mit einer gewünschten, erwarteten oder idealen Situation vergleicht. Die Diskrepanz zwischen tatsächlichem und angestrebtem Zustand ist dabei das Maß für Zufriedenheit bzw. Unzufriedenheit. Keine oder

---

1 DFG-Projekt „Entwicklung subjektiver Lebenstheorien Jugendlicher (SLT)"
Ich mochte den Betreuern meiner Diplomarbeit Prof. H. Sydow und PD B -R Julisch fur ihren Rat und ihre Unterstutzung sehr herzlich danken

positive Differenz führt zu Zufriedenheit. Oder es wurde einseitig die emotionale Grundlage des Wohlbefindens betont (z. B. Bradburn 1969).

2. Wohlbefinden im Jugendalter

Untersuchungen aus den Anfängen der Wohlbefindensforschung stellen für junge Menschen ein höheres Ausmaß an Wohlbefinden fest als für ältere (Bradburn 1969). Neuere Untersuchungen konnten keine Alterseffekte nachweisen (Mayring 1991a). Dafür verantwortlich könnte eine mögliche Kurvenlinearität des Zusammenhangs zwischen Alter und Wohlbefinden sein. Das heißt, das Wohlbefinden nimmt im Lebenslauf erst zu und später ab. Einfache Korrelationsanalysen über die Lebensspanne können solchen Zusammenhang nicht erhellen. Eine weitere methodische Einschränkung betrifft die in der Wohlbefindensforschung vorherrschenden Querschnittsuntersuchungen, wonach gefundene Unterschiede nicht Alterseffekte reflektieren, sondern Kohorteneffekte widerspiegeln. Ebenso wurden in vielen Studien Variablen, die mit dem Alter kovariieren, nicht kontrolliert. Betrachtet man die unterschiedlichen Wohlbefindensvariablen, so ergibt sich ein differenzierteres Bild: Ältere Personen sind in allen Bereichen, außer der Gesundheit, zufriedener als jüngere Personen (Campbell, zit. nach Diener 1984), wohingegen das Wohlbefinden kaum Veränderungen unterliegt. Mayrıng (1991a) vermutet, daß vor allem die Unzufriedenheit der jüngeren Erwachsenen in Arbeitslosigkeit und Umweltzerstörung ihre Ursachen haben könnte und solche Befunde hervorruft.

Systematische Untersuchungen zum Wohlbefinden im Jugendalter sind sehr selten. Die bisher umfassendsten Analyseergebnisse stammen aus den Berner Untersuchungen an 14- bis 20jährigen Jugendlichen (Grob/Flammer/Neuenschwander 1992).

3. Allgemeine Fragestellung

Das Gros der Beiträge zum subjektiven Wohlbefinden stammt aus der Beschäftigung mit den späteren Abschnitten der Lebenspanne, wie z. B. die eindrucksvollen Ergebnisse der Baltimore-Längsschnittstudie von Costa/McCrae (1980, 1984). Welche Determinanten das Wohlbefinden im Jugendalter bedingen, darüber ist bisher nur wenig bekannt.

Das Ziel der vorliegenden Arbeit besteht daher darin, den Einfluß ausgewählter Variablen auf das subjektive Wohlbefinden Jugendlicher im Längsschnitt von der 8. bis zur 9. Klasse zu untersuchen.

Ausgehend von Untersuchungen im Erwachsenenalter soll geprüft werden, ob sich Ergebnisse aus dem Erwachsenenalter auf die hier befragte Altersgruppe der Jugendlichen übertragen lassen.

Der Vorteil von Längsschnitt- gegenüber Querschnittuntersuchungen besteht darin, Aussagen über Wirkungsrichtungen treffen zu können. Welche Variablen tragen zur Prädiktion des subjektiven Wohlbefindens bei? Vor allem die Frage nach der Stabilität des Wohlbefindens soll für das Jugendalter, in dem wie in kaum einem anderen Lebensabschnitt die Entwicklungsaufgaben intensiv und verdichtet aufeinander folgen, und für das von einer entsprechenden Entwicklungsdynamik auszugehen ist, kritisch geprüft werden.

Um zu Aussagen über Determinanten des Wohlbefindens zu kommen, muß der Kontext der Jugendlichen berücksichtigt werden. Hier sollen Variablen aus dem schulischen Umfeld, wie schulische Leistungen und angestrebter Schulabschluß, in ihren Auswirkungen auf das Wohlbefinden betrachtet werden. Dabei ist besonders der Einfluß der verschiedenen Schularten zu beachten.

Der Zusammenhang der aufgeführten Variablen soll durch Einbeziehung der Designvariablen Geschlecht, Wohnort (Ost- und Westberlin) sowie Schulart weiter differenziert werden.

Neu im Vergleich zum bisherigen Wissensstand ist die Einbeziehung einer Vielzahl von Variablen (demographische Merkmale, Aspekte der familiären Situation, Belastung durch wichtige Lebensereignisse) und eine Verkürzung des Beobachtungsabstands. Lagen bei Grob et al. (1992) zwischen den Meßzeitpunkten zwei Jahre, so besteht jetzt die Möglichkeit, anzunehmende Veränderungen kurzfristiger und damit aktueller und genauer zu erfassen.

3.1 Stichprobencharakteristik

Die Datenerhebung wurde im April 1993 und März 1994 an 20 Berliner Schulen im Ost- und Westteil der Stadt durchgeführt. Die Untersuchung erstreckte sich über vier verschiedene Schularten und drei Klassenstufen und stellt die erste und zweite Erhebungswelle im Rahmen der Längsschnittstudie zu subjektiven Lebenstheorien Jugendlicher dar. Die in der vorliegenden Arbeit ausgewertete Stichprobe umfaßt im Längsschnitt die Schüler der 8. Klasse (1993) zu zwei Meßzeitpunkten (1994: 9. Klasse).

Die Daten der vorliegenden Arbeit stammen von 421 Schülern aus Ost- und Westberlin.

Tabelle 1: Stichprobenaufteilung

Schulart	Stadtteil	Männlich	Weiblich	Gesamt
Gymnasium	Ost	32	54	86
	West	19	50	69
Gesamtschule	Ost	26	33	59
	West	20	22	42
Realschule	Ost	16	37	53
	West	19	34	53
Hauptschule	Ost	22	6	28
	West	14	11	25
Gesamt	Ost	96	130	226
	West	72	117	189
		168	247	415*

Anmerkung: * Die Differenz zum angegebenen Gesamtstichprobenumfang von N= 421 ergibt sich aus sechs fehlenden Angaben zum Geschlecht.

Mädchen sind mit 59,5 Prozent gegenüber Jungen deutlich häufiger vertreten ($\chi^2 = 15{,}04$; df = 1; p = .0001). Aus dem Ostteil der Stadt kommen 54,4 Prozent (N = 229) der befragten Jugendlichen. Gymnasiasten sind in der Stichprobe 1994 mit 36,8 Prozent am häufigsten vertreten, Hauptschüler mit 12,6 Prozent am wenigsten ($\chi^2 = 12{,}5$; df = 3; p = .0056).

Das Durchschnittsalter der untersuchten Jugendlichen lag 1994 bei 15.7 Jahren (SD = .61).

Die Altersverteilung in Ost und West ist unterschiedlich ($\chi^2 = 13{,}34$; df = 2; $p < .01$), im Westteil von Berlin liegt z. B. der prozentuale Anteil der 17jährigen an der Gesamtstichprobe doppelt so hoch wie im Ostteil.

3.2 Methoden

Zur Erfassung des subjektiven Wohlbefindens wurde der Berner Fragebogen zum Wohlbefinden Jugendlicher (BFW) (Grob et al. 1991) eingesetzt. Das für die Datenerhebung verfügbare Zeitvolumen erforderte eine Verkürzung des BFW. 1994 wurden nur die Faktoren Selbstwert, depressive Stimmung und positive Lebenseinstellung erhoben. Die Auswertung des Längsschnitts beschränkt sich im folgenden auf diese Skalen.

Selbstwert beinhaltet eine positive Einstellung zur eigenen Person und das Überzeugtsein von eigenen Fähigkeiten und Eigenschaften.

Depressive Stimmung beinhaltet Aussagen über Gefühle von Traurigkeit und sozialem Rückzug. Hohe Skalenwerte drücken aus, daß eine Person ihr Leben antriebslos, lustlos, ohne Freude und Sinn erlebt.

Positive Lebenseinstellung beinhaltet eine optimistische persönliche Zukunftssicht und die Zufriedenheit mit der Gestaltung und dem Verlauf des eigenen Lebens.

Für die Auswertung wurden alle Skalen auf den Wertebereich 1 bis 5 normiert und so codiert, daß 1 die geringste Ausprägung und 5 die stärkste Ausprägung des Merkmals bedeutet.

Die Erfassung der Persönlichkeitseigenschaften erfolgt mit einer auf 40 Items gekürzten Fassung des NEO-FFI (Borkenau/Ostendorf 1991). Der Fragebogen erfaßt die fünf Persönlichkeitsfaktoren Neurotizismus, Extraversion, Offenheit für Erfahrung, Verträglichkeit und Gewissenhaftigkeit. In dem untersuchten Altersbereich weisen die Items der Skala Offenheit für Erfahrung auf zwei getrennten Faktoren hohe Faktorenladungen auf. Deshalb werden zwei Skalen für Offenheit aggregiert (Offenheit 1 und Offenheit 2).

Personen mit hohen Werten auf der Skala Neurotizismus neigen dazu, sich häufiger zu ärgern, traurig und verlegen zu sein und unrealistische Bedürfnisse zu haben. Sie sind weniger in der Lage, ihre Bedürfnisse zu kontrollieren und auf Streßsituationen angemessen zu reagieren.

Personen mit hohen Werten in Extraversion sind aktiv, durchsetzungsfähig, gesprächig, tatkräftig und optimistisch. Sie bevorzugen Anregungen und Aufregungen.

Hohe Werte in Offenheit 1 stehen für Freude an Abwechslung und Aufgeschlossenheit gegenüber Neuem. Personen mit hohen Werten in Offenheit 2 sind wißbegierig, unabhängig in ihrem Urteil und interessieren sich für persönliche und gesellschaftliche Ereignisse.

Personen mit hohen Werten in der Skala Verträglichkeit sind altruistisch, mitfühlend und verständnisvoll. Sie neigen zur Nachgiebigkeit und haben ein starkes Harmoniebedürfnis.

Hohe Werte auf der Skala Gewissenhaftigkeit stehen für zielstrebige, genaue und zuverlässige Personen. Der Wertebereich und die Polung des NEO-FFI ist analog zum BFW.

Weiterhin wurden Angaben zur familiären und sozialen Einbindung, zu Lebensereignissen und der durch sie erlebten Belastung sowie zur sozio-demographischen Struktur erhoben. Ebenso wurden Kontrollattributionen und Zukunftsorientierungen erfaßt, deren Zusammenhang zum Wohlbefinden jedoch aus Platzgründen nicht dargestellt werden kann (siehe Herzberg 1995).

Die Untersuchungen fanden als Fragebogenuntersuchungen im zeitlichen Umfang von zwei Unterrichtsstunden, verteilt auf zwei Schultage, statt.

4. Ergebnisse

In den Ergebnisdarstellungen werden nur Aussagen über Unterschiede berücksichtigt, die mindestens auf einprozentigem Niveau signifikant sind. Auf Abweichungen wird an entsprechender Stelle gesondert hingewiesen.

4.1 Zur Stabilität des Wohlbefindens

4.1.1 Vorüberlegungen

An den Anfang des empirischen Teils wird die Frage nach der Stabilität des Wohlbefindens gestellt. Sie ist die Voraussetzung, um zu differenzierten Aussagen über die Befindlichkeit der untersuchten Jugendlichen zu gelangen. Dabei ist die Unterscheidung zwischen positionaler Stabilität und Stabilität im Mittel zu berücksichtigen.

Ausgehend von den Befunden aus der Wohlbefindensforschung wird auch für das Jugendalter eine hohe Stabilität des subjektiven Wohlbefindens für den untersuchten Zeitraum angenommen (z. B. Grob 1995). In Erweiterung zu Grob soll untersucht werden, ob sich Stabilität im Mittel nicht nur für die Teilstichproben der Jungen und Mädchen, sondern auch für unterschiedliche Schularten und für den Wohnort Ost- und Westberlin nachweisen läßt.

Die Stabilität der Mittelwerte des Wohlbefindens schließt allerdings nicht aus, daß sich für einzelne Jugendliche innerhalb eines Jahres starke Veränderungen in ihrer Befindlichkeit ergeben haben können. Dies wird besonders für solche Jugendlichen angenommen, die durch eine Häufung kritischer Lebensereignisse belastet sind.

4.1.2 Ergebnisdarstellung

In Abbildung 1 sind die mittleren Ausprägungen auf den drei zu beiden Meßzeitpunkten erhobenen Skalen des BFW dargestellt. In allen drei Bereichen haben sich nur geringe Veränderungen in positiver Richtung ergeben, die in keinem Fall die Signifikanzgrenze von $\alpha = 0.01$ überschreiten.

Abbildung 1: Mittelwerte der BFW-Skalen 1993 und 1994

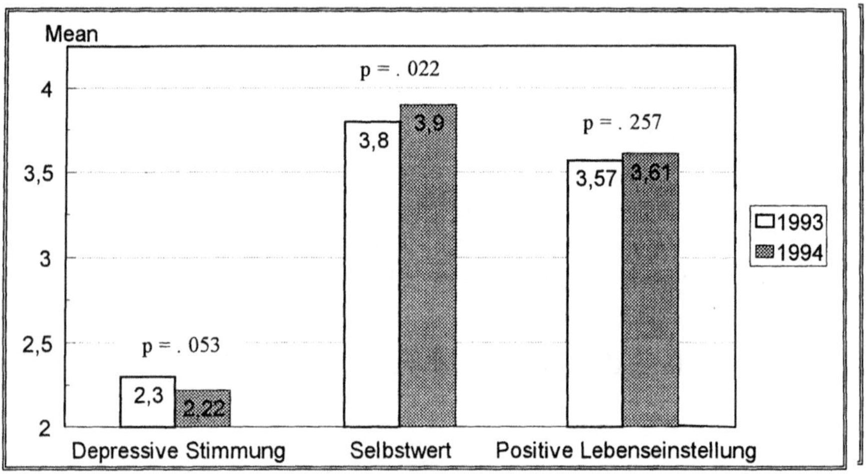

Betrachtet man die Mittelwertergebnisse getrennt für Jungen und Mädchen (Tabelle 2), so zeigt sich die Stabilität des Wohlbefindens im Mittel vor allem für die männlichen Jugendlichen. Sie weisen für den Zeitraum eines Jahres sehr stabile Mittelwertausprägungen in den drei Dimensionen des Wohlbefindens auf. Dagegen zeigt sich bei den Mädchen ein signifikanter Zuwachs im Selbstwert und eine ebenfalls signifikante Verringerung in der Ausprägung der depressiven Stimmung.

Tabelle 2: Mittelwerte der BFW-Skalen 1993/94 fur Geschlecht und Wohnort

	Männlich		Weiblich		Ost		West	
	1993	1994	1993	1994	1993	1994	1993	1994
Depressive Stimmung	2,38	2,39	2,25	2,11*	2,35	2,29	2,24	2,14
Selbstwert	3,91	3,93	3,73	3,89*	3,76	3,89	3,84	3,92
Lebenseinstellung	3,62	3,66	3,52	3,58	3,51	3,54	3,63	3,70

Anmerkung: * $p \leq 0.01$

Unterschiede in der Stabilität des Wohlbefindens zeigen sich zwischen West- und Ostberlin in einem tendenziellen Anstieg des Selbstwerts im Osten (1993: $\bar{x}$ = 3.76; 1994: $\bar{x}$ = 3.89; p = .012), es ist aber zu berücksichtigen, daß schon 1993 der Unterschied zwischen Ost und West nicht signifikant ausfiel (Tab. 2). Stabilität ist auch innerhalb der Schularten zu finden. Eine

Ausnahme bilden die Realschüler, die einen Anstieg des Selbstwertgefühls (1993: $\bar{x}$ = 3.68; 1994: $\bar{x}$ = 3.91; p = .006) und eine Verringerung der depressiven Stimmung (1993: $\bar{x}$ = 2.41; 1994: $\bar{x}$ = 2.19; p = .002) verzeichnen können (Tab. 18 Anhang).

Tabelle 3 gibt die Korrelationen der drei Wohlbefindensskalen für den Zeitraum eines Jahres wieder. Für die Mädchen zeigt sich eine gegenüber den Jungen höhere positionale Stabilität. Die Höhe der erhaltenen Korrelationskoeffizienten zeigt, daß Betrachtungen auf Mittelwertebene nicht ausreichend sind, sondern die Veränderungen auf der positionalen Ebene berücksichtigt werden müssen.

Tabelle 3: Korrelationen der drei BFW-Skalen zwischen den MZP 1993-1994

	Gesamtstichprobe	männlich	weiblich
Depressive Stimmung	0,38*	0,34*	0,43*
Selbstwert	0,41*	0,39*	0,42*
positive Lebenseinstellung	0,38*	0,31*	0,41*

* p < 0.001 MZP: .Meßzeitpunkten

Betrachtet man statt der Mittelwerte die Ausprägungen des Wohlbefindens zu beiden Meßzeitpunkten für die einzelnen Jugendlichen, so zeigt sich das Ausmaß der Schwankungen. Der Stabilität des Wohlbefindens auf der Ebene der Mittelwerte stehen die Veränderungen auf der individuellen Ebene gegenüber. Bei rund 80 bis 90 Prozent der Jugendlichen ergaben sich Schwankungen im Wohlbefinden, bei 20 bis 25 Prozent sogar Veränderungen von mehr als einer Standardabweichung (Tab. 4).

Tabelle 4: Veränderungen im Wohlbefinden

	Depressive Stimmung				Selbstwert				Lebenseinstellung			
	N	%	M	%+	N	%	M	%+	N	%	M	%+
Zunahme	174	41,8	0,69	10,7	180	44,3	0,79	12,4	177	43,8	0,70	18,1
stabil	35	8,6			83	20,4			68	16,8		
Abnahme*	199	49,6	0,77	15,2	143	35,2	0,72	8,1	159	39,4	0,67	12,8

Anmerkung: M ... Mittelwert der Veranderungen
* ..... Abnahme bedeutet bei depressiver Stimmung eine Verbesserung, bei Selbstwert und positiver Lebenseinstellung eine Verschlechterung in der Befindlichkeit
+... .für Änderungen von mehr als einer Standardabweichung

Bei den Jungen ist das Verhältnis der Schwankungen ausgeglichen (Selbstwert: 41 Prozent Anstieg, 40 Prozent Verschlechterungen; depressive Stimmung: Anstieg 48 Prozent und 43 Prozent Verschlechterungen). Bei den Mädchen vergrößert sich bei 48 Prozent der Selbstwert im Vergleich zu 33 Prozent der Mädchen, bei denen eine Abnahme eintritt. Die depressive Stimmung verringert sich bei 50 Prozent und vergrößert sich bei 40 Prozent der Mädchen.

Für eine Teilstichprobe (N = 50), die häufiger als die anderen Jugendlichen kritische Lebensereignisse (letztes Percentil, n ≥ 6 Ereignisse) und auch eine deutlich erhöhte subjektive Belastung ($\bar{x}$ = 21.62 im vgl. zu $\bar{x}$ = 11.53 der Gesamtstichprobe) durch die erfahrenen Ereignisse angab, konnten keine signifikanten Unterschiede in der Ausprägung des Selbstwerts, der depressiven Stimmung und der Lebenseinstellung im Vergleich zur Gesamtstichprobe aufgezeigt werden.

Abbildung 2: Veränderungen innerhalb der Clusterlösungen

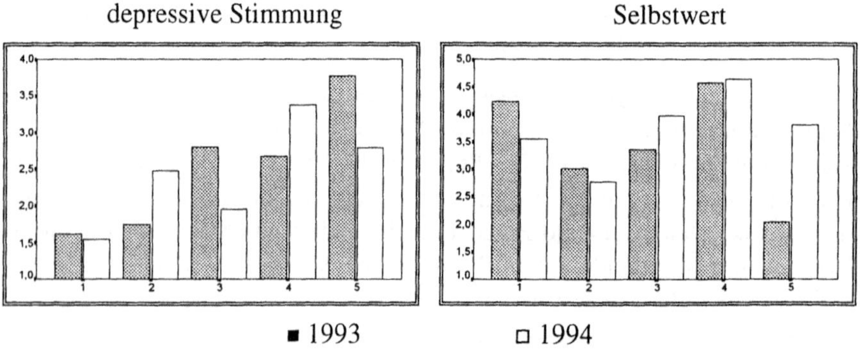

Besetzungshäufigkeiten:

Cluster	1	2	3	4	5
depress. Stimmung	130	77	104	61	36
Selbstwert	104	50	133	114	20

Fokussiert man auf typische Verlaufsprofile der Dimensionen des Wohlbefindens, so lassen sich mittels einer Clusteranalyse fünf Gruppen zusammenfassen (Abb. 2). Für die depressive Stimmung zeigt sich eine Gruppe mit sehr niedriger und sehr stabiler Ausprägung (Cluster 1) eine Gruppe mit ebenfalls niedrigem Ausgangsniveau, die aber eine Zunahme zu verzeichnen hat (Cluster 2). Cluster 4 enthält die Jugendlichen, deren schon relativ ausgeprägte depressive Stimmung sich verstärkt. Zwei Gruppen mit unterschiedlich hoher depressiver Stimmung verzeichnen eine Abnahme in der Variablen (Cluster 3 und Cluster 5). Ein ähnliches Bild ergibt sich für das Selbstwertgefühl. Auffallend ist der starke Anstieg des Selbstwerts über den Zeitraum eines Jahres bei den Personen in Cluster 5. Auf die Darstellung für die positive Lebenseinstellung soll aus Platzgründen verzichtet werden.

4.1.3 Interpretation

Die erwartete Stabilität des Wohlbefindens im Mittel für die Gesamtstichprobe konnte bestätigt werden. Allerdings zeigt die differenzierte Betrachtung Veränderungen bei den Mädchen. Deren Anstieg des Selbstwerts und die Abnahme der depressiven Stimmung kann als Anzeichen der sogenannten Recovery-Phase aufgefaßt werden. Mädchen, die früher als die Jungen in die Pubertät und damit in eine Phase eintreten, in der die Entwicklungsaufgaben der Adoleszenz zeitlich am stärksten verdichtet sind, schließen, unter Berücksichtigung der großen Schwankungsbreite, auch eher als die Jungen die Pubertät ab (z.B. Largo, zit. nach Fend 1994: 151). Als Ergebnis der erfolgreichen Bewältigung dieses Entwicklungsabschnitts kann der Zuwachs an Erfahrung und Autonomie Ausdruck des gestiegenen Selbstwertgefühls sein. Die depressive Stimmung, hier als Zweifel an eigenen Möglichkeiten und Fähigkeiten zu verstehen, sinkt durch den Zugewinn an Handlungskompetenz.

Im Ostteil ist ein leichter Anstieg des Selbstwerts zu verzeichnen, der durch die zum vorherigen Meßzeitpunkt noch nicht ganz bewältigte Umstellung des Schulsystems im Osten (1991-1992) verursacht sein kann. Die inzwischen vollzogene Anpassung an die neuen schulischen Umstände und die damit besseren Möglichkeiten zur Bewältigung von Anforderungen können als Ursache des Anstiegs erwogen werden.

Die Darstellung typischer Verläufe (Abb. 2) zeigt, daß vor allem ein relativ ausgewogenes Verhältnis von Anstieg und Absinken des Wohlbefindens für die erhaltene Stabilität auf der Mittelwertebene verantwortlich ist. Insbesondere bei den männlichen Jugendlichen sind die Veränderungen annähernd gleich verteilt.

4.2 Geschlecht und Wohlbefinden

4.2.1 Vorüberlegungen

Jungen zeichnen sich im BFW durch ein höheres Selbstwertgefühl gegenüber Mädchen aus und liegen trotzdem in der depressiven Stimmung über den

Mädchen. Es soll versucht werden, dieses 1993 im SLT-Querschnitt (Sydow/Jülisch/Wagner 1994) wie auch bei Grob et al. (1992) gefundene Ergebnis durch Analyse möglicher verursachender Variablen zu erklären.

4.2.2 Ergebnisdarstellung

Für die Skalen des BFW ergeben sich für 1994 folgende Unterschiede: Jungen und Mädchen unterscheiden sich in der Ausprägung der depressiven Stimmung (Tab. 5, siehe auch Tab. 2). Jungen sind stärker depressiv gestimmt als Mädchen. Fend/Schröer (1990) geben den Anteil an leicht depressiven Jugendlichen in ihrer Stichprobe mit 10 bis 15 Prozent an, in unserer Stichprobe weichen 22,9 Prozent der Jungen und 15,5 Prozent der Mädchen mehr als eine Standardabweichung vom Mittelwert ab und können als wenigstens gering depressiv verstimmt bezeichnet werden. Um mehr als zwei Standardabweichungen entfernt liegen 4,8 Prozent der Jungen und 3,6 Prozent der Mädchen, was unter Vorbehalt als stärkere depressive Stimmung gedeutet werden kann.

Tabelle 5: Mittelwerte der BFW-Skalen 1994 (Geschlecht)

Geschlecht	Depressive Stimmung	Selbstwert	Lebenseinstellung
Männlich	2,39	3,93	3,66
Weiblich	2,11	3,89	3,58
Signifikanz	0,0002	0,6188	0,2898

Jungen unterscheiden sich in beiden Skalen der sozialen Einbindung, der eher in Anspruch nehmenden Einbindung 1, (Beispielitem „Haben Sie Menschen, die Verständnis für Sie haben?") und der eher gebenden Einbindung 2 (Beispielitem „Haben Sie Menschen, die Ihre Hilfe brauchen?, bzw. „..., für die Sie sich verantwortlich fühlen?") von den Mädchen (Tab. 17 Anhang). Sie fühlen sich weniger geborgen und verstanden sowie weniger verantwortlich für andere als die Mädchen. Keine Unterschiede bestehen in der familiären Konsistenz (Beispielitem „ In unserer Familie kann man sich aufeinander verlassen.") und in der familiären Unterstützung (Beispielitem „Wenn nötig, geben mir meine Eltern Rat und Hilfe."). Auch in der Anzahl der kritischen Lebensereignisse und ihrer subjektiv erlebten Belastung bestehen keine bedeutsamen Geschlechtsunterschiede (Tab. 17 Anhang).

4.2.3 Interpretation

Der gefundene Geschlechtseffekt, nachdem Jungen in höherem Maße depressive Stimmungen aufweisen als Mädchen, bestätigt die Ergebnisse anderer Studien, die ähnliche Stichproben untersuchten (Grob et al. 1992; Fend/Schröer 1990). Er steht gegen die pauschale Behauptung, Frauen bzw. Mädchen seien grundsätzlich eher depressiv verstimmt. Es sei daran erinnert, daß die Skala depressive Stimmung des BFW nicht Depressivität im klinischen Sinn erfaßt.

Wie läßt sich das gefundene höhere Ausmaß an depressiver Stimmung der männlichen Jugendlichen erklären?

Die als geringer angegebene soziale Einbindung der Jungen gegenüber Mädchen könnte die stärkere depressive Verstimmung begründen. Es ist jedoch nichts darüber ausgesagt, ob Jungen diesen Fakt auch negativ bewerten, ebenso könnte er auch aus dem Stolz auf Unabhängigkeit und Selbständigkeit gerade in dieser Altersphase resultieren. Boehnke et al. (1993) zeigten, daß Jungen häufiger individualistische Werthaltungen (Itembeispiel: „Jeder muß für sich allein klarkommen") als Mädchen besitzen.

Fend/Schröer (1990) berichten, daß objektive Ereignisse für Jungen direkter wirksam sind als für Mädchen. In unserer Stichprobe jedoch unterscheiden sich Jungen von Mädchen nicht hinsichtlich der Anzahl der erlebten Lebensereignisse und der subjektiv wahrgenommenen Belastungen.

Der Einfluß des mit depressiver Stimmung assoziierten Persönlichkeitsfaktors Neurotizismus kann ebenfalls ausgeschlossen werden, da Jungen und Mädchen im Mittel fast identische Werte aufweisen (Jungen: $\bar{x}$ = 2.73, Mädchen: $\bar{x}$ = 2.75).

Da sich keine Variablen finden lassen, die den gefundenen Unterschied erklären können, ist anzunehmen, daß der Unterschied auf den Entwicklungsvorsprung der Mädchen zurückzuführen ist. Die körperlichen Reifungsvorgänge, die bei Mädchen häufig Ursache für ein herabgesetztes Wohlbefinden sind, dürften bei der Mehrzahl der Mädchen bereits abgeschlossen sein (Seiffge-Krenke 1994). Damit soll nicht gesagt werden, daß die geringere depressive Stimmung der Mädchen allein auf biologische Ursachen zuruckzuführen ist. Zum Beispiel können sich mit dem Abschluß der Pubertät unterschiedliche Bedeutungen der Entwicklungsaufgaben ergeben. Zum Beispiel konnten Dreher/Dreher (1991) zeigen, daß negative Ereignisse, wie z. B. der Abbruch einer Beziehung, die in der Altersgruppe der 15- bis 17jährigen den höchsten Stellenwert haben, unterschiedlich erlebt werden. Männliche Jugendliche fühlen sich durch solche Ereignisse im emotionalen Bereich eher im Selbstwert und der Befindlichkeit beeinträchtigt, während Mädchen eher Ungebundenheit oder gar Freiheit als Folge eines solchen Ereignisses konstatieren.

Der Einfluß der Schulleistungen auf das Wohlbefinden kann ebenfalls ausgeschlossen werden, da keine Unterschiede in den Zensuren bestehen. Dafür könnte das höher eingeschätzte Kompetenzerleben der Jungen ($\bar{x}$ = 3.25) - hier für den politischen Bereich erfaßt - gegenüber den Mädchen ($\bar{x}$ = 2.69; F = 38,87; p < .0001) dazu führen, daß bei Mißerfolgen die Ursachenzuschreibung internal erfolgt, damit die eigene Person für das Mißlingen verantwortlich gemacht wird und so die Befindlichkeit negativ beeinflußt wird.

4.3 Wohnort und Wohlbefinden

4.3.1 Vorüberlegungen

Für den Wohnort wurden 1993 im SLT-Projekt (Sydow et al. 1994) keine Auswirkungen auf die Faktoren des subjektiven Wohlbefindens gefunden. Dem steht eine Fülle von Literatur gegenüber, die die psychischen Auswirkungen der deutschen Vereinigung untersucht und Unterschiede zwischen Ost und West aufzeigt (zum Überblick vgl. Trommsdorf, 1994). Der Einfluß des Wohnorts und damit unterschiedlicher früherer und heute durch die Eltern eventuell noch wirksamer Sozialisationsbedingungen auf das Wohlbefinden soll untersucht werden.

4.3.2 Ergebnisdarstellung

Für die Variable Ost/West zeigen sich keine Unterschiede in der Ausprägung des Wohlbefindens (Tabelle 6).

Tabelle 6: Mittelwerte der BFW-Skalen 1994 (Stadtteil)

Stadtteil	Depressive Stimmung	Selbstwert	Lebenseinstellung
Ost	2,29	3,89	3,54
West	2,14	3,92	3,70
p	0,0401	0,7202	0,0201

4.3.3 Interpretation

Das Ausbleiben bedeutsamer Unterschiede im Wohlbefinden zwischen den Jugendlichen aus dem Ost- und dem Westteil der Stadt ist insofern hervorhebenswert, als die Ostberliner Jugendlichen in einem makrosozialen Umfeld leben, das in höherem Maße durch soziale und ökonomische Probleme belastet ist. Es besteht z. B. in den Jahren 1993 und 1994 eine höhere Arbeitslosigkeit der Eltern im Osten als im Westen. Auch die Bearbeitung der altersrelevanten Entwicklungsaufgaben dieser Schüler ist durch die gesellschaftlichen Transformationsvorgänge teilweise überlagert. Die fehlenden Auswirkungen der gesellschaftlichen Veränderungen auf das Wohlbefinden scheinen ein Hinweis darauf zu sein, daß makrosoziale Belastungen vermutlich eher mittelbar, über soziale Mikrosysteme wirksam werden[2]. Dann dürften in den Variablen, die den Einfluß des Mikrosystems (z. B. Familie) widerspiegeln, keine Unterschiede auftreten. Diese Überlegung bestätigt sich. In den Variablen zur familiären Konsistenz und zur familiären Unterstützung treten keine Unterschiede zwischen West- und Ostberliner Jugendlichen auf. Auch in der erlebten sozialen Einbindung 2 unterscheiden sich die Jugendlichen aus beiden Stadtteilen nicht voneinander (Tabelle 17, Anhang).

Eine weitere Erklärung für das Fehlen von bedeutsamen Unterschieden im Wohlbefinden hängt mit dem Erhebungszeitpunkt zusammen. Die Auswirkungen der politischen und wirtschaftlichen Wende und der anschließenden Aufforderung zur Neuorientierung sind vier bzw. fünf Jahre später nicht mehr wirksam, die Jugendlichen haben sich an die neuen gesellschaftlichen Verhältnisse angepaßt. Gemeint sind sowohl die Jugendlichen im Ost- als auch im Westteil Berlins. Das Ausbleiben von Befindlichkeitsunterschieden ist insofern plausibel, als die Generation der hier untersuchten Jugendlichen in den 80er Jahren eine gewisse Aufweichung des Systems in der DDR erlebt und durch die Medien Kenntnis über das Leben im Westen gewonnen hat. Auch daraus mögen sich Ähnlichkeiten, z. B. in Werthaltungen und Lebenseinstellungen, ergeben. Offensichtlich wurden die Gemeinsamkeiten zwischen den Jugendlichen dieser Altersgruppe bisher deutlich unterschätzt.

4.4 Schulart und Wohlbefinden

4.4.1 Vorüberlegungen

Gesamt-, Real-, Hauptschule und Gymnasium stellen nicht nur unterschiedliche Schulformen dar, die jeweils unterschiedliche intellektuelle Leistungsan-

2 Diese Annahme wird auch durch die Ergebnisse von Regressionsanalysen gestutzt. Die Variablen depressive Stimmung und Selbstwert sind durch die Variablen der gesellschaftlichen Zukunftsorientierung (gesellschaftlicher Optimismus und gesellschaftlicher Pessimismus) deutlich geringer prädiktierbar als durch die entsprechenden Variablen der Zukunftsorientierung im privaten Bereich (Sydow et al. 1994).

forderungen an ihre Schüler stellen, sondern auch verschiedenartige Bezugsgruppen, welche sich aufgrund ihrer Zukunftsperspektiven, sozialer Normen und Verhaltensweisen unterscheiden. Die differenziert wirkenden Sozialisationseinflüsse der verschiedenen Schulumwelten mit ihren Auswirkungen auf das subjektive Wohlbefinden sollen dargestellt werden.

Krätschmer (1992) zeigte, daß Hauptschüler im Vergleich zu Realschülern und Gymnasiasten die höchsten psychischen Belastungen angaben. Das stimmt überein mit den Befunden der ersten SLT-Erhebungswelle: Den geringsten Selbstwert und das höchste Ausmaß an depressiver Stimmung wiesen 1993 die Hauptschüler auf. Gymnasiasten dagegen wiesen den höchsten Selbstwert und die geringste depressive Verstimmung auf. Wie sieht dieses Bild 1994 aus?

4.4.2 Ergebnisdarstellung

Für die Schularten ergeben sich Unterschiede beim Selbstwert und der depressiven Stimmung. Gymnasiasten haben ein höheres Selbstwertgefühl ($F = 5.58$, $p = .0009$) und sind weniger depressiv gestimmt als Gesamt- und Hauptschüler ($F = 8.04$, $p = .0001$). Hauptschüler wiederum erleben signifikant mehr depressive Stimmung als Realschüler (Abb. 3).

Abbildung 3: Schularten und Wohlbefinden 1994

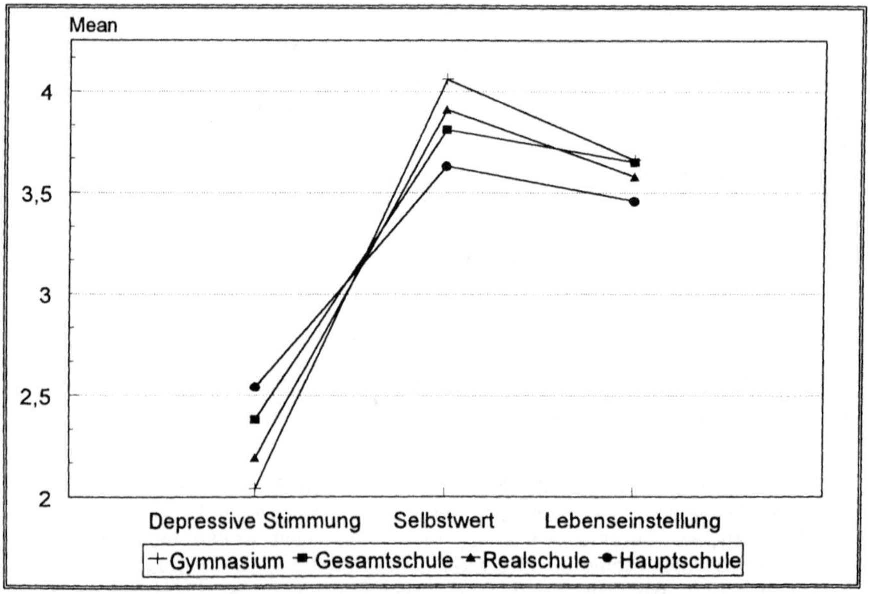

Unterteilt man die am wenigsten homogene Gruppe der Gesamtschüler nach ihrem beabsichtigten Schulabschluß, so unterscheiden sich Gesamtschüler, die den Realschul-Abschluß anstreben, in ihrem Wohlbefinden nicht von den Schülern, die eine Realschule besuchen (Tab. 18, Anhang). Hingegen bestehen Unterschiede zwischen den Gesamtschülern, die als Abschluß das Abitur anstreben, und den Schülern der Gymnasien in der Ausprägung des Selbstwerts ($F = 6.91$, $p < .01$) und auch der depressiven Stimmung ($F = 5.82$, $p < .05$) zugunsten der Gymnasiasten. Weiterhin unterscheiden sich die Gesamtschüler, die sowohl 1993 und 1994 als gewünschten Abschluß den Realschulabschluß angeben, im subjektiven Wohlbefinden nicht von ihren Mitschülern, die konstant 1993 und 1994 das Abitur anstreben. Es muß angemerkt werden, daß mehr Jungen als Mädchen im Verlauf eines Jahres ihren angestrebten Schulabschluß nach unten korrigiert haben.

4.4.3 Interpretation

Hohe Selbstwirksamkeitsurteile und daraus resultierender Selbstwert ergeben sich im schulischen Kontext aus drei verschiedenen Quellen: den bislang erzielten Leistungen, den beobachteten Leistungen vergleichbarer anderer Personen und der Evaluation der eigenen Leistung durch andere respektierte Personen (Oettingen/Little 1994). Die Gymnasiasten können im Vergleich zu den Schülern aus anderen Schularten auf die besseren Schulnoten (Tab. 16) und einer damit verbundenen höheren Anerkennung durch andere Personen zurückgreifen. Die Schulart für sich wirkt ebenfalls auf das Selbstwertgefühl. Fend et al. (zit. nach Oerter 1987) konnten zeigen, daß Haupt- und Realschüler deutlich geringere Einschätzungen ihrer Begabung, Intelligenz und Schulleistung geben als Gymnasiasten. Das Selbstwertgefühl wird maßgeblich durch das Fähigkeitskonzept und dieses durch die erreichten schulischen Leistungen bedingt. Die Schule liefert wichtige Rückmeldungen über die eigenen Fähigkeiten und bestimmt somit das Selbstbild des Schülers. Hohe Selbstwerturteile wiederum gehen mit höheren Leistungsstandards und höheren Aspirationen einher. Das Selbstwertgefühl wird aber bei allen Schularten von der Höhe des Leistungsdrucks moderiert (Fend et al. zit. nach Oerter 1987). Zur Bestätigung dieser Überlegungen kann z. B. das wie schon 1993 hohe selbsteingeschätzte Kompetenzerleben im politischen Bereich der Gymnasiasten ($\bar{x} = 3.15$, übrige Schüler $\bar{x} = 2.79$) herangezogen werden.

Auch darf der soziale Hintergrund der Schüler aus den unterschiedlichen Schularten in seinen Auswirkungen auf das subjektive Wohlbefinden nicht vernachlässigt werden. So sind z. B. in der 1994 untersuchten Stichprobe die

Eltern der Hauptschüler signifikant häufiger von der Arbeitslosigkeit betroffen als die Eltern der Schüler der anderen drei Schularten ($\chi^2 = 37.69$, df = 3, $p \leq .0001$).

Ein weiterer Grund für die negative Wohlbefindensbilanz der Hauptschüler ist sicher darin zu sehen, daß sie die Hoffnungen und Anforderungen ihrer Eltern auf gute Schulleistungen und den Besuch einer weiterführenden Schule nicht erfüllen konnten. Denn aus Untersuchungen von Fauser (zit. nach Krätschmer, 1992) ist bekannt, daß nur sehr wenige Eltern die Hauptschule als erwünschte Schulform ansehen. Auch Fend (1991: 53) bestätigt, daß sich mehr als die Hälfte der Schüler in Hauptschulen einen höheren Abschluß als den Hauptschulabschluß wünschen. Das immer wieder auftretende Gefühl versagt zu haben, stellt für diese Jugendlichen eine starke Belastung dar, die sich in der gezeigten höheren depressiven Stimmung und in einem geringeren Selbstwertgefühl äußert.

4.5 Der zusammengefaßte Einfluß der Designvariablen

Faßt man alle drei Designvariablen zusammen, so ergeben sich die in Tab. 7 dargestellten Werte für das subjektive Wohlbefinden. Es zeigt sich, daß die Gymnasiastinnen im Westteil der Stadt das mit Abstand beste Wohlbefinden aufweisen.

Die männlichen Hauptschüler aus dem Osten sind am depressivsten gestimmt, und ihre Mitschülerinnen haben den geringsten Selbstwert und die am wenigsten positive Lebenseinstellung.

Tabelle 7: Mittelwerte des Wohlbefindens 1994 getrennt nach Designvariablen

	Ost		West		Ost		West	
	M	W	M	W	M	W	M	W
	Gymnasium				Gesamtschule			
Depr. Stimmung	2,23	2,13	2,15	1,77	2,21	2,38	2,60	2,36
Selbstwert	4,13	3,91	4,05	4,18	3,93	3,74	3,88	3,80
Lebenseinstellung	3,69	3,41	3,90	3,82	3,70	3,58	3,57	3,73
	Realschule				Hauptschule			
Depr. Stimmung	2,14	2,28	2,67	1,87	2,85	2,65	2,33	2,12
Selbstwert	4,10	3,83	3,89	3,89	3,69	3,62	3,63	3,52
Lebenseinstellung	3,65	3,48	3,60	3,67	3,46	3,31	3,69	3,25

Anmerkung: M Mannlich W Weiblich

Bei multivariater Analyse weisen Geschlecht (p = .013) und Schulart (p = .002) signifikante Einflüsse auf das Wohlbefinden auf. Die gezielte univariate Auswertung ergibt bei der depressiven Stimmung für Schulart (F = 5.53, p = .001) und Geschlecht (F = 6.08, p = .014) signifikante Effekte und eine Interaktion zwischen Geschlecht und Wohnort (F = 6.30,p < .05). Für das Selbstwertgefühl ist nur der Einfluß der Schulart signifikant (F = 4.88, p = .002). Die positive Lebenseinstellung wird durch die kombiniert betrachteten Designvariablen nicht signifikant beeinflußt. Insgesamt bestätigen sich hier die bereits diskutierten Ergebnisse zum Einfluß der Designvariablen.

4.6 Der Einfluß der Persönlichkeitsfaktoren auf das Wohlbefinden

4.6.1 Vorüberlegungen

Von den Befunden Costa/McCrae's (1980, 1984) ausgehend, soll die Bedeutung der Persönlichkeitsfaktoren für die Prädiktion des Wohlbefindens im Jugendalter überprüft werden. Zusätzlich soll die Betrachtung getrennt nach dem Geschlecht erfolgen, um mögliche Unterschiede des Einflusses der Persönlichkeitseigenschaften auf das subjektive Wohlbefinden aufzudecken.

4.6.2 Ergebnisdarstellung

Tabelle 8 zeigt die Korrelationskoeffizienten der Persönlichkeitsdimensionen 1993 mit dem Wohlbefinden 1993 als auch 1994. Wie auch in den Ergebnissen von Costa/McCrae hat der Faktor Neurotizismus den stärksten Einfluß auf das subjektive Wohlbefinden. Im Gegensatz dazu hatte Offenheit für Erfahrung (Beispielitem: „Ich bin sehr wißbegierig.") bei Costa/McCrae keinen Einfluß auf das Wohlbefinden. Für den untersuchten Altersbereich trägt der Faktor Offenheit 1 zur Vorhersage des Wohlbefindens signifikant bei.

Um nicht bei einer korrelativen Betrachtung stehen zu bleiben, wurden Regressionsanalysen mit dem Ziel der Prädiktion des Wohlbefindens aus den Persönlichkeitsmerkmalen durchgeführt.

Die multiplen Korrelationen der sechs Persönlichkeitsmerkmale betragen für die depressive Stimmung r = .38, für den Selbstwert r = .34 und für die positive Lebenseinstellung r = .25. Beschränkt man die Ergebnisdarstellung auf die Variablen, die einen signifikanten Beitrag zur Prädiktion des Wohlbefindens leisten, ergeben sich die Werte in den Tabellen 9 bis 11.

Tabelle 8: Korrelationskoeffizienten des NEO-FFI 1993 mit drei BFW-Skalen

	Depressive Stimmung		Selbstwert		Lebens-einstellung	
	1993	1994	1993	1994	1993	1994
Neurotizismus	0,41**	0,25**	-0,35**	-0,24**	-0,19**	-0,15*
Extraversion	-0,17**	-0,16*	0,14*	0,17*	0,19**	0,05
Verträglichkeit	-0,29**	-0,25**	0,06	0,09	0,01	0,08
Gewissenhaftigkeit	-0,25**	-0,18**	0,22**	0,17**	0,20**	0,14*
Offenheit 1	-0,12	0,05	0,14*	0,16*	0,11	0,15*
Offenheit 2	-0,08	-0,07	-0,03	0,09	-0,14*	0,05

* $p \leq .01$ ** $p \leq .001$

Tabelle 9: Beta-Gewichte der Regressionsanalyse fur die abhangige Variable depressive Stimmung

Merkmal	Beta	Signifikanz
Neurotizismus	0,2146	0,0000
Verträglichkeit	- 0,2084	0,0000
Gewissenhaftigkeit	- 0,1336	0,0043

Anmerkung: Die multiple Korrelation zwischen den angegebenen Persönlichkeitseigenschaften und depressiver Stimmung betragt r = .36.

Tabelle 10: Beta-Gewichte der Regressionsanalyse fur die abhangige Variable Selbstwert

Merkmal	Beta	Signifikanz
Neurotizismus	- 0,2257	0,0000
Offenheit 1	0,1450	0,0025
Gewissenhaftigkeit	0,1295	0,0071

Anmerkung: Die multiple Korrelation zwischen den angegebenen Personlichkeitseigenschaften und dem Selbstwert betragt r = .32.

Tabelle 11: Beta-Gewichte der Regressionsanalyse fur die abhangige Variable positive Lebenseinstellung

Merkmal	Beta	Signifikanz
Neurotizismus	- 0,1567	0,0013
Offenheit 1	0,1491	0,0022

Anmerkung: Die multiple Korrelation zwischen den angegebenen Personlichkeitseigenschaften und positiver Lebenseinstellung betragt r = 21.

Bei der Betrachtung der Geschlechtsunterschiede zeigt sich, daß die Mädchen im Mittel extrovertierter (Jungen: $\bar{x}$ = 3.30, Mädchen: $\bar{x}$ = 3.73), verträglicher (Jungen: $\bar{x}$ = 3.56, Mädchen: $\bar{x}$ = 3.92) und offener für Erfahrungen (Offenheit 2; Jungen: $\bar{x}$ = 3.20, Mädchen: $\bar{x}$ = 3.48) als die Jungen sind (alle $p < .01$); eine vollständige Übersicht gibt Tabelle 18 (Anhang). Für beide Geschlechter ergeben sich damit unterschiedliche Prädiktionsmuster (Tab. 12 und 13). Auf die Darstellung für die positive Lebenseinstellung soll aus Platzgründen verzichtet werden. Die multiplen Korrelationen für alle sechs Persönlichkeitsmerkmale betragen für die depressive Stimmung bei den Jungen r = .33, den Mädchen r = .39; für den Selbstwert (Jungen: r = .39, Mädchen: r = .34) und für die positive Lebenseinstellung (Jungen: r = .26, Mädchen: r = .29).

Tabelle 12: Beta-Gewichte der Regressionsanalyse für die abhangige Variable depressive Stimmung getrennt nach Geschlecht

Merkmal	Jungen		Mädchen	
	Beta	Signifikanz	Beta	Signifikanz
Neurotizismus	0,2127	0,0097	0,3040	0,0000
Gewissenhaftigkeit	- 0,1987	0,0057		
Verträglichkeit			- 0,1960	0,0013
multiple Regression	r = 0,28		r = 0,37	

Tabelle 13: Beta-Gewichte der Regressionsanalyse fur die abhängige Variable Selbstwert getrennt nach Geschlecht

Merkmal	Jungen		Mädchen	
	Beta	Signifikanz	Beta	Signifikanz
Neurotizismus	- 0,1974	0,0086	- 0,2347	0,0002
Extraversion	0,2592	0,0006		
Offenheit 1			0,1712	0,0062
multiple Regression	r = 0,34		r = 0,31	

Aus Tabelle 12 ist zu entnehmen, daß bei den Mädchen hauptsächlich Neurotizismus und Verträglichkeit die depressive Stimmung konstituieren, während bei den Jungen der Neurotizismus nicht ganz so stark wirksam ist und anstatt der Verträglichkeit die Gewissenhaftigkeit bzw. in diesem Falle Gleichgültigkeit und Nachlässigkeit eine Rolle spielen.

Für die Jungen sind Aktivität, Durchsetzungsfähigkeit und eine Portion Optimismus entscheidend für ihr Selbstwertgefühl, während bei den Mädchen emotionale Stabilität, Freude an Abwechslung und Aufgeschlossenheit gegenüber neuen Erfahrungen verstärkt zum Wohlbefinden beitragen (Tab. 13).

4.6.3 Interpretation

Die erhaltenen Korrelationen zwischen den Persönlichkeitsfaktoren und den Faktoren des Wohlbefindens liegen unterhalb der von Costa/McCrae angegebenen Werte. Das dürfte vor allem auf die unterschiedliche Operationalisierung des Wohlbefindens zurückzuführen sein; die Autoren benutzten die psychometrisch problematische Affect Balance Scale[3] von Bradburn (1969). Allerdings kann sich hier auch ein Alterseffekt abbilden, die Stichproben von Costa/McCrae repräsentieren das Erwachsenenalter. Ob die niedrigeren Korrelationen Ausdruck des geringeren Zusammenhangs zwischen Persönlichkeit und Wohlbefinden im Jugendalter sind, kann aufgrund der fehlenden Vergleichbarkeit der eingesetzten Verfahren nicht entschieden werden.

Die Persönlichkeitsfaktoren, die 1993 erhoben wurden, erlauben eine Prädiktion des Wohlbefindens innerhalb eines Jahres. Der Anteil an aufgeklärter Varianz für alle Persönlichkeitseigenschaften auf alle drei Dimensionen des subjektiven Wohlbefindens ist mit 32 Prozent nicht sehr hoch. Die gefundene Varianzaufklärung ist jedoch im Gegensatz zu Costa/McCrae nicht durch Konfundierung der beiden Meßinstrumente künstlich erhöht.

Entgegen den Befunden von Costa/McCrae leistet der Faktor der Extraversion in unserer Stichprobe keinen signifikanten Beitrag zur Prädiktion des subjektiven Wohlbefindens. Als einzige Ausnahme trägt Extraversion zur Vorhersage des Selbstwerts bei den Jungen bei. Die nur moderate Varianzaufklärung durch die Persönlichkeitseigenschaften begründet die Einbeziehung weiterer Variablen zur Erklärung des Wohlbefindens.

Die Geschlechtsunterschiede, die sich in unterschiedlichen Einflüssen der Persönlichkeit auf das Wohlbefinden zeigen, lassen sich als unterschiedliche Sozialisationsauswirkungen verstehen. Exemplarisch sei das am Selbstwert verdeutlicht. Um sich als Junge wirksam mit seiner Umwelt auseinanderzusetzen und Anerkennung zu erlangen, bedarf es neben emotionaler Stabilität weiterer Eigenschaften, wie tatkräftig zu sein und sich durchsetzen zu können. Mittels dieser Eigenschaften lassen sich gestellte Anforderungen eher erfüllen. Die Erreichung solcher Ziele führt zum Gefühl des „self efficacy" und daraus resultiert Selbstwertgefühl. Bei Mädchen hingegen ist neben emotionaler Ausgeglichenheit Offenheit ein Faktor, der zu sozialer Anerkennung führt. Die Rezeption der sozialen Anerkennung und Aufmerksamkeit ist

3 Fur Anmerkungen zur Affect Balance Scale siehe Herzberg (1995).

bei Mädchen wichtiger als bei Jungen für das Aufrechterhalten des Selbstwertgefühls.

4.6.4 Vorüberlegungen

Als zweite Frage wird aufgrund der Literaturbefunde (Costa/McCrae 1980, 1984) angenommen, daß sich Jugendliche mit hohen bzw. niedrigen Werten auf den Skalen Extraversion und Neurotizismus auch in ihrem subjektiven Wohlbefinden voneinander unterscheiden.

4.6.5 Ergebnisdarstellung

Ein interessantes Resultat ergibt sich, wenn man zwei Teilstichproben mit unterschiedlicher Ausprägung der Extraversion bildet (Mediansplitting). Obwohl der Faktor der Extraversion in der Gesamtstichprobe keinen zusätzlichen Beitrag zur Prädiktion des Wohlbefindens leistet, unterscheiden sich beide Gruppen signifikant in der depressiven Stimmung 1993 und 1994 und im Selbstwert 1994 ($p \leq .01$). Die unterschiedlichen Ausprägungen des Wohlbefindens für beide Gruppen sind in Abbildung 4 dargestellt. Für beide Gruppen bleiben die Ausprägungen auf den drei Wohlbefindensskalen für den Zeitraum eines Jahres im Mittel stabil.

Abbildung 4: Mittelwerte der BFW-Skalen 1993 und 1994 fur zwei Teilgruppen mit geringer (E < Md) und hoher (E > Md) Ausprägung der Extraversion

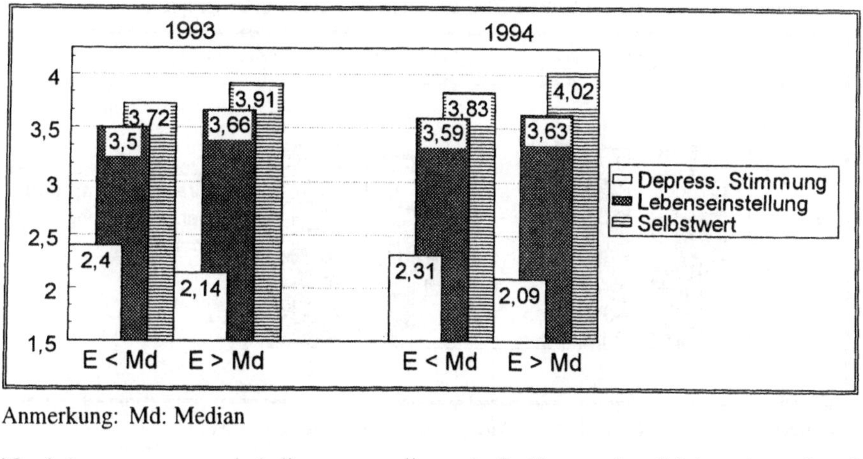

Anmerkung: Md: Median

Noch interessanter wird die paramediane Aufsplittung der Stichprobe anhand des Faktors Neurotizismus (Abb.5). Hier sind alle Unterschiede zwischen den Gruppen signifikant ($p \leq .01$). Anhand dieses Ergebnisses wird die Bedeutung des Neurotizismus für das Wohlbefinden besonders deutlich. Auch für diese Gruppe bleiben die Ausprägungen auf den drei Skalen des Wohlbefindens für den Zeitraum eines Jahres im Mittel stabil, nur in der Gruppe mit hohem Neurotizismus gibt es eine signifikante Abnahme in der depressiven Stimmung (p < .01).

Abbildung 5: Mittelwerte der BFW-Skalen 1993 und 1994 für zwei Teilgruppen mit geringer (N < Md) und hoher (N > Md) Ausprägung des Neurotizismus

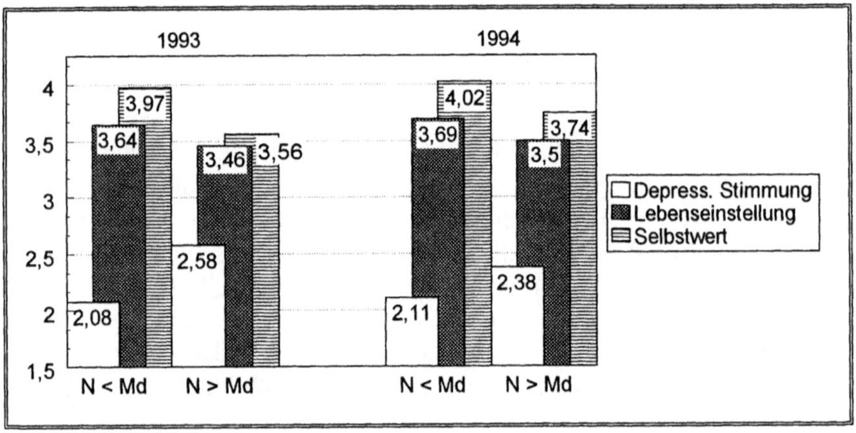

Anmerkung: Md: Median

Abbildung 6: Mittelwerte der BFW-Skalen 1993 und 1994 für zwei Teilgruppen

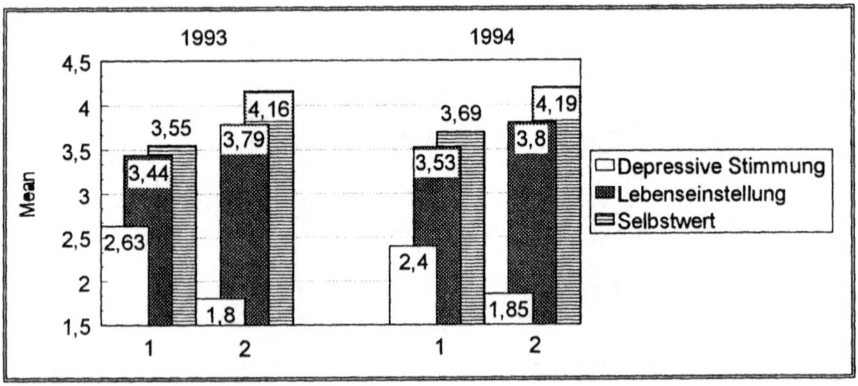

Anmerkung: 1 .. N > Md & E < Md 2 N < Md & E > Md

Bildet man zwei Teilstichproben, die beide Merkmale kombiniert enthalten, so unterscheidet sich die Gruppe mit hohem Neurotizismus und geringer Extraversion im Wohlbefinden nicht von der Gruppe mit hoher Neurotizismusausprägung in Abbildung 6. Aber für die Stichprobe mit geringem Neurotizismus und hoher Extraversionsausprägung fällt das Wohlbefinden extrem günstig und stabil aus (Abb. 6).

4.6.6 Interpretation

Die Befindlichkeitsunterschiede zwischen den Gruppen sowohl für Neurotizismus als auch für Extraversion sind beträchtlich, sie verdeutlichen den Einfluß dieser grundlegenden Persönlichkeitseigenschaften. Die Ergebnisse stützen die referierten Befunde zum Einfluß von Neurotizismus und Extraversion auf das subjektive Wohlbefinden auch für das Jugendalter. Hohe emotionale Stabilität, gepaart mit sozialer Anteilnahme, Aktivität und Optimismus sichern ein sehr hohes und zudem stabiles Wohlbefinden.

4.6.7 Vorüberlegungen

Von besonderem Interesse ist die dritte Frage, ob befindlichkeitsrelevante Unterschiede zwischen Persönlichkeitsfaktoren bestehen, die in beiden politischen Systemen unterschiedlich „adaptiv" waren und unterschiedlich bewertet wurden. So ist einerseits zu vermuten, daß in der ehemaligen DDR die kollektivistisch ausgerichtete Sozialisation mit ihrer einheitlichen Ideologie und vereinheitlichenden Lebensform die Verhaltensdisposition einer hohen Verträglichkeit mit einer relativ angenehmen Befindlichkeit „belohnte". Andererseits sollten Personen, die sich dem Ideal einer hohen Verträglichkeit nicht anschlossen, durch eine Vielzahl von Mechanismen, über die hier nicht weiter spekuliert werden soll, Einbußen in ihrem Wohlbefinden erfahren haben. Für die pluralistische Gesellschaft der Bundesrepublik mit der Betonung der individuellen Sozialisation ist vorstellbar, daß Verhaltensweisen wie Nachgiebigkeit, starkes Harmoniebedürfnis und Altruismus eher hinderlich für die Durchsetzung eigener Ziele und Werthaltungen sein dürften. Die durch soziale Vergleichsprozesse und Bewertungen vermittelte geringere Selbstwirksamkeit schlägt sich möglicherweise in niedrigeren Befindlichkeitswerten nieder.

Analog wird eine unterschiedliche Bewertung des Persönlichkeitsmerkmals der Extraversion in Ost und West angenommen. Aktivität und Durchsetzungsfähigkeit sollten eher im Westen positiv bewertete Eigenschaften sein, aus denen ein hohes Wohlbefinden resultiert, als im Osten, wo diese Eigenschaft möglicherweise eher zu Konfrontation mit institutioneller Macht, z. B. der Schule, führen konnte.

Für den Persönlichkeitsfaktor Neurotizismus werden keine hinsichtlich des Befindens wirksamen Ost-West-Unterschiede angenommen. Personen mit hohen Ausprägungen werden unter beiden Sozialisationsbedingungen negative Wohlbefindensbilanzen aufweisen.

4.6.8 Ergebnisdarstellung

Vor der Ergebnisdarstellung zwei Anmerkungen: Unterschiede in den Mittelwerten der Persönlichkeitseigenschaften ergeben sich nur für den Faktor Neurotizismus (Ost: $\bar{x}$ = 2.85, West: $\bar{x}$ = 2.63, p = .0112) (Tab. 19 Anhang). Die paramediane Aufteilung erfolgte für den Faktor Verträglichkeit getrennt für Ost/ West, da hier Unterschiede bezüglich des Medians auftraten (Ost: Md = 3.83, West: Md = 3.67). Für die beiden anderen Faktoren waren die Mediane identisch.

Für die dritte Frage nach dem Einfluß der unterschiedlichen gesellschaftlichen Kontextbedingungen ergeben sich folgende Ergebnisse: Unterschiede zwischen Ost und West bestehen bei der depressiven Stimmung zwischen Jugendlichen mit niedrigem Neurotizismus, hoher Extraversion und hoher Verträglichkeit. Selbstwertunterschiede bestehen nur für hohe Verträglichkeit (Abb. 7 bis 9). Die Lebenseinstellung in Ost und West ist bei hoher Extraversion und hoher Verträglichkeit verschieden. Alle Angaben gelten für $\alpha < .05$. Die varianzanalytische Auswertung ergibt für den Selbstwert eine Interaktion zwischen Verträglichkeit und Wohnort ($F = 7.31$, $p < .01$).

Abbildung 7: Wohlbefinden in Abhangigkeit von Neurotizismus (N) und Wohnort

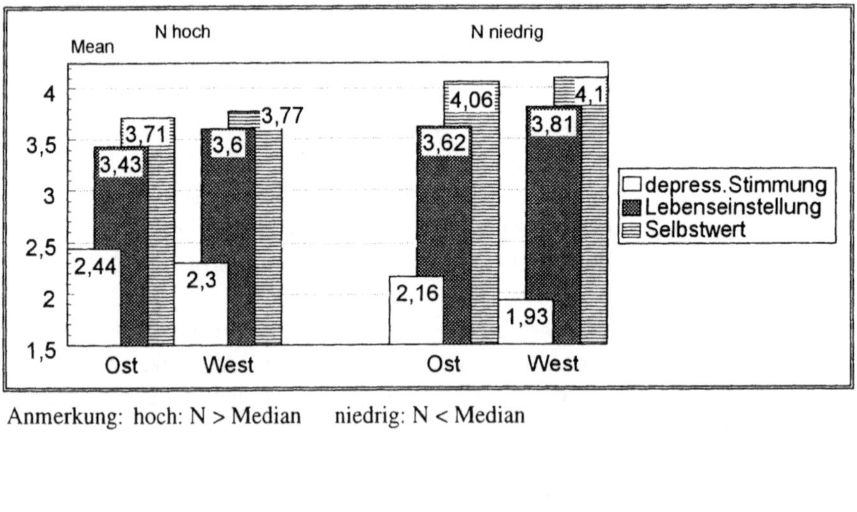

Anmerkung: hoch: N > Median niedrig: N < Median

Abbildung 8: Wohlbefinden in Abhängigkeit von Extraversion (E) und Wohnort

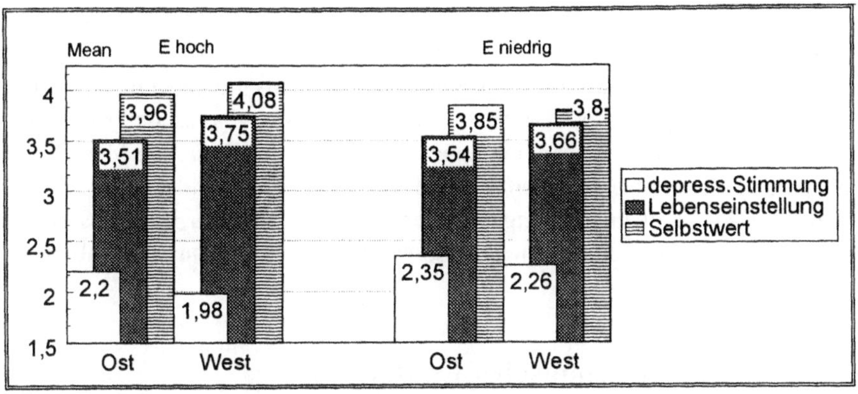

Anmerkung: hoch: E > Median niedrig: E < Median

Abbildung 9: Wohlbefinden in Abhängigkeit von Verträglichkeit (V) und Wohnort

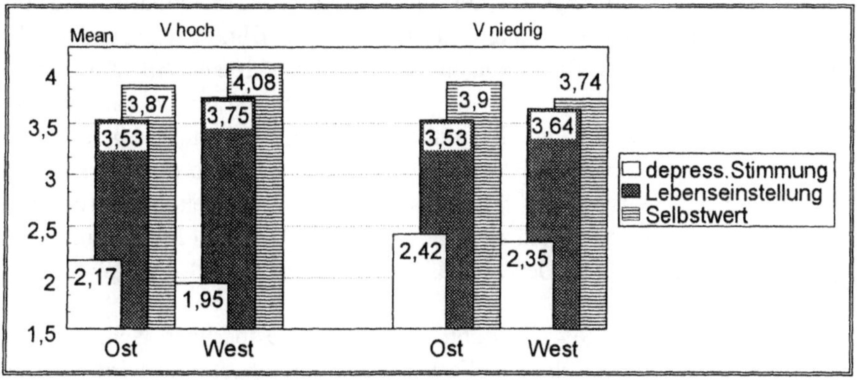

Anmerkung: hoch: V > Median niedrig: V < Median

4.6.9 Interpretation

Unterschiede im Wohlbefinden, verursacht durch unterschiedliche Ausprägung von Persönlichkeitsmerkmalen in unterschiedlichen sozialen Umwelten, konnten bestätigt werden. Damit kann der bisher gezeigte Einfluß der Persönlichkeit auf das Wohlbefinden weiter differenziert werden. Entgegen den geäußerten Erwartungen haben Westberliner Jugendliche mit hoher Verträglichkeit ein Wohlbefinden, welches höher liegt als bei den vergleichbaren Jugendlichen im Osten. Gleiches gilt für eine hohe Ausprägung der Extraversion. Für Neurotizismus wurde nur bei geringer Ausprägung ein Unterschied (depressive Stimmung) gefunden, der aber auch nicht angenommen worden war. Hier zeigt sich die relativ kontextunabhängige, starke Wirkung des Faktors Neurotizismus auf das Wohlbefinden.

Daß hier die Wirkung unterschiedlicher Sozialisationsbedingungen und nicht situative Einflüsse reflektiert werden, ergibt sich daraus, daß sich unterschiedliche Sozialisationsbedingungen am ehesten in habituellen Merkmalen, also Persönlichkeitseigenschaften, widerspiegeln. Solche habituellen Merkmale wirken nicht unabhängig von der Situation, sondern beeinflussen die Verarbeitung von Situationen und deren Auswirkungen auf das subjektive Wohlbefinden.

4.7 Der Einfluß schulischer Leistungen

4.7.1 Vorüberlegungen

Entwicklungsverläufe Jugendlicher unabhängig vom Schulbesuch zu beschreiben und zu erklären, müßte als theoretische Blindheit gegenüber der Wirkung ökologischer Bedingungen gelten (Oerter 1987). Als wesentliche Instanz der Sozialisation nimmt die Schule auf die kognitive und auf die emotionale Entwicklung und Befindlichkeit Einfluß. Zum Beispiel ist das Scheitern an schulischen Leistungsanforderungen als eine deutliche Beeinträchtigung des Selbstwertgefühls und der späteren sozialen und beruflichen Lebenschancen zu werten (Hurrelmann, 1994: 206). So soll im folgenden der Zusammenhang zwischen den schulischen Leistungen und dem Wohlbefinden betrachtet werden.

Oettingen/Little (1994) berichten, daß bei Ostberliner Schülern der Selbstwert stärker durch die schulischen Leistungen bestimmt wird, als dies bei den Westberliner Schülern der Fall ist. Die negativen Selbstwirksamkeitsurteile der Ostberliner Schüler führen zu motivationalen Schwierigkeiten, Mißerfolgsangst und Pessimismus. Die negativen Auswirkungen gelten vor allem für die leistungsschwachen Schüler. Gute Schulnoten erlauben positive Selbstwirksamkeitsurteile und schützen so vor negativen motivationalen und emotionalen Folgen. Wenn diese Annahmen stimmen, so sollte sich das vor allem bei den schlechteren Schülern in geringerem subjektiven Wohlbefinden niederschlagen.

4.7.2 Ergebnisdarstellung

Um den Einfluß schulischer Leistungen auf das subjektive Wohlbefinden der Schüler zu überprüfen, wurde für jedes Schuljahr der Notendurchschnitt aus den wichtigsten fünf Unterrichtsfächern (Deutsch, Mathematik, Physik, Erdkunde, und 1. Fremdsprache) gebildet. Die restlichen in der Untersuchung erhobenen Noten wurden bei der Durchschnittsbildung nicht berücksichtigt, da die Angaben zu diesen Noten in den Erhebungsheften teilweise lückenhaft waren, so daß die Anzahl der auswertbaren Fälle abgesunken wäre.

Tabelle 14 zeigt den Zusammenhang zwischen Notendurchschnitt und Wohlbefinden.

Tabelle 14: Korrelationen der BFW-Skalen mit dem Notendurchschnitt

	Depress. Stimmung		Selbstwert		Lebenseinstellung	
	1993	1994	1993	1994	1993	1994
Notendurchschnitt '93	0,12	0,15**	-0,17**	-0,07	-0,16**	-0,07
Notendurchschnitt '94	0,13*	-0,13*	-0,15**	-0,07	-0,08	-0,08

Anmerkung: * .p < .001 ** .. p < .01

Nimmt man die Ost/West-Variable hinzu, zeigt sich, daß der Zusammenhang zwischen dem Selbstwert und den Leistungen bei den Schülern in westlichen Stadtteilen (1993: r = -.27, 1994: r = -.12, n.s.) stärker ausgeprägt ist als bei den Schülern aus dem Ostteil (1993: r = -.12 n.s., 1994: r = -.05, n.s) der Stadt.

Betrachtet man diesen Zusammenhang getrennt nach den Schularten, ergibt sich für die Gymnasiasten eine Beziehung zwischen ihrem Selbstwert im Jahr 1993 und den 1994 erreichten Schulleistungen (r = -.17). Für die Gesamt- und die Hauptschüler zeigt sich kein signifikanter Zusammenhang zwischen den Schulleistungen und dem Wohlbefinden. Bei den Realschülern korrelieren die Schulleistungen von 1993 signifikant mit dem Selbstwert 1993 (r = -.21), der positiven Lebenseinstellung 1993 (r = -.24) sowie mit der depressiven Stimmung 1994 (r = .23). Die Angaben gelten für $\alpha < .05$.

Verfolgt man dieses Auswertungsschema für die Designvariable Geschlecht, zeigt sich bei den Jungen ein Zusammenhang zwischen den Schulleistungen 1993 und der positiven Lebenseinstellung (r = -.22), für die Schulleistungen 1994 und depressive Stimmung 1994 (r = .27), sowie der Schulleistung 1993 mit der depressiven Stimmung 1994 (r = .24). Der Selbstwert korreliert 1993 mit den Schulleistungen (r = -.18, p = .028), 1994 besteht der Zusammenhang nicht mehr. Bei den Mädchen besteht ebenfalls nur 1993 ein Zusammenhang zwischen Schulleistung und Selbstwert (r = -.15, p < .05), der Selbstwert 1993 korreliert signifikant mit den Schulleistungen 1994 (r = -.18).

Wie in 4.1.5. und 4.1.6 beschrieben, wird das Ausmaß des Wohlbefindens vom Wohnort und auch der Schulart beeinflußt. Faßt man die bisher getrennt betrachteten Designvariablen zusammen, ergibt sich die Darstellung in Tabelle 15. Innerhalb des Wohnorts unterscheiden sich im Osten die Hauptschüler von den anderen Schülern durch die ausgeprägteste depressive Verstimmung (p ≤ .05).

Im Westen unterscheiden sich bezüglich der depressiven Stimmung die Gymnasiasten von allen anderen Schülern und die Gesamtschüler von den Realschülern (p ≤ .05). Im Selbstwert bestehen Unterschiede zwischen den Gymnasiasten und den Gesamt - und Hauptschülern (p ≤ .05).

Ost-West-Unterschiede bestehen in den Gymnasien bei depressiver Stimmung und positiver Lebenseinstellung, sowie in der Hauptschule bei der depressiven Stimmung (p ≤ .05).

Tabelle 15: Auspragung des Wohlbefındens nach Schulart und Wohnort 1994

	Gymnasium		Gesamtschule		Realschule		Hauptschule	
	Ost	West	Ost	West	Ost	West	Ost	West
Depr. Stimmung	2,17	1,87	2,30	2,48	2,22	2,15	2,81	2,24
Selbstwert	3,99	4,15	3,83	3,79	3,92	3,89	3,68	3,58
Lebenseinstellung	3,51	3,84	3,63	3,66	3,52	3,65	3,43	3,50

Trennt man die untersuchten Jugendlichen danach, ob sie zu den guten[4] oder eher schlechten Schülern gehören, und berücksichtigt man dabei ihren Wohnort, so ergibt sich die in Abbildung 10 dargestellte Ausprägung des Wohlbefindens.

Zwischen guten und schlechten Schülern existieren für beide Stadtteile in den Ausprägungen des Wohlbefindens keine signifikanten Unterschiede. Nur in der positiven Lebenseinstellung gibt es einen Unterschied (p = .005) zwischen den schlechten Schülern im Osten und den guten Schülern ım Westen. Interessant ist die Differenz (p = .001) in der Ausprägung der depressiven Stimmung zwischen den guten Schülern beider Stadtteile.

Betrachtet man beide Stadtteile zusammen, unterscheiden sich beide Schülergruppen nur in der Ausprägung der depressiven Stimmung (F = 10.43, p = .0013) (Abb. 11).

4 Durchschnitt der funf Schulnoten am Median aufgeteilt - getrennte Medianberechnung fur Ost/West: (Median Ost: 2.8, Median West· 3 2), d. h. gute Schuler Ost haben 1994 einen Durchschnitt besser als 2.8, schlechte Schuler gleich oder schlechter als 2.8.

Abbildung 10: Mittelwerte der BFW-Skalen 1994 für Teilgruppen bezüglich der Schulleistungen 1994

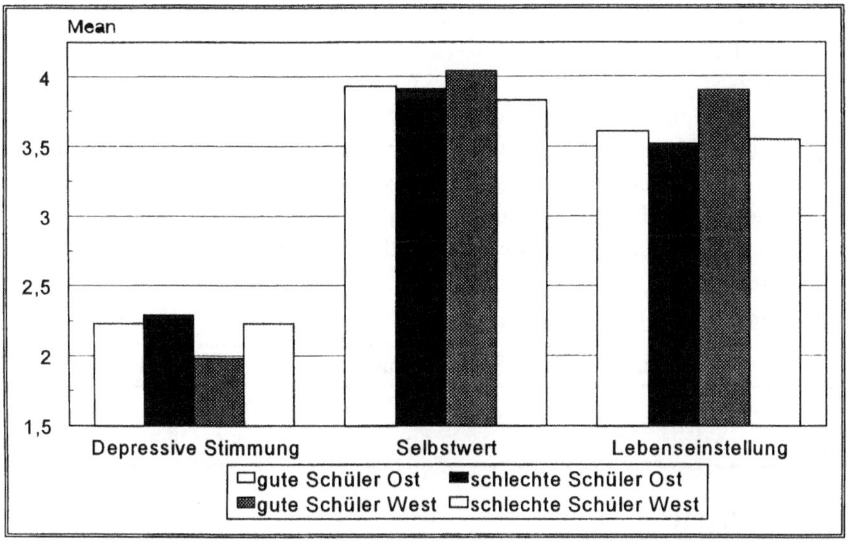

Abbildung 11: Wohlbefinden guter und schlechter Schüler (1994)

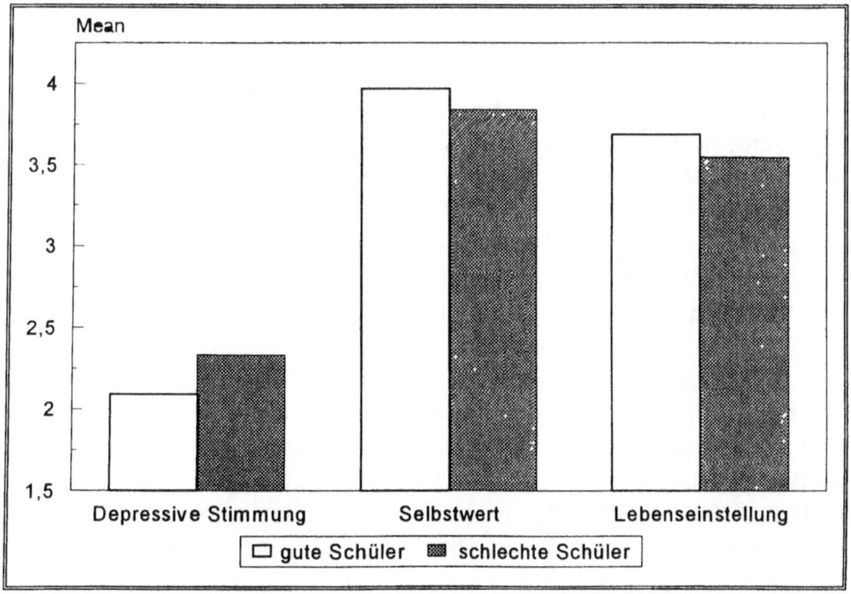

Auf die nur 1994 erhobene Frage, ob für den angestrebten Abschluß die Schulleistungen noch verbessert werden müssen, antworten 75 Prozent der

Schüler unabhängig von den Designvariablen, daß sie eine Verbesserung für notwendig halten. Diejenigen Schüler, die ihre Leistungen nicht steigern müssen, haben auch signifikant bessere Schulleistungen als die Schüler, die sich noch verbessern müssen ($F = 43.51$, $p < 0.001$). Beide Gruppen unterscheiden sich nicht hinsichtlich ihres Wohlbefindens.

Obwohl an den Gymnasien von einer strengeren Zensurengebung auszugehen ist, unterscheiden diese Schüler sich von denen anderer Schularten durch den besten Leistungsdurchschnitt ($p \leq 0.05$) (Tab. 16).

Die Veränderungen der Notendurchschnitte von 1993 nach 1994 treten in Ost und West auf.

Tabelle 16: Zensurendurchschnitt getrennt nach Schularten

	Gymnasium	Gesamtschule	Realschule	Hauptschule
1993	2,71	3,00	3,09	3,13
1994	2,84	3,08	3,16	3,31

4.7.3 Interpretation

Die Leistungen, die Jugendliche in der Schule erbringen, sind eng mit ihrem subjektiven Wohlbefinden verbunden, insbesondere dem Selbstwert. Für Westberliner Schüler ist dieser Zusammenhang stärker ausgeprägt als für die Ostberliner Schüler. Zu berücksichtigen ist, daß 1994 dieser Zusammenhang in Ost und West stark abgenommen hat. Hier ist eine Altersabhängigkeit in dem Sinne denkbar, daß im Vergleich zur 8. Klasse die Bedeutsamkeit und das Interesse an den schulischen Leistungen abnimmt. Das bestätigt ein Befund aus dem SLT-Querschnitt (Jülisch/Sydow/Ulbrich/Wagner 1994). Ein Abfall der Bedeutung des Wertes Leistung mit zunehmendem Alter wurde - vor allem im Gymnasium - gefunden, wobei jedoch in keiner Altersgruppe die Antwortstufe vier (eher wichtig) unterschritten wurde. Das Prüfen solcher Aussagen ist der weiteren längsschnittlichen Auswertung vorbehalten.

Der Zusammenhang zwischen schulischen Leistungen und Wohlbefinden scheint vor allem für die Gymnasiasten und noch stärker für die Realschüler zu bestehen. Das steht im Einklang mit Ergebnissen zu den untersuchten Wertorientierungen der Schüler. Bei den Werthaltungen nimmt Leistung 1993 und 1994 den Rangplatz eins ein und zwar über alle Schularten (Jülisch et al. 1994). Für die hier untersuchte Stichprobe geben die Realschüler das höchste Rating ab ($\bar{x} = 4.59$), sie unterscheiden sich damit von den Gymnasiasten ($\bar{x} = 4.39$) ($p = .001$).

Eine Geschlechtsspezifik für Wohlbefinden und Schulleistung besteht nicht.

Der fehlende Unterschied im Wohlbefinden zwischen Schülern, die ihre Schulleistungen für den angestrebten Abschluß noch verbessern müssen und denen, die es nicht müssen, erklärt sich daraus, daß die Schulabschlüsse erst 1995, für die Aspiration des Abiturs sogar erst 1998 bevorstehen.

Hauptschüler, als die Gruppe mit dem niedrigsten Wohlbefinden (Abb. 3), sind einer Vielzahl von Belastungen ausgesetzt. Neben geringem sozialen Ansehen und schlechten Berufsaussichten kann z. B. der familiäre Hintergrund der Hauptschüler zum negativen Wohlbefinden beitragen. Es ist zu berücksichtigen, daß Eltern von Hauptschülern beruflich weniger qualifiziert (Hurrelmann 1994: 92) und häufiger von Arbeitslosigkeit betroffen sind, als Eltern anderer Schüler ($\chi^2 = 37.69$, df = 3, $p \leq .0001$).

Bemerkenswert ist, daß sich die Westberliner Gymnasiasten sowohl von ihren Westberliner Mitschülern als auch von den Ostberliner Gymnasiasten im Wohlbefinden unterscheiden, während sich im Osten nur die Hauptschüler von ihren Mitschülern unterscheiden. Die im Vergleich zu den Westberliner Gymnasiasten stärker ausgeprägte depressive Stimmung und geringere positive Lebenseinstellung der Ostberliner Gymnasiasten könnte durch die Verarbeitung der transformationsbedingten Herausforderungen hervorgerufen sein.

Der Unterschied in der positiven Lebenseinstellung zwischen guten Schülern aus dem Westen und schlechten Schülern aus dem Osten dürfte einfach ihre unterschiedlich wahrgenommenen Berufsaussichten und damit ein Stück ihrer zukünftigen Lebensentwürfe widerspiegeln.

Der Zusammenhang, daß schlechte Schüler in höherem Maße depressive Stimmung als gute Schüler aufweisen, ist nach den bisherigen Überlegungen nachvollziehbar. Daß dieser Effekt jedoch für das Selbstwertgefühl und auch die positive Lebenseinstellung ausbleibt, scheint darauf zu deuten, daß schlechte Schüler neben der Schule andere wichtige Quellen für Bewährung und Anerkennung haben. Interessanterweise unterscheiden sich die guten und schlechten Schüler kaum in bezug auf andere Merkmale. So wird Leistung von schlechten Schülern genauso hoch bewertet wie von guten Schülern. Ebenfalls bestehen keine Unterschiede in weiteren Variablen, die erfaßt wurden, z. B. im privaten Optimismus und den Kontrollattributionen. Unterschiede bestehen lediglich im Neurotizismus. Schlechte Schüler weisen höhere Werte auf ($p < .005$).

5. Zusammenfassung

Die hier vorgestellte Untersuchung zu den Determinanten des subjektiven Wohlbefindens ist Teil eines umfangreichen Projekts zur Entwicklung subjektiver Lebenstheorien Jugendlicher.

Für den untersuchten Zeitraum von einem Jahr konnte die mittlere Stabilität der zu beiden Meßzeitpunkten erfaßten Dimensionen des Wohlbefindens (depressive Stimmung, Selbstwert, positive Lebenseinstellung) für die Jungen bestätigt werden. Bei den Mädchen ist ein Zuwachs des Selbstwertgefühls und eine Abnahme der depressiven Stimmung zu beobachten.

Für die Designvariablen Geschlecht, Wohnort (Ost- und Westberlin) und Schulart zeigten sich folgende Ergebnisse: Insgesamt zeichnen sich die Jugendlichen durch positives Wohlbefinden aus, jedoch sind die Jungen stärker depressiv gestimmt als die Mädchen, was auf den Entwicklungsvorsprung der Mädchen in diesem Alter zurückzuführen ist.

Gleiches Wohlbefinden in Ost und West spricht für eine stattgefundene Angleichung zwischen Ost und West bzw. dafür, daß Gemeinsamkeiten bisher unterschätzt wurden.

Die Schüler verschiedener Schularten unterscheiden sich im Wohlbefinden. Gymnasiasten weisen das höchste Maß, Hauptschüler das niedrigste Maß an Wohlbefinden aus. Als Ursache werden neben den Bildungschancen, die den unterschiedlichen sozialen Hintergrund reflektieren, Unterschiede in Selbstwirksamkeitsurteilen der Schüler diskutiert. Die besuchte Schulart hängt nach wie vor neben der schulischen Leistung vor allem von der beruflichen Stellung der Eltern ab (Hurrelmann 1994).

Mittels Regressionsanalysen wurde die Prädiktion von Persönlichkeitsfaktoren auf das Wohlbefinden untersucht. Analog zu Ergebnissen von Costa/McCrae (z.B. 1984) konnte der Einfluß von Neurotizismus, Offenheit für Erfahrungen und von zwei weiteren Faktoren auch für das Jugendalter gezeigt werden. Dabei ergaben sich für Jungen und Mädchen unterschiedliche Prädiktionsmuster.

Die Bildung von Gruppen mit unterschiedlicher Ausprägung von Neurotizismus und Extraversion bekräftigte die Bedeutung dieser Faktoren für das Wohlbefinden. So wies die Gruppe mit hohen Neurotizismuswerten eine deutlich schlechtere Wohlbefindensbilanz als die Gruppe mit niedrigen Werten auf.

Des weiteren wurde die Auswirkung der verschiedenen Ausprägungen der Persönlichkeit in Ost und West betrachtet und Unterschiede herausgestellt.

Wer Erleben und Verhalten von Jugendlichen beschreiben und erklären will, darf die Schule als Kontext nicht vernachlässigen. So zeigte sich ein Zusammenhang zwischen schulischen Leistungen und Wohlbefinden, der nach den Designvariablen weiter differenziert werden konnte. Eine Geschlechtsspezifik besteht nicht. Der Zusammenhang zwischen Schulleistung und Wohlbefinden wird in Ost und West von der achten zur neunten Klasse deutlich geringer. Als Erklärung dafür läßt sich ein genereller Abfall der Bedeutung von Leistung mit zunehmendem Alter anführen.

Fassen wir einige der untersuchten Variablen zusammen: Ein Mädchen zu sein, in Westberlin das Gymnasium mit guten Ergebnissen zu besuchen und emotional stabil, aktiv und sozial anteilnehmend zu sein, sind gute Voraussetzungen für hohes Wohlbefinden. In der Tat findet sich bei dieser Konstellation ein maximales Wohlbefinden (Abb. 12), allerdings sind solche Jugendlichen sehr selten - in unserer Stichprobe sind es lediglich 11 der Befragten (2,6 Prozent).

Abbildung 12: Gutes, aber seltenes Wohlbefinden (siehe Text)

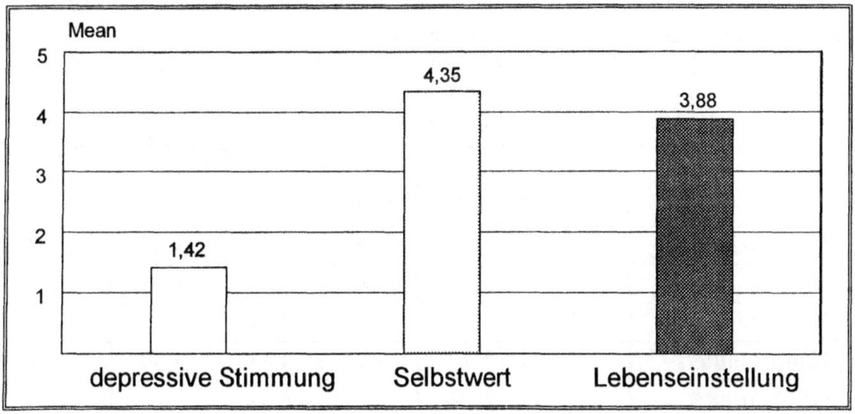

Die Ergebnisse der vorliegenden Arbeit regen zu weiteren Überlegungen an. So ist von Interesse, den Verlauf des Wohlbefindens über weitere Meßzeitpunkte zu verfolgen. Läßt sich z. B. bei den Jungen von einem bestimmten Alter an, etwa dem Übergang ins Berufsleben, ein Rückgang der depressiven Stimmung unter das Niveau der Mädchen feststellen, wie es für viele Befunde aus dem Erwachsenenalter (z.B. Dilling/Reimer 1995: 150) typisch ist? Mit Hilfe von Pfadanalysen könnten Aussagen über Einflußrichtung und moderierende Variablen, wie z.B. der Selbstaufmerksamkeit getroffen werden.

6. Anhang

Tabelle 17: Ausgewählte Variablenmittelwerte 1994 getrennt nach Geschlecht und Wohnort

	Männlich	Weiblich	Sign.	Ost	West	Sign.
Soziale Einbindung 1 *	1,08	1,02	0,0001	1,06	1,03	0,10
Soziale Einbindung 2 *	1,29	1,18	0,0001	1,26	1,18	0,02
familiäre Konsistenz	4,06	4,13	0,52	4,11	4,08	0,78
familiäre Unterstützung	3,80	3,90	0,32	3,80	3,92	0,20
KLE vor 1990	0,99	1,10	0,38	0,93	1,17	0,05
KLE nach 1990	1,58	1,68	0,47	1,69	1,56	0,34
KLE gesamt	3,34	3,45	0,58	3,40	3,40	0,97
Belastung vor 1990	3,58	3,32	0,08	2,78	3,22	0,28
Belastung nach 1990	4,61	5,56	0,08	5,24	5,06	0,74
Belastung gesamt	11,30	11,66	0,70	11,61	11,44	0,85

Anmerkung: KLE kritische Lebensereignisse
* Polung soziale Einbindung: hohere Werte = geringe Einbindung

Tabelle 18: Mittelwerte der BFW-Skalen getrennt nach Schulart

Schulart	Depr. Stimmung		Selbstwert		Lebenseinstellung	
	1993	1994	1993	1994	1993	1994
Gymnasium	2,03	2,04	4,08	4,06	3,66	3,66
Gesamtschule	2,37	2,38	3,66	3,81	3,44	3,65
Realschule	2,41	2,19*	3,68	3,91*	3,53	3,58
Hauptschule	2,76	2,54	3,47	3,63	3,59	3,46
GS Abitur**		2,32		3,82		3,54
GS Real***		2,33		3,87		3,72

Anmerkung: * $p \leq 0.01$
** Gesamtschuler, die Abitur anstreben (n = 43), Angabe nur 1994 erhoben
*** Gesamtschuler, die Realschulabschluß anstreben (n = 48), Angabe nur 1994 erhoben

Tabelle 19: Mittelwerte NEO-FFI getrennt nach Geschlecht und Wohnort

	Männlich	Weiblich	Ost	West
Neurotizismus	2,75	2,75	2,85	2,63
Extraversion	3,30	3,73	3,51	3,62
Verträglichkeit	3,56	3,92	3,76	3,78
Gewissenhaftigkeit	3,41	3,44	3,44	3,42
Offenheit 1	3,33	3,24	3,29	3,25
Offenheit 2	3,20	3,48	3,34	3,39

7. Literatur

Abele, A./Becker, P. (Hrsg.), 1991: Wohlbefinden. Theorie - Empirie - Diagnostik, Weinheim.

Boehnke, K./Classen, G./Merkens, H./Stompe, A., 1993: Werthaltungen als Determinanten psychosozialer Befindlichkeit von Jugendlichen in Ost- und Westberlin. In: Zeitschrift für Sozialpsychologie: 176-185.

Borkenau, P./Ostendorf, F., 1991: Ein Fragebogen zur Erfassung fünf robuster Persönlichkeitsfaktoren. In: Diagnostica 37: 29-41.

Bradburn, N. M., 1969: The Structure of Psychological Well-Being. Chicago.

Costa, P. T./McCrae, R. R., 1980: Influence of extraversion and neuroticism on subjective well-being: happy and unhappy people. In: Journal of Personality and Social Psychology 38: 668-678.

Costa, P. T./McCrae, R. R., 1984: Personality as a lifelong determinant of wellbeing. In: Malatesta, C. Z./Izard, C. E. (eds.): Emotion in Adult Development. Berverly Hills: 141-157.

Diener, E., 1984: Subjective well-being. In: Psychological Bulletin 95: 542-575.

Diener, E./Diener, M., 1995: Cross-Cultural Correlates of Life Satisfaction and Self-Esteem. In: Journal of Personality and Social Psychology 68: 653-663.

Dilling, H./Reimer, C., 1995: Psychiatrie und Psychotherapie. Berlin.

Dreher, E./Dreher, M., 1991: Entwicklungsrelevante Ereignisse aus der Sicht von Jugendlichen. In: Schweizerische Zeitschrift für Psychologie 50: 24-33.

Feist, G. et al., 1995: Integrating Top-Down and Bottom-up Structural Models of Subjective Well-being: A Longitudinal Investigation. In: Journal of Personality and Social Psychology 68: 138-150.

Fend, H., 1991: Entwicklungspsychologie der Adoleszenz in der Moderne. Bd. 1, Bern.

Fend, H., 1994: Entwicklungspsychologie der Adoleszenz in der Moderne. Bd. 3, Bern.

Fend, H./Schröer, S., 1990: Depressive Verstimmungen in der Adoleszenz - Verbreitungsgrad und Determinanten in einer Normalpopulation. In: Steinhausen, H. C. (Hrsg.): Das Jugendalter. Entwicklungen, Probleme, Hilfen, Bern.

Grob, A. et al., 1991: Berner Fragebogen zum Wohlbefinden Jugendlicher (BFW). In: Diagnostica 37: 66-75.

Grob, A., 1995: Subjective Well-being and Signifikant Life-Events across the Life Span. In: Swiss Journal of Psychology 54: 3-18.

Grob, A./Flammer, A./Neuenschwander, M., 1992: Kontrollattributionen und Wohlbefinden von Schweizer Jugendlichen III. Forschungsbericht, Institut für Psychologie, Universität Bern.

Herzberg, P. Y., 1995: Determinanten subjektiven Wohlbefindens bei Jugendlichen. Diplomarbeit, Humboldt-Universität, Institut für Psychologie, Berlin.

Hurrelmann, K., 1994: Lebensphase Jugend. Weinheim.

Jülich, B.-R. et al., 1994: Lebensorientierung Berliner Schüler. Ergebnismitteilung Nr.1, Berlin.

Krätschmer, Ch., 1992: Der Einfluß des Schultyps auf körperliches und psychisches Wohlbefinden bei Jugendlichen. In: Zenz, H./Hrabal, V./Marschall, P. (Hrsg.): Entwicklungsdruck und Entwicklungslast. Göttingen: 101-108.

Mayring, Ph., 1991a: Psychologie des Glücks. Stuttgart.

Mayring, Ph., 1991b: Die Erfassung subjektiven Wohlbefindens. In: Abele, A./Becker, P. (Hrsg.): Wohlbefinden. Theorie-Empirie-Diagnostik, Weinheim: 51-70.

Oerter, R., 1987: Jugendalter. In: Oerter, R./Montada, L. (Hrsg.): Entwicklungspsychologie. München: 265-338.

Oettingen, G./Little, T. D., 1994: „Adäquate Selbsteinschätzung" als Erziehungsziel: Die Selbstwirksamkeitsurteile Ostberliner Schulkinder. In: Trommsdorff, G. (Hrsg.): Psychologische Aspekte des sozio-politischen Wandels in Ostdeutschland. Berlin: 113-123.

Seiffge-Krenke, I., 1994: Gesundheitspsychologie: Die entwicklungspsychologische Perspektive. In: Schwenkmezger, P./Schmidt, L. R. (Hrsg.): Lehrbuch der Gesundheitspsychologie. Stuttgart: 29-45.

Sydow, H./Jülisch, B.-R./Wagner, C., 1994: Entwicklung subjektiver Lebenstheorien. Zwischenbericht Nr. 1, Berlin.

Trommsdorff, G. (Hrsg.), 1994: Psychologische Aspekte des sozio-politischen Wandels in Ostdeutschland. Berlin.

Veränderungen der sozialen Lage von Partnerhaushalten mit Kindern in den neuen Bundesländern

Audrey Hoffmann

1. Einführung

Der Zusammenbruch der DDR war gleichzeitig der Untergang des bis dahin praktizierten Systems der Sozialpolitik. Im Gegensatz zum bundesdeutschen Subsidiaritätsprinzip war die Sozialpolitik der DDR paternalistisch strukturiert mit dem Ziel, soziale Sicherheit für alle sozialen Schichten der Bevölkerung zu garantieren.

Die Bevölkerung der DDR, auf diese Weise über 40 Jahre sozialisiert, hat in der Transformationsphase grundlegende Veränderungen der gesamten politischen, wirtschaftlichen, kulturellen und sozialen Verhältnisse, einschließlich der vorherrschenden Normen und Werte, zu verarbeiten. Der Wandel von der sozialistischen Planwirtschaft zur kapitalistischen Marktwirtschaft führt zu einschneidenden Veränderungen in der sozialen Lage der Haushalte. Dabei kommt den Veränderungen in der Erwerbssituation und den Veränderungen in den sozialen Sicherungssystemen eine nicht zu unterschätzende Bedeutung zu.

Im folgenden soll der Fragestellung nachgegangen werden, ob Familienhaushalte mit Kindern in der Transformationsphase besonderen Belastungen ausgesetzt sind, standen sie doch im Zentrum der Sozialpolitik. der DDR. Gerade Frauen mit Kindern sollte die Vereinbarkeit von Berufstätigkeit und Mutterschaft ermöglicht werden.

Die vorliegende Untersuchung befaßt sich für den Zeitraum 1990 bis 1993 mit den Veränderungen in der sozialen Lage ostdeutscher Familien, in deren Haushalt Kinder unter 16 Jahren leben.

Der Analyse liegen folgende Überlegungen zugrunde.

1. Die Transformation vollzieht sich in Ostdeutschland unter grundlegend anderen Bedingungen als in den osteuropäischen Ländern. Dabei ist der Prozeß der Transformation wie folgt zu verstehen:

   „Transformation und Transition sind Modernisierungsprozesse, die sich von den offenen Modernisierungsprozessen evolutionarer Innovation dadurch auszeichnen, daß das Ziel bekannt ist: die Übernahme, Errichtung, Inkorporation von modernen demokratischen, marktwirtschaftlichen, rechtsstaatlichen Institutionen" (Zapf 1992: 12).

   Für die neuen Bundesländer ist durch Transferleistungen in Milliardenhöhe von West- nach Ostdeutschland eine gewisse soziale Grundsicherung der Bevölkerung gewährleistet. Gleichzeitig gilt:

   „In Ostdeutschland ist die Transformation ein Transfer fertiger Institutionen, die aber bereits im Prozeß ihrer Ubertragung ihre Wirksamkeit beweisen mussen, was die Implementationsprobleme verschärft. Marktwirtschaftliche Mechanismen sollen wirksam werden, aber sie werden staatlich (von der Treuhand) in Gang gesetzt. Rechtsstaatliche Prinzipien sollen gelten, aber die Vergangenheit der DDR kann nicht einfach unter bundesrepublikanisches Recht gestellt werden." (Zapf 1992: 8).

2. Die Bedingungen für ein Leben mit Kindern haben sich für die meisten ostdeutschen Familien seit der Vereinigung beider deutscher Staaten im Jahre 1990 grundlegend verändert. Familien mit mehreren Kindern waren zwar auch in der DDR benachteiligt, jedoch in weit geringerem Maße als kinderreiche Familien in der Bundesrepublik Deutschland (Vascovics et al. 1994). Familienverbände gehen von der Annahme aus, daß in der DDR 75-80 Prozent aller Kosten, die ein Kind von der Geburt bis zu seinem 18. Lebensjahr verursacht, von Staat und Gesellschaft getragen wurden, in der Bundesrepublik Deutschland sind es maximal ein Viertel (Hanesch 1994).

   „Eine sinnvolle, befriedigende Arbeit, Familie und Kinder zu haben sowie Sicherheit und Geborgenheit waren in der DDR zentrale Werte. Sie bestimmten Lebensziele und den Alltag von Familien. Gerade sie sind im Zuge des Transformationsprozesses starken strukturellen Veränderungen unterworfen. Einerseits gibt es neue Moglichkeiten der Selbstentfaltung und Individualisierung. Andererseits erzeugen neue Faktoren - der hohe Konkurrenzdruck auf dem Arbeitsmarkt, Erwerbslosigkeit, die Entwertung von Kompetenzen, Statusverlust, hohere materielle Aufwendungen fur grundlegende Dinge des Lebens sowie der Verlust bisheriger Lebenszusammenhange und -gewohnheiten - Verunsicherungen und stellen an die Familien und die Gestaltung ihres Alltags veranderte Anforderungen. Unterschiedliche Chancen zur Teilnahme am Erwerbsleben und fur die individuelle Entwicklung sowie unterschiedliche finanzielle, materielle und kulturelle Ressourcen bringen unter den neuen Bedingungen bei einer ursprunglich rela-

> *tiv großen Nivellierung der Lebenslagen Differenzierung und Polarisierung hervor"* (Kurz-Scherf/Winkler 1994: 290).

Des weiteren soll der Frage nachgegangen werden, wie die aktiven Bewältigungsstrategien der Eltern aussehen, um mit den veränderten gesellschaftlichen Bedingungen umzugehen.

3. Artikel 6 des Grundgesetzes der Bundesrepublik Deutschland stellt Ehe und Familie unter den besonderen Schutz des Staates. Der Grundgedanke der deutschen Sozialpolitik, das Subsidiaritätsprinzip, erklärt die Privatinitiative und Selbsthilfe von Familien als erstrangig gegenüber den sozialstaatlichen Leistungen. Bundesdeutsche Familienpolitik beschränkt sich auf flankierende Maßnahmen. Ehe, Familie und Geburten sollen Privatsache bleiben.

> *„Verbunden mit (diesem) Verzicht auf eine aktive Politik für Kinder in Familien in der Bundesrepublik ist, daß sich die Zahl der Kinder zu einer neuen Ursache sozialer Ungleichheit entwickeln konnte"* (Vascovics et al. 1994: 33).

Während die Institution „Familie" in der Bundesrepublik Deutschland hauptsächlich als Privatsache verstanden wird, unterstand sie in der DDR der staatlichen Obhut bis hin zum Versuch der Bevormundung.

> *„... Die Struktur der realsozialistischen Gesellschaft (führte) insgesamt zu einem ganz anderen Regime sozialer Sicherung als im Westen. Soziale Sicherung wurde zwar zum Teil ebenfalls über Transferzahlungen (vor allem Renten) erreicht, darüber hinaus jedoch auch über die Subventionierung von Gutern des Grundbedarfs (einschließlich Wohnungen) und vor allem über die starke Integration der Bevölkerung in die Arbeitssphare mittels hoher Erwerbsquote und betriebszentrierter Verteilung von Ressourcen"* (Kohli 1995: 46).

Der Wegfall staatlicher Dominanz in allen für die Familie wesentlichen Bereichen (Erwerbstätigkeit, Kinderbetreuung, Wohnungsversorgung) erfordert eine Neuorientierung.

Die Bedeutung der Institution „Haushalt" wächst, ein Umdenken und Eigenverantwortung der Familienhaushalte bei der Gestaltung ihrer Lebenssituation sind unabdingbar geworden.

4. Um die Veränderung der sozialen Lage von Familienhaushalten mit Kindern untersuchen zu können, stützt sich die Wohlfahrtsmessung auf objektive und subjektive Indikatoren.

> *„Die Verwendung von objektiven Indikatoren impliziert, daß die Lebensbedingungen aufgrund von objektiven Beobachtungen als vorteilhaft oder unvorteilhaft beurteilt werden konnen, indem die faktischen Verhaltnisse an normativen Kriterien, wie z. B. gesellschaftlichen Werten oder politischen Zielen, gemessen werden. Voraussetzung ist allerdings, daß ein Konsens daruber hergestellt werden kann, was uberhaupt wohlfahrtsrelevant ist, wie*

gute und schlechte Lebensbedingungen beschaffen sind und in welche Richtung die Gesellschaft sich verändern soll" (Habich/Noll 1994: 6).

Subjektive Indikatoren geben ein Bild über die Zufriedenheiten und Besorgnisse der Akteure, ein Bild der ganz individuellen Einschätzung ihrer Lebenssituation. Erst das Zusammenspiel objektiver und subjektiver Indikatoren ermöglicht eine detaillierte Einschätzung gesellschaftlicher Wandlungsprozesse in ihrer ganzen Komplexität.

Gerade in den neuen Bundesländern ist es wichtig zu untersuchen, wie sich im Transformationsprozeß die soziale Lage der Haushalte entwickelt und sich das Verhältnis zwischen objektiver Lage und subjektiver Reflexion darstellt.

5. Der Fünfte Familienbericht der Bundesregierung zur Lage der Familien 1994 charakterisiert die Schwierigkeiten von Familien mit Kindern mit dem Begriff der *„strukturellen Rücksichtslosigkeit der verschiedenen gesellschaftlichen Teilsysteme gegenüber den Familien"* (S. 32). Das bedeutet,

   „... daß die herrschenden Normen und Leistungszusammenhange im Regelfalle keine Rucksicht darauf nehmen, ob Menschen Elternverantwortung tragen oder nicht. Elternschaft gilt als Privatsache. ... Diese Privatisierung der Elternverantwortung bringt jedoch den Kinderlosen im Regelfalle Konkurrenzvorteile. Die spezifischen Belastungen von Eltern ... und ihr gesellschaftlicher Nutzen werden zwar rhetorisch, aber in der Regel nicht alltagspraktisch anerkannt" (S. 32).

6. Mit steigender Kinderzahl wird die wirtschaftliche Situation der Familien immer stärker belastet. Statistische Untersuchungen belegen, daß im Durchschnitt bei größeren Familien das Armutsrisiko steigt. Ein Blick auf das Armutsrisiko in den Ländern der EG verdeutlicht: Vergleicht man Partnerhaushalte ohne Kinder mit Haushalten, in denen Kinder leben, so liegt das Wohlstandsniveau kinderloser Paare in allen Mitgliedsländern mit Ausnahme von Griechenland, Italien und Portugal über dem Durchschnitt. Bei drei und mehr Kindern im Haushalt sinkt das Wohlstandsniveau in allen Ländern um 10-25 Prozent unter den Durchschnitt, ab dem vierten Kind verringert es sich um 30 Prozent.

   In allen EG-Ländern außer Irland sind Familien ab dem dritten Kind einem erhöhten Armutsrisiko ausgesetzt. Diese Familien sind in Dänemark und Italien anderthalbmal so häufig arm als der Durchschnitt der Bevölkerung, in den Niederlanden und Großbritannien sogar doppelt so häufig arm (Dienel 1994).

Den Zusammenhang zwischen Lebensalter und Lebensstandard, verglichen an Familien mit unterschiedlicher Kinderzahl, verdeutlicht Abbildung 1.

Abbildung 1: Alterszyklus und Lebensstandard fur Familien mit unterschiedlicher Kinderzahl

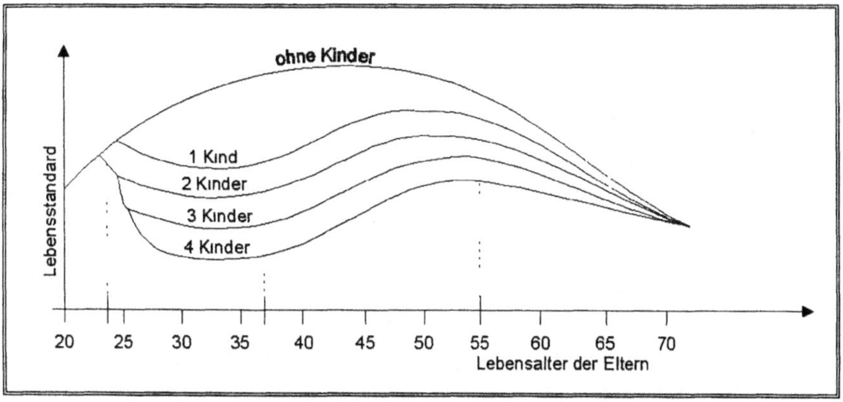

Quelle: Konig 1976: 96

2. Familie und Haushalt - eine theoretische Begriffsklärung

Zentraler Gegenstand der folgenden Untersuchung sind die Familien in den neuen Bundesländern. Es erscheint angebracht, vor Beginn der eigentlichen Analyse aus soziologischer Sicht eine Begriffsklärung der im weiteren verwendeten Kategorien *Familie, Haushalt* und *Familienhaushalt* vorzunehmen.

In der Literatur finden sich, über die Jahre betrachtet, verschiedene Definitionen mit unterschiedlichen Schwerpunktsetzungen. Die nachstehenden Kriterien erscheinen als wichtig, um besonders die Unterschiede und Gemeinsamkeiten zwischen Familie und Haushalt herauszuarbeiten.

Historisch betrachtet, wird der Begriff „Familie" erst seit dem 18. Jahrhundert in der Umgangssprache verwendet.

> *„Im Preußischen Allgemeinen Landrecht von 1794, dem bedeutendsten vorburgerlichen (d. h. vorindustriellen, noch auf eine agrarische Struktur ausgerichteten) Gesetz Deutschlands, wird der Begriff 'hausliche Gesellschaft' verwendet und diese als ein Teil des staatlichen, politischen Gesamtgefüges angesehen"* (Münder 1993: 12).

Wenn man sich Homans' Definition anschließt, ist die *Familie* im eigentlichen Sinne eine spezifische Gruppenform.

> *„Unter einer Gruppe verstehen wir eine Reihe von Personen, die in einer bestimmten Zeitspanne haufig miteinander Umgang haben und deren Zahl so gering ist, daß jede Person mit allen anderen Personen in Verbindung treten kann, und zwar nicht nur mittelbar über andere Menschen, sondern von Angesicht zu Angesicht“* (Homans 1960).

Die nachfolgenden Merkmale unterscheiden die Familie von anderen Gruppen. Unter einer Familie versteht man eine sozio-biologische Einheit bzw. ein soziales System mit enger Verwandtschaftsbeziehung. Dabei müssen nicht alle Mitglieder einer Familie auch in einem gemeinsamen Haushalt leben. Die Institution Familie hat im Gegensatz zu anderen Gruppen Funktionen in den vier Bereichen Reproduktion, Sozialisation, Wirtschaften und Solidarität (Peuckert 1992) zu erfüllen.

Der *(Privat-)Haushalt* dagegen ist eine sozio-ökonomische Einheit bzw. ein ökonomisches System von zusammenlebenden und zusammenwirtschaftenden Personen, die nicht unbedingt miteinander verwandt sein müssen.

Auf der Haushaltsebene treffen zusammen:

- *„die individuell verschiedenen Ressourcen und Restriktionen der Haushaltsmitglieder bzw. des Haushalts als Ganzes, wie insbesondere Erwerbschancen, sowie Alter und Anzahl der im Haushalt lebenden Kinder,*
- *staatlich zugeschriebene Leistungen und Guter (u. a. Transfereinkommen),*
- *gesellschaftlich bestimmte Positionszuschreibungen mit ihren Vor- und Nachteilen (u. a. uber den Berufsstatus),*
- *interne und externe Handlungsstrategien und Aktivitatsmuster der Haushalte.“* (Berger/Hinrichs/Priller/Schultz 1992: 4).

Auch in der amtlichen Statistik der Bundesrepublik Deutschland werden Familie und Haushalt unterschiedlich definiert.

> *„Familien sind Ehepaare bzw. alleinerziehende Vater oder Mutter, die mit ihren ledigen Kindern zusammenleben (Zweigenerationenfamilie). In der Familienstatistik wird in Anlehnung an Empfehlungen der Vereinten Nationen von einem idealtypisch abgegrenzten Familienzyklus ausgegangen; das bedeutet, daß als Familie auch Ehepaare vor der Geburt eines Kindes gelten (sog. 'Kernfamilie'). Nach dieser Abgrenzung des Familienbegriffs konnen in einem Privathaushalt mehrere Familien leben“.*
>
> *„(Privathaushalt): Zusammenwohnende und eine wirtschaftliche Einheit bildende Personengemeinschaft sowie Personen, die allein wohnen und wirtschaften. Zum Haushalt können verwandte und familienfremde Personen gehoren...“* (Statistisches Bundesamt 1993: 48).

Diese Definition der Familie ist heute nicht ausreichend und entspricht nicht mehr der realen Situation in der Bundesrepublik Deutschland, insofern nichteheliche Lebensgemeinschaften ausgeschlossen werden.

Bei Privathaushalten ist, im Gegensatz zum Familienkontext, die Verwandtschaftsbeziehung bedeutungslos.

Im Kontext der folgenden Untersuchung soll künftig der Begriff „*Familienhaushalt*“ verwendet werden. Im Familienhaushalt bilden Familie und Haushalt eine Einheit. Allgemein gesprochen, *ist der Familienhaushalt die in einem räumlichen Zentrum vereinigte Wirtschaftsgemeinschaft eines alleinlebenden Paars oder eines Paars mit seinen Kindern.*

In Verbindung mit der anschließenden Typologisierung erfährt diese Definition eine Einschränkung auf Paare, die mit ihren Kindern zusammenleben.

Dabei spielt es keine Rolle, ob das Elternpaar miteinander verheiratet ist oder die nichteheliche Lebensform gewählt hat, ob es sich um leibliche, adoptierte oder angeheiratete Kinder handelt. Wichtig ist das Vorhandensein einer Kernfamilie, deren verschiedengeschlechtlichen Mitglieder zwei Generationen angehören.

Anzumerken ist, daß sich im Zusammenhang mit dem Familienzyklus eine statische Betrachtungsweise verbietet. Der Familienhaushalt vergrößert sich mit der Geburt oder der Aufnahme von Kindern in einer ersten Phase und verkleinert sich von dem Zeitpunkt an, an dem die Kinder das Haus zu verlassen beginnen, ein Familienmitglied stirbt oder das Elternpaar sich trennt.

Betrachtet man die Gesamtheit der bundesdeutschen Haushalte, so sind nur noch ein Drittel von ihnen Familienhaushalte, d. h. Haushalte, in denen Eltern in häuslicher Gemeinschaft mit ihren Kindern leben. Das Zusammenleben mit Kindern ist somit „*...stärker als je zuvor zu einer transitorischen Lebensphase geworden*“ (Nave-Herz 1994: 18).

3. Zur Charakterisierung der Familientypen

Als Datenbasis dieser Studie dienen die Erhebungen des Sozioökonomischen Panels-Ost 1990 bis 1993. Die empirische Langzeitstudie Sozio-ökonomisches Panel (SOEP) wird als haushalts- und personenrepräsentative Befragung in den alten Bundesländern seit 1984 im jährlichen Rhythmus vom Deutschen Institut für Wirtschaftsforschung (DIW) durchgeführt. Als Längsschnittuntersuchung des gesellschaftlichen Wandels konzipiert, werden private Haushalte in der Bundesrepublik mit dem Ziel befragt, Aufschluß über Veränderungen im Zeitverlauf auf Haushalts- und Personenebene zu gewinnen. Schwerpunktmäßig werden objektive Indikatoren zu den Bereichen Erwerbstätigkeit, Einkommen und Wohnen abgefragt. Daneben werden Daten zu anderen Bereichen erhoben, die die soziale Lage beeinflussen, wie

Gesundheit, Bildung, Zeitverwendung. Subjektive Einschätzungen der verschiedenen Lebensbereiche geben Aufschluß über die Entwicklung von Einstellungen, Besorgnissen und Zufriedenheiten.

Die erste Datenerhebung 1984 umfaßte rund 6.000 Haushalte mit über 12.000 Personen.

Im Juni 1990, also noch vor der Wirtschafts-, Währungs- und Sozialunion, wurde das SOEP mit einem Stichprobenumfang von 2.179 Haushalten/ 4.453 Personen auf die DDR ausgeweitet. Seit diesem Zeitpunkt werden parallel zur Umfrage in den alten Bundesländern Daten in den neuen Bundesländern erhoben.

Diese Untersuchung kann somit auf Daten von vier Befragungswellen zurückgreifen, die regelmäßig im Frühjahr der betreffenden Jahre durchgeführt wurden.

Als Vergleichsdaten werden weiterhin Veröffentlichungen der ehemaligen Staatlichen Zentralverwaltung für Statistik der DDR sowie des Statistischen Bundesamtes genutzt. Dabei ist zu beachten, daß die im Haushalt lebenden Kinder in den Statistiken beider Länder unterschiedlich eingegrenzt wurden. Die Zählung der Bundesstatistik beruht auf der Festlegung „ledige Kinder im Haushalt" und ist unabhängig vom Alter, während die Statistik der DDR in Anlehnung an die dortige Volkszählung des Jahres 1981 die Altersgrenze von 17 Jahren festlegte. Die dritte Datenquelle stellen Ergebnisse empirischer Untersuchungen der DDR dar, wie sie in der DDR-Literatur aufgearbeitet wurden.

Als bevölkerungsrepräsentative Befragung in den neuen Bundesländern bietet das SOEP-Ost mit seinem Datenmaterial die Möglichkeit, unter der anfangs erläuterten Fragestellung

1. die Gruppe der Familien mit Kindern auszuwählen, Familientypen zu bilden und deren Veränderung der soziale Lage in den Jahren 1990 bis 1993 zu untersuchen;
2. die soziale Lage dieser Subgruppen sowohl untereinander als auch mit der Gesamtheit der befragten Haushalte zu vergleichen;
3. Untersuchungen sowohl auf Haushalts- als auch auf Individualebene durchzuführen.

In die Bildung der Familientypen gingen nur Haushalte mit vollständig realisierten Interviews ein, d. h. Haushalte, von denen zum einen ein Haushaltsfragebogen vorliegt, zum anderen alle im Haushalt lebenden Personen über 16 Jahre einen Personenfragebogen ausgefüllt haben. Aus diesen Haushalten wurden zunächst die Haushalte selektiert, in denen Kinder unter 16 Jahren leben. Anschließend wurden drei Vergleichsgruppen gebildet, die in ihrer

Haushaltsgröße und Haushaltszusammensetzung folgende gemeinsame Merkmale besitzen:

- *der Haushalt ist identisch mit der Familie*, d. h. in einem Haushalt lebt nur eine Kernfamilie
- in der Familie leben ausschließlich *zwei erwachsene Personen*, dabei ist nicht von Bedeutung, ob sie miteinander verheiratet sind oder in nichtehelicher Gemeinschaft leben
- die erwachsenen Personen sind *nicht älter als 60 Jahre*
- *die Kinder,* die in der Familie leben, *sind unter 16 Jahre alt,* und es ist unerheblich, ob es sich um leibliche Kinder, Stief- oder Adoptivkinder handelt.

Das wesentliche Unterscheidungsmerkmal dieser Familientypen ist ihre Kinderzahl.

Typ 1 - Familienhaushalt mit 1 Kind
Typ 2 - Familienhaushalt mit 2 Kindern
Typ 3 - Familienhaushalt mit 3 und mehr Kindern

Aufgrund verhältnismäßig geringer Fallzahlen mußte auf eine Unterscheidung nach dem Alter der Kinder verzichtet werden.

Die Altersbegrenzung der Kinder bis 16 Jahre wurde gewählt, da diese Kinder in der Regel unterhaltsabhängig von ihren Eltern und noch nicht erwerbstätig sind sowie über kein eigenes Einkommen verfügen. Die Einbeziehung erwachsener Kinder hätte unter Umständen die „... *Gefahr der Einebnung unterschiedlicher sozialer Lagen...*" (Berger/Hinrichs/Priller/Schultz 1993: 13) mit sich gebracht.

Die Altersbegrenzung der Elterngeneration wurde mit 60 Jahren gewählt, um nur erwachsene Personen im erwerbsfähigen Alter zu erfassen und Rentenbezieher weitgehend auszuschließen.

Zu beachten ist weiterhin, daß es sich in allen Fällen um Kinder handelt, *die zur Zeit im Haushalt leben.* Es ist durchaus möglich, daß ursprünglich zur Familie weitere Kinder gehörten, die aber das Elternhaus schon verlassen haben. Das zum Zeitpunkt der Untersuchung vorliegende Datenmaterial ließ eine Untersuchung nach der Gesamtkinderzahl der Familie vor 1990 allerdings nicht zu.

Aufgrund dieser Unterscheidung liegen meiner Analyse die folgenden Fallzahlen zugrunde:

Tabelle 1: Stichprobenumfang Familienhaushalte mit Kindern unter 16 Jahren

Stichprobenumfang	Familienhaushalte insgesamt	Familienhaushalte mit 1 Kind	Familienhaushalte mit 2 Kindern	Familienhaushalte mit 3 und mehr Kindern
1990	728	301	361	66
• hochgerechnete Fallzahl in 1.000	1.704	819	769	117
• Anteil in %	100	48	45	7
1991	672	267	340	65
• hochgerechnete Fallzahl in 1.000	1.735	810	800	125
• Anteil in %	100	47	46	7
1992	633	260	305	68
• hochgerechnete Fallzahl in 1.000	1.699	822	729	148
• Anteil in %	100	48	43	9
1993	562	231	275	56
• hochgerechnete Fallzahl in 1.000	1.687	804	753	130
• Anteil in %	100	48	44	8

Ein Vergleich zwischen dem SOEP-Ost und den Ergebnissen des Mikrozensus 1992 für die neuen Bundesländer ergibt in etwa gleiche prozentuale Verteilungen der drei Typen.

Anzumerken ist, daß der Mikrozensus unter Familien Ehepaare versteht, die mit ihren Kindern zusammenleben. Die Vergleichbarkeit der Angaben ist dennoch gegeben.

Eine Analyse der drei aus dem SOEP-Ost gebildeten Familientypen ergab, daß es sich auch hier zwischen 80 Prozent und 98 Prozent um Ehepaare handelt. Unverheiratete Paare sind insbesondere im Familientyp mit einem Kind zu finden. Bei der Geburt des ersten Kindes wurde in der DDR in vielen Familien noch nicht geheiratet, damit die so als alleinerziehend geltende Mutter die speziell für diese Bevölkerungsgruppe zutreffenden sozialpolitischen Maßnahmen nutzen konnte. Bei zwei, drei und mehr Kindern im Haushalt sinkt die Zahl der nichtehelichen Lebensgemeinschaften.

Der Vergleich zwischen alten und neuen Bundesländern zeigt, daß in den neuen Bundesländern wesentlich weniger Kinder der Altersgruppe über 18

Jahre im Haushalt ihrer Eltern wohnen. In den alten Bundesländern sind 65 Prozent aller Kinder in Familien unter 18 Jahre alt, in den neuen Bundesländern sind es 78 Prozent. Eine Erklärung dafür ist in der frühen Familiengründung in der DDR zu finden, die zumeist mit dem Auszug aus der elterlichen Wohnung verbunden war.

Abbildung 2: Kinder in Familien deutscher Staatsangehörigkeit nach Altersgruppen im Mai 1992 - neue Bundeslander (in Prozent)

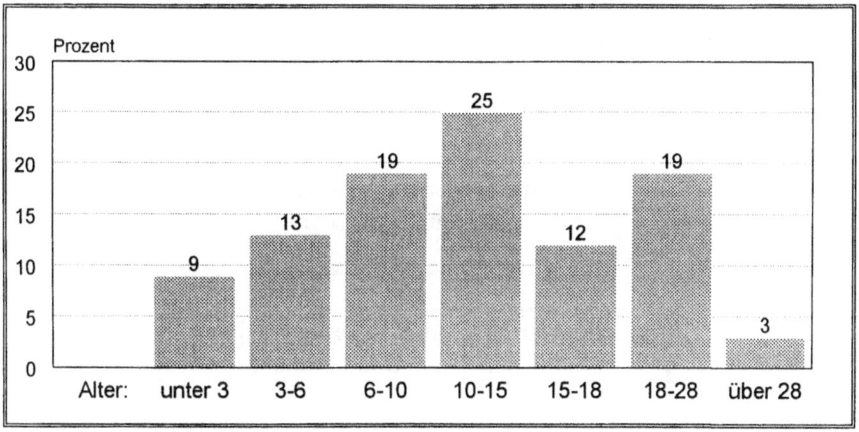

Datenbasis: Mikrozensus 1992, eigene Berechnungen

Abbildung 3: Kinder in Familien deutscher Staatsangehorigkeit nach Altersgruppen im Mai 1992 - alte Bundesländer (in Prozent)

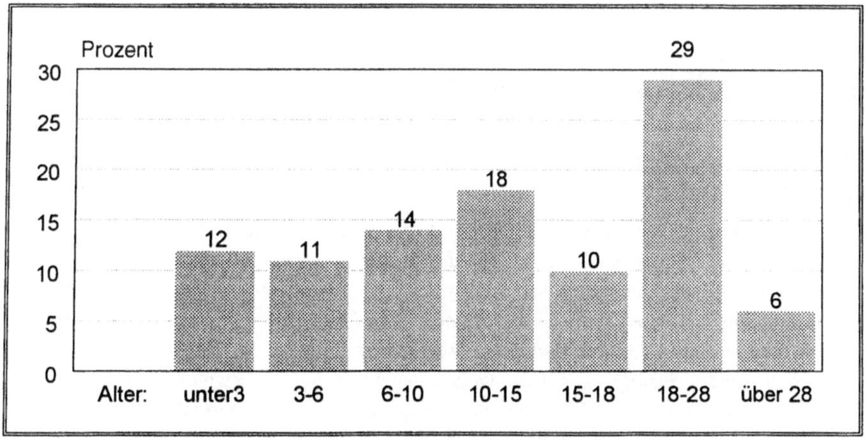

Datenbasis: Mikrozensus 1992, eigene Berechnungen

Die Berechnungen für die anschließende Untersuchung erfolgten ausschließlich aufgrund der hochgerechneten Fallzahlen, um eine Repräsentativität der Ergebnisse zu gewährleisten.

Es handelte sich dabei vorwiegend um deskriptive Analysen der Untersuchungseinheit. Durchgeführt wurden Querschnittsanalysen zu den vier verschiedenen Untersuchungszeitpunkten. Dabei wurde die Subgruppe „Familienhaushalte mit Kindern unter 16 Jahren" mit der Gesamtheit der Haushalte verglichen, es erfolgten Gegenüberstellungen innerhalb der drei gebildeten Vergleichsgruppen sowie Untersuchungen auf der Haushalts- und der Individualebene.

Abbildung 4:

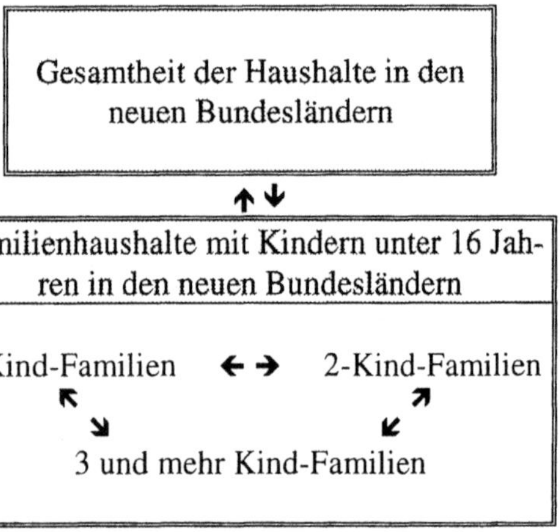

4. Veränderungen in der Erwerbssituation

Ein Lebensbereich, der die soziale Lage der Familien besonders bestimmt, ist die Erwerbstätigkeit.

> *„Erwerbstatigkeit bestimmt entscheidend sowohl uber die Zuordnung zu gesellschaftlichen Gruppen als auch uber die Einkommenschancen und damit uber den sozialokonomischen Status von Personen und Familien. ... Das ... erzielte Einkommen fundiert das Niveau der materiellen Lebensfuhrung - und zudem die Zukunftserwartungen der Menschen. Die Partizipation an Aktivitaten entlohnter Arbeit schafft Sozialprestige, das Gefuhl der personlichen Akzeptanz durch die Gesellschaft sowie den Eindruck, in wichtige Elemente der Wirklichkeit einbezogen zu sein."* (Fünfter Familienbericht 1994: 150).

Beim Übergang von einer zentral geleiteten Planwirtschaft zu einem marktwirtschaftlichen System haben sich in den neuen Bundesländern im Rahmen der Transformation einschneidende Veränderungen vollzogen. Im Zusammenhang mit der Anpassung der Wirtschaftsstrukturen und dem damit verbundenen Beschäftigungsabbau gewann im untersuchten Zeitraum 1990 bis 1993 erstmals das Problem der Arbeitslosigkeit an Bedeutung.

- Der Anteil der Erwerbspersonen an der Gesamtbevölkerung sank von 54,7 Prozent (1991) auf 51,5 Prozent (1993).
- Von den 8,1 Mio. Erwerbspersonen waren 1993 6,6 Mio. erwerbstätig und 1,5 Mio. erwerbslos (Mikrozensus April 1993).
- Die Arbeitslosenquote stieg von 4,9 Prozent (2. Hj. 1990) auf 16,2 Prozent (September 1993) an (Bundesanstalt für Arbeit).
- Die Frauenerwerbsquote ist deutlich gesunken, immer mehr Frauen sind arbeitslos oder aus dem Erwerbsleben ausgeschieden.

Der wirtschaftliche Umbruch hat in den neuen Bundesländern zu durchgreifenden Veränderungen im Erwerbsverhalten der Männer und Frauen geführt. Von 1989 bis September 1992 war ein dramatischer Rückgang der Arbeitsplätze um 37 Prozent zu verzeichnen (Weidenfeld/Korte 1993).

> *„Nicht alle Personengruppen werden in gleichem Maße durch die Beschaftigungskrise betroffen. Ältere Arbeitnehmer, Frauen, Auslander, Schwerbehinderte und Personen ohne abgeschlossene Berufsausbildung gehoren zu den sogenannten 'Problemgruppen' des Arbeitsmarktes"* (Statistisches Bundesamt 1994: 94).

Nach dieser Feststellung dürften weit über 50 Prozent aller Arbeitnehmer in den neuen Bundesländern zu „Problemgruppen" zählen. Im Zuge der arbeitsmarktpolitischen Veränderungen sind Frauen stärker von Arbeitslosigkeit betroffen als Männer. Zwei Drittel aller arbeitslos gemeldeten Personen waren Mitte 1994 Frauen.

Untersucht man die Gründe für das Ausscheiden aus der Erwerbstätigkeit, so geben Frauen in den neuen Bundesländern zu etwa 70 Prozent an, daß sie entlassen wurden (Mikrozensus April 1991).

In den Jahren 1991 bis 1993 wurde im SOEP-Ost die Frage nach der gewünschten Arbeitszeit gestellt. Auf die Frage „Wenn Sie jetzt eine Arbeit suchen würden, wären Sie an einer Vollzeit- oder einer Teilzeitbeschäftigung interessiert, oder wäre Ihnen beides recht?" antworteten von der Gesamtheit der Frauen zwischen 38 und 48 Prozent, daß sie an einer Vollzeitbeschäftigung interessiert sind. Bei den Frauen mit Kindern unter 16 Jahren im Haushalt ist dagegen in weit höherem Maße der Wunsch nach einer verkürzten Arbeitszeit zu verzeichnen. Dabei sinkt mit steigender Kinderzahl der Anteil der Frauen, die 1993 an einer Vollzeitbeschäftigung interessiert sind. Der

Wunsch der Frauen mit Kindern, ihre Arbeitszeit zu reduzieren, erscheint durchaus verständlich. Hier dürfte der Gedanke, sich mehr der Familie und der Erziehung der Kinder widmen zu wollen, eine wesentliche Rolle spielen.

Für Frauen, die in Familienhaushalten leben, ist die Entscheidung, verkürzt zu arbeiten, leichter zu treffen als für alleinerziehende oder alleinstehende Frauen. Für diesen Personenkreis besteht schon aus finanziellen Gründen kaum die Möglichkeit, freiwillig zur Teilzeitarbeit zu wechseln. In den Familienhaushalten waren im Jahre 1993 immerhin noch knapp 90 Prozent der Partner erwerbstätig, so daß die Einkommenseinbußen der Frauen durch Teilzeitarbeit zwar zu Einschränkungen des Lebensstandards führten, aber aufgrund des vorhandenen zweiten Einkommens nicht so gravierend waren.

Für die alten Bundesländer ist bekannt, daß dort 83 Prozent der in Teilzeit arbeitenden Frauen verheiratet sind. Die Teilzeitquote der verheirateten Frauen lag 1992 bei 50 Prozent, die der ledigen Frauen dagegen nur bei 8 Prozent (Fünfter Familienbericht 1994).

Generell ist in allen befragten Haushaltstypen des SOEP-Ost ein Rückgang der Erwerbsquote festzustellen. Die Erwerbsquote der Frauen in Familienhaushalten lag dabei in allen vier Jahren über der Erwerbsquote der Frauen insgesamt. Das läßt sich dadurch erklären, daß es sich bei den Familienhaushalten ausschließlich um Frauen im arbeitsfähigen Alter handelt, während die Gesamtheit der Frauen die über 60jährigen Rentnerinnen mit einschließt.

In allen drei Familientypen ist sowohl bei den Männern als auch bei den Frauen die Erwerbstätigenquote rückläufig. Bei den Männern lassen sich keine Auswirkungen der Kinderzahl auf die Erwerbsquote feststellen. Zum Zeitpunkt der Befragung im Jahre 1993 waren noch knapp 90 Prozent dieser Männer voll erwerbstätig. Ganz anders bei den Frauen - die Frauenerwerbstätigkeit geht mit steigender Kinderzahl dramatisch zurück.

Allerdings ist der zu verzeichnende Rückgang der Erwerbsbeteiligung der Frauen nicht gleichzusetzen mit einem freiwilligen Rückzug aus dem Arbeitsleben. Die Erwerbsneigung der Frauen der drei Familientypen bleibt weiterhin auf einem hohen Niveau bestehen. 1993 waren von den nicht erwerbstätigen Frauen mit ein oder zwei Kindern 93 Prozent bzw. 91 Prozent arbeitslos gemeldet oder befanden sich in Umschulung. Von den kinderreichen Familien begaben sich 28 Prozent der Frauen in die „stille Reserve“. Frauen sind also unabhängig von ihrer Kinderzahl trotz der schwierigen Arbeitsmarktlage nicht bereit, sich aus freien Stücken aus der Erwerbstätigkeit zurückzuziehen. Sicher spielen dabei neben dem Bedürfnis nach Selbstbestätigung und sozialen Kontakten auch finanzielle Erwägungen eine wichtige Rolle. Die reale Entwicklung der Frauenbeschäftigungsquote hat bis heute nicht dazu geführt, daß sich ein wesentlicher Wandel in der Einstellung der Ost-Frauen zur Berufstätigkeit vollzogen hat.

Von der Gesamtheit der Frauen befanden sich aus der Gruppe der Nichterwerbstätigen 1993 70 Prozent in Ausbildung oder waren arbeitslos gemeldet. Auch hier dürften Altersgründe das ausschlaggebende Kriterium für den Rückzug vom Arbeitsmarkt sein. Von den nichterwerbstätigen Frauen, die auf die Frage: „Beabsichtigen Sie, in Zukunft (wieder) eine Erwerbstätigkeit aufzunehmen?“ mit „Nein“ geantwortet haben (1993 31 Prozent), handelt es sich überwiegend um Frauen im Alter von über 50 Jahren.

Gewachsen ist auch der Anteil der Familienhaushalte, in denen nur einer der Partner (in der Regel der Mann) erwerbstätig ist. Gleichzeitig sank zwischen 1990 und 1993 der Anteil der Familien, in denen beide Partner erwerbstätig sind. Während in Typ 1 und 2 noch knapp zwei Drittel der Haushalte Doppelverdienerhaushalte sind, sind in Typ 3 1993 nur noch in 38 Prozent der Haushalte beide Partner erwerbstätig. Ebenso überproportional hoch ist der Anteil der kinderreichen Familien, in denen ein Partner erwerbstätig und der andere arbeitslos ist (Typ 3 33 Prozent im Vergleich zu Typ 1 21 Prozent und Typ 2 22 Prozent).

Abbildung 5: Anteil der Beschäftigten in einem befristeten Arbeitsverhältnis 1990 - 1993

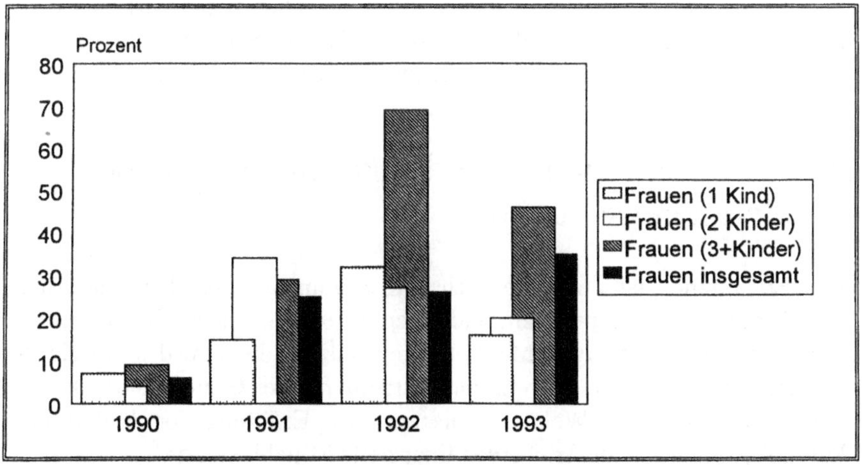

Datenbasis: SOEP-OST 1990 - 1993, eigene Berechnungen

Die folgenden Zahlen sollen verdeutlichen, daß gerade Frauen mit drei und mehr Kindern von unsicheren Erwerbsverhältnissen betroffen sind. Untersucht man, ob es sich bei den Arbeitsverträgen der beschäftigten Frauen um unbefristete oder befristete Verträge handelt, fällt besonders der hohe Anteil kinderreicher Frauen mit befristeten Arbeitsverträgen auf. Die Frauen dieses Familienhaushaltstyps sind zu einem weit größeren Teil von ABM betroffen (1993 zu 13 Prozent, im Unterschied dazu Frauen insgesamt 6 Prozent).

In allen drei Familienhaushalten ist die Anzahl der in Teilzeit arbeitenden Frauen gesunken. Diese Aussage deckt sich mit den Ergebnissen des Mikrozensus 1993, der allgemein feststellt, daß zwar in der Bundesrepublik Deutschland immer mehr Beschäftigte in Teilzeit arbeiten, allerdings der Anteil der als Beamtinnen, Angestellte oder Arbeiterinnen teilzeitbeschäftigten Frauen in den neuen Bundesländern mit 16,5 Prozent deutlich niedriger liegt als in den alten Bundesländern (36,1 Prozent) (Mikrozensus April 1993). Eine Längsschnittbetrachtung über den Verbleib der 1990 in Teilzeit arbeitenden Frauen in den Familienhaushaltstypen ergab, daß diese, wenn sie nicht in der Teilzeitarbeit verblieben, vorrangig zur Vollzeitbeschäftigung wechselten. Allerdings ist dieses Ergebnis aufgrund der geringen Fallzahlen nicht zu verallgemeinern.

Betrachtet man die Entwicklung der letzten vier Jahre auf dem Arbeitsmarkt, wird die wachsende Bedeutung der ausgleichenden Funktion des Haushalts für die hier untersuchten Familien deutlich.

Solange ein Partner erwerbstätig bleibt, können die Einkommenseinbußen teilweise aufgefangen werden, und die Verschlechterung der wirtschaftlichen Situation als Folge des Wegfalls des zweiten Einkommens fällt nicht so extrem aus wie in anderen Haushaltstypen (beispielsweise bei den Alleinerziehenden).

5. Veränderungen in der Einkommens- und der Vermögenssituation

Das Einkommen ist ein wesentliches Kriterium der Sozialstrukturanalyse. Nur wer in der heutigen Gesellschaft über ein ausreichendes Einkommen verfügt, kann die vielfältigen Möglichkeiten nutzen, die ihm das soziale und kulturelle Leben bietet. Sowohl zur Befriedigung der Grundbedürfnisse, wie Ernährung, Kleidung, Wohnung, als auch zur Erfüllung von Bedürfnissen kultureller und sozialer Art werden finanzielle Mittel benötigt.

> *„In der Soziologie wird das Einkommen als wesentliches Status begrundendes Merkmal der sozialen Lage sowohl einzelner Mitglieder als auch großerer Mitgliedergruppen einer Gesellschaft betrachtet"* (Hartfiel/Hillmann 1982: 158).

Daß Familien mit Kindern gegenüber Kinderlosen insbesondere durch die staatliche Steuerpolitik, die Altersversorgung und die Wohnungspolitik benachteiligt werden, ist in Deutschland seit über 100 Jahren bekannt (Schnabel

1987). Bekannt ist ebenfalls, daß die Zahl der Kinder Auswirkungen auf das Absinken des Pro-Kopf-Einkommens des Haushalts hat (Mühlfeld 1982).

Seit der Währungsunion sind in den neuen Bundesländern einerseits wachsende Realeinkommen zu verzeichnen, andererseits steigen die Lebenshaltungskosten durch den Wegfall staatlicher Subventionen und durch Steuererhöhungen deutlich an. Die Preissteigerungsrate betrug von 1990 bis 1993 rund 40 Prozent, während das durchschnittliche äquivalenzgewichtete Einkommen der Haushalte um 48 Prozent anstieg (Statistisches Bundesamt 1994).

Die Operationalisierung des Gesamthaushaltseinkommens erfolgt im SOEP-Ost über die Abfrage im Haushaltsfragebogen. Durch den Haushaltsvorstand ist das monatliche Haushaltseinkommen aller Haushaltsmitglieder anzugeben (Nettobetrag nach Abzug aller Steuern und Sozialabgaben plus regelmäßige Zahlungen wie Wohngeld, Kindergeld, BAföG, Unterhalt etc.). Da es sich bei den hier untersuchten Familienhaushalten grundsätzlich um Haushalte mit maximal zwei erwerbstätigen Personen handelt, kann davon ausgegangen werden, daß das relativ hohe Gesamthaushaltseinkommen, insbesondere der Familien mit mehreren Kindern, in nicht unerheblichem Maße auf staatliche Transferleistungen zurückzuführen ist. Das niedrigere Gesamteinkommen der Haushalte insgesamt ergibt sich daraus, daß hier neben den erwerbsfähigen Personen ebenfalls die Rentner und die Ein-Personen-Haushalte erfaßt wurden.

Wird die Entwicklung der Einkommensverteilung der letzten vier Jahre in bezug auf das Gesamthaushaltseinkommen untersucht, so waren 1990 die Unterschiede noch gering ausgeprägt. 1990 war eine ähnliche Einkommensverteilung für alle drei Typen der Familienhaushalte festzustellen. Weniger als ein Viertel der Haushalte befand sich in den Einkommensgruppen „bis unter 1.500 DM", ebenfalls maximal ein Viertel verfügte über ein Einkommen von über 2.500 DM. In den folgenden Jahren nahm dann bis 1993 der Anteil der Haushalte in den unteren Einkommensgruppen bis 1.500 Mark konstant ab, während der Anteil der Haushalte in den Einkommensgruppen ab 2.500 Mark deutlich zunahm und für alle Familienhaushalte um die 80 Prozent betrug.

Aus dem Anstieg der Gesamthaushaltseinkommen kann allerdings nicht geschlußfolgert werden, daß gleichzeitig das Wohlstandsniveau der Familien sich erhöht hat. Die Struktur der Ausgaben eines Haushalts wird neben seinem Einkommen auch durch die Zahl der Haushaltsmitglieder und ihr Alter bestimmt. Für den Familienhaushalt bedeutet es, daß die Zahl der Kinder, das Alter der Kinder und ihre Rangfolge Auswirkung auf den privaten Verbrauch haben.

Um allgemeingültige Aussagen zu treffen und solche wesentlichen Faktoren wie das Alter und die Anzahl der Kinder in die Betrachtung mit einzubeziehen, hat sich eine Äquivalenzgewichtung des verfügbaren Einkommens durchgesetzt.

Man unterscheidet bei den Methoden der Äquivalenzziffernbestimmung zwischen

- normativen Festlegungen lebensnotwendiger Versorgungsniveaus,
- Äquivalenzziffern aus empirisch-ökonometrischen Ausgabenanalysen und
- subjektiven Wohlfahrtsbefragungen (Netzler 1990).

Die hier verwendeten Äquivalenzziffern errechnen sich nach dem derzeit geltenden Bundessozialhilfegesetz, das

- für den Haushaltsvorstand ... = Faktor 1
- für Haushaltsangehörige bis zur Vollendung des 7. Lebensjahres ... = Faktor 0,5
  (lebt das Kind mit einer Person zusammen, die allein für die Pflege und Erziehung des Kindes sorgt ... = Faktor 0,55)
- für Haushaltsangehörige vom Beginn des 8. bis zur Vollendung des 14. Lebensjahres ... = Faktor 0,65
- für Haushaltsangehörige vom Beginn des 15. bis zur Vollendung des 18. Lebensjahres ... = Faktor 0,9
- für Haushaltsangehörige vom Beginn des 19. Lebensjahres an ... = Faktor 0,8

vorsieht.

Diese Faktoren sind keine beliebigen Festlegungen, sondern sie resultieren aus den Überlegungen zum „notwendigen Lebensunterhalt“, der laut BSHG die Bereiche Ernährung, Unterkunft, Kleidung, Körperpflege, Hausrat, Heizung und persönliche Bedürfnisse des täglichen Lebens umfaßt. Dazu gehören in vertretbarem Maße auch die Teilnahme am kulturellen Leben und die Beziehungen zur Umwelt. Bei Kindern wird zusätzlich der durch das Wachstum bedingte Bedarf berücksichtigt. Nicht berücksichtigt wird bei diesen Festlegungen allerdings die Anzahl der im Haushalt lebenden Kinder.

Mit steigender Kinderzahl verringert sich das äquivalenzgewichtete Pro-Kopf-Einkommen der Haushalte. Obwohl seit 1990 bei allen drei Familientypen eine deutliche Einkommenssteigerung zu verzeichnen ist, gelingt es insbesondere den kinderreichen Familien nicht, den Abstand zu den anderen Familien auszugleichen. Standen 1990 den Familien mit zwei Kindern pro Kopf 84 Prozent (1993 86 Prozent) des Einkommens der Familien mit einem Kind zur Verfügung, so waren es bei den kinderreichen Familien nur 68 Prozent (1993 64 Prozent).

Durch den Wegfall der kinderbezogenen Subventionen des DDR-Systems sind gerade diese Familien einkommensmäßig benachteiligt.

Abbildung 6: Äquivalenzgewichtetes Pro-Kopf-Einkommen 1990-1993 in M/DM - hochgerechnet

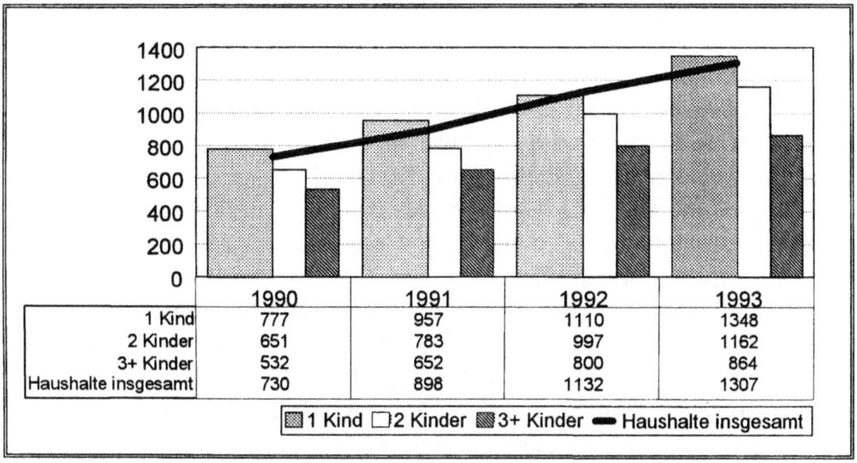

Datenbasis: SOEP-Ost 1990 - 1993, eigene Berechnungen

Tabelle 2: Prozentuale Steigerung des äquivalenzgewichteten Einkommens 1990 - 1993

	1990	1991	1992	1993
1 Kind	100	123	143	173
2 Kinder	100	120	153	178
3 u. mehr Kinder	100	123	150	162
Haushalte insgesamt	100	123	155	175

Datenbasis: SOEP-Ost 1990 - 1993, eigene Berechnungen

Um die Veränderungen in der Haushaltsausstattung mit langlebigen Gebrauchsgütern zu untersuchen, wurde im SOEP-Ost in den Jahren 1990 bis 1992 die Ausstattung mit Pkw, Motorrad/Moped, Farbfernsehgerät, Gefrierschrank/-kombination/-truhe und Waschvollautomat abgefragt. 1993 wurde die Frage nach dem Vorhandensein eines Personalcomputers aufgenommen.

Generell läßt sich feststellen, daß sich in den Jahren 1990 bis 1993 das Ausstattungsniveau aller befragten Haushalte wesentlich verbessert hat.

Unmittelbar nach der Wende setzte hinsichtlich dieser Gebrauchsgüter ein umfangreicher Kauf von Erst- und Ersatzgeräten ein, die es in der DDR entweder nicht gab, die qualitativ nicht hochwertig genug oder einfach nicht bezahlbar waren.

Im Vergleich zur Gesamtheit aller Haushalte sind die Familienhaushalte überdurchschnittlich gut ausgestattet. Die Hausarbeit erleichternde Geräte, wie Waschvollautomat und Gefrierschrank, wurden hier weit häufiger angeschafft als bei anderen Haushaltstypen. Der Ausstattungsgrad steigt proportional zur Anzahl der im Haushalt lebenden Kinder.

Bis zum Jahr 1992 erhöhte sich der Bestand an Pkw kontinuierlich, 1993 ist die Tendenz leicht rückläufig. Etwa 10 Prozent der befragten Familien besaßen jetzt einen Zweitwagen (gegenüber 6 Prozent aller Haushalte). Eine deutliche Abnahme ist in der Kategorie Motorrad/Moped zu verzeichnen.

Familien mit Kindern stiegen auf das Auto um, auf das jetzt nicht mehr jahrelang gewartet werden mußte. Die Vermutung bestätigte sich nicht, daß Motorräder/Mopeds hauptsächlich in Familien mit älteren Kindern oder Jugendlichen vorhanden sind. Allerdings kommt dem Gebrauch des Mopeds und des Motorrads in ländlichen Gegenden mit ungenügend ausgebautem Nahverkehrssystem auch heute noch eine große Bedeutung zu.

Schwarz-Weiß-Fernsehgeräte wurden durchgehend in allen Haushaltstypen durch Farbfernsehgeräte ergänzt oder ersetzt.

Auch Personalcomputer sind in Familien mit Kindern verhältnismäßig häufig vorhanden. In über zwei Dritteln der Familien, die mit PC ausgestattet sind, leben schulpflichtige Kinder, so daß die Vermutung naheliegt, daß diese Geräte neben der Nutzung durch die Eltern als Lern- und Spielgeräte für die Kinder angeschafft wurden.

Betrachtet man die Entwicklung der subjektiven Zufriedenheit der erwachsenen Familienmitglieder mit ihrem Haushaltseinkommen, so zeigt sich nach einem zeitweiligen Absinken im Jahr 1991 eine wachsende Zufriedenheit. Dabei ist zu berücksichtigen, daß sich der Mittelwert auf einer Skala von 0 bis 10 im Bereich zwischen 5 und 6 bewegt und somit unter dem der Wohnzufriedenheit oder der Zufriedenheit mit der eigenen Gesundheit liegt. Die Einkommenszufriedenheit in Haushalten mit einem und zwei Kindern liegt über den Werten, die in der Gesamtheit der Haushalte erzielt werden, obwohl ihnen ein ungefähr gleiches oder niedrigeres Pro-Kopf-Einkommen zur Verfügung steht. Kinderreiche Familien dagegen sind weit unzufriedener mit ihrem Einkommen. Betrachtet man das ihnen zur Verfügung stehende Pro-Kopf-Einkommen, ist diese Einschätzung verständlich. Im Jahr 1990 antworteten von den kinderreichen Haushalten auf die Frage, ob das Haushaltseinkommen zur Befriedigung der Bedürfnisse aller Haushaltsmitglieder ausreichend sei, 27 Prozent mit „nein", von den Familien mit einem Kind waren es 15 Prozent, von den Familien mit zwei Kindern 18 Prozent.

Abbildung 7: Zufriedenheit mit dem Haushaltseinkommen 1990-1993
(Mittelwert auf einer Skala von 0 bis 10 - hochgerechnet)

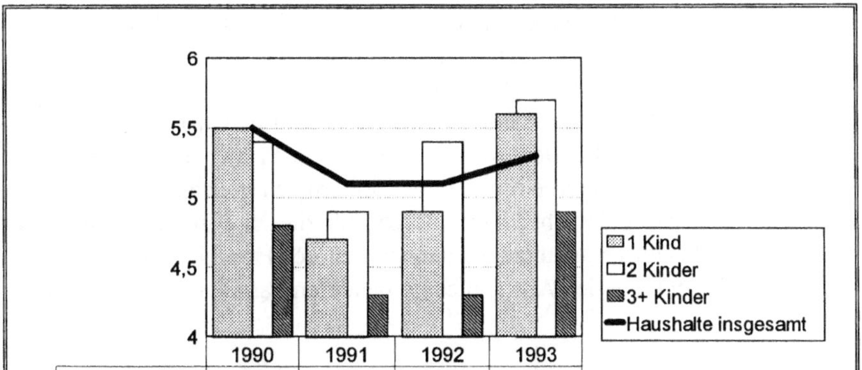

	1990	1991	1992	1993
1 Kind	5,5	4,7	4,9	5,6
2 Kinder	5,4	4,9	5,4	5,7
3+ Kinder	4,8	4,3	4,3	4,9
Haushalte insgesamt	5,5	5,1	5,1	5,3

Datenbasis: SOEP-Ost 1990 - 1993, eigene Berechnungen

Abbildung 8: Zufriedenheit mit dem Lebensstandard 1990-1993
(Mittelwert auf einer Skala von 0 bis 10 - hochgerechnet)

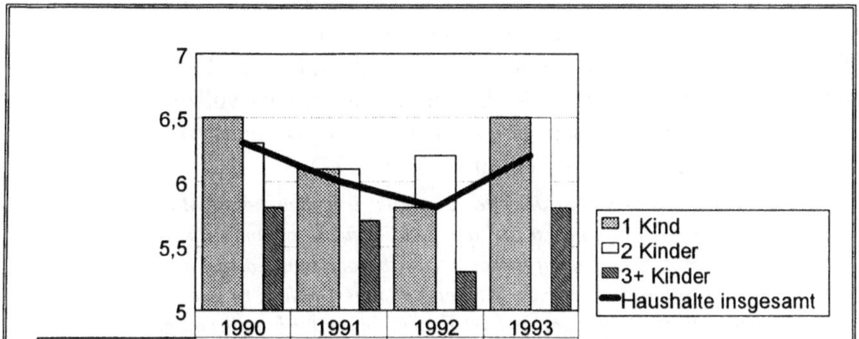

	1990	1991	1992	1993
1 Kind	6,5	6,1	5,8	6,5
2 Kinder	6,3	6,1	6,2	6,5
3+ Kinder	5,8	5,7	5,3	5,8
Haushalte insgesamt	6,3	6	5,8	6,2

Datenbasis: SOEP-Ost 1990 - 1993, eigene Berechnungen

Der Lebensstandard wird von den Haushalten im allgemeinen besser eingeschätzt. Er liegt etwa einen Skalenpunkt über dem des Haushaltseinkommens. In die Einschätzung des Lebensstandards fließt das Vorhandensein weiterer materieller und immaterieller Versorgungsgüter mit ein, d. h. der Wohnstandard oder das Angebot an Waren und Dienstleistungen ebenso wie bestimmte soziale Beziehungen und Aktivitäten. Allerdings schätzen auch in dieser Position die kinderreichen Familienhaushalte ihre Situation weitaus schlechter ein als die übrigen Haushalte.

Wenngleich der Lebensstandard von allen Haushalten positiver als das Haushaltseinkommen beurteilt wird, zeigt sich auch hier, daß für Familien mit drei und mehr Kindern ein niedriges Einkommen gleichzeitig auch einen niedrigen Lebensstandard bedeutet. Gerade für diesen Familienhaushaltstyp sind die staatlichen Unterstützungsmaßnahmen des Familienlastenausgleichs nicht ausreichend, um den Abstand zu den anderen Familien zu verringern.

6. Veränderungen in den Wohnverhältnissen

Das Bedürfnis nach menschenwürdigem Wohnen ist ein Grundbedürfnis der Menschen. Über alle Bevölkerungsschichten hinweg gilt, daß erst dann weitergehende Anforderungen an den Lebensstandard gestellt werden, wenn eine angemessene Wohnung vorhanden ist.

> *„Wohnen ist ... zu einer eigenstandigen Kategorie geworden, in der sich nicht zuletzt soziale Ungleichheit manifestiert"* (Hartfiel/Hillmann 1982: 824).

Im Lebenszusammenhang von Familien ist die Wohnung von besonderer Bedeutung. Das tägliche Miteinander, die Interaktion der Familienmitglieder, ein großer Teil der Freizeit der Eltern und der Kinder vollziehen sich in der Wohnung. Kinder wachsen *„über die elterliche Wohnung in ihre räumliche und soziale Umwelt hinein"* (Winkler 1990: 127).

> *„Es ist unbestritten, daß der Wohnung als dem raumlichen Mittelpunkt, als Schutz- und als Entfaltungsraum der Familie fur das Familienleben allgemein außerordentliche Bedeutung zukommt, im besonderen jedoch fur die Qualitat des Sozialisationsprozesses der Kinder und Jugendlichen, fur die Moglichkeiten der personlichen Entfaltung und der Regeneration der Familienmitglieder sowie fur die Qualitat ihres Zusammenlebens"* (Funfter Familienbericht 1994: 135).

Der Fünfte Familienbericht der Bundesregierung aus dem Jahr 1994 stellte für die neuen Bundesländer eine in nahezu jeder Hinsicht unbefriedigendere Versorgung mit Wohnraum als in den alten Bundesländern fest. Betrachtet man die Wohnungsgröße, die jeder im Haushalt lebenden Person durchschnittlich zur Verfügung steht, so kommt man zu dem Ergebnis, daß in den neuen Bundesländern die Wohnungsgröße pro Person zwischen 21 und 31 Prozent geringer ist als in den alten Bundesländern (Raumordnungsbericht 1991).

Tabelle 3: Wohnraumversorgung in den alten und neuen Bundesländern 1990

	Wohnfläche pro Person	Wohnräume pro Person
Alte Bundesländer	36,4 qm	1,9
Neue Bundesländer	28,2 qm	1,7

Quelle: Statistisches Bundesamt 1992a: 260

Als Richtlinie, die die Bedarfsgröße für Wohnungen nach der Haushaltsgröße festlegt, wird in der Bundesrepublik Deutschland seit 1971 die sogenannte „Kölner Empfehlung" herangezogen.

Rechnet man die dort angegebene Gesamtfläche in Wohnfläche pro Person um, würde dieser Wert in unseren drei Familienhaushaltstypen betragen:

- Typ 1 .... 21,5 qm
- Typ 2 .... 17,4 qm
- Typ 3 .... 18,4 qm bzw. 17,8 qm.

Zu beachten ist, daß hierbei nur nach der Anzahl der Personen unterschieden wird, nicht aber nach Alter und Geschlecht der Kinder.

Auch die Richtlinien für die Vergabe von Wohnberechtigungsscheinen in den neuen Bundesländern sehen dieses Unterscheidungskriterium nicht vor. Der Wohnberechtigungsschein legt die Größe der Wohnung fest, auf die der Antragsteller nach dem Wohnungsbindungsgesetz Anspruch hat. Konkrete Festlegungen über die Wohnfläche bzw. die Anzahl der Räume werden auf Länderebene getroffen.

Die Bedürfnisse von Familien mit Kindern finden im Wohnungsbau jedoch nicht genügend Berücksichtigung. Für ein Kinderzimmer sind in Sozialwohnungen 12 Quadratmeter vorgesehen, Zwei-Bett-Kinderzimmer sind mit 14 Quadratmeter geplant. Familienfreundliches Bauen würde bedeuten, Wohnungen vom Schnitt her so groß anzulegen, daß für Kinder die Möglichkeit besteht, ihre privaten Bereiche voneinander abzugrenzen.

Eine Untersuchung der subjektiven Wohnzufriedenheit ergibt, daß das Ausmaß der Unzufriedenheit mit der Wohnung in Familienhaushalten größer ist als in der Gesamtheit der Haushalte. Da das Ausstattungsniveau der Wohnungen von Familienhaushalten besser ist als das aller Haushalte, dürfte das entscheidende Kriterium für diese Einschätzung die Wohnungsgröße sein.

Familienhaushalte verfügen im Vergleich zur Gesamtheit der Haushalte über wesentlich weniger Wohnfläche pro Familienmitglied. Das spiegelt sich auch in der subjektiven Einschätzung wider. 1990 beurteilten 28 Prozent aller Haushalte ihre Wohnung als zu klein, bei den Familienhaushalten waren es in Typ 1 48 Prozent, in Typ 2 46 Prozent und in Typ 3 sogar 51 Prozent.

Obwohl sich die Wohnfläche der Haushalte bis 1993 nicht wesentlich verändert hat, sank der Anteil der Haushalte, die ihre Wohnung als zu klein einschätzten:, bei Typ 1 um 10 Prozent, bei Typ 2 um 6 Prozent, bei Typ 3 um 15 Prozent und bei den Haushalten insgesamt um 7 Prozent. Ausschlaggebend hierfür dürfte eine Veränderung in den Ansprüchen an die Wohnungsgröße gewesen sein, ausgelöst durch die Mieterhöhungen der Jahre 1991 und 1993.

Tabelle 4: Wohnfläche und Raume nach Familientypen

Familientyp	qm pro Person				Räume pro Person			
	1990	1991	1992	1993	1990	1991	1992	1993
1 Kind	23	24	24	25	1,0	1,0	1,0	1,0
2 Kinder	20	20	20	21	0,9	0,9	0,9	0,9
3+ Kinder	18	18	18	18	0,8	0,8	0,8	0,9
Haushalte insgesamt	27	27	28	28	1,2	1,2	1,2	1,2

Datenbasis: SOEP-Ost 1990 - 1993, eigene Berechnungen

Familien mit Kindern wohnen im Verhältnis zur Gesamtheit der Haushalte häufiger in Häusern, die ab 1981 gebaut wurden. Trotzdem hielten 1990 über die Hälfte von ihnen ihr Wohnhaus für renovierungsbedürftig und entsprachen damit auch der Meinung der Gesamtheit der Haushalte, die ebenfalls zu über 50 Prozent den Bauzustand ihrer Wohnhäuser als nicht gut einschätzten. Bei allen Haushalten ist dieser Anteil bis 1993 noch gestiegen.

Hier sind zwei Faktoren zu nennen, die wahrscheinlich die kritischer gewordene Einstellung beeinflußt haben: zum ersten wiederum die Mieterhöhungen der Jahre 1991 und 1993, die für viele Mieter mit der Erwartungshaltung verbunden waren, daß nun umfassende Modernisierungs- und Instandhaltungsmaßnahmen in ihren Wohnhäusern erfolgen werden; zum zweiten der Vergleich mit dem sogenannten „Weststandard" (insbesondere der Bäder und Küchen), der das im Gegensatz zu den alten Bundesländern schlechtere Ausstattungsniveau bewußt werden ließ.

Familienhaushalte lebten 1990 im Vergleich zur Gesamtheit der Haushalte in deutlich besser ausgestatteten Wohnungen, was darauf zurückzuführen ist, daß die Familien häufiger in Neubauwohnungen wohnten, die in den letzten 20 Jahren der DDR erbaut wurden.

Untersucht man den Ausstattungsgrad der Wohnungen, so bestehen zwischen den einzelnen Familientypen keine wesentlichen Unterschiede. Fast alle Wohnungen verfügen über eine Küche, Innen-WC, etwa die Halfte über eine moderne Heizungsanlage, wobei hier allerdings die kinderreichen Familien wesentlich benachteiligt sind. Zu DDR-Zeiten war die Gesamtheit der Haushalte, was die Ausstattung mit Telefonanschlüssen betrifft, deutlich unterversorgt. Familienhaushalte waren dabei noch schlechter ausgestattet. Während die Familien mit ein und zwei Kindern im Verlauf der letzten vier Jahre ihren Ausstattungsgrad auf 46 bzw. 47 Prozent erhöhen konnten, besaß von den kinderreichen Familien 1993 nicht einmal jede dritte Familie ein Telefon.

Zum Zeitpunkt der ersten Befragung im Jahre 1990 galten noch die subventionierten Mieten des DDR-Systems. Haushalte zahlten pro Quadratmeter zwischen 0,80 Mark und 1,65 Mark für ihre Wohnung, so daß der Anteil der Haushalte, die ihre Mietbelastung zu diesem Zeitpunkt als zu hoch einschätzen, äußerst gering war. Im Ergebnis von zwei Mieterhöhungen veränderte sich die Situation für alle Haushalte grundlegend.

1. Zum 1. Oktober 1991 trat die erste Grundmietenverordnung zusammen mit der Betriebskosten-Umlageverordnung vom 17. Juni 1991 in Kraft. Die Grundmieten wurden erhöht und die Betriebskosten wurden in Höhe von maximal 3 Mark pro Quadratmeter auf die Mieter umgelegt.

> *„Vom Statistischen Bundesamt werden folgende Zahlen für 1991 nach dieser Mieterhohung genannt ...: Das durchschnittliche Mietniveau fur die neuen Länder lag nach der Mietenreform bei etwa 5,- DM pro qm: dies war etwa die Halfte des Mietenniveaus in den alten Landern. 60 % dieser Kosten entfielen auf Heiz-, Warmwasserkosten und kalte Betriebskosten; in den alten Bundeslandern betragt dieser Anteil circa ein Drittel. ... Trotz Anrechnung des Sonderwohngeldes wuchs die Mietbelastung um das 2,5 bis 3fache; damit stieg sie erheblich schneller als das Einkommen der privaten Haushalte"* (Hanesch 1994: 83).

Die Auswirkungen dieser Mieterhöhung auf das subjektive Empfinden der Haushalte läßt sich an den Ergebnissen der Befragung von 1992 ablesen. Trotz nachweislicher Einkommensverbesserungen der Haushalte empfindet jetzt über ein Drittel die Mietbelastung als zu hoch, bei den kinderreichen Familien sind es 45 Prozent.

2. Mit der zweiten Grundmietenverordnung vom 1. Januar 1993 wurden zum einen die Grundmieten weiter erhöht, zum anderen Beschaffenheitszuschläge für die Gebäude festgelegt.

> *„Nach Berechnungen des Deutschen Instituts fur Wirtschaftsforschung betragt die durchschnittliche Warmmietenbelastungsquote 1993 in Ostdeutschland rund 23 Prozent und liegt damit nur noch 5 Prozentpunkte unterhalb der westdeutschen Belastungsquote ..."* (Hanesch 1994: 83).

Der Anteil der Haushalte, die ihre Mietbelastung für zu hoch halten, ist weiter gestiegen. Wie bereits 1992 liegt dieser Anteil bei den Familien mit ein und zwei Kindern niedriger als bei der Gesamtheit der Haushalte. Über die Hälfte der kinderreichen Familien halten ihre Mietbelastung 1993 für zu hoch.

Abbildung 9: Anteil der Haushalte, die ihre Mietbelastung als zu hoch einschätzen 1990-1993

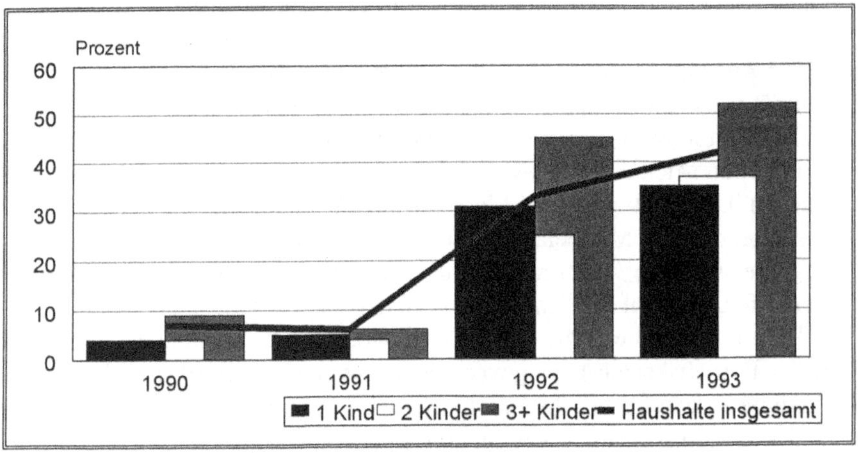

Datenbasis: SOEP-Ost 1990 - 1993, eigene Berechnungen

Mit dem seit dem 1. Oktober 1991 für die neuen Bundesländer geltenden Wohngeldsondergesetz sollte die Wohnkostenbelastung der Haushalte in erträglichen Grenzen gehalten werden.

Abbildung 10: Anteil der Wohngeldempfänger an den Familientypen in Prozent

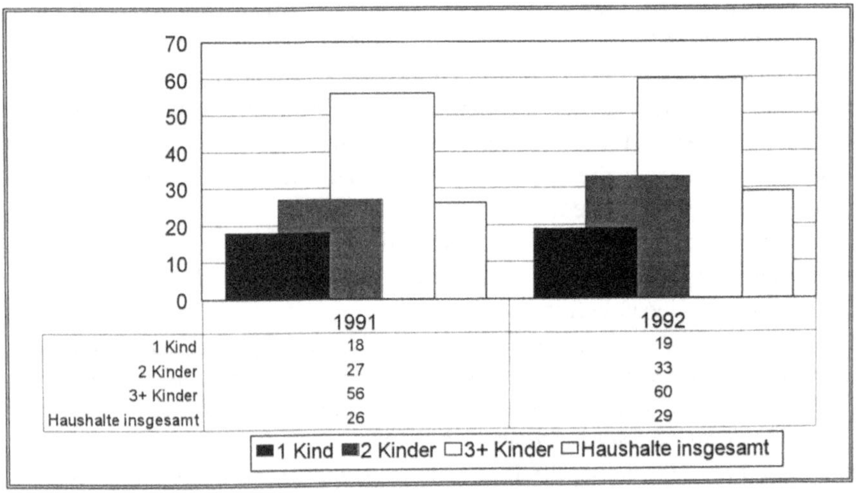

	1991	1992
1 Kind	18	19
2 Kinder	27	33
3+ Kinder	56	60
Haushalte insgesamt	26	29

Datenbasis: SOEP-Ost 1991 - 1993, eigene Berechnungen

Im Jahr 1992 bezogen 29 Prozent aller Haushalte Wohngeld. Die Verteilung innerhalb der Familientypen zeigt deutliche Unterschiede. Vor allem bei den kinderreichen Familien zeigen sich die direkten Auswirkungen der verhältnismäßig geringen Einkommenszuwächse. 56 Prozent dieser Familien waren 1991 auf die Zahlung von Wohngeld angewiesen (1992 60 Prozent).

Wie im Einigungsvertrag vorgesehen, vollzieht sich seit 1990 in den neuen Bundesländern der Übergang von einer zentral gelenkten Wohnungsversorgung zu einem Wohnungsmarkt. Damit verbunden ist die schrittweise Einfuhrung eines marktorientierten Vergleichsmietensystems.

Familienhaushalte mit Kindern sind unzufriedener mit ihrer Wohnung als die Gesamtheit der Haushalte. Im Gegensatz zu anderen Haushalten wohnen sie zwar in besser ausgestatteten Wohnungen, ihnen steht dabei aber eine wesentlich geringere Wohnfläche pro Familienmitglied zur Verfügung. Besonders kinderreiche Familien sind hier benachteiligt. In allen drei Familienhaushaltstypen schätzen über ein Drittel ihre Wohnung als zu klein ein.

Im Zusammenhang mit der Mietpreisentwicklung in den neuen Bundeslandern veränderte sich insofern die subjektive Einschätzung der Mietsituation in Familienhaushalten, als

- der Anteil der Familienhaushalte, die ihre Wohnung als zu klein empfinden, gesunken ist
- eine kritischere Betrachtungsweise des Bauzustands ihres Wohnhauses erfolgt
- der Anteil der Familienhaushalte, die ihre Mietbelastung als zu hoch empfinden, drastisch gestiegen ist. Hier ist ein deutlicher Zusammenhang zwischen der wachsenden Zahl von Wohngeldempfängern und den Familienhaushalten zu erkennen, die ihre Miete als zu hoch empfinden.

Positiv bewertet wurden die Veranderungen im Angebot an Waren und Dienstleistungen sowie die verbesserten Umweltbedingungen. Damit verbunden ist die Einschätzung, daß man jetzt in der eigenen Region besser leben kann als 1990.

Aus Sicht der Familien mit Kindern in den neuen Bundeslandern stehen als vordringliche Aufgaben der Wohnungsbaupolitik

1. familienfreundliches Bauen, das die Wohnungs- und Wohnumfeldsituation von Familien mit Kindern berücksichtigt und
2. die Fortführung des „Sonderwohngeldgesetzes".

„Wohnungs- und Stadtebau sowie die Wohnungswirtschaft mussen ihre Leitkriterien immer wieder neu von den Lebensbedurfnissen der Familien her entwikkeln Dabei ist sowohl von der Vielgestaltigkeit familialer Lebensformen neben-

einander und im Lebenszyklus als auch vom Netzwerkcharakter familialer Haushaltsstrukturen auszugehen. ...
Flachenangebot und Ausstattung von Wohnung und Wohnumfeld mussen sich den verschiedenen, im familialen Lebenszyklus wechselnden Anforderungen anpassen konnen. Die Zahl der Raume sollte um eins hoher sein als die Zahl der Bewohner. ...
Wohnungen sollten fur alle Familienmitglieder in jedem Lebensalter Kontaktmöglichkeiten anbieten, ohne Zwangskontakte zu erzeugen"
(Funfter Familienbericht 1994: 304).

7. Gesundheit und Wohlbefinden

Die Gesundheit ist eine wichtige Voraussetzung von persönlichem Wohlergehen. Das spiegelt sich auch in den Antworten der Befragten wider. Der Lebensbereich „Gesundheit" steht mit 99 Prozent zusammen mit der „Familie" an erster Stelle der sehr wichtigen/wichtigen Lebensbereiche. Ihm wird noch mehr Bedeutung zugemessen als dem Einkommen, der Arbeit und dem Umweltschutz.

In der Definition der Weltgesundheitsorganisation WHO ist Gesundheit nicht nur gekennzeichnet durch das Freisein von Krankheiten und Gebrechen, sondern ebenso durch den Zustand völligen körperlichen, geistigen und sozialen Wohlbefindens.

„Gesundheit ist der Zustand und das Verhalten des Organismus als eines Ganzen im Gleichgewicht der Wechselbeziehungen mit der naturlichen und gesellschaftlichen Umwelt" (Worterbuch der Medizin 1975: 278).

Die statistischen Daten, die die Gesundheit betreffen, wurden auf Individualebene erhoben. Wie die eigene Befindlichkeit wahrgenommen wird, ist aber wesentlich von den Beziehungen zu anderen Personen, der Einbettung in einen Haushalt und von sozialen Netzen abhängig.

Eine soziologische Betrachtungsweise erfordert, die subjektive Einschätzung der eigenen Gesundheit der Befragten zu berücksichtigen und den sozialen Aspekt nicht zu vernachlässigen. Immer ist die subjektive Befindlichkeit im Zusammenhang mit der objektiven sozialen Lage zu sehen. Hier spiegelt sich in nicht unerheblichem Maße wider, wie Glück und Ängste, Brüche im Lebenslauf, positive und negative Ereignisse vom einzelnen bewältigt und verarbeitet werden. Psychosomatische Störungen, Depressionen und andere gesundheitliche Störungen haben häufig keine organische Ursache, sondern sind auf Streßsituationen, empfundene Einsamkeit oder übergroß und nicht lösbar erscheinende Konflikte zurückzuführen.

Zum einen wirken sich solche Lebensbereiche, wie Arbeit, Familie, Freizeit auf die Gesundheit aus, und zum anderen stellt ein guter Gesundheitszustand eine Grundvoraussetzung dar für eine aktive und erfüllte Teilnahme in den genannten Lebensbereichen.

Untersucht man, wie sich die Zufriedenheit mit der eigenen Gesundheit zwischen 1990 und 1993 verändert hat, ergibt sich folgendes Bild.

Abbildung 11: Zufriedenheit mit der eigenen Gesundheit 1990-1993
(Mittelwert auf einer Skala von 0 bis 10 - hochgerechnet)

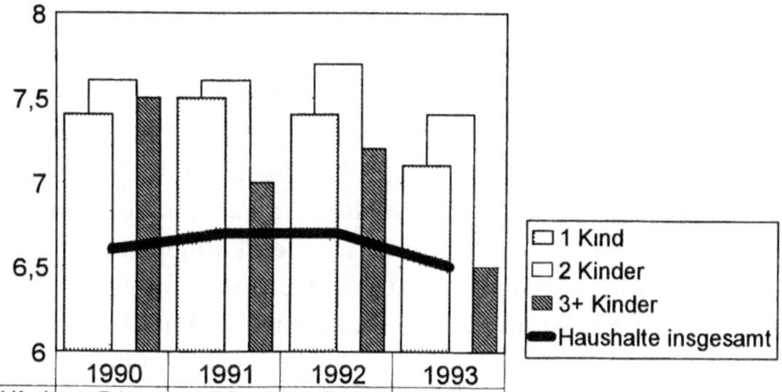

	1990	1991	1992	1993
1 Kind	7,4	7,5	7,4	7,1
2 Kinder	7,6	7,6	7,7	7,4
3+ Kinder	7,5	7	7,2	6,5
Haushalte insgesamt	6,6	6,7	6,7	6,5

Datenbasis: SOEP-Ost 1990 - 1993, eigene Berechnungen

Im Vergleich zur Gesamtheit der befragten Personen wird der Gesundheitszustand von Personen, die in Familienhaushalten leben, besser eingeschätzt. Dafür ausschlaggebend dürfte das niedrigere Durchschnittsalter der in Familie lebenden Befragten sein und die damit korrespondierende Tendenz, daß mit zunehmendem Alter die gesundheitlichen Beschwerden zunehmen.

Während die Einschätzung der eigenen Gesundheit bei den Haushalten insgesamt auf relativ konstantem Niveau verbleibt, äußern Eltern in Familien mit ein und zwei Kindern eine leichte gesundheitliche Verschlechterung. Kinderreiche Eltern geben dagegen eine Verschlechterung um durchschnittlich einen Punkt auf einer Skala von 0 bis 10 zwischen 1990 und 1993 an.

Diese Befunde spiegeln zum einen ein gewachsenes Problembewußtsein wider: Gesundheit und Leistungsfähigkeit werden als wichtige Faktoren erkannt, um auf dem Arbeitsmarkt bestehen zu können, und entsprechend kritisch werden die eigenen Möglichkeiten und Grenzen eingeschätzt. Zum anderen kann sich dahinter das Zusammentreffen mehrerer ungünstiger Faktoren verbergen, wie z. B. ungewollte Erwerbslosigkeit, geringes Haushaltseinkommen und damit verbundene Einschränkungen in der Lebenshaltung, eventuell auch gewachsene Spannungen innerhalb der Familie. Die Familie kann nicht nur positive Auswirkungen auf die Gesundheit haben, sondern als Streßfaktor dazu führen, daß das körperliche und seelische Wohlbefinden eingeschränkt wird.

Seit 1990 kommt es in den neuen Bundesländern zu gravierenden Veränderungen in fast allen privaten und öffentlichen Bereichen wie Arbeit, Familie, Freundeskreis, Freizeit und Politik. Wertvorstellungen und Lebensplanungen mußten neu überdacht werden.

Der hohe Prozentsatz an Personen, die sich mit der veränderten Situation überfordert fühlen, bringt das zum Ausdruck, was Emil Durckheim als *Anomie* bezeichnet hat - einen Zustand mangelnder sozialer Ordnung, ein Zusammenbrechen bis dato geltender Regeln, Werte und Orientierungen.

Als Folge dieser Anomie treten vermehrt allgemeine krisenhafte Erscheinungen auf, die mit Orientierungslosigkeit und Ungewißheit bei der Bewertung von Verhaltensnormen und Situationen verbunden sind und sich in Frustrationen, gestörtem Verhalten oder sozialen Distanzierungen ausdrücken können.

Folgende Aussagen reflektieren die Situation:

Abbildung 12: "Die Verhaltnisse sind so kompliziert geworden, daß ich mich fast nicht mehr zurechtfinde" (Anteil der Personen, die mit "stimme ganz und gar zu"/ "stimme eher zu" geantwortet haben)

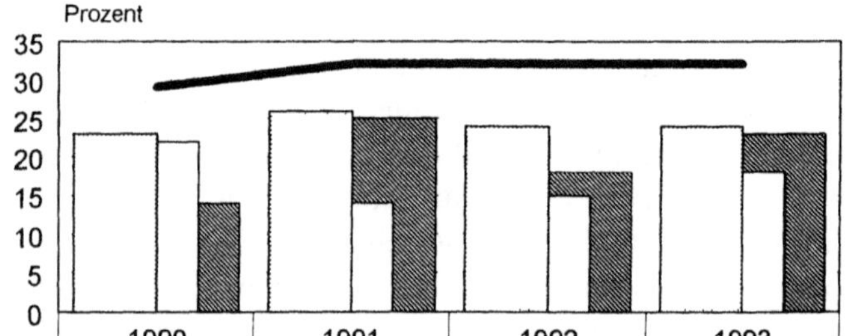

	1990	1991	1992	1993
1 Kind	23	26	24	24
2 Kinder	22	14	15	18
3+ Kinder	14	25	18	23
Haushalte insgesamt	29	32	32	32

1 Kind 2 Kinder 3+ Kinder Haushalte insgesamt

Datenbasis: SOEP-Ost 1990 - 1993, eigene Berechnungen

Gegenüber einem Drittel aller Befragten, die die momentanen Verhältnisse als kompliziert und unübersichtlich bezeichnen, sind es bei den Befragten in Familienhaushalten etwa ein Viertel.

Auch hier fällt die subjektive Einschätzung der Situation durch Personen, die in Familienhaushalten leben, positiver aus als durch die Gesamtheit. Ausschlaggebend könnte dafür das Potential an gegenseitige Hilfe und emotionaler Unterstützung der Familienmitglieder bei der Bewältigung schwieriger Situationen sein, wie sie bei der Planung der beruflichen Zukunft, beim Umgang mit den Behörden u. ä. auftreten können. Mit anderen Worten, die Solidaritätsfunktion der Familie kommt in Umbruchsituationen besonders zum Tragen. Betrachtet man die Entwicklung bis 1993, so bleibt der Anteil der Personen fast konstant, die meinen, sich in den veränderten Verhältnissen nicht zurechtzufinden.

Die Familien sind ganz besonderen Belastungen ausgesetzt. Nachdem viele Ostdeutsche durch Arbeitslosigkeit oder Arbeitsstellenwechsel den Zusammenbruch gewohnter sozialer Kontakte im Arbeitsbereich erleben mußten und nicht selten sich auch der Freundeskreis verkleinerte, wird die Familie zunehmend der Ort, an dem angestaute Konflikte ausgetragen werden.

Bemerkenswert ist, daß sich 1992 ein Viertel der Personen, die in kinderreichen Familien leben, einsam fühlen, darunter Frauen zu einem höheren Prozentsatz als Männer. Betroffen sind erwerbstätige Frauen ebenso wie nicht erwerbstätige Frauen. Hier deutet sich an, daß offensichtlich das Arbeitsklima kälter geworden ist, und es erwerbslosen Frauen schwer fällt, sich mit ihrer Hausfrauenrolle abzufinden. Sie vermissen neben ihrer früheren Arbeit vor allem die sozialen Kontakte, die ihnen ihre Erwerbstätigkeit bot.

Mit Zuversicht in die Zukunft blicken, wenn auch mit Schwankungen über die Jahre, in allen drei Familientypen über 60 Prozent der Befragten. Auch hier sind die Befragten, die in Familienhaushalten leben, optimistischer als die Gesamtheit der Befragten.

Alles in allem hat sich der Optimismus, der das Jahr 1992 mit Höchstwerten in allen untersuchten Gruppen kennzeichnete, 1993 nur in der Gruppe der kinderreichen Familien fortgesetzt. Hier ist seit 1990 ein kontinuierlicher Aufwärtstrend nachweisbar. Die Befunde verdeutlichen, wie schwer es Teilen der ostdeutschen Bevölkerung fällt, ihren anomischen Zustand zu überwinden und sich in den veränderten gesellschaftlichen Verhältnissen zurechtzufinden. Für viele Männer und Frauen in den neuen Bundesländern ist ein Lernprozeß in Gang gekommen, aber noch nicht alle haben sich den neuen Verhältnissen angepaßt und die veränderte Situation für sich angenommen.

8. Zusammenfassung und Ausblick

Der Untergang der DDR und der sich anschließende Transformationsprozeß haben die Lebensbedingungen und die Lebensverhältnisse der ostdeutschen Bevölkerung grundlegend verändert.

In den neuen Bundesländern nimmt zur Zeit die Benachteiligung von Familien mit Kindern zu (Schröder 1994). Die Ungleichheitspotentiale verstärken sich, die es bereits in der DDR zwischen kinderlosen Paaren und Familien mit Kindern sowie zwischen Familienhaushalten mit unterschiedlicher Kinderzahl gegeben hat .

Es wird für Frauen immer schwieriger, die Erziehung und Betreuung von Kindern mit der Berufstätigkeit zu vereinbaren, ganz zu schweigen von der massiven Ausgrenzung der Frauen mit Kindern vom Arbeitsmarkt. Kindererziehung wird weit mehr als in der DDR in die Familie zurückverlagert, was zu steigenden zeitlichen und pädagogischen Anforderungen an die Eltern führt. Nicht zuletzt werden auch die finanziellen Belastungen der Familien mit steigender Kinderzahl größer.

Die Ergebnisse dieser Arbeit im Überblick:

(1) Familienhaushalte mit Kindern sind seit 1990 stark von Arbeitslosigkeit betroffen. Frauen werden zunehmend vom Arbeitsmarkt verdrängt. Mit steigender Kinderzahl sinkt die Anzahl der voll erwerbstätigen Frauen. Frauen mit drei und mehr Kindern sind fast vollständig aus dem Erwerbsleben ausgeschieden. Wenn sie noch erwerbstätig sind, dann sind sie zumeist in befristeten Arbeitsverhältnissen beschäftigt.
Die Vereinbarkeit von Berufstätigkeit und Elternschaft ist schwieriger geworden. Die Möglichkeiten der Kinderbetreuung in Kindereinrichtungen werden durch drastisch gestiegene Betreuungskosten und veränderte Öffnungszeiten eingeschränkt. Kinderreiche Familien sind hier besonderen Belastungen ausgesetzt.

(2) Alle drei Familienhaushaltstypen haben seit der Vereinigung beider deutscher Staaten Einkommenszuwächse zu verzeichnen, die allerdings durch überproportionale Preissteigerungen und Subventionsabbau in den wesentlichen Bereichen des privaten Verbrauchs relativiert werden.
Mit wachsender Zahl der Haushaltsmitglieder erhöht sich auch das Gesamthaushaltsnettoeinkommen. Daraus kann allerdings nicht geschlußfolgert werden, daß gleichzeitig das Wohlstandsniveau der Familien steigt. Betrachtet man das zur Verfügung stehende äquivalenzgewichtete Pro-Kopf-Einkommen, so sinkt es mit wachsender Haushaltsgröße. Seit

1990 vergrößert sich prozentual die Differenz zwischen dem Einkommen der Familien mit ein und zwei Kindern und dem der kinderreichen Familien.

(3) Familien mit Kindern wohnen überwiegend in gut ausgestatteten Wohnungen. Mit steigender Kinderzahl sinkt allerdings die Wohnfläche, die den einzelnen Haushaltsmitgliedern zur Verfügung steht. Die Mietbelastung wird nach zwei Mieterhöhungen von einem größer werdenden Teil der Familien als zu hoch eingeschätzt. Kinderreiche Familien spüren diese Belastung am deutlichsten. Sie sind auch zu einem wesentlich höheren Prozentsatz auf Wohngeldzahlungen angewiesen als die anderen Familienhaushalte.

(4) Die subjektive Zufriedenheit ist in den vier Jahren seit der Vereinigung in den untersuchten Bereichen Lebensstandard, Haushaltseinkommen, Zustand der Umwelt und Angebot an Waren und Dienstleistungen gestiegen. Auf diesen Gebieten werden die Wohlfahrtsgewinne, die die Familien im Zuge der Vereinigung erzielen konnten, am deutlichsten reflektiert. Sinkende Zufriedenheit läßt sich in den Bereichen Wohnung und Gesundheit nachweisen. Bis auf die Bereiche Umwelt und Angebot an Waren und Dienstleistungen sind die kinderreichen Familien unzufriedener als die anderen Familienhaushaltstypen.

Verallgemeinert läßt sich sagen, daß in den neuen Bundesländern mit dem Vorhandensein eines dritten Kindes das Risiko einer deutlichen Benachteiligung der Familie in wesentlichen Lebensbereichen steigt. Gerade für diese Familien sind die familienpolitischen Leistungen als unzureichend einzuschätzen. Familien mit sprichwörtlichem „Kinderreichtum" sollten diesen Reichtum nicht mit dem Verlust von Lebensstandard oder einem wachsenden Armutsrisiko bezahlen müssen.

Die Hauptverantwortung für die Kindererziehung wird immer bei den Eltern liegen. Es ist nicht die Aufgabe des Staates, ihnen diese Verantwortung abzunehmen. Aufgabe des Staats ist es, solche Rahmenbedingungen zu schaffen, die es den Frauen gestatten, zu wählen, ob sie sich überwiegend der Familie und der Kindererziehung widmen wollen, einer Berufstätigkeit nachgehen wollen oder sich entscheiden, beides miteinander zu verbinden. Für Frauen in den neuen Bundesländern ist diese Wahlfreiheit mehr eine theoretische und weniger eine praktische. Da die Einkommen noch niedriger sind als in der alten Bundesrepublik, ist für den angestrebten Lebensstandard die Berufstätigkeit beider Partner erforderlich. Um den beruflichen Anschluß zu behalten, ist ständige Weiterbildung und Engagement in der Arbeit erforderlich.

Der Fünfte Familienbericht stellte 1994, im Internationalen Jahr der Familie, für die Bundesrepublik Deutschland fest:

„Der in Artikel 6 des Grundgesetzes formulierte politische Auftrag, die Familie zu schützen und zu fördern, ist bisher nicht hinreichend erfüllt“ (S. 319).

Eine Überarbeitung der Regelungen des Familienlastenausgleichs und eine damit verbundene Dynamisierung der staatlichen Transferleistungen (Kindergeld, Erziehungsgeld etc.) erscheint dringend notwendig, um die finanzielle Benachteiligung von Familien mit Kindern gegenüber Kinderlosen nicht nur in den neuen Bundesländern auszugleichen. Zur Zeit reichen die staatlichen Transferleistungen und Steuererleichterungen nicht einmal aus, um den Einkommensverlust gegenüber Doppelverdienerhaushalten durch die Elternschaft auszugleichen. Der Zuwachs der Transferleistungen für die Familien entspricht nicht der allgemeinen Einkommensentwicklung und den gestiegenen Kosten, die Kinder verursachen (Vascovics et al. 1994).

Soziale Ungleichheit trifft in den Familien neben den Eltern vor allem auch die Kinder. An den Leistungen für Familien mit Kindern zu sparen, könnte sich als ein schwerwiegender Fehler erweisen. Nicht umsonst heißt es, daß Kinder der Reichtum und die Zukunft einer Gesellschaft sind. Mit Blick auf die stagnierende Geburtenentwicklung in der Bundesrepublik sehen Bevölkerungsexperten schwerwiegende Folgen für die Renten-, Kranken- und Pflegekassen voraus.

Eine zunehmend an ihre Grenzen stoßende Familienpolitik ist dringend reformbedürftig, denn:

- Kinder haben ein Recht auf die Fürsorge ihrer Eltern *und* der Gesellschaft.
- Kinder haben ein Recht auf Chancengleichheit, auf gleiche Möglichkeiten bei der Entfaltung ihrer Persönlichkeit unabhängig davon, wieviel Geschwister noch in der Familie leben.
- Kinder haben ein Recht auf die Berücksichtigung ihrer Bedürfnisse bei der Gestaltung einer kinderfreundlichen Gesellschaft.

Literatur

Berger, H./Hinrichs, W./Priller, E./Schultz, A., 1993: Veränderungen der Struktur und der sozialen Lage ostdeutscher Haushalte nach 1990. Arbeitspapier P 93-105, Wissenschaftszentrum für Sozialforschung, Berlin.

Bundesministerium für Familie und Senioren, 1994: Familien und Familienpolitik im geeinten Deutschland - Zukunft des Humanvermögens. Fünfter Familienbericht, Bonn.

Bundesministerium für Raumordnung, Bauwesen und Städtebau (Hrsg.). 1991: Raumordnungsbericht 1991. Bonn.

Dienel, Ch., 1994: Familienpolitik und Armutsbekämpfung in den 12 Ländern der EG. In: Aus Politik und Zeitgeschichte. Beilage zur Wochenzeitung Das Parlament, B 7-8/94, Bonn.

Habich, R./Noll, H.-H., 1994: Soziale Indikatoren und Sozialberichterstattung. Internationale Erfahrungen und gegenwärtiger Forschungsstand, Reihe Statistik der Schweiz, Bern.

Hanesch, W., 1994: Armut in Deutschland. Der Armutsbericht des DGB und des Paritätischen Wohlfahrtsverbands, Reinbek b. Hamburg.

Hartfiel, G./Hillmann, K.-H., 1984: Wörterbuch der Soziologie. Stuttgart.

Homans, G.C., 1960: Theorie der sozialen Gruppe. Köln/Opladen.

König, R. (Hrsg.), 1969 (1976): Handbuch der empirischen Sozialforschung. Band 7, Familie - Alter, Stuttgart.

Kohli, M., 1995: Die DDR als Arbeitsgesellschaft? Arbeit, Lebenslauf und soziale Differenzierung. In: Kaelble, H./Kocka, J./Zwahr, H. (Hrsg.): Sozialgeschichte der DDR.

Kurz-Scherf, I./Winkler, G. (Hrsg.), 1994: Sozialreport 1994. Daten und Fakten zur sozialen Lage in den neuen Bundesländern. Berlin.

Mühlfeld, C., 1982: Ehe und Familie. Opladen.

Münder, J., 1993: Familien- und Jugendrecht. Band 1: Familienrecht. Weinheim/Basel.

Nave-Herz, R., 1994: Familie heute. Wandel der Familienstrukturen und Folgen für die Erziehung, Darmstadt.

Netzler, A., 1990: Analyse der Auswirkungen familienbezogener Leistungen. Projektteil II: Koordination familienbezogener Transfers, Staatsinstitut für Frühpädagogik und Familienforschung, München.

Peuckert, R., 1991: Familienformen im sozialen Wandel. Opladen.

Rerrich, M. S., 1990: Ein gleiches gutes Leben für alle? Von Ungleichheitserfahrungen im familialen Alltag. In: Berger, P./Hradil, S. (Hrsg.): Lebenslagen, Lebensläufe, Lebensstile. Soziale Welt Sonderband 7, Göttingen.

Schaldach, H. (Hrsg.), 1975: Wörterbuch der Medizin. Berlin.

Schnabel, T., 1987: Familienlastenausgleich - Anspruch und Wirklichkeit seit 100 Jahren. Neuwied.

Schröder, A., 1994: Haushalt und Familie in den neuen Bundesländern. Frankfurt/New York.

Statistisches Bundesamt (Hrsg.), 1992a: Statistisches Jahrbuch 1992 für die Bundesrepublik Deutschland. Wiesbaden.

Statistisches Bundesamt (Hrsg.), 1992b: Mikrozensus April 1991, vorläufige Ergebnisse. Wiesbaden.

Statistisches Bundesamt (Hrsg.), 1993: Statistisches Jahrbuch für die Bundesrepublik Deutschland. Wiesbaden.

Statistisches Bundesamt (Hrsg.), 1994: Datenreport 1994. Zahlen und Fakten über die Bundesrepublik Deutschland, Bonn.

Vascovics, L.A./Garhammer, M./Schneider, N.F./Kabat vel Job, O., 1994: Familien- und Haushaltsstrukturen in der ehemaligen DDR und in der Bundesrepublik Deutschland von 1980 bis 1989 - ein Vergleich. Materialien zur Bevölkerungswissenschaft, Sonderheft 24, Bundesinstitut für Bevölkerungsforschung, Wiesbaden.

Weidenfeld, W./Korte, K.-R. (Hrsg.), 1993: Handbuch zur deutschen Einheit. Bundeszentrale für politische Bildung, Bonn.

Winkler, G. (Hrsg.), 1990: Frauenreport 1990. Berlin.

Zapf, W., 1992: Die Transformation in der ehemaligen DDR und die soziologische Theorie der Modernisierung. Arbeitspapier P92-104, Wissenschaftszentrum für Sozialforschung, Berlin.

Ostdeutsche Frauen im Transformationsprozeß

Auswirkungen veränderter gesellschaftlicher Rahmenbedingungen auf das Geschlechterverhältnis

Regina Kröplin/Wolfgang Schnecking

Die Phase des tiefgreifenden ökonomischen, sozialen und institutionellen Wandels in den neuen Bundesländern begann etwa ab der Mitte des Jahres 1990. Sie wirkte sich beträchtlich auf den Lebensalltag der ostdeutschen Bevölkerung aus. So waren die Bürger konfrontiert mit

- dem Zusammenbruch der DDR-Wirtschaft und den daraus sich ergebenden Veränderungen auf dem Arbeitsmarkt, besonders mit dem Phänomen der Arbeitslosigkeit,
- der auf der Grundlage des Einigungsvertrags erfolgten Übernahme des bundesdeutschen Rechts,
- dem durch die Währungsunion 1990 möglich gewordenen unmittelbaren Zugang zum Konsumgüter- und Dienstleistungsmarkt der Altbundesländer sowie der Umstellung der Verbrauchsgewohnheiten als Folge des dortigen Preisgefüges.

1. Strukturelle Veränderungen

Mit dem Vereinigungsprozeß hat sich die soziale Ungleichheit zwischen den Geschlechtern vertieft. Bezogen auf die Erwerbsbeteiligung, die Kinderbetreuung und die soziale Absicherung ist es zu einer beträchtlichen geschlechtsspezifischen Ungleichverteilung der Lebenschancen und -risiken zuungunsten der Frauen gekommen. In den neuen Bundesländern erscheinen Frauen als Verliererinnen des Transformationsprozesses (Schenk/Schlegel 1993: 369). Die anfängliche Erwartung, im Vereinigungsprozeß die sozialen Errungenschaften der DDR auf die gesamte Bundesrepublik ausweiten zu können, ist inzwischen der Befürchtung gewichen, erneut einer Zementierung geschlechtsspezifischer Chancenungleichheit zu unterliegen. U. E. vollzieht sich der Übergang vom sozialistischen zum kapitalistischen Gesellschaftssystem auf einer Grundlage, die schon zu DDR-Zeiten die sozialen Ungleichheitsverhältnisse zwischen den Geschlechtern strukturiert und reproduziert hat.

Die anfängliche Hoffnung, mit dem Transformationsprozeß zu einer deutlich höheren Erwerbsbeteiligung von Frauen in der gesamten Bundesrepublik zu kommen, hat sich nicht erfüllt. Vielmehr ist für Ostdeutschland die Übernahme geschlechtsspezifischer Strukturmuster hinsichtlich des Zugangs zum Arbeitsmarkt und weiblicher Berufsverläufe wie in der alten Bundesrepublik zu befürchten. Dafür sprechen in den neuen Bundesländern nicht nur der umfassende Institutionentransfer aus den alten Bundesländern und die bisher erfolgten Strukturanpassungen (z. B. des Kinderbetreuungs- und Schulsystems), sondern auch die zunehmend alleinige Zuständigkeit von Frauen für den Reproduktionsbereich in den Familien. Das läßt ein weiteres Absinken der Frauenerwerbstätigkeit in den neuen Bundesländern auf das Niveau der Altbundesländer erwarten.

1.1 Der Umbau des Rechts- und Sozialsystems und dessen Auswirkungen

Mit dem deutsch-deutschen Vereinigungsprozeß wurde eine „Sozialunion" eingeleitet. Die Sozialunion umfaßte die arbeitsrechtlichen und sozialpolitischen Aspekte des deutschen Einigungsprozesses und zielte auf die Vereinheitlichung der sozialen Standards in Ost- und Westdeutschland ab. Die hohe Frauenerwerbsquote in der DDR, durch ein flächendeckendes Netz von Kinderbetreuungseinrichtungen abgesichert, verlieh dem Thema Vereinbarkeit von Familie und Beruf eine hohe Dringlichkeit. Denn ein quantitativer Vergleich der Kinderbetreuungseinrichtungen zeigte ein ausgeprägtes Versorgungsgefälle zwischen Ost- und Westdeutschland. Der Versorgungsgrad der Altersgruppe 1986/87 für Kinderkrippen (0 - 3 Jahre) betrug in der Alt-BRD 3,1 Prozent (DDR = 81,1 Prozent), für Kindergärten (3 - 6 Jahre) 68 Prozent (DDR = 94 Prozent) und für Schulhorte 3,5 Prozent (DDR = 82 Prozent) (Kistler/Jaufmann/Pfaff 1993: 43).

Ina Merkel, eine der Sprecherinnen des Unabhängigen Frauenverbands in der Zeit der politischen Wende, war bereits 1990 skeptisch, was die Gleichberechtigung der Frauen im Erwerbsleben und die Sicherung der sozialen Errungenschaften der DDR betraf (Ochs 1990: 289):

> *„Wiedervereinigung hieße fur die Frauenfrage drei Schritte zuruck - es hieße uberspitzt gesagt: Frauen zuruck an den Herd. Es hieße, wieder kampfen um das Recht auf Arbeit, kampfen um einen Platz fur den Kindergarten, um die*

Schulspeisung. Es hieße, vieles mühsam Errungene aufzugeben, statt es auf eine neue qualitative Stufe zu heben".

Der Einigungsvertrag vom 20. September 1990 enthielt detaillierte Regelungen zur Angleichung des Rechts im geeinten Deutschland und zur Vereinheitlichung der Lebensverhältnisse in wirtschaftlicher, sozialer und politischer Hinsicht. Beitrittsbedingte Grundgesetzänderungen und Bestimmungen zur Übertragung der Rechtsordnung der alten Bundesrepublik Deutschland auf das Gebiet der DDR wurden darin ebenso festgelegt wie die Überleitung von finanzwirksamen Gesetzen und Verordnungen sowie Übergangsvorschriften, die der besonderen ökonomischen und sozialen Lage in den neuen Bundesländern Rechnung tragen sollten.

Die Subventionen für Kindergärten und -krippen sowie die Regelung zur Freistellung bei der Pflege erkrankter Kinder liefen laut Einigungsvertrag zum 30. Juni 1991 aus. Bis zu diesem Zeitpunkt beteiligte sich der Bund an den anfallenden Kosten. Danach galten die rechtlichen Regelungen der Bundesrepublik, die im Gegensatz zur ehemaligen DDR ordnungspolitisch am Primat der Familie als zentrale Sozialisations- und Betreuungsinstanz der Kinder festhält. So hob die Bundesregierung 1990 hervor, daß in den neuen Bundesländern an die Stelle des Zwangs zur Erwerbstätigkeit für Mütter und Väter die Wahlfreiheit[1] getreten sei.

Das familienpolitische Leitbild der Bundesrepublik ist gekennzeichnet durch die Förderung von Ehe und Familie und durch die Vereinbarkeit von Beruf und Familie (in sequentieller Folge; z. B. „Drei-Phasen-Modell" - Berufstätigkeit vor der Mutterschaft, Verzicht auf den Beruf während der Kleinkindphase und Wiederaufnahme der Berufsarbeit in der dritten Phase). Dieses Leitbild ist verbunden mit der wirtschaftlichen Förderung der Ehe und nicht der nichtehelichen Lebensgemeinschaft. Damit wird gleichfalls die Nichterwerbstätigkeit verheirateter Frauen unterstützt. Maßnahmen, die auf eine Verbesserung der Vereinbarkeit von Beruf und Familie abzielen, wird dagegen eher eine untergeordnete Bedeutung zugemessen. Die gleichzeitige Wahrnehmung von Familien- und Erwerbsarbeit, wie sie häufiger bei Frauen vorliegt, bereitet durch die Doppelbelastung vorwiegend Nachteile (Pfaff/Roloff 1990: 30).

Während der Diskussion um die Neuregelung des § 218 des Strafgesetzbuchs - Stichwort: Schwangerschaftsabbruch - wurden mit Wirkung ab dem 1.Januar 1992 beim Erziehungsurlaub und Erziehungsgeld Erweiterungen

1 Vgl. Auszuge aus den Bonner „Leitsätzen" für eine deutsch-deutsche Wirtschafts- und Währungsunion. In: Frankfurter Rundschau vom 17.4.90.

vorgenommen[2] (Frerich/Frey 1993: 637; Pfaff/Roloff 1990: 33). Mit diesen Erweiterungen sollte u. a. eine Entschärfung der Argumente erfolgen, die zur Verteidigung der in der DDR bestandenen Fristenlösung zum Schwangerschaftsabbruch[3] angeführt wurden. Den Frauen sollte die Geburt eines Kindes und die damit in der Regel verbundene Unterbrechung der Erwerbstätigkeit nahegebracht werden. Damit wurden die Befürchtungen mancher frauenpolitischer Organisationen bestätigt, daß die Übernahme der familienpolitischen Leitbilder der alten Bundesrepublik und der Abbau von Kinderbetreuungseinrichtungen den Frauen in den neuen Bundesländern eher Nachteile als Vorteile bringen würden.

Der Transformationsprozeß war diesbezüglich von Beginn an mit konträren Positionen verbunden. Auf der einen Seite standen die ostdeutschen Frauen mit ihren eigenen Vorstellungen von einem Leben in der veränderten Welt der neuen Bundesländer. Auf der anderen Seite standen die neuen politischen Institutionen, die zumeist gänzlich abweichende Erwartungen an sie stellten. Es folgte ein schmerzhafter Prozeß des Verlusts der institutionellen Basis ihrer bisherigen Eigenständigkeit: gesicherte Erwerbstätigkeit und Garantie der sozialen und sozialpolitischen Voraussetzungen für die Vereinbarkeit von Beruf und Familie.

Als eine Folge des radikalen Umbaus in Ostdeutschland wird die signifikante Abnahme der Eheschließungen und Geburten in den neuen Bundesländern gewertet. Während in den alten Bundesländern eine geringe Zunahme der Geburten seit Mitte der 80er Jahre zu verzeichnen ist, ergibt sich in der DDR bzw. in den neuen Bundesländern ein deutlicher Geburtenrückgang (von 1985 bis 1993 um 54 Prozent; der Rückgang findet hauptsächlich in den Jahren 1989 bis 1993 statt). 1994 verringert sich die Anzahl der Geburten sogar um weitere 2000 (Winkler 1995: 369, vgl. Sommer 1995). Der überaus starke Rückgang der Geburten geht nicht mit einer veränderten Wertschät-

---

2 Im einzelnen fuhrte das Gesetz zu einer Ausweitung des Erziehungsurlaubs auf 36 Monate. Gleichzeitig wurde die Bezugsdauer von Erziehungsgeld auf 24 Monate verlangert. Außerdem sollten nun auch nicht-sorgeberechtigte Vater nichtehelicher Kinder Anspruch auf Erziehungsgeld und -urlaub beanspruchen konnen. Diese Regelung war insbesondere fur die neuen Bundeslander von Bedeutung, da dort ca. ein Drittel der Eltern bei der Geburt des Kindes nicht verheiratet waren.

3 In der DDR existierte zum Schwangerschaftsabbruch seit 1972 die sogenannte „Fristenlosung" ohne Vorlage eines Straftatbestands. Der Einigungsvertrag sah vor, daß bis zum Dezember 1992 eine einheitliche Regelung fur beide deutsche Staaten getroffen werden sollte. Bekanntlich kam es fur die neuen Bundeslander zu einer Verschlechterung, da ein Schwangerschaftsabbruch nun zunachst einen Straftatbestand ausmacht. Ausgenommen ist ein Abbruch nach vorheriger Beratung - die vordergrundig das Austragen eines Kindes zum Ziel hat - innerhalb einer bestimmten Frist.

zung von Kindern durch ostdeutsche Frauen einher. Die ISDA-Daten[4] wie auch die Schering-Frauenstudie '93[5] belegen eindeutig, daß Frauen weiterhin die Meinung vertreten, „daß Kinder sehr wichtig sind und es für ein Kind gut sei, wenn die Mutter berufstätig ist" (Schröter 1995: 144, Schering-Frauenstudie '93: 67). Die Untersuchungsreihe „Leben in Ostdeutschland"[6] von 1990 bis 1995 zeigt, daß der Kinderwunsch sich seit der Wende nicht verändert hat (Liebscher/ Menning/Nowossadeck 1995: 77). Somit kann der Geburtenrückgang als Reaktion auf die durch den gesellschaftlichen Umbruch entstandenen Verunsicherungen, d. h. als individuelle Kompensationsleistung, gewertet werden.

Die Zahl der Eheschließungen hat sich in den neuen Bundesländern seit der Wiedervereinigung mehr als halbiert. Der komplette Austausch des Rechtssystems hat die Funktionen von Ehe und Familie gewandelt. Die Ehe gilt offensichtlich wieder im höheren Maße als ein Vertrag, an dessen Entstehen bzw. gesetzlicher Auflösung weitreichende Konsequenzen gebunden sind. In der DDR war in der Regel eine Ehescheidung für die Frauen nicht mit einschneidenden finanziellen Risiken verbunden.

Ein weiteres Ergebnis der Umbruchsituation ist der wachsende Anteil an Transfereinkommen und damit an Sozialhilfebedürftigkeit der ostdeutschen Bevölkerung, vornehmlich der Frauen (darunter besonders der alleinerziehenden). Durch die Übernahme des Systems der familienpolitischen Leistungen der alten Bundesrepublik, besonders durch die bereits angesprochene Begünstigung von „Hausfrauenehen" und durch den die unteren Einkommensgruppen benachteiligenden Familienlastenausgleich geraten gerade Frauen in den neuen Bundesländern, die zumeist Mütter und häufig alleinerziehend sind, wirtschaftlich ins Abseits (vgl. Pfaff/Roloff 1990). Zahlen des Statistischen Bundesamtes von 1993 besagen, daß es in den neuen Bundesländern inzwischen ca. 10,8 Prozent Haushalte gibt, in denen Alleinerziehen-

4 Das Institut für Sozialdatenanalyse e.V. Berlin (ISDA) hat vier standardisierte Befragungen - repräsentativ für die DDR bzw. für die neuen Bundesländer - im Mai 1990, im Oktober 1990, im Oktober 1991 und im Mai 1993 durchgefuhrt. Damit sollten die vermuteten Umbrüche in der Sozialstruktur der ostdeutschen Bevolkerung sowie Veranderungen in der Wertestruktur und im Verhalten belegt werden.

5 Das Institut für Demoskopie Allensbach hat eine umfassende Untersuchung des Selbstverständnisses, der Lebensziele und Lebenssituation von Frauen in den alten und neuen Bundeslandern durchgefuhrt. Die Hauptstudie, die im Marz 1992 durchgefuhrt wurde, stutzt sich auf Interviews mit einem reprasentativen Querschnitt. Ermoglicht wurde diese Studie durch die Schering AG.

6 Die Untersuchungsreihe „Leben in Ostdeutschland" erfolgte durch das Sozialwissenschaftliche Forschungszentrum Berlin-Brandenburg e. V. (SFZ). Von 1990 bis 1995 wurden jeweils rund 1500 Burger in den neuen Bundeslandern nach ihren Befindlichkeiten, Zufriedenheiten und Wertorientierungen befragt (sfz/leben '90 - '95).

de mit Kindern leben; in den alten Bundesländern sind es nur 7,7 Prozent der Haushalte. Das Armutsrisiko dieser Gruppe von Frauen hat sich erschreckend verstärkt. Während 1993 in der den alten Bundesländern rund 8 Prozent aller Alleinerziehenden von einem Nettoeinkommen von unter DM 1.000 lebten, war die Zahl in den neuen Bundesländern doppelt so hoch (Dabbert/König 1995: 19). Die ostdeutschen Alleinerziehenden zählten, wie die Entwicklung zeigt, zu den „größten Verlierern der Einheit" (Müller u. a. 1995: 97).

Das marktwirtschaftliche System hat die Menschen in den neuen Bundesländern mit einer veränderten Einkommenspolitik konfrontiert.

Die Einführung des westdeutschen Entlohnungssystems in den ostdeutschen Betrieben und Verwaltungen vertiefte eine schon zu DDR-Zeiten tendenziell vorhandene Hierarchisierung des Lohn- und Gehaltsgefüges (vgl. Winkler 1990), die sich zuungunsten von Frauen auswirkt. Obwohl die Einkommen der Frauen in den alten Bundesländern stetig steigen, verdienen sie nach wie vor wesentlich weniger als Männer. So lagen die Einkommen der Arbeiterinnen 1990 wie auch 1993 im Durchschnitt noch rund 30 Prozent unter denen der Männer. Bei den Angestellten betrug die Differenz 1990 sogar 40 Prozent, sank dann 1993 auf 36 Prozent. Der Einkommensunterschied zwischen Männern und Frauen in den neuen Bundesländern ist mit durchschnittlich 24 Prozent bei den Arbeitern und 28 Prozent bei den Angestellten zwar geringer, allerdings äußert sich der gleiche Trend wie in den alten Bundesländern (Datenreport 1994). Auch für das Jahr 1995 wird ersichtlich, daß:

> *„Frauen von der allgemeinen Einkommensentwicklung deutlich weniger partizipieren als männliche Erwerbstätige. So verfügten 19,9 Prozent der Männer uber ein individuelles Nettoeinkommen von mehr als 3.000 DM monatlich gegenüber 6,9 Prozent der Frauen"* (Dathe 1995: 173).

Ohne die Verhältnisse in der DDR idealisieren zu wollen, kann doch festgestellt werden, daß eine ganze Reihe sozial-, arbeits-, und familienrechtlicher Regelungen günstiger waren als in der Bundesrepublik Deutschland. Die Abschaffung von Freistellungen für die Betreuung von Kindern bei einem gleichzeitigen Abbau der außerhäuslichen Kinderbetreuung hat in bezug auf die hohe Erwerbsneigung der ostdeutschen Frauen weitreichende negative Folgen. Die sogenannte „Angleichung der Lebensverhältnisse" hat sich bislang nicht als wechselseitige Integration, sondern als Reorganisation des einen Teils Deutschlands nach dem Vorbild des anderen Teils vollzogen. Obwohl die Gesellschaft der Bundesrepublik in hohem Maße auf die Erfüllung der Reproduktionsfunktion durch die Familien angewiesen ist, hat sich die Auffassung durchgesetzt, daß die Verantwortung der Eltern für ihre Kinder und damit die sich daraus ergebende Ausgestaltung des Alltags „Privatsache" sei (vgl. Rummel 1995).

1.2 Analyse des Arbeitsmarkts - Arbeitslosigkeit

Nach der ersten Entlassungswelle kann der seit 1990 zu konstatierende überproportionale Anteil von Frauen an den Arbeitslosen als ein wichtiges Indiz dafür gelten, daß der Umbau des Wirtschaftssystems in den neuen Bundesländern keineswegs geschlechtsneutral verläuft[7].

Die Gründe für die ständig hohen Arbeitslosenquoten bei Frauen bestehen u. a. darin, daß nach der Vereinigung die Branchen, deren Produktion vorrangig auf den privaten Verbrauch ausgerichtet war, als erste auf den steigenden Konkurrenzdruck mit Entlassungen reagierten. Das betraf die Landwirtschaft, die Lebensmittelindustrie und die Textil- und Bekleidungsindustrie; also Branchen mit einem „traditionell" hohen Frauenanteil. Darüber hinaus waren branchenübergreifend bestimmte Berufsgruppen besonders vom Personalabbau betroffen, wie z. B. die Verwaltungs- und Büroberufe, die ebenfalls einen hohen Frauenanteil aufweisen (Dahms/Wahse 1994: 40f).

Mitentscheidend für die anhaltend überproportional hohe Arbeitslosigkeit von Frauen ist, daß sich in den Betrieben sowohl bei Entlassungen als auch bei Einstellungen geschlechtsspezifische Diskriminierungen durchgesetzt haben. Insbesondere sind Frauen mit Kindern betroffen, da es unter anderem an Stellenangeboten für Teilzeitarbeit fehlt und die Zahl der Kinderbetreuungseinrichtungen rückläufig ist (Engelbrech 1994: 22). Besonders gering sind die Wiedereingliederungschancen für Frauen, die älter als 40 Jahre sind. So waren 1994 in der Altersgruppe der 40- bis 54jährigen Frauen 39 Prozent der Frauen arbeitslos, von denen sich 40 Prozent wiederum länger als ein Jahr in der Arbeitslosigkeit befanden. In der Altersgruppe von 55 bis 59 Jahren betrug der Anteil der weiblichen Arbeitslosen 14 Prozent, davon waren 20 Prozent länger als ein Jahr arbeitslos. Besonders problematisch stellt sich die Lage für die 25- bis 39jährigen dar. In dieser Altersgruppe waren 44 Prozent der Frauen arbeitslos und hiervon 37 Prozent länger als ein Jahr (Brinkmann/Wiedemann 1995: 327). Dafür ist u. a. die Frauen diskriminierende betriebliche Einstellungspraxis verantwortlich zu machen. Bedingt durch familiäre Angelegenheiten (Geburten, Kinderbetreuung etc.) stehen Frauen dieser Altersgruppe den Unternehmen öfters nicht zur Verfügung (Engel-

7 Der Anteil arbeitsloser Frauen in den neuen Bundesländern stieg seit 1991 in absoluten Zahlen von 529.961 Tausend (58,1 Prozent) bis 1995 auf 659.405 Tausend (63,1 Prozent). Der Anteil arbeitsloser Manner betrug 1991 382.877 Tausend (41,9 Prozent) und erhohte sich lediglich auf 386.078 Tausend (36,9 Prozent) (Bundesanstalt für Arbeit, Unterabteilung Statistik, Ubersicht 167/160/147/144, Statistisches Bundesamt 5/95).

brech/Kraft 1992). Diese Ausgrenzungen sind vermutlich auf die Übertragung westdeutscher Personalrekrutierungsstrategien zurückzuführen.

Die diskriminierende Praxis im Erwerbssystem zeigt sich auch bei der Qualifikation der Arbeitslosen. Besonders auffällig ist, daß männliche Facharbeiter deutlich weniger arbeitslos sind als Frauen mit gleicher Qualifikation. Der Anteil der Frauen an den Arbeitslosen mit Facharbeiterabschluß betrug 1994 66 Prozent. Hiervon waren wiederum 66 Prozent länger als ein Jahr arbeitslos (Brinkmann/Wiedemann 1995: 328).

Wird die Erwerbslosigkeit der Frauen nach den einzelnen Berufsgruppen aufgeschlüsselt, so ist festzustellen, daß sie in absoluten Zahlen von 1991 bis 1995 fast in allen Berufsgruppen zunahm. Lediglich im Textil- und Bekleidungsbereich nahm die Arbeitslosigkeit von 1991 (41.937) bis 1995 (29.858) überproportional ab. Jedoch nicht, wie zu vermuten wäre, durch Neueinstellungen, sondern durch einen rigorosen Stellenabbau in dieser Branche, was zu der Konsequenz führte, daß Frauen sich für diese Berufsgruppe erst gar nicht mehr als Arbeitsuchende bei den Arbeitsämtern meldeten (Bundesanstalt für Arbeit, Unterabteilung Statistik, Übersichten 167/160/147/144 und I/12, I/14)[8]. Der prozentuale Anteil der Frauenerwerbslosigkeit stieg seit 1991 praktisch in allen Berufsgruppen. Interessant ist in diesem Zusammenhang, daß gerade die Männer in Berufsgruppen mit einem hohen Frauenanteil geringere Anstiege der Arbeitslosigkeit als Frauen zu verzeichnen hatten (ebenda). Dieser Befund bestätigt, daß zum einen Frauen häufiger entlassen werden als Männer und zum anderen bei Neueinstellungen zunehmend Frauen von Männern aus den bisher von ihnen dominierten Bereichen, wie dem Dienstleistungssektor und dem Handel, verdrängt werden. Hinzu kommt, daß Frauen in den neuen Bundesländern dauerhafter von Arbeitslosigkeit betroffen sind als Männer, denn mit zunehmender Dauer der Arbeitslosigkeit steigt der Frauenanteil unter den Arbeitslosen[9].

---

8 1989 existierten im Textil- und Bekleidungsgewerbe noch 220.000 Arbeitsplatze, von denen bis Ende September 1991 lediglich 40.000 erhalten blieben (Engelbrech 1992: 31). Im September 1995 standen den Erwerbslosen (insgesamt 30.612 Tausend) in den Textil- und Bekleidungsberufen lediglich 519 offene Stellen zur Verfugung. Eine Zahl, die eindrucksvoll die Chancenlosigkeit, hier eine Beschaftigung zu finden, verdeutlicht (Bundesanstalt fur Arbeit, Unterabteilung Statistik 1995).

9 So betrug der Frauenanteil bei den Arbeitslosen 1992 unter einem Monat 54,7 Prozent, von 1 bis 3 Monate 59 Prozent, von 3 bis 6 Monate 61,8 Prozent, von 6 bis 12 Monate 70,3 Prozent, und uber ein Jahr betrug der Anteil 68,8 Prozent (Nickel/Schenk 1994: 264).

1.3 Erwerbsbeteiligung

Bei den ostdeutschen Frauen ging die systembedingte hohe Erwerbsquote von 91 Prozent (Stand 1989) im Laufe des Transformationsprozesses kontinuierlich auf 46,5 Prozent (Stand 1995) zurück (Datenreport 1994: 80). Darüber hinaus ist nahezu in allen Wirtschaftsbereichen der Anteil der weiblichen Beschäftigten seit 1990 rückläufig. Selbst der Dienstleistungsbereich, der ehemals eine hohe Konzentration der weiblichen Beschäftigung aufwies, konnte sich nicht als „Schutzzone" für Frauen erweisen. Dies liegt zum einen darin begründet, daß die Beschäftigungsentwicklung in den einzelnen Dienstleistungsbereichen sehr unterschiedlich verläuft (nur Banken und Versicherungen hatten nennenswerte Zuwächse zu verzeichnen). Zum anderen stehen, bedingt durch die hohe Arbeitslosigkeit, auch Männer verstärkt für diese Erwerbsfelder zur Verfügung und können an den Personalzuwächsen im tertiären Sektor partizipieren (DIW-Wochenbericht 1992: 15). Mittlerweile haben die dynamischen Bewegungen am Arbeitsmarkt eine Dimension erreicht, die die Begrenzungslinien einer offenen Geschlechterkonkurrenz brüchig werden lassen.

So nahm der Anteil der Frauenerwerbstätigkeit in absoluten Zahlen seit 1991 (3.488,5 Tausend) bis 1995 (2.559,9 Tausend) praktisch in allen Wirtschaftsbereichen[10] kontinuierlich ab. Jedoch auch bei den männlichen Erwerbstätigen, die nur im Baugewerbe und bei den Organisationen ohne Erwerbszweck Zuwächse zu verzeichnen hatten, ging die Erwerbstätigkeit seit 1991 (4.076 Tausend) bis 1995 auf den Stand von 2.944 Tausend zurück (Statistisches Bundesamt 1993: 287, Fiebiger 1995: 811). Unterschiede zwischen den Geschlechtern können beim allgemeinen Rückgang der Erwerbsbeteiligung nicht festgestellt werden, denn der Stellenabbau betrifft beide Geschlechter gleichermaßen. So reduzierten sich die Stellen in den Wirtschaftsbereichen[11] bei den Frauen um 1,012 Millionen (minus 29,5 Prozent) und bei den Männern um 1,1717 Millionen (minus 29 Prozent). Differenzierungen zwischen den Geschlechtern traten auf, wenn die Wirtschaftsbereiche einzeln betrachtet werden. So nahm im Wirtschaftsbereich Dienstleistungen die Erwerbstätigkeit der Frauen in absoluten Zahlen bis 1994 kontinuierlich ab (1991; 1.186 Tausend, 1994; 830,4 Tausend). Erst seit März 1995 (903,3

10 Bis auf Organisationen ohne Erwerbszweck,- Private Haushalte sowie Gebietskorperschaften und Sozialversicherung.

11 Der Wirtschaftsbereich Organisationen ohne Erwerbszweck und Private Haushalte wurde nicht in diese Berechnung mit einbezogen, da es sich hier nicht um einen Wirtschaftsbereich handelt, der im klassischen Sinne dem Arbeitsmarkt zur Verfugung steht.

Tausend) sind wieder leichte Zugewinne zu verzeichnen, die jedoch die Verluste bis heute nicht ausgleichen können (ebenda). Der Frauenanteil gegenüber den Männern ist hier um 3,6 Prozent zurückgegangen, obwohl dieser Bereich eine Frauendomäne darstellt.

Besonders verdeutlicht sich der Prozeß der Verdrängung von Frauen im Wirtschaftsbereich Handel. Hier nahm die Erwerbstätigkeit der Frauen um 153,9 Tausend Stellen ab, bei den Männern lediglich um 11,8 Tausend. Der Frauenanteil ging hier bis 1995 um 7,7 Prozentpunkte zurück (ebenda).

Somit läßt sich sagen, daß es im Transformationsprozeß zu einer Minderung der weiblichen Beschäftigungsanteile und zu Entwicklungsverläufen kommt, in denen 'frauentypische' Branchen zu Mischbranchen und Mischbranchen zu Männerdomänen werden. Dagegen schließen sich traditionell „männertypische" Branchen (Bau- und verarbeitendes Gewerbe, Energie- und Wasserversorgung, Bergbau) weitestgehend gegen Frauenerwerbstätigkeit ab (Schenk/Schlegel 1993: 376).

1.4 Ausbildungssituation

Für die Frauen aus den neuen Bundesländern zeichnet sich noch keine grundlegende Verbesserung der Ausbildungssituation ab. Ausbildungsstellenmangel trifft sie stärker als männliche Jugendliche, und sie laufen Gefahr, zunehmend aus der betrieblichen Ausbildung verdrängt zu werden (Schober 1994a: 116). Die Planungssicherheit, die durch die staatlich garantierte Lehrstelle in der DDR gegeben war, ist wegen der tiefgreifenden ökonomischen und sozialen Veränderungen einer starken Verunsicherung und Orientierungslosigkeit gewichen. So müssen Ausbildungsentscheidungen vor dem Hintergrund eines veränderten Schul- und Ausbildungssystems sowie unter den Bedingungen von Lehrstellenmangel und Massenarbeitslosigkeit getroffen werden (ebenda). Berücksichtigt werden muß aber auch, daß die veränderte Situation nicht nur Probleme schafft, sondern auch neue Handlungsspielräume und Chancen individueller Lebensgestaltung eröffnet. Dazu gehört, erstmals frei von staatlicher Reglementierung Bildungswünsche realisieren zu können. Die neuen Möglichkeiten, aber auch Unsicherheiten, führen dazu, daß sich das Bildungsverhalten junger Leute den westdeutschen Verhältnissen angleicht.

Seit der Vereinigung hat die betriebliche Berufsausbildung in den neuen Bundesländern massive Einbrüche erfahren. So ging die Gesamtzahl der abgeschlossenen Ausbildungsverträge im Zeitraum von 1989 (135.640 Tausend) bis 1993 (99.122 Tausend) um mehr als ein Drittel zurück (ebenda: 117). Die betrieblichen Lehrstellenangebote reichen angesichts wachsender Schulabgänger- und Bewerberzahlen zur Befriedigung der Nachfrage nicht aus[12]. Ohne die Programme zur Bereitstellung außerbetrieblicher Ausbildungsangebote der Bundesanstalt für Arbeit, des Bundes und der ostdeutschen Kommunen wären der Rückgang der Berufsausbildung und das Ausbildungsstellendefizit noch gravierender gewesen[13]. Vom Rückgang der betrieblichen Ausbildungsplätze sind besonders Frauen betroffen. Ihr Anteil ging nach der Wende von 41 Prozent auf 37 Prozent zurück (ebenda). Ohne die schon genannten Programme läge der Frauenanteil in der dualen Ausbildung in den neuen Bundesländern nur noch bei ca. 30 Prozent (Schober 1994: 539). Dramatisch verlief der Einbruch für die Ausbildung von Frauen in den privatisierten Treuhandbetrieben. Hier sank der Anteil der weiblichen Auszubildenden von 34 Prozent (1991) auf 16 Prozent (1993) (ebenda). Der besonders starke Rückgang bei den betrieblichen Ausbildungsplätzen für Frauen läßt sich vielfältig erklären. Frauen waren nach der Wende in Branchen tätig, die hohe Beschäftigungsverluste zu verzeichnen hatten. Durch die wirtschaftliche Umstrukturierung, die Sanierungsmaßnahmen, die Entflechtung und Privatisierung der Kombinate wurde die Berufsausbildung teilweise ganz eingestellt, stark reduziert und/oder auf betriebs- und produktionstypische Berufe konzentriert. Die vielfach praktizierte Fremdausbildung für andere Betriebe fiel gänzlich weg, aber auch die Ausbildung für Sozialeinrichtungen, Verwaltungsapparate u. a., die zu den Kombinaten gehörten. Damit gingen größtenteils Ausbildungsplätze für Frauen im Dienstleistungsbereich verloren (Schober 1994a: 118). Die öffentlich geförderten Fortbildungs- und Umschulungsmaßnahmen für arbeitslose Frauen bilden für die Betriebe ein kostengünstiges Rekrutierungspotential, so daß eigene Ausbildungsinvestitionen vielfach nicht notwendig erscheinen[14]. Schließlich existieren, durch die

12 So lag die Bewerberzahl in den neuen Bundesländern 1993 insgesamt bei 145.580, darunter 74.978 Frauen. Verfügbar waren jedoch nur 97.159 Ausbildungsstellen; darunter wurden in überbetrieblichen Einrichtungen 13.200 Ausbildungsstellen vermittelt Somit konnten für 48.421 Jugendliche keine Ausbildungsstellen vermittelt werden (Schober 1994: 118; Engelbrech 1994: 26)

13 Insgesamt wurden 1993 durch diese Initiativen 48.494 Ausbildungsstellen geschaffen, darunter 28.099 für Frauen, was einen Frauenanteil von 57,9 Prozent ausmacht (Schober 1994: 118).

14 Zu den geförderten Maßnahmen der beruflichen Weiterbildung durch die Arbeitsämter zählen die Fortbildung, die Umschulung und die betriebliche Einarbeitung. Allein 1991 wurden 892.145 Erwerbspersonen durch AFG-Bildungsmaßnahmen gefordert. Die Hälfte davon waren arbeitslos; der Anteil der geforderten Frauen betrug zu diesem Zeitpunkt 56,3 Prozent (Sessar-Karpp/Harder 1994: 590f).

in der DDR bestandenen Vorgaben hinsichtlich der Ausbildung und Beschäftigung von Frauen, negative Rückwirkungen auf die Bereitschaft der Unternehmen, Frauen einzustellen bzw. auszubilden. Das hat zur Folge, daß vielfach in männlich dominierten Berufen sowie in „typischen" Frauenberufen männliche Bewerber bevorzugt werden (Wolfinger 1993: 186). Dahinter steht das Bestreben, in bislang von Frauen dominierten Bereichen eine Mischung aus männlichem und weiblichem Personal zu erhalten. Es resultiert aus der Einstellung, daß Frauen aufgrund höherer familienbedingter Fehlzeiten eine geringere Produktivität vorweisen (Schober 1994: 543). Darüber hinaus steigt die Attraktivität des Dienstleistungssektors als Bereich mit großem Nachholbedarf in den neuen Bundesländern an, so daß auch durch die im Unterschied zur DDR verbesserte Einkommensperspektive mehr Männer in diesem Sektor eine Ausbildung oder Beschäftigung suchen (ebenda).

Die dargestellten Veränderungen im Ausbildungsbereich zeigen auf, daß junge Frauen deutlich mehr Probleme als junge Männer haben, eine Ausbildungsstelle zu finden. Sie müssen sich häufiger bewerben und bekommen mehr Absagen als männliche Bewerber[15].

Mit dem Blick auf die ungünstige Lage für Frauen auf dem Arbeitsmarkt und angesichts der Massenarbeitslosigkeit, der betrieblichen Sanierungsmaßnahmen und Stillegungen von Betrieben, droht vielen Frauen und Männern die Nichtübernahme und mögliche Arbeitslosigkeit nach der Berufsausbildung. Frauen sind besonders betroffen, da sie zu deutlich geringeren Teilen in den vor allem als zukunftsträchtig bezeichneten Berufen (insbesondere im Handwerk) ausgebildet werden. Die Jugendarbeitslosigkeit in den neuen Bundesländern kann nicht allein aus mangelnder Qualifikation der Jugendlichen erklärt werden, denn drei Viertel der im September 1993 registrierten Arbeitslosen unter 25 Jahren besaßen eine abgeschlossene Berufsausbildung gegenüber 43 Prozent in den alten Bundesländern. Von den arbeitslosen Frauen verfügten sogar 82 Prozent über eine Berufsausbildung (Schober 1994: 557).

15 So haben sich im Mai 1992 nach einer Befragung des IAB (Institut fur Arbeitsmarkt- und Berufsforschung) 30 Prozent aller jungen Frauen (15 bis unter 20 Jahren) bei mehr als fünf Stellen um eine Ausbildungsstelle beworben, bevor es zu einer Vermittlung kam; bei jungen Mannern lag der Anteil lediglich bei 9 Prozent (Schober 1994a: 542).

2. Subjektive Veränderungen und deren Verarbeitung

Daß die Menschen in Ostdeutschland mit der Vereinigung zugleich ein anderes Gesellschaftssystem erhalten würden, wurde ihnen offensichtlich erst allmählich bewußt. Zumindest oberflächlich war ein „Abstreifen“ der Vergangenheit relativ schnell möglich (z. B. durch die neuen Konsumtionsbedingungen). Wenn auch die Orientierung an westliche Standards den neuen Bedingungen entsprechend erfolgt, so bleibt das „Gelernte“[16] noch für lange Zeit die Folie für der Bewertung des Neuen, der möglichen Kontinuitäten und Brüche im Leben der Menschen.

Ostdeutsche Frauen sind davon in besonderem Maße betroffen. Sie müssen den sozialstrukturellen und alltagskulturellen Umbruch in Ostdeutschland bewältigen und sind dabei gleichzeitig mit einem völlig anderen Frauenbild und anderen Rollenerwartungen konfrontiert, die im Alltag subtil vermittelt werden. Bezugnehmend auf die Veränderungen im Alltag, in der Familie und im Erwerbsbereich, die eng mit dem Phänomen der Arbeitslosigkeit sowie der immer noch vorhandenen hohen Erwerbsneigung ostdeutscher Frauen verbunden sind, soll hier der Frage nachgegangen werden, wie die Frauen ihre heutige Lebenswelt bewerten.

16 In diesem Zusammenhang sei auf den Begriff der „Lebenswelt” verwiesen, wie ihn Alfred Schutz und Thomas Luckmann interpretiert haben (1979). Die Lebenswelt ist vor allem der Ort menschlichen Handelns. Sie ist sinnlich erfahrbar und umfaßt Natur-, Sozial- und Kulturwelt. Sie erscheint als schlicht gegeben; sie ist fraglos und selbstverständlich (ebenda: 27f). Die Lebenswelt muß allerdings auch verstanden werden; sie wird somit ausgelegt, interpretiert. Dies ist der Prozeß des Vertrautwerdens, der sich auf eigene als auch fremde Erfahrungen stutzt. Rainer Zoll faßt hierzu zusammen: „Es ist ein Vertrauen in die durch Wiederholung erprobten Kontexte - Kontexte, die aus Menschen, gesellschaftlichen Institutionen, aus kollektiven Zusammenschlussen bestehen können. (...) Wenn Vertrauen erschuttert wird, so kann dies Zweifel an einer Institution, den Bruch einer personlichen Bindung oder gar eine tiefe Identitatskrise zur Folge haben. Veränderungen der Lebenswelt haben also immer Veranderungen dieser Eigenschaften zu Folge: Bisher Fragloses ist nun nicht mehr selbstverstandlich. Bisher schlicht Gegebenes wird nun hinterfragt” (Zoll 1993: 72).
Der Prozeß der Interpretation des Neuen erfolgt immer verknupft mit dem bereits vorhandenen Wissensvorrat (Schutz/Luckmann 1979: 30f), den bereits vorhandenen Erfahrungen - dem „Bezugsschemata” (Zoll 1993: 72).

2.1 Familienarbeit/Alltagsorganisation

Während die Gesetzgebung der DDR den Müttern zur Unterstützung bei der Vereinbarkeit von Beruf und Familie „vorauseilte", bleibt sie in der alten Bundesrepublik hinter den heutigen Erfordernissen zurück. Hier fällt es den Mütter nicht leicht, die für sie geltenden Erziehungszeiten mit ihren eigenen Lebensentwürfen und denen ihrer Partner abzustimmen. Im Laufe des Transformationsprozesses zeichnet sich immer deutlicher ab, daß die verschiedenen Typen von Arbeit - Erwerbsarbeit und Familienarbeit - durch den Entzug der sozialpolitischen und familienpolitischen Infrastruktur eine parallele Wahrnehmung erschweren oder gar unmöglich machen (Rabe-Kleeberg 1995: 120). In der DDR schien zumindest die traditionelle, patriarchale Ehe- und Familienstruktur abgelöst zu sein durch das besondere Verhältnis zwischen den Müttern und dem Staat (vgl. Diemer 1994). Bei beruflicher Tätigkeit teilten sich die Mütter die Verantwortung für das Kind mit dem Staat. Mit dem Wegfall der sozialpolitischen Gesetzgebung der DDR und der ihr entsprechenden Infrastruktur mußten die Frauen erfahren, daß die Bewältigung der Familienarbeit Privatsache ist und somit allein in ihrer Verantwortung liegt. Die damit verbundene Aufgabenerweiterung geht zu ihren Lasten. Jedoch waren Frauen schon in der DDR in stärkerem Maße als Männer für Familie und Haushalt zuständig (vgl. Gysi/Meyer 1993), obwohl die partnerschaftliche Aufgabenteilung in der Familie ausgewogener als in der alten Bundesrepublik war. Diese stärkere Zuständigkeit der Frau verfestigte sich im Transformationsprozeß. Heute wird das Gros der Aufgaben in der Familie und im Haushalt in erster Linie von der Frau, auch der ganztägig berufstätigen, bewältigt (Schering-Frauenstudie 1993: 53).

Im Rahmen eines Forschungsprojekts, an dem die Autoren dieser Arbeit beteiligt waren, wurden mit 11 Frauen Interviews u. a. über die möglichen Folgen der Arbeitslosigkeit geführt. Danach befragt, für wen die Arbeitslosigkeit schlimmer wäre: für sie selbst oder ihre jeweiligen Partner, schätzten sie die Auswirkungen der Arbeitslosigkeit für ihre Partner als schlimmer ein. Obwohl die Frauen einräumten, daß sie ebenfalls unter Arbeitslosigkeit leiden würden (keine der Frauen war zum Zeitpunkt des Interviews arbeitslos), gingen sie jedoch davon aus, daß durch die vorhandenen Kinder sich das Gefühl der Nutzlosigkeit bei ihnen nicht einstellen könnte und damit ihre Situation gegenüber den Partnern eine bessere wäre. Anscheinend reflektierten sie ein traditionelles Bild von der Rolle der Frau in der Familie, das auch noch in der DDR vor der Wende existierte und sich heute im Transformationsprozeß fortsetzt (vgl. Bericht zur sozialen Transformation in Deutschland[17] 1994).

Seit der Vereinigung ist der Zeitaufwand für Hausarbeit generell zurückgegangen. Die verbesserten Konsumtions- und Versorgungsbedingungen, z. B. neue Technik in den Haushalten und ein dauerhaft bedarfsdeckendes Warenangebot, haben zu vielen Verbesserungen und zu mehr Freizeit geführt. Die so gewonnene freie Zeit muß aber für andere Erfordernisse des Alltags verwendet werden. Ein Vergleich der Gesamtarbeitszeit (bezahlte und unbezahlte Arbeit) erwerbstätiger Ehepartner zwischen West- und Ostdeutschland (Ergebnis der Zeitbudgeterhebung 1991/92) ergab, daß die ostdeutschen Ehepaare insgesamt höhere Gesamtbelastungszeiten zu tragen hatten. Die zeitliche Belastung der erwerbstätigen ostdeutschen Frauen lag dabei über der der erwerbstätigen ostdeutschen Männer (Fiebiger 1995: 773). Neben der voll zu erbringenden Arbeitszeit haben sich für viele Frauen auch längere Wegezeiten ergeben. Auch Ämterkontakte, z. B. zur Erlangung von Transferleistungen wie das Wohngeld, sind häufiger geworden. Diese Tätigkeiten ziehen, wie Gysi/Meyer (1993: 160) hervorheben, gestiegene Erholungsbedürfnisse nach sich:

> *„Wahrend der hausliche Arbeitsaufwand zurückging, nahm der Anteil der von Frauen verrichteten Haushaltstätigkeiten hingegen zu. Arbeiten, fur die Frauen ohnehin überwiegend zuständig waren, wie Kochen, Abwaschen und Hausputz, werden nun noch häufiger von Frauen, insbesondere den arbeitslosen Frauen, wahrgenommen".*

Die Interviews widerspiegeln das aus der DDR überkommene Selbstverständnis von der Gleichberechtigung der Frauen: es ist an einem männlichen Leitbild orientiert und fordert Anstrengungen von den Frauen, nicht aber von den Männern. Die gegenwärtige Berufsarbeit wird von ökonomischen Prinzipien bestimmt und nach technisch-funktionalen Sachzwängen organisiert. Die Frau bleibt stets auf eine andere Arbeitsweise angewiesen, die ihr Ergänzung, Unterstützung und Ausgleich bietet: nämlich auf eine stärker bedürfnisbezogene Arbeitsweise, die noch Momente von Sinnlichkeit und Sensibilität, von Spontaneität und Offenheit bewahrt (vgl. Beck-Gernsheim 1980). Das ist die Arbeit in der Familie. Sie wird den Frauen erneut zugewiesen, da sie über ein entsprechendes Arbeitsvermögen verfügen (vgl. Beer 1990). Das Modell der

17 Im Rahmen unseres Studiums an der Universitat Bremen haben wir an einem viersemestrigen Projekt teilgenommen, das sich mit der Transformation in Ostdeutschland befaßte. Im Rahmen dieses Projektes wurden u. a. Studien zu verschiedenen Personengruppen - eine Gruppe waren Frauen - durchgefuhrt. Die Ergebnisse wurden in einem Bericht zusammengetragen (Juli 1994, unveroff.).

westdeutschen Erwerbsarbeit ist gekennzeichnet durch Rücksichtslosigkeit gegenüber dem Leben außerhalb der Erwerbsarbeit. Die sogenannte Privatsphäre hat sich in ihrer Ausgestaltung an den Erfordernissen der Erwerbsarbeit zu orientieren (dazu gehört u. a. die Vorstellung vom „Normalarbeitsverhältnis"). Die zeitlich schwer koordinierbare Inanspruchnahme der Arbeitskraft außerhalb des Erwerbssystems durch Kinder ist dabei nicht vorgesehen. Kinder sind zwar der Garant für eine dauerhafte Reproduktion der Arbeitskraft im Generationswechsel. Sie dürfen den Zeitrhythmus, den die derzeit konstituierte Erwerbsarbeit verlangt, aber nicht stören. Dieses Erfordernis galt auch für die DDR, wie Ursula Beer und Jutta Chalupsky (1994: 198) zu Recht feststellen:

> *„Es macht keinen Unterschied, ob Erwerbsarbeitskraft nach dem einen oder anderen Modell eingesetzt und genutzt wird - sie ist unlosbar mit der Existenz des Individuums verbunden, das wiederum geboren und aufgezogen werden muß".*

Im Gegensatz zur Bundesrepublik Deutschland sorgte der Staat in der DDR durch weitreichende gesetzliche Regelungen dafür, daß eine Vereinbarkeit von Beruf und Reproduktionsarbeit möglich war. Mit dem Transformationsprozeß erfahren nun die Frauen, daß der neue Staat diese Verantwortung abgelegt hat. Viele Frauen vermissen heute eine entsprechende Honorierung ihrer gesellschaftlich wichtigen Aufgabe, nämlich der Versorgung und Erziehung von Kindern. Eine Interviewpartnerin, die sich stark im Demokratischen Frauenbund Deutschlands (DFD[18]) in ihrem Wohngebiet engagiert hatte, berichtet, wie diese Anerkennung zu DDR-Zeiten aussah:

> *„Und wir haben aktive Gruppenarbeit [im DFD, Anm. d. Verf.] geleistet, muß ich sagen. Und den Frauen noch 'ne Anerkennung gegeben. (. .) Auch daß man, wenn jetzt 'ne Frau ebend Kinder, mehrere Kinder hatte, daß die kaum 'ne Perspektive hatte, zumal, solange die Kinder klein sind. Oder die mußte schon 'n Posten haben, daß sie den dann praktisch nicht mehr aufgibt, und die ganzen sozialen Maßnahmen, (...) Das war eben, muß ich sagen, also die Leistung, die für die Frauen erbracht wurde, waren ja gut."*

Diese Interviewte räumt in ihrem Interview zwar eine berufliche Diskriminierung von Frauen mit Kindern in der DDR ein, hält jedoch die Hilfe für anerkennungswürdig, die den Frauen zur Bewältigung der Familienarbeit durch sozialpolitische Maßnahmen und kollektiv vermittelte Unterstützung geboten wurde. Heute ist die Organisation der Betreuung und Versorgung der Kinder gänzlich der Familie und den Frauen überlassen. Die Mehrfachbelastung der Frauen spitzt sich so zu, daß viele Frauen Probleme mit ihrer Alltagsorgani-

---

18 Der DFD war eine in der gesamten DDR verfassungsrechtlich installierte Institution mit Stimmrecht in der Volkskammer.

sation haben. Die Ursachen der Zuspitzung suchen die Frauen jedoch nicht in den schon immer bestehenden patriarchalischen Mechanismen (vgl. Diemer 1994), sondern in den durch die Wende hervorgerufenen Veränderungen ihrer Alltagssituation sowie der ihrer Partner. Die Frauen empfinden bislang solche neuen Aufgaben, wie die individuelle Verantwortung für den Verbleib der Kinder und Jugendlichen außerhalb der Schule, weniger als eine Erweiterung ihrer individuellen Handlungsmöglichkeiten, sondern mehr als eine Belastungszunahme (Meyer/Schulze 1992: 56; Schenk/ Schlegel 1993: 382).

Die Veränderungen, die sich heute im Bereich der Familienarbeit und der Alltagsorganisation ergeben, deuten auf eine Verschlechterung der Stellung der Frauen in der Gesellschaft hin. Die Frauen nehmen wahr, daß die zu bewältigenden Arbeiten in der Familie und im Alltag fast ausschließlich von ihnen erledigt werden müssen. Die Männer sind neben ihren beruflichen Tätigkeiten kaum noch dafür verfügbar. Das steht im Widerspruch zu den bisherigen Lebenserfahrungen ostdeutscher Frauen. Sie befanden sich, wie es eine Interviewpartnerin nannte, über Nacht in einer anderen Welt. Arbeitslosigkeit, ungewollter Arbeitsplatzwechsel mit Qualifikationsverlust - all das hat bei den Frauen massive Ängste und Verunsicherungen hervorgerufen[19]. Es führt zu einer Handlungs- und Bewältigungsstrategie, die zunächst eine Entlastung des empfundenen Drucks herbeiführen soll. Der Verzicht auf Kinder erscheint so als eine mögliche Variante dieser Strategie.

Bei den interviewten Frauen ließ sich eine ausgesprochen resignative Haltung gegenüber den neuen Verhältnissen beobachten. Die gravierenden sozialstrukturellen und alltagskulturellen Umbrüche, die mit einem anderen Frauenbild und anderen Rollenerwartungen verbunden sind, können von den Frauen in so kurzer Zeit nur schwer reflektiert und verarbeitet werden. Sie sind auch dadurch überfordert, weil sie zur Bewältigung der alltäglichen Anforderungen Handlungsorientierungen benötigen. In diesem Zusammenhang richten sie ihren Blick auf etwaige Kontinuitäten beim Übergang vom einen Gesellschaftssystem zum anderen. Wenn auch eher unfreiwillig, bietet sich die Annahme der Rolle der „Alleinverantwortlichen" für die Familienarbeit an. Die Frauen können an eine Rolle anknüpfen, die ihnen ohnehin nicht gänzlich unbekannt ist, da sie bereits in der DDR weitaus mehr Aufgaben in diesem Bereich übernommen hatten als Männer.

19 Fast jede Interviewpartnerin berichtete von psychosomatischen Erkrankungen, die arztlich behandelt werden mußten.

2.2 Arbeitslosigkeit

Erwerbslosigkeit in den neuen Bundesländern wird von den Frauen als neue, furchteinflößende Erfahrung empfunden, wofür es seit 1945 keinerlei historische Entsprechung gibt. Dabei bildet der lebensgeschichtliche Erfahrungshintergrund, wenn auch zum Teil unbewußt, die Folie zur individuellen und kollektiven Interpretation des Neuen (Beer/Chalupsky 1993: 188).

Arbeitslosigkeit wird als ein Mechanismus begriffen, der die berufliche Stellung und die Lebensgestaltung radikal verändert. Denn die hohe Arbeitslosigkeit in den neuen Bundesländern bedeutet für viele Frauen das Ende ihrer bisher kontinuierlichen Berufsbiographie. Selbst wenn die transformationsbedingten Umbrüche zukünftig bewältigt würden und es zu einer ökonomischen Angleichung an die Altbundesländer käme, bliebe u. E. eine hohe Sockelarbeitslosigkeit erhalten[20]. Frauen bleiben arbeitsmarktpolitisch eine wichtige Zielgruppe. Sie werden über eine Reihe von offenen oder verdeckten Mechanismen verstärkt dazu gedrängt, aus ihrem Arbeitsverhältnis auszusteigen (Braun 1992: 317). Den Systemumbruch erfuhren die Frauen insbesondere dort, wo staatliche Unterstützungen wegfielen, die ihnen die Kinderbetreuung und Hausarbeit erleichterten und es möglich machten, Berufs- und Familienarbeit zu vereinbaren. Heute stellt sich für viele Frauen die ‘Alternative’ Kind/er *oder* Berufsarbeit. Setzt sich dieser Trend der Erwerbslosigkeit fort, dann sind in Ostdeutschland zunehmend Angleichungen an westdeutsche Verhältnisse zu erwarten. Trotz neuer Freiheiten wie Demokratisierung, Zugang zu Konsumgütern und Dienstleistungen etc. erleben die Frauen aus den neuen Bundesländern die Erwerbslosigkeit oder deren ständi-

20 Unter Sockelarbeitslosigkeit wird eine nicht unerhebliche Restgroße verbleibender Arbeitslosigkeit einer bestimmten Zielgruppe verstanden. Dafur spricht, daß sich die Alt-BRD seit Jahrzehnten in einer okonomischen Transformation befindet, in der industrielle Kernbereiche mit einem hohen Beschaftigungstand, wie Werften, Bergbau, Rohstoffgewinnung- und Veredelung sowie das produzierendes Gewerbe, an Gewicht verlieren und neue dienstleistungsbezogene Beschaftigungsbereiche entstehen bzw. im Entstehen begriffen sind. Fur die neuen Bundeslander bedeutet diese Entwicklung, daß sie mit einer zweifachen Transformation, der Transformation in der Transformation, konfrontiert sind. Es soll an dieser Stelle nicht thematisiert werden, welche Art der Modernisierung fur die neuen Bundeslander notwendig ware, um den ‘Modernisierungsvorsprung’ der Alt-BRD aufzuholen. Bezeichnenderweise geht diese Modernisierung mit einer seit Jahren hohen Sockelarbeitslosigkeit einher, so daß damit zu rechnen ist, daß selbst bei einer Modernisierung des industriellen Sektors es in den neuen Bundeslandern nicht zu einer vermehrten Beschaftigung kommen wird (vgl Schui 1991/Kurz 1993/Reißig 1994).

ges Bedrohungspotential, wie Beer/Chalupsky feststellen, als einen besonderen Konflikt.

> *„Sie befürchten und erleben soziale und okonomische Ausgrenzung, Verarmung, berufliche Deklassierung. Sie durchlaufen Identitatskrisen, erleben einen Bruch von der ökonomischen Selbstandigkeit hin zur Abhangigkeit vom Ehemann und vom Sozialamt"* (1993: 319).

Im Prozeß der sozialen und politischen Transformation müssen sich Frauen auf den für sie neuen Arbeitsmarkt einstellen. Sie müssen sich auf unsichere und ungeschützte Beschäftigungsverhältnisse, auf neue gesetzliche Regelungen und direkte oder unmittelbare Diskriminierungen auf dem Arbeitsmarkt einlassen, was ihnen erhebliche Anpassungsleistungen abverlangt, aber auch einen Wandel ihrer bisherigen Verhaltensweisen mit sich bringt.

Im folgenden soll der Frage nachgegangen werden, wie Frauen, die in ihrem Leben erstmalig mit Erwerbslosigkeit konfrontiert wurden, damit umgehen und wie sie solch ein Bedrohungspotential verarbeiten. Die hier vorgenommene Auswertung stützt sich auf Ergebnisse aus dem Arbeitsmarkt-Monitor für die neuen Bundesländer (1991) und auf eine Untersuchung des Instituts für angewandte Sozialwissenschaft Bad Godesberg (Infas) 1991 in den neuen Bundesländern. Zusätzlich wurden die von uns geführten Interviews herangezogen.

Die Interviews zeigen, daß erste einschneidende Veränderungen in der Erwerbsbiographie von Frauen sich aus den vereinigungsbedingten Anpassungsprozessen der Betriebe ergaben, die mit Entlassungswellen einhergingen. Insbesondere Frauen erlebten, wie zwei Interviewpartnerinnen mitteilten, die Privatisierung der Betriebe in den neuen Bundesländern als eine ständige Bedrohung bzw. ständige Angst vor Arbeitslosigkeit.

> *„Da ist diese permanente Angst, weil (...) wir schon durch vier Entlassungswellen durchgegangen sind".*

> *„Also, sind bloß ein paar Mann ubernommen worden. Die andern alle in Kurzarbeit und dann Arbeitslosigkeit".*

Ein wichtiger Erfahrungshintergrund war für die Frauen, daß es mit der Schließung vieler Betriebe zu einer Vernichtung von Arbeitsplätzen kam. Ohne staatliche Unterstützungsmaßnahmen (Arbeitsbeschaffungsmaßnahmen [ABM], Maßnahmen zur Fortbildung und Umschulung [FuU-Maßnahmen], Beschäftigungsgesellschaften oder Kurzarbeit Null) hätte nach Meinung der interviewten Frauen sich die Situation für die Beschäftigten in den neuen Bundesländern noch erheblich schlechter dargestellt. Die große Betroffenheit der Frauen erklärte sich nicht so sehr aus Wiedereingliederungsproblemen nach einer Arbeitslosigkeit, sondern aus geschlechtsspezifischen Ausgrenzungsmechanismen. Denn Frauen werden häufiger entlassen als Männer und finden seltener einen neuen Arbeitsplatz. Sie sind wegen der erforderlichen Vereinbarkeit von Familie und Beruf weniger mobil und profitieren weniger von arbeitsmarktpolitischen Maßnahmen. Es scheint in den Betrieben, in der Arbeitsverwaltung, aber auch bei den Frauen selbst ein unausgesprochener Konsens vorzuherrschen, die Arbeitslosigkeit von Frauen als kleineres Übel zu betrachten und damit zu akzeptieren, „daß Frauenerwerbsarbeit unter den veränderten (...) Bedingungen nicht mehr in gleichem Umfang aufrechterhalten werden kann wie zu DDR-Zeiten" (Parmentier 1995: 22).

Daß dieser Konsens tatsächlich vorherrscht, zeigten die Antworten der interviewten Frauen, wenn danach gefragt wurde, für wen Arbeitslosigkeit schwerwiegendere Folgen hat. Dabei wurden unterschiedliche Bewertungen ersichtlich, die u. E. auf einer verfestigten Trennung zwischen Haus- und Erwerbsarbeit beruhen. Hausarbeit stellt sich für Frauen zumindest für einen begrenzten Zeitraum als „Alternative" zur Berufstätigkeit dar:

> *„Fur ihn ware es, also jetzt von 160 auf Null oder so, daß wäre eine ziemliche Katastrophe (...). Ich könnte wahrscheinlich noch irgendwie uber die Runden kommen (...). Es hangt, glaube ich, genau damit zusammen, weil ich immer die Anteile in meinen Leben, die Gewichtung anders gesehen habe".*

Auch wird die Arbeitslosigkeit des Mannes von den Frauen als besondere Belastung für die Familie bewertet. Viele Männer würden sich in ihrer neuen Rolle als Arbeitsloser nicht zurechtzufinden. Sie würden es nicht ertragen, wenn ihre Frauen noch im Beruf stehen und erfolgreicher sind als sie. Eine Interviewpartnerin meint dazu:

> *„Ich habe mehrere Bekannte, wo richtig so Beziehungen daran kaputt gegangen sind, daß plotzlich die Frau (...) in diesen Zeiten ihren Job hatte. Ja, wo es zu einer vermeintlichen Verdrehung der klassischen Rollen kam und der Mann eben zu Hause saß (...), dann konnten die alle ganz schwer mit auskommen. Das richtete sich (...) dann auch gegen die erfolgreiche Frau".*

Wie wichtig die Unterstützung des Partners bei Arbeitslosigkeit ist, zeigt eine Untersuchung, die in Familienhaushalten durchgeführt wurde[21]. Danach gaben die in Partnerschaft lebenden Arbeitslosen an, Verständnis und Unterstützung durch ihre Lebenspartner zu finden, wobei Männer eine stärkere Unterstützung durch ihre Frauen erfuhren.

Andere Interviewpartnerinnen stellten in den Gesprächen, die wir mit ihnen führten, die Arbeitslosigkeit nicht als eine Option für die stärkere Wahrnehmung von Familientätigkeiten dar, sondern als Zwang zum „Nur"-

---

21 Die Untersuchung stutzt sich auf eine Auswertung eines Erwerbsverlaufspanels, die 1992 in Ostberlin und im Land Brandenburg durchgefuhrt wurde (Hahn 1995: 171, Anm. 1).

Hausfrauendasein. Dieser Zwang würde sich verstärken, wenn der Mann beruflich bedingt nicht für familiäre Aufgaben zur Verfügung steht.

> *„Ich mein', das füllt einen ja nicht aus, den ganzen Tag. Die Kinder gehen morgens zur Schule (...), man macht schnell den Haushalt, 'mal ein bißchen einkaufen, und dann kocht man Mittag. Ja, das füllt einen ja nicht aus (...). Also, ich würde gerne wieder arbeiten (...), sechs Stunden oder so, daß man trotzdem nachmittags Zeit hat für die Kinder. Aber, daß man selber auch wieder richtig arbeiten, also im Berufsleben ist".*

Die Aussagen der von uns interviewten Frauen bekräftigen die These, daß trotz aller Umbrüche im Erwerbssystem von einem freiwilligen Rückzug der Frauen vom Arbeitsmarkt in das 'Nur'-Hausfrauendasein nicht gesprochen werden kann. Der Wunsch der Frauen, wieder eine Erwerbstätigkeit aufzunehmen, ist in den neuen Bundesländern weiterhin sehr ausgeprägt Arbeitslose Frauen und Männer unterscheiden sich diesbezüglich kaum[22]. Lediglich bei älteren Frauen in der Altersgruppe der 55- bis 59jährigen ist ein Rückzug vom Arbeitsmarkt aufgrund der hohen Inanspruchnahme von Vorruhestandsregelungen nachzuweisen (Holst/Schupp 1994, Brinkmann/Wiedemann 1995: 325). Festzuhalten ist, daß auch Männer das Modell einer „Nur"-Hausfrauenehe ablehnen. Jedoch stehen bei Männern nicht Selbstverwirklichungsansprüche der Frauen bzw. ihr Wunsch nach beruflicher Integration im Vordergrund, sondern ökonomische Interessen.

Die kritische Arbeitsmarktsituation in den neuen Bundesländern spiegelte sich in den Ängsten der Arbeitslosen und der (noch) Beschäftigten wider, wobei Frauen sich häufiger bedroht fühlen als Männer (Holst/Schupp 1995a: 57/59). Daß diese subjektiven Befürchtungen durchaus realistisch waren, zeigte die Entwicklung seit 1990. Von den Erwerbstätigen, die 1990 sich um ihren Arbeitsplatz sorgten, waren neun von zehn ein Jahr später tatsächlich in anderen Betrieben beschäftigt oder arbeitslos. Ein Trend, der sich auch in den nachfolgenden Jahren fortsetzte (ebenda: 58).

---

22 So wollten 1993 rund 90 Prozent der nichterwerbstatigen Frauen eine Erwerbsarbeit aufnehmen; drei Viertel sofort oder innerhalb der nachsten 12 Monate. In der Alt-BRD stieg der Erwerbswunsch arbeitsloser Frauen seit 1990 von 55 Prozent auf 72 Prozent (Holst/Schupp 1995: 62). Der Anteil der nichterwerbstatigen 'Nur'-Hausfrauen blieb seit 1991 nahezu konstant. So wollten von 1991 bis 1993 in Ostdeutschland nur ein zehntel der 'Nur'-Hausfrauen ganz aus der Erwerbsarbeit aussteigen. Von einem freiwilligen Ruckzug vom Arbeitsmarkt kann aber auch bei ihnen nicht gesprochen werden. Es ist vielmehr eine Reaktion bzw. Anpassung auf den immer enger werdenden Arbeitsmarkt (Holst/Schupp 1995a: 54).

Der Verlust des Arbeitsplatzes wird als Verlust von sozialer Identifikation und Selbstbestätigung erfahren, wobei Frauen oft ein stärkeres subjektives Verlustempfinden als Männer vortragen[23].

Um mit der Angst vor drohender bzw. konkreter Arbeitslosigkeit umgehen zu können, entwickeln die Frauen individuelle Schutzmechanismen und Bewältigungsstrategien:

> *„Offenbar gibt es da einen Schutzmechanismus (...), daß man, man hält so 'ne Spannung nicht uber die Jahre aus (...). Irgendwann sagste dir, o.k., ich nutze die Chance, solange hin zu arbeiten (...). Man verdrängt dann irgendwann, zum Gluck, weil sonst wurdste verruckt".*

> *„In der Umschulung ging's einigermaßen, aber so; ich bin direkt kreislaufmaßg (...). Das war mir zuviel. Das nicht mehr Gebraucht-werden. Mensch, man ist uber vierzig, und nur zu Hause sitzen (...) und diesen Frust drin (...). Also, man mochte zerreißen sich und schreien und machen und tun und weiß nicht, was man machen soll".*

Für die Mehrzahl der Frauen stellte sich im Verlauf der Arbeitslosigkeit eine Verschlechterung des Lebensstandards ein. Sie waren bereit, fast jede Art von Erwerbsarbeit aufzunehmen (Braun 1992: 321). Besondere Verschlechterungen traten für solche Frauen ein, die mehr als ein Jahr arbeitslos, älter als 45 Jahre und alleinerziehend waren. Die Akzeptanz schlechterer Arbeitsbedingungen und einer geringere Entlohnung scheint besonders bei Frauen ausgeprägt zu sein[24]. Sie erklärt sich daraus, daß viele erwerbslose Frauen meinen, nur so Familien- und Berufsarbeit miteinander vereinbaren zu können. Durch ungeschützte Beschäftigungsverhältnisse werden die Frauen in eine Zuverdienerinnenrolle gedrängt. Zusätzlich werden ihre beruflichen Qualifikationen entwertet. Im Rückblick erscheint so beispielsweise einer Interviewpartnerin ihr breites Qualifikationsspektrum als wertlos und verschwendete Bildungsinvestition:

> *„Bin Schlosser, Maschinenbauingenieur und Fachkauffrau fur Organisation, weil da bei der Weiterbildung haben wir (...) ein'n Abschluß von der IHK [Industrie- und Handelskammer, Amn. d. Verf.]. Da hab' ich so'n richtiges Ticket mitgekriegt; bloß, das nutzt mir auch nix, will mich trotzdem keiner haben."*

---

23 Neben materiellen Verlustangsten vermissen Frauen das Gefuhl des Gebrauchtwerdens, den Kontakt zu den Kollegen, die Bestatigung durch die Arbeit und Erfolgserlebnisse die sie nur durch das Nachgehen einer Erwerbsarbeit erleben konnen (Hahn 1995: 172).

24 So wurden 64 Prozent der Frauen einer Gelegenheitsarbeit nachgehen. Teilzeit von weniger als 18 Wochenstunden kame fur 62 Prozent der Frauen in Frage, und Zeitarbeit wurden 54 Prozent aller Befragten annehmen (Braun 1992· 322f).

2.3 Erwerbsorientierung

Wird die aktuelle Situation auf dem ostdeutschen Arbeitsmarkt betrachtet, so ist festzustellen, daß sich die Zahl der Beschäftigten seit 1989 (9,7 Millionen) bis Dezember 1995 um 3,3 Millionen auf den Stand von 6,4 Millionen reduziert hat (Maliszewski 1996: 17). Der Anteil der beschäftigten Frauen liegt zu diesem Zeitpunkt bei 2,5 Millionen (Statistisches Bundesamt 1995a: 811). Der Rückgang beruht zum größten Teil auf einer drastischen Vernichtung von Arbeitsplätzen im industriellen und landwirtschaftlichen Sektor.

Ohne entlastende Maßnahmen durch die Bundesanstalt für Arbeit wäre der Anteil der Beschäftigten in den neuen Bundesländern noch geringer. Im Februar 1996 bezogen rund 117.053 Erwerbspersonen Kurzarbeitergeld, in ABM befanden sich 253.427 Personen, die Zahl der Teilnehmer an Maßnahmen zur beruflichen Weiterbildung lag bei 226.292, und im vorgezogenen Ruhestand (Altersübergangsgeld) befanden sich 240.896 ehemalige Erwerbspersonen, so daß allein durch diese Instrumente der Arbeitsmarkt um 837.668 Personen entlastet wurde (Statistisches Bundesamt 1995: 26f; Maliszewski 1996: 18).

Der Druck auf die Frauen, sich vom Arbeitsmarkt zurückzuziehen, wird vor diesem Hintergrund und vor den noch zu erwartenden Beschäftigungsproblemen größer. Zu fragen bleibt, ob sich die Frauen „freiwillig" vom Arbeitsmarkt zurückziehen werden.

Seit der Wiedervereinigung hat die Erwerbsarbeit in den neuen Bundesländern zu tiefgreifenden Wandlungen und Brüchen mit weitreichenden Folgen für die soziale Lage der Betroffenen geführt. Dabei sind die Ansprüche und Erwartungen an die Erwerbsarbeit, wie eine Interviewpartnerin mitteilte, keinesfalls geringer geworden:

> *„In der DDR waren die fachlichen Anforderungen geringer, man hat ja nie alles gemacht (...) was heutzutage alles gefordert wird. Man hatte sein Gebiet, da war man 'firm' drin (...). Und jetzt, find' ich, jetzt doch 'ne ganz schone Umstellung. Wenn man sich jetzt bewirbt, hat man ja doch irgendwo Bedenken oder traut sich das auch gar nicht so zu, weil man ja gar nicht hundertprozentig, wenn man so will, alle Arbeiten damals so gemacht hat. Eben doch nur so speziell sein Gebiet gehabt hat".*

Unter den neuen wirtschaftlichen und sozialen Bedingungen erfährt die Erwerbsarbeit eine Aufwertung, wie es sie vorher, bedingt durch das Recht auf Arbeit in der DDR, nicht gab[25]. Erwerbsarbeit wird von der ostdeutschen Be-

25 Danach befragt, wie wichtig die Arbeit ist, gaben 1990 rund 68 Prozent aller Erwerbstatigen an, daß sie sehr wichtig sei, fur 25 Prozent war sie wichtig und nur fur 1

völkerung immer noch als zentraler Lebenswert verstanden, und ein Ausstieg aus der Erwerbsarbeit ist nicht gewollt. Unterschiede zwischen den Geschlechtern sind dabei nicht festzustellen[26]. Von einem freiwilligem Rückzug der Frauen vom Arbeitsmarkt kann nicht gesprochen werden. Dazu dürfte auch die mit der Erwerbstätigkeit verbundene ökonomische Eigenständigkeit und der wachsende finanzielle Bedarf angesichts steigender Lebenshaltungskosten beitragen (Beckmann/Engelbrech 1994: 423f). Eine Aussage die eine Interviewpartnerin bestätigt:

> *„Abhangig vom Mann, zu warten, wann kommt das Geld, und der kann mit dir machen was er will. Das ist das Schlimmste, was es geben kann".*

Ostdeutsche Männern und Frauen messen in ihrem individuellen Lebensentwurf überwiegend der Arbeit die gleiche Bedeutung zu. Lediglich die unter 24 Jahre alten Frauen messen der Arbeit einen signifikant höheren Stellenwert zu als die Männer dieser Altersgruppe. 67 Prozent der Frauen stehen nur 60 Prozent der Männer gegenüber, die die Erwerbsarbeit für sich als sehr wichtig einschätzen. Dafür scheint u. a. die schwierigere Situation der jungen Frauen verantwortlich zu sein, einen ihren Fähigkeiten und Neigungen entsprechenden Ausbildungs- und Arbeitsplatz zu finden. Andruschow u. a. kommen zu folgender Vermutung:

> *„Die schlechteren Chancen der jungen Frauen, an einem breiten Spektrum von Ausbildungsformen und Berufsgruppen bei ihrem ohnehin schwierigeren Einstieg ins Erwerbsleben zu partizipieren, laßt sie Arbeit wahrscheinlich heute einen hoheren Stellenwert als in der DDR beimessen"* (1995: 98).

Eine Übereinstimmung zwischen den Geschlechtern ist dann vorzufinden, wenn gefragt wird, ob Frauen selbst entscheiden sollen, ob sie berufstätig sein möchten oder nicht[27]. Diese hohe Akzeptanz der Männer gegenüber der Frauenerwerbsarbeit ist offenbar auf die Integration bzw. Akzeptanz der Frauen im Berufsleben der DDR zurückzuführen. Zu fragen wäre, ob in bezug auf den angespannten Arbeitsmarkt hier zukünftig Veränderungen in der Beurteilung auftreten werden.

Prozent war sie weniger wichtig bzw unwichtig. Bis 1992 stieg der Wert (sehr wichtig) auf 84 Prozent an. Er erfuhr jedoch ab 1993 (79 Prozent) eine Abschwachung, lag aber 1995 mit 77 Prozent immer noch hoher als 1990 (Andruschow u. a. 1995: 90, Tabelle 3.5).

26 Danach befragt, fur wie wichtig Sie gegenwartig (Stand 1995) Arbeit halten, gaben 76 Prozent der Frauen und 78 Prozent der Manner an, daß fur sie Erwerbsarbeit sehr wichtig sei. Fur 15 Prozent der Frauen und fur 16 Prozent der Manner sei sie immerhin noch wichtig. Lediglich 5 Prozent der Frauen und 2 Prozent der Manner geben an, daß Erwerbsarbeit fur sie unwichtig sei (ebenda).

27 Dafur sprechen sich 83 Prozent aller Frauen und 80 Prozent aller Manner aus (ebenda: 100).

3. Ausblick

Der ungebrochene Wunsch der ostdeutschen Frauen, einer Erwerbsarbeit nachzugehen, sowie der Wunsch, Beruf und Familie miteinander vereinbaren zu können, bleibt auch in Zukunft bestehen. Zudem kommt der Erwerbsarbeit von Frauen in den ostdeutschen Haushalten insofern große Bedeutung zu, weil ohne die Beiträge der Frauen zum Haushaltseinkommen der Lebensstandard der Familien nicht gesichert werden kann (DIW 1994: 868). Dabei ist eine (Re-)Integration von Frauen ins Erwerbssystem angesichts fehlender Arbeitsplätze und überproportionaler Arbeitslosigkeit ohne entsprechende Maßnahmen zur Beschäftigungsförderung und zur Vereinbarkeit von Beruf und Familie nicht vorstellbar (Beckmann/Engelbrech 1994: 441). Die anhaltend starke Orientierung ostdeutscher Frauen auf Erwerbsarbeit bei gleichzeitigem Wunsch nach Kindern kann positiv zu einer längst fälligen Diskussion um das Verhältnis von Erwerbs- und Reproduktionsarbeit beitragen. Die Debatten um den Ausbau der Kinderbetreuungseinrichtungen, um Pflegeurlaub, Erziehungsgeld, Erziehungsurlaub mit Beschäftigungsgarantie und um eine Unterstützung studierender Mütter wurden bereits entsprechend beeinflußt (vgl. Geißler 1996).

Dieser Druck macht es notwendig, über die Emanzipations- und Vereinbarkeitswünsche der Frauen nachzudenken und ihnen Realisierungschancen zu eröffnen. Das Andere und damit Neue im Vergleich zur DDR ist bisher lediglich darin zu sehen, daß beide Geschlechter zumindest als Option ein breiteres Angebot zur Erstellung ihrer Lebenskonstellation erhalten haben, aus dem sie nun auswählen können.

Durch die konsequente Anwendung familienpolitischer und arbeitszeitpolitischer Maßnahmen eröffnen sich u. E. Optionen für ein verändertes Geschlechterverhältnis. Diese Instrumente reichen jedoch nicht aus, treffen sie doch auf ein tradiertes Rollenverständnis beider Geschlechter. Hilfreich könnten solche Anstrengungen sein, die den reproduktiven Bereich aufwerten und die Zugänge zur Erwerbsarbeit erleichtern. Dazu zählen familienpolitische Maßnahmen und alle arbeitszeitpolitischen Instrumente, die den Stellenwert der Erwerbsarbeit zumindest zeitlich zurückschrauben und so Optionen für familiäre, aber auch kulturelle und politische Felder eröffnen. Hier sind noch Potentiale vorhanden. Die Aufwertung sollte nicht ausschließlich materiell erfolgen, da dies bei der Familienarbeit (Hausfrauenlohn) gegenteilige Effekte haben könnte, würde dadurch doch die einseitige Orientierung der Familienarbeit an die Frau festgeschrieben werden. Es könnte dazu führen, daß ein weiterer Bereich, nämlich die Familienarbeit, monetarisiert und vermarktet wird.

Zu den „Gewinnerinnen" im Transformationsprozeß werden diejenigen Frauen gezählt, die die beruflichen Hürden der geschlechtsspezifischen Diskriminierungen genommen haben, nicht etwa, weil sie sie beseitigt hätten, sondern weil sie (vielleicht) keine Kinder haben und ein hohes Maß an Mobilität vorweisen können. Damit reihen sie sich in die von Ulrich Beck inszenierte „vollmobile Single-Gesellschaft" (1986: 199) ein, in der weiterhin an der vergesellschafteten Trennung von Erwerbs- und Reproduktionsarbeit festgehalten wird. Die Erwerbsarbeit bleibt danach der hauptsächliche persönlichkeitsbildende Ort; sie bleibt weiterhin der zentrale Garant für den Anschluß an die Gesellschaft. Das Wahrnehmen neuer Lebenschancen, wie sie die Vereinigung auch den Frauen in Ostdeutschland gebracht hat, ist nur dann gegeben, wenn die Frauen ihre hohe Erwerbsneigung, verbunden mit ihrer selbstverständlichen Auffassung von individuell ökonomischer Selbständigkeit, in tatsächliche Erwerbsarbeit umsetzen können. Solange das Individuum sich nur nach den Erfordernissen des Erwerbslebens orientieren muß, ist es in seiner Entscheidung nicht frei. Die ostdeutschen wie auch westdeutschen Frauen wollen ihre eigene Lebenskonstellation entwerfen und sie nicht von konservativen Gegenkräften diktiert bekommen (siehe den derzeitigen Abbau des Sozialstaats); nur dann läge eine Chance im Sinne einer freien Entscheidungsmöglichkeit vor. Eine Umgestaltung des Erwerbsbereichs, orientiert an der Gesamtheit der gesellschaftlichen Wertorientierungen, muß hierbei als Ausgangslage verstanden werden. Erwerbsarbeit *und* Familie sind, insbesondere für die Menschen in Ostdeutschland, bis heute in der Wertehierarchie ganz oben stehende Werte geblieben, deren Umsetzbarkeit eingefordert wird. Ohne Bereitstellung von Ressourcen aller Art (Zeit, Infrastruktur etc.) wird es sonst zu einer weiteren Pluralität im Sinne von Vereinzelung oder zu einem Zurück in „ständische" Verhältnisse („Nur"-Hausfrau) kommen.

Bislang kann nicht von einem Wandel einer der Industriegesellschaft entsprechenden männlichen Norm gesprochen werden. Es kann lediglich von einem Vorboten eines Wandels die Rede sein, wenn sich die Norm der lebenslangen, kontinuierlichen Erwerbsarbeit von Männern real ändert, denn damit werden alle auf ihr aufbauenden Sozialbezüge und Lebenslagen beeinflußt. Aus vielerlei Gründen steht die Versorgung der Frauen durch ihre Ehemänner zur Disposition. Dafür stehen: Berufswünsche der Frauen, zunehmende Distanz der Männer zur „Ernährerrolle", Scheidungsbegehren sowie selbstgewählte Ehe- und Familienlosigkeit beider Geschlechter (Beer 1992: 104). Wenn die „Hausfrauenehe" mit der Änderung des Scheidungsrechts ab 1977 in der BRD zumindest rechtlich als ein veraltetes Modell erscheint, so bleibt sie dennoch als Ausgangsüberlegung im politischen Raum erhalten. Das konstituierende Moment bestand damals darin, daß die Stabilität von Ehe (und damit Partnerbeziehung) nicht mehr auf Tradition, sozialer Konvention, Rollen- und anderen gesellschaftlichen und religiösen Vorgaben beruhen sollte, sondern auf Liebe und Zuneigung, Kompromißbereitschaft und Verständigung. Dieses Unterfangen kann allerdings nur unter günstigen gesellschaftlichen Rahmenbedingungen (in einer Gesellschaft, in der Konkurrenzverhältnisse abgeschwächt sind) gelingen, unter gesellschaftlichen Verhältnissen, die bisher nicht gegeben sind - vor allem nicht für die Frauen.

Das Einverständnis der Frauen, den solidarischen Part der Sorge für andere Familienmitglieder allein zu übernehmen und auch die materiellen Risiken und Nachteile dieser traditionellen Form der Arbeitsteilung zu tragen, wird immer weniger selbstverständlich erbracht. Angesichts zunehmender Sensibilisierung von Frauen in Ost und West, sich für ihre Gleichberechtigung in der Gesellschaft einzusetzen, wird sich der Geschlechterkonflikt eher verschärfen als verringern. Es ist zu befürchten, daß die Probleme nicht gelöst werden, solange es zu den veränderten Lebensmustern und der Vielfalt von Lebensentwürfen auf Seite der Frauen bei den männlichen Partnern kein Äquivalent bzw. nicht einmal den Willen zu einer Veränderung gibt.

> *„Deshalb werden die unter dem Stichwort Individualisierung thematisierten sozialen Veranderungen, die Vielfalt der neuen Lebensformen, von der mannlichen Seite bezeichnenderweise als Risiko und Entsolidarisierung erlebt, wahrend sie aus der Perspektive von Frauen durchaus Befreiung aus Abhangigkeiten und zu großeren Lebenschancen bedeuten konnen"* (Gerhard 1995: 96).

Eine Strategie zur Beseitigung der Ungleichstellung der Geschlechter muß immer auch eine Lösung für familiale Versorgungsleistungen beinhalten - auf individueller sowie auf gesellschaftlicher Ebene. Ein Verständnis von einer Industriegesellschaft als Beschäftigungs- und nicht zugleich als Subsistenz- oder Versorgungsgesellschaft verkennt die vorhandene Interdependenz zwischen Erwerbs- und Reproduktionsarbeit.

> *„Die marktvermittelte Ökonomie ist zum Erreichen ihrer Ziele auf einen beständigen Zufluß an gesellschaftlichen Ressourcen angewiesen, die ihr quasi kostenlos zur Verfugung gestellt werden, damit aber auch ein parasitares Moment kapitalistischen Wirtschaftens bezeichnen. So unterminiert sie langfristig, etwa durch den Verbrauch von Umweltressourcen, die Existenzgrundlage von Sozialgebilden; kurzfristig wiederum zehrt sie von gesellschaftlichen 'Inputs', indem ihr etwa Arbeitskraft gebrauchsfertig zur Verfugung gestellt wird"* (Beer/Chalupsky 1993: 195f).

Zur Auflösung derartiger Strukturen wäre eine wirtschaftspolitische Regulierung der Familienarbeit notwendig. Die derzeitige Familienförderung bevorteilt einseitig Männer, Ehefrauen-Erwerbstätigkeit wird bestraft, Alleinerziehende werden diskriminiert, die in der DDR praktizierte gesellschaftliche Verantwortung für die Kinderbetreuung wurde nahezu beseitigt. Die finanzielle staatliche Förderung der Familien richtet sich in der Regel an den männlichen Haushaltsvorstand, um seine Aufwendungen zum Unterhalt der Familienangehörigen zu entlasten. Laut Angaben des Bundesfamilienministeriums gehen die Aufwendungen zur Entlastung der Familien hauptsächlich auf das Ehegattensplitting zurück. Abgesehen davon, daß der Splitting-Vorteil um so größer ausfällt, je höher das zu versteuernde Einkommen ist, wird in bezug auf eine Einkommensverteilung zwischen den Geschlechtern deutlich, daß damit nicht an eine eigenständige ökonomische Sicherung der die Familienarbeit leistenden Ehegatten (in der Regel Frauen) gedacht wird. Damit ist die innereheliche Verhandlungsposition der Frauen zur Verteilung der Familienarbeit enorm geschwächt. Das Machtgleichgewicht ist insoweit gestört, als bei einem Konflikt, bezogen auf die Aufgabenteilung, in der Regel die Frauen sich den Vorwurf gefallen lassen müssen, daß sie nicht oder nur zu einem geringem Anteil zum Familieneinkommen beitragen würden (Knapp/Weg 1995: 53f). Damit tritt das Ungleichgewicht der Wertschätzung zwischen öffentlicher und privater Arbeit erneut zutage.

Eine über die bestehende Ausgestaltung der Familienförderung hinausgehende finanzielle und soziale Sicherung der die Familienarbeit leistenden Person und eine durchgreifende Vergesellschaftung der Betreuungsarbeit schätzen alle regierenden Parteien als unbezahlbar ein. Derzeit ist die Kinderbetreuungs-Infrastruktur dergestalt, daß für Kinder unter drei Jahren die öffentliche Betreuung kaum vorhanden, teuer und hinsichtlich der Öffnungszeiten nicht gerade bedarfsorientiert ist. Aufgrund unregelmäßiger Unterrichtszeiten wird bei der Einschulung von Kindern sogar eine Teilzeitbeschäftigung (der Frau) in Frage gestellt. Zur Existenzsicherung von Alleinerziehenden (in der Regel Frauen), die wegen der Hausarbeits- und Betreuungsarbeit schwerlich einer Vollzeitbeschäftigung nachgehen können, bleibt häufig nur noch das letzte Auffangnetz der sozialen Sicherung - die Sozialhilfe.

> *„Eine solche Kolonisierung des Geschlechterverhaltnisses durch westdeutsche Regulierungen verletzt die Lebensentwurfe ostdeutscher Frauen gravierend"* (Knapp/Weg 1995: 57).

Nimmt sich die soziologische Forschung der Interdependenz von Erwerb und Reproduktion in ihrer jeweiligen Restrukturierung an, gerät diese Dimension stärker ins Blickfeld. Wie kann das soziale Gebilde aussehen, das aus einem geschlechterspezifischen Neuaushandlungsprozeß um die Verteilung von Erwerbs- und Reproduktionsarbeiten resultiert?

Eine gleichstellungspolitische Reform der Regulierung von Familienarbeit setzt folgende Ziele voraus:

- Nicht allein die Familie sollte der Kernpunkt emanzipativer Politik sein, sondern auch das männliche und weibliche Individuum. Männer wie Frauen sollten mit einer gleichen ökonomischen und sozialen Ausstattung ihr Zusammenleben regeln können, um Machtungleichheiten zwischen den Geschlechtern vorzubeugen.
- Die Verteilung von bezahlter und unbezahlter Arbeit soll unabhängig vom Geschlecht erfolgen können. Dies bedingt Maßnahmen zur Integration von Männern in die Familienarbeit und Frauen in die Erwerbsarbeit.
- Die Individuen, die die Betreuung und Erziehung von Kindern wahrnehmen, müssen *als Individuum* sozialstaatlich abgesichert sein. Die einseitige Orientierung auf Erwerbsarbeit als derzeitige ökonomische Existenzsicherung muß ergänzt werden um einen existenzsichernden Ausgleich bei Unterbrechung der Erwerbsarbeit oder Reduzierung der Arbeitszeit aus familiären Gründen. Damit dürfen keine Nachteile in der Erwerbsbiographie einhergehen.

Männern wie Frauen soll die Möglichkeit eröffnet werden, ohne Inkaufnahme von Benachteiligungen Familien- und Erwerbsarbeit miteinander vereinbaren zu können.

Die derzeitige Lage erscheint nicht sehr hoffnungsvoll. Anstelle der sozialen Sicherung - jenes Grundkonsenses, auf dem die Stabilität der Bundesrepublik Deutschland jahrzehntelang basierte - fungiert die Sicherung des „Wirtschaftsstandorts Deutschland“ nunmehr als Hauptzielsetzung staatlicher Politik. Sozialpolitik, und damit ist untrennbar die Gleichstellungs- und Frauenpolitik verbunden, stellt sich als Luxus dar, den „wir“ uns nicht länger leisten können, weil sie als „Standortnachteil“ gegenüber anderen Weltmachtkonkurrenten empfunden wird. Gegen eine solche Auffassung muß der Einwand erhoben werden, daß weder der Wohlfahrtsstaat, noch die damit verbundene Stabilität der Demokratie als „Standortnachteil“ für eine entwikkelte Industriegesellschaft gelten kann. Während konservative Sichtweisen das Auge vornehmlich auf ökonomische Größen richten, sollte nicht unberücksichtigt bleiben, daß auch sozialer Friede und politische Stabilität ein „Standortvorteil“ sein können.

Die heutige moderne Gesellschaft darf nicht hinter die Standards der „alten“ Gesellschaft zurückfallen. Die heutige Gesellschaft muß Maßstäbe dafür liefern, wie die Entwicklung des Geschlechterverhältnisses und der sozialen Bezüge der Individuen zu bewerten sind.

> *„Ein Vorschlag lautet, Modernisierung zu definieren als Konkretisierung universalistischer Rationalitat, die fur die Individuen in ihrer Lebenswelt spurbar ist und z. B. zu Lebenserleichterungen, zum Wegfall von Herrschaft oder zu einem realen Gewinn an Optionen führt"* (Bericht zum Projekt „Soziale Transformation in Deutschland" 1994: 46).

Literatur

Andruschow, K./Frister, S./Mersmann, R./Winkler, G., 1995: Arbeitsmarkt und Bildung. In: Winkler, G. (Hrsg.): Sozialreport 1995 - Daten und Fakten zur sozialen Lage in den neuen Bundesländern. Sozialwissenschaftliches Forschungszentrum Berlin-Brandenburg e. V., Hans-Böckler-Stiftung, Berlin.

Beck, U., 1986: Risikogesellschaft - Auf dem Weg in eine andere Moderne. Frankfurt a. M.

Beck-Gernsheim, E., 1980: Das Halbierte Leben - Männerwelt Beruf - Frauenwelt Familie. Frankfurt a. M.

Beckmann, P./Engelbrech, G. (Hrsg.), 1994: Frauenerwerbstätigkeit in den neuen Bundesländern - Erwerbsneigung, Erwerbsbeteiligung und Arbeitslosigkeit. In: Arbeitsmarkt für Frauen 2000 - Ein Schritt vor oder ein Schritt zurück? Beiträge zur Arbeitsmarkt- und Berufsforschung (BeitrAB 179), Nürnberg.

Beer, U., 1990: Geschlecht, Struktur, Geschichte. Soziale Konstituierung des Geschlechterverhältnisses, Frankfurt/New York.

Beer, U., 1992: Das Geschlechterverhältnis in der »Risikogesellschaft« - Überlegungen zu den Thesen von Ulrich Beck. In: Feministische Studien 1.

Beer, U./Chalusky, J., 1993: Vom Realsozialismus zum Privatkapitalismus - Formierungstendenzen im Geschlechterverhältnis. In: Aulenbacher, B./ Goldmann, M. (Hrsg.): Transformationen im Geschlechterverhältnis. Frankfurt a. M.

Bericht zum studentischen Projekt „Soziale Transformation in Deutschland" an der Universität Bremen, Fachbereich 8, Studiengang Sozialwissenschaft, 1994, unveröff.

Braun, A, 1992: Frauenerwerbslosigkeit - Crash-Kurs zur zuverdienenden Hausfrau? In: Psychologie sozialer Ungleichheiten, Bd. 4.

Brinkmann, Ch./Wiedemann, E., 1995: Arbeitsmarktrisiken im ostdeutschen Transformationsprozeß: Ergebnisse des Arbeitsmarkt-Monitors 1989 bis 1994. In: Mitteilungen aus der Arbeitsmarkt- und Berufsforschung (28.Jg.), Schwerpunktheft Verteilung der Arbeit, Stuttgart/Berlin/Köln/Mainz.

Bundesanstalt für Arbeit, 1995: Unterabteilung Statistik, Übersicht 167/160/ 147/144.

Dabbert, E./König, E., 1995: Erwerbsbeteiligung und Einkommensverhältnisse der Familien in den neuen Ländern und Berlin-Ost. In: Zur wirtschaftlichen und sozialen Lage in den neuen Bundesländern, Statistisches Bundesamt, August.

Dahms, V./Wahse, J., 1994: Zur Erwerbstätigkeit in Ostdeutschland im Transformationsprozeß. In: Nickel, H. M./Kühl, J./Schenk, J. (Hrsg.): Erwerbsarbeit und Beschäftigung im Umbruch. Berlin.

Statistisches Bundesamt (Hrsg.), 1994: Datenreport: Zahlen und Fakten über die Bundesrepublik Deutschland. Bonn.

Dathe, D., 1995: Einkommen. In: Winkler, G. (Hrsg.): Sozialreport 1995 - Daten und Fakten zur sozialen Lage in den neuen Bundesländern. Sozialwissenschaftliches Forschungszentrum Berlin-Brandenburg e. V., Hans-Böckler-Stiftung, Berlin.

Deutsches Institut für Wirtschaftsforschung (DIW), 1992: Wochenbericht 15. Berlin.

Deutsches Institut für Wirtschaftsforschung (DIW), 1994: Wochenbericht 51. Berlin.

Diemer, S., 1994: Patriarchalismus in der DDR. Opladen.

Engelbrech, G., 1992: Der Arbeitsmarkt für Frauen in den alten und neuen Bundesländern. In: Bedingungen der Frauenerwerbsarbeit im deutsch-deutschen Einigungsprozeß, Beiträge zur Arbeitsmarkt- und Berufsforschung (BeitrAB 167), Institut für Arbeitsmarkt- und Berufsforschung der Bundesanstalt für Arbeit, Nürnberg.

Engelbrech, G./Kraft, H., 1992: Sind Frauen das zukünftige Innovationspotential? Gegenwärtige Hemmnisse und berufliche Möglichkeiten von Frauen - Ergebnisse einer Betriebsbefragung. In: Mitteilungen aus der Arbeitsmarkt- und Berufsforschung 1 (Nürnberg): 13-26.

Engelbrech, G., 1994: Frauenerwerbslosigkeit in den neuen Bundesländern - Folgen und Auswege, In: Aus Politik und Zeitgeschichte - Beilage zur Wochenzeitschrift Das Parlament, B 6.

Fiebiger, H., 1995: Zeitverwendung erwerbstätiger Ehepartner - Unterschiede zwischen den neuen Ländern und Berlin-Ost sowie dem früheren Bundesgebiet. In: Wirtschaft und Statistik. Statistisches Bundesamt, Oktober.

Frerich, J./Frey, M., 1993: Handbuch der Geschichte der Sozialpolitik. Band 2 und 3: Sozialpolitik in der Deutschen Demokratischen Republik. München.

Geißler, R., 1996: Die Entwicklung der sozialen Ungleichheit zwischen Frauen und Männern. In: Die Sozialstruktur Deutschlands. 2., neu bearb. und ergänzte Auflage, Veröffentlichung steht bevor, Opladen.

Gerhard, U., 1995: Veränderungen im Geschlechterverhältnis - Noch liegen Welten zwischen Mann und Frau. In: Klein, A. (Hrsg.): Grundwerte in der Demokratie. Bonn.

Gysi, J./Meyer, D., 1993: Leitbild: berufstätige Mutter - DDR-Frauen in Familie, Partnerschaft und Ehe. In: Helwig, G./Nickel, H. M. (Hrsg.): Frauen in Deutschland 1945 - 1992. Bonn.

Hahn, T., 1995: Frauen und Arbeitslosigkeit. In: Sydow, H./Schlegel, U./Helmke, A. (Hrsg.): Chancen und Risiken im Lebenslauf: Wandel in Ostdeutschland. Berlin.

Hanesch, W. et al., 1994: Armut in Deutschland - der Armutsbericht des DGB und des Paritätischen Wohlfahrtsverbandes. Hamburg.

Holst, E./Schupp, J., 1994: Erwerbsbeteiligung und Erwerbsorientierung von Frauen in West- und Ostdeutschland 1990-1993. DIW-Diskussionspapier Nr. 90, Berlin.

Holst, E./Schupp, J., 1995: Erwerbsbeteiligung von Frauen in West- und Ostdeutschland - zwischen Entmutigung und beruflicher Veränderung? In: Glatzer, W./Noll, H.-H. (Hrsg.): Getrennt vereint - Lebensverhältnisse in Deutschland seit der Wiedervereinigung. Frankfurt a. M./New York.

Holst, E./Schupp, J., 1995: Zur Erwerbsorientierung von Frauen nach der deutschen Vereinigung - Umverteilung von bezahlter und unbezahlter Arbeit zwischen den Geschlechtern notwendig. In: DIW-Vierteljahreshefte 1, Berlin.

Institut für Demoskopie Allensbach (Hrsg.), 1993: Frauen in Deutschland - Lebensverhältnisse, Lebensstile und Zukunftserwartungen - Die Schering-Frauenstudie '93. Köln.

Kistler, E./Pfaff, A. B./Jaufmann, D., 1993: Frauenerwerbsarbeit und Kindereinrichtungen in den neuen Bundesländern - Bericht zu einer Pilotstudie „Frauen - Arbeit - Familie: Entwicklungen im vereinten Deutschland". Internationales Institut für Empirische Sozialökonomie, Hans-Böckler-Stiftung - Manuskripte Nr. 105, Bochum.

Knapp, U./Weg, M., 1995: Arbeit: teilen - schaffen - neugestalten. Pfaffenweiler.

Kuhrig, H., 1972: Die gesellschaftliche Stellung der Frau in der DDR. In: Die DDR-Entwicklung: Probleme, Perspektiven. Reihe „Marxismus aktuell" 43, Frankfurt a. M.

Kurz, R., 1993: Der Letzte macht das Licht aus - Zur Krise von Demokratie und Marktwirtschaft. Berlin.

Liebscher, R./Menning, S./Nowossadeck, E., 1995: Bevölkerungsentwicklung und Bevölkerungsstrukturen. In: Winkler, G. (Hrsg.): Sozialreport 1995 - Daten und Fakten zur sozialen Lage in den neuen Bundesländern. Sozialwissenschaftliches Forschungszentrum Berlin-Brandenburg e. V., Hans-Böckler-Stiftung, Berlin.

Maliszewski, B., 1996: Über vier Millionen Arbeitslose in Deutschland - ist der Winter an allem schuld? In: Hans-Böckler-Stiftung (Hrsg.): Wirtschaftbulletin Ostdeutschland. Ausgabe 2, Düsseldorf.

Meyer, S./Schulze, E, 1992: Wendezeit - Familienzeit. Veränderungen der Situation von Frauen und Familien in den neuen Bundesländern. In: Frauenforschung 3: 45-57.

Müller, K./Hauser, R./Frick, J./Wagner, G., 1995: Zur Entwicklung der Einkommensverteilung und der Einkommenszufriedenheit in den neuen und alten Bundesländern 1990 bis 1993. In: Glatzer, W./Noll, H.-H. (Hrsg.): Getrennt vereint - Lebensverhältnisse in Deutschland seit der Wiedervereinigung - Soziale Indikatoren XVIII. Frankfurt a. M.

Nickel, H. M., 1993: Mitgestalterinnen des Sozialismus - Frauenarbeit in der DDR. In: Helwig, G./Nickel, H. M. (Hrsg.): Frauen in Deutschland 1945 - 1992. Bonn.

Nickel, H. M./Schenk, S., 1993: Prozesse geschlechtsspezifischer Differenzierung im Erwerbssystem. In: Nickel, H. M./Kühl, J./Schenk, S. (Hrsg.): Erwerbsarbeit und Beschäftigung im Umbruch. Berlin.

Ochs, Ch., 1990: Nicht alles, was die Partei der Frau zusammenbraute, gehört gleich in den Gully der Vereinigung. In: WSI Mitteilungen 5, Köln.

Ochs, Ch./Stolz-Willig, B., 1995: Wie im Westen, so auch auf Erden? Zur Situation von Frauen in den neuen Bundesländern. In: Nolte, D./Sitte, R./ Wagner, A. (Hrsg.): Wirtschaftliche und soziale Einheit Deutschlands. Köln.

Parmentier, K., 1995: Die Arbeitsmarktentwicklung in der Bundesrepublik Deutschland unter besonderer Berücksichtigung der Situation in den neuen Bundesländern. In: Glatzer, W./Holl, H.-H. (Hrsg.): Getrennt vereint - Lebensverhältnisse in Deutschland seit der Wiedervereinigung. Frankfurt a. M./New York.

Pfaff, A. B./Roloff, J., 1990: Familienpolitik in der Bundesrepublik Deutschland: Gewinn oder Verlust für die neuen Bundesländer? In: Frauenforschung (8. Jg.) 4, Bielefeld.

Rabe-Kleeberg, U., 1995: Wird die Frauenfrage Privatsache? Geschlechterpolitik in den neuen Bundesländern. In: Krüger, H.-H./Kühnel, M./Thomas, S. (Hrsg.): Transformationsprobleme in Ostdeutschland - Arbeit, Bildung, Sozialpolitik. Opladen.

Reißig, R., 1994: Transformation - Theoretisch-konzeptionelle Ansätze, Erklärungen und Interpretationen. In: BISS public 15, Berlin: 5-44.

Rummel, C., 1995: 5. Familienbericht der Bundesregierung - Das Humanvermögen entsteht in der Familie - sie wird dafür von der Gesellschaft benachteiligt. In: Familie und Recht (6. Jg.) 3.

Schenk, S./Schlegel, U., 1993: Frauen in den neuen Bundesländern - Zurück in eine andere Moderne? In: Berliner Journal für Soziologie 3: 369-384.

Schober, K., 1994: Junge Frauen beim Übergang vom Bildungs- ins Beschäftigungssystem: die Lage in den neuen Bundesländern. In: Beckmann, P./Engelbrech, G. (Hrsg.): Arbeitsmarkt für Frauen 2000 - Ein Schritt vor oder ein Schritt zurück? Kompendium zur Erwerbstätigkeit von Frauen, BeitrAB 179, Institut für Arbeitsmarkt- und Berufsforschung der Bundesanstalt für Arbeit, Nürnberg.

Schober, K., 1994: Ausbildungs- und Beschäftigungssituation junger Frauen in den neuen Bundesländern. In: Gewerkschaftliche Bildungspolitik 5.

Schröter, U., 1995: Ostdeutsche Frauen zwischen Verlieren und Gewinnen. In: Bertram, H./Hradil, S./Kleinhenz, G. (Hrsg.): Sozialer und demographischer Wandel in den neuen Bundesländern. Berlin.

Schütz, A./Luckmann,T., 1979: Strukturen der Lebenswelt. Frankfurt a. M.

Schui, H., 1991: Die ökonomische Vereinigung Deutschlands - Bilanz und Perspektiven. Heilbronn.

Sessar-Karpp, E./Harder, E., 1994: Erwerbstätigkeit, Arbeitslosigkeit und Weiterbildung von Frauen in den neuen Bundesländern. In: Beckmann, P./Engelbrech, G. (Hrsg.): Arbeitsmarkt für Frauen 2000 - Ein Schritt vor oder ein Schritt zurück? Kompendium zur Erwerbstätigkeit von Frauen, BeitrAB 179, Institut für Arbeitsmarkt- und Berufsforschung der Bundesanstalt für Arbeit, Nürnberg.

Sommer, B., 1995: Eheschließungen, Geburten und Sterbefälle. In: Wirtschaft und Statistik 6, Statistisches Bundesamt, Wiesbaden.

Statistisches Bundesamt, 1993: Bevölkerung und Erwerbstätigkeit, Fachserie 1, Reihe 4.1.1, Wiesbaden.

Statistisches Bundesamt, 1995a: Tabellensammlung zur Wirtschaftlichen und sozialen Lage in den neuen Bundesländern, Arbeitsunterlage. Ausgabe 5.

Statistisches Bundesamt, 1995b: Sozialversicherungspflichtig beschäftigte Arbeitnehmer nach Wirtschaftsabteilungen und ausgewählten Wirtschaftsunterabteilungen. In: Wirtschaft und Statistik 12, Bonn.

Winkler, G. (Hrsg.), 1990: Frauenreport '90. Berlin.

Winkler, G.: Sozialreport 1995 - Daten und Fakten zur sozialen Lage in den neuen Bundesländern. Sozialwissenschaftliches Forschungszentrum Berlin-Brandenburg e. V., Hans-Böckler-Stiftung, Berlin.

Wolfinger, C., 1993: Der schwierige Weg ins duale System - Fallstudien zur Ausbildungsbereitschaft ostdeutscher Betriebe. In: Mitteilungen aus der Arbeitsmarkt- und Berufsforschung 2: 176-191.

Zoll, R., 1993: Lebenswelt im Umbruch. Bemerkungen zu den Veränderungen im Osten und Westen Deutschlands. In: Berliner Debatte INITIAL, Berlin.

Warum ostdeutsche Frauen auf dem Wunsch nach Erwerbsarbeit beharren - eine Betrachtung von Biographien

Bettina Becker

1. Einleitung

Im folgenden Beitrag[1] will ich mich mit der Bedeutung der Erwerbstätigkeit für Frauen in den neuen Bundesländern beschäftigen. Die Benachteiligung von Frauen im Erwerbssystem der neuen Bundesländer nach 1989 wurde bereits vielfach herausgestellt (Nickel 1993, Dölling 1993, Beiträge in Beckmann/Engelbrech 1994 und Gensior 1995). Ihre Erwerbsneigung jedoch verbleibt auf einem hohen Niveau, wie mitunter fast erstaunt festgestellt wird (vgl. DIW 1992, 1995). Offenbar nehmen ostdeutsche Frauen die „Alternativrolle Hausfrau" trotz schlechter Arbeitsmarktchancen nicht in großem Umfang an. Die Handlungsorientierungen, mit denen ostdeutsche Frauen der neuen Situation begegnen, haben ihre Wurzeln in der Zeit vor 1989. Ich will mich deshalb aus biographischer Perspektive mit der Bedeutung von Erwerbstätigkeit beschäftigen, um den auch heute noch bestehenden Wunsch nach Erwerbstätigkeit zu erklären.

Ich befragte neun Frauen der Geburtsjahrgänge 1959-1965 aus Frankfurt/Oder und Umgebung nach ihren Lebensgeschichten[2]. Diese Geburtsjahrgänge erschienen mir besonders interessant, da die Frauen 1989 noch jung genug waren (zwischen 24 und 30 Jahren) für berufliche Neuorientierungen und Mobilität, ihre Sozialisation und ihren beruflichen Einstieg aber noch in der DDR erfahren haben. Die Region um Frankfurt/Oder wählte ich, da die Arbeitsmarktentwicklung hier typisch für viele andere Regionen der neuen Bundesländer ist.

---

1 Der Beitrag beruht auf meiner Diplomarbeit „Integration beruflicher Diskontinuitaten in Biographien ostdeutscher Frauen", die ich im Januar 1996 am Institut fur Soziologie der Humboldt Universitat Berlin eingereicht habe. Ich mochte den interviewten Frauen danken, ohne deren Lebensgeschichten der Beitrag nicht entstanden ware.

2 Ich fuhrte die Interviews zwischen Dezember 1994 und August 1995.

Ich suchte nach Frauen, die nach 1989 berufliche Diskontinuitäten wie Arbeitslosigkeit, Umschulung und die Teilnahme an Arbeitsbeschaffungsmaßnahmen erlebt hatten.[3] Dieser Auswahl lag die Annahme zugrunde, daß biographisches Hintergrundwissen gerade dann thematisiert wird, wenn es nicht mehr selbstverständlich angewendet werden kann (Alheit 1995). Wenn die Frauen, für die in der DDR Erwerbstätigkeit selbstverständlich war, die Arbeit verlieren, können sie nicht mehr problemlos ihren Handlungsorientierungen folgen. Sie müssen biographische Arbeit leisten, um mit der neuen Situation umgehen zu können. Diese biographische Arbeit und die dadurch verursachte Strukturierung der Biographien wollte ich in den Lebensgeschichten aufspüren.

Im folgenden Abschnitt beschreibe ich zusammenfassend die *institutionellen Bedingungen*, die den Lebenslauf der Anfang der 60er Jahre geborenen Frauen begleitet haben. Damit sollen der Handlungsrahmen sowie der Interpretationskontext der Lebensgeschichten dargelegt werden. Im Anschluß stelle ich mein methodologisches Herangehen dar und begründe, was eine Betrachtung von Biographien erklären kann. Ich benutze das Konzept der *Prozeßstrukturen des Lebenslaufs* (Schütze 1981, 1982, 1989) als Rahmen und die *rekonstruktive Fallanalyse* (Rosenthal 1992) als Methode für die Analyse der Strukturierung der Biographien. Im dritten Teil will ich zwei biographische Verläufe in ihrer Genese und Strukturierung darstellen, um abschließend die Bedeutung von Erwerbstätigkeit für ostdeutsche Frauen der von mir befragten Jahrgänge allgemein zu diskutieren.

2. Die Geburtsjahrgänge 1960 - 1965

Die historisch spezifischen Bedingungen für die von mir erhobenen Lebensgeschichten verstehe ich als soziale Institution, die den Lebenslauf der um 1960 Geborenen beeinflußt. Die in einer bestimmten Gesellschaft relativ auf Dauer gestellten Verhaltensmuster und Sinnorientierungen bieten den Individuen Orientierungssicherheit und ermöglichen damit routinisiertes Handeln (Kohli 1985: 1; Hoerning 1995: 17; Gildemeister/Robert 1995: 208). Mehr noch als in westeuropäischen Gesellschaften spielte Erwerbsarbeit in dieser Hinsicht in der DDR eine zentrale Rolle (vgl. Kohli 1994). Der Lebenslauf

---

3 Ich gewann den großten Teil meiner Gesprachspartnerinnen über eine Annonce mit folgendem Text: Welche Frau aus Frankfurt, Jg. 1960-65, die Erfahrungen mit Arbeitslosigkeit, ABM oder Umschulung hat, mochte mir ihre Lebensgeschichte erzählen? Fur wiss. Zwecke.

war „um das *Erwerbssystem* herum organisiert“ (Kohli 1985: 3, Herv. i. Orig.). Das zeigt sich sowohl in seiner Gliederung in Vorbereitungs-, Aktivitäts- und Ruhephase als auch in dem „zugrundeliegenden Organisationsprinzip“, das die Phasen aufeinander bezieht (ebd.). In der Darstellung werde ich, beginnend mit der schulischen und familiären Sozialisation, der Lebenszeit der Frauen folgen und mich auf Erwerbsarbeit als zentrales Moment des Lebenslaufs konzentrieren.

Die von mir betrachteten Geburtsjahrgänge gehören zu den geburtenstarken Jahrgängen der DDR (vgl. Winkler 1990: 18). Ihre Eltern sind in den 30er und 40er Jahren geboren und haben Krieg und Nachkriegsnot erfahren. Die Mütter der von mir befragten Frauen erlebten die Anstrengungen des DDR-Staates, den Beschäftigungsgrad von Frauen zu erhöhen. Diese Bemühungen fanden vor allem vor dem Hintergrund des durch den Krieg und die Massenabwanderungen nach Westdeutschland hervorgerufenen Mangels an Fachkräften statt. Die Frauen sollten mit Hilfe regelrechter Mobilisierungskampagnen, wie z. B. die „Frauenoffensive“ 1958 (Trappe 1994: 48; Thomas 1988: 41) von der Aufnahme einer Erwerbstätigkeit überzeugt werden.

In den folgenden Jahren bestimmten verstärkte Bestrebungen zur Qualifizierung von Frauen die staatliche Frauenpolitik (Trappe 1994: 28). Eine Reihe von Qualifizierungsmaßnahmen wurden eingeführt, um Frauen den Zugang zu Ausbildung zu erleichtern und den gewünschten Zuwachs an Fachkräften zu erzielen (Thomas 1988: 42). Die Belastungen der Frauen durch ihre nicht in Frage gestellte Zuständigkeit für die Familie erschwerte ihnen jedoch den Einstieg ins Berufsleben sowie die Teilnahme an Qualifizierungen, so daß seit Mitte der 60er Jahre die Familie verstärkt ins Zentrum der Frauenpolitik trat. Trappe (1994: 53) bezeichnet diese Phase als „Renaissance der Familie“. Die Frau als Mutter findet eine Widerspiegelung in dem Frauenbild der 60er Jahre, „das Berufsarbeit und Mutterschaft als gleichwertig miteinander verband, und in dem Frauen auf ihre Funktionen in der Erwerbsarbeit und als Mütter reduziert wurden“ (Dölling 1993: 29).

Obwohl in den 60er Jahren Kinderbetreuungseinrichtungen noch nicht in großem Umfang zur Verfügung standen (vgl. Kuhrig 1973: Anhang), durchbrachen die in den 30er und 40er Jahren geborenen Frauen bereits das „Hausfrauenmodell“, wie es für westdeutsche Frauen dieser Kohorten und für die vorhergehenden Kohorten typisch war (Trappe 1994: 108f)[4]. Die Frauen nahmen nach Unterbrechungen wegen Kinderbetreuung mehrheitlich wieder

4 Ich beziehe mich hier auf die Lebensverlaufsstudie des Max-Planck-Instituts fur Bildungsforschung, in der die Kohorten der von 1929-31, 1939-41, 1951-53 und 1959-61 Geborenen untersucht werden (Trappe 1994: 85).

eine Berufstätigkeit auf und beendeten damit die ausschließliche Orientierung auf den Reproduktionsbereich.

Die erste öffentliche Einrichtung für die meisten Kinder der 60er Jahre war wegen der noch mangelnden Krippen- und Kindergartenplätze die Schule. Im Alter von sechs bzw. sieben Jahren begann die zehnjährige Pflichtschulzeit. Die 1959 eingeführte Polytechnische Oberschule (POS) sollte eine „sozialistische Schule" sein, die dem Prinzip der polytechnischen Bildung folgt (Fischer 1993: 56) und die Kinder durch den frühen Kontakt zur Produktion zu „sozialistischen Persönlichkeiten" erziehen und auf ihre eigene Berufstätigkeit vorbereiten sollte. Lemke (1991: 116) bezeichnet die „Arbeitserziehung" als zum „Kernbestandteil politischer Sozialisation" gehörend. Die Erfahrungen im polytechnischen Unterricht förderten nach Nickel (1993: 239) ein realistisches Bild von den „Wahlmöglichkeiten" und den „engen Grenzen eines bilanzierten, staatlich geplanten Berufsbildungssystems". Zusammen mit den Erfahrungen der Berufstätigkeit der eigenen Eltern war das auch ein Mechanismus der geschlechtsspezifischen Sozialisation und der Herausbildung geschlechtsspezifischer Berufswünsche (ebd.).

Obwohl eine Berufsausbildung und die Erwartung einer kontinuierlichen und qualifizierten Berufstätigkeit inzwischen für Mädchen selbstverständlich war, lernten die Jugendlichen geschlechtsspezifische Berufe. So entschieden sich 1987 mehr als 60 Prozent der Schulabgängerinnen für nur 16 von 259 Facharbeiterberufen. An erster Stelle der von Frauen gelernten Berufe standen Facharbeiter[5] für Schreibtechnik, Kleidungsfacharbeiter, Fachverkäufer, gefolgt von Maschinenbauzeichner, Wirtschaftskaufmann, Friseur (Nickel 1993: 241). Industrielle Facharbeiterberufe wurden kaum von Mädchen gelernt (ebd.).

Auch in der DDR gab es hinsichtlich geschlechtsspezifischer Bildungschancen einen Bruch zwischen Allgemeinbildung und Berufsbildung, den Krüger (1995: 208ff) für den deutschsprachigen Raum beschreibt. Während die allgemeinbildende Schule nicht nur formell, sondern auch inhaltlich gleiche Abschlüsse für beide Geschlechter vermittelt, wirkt im Berufsbildungssystem bereits die Geschlechtsspezifik des Erwerbssystems. Die für das westdeutsche Berufsbildungssystem typische Polarisierung der Geschlechter, die vor allem in der unterschiedlichen Organisation der Ausbildung in den traditionellen Frauenberufen außerhalb des Systems beruflicher Bildung „in sogenannten 'vollzeitschulischen Ausbildungsgängen'" (ebd.: 211) und den

---

5 In der DDR waren mannliche Berufsbezeichnungen auch fur hauptsachlich von Frauen ausgeubte Berufe ublich.

damit verbundenen Benachteiligungen zum Ausdruck kommt, existierte auch in der DDR. Das erklärt zum Teil die Benachteiligung von Frauen im Erwerbssystem bei formell gleichrangigen Ausbildungsabschlüssen.

Nach der Mobilitätsphase in den 50er und 60er Jahren stabilisierten und reproduzierten sich in der DDR der 70er und 80er Jahre die sozialen Statuslagen. Die Positionen in den oberen gesellschaftlichen Hierarchieebenen waren durch die in den 30er und 40er Jahren Geborenen besetzt, die Abwanderung nach Westdeutschland war durch den Bau der Mauer gestoppt worden (vgl. Huinink/Mayer 1993). Wirtschaftliche Stagnation war ein weiterer Grund für die zunehmende bildungspolitische Rigidität, die einen Rückgang der Studienplätze sowie der Anzahl der Abiturientinnen und Abiturienten zur Folge hatte (vgl. Anweiler et al 1992: 543). Darüber hinaus war die Einmündung ins Berufsleben durch die Berufslenkung in gesellschaftlich benötigte Berufe reglementiert (Anweiler 1988: 181). Trappe (1994: 170f) charakterisiert die Situation des Berufseinstiegs der um 1960 Geborenen wie folgt: Während die älteren Kohorten der Frauen von der auf Qualifizierung orientierten Frauenpolitik profitieren konnten und eine intergenerationelle Mobilität zu verzeichnen war, stabilisierten sich nun die Bildungsabschlüsse im Vergleich zu den vorherigen Kohorten. Trotzdem konnten die Frauen bereits mit dem Berufseinstieg häufig keine ihrer Qualifikation entsprechende Tätigkeiten aufnehmen (ebd.).

Der Anteil der weiblichen Erwerbstätigen an der weiblichen Bevölkerung stieg kontinuierlich und erreichte 1989 mit Studierenden und Lehrlingen 91,2 Prozent (Winkler 1990: 63). Die Bereiche der Erwerbsarbeit blieben aber trotz hoher Erwerbsbeteiligung der Frauen geschlechtsspezifisch segregiert. Die Frauenbranchen befanden sich auch in der DDR im Dienstleistungsbereich (ebd.: 66f, Nickel 1993: 237). Frauen übten darüber hinaus andere Tätigkeiten als Männer aus und befanden sich häufiger in unteren Hierarchieebenen.

Die zusätzliche Zuständigkeit der Frauen für die Familienarbeit wurde nicht hinterfragt. Damit sie die „Mehrbelastung als Mutter“ (Kuhrig 1973: 11) aushalten konnten, sollte die Reproduktionsarbeit vergesellschaftet werden. Die Frauen- und Familienpolitik der DDR zielte seit den 70er Jahren mit den vielfältigen Sozialmaßnahmen auf eine Vereinbarkeit von Berufstätigkeit und Mutterschaft. Diese Politik hatte neben der proklamierten Gleichstellung der Frauen das Aufhalten des Geburtenrückgangs zum Ziel, der sich seit den 60er Jahren vollzog (vgl. Trappe 1994: 29). Die Sozialmaßnahmen (Babyjahr, Kindergeld, Ehekredit: ausführlich in Trappe 1994: 60ff, Kuhrig 1973: 19) unterstellten die Zuständigkeit der Frauen für den häuslichen Bereich und verstärkten sie im Ergebnis. Konnte auch keine stabile hohe Geburtenrate erreicht werden, entwickelte sich doch ein DDR-typisches Geburtenverhalten. Fast alle Frauen hatten vergleichsweise früh mindestens ein Kind geboren (Hockerts 1994: 534).

Die zunehmende Selbstverständlichkeit der Verbindung von Familie und Beruf kommt in der relativ kontinuierlichen Erwerbstätigkeit der jüngeren Kohorten zum Ausdruck (Trappe 1994: 122). Modelle, die von einer Phase der Erwerbstätigkeit, einer Phase der Kinderbetreuung und einem anschließenden Wiedereinstieg in die Erwerbsarbeit ausgehen, hatten für diese Frauen keine Gültigkeit (ebd.). Die umfassenden Sozialmaßnahmen unterstützten erstmalig die Synchronisation von Berufs- und Familienarbeit. Durch Inanspruchnahme des Babyjahrs, Teilzeitarbeit und Stellen- sowie Tätigkeitswechsel erlebten sie allerdings eine fluktuative frühe Erwerbsphase (ebd.: 152). Durch die beschriebene Generationendynamik verstärkte sich für diese Frauen die Beschränkung auf frauentypische Berufsfelder und nichtqualifikationsgerechte Tätigkeiten mit eingeschränkten Aufstiegschancen (ebd.: 174ff).

Die Frauenpolitik der DDR wird von vielen Autorinnen und Autoren hinsichtlich ihres fehlenden emanzipatorischen Gehalts kritisiert. Die „Emanzipation von oben“ durch einen paternalistischen Versorgungsstaat schuf zwar Freiräume für die Frauen, schrieb aber generell Geschlechterstereotype fort und erzeugte durch das Fehlen eines öffentlichen Diskurses ein mangelhaftes Problembewußtsein.

Der vielfach als Modernisierung beschriebene Transformationsprozeß in den neuen Bundesländern nach 1989 wird vor allem für die Erwerbsverläufe von Frauen als „Modernisierungsfalle“ oder „Übergang in eine andere Moderne“ beschrieben (Schenk/Schlegel 1993). Im Arbeitsamtsbezirk Frankfurt/Oder, der für die von mir befragten Frauen wichtig ist, tritt die strukturelle Benachteiligung der Frauen in der für die neuen Bundesländer insgesamt typischen Weise zutage (vgl. o.V. 1995: 2f). Frauen sind überproportional von Arbeitslosigkeit betroffen, sie sind nicht entsprechend ihrer Arbeitslosigkeitsquote an den Maßnahmen des Arbeitsförderungsgesetzes (AFG) beteiligt und haben schlechtere Chancen auf dem regulären Arbeitsmarkt (Arbeitsamt Frankfurt/Oder 1995). Umschulungen sind sehr stark auf Dienstleistungsberufe ausgerichtet, der versprochene Beschäftigungszuwachs ist jedoch auch in diesem Sektor bisher nicht zu verzeichnen (vgl. Groß 1995).

Der Beschäftigungsabbau stellt die Lebensentwürfe der ostdeutschen Frauen in Frage, für die die Gleichzeitigkeit von qualifizierter Berufstätigkeit und eigener Familie mit Kindern selbstverständlich ist. Zusätzlich drängen die Übernahme der bundesdeutschen sozialpolitischen Regelungen, die eine alleinige Erwerbstätigkeit des Mannes favorisieren und die noch bestehenden

Erwerbsverhältnisse, die seine „reproduktiv versorgte Arbeitskraft" (Gottschall 1995: 127) erfordern, die Frauen in die Rolle der Leistungserbringerin der Familie (Streckeisen 1991: 174).

Die Genese von Handlungsorientierungen hinsichtlich Erwerbstätigkeit und deren Veränderung durch Arbeitslosigkeit oder berufliche Umorientierungen seit 1989 aus einer biographischen Perspektive zu betrachten, erscheint mir vor dem geschilderten Hintergrund von Bedeutung.

3. Die biographische Perspektive

In den Biographien findet man nicht nur die institutionalisierten Karrieren (Familien- oder Berufskarriere), sondern auch die individuelle Bedeutungsgebung. Die Analyse lebensgeschichtlicher Interviews ermöglicht es, die Genese und Veränderung biographischer Strukturen sowie ihre Funktion für die lebensweltliche und gesamtgesellschaftliche Ebene sozialen Handelns zu untersuchen (vgl. Fischer-Rosenthal 1991: 253). Biographien erfüllen besonders in Zeiten gesellschaftlicher Umbrüche eine Orientierungsfunktion. Mit dem Zusammenbruch der DDR-Gesellschaft und den mit ihr verbundenen Orientierungen erhalten sie deshalb eine besondere Bedeutung (vgl. Kreher 1995: 6). Die Individuen müssen biographische Arbeit leisten, um lebensgeschichtliche Kontinuität zu sichern (Fischer-Rosenthal 1995: 52).

In lebensgeschichtlichen Erzählungen wird diese Orientierungsfunktion anhand der Deutung größerer lebensgeschichtlicher Sinnzusammenhänge und deren Verknüpfung erkennbar (Fischer 1978: 322). Die Schwerpunktsetzung der Erzählenden liegt deshalb auch nicht auf den institutionellen Etappen des Lebenslaufs, sondern auf den im Moment des Erzählens für relevant befundenen biographischen Prozessen. Institutionelle Ablaufmuster und -erwartungen des Lebenslaufs (wie Familienzyklus, Ausbildungs- und Berufskarrieren) stehen, solange sie selbstverständlich bleiben, nicht im Fokus der Erzählung, sondern fungieren als Hintergrundorientierungen (Schütze 1981: 138).

Die größeren lebensgeschichtlichen Sinnzusammenhänge kann man mit Schütze (1981, 1984) auch als *Prozeßstrukturen des Lebenslaufs* bezeichnen. Schütze hebt besonders Ereignis- und Aktivitätssequenzen hervor, die nicht intendiert sind und eher mit *Erleidensprozessen* beschrieben werden können. Soziale Strukturen können derartige Erleidensprozesse auslösen. Besonders in Zeiten turbulenter historischer Ereignisse tritt die Beeinflussung der Biographien durch die gesellschaftlichen Veränderungen deutlich in den Blickpunkt. Alheit (1995: 94) beschreibt in diesem Sinne den Prozeß der deutschen Vereinigung als „kollektive Schicksalsbetroffenheit", die „biographische Irritationserfahrungen" auslöst. Angehäuftes biographisches Erfahrungswissen, das als Ressource zur Situationsbewältigung benutzt wird, sei zum großen Teil entwertet worden (ebd.).

Geschichtliche Ereignisse können aber auch kreative Wandlungsprozesse initiieren. Den Betroffenen fallen „neue Kompetenzen und Handlungsmöglichkeiten zu..., die (ihnen) zuvor nicht zu Gebote standen, und .. (sie werden) durch diese innere Entwicklung überrascht" (Schütze 1989: 31). Die politische Wende 1989 könnte man so als kollektiven Wandlungsprozeß beschreiben, der unerwartet Handlungsmöglichkeiten eröffnete. Die Verwirklichung biographischer Entwürfe, die unter den Verhältnissen der DDR nicht umgesetzt werden konnten, schien in der Aufbruchstimmung des Wendeherbstes möglich. Der Zusammenhang zwischen kollektiven und individuellen Verlaufskurven und Wandlungsprozessen ist jedoch nicht zwangsläufig. Wie sich diese Verbindung, die man auch als Verbindung von Gesellschaftsgeschichte und Lebensgeschichte beschreiben könnte, in den Biographien ausdrückt, soll in den biographischen Analysen gezeigt werden.

Ausgehend von diesem Verständnis darf weder die Datenerhebung noch deren Auswertung die lebensgeschichtliche Strukturierung der Biographinnen zerstören. Aus dem Grund führte ich narrative biographische Interviews durch (Schütze 1983, Breckner 1994) und analysierte die transkribierten Interviews[6] mit Hilfe der von Rosenthal (1992) entwickelten Methode der Fallrekonstruktion. Die Bereitschaft, ein lebensgeschichtliches Interview zu geben, zeugt von einem Wunsch nach biographischer Thematisierung. Ohne Ausnahme stand in den biographischen Erzählungen die Erwerbsarbeit und deren Verlust im Zentrum. Gerade die Frauen, die arbeitslos waren, wollten durch die Darstellung ihrer individuellen Geschichte in der Öffentlichkeit vorfindliche Deutungsmuster über Frauen aus den neuen Bundesländern und Arbeitslosigkeit differenzieren. Sie wollten sich der Gesellschaftlichkeit des Problems Arbeitslosigkeit und damit ihrer eigenen Schuldlosigkeit versichern.

Aus den neun geführten Interviews wählte ich zwei für eine detaillierte Fallrekonstruktion. Bei der Auswahl orientierte ich mich am *theoretical sampling*, wie es bei Strauss/Corbin (1990: 176-193) beschrieben ist. Es kommt dabei auf eine überlegte Auswahl der Fälle an, die die Vielfalt der Ereignisse, die mit den zu analysierenden Kategorien in Zusammenhang stehen, maximiert. Das erste Interview wählte ich aus, weil die berufliche Entwicklung

6 Die Transkriptionszeichen befinden sich im Anhang.

von Claudia Müller[7] in vielen Aspekten für Frauen aus der DDR zu stehen scheint. Sie übte einen nicht unbedingt gewollten und auch nicht frauentypischen Beruf über Jahre hinweg aus. Nach der Wende wurde sie arbeitslos und orientierte sich durch eine Umschulung erfolgreich auf einen neuen Tätigkeitsbereich. Dabei wechselte sie aus einer Branche mit reduzierten Beschäftigungszahlen in den gemeinhin als Wachstumsbereich mit guten Zukunftsaussichten beschriebenen Dienstleistungsbereich. Ihr Mann ist in einer Baufirma beschäftigt und von seiner Arbeit sehr stark in Anspruch genommen. Claudia trägt die Doppelbelastung durch Familie und Beruf.

Als kontrastierenden Fall entschied ich mich für die Analyse des Interviews mit Martina Ludwig. Martina war schon vor der Wende in verschiedenen Arbeitsverhältnissen, auch im privaten Sektor, beschäftigt. Sie ist alleinerziehende Mutter. Die Zeit der Arbeitslosigkeit und die Entwertung ihrer Qualifikation hat für sie wie auch für andere von mir interviewte Frauen krisenhafte Auswirkungen. Obwohl sie durchaus aktiv nach Auswegen aus ihrer Lage suchte und arbeitsmarktpolitische Angebote in Anspruch nahm, fand sie bisher keine Arbeit. Über Jahre hinweg hat diese unbefriedigende Situation Auswirkungen auf andere Lebensbereiche gehabt, die langsam ihre Handlungsressourcen zerstören. Die Struktur der lebensgeschichtlichen Erzählung von Martina Ludwig ist wie in einigen anderen Fällen durch eine kurze Eingangserzählung gekennzeichnet, in der sie die Zeit vor 1989 im Telegrammstil abgehandelt hatte, um dann ausführlich über das ihr seitdem Widerfahrene zu berichten. Um also Claudia Müllers ambivalente Erfolgsgeschichte zu kontrastieren, wählte ich Martina Ludwigs Geschichte der erfolglosen Arbeitssuche als zweite Einzelfallinterpretation.

4. Zwei Fallrekonstruktionen

4.1 Claudia Müller. 'Na, dann geheiratet Kind gekriegt und nu, Umschulung gemacht, und det war et nu.'

Die Lebenssituation von Claudia Müller zum Zeitpunkt des Gesprächs bestimmt ihre Zuwendung zu ihrer erlebten Lebensgeschichte, und zugleich „erlegt die erlebte Lebensgeschichte de(r) Autobiograph(in) je nach (ihrer) Zuwendung eine spezifische Ordnung auf" (Rosenthal 1992: 116). Claudia präsentiert ihre Eingangserzählung in den thematischen Feldern des Allein-

7 Die Namen der interviewten Frauen sind verandert

gelassenseins, Verlassenwerdens, ihrer dadurch erzeugten Selbständigkeit und der Bedeutung stabiler Freundschaftsbeziehungen. Zum gegenwärtigen Zeitpunkt hat sie eine existentielle Krise bewältigt, durch die sie für sich selbst eine neue Interpretation ihres Lebens gefunden hat:

> *Weil de von Kind auf eigentlich immer den, weeß ich is immer eener zu Hause gewesen bei uns und, so, in der Schule war ich ja dann ooch nie alleene, da war ich dann immer mit irgendner Freundin zusammen, also eigentlich is mir da erstmal so richtig bewußt geworden, ich kann nich alleene sein*[8] [1: 29/5-10][9]

Mit der folgenden Fallrekonstruktion will ich versuchen, die Genese dieser Gesamtsicht und ihre Bedeutung für den Fortgang der Lebensgeschichte verständlich zu machen. Ich beschränke mich dabei auf die für die Strukturierung der Biographie und meine Thematik entscheidenden Lebensabschnitte.

Kindheit und Jugend unter dem Einfluß der Scheidung: 'das, war, Markanteste wo ich mich so dran erinnere'

Claudia Müller wird 1965 in einem Dorf bei Frankfurt/Oder als jüngste Tochter einer Arbeiterfamilie mit vier Töchtern geboren und verbringt dort ihre frühe Kindheit. Der Vater arbeitet als Zimmerer, die Mutter ist Verkäuferin im Dorfkonsum. In der Eingangserzählung führt Claudia ihre Herkunftsfamilie nicht ein und spricht wenig über diese Zeit.

> *weeß nich, an Kindheit kann ich mich eigentlich gar nich soviel erinnern so (lacht).* [1: 1/5-6]

Nachdem sie ab dem zweiten Schuljahr nicht mehr in die Dorfschule gehen kann, beginnt für Claudia eine Geschichte der örtlichen Trennung zwischen dem Leben zu Hause und der Schule in der Stadt. Die Ankunft in der anderen Schule erlebt Claudia als Schock. Ihren Leistungsabfall der folgenden Zeit bringt sie aber auch mit zunehmenden 'Streitigkeiten'[10] zu Hause in Verbindung.

> *das, war, Markanteste, wo ich mich so dran erinnere* [1: 1/7]

Die Scheidung der Eltern, als sie neun Jahre alt ist, ist das erste, was Claudia in der Eingangserzählung von sich erzählt.

> *Weeß ich nich das, war, Markanteste wo ich mich so dran erinnere is daß sich meine Eltern als ich neun war scheiden lassen haben. daß in dem Vorjahr viel*

---

8 Transkriptionszeichen im Anhang. Zur Verbesserung der Lesbarkeit wurde / hmm / der Interviewerin nicht als Sprecherwechsel in Partiturschreibweise dargestellt, wenn es nicht fur die Interpretation Bedeutung erlangt. [...] bedeuten Auslassungen aus dem zitierten Interviewtranskript.

9 Nr. des Gesprachs: Seiten- und Zeilennummer aus dem Originaltranskript

10 Text in einfachen Anführungszeichen ist ebenso wie der eingeruckte Text Zitat aus dem Interview.

Theater immer gewesen is weil mein Vati war Alkoholiker gewesen, und meine Mutti hat dann dreimal Anlauf genommen sich scheiden zu lassen, und irgendwann hat sies dann durchgezogen und hat sich scheiden lassen (lachend) und dann warn wir halt, sie hatte vier Kinder, also vier Mädels warn wir gewesen und dann war sie halt alleene also so. als Kind ziemlich viel auf sich selbst gestellt so also Schlüsselkind / hmm / typisch (lacht) und meine Schwester die ist dann auch bald rausgegangen, die hat dann geheiratet die Große, die zweet= also die zweetalteste die is zu Hause geblieben noch, und die andere hat dann auch geheiratet gleich mit achtzehn und ist raus. [1: 1/7-22]

Claudias Vater war Alkoholiker, und offensichtlich hatte die Mutter schon eine Weile versucht, sich von ihm zu trennen. Die Scheidung der Eltern ist ein traumatisches Erlebnis. Die Erinnerungen daran sind für Claudia nicht einfach. Sie wird verlassen, von einem Ereignis betroffen, das sich ihren Gestaltungsmöglichkeiten entzieht. Die bruchstückhafte Eingangssequenz belegt das. Mit der Scheidung bricht für sie die Familie auseinander, zwei Schwestern verlassen die Familie. Es bleibt hier unklar, wie alt die Schwestern bei der Scheidung waren, warum sie weggegangen sind und wie die Beziehungen in der Familie aussahen. Klar ist, daß Claudia das alles im Zusammenhang mit der Scheidung sieht und daß die Ereignisse für sie heute noch von einer nicht klar benennbaren Bedeutung sind. Sie führt das zweite dominante thematische Feld ihrer Lebensgeschichte ein, ihre Selbständigkeit, die in ihrer ambivalenten Bedeutung in dem Begriff 'Schlüsselkind' gut zum Ausdruck kommt. Sie muß sich selbst kümmern, ihre Freizeit organisieren und sich allein das verschaffen, was ihr die auseinandergebrochene Familie nicht mehr bieten kann. Claudias Ringen um eine gestalthafte Darstellung ihrer Lebensgeschichte wird durch die Nähe der beiden thematischen Felder schon zu Beginn der Erzählung deutlich.

Sie bewertet ihre Kindheit im Anschluß mit den Worten:

Naja dann haste so, normale Schulzeit gemacht eigentlich..soviel was Weltbewegendes (lacht) gibts da / hmm / eigentlich nich so zu erzählen.. [1: 1/23-27]

Claudias Leiden an der Scheidung der Eltern ist auch aus den Erzählungen zu anderen Themen rekonstruierbar: sie hat Eßstörungen, ist unruhig, nervös, und kann ihren Interessen nicht nachgehen.

Erst mit dem Umzug der Mutter, Claudias und einer Schwester nach Frankfurt/Oder hebt sich die örtliche Ambivalenz zwischen Dorf und Frankfurt/Oder auf und die familiären Verhältnisse werden ruhiger. In der Erzählung unternimmt Claudia drei Anläufe, ehe sie zu der beschriebenen Stabilisierung übergehen kann. Die Erzähllinien stehen von Anfang an in der Spannung zwischen familiärer Geschichte, die für sie das Verlassenwerden repräsentiert, und der selbständigen Suche nach Freizeitbeschäftigungen und

Freunden. Erst nachdem sie im neuen thematischen Feld „Selbständigkeit" das letztere Thema ins Zentrum ihrer Erzählung rückt und die konflikthafte Familiengeschichte an den Rand verbannt, kann sie in der dritten Erzähllinie ihre Geschichte so erzählen, daß kein weiterer Abbruch nötig wird.

Die außerhäuslichen Aktivitäten sind Zeichen eines kreativen Wandlungsprozesses, in dem Claudia ihre eigenen Potentiale entdeckt. Sie ist dabei auf den Freizeitbereich der Schule angewiesen, eine Identifikation mit den Anforderungen der schulischen Sozialisation (gesellschaftliche Arbeit in der Pionierorganisation und der FDJ) liegt für Claudia damit nahe[11]. Nicht nur die Hobbys, auch die Freundin, die sie in der neuen Schule gewinnt, spielen für ihre Stabilisierung eine große Rolle. Claudia erzählt ausführlich über die gemeinsame Freizeitgestaltung, die sie wiederum vom Leben zu Hause abhebt. Zuerst ist es dort 'teilweise ganz schön chaotisch', insgesamt aber eher eine 'geordnete Geschäftsbeziehung'. Sie charakterisiert damit die Beziehung zu ihrer Mutter als partnerschaftliches Verhältnis ohne emotionale Nähe. Auf die Geordnetheit ist Claudia aber besonders angewiesen, nachdem sie die Scheidungsgeschichte erlebt hat.

Die Beziehung zur Mutter ist für die Art und Weise wichtig, in der Claudia mit der Scheidung der Eltern umgeht. Claudia übernimmt ihre Beurteilung der Scheidung von der Mutter, da für sie selbst das Erlebnis zu traumatisch war, um es verarbeiten zu können. Wahrscheinlich hat sie an die für sie chaotischen Ereignisse nur bruchstückhafte Erinnerungen, so daß sie auf die Rekonstruktion durch die Mutter angewiesen ist. Nach Rosenthal (1992: 137) hat die erzählte Lebensgeschichte für die Biographinnen die Funktion, „mit den Wechseln, den Brüchen, der Zerrissenheit des Lebens... besser leben zu können". Damals wie heute ist für Claudia die Übernahme der Interpretationen der Mutter einfacher, als sich der Konflikthaftigkeit auszuliefern. Aus diesem Grund nimmt sie die Mutter als starke Frau wahr, die die Familie materiell und sozial versorgte. Sie orientiert sich später an den Handlungsstrategien der Mutter, die im Falle der Bedrohung der Familie (z. B. durch den Alkoholismus des Vaters) eigenständig und initiativreich nach einem Ausweg sucht, um die Folgen der Katastrophe für die Familie so gering wie möglich zu halten. In Claudias Augen meistert sie die Belastung: sie ist berufstätig und versorgt vier Kinder.

11 Auf alternative Moglichkeiten, z.B. kirchliche Gruppen, gibt es in der Erzahlung keine Hinweise.

Das 'Stolpern' ins Berufsleben

Claudia 'stolpert' in eine Feinmechanikerlehre im Institut für Halbleiterphysik. Ihr Mädchentraum, einen Beruf 'mit Pferden' zu ergreifen, geht nicht in Erfüllung. Sie bekommt keinen Ausbildungsplatz. Um das Abitur zu machen, sind ihre Zensuren nicht ausreichend gut. Sie bewirbt sich am gerade neu gebauten Institut für Halbleiterphysik um eine Lehre als Elektronikfacharbeiterin, die Lehrstellen sind aber schon besetzt. Nach Berlin will sie nicht unbedingt, da sie dann weg von zu Hause müßte. Da es schon zu spät für eine andere Bewerbung, z. B. für eine Berufsausbildung mit Abitur war (sie hätte sich nur unter Schwierigkeiten ein Jahr später bewerben können), nimmt sie die Lehrstelle zur Feinmechanikerin an. Die Entscheidung, die Lehre zur Feinmechanikerin aufzunehmen, verknüpft Claudia mit dem biographischen Entwurf (vgl. Schütze 1981: 75ff), später zu studieren. Sie will nicht nur eine beliebige Arbeit ausüben, sondern sie will im Vergleich zu ihrer Herkunftsfamilie und den meisten anderen Kollegen im Halbleiterwerk etwas Besonderes, etwas Anspruchsvolleres lernen. Bei der Berufsentscheidung ist sie auf sich selbst angewiesen, gleichzeitig wird ihre Abhängigkeit von zu Hause in dieser Situation für sie zur Beschränkung. Sicherheit ist für Claudia räumlich an Frankfurt/Oder gebunden, eine Weggehen stellt für sie eine Bedrohung dar.

Nach der Lehre fängt Claudia im Musterbau des wissenschaftlichen Instituts an zu arbeiten. Diese Zeit steht in der Eingangserzählung im thematischen Feld „Anerkennung und Sicherheit". Sie erzählt über kulturelle Aktivitäten im jungen Kollektiv. Claudias starke Integration in das Institutskollektiv wird dadurch deutlich. Nach zwei Jahren unternimmt sie dann eine „biographische Initiative zur Änderung der Lebenssituation" (Schütze 1981: 76), um ihren biographischen Entwurf zu verwirklichen. Sie bekommt die Zulassung für ein Studium 'zum Konstrukteur', vermutlich zu einem Fachschulingenieurstudium in Thüringen. Sie freut sich 'wahnsinnig', fährt vorher an den Studienort, um sich alles anzuschauen. Der Studienort ist aber überraschenderweise ein etwas abgelegenes Dorf, und sie findet dort schlechte Wohnbedingungen und eingeschränkte Bewegungsmöglichkeiten vor. Alles ist 'drekkig und keimig', die Situation ist eine Überforderung für sie. Sie ist das erste Mal von zu Hause weg und auf sich allein angewiesen. Sie fährt nach einem Tag des Umschauens wieder nach Frankfurt und geht zurück an das Institut.

Die dörfliche Lage des Studienorts ruft in Claudia vermutlich unangenehme Erinnerungen an ihre Kindheit in N. hervor. Die räumliche Distanz, das Fahren-müssen zum nächstgrößeren Ort, ist eine Erinnerung an die Beschränkungen der Kindheit. Wieder erfährt sie eine Begrenzung ihres Handlungsspielraums und gleichzeitig einen Verlust der bisherigen Sicherheit. Das Nicht-allein-sein-können hat für Claudia an dem Punkt biographische Bedeutung. Impulsiv nimmt sie die Aufgabe des biographischen Entwurfs Studium und die Rückkehr in die „vorhergehende Lebensphase“ vor. Ihre „biographische Änderungsinitiative“ wird von ihr „nachträglich als rein situativ bedingte Handlungsaktivität ohne biographische Konsequenz reinterpretiert“ (Schütze 1981: 77). Ganz zum Schluß, als Claudia auf ihre Weiterbildungswünsche zu sprechen kommt, erzählt sie von dem gescheiterten Studienversuch:

> *Zwischendurch ganzlich vergessen hab ich, studiert, hab ich ooch mal vier Tage (lachen)* [1: 43/35-36]

Das 'Durcheinander' der Wende

Die politische Wende erlebt Claudia als 'Durcheinander', in dem sie nicht mehr weiß, was sie 'denken soll'. Durch die täglichen Sensationen und Enthüllungen in den Medien wird Claudia von den „äußeren Ereigniskaskaden“ (Schütze 1989: 31) der deutschen Vereinigung betroffen, die auch ihr individuelles Verlaufskurvenpotential aufbauen. Im Unterschied zur politischen Situation sieht sie zu dem Zeitpunkt noch die Arbeit, die 'normal weitergeloofen' sei. Daß sich 'die Doktoren alle langsam ausm Staub gemacht ham' und daß der 'Wasserkopf' des Instituts geschrumpft sei, nimmt Claudia nicht als Bedrohung ihres Arbeitsplatzes wahr. Sie deutet aber damit schon an, daß es nicht ewig so 'normal' weitergegangen sein kann.

Im Mai 1990 zieht sie mit ihrem Freund in eine gemeinsame Wohnung. Nach drei Monaten Zusammenleben entscheiden sie sich zu heiraten und bald darauf für ein Kind. In der Eingangserzählung erwähnt Claudia die Familiengründung wie nebenbei und emotionslos. Lediglich am Rande des Themas „drohende Arbeitslosigkeit“ wird die Geschichte wichtig, um die nachfolgende Schilderung verständlich zu machen. Erst beim zweiten Gespräch, auf Nachfrage, erzählt sie die Geschichte des Kennenlernens bis zur Schwangerschaft. Es ist eine romantische Geschichte. Nachdem sich die beiden auf den Tag genau ein Jahr kennen, heiraten sie. Emotional ist aber diese Erzählung nicht: Claudias Mann fragt sie, 'so, aus heitrem Himmel', ob sie nicht heiraten sollten. Sie ist damit einverstanden. 'Sag ick, naja warum nich'. Heiraten gehört für Claudia zur Normalität und wird von ihr nicht in Frage gestellt, ist deshalb in der Erzählung auch nicht begründungswürdig. In ihrer distanzierten Darstellungsform schwingt aber möglicherweise schon die spätere Enttauschung des romantischen Ideals mit.

Die Entscheidung für ein Kind fällen sie bewußt, ihr Mann ist dabei wieder der Initiator. Claudia fuhlt sich mit 25 Jahren schon relativ alt. Ihre anfängliche Befürchtung einer möglichen Entlassung schließt sie wegen des gesetzlichen Mutterschutzes aus. Die Ankündigung in der Erzählung 'dann kams aber ganz anders' läßt schon Überraschungen ahnen. Mit Schütze kann man von einem suprasegmentalen Textmarkierer (Schütze 1989: 66) sprechen, der einen Umschwung in den Prozeßstrukturen des Lebenslaufs ankündigt.

Claudia bekommt im Sommer 1991 einen Sohn. Im Januar 1992 wird das Institut formell aufgelöst und neu gegründet, um Rechtsansprüchen von seiten der Beschäftigten aus dem Weg zu gehen. Claudia sieht ihre Entlassung auf sich zukommen, im April 1992 bekommt sie den entsprechenden Bescheid. Mit ihrer Qualifikation hat sie kaum Beschäftigungschancen in Frankfurt - sie konkurriert mit den vielen entlassenen Frauen aus dem Halbleiterwerk.

Sozusagen hinter ihrem Rücken, ohne daß sie es zunächst wahrnimmt, häuft sich das Potential für ihre eigene Verlaufskurve des Erleidens an (Schütze 1981: 98f)[12]. Ihre Qualifikation wird entwertet, und sozialstaatliche Versprechungen werden ungültig. In der Erzählung kann man das gut verfolgen, es ist eine Weile für sie alles 'normal' gelaufen, der Umschwung, die Enttäuschung klingen aber schon an. Einen anderen Anteil am Verlaufskurvenpotential hat die eigene Familie, auf die sie nun angewiesen ist, und die ihren Vorstellungen nicht entspricht. Auch hier spielt die Wendedynamik eine Rolle. Das „Betroffenwerden" durch Arbeitslosigkeit verursacht bei Claudia „ein biographisch mehr oder weniger tiefgehendes Erleiden und Sich-Selbst-fremd-Werden; die Kompetenz und die strukturelle Möglichkeit zu eigenem Handeln sind nach dem Einbruch der Verlaufskurve" in ihr Leben „zunächst abhanden gekommen" (Schütze 1989: 31).

Das thematische Feld „Verlassenwerden" bestimmt wieder die Erzählung. Claudia wird im Verlauf der Wende nicht nur von der Schwester, die nach Westdeutschland geht, sondern auch von den Versprechungen der Gesellschaft enttäuscht. Sie steht im Ergebnis allein da, ist vollkommen auf die Familie angewiesen. Zum Auslöser für eine Verlaufskurve des Erleidens wird die Mitteilung der Entlassung. Damit wird Claudia das Verlaufskurvenpotential voll zur Kenntnis gebracht. Sie kann nun auch die anderen Dimensionen, z. B. ihre Unzufriedenheit mit der familiären Situation, nicht mehr ignorieren.

> *Und denn, war ich ooch nich der Typ, so der der alleene zu Hause sitzt, mir is dann die Decke aufn Kopf gefallen, der Abwasch stand in der Kuche, denn, das*

---

12 Die Phasen der Verlaufskurve Aufschichtung des Verlaufskurvenpotentials, Auslosung durch ein herausgehobenes Ereignis, labiles Gleichgewicht, „Trudeln" und Zusammenbruch der Handlungsorientierungen, auf die ich mich in der folgenden Analyse beziehe, sind in Schütze (1981: 98f) beschrieben.

sah aus wie bei Hempels unterm Bett aber ich konnt einfach nich alleene zu Hause sein. [1: 29/1-5]

Sie erfährt diese Situation als Krise, aus der sie einen Ausweg finden muß. Hausarbeit ist für sie kein Ausweg aus dem Alleinsein, und nur vom Kind kann sie die erwartete Anerkennung nicht bekommen. Die Familie ist in diesem Moment keine Ressource zur Bewältigung ihrer Probleme, sondern verschärft diese eher noch. Ihr beruflich erfolgreicher Mann hat nicht die Zeit ihr zu helfen, und ihre Probleme sind für ihn vermutlich fremd und nicht nachvollziehbar.

Im Ergebnis der Bearbeitung der Verlaufskurve formuliert Claudia eine neue Interpretation ihres Lebens, eine „thematisch-autobiographische Gesamtsicht" (Schütze 1981: 107), die wie eingangs beschrieben ihre Zuwendung zur erlebten Lebensgeschichte bestimmt:

Weil de von Kind auf eigentlich immer den, weeß ich is immer eener zu Hause gewesen bei uns und, so, in der Schule war ich ja dann ooch nie alleene, da war ich dann immer mit irgendner Freundin zusammen, also eigentlich is mir da erstmal so richtig bewußt geworden, ich kann nich alleene sein [1: 29/5-10]

Eine Arbeit zu finden wird für sie zur Notwendigkeit, um dem Alleinsein zu entkommen und die Verlaufskurvendynamik zu unterbrechen. Sie sieht aber ihre Beschäftigungschancen wegen des Kindes und der Entwertung ihrer Qualifikationen sinken. Trotzdem versucht sie, dem etwas entgegenzusetzen, indem sie aktiv eine Beschäftigung sucht. Mit Schütze (1981: 100) gesprochen, setzt Claudia „handlungsschematische Behandlungs- und Kontrollschemata" ein.

Nach erfolgloser Arbeitssuche und im Ergebnis einer Beratung entscheidet sie sich für eine Umschulung zur Steuerfachgehilfin. Während der Beratung erhält sie weder realistische Informationen über den Inhalt der Tätigkeit noch über ihre Arbeitsmarktchancen und erfragt sie auch nicht. Möglicherweise folgt Claudia in ihrer Entscheidung für einen Dienstleistungsberuf dem aufgewerteten Image, das diese Berufe nach der Wende erhalten haben. An anderer Stelle bewertet sie ihren neuen Beruf:

Aber so richtig ins Buro, so wie damals Buro war bei uns im Betrieb, det wollt ick ooch nich. Und jetz aber so, wenn de da so hast, deinen eigenen Kram, und bist praktisch so, naja wie dein eigener Herr, außer daß de halt fur Gehalt arbeiten gehst [1: 50/34-51/3]

Mit Beginn der Umschulung durchbricht Claudia die Verlaufskurvendynamik und erschließt für sich Potentiale einer kreativen Wandlung. Wieder wird der außerfamiliale Bereich für sie zur Rückzugsmöglichkeit, die Anerkennung und soziale Integration bietet. Die vielleicht weniger reflektierte Erfahrung, durch das eigene Handeln schon nach der Scheidung der Eltern einen Ausweg aus einer Krise gefunden zu haben, beeinflußt Claudia in der Art und Weise, in der sie eine Lösung sucht.

Das in Claudias Schilderung der Krise dominierende thematische Feld „Alleingelassensein" ist beendet, sie setzt die Erzählung im thematischen Feld „Selbständigkeit" fort. Sie ist weiterhin auf sich allein angewiesen, kann aber ihre Handlungsautonomie durch die Berufstätigkeit wieder herstellen. Ihre eigenen Handlungsmuster erscheinen denen der Mutter ähnlich. Sie trägt - wie selbstverständlich - die Hauptlast ihrer eigenen Umorientierung und der Familienarbeit. In diesem thematischen Feld sind die Themen Berufstätigkeit und Kinderbetreuung eng verknüpft. Sie trägt die Doppelbelastung, 'Umschulung und Kind und Haushalt, alles alleene irgendwie', die Versprechen des Mannes, Unterstützung zu leisten, erfüllen sich nicht. Sie will jedoch die Umschulung auch gut machen, weil sie Arbeit finden will: 'wer stellt schon mittelmäßige Leute ein', und weil sie Ehrgeiz hat:

> *Da hatt ick ooch wieder den Ehrgeiz gehabt, da gut zu sein aber das war dann, relativ anstrengend gewesen weil, dann weeß ich, wenn ich n abgeholt hab um dreiviertel vier, dann gings erstmal Kaufhalle, oder nach Hause Wasche waschen, oder hier noch irgendwat in Ordnung bringen, um sieben is er dann abgegangen, ins Bett, dann konnste dich erst hinsetzen und irgendwat lernen. und dann sagste dir ooch immer, also jetz bin ich mude. Und dann meistens noch bis um acht und dann bin ich eingeschlafen. [...] und dann kam Klaus irgendwann nach Hause und hat mich dann wieder wachgemacht, 'ich hab Hunger'.* [1: 36/28-37/4]

Mit der Schilderung der Umschulung hat Claudia in ihrer Erzählung die Gegenwartsschwelle erreicht, seitdem erwähnt sie keine Unterbrechungen des Alltagsrhythmus'. Die Krise ist bewältigt, die Ambivalenzen ihrer Situation werden ihr jedoch jeden Tag deutlich.

Sichtbar wird hier, wie es zu der so traditionell erscheinenden Arbeitsteilung kommt. Claudia hat vor ihrer Familiengründung ein weniger geschlechtsstereotypes Bild von sich präsentiert. Sie setzt sich im „Männerberuf" durch, sie verwirklicht ihre Interessen, entwickelt Kompetenzen in technischer Richtung und will in diesem Bereich studieren. Durch die Entwertung ihrer Qualifikation und den gleichzeitigen beruflichen Erfolg des Mannes kommt sie in eine Situation, in der geschlechtsstereotype Arbeitsteilung vor dem Hintergrund des gelernten Ignorierens dieser Problematik verstärkt wird. Sie versucht nicht, die ihr Alltagsleben belastenden Routinen der Arbeitsteilung zu problematisieren. Persönliche Konflikte kann Claudia schwer austragen. Familiäre Konflikte erlebte Claudia als Chaos, das im Verlassenwerden, in der Katastrophe endet. Deshalb adaptiert sie das Handlungsmuster ihrer Mutter und bewältigt selbst alle Belastungen, anstatt im Konflikt mit ihrem Mann Kompromisse auszuhandeln.

Claudia interveniert dagegen deutlich, wenn sie ihren eigenen Handlungsspielraum direkt in Gefahr sieht. An diesen von ihr anerkannten Selbstverständlichkeiten, vor allem der Selbstverständlichkeit zu arbeiten, will sie offensichtlich keine Abstriche machen.

Claudia kann nach Beendigung der Umschulung Arbeit in dem Steuerbüro finden, in dem sie während der Umschulung das Praktikum absolviert hat. Die Bewältigung der Umschulung und die folgende Erwerbstätigkeit, in der sie ebenfalls erfolgreich ist, sind ein *kreativer Wandlungsprozeß*, in dem sie Handlungspotentiale entdeckt. Claudia erreicht diesen Wandlungsprozeß durch die in ihrem bisherigen Leben erworbenen Kompetenzen.

Wie man an Claudias Fall sieht, wird die Verbindung von Berufstätigkeit und Familie nicht an sich zum Problem. Problematisch wird sie durch die geschlechtsspezifische Segmentation der beruflichen Arbeit und die damit einhergehenden unterschiedlichen Verdienstmöglichkeiten, Karrierechancen etc. Die Belastungen der Verbindung von Beruf und Familie trägt Claudia, während ihr Mann zum „Konsumenten“ an der Familie wird. Deutlich wird, was Krüger (1995: 200, Herv. i.O.) als „spezifische Doppelstrukturiertheit der Lebensläufe *beider* Geschlechter“ beschreibt. Sie hebt hervor, daß für Männer und Frauen Arbeit und Familie als Strukturgeber für den Lebenslauf fungieren. Jedoch erst eine Analyse der hierarchischen Machtdifferenzen zwischen den Institutionen kann die Geschlechterordnung und deren Bedeutung für den Lebenslauf entschlüsseln. Das Machtungleichgewicht zwischen den Institutionen Familie und Erwerbssystem kommt darin zu Ausdruck, daß „die Familie die reduzierte Verfügbarkeit von Männern für Familienarbeit nach den Vorgaben ihrer Arbeitsmarkteinbindung hinnehmen muß“, während „der Arbeitsmarkt die familial bedingt labilisierte Verfügbarkeit der weiblichen Arbeitskraft nicht nachsehen zu müssen (scheint)“ (ebd.: 205). Dieser strukturelle Konflikt führt zu der Entlastung der männlichen und der Belastung der weiblichen Lebensverhältnisse, wie man es bei Claudia und ihrem Mann verfolgen kann.

Als Fazit ihrer Eingangserzählung bewertet Claudia ihre Situation:

> *Ich finds nich so toll. Bloß, wat willste machen, uffhorn zu arbeiten und zu Hause bleiben kannste ooch nich. / hmm / naja, mußt de durch [...] ich hab mir mein Leben eigentlich mal n bißchen anders vorgestellt* [1: 43/27-33]

> *Na, dann geheiratet Kind gekriegt und nu, Umschulung gemacht, und det war et nu. Nu stehst de da und wartest auf die Rente, so ungefahr. Find ick ooch*

> *manchmal ganz schon deprimierend, wenn de hier jetzt denkst, det wars jetzt gewesen.* [1: 45/31-35]

Claudias biographische Entwürfe haben sich nicht ihren Erwartungen gemäß verwirklicht. Über ihre einstigen Vorstellungen von Familie kann ich nur Vermutungen anstellen, hinsichtlich ihrer Berufstätigkeit konnte man die biographische Relevanz ihrer Pläne erkennen. Den Bruch zwischen Claudias Vorstellungen und ihrer jetzigen Situation kann man auf verschiedenen Ebenen erklären. Die Transformation der Institutionen Erwerbssystem und Familie seit 1989 haben die Handlungsbedingungen für Claudia verändert und damit ihre Vorstellungen teilweise unrealisierbar gemacht. Dies trifft zusammen mit dem Älterwerden, durch das gewisse Optionen immer schwerer zu verwirklichen sein werden. Die Umschulung wird Claudias biographischem Entwurf Studium nicht gerecht. Von neuem muß sie sich die Bedingungen für eine Realisierung erarbeiten. Aus der Perspektive der biographischen Analyse kann man hinzufügen, daß Claudias Fähigkeit zum selbständigen Koordinieren dieses Konfliktpotentials Krisen vermeidet und damit zugleich die Ambivalenz weiter bestehen läßt. Hinzu kommt der von Krüger (1995: 207) beschriebene Bruch in den Orientierungen der „Institutionen, die den Erwachsenenstatus vorbereiten (Bildung und Berufsbildung), und (dem) Geschlechterregime der Erwachsenenstatus-Institutionen (Familie und Arbeitsmarkt)“. Erstere erzeugen den Glauben an Chancengleichheit und vermitteln gleichzeitig die Statusposition für den Arbeitsmarkt, auf dem die Bedeutung der Kategorie Geschlecht deutlich wahrnehmbar wird. Mit der Wende wird diese auch in der DDR vorhandene Geschlechtsspezifik noch verstärkt. Gerade in dieser Situation muß Claudia mit der neu gegründeten Familie und ihrer eigenen beruflichen Umorientierung fertig werden.

4.2 Martina Ludwig. ‘Steh ick im Nassen. Sozusagen.’

Auch Martina Ludwigs erzählte Lebensgeschichte ist durch ihre spezifische Zuwendung zum Zeitpunkt des Gesprächs geprägt. Auf die Frage nach einer globalen Einschätzung ihres Lebens antwortet sie:

> *Meine Oma, die hatte so n Buch, Struwelpeter. Und da war so ne Geschichte drinne, mit, da hatte er, der Junge so n Schirm, und da kam so n Regen, und dann der Schirm is=, hat ihn nich geschutzt sondern is so hochjegangen, also so wurd ick det beschreiben (lacht). Kann gar ni so genau dat wiedergeben. Jedenfalls n dunklet Bild, Regen, und der Schirm, der erst so war, der is durch den Wind hochgegangen. Steh ick im Nassen. Sozusagen.* [1: 28/28-29/2]

Regen und Sturm, das Wegfallen von Schutz, Enttäuschungen und kindliches Ausgeliefertsein ziehen sich durch Martinas Leben und bestimmen thematisch ihre Lebensgeschichte. Das Bild hat sie schon als Kind beeindruckt, hatte damals also schon Bedeutung für ihr Leben. Sie ist märchenhaften Gewalten ausgesetzt. In nachfolgenden Situationen erlangte das Bild für sie offenbar eine immer größere symbolhafte Deutungskraft.

Kindheit und Jugend: 'daß meine Eltern mich immer abgeschoben haben'

Erst nach der zweiten Erzählaufforderung fängt Martina an zu erzählen:

> *Naja, da fang ich ganz vorne an, also neunzehnhunderteinundsechzig bin ich geboren, / hmm / im Dezember, und denn meine Mutter, mein Vater war immer schon Schlosser, meine Mutter, die is dann zu Hause geblieben drei Jahre, weil et ja keene Krippe oder so gab, und dann hat se bei der Post angefangen.* [1: 1/23-30]

Nach einem zögerlichen Beginn des Gespräches berichtet sie überraschend klar und strukturiert über den Anfang ihres Lebens. Die Zuhörerin wird in ihre Familie eingeführt, in die Verhältnisse einer Arbeiterfamilie auf dem Dorf. Martinas Vater ist Schlosser, sie verbindet mit seinem Beruf aber nicht nur einfach seine Tätigkeit, sondern identifiziert seine gesamte Person als Schlosser. Er war 'immer schon' Schlosser, d. h. er hat seinen Beruf nicht gewechselt. Es klingt viel Stabilität an und auch ein bißchen Langeweile. Martinas Mutter wird nicht mit einer Berufsbezeichnung eingeführt, es bleibt unklar, ob sie vor der Geburt gearbeitet hatte oder eine Ausbildung absolviert hatte. Eine Berufstätigkeit an sich scheint aber selbstverständlich gewesen zu sein, da das Zu-Hause-Bleiben der Mutter mit dem Nichtvorhandensein einer Krippe begründet wird. Als die Kinderbetreuung kein Problem mehr ist, fängt sie dann ja auch 'bei der Post' an zu arbeiten, höchstwahrscheinlich als ungelernte Arbeitskraft. In Martinas Worten könnte sich aber auch eine Schuldzuweisung der Mutter, die Martinas Geburt als Ursache für eine ungewollte Unterbrechung der Berufstätigkeit ansah, verstecken. Das Thema „Verhältnis zur Mutter" wird angedeutet. Weiter erzählt Martina:

> *Und ick hab dann so richtig mit dann Kindergarten, und Schule / hmm / zehn Klassen. Tja, war lange Einzelkind,und nach zehn Jahren is dann meine Schwester geboren, / hmm / und (8) tja in der Schule, also Jugendweihe gab et ja dann, erst Pioniere und so wat alles, Jugendweihe, dann wollt ich so gerne Porzellanmaler werden, wat naturlich nich geklappt hat.* [1. 1/30-2/8]

Im berichtenden Stil informiert Martina über den Verlauf der Kindheit und Jugend. Die 'richtige' Abfolge der Ereignisse findet in der Enttäuschung des Berufswunsches ein Ende. Man könnte vermuten, daß mit dieser Enttäuschung für Martina eine Misere begann, die sie im Nachhinein diese Passage so traurig schildern läßt. Sie ist stolz darauf, daß sie in ihrer Kindheit 'so richtig' Kindergarten, zehn Jahre Schule, Pionierorganisation und Jugendweihe, wie alle anderen auch, erlebt hat. Daß danach nicht mehr alles 'richtig' verlief, schreibt sie sich wahrscheinlich selbst zu.

Sie hat während der Schulzeit den Wunsch entwickelt, Porzellanmalerin zu werden. Dieser Wunsch ist 'natürlich' gescheitert. Sicher bezieht sie sich hier auf die Knappheit der Lehrstellen in diesem begehrten Beruf. Es bleibt offen, ob sie die Enttäuschung auch wieder sich selbst zuschreibt, da sie über diese Situation hätte informiert sein können. Das Scheitern ihres intensiven ('so gerne') Wunsches könnte sie dem gesellschaftlichen System DDR anlasten, und damit eine Geschichte des Leidens am System beginnen. Ebenso denkbar wäre, daß sie die Schuld für das Scheitern ihres Berufswunsches den Eltern gibt, die sie nicht unterstützt hatten. Während sie ihre Schulzeit etwas distanziert, fast unbeteiligt darstellt, ist sie bei ihrem Berufswunsch wirkliche Akteurin, die Enttäuschung klingt jedoch sehr kindlich und hilflos. Vielleicht will sie mit dem 'natürlich' auch andeuten, daß schon früher und auch jetzt alle ihre Wünsche enttäuscht werden.

Sie erläutert jedoch, warum 'natürlich':

> *Naturlich, weil et keen Internat gab, da unten in Meißen, wo det= wo man hatte so schon lernen konnen, und dann hab ick, mich einfach aus ner Laune heraus, in ner Gaststatte beworben. Die einzige, im Prinzip, die ich in Frankfurt kannte, hab da einfach hingeschrieben.. und mich beworben, als Kellnerin, aber dat war dann eben schon so, daß die Stellen schon weg waren, und dann hat man mir angeboten, Kòchin zu lernen. Naja, obwohl ich nu n Màdchen bin, oder (lacht), hatt ick vorher nüscht mit Kochen im Sinn gehabt, uberhaupt nich, nich mal Bratkartoffeln / hmm / oder n Ei oder so, ja, nuscht also hab ich dann doch, dann widerwillig angefangen, und hab aber im Laufe der Zeit doch, ja doch, hat mir Spaß gemacht eigentlich. Mhh, tja, det war ja da von vornherein eigentlich auch klar, daß wer nach der Lehre ooch ubernommen werden und so, det wurde ooch, man hat dann ooch die Sicherheit gehabt, ne Arbeit zu kriegen, und, aber ick bin dann schwanger gewesen,* [1: 2/8-26]

Die Begründung der Ablehnung, es gebe kein Internat, ist nicht plausibel. Da sich in Meißen die einzige Ausbildungsstätte für Porzellanmalerinnen und Porzellanmaler in der DDR befand, muß es auch ein Internat gegeben haben. Wahrscheinlich waren die Plätze nicht ausreichend. Daß der genaue Grund im Dunkeln bleibt, ist nicht erstaunlich, sondern Ausdruck der damaligen, von ihr als willkürlich empfundenen Entscheidung. Wie stark sie auf den Wunsch fixiert war, klingt durch das 'so schön' an. Sie hatte wahrscheinlich schon Pläne geschmiedet und sich die Situation einer Lehre ausgemalt. Ein selbständiges Leben in einer entfernten Stadt ist ihr vielleicht als ein Abenteuer erschienen.

Ihre folgende Reaktion sieht trotzig aus: 'aus ner Laune heraus' bewirbt sie sich in einer Gaststätte in Frankfurt/Oder. Die erste Bewerbungsrunde ist aber schon vorbei, deshalb bleibt ihr auch hier die erwünschte Lehrstelle versagt und sie muß sich mit der Lehrstelle zur Köchin zufriedengeben. Nun wird deutlich, daß sie wirklich keine Beratung erhalten hat und auf sich allein und ihre unzureichenden Informationen verwiesen war. Heute ist ihr wahrscheinlich unklar, aus welchen Gründen sie sich damals 'einfach' 'aus ner Laune heraus' für den Beruf der Kellnerin bewarb. Dieser Beruf hatte durch die knappen Gaststättenplätze und auch durch die Chance, Trinkgeld zu verdienen, unter Mädchen in der DDR ein gutes Image. Obwohl sie ihre Interessen gerade als untypisch für ein Mädchen schildert, bewirbt sie sich für einen typischen Frauenberuf und lernt dann tatsächlich einen Beruf, der ihren Interessen überhaupt nicht entspricht. Offensichtlich hat sie für sich keine anderen Möglichkeiten mehr gesehen. Trotzdem findet sie später Spaß an dem Beruf. Vielleicht waren ihre Vorstellungen vorher nicht so genau ausgeprägt, so daß sie offen für andere Erfahrungen sein konnte[13]. Man könnte hier Ansätze eines kreativen Wandlungsprozesses vermuten, in dem sie eigene Potentiale entdeckt.

'Mhh, tja' deuten schon an, daß irgend etwas dazwischen gekommen ist. Man könnte annehmen, daß die folgende Argumentation zur Arbeitsplatzsicherheit nur durch die veränderte Situation nach der Wende motiviert ist, und wird durch die Tatsache der Schwangerschaft überrascht. Schon nach der Lehre konnte sie deshalb nicht in ein Arbeitsverhältnis übernommen werden.

In der Eingangserzählung erfährt man nicht mehr über Martinas Kindheit, ihre Familie oder ihre Lehre, lediglich, daß sie in einem Dorf in der Nähe von Frankfurt/Oder aufgewachsen ist. Die Eingangserzählung steht bisher im thematischen Feld „Scheitern an der Gesellschaft". Auf Nachfrage erzählt sie mehr über die Kindheit. Über ihre Eltern sagt sie, ihr Vater wäre eher ruhig gewesen, die Mutter hätte 'das Sagen' gehabt und hätte sie durch 'Liebesentzug' bestraft, worunter sie sehr gelitten habe.

> *Also hab ich mich ooch immer bemuht, n artiget Kind zu sein. Alles zu machen, alles zu machen, damit ooch ja keener, keen Arger gibt. Tja (4)* [1: 10/15-17]

Die Beziehung zur Mutter war also problematisch, wie schon in der Eingangssequenz zu erwarten war. Anscheinend war Martina als Kind aufgrund der strengen Erziehung ruhig, folgsam, und erlebte zu Hause keine Unterstützung bei der Entwicklung von Selbstachtung und der Verwirklichung eigener

13 Vgl. den Berufswahlprozeß bei Claudia.

Interessen. Diese Vermutung wird durch weitere Geschichten unterstützt, die Martina aus ihrer Kindheit erzählt. Martinas Oma ist die wichtigste Bezugsperson für sie, da sie fast immer im Haushalt der Familie anwesend ist. Das Gefühl, von den Eltern vernachlässigt zu werden, kann die Oma aber nicht ausgleichen.

> *Und, ich im Nachhinein hab ich so den Eindruck, daß meine Eltern mich immer abgeschoben haben. Oder oder=, naja Oma hatte ooch immer Zeit, die war immer für mich dajewesen. Und, die war Analphabet, und det hat mich dann als Schulkind ooch jereizt, Oma so schreiben beizubringen. (lacht) Zum Beispiel. Aber Oma konnte ooch gut Buden mit mir bauen, so richtig draußen so* [1: 9/34 -10/6]

Martina geht nach Beendigung der Lehre 1981 nach Hause zurück, um dort zu entbinden und mit dem Sohn bei ihren Eltern zu leben. Darüber erzählt sie in der Eingangserzählung:

> *Und, bin dann wieder zurück nach Hause, und hab mein Kind gekriegt, neunzehnhunderteinundachtzig war det, und, nja und da hatt ick dann ooch keenen Krippenplatz gehabt, und konnte als Kochin ooch nich arbeiten, weil det ja verbunden war mit Schichtarbeit und so, und da wußt ick nich, wo ick den lassen sollte. Und da war ich wirklich drei Jahre zu Hause, und hab während der drei Jahre eigentlich, ooch mich ständig bemüht, Arbeit zu finden, aber det war damals eben gekoppelt mit ner Wohnung.* [1: 2/31-3/7]

Martinas Mutter stand der unehelichen Schwangerschaft ablehnend gegenüber. Um so schwerer muß es für Martina gewesen sein, wieder zu den Eltern zurückzugehen und auf deren Hilfe angewiesen zu sein. Zudem hat sie Schwierigkeiten, als Alleinerziehende in Schichtarbeit berufstätig zu sein. Eine andere Arbeit kann sie weder innerhalb des Dorfs noch außerhalb erhalten, da sie weder über einen Krippenplatz noch über eine Wohnung verfügt. Drei Jahre lang in der DDR ungewollt ohne Arbeit gewesen zu sein, wurde für sie zu einer paradoxen Situation. Sie versucht, den staatlichen Organen diese Paradoxie aufzuzeigen und so Handlungen zu erzwingen. Sie beschreibt ihren Kampf um eine Wohnung als Beleggeschichte für ihre politisch distanzierte Haltung:

> *Und da hab ich immer gekämpft, um in dem kleenen Ort, wo wer gewohnt haben, ne Wohnung zu kriegen. da hab ick mich ooch, hab ick ooch immer mit Erich Honecker korrespondiert. (lacht) Wenn man det so sagen darf Det war für mich in dem Sinne, ooch irgendwie n Druckmittel. Also hab versucht, dat auszunutzen, irgendwie, und hatte zwar keenen direkten Erfolg, aber das kam eben, erstmal kamen Leute von Seelow, von der Kreisleitung, und dann zum Schluß war ick soweit, daß Leute von der Bezirksleitung kamen, von der SED-Bezirksleitung oder wie sich dat schimpfte. Und, aber dat brachte mir ooch keene Wohnung, ja.* [1: 11/19-29]

Die erfolglose Arbeits- und Wohnungssuche muß ihr deshalb wie ein Kampf gegen Windmühlenflügel erscheinen. Sie sieht keine Interventionsmöglichkeiten, ihr Handeln ist ein ständiger Versuch, in den undurchschaubaren Verhältnissen eine Lücke zu finden. In dieser Situation zu leben, erzeugt bei ihr das Gefühl, ungerecht behandelt zu werden:

> *Nja det war sone unheimliche Wut in mir immer. (4) [...] Ick für mich kann immer kann eigentlich sagen, daß ick den Staat als solchen immer gehaßt habe. Aber gleichzeitig kam et fur mich ooch nich in Frage, jetz zum Beispiel n Ausreiseantrag zu stellen und wegzugehen, ne.. Und det is bis heute so geblieben eigentlich, die Tatsache, daß, ick sage mal, so n Gerechtigkeitssinn hab ick da.* [2: 12/25-32]

Herstellung von Handlungsautonomie durch Berufstätigkeit

Nach drei Jahren bekommt Martina für ihren Sohn einen Kindergartenplatz und fängt als Ungelernte an, in der Gemüseverarbeitung zu arbeiten. Nach zwei oder drei Jahren eröffnet sich für sie die Chance, bei einem Bekannten in einer Privatgaststätte zu arbeiten.

> *jedenfalls is er ooch zu mir gekommen und hat mich praktisch da abgeworben, das war aber ooch grade so, daß ich, wenn er nich gekommen ware, hatt ich n Meisterlehrgang angefangen.* [1: 4/3-6]

Martina schildert sich in dieser Zeit als aktive Entscheidungsträgerin mit einem selbständigen Leben. Auf die Frage, was ihr an der Arbeit als Köchin gefallen hat, hebt sie besonders die Anerkennung durch die Gäste und die Kreativität hervor, die für das Koordinieren verschiedener Arbeitsgänge erforderlich ist:

> *Na ick sage ma, man konnte ooch kreativ sein. Hmm, tja. das hat mir Spaß gemacht, ma wat andres auszuprobieren. Ob et da besser schmeckt oder* [1: 15/18-20]

Als ihr Sohn sieben Jahre alt ist, bekommt sie schließlich eine eigene Wohnung. Langsam scheinen sich ihre Lebensverhältnisse zu verbessern. Wenn Martina heute auf diese Zeit zurückblickt, erscheint ihr Leben in einem fast verklärten Licht:

> *denn is er in Kindergarten jegangen, und er is gerne jegangen, hat gerne mit andern gespielt und so.. da hab ich n fruh fertig gemacht, dann auf Arbeit gegangen, und dann nachmittag abgeholt, da war alles okey. Ooch finanziell war et ausreichend. Und so wirklich, wir sind so im Sommer sind wer an de Ostsee gefahren, und im Winter sind wer Schlitten, naja, in in de Berge gefahren, Schlitten fahren. [...] Det ging alles.. Und denn hatt ich ooch n Trabbi, denn mein Vater, der war ja Schlosser, der hatte den uffjemobelt, so n ganz alten, so*

> *n Kugelporsche (()) (lachen), und det det hat ooch Benzingeld gereicht, sag ich ma. (14)* [1: 15/2-25]

Martina kann in der Zeit Handlungsautonomie verwirklichen. Sie erlebt Anerkennung durch die Arbeit, und kann so auch das Leben mit ihrem Sohn positiv gestalten. Gemeinsame Aktivitäten mit dem Sohn erwähnt sie in dieser Lebensphase zum ersten Mal. Ich vermute, daß sie erst in einer für sie selbst befriedigenden Situation, in der sie nicht mehr den Druck der Mutter aushalten muß, genug Selbstvertrauen entwickeln kann, um ihr Kind nicht mehr als Makel zu empfinden. Martina verbindet positive Erlebnisse sehr stark mit Anerkennung. Das damit angeschnittene thematische Feld „Gewonnene Handlungsautonomie" führt sie in der Eingangserzählung nicht weiter aus, sie deutet eine befriedigende Lebenssituation lediglich an. Der Kontrast zu den nachfolgenden Ereignissen läßt sie schnell zur Wendezeit übergehen. Wehmut, Traurigkeit klingt hier an, man ahnt Enttäuschungen.

'Nja denn, kam die Wende.'

Die „Wende" ist in Martinas Lebensgeschichte sowohl die politische Wende im Herbst 1989 als auch die Wende zum Schlechten im persönlichen Leben. Das wird dadurch deutlich, daß Martina die Zeiten verwirrt:

> *M: Nja denn, kam die Wende. Nja wat heißt, kam die Wende, kurz vor der Wende, nee war schon=, im November war dat, nich? / hmm / ja. Im November war dette und im, Januar bin ich hierhergezogen.* [1: 4/20-25]

'Nja denn, kam die Wende.' ist ein Textmarkierer, der Martinas Darstellung der Ereigniskette eines verlaufskurvenförmigen Prozesses einleitet. Hinter ihrem Rücken schichtet sich ein Verlaufskurvenpotential auf, das ihre Handlungsbedingungen grundlegend verändert und ihr die Handlungsautonomie nimmt. Der biographische Entwurf, sich mit einem Freund selbständig zu machen, scheitert. Als Auslöser der Verlaufskurve fungiert ein Ereignis, daß wie ein undurchschaubarer Schicksalsschlag anmutet. Die Erlaubnis zum Betreiben der Gaststätte wurde von einer nicht definierbaren und nicht zu bekämpfenden Behörde entgegen vorheriger Absprachen an einen anderen Bewerber vergeben.

Martina versucht nun auf diesen Zusammenbruch ihres biographischen Entwurfes zu reagieren, kann aber die Bedingungen für einen wiederholten Versuch nicht erzeugen. Deshalb versucht sie, wenigstens ein „labiles Gleichgewicht"[14] herzustellen. Die Suche nach einer Arbeitsstelle bleibt aber erfolglos.

> *Naja, dann war ich eben, von da an, arbeitslos, ja..* [1: 6/13-14]

14 Die Phasen der Verlaufskurve sind in Schutze (1981: 89f) beschrieben

Die in der kurzen Phase der Berufstätigkeit als Köchin erworbene Handlungsautonomie hat sie verloren, sie muß nicht nur Arbeitslosigkeit, sondern auch ein Berufsorientierungsseminar 'durchmachen'. Danach möchte sie eine Umschulung oder Weiterbildung anschließen. Sie will auf ihrem Gebiet bleiben:

> *Aber ich wollte eigentlich in der Gastronomie bleiben, und wollte Hotelfachfrau, wirklich, wollt ick gerne machen.* [1: 6/26-27]

In dieser Zeit werden allerdings in Eisenhüttenstadt keine Umschulungen zur Hotelfachfrau angeboten. Es beginnt deutlich zu werden, daß Martina sich wieder selbst schuldig an ihrer Lage fühlt. Sie muß rechtfertigen, daß sie 'wirklich' etwas wollte. Weitere Schicksalsschläge folgen. Der Mißerfolg bei der Arbeitssuche und das Scheitern der Partnerbeziehung, die schlechten Arbeitsmarktchancen, die sich für sie auch nach der Umschulung abzeichnen, sind Ereignisse, die in der Verlaufskurvendynamik die Phase des „Trudelns" verursachen. Martina erlebt Situationen, in denen sie sich fremd wird. Sie erleidet psychosomatische Erkrankungen und hat schwere Depressionen.

> *Und ick bin, ich möchte sagen dadurch richtig krank jeworden. Denn, ich hab die Umschulung ooch ni geschafft. War so oft krank gewesen, uff, na wie sagt man, psychosomatisch, also mit Erbrechen Durchfall und so wat alles. / ja / Und hab war ooch beim Nervenarzt, von meinem Arzt dann uberwiesen worden und so, und die ham festgestellt, daß det psychisch is. Und zwar hatt ich dann ooch immer so Kopfschmerzen, und so. Naja, und ich konnt mich dann überhaupt nich konzentrieren und so. So richtig, richtig schwere tiefe Depressionen dann eben jekriegt. Da irgendwie.* [1: 7/20-31]

Martina erleidet während der mündlichen Prüfung einen Zusammenbruch: sie kann auf die ihr gestellten Fragen kein Wort antworten. Das Versagen bei der Prüfung wird zum „endgültigen Zusammenbruch der Handlungsorientierung" (Schütze 1981: 89) in einer biographisch relevanten Situation. Gegen Ende ihrer Eingangserzählung bewertet Martina ihre Lage:

> *Naja und dann, ebend, da is wieder die Arbeitslosigkeit dann gewesen. Bis jetz so. Wo eigentlich nichts=, nuscht was (()), na vom Arbeitsamt sowieso nüscht zu erwarten habe, großartig, und mich selber bemuhe, indem ick, na auf Annoncen schreibe, is egal wat det is im Prinzip schon, hmm. (seufzt) (4)* [1: 8/22-27]

Die Unstrukturiertheit ihres Alltags wird durch die vage Wortwahl deutlich. Nichts passiert, und sie hat auch nichts zu erwarten. Die andauernde Arbeitslosigkeit ist Grund für Martinas fortgesetzte depressive Stimmung. Sie lebt wieder in einer Beziehung, und wohnt mit ihrem Lebensgefährten und dem Sohn zusammen. Sie fühlt sich als Arbeitslose stigmatisiert und leidet unter der hoffnungslosen Situation.

Es erscheint bewundernswert, daß Martina weder hinsichtlich der Arbeitssuche noch hinsichtlich der Gestaltung ihres Lebens aufgegeben hat. Sie nimmt professionelle Hilfe in Anspruch, sucht in einer Selbsthilfegruppe nach Kontakten zu Menschen mit ähnlichen Problemen. Sie nimmt an einem Computerkurs teil, von dem sie sich eine Verbesserung ihrer Chancen auf dem Arbeitsmarkt erhofft.

Das Projekt Pension

Aus dieser Perspektive überrascht die Veränderung von Martinas Situation ein halbes Jahr nach dem ersten Gespräch. Martina ist noch arbeitslos, arbeitet aber an der Realisierung eines biographischen Entwurfs. Gleich am Beginn des Gespräches erzählt sie:

> *Mach jetze seit sechsten November son Existenzgründerseminar. In Frankfurt, bei der IHK. / hmm / Weil ich mich doch jetz mit dem Gedanken trage, ne Pension zu machen. Wurd ick gerne machen. Und zwar ham wer erstma n Haus gekauft, (Uhr schlägt) son ziemlich altet ja, und det is groß, und daher hab ich gedacht irgendwat mußt de damit machen. Wenn wir jetz als Dreipersonenfamilie da einziehen da isset zu groß, also tu ich irgendwat. Damit ick ooch Arbeit habe (lachend).* [2: 1/8-17]

Bereits die Teilnahme an dem Existenzgründerseminar der IHK gibt ihr neue Kraft. Sie bemerkt den starken Kontrast zu ihrer vorherigen hoffnungslosen Lage und wie sie selbst sich dadurch verändert hatte:

> *Seit ick, äh, diesen Kurs mache, dieset Seminar, ick kann nich sagen daß ick selbstbewußter bin, aber ich= ich selber schon fuhle mich ganz anders, ja Wo ick= wo ick sonst selber von mir sage, also als Arbeitslose bist de ja der letzte Husten und so, ja. Aber so doch, denk ick, bekommt mir det gut. Und da merk ick eben ooch wieder, det is, die Menschen fehlen mir, ja, wenn ick so arbeitslos bin, der Umgang mit Menschen. Und grade deswegen is mir ooch sone Pension, denk ick so det Richtige. Der Umgang mit Menschen. (13)* [2: 22/13-22]

Positive Erlebnisse und eigenen Erfolg verbindet Martina hier wieder mit Anerkennung durch andere Menschen, und die kann sie nur durch eine Arbeit finden. Anerkennung und Bestätigung durch andere Menschen sind für Martina sehr wichtig. Sie ist deshalb in starkem Maße auf Berufstätigkeit angewiesen. Familie hingegen hat Martina in ihrer Kindheit und in späteren Beziehungen als bedrückend und einengend erlebt. Auch mit ihrer jetzigen Beziehung ist sie nicht zufrieden. Ihren Lebensgefährten beschreibt sie als labil, er unterstützt sie nicht in ihrem Projekt. Es scheint so, als ob Martina jetzt in der Lage wäre, durch eigene Interventionen der Verlaufskurve ein Ende zu setzen. Mit dem Projekt Pension und dem Existenzgründerkurs kann Martina möglicherweise ein Handlungspotential mit biographischer Relevanz aufbauen und dadurch wieder Handlungsautonomie erlangen. Wandlungsprozesse, durch die sie ihr eigenes Potential für kreatives Handeln ausschöpfen könnte, erscheinen wieder denkbar. Im Unterschied zum ersten Gespräch, in dem sie sich selbst 'im Nassen' stehen sieht, sagt sie nun von sich:

Irgendwie bin ick ooch wie so n Stehaufmännchen, wa? (lacht) (7) [2: 17/21-22]

5. Die biographische Bedeutung von Erwerbstätigkeit

Die Chancen und Restriktionen der Berufswahl, die Qualifizierungsmöglichkeiten und die Handlungsorientierungen hinsichtlich Berufstätigkeit und Familie dieser Geburtsjahrgänge unterlagen den spezifischen Bedingungen der DDR. Die Wirkungen der geschlechtsspezifischen Transformation des Erwerbssystems und der sozialstaatlichen Regelungen nach 1989 betreffen die Frauen in besonderer Weise.

Sowohl in der öffentlichen als auch in den sozialwissenschaftlichen Diskussion wurde für die von mir betrachteten Jahrgänge noch lange erwartet, daß sie die „Gewinner" der Einheit in den neuen Bundesländern wären. Im Gegensatz zu den älteren Generationen, denen Umstellungen schwerer fielen und die schlechtere Chancen auf dem Arbeitsmarkt vorfänden, könnten sich die Jüngeren flexibler orientieren und die neuen Möglichkeiten nutzen (vgl. Huinink/Mayer 1993: 167). Daß für diese Geburtsjahrgänge die Zuweisung von Chancen in verstärktem Maße geschlechtsspezifisch ist, wird in den Biographien deutlich. Schlechte Arbeitsmarktchancen und das berufliche Engagement der Lebenspartner, das deren „reproduktive Versorgung" (Gottschall 1995: 127) nötig macht, stehen der Realisierung des Wunsches der Frauen nach qualifizierter Berufstätigkeit entgegen. Gesellschaftliche Institutionen, in den von mir untersuchten Fällen die Institutionen öffentlicher Arbeitsmarktpolitik, weisen Chancen geschlechtsspezifisch zu. Das konzentriert die Hoffnungen der Frauen, Beschäftigung zu finden, noch stärker auf Dienstleistungsberufe. Die Arbeitsmarktdynamik macht jedoch auch diese Chancen zunichte.

Untersuchungen der Mobilitätsprozesse der Ostdeutschen von 1989 bis 1993 bestätigen diese Geschlechtsspezifik. Die um 1960 geborenen Frauen haben ein 3,7mal höheres Risiko als Männer der selben Kohorte, von Arbeitslosigkeit betroffen zu werden (Diewald et al 1995: 316). Für Frauen, nicht jedoch für Männer wird Elternschaft zum Nachteil auf dem Arbeitsmarkt (ebd.: 328). Für die jüngeren Kohorten wird so ein Wandel zur traditionellen Trennung von Haus- und Erwerbsarbeit erzwungen (ebd.: 332). Daß dieser Zwang den

Orientierungen der Frauen entgegensteht und für sie Bedrohungen und Ambivalenzen hervorruft, wurde in den beiden Fallrekonstruktionen deutlich.

Die Selbstverständlichkeit von Erwerbstätigkeit ist für Frauen, die in der DDR aufgewachsen sind und berufstätig waren, *biographisch* verankert. Diese Verankerung erklärt die Stabilität der Handlungsorientierungen trotz schlechter Arbeitsmarktchancen. Arbeit ist durch die aufgeschichteten Erfahrungen zum Bestandteil ihrer Identität geworden, Arbeitslosigkeit bedroht nicht nur die materielle, sondern auch die psychische Existenz. Erwerbstätigkeit kann, wie in den beiden analysierten Fällen in unterschiedlicher Weise zum Ausdruck kam, Beschränkungen in anderen Lebensbereichen, z. B. der Familie, kompensieren und dadurch nicht nur Stabilität, sondern auch Handlungsautonomie ermöglichen. Arbeitslosigkeit wird deshalb als heteronome Beschränkung erlebt. Der alternative Lebensentwurf der Hausfrau bleibt fremd und wird deshalb nicht in großem Umfang angenommen.

Der Verlust von Arbeit gefährdet nicht nur die Identität von Männern. „Arbeitslosigkeit als Krise von Männlichkeit“ (Heinemeier 1992: 63) zu betrachten und mit einer geschlechtsspezifischen Identität zu verknüpfen, ist unzutreffend. Auch Frauen haben Schwierigkeiten, durch „Rückgriffe auf kompensierende Aktivitäten“ (ebd.: 80) andere Quellen der Selbstdefinition zu finden. Es ist zu vermuten, daß in der DDR Berufsbiographie als „kulturell ... hochrelevante Quelle der Selbstdefinition“ (ebd.: 81) nicht mehr nur mit männlicher Identität verbunden war. Arbeitslosigkeit bedroht in gleichem Ausmaß die Identität von Frauen und Männern. Im Fall von Claudia Müller drückt sich dieser Zusammenhang in ihrer gleichzeitigen Orientierung auf Familie *und* Arbeit aus. Noch deutlicher wird das im Fall von Martina Ludwig, der es nicht wie Claudia gelingt, schnell Arbeit zu finden. Es ist anzunehmen, daß eine „selbstverständliche Bündelung von Geschlechtsidentität, Berufsidentität und Familienidentität“, wie sie Oechsle (1995: 21) für westdeutsche Männer feststellt, in der DDR auch für Frauen existiert hat. Im Vergleich bliebe herauszuarbeiten, ob die Zentralität von Erwerbsarbeit tatsächlich die vermutete DDR-Spezifik aufweist oder ob generell für Frauen Berufstätigkeit eine biographische Bedeutung hat, die nicht durch eine Hausfrauenrolle ersetzt werden kann (vgl. Beiträge in Mohr 1993).

Die Ressourcen, die die Frauen zur Bekämpfung der identitätsbedrohenden Situation einsetzen können, sind durch ihre Erfahrungen mit Berufstätigkeit in der DDR entstanden. Die Frauen haben in der DDR über die gesellschaftlich „verordnete“ Selbstverständlichkeit von Berufstätigkeit hinaus individuelle Handlungsentwürfe entwickelt und haben versucht, diese aktiv umzusetzen. Sie haben Kompetenzen gewonnen, die sie nun befähigen, aktiv mit den neuen Institutionen des Erwerbssystems umzugehen. Sie können allerdings dadurch keineswegs das Problem fehlender Arbeitsplätze lösen. Daß selbst nach einer langen Zeit der Arbeitslosigkeit und schweren gesundheitlichen Folgen Interventionen unternommen werden, zeigt der Fall von Martina Ludwig. Ein möglicherweise wiederholtes Scheitern biographischer Entwürfe kann noch drastischere Folgen haben. Das Bild des Kampfes gegen die Windmühlenflügel scheint hier wieder eine Entsprechung zu finden.

Die Transformation des Erwerbssystems in den neuen Bundesländern erzeugt für die Frauen der von mir untersuchten Jahrgänge eine *kollektive Verlaufskurve.* Frau-Sein wird zum askriptiven Merkmal der Zugehörigkeit zu einer am Arbeitsmarkt benachteiligten Gruppe. Das sich transformierende Erwerbssystem greift in die Biographien ein, indem es Arbeitsmarktchancen neu strukturiert. Der Vergleich zu den beruflich erfolgreicheren Männern derselben Geburtsjahrgänge läßt als Grund für die schlechteren Chancen das Geschlecht offensichtlich werden. Die zentrale biographische Bedeutung von Arbeit kann die Frauen bei Arbeitslosigkeit in individuelle Verlaufskurven des Erleidens führen. Die strukturelle Benachteiligung von Frauen am Arbeitsmarkt wird als nicht beeinflußbares Eingreifen gesellschaftlicher Strukturen in das eigene Leben erfahren. Dadurch wird die gesellschaftliche Dimension fremd, das „ungelebte Leben“ wird zum „sozialen Sprengstoff“ (Alheit 1995: 111f).

Nicht alle Frauen sind deshalb für immer „Verliererinnen der Wende“. Der Zusammenhang zwischen kollektiven und individuellen Prozessen ist ein dynamischer, die Kategorien „Gewinner“ und „Verlierer“ sind in jedem Fall relativ und bleiben zudem immer vorläufig. Die Unschärfe dieser Kategorien läßt sie für eine soziologische Betrachtung sozialer Prozesse als ungeeignet erscheinen. Individuelle kreative Wandlungsprozesse sind selbst nach Prozessen des Erleidens möglich. Der „Kampf um ungelebtes Leben“ (Alheit 1995: 112) setzt der kollektiven Dynamik etwas entgegen. Die „Innovationskomponente der Ich-Identität, der fortlaufenden Veränderung des Identitätszustandes, der Neuerfassung von Selbst-, Fähigkeits-, Welt- und Interaktionsaspekten“ (Schütze 1989: 53) kommt immer wieder zum Vorschein.

Auch zur Entfaltung der persönlichen Innovationskomponente bietet die Gesellschaft Chancen, seien es auch nur eine Umschulung in einen Beruf mit unsicheren Arbeitsmarktaussichten für Claudia Müller oder ein kreatives Wochenende und Beratungsleistungen zur Existenzgründung für Martina Ludwig. Daß diese Strohhalme ergriffen werden, zeugt von dem Handlungspotential der Frauen und von ihrem ungebrochenen Willen, sich beruflich zu verwirklichen. Ob diese Interventionen erfolgreich sein können, ist in jedem Fall unsicher.

Literatur

Alheit, P., 1995: Die Spaltung von „Biographie“ und „Gesellschaft“. Kollektive Verlaufskurven der deutschen Wiedervereinigung. In: Alheit, P./ Fischer-Rosenthal, W. (Hrsg.): Biographien in Deutschland. Soziologische Rekonstruktionen gelebter Gesellschaftsgeschichte, Opladen: 87-115.

Anweiler, O., 1988: Schulpolitik und Schulsystem in der DDR. Opladen.

Anweiler, O./Fuchs, H.-J./Dorner, M./Petermann, E. (Hrsg.), 1992: Bildungspolitik in Deutschland 1945-1990. Ein historisch vergleichender Quellenband, Bonn.

Arbeitsamt Frankfurt (Oder), 1995: Jahresbericht 1994.

Beckmann, P./Engelbrech, G. (Hrsg.), 1994: Arbeitsmarkt für Frauen 2000 - Ein Schritt vor oder ein Schritt zurück? Kompendium zur Erwerbstätigkeit von Frauen, Beiträge zur Arbeitsmarkt- und Berufsforschung 179, Nürnberg.

Breckner, R., 1994: Von den Zeitzeugen zu den Biographen. Methoden der Erhebung und Auswertung lebensgeschichtlicher Interviews. In: Berliner Geschichtswerkstatt (Hrsg.): Alltagskultur, Subjektivität und Geschichte. Zur Theorie und Praxis von Alltagsgeschichte, Münster: 199-222.

Diewald, M./Huinink, J./Solga, H./Sørensen, A., 1995: Umbrüche und Kontinuitäten - Lebensverläufe und die Veränderung von Lebensbedingungen seit 1989. In: Huinink, J. et al. (Hrsg.): Kollektiv und Eigensinn: Lebensverläufe in der DDR und danach. Berlin: 307-348.

DIW, 1992: Umbruch am ostdeutschen Arbeitsmarkt benachteiligt auch die weiterhin erwerbstätigen Frauen - dennoch anhaltend hohe Berufsorientierung. In: DIW-Wochenbericht 18: 235-241.

DIW, 1995: Aspekte der Arbeitsmarktentwicklung in Ostdeutschland. In: DIW-Wochenbericht 23: 401-410.

Dölling, I., 1993: Gespaltenes Bewußtsein - Frauen- und Männerbilder in der DDR. In: Helwig, G./Nickel, H. M. (Hrsg.): Frauen in Deutschland 1945-1992. Bonn: 23-52.

Fischer, B.-R., 1993: Stichwort Bildung. In: Weidenfeld, W./Korte, K.-R. (Hrsg.): Handbuch zur deutschen Einheit. Bonn: 55-63.

Fischer, W., 1978: Struktur und Funktion erzählter Lebensgeschichten. In: Kohli, M. (Hrsg.): Soziologie des Lebenslaufs. Darmstadt: 311-336.

Fischer-Rosenthal, W., 1991: Biographische Methoden in der Soziologie. In: Flick, U./Kardoff, E. v. et al. (Hrsg.): Handbuch Qualitative Sozialforschung. München: 253-256.

Fischer-Rosenthal, W., 1995: Schweigen-Rechtfertigen-Umschreiben. Biographische Arbeit im Umgang mit deutschen Vergangenheiten. In: Fischer-

Rosenthal, W./Alheit, P. (Hrsg.): Biographien in Deutschland. Soziologische Rekonstruktionen gelebter Gesellschaftsgeschichte, Opladen: 43-86.

Gensior, S. (Hrsg.), 1995: Vergesellschaftung und Frauenerwerbsarbeit. Ost-West-Vergleiche, Berlin.

Gildemeister, R./Robert, G., 1995: Institutionalisierung mehrschichtiger Selbstbezüglichkeit. Psychosomatik im Krankenhaus. In: Hoerning, E. M./ Corsten, M. (Hrsg.): Institution und Biographie: die Ordnung des Lebens. Pfaffenweiler: 206-220.

Gottschall, K., 1995: Geschlechterverhältnis und Arbeitsmarktsegmentation. In: Becker-Schmidt, R./Knapp, G.-A. (Hrsg.): Das Geschlechterverhältnis als Gegenstand der Sozialwissenschaften. Frankfurt a. M.: 125-162.

Groß, S. W., 1995: Arbeitsmarkttendenzen in der Wirtschaftsregion Oder-Spree. Analyse der Strukturen der Humanressourcen der registrierten Arbeitslosen und des öffentlich finanzierten Arbeitsmarktes, Brandenburg.

Heinemeier, S., 1992: Rette sich, wer Mann - Arbeitslosigkeit als Krise von Männlichkeit. In: Zeitschrift für Biographieforschung und Oral History: 63-82.

Hockerts, H. G., 1994: Grundlinien und soziale Folgen der Sozialpolitik in der DDR. In: Kaelble, H./Kocka, J./Zwahr, H. (Hrsg.): Sozialgeschichte der DDR. Stuttgart: 519-544.

Hoerning, E. M., 1995: Biographien und Institutionen - die Ordnung des Lebens. In: Hoerning, E. M./Corsten, M. (Hrsg.): Institution und Biographie: die Ordnung des Lebens. Pfaffenweiler: 15-25.

Huinink, J./Mayer, K. U., 1993: Lebensverläufe im Wandel der DDR-Gesellschaft. In: Kohli, M./Joas, H. (Hrsg.): Der Zusammenbruch der DDR. Soziologische Analysen, Frankfurt a. M.: 151-171.

Kohli, M., 1985: Die Institutionalisierung des Lebenslaufs. Historische Befunde und theoretische Argumente. In: Kölner Zeitschrift für Soziologie und Sozialpsychologie 37: 1-29.

Kohli, M., 1994: Die DDR als Arbeitsgesellschaft? Arbeit, Lebenslauf und soziale Differenzierung. In: Kaelble, H./Kocka, J./Zwahr, H. (Hrsg.): Sozialgeschichte der DDR. Stuttgart: 31-60.

Kreher, S., 1995: Einige Bemerkungen über den Standort von Biographieforschung in der Soziologie. In: Zentrum für interdisziplinäre Frauenforschung (Hrsg.): Frauenbiographien vor dem Hintergrund ostdeutscher Sozialisationserfahrungen. Pfaffenweiler: 3-12.

Krüger, H., 1995: Dominanzen im Geschlechterverhältnis: Zur Institutionalisierung von Lebensläufen. In: Becker-Schmidt, R./Knapp, G.-A. (Hrsg.): Das Geschlechterverhältnis als Gegenstand der Sozialwissenschaften. Frankfurt a. M.: 195-219.

Kuhrig, H., 1973: Die Gleichberechtigung der Frauen in der Deutschen Demokratischen Republik. Schriften des DDR-Komitees für Menschenrechte, Heft 5, Berlin.

Lemke, C., 1991: Die Ursachen des Umbruchs 1989. Politische Sozialisation in der ehemaligen DDR, Opladen.

Mohr, G. (Hrsg.), 1993: Ausgezählt. Theoretische und empirische Beiträge zur Psychologie der Frauenerwerbstätigkeit, Weinheim.

Nickel, H. M., 1993: „Mitgestalterinnen des Sozialismus" - Frauenarbeit in der DDR. In: Nickel, H. M./Helwig, G. (Hrsg.): Frauen in Deutschland 1945-1992. Bonn: 233-256.

o. V., 1995: Wirtschafts- und Arbeitsmarktstatistik. In: Beschäftigungsobservatorium Ostdeutschland Nr. 16/17: 2-3.

Oechsle, M., 1995: Erwerbsorientierung und Lebensplanung junger Frauen. In: Arbeit 4: 7-23.

Rosenthal, G., o. J.: Erlebte und erzählte Lebensgeschichte. unveröffentlichte Habilitationsschrift, Kassel.

Schenk, S./Schlegel, U., 1993: Frauen in den neuen Bundesländern - Zurück in eine andere Moderne? In: Berliner Journal für Soziologie 3: 369-384.

Schütze, F., 1981: Prozeßstrukturen des Lebensablaufs. In: Matthes, J. (Hrsg.): Biographie in handlungswissenschaftlicher Perspektive. Nürnberg: 67-156.

Schütze, F., 1982: Narrative Repräsentation kollektiver Schicksalsbetroffenheit. In: Lämmert, E. (Hrsg.): Erzählforschung: Ein Symposium. Stuttgart: 468-490.

Schütze, F., 1983: Biographieforschung und narratives Interview. In: Neue Praxis 3: 283-293.

Schütze, F., 1984: Kognitive Figuren des autobiographischen Stegreiferzählens. In: Kohli, M./Robert, G. (Hrsg.): Biographie und soziale Wirklichkeit. Stuttgart: 78-117.

Schütze, F., 1989: Kollektive Verlaufskurve oder kollektiver Wandlungsprozeß - Dimensionen des Vergleichs von Kriegserfahrungen amerikanischer und deutscher Soldaten im Zweiten Weltkrieg. In: Zeitschrift für Biographieforschung und Oral History 2: 31-109.

Strauss, A./Corbin, J., 1990: Basics of qualitative research: grounded theory procedures and techniques. Newbury Park.

Streckeisen, U., 1991: Statusübergänge im weiblichen Lebenslauf: über Beruf, Familie und Macht in der Ehe. Frankfurt a.M.

Thomas, R, 1988: Aspekte des sozialen Wandels in der DDR. In: Timmermann, H. (Hrsg.): Sozialstruktur und sozialer Wandel in der DDR. Saarbrücken-Scheidt: 27-54.

Trappe, H., 1994: Selbständigkeit - Pragmatismus - Unterordnung. Frauen in der DDR zwischen Beruf, Familie und staatlicher Sozialpolitik, FU Berlin: unveröffentlichte Dissertation.
Winkler, G. (Hrsg.), 1990: Frauenreport '90, Berlin.

Anhang

Transkriptionszeichen

, (Komma)	kurzes Absetzen, Stimmführung nach oben
. (Punkt)	Absetzen, Stimmführung nach unten
.. (zwei Punkte)	kurze Pause
... (drei Punkte)	etwas längere Pause
(5)	Pause länger als 3 Sekunden (Sekunden)
und ich <u>meine das</u>	Unterstrichenes wurde betont
da hat sie gesagt 'nein'	in einfachen Anführungszeichen befindlicher Text ('nein') ist zitierte Rede
(lacht)	Kommentare zu nichtsprachlichen Äußerungen oder Unterbrechungen
((mein Haus))	undeutlich
(( ))	nicht verstanden
da= darunter war	= kennzeichnet Abbrüche
[...]	Auslassungen aus dem Interviewtranskript

Familiale Generationsbeziehungen als pädagogisches Verhältnis

Karin Bock

1. Einleitung

Generationsbeziehungen gewinnen in jüngster Zeit wieder zusehends an Bedeutung. Damit ist zum einen das Verhältnis von Eltern und Kindern in der Familie gemeint und zum anderen die Beziehungen zwischen Älteren und Jüngeren innerhalb der Gesellschaft.

Wie familiale Generationsbeziehungen in der Praxis aussehen, welchen Einfluß die Familienmitglieder auf die Erziehung der jüngeren Generationen haben, und ob ein pädagogisches Verhältnis zwischen den verschiedenen Generationen einer Familie besteht, habe ich in meiner Diplomarbeit, die diesem Aufsatz zugrunde liegt, anhand einer weiblichen Generationenlinie untersucht. Diese Arbeit stellt den ersten Versuch dar, im Rahmen des Forschungsprojekts „Ostdeutsche Generationen im biographischen Vergleich" eine weibliche Generationenlinie unter der pädagogischen Fragestellung nach Erziehungskonzepten und deren Umsetzung in die Erziehungspraxis zu bewerten. In unserem Forschungsprojekt fragen wir nach dem Wandel der Beziehungen zwischen den Generationen aus der Sicht sozialisatorischer und sozialgeschichtlicher Veränderungen im Bundesland Sachsen-Anhalt. Wir befragen jeweils Großmütter, Mütter und Töchter oder Großväter, Väter und Sohne der Jahrgänge 1915-23, 1940-45 und 1968-74 nach ihren biographischen Erfahrungen im Kontext ihres bisherigen Lebens. Zur Erhebung und Auswertung des Fallmaterials stützen wir uns auf das von *Schütze* (1983) vorgeschlagene narrative Verfahren.

Die Grundannahme der Arbeit war, daß die jeweilige Elterngeneration ein ganz bestimmtes Konzept bei der Erziehung ihrer Kinder verfolgt und praktiziert. Es wird angenommen, daß in den biographischen Erzählungen von Großmutter, Mutter und Tochter nicht nur Erziehungskonzepte und die Umsetzung dieser Konzepte in die Praxis behandelt werden, sondern daß durch die Lebensgeschichten der jeweiligen „Kinder-Generation" auch die Wirkungen der Erziehungsstile offensichtlich werden.

Im ersten Teil des Aufsatzes werden die zentralen theoretischen Bezüge skizziert, die gegenwärtig im Mittelpunkt der Diskussion in der erziehungswissenschaftlichen Literatur stehen[1]. Anschließend folgt eine kurze Darstellung der Biographieverläufe von Großmutter, Mutter und Tochter der Familie Stein. Die Beziehungen und Verflechtungen der drei Familienmitglieder werden im Familienporträt hinsichtlich des pädagogischen Verhältnisses dargestellt. Im letzten Abschnitt des Aufsatzes werden die Ergebnisse noch einmal vor dem Hintergrund sozialgeschichtlicher Fragen diskutiert.

2. Das Problem der Generationen

2.1 Generationsbeziehungen und Generationenverhältnisse

2.1.1 Generationen und Gesellschaft

„Das Problem der Generationen", formulierte Karl Mannheim in seinem gleichnamigen Aufsatz, „ist ein ernst zu nehmendes und wichtiges Problem. Bei der Erkenntnis des Aufbaues der sozialen und geistigen Bewegungen ist es eines der unerläßlichen Führer. Seine praktische Bedeutung wird unmittelbar ersichtlich, sobald es sich um das genauere Verständnis der beschleunigten Umwälzungserscheinungen der unmittelbaren Gegenwart handelt. Es wäre schade, wenn außerwissenschaftliche Methoden das dabei ohne weiteres Erforschbare verdecken würden." (Mannheim 1928: 168).

Mannheims Verdienst besteht in einer Neuorientierung des Generationenbegriffs. Er stellte Überlegungen für eine gesellschaftlich-soziologische Generationenkategorie an[2]. Mannheim beschreibt eine Generation als eine Gruppe von Individuen, die aus sich selbst eine „Entelechie", ein Zugehörigkeitsgefühl zu einer bestimmten Gruppe, entwickelt. Diese Entelechie entsteht während der ersten Lebensjahre und gründet sich in einem „inneren Ziel, das Ausdruck im Weltgefühl der zu einer Generation gehörenden Individuen findet" (Mannheim 1928: 165). Über dieses Zugehörigkeitsgefühl lassen sich Individuen verschiedener Generationen beschreiben. Angehörige verschiedener Generationen verfügen über unterschiedliche Lebensgefühle,

1 Dabei kann der historische Bezug zum Generationenproblem (Schleiermacher 1983; Bernfeld 1928; Nohl 1919) aus Platzgrunden jedoch nur genannt, aber nicht entfaltet werden

2 Dabei orientiert er sich an Diltheys Gedanken uber Generationenwechsel und sozialen Wandel innerhalb der Gesellschaft. Fur Dilthey ist die Generationenabfolge ein treibender Faktor der Gesellschaft Die Dimension der sozialen Lebenszeit ubernimmt Mannheim von Pinder als „Ungleichzeitigkeit des Gleichzeitigen"

genauer gesagt, zwei aufeinanderfolgende Generationen entwickeln ein anderes Verständnis für gesellschaftliche Lebensereignisse und „bekämpfen einen jeweils anderen Gegner in der Welt und in sich" (Mannheim 1928: 181). Zudem erklärt Mannheim eine Generation aus der sozialen Klassenlage, die er als eine besondere Form der sozialen Lagerung versteht. In der generationsspezifischen sozialen Lagerung erfahren Individuen gleichermaßen historisch-soziale Ereignisse. Werden diese erlebten Ereignisse auf ein und derselben Ebene der Bewußtseinsschichtung reflektiert, sind diese Individuen einer Generation verwandt gelagert.

Wenn Individuen historische Ereignisse durchleben, aber diese erlebten Ereignisse nach anderen Gesichtspunkten ihres Erfahrungsschatzes reflektieren, gehören sie nicht mehr einer Generation an. Eine Unterscheidung von Angehörigen verschiedener Generationen ist nach Mannheim über die Lebensschichtung, d. h. die historisch erlebte Zeit, möglich. Dabei ist es von entscheidender Bedeutung, daß jede neue Generation in bestehende Einstellungen, Gefühlsgehalte und Lebenshaltungen hineinwächst und sie für sich verändert. Nach Mannheim werden bis etwa zum 17. Lebensjahr diese Gehalte relativ unproblematisch von den Jugendlichen aufgenommen und verarbeitet. Die verarbeiteten Einstellungen dringen aber viel tiefer in das Bewußtsein der Menschen ein als später hinzukommende Einflüsse. Für Mannheim sind diese Gehalte die historisch älteste Schicht im Bewußtsein, über die sich natürliche Weltbilder festlegen und stabilisieren (Mannheim 1928). Im weiteren Verlauf des Lebens, etwa nach dem 17. Lebensjahr, werden die zunächst unproblematisch angenommenen Gehalte von den Jugendlichen oftmals in Frage gestellt. Die ererbten Weltbilder werden von ihnen zu einem gegenwärtigen Problem, mit dem sie sich auseinandersetzen. Mithilfe erlernter Einstellungen entwickelt die junge Generation ihr eigenes Weltbild. Die älteren Generationen halten an ihren einst neuorientierten Lebenshaltungen und Einstellungen fest. Diese Abfolge tradierter Lebensorientierungen trägt zum sozialen Wandel bei. Mannheim ist der Auffassung, daß jede junge Generation im Verlauf ihres Lebens an ihren modifizierten Weltbildern festhält. Die darauffolgenden neuen Generationen nehmen die Lebensorientierungen auf und verändern sie dann wieder in ihrem Sinne (Mannheim 1928).

Mannheims Generationenansatz und die damit verbundene Dimension des gesellschaftlichen und sozialen Wandels ist von der soziologischen Literatur aufgegriffen worden (z. B. Nave-Herz 1992; Kaufmann 1993; Lüscher 1993). Gegenwärtige Überlegungen in der Soziologie beschäftigen sich auf vielfältige Weise mit der gesellschaftlichen Kategorie von Generationen, deren Beziehungen, Konflikten oder Verhältnissen zueinander.

Kaufmann (1993) trifft Überlegungen hinsichtlich einer Unterscheidung von Generationenverhältnissen und Generationsbeziehungen. Dabei differenziert er Generationenverhältnisse und Generationsbeziehungen in eine makrotheoretische und eine mikrotheoretische Ebene (vgl. hierzu auch Rauschenbach 1994; Büchner 1995). Generationenverhältnisse beschreiben, angesiedelt auf der makrotheoretischen Ebene, die „für die Beteiligten nicht unmittelbar erfahrbaren, im wesentlichen durch Institutionen des Sozialstaats vermittelten Zusammenhänge zwischen den Lebenslagen und kollektiven Schicksalen unterschiedlicher Altersklassen und Kohorten" (Kaufmann 1993: 97). Dagegen charakterisieren Generationsbeziehungen, die Kaufmann auf der mikrotheoretischen Ebene erfaßt, in erster Linie die beobachtbaren Folgen sozialer Interaktionen zwischen Angehörigen verschiedener, in der Regel familial definierter Generationen (Kaufmann 1993). Für Kaufmann trifft diese Unterscheidung von Generationenverhältnissen und Generationsbeziehungen auch den alltäglichen Sprachgebrauch. Generationenverhältnisse beschreiben in erster Linie anonyme Verhältnisse, die man nicht an konkreten Personen festmachen kann. Generationsbeziehungen spiegeln demgegenüber Umgangsformen von Mitgliedern einer Familie wider[3]. Für Kaufmann besitzt die Familie neben der biologischen Funktion (Nachwuchssicherung) auch eine entscheidende gesellschaftliche Funktion. Die Familie erhält die intergenerationelle Solidarität, da Kinder von den Eltern lernen und umgekehrt. Die Heranwachsenden und Erwachsenen werden für ihre Eltern selbst zu Mittelspersonen bei der Aneignung neuer Zivilisationstechniken und Wertorientierungen in einer dynamischen Gesellschaft (Kaufmann 1993).

Rauschenbach (1994) hat die Kategorien Generationsbeziehungen und Generationenverhältnisse um eine teilnehmende und eine beobachtende Perspektive erweitert. Die Darstellung von Generationsbeziehungen und Generationenverhältnissen in der folgenden Abbildung beschreibt in der synchronen Perspektive generationsspezifische Gemeinsamkeiten. In der diachronen Perspektive werden Unterscheidungsmerkmale zwischen den Angehörigen verschiedener Generationen dargestellt (vgl. hierzu auch Büchner 1995):

3 Kaufmann präzisiert im weiteren die Begriffsbestimmung von Längs- und Querschnittsuntersuchungen. Der Querschnittsbetrachtung weist er in soziologischen Analysen die Untersuchung von „Altersgruppen (z.B. Alte, Junge)" (Kaufmann 1993: 98) zu. Längsschnittbetrachtungen bleibe der Begriff der „Generation i.e.S." vorbehalten, „also die typisierte >soziale Lagerung< (Mannheim 1928) der Angehörigen bestimmter, nach inhaltlichen (und nicht bloß statistisch-chronologischen) Kriterien abgegrenzter Kohorten auf der Zeitachse" (Kaufmann 1993: 98)

Abbildung 1: Perspektiven der Kategorie Generation

	Mikroperspektive		*Makroperspektive*		
	Teilnehmerp.	*Beobachterp.*	*Teilnehmerp.*	*Beobachterp.*	
Synchrone Perspektive	(1a) „meine Schwester, meine Freunde"	(1b) Geschwister, Gleichaltrige	(2a) „meine Generation"	(2b) „Kriegs-generation", „68er Generation"	Intragenerativer Horizont
Diachrone Perspektive	(3a) „mein(e) Vater/Mutter, mein(e) Sohn/ Tochter"	(3b) Großeltern, Eltern, Kinder etc.	(4a) „unsere Großeltern-generation"	(4b) generativer, epochaler Wandel	Intergenerativer Horizont
	=Generationsbeziehungen		=Generationenverhältnisse		

Quelle: Rauschenbach 1994: 21

Zugleich beinhaltet die Veranschaulichung eine Zeitdimension, über die das Neben- und Miteinanderleben der verschiedenen Generationen innerhalb des gesellschaftlichen Kontexts dargestellt wird.

Der Wandel in Generationsbeziehungen wird nach Kaufmann (1993) auch auf der emotionalen Ebene sichtbar. In vormodernen Verhältnissen existierten nach Kaufmann „erhebliche Spannungen über Zeitpunkt und Bedingungen der Hof- und Geschäftsübergabe" (Kaufmann 1993: 105 f.) Meiner Meinung nach wird aber die Entspannung auf der emotionalen Ebene überlagert von neuen sozialen Aufträgen, die auf einer qualitativ anderen Stufe innerhalb der gesellschaftlichen Funktion von Familie angesiedelt sind. Inmitten des pädagogischen Verhältnisses werden neue Konflikte und Spannungen ausgetragen, die durch die Dynamik der Gesellschaft hervorgebracht werden. Zudem kommen auf die jüngeren Generationen Aufgaben zu, die nicht erreichte Ziele der Elterngeneration beinhalten. Durch diese Veränderungen entstehen neue Konflikte in den Familienbeziehungen zwischen Eltern und Kindern. Sicher gibt es nicht mehr die finanzielle Last der Absicherung in dem Maße wie zur Zeit der vormodernen Gesellschaft. Von einer finanziellen Unabhängigkeit der familialen Generationsbeziehungen kann aber nicht allein ausgegangen werden. Die Familie[4] hat immer noch eine zentrale Stellung

4 Der Begriff der Familie soll hier und im folgenden nicht traditionell gebraucht werden, d. h. es soll nicht nur die Mutter-Vater-Kind(er)-Konstellation, *die Kleinfamilie schlechthin*, in Betracht gezogen sein. Ich gehe davon aus, daß „Familie" sozusagen als „Zusammenfassung pluralistischer Lebensformen" gebraucht wird. Ich berufe mich

als Sozialisationsinstanz. So fordert z. B. Herrmann (1987) die Untersuchung der verschiedenen Sozialisationsinstanzen wie Familie, Medien oder Schule, um Generationseinheiten näher beleuchten zu können. Die innerfamilialen Beziehungen zwischen den Generationen haben neue Formen im Umgang untereinander angenommen. Herrmann beschreibt den Ablösungsprozeß der Jüngeren von den Älteren als prekär und weist darauf hin, daß dieser auf beiden Seiten Zukunftsängste erzeugen kann (Herrmann 1987).

Beziehungen zwischen Generationen wurden bisher weitgehend quantitativ untersucht. Die qualitative Sozialforschung konzentrierte sich überwiegend auf die Analyse einer - mehr oder weniger - „herausragenden Generation" und etikettierte sie mit einprägsamen Modebegriffen, die zugleich aber auch die jeweilige Jugendgeneration in ihren historischen Rahmen einordnen helfen: „So sprach (und spricht) man von der 'unpolitischen Generation', der '68er', der 'APO-Generation' oder der 'Beat-Generation' , 'No-Future-Generation', 'Null-Bock-Generation' usw." (Nave-Herz 1992: 135). Diese Generationsetikettierungen sollen helfen, den Wandel von Normen und Werten zu kennzeichnen. Dabei ist die Gefahr einer Stigmatisierung jedoch nicht zu unterschätzen. Nave-Herz trifft eine grundsätzliche Unterscheidung zwischen einer „allgemeinen gesellschaftlichen Generationsabfolge" und der „partikularistischen Generationsabfolge, nämlich der spezifischen zwischen Eltern und Kindern" (Nave-Herz 1992: 137). Ähnlich wie Kaufmann (1993) unterteilt sie auf der Grundlage von Mannheim die Gestalt des Generationskonstrukts in eine gesellschaftliche und eine biologische Dimension.

Parallelen und Unterschiede der biologischen und der gesellschaftlichen Dimension werden oft hinsichtlich des Generationen-Kohorten-Problems diskutiert. Inwieweit VertreterInnen gesellschaftlicher Generationsabfolgen familiale Generationsbeziehungen beeinflussen, wird in der Literatur durch das Konstrukt eines Generationenvertrags (von Braunmühl 1986; Giesecke 1988; Rauschenbach 1994) versucht zu beantworten. Wie aber dieser Vertrag „abgeschlossen" und „eingehalten" wird, in welchen Dimensionen er präsent ist und wie er sich durch die Generationenabfolge zieht, bleibt unklar. Zudem bleibt die Frage nach den Unterschieden in den Einstellungs- und Verhaltensweisen der Angehörigen einer Generation im Gegensatz zu aufeinanderfolgenden Generationen offen. Nave-Herz weist auf die Problematik des „Generationenschicksals" hin, die sich nur innerhalb eines Vergleichs von Individuen verschiedener Generationen herausarbeiten lasse (Nave-Herz 1992).

hier auf die ‚Wortschöpfung Familie' von Beck (1992), der „Familie als Familie*n* in ein Familiengefuge" ausdifferenziert und „Elternschaft als spaltbar, aber nicht kundbar" charakterisiert (Beck 1992: 188).

2.1.2 Generationen und Erziehung

Auch in der Pädagogik wird das „Problem der Generationen“ in der Literatur gegenwärtig diskutiert. Hier geht es vorwiegend um das Erziehungsverhältnis innerhalb der Generationsbeziehungen und der Generationenverhältnisse. Zentrale Ansätze (z. B. Hornstein 1983; Rauschenbach 1994; Giesecke, 1988) verweisen auf klassische Erziehungstheorien, wie sie von Schleiermacher, Bernfeld oder Nohl entwickelt wurden.

In seiner „Theorie der Erziehung” befaßt sich Schleiermacher mit der grundsätzlichen Frage nach dem Verhältnis der älteren zur jüngeren Generation: „Was will denn eigentlich die ältere Generation mit der jüngeren? Wie wird die Tätigkeit dem Zweck, wie das Resultat der Tätigkeit entsprechen?” (Schleiermacher 1983: 38). Schleiermacher versucht diese Fragen mit Hilfe einer „erzieherischen Kunstlehre“ zu beantworten. Das Ziel des Einwirkens der älteren Generation auf die jüngere (und damit zugleich das Ziel der Pädagogik) liegt für Schleiermacher darin, „... daß jede Generation nach vollendeter Erziehung den Trieb und das Geschick in sich habe, die Unvollkommenheiten auf allen Punkten des gemeinsamen Lebens zu verbessern ...” (Schleiermacher 1983: 63 f.).

Ähnlich wie Schleiermacher geht auch Bernfeld (1928) in seinem psychoanalytisch-gesellschaftskritischen Ansatz von einem direkten Zusammenhang zwischen der Einwirkung der älteren Generation auf die jüngere und der Erziehung aus. Bernfeld fragt nach den Voraussetzungen und Grenzen, die sich im Rahmen des gesellschaftlichen Miteinanderlebens der verschiedenen Generationen für Erziehung stellen. Die Erziehung ist für Bernfeld nur veränderbar, wenn die Gesellschaft, in der Erziehung stattfindet, umgeformt wird. Dann entstehen für die Erziehung neue Grenzen und Möglichkeiten. Durch die Dynamik der Gesellschaft verändert sich auch Erziehung (Bernfeld 1928).

Nohl (1919), der ein Vertreter der geisteswissenschaftlichen Pädagogik ist, sieht eine Veränderung von Erziehung durch die Erneuerung pädagogischer Zielstellungen. Nohl fordert Erziehungsziele, die die Interessen der Jugendlichen beachten und bei denen die Jugend im Mittelpunkt der Erziehung steht. Dennoch warnt er vor der Ablösung der älteren durch die jüngeren Generationen, denn das Generationenverhältnis beinhaltet für ihn nicht nur einen wichtigen Erfahrungsschatz, der von einer Generation zur nächsten weitergegeben werden muß, sondern auch die Grundlage für die Entfaltung der Jugend, die sich nur mit Hilfe der Älteren entwickeln kann (Nohl 1919).

Kritisch-erziehungswissenschaftliche Positionen zum Generationenverhaltnis (z. B. Giesecke 1988) sehen Nohls Forderung nach neuen Erziehungszielen gescheitert. Durch die neuartige Freiwilligkeit, mit der Jugendliche etwa seit dem Höhepunkt der Jugendbewegung[5] konfrontiert sind, entzieht sich die Jugend zunehmend den traditionellen Erziehungsräumen Familie, Schule und Kirche. Damit werden die Jugendlichen zu einem „Nachwuchsmarkt“ für die Erwachsenen und deren Organisationen. Aufgrund der Entwicklung politischer Einstellungen, Normen und Werte, wird die Jugend vergesellschaftet und damit einem Zugriff der Öffentlichkeit preisgegeben, der das Leben der Jugendlichen politisiert. Durch die zunehmende Politisierung des Lebens der Heranwachsenden werden diese für ihre Zukunftsentwürfe selbst verantwortlich und können nicht mehr auf Erfahrungen der Erwachsenenwelt zurückgreifen. Erwachsene können Einstellungen der Jugendlichen nicht mehr vorausdenken oder beeinflussen. Die Politisierung des Jugendalters führt zu einem starken Mißtrauensverhältnis zwischen Erwachsenen und Jugendlichen. Junge und ältere Menschen diskutieren kaum noch Probleme miteinander. Erwachsene werden zu ‘Funktionären’, „die im Auftrag ihrer gesellschaftlichen Partikularität handeln” (Giesecke 1988: 68). Das Verhältnis der verschiedenen Generationen beginnt sich durch die Politisierung des Jugendalters und der Funktionärstätigkeit der Erwachsenen aufzulösen. Jüngere und ältere Generationen leben separat nebeneinander. Die verschiedenen Generationen leben in einer auf unbestimmte Dauer gestellten Isolation innerhalb der Gesellschaft. Ein Generationenverhältnis existiert für Giesecke lediglich in einem Zusammenwirken von politischer und pädagogischer Ausbeutung, genauer gesagt, es gibt kein wirkliches privates Interesse der Erwachsenen am Leben der Jugend. Sozialisationsinstanzen der Jugend sind für Giesecke die kulturell gesteuerten, elektronischen Massenmedien. Die junge Generation wächst „mit einem Minimum an persönlichen Beziehungen zur älteren Generation” (Giesecke 1988: 70) heran. Begegnungen der verschiedenen Generationen bleiben für Giesecke auf die Öffentlichkeit, d. h. pädagogische Institutionen und Berufsbeziehungen, reduziert (Giesecke 1988).

Hornstein (1983), der eine eher klassisch-pädagogische Position vertritt, sucht die Gründe für ein gestörtes Generationenverhältnis in der Studentenbewegung von 1968. Die junge Generation versucht, sich der Einwirkung der Älteren zu entziehen. Damit ist das Verhältnis der Generationen zutiefst gestört (Hornstein 1983). „Erziehung setzt offensichtlich, damit sie überhaupt in Gang kommen kann, ein Minimum an Verständnis und Verständigungsbereitschaft zwischen den Generationen voraus. Wo dies fehlt, scheint Erzie-

5 Mit dem Hohepunkt der Jugendbewegung ist hier das Treffen auf dem Hohen Meißner 1913 gemeint. Es ist das einzige Treffen der Jugendbewegung gewesen, an dem organisierte Jungen und Madchen fast aller Vereine der Jugendbewegung teilnahmen.

hung ihr Recht, ihre Möglichkeiten verloren zu haben. Vieles deutet darauf hin, daß genau dies weithin die Situation der Gegenwart ist." (Hornstein 1983: 59).

Beeinflußt von der Studentenbewegung 1968 verwirft Hornstein das Generationenkonzept von Mannheim wegen „komplizierter, differenzierter gesellschaftlicher Verhältnisse der Gegenwart" (Hornstein 1983: 60). Einen Grund für die tiefe Kluft zwischen den Generationen sieht Hornstein in Verständigungsschwierigkeiten, die letztendlich in einen Generationskonflikt münden. Dieser Generationskonflikt wird in einem starken Wertewandel und im Agieren aus unterschiedlichen Wertsystemen ersichtlich. Bei Diskussionen über Wertorientierungen und Lebenshaltungen werden diese Diskrepanzen offensichtlich. Junge und Alte reden aneinander vorbei (Hornstein 1983).

Andere Ursachen für Verständigungsschwierigkeiten werden bei Böhnisch/Blanc (1989) und Stroß (1994) in einer Relativierung der Lebensalter gesehen. Die Erwachsenen haben ihren absoluten Status als ErzieherInnen verloren, das Erwachsensein als fixe Größe relativiert sich (Stroß 1994). Die Wissens- und Erfahrungsvorsprünge der Älteren reduzieren sich zunehmend. Auch Erwachsene müssen heute Um-, Dazu- und Neulernen. Zentrale Kriterien des Erwachsenenalters, wie Berufstätigkeit (Böhnisch/Blanc 1989; Stroß 1994) oder die „Lösung der Sinnfrage" (Hornstein 1983), beginnen sich zunehmend aufzulösen. Arbeitslosigkeit trifft zunehmend alle Altersgruppen (Böhnisch/Blanc 1989). Ein weiteres Argument für die Relativierung der Lebensalter ist die sich auflösende Vorbildwirkung der Erwachsenen (Stroß 1994). Wissen, Vernunft und Körperbeherrschung werden der Erwachsenengeneration zunehmend abgesprochen. Die Jugend ist selbst mit der Lösung der Sinnfrage konfrontiert und kann nicht auf Antworten der älteren Generationen zurückgreifen (Hornstein 1983). Sie verliert das ihr eigene Pathos von Aufbruch, Veränderung und Fortschritt. Der Jugend geht die Rolle des politischen Akteurs verloren. Sie wird zum politisierten Handlanger der Gesellschaft - die „Generationenfalle" schnappt zu (Böhnisch/Blanc 1989). Die junge Generation, die nur durch ihr Konsumverhalten von anderen (älteren) Generationen abgrenzbar bleibe, sei in einem absoluten Stillstand begriffen. Nach Böhnisch/Blanc (1989) fanden nach der 68er Bewegung keine jüngeren Generationen mehr den Mut zum Neuen, Unbekannten.

Hornstein (1983) sieht kaum eine Möglichkeit für Erziehung in der gegenwärtigen Situation, er fordert eine Neudefinition des Erziehungsbegriffs. Bei dieser Neuformulierung sollte seiner Meinung nach die Solidarität zwischen den Generationen im Mittelpunkt stehen. Nur gemeinsam könnten die verschiedenen Generationen die „Aufgaben der Zukunft" lösen (Hornstein 1983: 77).

2.2 Familiale Generationsbeziehungen

2.2.1 Generationen und Familie

Familie existiert nicht mehr nur als Standardversion. Sie beginnt sich von dem selbstverständlichen Bild der Kleinfamilie zu lösen und nimmt neue Formen des Zusammenlebens an (Rauschenbach 1994; Beck 1992). Durch die Individualisierung des Lebenslaufs erhalten private und öffentliche Erziehung neue Spielräume: einerseits werden nach außen intermediäre Organisationen wichtiger; andererseits bleibt die Familie das „zentrale Zwischen- und Bindeglied zwischen Individuum und der Gesellschaft" (Rauschenbach 1994: 1).

Die Familie bleibt „der soziale Ort, an dem Erziehung am unvermitteltsten geschieht, an dem zwischenmenschliche Solidarität am selbstverständlichsten anzutreffen ist" (Rauschenbach 1994: 1). Rauschenbach unterteilt die Familie in drei Komponenten:

a) in der Familie leben Menschen unterschiedlichen Alters und verschiedener Generationen auf Dauer zusammen,
b) zwischen diesen Familienmitgliedern finden ständig Interaktionen statt und
c) die Mitglieder einer Familie organisieren ihr Leben gemeinsam in allen Bereichen des alltäglichen Lebens.

Diese Bestandteile von Familie beginnen sich jedoch durch die Veränderung der Familienformen aus der Familie herauszulösen, sich zu entkoppeln und auszudifferenzieren (Rauschenbach 1994). Spricht man der Familie - trotz der zunehmenden Entkoppelung, Ausdifferenzierung und Verlagerung - eine solche zentrale Funktion als Erziehungsinstanz zu, bleibt zu fragen, wie die Erziehungspraxis im konstanten Generationengefüge Familie (als Standardvariante) aussieht.

Familien in der Gegenwart schütteln das traditionelle Bild einer Mutter-Vater-Kind-Beziehung ab, und es werden zunehmend alternative Vorstellungen von Familie gelebt: Eineltern-Kind(er)-Familie, Spagatfamilie, Partnerschaften u. ä. (Rauschenbach 1994; Beck 1992). Das Miteinander verschiedener Generationen bleibt dennoch in der Konstitution der Familie erhalten. Gründe für den sozialen Wandel innerhalb der Familie sind in der zunehmenden Individualisierung zu suchen[6].

Gegenwärtig existieren für die Familie hinsichtlich emotionaler Bindungen günstigere Voraussetzungen, als es noch zur Zeit der vormodernen Verhältnisse der Fall war (Kaufmann 1993). Die Familienmitglieder tragen nicht

---

6 Vgl. hierzu auch die Untersuchung von Claussen (1993).

mehr vordergründig die finanzielle Last der Absicherung, sondern die Familie wird zunehmend als emotionale und soziale Ressource genutzt und auch als solche verstanden. Auf die jüngeren Generationen innerhalb der Familie kommen dabei aber auch neue Aufgaben zu. Nicht erreichte Ziele der Elterngeneration, die auf die Kinder als Aufgaben übertragen werden, und zunehmend andere Formen der Lebensplanung, mit denen sich die Heranwachsenden auseinandersetzen, erzeugen neue Konflikte und Spannungen innerhalb der Familie. Dennoch ist die Familie die primäre Sozialisationsinstanz, in der Menschen unterschiedlichen Alters auf Dauer zusammenleben. Zwischen den Familienmitgliedern finden ständig Interaktionen statt, und sie organisieren ihr Leben gemeinsam in vielen Bereichen des alltäglichen Lebens (Rauschenbach 1994). Das Miteinander der verschiedenen Generationen in der Familie fordert bis zu einem gewissen Maß aber auch Rücksicht und Anteilnahme von jedem einzelnen Familienmitglied gegenüber den anderen Mitgliedern. Besonders deutlich wird diese Rücksichtnahme in der Eltern-Kind-Beziehung, weil hier die direkt aufeinanderfolgenden Generationen über einen längeren Zeitraum miteinander leben (müssen). Beziehungen zwischen Großeltern und Enkeln sind gegenwärtig nicht so sehr von diesem Spannungsverhältnis betroffen, wie es bei den Eltern-Kind-Beziehungen der Fall ist. Das liegt sicher zum einen in der Tatsache begründet, daß die Enkel und Großeltern ihre Beziehungen zueinander weitgehend selbst gestalten können (Wilk 1993). Zum anderen werden die Großeltern-Enkel-Beziehungen nicht so stark von Erziehungsansprüchen belastet, wie es bei den Eltern-Kind-Verbindungen der Fall ist.

Die zentrale Bedeutung der Familie wird durch ihre Stellung innerhalb der Gesellschaft offensichtlich, denn die Familie ist trotz pluraler Lebensformen immer noch Mittelpunkt der privaten Erziehung. Hier geschieht Erziehung am unvermittelsten, und intergenerationelle Solidarität ist am selbstverständlichsten anzutreffen (Rauschenbach 1994). Zudem ist die Familie das einzige Gefüge innerhalb der Gesellschaft, das an eine zeitliche Differenz gebunden ist, denn: „Mütter bleiben nicht nur ihr Leben lang Mütter ihrer Söhne und Töchter, sondern sie bleiben diese auch stets in einem (...) *intergenerativen* Abstand." (Rauschenbach 1994: 7)

Großeltern und Eltern und deren Beziehungen zueinander sind die erste Erfahrungswelt des Kindes. Nach Kreppner (1989) ist die Familie eine Sozialisationsinstanz, die angemessen auf die Bedürfnisse des Kindes reagieren muß. Dabei spielen die innerfamilialen Beziehungen eine entscheidende Rolle, denn die Mitglieder einer Familie vertreten zunächst einen Kosmos sozialer Beziehungen und Erfahrungswelten überhaupt (Kreppner 1989). Die

Familie gilt bis zum Jugendalter des Kindes als Versorgungs- und Erziehungsinstanz, sie vermittelt kulturelle Techniken und Fertigkeiten. Gleichzeitig lernen Kinder die der Familie eigenen spezifischen Umgangsformen, wie beispielsweise das Lösen von Konflikten, erstrebenswerte Ziele und Auslegungsmöglichkeiten der Welt (Kreppner 1989). Dabei sind aber die Kinder nicht nur die zu Erziehenden. Sie beeinflussen selbst in starkem Maße durch ihre Persönlichkeit alle anderen Familienmitglieder.

2.2.2 Frauen und Familie

An dieser Stelle kommt die Frage auf, welche Positionen die einzelnen Mitglieder innerhalb des Familienverbandes einnehmen und welche Beziehungen sie untereinander verbinden. Da ich mich in meiner Arbeit für die Interpretation einer weiblichen Generationenlinie entschieden habe, will ich im folgenden die Stellung der Frau in der Familie herausarbeiten.

Die Frauenforschung innerhalb der Lebenslaufforschung stellt die Frau doppelt sozialisiert dar (Krüger/Born 1990). Mädchen und Frauen haben in ihrem Lebenslauf zwei Sozialisationen zu bewältigen. Die Eingliederung in die Gesellschaft erfolgt für die Frau sowohl über die Arbeit in der Familie als auch über die Erwerbsarbeit. Diese zwei Seiten eines Lebenslaufs haben Mädchen und Frauen - früher oder später - zu bewältigen. Die dabei auftretenden Schwierigkeiten der Lebensplanung liegen in erster Linie in der Entscheidung, welcher Seite im Leben mehr Zeit entgegengebracht werden soll: der beruflichen oder der familiären. Beruf und Familie gleichermaßen zu bewältigen, ist gegenwärtig kaum möglich (Krüger/Born 1990). Die Ursachen dafür liegen u. a. in fehlenden Krippen- und Kindergartenplätzen, aber auch in der mangelnden Anerkennung der Leistung, Kinder zu erziehen (Krüger/Born 1990; Born 1993).

Das Problem der Frauen, Beruf und Familie gleichermaßen zu leben, ist relativ neu. Burger/Seidenspinner (1988) sind dem Problem der Vereinbarkeit von Beruf und Familie nachgegangen. Sie haben 1.100 Mädchen nach ihren Standpunkten zum Leben mit Beruf und Familie befragt. Dabei legten sie den Schwerpunkt auf die Identifikation und Abgrenzung der Töchter von den Lebensentwürfen der Mütter. Die Befragung sollte helfen herauszufinden, welche Eigenschaften der Mütter die Töchter wahrnehmen, welche sie ablehnen oder ignorieren.

Aus dieser quantitativen Befragung, die 1981 durchgeführt wurde, zeigen sie drei zentrale Einstellungen von Töchtern gegenüber ihren Müttern auf. Die Mütter wurden zwischen 1932 und 1946 geboren, die Töchter zwischen

1962 und 1966. Die kleinste Gruppe der befragten Töchter (ca. 17 Prozent) empfindet den Lebensentwurf der Mutter als fast uneingeschränkt nachahmenswert. Bei dieser Gruppe steht die Hausfrauenrolle im Leben der Mütter nicht im Vordergrund. Die Eltern der Töchter führen eine „gute" Ehe. Die Mutter wird als gute Partnerin und Freundin beschrieben. Obwohl die Beziehung zwischen Tochter und Mutter als eng bezeichnet wird, sind die Töchter nicht auf ihre Mütter fixiert. Sie besitzen vielmehr ein stabiles Selbstbewußtsein. Die Zukunftspläne der Töchter vereinbaren Beruf und Familie miteinander. Burger und Seidenspinner bezeichnen diese Gruppe als emanzipierte junge Frauen, die die auf sie zukommenden Probleme in der Vereinbarkeit von Familie und Beruf realistisch einschätzen (Burger/Seidenspinner 1988).

Die zweite Gruppe der Befragten (ca. 27 Prozent) grenzt sich stark von ihren Müttern ab. Die Ehe ihrer Eltern beschreiben die Töchter als langweilig. Ihre Mütter plagen sich für die Familie ab, außerdem sind sie unterwürfig und unattraktiv. Der Vater wird als negativ erlebt. Die Töchter, die ein ausgeprägtes Empfinden für Gerechtigkeit entwickelt haben, verbindet ein zwiespältiges Verhältnis mit ihren Müttern. Einerseits verteidigen sie ihre Mütter aus Mitleid, andererseits klagen sie sie im Streit an. Diese Töchtergruppe plant in ihrer Zukunft in erster Linie, ein besseres Leben als das der Eltern zu führen. Sie fordern für sich Gleichberechtigung gegenüber ihrem zukünftigen Partner. Gleichzeitig haben diese Mädchen Angst vor der Zukunft, da sie nicht wissen, wie sie ihre Ideale für sich durchsetzen können (Burger/Seidenspinner 1988).

Die größte Gruppe der befragten Töchter (ca. 48 Prozent) sieht die Rolle der Mutter ambivalent. Die Mädchen identifizieren sich zwar teilweise mit der Hausfrauenrolle der Mutter, besitzen jedoch gleichzeitig eine ganz eigene Vorstellung über die zukünftige Lebensplanung. Die Töchter der dritten Gruppe, die gegenüber ihren Müttern als weitgehend emotional distanziert eingeschätzt werden, bewerten das Hausfrauendasein der Mütter sehr hoch. Sie schätzen ihre Mütter als geschickte, fähige Hausfrauen ein, die sie selbst auch werden möchten. Gleichzeitig kritisieren sie ihre Mütter, weil sie sich zu sehr für die Familie aufopfern. Diese Töchter möchten ihre Individualität intensiv ausleben und dennoch nicht auf Familie und Beruf verzichten. Burger und Seidenspinner (1988) beschreiben die ambivalente Haltung der Töchter der größten Gruppe gegenüber dem Lebensentwurf der Mütter als oberflächlichen Kompromiß, der nicht offenkundig wird. Sie sehen den Kompromiß von Abgrenzung und gleichzeitiger Identifikation der Töchter mit ihren Müttern als latenten Generationskonflikt. Die befragten Mädchen der zweiten Gruppe dagegen leben einen offenen Generationskonflikt aus. In dieser

Gruppe wird die Rolle der Mütter als negativ und nicht nachahmenswert beschrieben.

Der größte Teil der befragten Mädchen möchte Familie und Beruf in die Lebensplanung mit einbeziehen. Dabei entwickelten die meisten der befragten Töchter die Vorstellung, bis zur Geburt des ersten Kindes im Beruf zu arbeiten. Während der ersten Lebensjahre der Kinder wollen die jungen Frauen die Erwerbstätigkeit unterbrechen und spätestens mit der Einschulung ihre frühere Arbeit wieder aufnehmen. Burger und Seidenspinner (1988) bezeichnen diese Perspektive als Drei-Phasen-Modell, daß gegenwärtig kaum zu realisieren ist.

Veränderungen in der Biographie von Frauen zeichnen sich in dieser Untersuchung deutlich ab. Töchter übernehmen nicht mehr kompromißlos den Lebenslauf ihrer Mütter. Sie denken über neue Möglichkeiten für ihre Zukunft nach. Dabei verwerfen die Töchter jedoch nicht die Lebensplanung der Mütter, sondern prüfen den Entwurf und überlegen, wie sie selbst leben möchten.

2.3 Generationsbeziehungen als pädagogisches Verhältnis?

Wie aber nun Generationsbeziehungen in der Praxis tatsächlich aussehen, das ist, wie Rauschenbach (1994) feststellt, ein vernachlässigtes Thema in erziehungswissenschaftlichen Untersuchungen[7]. Folgt man Kaufmanns Unterscheidung von Generationenverhältnissen und Generationsbeziehungen, so lassen sich auf der makrotheoretischen Ebene, auf der er die Generationenverhältnisse ansiedelt, eher die gesellschaftlichen, anonymen Verhältnisse, die man nicht an konkreten Personen festmachen kann, darstellen (Kaufmann 1993). Auf der mikrotheoretischen Ebene dagegen finden sich Generationsbeziehungen, die die Umgangsformen von Mitgliedern einer Familie widerspiegeln. Die Familie, die infolge des Strukturwandels nicht mehr nur als Standardvariante existiert, bleibt dennoch „der soziale Ort, an dem Erziehung am unvermitteltsten geschieht" (Rauschenbach 1994: 1). Folgt man dieser Annahme, dann läßt sich die Familie (auch in ihren neuen Variationen) als Interaktionssystem begreifen, die das erzieherische Verhältnis zwischen Angehörigen verschiedener Generationen widerspiegeln kann. Aus der o. g. Ab-

7 Ausnahmen sind die in 2.2.2 dargestellten Ergebnisse der Studie von Burger, Seidenspinner (1988) uber das Mutter-Tochter-Verhaltnis oder die quantitative Studie von Bien (1994) uber den Zusammenhang von Interaktionsbeziehungen und Wohnentfernung oder Wertewandel und Werttradierung.

bildung (Kapitel 2.2.1) von Rauschenbach (1994) ist die Mikroperspektive der Kategorie Generation für die hier zugrunde liegende Fragestellung bedeutsam. Rauschenbach (1994) geht davon aus, daß die Untersuchung von Generationsbeziehungen aus der Teilnehmerperspektive (Felder 1a und 3a) ein wichtiges Forschungsfeld der Erziehungswissenschaften ist. Der Blick auf Eltern und Kinder beschreibt seiner Ansicht nach anschaulich die Generationsbeziehungen in der erziehungswissenschaftlichen Praxis (Rauschenbach 1994).

Es bleibt zu fragen, wie das gegenseitige Anspruchsverhalten und die Erwartungen von drei Generationen - von Großmüttern, Müttern und Töchtern und Großvätern, Vätern und Söhnen - aussehen und welche Erziehungspraxis und welches Erziehungskonzept den Generationsbeziehungen zugrunde liegen. Das Kriterium Erziehungskonzept soll die Ziele und die Durchsetzung der Ziele als eine Art „Entwurf zur Erziehung" beinhalten, während der Begriff der Erziehungspraxis den alltäglichen Umgang zwischen den Generationen umschreiben soll.

Im Rahmen meiner Diplomarbeit habe ich auf der Grundlage erzählter Lebensgeschichten von einer weiblichen Generationenlinie (Großmutter, Mutter, Tochter) herausgearbeitet, welche Erziehungskonzepte den Umgang mit der jeweils jüngeren Generation bestimmen und wie die Umsetzung dieser Konzepte in der Erziehungspraxis aussieht. Dabei standen folgende Fragen im Vordergrund:

- Welche Erziehung wurde in den drei Generationen praktiziert und erfahren?
- Welches Erziehungskonzept verfolgt die jeweilige „Mutter-Generation"?
- Wie wird das Erziehungskonzept in die Praxis umgesetzt?
- Gibt es Unterschiede zwischen dem Erziehungskonzept und der Erziehungspraxis?

Im folgenden Kapitel werden die narrativ erhobenen und nach dem Schütze-Verfahren interpretierten Lebensgeschichten zusammenfassend in einer biographischen Gesamtform (vgl. hierzu Schütze 1983) dargestellt. Die aus dem Literaturüberblick aufgeworfenen Fragen sollen in einem letzten Teil anhand der Familie Stein exemplarisch beantwortet werden.

3 Die Familie Stein

3.1 Die Großmutter Helma Stein, Jahrgang 1919

„... so daß ich wieder im Mittelpunkt bin, eh hier laufen alle Fäden zusammen ...": Der Fall Helma

Helma erzählt zu Beginn eine Familiengeschichte. Sie wächst behütet in den 20er Jahren auf, die Eltern sind ihre engsten Vertrauenspersonen. Helmas Mutter praktiziert eine Erziehung an der kurzen Leine, allerdings gepaart mit traditionellen Elementen, die hauptsächlich vom Vater initiiert werden: Helma darf nicht studieren, erhält aber von ihren Eltern zur Hochzeit eine komplette Aussteuer und 10.000 Mark. Die Ehe der Eltern ist für Helma ein nachahmenswerter Mythos, sie verehrt ihren gütigen Vater und die kompetente Mutter über alle Maßen.

Helma besucht zunächst die Volksschule, danach das Lyzeum und schließt die mittlere Reife unter starkem Leistungsdruck der Eltern ab. Während der Schulzeit nimmt sie auf Anraten des Vaters nebenbei Stenographie- und Schreibmaschinenunterricht, der auf der Handelsschule für Helma sehr hilfreich bei der Ausbildung zur Sekretärin ist. Helma treibt in ihrer Freizeit viel Sport und lernt während des Schlittschuhlaufens ihren ersten Freund Otto kennen. Während Helmas Mutter Otto schon als zukünftigen Schwiegersohn sieht, macht der Vater mit stichelnden Bemerkungen deutlich, daß Otto nicht seinen Vorstellungen vom zukünftigen Mann seiner Tochter entspricht.

Nach dem Schulabschluß arbeitet Helma in der Landesbauernschaft als Sekretärin und lernt kurze Zeit später Anton kennen, mit dem sie sich nach einigen Spaziergängen verlobt. Helma verspricht Anton und dessen Mutter ewige Treue, doch bevor beide heiraten können, muß Anton an die Front. Er kehrt aus dem Krieg nicht zurück. Helma achtet weiterhin auf Antons Mutter und integriert sie in ihr Elternhaus. Bei einem Tanznachmittag lernt Helma ihren späteren Mann Rudolph kennen. Ein Jahr nach der Heirat wird Helmas Tochter Gabi geboren. Während des Zweiten Weltkriegs versorgt ihre Mutter sie und ihre Tochter Gabi mit Lebensmitteln. Kurz vor Kriegsende zieht Helma mit ihrer kleinen Tochter zu den Schwiegereltern aufs Land, wo sie sich mit Rudolph nach dem Krieg eine Existenz aufbauen möchte. Nach Kriegsende versucht Rudolph Helma davon zu überzeugen, mit ihm in die westliche Besatzungszone zu flüchten. Doch sie verweist auf ihre Aussteuer und die zurückbleibenden Eltern. Rudolph läßt sich überzeugen und sucht sich in der DDR eine Anstellung als Lehrer.

1946 wird Helmas zweites Kind, der Sohn Andreas, geboren. Im Rahmen der DDR-Verhältnisse versucht Helma, für sich und ihre Familie ein bürgerliches Leben aufzubauen. Sie fährt Ski, spielt Tennis und verbringt viel Zeit mit ihren Kindern. Das Familienleben ist für sie der Inbegriff glücklichen Lebens, den sie mit Rudolph realisieren möchte. Doch Rudolphs Auffassungen von Ehe und Familie gehen mit denen Helmas nicht konform. Seine drei Prinzipien - 1. Kinder sind gut, sollen aber nicht stören; 2. Fremdgehen beeinträchtigt das Familienleben nicht; 3. Was hinter dem Gartentor passiert, geht niemanden etwas an - zerstören Helmas erträumtes Familienglück. Daraufhin ergreift Helma Handlungsinitiative und absolviert ein Sportlehrerstudium, um nicht mehr finanziell von Rudolph abhängig sein zu müssen.

Helma versucht, ihre Kinder gleich zu erziehen und beide treiben denselben Sport wie die Eltern. Ihren Sohn Andreas betrachtet sie als leistungsorientiert, während sie zu Gabi ein kompliziertes Verhältnis hat. Sie beschreibt ihre Tochter als kränklich und labil, weil sie sich von der in der Kindheit erlittenen Hirnhautentzündung ihrer Meinung nach nie ganz erholt hat. Rudolph, der mit anderen Frauen „fremdgeht" und deshalb Probleme in der Schule bekommt, denkt erneut über eine Flucht in die Bundesrepublik nach. Als sich Ende der 50er Jahre die Probleme in der Ehe und im Beruf zuspitzen, verläßt er Helma und die Kinder. Kurz darauf folgt ihm seine inzwischen verwitwete Mutter.

Helma baut eine partnerschaftliche und, wie sie in Kommentaren betont, gleichberechtigte Beziehung zu ihren Kindern auf. Der dramatische Tod ihres zwanzigjährigen Sohns Ende der 60er Jahre läßt sie für eine kurze Zeit an allen positiven Seiten des Lebens zweifeln. Sie fühlt sich alleingelassen und vom Leben betrogen. Übrig bleiben nur noch sie und ihre Tochter. Helma engagiert sich nun sehr stark in ihrem Beruf, und als ihre Tochter heiratet, in deren Familie. Als Gabi zwei Mädchen zur Welt bringt, sieht Helma in der jungen Familie ihren verlorengegangenen Traum und nimmt die Stellung ihrer Tochter für sich in Anspruch: Sie versorgt die Enkelinnen und spielt mit dem Schwiegersohn Jens Tennis, während sich Gabi ihrer beruflichen Ausbildung widmet. Als ihr Schwiegersohn eine Affäre mit einer anderen Frau beginnt, hält Helma zu Jens und beschuldigt ihre Tochter Gabi, ihrem Mann nicht genügend Liebe gegeben zu haben.

Bei Helma setzt gegenwärtig die empty-nest-Phase ein, denn ihre Enkelinnen Pia und Bianca werden selbständig. Sie versucht sich in das Single-Leben einzugewöhnen, da ihre Hilfe nur noch beschränkt im Drei-Frauen-Haushalt benötigt wird. Helma sieht ihr Leben als Hingabe für andere, von denen sie nur wenig Dank bekommt.

3.2 Die Mutter Gabi Stein, Jahrgang 1945

„ ... und da hab ich denn, is mir eigentlich erst auch so richtig zu Bewußtsein gekommen, das ich eigentlich für meine Mutter nich so an erster Stelle stand ...": Der Fall Gabi

Gabi Stein berichtet zu Beginn ihrer Lebensgeschichte von einer idyllischen Kindheit, die sie in einem Drei-Generationen-Haushalt auf dem Land erlebt. Ihren Vater, der in einer anderen Stadt wohnt und arbeitet, besucht Gabi an den Nachmittagen in der Woche mit ihrer Mutter und dem Bruder. Ihre Eltern sind begeisterte Tennisspieler und versuchen, ihre Kinder schon frühzeitig für den Sport zu begeistern. Gabi erlebt das Familienleben in ihrer Kindheit auf dem Sportplatz und entwickelt sich im Verlauf ihrer Jugend zu einer mit Pokalen ausgezeichneten Tennisspielerin. Sie wächst scheinbar teilnahmslos in die DDR hinein und besucht die zehnklassige Oberschule. Als sie sich für die Abiturstufe bewirbt, flüchtet ihr Vater in die Bundesrepublik. Durch die Ausreise des Vaters bekommt Gabi große Schwierigkeiten bei ihrer Zulassung zum Abitur, schafft aber schließlich den Übergang in die EOS und legt vier Jahre später die Reifeprüfung ab. Bei der Berufswahl ist sie auf sich gestellt und entscheidet sich nach der mißlungenen Medizin-Aufnahmeprüfung für den Beruf einer Chemielaborantin. Ihr Bruder Andreas studiert ihren „heimlichen" Traumberuf, denn er wird Sport-Deutsch-Lehrer wie die Mutter Helma. Als Ausgleich erhält Gabi eine Aussteuer über 10.000 Mark, die ihre Mutter von ihrem Lehrlingsgeld für sie zusammenspart. Obwohl Gabi von ihrer Mutter geschlechtstypisch diskriminiert wird, erfährt sie sich neben ihrem Bruder als gleichberechtigt behandelt. Ihr erster Freund ist der beste Freund ihres Bruders, und sie ist fest in seinen Freundeskreis integriert. Ihre Freizeit verbringt Gabi mit ihren Freundinnen auf dem Tennisplatz, weil sie im Gegensatz zur Mutter und dem Bruder kein eigenes Zimmer zu Hause hat.

Gabis Leben verändert sich schlagartig, als ihr Bruder bei einem Motorradunfall ums Leben kommt. Aufgrund der nun eintretenden Veränderungen erfährt Gabi, daß ihr Bruder von den Eltern bevorzugt behandelt wurde. Nun wird ihr die Position des Bruders als Familienmittelpunkt zugeschrieben und Gabi versucht, dieser Rolle so gerecht wie möglich zu werden. Sie zieht in das von ihr renovierte Zimmer des Bruders ein und qualifiziert sich über ein Fernstudium zur Berufsschullehrerin. Mit dem Tod des Bruders zerbricht die Beziehung zu ihrem ersten Freund, der der Freund von Andreas war. Während des letzten Studienjahres lernt Gabi den Kaufmannssohn Jens kennen und heiratet ihn zwei Jahre später. Nach der Hochzeit zieht sie in die große Altbauwohnung ihrer Schwiegereltern ein und wird dort zunächst als „Kind armer Lehrer" geduldet. Mit der Geburt ihrer ersten Tochter Pia und dann auch des zweiten Kindes ändert sich ihre Position innerhalb der Kaufmannsfamilie, denn die Schwiegereltern sind nun auf ihre Zusage angewiesen, wenn sie ihre Enkelkinder sehen möchten. Gabi erzieht ihre Kinder nach dem Prinzip der Gleichbehandlung. Da sie voll berufstätig ist, hat sie für ihre Kinder und die Familie nur abends und an den Wochenenden Zeit. Der Beruf ist Gabi sehr wichtig, und sie versucht, allen Anforderungen gerecht zu werden. Sie nimmt an Weiterbildungen teil und absolviert ein Zusatzstudium, als ihr Vorgesetzter ihr die Qualifikation zur Diplomlehrerin abverlangt. An den Wochenenden fährt sie mit Jens und den Kindern auf das Seegrundstück des Schwiegervaters. Obwohl ihr nur wenig freie Zeit bleibt, spielt sie weiter aktiv im Tennisclub als Mannschaftsleiterin. Nach einiger Zeit hört sie von Bekannten, daß Jens ein intimes Verhältnis mit ihrer besten Freundin hat. Zunächst wehrt sie sich gegen die von Jens gewollte Scheidung, weil sie ihren Kindern den Vater erhalten will. Nach der Trennung organisiert Gabi mit Pia und Bianca eine „Mutter-Töchter-WG" in der großen Altbauwohnung und nimmt sich fest vor, nie wieder einen Mann in die Wohnung einziehen zu lassen. Den Kontakt zu Jens, der mit seiner Freundin zusammenzieht, erhält Gabi aufrecht. Sie leben über längere Zeit eine Form der „Großfamilie", in die alle „neuen Familienmitglieder", d. h. die Freundin von Jens und deren Söhne, Gabis neuer Freund und dessen Sohn und ihre Mutter Helma, integriert sind.

Die Wende ist für Gabi ohne große Bedeutung. Sie „ist in die Schule gegangen wie sonst auch". Nach dem Ende des Arbeiter- und Bauernstaats besucht Gabi mehrere Weiterbildungen, um ein zusätzliches Fach unterrichten zu können.

3.3 Die Tochter Pia Stein, Jahrgang 1973

„... jetzt brauch ich nich viel zu machen, kann meine Gelüste ausleben und muß immer mal zum Studium ...": Der Fall Pia

Pia erzählt anfangs eine Familiengeschichte. Sie beschreibt die Selbst- und Fremdtypisierungen, die sie als kleines Mädchen von ihren Eltern erfahren hat. Pia betrachtet sich als neugierig, weil sie ihre neugeborene Schwester kennenlernen möchte, während ihre Eltern sie als zu laut und dominant bezeichnen. Pias Vater und ihre Oma möchten ihr das für ein Mädchen typische Verhalten anhand einer Puppe näherbringen, doch Pia erkennt das Vorhaben und lehnt das Spielzeug konsequent ab. In der Schule findet Pia Freunde, mit denen sie spielen kann und denen sie nicht zu laut und dominant ist. Im Gegenteil: Bei den Freunden wird sie wegen ihrer eher „männlichen“ Charaktereigenschaften zum Held der Spiele. Die Rollen, die Pia beim Spielen einnimmt, entnimmt sie ihrer Phantasie und gelesenen Geschichten. Sie nutzt die an der Schule gelernten Fähigkeiten für eine aktive Freizeitgestaltung. Die Schule als Aufenthaltsort wird für Pia zum Spielplatz, an dem sie sich austoben kann und mit ihren Freunden zusammen ist.

Im dritten Schuljahr wechselt Pia in eine Chorklasse, in der sie zwei Jahre lernt und viel Spaß hat. Mit den Klassenkameraden versteht sich Pia sehr gut, und sie übernimmt auch hier die zentrale Rolle innerhalb des Klassenverbands. Im fünften Schuljahr erfährt Pia in dieser Klasse eine geschlechtsspezifische Diskriminierung durch die Lehrer, denn die Klasse wird nach Geschlecht getrennt. Nur die Jungen dürfen von diesem Zeitpunkt an in der Chorklasse singen, während die Mädchen auf eine andere Schule verwiesen werden. Pia, die sich durch ihren dominanten Charakter eine führende Position bei den Jungen und Mädchen verschafft hat, muß sich zu ihrer weiblichen Geschlechterrolle bekennen. Während sie in den Spielen stets den Sieg über andere davontrug, wird sie im realen Leben von vornherein in eine Verliererposition gedrängt, ohne sich mit den „Gewinnern“ messen zu können. Pia empfindet diese Diskriminierung als ungerecht und ist sehr enttäuscht. Sie wechselt auf eine allgemeinbildende Schule, die sie bis zum Ende der achten Klasse besucht.

Am Anfang des neunten Schuljahres wechselt Pia in eine Schule mit erweitertem Sprachunterricht, der ihr aber nicht besonders viel Spaß macht. Schule und zusätzliche Kurse betrachtet sie als Bildungspflicht, die von den Eltern auferlegt ist. Pia wird von ihren Eltern dazu angehalten, sich einer umfassenden Ausbildung als einziger Aufgabe hinzugeben. Sie erledigt ihre Pflichten, indem sie das Spielen von zwei Musikinstrumenten erlernt, im Schulchor singt, am Reit- und Tenniskurs teilnimmt und versucht, nur sehr gute Noten in der Schule zu erzielen. In ihrer eng bemessenen Freizeit liest sie viel und hört Musik.

Ihre Mutter praktiziert in der Erziehung von Pia und ihrer Schwester Bianca das Prinzip der Gleichbehandlung, über das sich Pia beklagt. Sie muß ihre Schwester zu allen Unternehmungen mitnehmen. Ihr Vater bringt mehr Verständnis dafür auf, daß Pia auch mal etwas allein unternehmen möchte. Als sich Pias Eltern scheiden lassen, distanziert sie sich ein stückweit von ihren Eltern und ergreift im Gegensatz zu Bianca keine Partei für ein Elternteil. Die Scheidung tangiert sie nicht besonders. Pias Vater wohnt nach der Trennung mit einer anderen Frau und deren Söhnen zusammen, die Pia problemlos als „neue“ Familienmitglieder integriert. Durch die neue Familienkonstellation kann Pia ihren Handlungsrahmen erweitern. An den Wochenenden fährt sie nun nicht mehr nur mit ihrer Oma, der Schwester und ihren Eltern zum Seegrundstück des Vaters. Die neue Freundin des Vaters und deren Söhne verbringen mit Pia und deren „alter“ Familie die Wochenenden am See.

Die Wende verläuft für Pia ohne Bedeutung, denn sie feiern am Abend der Maueröffnung gerade den Geburtstag der Schwester Bianca und „haben deshalb nichts mitbekommen”. Nach einer kurzen Zeit in der Antifa-Bewegung steht Pia der Wiedervereinigung beider deutscher Staaten positiv gegenüber. Durch die Wende wird für Pia die Schule offener, an der sie 1991 ihr Abitur ablegt. Nach dem Examen studiert Pia Betriebswirtschaft. Ihr macht das Studieren viel Spaß, weil sie privat ihre „Gelüste ausleben kann”. Nach dem BWL-Studium möchte Pia noch Jura studieren, weil sie ihre Neigung für dieses Fach während des jetzigen Studiums entdeckt hat. Das Studentinnenleben genießt Pia ausgiebig, weil sie sich so nicht mit festen Strukturen und Grenzen von Familie und Ehe auseinandersetzen muß. Sie lehnt eine feste Lebensgemeinschaft für ihre Zukunftsplanung vorerst ab. Ihren Freund trifft Pia an den Wochenenden in der Disko im Rahmen der Cliquenzusammenkünfte. Perspektivisch hofft Pia auf ein freizeitorientiertes Leben, in dem der Beruf nicht allzu wichtig ist.

3.4 Familienporträt

Familienkonstellation

Zur Familie Stein gehören die Großmutter Helma Stein, ihre Tochter - die Mutter Gabi Stein - Gabis geschiedener Mann Jens und Gabis Töchter Pia Stein und Bianca Stein. Des weiteren werden die Lebenspartner von Jens und Gabi und deren Kinder von Pia und Helma als Familienmitglieder betrachtet.

Helma Stein wächst in den zwanziger Jahren als einziges Kind ihrer Eltern auf und hat zu ihrem Vater und ihrer Mutter ein enges Vertrauensverhältnis. Nach ihrer Heirat mit Rudolph wird ihre Tochter Gabi Stein geboren, wenig später der Sohn Andreas. Rudolph reist Ende der 50er Jahre in die Bundesrepublik aus, und Helma wird aufgrund des DDR-Rechts vier Jahre später von ihm geschieden. Helma und Rudolph treffen sich am Anfang der siebziger Jahre zum ersten und letzten Mal nach der Scheidung wieder. Ihr Sohn Andreas, der kurz zuvor tödlich mit dem Motorrad verunglückte, ist der Grund für das Treffen. Helma widmet sich nach dem Tod von Andreas ihrer

Tochter Gabi und später den Enkelinnen Pia und Bianca. Sie engagiert sich in ihrem Beruf und sorgt für Gabis Familie.

Gabi wächst in der Nachkriegszeit in einem Dreigenerationenhaushalt auf. Zu ihrem Bruder hat sie ein liebevolles Verhältnis. Ihr Vater Rudolph wohnt wegen seiner Arbeit als Lehrer in einer anderen Stadt. Doch ihre Mutter Helma versucht, den Vater Rudolph so oft wie möglich mit den Kindern an seinem Arbeitsort zu besuchen. Wenn die Familie zusammen ist, spielen sie Tennis. Nach dem Abitur verzichtet Gabi auf ein Hochschulstudium, weil ihr Bruder gern studieren möchte und die Mutter nur einen Studenten versorgen kann. Als ihr Bruder Andreas verunglückt, erkennt Gabi, daß Andreas bei den Eltern eine Vorrangstellung genoß und versucht, die Stellung des Bruders einzunehmen. Nach ihrer Heirat mit Jens, der aus einer Kaufmannsfamilie stammt, wird ihre Tochter Pia und zwei Jahre später die Tochter Bianca geboren. Gabi versucht, sich so gut wie möglich zu qualifizieren, während ihre Mutter Helma die Erziehung der Kinder und den Haushalt übernimmt. Nachdem Gabi von einem Verhältnis zwischen ihrem Mann Jens und ihrer besten Freundin erfährt, wird die Ehe geschieden. Gabi lebt von diesem Zeitpunkt an allein mit den Töchtern in der geräumigen Schwiegerelternwohnung. Ihre Mutter besorgt den Haushalt und kümmert sich um die Bildungsabschlüsse von Pia und Bianca. An den Wochenenden trifft sich Gabi mit ihrem neuen Freund und dessen Sohn. Geburtstage, Weihnachten und Ostern feiert Gabi mit ihren Töchtern, ihrem geschiedenen Mann Jens, dessen neuer Freundin, ihrer Mutter, ihrem Freund und dessen Sohn.

Pia wächst in den siebziger Jahren als erstes von zwei Kindern auf. Ihre Mutter Gabi versucht, Pia und ihre Schwester nach dem Prinzip der Gleichbehandlung zu erziehen. Pia wechselt häufig die Schule, denn ihre Oma Helma, ihr Vater Jens und die Mutter Gabi sind darauf bedacht, ihr eine hochqualifizierte Ausbildung zu geben. Pia hat Probleme, dem Leistungsdruck standzuhalten und verbringt die meiste freie Zeit mit anderen Kindern auf dem Spielgelände an der Schule. Die Scheidung der Eltern ist für Pia ohne große Bedeutung, weil ihr Vater Jens sich nach der Trennung weiterhin um sie kümmert, wie sie es von klein auf gewohnt ist. An den Wochenenden fährt sie mit der Oma Helma, ihrer Schwester Bianca und ihren Eltern auf das Seegrundstück, daß ihrem verstorbenen Großvater, dem Vater von Jens, gehörte. Pia erlebt die Trennung ihrer Eltern eher als „Familienzuwachs“, denn die neue Freundin des Vaters und deren Söhne sind für sie neue Familienmitglieder.

Erziehungskonzept und Erziehungspraxis

Die Großmutter Helma wird von ihren Eltern nach dem Prinzip „einer Erziehung an der kurzen Leine“[8] erzogen. Ihre Mutter und ihr Vater sind in jeder Hinsicht für sie Vorbilder und ihre engsten Vertrauenspersonen. Helma hat in ihrer Kindheit und Jugend kaum eine Privatsphäre, aber sie vermißt auch keinen persönlichen Freiraum für sich. Die Schulen und Arbeitsorte werden von Helmas Mutter ausgesucht. Den Beruf und den Ehemann wählt Helmas Vater für sie aus. Für Helma ist die Ehe der Eltern, die sie als sehr harmonisch beschreibt, ein zwingendes Vorbild für ihren eigenen Lebensentwurf. Helma übernimmt das Konzept der warmherzigen „Erziehung an der kurzen Leine“ für ihre eigenen Kinder von ihren Eltern. Sie ist stets darauf bedacht, ihre Kinder nach dem Prinzip der Gleichbehandlung zu erziehen, wobei sie aber von vornherein ein geschlechtstypisches Erziehungskonzept favorisiert. Nach Helmas Auffassung ist die Mutter die Erzieherin in der Familie, und sie praktiziert das übernommene Konzept von ihrer Mutter, die sich ebenfalls um ihre Erziehung kümmerte. Helma ist sehr familienorientiert, aber sie unterscheidet zwischen ihrer Ehe mit Rudolph und der Erziehung von Gabi und Andreas. Diese Einstellung wird offensichtlich, als Helma von den Verhältnissen ihres Mannes mit anderen Frauen erfährt, denn sie unterscheidet zwischen dem „guten Vater Rudolph” und dem „betrügerischen Ehemann Rudolph”. Da sie ihren Kindern nicht den Vater nehmen möchte, stellt sie ihre ehefraulichen Bedürfnisse hinter die Bedürfnisse ihrer Kinder. Für Helma ist die Mutterrolle in erster Linie durch Fürsorge und Aufopferung für die Kinder gekennzeichnet. Das Erziehungskonzept beinhaltet für sie außerdem die Weitergabe von kulturellem (Sport, Literatur) und sozialem (Unterstützung freundschaftlicher Beziehungen) Kapital.

Helma unternimmt viel mit ihren Kindern. Sie spielen gemeinsam Tennis, fahren im Winter Ski, verbringen zusammen die Wochenenden, und wenn sich Andreas oder Gabi Freunde einladen, backt Helma für alle Kuchen. Bei der Lösung von Schulaufgaben ist sie stets bereit, ihren Kindern oder den

8 Der Begriff des „Verhandlungshaushalts an der kurzen Leine“ wird hier in Anlehnung an die Definition von Krüger et al. (1993) verstanden. Der „Verhandlungshaushalt an der kurzen Leine“ wird durch diejenige Umgangsform zwischen Eltern und Kind(ern) charakterisiert, bei der die Eltern deutliche Regeln aufstellen, an die sich das Kind zu halten hat. Dabei hat das Kind aber genügend Freiraum, sich zu entfalten. Die aufgestellten Regeln werden zwischen Eltern und Kind(ern) in einem wechselseitigen Gespräch ausgehandelt und von beiden Seiten in gleichem Maß berücksichtigt. Wenn das Kind gegen die aufgestellten Regeln verstößt, wird darüber gesprochen. Eventuell werden Veränderungen an den Regeln vorgenommen. Sanktionen werden meist durch Ermahnungen der Eltern gegenuber dem Kind vorgenommen (nach Kruger et al. 1993: 30).

Freunden von Gabi und Andreas zu helfen. In der narrativen Erzählphase betont Helma mehrmals die Sportlichkeit ihres Sohnes und die Krankheit ihrer Tochter Gabi. Ihrer Ansicht nach ist Gabi ein krankes Mädchen, das nie ganz gesund wurde. Doch Helma wehrt sich gegen die Krankheit ihrer Tochter. Sie fordert Gabi, die, bedingt durch die Krankheit, schnell ermüdet, oft heraus und will sich nicht damit abfinden, nichts gegen Gabis verschleppte Hirnhautentzündung tun zu können. Als Rudolph in die Bundesrepublik auswandert, baut Helma zu ihren Kindern eine partnerschaftliche Beziehung auf und hofft, dadurch alles von ihren Kindern zu erfahren. Der Tod ihres Sohns Andreas erschüttert Helma sehr. Sie flüchtet sich in ihren Beruf, und ihr wird bewußt, daß sie nun mit Gabi allein ist. Nach Gabis Heirat mit Jens möchte Helma ihre zerbrochene Familie durch Gabis Ehe ersetzen. Sie nimmt sich des reichen, aber ihrer Ansicht nach nicht sehr gebildeten Schwiegersohn an und lehrt ihn Tennisspielen und Skifahren. Helma unternimmt viel mit dem jungen Ehepaar, distanziert sich aber vom Privatleben der beiden, bis ihre Enkelin Pia und zwei Jahre später Bianca geboren werden. Gabi übernimmt fast vollständig das Erziehungskonzept von Helma und spannt die Großmutter aktiv in die Erziehung ihrer Kinder ein. Da Gabi das Prinzip der Gleichbehandlung durch ihre Mutter, wie sie in vielen Kommentaren betont, als sehr positiv empfunden hat und ihr Bruder für sie zugleich der beste Freund war, möchte sie bei ihren Töchtern ein ähnliches Verhältnis herstellen. Nach Pias Geburt sorgt sich Helma um das kleine Mädchen und erledigt den Haushalt ihrer Tochter. Ihre Tochter Gabi, die endlich eine Chance sieht, ihren Traumberuf der Lehrerin ergreifen zu können, begrüßt zunächst die Fürsorglichkeit ihrer Mutter und qualifiziert sich. Sie nutzt ihre Mutter Helma einerseits als „familiale Versorgungsressource", beklagt aber andererseits die ständige Präsenz und Dominanz der Mutter. Gabi unternimmt viel mit ihren Kindern. Sie fahren zusammen in den Urlaub und auf das Seegrundstück, spielen Tennis und fahren Ski. Ebenso wie ihre Mutter Helma trennt Gabi die Erziehung der Kinder von ihrem Eheleben, denn nach der Scheidung fordert sie von Jens die väterlichen Pflichten gegenüber den Töchtern ein. Für Gabi ist die Familie eine notwendige Voraussetzung für die Erziehung. Doch im Gegensatz zu ihrer Mutter opfert sie sich nicht in erster Linie für Pia und Bianca auf. Sie praktiziert die Erziehung der Mädchen auf der Basis von gegenseitiger Akzeptanz und läßt Pia und Bianca ein Stück Eigenständigkeit und Selbstbewußtsein, das sie aber auch für sich selbst einfordert. Die Erziehung ist für Gabi, genau wie bei ihrer Mutter, die geeignete Instanz zur Vermittlung von kulturellem und sozialem Kapital.

Insgesamt haben sich die Erziehungskonzepte und auch die Erziehungspraxis in der Familie Stein kaum gewandelt. Hier herrscht das Modell der Tradierung vor, wobei allerdings ein modernes Konzept von Erziehung angewendet wird. Auf der anderen Seite steht die Erziehungserfahrung. Hier machen sich Unterschiede bemerkbar. Während die Großmutter Helma und die Mutter Gabi ihre eigene Erziehung als positiv empfunden haben, erfährt die Tochter Pia dieses Erziehungskonzept als einschränkend. Pia lehnt die Gleichbehandlung zwischen sich und ihrer Schwester ab und fühlt sich in ihrer Persönlichkeit durch die Schwester eingeschränkt. Sie sucht zunächst Hilfe bei ihrem Vater Jens, der ihren Wunsch, allein mit den Freunden zu spielen, meistens respektiert. Doch Pia kann die Hilfe ihres Vaters nur selten in Anspruch nehmen. Nach der Scheidung der Eltern muß sie sich eine andere Strategie überlegen, um dem strikten Gleichbehandlungsprinzip, das ihre Mutter praktiziert, zu entkommen. Dabei hilft ihr die Vorbildwirkung, die sie auf die Schwester ausübt. Pia erkennt, daß sich ihre Schwester an ihr in jeder Hinsicht ein Beispiel nimmt und nutzt diese Stellung geschickt für sich aus, um aus der Fürsorglichkeit von Mutter und Großmutter ausbrechen zu können. Im Gegensatz zu Gabi und Helma plant Pia für sich bisher kein „Leben in Familie". Sie möchte in der Clique, in die sie integriert ist, bleiben und vorerst kann sie sich nicht vorstellen, selbst einmal eine Familie zu haben. Ihre Kinder würde sie ähnlich erziehen, wie sie selbst erzogen wurde, will ihnen aber mehr Freiraum und Eigenständigkeit gewähren.

Familienbindung und Familienerwartungen

Von allen drei Familienmitgliedern, der Großmutter Helma, der Mutter Gabi und der Tochter Pia, wird die Familie als emotionale und soziale Ressource verstanden und auch als solche genutzt. Die Großmutter Helma nimmt die Versorgungsunterstützung ihrer Mutter als selbstverständlich an, die Mutter Gabi übergibt Helma die Tagesbetreuung der Kinder und nutzt deren Fürsorglichkeit für die Versorgung ihrer Familie. Pia betrachtet den familiären Rahmen ebenfalls als selbstverständliche Ressource. Versorgungsleistungen werden in der Familie geradlinig weitergegeben und in gleicher Weise genutzt.

Im Gegensatz dazu steht der Erwerb von Bildungstiteln. Für die Großmutter Helma ist es als Heranwachsende ein großer Wunsch gewesen, direkt nach der Schule studieren zu dürfen. Doch dieser Wunsch bleibt ihr durch ihren Vater versagt. Helmas Vater möchte seine Tochter gut verheiratet wissen und erspart deshalb eine großzügige Aussteuer und 10.000 Mark für seine Tochter. Bildung ist ihm weniger wichtig, obwohl er darauf achtet, daß seine Tochter Helma einen nützlichen und gefragten Beruf ergreift. Helma kann erst in ihrer Ehe mit Rudolph ein Studium aufnehmen, wobei ihr die Qualifizierung durch Rudolphs konventionelle Haltung, daß Frauen nicht arbeiten sollten, erschwert wird. Der Mutter Gabi bleibt ebenfalls der Wunsch unerfüllt, direkt nach der Schule ein Studium aufzunehmen. Gabi fühlt sich von Helma bei der Berufswahl alleingelassen und resigniert zunächst. Sie arbeitet sich beschwerlich über Fernstudien an ihr Lehrerdiplom heran, und erst nach dem Tod ihres Bruders wird ihr Berufswunsch von Helma akzeptiert. Dafür erhält sie aber bei ihrer Hochzeit eine Aussteuer und die von Helma angesparten 10.000 Mark. Die traditionelle ökonomische Versorgung wird bei der jüngsten Generation der Familie Stein zugunsten von Bildung aufgegeben. Pia wächst mit einem Bildungszwang auf und empfindet es als Selbstverständlichkeit, direkt nach der Schule studieren zu können (und auch zu müssen).

Die Bedeutungszuschreibung von Bildung hat sich über die drei Generationen verändert. Für die Großmutter Helma war der Beruf ein Familienersatz, denn erst als sie bemerkt, daß ihre Ehe mit Rudolph dem Ende zugeht, bemüht sie sich um einen geeigneten Beruf, um sich und ihre Kinder versorgen zu können. Nach dem Tod ihres Sohnes nutzt sie den LehrerInnenberuf als Ausgleich für die zerbrochene Familie. Für die Mutter Gabi wird der Bildungserwerb neben der Familie zum Lebensinhalt. Nach dem Tod ihres Bruders übernimmt sie seinen „Bildungsauftrag“ und setzt ihre ganze Kraft daran, Lehrerin zu werden. Die Tochter Pia steht dem Erwerb von Bildungstiteln relativ uninteressiert gegenüber. Ihr Vordiplom in Betriebswirtschaftslehre hat sie noch nicht abgelegt, obwohl sie bereits im sechsten Semester des Studiengangs ist. Der Bildungseifer der Großmutter und der Mutter schlägt bei der Tochter in ein Desinteresse gegenüber Bildung um. Insgesamt wird hierbei ein Wertewandel von einer Pflichterfüllung zur postmateriellen Selbstverwirklichung deutlich, der im Zusammenhang mit einer Wandlung im Lebenskonzept und in der Lebensplanung steht.

5. Zusammenfassung und Ausblick

Wie nun aber die intergenerativen Verflechtungen in der Familie aussehen, welche Erziehungskonzepte der praktizierten Erziehung zugrunde liegen, und wie die praktizierte Erziehung von der nachfolgenden Generation empfunden wird, daß möchte ich im folgenden anhand des in Kapitel 4 dargestellten Falls zusammenfassen.

Intergeneratives Beziehungsgeflecht

Das Beziehungsverhältnis zwischen der Großmutter Helma und der Mutter Gabi sowie zwischen der Mutter Gabi und der Tochter Pia ist konfliktreicher als zwischen Großmutter Helma und Tochter Pia. Das geht aus den Erzählungen der drei Generationen hervor. Ein Grund dafür könnte sein, daß die direkt aufeinanderfolgenden Generationen (jeweils Mutter und Tochter) durch die Erziehungspraxis belastet sind. Die Kinder sind bestrebt, selbständig zu werden und sich im Verlauf ihrer Jugendphase vom Elternhaus zu lösen. In der Mutter-Tochter-Beziehung bei Helma und Gabi werden Konkurrenzen und Auseinandersetzungen offensichtlich. Im Tennisspiel versucht Gabi, ihre Mutter zu besiegen und genießt ihre Position als Mannschaftsleiterin, in der sie über Helma bestimmen kann. Helma wiederum spricht Gabi die Kompetenz ab, ausdauernd sportlich aktiv sein zu können. Als Gabi sich eine eigene Familie aufbauen will, distanziert sich Helma nicht von ihrer Tochter, sondern beansprucht Gabis Familienleben weitgehend für sich. Sicher sind die Ausreise von Rudolph und der dramatische Unfall von Andreas Ursachen für Helmas Verhalten, die durch diese Umstände ihre eigene Familie verliert. Helma versucht das, was sie bei Gabi verpaßt oder nicht zugelassen hat, bei ihrer Enkelin Pia gewissermaßen stellvertretend gutzumachen. Pia läßt sich auf derartige Konkurrenzen mit ihrer Mutter Gabi gar nicht erst ein. Sie nutzt statt dessen die Auseinandersetzungen zwischen ihrer Mutter und ihrer Großmutter als emotionale Ressource, denn beide wenden sich der Tochter zu und eifern um ihre Zuneigung. Pia sucht nach einem anderen Lebenskonzept, als sie es bei ihrer Mutter und ihrer Großmutter vorfindet. Die Familie dient ihr dafür als Rückhalt, in die sie problemlos zurückkehren kann.

Intergeneratives Erziehungsverständnis

Die Erziehungskonzepte sind nicht immer mit der Erziehungspraxis dekkungsgleich. Das Konzept der Gleichbehandlung, das sowohl Helma als auch Gabi in der Erziehung favorisieren, wird von den beiden ganz unterschiedlich praktiziert und verstanden. Helma erlebte die Gleichbehandlung als Gleichberechtigung gegenüber ihren Eltern während ihrer Jugendphase, wobei sie aber ihrer Mutter und ihrem Vater sehr viel Respekt entgegenbrachte und lediglich auf eine gleichberechtigte Beziehung hoffte. Gabi erfährt die von Helma praktizierte Gleichbehandlung als geschlechtstypische Diskriminierung, denn sie hat, weil sie ein Mädchen ist, viele Nachteile gegenüber ihrem Bruder. Gabi bekommt weniger Taschengeld, hat kein eigenes Zimmer und muß zugunsten des Bruders auf ein Studium nach der Schule verzichten. Bei ihren Töchtern Pia und Bianca will Gabi das Prinzip der Gleichbehandlung bedingungslos durchsetzen. Doch Pia erlebt die Gleichstellung mit ihrer Schwester als ein Übermaß an Behütung und als persönliche Einengung.

Helma, die in den zwanziger Jahren aufwächst, wird weitgehend von ihrer Mutter (d. h. von der Urgroßmutter hinsichtlich der Generationenabfolge) erzogen. Das traditionelle Macht- und Rollenverhältnis eines eher starken autoritären Vaters als dominante Form der Eltern-Kind-Beziehung fehlt in Helmas Erzählung. Sie charakterisiert ihren Vater vielmehr als liebevollen, gütigen und die Familie beschützenden Mann, der stets bestrebt ist, für seine Frau und für seine Tochter zu sorgen. Er fordert keinen bedingungslosen Gehorsam von Frau und Kind, sondern nimmt sich eher in seinen Verhaltensweisen zurück. Helma beschreibt die Ehe ihrer Eltern als sehr harmonisch und von den Bedürfnissen der Mutter geprägt. Helmas Mutter praktiziert eine Erziehung ohne Strafandrohung und unbedingte Gehorsamspflicht. Sie baut ein von Respekt geprägtes partnerschaftliches Verhältnis zu ihrer Tochter auf. Die Machtbalancen im Beziehungsgeflecht von Helma und ihrer Mutter sind nicht starr, vielmehr werden sie zwischen Helma und ihrer Mutter ausgehandelt. Helmas Mutter befiehlt nicht, sondern sie begründet ihre Entscheidungen und Empfehlungen für Helma mit plausiblen Argumenten. Helma erlebt ihre Eltern als Vertrauenspersonen und Vorbildwirkende, denen sie nacheifern möchte. Der Vater entscheidet zwar über den Beruf von Helma, aber er belegt seine Entscheidung gegen ein Studium mit der Situation am Arbeitsmarkt, wie sie sich ihm darstellt. Bei der Partnerwahl handelt der Vater mit Helma ebenfalls Kriterien aus, die Helma beherzigt und für sich annimmt. Liebe und Versorgung stehen hier im Vordergrund. Helma wird zwar „verheiratet", aber mit dem Mann, den sie sich selbst ausgesucht hat und der zugleich die vom Vater geforderten Eigenschaften erfüllen kann. In einer Zeit, in der die Eltern-Kind-Beziehung eher von einer Form des Befehlshaushalts geprägt ist (Büchner 1983), erfährt Helma ihre Erziehung als einen „Verhandlungshaushalt an der kurzen Leine".

Nach der Geburt ihrer Tochter Gabi übernimmt Helma das Erziehungskonzept ihrer Mutter, denn Helmas praktizierte Erziehung weist große Parallelen zu der von ihr selbst erfahrenen Erziehung auf. Sie läßt Gabi zwar relativ großen Freiraum in ihren Entscheidungen, dominiert aber in der Erziehung. Rudolph tritt in seiner Position als erziehender Vater weitgehend in den Hintergrund und ist lediglich für die sportliche Erziehung von Gabi und ihren Bruder Andreas verantwortlich. Helmas Ansicht nach ist eine Familie nur mit dem Vater vollständig, wobei die Mutter diejenige ist, die die Kinder hauptsächlich erzieht. Helma entscheidet zwar weitgehend über den beruflichen Werdegang ihrer Tochter, begründet aber ihre Entscheidung mit den finanziellen Grenzen, denen sie unterliegt. Helma plant für ihren Sohn Andreas ein Studium und erklärt Gabi, daß sie nur ein Kind finanziell unterstützen kann. Helmas Mutter war in erster Linie an der Arbeit in „schönen Häusern" für Helma interessiert, und Helmas Vater sah für Helma als Hochschulabsolventin keine Chancen auf dem Arbeitsmarkt. Statt dessen entschieden sich Helmas Eltern aus pragmatischen Gründen für eine „gute Verheiratung" mit einer großzügigen Aussteuer, die Helma ein gesichertes Leben ermöglicht. Helma dagegen strebt von vornherein nur für ihren Sohn eine hochqualifizierte Ausbildung an. Ähnlich wie sie eine 10.000-Mark-Mitgift statt einer universitären Ausbildung erhielt, entwirft sie für ihre Tochter Gabi die gleichen Perspektiven: Gabi soll mit Hilfe der Aussteuer einen Mann finden, der sie versorgt. Ein qualifizierter Berufsabschluß ist Helmas Ansicht nach nicht so wichtig. Gabi entscheidet sich gegen ein Studium, weil ihr das Studium des Bruders genau so wichtig erscheint, wie Helma es ihr darstellt. Helma praktiziert wie ihre Mutter den „Verhandlungshaushalt an der kurzen Leine".

Das bisher angewandte „Erziehungskonzept an der kurzen Leine" wird von Gabi, wenn auch in etwas modernisierter Form, übernommen. Sie erweitert es um das Prinzip der Gleichbehandlung für ihre Töchter Pia und Bianca. Sie erhalten ähnliche Geschenke und haben in der Familie die gleichen Rechte und Pflichten. Gabi möchte gern, daß sich ihre Töchter so gut verstehen, wie sie sich mit ihrem Bruder Andreas verstand. Ihren Töchtern läßt Gabi großen Freiraum bezüglich der Freizeitplanung und Freundeswahl. Die Bildung von Pia beeinflußt Gabi dagegen in hohem Maße. Im Unterschied zu der Einschränkung, die Gabi durch ihre Mutter Helma bei der Berufswahl erfahren hat, möchte sie Pia eine hochqualifizierte Ausbildung ermöglichen.

Helma, die einen sehr großen Einfluß auf die Erziehung ihrer Enkelkinder hat, praktiziert bei Pia eine ähnliche Erziehung wie bei Gabi. Doch während sie bei Gabis Erziehung gegen ein Studium aus finanziellen Gründen argumentiert hat, vermittelt sie Pia eine Pflicht zu sehr guten Leistungen in der Schule. Pias einzige Aufgabe in der Familie beschränkt sich auf die Erledigung der Hausaufgaben. Die Großmutter Helma und ihre Mutter Gabi vermitteln ihr eine Art „Bildungsauftrag", denn sie soll ohne „Umwege" eine hochqualifizierte Ausbildung abschließen. Pia empfindet ihre Ausbildung als Selbstverständlichkeit. In ihrer Kindheit erlebt sie diese Pflicht zur Bildung als Leistungsdruck, dem sie aber standhalten kann. Ihr derzeitiges Studium möchte Pia so lange wie möglich hinauszögern und bemüht sich nicht um einen baldigen Abschluß. Ihr gefällt das Studentinnenleben und sie möchte es genießen. An ihr Betriebswirtschaftsstudium, in dem sie bereits seit sechs Semestern im Grundstudium studiert, möchte sie noch ein Jurastudium anschließen. Pia ist es gegenwärtig relativ egal, wann sie ihren Abschluß bekommt.

Insgesamt läßt sich feststellen, daß das Erziehungskonzept eines „Verhandlungshaushalts an der kurzen Leine" in der Familie weitergegeben und nur leicht von der jeweiligen „Mutter-Generation" modernisiert wird. Helmas Mutter favorisiert bereits in den zwanziger Jahren das Konzept vom Verhandlungshaushalt, das zu dieser Zeit eher die Ausnahme in den vorherrschenden Erziehungsstilen bildete. Bis in die fünfziger Jahre war das Modell des Befehlshaushalts vorherrschend, das durch Gehorsam, Strafandrohung und einen starken autoritären Vater gekennzeichnet war (Büchner 1983). Helma übernimmt jedoch für ihre Kinder das Konzept des „Verhandlungshaushalts an der kurzen Leine" von ihrer Mutter. Sie hat die Erziehungspraxis, die ihre Mutter in den zwanziger Jahren anwendete, als sehr positiv erlebt und möchte ihre Kinder Gabi und Andreas nach dem gleichen Muster erziehen. Auch Gabi wendet dieses Erziehungskonzept für ihre Töchter an. Den positiv-kindzentrierten Erziehungsstil, den Helmas Mutter, Helma und Gabi praktizier(t)en, möchte auch Pia übernehmen, wenn sie selbst einmal Kinder hat.

Es bleibt zu fragen, ob die von Helmas Mutter und Helma praktizierte Erziehung eine Ausnahme bildet oder ob sich hier die sozialgeschichtliche Ungleichzeitigkeit von historischen Prozessen anzeigt. Des weiteren bleibt zu fragen, ob das Erziehungskonzept von einer Generation zur nächsten weitergegeben wird oder durch andere Sozialisationsinstanzen wie Schule, Medien etc. tradiert wird. Dies aber findet sich nicht in den vorliegenden Lebensgeschichten. Trotzdem muß man bei der Tradierung von Erziehungskonzepten von einer Generation zur nächsten auch die Wirkung anderer Sozialisationsinstanzen in Betracht ziehen, da man ansonsten einem Analogieschluß unterliegen könnte.

Umgangsformen mit der anderen Generation

Die Umgangsformen in der Familie Stein zwischen Großmutter, Mutter und Tochter sind von Partnerschaftlichkeit und Gleichberechtigung geprägt. Bedürfnisse des einzelnen werden zwischen den verschiedenen Generationen ausgehandelt. Dabei tritt eine Relativierung der Lebensalter ein (Stroß 1994; Böhnisch/Blanc 1989).

Helma, Gabi und Pia sind gegenwärtig weitgehend gleichberechtigt und verbringen miteinander gemeinsam die Freizeit. Entscheidend bei den Aushandlungsprozessen in der Familie ist die Gewichtigkeit der Argumentation.

Auf „die Oma" wird nur bedingt von Gabi und Pia als „ältere Frau" Rücksicht genommen. Ihre Ansichten sind nur bedingt wichtig. Helma wiederum ist nicht nur die Vermittlerin von Wissen und Erfahrungen, sondern lernt auch von der Tochter Gabi und der Enkelin Pia.

Familie als Ressource

Die Familie als Sozialisationsinstanz hat in der Familie Stein einen hohen Stellenwert. Sie dient als soziale und emotionale Ressource und wird auch selbstverständlich als solche genutzt. Die Familie als Ressource funktioniert trotz Scheidung und gesellschaftlicher Umbrüche. Die Unterstützungsleistungen in der Familie Stein sind vielfältig und umfassen nahezu alle Bereiche des Lebens. Das kulturelle Interesse und die sportlichen Aktivitäten werden in der Generationenfolge geradlinig, also von Großmutter Helma zu Mutter Gabi und dann zu Tochter Pia, weitergegeben. Finanziell nutzt Pia vor allem die Familie als Ressource. Sie wohnt noch bei ihrer Mutter Gabi und wird weitgehend von ihr versorgt. Als emotionale Ressource wird die Familie von allen drei Generationen gleichermaßen genutzt. Die Großmutter Helma sucht fast täglich den Kontakt zu Gabi und Pia. Sie erteilt Ratschläge und versorgt den Haushalt von Gabi, Pia und Bianca. Darin sieht sie ihre derzeitige Lebensaufgabe. Die Mutter Gabi richtet ihr Leben nach dem ihrer Tochter Pia ein und nimmt sogar persönliche Einschränkungen auf sich, um weiter mit ihren Töchtern zusammen wohnen zu können. Gabi freut sich auf die wenigen gemeinsamen Stunden, die sie mit ihren Töchtern verbringen kann. Aber auch Pia ist gern mit ihrer Mutter und ihrer Großmutter zusammen. Sie lebt gern in der „Mutter-Töchter-WG" und nutzt die Ratschläge, die sie von der Mutter Gabi und der Großmutter Helma bekommt. Mit ihrer Schwester versteht sie sich sehr gut. Sie fahren gemeinsam in den Urlaub und verbringen viel freie Zeit zusammen. Hier bleibt zu fragen, ob die Nutzung der Familie als Ressource eine Ausnahme in der Familie Stein ist, denn Großmutter, Mutter und Tochter sehen sich täglich und wohnen nicht weit entfernt voneinander. Vielleicht hängt die relativ enge Familienbindung mit der geringen räumlichen Mobilität zusammen, die im Ostteil Deutschlands eher die Regel war.

Erstaunlich ist in der Familie Stein die ungebrochene Tradierung bürgerlicher Lebensvorstellungen über die gesamte Zeit der DDR hinweg. In den vierzig Jahren des real-existierenden Sozialismus haben sich die bürgerlichen Ansichten über Ehe, Familie und Bildung in der Generationenabfolge kaum verändert. Das ist vielleicht nur durch die konsequent desinteressierte politische Haltung möglich, die in allen drei Biographien der Steins zu finden ist.

Interessant wäre es, auf der Grundlage des hier dargestellten Falls nach anderen Erziehungskonzepten einer weiblichen Drei-Generationen-Familien zu suchen und diese miteinander zu vergleichen. Erziehungskonzepte werden nicht nur langsam tradiert und modernisiert, wie es in der Familie Stein der Fall ist, sondern sie können auch in ihr Gegenteil verkehrt werden. Beispielsweise haben wir in einer anderen Familie das Konzept einer funktionalen Versorgung gefunden, die aufgrund der Nachkriegswirren zu einer emotionalen Verwahrlosung der mittleren Generation führte. Nachdem die mittlere Generation sich eine eigene Familie mit Kindern aufgebaut hatte, wurde ein Erziehungskonzept der Behütung und Betreuung praktiziert. Die jüngste Generation nahm diese Erziehung wiederum als ein Übermaß an Behütung wahr. Erziehungskonzepte und Erziehungspraxis können ganz unterschiedliche Wirkungen haben und teilweise unabhängig von gesellschaftlichen Veränderungen verlaufen.

Außerdem könnte ein Vergleich mit anderen weiblichen Generationslinien unter dem Blickwinkel der politischen Sozialisation interessant sein. Zwei wichtige Themen, die sich durch die Lebensgeschichten in der Generationenlinie Stein ziehen, sind die Ost-West-Problematik und das Wohnungsproblem. Beide Probleme, die vor allem die Lebensgeschichten von Helma und Gabi prägen, sind meiner Meinung nach DDR-spezifische Probleme und in dieser Form nur in Erzählungen von Ostdeutschen zu finden. Der Mauerbau 1961 und die damit verbundenen Folgen für viele Familien in der DDR (Trennung von Familienmitgliedern in „Ost- und Westverwandte", die verschiedenen politischen Ansichten über den Mauerbau einzelner Familienmitglieder etc.) werden in unserem Fallmaterial häufig thematisiert. Ebenso die Wohnungsknappheit, die in der DDR die Regel war. Diese Sachverhalte werden auch in anderen Familien thematisiert und beeinflussen nicht unerheblich den biographischen Verlauf. Zudem bestimmen sie teilweise „Familienschicksale" mit und werden als Gründe für Scheidungen und Familienzerrüttungen angegeben.

Die Gegenüberstellung mit anderen weiblichen Generationsabfolgen aus den alten Bundesländern hinsichtlich der doppelten Sozialisation von Frauen wäre eine spezifisch zu behandelnde Problematik. Die nach der beruflichen Grundausbildung erfolgende Weiterbildung, die das Leben von Helma und Gabi stark beeinflußte, war wahrscheinlich in dieser Form bei Frauen aus dem Westteil Deutschlands nicht möglich. Auch die Auswanderungsproblematik, die das Leben der Familie Stein massiv mitbestimmte, ist wahrscheinlich in Biographien von Frauen aus den alten Bundesländern nicht in dieser Form zu finden.

Dennoch gibt es viele Gemeinsamkeiten in den Biographien von Ost- und Westdeutschen. Der Literaturüberblick in Kapitel 2 wurde vorwiegend aus westdeutscher Literatur zusammengestellt (Böhnisch/Blanc 1989; Hornstein 1983; Giesecke 1988; Burger/Seidenspinner 1988). Die Tendenzen der doppelten Sozialisation von Frauen (Krüger/Born 1990) und der Relativierung der Lebensalter (Böhnisch/Blanc 1989; Stroß 1994) zeichnen sich auch in ostdeutschen Familien ab. Die Fragen nach den Unterschieden und Gemeinsamkeiten von/in Ost und West untersuchen wir jedoch nicht in unserem Projekt „Ostdeutsche Generationen im biographischen Vergleich", weil bisher kein Fallmaterial westdeutscher Generationenlinien erhoben wurde.

Die endgültige Teilung Deutschlands mit dem Mauerbau 1961 und deren Auswirkungen auf die Familien in Ost- und Westdeutschland vor dem Hintergrund biographischer Erfahrungen sind bisher nicht ausreichend erforscht. Der „Fall der Mauer" 1989 bietet die Möglichkeit, neue Zugänge zu familialen Generationsbeziehungen aufzuzeigen und subjektive Erfahrungen vor dem Hintergrund erlebter Geschichte zu untersuchen.

Literatur

Beck, U., 1992: Der Konflikt der zwei Modernen. In: Rauschenbach, T./Gängler, H. (Hrsg.): Soziale Arbeit und Erziehung in der Risikogesellschaft. Neuwied: 185-201.

Bertaux, D./Bertaux-Wiame, I., 1991: „Was du ererbt von deinen Vätern...". Transmission und soziale Mobilität über fünf Generationen. In: BIOS (4. Jg.) 1: 13-40.

Bien, W. (Hrsg.), 1994: Eigeninteresse oder Solidarität. Beziehungen in modernen Mehrgenerationenfamilien, Opladen.

Böhnisch, L./Blanc, K., 1989: Die Generationenfalle. Von der Relativierung der Lebensalter, Frankfurt a. M.

Born, C., 1993: Familie als Arbeitgeberin - ist die erwerbsförmig organisierte Dienstleistung in der Familie eine zukunftsweisende Antwort auf den familialen Strukturwandel? In: Leisering, L. et al. (Hrsg.): Moderne Lebensläufe im Wandel. Weinheim: 117-128.

Büchner, P., 1983: Vom Befehlen und Gehorchen zum Verhandeln. Entwicklungstendenzen von Verhaltensstandards und Umgangsnormen seit 1945. In: Preuss-Lausitz, U. (Hrsg.): Kriegskinder, Konsumkinder, Krisenkinder. Weinheim/Basel: 196-212.

Burger, A./Seidenspinner, G., 1988: Töchter und Mütter. Ablösung als Konflikt und Chance, Opladen.

Clausen, J., 1993: Kontinuität und Wandel in familialen Generationenbeziehungen. In: Lüscher, K./Schultheiss, F. (Hrsg.): Generationenbeziehungen in „postmodernen" Gesellschaften. Konstanz: 111-124.

Giesecke, H., 1988: Die Auflösung des Generationenverhältnisses: Die Macht der Erwachsenen schwindet. In: Giesecke, H. (Hrsg.): Das Ende der Erziehung. Neue Chancen für Familie und Schule, Stuttgart: 64-74.

Herrmann, U., 1987: Das Konzept der „Generation". Ein Forschungs- und Erklärungsansatz für die Erziehungs- und Bildungssoziologie und die Historische Sozialisationsforschung. In: Neue Sammlung 27: 364-377.

Hornstein, W., 1983: Die Erziehung und das Verhältnis der Generationen heute. In: Zeitschrift für Pädagogik (Beiheft) 18: 59-79.

Kaufmann, F. X., 1993: Generationsbeziehungen und Generationenverhältnisse im Wohlfahrtsstaat. In: Lüscher, K./Schultheiss, F. (Hrsg.): Generationenbeziehungen in „postmodernen" Gesellschaften. Konstanz: 95-108.

Kreppner, K., 1989: Familiale Sozialisation. In: Nave-Herz, R./Markefka, M. (Hrsg.): Handbuch der Familien- und Jugendforschung. Band 1, Frankfurt/Neuwied: 259-310.

Krüger, H.-H. et al., 1993: Kindheit in Ostdeutschland. Familiale Generationsbeziehungen und kindliche Biographieverläufe, Halle.

Krüger. H./Born, C., 1990: Probleme der Integration von beruflicher und familialer Sozialisation in der Biographie von Frauen. In: Hoff, E.H. (Hrsg.): Die doppelte Sozialisation Erwachsener. Zum Verhältnis von beruflichen und privatem Lebensstrang, DJI-Materialien, München: 53-73.

Lamnek, S., 1993: Qualitative Sozialforschung. Methoden und Techniken, Band 2, Weinheim.

Liedtke, M., 1989: Der Generationenkonflikt als pädagogische Konstante und die Funktion von Klage und Protest. In: Hierdeis, H./Rosenbusch, H. S. (Hrsg.): Artikulation der Wirklichkeit: Festschrift für Siegfried Oppolzer zum 60. Geburtstag. Frankfurt a. M.: 117-130.

Lüscher, K., 1993: Generationenbeziehungen - Neue Zugänge zu einem alten Thema. In: Lüscher, K./Schultheiss, F. (Hrsg.): Generationenbeziehungen in „postmodernen" Gesellschaften. Konstanz: 17-49.

Mannheim, K., 1928: Das Problem der Generationen. In: Vierteljahreszeitschrift für Soziologie, Bd.6: 157-185, 311-330.

Nave-Herz, R., 1989: Jugend: Historische Gestalt, Generation. In: Nave-Herz, R./Markefka, M. (Hrsg.): Handbuch der Familien- und Jugendforschung. Band 2, Frankfurt/Neuwied: 135-144.

Nohl, H., 1919: Das Verhältnis der Generationen in der Pädagogik. In: Nohl, H. (Hrsg.): Pädagogische und politische Aufsätze. Jena: 21-35.

Oerter, R./Montada, L., 1987: Entwicklungspsychologie. Ein Lehrbuch, Weinheim.

Oswald, H., 1992: Intergenerative Beziehungen (Konflikte) in der Familie. In: Nave-Herz, R./Markefka, M. (Hrsg.): Handbuch der Kindheitsforschung. Frankfurt/Neuwied: 367-381.

Pitrou, A., 1993: Generationenbeziehungen und familiale Strategien. In: Lüscher, K./Schultheiss, F. (Hrsg.): Generationenbeziehungen in „postmodernen" Gesellschaften. Konstanz: 75-93.

Rauschenbach, T., 1994: Der neue Generationenvertrag. Von der privaten Erziehung zu den sozialen Diensten, Öffentlicher Vortrag auf dem 14. Kongreß der DGFE am 15. März 1994, Dortmund.

Schleiermacher, F. E. D., 1983: Ausgewählte pädagogische Schriften. 3. Aufl., Paderborn.

Schütze, F., 1983: Biographieforschung und narratives Interview. In: Neue Praxis (3. Jg.) 13: 283-293.

Stroß, A. M., 1994: Der Erwachsene. In: Lenzen, D. (Hrsg.): Erziehungswissenschaft. Ein Grundkurs, Hamburg: 406-425.

Wilk, L., 1993: Großeltern und Enkelkinder. In: Lüscher, K./Schultheiss, F. (Hrsg.): Generationenbeziehungen in „postmodernen" Gesellschaften. Konstanz: 203-214.

Zur Veränderung der sozialen Lage der älteren Bevölkerung in den neuen Bundesländern seit der Wiedervereinigung

Marcus Müller

Die Wiedervereinigung Ost- und Westdeutschlands hat tiefgreifende Veränderungen und Probleme aufgeworfen, von denen wir heute betroffen sind und wohl noch zukünftig betroffen sein werden. Es war keine Vereinigung im Sinne einer sorgfältig vorbereiteten Zusammenführung beider deutscher Staaten, sondern aufgrund einer einmalig gegebenen historischen Chance kam es zu einem „Überstülpen" des einen Gesellschaftssystems auf das andere. Aus makrosoziologischer Sicht stellt die Wiedervereinigung ein „natürliches Experiment" dar, in dem die Auswirkungen unterschiedlicher Wirtschafts- und Sozialsysteme auf die soziale Lage der Bevölkerung im Transformationsprozeß betrachtet werden können.

Im Grundgesetz der Bundesrepublik Deutschland[1] war für den Beitrittsfall der DDR eine „einheitliche Rechtsordnung" vorgesehen, die darauf abzielen sollte, einheitliche Lebensverhältnisse zu schaffen (Ruland 1991). Das hat auch für den Bereich der Sozialpolitik seine Gültigkeit. Für die Verwirklichung dieser grundsätzlichen Zielstellung waren nach der vollzogenen Wiedervereinigung umfangreiche Übergangsregelungen notwendig, vor allem im Bereich der Alterssicherung.

Dem Rentenversicherungssystem kommt aus sozialpolitischer Sicht besonders große Bedeutung zu. Denn kein anderes soziales Sicherungssystem des Wohlfahrtsstaats greift direkter in die Lebenslagen und Lebensweisen seiner Bürger ein. Die Bedeutung dieses Sicherungssystems ist um so größer, je stärker die betroffenen Bürger von ihm abhängig sind. Die Wiedervereinigung führte zur Überleitung des an sozialistischen Werten und Maßstäben orientierten staatlichen Rentensystem der DDR in das wohlfahrtsstaatlich an kapitalistischen Werten orientierte Rentensystem der Bundesrepublik Deutschland.

1 GG Artikel 23 (Geltungsbereich des Grundgesetzes)

Eine Untersuchung der sozialen Lage der älteren Bevölkerung in den neuen Bundesländern nach der Wiedervereinigung, wozu diese Arbeit einen Beitrag leisten will, bietet die sozialwissenschaftlich einmalige Chance, das bestehende Rentenversicherungssystem auf seine Leistungs- und Belastungsfähigkeit sowie die Umsetzung seiner sozialpolitischen Intentionen hin zu überprüfen. Das erscheint um so wichtiger, als 95 Prozent seiner Leistungsbezieher (Rentner) in den neuen Bundesländern von ihm wirtschaftlich abhängig sind (vgl. Haupt in: Winkler/Schwitzer 1993: 40 ff.). Die Rente beeinflußt maßgeblich ihren Lebensstandard. Für Ostdeutschland ist daher zu analysieren, ob das Rentenversicherungssystem in der bestehenden Form als alleinige Stütze der Alterssicherung Armut vermeiden und den im Erwerbsleben erworbenen sozialen Status und Lebensstandard der Bürger erhalten kann.

Eine differenzierte Betrachtung von Einkommenshöhen und -verteilungen kann Aufschluß darüber geben, wie einzelne Teilgruppen von den verschiedenen Überleitungsgesetzen und -regelungen betroffen sind, und in welchem Maße es zu sozialen Ungleichbehandlungen kommt (z. B. durch eine Über- oder Unterversorgung). Wenn soziale Ungleichbehandlungen auftreten, dann stellt sich die Frage, ob es sich dabei nur um zeitlich begrenzte Begleiterscheinungen der Transformation handelt, oder ob sich diese Ungleichbehandlungen dauerhaft auswirken werden.

Neben der Analyse der objektiven Lebensverhältnisse der ostdeutschen Rentner, die sich auf Veränderungen der Einkommenssituation konzentriert, soll die subjektive Bewertung der Einkommensveränderungen berücksichtigt werden. Vergleiche mit den Rentnern in Westdeutschland und mit der Situation der Rentner vor der Wende in Ostdeutschland sind vorzunehmen. Erst durch eine Verknüpfung beider Dimensionen können Aussagen darüber getroffen werden, ob die mit der Vereinigung von den politischen Akteuren gewollte Rentenanpassung in Ostdeutschland erfolgreich verläuft.

1. Leithypothesen

1) Die soziale Lage der Rentner in den neuen Bundesländern ist gegenwärtig nahezu ausschließlich vom Rentenversicherungssystem und dem darauf beruhenden Renteneinkommen abhängig.
2) Mit der Wiedervereinigung hat sich in unterschiedlichem Maße die soziale Lage für die Rentner der neuen Bundesländern verändert.
3) Bei der Übernahme des bundesdeutschen Rentensystems kam es bei der Festlegung der Rente für bestimmte Personengruppen in Ostdeutschland

zu sozialen Ungleichbehandlungen. Diese ungleiche Behandlung wird über den Zeitraum der Überleitung hinaus bestehen bleiben.

4) Es existieren Diskrepanzen zwischen den objektiven Einkommensverhältnissen der Rentner und ihrer subjektiven Bewertung.

2. Material und Methode

Um Veränderungen in der sozialen Lage der älteren Bevölkerung in den neuen Bundesländern zu erfassen, erscheint der Vergleich zwischen zwei ausgewählten Zeitpunkten bzw. zwei Perioden die geeignete Untersuchungsmethode zu sein. Der eine Untersuchungszeitpunkt wurde vor dem Inkrafttreten der Übergangsregelungen (Staatsvertrag über die Währungs-, Wirtschafts- und Sozialunion) gewählt (bzw. je nach Verfügbarkeit der Daten bis zu drei Jahren vor der Wiedervereinigung). Der andere Zeitpunkt wurde so festgelegt, daß er die Zeitspanne vom Inkrafttreten der Übergangsregelungen bis zu dem neuesten verfügbaren Datenmaterial (3/1995) umfaßt.

Die Renteneinkommen werden in ihren Verteilungsformen dargestellt und auf Strukturen der Ungleichheit hin untersucht, wobei die Versichertenrenten im Vordergrund stehen. Innerhalb dieser Rentenart sind es die Altersrenten, die den Großteil der Versichertenrenten ausmachen[2].

Empirisch basiert die Untersuchung auf Datenmaterial der amtlichen Statistik, insbesondere der Rentenbestände der VDR-Statistik am 31. Dezember 1992 und am 31. Dezember 1993[3].

Für eine ausführliche Beurteilung der sozialen Lage der Rentner in den neuen Bundesländern werden die heutigen Renten nicht nur mit den Renten in der DDR, sondern auch mit den Renten in den alten Bundesländern verglichen. Des weiteren werden im Rahmen des Möglichen neben der ökonomischen Lage auch andere Dimensionen der Lebenslage der Rentner in die Untersuchung einbezogen.[4]

---

2 61 Prozent der 1993 gezahlten Renten waren Renten wegen Alters. Der Anteil der Witwen-, Witwer- und Waisenrenten betrug 29 Prozent und der Anteil der Renten fur verminderte Erwerbsfähigkeit für Männer und Frauen 10 Prozent. VDR Statistik Rentenbestand am 31. Dezember 1993, Band 110, Tabellen 1.00 G, 1.01 G, 1.02 G.

3 Band 105 und Band 110; Hrsg.: Verband Deutscher Rentenversicherungstrager

4 Dieser Artikel ist eine Zusammenfassung der wichtigsten Ergebnisse der Veranderung der sozialen Lage der älteren Bevölkerung in den neuen Bundeslandern mit dem Schwerpunkt der Einkommensdimension. Eine ausfuhrliche Darstellung findet sich in Muller (1995).

3. Die Konzeption des Rentenversicherungssystems der DDR

Zunächst soll die konzeptionelle Seite des Rentenversicherungssystems der DDR dargestellt werden

3.1 Aufbau und Leistungen der Pflichtversicherung

Die im Rahmen der Pflichtversicherung gezahlte Rente setzte sich aus einem Festbetrag und einem Steigerungsbetrag zusammen. Der Steigerungsbetrag war das Produkt aus der Zahl der Arbeitsjahre, einem Steigerungssatz (von 1 Prozent für Beschäftigte der Post, der Reichsbahn; für Zivilbeschäftigte im militärischen Bereich betrug er 1,5 Prozent und für Bergleute bis zu zwei Prozent) und dem Durchschnitt des beitragspflichtigen Verdienstes der letzten 20 Jahre. Der Festbetrag war nach der Anzahl der Arbeitsjahre gestaffelt und lag seit dem 1. Dezember 1989 zwischen 170 und 210 Mark.

Bei einem Durchschnittsverdienst, der in den letzten Jahren stets an der Beitragsbemessungsgrenze von 600 Mark lag, einem Steigerungssatz von 1 Prozent, 50(!) Arbeitsjahren und einem Festbetrag von 210 Mark ergab sich ein Höchstbetrag der Rente aus der Pflichtversicherung von insgesamt 510 Mark.

Durch die Konstanz der Beitragsbemessungsgrenze in der Pflichtversicherung und aufgrund des dominierenden Einflusses von Mindestsicherungselementen wurde ein weitgehend die Rentenhöhe egalisierendes System geschaffen.

Die sich aus einem Fest- und einem Steigerungsbetrag ergebende Rente wurde mit Mindestleistungen aus der Pflichtversicherung verglichen und gegebenenfalls auf diesen Betrag angehoben Müller (1995: 60).

Dieser Mindestbetrag belief sich Ende 1989 auf 330 Mark nach weniger als 15 Arbeitsjahren und 470 Mark nach 45 und mehr Arbeitsjahren. Eine Mindestrente in Höhe von 330 Mark gab es für Frauen ab dem fünften Kind, die über keinen eigenen Anspruch auf eine Rente aus versicherungspflichtiger Tätigkeit verfügten sowie für Personen, die invaliditätsbedingt keine Berufstätigkeit aufnehmen konnten (Andel 1993: 68).

Tabelle 1: Das Netto-Standard-Rentenniveau* in der DDR nach dem Jahr des Rentenzugangs

Jahr**	Brutto-entgelt jährlich	Anderg. seit Vorjahr	Beitrags-bemess.-grenze	Fest betrag monatl.	Steig.-betrag monatl.	Formel-rente monatl.	Pflicht-rente monatl.	FZR-Rente monatl.	ges. Monatsrente ohne Mindestbetrag	ges. Monatsrente mit Mindestbetrag	Netto-entgelt 2. Hj. 90	Netto-Renten niveau	An-hebungs-satz***
1969	7380	3,89	7200	210	201	411	470	0	411	470	960	49	42,98
1970	7668	3,9	7200	210	208	418	470	0	418	470	960	49	42,98
1971	7968	3,91	7200	210	216	426	470	5	431	475	960	49,5	41,47
1972	8076	1,36	7200	210	222	432	470	5	437	475	960	49,5	41,47
1973	8280	2,53	7200	210	228	438	470	7	445	477	960	49,7	40,88
1974	8520	2,9	7200	210	234	444	470	10	454	480	960	50	40
1975	8794	3,1	7200	210	239	449	470	13	462	483	960	50,3	39,13
1976	9036	2,87	7200	210	243	453	470	16	469	486	960	51,6	38,27
1977	9264	2,52	7200	210	248	458	470	20	478	490	960	51	37,14
1978	9540	2,98	7200	210	252	462	470	25	487	495	960	51,6	35,76
1979	9878	???	7200	210	2??	466	470	30	500	500	960	???	???
1980	9972	1,47	7200	210	258	468	470	36	506	506	960	52,7	32,81
1981	10308	3,37	7200	210	261	471	471	42	517	517	960	53,4	30,99
1982	10560	2,44	7200	210	262	472	472	49	521	521	960	54,3	28,98
1983	10728	1,59	7200	210	265	475	475	56	531	531	960	55,3	26,55
1984	10920	1,79	7200	210	266	476	476	63	539	539	960	56,1	24,68
1985	11160	2,2	7200	210	268	478	478	70	548	548	960	57,1	22,63
1986	11544	3,44	7200	210	269	479	479	78	557	557	960	58	20,65
1987	12060	4,47	7200	210	270	480	480	87	567	567	960	59,1	18,52
1988	12408	2,89	7200	210	270	480	480	98	578	578	960	60,2	16,26
1989	12863	3,67	7200	210	270	480	480	109	589	589	960	61,4	14,09
1990	13704	6,54	7200	210	270	480	480	122	602	602	960	62,7	11,63

* Die Standardrente im Jahr 1990 wird nach dem Jahr des Rentenzugangs mit 45 Arbeitsjahren bei durchschnittlichem Bruttoentgelt berechnet nach den seit dem 1.12.1989 gultigen Vorschriften.

** Rentenzugang jeweils zum 1. Juli des angegebenen Jahres

*** Berechnungen des VDR aufgrund der vorstehenden Ergebnisse

Quelle: Bundesministerium fur Arbeit und Sozialordnung (1994b: 285)

In der Pflichtversicherung der Arbeiter und Angestellten der DDR betrug der Beitragssatz 10 Prozent (für die Versicherten der Staatlichen Versicherung/Deutschen Versicherungsanstalt betrug er 20 Prozent des Bruttolohns). Die Beitragsbemessungsgrenze lag seit 1947 unverändert bei 600 Mark pro Monat (vgl. Tabelle 1). Die restliche Finanzierung erfolgte durch Betriebe (12,5 Prozent) und den Staat (knapp 50 Prozent). In der Freiwilligen Zusatzrentenversicherung betrug der Beitragssatz für Arbeitgeber und Arbeitnehmer je 10 Prozent des 600 Mark übersteigenden Bruttomonatseinkommens. Der Versicherte konnte bis Ende 1976 maximal weitere 600 Mark, später das gesamte über der Beitragsbemessungsgrenze liegende Einkommen versichern (Andel 1993: 66).
Dieser statische Charakter der Konzeption (d. h. die in der Rentenformel enthaltenen Elemente des beitragsunabhängigen Grundbetrags und des beitragsbezogenen Steigerungsbetrags) hatte mehrere Konsequenzen:

1) Die Konzeption führte dazu, daß sich die Rentenhöhe in der Pflichtversicherung nicht nur nach der Anzahl versicherungspflichtiger Jahre und dem früheren Arbeitsentgelt unterschied, sondern auch nach dem Zeitpunkt des Rentenzugangs (vgl. Tabelle 1)[5]. Es entstand zunehmend eine Schere zwischen den zuletzt erzielten Erwerbseinkommen (der durchschnittliche Verdienst aller Arbeiter und Angestellten hatte sich bis zum Jahr 1988 immerhin auf 1.000 Mark erhöht (vgl. Tabelle 1) und den Rentenleistungen aus der Sozialversicherung (vgl. Bundesministerium für Arbeit und Sozialordnung 1994b: 284). Diese Diskrepanz stand deutlich im Widerspruch zu den auf den Parteitagen der SED verkündeten Rentenerhöhungen (Schmähl 1992: 34).
2) Die Konzeption führte in einem Umfeld von wirtschaftlichen Veränderungen, wie Inflations- und Teuerungsraten und steigenden Lebenshaltungskosten, zur Einführung der *Freiwilligen Zusatzrentenversicherung (FZR)*. Über die Freiwillige Zusatzrentenversicherung konnte seit 1971 das über 600 Mark liegende Arbeitseinkommen rentenwirksam versichert werden (vgl. Tabelle 1). Für die Zusatzrente zahlten die Versicherten bis zu einem unter 1.200 Mark zu versichernden Einkommen ebenfalls 10 Prozent ihres Bruttoarbeitsentgelts. Ab 1978 war es möglich, das Einkommen in der FZR sogar bis zu einer Höhe von 2.400 Mark zu versichern. Von der Freiwilligen-Zusatzrentenversicherung machte die über-

5 Im Gegensatz zum westdeutschen Modell, zumindest nach Einfuhrung der Dynamisierung 1957.

wiegende Zahl der Versicherten[6] Gebrauch, wobei die Angaben darüber, welches Entgelt tatsächlich versichert wurde, fehlen.

3) Die DDR-Rentenversicherung führte zu einer hohen Erwerbsbeteiligung von Altersrentnern, um das niedrige Renteneinkommen aufzubessern, obwohl bei Ehepaaren eine zweite Versichertenrente der Regelfall war. Die Existenz von „Doppelverdienern" war im Hinblick auf die Einkommenslagen von Haushalten jedoch schon in der Erwerbsphase weitgehend notwendig (Schmähl 1991: 55).

Die Leistungen der Rentenversicherung in der ehemaligen DDR reichten nicht aus, um den während des Erwerbslebens erreichten Lebensstandard zu sichern. Verglichen mit dem Rentenrecht in der alten Bundesrepublik entsprach das Rentenrecht der DDR bis zum 30. Juni 1990 dem Leistungsrecht in der Bundesrepublik vor 1957 (vgl. Bundesministerium für Arbeit und Sozialordnung 1994b: 284).

3.2 Niveau und Struktur der Alterseinkommen in der DDR

Im Gefüge der Alterssicherung war die Rentenversicherung im Unterschied zum westdeutschen Modell deren alleinige Säule und bestimmte im wesentlichen[7] Niveau und Struktur der Alterseinkommen in der DDR.

Für die DDR wurde zum Vergleich der 1. Dezember 1989 gewählt, weil zu diesem Zeitpunkt die hierfür erforderlichen Daten keiner staatlichen Zensur mehr unterlagen und die Struktur der Altersrenten der DDR noch nicht von Regelungen und damit verbundenen Veränderungen infolge der Wiedervereinigung betroffen waren. Ein Vergleich der Rentenhöhe zwischen der DDR und der Bundesrepublik ist wegen der unterschiedlichen Währung nur eingeschränkt aussagefähig. Eine andere mögliche Vergleichsdimension ist die Kaufkraft der Renten. Jedoch ist der Vergleich äußerst schwierig, weil der Anteil an staatlichen Subventionen für die Güter des Grundbedarfs schwer bestimmbar ist[8] und nicht bereinigt werden kann. Auf die Kaufkraft in den beiden Ländern wird später noch getrennt eingegangen. Es lassen sich demnach nur Aussagen über die interne Differenzierung der Rentenstruktur treffen.

---

6 Schmahl (1991: 70): Es gibt Schatzungen, daß rund 80 Prozent der in der FZR zur Versicherung Berechtigten auch tatsachlich davon Gebrauch machten.

7 Es gibt nur noch einige quantitativ, auch für die Beschäftigten, unbedeutende Reste fruherer Betriebsrenteneinrichtungen von Großunternehmungen (z. B. Zeiss) aus der Zeit der 50er Jahre. Vgl. Schmahl (1991: 53).

8 Haupt (1993: 53) bestimmt die Subventionsquote nach Schwitzer (1989) auf ca. 54 Prozent.

Abbildung 1: Relative Rentenhohe 1988 nach Versorgungsform in Bezug auf die Durchschnittsaltersrente der Pflichtversicherung in der Sozialversicherung der Arbeiter und Angestellten = 100%

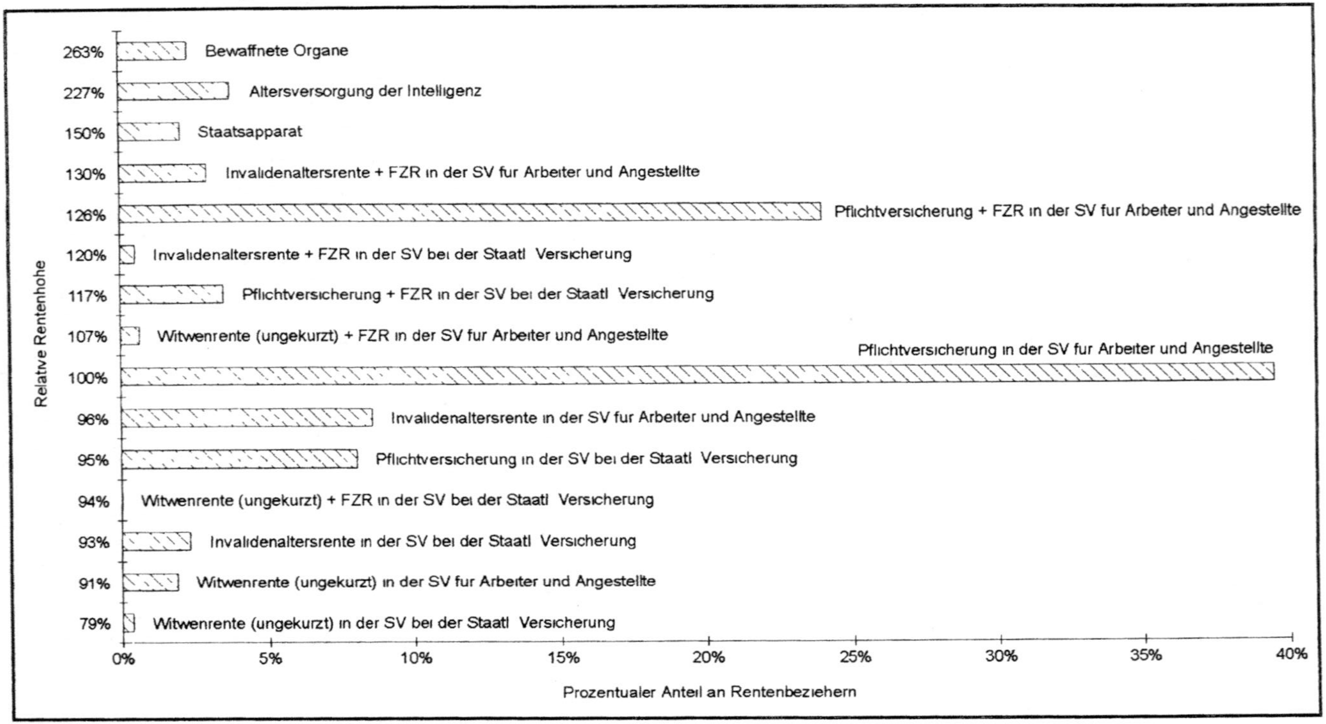

Quelle: Eigene Berechnungen auf der Grundlage von: H. Semsch, 1989: Studie des Instituts für Soziologie und Sozialpolitik der AdW der DDR, Berlin - unveroffentlicht - (in: Winkler 1990: 225)

Vor der Wiedervereinigung ergaben sich hieraus folgende Rentenhöhen, -verteilungen und -konzentrationen:

In der DDR lebten 1989 ca. 2,8 Millionen Rentner, die überwiegend Rentenleistungen von der Sozialversicherung der Arbeiter und Angestellten erhielten (Winkler 1990: 224).

Die durchschnittliche Rentenhöhe aus der Sozialpflichtversicherung für Arbeiter und Angestellte 1989 betrug für die Altersrente 446,62 Mark (Winkler 1990: 224). Mit der ab 1. Dezember 1989 wirksam gewordenen Rentenerhöhung stieg die Altersrente im Durchschnitt um ca. 66 Mark pro Rentenanspruchsberechtigten an. Die Rentenerhöhung betraf insgesamt 2,432 Mio. Rentenempfänger der Sozialversicherung der Arbeiter und Angestellten.

Differenziert man die Bezieher der unterschiedlichen Rentenarten im Rentensystem der DDR, so ergibt sich für das Jahr 1988 ein Abbildung 1 entsprechendes Bild.

Bei der Darstellung der Relationen zwischen den verschiedenen Rentenarten (in bezug auf die Rentenhöhe) wird die durchschnittliche Höhe der Altersrente der Pflichtversicherung in der Sozialversicherung der Arbeiter und Angestellten (380,94 Mark) gleich 100 gesetzt.

Aus Abbildung 1 wird ersichtlich, daß es Rentenarten gab, deren Bezieher bei alleiniger Abhängigkeit vom Renteneinkommen noch schlechter gestellt waren als Bezieher der durchschnittlichen Altersrente. Das waren die Bezieher:

- von Invalidenrenten sowohl aus der Sozialversicherung der Arbeiter und Angestellten als auch aus der Staatlichen Versicherung,
- von Witwenrenten (ungekürzt) ebenfalls beider Versicherungsträger,
- von Witwenrenten (ungekürzt) einschließlich einer Freiwilligen-Zusatzrentenversicherung (FZR) aus der Sozialversicherung der Staatlichen Versicherung und
- von Altersrenten aus der Pflichtversicherung bei der Staatlichen Versicherung (allerdings ohne FZR).

Diese Personengruppen bezogen bis zu 20 Prozent weniger Rente als die durchschnittlichen Altersrentenempfänger und stellten einen Anteil von ca. 20 Prozent der Rentenbezieher dar. Die Abweichungen von der Durchschnittsaltersrente nach unten betrugen für den Großteil (ca. 75 Prozent) der Betroffenen zwar weniger als 5 Prozent, bedingt durch die Mindestrentenregelung stehen sie jedoch im krassen Gegensatz zu den Beziehern solcher Alterseinkommen, die über das Doppelte der Durchschnittsaltersrente erhielten und einen Anteil von ca. 5 Prozent der Rentner insgesamt ausmachten.

In diesem Zusammenhang wird die Bedeutung der Freiwilligen-Zusatzrentenversicherung deutlich, ohne die das Renteneinkommen durchschnittlich etwa ein Viertel niedriger gelegen hat.

Es fällt auf, daß die Bezieher von Renten der Staatlichen Versicherung jeweils niedrigere Renten als die der Sozialversicherung bezogen haben[9]. Jeweils nochmals 10-20 Prozent niedriger lagen die Witwenrenten, obwohl von staatlicher Seite versucht wurde, strukturelle Gegensteuerungsmechanismen[10] in die Alterssicherung einzubauen. Die damit verbundene finanzielle Abseitsposition traf besonders weibliche Einpersonenhaushalte, in denen kein zusätzliches Alterseinkommen mehr zur Verfügung stand.

4. Veränderungen in der Überleitungsphase

Der erste Schritt zur Anpassung der Rentensysteme wurde im Staatsvertrag vom 18. Mai 1990 zur Währungs-, Wirtschafts- und Sozialunion getan. Dieser Staatsvertrag war noch unter der Prämisse des Fortbestehens zweier deutscher Staaten geschlossen worden (Böhm/Pott 1991: 178), und er ging von einer längeren Übergangsphase aus. Es wurde festgelegt, daß die DDR ein gegliedertes System der Sozialversicherung einführt, welches den Grundsätzen des Sozialversicherungsrechts der Bundesrepublik Deutschland entspricht. Damit sollte die Einheitsversicherung aufgelöst und durch ein nach bundesdeutschem Muster in Renten- , Kranken- , Unfall- und Arbeitslosenversicherung gegliedertes System ersetzt werden. Die politische Grundentscheidung lief auf eine Neuberechnung der Renten nach den Grundsätzen des bundesdeutschen Rentensystems hinaus. Sie sollte aber von den Erwerbs- und Versichertenbiographien sowie den Einkommensverhältnissen in der DDR ausgehen. Weiterhin wurde durch diese Entscheidung das relative Rentenniveau (in bezug auf die durchschnittlichen Erwerbseinkommen) im jeweiligen Gebiet auf 70 Prozent festgelegt. D. h., es sollte das gleiche Nettorentenniveau (in bezug auf die jeweiligen Erwerbseinkommen) wie in den

---

9 Zwischen den Mitgliedern der Pflichtversicherung bei der Staatlichen Versicherung (Mitgliedern von Produktionsgenossenschaften, Selbstandigen und Handwerkern) gab es deutliche Differenzierungen, z. B. war ein Beitritt in die FZR für Handwerker und Selbstandige nicht moglich. Das konnte Auswirkungen auf die durchschnittlichen Rentenhohen gehabt haben.

10 Z. B. additive Berücksichtigung von Kindererziehungszeiten und die besonderen Zurechnungszeiten fur Altersrenten der Frauen

alten Bundesländern sichergestellt werden, was jedoch zwangsläufig zu anderen Absolutbeträgen (in DM) führte.

Die für die Rentenversicherung relevanten Maßnahmen sind das Gesetz über die Sozialversicherung (SVG) und das bereits im Staatsvertrag angelegte Begleitgesetz, das Rentenangleichungsgesetz (RAG). Beide wurden am 28. Juni 1990 verabschiedet und traten am 1. Juli 1990 in Kraft.

Das Hauptziel des Rentenangleichungsgesetzes besteht darin, entsprechend Art. 20 Abs. 3 des Staatsvertrages das (relative) westdeutsche Rentenniveau auf die DDR zu übertragen. Dieses Gesetz regelt auch die Umstellung der DDR-Renten auf DM-Beträge zum Kurs von 1:1. Ausgangspunkt für die Angleichung war die Rente eines Durchschnittsverdieners mit 45 Arbeitsjahren und einem Verdienst jeweils in Höhe des volkswirtschaftlichen Nettoarbeitsverdienstes, das für den Zeitpunkt der Angleichung auf 960 DM „festgelegt" wurde (Böhm/Pott 1991: 179). § 1 Abs. 1 Rentenangleichungsgesetz bestimmt, daß bei einer größeren oder geringeren Zahl von Arbeitsjahren der Prozentsatz proportional höher oder niedriger liegt. Basis für die Berechnung des Anhebungssatzes der individuell bezogenen Renten ist, unter Berücksichtigung des Jahres des Rentenbeginns, die Rente eines Durchschnittsverdieners in der DDR, der von seinem Einkommen neben den Pflichtbeiträgen zur Sozialversicherung volle Beiträge zur Freiwilligen Zusatzversicherung gezahlt hat. Die Anwendung der im Gesetz nach dem Zeitpunkt des Rentenbeginns und nach der Zahl der Versicherungsjahre differenzierten Zuschlagssätze führte dazu, daß von den knapp 2,9 Millionen Alters- und Invalidenrenten in der DDR 2,24 Millionen Renten (ca. 77 Prozent) zum 1. Juli 1990 im Zahlbetrag angehoben wurden. Die durchschnittliche Erhöhung der Versichertenrenten betrug bei den Männern 175 DM, bei den Frauen 123 DM (Böhm/Pott 1991: 179). Für einen Durchschnittsverdiener mit 45 Arbeitsjahren (= Eckrentner) betrug die Rente nach der Umstellung auf DM-Beträge und der Aufstockung 672 DM (= 70 Prozent). Soweit die Renten nicht zu erhöhen waren, wurde entsprechend des im Staatsvertrag vereinbarten Vertrauensschutzes der alte Markbetrag in der bisherigen Höhe in DM gewährt[11].

Die Rentenangleichung zum 1. Juli 1990 brachte nicht nur eine Erhöhung der Versichertenrenten von rund 30 Prozent im Durchschnitt (Winkler 1993: 44), sondern führte auch zu einer Reduktion der intertemporalen Schieflage[12]

---

11 RAG § 3 Abs. 1

12 Damit ist folgender Sachverhalt gemeint: In der DDR waren die Renten, bei gleicher relativer Einkommensposition während der Erwerbstätigkeit, um so niedriger, je weiter zurück der Rentenbeginn lag. Dies beruhte auf dem Anstieg der Arbeitseinkommen,

und zu einer stärkeren Differenzierung bei den höheren Renten (Andel 1993: 95). Für das Modell des Eckrentners wurde so verfahren, daß man die für die einzelnen Rentenzugangsjahre erforderlichen Erhöhungssätze (vgl. Tabelle 1) ermittelte, um das angestrebte Nettorentenniveau zu verwirklichen. Dieser Prozentsatz war um so höher, je weiter zurück der Zeitpunkt des Rentenbeginns lag (wegen der allgemeinen intertemporalen Schieflage) und je höher die Zahl der Arbeitsjahre war (wegen der mit steigender Zahl der Arbeitsjahre abnehmenden Bedeutung der Mindestrentenelemente).

Andel (1993: 95) stellt dazu fest: „Dieses Verfahren sicherte in der Tat für den Eckrentner das gewünschte Ergebnis - aber nur für diesen. Wegen der bei überdurchschnittlichem Einkommen geringeren, bei unterdurchschnittlichem Einkommen größeren Bedeutung der Mindestrentenelemente hätten die Anpassungsprozentsätze eigentlich entsprechend differenziert, also für die überdurchschnittlichen Einkommen herauf-, für die unterdurchschnittlichen Einkommen herabgesetzt werden müssen. Indem man darauf verzichtete, lag das Rentenniveau bei den unterdurchschnittlichen Einkommen über, bei den überdurchschnittlichen Einkommen unter dem Zielwert".

Mit der Regelung im Rentenüberleitungsgesetz erfährt der Sozialzuschlag eine Modifizierung: Der Sozialzuschlag (Art. 40 RÜG) ist eine pauschalisierte Sozialhilfe im Beitrittsgebiet und wird in Höhe des Betrags gezahlt, um den das monatliche Einkommen unterschritten wird. Bei Alleinstehenden handelt es sich ab dem 1. Januar 1992 um den Betrag von DM 600 und ab dem 1. Juli 1992 um den Betrag von DM 658. Bei Verheirateten wurde für das monatliche Gesamteinkommen ab dem 1. Juli 1992 der Betrag von DM 1.054 festgelegt.

Mit der Rentenüberleitung am 1. Januar 1992 wurde der begonnene Abbau der intertemporalen Schieflage und der Mindestsicherungselemente des alten DDR-Rechts zu vollenden versucht. Es wurde weiterhin versucht, die günstigeren westdeutschen Leistungselemente zu übernehmen und solche ostdeutschen Leistungselemente abzuschaffen, die im SGB VI keine Entsprechung fanden (Andel 1993: 96). Zu den Leistungsverbesserungen zählen die erleichterten Voraussetzungen der Leistungsinanspruchnahme, das teilweise höhere Leistungsniveau bei Altersrenten für Männer, bei Erwerbs- und Berufsunfähigkeitsrenten und bei Hinterbliebenenrenten. Als abzubauende Leistungen sind vor allem die zahlreichen Grund- und Mindestsicherungselemente des DDR-Rechts, die additive Berücksichtigung von Kindererzie-

---

auf der im Zuge der FZR im Laufe der Zeit erhöhten Versicherungsmöglichkeit und vor allem auf der fehlenden systematischen Dynamisierung der Rentenbeträge (Andel 1993).

hungszeiten und die besonderen Zurechnungszeiten für Altersrenten der Frauen zu nennen.

Ab diesem Zeitpunkt lassen sich zumindest die absoluten Zahlbeträge der Renten in den neuen und alten Bundesländern miteinander vergleichen.

5. Darstellung der empirischen Entwicklung und der Verteilungsänderungen

5.1 Die Entwicklung der durchschnittlichen Versichertenrenten in den neuen Bundesländern

Im Juni 1990 wurden 2.880.927 Versichertenrenten gezahlt. Diese Zahl hat sich bis zum 31. Dezember 1993 auf 4.011.471 Renten nach SGB VI in den neuen Bundesländern als Folge der Anspruchserleichterungen für den Bezug von Altersrenten für Männer, der Renten wegen verminderter Erwerbsfähigkeit und der Hinterbliebenenrenten stark erhöht.

In Tabelle 2 ist die Entwicklung der durchschnittlichen Renten in M/DM in den neuen Bundesländern dargestellt.

Tabelle 2: Durchschnittliche Versichertenrente* (netto)

Stichtag	Männer	Frauen	Männer + Frauen
30.6.1990	572 M = 100,0	432 M = 100,0	475 M = 100,0
1.7.1990	739 DM = 129,2	524 DM = 121,3	590 DM = 124,2
1.1.1991	870 DM = 152,1	620 DM = 143,5	697 DM = 146,7
1.7.1991	1.001 DM = 175,0	716 DM = 165,7	805 DM = 169,5
1.1.1992	1.145 DM = 200,2	764 DM = 176,9	881 DM = 185,5
1.7.1992	1.242 DM = 217,1	826 DM = 191,2	956 DM = 201,3
1.1.1993	1.295 DM = 226,4	861 DM = 199,3	997 DM = 209,9
1.7.1993	1.468 DM = 256,6	950 DM = 219,9	1.113 DM = 234,3
1.1.1994	1.539 DM = 269, 0	985 DM = 228,0	1.163 DM = 244,8

* bis einschließlich 1. Juli 1991 nur Vollrenten einschließlich FZR

Quelle: Verband Deutscher Rentenversicherungsträger in: Andel (1993: 92) und Bundesministerium für Arbeit und Sozialordnung 1994b: 294

Betrachtet man nur den Zuwachs der absoluten Zahlbeträge, ohne Berücksichtigung des Anstiegs des Preisindex für die Lebenshaltung von Ein- und

Zweipersonenhaushalten, und ohne die Rentenbeträge nach besitzgeschützten Rentenbeträgen, Auffüllbeträgen und Sozialzuschlägen zu unterscheiden, so ergibt sich ein Wert von +169 Prozent für Männer und +128 Prozent für Frauen für den Zeitraum vom 30. Juni 1990 bis zum 1. Januar 1994. Für Männer und Frauen zusammen ergibt sich ein Zuwachs von +144,8 Prozent, also mehr als eine Verdoppelung.

Tabelle 3: Rentenanpassungen in der Rentenversicherung fur Arbeiter und Angestellte

Jahr	Alte Bundesländer	Neue Bundesländer
1.1.1991	-	+15,00 %
1.7.1991	+4,70%	+15,00 %
1.1.1992	-	+11,65 %
1.7.1992	+2,87%	+12,73 %
1.1.1993	-	+6,10 %
1.7.1993	+4,36%	+14,12 %
1.1.1994	-	+3,64 %
1.7.1994	+3,39%	+3,20 %
1.1.1995	-	+2,78 %

Quelle: Bundesministerium fur Arbeit und Sozialordnung 1994a: Tabellen 7.9 und 7.9 A; Bundesministerium fur Arbeit und Sozialordnung 1994b: 317

Für diese Zeit ist zu beachten, daß der Zeitraum vom 1. Juli 1990 bis zum 31. Januar 1991 und der Zeitraum vom 1. Januar 1992 an unterschieden werden müssen, was die Vergleichbarkeit der Rentenbeträge sowohl innerhalb der Rentnerpopulation Ost als auch im Vergleich zu der Rentnerpopulation West betrifft. Die Anhebung des Rentenbetrags am 1. Juli 1990 sollte „lediglich" dazu dienen, die bei gleicher Lohnrelation je nach Zugangsjahr unterschiedlichen Rentenhöhen für den Modellfall des Durchschnittsverdieners mit 45 Arbeitsjahren in mehreren Anpassungsschritten zu egalisieren (Müller 1992: 406). Diese erste Anpassung erfolgte in Abhängigkeit vom Rentenzugangsjahr und von der Zahl der Arbeitsjahre (vgl. auch Tabelle 1). Mit den Angleichungsfaktoren sollte erreicht werden, daß ein Rentner, der in den letzten 20 Jahren immer den Durchschnittsverdienst erzielte, nach 45 Arbeitsjahren eine Rente in Höhe von 70 Prozent des Verdienstes nach der Währungsumstellung erhielt (Hain/Luckert/Müller/Nowatzki 1992: 521). Bei jährlichen Lohnzuwachsraten von 20 bis 30 Prozent in der Überleitungsphase für die Arbeitnehmer in den neuen Bundesländern würden aber bei Rentenanpassungen die Werte des Vorjahres kein stabiles Netto-Rentenniveau sichern. Deshalb sieht das RÜG vor, daß der aktuelle Rentenwert Ost zweimal jährlich aktualisiert (vgl. Tabelle 3) und derart festgelegt wird, daß das resultierende Netto-Rentenniveau in beiden Gebieten gleich ist. Durch die höheren Anpassungen im Osten erfolgt die Angleichung an das Westniveau.

Eine Anpassung der absoluten Rentenzahlbeträge wird erst in dem Maße erfolgen, in dem sich das Lohnniveau in beiden Gebieten annähert. Zur Orientierung, wie groß diese Differenz ist, hilft ein Blick auf die Entwicklung des aktuellen Rentenwerts Ost im Vergleich zum Rentenwert West (vgl. Tabelle 4).

Tabelle 4: Entwicklung des aktuellen Rentenwertes in der Überleitungsphase in den neuen Bundesländern in DM

Jahr	Alte Bundesländer	Neue Bundesländer	Relation NBL/ABL
1.7.1990		15,95	
1.1.1991		18,35	
1.7.1991	41,44	21,11	0,53
1.1.1992		23,57	
1.7.1992	42,63	26,57	0,62
1.1.1993		28,19	
1.7.1993	44,49	32,17	0,72
1.1.1994		33,34	
1.7.1994	46,00	34,49	0,75

Quelle: Eigene Berechnungen auf der Grundlage: Bundesministerium fur Arbeit und Sozialordnung 1994a: Tabellen 7.9 und 7.9A

Tabelle 4 zeigt, daß sich der Abstand in der Rentenhöhe der „Eckrente" von 47 Prozent auf 25 Prozent vermindert hat.

Die Rentenangleichung hat in dem Zeitraum bis zum 1. Januar 1992 dazu geführt, daß es durch die Reduktion der Mindestsicherungselemente und durch die stärkere Betonung der Abstufung nach dem individuell versicherten Einkommen zu einer größeren Streuung der anpassungsfähigen Rentenelemente kam. Im Vergleich zu den Renten im alten Bundesgebiet bestehen aber immer noch sehr große Unterschiede im Hinblick auf die Verteilungsstruktur.

5.2 Veränderung der Verteilung Ost 1990 - 1992

Für den ersten Zeitraum der Überleitungsphase verdeutlicht Abbildung 2 die Veränderung in der Verteilung der Rentenzahlbeträge, die das Ergebnis der Umwertung der Bestandsrenten nach dem Rentenüberleitungsgesetz in das

SGB VI widerspiegelt. Diese Abbildung zeigt sehr deutlich, daß sich mit der Überleitung des Rentensystems nicht nur eine Erhöhung des Niveaus, sondern auch eine gravierende Veränderung der Verteilung der Renten nach der Rentenhöhe ergeben.

Abbildung 2: Veranderung in der Verteilung der Rentenzahlbetrage (Manner und Frauen insgesamt) - neue Bundeslander fur den Zeitraum vom 30. Juni 1990 bis zum Januar 1992

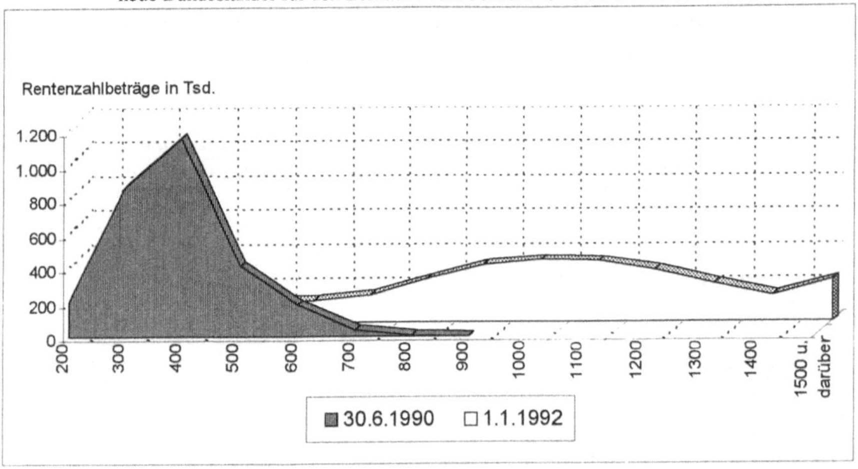

Quelle Winkler/Schwitzer (1993: 56), berechnet nach: H.-W. Muller, Renten im Beitrittsgebiet - Finanzierung, Finanzierungsverbund Wurzburg, 23 September 1991 und VDR-Statistik, Rentenbestand, Band 100, Frankfurt/M. 1992: 303-308

Die Darstellung der Verteilung der Rentenzahlbeträge vom 30. Juni 1990 weist noch die DDR-typische Konzentration im Mindestrentenbereich aus. Infolge der Umwertung am 1. Januar 1992 erlangten die der Rentenberechnung zugrunde liegenden Arbeitsjahre und Versicherungsbeiträge größere Bedeutung und führten zu einer hoheren Differenzierung der Rentenzahlbetrage, die sich nun vom Mindestrentenbereich bis zu Betragen von über 2.000 DM erstreckten. Es muß jedoch berucksichtigt werden, daß in den zur Auszahlung kommenden Rentenbetragen bis 1996 noch Auffullbeträge enthalten waren, die im Rahmen des Besitzschutzes gewahrt wurden (Haupt 1993). Eine Annaherung an das westdeutsche Verteilungsmuster, wenn auch auf niedrigerem Niveau, ist unverkennbar. Mit der Ubertragung des SGB VI auf die neuen Bundeslander ergibt sich eine großere Rentendifferenzierung, weil nun die personlichen Faktoren zur Bestimmung der Rentenhohe wie in den alten Bundeslandern berucksichtigt werden. Das Produkt aus Dauer der versicherten Zeit und durchschnittlicher Beitragsleistung[13] bestimmt jetzt auch in den neuen Bundesländern die Position einer Rente im Rentengefüge.

5.3 Die weitere Entwicklung der Verteilung der Altersrenten 1992/93

Die weitere Entwicklung der Verteilung der Rentenzahlbeträge in den neuen Bundesländern zeigen die folgenden Abbildungen 3 und 4:

Hier seien die Kennzahlen des arithmetischen Mittels, der Streuung und der Gini-Index zur Interpretation angeführt. Der Gini-Index der Einkommenskonzentration ist ein statistisches Maß, um die Gleichheit/Ungleichheit einer Verteilung zusammenfassend zu kennzeichnen. Er kann Werte von 0 (völlige Gleichheit) bis 1 (max. Ungleichheit) annehmen.

Schon in diesem kurzen Zeitraum macht sich der Abbau bzw. das „Einfrieren" von Auffüllbeträgen in den Renten deutlich bemerkbar. Die durchschnittlichen Rentenbeträge der Männer entfernen sich in zunehmendem Maße von denen der Frauen. Am 31. Dezember 1992 betrug die durchschnittliche Rentenhöhe der Frauen 63 Prozent der Rentenhöhe der Männer und am 31. Dezember 1993 nur noch 60 Prozent.

Bei den Frauen ist die Verteilung dagegen noch etwas gleichförmiger geworden, wobei beachtet werden muß, daß 1992 in den Betragsklassen von 400-600 DM zwei Ausreißer einen zweiten Gipfel bilden, der sich in der Verteilung von 1993 auf einen Ausreißer in der Betragsklasse von 500-600 DM reduziert. Diese Ausreißer sind auf Relikte von Mindestsicherungselementen aus DDR-Zeiten zuruckzuführen.

Die Standardabweichung beträgt für Männer am 31. Dezember 1992 ca. 21 Prozent (285 DM) vom Mittelwert, die der Frauen beträgt ca. 32 Prozent (268 DM). Ein Jahr später beträgt sie bei den Männern ca. 23 Prozent (360 DM) und bei den Frauen ca. 33 Prozent (316 DM), hat also geringfugig zugenommen.

Für die Zukunft ist durch die Anpassung an die Lohnstruktur im Westen eine großere Einkommensdifferenzierung in Ostdeutschland zu erwarten. Damit wird sich das Ausmaß der Streuung in den kommenden Rentenzugängen weiter zu größerer Ungleichheit hin verändern.

---

13 Wobei allerdings nicht die tatsachlichen Beitragszahlungen, sondern die relative Einkommenshohe (Entgeltpunkte) entscheidend ist, insofern handelt es sich nicht um beitragsaquivalente Renten.

Abbildung 3: Verteilung der Rentenzahlbeträge wegen Alters in der GRV an Männer und Frauen in den neuen Bundesländer am 31.12.1992 in %

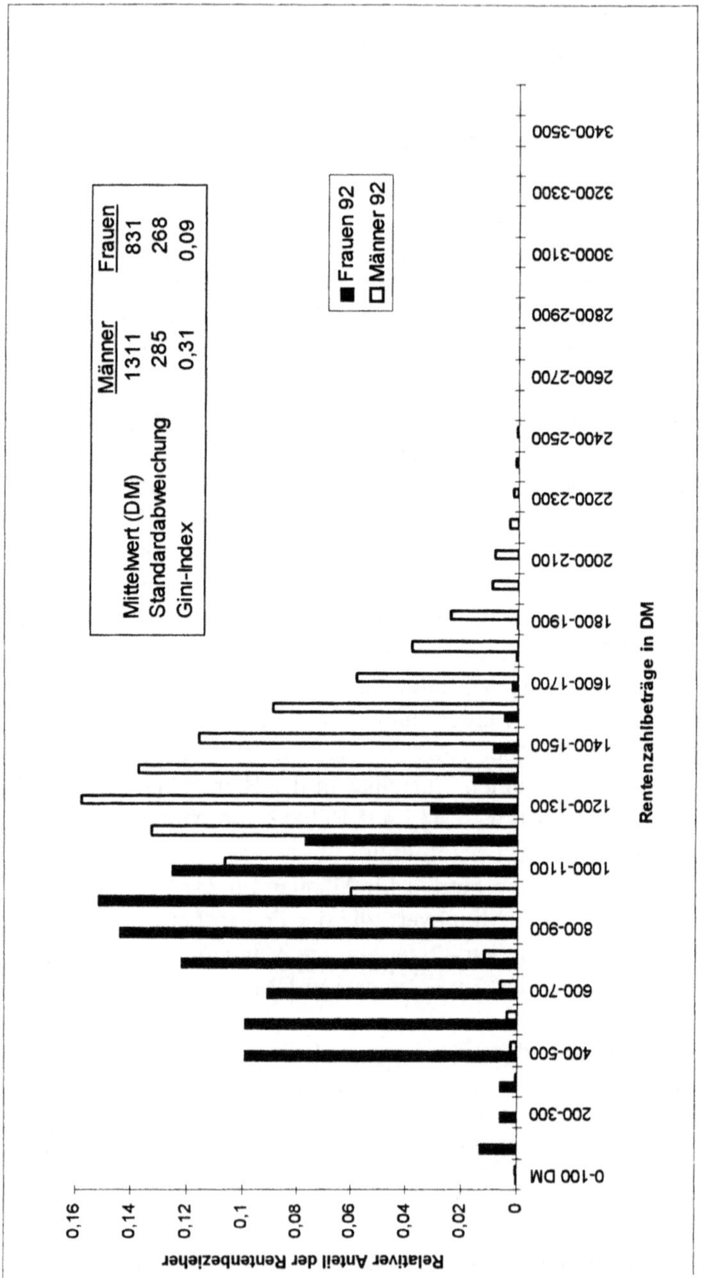

Quelle: Eigene Berechnungen auf der Grundlage des VDR-Statistik Bandes 105, Tab. 302.20 GRV

Abbildung 4: Verteilung der Rentenzahlbetrage wegen Alters in der GRV an Manner und Frauen in den neuen Bundeslander am 31.12.1993 in %

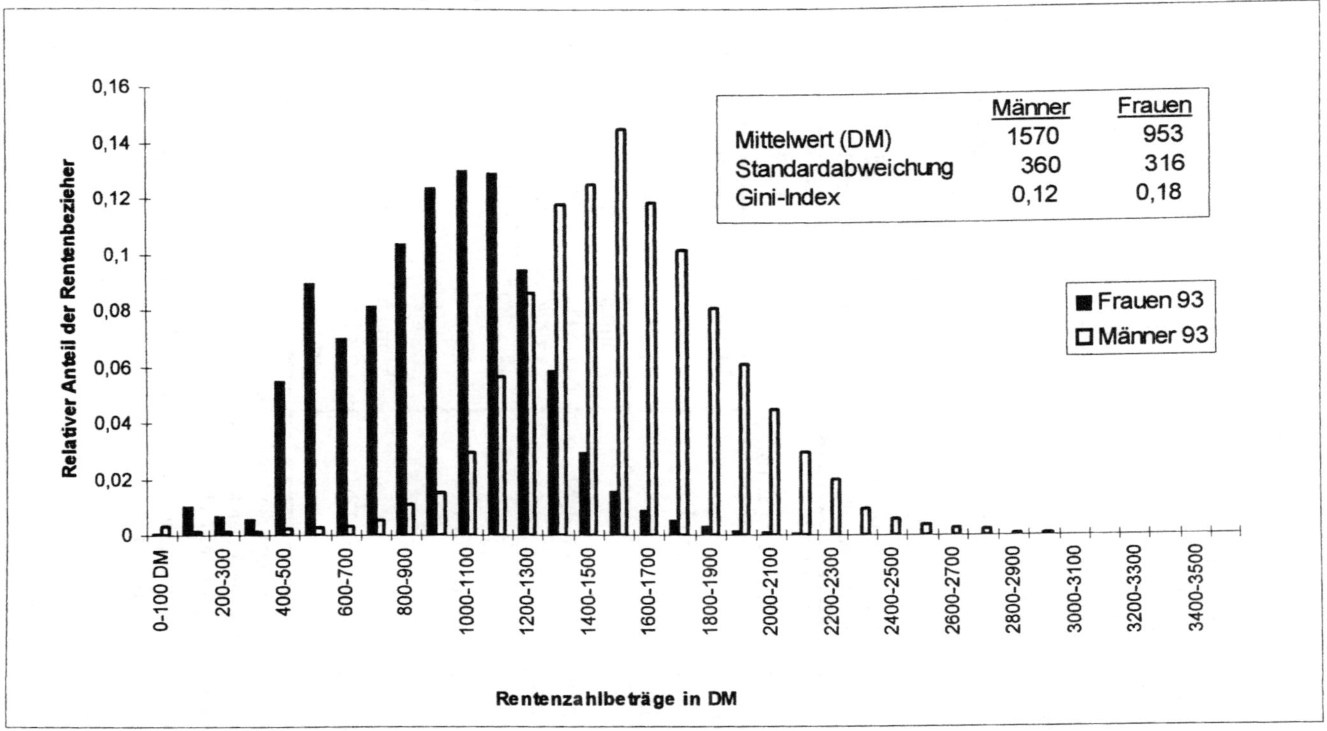

Quelle: Eigene Berechnungen auf der Grundlage des VDR-Statistik Bandes 110, Tab. 302.20 GRV

Die Eckrente ist jedoch nicht identisch mit der empirischen Durchschnittsrente. So beträgt für das Jahr 1993 die Rente eines Durchschnittsverdieners mit 45 Versicherungsjahren, die sogenannte „Eckrente", in den alten Bundesländern 2.002 DM. Nach Abzug des Krankenversicherungsanteils, der 1993 134 DM (6,7 Prozent) betrug, verbleiben dem Modellrentner noch 1.868 DM. Der tatsächlich ausgezahlte Rentenbetrag in der gesetzlichen Rentenversicherung betrug am 31. Dezember 1993 in den alten Bundesländern nach Abzug der Abgaben an die Krankenversicherung durchschnittlich aber nur 1.197 DM. Dies entspricht einer Abweichung von ca. 36 Prozent zwischen Modellannahme und den tatsächlich gezahlten Durchschnittsbeträgen. Innerhalb der einzelnen Versicherungszweige und zwischen den Geschlechtern variieren diese Abweichungen noch beträchtlicher (vgl. Tabelle 5).

Tabelle 5: Vergleich zwischen dem Rentenbetrag des Modellrentners und den durchschnittlich tatsächlichen Rentenzahlbeträgen in der GRV am 31. Dezember 1993

Modellrentner*: 2.002 DM - 6,7% zur KV = 1.868 DM = 100%			
GRV insgesamt	Männer	Frauen	M & F
Renten wegen Alters in DM	1.809	747	1.197
Abweichung in %	-3,2%	-60,1%	-35,9%
Arbeiter	Männer	Frauen	M & F
Renten wegen Alters in DM	1.541	587	982
Abweichung in %	-17,5%	-68,6%	-47,4%
Angestellte	Männer	Frauen	M & F
Renten wegen Alters in DM	2.094	980	1.422
Abweichung in %	12,1%	-47,5%	-33,9%
Knappschaft	Männer	Frauen	M & F
Renten wegen Alters in DM	2.572	1.155	2.434
Abweichung in %	37,7%	-38,2%	30,1%

* Für das Jahr 1993 beträgt die Rente eines Durchschnittsverdieners mit 45 Versicherungsjahren in den alten Bundesländern 2.002 DM; in: Bundesministerium für Arbeit und Sozialordnung 1994a: 7.11

Quelle: Eigene Berechnungen auf der Grundlage VDR-Statistik: Einige zusammengefaßte Ergebnisse aus Band 110

Die Ursachen liegen zum einen in den wesentlich kürzeren Versichertenzeiten der Frauen und zum anderen in der geringeren Entlohnung gegenüber den Männern, bzw. in dem höheren Ausmaß der Teilzeiterwerbstätigkeit.

Tabelle 6: Ungleichheit der Altersrenten in der GRV, ausgedrückt durch den Gini-Index

		insgesamt		Arbeiter		Angestellte		Knappschaft	
		Männer	Frauen	Männer	Frauen	Männer	Frauen	Männer	Frauen
1.1.1990	ABL	0,22	0,43	0,21	0,34	0,2	0,38	0,19	0,4
31.12.1992	ABL	0,24	0,39	0,26	0,38	0,2	0,35	0,06	0,35
	NBL	0,12	0,16	0,11	0,14	0,12	0,16	0,11	0,28
31.12.1993	ABL	0,24	0,39	0,26	0,38	0,2	0,35	0,03	0,34
	NBL	0,12	0,18	0,11	0,16	0,13	0,18	0,11	0,27

Quelle: Eigene Berechnungen auf der Grundlage der VDR Statistik

Band 90: Tabellen: 18 N RV S. 160, 18 N AR S. 160, 18 N AV S. 162, 18 N KV S. 163, 19 N RV S. 164, 19 N AR S. 165, 19 N AV S. 166, 19 N KN S. 167

Band 100: Tabellen: 302.00 G RV Manner S. 70, 302.00 Frauen S. 70, 302.00 G AR Männer S. 71, 302.00 G AR Frauen S. 71, 302.00 G AV Manner S. 72, 302.00 G AV Frauen S. 72, 302.00 G KN Männer S. 73, 302.00 G KN Frauen S. 73, 302.20 G RV Männer S. 200, 302.20 G RV Frauen S. 200, 302.20 G AR Männer S. 201 302.20 Frauen S. 201, 302.20 G AV Manner S. 202, 302.20 G AV Frauen S. 202, 302.20 G KN Männer S. 203

Band 110: Tabellen: 302.00 G RV Manner S. 76, 302.00 G RV Frauen S. 76, 302.00 G AR Manner S. 77, 302.00 G AR Frauen S. 77, 302.00 G AV Männer S. 78, 302.00 G AV Frauen S. 78, 302.00 G KN Männer S. 79, 302.00 G KN Frauen S. 79, 302.20 G RV Manner S. 232, 302.20 G RV Frauen S. 232, 302.20 G AR Männer S. 233, 302.20 G AR Frauen S. 233, 302.20 G AV Manner S. 234, 302.20 G AV Frauen S. 234, 302.20 G KN Männer S. 235, 302.20 G KN Frauen S. 235

berechnet nach:

$$\textit{Lorenzsche Konzentationsmaß} = \sum_{i=1}^{q}(k_{i-1} + k_i) x \frac{a_i H_i}{\sum_{j=1}^{q} a_j H_j} - 1$$

wobei gilt

$$k_i = \sum_{j=1}^{i} \frac{H_j}{n} \quad \textit{für } i = 1, \ldots, q \quad \textit{und} \quad k_0 = 0$$

H_i = *absolute Häufigkeiten der Merkmalsausprägungen q*

Im Ost-West-Vergleich fällt der relativ geringe Gini-Index bei Männern und Frauen 1992 und 1993 auf. Lediglich bei den Frauen steigt er vom Wert 0.16

auf 0.18 an. Dabei liegen die Werte für Männer und Frauen in den neuen Bundesländern um die Hälfte niedriger als für Männer und Frauen in den alten Bundesländern (vgl. Tabelle 6).

Der Entwicklung der durchschnittlichen Versichertenrente wird in der Tabelle 7 die Entwicklung der „Eckrente" gegenübergestellt.

Tabelle 7: Überblick zur Entwicklung der Renten in den neuen Landern in der GRV (Ost-West-Vergleich der Nettorenten)

Durchschnittliche Versichertenrenten* von Männern und Frauen wegen Alters und verminderter Erwerbsfähigkeit		Eckrenten allgemein: Renten mit jeweils übereinstimmendem Versicherungsbild**	
Die ostdeutschen Renten betragen ... Prozent der westdeutschen Renten			
30.6.1990	46%***	1. Halbjahr 1990	29 bis 37%
1.7.1990	55,50%	2. Halbjahr 1990	40,30%
1.1.1994	96,30%	1. Halbjahr 1994	75,30%
1.7.1994	rd. 96%	2. Halbjahr 1994	75,10%

Quelle: Bundesministerium fur Arbeit und Sozialordnung 1994b: 317

* Auch durch Struktureffekte beeinflußt (z. B. Anteil der Frauenrenten, Dauer der Erwerbstatigkeit, Auffullbetrage)

** Ost- und westdeutsche Renten derselben Rentenart mit derselben Zahl von Entgeltpunkten

*** Ost-West-Vergleich wegen unterschiedlicher Wahrung nur eingeschrankt aussagefähig

Im Juli 1994 betrug die Rente eines Durchschnittsverdieners mit 45 Versicherungsjahren („Eckrentner") 75 Prozent der entsprechenden Rente in den alten Bundesländern.

Die empirische Durchschnittsrente in den neuen Bundesländern hatte jedoch am 1. Juli 1994 bereits rund 96 Prozent des Betrags der Durchschnittsrente in den alten Bundesländern erreicht.

Dies ist zum einen darauf zurückzuführen, daß bei der vergleichenden Betrachtung der Entwicklung der empirischen Durchschnittsrenten in Ost und West die in den neuen Bundesländern gewährten Sozialzuschläge und Auffüllbeträge, die dem Besitz- und Vertrauensschutz dienen, bei der Ermittlung der Durchschnittszahlbeträge der Versichertenrenten mit einbezogen wurden (vgl. Bundesministerium für Arbeit und Sozialordnung 1994b: 317). Zum anderen resultiert es daraus, daß die Männer, aber insbesondere die Frauen im Osten eine deutlich höhere Anzahl versicherter Arbeitsjahre aufzuweisen hatten als die Männer und Frauen im Westen.

Durch die Übertragung des westdeutschen Rentenrechts auf die ostdeutschen Versichertenbiographien erlangt dieses Element eine relativ hohe Bedeutung in der Rentenberechnung und schlägt sich entsprechend im Rentenzahlbetrag nieder.

Festzuhalten bleibt, daß in der Zeit von Juni 1990, also dem Zeitpunkt unmittelbar vor der Sozialunion, bis Januar 1995 die ostdeutschen Versichertenrenten im Nettozahlbetrag auf mehr als das 2,5fache gestiegen sind (vgl. Tabelle 2). Diese Steigerung bezieht sich auf den Durchschnitt, d. h. nicht auf alle Rentenbezieher und gilt vorerst nur für die Phase, in der die Besitzstands- und Vertrauensschutzregelungen gelten.

5.4 Differenzierende Wirkungen der Rentenüberleitung

Im folgenden seien differenzierende Wirkungen der Rentenüberleitung für bestimmte Bevölkerungsgruppen angeführt, die sich aus den Übergangsregelungen ergeben. Dabei wird als Unterscheidungskriterium die Dauer der „Ungleichbehandlungen"[14] vorgeschlagen: *erstens* solche (temporäre) Wirkungen, die sich nur für die Überleitungsphase im Rahmen des entsprechenden Vertrauensschutzes/Besitzstandsschutzes ergeben haben, und *zweitens* solche (permanenten) Wirkungen, die sich über diesen Zeitraum hinaus manifestieren werden und erst mit dem Aussterben der entsprechenden Rentnergenerationen beendet sein werden.

Permanente differentielle Wirkungen

1.) Laut Andel (1993: 102) gehören „die Rentner in den neuen Ländern ganz eindeutig zu den Gewinnern der Wiedervereinigung. Das beruht zum einen auf dem Rentensystemwechsel[15], zum anderen aber auch auf der ökonomisch unsinnigen, selbstmörderischen Lohnaufholjagd, die ihnen hohe Rentenerhöhungen beschert, ohne daß sie, wie die noch Aktiven, damit einem erhöhten Beschäftigungs- und damit auch Einkommensrisiko ausgesetzt wären." Dadurch kommt es zu Ungleichbehandlungen zwischen der Rentnerbevölkerung und der Gruppe der Beschäftigten.

14 Der Begriff der „Ungleichbehandlung" wird hier in einem „wertneutralen" Sinn gebraucht. Er soll den Umstand bezeichnen, daß von den Übergangsregelungen nicht alle Rentner in gleicher Weise betroffen werden, sondern bestimmte strukturelle Begunstigungen bzw. Benachteiligungen für einzelne Gruppen auftreten. Diese mogen z. T. sozialpolitisch beabsichtigt und gerechtfertigt sein, z. T. aber auch unbeabsichtigt und kaum legitimierbar.

15 Anpassung der Renten an die allgemeine Lohnentwicklung (Dynamisierung) und starkere Einkommensdifferenzierung der Renten

2.) Bei der Umwertung der Bestandsrenten wurden nur die Einkommensverhältnisse der letzten 20 Jahre für die Rentenberechnung zugrundegelegt, nicht die der gesamten Erwerbsphase, mit der Begründung, daß der administrative Aufwand sonst nicht zu bewältigen gewesen wäre. Da in der Regel aber im Laufe der Erwerbstätigkeit die individuelle relative Einkommensposition steigt, ergibt sich somit eine Begünstigung der Rentner in den neuen Bundesländern (vgl. Andel 1993: 89) im Vergleich zu den Rentnern in den alten Bundesländern.

3.) In der Notwendigkeit von Auffüllbeträgen schlägt sich auch der Abbau der DDR-Zurechnungszeiten nieder. Kiel und Luckert (vgl. Kiel/Luckert 1991: 580) beziffern den damit verbundenen Rückgang der Versicherungsjahre auf durchschnittlich zwei Jahre für Versichertenrenten der Männer, auf durchschnittlich 7 Jahre für Versichertenrenten der Frauen. Infolge der großzügigeren Auslegung der Zurechnungszeiten in der früheren DDR zugunsten der Frauen sind diese von dem jetzigen Abbau also weitaus stärker betroffen als die Männer (vgl. Andel 1993: 98).

Temporäre differentielle Wirkungen

1.) Die Rentenharmonisierung wurde in zwei Schritten vorgenommen: Im ersten Schritt wurden die Einkommens- und Beitragsbezogenheit sowie die Dynamisierung der Anpassung nachgeholt, dabei aber die günstigeren DDR-Regelungen für die Zurechnungszeiten zunächst beibehalten. Damit wurden die DDR-Rentner, versicherungstechnisch gesprochen, bei der Ermittlung der Versicherungsjahre zunächst besser als die Westrentner gestellt. Auch nach dem RÜG wirkt das durch den Besitzstandsschutz in Form der Auffüllbeträge fort. Die Auffüllbeträge sind seit dem Beginn ihrer Zahlung am 1. Januar 1992 von der Dynamisierung ausgeschlossen und werden nach 1995 jährlich zu 20 Prozent abgetragen. Für alle von dieser Regelung Betroffenen verzögert sich die reale Angleichung der Renten an das Niveau in den alten Bundesländern um weitere fünf Jahre, in denen sie nur eingeschränkt an der Nettolohnentwicklung beteiligt werden (vgl. Haupt in: Winkler/Schwitzer 1993: 59). Man kann das auch als einen Abbau ungerechtfertigter Begünstigungen, als einen Schritt zu mehr Gleichbehandlung hin interpretieren.

2.) Der sogenannte Rentenzuschlag (Auffüllbetrag für Zugangsrenten) wird bei den Rentenfällen der Jahre 1992 und 1993 in unveränderter Höhe bis Ende 1995 gezahlt und wird erst ab Januar 1996 im Rahmen der dann kommenden Regelanpassungen abgeschmolzen. Dagegen wird er bei den Rentenzugängen der Jahre 1994 -1996 sofort mit Regelanpassungen verrechnet.

3.) Der Sozialzuschlag wird 1995 und 1996 nicht mehr allen Rentnern gewährt, sondern nur denen, die bis Ende 1993 „in Rente" gegangen sind.
4.) Nicht übergeleitet wurden am 1. Januar 1992 Renten aus ehemaligen Zusatzversorgungen der Parteien in der DDR. Zwar sind hiervon „nur" ca. 10.000 Bürger im Rentenalter betroffen, darunter auch ehemalige Sekretärinnen, Kraftfahrer oder Hausmeister, denen nicht besondere „Systemnähe" unterstellt werden kann.

Wie ist es zu rechtfertigen, so Andel (1993: 103), „daß im Gegensatz zu den genannten Fällen mit Rentenzugang vor dem 1. Januar 1994 die Zuschläge zur Wahrung des Besitzstands bei den Empfängern von Leistungen der Zusatzversorgungssysteme ohne Aufschub um die Erhöhung der anpassungsberechtigten Rententeile gekürzt werden?"

Hieraus ergibt sich, daß mit der einseitigen Übertragung und mit der Eliminierung von Spezifika im Rentenrecht der DDR durch das am 1. Januar 1992 in Kraft getretene Rentenüberleitungsgesetz bestimmte Gruppen von Rentnern einem erhöhten Verarmungsrisiko nach Ablauf der Übergangsregelungen ausgesetzt sein werden.

5.5 Zusammenfassung der Veränderungen im Zuge der Rentenangleichung und Rentenüberleitung

Wie sich die soziale Lage der älteren Bevölkerung durch die Rentenangleichung und -überleitung verändert hat, kann wie folgt zusammengefaßt werden:

- Durch die Einführung des westdeutschen Rentensystems kam es zu einer allgemeinen Niveauanhebung, die aber unterschiedlich stark für einzelne Rentnergruppen ausgefallen ist.
- Die Rentenüberleitung führte zu einer größeren Einkommensdifferenzierung/Streuung der Rentenhöhen. Dadurch wurden insbesondere ehemals erwerbstätige Männer begünstigt.
- Der Abbau von Mindestsicherungs- und Umverteilungselementen (Abschmelzen der Sozialzuschläge und Auffüllbeträge) brachte eine relative Verschlechterung der Einkommenssituation für Frauen im unteren Einkommensbereich mit sich, insofern sie ihre Rentenansprüche auf eigene Versicherungsleistungen begründeten.
- Dagegen kam es durch die Rentenüberleitung zu wesentlichen Verbesserungen bei den Witwenrenten (erleichterte Voraussetzungen der Inanspruchnahme, höheres Niveau). Dies führte teilweise zur Kompensation der oben genannten Verschlechterungen.

- Trotz tendenziell wachsender Ungleichheit im Osten besteht gegenwärtig verglichen mit dem Westen noch ein wesentlich geringeres Ausmaß an Ungleichheit unter den Rentnern. (vgl. Tabelle 6).
- Im Ost-West-Vergleich ist die Tendenz der Angleichung bei den empirischen Durchschnittsrenten noch stärker als bei den Eckrenten (vgl. Tabelle 7) Das resultiert aus der höheren Frauenerwerbstätigkeit und der längeren Versicherungsdauer der ehemals erwerbstätigen Frauen aus den neuen Bundesländern.

6. Relative Einkommenspositionen der Rentner im Verhältnis zu anderen Bevölkerungsgruppen

Welche Position nehmen die Rentner im Verhältnis zu anderen Personengruppen im gesamtgesellschaftlichen Einkommensgefüge ein ?

Die relative Einkommensposition hat sich für die Bezieher von Erwerbsunfähigkeits-, Alters- und Hinterbliebenenrenten durch die Wiedervereinigung insofern verbessert, als daß sie bestimmte Personengruppen, wenn auch nicht in den nominellen Zahlbeträgen, so aber doch im Ausmaß der relativen Verbesserungen der Einkommensposition, hinter sich lassen konnten. Namentlich sind dies die im Zuge der Vereinigung arbeitslos gewordenen Arbeitnehmer, die lediglich Ansprüche auf Arbeitslosengeld- bzw. Arbeitslosenhilfe oder Unterhaltsgeld haben, deren zukünftige Einkommenssituation/Existenzsicherung als nicht ausreichend, bzw. als nicht gesichert angesehen werden kann. Mit dem Abstieg in der Einkommenshierarchie geht für die hiervon Betroffenen auch ein Abstieg in der sozialen Statushierarchie einher, da eine gesicherte finanzielle Einkommenssituation in einer (kapitalistisch geprägten) Gesellschaft entscheidende Bedeutung für den sozialen Status hat.

Ebenfalls beträchtliche Einkommenseinbußen und damit mindestens Einkommensstagnation, häufig auch Verluste im Realeinkommen, mußten die Bezieher von Vorruhestands- bzw. Altersübergangsgeld hinnehmen (vgl. Ebert/Priller in: Winkler 1993: 135).

Tabelle 8: Relative Einkommenspositionen nach sozialen Lagen in %

Soziale Lagen	Westdeutschland		Ostdeutschland	
	1988	1993	1990	1993
Insgesamt	100	100	100	100
Bis 60 Jahre				
Leitende Angestellte/ Höhere Beamte	139	156	121*	112
Hochqualifizierte Angestellte/ Gehobene Beamte	123	137	124	125
Qualifizierte Angestellte/ Mittlere Beamte	120	109	111	117
Einfache Angestellte/Beamte	99	92	97	119
Meister/Vorarbeiter	97*	95	112*	95
Facharbeiter	98	92	104	99
Un-, angelernte Arbeiter	93	91	98	92
Selbständige, freie Berufe	129	129	-	97
Arbeitslose	82	67	78	77
Berufs-, Erwerbsunfähige	74*	80	100	90
Hausfrauen/-männer	84	74	64	64
Studium, Lehre	62	74	73	96
Vorruhestand	-	74	-	85
Noch nie erwerbstätig	86	85	-	85
Sonstige Nichterwerbstätige	93*	95	94	93
61 Jahre und älter				
Noch erwerbstätig	134*	199	-	144
Noch nie erwerbstätig	94	92	-	-
Rentner (ehemalige Angestellte, Beamte)	114	105	89	106
Rentner (ehemalige Arbeiter)	90	88	76	90
Rentner (ehemalige Selbständige)	104*	81	-	-

Quelle: Statistisches Bundesamt 1994: 455

* Fallzahl 11 und 29 Befragte
\- Fallzahl zu gering

Datenbasis: Wohlfahrtssurvey 1988, 1990-Ost, 1993

Ein Vergleich der relativen Einkommenspositionen auf der Grundlage bedarfsgewichteter Pro-Kopf-Einkommen[16] in einzelnen sozialen Lagen 1988 bzw. 1990 und 1993 sowie zwischen Ost- und Westdeutschland wird in Tabelle 8 dargestellt (vgl. Priller 1994; Statistisches Bundesamt 1994: 455).

Aus der Gegenüberstellung wird ersichtlich, daß sich die relative Einkommensposition der Rentner (sowohl für ehemalige Angestellte und Beamte als auch für ehemalige Arbeiter) im Verhältnis zu anderen sozialen Gruppen stark verbessert hat. Die ehemaligen Angestellten und Beamten, die 1990 89 Prozent des durchschnittlichen Pro-Kopf-Einkommens erhielten, bezogen 1993 sogar ein überdurchschnittliches Pro-Kopf-Einkommen (106 Prozent). Auch die ehemaligen Arbeiter unter den Rentnern (1990: 76 Prozent), die 1990 noch 24 Prozent unter dem gesamtgesellschaftlichen Durchschnitt lagen, verbesserten ihre relative Position um 14 Prozentpunkte. Damit waren die ehemaligen Angestellten oder Beamten unter den Rentnern finanziell sogar besser gestellt als die aktiv erwerbstätige Gruppe der Meister/Vorarbeiter und Facharbeiter. Den ehemaligen Arbeitern unter den Rentnern ging es finanziell ähnlich gut wie den noch erwerbstätigen un- und angelernten Arbeitern. Während die genannten Gruppen der Erwerbstätigen allesamt Verschlechterungen ihrer relativen Einkommensposition zwischen 1990 und 1993 hinnehmen mußten, gehörten die Rentner zu den wenigen Gruppen, deren relative Position sich in diesem Zeitraum verbesserte. Schlechter gestellt als die Rentner waren die Arbeitslosen, die Berufs- und Erwerbsunfähigen und die Vorruheständler. Während die Rentner in den alten Bundesländern relative Einbußen hinnehmen mußten, verbesserte sich für die Rentner in den neuen Bundesländern ihre relative Position. Insgesamt fällt auf, daß die für Ostdeutschland erwartete Einkommenspolarisierung zwischen einzelnen so-

16 Damit wird der Überlegung Rechnung getragen, daß das Wohlstandsniveau nicht allein von der Einkommenshöhe, sondern auch von der Anzahl der im Haushalt lebenden Personen und ihrem spezifisch altersbedingten Aufwendungsbedarf bestimmt wird. Um die Einkommenssituation von Haushalten unterschiedlicher Größe und Struktur vergleichbar zu machen, wird eine sogenannte „Äquivalenzskala" verwendet, die sich an die Regelsatzproportionen des Bundessozialhilfegesetzes anlehnt. Sie weist den Personen eines Haushalts entsprechend ihrem Alter unterschiedliche Gewichte zu. Der erste Erwachsene im Haushalt erhält ein Gewicht von 1, und alle anderen Erwachsenen erhalten ein Gewicht von 0,8. Für Kinder im Alter von 0 bis 7 Jahren werden Werte von 0,45, für Kinder von 8 bis 11 Jahren von 0,65, von 12 bis 15 Jahren von 0,75 und von 16 bis 21 Jahren von 0,90 angerechnet. Das Wohlstandsniveau oder die Wohlstandsposition ergibt sich dann aus der Division des Haushaltseinkommens durch die Summe der Personengewichte des Haushalts. Diese Größe wird als bedarfs- oder äquivalenzgewichtetes Pro-Kopf-Einkommen oder als Äquivalenzeinkommen bezeichnet (Priller 1994).

zialen Lagen, so Priller (vgl. Priller 1994; Statistisches Bundesamt 1994: 455), bei der Darstellung der relativen Einkommenspositionen nach dem bedarfsgewichteten Pro-Kopf-Einkommen bisher nicht nachzuweisen ist.

7. Die Entwicklung der Kaufkraft der Renten

Der Nachteil der VDR-Rentenstatistik, die Darstellung nach dem Rentenfallkonzept, erfordert ein Hinzuziehen der Statistik des Haushaltsbudgets. In dieser Statistik werden die ausgabefähigen Einkommen und Einnahmen differenziert nach Haushaltsgröße dargestellt und die Kumulation verschiedener Einkommen berücksichtigt.

In Tabelle 9 sind die ausgabefähigen Einkommen und Einnahmen verschiedener Rentnerhaushalte nach Einkommensarten dargestellt, wobei zwischen den Einpersonen-Rentnerhaushalten und den Zweipersonen-Rentnerhaushalten unterschieden wird[17].

Die ausgabefähigen Einkommen und Einnahmen der Einpersonen-Rentnerhaushalte erhöhten sich vom zweiten Halbjahr 1990, dem Zeitraum unmittelbar nach Inkrafttreten der Währungs-, Wirtschafts- und Sozialunion, bis zum zweiten Halbjahr 1992 um 79 Prozent, d. h. von monatlich 759 DM auf 1.355 DM. Im gleichen Zeitraum stiegen die Einkommen und Einnahmen der Zweipersonen-Rentnerhaushalte um 61 Prozent, d h. von monatlich 1.563 DM auf 2.515 DM. Durch die relativ höhere Belastung der Einpersonen-Rentnerhaushalte in der Lebenshaltung wird diese Differenz wieder ausgeglichen. Dies liegt darin begründet, daß sich die Ausgabengruppen mit hohen Beträgen - wie Wohnungsmieten, Energie oder Güter für die persönliche Ausstattung von Mehr- bzw. Zweipersonenhaushalten - günstiger erwirtschaften lassen als von Einpersonenhaushalten.

17 Die folgenden Tabellen geben Ergebnisse der Statistik des Haushaltsbudgets wieder, die in den neuen Bundesländern und Berlin-Ost bis einschließlich 1992 durchgefuhrt wurde. Bei diesen Ergebnissen ist zu beachten, daß es sich um freiwillige Quotenstichproben handelt. Befragt wurden im Jahr 1992 monatlich 636 Rentnerhaushalte. Vgl. Schoer/Eckardt/Grunheid (1993: 27).

Tabelle 9: Ausgabefahige Einkommen und Einnahmen von Rentnerhaushalten ohne Arbeitseinkommen (Durchschnitt je Haushalt und Monat)

Gegenstand der Nachweisung	1990	1991		1992				Preisindex
	2. Hj.	1. Hj.	2. Hj.	1. Hj.	2. Hj.	2. Hj.	Anteil	2. Hj. 1992
	DM					1990=100	in %	2. Hj. 1990/ 1. Hj. 1991=100
	Einpersonenhaushalt							
Ausgabefahige Einkommen und Einnahmen	759	844	1.011	1.247	1.355	178,6	100	139,4***
Altersrente	623	702	795	897	986	158,2	72,8	
Ubrige Renten*	90	93	106	214	237	261,9	17,5	
Sonstige staatliche Zuwendungen	15	19	64	98	99	660,6	7,3	
Einnahmen aus Vermogen	5	6	6	14	10	197,6	0,7	
Ubrige Einkommen und Einnahmen**	26	25	41	24	24	96,0	1,7	
	Zweipersonenhaushalt							
Ausgabefahige Einkommen und Einnahmen	1.563	1.720	2.054	2.313	2.515	160,8	100	127,1***
Altersrente	1.261	1.463	1.616	1.727	1.915	151,9	76,1	
Ubrige Renten*	192	160	199	199	179	93,2	7,1	
Sonstige staatliche Zuwendungen	19	22	46	61	62	328,4	2,5	
Einnahmen aus Vermogen	12	10	14	36	13	108,5	0,5	
Ubrige Einkommen und Einnahmen**	81	64	180	291	346	429,9	13,8	

* Witwen-/Witwerrente; Behinderten- und Unfallrente; Kriegsopferfursorge

** Sonstige laufende Ubertragungen vom Staat (z.B. Altersubergangsgeld), einmalige und unregelmaßige Ubertragungen, Einnahmen aus Verkaufen von Gebrauchtwaren

*** Ergebnisse einer einmaligen Sonderrechnung

Quelle: Statistisches Bundesamt (1993: 28/29)

In beiden Haushaltstypen besteht eine große Abhängigkeit von den Leistungen aus der gesetzlichen Rentenversicherung. Sie machen allein rund drei

Viertel der Gesamteinnahmen aus. (1993: 103). Die Altersrenten stiegen in beiden Haushaltstypen schwächer als die Gesamteinkommen (um 58 Prozent bei den Einpersonen-Rentnerhaushalten und um 52 Prozent bei den Zweipersonen-Rentnerhaushalten). Prozentual wesentlich stärker stiegen die übrigen Renten[18] (162 Prozent) und die sonstigen staatlichen Zuwendungen (560 Prozent) in den Einpersonen-Rentnerhaushalten an, in den Zweipersonen-Rentnerhaushalten stiegen die sonstigen staatlichen Zuwendungen auf 228 Prozent und die übrigen Einkommen und Einnahmen auf 330 Prozent. Hierunter fällt das Altersübergangsgeld[19], das rund 9 Prozent der ausgabefähigen Einkommen und Einnahmen ausmacht. Da es sich aber um relativ kleine absolute Summen handelt, sind die Steigerungsraten nicht sehr aussagekräftig.

Die Veränderung der nominalen Renten bzw. Einkommen läßt jedoch keine direkten Rückschlüsse auf den Lebensstandard zu, da sich auch die Preisverhältnisse erheblich verändert haben.

Der Preisindex für die Lebenshaltung stieg seit dem zweiten Halbjahr 1990 für Einpersonen-Rentnerhaushalte um 39,4 Prozent und für Zweipersonen-Rentnerhaushalte um 27,1 Prozent an (vgl. Tabelle 9). Hieraus wird ersichtlich, daß die stärkere Zunahme der Nominaleinkommen der Einpersonenhaushalte im Vergleich zu den Zweipersonenhaushalten durch einen entsprechend höheren Anstieg des Verbraucherpreisindex' ausgeglichen wird, d. h. die reale Kaufkraft der beiden Haushaltstypen ungefähr gleich stark gestiegen ist.

Die Preisentwicklung in den neuen Bundesländern als Ausdruck der wirtschaftlichen und sozialen Angleichungsprozesse vollzog sich für wichtige Güter der Lebenshaltung recht unterschiedlich. Ursache hierfür ist der

---

18 Das ist vor allem auf die Anpassung der Bestimmungen fur die Zahlung von Witwenrenten an das bundesdeutsche Recht ab 1. Januar 1992 zurückzufuhren. Die Zahl der Witwenrenten hat sich zu diesem Zeitpunkt von 117 000 im Jahr 1991 auf 922 000 erhoht. Bei den Einpersonenhaushalten findet diese Rechtsanderung ihren Niederschlag in einem Anstieg der übrigen Renten von monatlich 106 DM im zweiten Halbjahr 1991 auf 214 DM im ersten Halbjahr 1992. Vgl. Schoer/Eckardt/Grunheid (1993: 28).

19 Auf Altersubergangsgeld haben Arbeiter und Angestellte ab dem 55. Lebensjahr Anspruch, wenn:

- sie die vereinbarte Arbeitsaufgabe wegen arztlich festgestellter gesundheitlicher Nichteignung, infolge Rationalisierungsmaßnahmen oder Strukturveranderungen oder wegen anderer von ihnen nicht zu vertretender Grunde nicht mehr ausüben können,
- ihnen keine zumutbare Umschulung angeboten werden kann und
- sie mindestens 25 Jahre (Manner) bzw. 20 Jahre (Frauen) versicherungspflichtig tatig waren, davon mindestens 5 Jahre vor Ausscheiden aus dem Arbeitsverhaltnis Vgl. Winkler (1993: 120).

schrittweise Abbau der staatlichen Subventionen, die vor der Wiedervereinigung als sozialpolitisches Instrument der DDR-Regierung eingesetzt wurden.

In Abbildung 5 ist diese Veränderung des Preisindex für die Lebenshaltung für alle Arbeitnehmerhaushalte wiedergegeben.

Abbildung 5: Preisindex fur die Lebenshaltung - alle Arbeitnehmerhaushalte (Neue Lander und Berlin-Ost; 2. Halbjahr 1990/1. Halbjahr 1991 = 100)

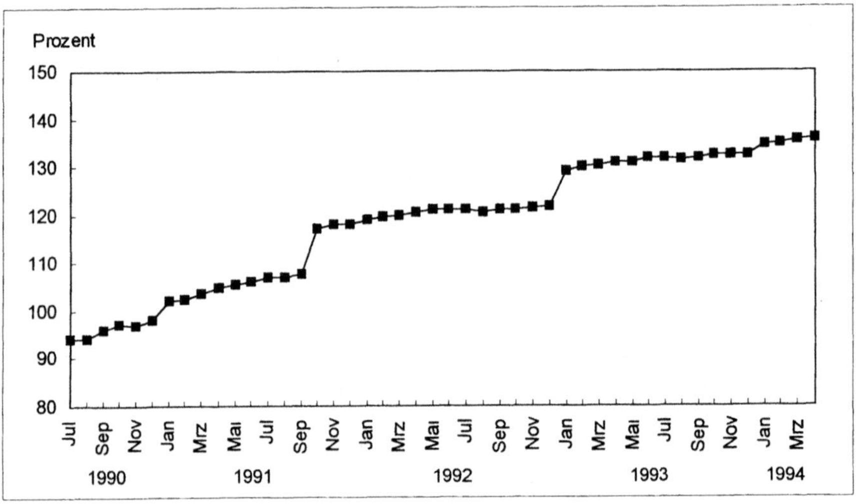

Quelle. Statistisches Bundesamt (1994: 23)

Tabelle 10: Veranderungen des Preisindex für die Lebenshaltung - Neue Länder und Berlin-Ost (alle Arbeitnehmerhaushalte)

Zeitraum	Veränderung in Prozent
Dezember 1990 - Januar 1991	5,30%
Oktober 1991 - November 1991	9,50%
Dezember 1992 - Januar 1993	6,70%
Dezember 1993 - Januar 1994	1,80%

Quelle: Statistisches Bundesamt (1994: 23)

Auffällig ist das stufenweise Ansteigen im Wechsel mit Phasen der Gleichförmigkeit (vgl. Abbildung 5). Die stufenförmigen Anstiege geben die starken Preiserhöhungen zwischen bestimmten Monaten wieder (vgl. Tabelle 10). Der Preisindex für die Lebenshaltung aller Arbeitnehmerhaushalte (der mit Einschränkungen auch gültig für Rentnerhaushalte ist) lag in den neuen Bundesländern und Berlin-Ost im April 1994 auf einem Indexstand von

135,1 (2. Halbjahr 1990/1. Halbjahr 1991= 100) und damit um 44 Prozent höher als im Juli 1990 (93,8) (vgl. Heske/Köhler 1994: 23).

Abbildung 6: Preisindex für die Lebenshaltung für Güter mit und ohne Subventionsabbau - alle Arbeitnehmerhaushalte (Neue Länder und Berlin-Ost; 2. Halbjahr 1990/1. Halbjahr 1991 = 100)

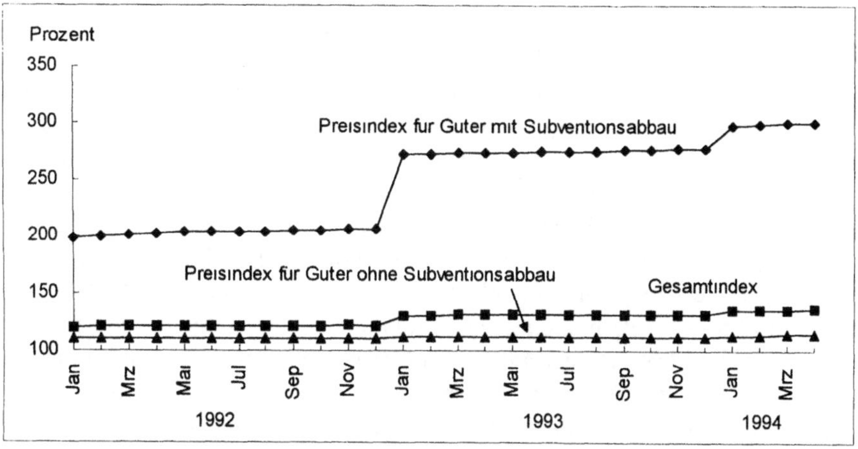

Quelle: Statistisches Bundesamt (1994: 31)

Abbildung 6 zeigt die unterschiedlichen Preisentwicklungen zwischen einzelnen Gruppen von Verbrauchsgütern, die darauf zurückzuführen sind, daß bestimmte Güter zu DDR-Zeiten staatlich subventioniert waren und mit der Wiedervereinigung diese Subventionierung schrittweise abgebaut wurde. Zu den vom Subventionsabbau betroffenen Gütern gehören neben den Bruttokaltmieten insbesondere Gas, Elektrizität, Verkehrstarife, Postgebühren, Eintrittspreise für Theater, Kino, Sportveranstaltungen, Volkshochschulen, Kindergartenkosten, Kfz-Steuern u. a. (Heske/Köhler 1994: 30). Die Preise dieser vom Subventionsabbau betroffenen Güter stiegen bis April 1994 seit der Basisperiode um insgesamt +200 Prozent an. Auch hier fallen seit Januar 1992 bis April 1994 zwei sprunghafte Erhöhungen (Dezember 1992/Januar 1993 und Dezember 1993/Januar 1994)[20] auf im ansonsten gleichförmigen Anstieg. Die Ausgabengruppen der Nahrungsmittel, Getränke und Tabakwaren, Bekleidung und Schuhe, Möbel, Haushaltsgeräte und andere Güter für die Haushaltsführung, für die Gesundheits- und Körperpflege, für Verkehr[21]

20 Das sind die Zeitpunkte, in denen aufgrund der 2. Grundmietenverordnung vom 27. Juli 1992 die Mieten fur Bruttokaltmieten deutlich erhoht werden konnten.

21 Keine Verbesserungen innerhalb dieser Ausgabengruppe ergaben sich hingegen fur die Personenbeforderung mit Stadtbahnen, Omnibussen und Kraftomnibussen mit +211,8

und Nachrichtenübermittlung, für Bildung, Unterhaltung und Freizeit verzeichneten einen relativ geringen Anstieg gegenüber der Basisperiode im Vergleich zu den Einkommensentwicklungen. Das stellt somit eine deutliche Verbesserung der realen Einkommen der Rentner für diese Ausgabengruppen dar. Für Güter der persönlichen Ausstattung, Dienstleistungen des Beherbergungsgewerbes sowie Güter sonstiger Art[22] ergaben sich zwar auch reale Einkommensverbesserungen, aber bei einem Preisanstieg dieser Güter von +48,2 Prozent gegenüber der Basisperiode waren sie nicht so deutlich wie bei den zuvor aufgeführten Gütergruppen. Reale Einkommensverluste in ganz besonders hohem Ausmaße ergaben sich für die Menschen in den neuen Bundesländern bei den Ausgabengruppen der Wohnungsmieten und Energie (ohne Kraftstoffe). Im April 1994 lagen die Preise dieser Ausgabengruppen gegenüber der Basisperiode um 345,1 Prozent[23] höher. Diese Entwicklung wurde von einer Preissteigerung für elektrischen Strom und Gas (+193,9 Prozent und +198,6 Prozent) begleitet. Die Preissteigerungen führten zwar im Vergleich zur DM (West) zu Kaufkraftverlusten (vgl. Tabelle 11) und relativieren die Einkommensverbesserungen in den anderen Ausgabengruppen, aber insgesamt betrachtet kam es dennoch zu Verbesserungen der Einkommen (vgl. Tabelle 9).

Tabelle 11: Kaufkraftverluste der DM ın den neuen Bundesländern

	1990	1991	1992	1994
Kaufkraft einer DM in den neuen Bundesländern*	1,37 DM	1,29 DM	1,15 DM	1,08 DM

* im Vergleich zu Westdeutschland

Quelle: Soziookonomisches Panel des Deutschen Instituts fur Wirtschaftsforschung 1991 und 1992 (in: Hanesch et al. 1994: 134); eigene Berechnungen nach der Formel des Sozioökonomischen Panels des Deutschen Instituts fur Wirtschaftsforschung

Prozent, die fur den Großteil der alteren Bevolkerung die uberwiegende Transportbeforderung darstellt.

22 Innerhalb dieser Ausgabengruppe war die Preissteigerung fur Dienstleistungen der Kreditinstitute und Versicherungen mit +127,7 Prozent im Apnl 1994 gegenuber der Basisperiode besonders hoch.

23 Mit der Ersten Verordnung über die Erhohung der Grundmieten (Erste Grundmietenverordnung) und der Verordnung über die Umlage der Betriebskosten auf die Mieter (Betriebskosten-Umlageverordnung vom 17. Juni 1991) wurden zum 1. Oktober 1991 die Mieten für vor dem 3. Oktober 1990 erbaute Wohnungen ın einem ersten Schntt erhöht. Im Zuge der Umsetzung der genannten Verordnungen stiegen die Bruttokaltmieten im Oktober 1991 um 313,7 Prozent. Die durchschnittlichen Bruttokaltmieten lagen nach dieser ersten Erhohung bei 3,50 DM/m^2. Vgl. Heske/Kohler (1994: 26).

Allerdings sind die Rentner von den Preissteigerungen in diesen Gütergruppen überproportional betroffen, weil für sie die Güter des (früher subventionierten) Grundbedarfs von größerer Bedeutung sind.

Die Nominaleinkommensentwicklung, hilfsweise um den jeweiligen Preisanstieg bereinigt, ergibt eine Zunahme der ausgabefähigen Einkommen und Einnahmen der Einpersonenhaushalte vom zweiten Halbjahr 1990 bis zum zweiten Halbjahr 1992 um real +28,1 Prozent. Der entsprechende Zuwachs der Einkommen der Zweipersonenhaushalte fällt mit +26,5 Prozent nur geringfügig schwächer aus (vgl. Schoer/Eckardt/Grünheid 1993).

Für den Zeitraum von Juni 1990 bis Juli 1994 ist sogar noch ein höherer realer Einkommenszuwachs festzustellen (vgl. Abbildung 7).

Abbildung 7: Entwicklung der durchschnittlichen Versichertenrenten (Männer und Frauen) und des Preisindex für die Lebenshaltung in den neuen Bundesländern von Juli 1990 bis Juli 1994*

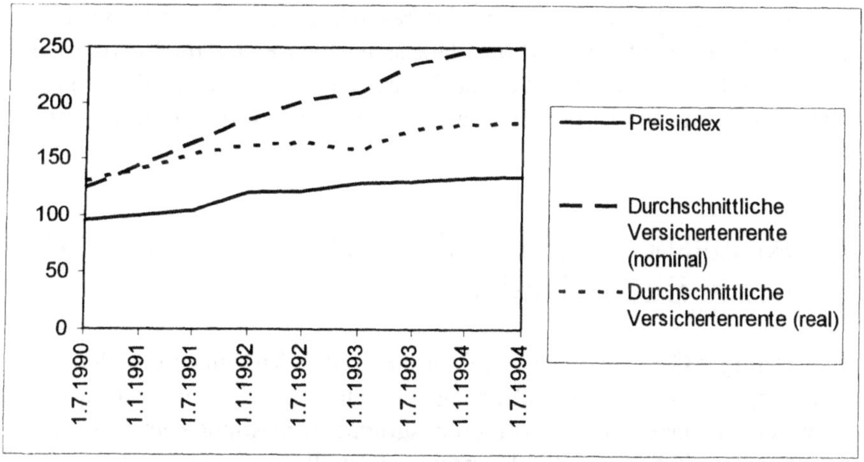

* Bei den Versichertenrenten wurde der 30.6.1990 als Referenzpunkt (=100) gewählt; für den Preisindex wurde das 2. Halbjahr 1990/1. Halbjahr 1991 als Referenzpunkt (=100) gewählt

Quelle: Eigene Berechnungen auf der Grundlage der Angaben des Statistischen Bundesamtes: Zur wirtschaftlichen und sozialen Lage in den neuen Bundesländern, August 1994: 150, 156.

Die durchschnittlichen Versichertenrenten stiegen in diesem Zeitraum um das Doppelte (netto 102 Prozent) an, und nach Abzug des Preisanstiegs ergab sich hieraus ein realer Einkommenszuwachs von rund 40 Prozent (vgl. Bundesministerium für Arbeit und Sozialordnung 1994b: 318 - Tabelle: Veränderung von Nettorenten und Kaufkraft). Im Vergleich zur Preisentwicklung für die Lebenshaltung im früheren Bundesgebiet ist festzustellen, daß das Tempo der allgemeinen Preissteigerung für die Güter der Lebenshaltung für das Jahr 1993 in den neuen Bundesländern doppelt so hoch war (ABL: +4,2 Prozent/NBL: +8,8 Prozent). Für den April 1994 kam es fast zu gleichen Preissteigerungen (ABL: +3,1 Prozent/NBL: +3,3 Prozent). Dadurch kam es zu einem Verlust der relativen Kaufkraft (vgl. Tabelle 11) der DM in den neuen Bundesländern seit der Wiedervereinigung, allerdings mit zum Teil noch recht großen Unterschieden in den einzelnen Gütergruppen.

Bei der Berechnung der realen Einkommensverbesserungen sind die Preissteigerungen durch Subventionsabbau bereits berücksichtigt. In dem Maße, in dem die Preise für die Güter, die in der früheren DDR subventioniert waren, schneller steigen als die Renten erhöht werden, nimmt die Kaufkraft der Renten in den neuen Bundesländern entsprechend ab. Die anfängliche schnellere Entwicklung der Renteneinkommen gegenüber dem einsetzenden Abbau der Subventionen wird besonders durch die mittlerweile stärker ansteigenden Mieten und die stark steigenden Preise für Energie aufgezehrt. Durch das Heranführen an das Niveau der Lebenshaltungskosten in den alten Bundesländer werden sich auch die Kaufkraftverhältnisse in Ost und West annähern.

8. Armutsbetroffenheit der älteren Menschen in den neuen Bundesländern

Ein wichtiger Gesichtspunkt zur Beurteilung der Wirkungen des Rentenversicherungssystems auf die Lebenslage der älteren Bevölkerung ist die Frage, in welchem Maße diese Bevölkerungsgruppe von Armut betroffen ist und eventuell eine besondere Problemgruppe darstellt.

Als relative Einkommensarmut wird heute in üblicher Weise die 50-Prozent-Armutsgrenze (50 Prozent des Median-Äquivalenz-Einkommens) angesehen, in Anlehnung an eine Definition der EG-Kommission (Hanesch 1994)[24]. Bei der Ermittlung der Einkommensarmutsquoten für den Armutsbericht des DGB und des Paritätischen Wohlfahrtsverbandes wurde so verfahren (vgl. Tabelle 12), daß man sowohl gemeinsame Einkommensarmutsschwellen als auch getrennte Armutsschwellen in die Berechnung einbezog. Durch die Ermittlung getrennter Armutsschwellen fand man heraus, daß „die

24 Es handelt sich bei dieser Schwelle um eine nicht weiter abgeleitete bzw. begrundete Konvention (Hanesch 1994: 24).

gemeinsame Einkommensarmutsschwelle mehr oder weniger verdeckt, daß wir es im Jahre 1992 mit zwei sehr unterschiedlichen Einkommensstrukturen in den alten und neuen Ländern zu tun hatten" (Hanesch 1994: 24). Diese Unterschiede werden durch die Darstellung einer gemeinsamen Schwelle verdeckt.

Tabelle 12: Einkommensarmutsquoten Ost-, West- und Gesamtdeutschland bei gemeinsamen und getrennten Schwellen 1990, 1991 und 1992 in %

	Einkommensarmutsquoten				
	gemeinsame Schwellen			getrennte Schwellen	
	Ost	West	Gesamt	Ost	West
	40-Prozent-Schwelle			*40-Prozent-Schwelle*	
1990	6,4	2,8	3,5	0,7	3,6
1991	5	2,6	3,1	2,2	3,5
1992	5,4	3,2	3,6	1,8	3,6
	50-Prozent-Schwelle			*50-Prozent-Schwelle*	
1990	20,3	6,7	9,5	2,9	9,1
1991	14,5	6,2	8,0	3,9	8,0
1992	12,7	6,5	7,8	4,8	8,3
	60-Prozent-Schwelle			*60-Prozent-Schwelle*	
1990	37,5	12,7	17,9	7,6	15,8
1991	26,5	12,2	15,5	8,2	15,5
1991	24,5	12,8	15,2	9,5	15,7

Datenquelle: Sozio-okonomisches Panel (in: Hanesch et al. 1994: 138, 140)

Die Berechnung der Armutsquoten in Ost und West bei gemeinsamer Schwelle auf dem 50prozentigen Niveau ergibt für die neuen Bundesländer eine deutliche Verringerung (von 20,3 Prozent auf 12,7 Prozent) und fast keine Veränderung der Armutsquote für die alten Bundesländer (von 6,7 Prozent auf 6,5 Prozent). Die Darstellung der Armutsquoten, berechnet für Ost und West nach getrennten Schwellen, zeigt einen anderen Verlauf. Auf dem 50prozentigen Niveau läßt sich für die neuen Bundesländer ein Anstieg der Armutsquote von 2,9 Prozent auf 4,8 Prozent nachweisen. Diese Prozentsätze liegen zwar deutlich unter denen bei gemeinsamer Schwelle, aber die Armutsquote hat sich erhöht. In den alten Bundesländern liegen die Armutsquoten bei getrennten Schwellen über denen in der Darstellung bei einer gemeinsamen Schwelle. Auf dem 50prozentigen Niveau hat sich die Armutsquote aber verringert (von 9,1 Prozent auf 8,3 Prozent)[25].

Das unterschiedliche Niveau der Armutsquoten zwischen beiden Formen der Darstellung in Ost und West ist auf das allgemeine durchschnittliche Einkommensgefälle in Ost und West zurückzuführen; d. h. in bezug auf das gesamtdeutsche Einkommensniveau erzielten mehr Personen aus den neuen Bundesländern weniger als 50 Prozent des Median-Äquivalenz-Einkommens, vor allem infolge des durchschnittlich geringeren Pro-Kopf-Einkommens in den neuen Bundesländern. Bei schneller steigenden Löhnen im Osten sinkt der Anteil dieser Personen entsprechend. In bezug auf die unterschiedlichen Lohnniveaus ist festzustellen, daß in den neuen Bundesländern nur ein relativ geringer Anteil von Personen weniger als 50 Prozent des dortigen Median-Äquivalenz-Einkommens erzielt. Dieser Anteil hat sich aber im Zeitraum von 1990 bis 1992 erhöht, was darauf zurückzuführen ist, so Hanesch, „daß sich auch innerhalb der neuen Bundesländer die Einkommen in einer Art auseinander bewegen, daß sich im unteren Randbereich eine kontinuierlich wachsende Einkommensarmut herausbildet" (1994: 140 f.).

Der Vergleich mit den gruppenspezifischen Unterversorgungsquoten[26] zwischen 1991 und 1992 verdeutlicht, so Hanesch, daß „insbesondere ältere Menschen in Ostdeutschland ihre Einkommensposition 1992 mit einer Unterversorgungsquote von 7,2 Prozent so weit verändern, daß sie keine besondere Risikogruppe mehr darstellen, wie das 1991 mit einer Quote von 16,2 Prozent noch der Fall war. Diesem Umstand entspricht auch der drastische Rückgang der Quoten bei den Einpersonenhaushalten von 17,0 Prozent auf 9,7 Prozent und den verwitweten Menschen von 20,7 Prozent auf 8,6 Prozent. Die Rentenanpassungen im Osten scheinen damit, unter dem Aspekt der Bekämpfung relativer Armut, durchaus Wirkung gezeigt zu haben" (1994: 142).

9. Die subjektive Bewertung der Rente

Den Renteneinkommen wird in Tabelle 13 die Zufriedenheit mit dem Verhältnis von Preis und Einkommen gegenübergestellt. Knapp die Hälfte der im

---

25 Bei getrennten Armutsschwellen hängt die Armutsquote im wesentlichen von der Ungleichheit der Einkommensverteilung im jeweiligen Landesteil ab (je größer die Ungleichheit, um so hoher die Armutsquote - unabhangig vom Einkommensniveau). Deshalb sind bei dieser Betrachtung die Armutsquoten im Westen hoher als im Osten.

26 Die Bestimmung einer Einkommensunterversorgungsschwelle kommt der Definition von Einkommensarmut gleich (Hanesch 1994: 131)

Jahr 1992 Befragten mit einem Renteneinkommen unter 1.000 DM und jeweils ein Drittel der Befragten in den höheren Einkommensklassen äußern sich unzufrieden über das Preis/Einkommensverhältnis, und nur weniger als 20 Prozent in jeder Einkommensklasse äußern Zufriedenheit, obwohl es 1992 bei den Ein- und Zweipersonen-Rentnerhaushalten (auch nach Bereinigen um den Preisanstieg) noch zu hohen realen Einkommenssteigerungen kam.

Tabelle 13: Zufriedenheit mit dem Verhaltnis von Preis und Einkommen 1992 - in %

mit dem Verhältnis von Preisen und Einkommen	alle Befragten	davon mit Renteneinkommen (in DM)		
		bis 1.000	1.000 - 1.400	über 1.400
zufrieden	15	10	19	28
teilweise zufrieden	43	43	45	36
unzufrieden	42	47	36	36

Quelle: sfz/senioren '92 nbl (in: Winkler, G./Schwitzer, K.-P. 1993: 85)

Den Veränderungen bis 1992 in den dargestellten objektiven Einkommensverhältnissen wird in Tabelle 14 die subjektive Bewertung dieser Veränderungen nach Renteneinkommensgruppen gegenübergestellt. Obwohl sich - wie gezeigt - für die Mehrheit die Einkommensverhältnisse seit der Wiedervereinigung verbessert haben, urteilen über die Hälfte der Befragten (53 Prozent), daß ihre finanziellen Möglichkeiten entweder gleichgeblieben sind (30 Prozent) oder sich sogar verschlechtert (23 Prozent) haben.

Tabelle 14: Veränderungen der finanziellen Moglichkeiten aus der Sicht älterer Burger der neuen Bundeslander nach Renteneinkommensgruppen 1992 - in %

Veränderungen der finanziellen Möglichkeiten	alle Befragten	davon mit Renteneinkommen (in DM)		
		bis 1.000	1.000 - 1.400	über 1.400
verbessert	47	41	54	60
gleichgeblieben	30	33	26	24
verschlechtert	23	26	20	16

Quelle: sfz/senioren '92 nbl (in: Winkler, G./Schwitzer, K.-P. 1993: 91)

Die Preissteigerungen für Mieten, Energie und Dienstleistungen, die im Vergleich zur Zeit vor der Wiedervereinigung in der DDR in diesem Ausmaß unbekannt waren, scheinen die Beurteilung des Verhältnisses von Preisen und Einkommen insgesamt und der Veränderung der eigenen finanziellen

Situation zu beeinträchtigen, zumal der weitere Verlauf der Preisentwicklung von den Befragten noch nicht abgeschätzt werden kann.

Diese Unsicherheit wird verständlich, wenn man bedenkt, daß die Güter des Grundbedarfs, die extreme Preissteigerungen verzeichneten (Mieten, Energie), für Rentner größere Bedeutung haben als für andere Bevölkerungsgruppen, und die Rentner somit überproportional davon betroffen sind.

10. Zusammenfassung und Ausblick

Nach der Überführung des Rentensystems der DDR in das bundesdeutsche Rentensystem determiniert es im Prinzip auch für die Rentner in den neuen Bundesländern Struktur und Niveau der Alterseinkommen. Allerdings führen die gleichen rechtlichen Regelungen nicht unmittelbar zu den gleichen materiellen Resultaten wie in der alten Bundesrepublik (Westdeutschland). Vielmehr sind hierbei auch die realen sozialen Strukturen der Erwerbstätigkeit in der früheren DDR zu berücksichtigen, da das Rentenversicherungssystem auf diese Größen Bezug nimmt. Durch die Übernahme des lohn- und beitragsbezogenen Versicherungssystems erlangten die durchschnittlich langen Zeiten der Erwerbstätigkeit und die hohen Erwerbsquoten sowohl für Männer und Frauen höhere Bedeutung in der Rentenberechnung als nach ehemaligem DDR-Rentenrecht und führten nach der Umwertung der Bestandsrenten im allgemeinen zu einer erheblich verbesserten Einkommenssituation. Für die Mehrzahl der älteren Bevölkerung verbesserte sich damit auch ihre soziale Lage.

Die differenzierte Betrachtung verschiedener Teilgruppen ergab, daß sich erhebliche Verbesserungen in der Einkommenssituation für jene Personen ergeben haben, deren Erwerbsbiographie am ehesten der des sogenannten „Eckrentners" (d. h. volle Erwerbstätigkeit über lange Zeit) entsprach. Zum Teil erhebliche Abweichungen zwischen den tatsächlichen Rentenzahlbeträgen und denen des Modellfalls „Eckrentner" wurden vor allem für Frauen in den alten Bundesländern nachgewiesen. Sie resultieren aus der geringeren Anzahl von versicherten Arbeitsjahren und der durchschnittlich geringeren Entlohnung gegenüber den Männern. In den neuen Bundesländern sind Abweichungen von den Modellannahmen für die Rentenzahlbeträge der Männer und Frauen im Durchschnitt in diesem Ausmaße nicht festzustellen. Dies liegt daran, daß die Männer, aber vor allem die Frauen in ihrem Erwerbsleben eine durchschnittlich höhere Anzahl versicherter Arbeitsjahre aufzuweisen haben als die Männer und Frauen in den alten Bundesländern. Insofern ergaben sich im Verlauf der Angleichung der Rentensysteme in Ost und West besonders für die früher erwerbstätigen Frauen in den neuen Bundesländern sogar schon vor Erreichen des gleichen Eckrentenniveaus deutlich höhere Renten als für die Frauen in den alten Bundesländern. Der gleiche Sachverhalt wird sich auch für die Männer ergeben, allerdings in geringerem Ausmaß und erst zum Zeitpunkt der Angleichung des Eckrentenniveaus.

Bei dieser Darstellung der Einkommensentwicklung muß berücksichtigt werden: Die volle Angleichung der Eck- bzw. Standardrentenniveaus in Ost und West wird erst dann erreicht sein, wenn die Angleichung der Lohnniveaus in Ost und West erfolgt ist. Diese Entwicklung ist schwer abzuschätzen und wird sich noch auf Jahre hinaus verzögern. Die zu DDR-Zeiten zurückgelegten Erwerbsbiographien werden von zukünftigen Rentnergenerationen nicht mehr erreicht werden. Sie werden sich den Erwerbsquoten im Westen angleichen und sich entsprechend von der Modellannahme des Eckrentners entfernen, insbesondere infolge der hohen Arbeitslosigkeit.

Die durchschnittlich längere Erwerbstätigkeit der Frauen in den neuen Bundesländern ist nicht vergleichbar mit der durchschnittlich längeren Erwerbstätigkeit der Männer. Die Zusammensetzung der für die Rentenberechnung verwendeten Arbeitsjahre zu Zeiten der DDR unterschied sich erheblich von den Regelungen nach bundesrepublikanischem Rentenrecht. Die großzügigere Anerkennung von versicherungspflichtigen Tätigkeiten und Zurechnungszeiten ermöglichte es den Frauen, die infolge von Kindererziehung und Pflegetätigkeiten erbrachte geringere Anzahl von versicherungspflichtigen Arbeitsjahren gegenüber den Männern zu kompensieren und somit für eine relativ eigenständige Alterssicherung zu sorgen. Dieser fehlenden Entsprechung im bundesrepublikanischem Rentenrecht ist es zuzuschreiben, daß dem Großteil der Rentnerinnen in den neuen Bundesländern für einen Übergangszeitraum im Rahmen des Besitzstands- und Vertrauensschutzes Ausgleichsleistungen gezahlt werden müssen. Da diese nach Auslaufen der Übergangsregelungen schrittweise abgebaut werden, wird sich die hieraus zunächst ergebende finanzielle Besserstellung aufgrund des nicht dynamisierten Anteils der Rente bei jeder folgenden Rentenerhöhung vermindern. Nach Wegfall der Ausgleichszahlungen wird für diese Personengruppe möglicherweise ein erhöhtes Verarmungsrisiko eintreten. Das Risiko wird aber auf eine relativ kleine Gruppe beschränkt bleiben. Denn durch die Übertragung der höheren westdeutschen Leistungsniveaus in den abgeleiteten Rentenansprüchen gab es für Witwen und Witwer in den neuen Bundesländern beachtliche Einkommensverbesserungen, die das mögliche Armutsrisiko vermeiden helfen.

Das bestätigte auch die Darstellung der Einkommen nach den verschiedenen Haushaltstypen, wobei sich für die neuen Bundesländer im Unterschied zu den alten Bundesländern eine günstigere Situation für die Zweipersonen- gegenüber den Einpersonenhaushalten ergab. Mit Einschränkungen verbessert hat sich auch die soziale Lage für die Personengruppe, die infolge der Vereinigung in den Vorruhestand getreten ist, um die drohende Arbeitslosigkeit zu vermeiden. Die Einkommenssituation stellt sich für diese Gruppe zwar nicht günstiger dar als für die der Bezieher von normalen Altersrenten. Sie ist aber immerhin noch besser als die Einkommenssituation der durch die Vereinigung arbeitslos gewordenen Personen, welche die Altersgrenze für die Inanspruchnahme der Vorruhestandsregelung noch nicht erreicht hatten. Im Vergleich zu dieser Gruppe haben die vorzeitig in den Ruhestand getretenen Rentner jedoch keine Möglichkeit mehr, ihrem Leben einen über die Arbeit definierten Sinn zu geben, bzw. auf ein „erfülltes Arbeitsleben" zurückzublicken. Die differenzierte Betrachtung bestimmter Teilgruppen der älteren Bevölkerung ergab ein Bild, das sich von dem des durchschnittlichen normalen Altersrentners, der in den Medien so oft als „Gewinner der Einheit" dargestellt wurde, unterscheidet.

Der Wegfall der Mindestsicherungselemente, der „frauenfreundlicheren" Anspruchsvoraussetzungen für Renten sowie der ganzheitlichen Staatsbürgerversorgung und des damit verbundenen Gefühls der sozialen Absicherung durch den Staat bedürfen einer längeren Phase der Gewöhnung (und nicht nur der faktischen Angleichung der unterschiedlichen Rentenniveaus). Die neuen Strukturen und Prinzipien werden daher erst wohl von künftigen Rentnergenerationen „verinnerlicht" werden. Die mit dem Wegfall der staatlichen Fürsorge gewonnene größere Freiheit und Selbstverantwortung in der Lebensführung, z. B. durch das Leistungsprinzip oder die Möglichkeit der Vermögensakkumulation, werden für die kommende Rentnergeneration noch nicht in vollem Umfang zutreffen. Die Ursache hierfür liegt in der verschlechterten Arbeitsmarktsituation, die für diese Generation in hohem Maße mit Arbeitslosigkeit verbunden sein wird und sich negativ auf die Höhe der zukünftigen Renteneinkommen niederschlagen wird.

Hieraus wird ersichtlich, daß erst durch das Zusammenspiel von Struktur und Niveau der Leistungen eine ausreichende Alterssicherung gewährleistet werden kann. Für den Großteil der jetzigen Rentnergeneration konnten diese Strukturdefizite noch durch eine Erhöhung des Niveaus kompensiert werden; das ist jedoch zeitlich begrenzt. Die Kompensation erfolgt, solange sich die Ausgaben mit den Einnahmen in der gesetzlichen Rentenversicherung in den neuen Bundesländern noch nicht decken, einseitig zu Lasten der Beitragszahler im Westen. Bei Überschreitung einer gewissen Grenze der Belastbarkeit stellen diese Transferleistungen durch die Beitragszahler im Westen ein fast noch größeres gesellschaftliches Konfliktpotential dar als eine unzufriedene Rentnerbevölkerung in den neuen Bundesländern. Umgekehrt erfordert der geringere Organisationsgrad der Rentner ein um so höheres Maß an sozialpolitischer Verantwortung seitens der Politik. Einen Vorgeschmack auf eventuell noch bevorstehende Verteilungskonflikte innerhalb der Gesellschaft, die ihre Ursachen in der Vereinigung haben, gab es bei der Einführung des Solidaritätszuschlags. Daran wurde deutlich, daß der Freude über die Vereinigung Grenzen durch die individuelle und volkswirtschaftliche Belastbarkeit gesetzt sind.

Literatur

Andel, N., 1993: Die Rentenversicherung im Prozeß der Wiedervereinigung Deutschlands. In: Meyer, H. (Hrsg.): Finanzierungsprobleme der deutschen Einheit II. Berlin: 63-111.

Böhm, St./Pott, A., 1992: Verteilungspolitische Aspekte der Rentenüberleitung. Eine Analyse ausgewählter Verteilungswirkungen der Übertragung des bundesdeutschen Rentenrechts auf die neuen Bundesländer. In: Schmähl, W. (Hrsg.): Sozialpolitik im Prozeß der deutschen Vereinigung. Frankfurt a. M./New York: 166-227.

Bundesministerium für Arbeit und Sozialordnung (Hrsg.), 1994a: Statistisches Taschenbuch 1994: Arbeits- und Sozialstatistik. Bonn.

Bundesministerium für Arbeit und Sozialordnung (Hrsg.), 1994b: Übersicht über das Sozialrecht: Stand 1. Juli 1994. Bonn.

Glatzer, W./Noll, H.-H. (Hrsg.), 1995: Getrennt vereint; Lebensverhältnisse in Deutschland seit der Wiedervereinigung. Soziale Indikatoren XVIII, Frankfurt a. M./New York.

Grundgesetz für die Bundesrepublik Deutschland vom 23. Mai 1949, Artikel 23.

Hain, W./Luckert, H./Müller, H.-W./Nowatzki, J., 1992: Was brachte die Rentenumwertung? Zur Übertragung des SGB IV auf den Rentenbestand in den neuen Bundesländern und im Ostteil Berlins. In: Deutsche Rentenversicherung 9: 521-549.

Hanesch, W. et al., 1994: Armut in Deutschland. In: Brodersen, I. (Hrsg.): Der Armutsbericht des DGB und des Paritätischen Wohlfahrtsverbandes. Reinbeck bei Hamburg.

Heske, G./Köhler, S., 1994: Zur wirtschaftlichen und sozialen Lage in den neuen Bundesländern. Vierteljahreszeitschrift (hrsg. vom Statistischen Bundesamt), August, Stuttgart.

Müller, H.-W., 1992: Die Rentenumwertung in den neuen Bundesländern mit Blick auf Rentendynamik, Rentenniveau und Finanzierung. In: Deutsche Rentenversicherung 7-8: 397-418.

Müller, M., 1995: Zur Veränderung der sozialen Lage der älteren Bevölkerung in den neuen Bundesländern im Zuge der Wiedervereinigung. Diplomarbeit (unveröff.), Universität Mannheim.

Ruland, F., 1991: Die Rentenversicherung in den neuen Bundesländern. In: Sozialer Fortschritt 40: 108-113.

Schmähl, W., 1991: Alterssicherung in der DDR und ihre Umgestaltung im Zuge des deutschen Einigungsprozesses. Einige verteilungspolitische Aspekte. In: Kleinhenz, G. (Hrsg.): Sozialpolitik im vereinten Deutschland I. Schriften des Vereins für Socialpolitik, Gesellschaft für Wirtschafts- und Sozialwissenschaften, N.F. Bd 208/I, Berlin: 49-95.

Schmähl, W., 1992: Sozialpolitik und Systemtransformation. In: Schmähl, W. (Hrsg.): Sozialpolitik im Prozeß der deutschen Vereinigung. Schriften des Zentrums für Sozialpolitik Band 1, Frankfurt a.M./New York: 26-59.

Schoer, K./Eckhard, H./Grünheid, E., 1993: Zur wirtschaftlichen und sozialen Lage in den neuen Bundesländern. Vierteljahreszeitschrift (hrsg. vom Statistischen Bundesamt), November, Stuttgart.

Statistisches Bundesamt (Hrsg.), 1994: Datenreport 1994. Band 325: Zahlen und Fakten über die Bundesrepublik Deutschland, in Zusammenarbeit mit dem Wirtschaftszentrum Berlin für Sozialforschung und dem Zentrum für Umfragen, Methoden und Analysen, Mannheim, Bonn.

Statistisches Bundesamt, 1993: Zur wirtschaftlichen und sozialen Lage in den neuen Bundesländern. Vierteljahreszeitschrift, November, Stuttgart.

Statistisches Bundesamt, 1994: Zur wirtschaftlichen und sozialen Lage in den neuen Bundesländern, Vierteljahreszeitschrift, August, Stuttgart.

VDR Statistik Band 105, 1994: Rentenbestand am 31. Dezember 1992. Verband Deutscher Rentenversicherungsträger, Frankfurt/a. M.

VDR Statistik Band 110, 1994: Rentenbestand am 31. Dezember 1993. Verband Deutscher Rentenversicherungsträger, Frankfurt/a. M.

Winkler, G., 1990: Sozialreport der DDR 1990. Stuttgart/München/Landsberg.

Winkler, G., 1993: Sozialreport 1992: Daten und Fakten zur sozialen Lage in den neuen Bundesländern. Berlin.

Winkler. G./Schwitzer, K.-P. (Hrsg.), 1993: Altenreport 1992: Zur sozialen Lage und Lebensweise älterer Menschen in den neuen Bundesländern. Berlin.

Die Auswirkungen von Arbeitslosigkeit und Arbeitsunsicherheit

Ausgewählte Ergebnisse einer Studie aus Dresden und Leipzig

Claudia Ackermann

Die Ereignisse der Jahre 1989/90 verursachten in den neuen Bundesländern in fast allen Lebensbereichen tiefgreifende Veränderungen. Der Rausch der Aufbruchsstimmung wich bald den Ängsten vor Veränderungen und der Depression angesichts der Wahrheit über die wirtschaftliche Lage der DDR. Die Hoffnung auf die Erfüllung der Versprechen der Politiker („Keinem wird es schlechter gehen") wurde sehr schnell enttäuscht. Betriebsschließungen und Massenentlassungen konfrontierten die neuen Bundesbürger mit dem Problem Arbeitslosigkeit.

Dafür fehlte ihnen jedoch jegliche Erfahrung, denn in der DDR galt Arbeit als ein selbstverständliches Menschenrecht. Arbeit diente auch als Mittel der Erziehung (Kollektiv), zur Beziehungsstiftung und Identitätsbildung. Die Bedrohung bzw. der Verlust des Arbeitsplatzes mußten nicht in die Lebensplanung einbezogen werden.

Die spezifische Situation von Arbeitslosen aus der ehemaligen DDR und der prognostizierte weitere Anstieg der Arbeitslosigkeit veranlaßten eine Gruppe von Mitarbeitern und Studenten des Instituts für Psychologie der Technischen Universität Dresden, mögliche Unterschiede im Umgang mit der Arbeitslosigkeit im Vergleich zu den Ergebnissen westlicher Arbeitslosenforscher herauszufinden. Die früheren Studien über die Arbeitslosigkeit befaßten sich mit Menschen, für die eine Auseinandersetzung mit diesem Problem schon immer zum Alltag gehörte. Der vorliegende Beitrag beschäftigt sich mit dem Erleben und Bewältigen von Arbeitsunsicherheit und Arbeitslosigkeit in den neuen Bundesländern.

Insgesamt wurden im Rahmen des Projektes 1.562 Personen (Kurzarbeiter, Arbeitslose, Beschäftigte) schriftlich (Fragebögen) und 98 Personen (Arbeitslose, Beschäftigte, Beschäftigte in ABM, schwervermittelbare Jugendliche) mündlich (strukturierte Interviews) befragt.

Die hier vorgestellten Ergebnisse beziehen sich auf den Untersuchungszeitraum von Januar 1991 bis Juni 1992.

1. Das Erleben von Arbeitslosigkeit und Arbeitsunsicherheit

1.1 Veränderungen im Alltag

Arbeit - im Sinne von Berufsarbeit - erfüllt eine Vielzahl menschlicher Bedürfnisse und Motivationen und beeinflußt zentrale Lebensbereiche des Menschen:

- Arbeit ist materielle Existenzgrundlage.
- Arbeit stiftet zwischenmenschliche Kontakte.
- Arbeit ermöglicht Leistungsentfaltung.
- Arbeit vermittelt Anerkennung.
- Arbeit trägt zur personalen Identität bei.

(Steers/Porter 1975 in Lauth/Viebahn 1987)

Für die meisten der Befragten in unserer Studie besitzt die Arbeit im Rahmen ihrer Lebensziele eine sehr große Bedeutung. Eine interessante Arbeit und Anerkennung im Beruf sind nahezu gleichwertig mit einer harmonischen Partnerschaft, während ein hoher materieller Lebensstandard zwar auch bedeutsam ist, jedoch deutlich geringer bewertet wird, was darauf schließen läßt, daß bei der Arbeit mehr als nur finanzielle Bedürfnisse befriedigt werden.

Zwar verschieben sich zwischen den Altersgruppen die Rangplätze der einzelnen Faktoren (für 18- bis 29jährige ist das Geldverdienen, für 50- bis 65jährige der Kontakt zu den Kollegen am wichtigsten), aber alle genannten Bedürfnisse (Sicherung der materiellen Existenz, Leistungsentfaltung, Vermittlung zwischenmenschlicher Kontakte und Anerkennung durch die Mitmenschen) werden von den Befragten als für sie bedeutsam eingeschätzt.

In der DDR hatte Vollbeschäftigung bestanden, was einerseits staatlich erwünscht und gefördert wurde (z. B. durch ausreichende Kindereinrichtungen, die auch den Müttern eine volle Berufstätigkeit ermöglichten), andererseits finanziell wegen des Lohn-/Gehaltsniveaus meist notwendig war. Teilzeitarbeit war nur selten möglich. Die Integration in die Gesellschaft erfolgte maßgeblich über den Arbeitsprozeß.

In der Verfassung der DDR war das Recht auf Arbeit als eines der grundlegenden Menschenrechte verankert. So bekam jeder Schüler einen Ausbildungsplatz und jeder Absolvent eine Stelle vermittelt, wobei diese nicht immer den eigenen Vorstellungen entsprechen mußte, sondern sich jeweils nach der „gesellschaftlichen Notwendigkeit" richtete. Im Laufe des Berufslebens war lediglich eine Umorientierung in andere Interessenrichtungen relevant, niemals aber der völlige Verlust des Arbeitsplatzes (ohne Alternative).

Die Vorbereitung auf eine eventuelle Arbeitslosigkeit war also weder notwendig noch möglich. Als nun mit der ökonomischen Einheit Deutschlands das Ausmaß des desolaten Zustands der DDR-Wirtschaft deutlich wurde und die ersten Massenentlassungen erfolgten, mußten sich die plötzlich arbeitslos gewordenen Menschen auf eine für sie ganz neue Situation einstellen.

Wie wurde der Verlust der Arbeit erlebt?

Der Tagesablauf veränderte sich für Arbeitslose drastisch. Nur 16 Prozent (meist Umschüler) behielten ihren ursprünglichen Tagesablauf bei.

Die stärksten und tiefgreifendsten Veränderungen sind negativer Art (Einkommensverluste, Fehlen der Berufsaufgaben, Kontaktverluste, Anomia[1]). Die „Chance", das bisherige Lebenskonzept zu überdenken und eventuell von vorn zu beginnen, ist für viele zwar zur Notwendigkeit geworden, stellt sich vor allem für ältere Arbeitslose aber als nicht realisierbar dar.

Positive Aspekte der Arbeitslosigkeit, wie „Zeitgewinn für sich und die Familie, ohne Abhängigkeit von einem strengen Zeitregime" oder „der Verlust einer ungeliebten Arbeit" haben nur untergeordnete Bedeutung.

Die aus der bisherigen Arbeitslosenforschung bekannte Erleichterung nach dem Schock der Entlassung und das Gefühl, mehr Freizeit und weniger Streß zu haben, konnte in dieser Untersuchung nur an einigen Jugendlichen (10 Prozent) beobachtet werden. Die Unsicherheit der Arbeitslosen verstärkte sich durch die tiefgreifenden allgemeinen gesellschaftlichen Veränderungen, mit denen man sich jetzt auseinanderzusetzen hatte. Eine derartige Situation war völlig ungewohnt.

Gerade die Anfangsphase der Arbeitslosigkeit wurde als sehr belastend erlebt. Vorwiegend ältere Arbeitslose, die gar keine oder nur eine geringe Aussicht auf eine neue Stelle haben, sprachen in den qualitativen Interviews ihr momentanes Gefühl an, nicht gebraucht zu werden. Nicht selten stellten sie ihr ganzes bisheriges (Berufs-) Leben in Frage.

„Sollen vierzig Jahre Leben in der DDR völlig umsonst gewesen sein? Ist alles verloren und entwertet, was unser Dasein bestimmt hat? ... Alle bisherigen Werte sind verloren oder stehen auf dem Kopf. Was zählen noch die

---

1 Anomia „ist das Gefühl, nicht in die Gesellschaft eingegliedert zu sein" (Frese/Mohr 1978: 292).

mühsam angeschafften materiellen Werte, wer will noch unsere Waren, was zählt unser Abitur, die Ausbildung und Berufserfahrung?“ (Maaz 1990: 180 f.).

Für den Großteil der befragten Beschäftigten hatten sich seit der Wende die Arbeitsbedingungen und der Tagesablauf verändert. Die meisten Beschäftigten (80 Prozent) gaben in den Interviews Erschwernisse an wie längere Arbeitszeit, Schichtarbeit und stärkere Belastungen in der Arbeit, aber auch Probleme, die auf die neue politische und wirtschaftliche Situation zurückzuführen waren (z. B. Aberkennung bestimmter Qualifikationen). Dabei spielten auch außerberufliche Erfordernisse, wie die Aneignung der nun gültigen Gesetze und Rechtsgrundlagen, eine große Rolle. Als sehr positiv wurde die Entflechtung von politischer und beruflicher Arbeit (bei Personen mit Hoch- bzw. Fachschulabschluß) empfunden. In einigen Interviews wurden auch flexible Arbeitszeiten als verbesserte Arbeitsbedingungen genannt. Insgesamt jedoch wurde die neue Arbeitssituation von den Beschäftigten in mancher Hinsicht als problematisch angesehen, wobei von Frühjahr 1991 bis Frühjahr 1992 eine meist gravierende Abnahme der Probleme, also eine aktive Anpassung an die neuen Bedingungen, zu bemerken war.

Als stärkste Beeinträchtigung ihres Lebensgefühls wurde die bis zur Wende nicht gekannte Unsicherheit des Arbeitsplatzes von den Befragten genannt, stellte doch in der DDR gerade die soziale Sicherheit eine Grunderfahrung dar. Eine Verschlechterung der ehemals sehr kollegialen Beziehungen aufgrund der neuen Arbeitssituation (Angst um den eigenen Arbeitsplatz, befürchteter Konkurrenzkampf) wurde ebenfalls als starke Belastung empfunden. An Bedeutung gewonnen hatten im Frühjahr 1992 Probleme, die auf Veränderungen in den Leitungsstrukturen beruhten. Hier offenbarten sich vereinigungsbedingte Konfliktkonstellationen, z. B. wenn „Vergangenheitsbewältigung“ pauschal und undifferenziert erfolgte, wenn DDR-Qualifikationen nicht anerkannt und damit fachliche Kompetenz aberkannt wurde, wenn Leitungspositionen durch Mitarbeiter aus den alten Bundesländern besetzt wurden.

Besonders gravierend stellte sich diese Problematik für hochqualifizierte Arbeitnehmer dar, da Hoch- oder Fachschulabsolventen davon am stärksten betroffen waren. Nur wenige Schwierigkeiten ließen sich im Umgang der Arbeitslosen mit ihrem sozialen Umfeld bemerken. In den meisten Fällen änderte sich das Verhältnis zu Freunden und Bekannten aufgrund der Arbeitslosigkeit nicht, was einerseits durch die gemeinsame Betroffenheit erklärt werden konnte, andererseits aber auf die Stabilität der sozialen Netze schließen ließ.

1.2 Auswirkungen von Arbeitslosigkeit und Arbeitsunsicherheit auf das Befinden

Ergebnisse der Arbeitslosenforschung belegen, daß Arbeitslosigkeit und Arbeitsunsicherheit negative Auswirkungen auf das psychische, körperliche und soziale Wohlbefinden haben. Genannt werden das Auftreten von Depressionen, Ängsten und Schuldgefühlen, sinkendes Selbstbewußtsein, Verschlechterung des Gesundheitszustands, soziale Isolierung und soziale Konflikte.

Diese negativen Folgen treten jedoch meist erst nach längerer Arbeitslosigkeitsdauer und/oder bei geringen Wiedereinstellungschancen auf. Doch schon die Antizipation[2] der Arbeitslosigkeit, die Angst vor dem Verlust des Arbeitsplatzes, kann zu psychischen bzw. psychosomatischen Störungen führen, die zum Teil sogar stärker sein können als die durch die Arbeitslosigkeit selbst verursachten Beschwerden. Im Frühjahr 1991 war die Hälfte der befragten Beschäftigten davon überzeugt, in der nächsten Zeit ihre Arbeit zu verlieren. Nur 17 Prozent der Befragten glaubten an die Sicherheit ihres Arbeitsplatzes. Ein Jahr später wurde die Arbeitslosigkeit nicht mehr so stark antizipiert, ein Drittel der im Frühjahr 1992 befragten Beschäftigten schätzten ihren Arbeitsplatz als sicher ein. Trotz der erkennbaren positiven Entwicklung bestand ein hohes Maß an Unsicherheit unter den Beschäftigten.

Wie wirkte sich die Bedrohung bzw. der Verlust des Arbeitsplatzes auf die von uns Befragten aus?

Im allgemeinen war der psychische Status der befragten Arbeitslosen und Beschäftigten relativ gut. Depressive, leicht aggressive und resignative Stimmungsveränderungen waren zwar vorhanden, aber nicht stark ausgeprägt. Das mag zum einen an den offensichtlich äußeren Ursachen für Arbeitslosigkeit (externale Attribuierung) liegen, von der große Teile der Bevölkerung betroffen sind. Zum anderen mag es damit zusammen hängen, daß die sozialen Netzwerke zumeist stabil sind und funktionieren, gewissermaßen eine wichtige Pufferfunktion erfüllen. Dennoch muß diesen Gefahren mit großer Aufmerksamkeit begegnet werden, da sie mit der Dauer der Arbeitslosigkeit zunehmen können.

Gewichtige Gründe für die positiven Ergebnisse sind allerdings auch in unserer Untersuchungsmethodik zu finden, da nur Personen, die sich freiwillig zur Teilnahme bereit erklärten, befragt werden konnten. Auf diese Art und Weise wurde schon eine positive Auslese geschaffen. Es ist zu vermuten, daß

---

2 Antizipation ist die gedankliche Vorwegnahme eines moglichen zukunftigen Ereignisses.

gerade Arbeitslose mit starken psychischen Problemen sich eher zurückziehen und eine derartige Befragung ablehnen.

Jeweils die Hälfte bis zwei Drittel der befragten Arbeitslosen und Beschäftigten fühlten sich psychisch nicht negativ beeinträchtigt. Eine Ausnahme bildeten die Arbeitslosen im Alter von 50 bis 65 Jahren, die verstärkt zu depressiven und resignativen Stimmungen neigten.

Diese Gruppe der älteren Arbeitslosen muß zu den Risikogruppen gerechnet werden, weil ihre Chancen auf dem Arbeitsmarkt nahezu aussichtslos sind. Da in der DDR eine vorzeitige Pensionierung nicht üblich war, sondern häufig länger, über das Rentenalter hinaus, gearbeitet wurde, existierten für einen vorfristigen Ruhestand kaum individuelle Lebenskonzepte. Hinzu kam, wie wir in den Untersuchungen feststellen konnten, ein gerade bei den Älteren stark ausgeprägtes Bedürfnis, an den derzeitigen Veränderungen teilzunehmen und sich in die neue Gesellschaft zu integrieren. Dagegen stand nun die Erfahrung, daß sich der Arbeitsmarkt an den Kriterien „jung - dynamisch - erfolgreich“ orientierte und ältere Bürger ausgrenzte, was bei ihnen das Grundgefühl hinterließ, abgeschoben und nicht mehr gebraucht zu sein. Zudem war in der DDR die Berufsbiographie häufig nur mit einem Betrieb verbunden, d. h. viele Mitarbeiter gehörten ihrem Betrieb von der Ausbildung bis zur Rente an. Dadurch waren die Beziehungen zum ehemaligen Betrieb und zu den ehemaligen Kollegen zumeist emotional sehr eng. Die Betroffenheit nach der Wende über die reale wirtschaftliche Situation (ohne Beschönigung der Statistiken) war für viele groß und schmerzlich. Es konnte nur schwer verarbeitet werden, daß unter den Bedingungen der Marktwirtschaft viele Betriebe sich nicht mehr mit ihren Produkten auf dem Markt behaupten und ihren Mitarbeitern keine Beschäftigungsmöglichkeit mehr bieten konnten.

Wenn der zeitliche Verlauf der negativen Stimmungsänderungen beobachtet wird, läßt sich sowohl bei den Arbeitslosen als auch bei den Beschäftigten eine Verringerung solcher Stimmungslagen innerhalb des Untersuchungszeiträume konstatieren. Wenngleich nicht repräsentativ, sind die negativen psychischen Auswirkungen aufgrund der veränderten Arbeitssituation bei den Arbeitslosen sogar geringer als bei den Beschäftigten. Sollte sich damit die Hypothese bestätigen, daß Arbeitsunsicherheit als psychisch stärker belastend empfunden wird als Arbeitslosigkeit?

Bei den qualitativen Interviews wurde durch die Probanden auch ihr aktueller Gesundheitszustand eingeschätzt. Im Unterschied zu nur 25 Prozent der Arbeitslosen und 20 Prozent der in ABM Beschäftigten klagten fast 50 Prozent der regulären Arbeitnehmer über gesundheitliche Probleme. Die Hauptsymptome waren psychosomatischer Natur: Nervosität, Schlafstörungen, Herzbeschwerden, allgemeine Erschöpfung, Bluthochdruck, Magenbeschwerden und Migräne. Betroffen waren fast ausschließlich Männer mit Hoch- bzw. Fachschulabschluß, die über eine enge Berufsverbundenheit berichteten. Die Unsicherheit des Arbeitsplatzes wurde von den Befragten allerdings nicht als Ursache ihrer Beschwerden genannt. Diese wurden vielmehr mit stärkeren psychischen Arbeitsbelastungen begründet, die vor allem aus dem Wandel der Werte, der Orientierungen und Maßstäbe und der Zunahme des Leistungs- und Konkurrenzdrucks in der Gesellschaft resultierten.

Vielfach wurde eine starke Einschränkung der zur Regenerierung der Arbeitskraft notwendigen Ruhephasen beschrieben (ein „Abschalten" ist nicht mehr möglich; starke extensive Ausdehnung der Arbeitszeit, besonders bei Erwerbstätigen mit Hochschulabschluß und in leitender Stellung; berufliche Probleme belasten zunehmend die Privatsphäre). Auch wenn das Allgemeinbefinden als stark beeinträchtigt empfunden wurde, erfolgte in keinem Fall ein Arztbesuch oder eine Krankschreibung. Mit diesem riskanten Gesundheitsverhalten nehmen die Betroffenen gegebenenfalls eine Verschlechterung ihres Gesundheitszustands in Kauf.

Ein wichtiger Indikator dafür, wie die Bedrohung oder der Entzug der Erwerbsarbeit bewältigt wird, ist das Selbstbewußtsein. In den Phasenmodellen zur Arbeitslosigkeit wird von einem sinkendem Selbstwertgefühl als Resultat langandauernder Arbeitslosigkeit, häufiger Mißerfolge bei Bewerbungen und der sich dadurch verstärkenden Tendenz zur internalen Attribuierung gesprochen (Pelzmann 1988, Seligman 1979). Aber auch schon die Antizipation der Arbeitslosigkeit und die damit verbundene Unsicherheit kann zu „psychischen Störungen, Angst und reduziertem Selbstbewußtsein" führen (Frese/Mohr 1978: 288).

In den qualitativen Interviews zeigte sich, daß mehr als die Hälfte der Arbeitslosen und Beschäftigten und etwas weniger als 50 Prozent der in ABM Beschäftigten unter Störungen ihres Selbstwertgefühls litten. Die Ursachen sind allerdings nur zu einem Teil in der Arbeitslosigkeit bzw. Arbeitsplatzunsicherheit zu finden. Schwerwiegendere Gründe für ein verringertes Selbstbewußtseins von Arbeitslosen und Beschäftigten liegen auf einem anderen Gebiet: „Man muß wirklich 40 Jahre bei uns gelebt haben, um sich in den Zustand einfühlen zu können, der entsteht, wenn man ein halbes Leben lang auf einen Trabi gespart und gewartet hat, und mit einem Schlag wird durch die 'Mercedeswirtschaft' alles absolut lächerlich gemacht.

Das chronische Minderwertigkeitsgefühl war schon längst vorhanden, aber jetzt wird es akut... Alle juristischen, wirtschaftlichen und sozialen Orientierungsrahmen und Sicherheiten gelten plötzlich nichts mehr. Unsere ganze Lebensart und die Gestaltung unserer Beziehungen, alle unsere Abwehrmechanismen sind plötzlich in Frage gestellt." (Maaz 1990: 180 f.)

In den Interviews spielte, vor allem bei den älteren Befragten, die Entwertung der bisherigen Arbeit die Hauptrolle. Die Erkenntnis, daß ihr „Lebenswerk" nun plötzlich nichts mehr galt, ihr Leben als „vergeudet" dargestellt wurde, sie sich darüber hinaus für ihr gelebtes Leben noch verteidigen mußten, daß Qualifikationen aberkannt wurden u.ä., führten zu diesem Verlust an Selbstbewußtsein und zum Aufbau von „inneren Mauern" und Aggressionen.

Bisher betrachteten wir die negativen Auswirkungen von Arbeitslosigkeit und Arbeitsunsicherheit. Nun soll interessieren, ob es durch diese veränderte Situation auch positive Effekte gibt. In der Literatur werden vor allem in der Anfangsphase der Arbeitslosigkeit Erleichterung, Entlastung, Zeitgewinn und die Möglichkeit zur Neuorientierung beschrieben.

Im Gegensatz zu den negativen Folgen überwiegen in dieser Phase oft die positiven Effekte, wenngleich sie nur selten von der Mehrzahl der Befragten angegeben werden. Mehr als ein Viertel der Arbeitslosen sah nach unseren Ergebnissen in dieser Situation eine Herausforderung, was auf eine aktive Auseinandersetzung mit der Arbeitslosigkeit schließen läßt. Bemerkenswert ist, daß besonders ältere Arbeitnehmer und Beschäftigte mit Hoch- oder Fachschulabschluß sich - möglicherweise aufgrund ihrer ohnehin komplizierten Situation - motiviert fühlten, ihre schwierige Lage zu bewältigen.

Junge Beschäftigte fühlten sich fast nicht von Arbeitslosigkeit bedroht. Nur 6 Prozent der 18- bis 29jährigen rechneten damit, ihren Arbeitsplatz in absehbarer Zeit zu verlieren, während immerhin 26 Prozent der 50- bis 65jährigen und 18 Prozent der Arbeitnehmer mit Hoch- oder Fachschulabschluß eine mögliche Arbeitslosigkeit stark antizipierten.

Das Gefühl der Entlastung durch die Arbeitslosigkeit ist in unserer Stichprobe nur minimal ausgeprägt. Lediglich Arbeitslose mit sehr niedriger Qualifikation sahen sich jetzt weniger belastet, da sie in ihren bisherigen Arbeitsverhältnissen vorwiegend schwere körperliche Arbeiten verrichten mußten. So sahen auch zwei Drittel dieser Arbeitslosen in ihrer jetzigen Situation die Chance, noch einmal von vorn beginnen zu können, was vor allem damit zusammenhängt, daß sie zum Teil noch sehr jung (18 bis 29 Jahre alt) waren.

Fast die Hälfte der jugendlichen Arbeitslosen erwog eine völlige Umorientierung - im Unterschied zu nur 10 Prozent der älteren Arbeitslosen. Die geringere Flexibilitätsbereitschaft der hochqualifizierten Arbeitslosen beruhte wohl auf dem höheren Altersdurchschnitt dieser Teilstichprobe. Dahinter mag aber auch der hohe Zeit- und Kraftaufwand für ihre Berufsausbildung und ihr Studium stehen. Eine enge Berufsbindung, umfangreiche Berufserfahrungen schließen nicht selten eine völlige berufliche Neuorientierung subjektiv aus. Nur 12 bis 17 Prozent der befragten Beschäftigten empfanden ihre heutige Arbeit interessanter als früher. In den qualitativen Interviews begründeten hochqualifizierte Arbeitnehmer das vor allem mit der Entflechtung der beruflichen von der politischen Arbeit und dem Abbau bürokratischer Tätigkeiten durch aufgeblähte Verwaltungsstrukturen.

2. Situationsbewältigung

2.1 Situationsanalyse

Voraussetzung für eine angemessene und planvolle Bewältigung einer problematischen Situation ist die Analyse der möglichen Ursachen. Wir unterscheiden zwei Richtungen der Ursachenzuschreibung (Attribuierung): Wird die Arbeitslosigkeit auf situative Gegebenheiten - also auf „äußere" Ereignisse - zurückgeführt - spricht man von externaler Attribuierung. Um internale Attribuierung handelt es sich dann, wenn die Ursachen für die Arbeitslosigkeit in der eigenen Person gesehen werden.

In unserer Studie ist sowohl bei den Arbeitslosen als auch bei den Beschäftigten ein deutlicher Trend zur externalen Attribuierung erkennbar. Dies resultiert in erster Linie daraus, daß die Arbeitslosigkeit in den neuen Bundesländern eine Massenerscheinung ist, die tatsächlich fast ausschließlich durch die wirtschaftliche Lage hervorgerufen wird. Aufgrund der gemeinsamen Betroffenheit (fast jeder hat mittlerweile in seinem Bekanntenkreis Arbeitslose, die überwiegend nicht wegen mangelnder fachlicher Inkompetenz entlassen wurden) und der Plötzlichkeit des Auftretens der Massenarbeitslosigkeit wird die Arbeitslosigkeit hier nicht individualisiert. Sie wird in der Öffentlichkeit als gesellschaftliches Problem anerkannt. Noch verhält sich die ostdeutsche Öffentlichkeit anders, als es beispielsweise Kieselbach und Klink (1991) für die Bundesrepublik Deutschland beschreiben: Sie kritisieren bei der gesellschaftlichen Darstellung von Arbeitslosigkeit vor allem die Tendenzen der Bagatellisierung (Verharmlosen z. B. durch Statistikbereinigung), der Individualisierung (Arbeitslosen wird Arbeitsunwilligkeit und Mißbrauch der Sozialleistungen vorgeworfen) und der Naturalisierung (Behauptung der Unvermeidbarkeit) der Arbeitslosigkeit. Allerdings ist es vermutlich nur eine Frage der Zeit, bis derartige Darstellungen (zumindest Bagatellisierung und Naturalisierung gibt es schon) auch in den neuen Bundesländern akzeptiert werden.

Die internale Attribuierung ist nur in einem sehr geringen Maße ausgeprägt. Beschäftigte sahen einen etwas größeren individuellen Anteil am Erhalt ihres Arbeitsplatzes als Arbeitslose, was durch die unterschiedliche Lebenssituation verständlich ist. Die Befragten, die Arbeit hatten, führten das natürlich nicht auf einen Zufall, sondern vor allem auf ihre berufliche Kompetenz zurück, während die Befragten wiederum, die ihre Arbeit verloren hatten, das kaum durch mangelnde Kompetenz verursacht sahen.

In der externalen Attribuierung liegen entscheidende Vorteile: Indem die Arbeitslosigkeit nicht durch eigene Unzulänglichkeit erklärt wird, wird auch das Selbstbild der Betroffenen nicht angegriffen. Da Arbeitslosigkeit zu einer Massenerscheinung geworden ist, treten also weder Selbst- noch gesellschaftliche Stigmatisierungen[3] auf. Dadurch ist weder ein Rückzug in die soziale Isolierung als Selbstschutz erforderlich („gemeinsames Schicksal"), noch werden durch Selbstzweifel, Schuldgefühle und Apathie eigene Handlungsmöglichkeiten blockiert. Allerdings kann gerade die ständige Zurückführung der Schuld auf äußere Umstände eine kritische Auseinandersetzung mit dem eigenen Fähigkeitspotential verhindern und sich somit vor allem bei längerer Arbeitslosigkeit hemmend auswirken. Wenn für die Betroffenen nicht die Notwendigkeit einer kritischen Selbstreflexion besteht, werden möglicherweise vorhandene individuelle Defizite nicht erkannt, was sinkende Chancen auf dem Arbeitsmarkt zur Folge haben kann.

2.2 Bewältigungsmöglichkeiten

Westdeutsche Untersuchungen über die Arbeitslosigkeit in den neuen Bundesländern gehen von der Hypothese aus, daß in der ehemals „staatlich verordneten" Passivität und in dem hohen Vorsorgepotential in der DDR heute die Hauptgründe für Hilflosigkeit und Passivität beim Umgang mit der Arbeitslosigkeit zu suchen sind. Sind die Arbeitslosen nun wirklich von der Komplexität und Neuartigkeit ihrer Situation so gelähmt, daß sie sich apathisch damit abfinden? Oder werden ganz neuartige Kräfte mobilisiert, ermöglicht die allgemeine „Umbruchs- oder Aufbruchsstimmung" vieler Menschen auch die Bewältigung dieser Krise?

Schon im vorhergehenden Abschnitt wurde dargestellt, daß eine aktive Auseinandersetzung mit der Situation überwiegt. Chancen zu ihrer Überwindung werden erkannt und genutzt, Resignation und Passivität treten nur in geringem Maße auf. Etwa 70 Prozent der Arbeitslosen waren davon überzeugt

3 Stigmatisierung: <griech., lat.> im Sinne von Brandmarken, offentliches Bloßstellen

bzw. hofften, ihre gegenwärtige Situation aus eigener Kraft zu verändern, mehr als 10 Prozent wollten sich Hilfe suchen, um ihre Situation zu verändern.

Also mehr als 80 Prozent der von uns befragten Arbeitslosen gingen aktiv und durchaus optimistisch mit der Lösung ihrer Probleme um.

Ein deutlicher Unterschied ist allerdings bei der Gruppe der 50- bis 65jährigen Arbeitslosen erkennbar. Hier waren 65 Prozent der Befragten der Meinung, daß sie an ihrer Situation wenig oder nichts ändern können. Damit unterschieden sie sich signifikant sowohl von den ihnen gegenübergestellten jugendlichen Arbeitslosen als auch von der Gesamtstichprobe. Diese Resignation hängt offensichtlich mit der Chancenlosigkeit auf dem Arbeitsmarkt zusammen, wodurch ihnen nunmehr nur noch das „Rentnerdasein" als Alternative bleibt.

Kritisch zu sehen ist der völlige Verzicht auf soziale Unterstützung, was soziale Isolierung zur Folge haben kann. Auch das psychische Befinden dieser Teilgruppe stellte sich schlechter dar als in der Gesamtstichprobe. Diese Faktoren - schlechter psychischer Status, Resignation und Passivität, Verzicht auf soziale Unterstützung, mangelnde Perspektiven auf dem Arbeitsmarkt - kennzeichnen die 50- bis 65jährigen Arbeitslosen eindeutig als Risikogruppe.

Die meisten Arbeitslosen suchen nach einer neuen Arbeitsstelle und reflektieren über ihre Probleme - auch in der Diskussion mit Freunden, um neue Lösungen zu finden.

Nur 8 Prozent verbergen ihre Probleme, Rückzugstendenzen sind fast nicht feststellbar. In unseren Befragungen traten also überwiegend aktive Bewältigungsmuster auf.

Die gleiche Tendenz ist bei den befragten Beschäftigten sichtbar. Auch hier herrscht eine aktive Auseinandersetzung mit den Problemen der neuen Situation (Arbeitsunsicherheit und veränderte Arbeitsbedingungen) vor. Mehr als die Hälfte der Beschäftigten analysierte ihre Situation, untersuchte verschiedene Lösungsvarianten und diskutierte mit Freunden darüber.

Fast 30 Prozent suchten schon vorsorglich nach einer sicheren Arbeitsstelle.

Damit wird deutlich, daß sogar schon in der Phase der Antizipation der Arbeitslosigkeit die aktive Auseinandersetzung damit beginnt und Vorsorgemaßnahmen getroffen werden.

Die meisten der befragten Arbeitslosen lasen regelmäßig Stellenangebote, die Hälfte von ihnen schrieb regelmäßig Bewerbungen. Auch auf die Vermittlung durch das Arbeitsamt wurden große Erwartungen gesetzt. Die geringe Anzahl der Versuche, sich selbständig zu machen, erklärt sich vor allem durch die mangelnden Erfahrungen und die ohnehin durch die Einarbeitung in die neue Rechtslage bestehenden Schwierigkeiten. Deprimierend wirkte auch der Umstand, daß sich relativ schnell westdeutsche Firmen in den neuen Bundesländern niederließen, gegen deren Konkurrenz sich nur wenige „unerfahrene" ostdeutsche Unternehmer durchsetzen konnten.

3. Beratungs- und Unterstützungsbedarf

Uns interessierte, auf welchen Gebieten Arbeitslose in den neuen Bundesländern den größten Beratungs- und Unterstützungsbedarf haben und von wem sie hauptsächlich Hilfe bei der Bewältigung ihrer Probleme erwarten. Die Ergebnisse zeigen, daß ein großes Informationsbedürfnis besteht sowohl hinsichtlich allgemeiner (Finanz- und Steuerberatung) als auch spezieller - direkt mit der Arbeitslosigkeit verbundener - Aspekte (Informationen über Stellen- und Umschulungsangebote). Besonders an das Arbeitsamt werden diesbezüglich hohe Ansprüche gestellt.

In den qualitativen Interviews wurde zwar von fast allen Befragten auf Mängel in der Beratung durch die Mitarbeiter des Arbeitsamtes hingewiesen (Hauptkritikpunkte waren: mangelndes Eingehen auf individuelle Probleme, Erteilen falscher Auskünfte, fehlende Transparenz der „Amtswege"), insgesamt jedoch wurde das Arbeitsamt als optimale Beratungsinstitution eingeschätzt.

Die größte Rolle bei der Situationsbewältigung spielt für alle Befragten die Unterstützung durch die Familie. Aufgrund der meist intakten familiären Verhältnisse und der funktionierenden sozialen Netze wird - außer vom Arbeitsamt - kaum von anderen öffentlichen Institutionen Hilfe benötigt bzw. erwartet.

Häufig besteht allerdings auch ein Informationsdefizit bezüglich spezieller Beratungseinrichtungen, beispielsweise hinsichtlich kostenloser Rechtsberatung, Lebensberatung, Ehe- und Konfliktberatung oder Erziehungsberatung, obwohl gerade in Dresden diesbezüglich ein breites Angebot existiert. Hier wäre eine bessere Bekanntmachung - möglicherweise über das Arbeitsamt - angezeigt.

Die Grundtendenz in den Interviews war, daß den Befragten spontan kaum Probleme einfielen, bei denen sie Hilfe durch öffentliche Institutionen benötigten oder erwarteten, da sie umfangreiche Unterstützung durch ihre Familie und ihren Freundes- und Bekanntenkreis erhielten und sehr viele Schwierigkeiten durch Eigeninitiative bewältigten. Erst bei weiterem Nachfragen wurde der Bedarf nach Rechts-, Finanz- und Steuerberatung geäußert.

Diese Ergebnisse korrespondieren eng mit dem vorherrschenden aktiven Bewältigungsstil der Arbeitslosen. Es wird nicht auf Beratungsangebote gewartet, sondern durch Eigeninitiative (Suche nach Stellenangeboten, Schreiben von Bewerbungen, regelmäßige Information beim Arbeitsamt) eine Veränderung der Situation angestrebt.

4. Soziale Beziehungen

Arbeitslosigkeit beeinträchtigt nicht nur das psychische und körperliche, sondern auch das soziale Befinden. Durch den Verlust der Arbeit wird der subjektive Lebensraum der Betroffenen eingeengt, indem sowohl die Berufsaufgaben entfallen, als auch der Kontakt zu den Kollegen abreißt oder unregelmäßiger wird. Aber auch auf andere soziale Bereiche hat die Arbeitslosigkeit Auswirkungen: Es kann zu Konflikten in der Ehe bzw. in der Familie kommen (z. B. durch finanzielle Probleme, veränderte Rollen, Autoritätsverlust), auch soziale Isolierung, Rückzug aus dem Freundes- und Bekanntenkreis, vor allem infolge langandauernder Arbeitslosigkeit, ist möglich.

In unserer Studie interessierte uns, welchen Einfluß die Bedrohung bzw. der Verlust des Arbeitsplatzes auf die familiären Beziehungen, auf die Beziehungen zu Freunden und Bekannten und auf die Beziehungen zu (ehemaligen) Kollegen hat.

4.1 Die familiären Beziehungen

Aus bisherigen Untersuchungen ist bekannt, daß eines der durch die Arbeitslosigkeit verursachten Hauptprobleme im sozialen Bereich Ehe- und Familienkonflikte sind. In der Familie werden die unmittelbaren Auswirkungen des Entzugs der Arbeit (finanzielle Einschränkungen, möglicherweise veränderte Rollenverhältnisse, Übertragung der eigenen psychischen Belastungen auf Angehörige etc.) am ehesten und intensivsten spürbar.

Aber auch positive Effekte der Arbeitslosigkeit - z. B. der größere Freizeitanteil - werden hier wirksam, indem die „gewonnene" Zeit für die Familie, für Hobbys, Erholung oder Gelegenheitsarbeiten genutzt werden kann. Insgesamt wird die Familie bei der Bewältigung der Situation vor allem als Unterstützung erlebt.

Dies bestätigt sich in unserer Studie. Beim Umgang mit ihren Problemen erwarteten die Arbeitslosen in erster Linie Hilfe und Unterstützung von ihrer Familie, was auf relativ intakte Familienbeziehungen hinweist. Die Familie reagierte überwiegend verständnisvoll auf die Arbeitslosigkeit. Bei 30 bis 40

Prozent der Befragten war der Zusammenhalt innerhalb der Familie stärker geworden, und nur wenige fühlten sich mit ihren Problemen alleingelassen. Als besonders positiv empfanden ein Viertel der Männer und mehr als ein Drittel der Frauen, daß sie nun mehr Zeit für ihre Kinder haben, wenngleich die Arbeitslosigkeit insgesamt vor allem negativ empfunden wurde.

Schwerwiegende familiäre Konflikte - durch Arbeitslosigkeit verursacht - traten im allgemeinen nicht auf, abgesehen davon, daß mitunter Verstimmungen an Familienmitgliedern abreagiert wurden. Insgesamt war auch der Bedarf an einer Beratung bei Familienkonflikten eher niedrig.

Ernstere Probleme gab es allerdings bei Langzeitarbeitslosen und bei Alleinerziehenden. Gerade Alleinerziehende fühlten sich aufgrund ihrer familiären Mehrbelastung durch das alleinige Bestreiten des Mutter- und Vater-Anteils an der Erziehung, durch die meist erheblichen finanziellen Probleme, die eingeengten beruflichen Möglichkeiten häufig mit ihren Problemen alleingelassen (50 Prozent).

In den Interviews wurden familiäre Probleme nur in wenigen Fällen erwähnt. Dabei handelte es sich meist um subjektive Probleme des neuen Rollenverständnisses besonders bei arbeitslosen Männern mit Hoch- oder Fachschulabschluß, deren Frauen nun für den Unterhalt der Familie sorgten. Die Betroffenen fürchteten einen Autoritätsverlust, aber in keinem Fall wurde von einem wirklichen Autoritätsverlust berichtet.

4.2 Die Beziehungen zu Freunden und Bekannten

Bakke entwickelte 1940 ein Modell, das die Entwicklung des allgemeinen Kontaktverhaltens zu Freunden und Bekannten unter dem Einfluß der Arbeitslosigkeit beschreibt (in Lauth/Viebahn 1987). Dieses Rückzugstendenzmodell beinhaltet fünf Phasen, in denen sich im Zusammenhang mit der Dauer der Arbeitslosigkeit und des (Nicht-) Erfolgs der Situationsbewältigung eine allmähliche Einschränkung der sozialen Kontakte bis hin zur möglichen sozialen Isolierung vollzieht. Fröhlich (ebenda) weist dabei auf den Zusammenhang der Kontakthäufigkeit und des subjektiven Werts der Beziehungen vor und während der Arbeitslosigkeit hin.

In unseren Untersuchungen konnten wir erkennen, daß im allgemeinen bei den befragten Arbeitslosen kaum negative Erscheinungen im Freundes- und Bekanntenkreis auftraten. Bei mehr als der Hälfte veränderte sich das Verhältnis zu Freunden oder Bekannten nicht, sie erfuhren Verständnis und Unterstützung in ihrer Lage. Diese Stabilität der sozialen Netzwerke rührte vor allem aus der gesellschaftlichen Situation in den neuen Bundesländern, der gemeinsamen Betroffenheit und der fehlenden sozialen Stigmatisierung der Arbeitslosen.

Mehr als 10 Prozent der befragten Arbeitslosen intensivierte die Kontakte zu Freunden, in den Interviews wurde zum Beispiel von regelmäßigen selbstorganisierten Treffen berichtet, um nicht isoliert zu sein und sich über Möglichkeiten der Situationsbewältigung (wie beispielsweise gegenseitige Hinweise auf interessante Stellenangebote, Informationen über Beratungsmöglichkeiten u. a.) auszutauschen.

Obwohl insgesamt also die sozialen Netzwerke stabil waren, das Verhältnis zu Freunden und Bekannten durch die Arbeitslosigkeit nicht bzw. kaum beeinträchtigt war, hatte im Laufe des Untersuchungszeitraums (Frühjahr 1991 bis Frühjahr 1992) die Tendenz einer sozialen Isolierung zugenommen. Bemerkenswert war auch, daß sich etwa 13 Prozent der Arbeitslosen aus ihrem Bekanntenkreis ausgeschlossen fühlten, 10 Prozent glaubten, daß sie gemieden werden - obgleich die Beschäftigten, die als Vergleichsstichprobe dazu befragt wurden, kein derartiges Verhalten zeigten.

Auch wenn diese Anzeichen der sich entwickelnden sozialen Isolierung im Durchschnitt kaum ins Gewicht fallen, müssen sie - gerade aufgrund des raschen Anstiegs - weiter beobachtet und mit wirksamen Interventionen abgebaut werden. Beachtenswert sind diese Tendenzen vor allem wegen unserer Untersuchungsmethodik, die keine direkte Längsschnittuntersuchung, sondern eine Mehrpunktmessung ist, so daß diese Entwicklung nicht als Funktion der Dauer der Arbeitslosigkeit erklärt werden kann.

Ganz besonders problematisch gestalteten sich die sozialen Beziehungen für Langzeitarbeitslose, Alleinlebende und Alleinerziehende. Vor allem die Alleinerziehenden sahen sich sehr stark isoliert. Drei Viertel von ihnen hatten weniger Kontakt zu Freunden und Bekannten, 40 Prozent fühlten sich inzwischen aus ihrem bisherigen Kreis ausgeschlossen, ebenso wie je etwa 20 Prozent der Langzeitarbeitslosen und der Alleinlebenden, wobei innerhalb dieser Teilstichproben auch Überschneidungen vorhanden waren.

4.3 Die Beziehungen zu (ehemaligen) Kollegen

Die sozialen Kontakte durch die Arbeit haben einen sehr hohen Stellenwert. Der Verlust dieser Kontakte zählte zu den Hauptproblemen im Alltag der Arbeitslosen (nach Einkommenseinbußen und Verlust der Berufsaufgaben). Indem durch den Verlust des Arbeitsplatzes für die Betroffenen die Arbeitsaufgaben entfielen, die zeitliche Struktur des Tages plötzlich völlig verändert war, wurde gleichzeitig auch der tägliche Kontakt zu den Kollegen abgebrochen bzw. unregelmäßig. In den qualitativen Interviews wurde der Kontaktverlust zu den Kollegen als sehr belastend empfunden, vor allem von älteren Arbeitslosen, für die viele kollegiale Beziehungen zu freundschaftlichen Bindungen geworden waren. In einzelnen Fällen gab es Initiativen, diesem Kontaktverlust durch regelmäßige Begegnungsangebote (z. B. im Sinne eines „Stammtischs") entgegenzuwirken. Vom Großteil der Befragten wurde der Kontaktverlust zwar als stark negativ erlebt, gleichzeitig würde man sich damit jedoch abfinden.

Beschäftigte gaben mehrheitlich an, daß das Verhältnis unter den Kollegen schlechter geworden sei und als problematisch empfunden werde.

Ursachen für die Verschlechterung der kollegialen Beziehungen sind laut qualitativer Interviews in erster Linie im Konkurrenzdruck und in der Unsicherheit der Arbeitsplätze zu suchen.

Ein Interviewpartner beschrieb die Lage an seiner Arbeitsstelle: *„Waren wir früher alle ein wirkliches Kollektiv, so hat sich jetzt die Mehrzahl meiner Kollegen - die ich früher als Freunde bezeichnet habe - als Schufte erwiesen. Plötzlich können wir nicht mehr miteinander reden, wichtige Informationen werden zurückgehalten, um sich Vorteile zu verschaffen, wir tauschen keine Bücher mehr aus, die uns gegenseitig helfen könnten ... Einer will den anderen übertrumpfen - und einer hält dem anderen seine Vergangenheit vor ..."* (inzwischen em. Professor, 64 Jahre).

Der Umgang mit Arbeitslosen bereitete den von uns befragten Beschäftigten keine große Probleme. Es waren keine Anzeichen einer sozialen Stigmatisierung Arbeitsloser vorhanden. Die meisten der Befragten gaben an, daß sich ihr Verhältnis zu arbeitslosen (ehemaligen) Kollegen, Freunden oder Bekannten nicht verändert hat. Die Motivation, Arbeitslose zu unterstützen, war sehr hoch. Ihnen wurde keine Schuld an ihrer Situation gegeben, mehr als 60 Prozent der Beschäftigten empfanden Mitleid mit Arbeitslosen. Meidungstendenzen waren überhaupt nicht zu verzeichnen.

5. Zukunftserwartungen

Sowohl in den qualitativen Interviews als auch in den Fragebögen wurden hinsichtlich der persönlichen Zukunft überwiegend optimistische Erwartungen geäußert, wenngleich dies einer differenzierteren Betrachtung bedarf.

Vor allem die interviewten Arbeitslosen waren optimistisch, während Beschäftigte verstärkt Ungewißheit und Pessimismus empfanden. Diese Erscheinung ist aus der allgemeinen Unsicherheit der Arbeitsplätze und der Antizipation von Arbeitslosigkeit erklärbar. Da die Arbeitslosen ihre Arbeit bereits verloren, also den Entlassungsschock schon überstanden und verarbeitet hatten, richten sich ihre Zukunftskonzepte auf eine Verbesserung ihrer Situation, also das Finden einer neuen Arbeit aus.

Für die Beschäftigten hingegen stellte die Unsicherheit ihres Arbeitsplatzes ein sehr großes Problem dar, und nur ein Drittel der Befragten war sich im Frühjahr 1992 noch relativ sicher, daß man seine Arbeit behalten würde.

Somit wird also ein negatives Ereignis (Entlassung) bzw. ein negativer Zustand (Arbeitslosigkeit) antizipiert, was - im Vergleich zu Arbeitslosen, die einen positiven Zustand (neue Arbeitsstelle) antizipieren - zu stärkeren pessimistischen Tendenzen führt. Alle Arbeitslosen, die wir interviewt hatten, wollen in Zukunft wieder arbeiten - auf ein Leben ohne Arbeit orientierte sich keiner von ihnen. Diese Tatsache korrespondiert mit unseren Ergebnissen über die aktive Situationsbewältigung. Kaum einer der Befragten resignierte oder fand sich mit seinem Schicksal als Arbeitsloser ab.

Die Beschäftigten, die sich ein Leben ohne Arbeit vorstellen konnten, waren überwiegend zwischen 50 und 65 Jahre alt. Eine Alternative zur Arbeit sahen sie in einer Aktivierung ihres Privatlebens (Familie und Hobbys), in der Suche nach anderen Betätigungsfeldern (zum Beispiel ehrenamtliche Tätigkeiten) und ausnahmslos im Reisen (sofern die finanziellen Mittel ausreichen).

Daß von den Beschäftigten in ABM ein hoher Anteil auf ein Leben ohne Arbeit orientierte, hängt in erster Linie mit der Spezifik dieser Stichprobe zusammen: Die Interviewten arbeiteten in ABM, um die Zeit bis zum Erreichen des Alters für den Vorruhestand bzw. das Altersübergangsgeld zu überbrükken. Trotzdem bemühten sich 60 Prozent von ihnen um eine neue Arbeit, weil sie sich ein Leben im (Vor-)Ruhestand nicht vorstellen konnten. Auffallend war in allen Interviews die Tendenz, daß auf die Frage nach den Zukunftserwartungen ältere Befragte verstärkt „allgemeine" Ansichten - bezüglich wirtschaftlicher und gesellschaftlicher Entwicklungen - äußerten, die überwiegend negativ ausfielen, während die jüngeren Befragten primär Aussagen über ihre persönlichen Zukunftskonzepte machten und die weitere wirtschaftliche Entwicklung durchaus positiv sahen.

Insgesamt sind optimistische Zukunftserwartungen überwiegend. Verständlicherweise war der Optimismus bei den 18- bis 29jährigen Arbeitslosen stärker ausgeprägt als bei älteren, da die Arbeitslosigkeit hier am Anfang bzw. in einem frühen Stadium des Berufslebens eingetreten ist, somit eine

Neuorientierung leichter fällt und aufgrund des Alters gute Chancen auf Wiederbeschäftigung bestehen.

Die vorrangig optimistische Einschätzung der Zukunft ist auch auf die externale Attribuierung zurückzuführen. Indem die Ursache der Arbeitslosigkeit nicht im eigenen Versagen, sondern in den schlechten wirtschaftlichen Verhältnissen (von denen die jüngeren Befragten eine baldige Besserung erwarten) gesehen wurden, besteht kein Grund, an seiner eigenen Leistungsfähigkeit und seinen Chancen auf dem Arbeitsmarkt zu zweifeln.

Dieser ausgeprägte Optimismus stellte sich gerade angesichts der schlechten Wirtschaftsprognosen für die nächste Zeit als ausgesprochen unrealistisch dar. Er birgt die Gefahr einer übergroßen Erwartungshaltung und des nicht verkrafteten Mißerfolgs. Die Folgen wären fortschreitender Kontrollverlust, eine drastische Verschlechterung des psychischen (möglicherweise auch des körperlichen) Befindens, zunehmende Resignation und Passivität.

Bedenklich stimmen die Zukunftserwartungen der 50- bis 65jährigen Arbeitslosen. Vor allem hinsichtlich der materiellen und sozialen Sicherheit und der Aussichten auf eine neue Arbeit herrscht Pessimismus vor. Da Arbeitslose dieser Altersgruppe als schwer vermittelbar gelten - allerdings eher wegen einer auf Vorurteilen basierenden Kompetenzabschreibung als wegen wirklicher Leistungsdefizite - sind, wie bereits mehrfach angesprochen, ihre Chancen auf eine neue Stelle (und damit auf materielle und soziale Absicherung) sehr gering. Insgesamt war über den Untersuchungszeitraum eine Abnahme der optimistischen Erwartungen bezüglich einer neuen Arbeit und der materiellen und sozialen Sicherheit festzustellen.

Da diese Tendenzen nicht mit der Dauer der Arbeitslosigkeit der Befragten korrelierten (Methodik: Mehrpunktmessung nach dem Prinzip anfallender Stichproben, keine die Arbeitslosen begleitende Untersuchung), ist zu vermuten, daß die in der Zeit der Wende herrschende „Umbruchs"- bzw. „Aufbruchsstimmung" durch die weiteren Ereignisse, die bitteren Erkenntnisse uber den wahren Zustand der DDR-Wirtschaft und die negativen Wirtschaftsprognosen umschlug. Der steigende Optimismus hinsichtlich der Entwicklung des Familienlebens ist also möglicherweise als Hoffnung auf Kompensation dieser Verluste durch intakte Familienverhältnisse zu bewerten.

6. Risikogruppen

Durch die Arbeitslosigkeit kann es zu vielfältigen negativen Veränderungen im Leben der Betroffenen kommen. Moglich sind zum Beispiel Beeintrachtigungen des psychischen und körperlichen Befindens, soziale Schwierigkeiten bis hin zu sozialer Isolierung, sozialem „Abstieg“ und aggressiven Verhaltensäußerungen.

Diese Probleme resultieren meist aus folgenden Sachverhalten:

1. Die Chancen der Wiederbeschäftigung sind sehr gering, es fehlt eine Perspektive.
2. Wegen familiärer Verpflichtungen gibt es durch den Verlust der Arbeit große finanzielle Probleme.
3. Aufgrund sozialer Probleme fehlt die soziale Unterstützung in der Umgebung.

Bei der Betrachtung dieser Aspekte im Zusammenhang mit den obengenannten Risiken können einige hinsichtlich der Bewältigung der Arbeitslosigkeit besonders gefährdete Gruppen bestimmt werden (Risikogruppen):

1. Arbeitslose in der Lebensmitte;
2. Alleinstehende mit sozialen Problemen;
3. Alleinerziehende;
4. Arbeitslose, deren Partner/in ebenfalls arbeitslos ist;
5. Jugendliche;
6. Behinderte/Leistungsgeminderte;
7. Langzeitarbeitslose;
8. Prä-Arbeitslose;
9. Arbeitslose, die aus politischen Gründen entlassen wurden.

Im folgenden Abschnitt soll überprüft werden, ob sich die bekannten potentiellen Risikogruppen auch unter den besonderen Bedingungen in den neuen Bundesländern als gefährdet erweisen.

6.1 Sind die Risikogruppen wirklich Risikogruppen?

Indikatoren für die problematische Bewältigung der Situation sind hier:

A - Beeinträchtigung des psychischen Befindens (Depression, Resignation, Aggressivität, Passivität)

B - Beeinträchtigung des körperlichen Befindens (Gesundheitszustand)

C - soziale Probleme (Isolation, familiäre Probleme)

D - subjektive/objektive Perspektivlosigkeit (Pessimismus)

Folgende Personengruppen werden als potentielle Risikogruppen untersucht:

- Arbeitslose, 50 bis 65 Jahre alt,
- Beschäftigte, 50 bis 65 Jahre alt,
- Jugendliche, 18 bis 29 Jahre alt,

- Alleinlebende,
- Alleinerziehende,
- Arbeitslose, deren Partner/in auch arbeitslos ist und
- Langzeitarbeitslose.

Arbeitslose im Alter von 50 bis 65 Jahren

In dieser Gruppe fiel der relativ schlechte psychische Zustand auf. Depressive, resignative und passive Tendenzen waren im Vergleich zur Gesamtpopulation deutlich stärker ausgeprägt. Zwei Drittel der Befragten glaubten, daß sie an ihrer Situation wenig oder nichts ändern können. Besonders auffallend war diesbezüglich der völlige Verzicht auf soziale Unterstützung bei der Situationsbewältigung (mögliche Rückzugstendenzen). Ihre Zukunft schätzten diese Arbeitslosen bezüglich einer neuen Arbeit, der sozialen und materiellen Sicherheit und der Situationsbewältigung sehr pessimistisch ein. Die 50- bis 65jährigen Arbeitslosen erwiesen sich aufgrund der starken Ausprägung der Indikatoren A, C und D eindeutig als Risikogruppe.

Beschäftigte im Alter von 50 bis 65 Jahren

Die 50- bis 65jährigen Beschäftigten wiesen ebenfalls eine Beeinträchtigung des psychischen Befindens (resignative Tendenzen, Gereiztheit - aber keine signifikanten Unterschiede), vor allem aber des körperlichen Befindens (psychosomatische Symptome) auf. Ihre sozialen Kontakte waren zum Teil durch Zeitmangel eingeschränkt, Isolationstendenzen waren jedoch nicht zu bemerken. Bei der Zukunftssicht überwogen die Befürchtungen hinsichtlich der materiellen und sozialen Sicherheit. Ein Drittel rechnete mit einer möglichen Entlassung. Optimismus war vor allem bezüglich der sozialen Netze (besonders Familie) und der Bewältigung der schwierigen Situation vorhanden.

Diese Gruppe kann hier nicht eindeutig als Risikogruppe identifiziert werden, da zwar alle Indikatoren vertreten, aber nicht stark genug ausgeprägt sind.

Jugendliche im Alter von 18 bis 29 Jahren

Arbeitslose Jugendliche werden in der Literatur als potentielle Risikogruppe betrachtet.

Bei den hier ausgewählten Variablen (Befinden, Situationsbewältigung, soziale Probleme, Zukunftssicht) ließen sich keine Risiken feststellen.

Trotz ausgeprägter aktiver Strategien der Situationsbewältigung überwog eine passive bzw. rezeptive Freizeitgestaltung, die zum Teil Langeweile verursacht.

Alleinlebende

Alleinlebende wiesen hinsichtlich der Indikatoren kaum Auffälligkeiten auf und bildeten daher keine Risikogruppe. Lediglich eine leichte Einschränkung der sozialen Kontakte und Befürchtungen betreffs der materiellen und sozialen Sicherheit wurden angegeben.

Alleinerziehende

Der psychische Status der Alleinerziehenden erschien nur leicht beeinträchtigt (resignative und passive Tendenzen). Dagegen waren soziale Probleme sehr stark ausgeprägt.

Die Kontakte zu Freunden und Bekannten hatten sich drastisch reduziert, obwohl gerade für Alleinerziehende ein derartiger sozialer „Ausgleich" unbedingt notwendig ist. 75 Prozent gaben weniger Kontakte an, wobei sich nur 20 Prozent von sich aus zurückgezogen hatten, während sich 40 Prozent aus ihrem Freundes- und Bekanntenkreis ausgeschlossen fühlten.

Ihre Zukunft sahen die Alleinerziehenden in fast jeder Hinsicht pessimistisch (soziale und materielle Sicherheit, Familie, Situationsbewältigung).

Aufgrund ihrer schwierigen materiellen Situation, ihrer sozialen Probleme und ihrer subjektiven (und objektiven) Perspektivlosigkeit stellten die Alleinerziehenden auch in dieser Untersuchung eine Risikogruppe dar.

Arbeitslose, deren Partner/in auch arbeitslos ist

Außer einer leicht resignativen Tendenz und Befürchtungen hinsichtlich der materiellen und sozialen Sicherheit hatten diese Arbeitslosen keine Probleme bei der Situationsbewältigung und wurden daher nicht als Risikogruppe ausgewiesen.

Langzeitarbeitslose

Die Langzeitarbeitslosen verfügten über einen relativ guten psychischen Status, der allerdings deutliche resignative Tendenzen erkennen ließt. Auffallend war ein starker Mangel an Eigeninitiative. Nur etwa die Hälfte der Langzeitarbeitslosen suchte nach einer neuen Arbeit, wobei sich die Mehrheit auf die Vermittlung durch das Arbeitsamt orientierte. Eigene Aktivitäten waren im Vergleich zur Gesamtpopulation weniger vertreten. Etwa ein Fünftel zog sich aus dem Freundes- und Bekanntenkreis zurück. Ebenfalls ein Fünftel bemühte sich, die Arbeitslosigkeit vor der Umgebung zu verbergen. Als Folge der Langzeitarbeitslosigkeit kam es mitunter zu familiären Spannungen. Pessimistische Zukunftsaussichten gab es vor allem bezüglich der sozialen Sicherheit und bei einem Drittel hinsichtlich der eigenen Leistungsfähigkeit. Nach den dafür ausgewählten Indikatoren stellten die Langzeitarbeitslosen noch keine Risikogruppe dar, wenngleich der Mangel an Eigeninitiative und die Zweifel an der eigenen Leistungsfähigkeit durchaus beachtenswert waren.

7. Zusammenfassung

Die Arbeit hatte bei allen Befragten 1991 und 1992 einen hohen Stellenwert, da sie die Bedürfnisse nach Sicherung der materiellen Existenz, zwischenmenschlichen Kontakten, Leistungsentfaltung und sozialer Anerkennung befriedigt. Demzufolge wurde der Entzug von Arbeit überwiegend negativ erlebt. Trotzdem war der psychische Status der Beschäftigten insgesamt relativ gut. Die deutliche Reduzierung des Selbstbewußtseins war nur durch die komplexe Betrachtung des völligen Werteumbruchs begreifbar.

Die aktive Auseinandersetzung mit der Situation überwog, Chancen wurden erkannt, Resignation und Passivität waren kaum ausgeprägt.

Fast alle der von uns Befragten sahen die Ursachen für die Arbeitslosigkeit in der schlechten wirtschaftlichen Lage (externale Attribuierung). Die Mehrzahl der Arbeitslosen wollte ihre Situation aus eigener Kraft bzw. mit Hilfe anderer verändern. Der Wille zu aktiver Bewältigung der Arbeitslosigkeit herrschte sowohl bei den Arbeitslosen als auch bei den Beschäftigten vor.

Diese Ergebnisse widersprechen der Hypothese, daß die ehemaligen DDR-Bürger der neuen Lage hilflos ausgeliefert seien und sich passiv oder apathisch verhielten.

Der Hauptbedarf an Beratung und Unterstützung resultiert aus den allgemeinen gesellschaftlichen Veränderungen: Ein Großteil der Befragten hielt eine gute Rechts-, Steuer- und Finanzberatung für erforderlich. Ebenso bestand ein großer Bedarf nach Informationen über Stellen- und Umschulungsangebote. Die meisten Befragten lösten ihre Probleme durch Eigeninitiative bzw. mit Unterstützung aus ihren sozialen Netzen, was das Vorherrschen eines aktiven Bewältigungsstils unterstreicht.

Insgesamt erschienen die sozialen Netze stabil und funktionsfähig und erfüllten eine wichtige Pufferfunktion bei der Situationsbewältigung. Die familiären Beziehungen wurden als gut eingeschätzt, die Befragten erwarteten und bekamen in erster Linie Unterstützung durch ihre Familie. Die Beziehungen zu Freunden und Bekannten waren meist unverändert. Die Arbeitslosen empfanden Verständnis und Unterstützung durch ihre soziale Umgebung, soziale Stigmatisierung existierte nicht. Beschäftigte dagegen gaben häufig eine Verschlechterung der Beziehungen unter den Kollegen an, was sie auf die Arbeitsunsicherheit und den damit verbundenen Konkurrenzdruck zurückführten.

Es überwog eine optimistische Grundeinstellung. Arbeitslose waren optimistischer hinsichtlich ihrer persönlichen Zukunft als Beschäftigte, die angesichts der Arbeitsunsicherheit zum Teil die Arbeitslosigkeit antizipierten. Alle Arbeitslosen orientierten sich auf das Finden einer neuen Arbeit, während ältere Beschäftigte im Falle ihrer Arbeitslosigkeit ein Leben ohne Arbeit erwogen.

Nicht alle der potentiellen Risikogruppen stellten in dieser Untersuchung auch tatsächliche Risikogruppen dar. Die Indikatoren des hier definierten Risikomodells (Beeinträchtigungen des psychischen und/oder körperlichen Befindens, soziale Probleme, Perspektivlosigkeit) wiesen die 50- bis 65jährigen Arbeitslosen und die Alleinerziehenden eindeutig als Risikogruppen aus.

Langzeitarbeitslose gelten vor allem wegen ihres Mangels an Eigeninitiative und ihrer Zweifel hinsichtlich der eigenen Fähigkeiten als gefährdet, wurden aber durch dieses Modell nicht als Risikogruppe bestätigt.

Nach wie vor gilt als beste Intervention gegen die negativen Folgen der Arbeitslosigkeit ein neuer Arbeitsplatz. Allerdings erscheint gerade dies angesichts der negativen Wirtschaftsprognosen nicht realisierbar. Zukünftig müssen sich also die psychologischen Interventionsangebote nicht ausschließlich auf die Verbesserung der Vermittlungschancen der Arbeitslosen orientieren, sondern verstärkt auch darauf, Arbeitslose zu befähigen, ihre Situation angemessen zu bewältigen und neue Lebenskonzepte zu entwickeln - eine Aufgabe, die weiterführender psychologischer Untersuchungen bedarf.

Literatur

Balsen, W./Nakielski, H./Rössel, K./Winkel, R., 1983: Ohne Arbeit geh'ste kaputt. Reportagen aus dem Innenleben einer Krise, Köln.

Bergmann, B., 1994: Erleben und Bewältigen von Arbeitsunsicherheit: Eine Studie aus dem Raum Dresden. In: Trommsdorff, G. (Hrsg.): Psychologische Aspekte des sozio-politischen Wandels in Ostdeutschland. Berlin.

Bonß, W./Heinze, R. G. (Hrsg.), 1984: Arbeitslosigkeit in der Arbeitsgesellschaft. Frankfurt a. M.

Bürgerumfrage 1991: Leipziger Bürger über die wirtschaftliche und soziale Situation in ihrer Stadt. Rat der Stadt Leipzig, Leipzig.

Diezinger, A./Marquardt, R., 1985: Am Rande der Arbeitsgesellschaft - weibliche Behinderte und Erwerbslose. Opladen.

Flodell, Ch., 1989: Miteinander oder Gegeneinander. Wiesbaden.

Frese, M./Mohr, G., 1978: Die psychopathologischen Folgen des Entzugs von Arbeit: Der Fall Arbeitslosigkeit. In: Frese, M./Greif, S./Semmer, N. (Hrsg.): Industrielle Psychopathologie. Bern: 282-320.

Hemmer, H.-O./Wahle-Homann, I. (Hrsg.), 1986: Auf den Schrott geschmissen? Arbeitslose zwischen Resignation und Selbstfindung, Köln.

Hof, B./Lenk, E./Pfennig, W./Stingl, J./Vojna, T., 1978: Arbeitslosigkeit - Ursachen und Gegenmaßnahmen. Schriftenreihe der Niedersächsischen Landeszentrale für politische Bildung (Hg.), Folge 3/1978.

Hofmann, M. (Hrsg.), 1991: Aufbruch im Warteland. Ostdeutsche soziale Bewegungen im Wandel, Bamberg.

Jahoda, M., 1983: Wieviel Arbeit braucht der Mensch? Arbeit und Arbeitslosigkeit im 20. Jahrhundert, Weinheim/Basel.

Jahoda, M./Lazarsfeld, P. F./Zeisel, H., 1933: Die Arbeitslosen von Marienthal. 1. Auflage. Frankfurt/M.: Edition Suhrkamp 769, 1980

Kieselbach, Th./Klink, F., 1991: Arbeitslosigkeit und soziale Gerechtigkeit. Werden Langzeitarbeitslose vergessen?, Bremen.

Klees, B./Weyerer, S., 1986: Weg vom Fenster - Arbeitslosigkeit und ihre Folgen. Frankfurt a. M.

Lauth, G. W./Viebahn, P. (Hrsg.), 1987: Soziale Isolierung. München/Weinheim.

Maaz, H.-J., 1990: Der Gefühlsstau. Ein Psychogramm der DDR, Berlin.

Maaz, H.-J., 1991: Das gestürzte Volk. Die verunglückte Einheit, Berlin.

Mitzscherlich, B./Glücksmann, C., 1991: Identität im Umbruch. Forschungsbericht über das Pilotprojekt Leipzig, unveröff. Ms., Leipzig.

Pelzmann, L., 1988: Wirtschaftspsychologie. Wien/New York.

Rebe, B. (Hrsg.), 1984: Arbeitslosigkeit - Unser Schicksal? Cloppenburger Wirtschaftsgespräche, Bd. 4, Vechta.

Runge, A., 1990: Angst am Arbeitsplatz. Zürich.

Schindler, H./Wacker, A./Wetzels, P. (Hrsg.), 1990: Familienleben in der Arbeitslosigkeit. Heidelberg.

Seligman, M. E. P., 1979: Erlernte Hilflosigkeit. München/Wien/Baltimore.

Udris, I., 1985: Studie des Europarates zur Arbeitslosigkeit. In: Kieselbach, Th./Wacker, A. (Hrsg.): Individuelle und gesellschaftliche Kosten der Massenarbeitslosigkeit. Psychologische Theorie und Praxis, Weinheim/Basel.

Udris, I., 1987: Arbeitslosigkeit - Psychosoziale Kosten und individuelle Konsequenzen. In: Bierter, W./Hagemann, S./Levy, R./Udris, I./Walter-Busch, E. (Hrsg.): Zukunft der Arbeit - Ein theoretischer Bezugsrahmen mit Materialien. Lausanne.

Wacker, A. (Hrsg.), 1978: Vom Schock zum Fatalismus. Frankfurt a. M.

Soziale Schichtung und Mobilität im ostdeutschen Transformationsprozeß

Thomas Bulmahn

Mit dem Inkrafttreten des Vertrages zur Wirtschafts-, Währungs- und Sozialunion im Jahr 1990 begann in Ostdeutschland ein Prozeß der nachholenden Modernisierung, der alle gesellschaftliche Bereiche umfaßte. Aufgrund des gewählten Transformationspfades - Beitritt zur Bundesrepublik - wurde der Institutionentransfer mit einer außerordentlich hohen Geschwindigkeit vollzogen. Die Einführung der sozialen Marktwirtschaft, der demokratischen Grundordnung und der bürgerlichen Rechtsordnung war bereits nach ein bis zwei Jahren abgeschlossen. Der dadurch ausgelöste Sturm der Anpassung flaut langsam ab.

Die Ergebnisse dieser institutionellen Revolution bilden die Voraussetzung für die Angleichung der Lebensbedingungen, Lebensweisen und Mentalitäten der Deutschen in Ost und West (Zapf/Habich 1994). Mittlerweile wird klar, daß sich diese zweite Phase der Transformation im Vergleich zur ersten langsamer vollzieht. Einerseits wird die Entwicklung durch die modernen Basisinstitutionen beschleunigt. Andererseits wird sie durch die zum Teil nicht vorausgesehenen Reibungsverluste bei deren Implementation und durch das soziale Erbe des DDR-Systems abgebremst. Die umfangreichen westdeutschen Transferzahlungen können die Bremswirkung zwar verringern, jedoch nicht vollständig aufheben.

Ob die innere Einheit Deutschlands als das von der Politik formulierte und von den Bürgern mehrheitlich gewollte Ziel in absehbarer Zeit zu erreichen ist, welche sozialen Anpassungsprozesse zu erwarten sind, und wie hoch die Kosten dieser Bemühungen sein werden - all das sind noch weitgehend offene Fragen. Die Analyse des bereits vollzogenen sozialstrukturellen Wandels, unter besonderer Berücksichtigung der sozialen Lagen, der sozialen Ungleichheit und Mobilität, kann der Diskussion um die Perspektiven der deutschen Einheit weitere Impulse geben. Im folgenden Beitrag wird ein Modell der sozialen Schichtung für Ostdeutschland entworfen. Anhand ausgewählter Indikatoren zu objektiven Lebensbedingungen und subjektivem Wohlbefinden wird untersucht, wie ungleich die sozialen Lagen waren. Die ermittelte Positionsstruktur dient im weiteren Verlauf der Untersuchung als Ausgangspunkt für detaillierte Mobilitätsanalysen. Die soziale Mobilität im Umbruch speiste sich, so die These, vor allem aus zwei Quellen: dem massiven Abbau von Arbeitsplätzen und der weitgehenden Anpassung der Beschäftigtenstruktur an die westdeutschen Relationen. Hierbei handelt es sich im wesentlichen um eine durch Strukturveränderungen induzierte Mobilität. Im Anschluß an die Mobilitätsanalysen wird eine Zwischenbilanz des sozialen Wandels erstellt. Im Mittelpunkt des Interesses stehen die sich neu abzeichnende soziale Schichtung und das veränderte Ausmaß der sozialen Ungleichheit.

1. Soziale Schichtung in Ostdeutschland 1990

Das Thema „Soziale Ungleichheit" war in der DDR weitgehend tabuisiert. Als parteipolitisch korrekt galt allein die Bestätigung des Slogans von der „gesetzmäßigen Annäherung der Klassen und Schichten". Bestehende soziale Ungleichheiten wurden aus ideologischen Gründen zu „sozialen Unterschieden" verharmlost. Derart normalisiert konnten sie „planmäßig reduziert und schließlich in einem längeren historischen Prozeß überwunden werden" (Weidig 1988: 25).

Empirisches Material zur sozialen Ungleichheit in der DDR wurde nicht veröffentlicht. Relevante Daten, etwa zur Einkommensverteilung, finden sich erst in dem nach der Wende herausgegebenen Sozialreport '90 (Winkler 1990). Folgt man diesen Angaben, dann erhielt ein Produktionsarbeiter im Bereich Industrie und Bauwesen im Jahr 1988 einen durchschnittlichen Bruttomonatslohn von 1.110 Mark. Meister bezogen ein um 23 Prozent, Hoch- und Fachschulkader ein um 33 Prozent höheres Bruttoeinkommen (Winkler 1990: 115). Diese Differenzen wurden zum Teil durch eine die unteren Einkommen begünstigende Besteuerung wieder eingeebnet. Die daraus abgeleitete Vorstellung von der „Hofierung der Arbeiterklasse" (Lötsch 1990) wurde zur Basis für die These von der „übermäßigen Nivellierung der DDR-Gesellschaft" (Geißler 1992). Von einer partiellen Angleichung der Einkommen sollte jedoch nicht auf die Existenz sozialer Gleichheit geschlossen werden. Die Ungleichheit der Lebensbedingungen und Lebenschancen war in allen sozialen Bereichen zu beobachten (Voigt/Voß/Meck 1987; Belwe 1989). Mittlerweile liegen mehrere Studien vor, deren Ergebnisse diese Auffassung bekräftigen (Adler/Kretzschmar 1993; Solga 1994a; Vester/Hofmann/Zierke 1995). Wo aber lagen die Ursachen für die Ungleichheit? Welche Determinanten sozialer Ungleichheit lassen sich daraus ableiten?

Eine plausible Antwort auf die erste Frage wurde bereits Anfang der 80er Jahre von Ahlberg formuliert. „Die soziale Ungleichheit entspringt aus der Tatsache, daß sozialistische Gesellschaften systemkonforme soziale Verhaltensmuster und Arbeitsleistungen in gestufter Form materiell und moralisch belohnen und abweichende Einstellungen bestrafen" (Ahlberg 1981: 965). Diese These steht auch im Mittelpunkt des Neotraditionalismus-Konzeptes (Jowitt 1983; Ettrich 1992). Deren Vertreter gehen im Gegensatz zur Totalitarismustheorie davon aus, daß die Jahrzehnte andauernde Existenz der sozialistischen Gesellschaften nicht durch Terror und Unterdrückung zu erklären ist. Dafür war auch ein Mindestmaß an Loyalität größerer Bevölkerungsteile gegenüber der Staatspartei notwendig. Diese Loyalität wurde durch ein spezielles Anreizsystem erzeugt. Es verschaffte denen vielfältige ökonomische und soziale Vorteile, die sich loyal verhielten. Der gesellschaftsweite Tausch systemkonformen Verhaltens gegen besondere Vorrechte erzeugte schließlich ein stabiles, die gesamte Gesellschaft durchziehendes Geflecht von „Patron-Klient-Beziehungen" (Ettrich 1992: 104). Besonders engmaschig war dieses Netz in der betrieblichen Arbeitswelt geknüpft. Die soziale Ungleichheit in der ehemaligen DDR wurde demzufolge im wesentlichen von Faktoren bestimmt, die die Erwerbsbeteiligung und die Position in der betrieblichen Herrschaftsstruktur beschreiben. Hierzu gehören vor allem die Stellung im Beruf, der Erwerbsstatus und das Alter.

Diese drei Determinanten stehen in unterschiedlicher Gewichtung auch im Mittelpunkt vieler Schichtmodelle für die westdeutsche Gesellschaft. Im Anschluß an das Konzept der Klassenlage von Goldthorpe modellieren beispielsweise Noll und Habich anhand von Informationen über den ausgeübten Beruf und die Stellung im Beruf ein vertikales Lagenschema für die erwerbstätige Bevölkerung der Bundesrepublik (Noll/Habich 1990; Goldthorpe 1980; Holtmann 1990). Für die Untersuchungen im Rahmen dieses Beitrages wird ein ähnliches Schichtkonzept verwendet, das jedoch auch die nichterwerbstätige Bevölkerung mit einbezieht.

1.1 Soziale Lagen in Ostdeutschland 1990

Die Konstruktion der Soziallagen erfolgt in drei Schritten.[1] Die Befragten werden im ersten Schritt in Erwerbstätige und Nichterwerbstätige aufgeteilt. Zu den Erwerbstätigen zählen alle Voll- und Teilzeitbeschäftigten. Diese Gruppe wird in einem zweiten Schritt nach der jeweiligen Stellung im Beruf differenziert. Die Un- und Angelernten, die einfachen Angestellten sowie die Facharbeiter und qualifizierten Angestellten bilden die jeweils gleichnamigen sozialen Lagen. Die hochqualifizierten Angestellten und die leitenden Angestellten werden ebenfalls als separate Soziallagen ausgewiesen. Zur Arbeiterelite gehören die Meister, Vorarbeiter und Brigadiere. Die kleinen und mittleren Selbständigen sind gemeinsam mit den freiberuflich Tätigen zur sozialen Lage der Selbständigen zusammengefaßt. Die mithelfenden Familienangehörigen zählen entsprechend den Qualifikationsanforderungen ihres Arbeitsplatzes zu den Soziallagen der einfachen bzw. qualifizierten Angestellten. Die Nichterwerbstätigen werden entlang der Altersgrenze Rentenalter in zwei soziale Lagen geteilt. Bei den Nichterwerbstätigen unterhalb des Rentenalters handelt es sich im wesentlichen um Schüler und Studenten, Auszubildende, Wehrdienstleistende und Frauen im Mutterschaftsurlaub sowie die auf Westdeutschland beschränkte Gruppe der Hausfrauen. Sie sind zu den „jungen Nichterwerbstätigen" zusammengefaßt. Die Nichterwerbstätigen oberhalb des Rentenalters bilden die soziale Lage „Rentner".

Abbildung 1 zeigt die Verteilung der Befragten in Ost- und Westdeutschland auf die 10 definierten sozialen Lagen kurz vor der Wirtschafts-, Währungs- und Sozialunion im Sommer 1990. Oberflächlich betrachtet, sind sich die Verteilungen ganz ähnlich. Die Rentner bilden in Ost- und Westdeutschland die jeweils größte bzw. zweitgrößte soziale Gruppe. Darüber hinaus weist die Verteilung der Erwerbstätigen auf die verschiedenen Lagen eine vergleichbare Grundstruktur auf. Die Anteile der Un- und Angelernten und der einfachen Angestellten fallen in Ost und West relativ gering aus. Die Soziallagen Facharbeiter und qualifizierte Angestellte sind dagegen verhältnismäßig groß. Die Lagen der hochqualifizierten Angestellten und die der leitenden Angestellten

---

1 Die empirischen Analysen basieren auf den Daten des Sozio-oekonomischen Panels (SOEP). Das SOEP ist eine repräsentative Wiederholungsbefragung mit detaillierten Informationen über objektive Lebensbedingungen und subjektives Wohlbefinden auf Haushalts- und Personenebene. Der thematische Schwerpunkt des Panels liegt auf den Bereichen Erwerbsbeteiligung und Einkommen. In Westdeutschland wird die Umfrage seit 1984 durchgeführt. In Ostdeutschland ging die erste Welle im Sommer 1990 ins Feld. Hier wurden mehr als 4400 Personen in über 2100 Haushalten befragt.

sind wieder deutlich schwächer besetzt. Angesichts dieser Resultate ist die Vorstellung von einem „sprichwörtlichen 'Wasserkopf' der früheren DDR-Gesellschaft" (Vester/Hofmann/Zierke 1995: 16) unangemessen.

Abbildung 1: Soziale Lagen in Ost- und Westdeutschland 1990 (Anteil an der ost- bzw. westdeutschen Bevölkerung über 16 Jahren, in %)

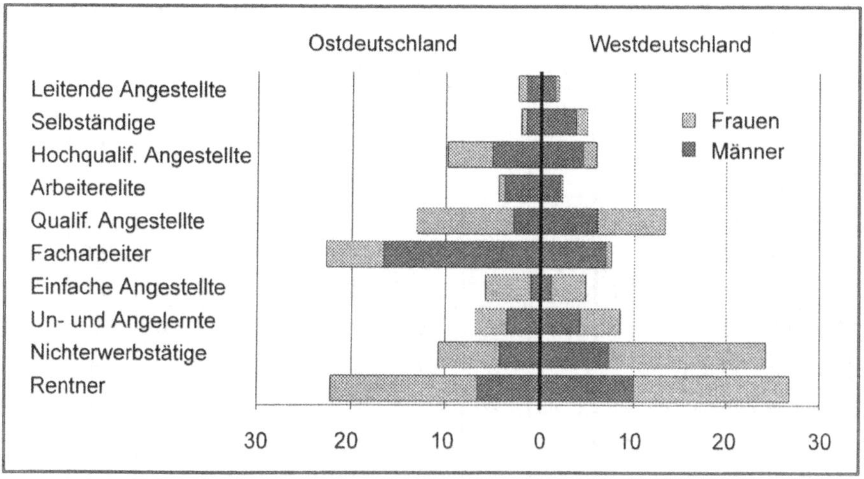

Datenbasis: Sozio-oekonomisches Panel (SOEP) 1990.

Betrachtet man die Abbildung jedoch genauer, dann sind vier markante Unterschiede nicht zu übersehen. Erstens ist die Lage „Junge Nichterwerbstätige" in Westdeutschland wegen des ungleich höheren Anteils von Hausfrauen wesentlich größer als in Ostdeutschland. Zweitens ist die Erwerbsbeteiligung in Ostdeutschland, insbesondere die der Frauen, erheblich größer. Drittens liegt der Anteil der Selbständigen in Ostdeutschland offensichtlich unter dem westdeutschen Wert. Viertens schließlich unterscheiden sich die Relationen Angestellte zu Arbeitern deutlich voneinander. In Westdeutschland sind von 100 abhängig Beschäftigten 60 Angestellte bzw. Beamte und nur 40 Arbeiter. In Ostdeutschland beträgt dieses Verhältnis aufgrund des deutlich größeren Facharbeiteranteils 49 zu 51. Diese strukturellen Differenzen sind eine wesentliche Quelle der Mobilitätsprozesse in den folgenden Jahren.

Tabelle 1: Schulbildung, hochste berufliche Qualifikation und Erwerbsbeteiligung

	Schulbildung*			Berufsbildung*				Erwerbs-status*	
	Abitur	10.	8.	Uni	FS	Aus	keine	Voll	Teil
	in %								
Insgesamt	12	43	42	7	13	63	15	60	8
Erwerbstätige, insgesamt	14	51	34	10	16	69	5	89	11
Leitende Angestellte	40	39	21	36	44	20	0	96	4
Selbständige	10	54	36	8	20	70	2	99	1
Hochqualifizierte Angestellte	56	38	6	48	46	6	0	94	6
Arbeiterelite	4	52	45	1	6	92	0	99	1
Qualifizierte Angestellte	11	63	26	4	29	66	1	80	20
Facharbeiter	3	58	39	1	2	97	0	93	7
Einfache Angestellte	3	49	47	1	3	85	9	74	26
Un- und Angelernte	3	29	61	0	0	61	35	84	16
Junge Nichterwerbstätige	17	60	17	4	9	38	47	0	0
Rentner	3	13	80	2	7	55	32	0	3

* 10. 10. Klasse; 8 8. Klasse
Uni Abschluß einer Universitat oder Hochschule
FS Abschluß einer Fachschule
Aus Abschluß einer Ausbildung
keine kein Ausbildungsabschluß
Voll vollerwerbstatig; Teil Teilzeit erwerbstatig

Datenbasis: SOEP-Ost 1990

In der Tabelle 1 sind die Schulbildung, die jeweils höchste berufliche Qualifikation sowie die Erwerbsbeteiligung zum Befragungszeitpunkt ausgewiesen. Wie erwartet, verfügen vor allem die leitenden und hochqualifizierten Angestellten über das höchste Bildungsniveau. Mehr als drei Viertel der Befragten beider Lagen besitzen einen Hoch- bzw. Fachschulabschluß. Als eher überraschend dürfte dagegen der Umstand gewertet werden, daß größere Teile der leitenden Angestellten erhebliche Bildungsdefizite aufweisen. Immerhin gab hier je ein Fünftel der Befragten an, nur den Abschluß der 8. Klasse zu besitzen bzw. nur eine einfache Berufsausbildung absolviert zu haben. Hierbei handelt es sich im wesentlichen um die in ihren leitenden Positionen verbliebenen Aufsteiger aus der Aufbaugeneration. Sie konnten in der

Frühphase der DDR über schnelle Karrieren die durch Flucht und Vertreibung vakanten Führungspositionen besetzen und sie bis zum Ende der DDR gegen die besser gebildeten Jüngeren halten. Für diese endete die Karriereleiter zumeist auf der Sprosse der hochqualifizierten Angestellten. Eine besonders breite Streuung des Qualifikationsniveaus weist die soziale Lage der Selbständigen auf. Die freiberuflich Tätigen verfügen mehrheitlich über einen Hochschulabschluß, die meisten kleinen Selbständigen dagegen nur über eine einfache Berufsausbildung. Das überraschend hohe Bildungsniveau der qualifizierten Angestellten ist auf ein DDR-Spezifikum zurückzuführen. Typische Frauenberufe - wie beispielsweise Unterstufenlehrerin, Kindergärtnerin und Krankenschwester - waren an eine Fachschulausbildung gebunden. Abschließend läßt sich festhalten, daß die große Mehrheit der Erwerbstätigen in der DDR über eine umfassende formale Qualifikation verfügte. Auf die Folgen der schichtspezifischen Ausstattung mit Schulbildung und beruflicher Qualifikation wird weiter unten näher eingegangen.

In Hinblick auf den Erwerbsstatus fällt auf, daß die Vollerwerbstätigkeit die dominante Form der Erwerbsbeteiligung darstellte. Die politisch nicht gewollte Teilzeitbeschäftigung war dagegen nur für Frauen von Bedeutung, die als Un- und Angelernte, einfache Angestellte oder qualifizierte Angestellte beschäftigt waren.

1.2 Objektive Lebensbedingungen und subjektives Wohlbefinden der sozialen Lagen 1990

Im Mittelpunkt der folgenden Ausführungen stehen die ungleichen Lebensbedingungen der sozialen Lagen in Ostdeutschland im Jahr 1990. In der Tabelle 2 sind Merkmale der objektiven Lebensbedingungen ausgewiesen. Hierzu gehört neben den Erwerbs- und Haushaltseinkommen auch die Verfügung über in der DDR so knappe Güter wie Telefon, Pkw und Wochenendgrundstück. Der Erwerb dieser Güter stellte eine finanzielle Hürde dar. Was der Produktion nicht gelang, schaffte die Preispolitik. Einfache Kleinwagen verwandelten sich in teure „Luxusgüter". Die zum Kauf eines Pkw vom Typ Lada erforderliche Arbeitszeit betrug im Jahr 1982 beispielsweise mehr als 3.800 Stunden. In der Bundesrepublik waren für den Erwerb eines in etwa gleichwertigen Autos nur 600 Arbeitsstunden erforderlich (Bundesministerium für innerdeutsche Beziehungen 1985: 77). Die Anschaffung dieser Güter stellte nicht nur ein finanzielles Problem dar. Wer nicht über Beziehungen verfügte, der mußte entweder lange Wartezeiten hinnehmen oder konnte gleich jede Hoffnung aufgeben. Ein neuer Telefonanschluß wurde beispielsweise nur dann genehmigt, wenn eine „besondere berufliche Notwendigkeit" nachgewiesen oder aber ein „Empfehlungsschreiben" vorgelegt werden konnte.

Tabelle 2: Objektive Merkmale sozialer Ungleichheit 1990

	Einkommen			Verfugung uber		
	Netto-erwerbs-einkommen	Erwerbs-einkommen + Transfer	HH-Netto-Einkommen pro Kopf	Telefon	Pkw	Wochen-endgrund stuck
	Mittelwert			in %		
Insgesamt	970	980	640**	22	59	15
Erwerbstatige, insgesamt	970	1.160	690**	24	68	18
Leitende Angestellte	1.310	1.630	840	49	89	22
Selbstandige	1.250	1.560	750	53	95	23
Hochqualifizierte Angestellte	1.220	1.520	790	40	78	28
Arbeiterelite	1.080	1.310	680	24	82	18
Qualifizierte Angestellte	860	1.080	690	30	72	21
Facharbeiter	950	1.130	660	14	63	12
Einfache Angestellte	730	850	630	19	56	17
Un- und Angelernte	770	920	630	9	47	12
Junge Nichterwerbstatige	-*	500	550	23	66	13
Rentner	-*	540	560	18	28	7

* - ..... trifft nicht zu

** Mittelwerte auf Personenebene, Angaben deshalb nur nachrichtlich

Datenbasis: SOEP-Ost 1990

Die Ergebnisse der Tabelle 2 zeigen eine in dieser Höhe nicht erwartete Ungleichheit der objektiven Lebensbedingungen. Die leitenden Angestellten repräsentieren mit einem relativen Abstand zum mittleren Nettoerwerbseinkommen von +35 Prozentpunkten die Spitzengruppe, gefolgt von den Selbständigen mit +29 Prozentpunkten und den hochqualifizierten Angestellten mit +26 Prozentpunkten. Darüber hinaus verfügen diese drei Soziallagen auch überdurchschnittlich häufig über knappe Güter wie Telefon, Pkw oder ein Wochenendgrundstück. Bereits mit einem deutlichen Abstand folgen die

Arbeiterelite, die Facharbeiter und die qualifizierten Angestellten. Diese drei Gruppen bilden gemeinsam die Mitte des vertikalen Spektrums. Die Facharbeiter erreichen hinsichtlich der Nettoerwerbseinkommen nur ein durchschnittliches Niveau. Zudem verfügen sie seltener über ein Telefon bzw. ein Wochenendgrundstück. Angesichts der Resultate muß die These von der „Hofierung der Arbeiterklasse" (Lötsch: 1990) eher skeptisch beurteilt werden.

Eine Stufe unter den Facharbeitern befinden sich die einfachen Angestellten mit einem Abstand zum durchschnittlichen Nettoerwerbseinkommen von -25 Prozentpunkten und die Un- und Angelernten mit -21 Prozentpunkten. Vergleichsweise selten verfügen diese Lagen auch über die hier ausgewiesenen knappen Güter. Am untersten Ende des Ungleichheitsspektrums befinden sich die sozialen Lagen der jungen Nichterwerbstätigen und der Rentner mit einem großen Abstand zum mittleren persönlichen Einkommen von -49 Prozentpunkten bzw. -45 Prozentpunkten. Hinsichtlich der knappen Güter ist für die jungen Nichterwerbstätigen die Differenz zum Bevölkerungsdurchschnitt jedoch nicht so gravierend. Das erklärt sich aus der Tatsache, daß ein Großteil von ihnen, und zwar die Auszubildenden sowie die Schüler und Studenten, im Haushalt der Eltern lebte. Generell belegen die Ergebnisse die These von der Existenz einer ausgeprägten vertikalen Ungleichheitsstruktur in der DDR.

Bei der bisherigen Analyse konnte davon ausgegangen werden, daß sich die Verhältnisse von 1989 bis zum Befragungszeitpunkt kurz vor der Wirtschafts-, Währungs- und Sozialunion nur unwesentlich verändert haben. Die Resultate reflektieren demnach im wesentlichen die objektiven Lebensbedingungen Ende der 80er Jahre. Die Ausmaße der Anomiesymptome und der Sorgen zeigen jedoch, daß hinsichtlich des subjektiven Wohlbefindens die sich ankündigenden Veränderungen auf dem Arbeitsmarkt ihre Schatten vorauswerfen.

Wie die Daten belegen, machen sich im Sommer 1990 bereits vier von zehn ostdeutschen Erwerbstätigen große Sorgen um die Sicherheit des Arbeitsplatzes, drei von zehn Befragten sorgen sich um die eigene wirtschaftliche Situation. Zwar existieren keine relevanten Daten, die einen Vergleich mit der Situation vor dem Fall der Mauer ermöglichen. Man kann jedoch davon ausgehen, daß die Sicherheit des Arbeitsplatzes vor 1989 keinem Ostdeutschen größere Sorgen bereitet hat.

Tabelle 3. Subjektive Merkmale sozialer Ungleichheit 1990

	Anomiesymptome[2]				Sorgen um die		
	A*	B*	C*	D*	E*	F*	G*
	Anteile 'Stimmt eher' und 'Stimmt ganz und gar', in %				Anteil 'Große Sorgen' in %		
Insgesamt	38	20	16	30	39	28	36
Erwerbstatige, insgesamt	38	16	16	27	39	30	39
Leitende Angestellte	52	11	15	20	42	28	50
Selbstandige	27	13	5	23	9	14	36
Hochqualifizierte Angestellte	43	16	12	23	32	28	49
Arbeiterelite	30	10	13	28	35	28	37
Qualifizierte Angestellte	41	19	15	26	36	27	39
Facharbeiter	35	14	17	25	43	31	35
Einfache Angestellte	36	20	21	35	39	35	40
Un- und Angelernte	43	21	23	38	51	37	36
Junge Nichterwerbstatige	37	21	-*	31	-*	37	30
Rentner	36	30	-*	38	-*	20	28

* A Pessimismus
B Einsamkeit
C Demotivation
D Desorientierung
E Sicherheit des Arbeitsplatzes
F eigene wirtschaftl. Situation
G allg. wirtschaftl. Entwicklung
\- trifft nicht zu

Datenbasis: SOEP-Ost 1990

Die Lage der Un- und Angelernten ist am stärksten von Anomiesymptomen und Ängsten betroffen. Hier machen sich mehr als die Hälfte der Befragten große Sorgen um die Sicherheit des Arbeitsplatzes, 38 Prozent befürchten,

2 Die Frage hierzu lautet. „Wie sehr stimmen die folgenden Aussagen fur Sie personlich?" Die Abkurzungen der einzelnen Aussagen bedeuten: Pessimismus=zur Vorgabe "Wenn ich an die Zukunft denke, bin ich eigentlich sehr zuversichtlich" werden hier - abweichend von den anderen Items - die Anteile „stimmt eher nicht" und „stimmt gar nicht" ausgewiesen, Einsamkeit=„Ich fuhle mich oft einsam", Demotivation=„Meine Arbeit macht mir eigentlich keine Freude", Desorientierung=„Die Verhaltnisse sind so kompliziert geworden, daß ich mich fast nicht mehr zurechtfinde"

sich in den neuen und komplizierten Verhältnissen nicht mehr zurechtzufinden, 43 Prozent sehen eher pessimistisch in die Zukunft. Ähnlich ungünstig bewerten die einfachen Angestellten ihre Situation. Die qualifizierten Angestellten und die Facharbeiter weichen nicht übermäßig vom Bevölkerungsdurchschnitt ab. Wesentlich günstiger beurteilt dagegen die Arbeiterelite die eigene Lage. Die hochqualifizierten Angestellten sowie die leitenden Angestellten sorgen sich insbesondere um die allgemeine wirtschaftliche Entwicklung und sehen sehr pessimistisch in die Zukunft. Bei den Selbständigen herrscht dagegen Aufbruchstimmung. Hier machen sich bedeutend weniger Befragte Sorgen um die eigene wirtschaftliche Situation, die Zukunft wird von der großen Mehrheit eher positiv gesehen.

Tabelle 4: Berufliche Zukunftserwartungen der sozialen Lagen im Jahr 1990

	A*	B*	C*	D*	E*
	Anteile 'ganz sicher' und 'eher wahrscheinlich', in %				
Insgesamt, ohne Selbständige	16	14	45	22	9
Leitende Angestellte	17	25	52	25	11
Selbstandige	38	4	5	1	-*
Hochqualifizierte Angestellte	16	14	40	21	10
Arbeiterelite	21	15	36	19	12
Qualifizierte Angestellte	14	15	47	23	7
Facharbeiter	16	14	46	20	9
Einfache Angestellte	15	11	47	22	8
Un- und Angelernte	9	15	63	30	5

* A Beruflicher Aufstieg
B Beruflicher Abstieg
C Verlust des Arbeitsplatzes
D Neuanfang in einem anderen Beruf
E Sich selbständig machen
\- trifft nicht zu

Datenbasis: SOEP-Ost 1990

In der Tabelle 4 sind die beruflichen Zukunftserwartungen der sozialen Lagen wiedergegeben. Wie die Zahlen zeigen, halten mehr als die Hälfte der Un- und Angelernten, aber auch 52 Prozent der leitenden Angestellten bereits im Sommer 1990 den Verlust des Arbeitsplatzes innerhalb der nächsten zwei Jahre für eher wahrscheinlich oder sogar ganz sicher. Selbst unter den hochqualifizierten Angestellten sehen vier von zehn Befragten dieses Ereignis auf sich zukommen. Die Selbständigen sind mit einem geringen Anteil die Ausnahme. Ebenso gering ist der Anteil der Selbständigen, die einen beruflichen Abstieg erwarten. Dagegen sind 38 Prozent von einem beruflichen Aufstieg überzeugt. Dieser hohe Wert wird von den anderen Soziallagen nicht einmal annähernd erreicht. Mit 21 Prozent ist der Anteil bei der Arbeiterelite noch am größten, mit 9 Prozent bei den Un- und Angelernten am niedrigsten. Wenn man einmal von den Selbständigen absieht, dann ist der Anteil derjenigen, die sich einen Neuanfang in einem anderen Beruf vorstellen können, mit durchschnittlich 22 Prozent überraschend hoch. Jeder fünfte ostdeutsche Erwerbstätige war zu diesem Zeitpunkt bereit, sich eine so außergewöhnliche berufliche Mobilität vorzustellen. Die Alternative, sich selbständig zu machen, erschien dagegen nur einer Minderheit von 9 Prozent als wahrscheinlich. Hier besteht ein deutlicher Zusammenhang zwischen der Erwartung dieses Ereignisses und der Höhe der beruflichen Qualifikation.

2. Soziale Mobilität im Transformationsprozeß

Die enorme soziale Mobilität in Ostdeutschland ist bisher nur in Ausschnitten untersucht worden. Im Mittelpunkt zahlreicher Studien standen der hohe Verlust von Arbeitsplätzen, der durch den Zusammenbruch der ostdeutschen Industrie verursacht wurde (Sydow/Schlegel/Helmke 1995; Nickel/Kuhl/Schenk 1994), der Umbau der verbliebenen Wirtschaftsstrukturen und die damit einhergehende Veränderung der Erwerbschancen für bestimmte Berufsgruppen (Bender/Meyer 1993) oder die Rolle der neuen Selbständigen in Ostdeutschland (Liebernickel/Schwarz 1992; Bogenhold 1992). Besonderes Interesse wurde dem Thema Arbeitslosigkeit, ihren Determinanten und Folgen zuteil (Kretzschmar 1993; Kieselbach/Voigt 1993). Einen der wenigen Versuche, die soziale Mobilität in Ostdeutschland umfassend zu beschreiben, haben Diewald und Soerensen unternommen (Diewald/Soerensen 1994). Ihre Analyse bleibt jedoch aufgrund der verwendeten Datenbasis auf wenige Kohorten beschränkt und ist deshalb zur Beschreibung der gesamten Mobilitätsprozesse unzureichend.

2.1 Intragenerationale Mobilität von 1990 bis 1994

Im Mittelpunkt des folgenden Abschnittes stehen Untersuchungen zur intragenerationalen Mobilität in Ostdeutschland. Hierbei werden sowohl Auf- und

Abstiege als auch der Verlust der Erwerbstätigkeit und der damit verbundene Abstieg in die Lagen der Nichterwerbstätigen analysiert.

Tabelle 5 Soziale Mobilität in Ostdeutschland im Zeitraum von 1990 bis 1994

	1994										
	1.	2.	3.	4.	5.	6.	7.	8.	9.	9A[1]	9V[1]
	in %										
1990 Insgesamt	1	6	9	3	16	18	7	7	33	16	7
1. Leitende Angestellte	8	12	32	0	19	3	2	0	23	7	11
2. Selbständige	0	71	2	2	3	6	2	1	13	10	1
3. Hochqualifizierte Angestellte	4	8	40	0	20	1	6	0	21	9	8
4. Arbeiterelite	0	5	4	21	12	23	3	3	29	9	16
5. Qualifizierte Angestellte	0	3	8	1	48	4	8	1	27	14	6
6. Facharbeiter	0	3	1	4	5	41	4	12	30	14	9
7. Einfache Angestellte	0	1	2	0	14	12	23	10	37	26	3
8. Un- und Angelernte	0	0	0	1	1	14	5	26	54	34	8
9. Nichterwerbstätige	0	4	5	2	11	10	12	5	52	21	0

1 Die Untergruppe 9A beinhaltet die Arbeitslosen, die Untergruppe 9V die Vorruheständler. Beide Gruppen sind neben Umschulern, Wehrdienstleistenden etc Bestandteil der Lage Nichterwerbstätige (9)

Datenbasis: SOEP 1990 - 1994

Die Tabelle 5 zeigt das große Ausmaß der sozialen Mobilität in den ersten vier Jahren der Transformation in Ostdeutschland. Die leitenden Angestellten sind von den sozialen Umbrüchen am stärksten betroffen. Nach nur vier Jahren sind 92 Prozent der leitenden Angestellten nicht mehr in ihrer Führungsposition tätig. Die Mehrheit mußte berufliche Abstiege hinnehmen, 32 Prozent stiegen in die Lage der hochqualifizierten Angestellten und ein bedeutender Anteil von 19 Prozent in die der qualifizierten Angestellten ab. Den Verlust der Erwerbstätigkeit mußte jedoch nur eine Minderheit der leitenden Angestellten verkraften. Das Risiko, in Arbeitslosigkeit abgedrängt zu werden, ist für diese soziale Lage relativ gering. Für die enormen Abstiege der leitenden Angestellten lassen sich drei Ursachen anführen. Erstens konnten in der ehemaligen DDR nur Befürworter des politischen Systems „staatliche Leiter" werden. Die Mitgliedschaft in der SED und demonstrative Loyalität waren notwendige Bedingung für den Aufstieg in Führungspositionen (Glaeßner 1977; Solga 1994b). Wie bereits erwähnt wurde, bestanden bei einem Teil der leitenden Angestellten Qualifikationsdefizite. Sie erschwerten ein Verbleiben in der bisherigen Position. Drittens sind seit 1990 eine Reihe DDR-spezifischer Führungspositionen verlorengegangen. Im Vergleich zu den leitenden Angestellten konnten die hochqualifizierten Angestellten wesentlich häufiger ihre Position beibehalten. Nur jeder vierte mußte einen Abstieg in Kauf nehmen, einigen wenigen gelang sogar der Aufstieg in leitende Positionen. Wenn man einmal von den Rentnern absieht, dann sind die Selbständigen die stabilste soziale Lage. Hier konnten 71 Prozent der Befragten in ihrer Position verbleiben. Dagegen ist die soziale Lage der Arbeiterelite wesentlich mobiler. Hier konnte nur jeder fünfte seine Position beibehalten. Die sozialen Lagen der qualifizierten Angestellten und der Facharbeiter sind im Vergleich zur Arbeiterelite weit stabiler. Deutlich schlechter erscheinen auf den ersten Blick die Chancen für die einfachen Angestellten und die Un- und Angelernten. Bei genauerer Betrachtung sind jedoch auch Aufstiegschancen für diese Lagen zu erkennen.

Jenseits der Detailergebnisse für die verschiedenen sozialen Lagen legen die Resultate die folgenden allgemeinen Aussagen nahe. Wenn man einmal von den leitenden Angestellten und der Arbeiterelite absieht, dann steigen mit der Höhe der Stellung im Beruf die Chancen, die soziale Position im Prozeß der Transformation beizubehalten. Parallel dazu verringert sich das Risiko, vom Verlust des Erwerbstätigkeit betroffen zu werden. Zweitens sind die Führungspositionen überdurchschnittlich oft von beruflichen Abstiegen, jedoch wesentlich seltener vom Verlust der Erwerbstätigkeit betroffen. Drittens sind insbesondere für die einfachen und qualifizierten Angestellten kleine Aufstiege in die jeweils nächsthöhere Lage der Angestellten wahrscheinlich. Viertens existieren deutliche Mobilitätsbarrieren zwischen Arbeitern und Angestellten. Die spezifische berufliche Qualifikation ist die wesentliche Ursache für das letztgenannte Phänomen (Diewald/Solga 1994). Diese These wird durch die Tatsache erhärtet, daß von den qualifizierten Angestellten, von denen im Jahr 1990 ein relativ hoher Anteil von 29 Prozent über einen Fachschulabschluß verfügte, insgesamt nur 5 Prozent zu den Facharbeitern und den Un- und Angelernten wechseln. Bei den geringer qualifizierten einfachen Angestellten beträgt dieser Anteil dagegen 22 Prozent.

Wie ist das Ausmaß der sozialen Mobilität in Ostdeutschland einzuschätzen? Zur Beantwortung der Frage bietet sich ein Vergleich mit der westdeutschen Übergangsmatrix für den gleichen Zeitraum an. Wenn man die Resultate der Tabelle 6 mit denen der Tabelle 5 vergleicht, dann erkennt man deutliche Unterschiede zwischen Ost- und Westdeutschland. Erstens sind die Bleibewahrscheinlichkeiten in Westdeutschland wesentlich größer als in Ostdeutschland, wie die berichteten Werte belegen. Besonders offensichtliche Differenzen lassen sich bei den einfachen Angestellten, den Un- und Angelernten und den leitenden Angestellten ausmachen. Bei den Selbständigen sind die Unterschiede mit 71 Prozent zu 64 Prozent dagegen eher unerheblich. Zweitens sind in der westdeutschen Übergangsmatrix umfangreiche Aufstiegsprozesse der Angestellten zu beobachten. Von 1990 bis 1994 konnten immerhin 23 Prozent der einfachen Angestellten zu den qualifizierten Angestellten und 12 Prozent der qualifizierten Angestellten zu den hochqualifizierten Angestellten aufsteigen. Drittens sind im Vergleich zu Ostdeutschland die Übergänge in die Nichterwerbstätigkeit erwartungsgemäß wesentlich geringer.

Tabelle 6. Soziale Mobilität in Westdeutschland im Zeitraum von 1990 bis 1994

	1994										
	1.	2.	3.	4.	5.	6.	7.	8.	9.	9A[1]	9V[1]
	in %										
1990 insgesamt	3	6	10	3	18	9	9	10	32	6	1
1. Leitende Angestellte	53	5	14	0	6	0	0	1	22	17	2
2. Selbständige	1	64	17	1	1	0	5	1	8	3	0
3. Hochqualifizierte Angestellte	9	3	64	1	12	0	1	0	10	3	1
4. Arbeiterelite	0	1	4	51	10	9	6	5	15	6	2
5. Qualifizierte Angestellte	1	3	12	1	61	1	8	0	13	3	1
6. Facharbeiter	0	3	2	7	4	58	2	9	17	6	2
7. Einfache Angestellte	2	3	1	1	23	1	48	4	17	6	0
8. Un- und Angelernte	0	1	0	3	2	8	6	55	25	11	2
9. Nichterwerbstätige	0	2	3	0	9	6	7	6	66	7	0

1 Die Untergruppe 9A beinhaltet die Arbeitslosen, die Untergruppe 9V die Vorruheständler Beide Gruppen sind neben Umschülern, Wehrdienstleistenden etc Bestandteil der Lage Nichterwerbstätige (9)

Datenbasis SOEP 1990 - 1994

Neben diesen Unterschieden zwischen der sozialen Mobilität in Ost- und Westdeutschland sollten zwei interessante Gemeinsamkeiten nicht übersehen werden: Erstens ist auch in Westdeutschland die Stabilität in den höheren Soziallagen größer als in den unteren Lagen. Beispielsweise beträgt die Bleibewahrscheinlichkeit für einfache Angestellte 48 Prozent, für qualifizierte Angestellte 61 Prozent und für hochqualifizierte Angestellte 64 Prozent. Die Soziallagen der leitenden Angestellten und der Arbeiterelite weisen davon abweichend etwas geringere Bleibewahrscheinlichkeiten auf. Diese Differenzen sind jedoch nicht so groß wie in Ostdeutschland. Zweitens existieren auch in den alten Bundesländern deutliche Mobilitätsbarrieren zwischen den Angestellten und den Arbeitern, die ebenfalls mit dem Qualifikationsniveau anwachsen.

2.2 Struktur- und Zirkulationsmobilität

Die bisherige Mobilitätsanalyse orientierte sich an Positionswechseln, die sich aus der Betrachtung der beiden Zeitpunkte 1990 und 1994 ergeben. Die innere Dynamik der Mobilitätsprozesse blieb dabei ausgeblendet. Im folgenden sollen zwei weiterführende Fragen untersucht werden: Wie haben sich innerhalb des Beobachtungszeitraumes das Ausmaß der sozialen Mobilität und die Zusammensetzung der Mobilität verändert. Die erste Frage zielt auf den gesamten Umfang der Positionswechsel, die zweite Frage auf die analytische Zerlegung der Gesamtmobilität in Struktur- und Zirkulationsmobilität.[3]

Tabelle 7. Struktur- und Zirkulationsmobilitat in Ost- und Westdeutschland

	Zeitraume			
	1990-1991	1991-1992	1992-1993	1993-1994
	Ostdeutschland			
Gesamtmobilitat, in %	54,9	40,4	36,3	30,4
Strukturmobilitat, in %	29,1	5,7	3,7	3,8
Zirkulationsmobilitat, in %	25,8	34,7	32,6	26,6
Assoziationsmaß (Cramér's V)	0,44	0,54	0,59	0,63
	Westdeutschland			
Gesamtmobilitat, in %	25,7	23,1	25,0	24,8
Strukturmobilitat, in %	3,2	3,3	2,6	3,1
Zirkulationsmobilitat, in %	22,5	19,9	22,4	21,7
Assoziationsmaß (Cramér's V)	0,67	0,72	0,71	0,71

Datenbasis: SOEP 1990 - 1994

3 Die Gesamtmobilitat ist der Anteil der Mobilen an der Gesamtzahl. Die Strukturmobilitat ergibt sich aus dem an der Gesamtzahl gemessenen Anteil der Personen, die ihre Position aufgrund der Strukturveranderungen verlassen mussen, die zur Mobilitat strukturell gezwungen werden Die Zirkulationsmobilität ergibt sich schließlich aus der Differenz von Gesamt- und Strukturmobilitat.

In der ersten Periode 1990-1991 ist das Ausmaß der Strukturmobilität in Ostdeutschland enorm groß. Verursacht wird es durch den Abbau der Erwerbsbeteiligung und den damit verbundenen massenhaften Übergang Erwerbstätiger in die Lage der Nichterwerbstätigen. In den nachfolgenden Perioden verringert sich die Strukturmobilität beträchtlich. Die Zirkulationsmobilität erreicht in der zweiten Periode ihr Maximum und fällt danach deutlich ab. Insgesamt hat sich das Ausmaß der Mobilität in Ostdeutschland von der ersten zur letzten Periode nahezu halbiert. In Westdeutschland haben sich dagegen kaum Veränderungen der einzelnen Mobilitätswerte ergeben. Wenn man das westdeutsche Niveau als Maßstab akzeptiert und weitere strukturelle Brüche ausschließt, dann ist in Ostdeutschland mit einem weiteren Rückgang der sozialen Mobilität zu rechnen.

3. Soziale Schichtung 1994 - Zwischenbilanz

Weiter oben wurde bereits die These formuliert, daß der sozialstrukturelle Umbruch in Ostdeutschland im wesentlichen als Anpassungsprozeß an die westdeutschen Strukturen stattfindet. Ein Zeitvergleich der sozialen Schichtung in Ost- und Westdeutschland bietet sich als Test für diese Behauptung an.

3.1 Angleichung der Schichtstruktur

In der Tabelle 8 ist die Veränderung der ostdeutschen Schichtstruktur dargestellt. Wenn man die Proportionen der ostdeutschen Soziallagen im Jahr 1990 mit denen der westdeutschen Gruppen vergleicht, dann fallen mehrere Unterschiede auf. Während die ostdeutschen Soziallagen der Selbständigen, der qualifizierten Angestellten und der Un- und Angelernten relativ klein sind, fallen die Lagen der Facharbeiter, der Arbeiterelite und der hochqualifizierten Angestellten verhältnismäßig groß aus. Der bedeutendste und, wie sich im Rahmen der Mobilitätsanalysen bereits erwiesen hat, folgenreichste Unterschied zeigt sich jedoch zwischen dem jeweiligen Ausmaß der Erwerbsbeteiligung. Zum Zeitpunkt der ersten Befragung im Sommer 1990 waren 87 Prozent der ostdeutschen Erwerbspersonen erwerbstätig, in Westdeutschland waren es dagegen nur 67 Prozent.

Tabelle 8: Veranderung der sozialen Schichtung von 1990 bis 1994

	West	Ost					West
	1990	1990	1991	1992	1993	1994	1994
	in %						
Nichterwerbstatige	33	13	39	34	35	33	32
Erwerbstatige	67	87	61	66	65	67	68
darunter:							
Leitende Angestellte	4	4	1	1	1	1	4
Selbstandige	10	3	5	6	7	8	9
Hochqualifizierte Angestellte	12	15	16	15	14	13	15
Arbeiterelite	5	7	4	5	5	4	4
Qualifizierte Angestellte	28	20	19	20	21	25	27
Facharbeiter	15	33	28	27	25	26	14
Einfache Angestellte	10	9	17	15	13	11	13
Un- und Angelernte	17	10	9	11	12	11	14

Datenbasis: SOEP 1990 - 1994

Die Ergebnisse für die folgenden Jahre zeigen, daß sich die Proportionen der sozialen Lagen Ostdeutschlands an die der westdeutschen Vergleichsgruppen angleichen. Besonders drastisch verringerte sich der Anteil der ostdeutschen Erwerbstätigen im Jahr 1991. Die Anpassungsprozesse der erwerbstätigen Soziallagen verliefen dagegen wesentlich langsamer. So stieg der relative Anteil der Selbständigen an den Erwerbstätigen von 3 Prozent im Jahr 1990 allmählich auf 8 Prozent im Jahr 1994. Innerhalb des gleichen Zeitraumes wuchs auch die relative Größe der Soziallagen der qualifizierten Angestellten und der einfachen Angestellten. Die relativen Anteile der hochqualifizierten Angestellten und der Arbeiterelite nahmen dagegen ab und näherten sich auf diese Weise den westdeutschen Proportionen. Noch stärker schmolz der Anteil der Facharbeiter ab. Im Jahr 1990 war jeder dritte Erwerbstätige als Facharbeiter beschäftigt - 1994 ist es nur noch jeder vierte. Die Relation Angestellte zu Arbeitern hat sich von 49 zu 51 (1990) auf 55 zu 45 (1994) verschoben.

Hinter der im Jahr 1994 zu beobachtenden quantitativen Ähnlichkeit der sozialen Schichtung in Ost- und Westdeutschland verbergen sich zum Teil erhebliche qualitative Unterschiede. Am deutlichsten fallen diese Differenzen bei den Selbständigen aus (Liebernickel/Schwarz 1992).

Die einzige Ausnahme von der allgemeinen Tendenz der Anpassung bildet hier die Soziallage der leitenden Angestellten. Deren Anteil hat sich von 4 Prozent auf 1 Prozent reduziert. Ein Vergleich der ost- und westdeutschen Soziallagen im Jahr 1994 zeigt, wie weit der Anpassungsprozeß bereits fortgeschritten ist. Sieht man einmal von den Lagen der leitenden Angestellten und der Facharbeiter ab, dann unterscheiden sich die Proportionen im Jahr 1994 nicht mehr voneinander. Die 1990 noch deutlich ausgeprägten Unterschiede zwischen Ost und West sind 1994 bereits nicht mehr signifikant.

3.2 Objektive und subjektive Dimensionen der sozialen Ungleichheit in Ostdeutschland 1994

Im Mittelpunkt der folgenden Erörterungen steht eine Zwischenbilanz der Entwicklungen der sozialen Ungleichheit in Ostdeutschland. Anhand ausgewählter Indikatoren werden die objektiven Lebensbedingungen und das subjektive Wohlbefinden der verschiedenen sozialen Lagen beschrieben. Für die Analyse der objektiven Aspekte der sozialen Ungleichheit im Jahr 1990 wurden das Nettoerwerbseinkommen, das Haushaltseinkommen sowie die Verfügung über Telefon, Pkw und Wochenendgrundstück verwendet. Sind diese Indikatoren für das Jahr 1994 noch geeignet? Die Ausstattung mit Telefonanschlüssen und Personenkraftwagen hat sich in Ostdeutschland innerhalb der letzten fünf Jahre merklich verbessert. Von 1989 bis 1994 ist die Anzahl der Telefonanschlüsse je 1.000 Einwohner von 109 auf 343 angewachsen (Statistisches Bundesamt 1995: 132). Die Anzahl der Personenkraftwagen je 1.000 Einwohner stieg im Zeitraum von 1989 bis 1995 von 236 auf 443 und erreichte damit westdeutsches Niveau (Statistisches Bundesamt 1993: 345, Globus Kartendienst, Schaubild Gb 2377). Inzwischen verfügt die große Mehrheit der ostdeutschen Haushalte über einen Telefonanschluß bzw. einen Pkw. Für eine Analyse der sozialen Ungleichheit sind diese Merkmale nicht mehr relevant. Die Bedeutung des Einkommens als Indikator sozialer Ungleichheit hat dagegen zugenommen.

Tabelle 9: Die relativen Einkommenspositionen der sozialen Lagen

	Nettoerwerbseinkommen			Haushaltsnettoeinkommen pro Kopf		
	1990	1994		1990	1994	
	relativ	absolut	relativ	relativ	absolut	relativ
Insgesamt	100	2.090	100	100	1.270*	100
Erwerbstatige, insgesamt	100	2.090	100	108	1.370*	108
Leitende Angestellte	135	3.510	168	131	1.970	155
Selbstandige	129	2.490	119	117	1.530	120
Hochqualifizierte Angestellte	126	2.760	132	123	1.570	124
Arbeiterelite	111	2.300	110	106	1.260	99
Qualifizierte Angestellte	89	1.970	94	108	1.430	113
Facharbeiter	98	1.960	94	103	1.290	102
Einfache Angestellte	75	1.710	82	98	1.280	101
Un- und Angelernte	79	1.690	81	98	1.130	89
Junge Nichterwerbstatige	-	-	-	86	1.090	86
Arbeitslose	-	-	-	-	950	75
Rentner	-	-	-	88	1.330	105

-...... trifft nicht zu
*.... .Mittelwerte auf Personenebene, Angaben deshalb nur nachrichtlich
Datenbasis: SOEP-Ost 1990, 1994

Die Zahlen verweisen auf zwei allgemeine Trends der Einkommensentwicklung in Ostdeutschland seit 1990. Erstens sind die Einkommen deutlich gewachsen. Das durchschnittliche Nettoerwerbseinkommen ist von 970 Mark (1990) auf 2.090 Mark (1994) gestiegen und hat sich damit mehr als verdoppelt.[4] Zweitens hat die Einkommensungleichheit nur unwesentlich zugenommen. Die Ergebnisse widerlegen damit die 1990 oft geäußerte Vermutung, daß die Einkommensungleichheit in Ostdeutschland im Verlauf der Transformation enorm anwachsen wird. Zwar hat sich das mittlere Erwerbseinkommen der oberen Soziallagen weiter vom Gesamtmittel entfernt. Besonders offenkundig wird das bei den leitenden Angestellten. Im Jahr 1990 lag das mittlere Erwerbseinkommen dieser Soziallage mit +35 Prozentpunkten bereits über dem Durchschnittsverdienst aller Erwerbstätigen. Im Jahr 1994 beträgt dieser Abstand +68 Prozentpunkte. Die Gruppenmittel der unteren

4 Vgl die Absolutbetrage fur 1990 in der Tabelle 2.

Lagen haben sich nicht weiter vom Gesamtdurchschnitt entfernt, sondern sind ihm sogar nähergekommen. Der Einkommensabstand der einfachen Angestellten hat sich auf -18 Prozentpunkte verringert, der Abstand der Un- und Angelernten ist unverändert geblieben. Das Phänomen der verhältnismäßig geringfügigen Zunahme der Einkommensungleichheit wird von mehreren Studien bestätigt (Hauser/Wagner 1995).

Der Vergleich der relativen Einkommenspositionen für die einzelnen Soziallagen von 1990 bzw. 1994 zeigt deutliche Verbesserungen für sämtliche Angestelltenlagen. Dagegen hat sich die relative Einkommensposition für die Facharbeiter leicht verschlechtert. Die deutlichste Verschlechterung der relativen Einkommensposition hat sich für die Lage der Selbständigen ergeben. Der Abstand ihres Gruppenmittels zum Gesamtdurchschnitt verringerte sich auf +19 Prozentpunkte. Eine Ursache hierfür ist in dem Umstand zu sehen, daß 1994 viele neue Selbständige mit vergleichsweise geringen Einkommen zu dieser Gruppe zählen.

Bei der Betrachtung der Haushaltseinkommen ergeben sich im wesentlichen die gleichen Resultate. Die Ergebnisse sind aufgrund der Kompensationseffekte auf der Haushaltsebene nicht so deutlich ausgeprägt. Nach den leitenden Angestellten können die Rentner die bedeutendsten Einkommensverbesserungen verbuchen. Mit +5 Prozentpunkten liegen sie mittlerweile leicht über dem mittleren Haushaltsnettoeinkommen pro Kopf. Die soziale Lage der Arbeitslosen weist den größten Negativabstand zum Gesamtmittel auf. Hier ist die Streuung der Haushaltseinkommen auffallend groß. In den Haushalten, in denen beide Partner arbeitslos sind, kumulieren die Verluste, in Haushalten mit einem erwerbstätigen Partner kommt es dagegen zu Kompensationseffekten.

Im Mittelpunkt der folgenden Erörterungen steht die sich entlang der Dimension des subjektiven Wohlbefindens abzeichnende soziale Ungleichheit. In der Tabelle 10 sind die Angaben der einzelnen Soziallagen zur allgemeinen Lebenszufriedenheit und zu ausgewählten Problembereichen dargestellt. Die allgemeine Lebenszufriedenheit wird mit einer Skala von „ganz und gar unzufrieden“ (0) bis „ganz und gar zufrieden“ (10) erhoben. An dieser Stelle werden nicht die Mittelwerte, sondern die Anteile der „sehr Zufriedenen“ ausgewiesen. Als „sehr Zufriedene“ gelten diejenigen, die mindestens einen Wert von 8 angegeben haben.

Tabelle 10: Subjektive Merkmale sozialer Ungleichheit 1994

	Allgemeine Lebenszufriedenheit gegenwärtig 1990	1994	Sorgen um die A*	B*	C*
	Anteil 'Sehr Zufriedene', in %		Anteil 'Große Sorgen', in %		
Insgesamt	36	29	21	25	40
Erwerbstätige, insgesamt	35	30	21	21	36
Leitende Angestellte	34	44	9	7	30
Selbständige	51	31	9	18	34
Hochqualifizierte Angestellte	32	38	16	11	36
Arbeiterelite	41	22	21	25	39
Qualifizierte Angestellte	35	32	20	21	41
Facharbeiter	36	28	19	20	33
Einfache Angestellte	42	25	20	27	34
Un- und Angelernte	29	28	44	34	36
Junge Nichterwerbstätige	36	33	-*	29	35
Arbeitslose	-*	13	-*	56	53
Rentner	36	34	-*	14	41

* A Sicherheit des Arbeitsplatzes
B . eigene wirtschaftl. Situation
C allgemeine wirtschaftl Entwicklung
\- trifft nicht zu

Datenbasis: SOEP-Ost 1990, 1994

Der Anteil der sehr Zufriedenen hat sich von 1990 bis 1994 leicht verringert. Bei den einfachen Angestellten und der Arbeiterelite haben sich die Anteile nahezu halbiert. Besonders wenig sehr Zufriedene gibt es bei den Arbeitslosen. Dagegen sind die entsprechenden Anteile bei den leitenden Angestellten und den hochqualifizierten Angestellten ganz klar gestiegen. Ein Vergleich mit den Ergebnissen der Tabelle 9 legt die Vermutung nahe, daß die Auf- und Abstiege in der Einkommenshierarchie eine wesentliche Ursache für die Veränderung der allgemeinen Lebenszufriedenheit darstellen.

Von größerer Bedeutung ist in diesem Zusammenhang jedoch, daß die Ungleichheit des subjektiven Wohlbefindens merklich zugenommen hat. Im Jahr 1990 lagen die leitenden Angestellten mit einem Anteil der sehr Zufriedenen von 34 Prozent in etwa auf dem Niveau der qualifizierten Angestellten, der Facharbeiter bzw. der Rentner. Nur die Selbständigen wichen mit einem Anteil von 51 Prozent deutlich vom Gesamtmittel ab. Vom Anteil der Soziallage mit dem niedrigsten Wert trennte sie eine Differenz von 22 Prozentpunkten.

Dagegen ist im Jahr 1994 die vertikale Struktur nicht zu übersehen. Die oberen Soziallagen sind deutlich zufriedener als die unteren Lagen. Die leitenden Angestellten weisen mit 44 Prozent den höchsten Anteil sehr Zufriedener auf, die Arbeitslosen sind mit einem Anteil von nur 13 Prozent weit davon entfernt. Der Abstand zwischen dem größten und dem kleinsten Gruppenwert beträgt bereits 31 Prozentpunkte.

Eine klare vertikale Schichtung ist auch bei den dargestellten Sorgen zu erkennen. Die Anteile derjenigen, die sich große Sorgen um die Sicherheit ihres Arbeitsplatzes machen, unterscheiden sich beträchtlich. Bei den leitenden Angestellten sind es nur 9 Prozent. Bei den qualifizierten Angestellten bzw. den Facharbeitern ist der Anteil bereits doppelt so groß. Bei den Un- und Angelernten beträgt er fast das Fünffache. Ähnlich strukturiert sind die Anteile derjenigen, die sich große Sorgen um die eigene wirtschaftliche Situation machen. In den oberen Lagen sind nur kleine Minderheiten davon betroffen. Unter den Un- und Angelernten ist es bereits jeder dritte und bei den Arbeitslosen jeder zweite. Die Anteile derjenigen, die sich Sorgen um die allgemeine wirtschaftliche Entwicklung machen, unterscheiden sich nur unwesentlich voneinander. Bei den Arbeitslosen ist er auffallend groß. Insgesamt ist der Anteil derjenigen, die sich große Sorgen um die allgemeine wirtschaftliche Entwicklung machen, leicht gestiegen. Dagegen sind die Sorgen um die eigene wirtschaftliche Situation leicht zurückgegangen.

Fazit

Zusammenfassend lassen sich drei zentrale Ergebnisse der Analysen zur sozialen Schichtung und Mobilität im ostdeutschen Transformationsprozeß konstatieren. (1) *In der DDR existierte Ende der 80er Jahre eine ausgeprägte Struktur sozialer Ungleichheit.* Die rekonstruierten sozialen Lagen unterschieden sich sowohl hinsichtlich der objektiven Lebensbedingungen als auch deren subjektiver Bewertung. Während die leitenden Angestellten, die Selbständigen und die hochqualifizierten Angestellten zu den privilegierten Lagen zu rechnen waren, gehörten die einfachen Angestellten, die Un- und Angelernten und die Rentner zu den unterprivilegierten sozialen Schichten. Das konnte anhand der Verteilung der Einkommen und der Verfügung über knappe Güter nachgewiesen werden. Die ungleiche Ausstattung der sozialen Lagen mit Schulbildung und beruflicher Qualifikation beeinflußte darüber hinaus auch deren Mobilitätschancen bzw. -risiken im Transformationsprozeß.

(2) In den ersten beiden Jahren nach der Wiedervereinigung war das Ausmaß der sozialen Mobilität enorm hoch. Der massenhafte Abbau der Erwerbstätigkeit war die wesentliche Quelle der Strukturmobilität. Vom Verlust des Arbeitsplatzes waren vor allem die Un- und Angelernten und die einfachen Angestellten betroffen. Die mittleren und unteren Führungskräfte mußten dagegen besonders oft berufliche Abstiege hinnehmen. Im Zeitraum von 1990 bis 1994 fand eine weitgehende Angleichung der ostdeutschen Schichtstruktur an die westdeutschen Proportionen statt. Der Anteil der Erwerbstätigen ist nahezu gleich groß. Die Relation Arbeiter zu Angestellten hat sich zugunsten der Angestellten verschoben und damit dem westdeutschen Muster angenähert.

(3) Anders als von vielen vermutet, hat sich das Ausmaß der sozialen Ungleichheit in Ostdeutschland von 1990 bis 1994 nur geringfügig erhöht. Hierbei konnten zwei Tendenzen beobachtet werden. Erstens hat sich der Abstand der in der DDR unterprivilegierten Lagen zum Bevölkerungsdurchschnitt leicht verringert. Besonders deutliche Verbesserungen ihrer objektiven Lebensbedingungen konnten die Rentner verzeichnen. Überdurchschnittliche Verbesserungen waren für die in der DDR privilegierten Gruppen, die leitenden Angestellten und die hochqualifizierten Angestellten, zu beobachten. Ihr Abstand zum Bevölkerungsmittel hat sich weiter vergrößert.

Für die nächsten Jahre ist mit einer weiteren Abschwächung des Ausmaßes der sozialen Mobilität zu rechnen. Dagegen ist die Entwicklung der sozialen Ungleichheit angesichts der Diskussion um die Zukunft des sozialstaatlichen Modells Bundesrepublik noch weitgehend offen.

Literatur

Adler, F./Kretzschmar, A., 1993: Ungleichheitsstrukturen in der ehemaligen DDR. In: Geißler, R. (Hrsg.): Sozialer Umbruch in Ostdeutschland. Opladen: 93-118.

Ahlberg, R., 1981: Der Mythos der sozialen Gleichheit im Sozialismus. In: Osteuropa (31. Jg.) 11: 963-984.

Belwe, K., 1989: Sozialstruktur und gesellschaftlicher Wandel in der DDR. In: Weidenfeld, W./Zimmermann, H. (Hrsg.): Deutschland-Handbuch. Bonn: 125-143.

Bender, S./Meyer, W., 1993: Individuelle Arbeitsmarktchancen und berufliche Anforderungen im Transformationsprozeß. In: Geißler, R. (Hrsg.): Sozialer Umbruch in Ostdeutschland. Opladen: 119-136.

Bögenhold, D., 1992: Wandlungen und Beharrungen in der Sozial- und Wirtschaftsstruktur: Die „Petite Bourgeoisie" vom Restposten zum vermeintlichen Motor der Gesellschaft. In: Thomas, M. (Hrsg.): Abbruch und Aufbruch. Sozialwissenschaften im Transformationsprozeß, Berlin: 259-274.

Bundesministerium für innerdeutsche Beziehungen (Hrsg.), 1985: Zahlenspiegel Bundesrepublik Deutschland/Deutsche Demokratische Republik. Ein Vergleich, Bonn.

Diewald, M./Soerensen, A., 1994: Entwertung und Umwertung von Laufbahnkapital? Erwerbsverläufe und soziale Mobilität von Frauen und Männern in Ostdeutschland, Arbeitsbericht Nr. 13 aus dem Projekt „Lebensverläufe und historischer Wandel in der ehemaligen DDR", Berlin.

Diewald, M./Solga, H., 1994: Ordnung im Umbruch? Strukturwandel und deutsch-deutsche Tradition, Arbeitsbericht Nr. 14, Berlin.

Ettrich, F., 1992: Neotraditionalistischer Staatssozialismus. Zur Diskussion eines Forschungskonzeptes. In: PROKLA (22. Jg.) 86: 98-114.

Geißler, R., 1992: Die ostdeutsche Sozialstruktur unter Modernisierungsdruck. In: Aus Politik und Zeitgeschichte. Beilage zur Wochenzeitung Das Parlament, B29-30: 15-43.

Glaeßner, G.-J., 1977: Herrschaft durch Kader. Leitung der Gesellschaft und Kaderpolitik in der DDR am Beispiel des Staatsapparates, Opladen.

Goldthorpe, J., 1980: Social Mobility and Class Structure in Modern Britain. Oxford.

Hauser, R./Wagner, G., 1995: Die Einkommensverteilung in Ostdeutschland - Darstellung, Vergleich und Determinanten für die Jahre 1990 bis 1994. Manuskript.

Holtmann, D., 1990: Die Erklärungskraft verschiedener Berufsstruktur- und Klassenmodelle für die Bundesrepublik Deutschland. In: Zeitschrift für Soziologie (19. Jg.) 1: 26-45.

Jowitt, K., 1983: Soviet Neotraditionalism: The Political Corruption of a Leninist Regime. In: Soviet Studies 35: 275-298.

Kieselbach, T./Voigt, P. (Hrsg.), 1993: Systemumbruch, Arbeitslosigkeit und individuelle Bewältigung in der Ex-DDR. Psychologie sozialer Ungleichheit, Band 4, Weinheim (2. Aufl.).

Kretzschmar, A., 1993: Ostdeutschland: Massenarbeitslosigkeit - soziales Phänomen mit weitreichenden Folgen. In: Reißig, R. (Hrsg.): Rückweg in die Zukunft. Über den schwierigen Transformationsprozeß in Ostdeutschland, Frankfurt a. M.: 107-126.

Liebernickel, W./Schwarz, A., 1992: Neue Gründerzeiten? Die beginnende Konstituierung neuer Selbständiger in Ostdeutschland: Erste sozialökonomische Analyseergebnisse zu einer offenen soziologischen Frage. In: Thomas, M. (Hrsg.): Abbruch und Aufbruch. Sozialwissenschaften im Transformationsprozeß, Berlin: 275- 291.

Lötsch, M., 1981: Zur Triebkraftfunktion sozialer Unterschiede. In: Informationen zur soziologischen Forschung in der DDR (17. Jg.) 3: 14-19.

Lötsch, M., 1990: Die Hofierung der Arbeiterklasse war nicht wirkungslos. In: Frankfurter Rundschau, 14. 11.

Nickel, H. M./Kühl, J./Schenk, S. (Hrsg.), 1994: Erwerbsarbeit und Beschäftigung im Umbruch. Berlin.

Noll, H. H./Habich R., 1990: Individuelle Wohlfahrt: vertikale Ungleichheit oder horizontale Disparitäten? In: Berger, P. A./Hradil, S. (Hrsg.): Lebenslagen, Lebensläufe, Lebensstile. Soziale Welt, Sonderband 7: 153-188.

Solga, H., 1994a: Auf dem Weg in eine klassenlose Gesellschaft? Klassenlage und Mobilität zwischen Generationen in der DDR, Dissertation, Freie Universität Berlin.

Solga, H., 1994b: „Systemloyalität" als Bedingung sozialer Mobilität im Staatssozialismus am Beispiel der DDR. In: Berliner Journal für Soziologie 4: 523-542.

Statistisches Bundesamt (Hrsg.), 1993: Statistisches Jahrbuch 1993, Stuttgart.

Statistisches Bundesamt (Hrsg.), 1995: Statistisches Jahrbuch 1995 für die Bundesrepublik Deutschland, Stuttgart.

Sydow, H./Schlegel, U./Helmke, A. (Hrsg.), 1995: Chancen und Risiken im Lebenslauf: Wandel in Ostdeutschland. Berlin.

Vester, M./Hofmann, M./Zierke, I. (Hrsg.), 1995: Soziale Milieus in Ostdeutschland. Gesellschaftliche Strukturen zwischen Zerfall und Neubildung, Köln.

Voigt, D./Voß, W./Meck, S., 1987: Sozialstruktur der DDR. Darmstadt.

Weidig, R. (Ltg. des Autorenkollektivs), 1988: Sozialstruktur der DDR. Berlin.

Winkler, G. (Hrsg.), 1990: Sozialreport '90. Daten und Fakten zur sozialen Lage der DDR, Berlin.

Zapf, W./Habich, R., 1994: Die Wohlfahrtsentwicklung im vereinten Deutschland. In: Dettling, W. (Hrsg.): Perspektiven für Deutschland. München: 175-204.

Im Schatten des Aufschwungs

Sozialstrukturelle Bedingungen und biographische Voraussetzungen der Transformation in einem mecklenburgischen Dorf

Kai Brauer

Im folgenden werden Ergebnisse einer Gemeindestudie vorgestellt, die seit 1990 in einem Dorf in Mecklenburg von Andreas Willisch und Frank Ernst durchgeführt wird und an der der Autor seit 1993 beteiligt ist.[1] Mit dieser Studie soll erforscht werden, wie sich Transformationsprozesse im Gemeindezusammenhang darstellen. Es geht um die Analyse der historischen und sozialen Bedingungen für aktuelle Handlungs- und Entscheidungsprobleme der Akteure in einer Zeit des radikalen gesellschaftlichen Wandels, wie sie im alltäglichen Zusammenhang einer bestimmten Gemeinde sichtbar werden. Dieser Aufsatz stellt also einen ersten Zwischenbericht dar, in dem, nach einem kurzen Überblick über das Dorf und die angewandten Methoden, der Blick auf die Geschichte der Kollektivierung gerichtet wird. Anhand von Einzelfällen kann gezeigt werden, welche Auswirkungen die Kollektivierung der 50er Jahre in der DDR für die Bauern hatte.

Die Bedeutung dieser bislang noch relativ wenig diskutierten Entwicklung[2] für die Lebensläufe der Bauern ist dabei auch als Geschichtsaufarbei-

---

1 Der vorliegende Aufsatz wurde im Februar 1996 aus Teilen der gleichnamigen Diplomarbeit zusammengestellt, die ich im Marz 1995 am Institut fur Soziologie der Freien Universitat Berlin eingereicht habe. An dieser Stelle sei herzlich fur die vielen Wochen gemeinsamer Arbeit meinen Kollegen Andreas Willisch und Frank Ernst sowie den Tranlinern gedankt - ohne deren Mitarbeit diese Studie naturlich nicht durchzufuhren gewesen wäre. Ein Dank geht auch an die Mitglieder der Forschungsgruppe Altern und Lebenslauf (FALL). Besonders Martin Kohli als Betreuer meiner Diplomarbeit und Betina Hollstein haben mir bei empirischen und theoretischen Problemen die entscheidende Hilfestellung gegeben.

2 So beklagt Bauerkamper den mangelhaften Forschungstand über den Wandel der landlichen Gesellschaft in Ostdeutschland nach 1945 (Bauerkamper 1994: 120). In Uberblicksdarstellungen wird dieser Teil der Geschichte der DDR tatsachlich kaum beachtet. Im 650 Seiten starken Werk „Zwei Staaten, eine Nation: Deutsche Geschichte 1955-1970" von Christoph Kleßmann wird die Kollektivierung auf nur eineinhalb Seiten abgehandelt (Kleßmann 1988: 316f.). Auch bei Hermann Weber liegt

tung zu verstehen. Wie vollzog sich eigentlich die Kollektivierung genau? Biographien wurden aber nicht nur zur Deskription subjektiv erfahrener DDR-Geschichte erhoben und dargestellt. Mittels dieser Familien- und Hofgeschichten können auch die Ausgangsbedingungen der Bauern auf dem Weg in die Marktwirtschaft erklärt werden. Dabei geht es vor allem um die Veränderungen der intergenerationellen Beziehungen durch die Kollektivierung. Der dauerhafte Erfolg eines Hofs ist an die generative Kontinuität der Übernahme durch die folgende Generation gebunden (Weber-Kellermann 1987, Segalen 1990, Kohli 1995, Hildenbrand et al. 1992). Kann an diese Kontinuität nach über 30 Jahren Kollektivwirtschaft angeknüpft werden, wie es von den politischen Akteuren geplant war?

1. Methodik der Gemeindestudie

Die Gemeindestudie „Tranlin" vereint ethnologische, historische und soziologische (qualitative und quantitative) Zugangsweisen. Das grundsätzlich offene und verstehende Vorgehen in der Gemeinde stützt sich auf die wissenssoziologisch-ethnographische These, daß die Entscheidungsmuster für das alltägliche Handeln in jedem Fall in dem kontextuellen Rahmen erhoben werden sollen, in dem vergangene und gegenwärtige Interaktionen tatsächlich wirksam sind (Neckel 1995: 659). Bei allen handlungsrelevanten Orientierungsmustern handelt es sich demnach nicht um situationsunabhängige Idealkonzeptionen, sondern um in Interaktion mit anderen Akteuren (und deren Orientierungsmustern) gebildetes „Interaktionswissen" (Soeffner 1989). Dessen Strukturlogik wird nur faßbar, wenn der historische und soziale Zusammenhang der Sinnkonstitutionen des entsprechenden Lebensumfelds berücksichtigt wird. Dazu gehören neben den lebensweltlichen Erfahrungen (biographische Konstruktionen) vor allem die Verortung im familiären und (vor allem in Dörfern und Kleinstädten) im lokalen Umfeld. Auch die massenmedialen Einflüsse werden zunächst in diesem Rahmen reflektiert und je nach ihrer alltagspraktischen Relevanz in den Handlungszusammenhang einge-

das Gewicht auf spezifisch politischen Prozessen, die Kollektivierung wird nicht behandelt (Weber 1991). Soziologische Analysen dieser Umwandlung sind noch nicht zu finden. Zu beachten ist, daß diese Form der landwirtschaftlichen Umstrukturierung nicht eine Randgruppe der Gesellschaft betraf: Kleßmann spricht von ca. einer Million Einzelbauern 1952 (Kleßmann 1986: 272); die auf die eine oder andere Weise von der Kollektivierungspolitik betroffen waren.

bettet. Um die praktische Ausformung der Transformation durch die Akteure vor Ort zu erfassen, wurden vor allem Beobachtungen und Interviews durchgeführt.

Beobachtungen und Gespräche waren für die Forschungsgruppe ein Zugang zu den dörflichen Problemlagen. Sie wurden weitergeführt, um Besonderheiten und Veränderungen des alltäglichen Lebens in der Gemeinde systematisch zu verfolgen. Diese Aufzeichnungen aus den Feldtagebüchern gingen als vorläufige Ergebnisse der Exploration in die weitere Erhebung ein. Ein Ergebnis der Beobachtungen war zum Beispiel die Vereinsamung des Dorfmittelpunkts sowie das Verschwinden der Frauen aus der Dorföffentlichkeit. Beobachtungen dienten aber auch zur einfachen Deskription des Bauzustands der Häuser und Straßen. Um den Zustand jedes einzelnen Hauses nicht umständlich kodieren zu müssen, wurden alle Gebäude 1990 videographiert.[3]

Da der Wandel Tranlins aus der Perspektive der Betroffenen beschrieben werden sollte, waren Interviews die wichtigste Erhebungsmethode. Im Verlauf der Forschungstätigkeit wurden verschiedene Interviewtechniken angewandt. Die ersten Interviews wurden am Wochenende zum „Tag der deutschen Einheit“ 1990 aufgenommen. Es wurde kein Leitfaden benutzt, sondern mit der Methode des narrativen Interviews nach Schütze gearbeitet. Ziel war es, den subjektiven Relevanzen der Interviewpartner möglichst freien Entfaltungsraum zu lassen, um nahe an der Handlungswirklichkeit orientierte Geschichten des Interviewten zu erhalten (Schütze 1977). Bei den biographischen Interviews, die 1990 und 1994 geführt wurden, ging es um lebenslaufrelevante Entscheidungen, z. B. von ehemaligen Hofbesitzern und ihren Kindern, wobei das Konzept des biographisch-narrativen Interviews (Fuchs 1984; Kohli et al. 1993) genutzt wurde. 1991 wurden die ersten Expertengespräche mit Funktionsträgern der Gemeinde geführt: dem damaligen Bürgermeister, der Postfrau und dem LPG-Vorsitzenden. Standen hier die Entwicklungsperspektiven der Gemeinde im Mittelpunkt, wurden 1993 und 1994 regionale Funktionsträger befragt. Die Leiter des Arbeits-, Sozial-, Bau-, Wirtschaftsförderungs-, Gewerbe-, Polizeikreis- und Landwirtschaftsamts konnten keine Auffälligkeiten des Falles „Tranlin” erkennen und wiesen auf die insgesamt relativ schlechte Lage der Region hin.

Die Analyse der Interviews bestand zunächst nur in der Zusammenfassung von Daten, die beispielsweise die historische Entwicklung der Gemeinde betrafen, welche dann zur Deskription der Dorfgeschichte im Sinne der Oral-History dienten. Eine tiefere Analyse hatte die Rekonstruktion von Lebensläufen zum Ziel. Hierbei wurde weitgehend der Weg der hermeneuti-

---

3 Zum Videoeinsatz in den Sozialwissenschaften vgl.: Brauer/Dehn 1995.

schen Rekonstruktion (Rosenthal 1995) beschritten. Die verschiedenen Lebensereignisse und -entscheidungen wurden zunächst festgehalten und mit möglichen alternativen Optionen und Deutungen kontrastiert. Aus den genaueren Fallrekonstruktionen wurden dann z. B. unterschiedliche Bewältigungsmuster der Kollektivierung und der Transformation herausgearbeitet.

Beobachtungen der politischen Ebene (Gemeinderat, Wahlverhalten und Parteien), Betriebsfallstudien und Untersuchungen der Wirtschaftsförderung in der Gemeinde werden weitergeführt und sind noch nicht abgeschlossen. Zu archivarischen Quellen (den Kirchenbüchern und den Dokumenten des Kreisarchives) hat die Projektgruppe Zugang. Systematisch verzeichnet wurden auch der Viehbestand, die Größe der Haushalte sowie deren Wohnfläche und -ausstattung mit Küchen und Sanitäreinrichtungen. Die Vollerhebung aller Tranliner Haushalte wurde während des Projektes mittels gezielter Einzelbefragungen laufend aktualisiert und um die beruflichen Lagen der Bewohner ergänzt. Anhand dieser Daten können auch die sozialstrukturellen Veränderungen des Dorfs dargestellt werden.

2. Regionale Einbettung, Alltagswelt und Sozialstruktur des Untersuchungsdorfs

Tranlin liegt etwa auf halber Strecke zwischen Berlin und Hamburg im Bundesland Mecklenburg-Vorpommern. Mecklenburg-Vorpommern ist das industrieärmste und dünnbesiedeltste Land der Bundesrepublik[4]. Mit einem Anteil von nur 0,7 Prozent (1992) am Bruttoinlandsprodukt der Bundesrepublik liegt Mecklenburg weit hinter allen anderen Bundesländern zurück. Waren in der alten Bundesrepublik nur 3,3 Prozent aller Beschäftigten im primären Sektor beschäftigt, so waren es in Mecklenburg 1990 noch 19,6 Prozent[5]. Der Modernisierungsrückstand Mecklenburgs war schon im vorigen Jahrhundert Thema der Landarbeiterenqueten von Max Weber („Die Verhältnisse der Landarbeiter im ostelbischen Deutschland“ [1892]; „Entwicklungstendenzen in der Lage der Landarbeiter im ostelbischen Deutschland“ [1894]). Die Politik der erzreaktionären Großgrundbesitzer wird für die politische und wirt-

---

4 Die Bevolkerungsdichte betragt in Mecklenburg: 80 Personen je Quadratkilometer; in der Bundesrepublik gesamt 227 Personen je Quadratkilometer. Die geringste Bevölkerungsdichte unter den alten Bundeslandern weist Niedersachsen mit 160 Personen je Quadratkilometer auf (Statistisches Bundesamt 1994).

5 In der DDR waren 1989 noch ca 10 Prozent aller Erwerbstatigen in der Landwirtschaft beschaftigt (Geißler 1992).

schaftliche Rückständigkeit Mecklenburgs verantwortlich gemacht. Zum gutswirtschaftlichen Besitz gehörte noch bis 1930 fast die Hälfte der landwirtschaftlichen Nutzfläche Mecklenburgs[6].

Tranlin gehörte nicht zu den von den Gütern verwalteten Dörfern, sondern kann als ein typisches „freies" Bauerndorf[7] gelten. Die Bauernhöfe bildeten den wirtschaftlichen und kulturellen Kern des Dorfs, um den sich eine Reihe kleinerer bäuerlicher Betriebe („Büdnereien") und abhängig beschäftigter Hausbesitzer („Häuslereien") gruppierten. Bis zum Ende des Zweiten Weltkriegs wurde das Zentrum des Dorfs von einigen großen Höfen und durch die drei großen „K" beherrscht: Kirche, Kneipe und Kolonialwarenladen. Die kleine Dorfkirche, die um 1600 errichtet wurde, steht in der Mitte des Dorfplatzes neben dem Dorfteich. Um diesen Platz ordnen sich neben dem Laden und der Gaststätte fünf Bauernhöfe und drei Büdnereien an. In der Kirche findet nur an jedem zweiten Sonntag schon um acht Uhr ein Gottesdienst statt, da der Pfarrer von der Kreisstadt aus mehrere Dörfer betreuen muß. Die Gottesdienste besuchen nur noch ca. fünf alte Frauen regelmäßig.

In der Nähe des Teichs, der Gaststätte und der Kirche ist auch das ehemalige Schulgebäude, das seit 1966 als Zweifamilienhaus genutzt wird, zu finden. Ebenfalls liegt hier der Kindergarten der Gemeinde, der noch bis Mitte 1995 von einer Kindergärtnerin und einer Hilfskraft über Fördermaßnahmen des Arbeitsamts am Leben erhalten wurde. Die Dorfgaststätte gehörte seit 1961 zur Konsumgenossenschaft, die sie bis 1990 verpachtet hatte. Gleich nach der Währungsunion 1990 wurde die Pacht drastisch erhöht, worauf das Pächterehepaar kündigte und der Schankbetrieb in Tranlin eingestellt wurde. Die ebenfalls in diesem Gebäude untergebrachte Verkaufsstelle des Konsums (der ehemalige Kolonialwarenladen) wurde noch bis 1992 bewirtschaftet. Seitdem werden die Tranliner von „fliegenden Händlern" versorgt.

---

6 Zu unterschiedlichen Besitzverhaltnissen und Flachenstrukturen in Deutschland vgl. fur das 19. Jh. Weber-Kellermann 1987: 19-54 sowie bis 1933 die Darstellung „Die deutschen Dorfstrukturen" bei Ipsen 1933. Als Kapazitat der mecklenburgischen Volkskunde gilt Ulrich Bentzien, der auch einen guten Uberblick über die Arbeit und Lebensweise von Bauern und Landarbeitern gibt (Bentzien/Neumann 1988).

7 Durch die langanhaltende Bedeutung des Großgrundbesitzes muß grundsatzlich zwischen Bauerndörfern und Gutsdörfern unterschieden werden. Ein wichtiges Ergebnis der Studie ist, daß der traditionelle Bauernbegriff im Dorf genutzt wird, der nicht einen Beruf, sondern eine bestimmte soziale Stellung bezeichnet. Diese Position ist von der Größe des Besitzes abhangig und bleibt erhalten, bzw. wird vererbt, auch wenn andere Berufe ausgeübt werden. In dem Sinne konnte auch von einen Bauerndorf gesprochen werden, wenn im konkreten Fall keine Landwirtschaft mehr existiert, bzw. konnte ein Gutsdorf, auch wenn dort eine LPG existierte, nie zu einem Bauerndorf werden.

Das Ehepaar, das die Gastwirtschaft betrieb, eröffnete noch im Herbst 1990 einen Getränkeladen mit Ausschank. In dieser „Ersatz"-Gaststätte ist ein relativ ungemütlicher Raum entstanden, der von den Tranlinern folgerichtig nur „Shop" genannt wird. Gleich nebenan lag die Poststelle, die von dem Bruder des Kneipiers und seiner Frau geleitet wurde. Die Poststelle wurde 1992 geschlossen.

Die letzten Veränderungen der Infrastruktur durch die Vereinigung haben im alltäglichen Leben des Dorfes beobachtbare Spuren hinterlassen. Der ursprüngliche Dorfmittelpunkt ist durch die Schließung der Post und des Konsums verwaist. Auch der Niedergang der Gaststätte und die geringere Frequentierung des Kindergartens (bis zu seiner Schließung 1995) tragen zu dieser Entwicklung bei. Man trifft hier nur selten jemanden. Durch die sinkende Kirchgängerzahl und die Schließung der Schule verlor der Dorfmittelpunkt schon in der DDR einen Teil seines Gewichts. Seit der Wende wirkt das Dorf an Wochen- und Feiertagen wie ausgestorben. Die fliegenden Händler steuern drei bis vier Haltepunkte im Ort an. Daher gibt es kaum einen gemeinsamen Treffpunkt für Bewohner der verschiedenen „Einzugsgebiete" um diese Stationen. Heute wie damals sind es die Frauen, die die Einkäufe erledigen. Der Einkauf wird dabei im dörflichen Rahmen, in dem jede Frau jede andere kennt, auch als Kommunikationsmöglichkeit genutzt. Im Konsum tauschten die Frauen ihre Neuigkeiten aus, wobei ein Einkauf auf eine halbe oder volle Stunde ausgedehnt werden konnte. Dann wurden die Taschen zumeist an den Fahrradlenker gehängt und auf dem Heimweg das eine oder andere Schwätzchen am Gartenzaun abgehalten. All das ist heute nicht mehr zu beobachten. In den Verkaufswagen ist es für ein Schwätzchen viel zu eng, die Aufenthalte der Wagen und der Käuferinnen im Wagen, in dem nur wenige Personen gleichzeitig Platz finden, sind zeitlich begrenzt. Auch das Gespräch am Gartenzaun ist nun weniger sinnreich, da man die Nachbarin ja gerade vor oder im Verkaufswagen traf. Der Konsum hatte den ganzen Tag geöffnet (außer der Mittagspause von 12-15 Uhr) und war für alle Tranliner die einzige örtliche Verkaufsstelle. Heute beschränkt sich die Einkaufszeremonie auf wenige Minuten und auf die im Umkreis des Haltepunktes wohnenden Tranliner. Natürlich liegen die Preise bei den fliegenden Händlern wesentlich über den Preisen der Supermärkte in der Kreisstadt. Daher werden diese Verkaufswagen auch nur von den nichtmotorisierten älteren Frauen besucht. Die Spannung jedes Konsumbesuchs: *„...mal sehen, wen ich heute treffe..."*, ist dadurch heute ebenfalls bedeutungslos geworden. Hier treffen sich immer die gleichen, deren Geschichten inzwischen allen allzu bekannt sind.

Die Poststelle hatte ähnliche Funktionen, wobei hier die Spannung hinzukam, sehen zu können, was die einzelnen hier wohl zu erledigen hätten, woher sie eventuell ein Paket bekamen (aus dem Westen?) oder wieviel Geld sie wohin und an wen überwiesen. So konnte auch jedes Telephonat (nur wenige Tranliner hatten ein eigenes Telephon) im nachhinein im Dorfklatsch ausgewertet werden, da im Schalterraum jeder die Gespräche gut mithören konnte. Die Probleme des einzelnen Mitbürgers konnten so relativ schnell zum Thema der Allgemeinheit werden (Wer das vermeiden wollte, mußte wohl oder übel in das Postamt der Kreisstadt fahren.).

Mit der Schließung der Post und des Konsums gingen zwei wichtige Kommunikationsorte für die Tranliner Frauen verloren. Undenkbar ist es aber für die Tranliner, einfach ziellos durch den Ort zu spazieren, auf der Suche nach einem Gesprächspartner. In den ganzen vier Jahren der Feldbeobachtungen konnte kein Mitglied der Forschungsgruppe ein derartiges Verhalten protokollieren, geschweige denn jemanden auf der Straße in ein längeres Gespräch verwickeln. Wer sich aus dem Haus begibt, hat immer etwas „Wichtiges“ zu erledigen (eben Einkaufen oder einen anderen Termin). Daher finden in der Regel die Gespräche am Gartenzaun statt. Niemals wurde eine Gruppe gesichtet, in der die Tranliner einfach nur so auf der Straße oder am Dorfteich ihre Neuigkeiten austauschten.

Der Treffpunkt der Männer war bis 1990 die Kneipe und ist heute der „Shop“. Hier trifft man sich etwa ab sieben Uhr abends beim Bier. Allerdings wird dieser Ort nur von wenigen Tranlinern besucht. Die Stammkunden sind 6-8 Männer, von denen die Hälfte (mit einiger Vorsicht) zur dörflichen Unterschicht gerechnet werden kann. Hinzu kommen die Jungen und jüngsten Besucher (zwischen 13 und 19 Jahren, darunter auch immer die Kinder des Kneiperehepaares), die die Spielautomaten nutzen oder Billard spielen. Sie trafen sich früher im Jugendclub in der Nähe des Sportplatzes, die beide seit 1992 kaum noch genutzt werden. Am Freitagabend und Sonnabend kommen noch weitere Tranliner in den „Shop“, in dem sie auch das Fernsehprogramm verfolgen können. Aber auch diese Personengruppe ist eingrenzbar, so fehlen z. B. in jedem Fall die Bauern und (bis auf drei, vier Ausnahmen) die Frauen.

Für die Männer hat sich ein neuer Kommunikationspunkt gefunden. Und zwar handelt es sich dabei um die Werkstatt des privaten Autoschlossers, der auch am Wochenende arbeitet. Diese Institution nutzen die Männer heute in ähnlicher Weise, wie früher die Frauen den Konsum nutzten. Hier liefert man nicht nur sein Auto ab und erklärt die nötigsten Probleme. Oft halten sich mehrere Kunden gleichzeitig in der Werkstatt auf. Gefragt wird zum Beispiel nach Ersatzteilen, einem Werkzeug, das man sich borgen will, oder es wird ein Tip zum Autokauf eingeholt. Dazu wird in einigen Fällen gemeinsam ein Bier getrunken oder wenigstens eine Zigarette geraucht. Eine wichtige Funktion der Werkstatt scheint neben den Dienstleistungen an den Fahrzeugen also die Möglichkeit zu sein, hier Neuigkeiten austauschen zu können. Am Sonnabend und am Sonntag bleibt der Schlosser in seiner Werkstatt selten allein. Neben dem Shop ist seine Werkstatt zum wichtigsten Kommunikationsort für die Männer in Tranlin geworden.

Wie oben angedeutet, war es die Landwirtschaft, die das Dorfbild bis 1990 bestimmte. Bis zur Kollektivierung gab es 16 Bauernstellen mit ca. 40 Hektar und eine Reihe von Büdnereien mit ca. 10 Hektar und Häuslereien mit 0,5 bis maximal 1,5 Hektar. Der größte Arbeitgeber in Tranlin war nach der Kollektivierung bis zu ihrer Auflösung die LPG Tierproduktion „Frischer Wind“ mit 41 Beschäftigten. Im Dorf gab es bis 1990 auch einen kleinen Industriebetrieb (10-12 Beschäftigte plus Besitzer bzw. Betriebsleiter). Zu diesen größeren Betrieben kommen noch dazu die beiden Arbeitskräfte in der Gaststätte (als Pächter selbständig), die beiden Verkäuferinnen des Konsums, die Postfrau, die beiden Kindergärtnerinnen sowie der Tischler, der als einziger Selbständiger die DDR-Zeit und die Wende „überlebt“ hat. Der Tischler hatte zuweilen einen Lehrling und ein bis zwei zusätzliche Arbeitskräfte. Bei diesen wenigen Arbeitgebern konnten nach der Wende natürlich nicht alle arbeitsfähigen erwachsenen Tranliner Arbeit finden. In Tabelle 1 wird die Veränderung der Beschäftigtenstruktur dargestellt.

In der Tabelle ist zu erkennen, wie stark sich in Tranlin der Beschäftigungsabbau auswirkte, bzw. was sich hinter ca. 17-22 Prozent Arbeitslosen insgesamt verbergen kann. Es wird deutlich, daß vor allem die Frauen von den verschiedenen Formen der Erwerbslosigkeit betroffen sind. Stand Anfang 1990 fast jede Tranliner Frau zwischen 18 und 60 Jahren in einem Beschäftigungsverhältnis (abgesehen von den fünf Hausfrauen), ist 1995 nicht einmal jede zweite Frau erwerbstätig.

Die wichtigste Arbeitsmarktentlastung stellen die Vorruhestandsregelungen dar, 70 Prozent aller Tranliner des entsprechenden Alters nutzen (1994) diese Regelung. Die Arbeitslosenquote lag im gleichen Jahr mit 17,3 Prozent sogar leicht unter der des Landes- und Kreisdurchschnitts. Betrachtet man aber alle Erwerbslosen und rechnet die Arbeitsbeschaffungsmaßnahmen und drei mithelfende Familienangehörige der Selbständigen hinzu, zeigt sich, daß fast die Hälfte aller Tranliner heute keine reguläre Arbeitsstelle hat. Wurde 1990 erwartet, daß die freigesetzten Arbeitskräfte aus den staatlichen Betrieben und den Genossenschaften in neuen privaten Unternehmen Arbeitsplätze finden, so hat sich diese Hoffnung nur für die wenigsten Tranliner erfüllt.

Tabelle 1: Personen im erwerbsfähigen Alter in Tranlin 1990 und 1995

	1.1.**1990**			1.1.**1995**		
	Manner	%	Frauen	Manner	%	Frauen
Tranliner zwischen 18 und 65 (60)	98	100%	69	92	100%	64
Erwerbstätige	96	95,8%	64	66	62,2%	31
erwerbstätig **in Tranlin**	36	36,5%	25	12	11,5%	6
Selbständige in Tranlin	2	1,2%	0	5	3,2%	0
in der LPG "Frischer Wind"	26	24,5%	15	0	0%	0
sonstige abh. Erwt. in Tranlin	8	10,8%	10	0	1,9%	3
ABM und Umschüler	0	0%	0	7	6,4%	3
erwerbstätig **außerhalb Tranlins**	60	59,3%	39	54	50,6%	25
in nichtlandw. Betr. der Umgeb.	38	36,5%	23	50	47,4%	24
in landw. Betr. der Umgebung	22	22,7%	16	4	3,2%	1
Erwerbstätige in der Landwirtschaft	50	47,3%	29	4	3,2%	1
Erwerbslose	2	4,2%	5	26	37,8%	33
Arbeitslose	0	0%	0	14	17,3%	13
Vorruheständler	0	0%	0	10	11,5%	8
AU/BU, sonstige oder Hausfrauen	2	4,2%	5	2	8,9%	12

Des weiteren fällt auf, daß nur noch 18 Personen in Tranlin beschäftigt sind (übrigens genauso viele Personen wie Vorruheständler). 1990 waren es noch 61 Personen. Die 38 Personen, die zu diesem Zeitpunkt noch in landwirtschaftlichen Betrieben der Umgebung arbeiteten, können durch die Verflechtung der Genossenschaften untereinander zu den in Tranlin Beschäftigten addiert werden. Die Arbeitsorte lagen im unmittelbaren Umfeld Tranlins bzw. auch direkt in Tranlin (z. B. die Werkstatt). Somit fanden über die Hälfte aller Tranliner einen Arbeitsplatz innerhalb ihres Wohnorts. Heute ist das die Ausnahme, da es kaum Arbeitgeber in Tranlin gibt. Zu den fünf Selbständigen zählt der Tischler, der den Betrieb 1993 an seinen Sohn übergab. Der zweite Privatbetrieb, der auch schon vor der Wende existierte, ist die Gaststätte oder besser der Getränkestützpunkt (Shop). Schon 1990 nutzte ein gelernter Mopedschlosser die Gunst der Stunde und eröffnete auf dem Grundstück seiner Eltern einen Autoschrottplatz. Im gleichen Jahr begann er mit dem Bau einer Werkstatt, um dort den schon oben erwähnten Reparaturbetrieb einzurichten. Der zweite Unternehmer der Nachwende war ein Fahrlehrer, der nun ein Fuhrunternehmen mit einem LKW betreibt. Den dritten

Betrieb gründete der ehemalige LPG-Vorsitzende mit einer Geflügelfarm, die aber nun in verkleinerter Form in einen Nachbarort umsiedelte. Ein sechster Selbständiger wohnt in Tranlin, wurde in der Tabelle aber zu den Pendlern gezählt. Er übernahm die Reparaturwerkstatt der LPG eines Nachbardorfes, den er als Schlossereibetrieb weiterführt. Zwei Projekte, die von auswärtigen Investoren getätigt wurden, scheiterten. Es wurde in der ehemaligen Molkerei versucht, ein Einzelwarengeschäft zu eröffnen, das ein halbes Jahr später wieder geschlossen wurde. Auf dem umliegenden Gelände existierte zwei Jahre lang ein Autoreparaturgeschäft mit Autohandel. Alle selbständigen Unternehmer Tranlins arbeiten allein und holen sich nur bei Bedarf Hilfskräfte. In drei Fällen arbeiten die Ehefrauen im Betrieb der Männer mit.

Abbildung 1: Der Wandel der Erwerbsstruktur Tranlins von 1990 zu 1995

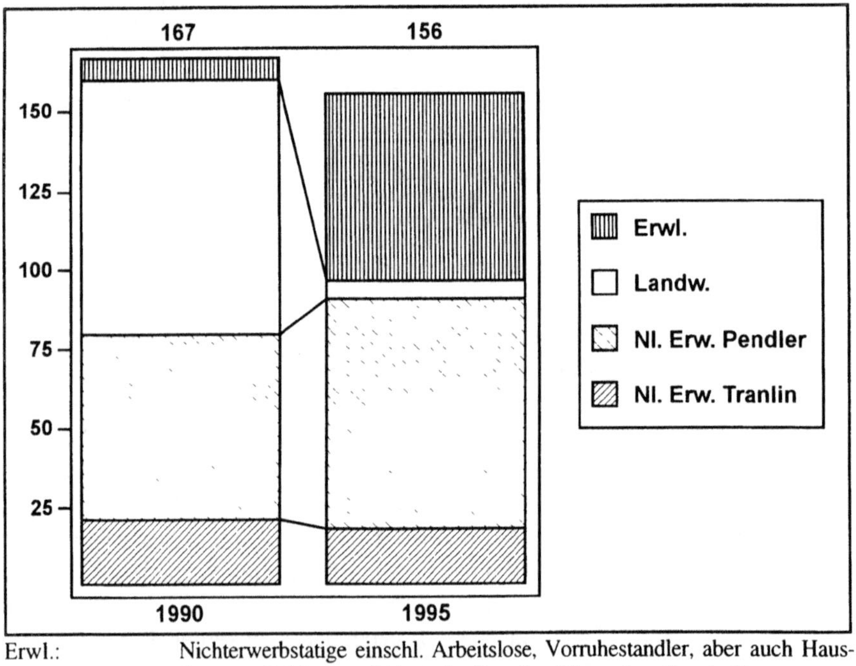

Erwl.: Nichterwerbstatige einschl. Arbeitslose, Vorruhestandler, aber auch Hausfrauen und Arbeitsunfähige oder Berufsunfähige ohne Beschaftigung.

Landw.: Erwerbstatige in landwirtschaftlichen Betrieben.

Nl. Ewt. Pendler: („nichtlandwirtschaftliche Pendler") Erwerbstatige, die zu ihrer Arbeitsstatte „pendeln", d. h. nicht in Tranlin, aber auch nicht in einem landwirtschaftlichen Betrieb beschaftigt sind, auch ABM.

Nl. Ewt. Tranlin: („nichtlandwirtschaftliche Tranliner") Erwerbstatige, die in Tranlin, aber nicht in landwirtschaftlichen Betrieben beschaftigt sind (auch ABM).

Die Veränderung der Beschäftigungsstruktur zuungunsten der Landwirtschaft wird in Abbildung 1 deutlicher. Während die LPG in Tranlin abgewickelt wurde, konnte eine LPG eines Nachbarorts in eine GmbH überführt werden. Der zweite landwirtschaftliche Betrieb wurde von dem Neueinrichter in der Kreisstadt mit der Hilfe westdeutscher Investoren aufgebaut. Diese beiden Betriebe bearbeiten jetzt die Flächen um Tranlin, die sie günstig erwerben konnten oder gepachtet haben. Zusammen beschäftigen sie insgesamt 14 Arbeitskräfte (darunter 1994 fünf Tranliner, 1996 noch zwei).

Um den Wandel im Verhältnis von landwirtschaftlich zu nichtlandwirtschaftlich Beschäftigten zu verdeutlichen, wurden Erwerbstätige in landwirtschaftlichen Betrieben von den Gruppen der „Pendler" und der in Tranlin Beschäftigten abgezogen und gesondert dargestellt. Die landwirtschaftlich Beschäftigten dominierten in der Erwerbsstruktur von 1990 (47 Prozent aller, bzw. 52 Prozent aller Erwerbstätigen). Fünf Jahre später stellen sie nur noch eine verschwindend kleine Gruppe dar. Sie arbeiten, wie oben erwähnt, in einem Fall bei dem Neueinrichter in der Kreisstadt und in vier Fällen in den umgewandelten Genossenschaften der Nachbardörfer (darunter ist auch deren Geschäftsführerin), die den Sprung in die Marktwirtschaft geschafft haben.

Die im Jahr 1995 größte Gruppe, die der „nichtlandwirtschaftlichen Pendler", unterscheidet sich quantitativ und qualitativ von den Pendlern des Jahres 1990. Erstens sind die Arbeitsplätze auch im weiteren Raum knapp, daher ist deren absolute Zahl kaum gestiegen. Zweitens wurden noch in der Tabelle diejenigen Personen zu den Pendlern gezählt, die vor der Wende in der LPG Pflanzenproduktion des Nachbarortes arbeiteten. Diese LPG hatte aber auch hier in Tranlin Produktionsstätten (neben den bewirtschafteten Feldern auch der Fuhrpark und die Schlosserei). Daher wurden in der Graphik diese Personen auch nicht mehr zu den Pendlern gezählt. Drittens sind die zu bewältigenden Strecken ungleich größer. Vor der Wende fuhren 90 Prozent der Pendler 10 Kilometer in die nächste Kleinstadt. Heute betrifft das nur 40 Prozent, alle anderen fahren erheblich weiter, in zwei Fällen bis nach Hamburg. Die zweitgrößte Gruppe sind heute die Nichterwerbstätigen. In der Darstellung sind sie nicht nach Vorruhestand, Arbeitslosengeld/hilfe, Sozialhilfe und Hausfrauen differenziert. Die abgebildete Einteilung folgt der Begrifflichkeit der Gesprächspartner: dort wird selten zwischen diesen Kategorien unterschieden. Man sagt zu Vorruheständlern, Arbeitslosen, Hausfrauen und Sozialhilfeempfängern: *„der/die ist jetzt auch zu Hause"*. Dahingegen werden die anderen arbeitsmarktpolitischen Maßnahmen als „Arbeit" von den Bewohnern gekennzeichnet. Mit 8 bis 12 ABM-Kräften (je nach Förderungsdauer der einzelnen Projekte) ist mit den gemeindezentrierten Beschäftigungsmaßnahmen der wichtigste Arbeitgeber in Tranlin entstanden. Auf der Ebene der Gemeinde werden alle Fördermaßnahmen, die vom Arbeitsamt finanziert werden, unter der Leitung des neuen Bürgermeisters zusammengefaßt. Die Bedeutung der untergegangenen LPG, mit der die *„ABM-Brigade"* von den Tranlinern immer wieder verglichen wird, erreicht sie natürlich nicht.

Anhand der Tabelle und der Graphik ist die Lücke, die die LPG in der Erwerbsstruktur hinterließ, deutlich geworden. Ihr Untergang beendete die landwirtschaftliche Ausrichtung des Dorfes, an der alle Tranliner Familien auf die eine oder andere Weise beteiligt waren. Welche Rolle die Landwirtschaft in Tranlin spielte und wie sich deren Gestalt in der DDR änderte, wird nun anhand der Geschichte der Kollektivierung behandelt. Dabei soll auch der Frage nachgegangen werden, inwiefern die ehemaligen familienbäuerlichen Betriebe im Transformationsprozeß eine Chance haben, die Dominanz der Genossenschaften und ihrer Nachfolgebetriebe abzulösen.

3. Die agrarische Sozialstruktur im Zeichen von Kollektivierung und De-Kollektivierung

Daß es sich bei Tranlin um ein „Bauerndorf" handelte, wurde oben schon erwähnt. Erstaunlich ist aber, daß dieses Kennzeichen Tranlins nach 40 Jahren DDR als normale, alltägliche Definition der Tranliner immer noch präsent ist. Trotz der Überformung des Dorfs durch die LPG und der steigenden Anzahl von nicht in der Landwirtschaft Beschäftigten, bezeichneten alle Einwohner Tranlin als Bauerndorf. Auch nachdem die Bauern ihr Land in die LPG „einbrachten", blieben sie Bauern, womit der Begriff besetzt blieb. Keiner der landwirtschaftlichen Berufe in den Kooperativen zog die Bezeichnung „Bauer" nach sich, da es sich hierbei weniger um eine Berufs-, als um eine Besitzkategorie handelt. Im Projekt konnte nachgewiesen werden, daß die Landwirtschaft für Tranlin neben der herausragenden ökonomischen Bedeutung auch über den Besitz von landwirtschaftlichen Betrieben das entscheidende Strukturierungsprinzip der sozialen Differenzierung war, das entlang der Linie Bauern-Büdner-Häusler und „Andere" auch alltagsrelevant war.

Bei Beobachtungen sind manifeste Unterschiede (Wohnformen und Kleiderordnungen) gut zu erkennen. Bei der Analyse der Heirats- und Freundeskreise, der Nutzung des öffentlichen Raums (Dorffeste, Gaststätte usw.) und von Berufskarrieren konnten eindeutige Segregationen zwischen den Gruppen festgestellt werden. Daß die Tranliner selbst eine derartige Gruppenbildung vornehmen, konnte 1990 von der Forschungsgruppe kaum erwartet werden. Nicht eine abstraktere Unterscheidung in „Reiche" und „Arme" oder eine in „Alte" und „Junge", noch die Unterscheidung in LPG-Mitglieder und Nicht-LPG-Mitglieder, „staatsnahe" und „staatsferne" Bürger oder weitere Differenzierungsmöglichkeiten standen auf der Tagesordnung. Bauer oder Nicht-Bauer, das war die Frage. Schienen sich die Eigenarten der Bauern in Tranlin seit der Kollektivierung über die Jahre auf immer weniger und immer unbedeutendere Merkmale zu erstrecken und ihre Eigenarten immer weniger ernst genommen zu werden, bekommen sie mit dem Ende der DDR eine drastische Aufwertung. Ein Melker wies uns 1990 auf den entscheidenden Streit zwischen „Bauern" und „Anderen" hin: *„Wir haben uns nu kaputtgeackert die Jahre und haben nichts, und die haben ihre Kinder studieren geschickt und wolln nu allns zurückhaben"* (Ole Möllenthin, *1946).

Hier zeigt sich die Problematik der Auflösung der LPG. Wenn die Bauern ihren Besitz aus der Genossenschaft nehmen würden, könnte diese nicht weiter existieren. Daß die Bauern dieses tun wollen, wird vom LPG-Melker aber als Unrecht empfunden, denn *„die haben ihre Kinder studieren geschickt"*. Er meint, daß die Bauern nicht nur versuchten, sich vom „normalen" Tranliner zu unterscheiden, sondern daß über ihre Kinder der LPG Arbeitskräfte entzogen wurden. Waren nicht bis zur Kollektivierung die Bauernkinder traditionell auf dem Hof geblieben und haben nach der Kollektivierung alle Tranlin verlassen? Warum sollten sie, nachdem sie sich nicht am Aufbau, der *„schweren Zeit"*, beteiligten, ihre Rechte einklagen dürfen und der LPG die Existenzgrundlage entziehen? Vor allem: was sollen *„Studierte"* heute mit einer Bauernwirtschaft? Diese Fragen beschäftigten nicht nur den Melker und seine Kollegen und Kolleginnen der LPG, sondern alle Tranliner. Die sich derart abzeichnenden Veränderungen der Wirtschaftsstrukturen wurden im Dorf unerwartet oft und spezifisch thematisiert. Waren nur wenige so desillusioniert wie der Melker, der auch keinem Bauernbetrieb eine Chance gab, hofften viele auf die bäuerlichen Wiedereinrichter, bei denen sie dann auch Arbeit finden könnten. Nicht die drohende Arbeitslosigkeit, die Stasidebatte oder die steigende Kriminalität wurden diskutiert, sondern die Entwicklung der landwirtschaftlichen Betriebe. An die Zukunft der LPG oder der Bauern wurde auch die Zukunft des Dorfes gebunden.

Die Privatisierung des volkseigenen und genossenschaftlichen Eigentums war eine der wichtigsten allgemeinen Bedingungen der Vereinigung der beiden deutschen Teilstaaten. Für den landwirtschaftlichen Bereich bedeutete das die Auflösung oder Überleitung der landwirtschaftlichen Produktionsgenossenschaften (LPG) und volkseigenen Güter (VEG) in andere Rechtsformen. Das Landwirtschaftsanpassungsgesetz (LanpG) legte fest, daß bis zum

31. Dezember 1991 alle Genossenschaften in Kapital- oder Personengesellschaften umgewandelt werden mußten. Ziel dieses Gesetzes war nach § 1 die vollständige Wiederherstellung des Privateigentums an Grund und Boden. Das Leitbild hierbei war der Familienbetrieb.[8] Die im LanpG festgelegten Entschädigungszahlungen bei der Umgestaltung von Genossenschaften förderten finanziell den Ausstieg von Landeinbringern aus den Genossenschaften. Die Agrarstrukturförderung stellt zudem die Wiedereinrichtung der Familienbetriebe in den Vordergrund.[9] Damit wurden vor allem die von der CDU propagierten Wahlversprechen eingelöst. Der damalige Landwirtschaftsminister Ignaz Kiechle und der Präsident des Bauernverbandes von Heeremann wurden nicht müde, seit dem Sommer 1990 die wieder erblühende traditionelle Struktur der auf Familienbetrieben basierenden Dörfer zu predigen. Die Lösung der Agrarfrage sollte aus dieser Perspektive über die Restaurierung des Zustands vor der Kollektivierung, mit vielen einzelbäuerlichen Betrieben, ermöglicht werden. Ob allein mit der Wiederherstellung der Besitzrechte der Bauern die Kollektivierung rückgängig gemacht werden kann, erscheint allerdings fraglich. Um die Tragweite dieses historischen Einschnitts besser abschätzen zu können, werden nun deren Auswirkungen für die Tranliner Bauern beschrieben. Mit der Geschichte der Frau Singler wird zuerst ein Einzelschicksal vorgestellt, womit die Bedeutung der Kollektivierung aus der Perspektive einzelner Individuen erzählt werden soll.

Der Fall Singler

Am ersten „Tag der deutschen Einheit", dem 4. Oktober 1990, wurde mit Frau Singler ein Interview geführt. Es war nur bekannt, daß sie zur Familie der ehemaligen Besitzer gehörte, der genaue Ablauf der Enteignung war der Forschergruppe allerdings unbekannt. Dieser Hintergrund konnte daher nicht einfach abgefragt werden, sondern wurde über die selbsterzählte Lebensgeschichte erst zum Untersuchungsergebnis. Das Interview nahm somit einen völlig unerwarteten Verlauf. Frau Singler unterbricht den Interviewer bei seiner Einleitung, die einer biographischen Fragestellung vorangeschickt werden sollte. Der Passage: *„..und wie Sie mit ihren Erfahrungen in die Zukunft sehen?"*, hätte noch eine Präzisierung folgen müssen, die erklärt, daß der

8 Vergleiche hierzu die ausfuhrlichen Beitrage von Isermeyer 1991 und von Kallfass 1991 sowie uberblicksartig Mittelbach 1992. In der alten Bundesrepublik hatte sich am Leitbild des Familienbetriebes wenig geandert (Henkel 1993: 134).

9 Der Bundesminister fur Ernahrung, Landwirtschaft und Forsten (1990): Politik fur unsere Bauern.

ganze Lebenslauf in chronologischer Reihenfolge interessiert. Sie beginnt aber gleich mit der für ihr Leben entscheidenden Begebenheit; einer Erzählung, die hier ungekürzt stehen soll.[10]

*I: ..und da wollten wir von Ihnen wissen, wie Sie mit ihren Erfahrungen in die Zukunft sehen, und/**JA** bei uns/wie das nu so weiter geht.*

S: Ja bei uns fing das nun so an, das war neunzehnhundert -- 59, -- im Juli,/hm/da kamen die morgens in aller Fruhe, die Polizisten, und haben mein Mann und meinen Schwiegervater -- ein-inhaftiert. (3)/hm/So, mein Mann der ist noch weggelaufen, und der hat sich noch ein paar Wochen in im Kornfeld versteckt, aber er sah da auch keine Chance irgendwie und er sah sich auch nicht als Verbrecher und ah, er hat sich dann gestellt./hmhm/Er, er hat gesagt: „Ich, ich hab doch nichts verbrochen, was wollen die bloß von mir?“ ne. (4) ja --- so und -- ja -- Verhöre über Verhore -- das=war=ganz= furchtbar. Alle Mann außer ich, ich nicht./hmhm/Und --- ja dann durfte er die Ernte einbringen, dann haben wir uns noch gequalt, haben die ganze Ernte eingebracht, --- und im September -- denn haben se ihn denn geholt -- und dann war dann nachher die Verurteilung./hmhm/In Schwerin --- dann waren nachher auch noch etliche Bauern aus Tranlin, -- da waren --- 3, 2 sind enteignet, und beim dritten da war nichts zu holen. Denn den brauchten se nicht zu enteignen, sie haben sich ja nur die genommen, wo was zu holen war, die sich gut standen./hmhm/Und das war den allen irgendwie ein Dorn im Auge, daß wir hier so viel gebaut haben, daß wir den Kuhstall mit gekachelt haben und sonstwas alles gemacht haben.

I. Haben sie das erst nach dem Krieg gemacht?

*S: Ja, alles in Schwarzarbeit, alles nebenbei, das hat uns auch wahnsinnig viel Geld gekostet und viel Arbeit. (4) Ja und dann war die Verhandlung, da wurden die -- behandelt wie Schwerverbrecher. (3) Die kam in der grunen Minna gefesselt rein, gefesselt wieder raus - als wenn sie wie Wunder was gemacht hatten. -..(S. erklärt den Interviewern die Delikte, die ihrer Meinung nach zur Verurteilung fuhrten)..- Ja und das war das ganze, und das nannte man nu **Wirtschaftsverbrechen**, --- und so -- nu wurde -- meinem Schwiegervater gehorte die Wirtschaft noch, der wurde zu funf Jahren <u>**Zuchthaus**</u> verurteilt -- und mein Mann zu dreieinhalb Jahren. (schluchzt 6) Und denn hatten wir ein, Wartburg damals schon, ne. Das war ja damals auch schon, also heute*

---

10 Hier wurden Satzzeichen eingefugt und Transkriptionszeichen reduziert: In „/“ stehen gleichzeitig gesprochene Passagen und Aufmerksamkeitsanzeiger des jeweiligen Zuhorers; „-“ sind kurze Pausen (je Bindestrich ca. eine Sekunde), bei langeren Pausen steht die Zeit in Klammern; betonte und lautere Passagen sind fett bzw. in Großbuchstaben gesetzt. Nicht im Transkript festgehalten sind hier die Sequenzen vor ihrem Einstieg in das Interview. Es wurde protokolliert, daß auf ihre Frage, warum sie denn nun gerade heute befragt wurde, sich unsere Antwort vor allem auf das Ende der DDR bezog und was sich fur den einzelnen damit verbinde.

ist das ja nichts mehr Besonderes mehr nicht?/Ja/Da waren nur zwei im Dorf, und Sie wissen ja der Neid ist immer groß ne -- Und denn wollten se den auch wegnehmen, und das konnte ich aber beweisen, daß ich das Geld von meinen Eltern bekommen hatte. Insofern durfte ich, durften wir den behalten. Aber dann mußten wir dann noch 3.000 Mark Strafe zahlen, außerdem. (4) Mein Schwiegervater war in Butzow. --- Und mein Mann, der hat sich dann gemeldet zur Arbeit, ne, das ist ja immer besser wenn man arbeitet und dann ein bißchen Abwechslung hat ne, das man das schnell uberwindet. Er hhh (schluchzt) kam nach schwarze Schwarze Pumpe. (5) Wissen sie wo das ist? Das ist bei Spremberg.

I: *hmhm ja, Braunkohlengebiet und so, nicht?*

S: *ja, ja=ja=ja=ja (3) naja (4) und das war Ende September nicht, im Oktober kam er dann dahin, und im Januar ist er schon gestorben - in der Haft. (weint 6) Ja -- und --- normaler=Tod=wars=wahrscheinlich=nich. (7)*

I: *Nie geklart, nein?*

S: *--- Ja (weinend) und wir haben unser ganzes Leben gelitten dadurch ne.*

I: *Ja. (6)*

S. *Wir haben nu gedacht, -- meingott, -- alles so schon aufgebaut hier, hh der Kuhstall ist nagelneu, und da bin ich so doof gewesen, hh da bin ich in den Kuhstall gegangen, hab ich im Kuhstall gearbeitet hh -- ach...*

Zwei Minuten Unterbrechung: Sie geht in das Haus, um sich ein Taschentuch zu holen und wohl um sich etwas zu fassen. Danach kommt sie heraus und fahrt fort:

S: *Dann hab ich dann da die 18 Kuhe gemolken, und der Schweinestall, der war noch voller Schweine, und die Schweine auch noch gefuttert. (5)*

I: *Der Schweinestall ist der hier, ja?*

S: *Ja das ist der, der ganz alte, also der ware auch schon langst weggewesen wenn wir -- noch -- geblieben waren, das war alles schon geplant./hm/Und (3) dann hab ich mich naturlich auch dabei kaputt gemacht dabei ne?*

I: *haben sie das alles allein gemacht ja?*

S: *Ja na -- **JA**, ja Und wie der Schwiegervater nachher raus kam, und dann hat der noch ein bißchen geholfen und so ne (6) und viel Geld hatte er ja auch nicht verdient dabei ne. (6)*

I: *Wie alt waren sie da? -- Und, - und Kinder hatten Sie doch da auch schon ne?*

S: *Ja die waren beide 1 und 3 Jahr alt. Ja die mußten ja auch versorgt werden. Und dann noch der Garten, alles mit der Hand umgegraben. Und im Haus war auch alles sauber und ordentlich.*

Dies ist zunächst ein ungewöhnlich erscheinender Interviewanfang. Das Herausplatzen der wirklich tragischen Geschichte ließ sich bei der Interpretation einerseits mit dem situativen Kontext begründen, andererseits damit, daß die Enteignung für sie tatsächlich den entscheidendsten Lebenseinschnitt darstellt, den sie nicht nur erzählen will, sondern wohl auch erzählen muß. Unsere Frage richtete sich auf den Erfahrungshorizont „DDR" und ihre Perspektiven. Ihre persönliche Geschichte der DDR beginnt damit, daß *„morgens in aller Frühe, die Polizisten,"* kamen, um ihren Mann und ihren Schwiegervater mitzunehmen. Der Bezug zur Geschichte und ihrem Erleben, ist durch das Datum des Interviews (4. Oktober 1990) und das Auftreten einer „Forschergruppe" evident. Wie sich bei der Interpretation der gesamten Biographie (die sie uns innerhalb des Interviews liefert) herausstellte, war die erzählte Passage ohne Zweifel die entscheidendste ihres Lebens.

Frau Singler wurde 1926 in einem Dorf unweit Tranlins geboren. Ihre Eltern bewirtschafteten dort eine große Bauernstelle (*..über 40 Hektar*). Sie wurde auf eine höhere Schule nach Berlin geschickt, die Hofnachfolge des elterlichen Betriebes kam für sie nicht in Betracht. Nach Vollendung der 10. Klasse kehrte sie zu ihren Eltern zurück. Der Abbruch des geplanten weiteren Schulbesuchs wurde von den Eltern bestimmt, die im Hinblick auf die beginnenden Bombenangriffe auf Berlin das Leben ihrer Tochter auf dem Dorf besser geschützt sahen. Sie heiratete nach dem Krieg in den jetzigen Hof in Tranlin ein, und bekam dort 1956 ihr erstes, 1958 das zweite Kind (beides Mädchen). Bis 1959 war sie an der enormen Modernisierung des Hofs beteiligt. Für Mecklenburger Verhältnisse sehr fortschrittlich, wurden die Stallungen gekachelt, worauf sie heute noch stolz ist. Im Sommer 1959 wurden ihr Schwiegervater und ihr Gatte wegen der angeblichen Getreideschiebereien verhaftet. Ihrem Mann gelang zwar vorerst die Flucht, er stellte sich aber nach *„ein paar Wochen"* selbst den Behörden. Nach der Erntezeit wurde ihnen der Prozeß gemacht, ihr Schwiegervater zu fünf Jahren Zuchthaus, ihr Mann zu drei Jahren Zwangsarbeit verurteilt. Schon 1960 starb ihr Mann unter unklaren Umständen in der Haft. Die Trauer über den Tod des Gatten war mit einer weiteren Diskriminierung verbunden. Bei seiner Beerdigung auf dem Dorffriedhof durfte der noch inhaftierte Schwiegervater anwesend sein. Er wurde vor den Augen der Trauergemeinde in Handschellen an- und abtransportiert. Diese Demonstration der Staatsgewalt wird noch heute von den alteren Tranlinern als ein nicht notwendiger und überzogener Akt der Willkür beschrieben. Nun hätte das für Frau Singler die letzte Aufforderung zum Verlassen der DDR sein können. Sie wollte aber ihre Schwiegermutter, die wiederum auf ihren Mann warten mußte, nicht im Stich lassen. Der Schwiegervater wurde aber erst nach 1961 entlassen, die Grenzen waren nun geschlossen, für sie war der Weg in den Westen endgültig versperrt. Sie demonstrierte ihren Durchhaltewillen, wollte den erreichten Status und Lebensstandard (Wartburg) keinesfalls aufgeben. Sie verkannte in diesem Moment offensichtlich ihre Möglichkeiten. Erstens war der Hof nicht mehr im Familienbesitz. Zweitens konnte sie auch bei äußerster Anstrengung die verlorenen Arbeitskräfte (Schwiegervater und Gatte) nicht allein ersetzen. Der enorme Arbeitsaufwand in Stall und Haus (immerhin hat sie zwei kleine Kinder) ruinierte ihre Gesundheit. Erst später wurde ihr klar, daß ihr Einsatz sinnlos war. Sie kommentiert es mit den Worten: *„und da bin ich so doof gewesen"*. Als dann ihre Schwiegereltern (nach deren Verrentung) deren eigener Tochter in den Westen folgten, ist sie vollends allein mit ihren Kindern auf dem Hof, über den sie nicht mehr verfügen konnte. Die Schwiegermutter, der der Hof nach der Enteignung ebensowenig gehörte wie Frau Singler, legte kurz vor ihrem Tod in Westdeutschland fest, daß nicht Frau Singler als Schwiegertochter, sondern ihre eigene Tochter erben solle.

Frau Singler wurde damit ein zweites Mal ihr familiäres Kapital entzogen (damals nur symbolisch, heute mit faktischer Wirkung). Ihre soziale Stellung als Bäuerin, die sie vorher mit der Heirat zugewiesen bekam, wurde damit weiter untergraben. Sie kann nun zwar immer noch eine überdurchschnittliche Schulbildung aufweisen, hat aber keinen Berufsabschluß, zählt unter den neuen Prämissen zu den Ungelernten. Durch die Heirat fügte sie sich im dörflichen Sozialmilieu in das höchste Niveau ein, welches sie als Frau erreichen konnte. Die Frau des Großbauern war nicht nur die wichtigste Frau auf dem Hof, sondern zählte damit zu den *„first ladies"* Tranlins. Bei der Wahl des Partners folgte sie ja auch dem traditionellen Muster. Aus einer Bauernfamilie kommend, heiratete sie standesgemäß. Daß sie letztendlich mit ihrem Mann *„in den Hof"* heiratete, war für sie folgerichtig. So blieb sie nach dem schmerzlichen Verlust des Gatten auch auf dem Hof.

Auf dem Hof herrschte nun aber die LPG, die ihre Wohnung aufteilte (sie brauchte ja nun nicht mehr soviel Platz) und dort eine Melkerfamilie ansiedelte. In der gleichen LPG arbeitete sie in der Buchhaltung (die in einem anderen verlassenen Bauernhof im Dorfzentrum eingerichtet wurde). Diese Tätigkeit führte sie bis zum September 1989 aus, von zwei längeren Krankenhausaufenthalten unterbrochen. In der LPG leitete sie die Frauengruppe, organisierte Lichtbildervorträge und Kinonachmittage. Diese Tätigkeiten in der LPG führten aber nicht dazu, daß sie Mitglied einer Massenorganisation (auch nicht des DFD) wurde. Immerhin wurde von ihr ein erhebliches Maß an Unterordnungsbereitschaft und Loyalitat gegenüber den neuen Eliten verlangt. Mit den Personen zusammenzuarbeiten, die indirekt von der Enteignung und dem Tod ihres Mannes profitierten, mußte für sie eine Zumutung dargestellt haben, machte sie doch auch 1990 kein Hehl aus ihrer negativen Einschätzung der LPG. Frau Singler konnte aber das Angebot der Beschäftigung in der LPG nicht ablehnen, wenn sie auf dem Hof bleiben, die Chance auf einen annähernd standesgemäßen Arbeitsplatz nicht verspielen und sich ein (wenigstens potentielles) Mitspracherecht bei der Entwicklung des Hofes erhalten wollte. Die Sicherheit des Hofes war ihr allemal lieber als die Ungewißheit, die sich mit der Entscheidung gegen eine Arbeit in der LPG verband.

Nach der Wende wird das Urteil von 1959 aufgehoben, die Familie erhält die Gebäude und das Land von der LPG zurück. Ihre Schwägerin als Erbin versicherte ihr zunächst, daß sie keine Ansprüche an sie stellen würde und sie alles behalten könne. Nun wurde aus der langjährigen Büroangestellten der LPG wieder eine Landbesitzerin. Da die LPG 1991 ihre Produktion einstellte, stehen nun die großen Ställe leer. Auch die Melkerfamilie, die seit ca. 20 Jahren dort gewohnt hat, zog aus. Es bestand, nach dem was geschehen war, ein ambivalentes Verhältnis zu dieser Familie. Im Interview meinte sie diplomatisch, daß sie sich an alles gewöhnen konnte und immerhin so jemand dagewesen war, und daß man aufeinander angewiesen war.

Seit 1989 ging sie nicht mehr arbeiten, hatte einige Probleme mit ihrer kranken Hüfte und mußte für längere Zeit ins Krankenhaus. Seitdem riß auch der Kontakt zum Dorf über die Arbeitsstelle ab. Es gab auch keine Nachmittage der Frauengruppe mehr. Mit der Wende 1990 verstärkte sich die Abkapselung vom Dorf. Sie gehört heute zwar nicht zu den kontaktunfreudigsten Tranlinern, fährt aber mit ihrem Trabbi zu Bekannten in die Nachbardörfer. Fremden gegenüber ist sie jedoch noch verschlossener als kurz nach der Wende. Im Moment lebt Frau Singler allein auf dem ungenutzten Hof, der langsam verfällt, da ihr die Mittel für notwendige Reparaturen fehlen und ihre Töchter und Schwiegersöhne mit den Enkeln nur an den Wochenenden aus der Stadt kommen, um ein wenig zu helfen.

Ihre beiden Töchter erlangten überdurchschnittliche Bildungsabschlüsse. Als Lehrerin und stomatologische Schwester hätten sie zwar durchaus Arbeit im Umfeld des Hofs der Mutter finden können. Beide gründeten ihre Familien aber im urbanen Raum; die Lehrerin in Berlin, die Schwester in Schwerin. Sie werden nicht auf den Hof ihrer Mutter zurückkehren. Den Grund dafür sieht Frau Singler darin, daß weder die notwendigen bäuerlichen Kenntnisse vorliegen, noch eine Chance zur Wiedereinrichtung bestehen würde und der finanzielle Aufwand dafür zu hoch sei. Hervorhebenswert erscheint, daß sich Frau Singler überhaupt Gedanken über eine Wiedereinrichtung macht. Sie rechnet nach, wieviel eine Hofausstattung kosten würde, beobachtet bei ihrer Schwägerin in den alten Bundesländern, welche Geräte und Maschinen in einem modernen Hof gebraucht werden. Sie weiß, daß ihre Schwiegersöhne kaum eine Möglichkeit haben, den Hof wieder zu betreiben, trotzdem macht sie sich ihre Gedanken und rechnet schon mal nach. Die Möglichkeit der Wiedereinrichtung wird dann von ihr durch das Abreißen der Familientradition ausgeschlossen, denn die Töchter heirateten keine Bauern (*„der kommt ja auch nicht aus einer Bauernwirtschaft“*). Durch das Studium in der Großstadt reichen die Heiratskreise der Töchter weit über den Horizont des Dorfs hinaus. Der verlorene Besitz bindet keine der beiden an Standesregeln, die sie bei der Partnerwahl hätten befolgen müssen. Da der Wohnraum begrenzt war, die LPG den Hof industriemäßig bewirtschaftete, sank auch der Anreiz, im Haus der Mutter zu wohnen.

Die für landwirtschaftliche Familienbetriebe notwendige Hoftradition wurde im Fall des Hofs Singler durch die Kollektivierung zerstört. Die in der DDR sozialisierten Töchter und deren Männer werden nicht auf den Hof der Mutter zurückkehren, um ihn wieder zu bewirtschaften. Für Frau Singler und ihre Familie ist durch das LanpG weder eine Wiedereinrichtung möglich, noch ist es ihnen möglich, die ehemalige Position im Dorf zurückzuholen. Nach der Wiedervereinigung gehört Frau Singler sogar eher zu den Verlierern als zu den Gewinnern, denn sie gewinnt mit dem Eigentum weder relevante Handlungsoptionen hinzu (sie würde den Hof niemals verkaufen, selbst wenn sich ein Käufer finden würde), noch erfüllt sich ihr Traum einer funktionierenden Familienwirtschaft. Sie bleibt allein und ist nach dem Ende der LPG nur noch einsamer als vorher.

Der Hof Singler stellt bezüglich der Härte der Kollektivierung einen extremes Beispiel dar, bei dem ja nicht nur das Ende der Hoftradition besiegelt, sondern durch den Tod des Herrn Singler auch die brutale Seite der Kollektivierung abgebildet wird. Ein Anknüpfen an alte Traditionen hätte vielleicht dann erfolgen können, wenn die Kollektivierung nicht so folgenreich für die Familie gewesen wäre und die Kinder noch auf dem Hof leben würden. Für eine Gegenüberstellung eignet sich der Hof Rechlin/Reichert, der nun vorgestellt werden soll.

Der Fall des Hofes Rechlin/Reichert

Als Herr Reichert (der Schwiegersohn von Herrn Rechlin) bei unserem ersten Interview am 3. Oktober 1990 gefragt wurde, welche Felder denn nun zu dem

Hof gehören, konnte er - nicht ohne Stolz - mit einer weiten Halbkreisbewegung seines Armes mit dem Rücken zum Dorf kommentieren: *„Na das hier alles so, von da oben bis da hinten.“* (Günter Reichert 1990). Man mußte zwangsläufig den Eindruck gewinnen, daß ihm dort eigentlich alles gehört. Allerdings gehörten die 40 Hektar und das Haus nicht ihm (dem Schwiegersohn Herrn Reichert), sondern damals noch der LPG und nach deren Ende bis heute (1995) seinen Schwiegereltern. Auf der gegenüber dem Hof liegenden Straßenseite hatte die LPG in den 70er Jahren auf dem Land der Familie Garagen für ihre Technik gebaut. Herr Rechlin und sein Schwiegersohn wollten sich nach der Wende nicht auf einen Landtausch einlassen und klagten auf Abriß, da sie diese Lage (Bauland) nicht verlieren wollten und der zusammenhängende Besitz nicht auseinander gerissen werden sollte. Von 1983 bis 1990 war Herr Reichert selbst in den Werkstätten als Schlosser beschäftigt. Sein Schwiegervater arbeitete bis zur Verrentung auf „seinem” Hof, von dem die LPG die Ställe nutzte. Dieser Hof wurde von anderen Dorfbewohnern immer wieder als einer benannt, dessen Bedingungen für eine Wiedereinrichtung am besten seien. Die Konstellation, sehr gute Grundmittel- und Kapitalausstattung und ein möglicher Hofnachfolger im Haus, legte diese Vermutung nahe. Aus dem Grunde wurden auch Herr Rechlin und Herr Reichert 1990, 1993 und 1994 interviewt. Es sollte beobachtet werden, wie der Übergang in die Privatwirtschaft vollzogen wird, oder warum es nicht geschieht. Warum leben auf diesem Hof, unter vergleichbaren Bedingungen wie bei Frau Singler, drei Generationen unter einem Dach? Die intergenerationellen Beziehungen in der Familie Rechlin/Reichert scheinen sich, entgegen dem Fall Singler und der These der Vernichtung bäuerlicher Traditionen durch die Kollektivierung, hier ganz anders entwickelt zu haben.

Herr Rechlin

Herr Rechlin wurde 1924 in der Nähe Tranlins, aber schon auf dem Gebiet Preußens, in einer Bauernfamilie geboren. Da sein Vater an den Spätfolgen einer Kriegsverletzung starb, heiratete die Mutter erneut. Nach dem Besuch der Landwirtschaftsschule wurde er 1942 direkt zum Militärdienst einberufen. Schon bei einem seiner ersten Fronteinsätze wurde er gefangen genommen, sein Lebenslauf ist daher durch sechs Jahre Aufenthalt in sibirischen Kriegsgefangenenlagern gekennzeichnet. Herr Rechlin fügt im Gespräch öfter ein, daß er eigentlich nichts über das Leben im Lager sagen möchte, da es zu grausam war. In der Nachkriegszeit starb seine Mutter, und sein Stiefvater konnte die Abgabeforderungen kaum noch erfüllen. Sie verließen daher zunächst 1952 den Hof und flüchteten nach Westberlin. Herr Rechlin kehrte bald darauf wieder in die DDR zurück. Er wollte in den Hof seiner zukünftigen Frau in Tranlin einheiraten. Die Aufgabe des eigenen Hofes wollte er nicht einfach hinnehmen. Gleich nach seiner Rückkehr stellte er für seinen Hof einen Reprivatisierungsantrag. Daraufhin wurde er verhaftet. Er wurde vor die Wahl gestellt, entweder wegen angeblichen Waffenbesitzes abgeurteilt zu werden oder doch lieber auf den Hof zu verzichten, dann würde man diese Sache vergessen können.

> *R: Und da hab ich den Antrag gestellt, ich ah, mochte mein Besitz wiederhaben. (6) Und da kam' se mir anders, und da sagte der Vorsitzende*[11] *zu mir,* ***der saß an meinem eigenen Schreibtisch, -- „Sie*** *wollen ihren Eigentum, ihr Eigentum wieder?* ***Das*** *bestimmen wir, und nicht* ***Sie!***" *-- So. --- Dann hab ich ne Aufstellung gemacht vom Mobiliar und so -- und dann kricht ich eine Vorladung, Rat des Kreises P. staatliches Eigentum, --- war aber* ***ab****gesprochen, - ich war nichtmal 5 Minuten da, da kommt jemand rein, in's Zimmer, ich hat mich* ***gerade*** *hingesetzt. „Sind sie Herr R? Ja? Komm'se bitte mit raus!", zog die Karte, da wußte ich ja woher, --* ***so****: „nu komm se bitte mit ruber", - zum früheren Hotel, wo die Polizei sitzt. Da hatte die Polizei damals noch die dunkelblaue Uniform, ne und da wurd ich ja nach Strich und Faden verhort und ich* ***sollte zugeben*** *das bei uns auf'm Schweinehausboden Schußwaffen gefunden wurden! Ja! „Sie sind Soldat gewesen, und da ist einer Jager gewesen und und es konnt vielleicht in Vergessenheit.", ich sag, denken sie vielleicht --* ***sechseinhalb Jahre*** *in Sibirien und denn soll ich noch mit Schußwaffen gekommen sein? Ne! „****Nee*** *vorher, vorher, vorher, vorher". Naja und so weiter und fort. Naja ich sollt dann was unterschreiben, das hab ich dann nicht gemacht, ---- und ah da sagt er dann zu mir „Also sie geben das* ***nicht*** *zu?", ich sag „****Nein*** *das geb ich nicht zu." „Und wissen sie was dadrauf ruht wenn wir das weitervermitteln?", ich sage „Ja, so ungefähr ja.", naja sagt er ((leise:) „Todesstrafe oder lebenslanglich Zuchthaus) und dann konn sie ja wahlen was sie nu wollen".* (Rechlin 1990)

Wie sich unschwer erraten läßt, verzichtete er lieber auf seinen Hof. Durch die Einheirat in den wesentlich besseren Betrieb in Tranlin konnte er den Verlust wenigstens partiell ausgleichen. Nahm er hier zwar nur die Stelle des Jungbauern ein, war doch durch die familiäre Konstellation die Hofübernahme absehbar. Für sein weiteres Leben wogen die drastischen Erfahrungen mit der Willkürherrschaft schwer. Da waren die schrecklichen Erlebnisse in der Gefangenschaft, über die er nicht berichten will. Die neue Ordnung in seiner Heimat erschien ihm - aus der Gefangenschaft zurückgekehrt - ähnlich unge-

---

11 Sein Hof wurde, wie die anderen verlassenen Gehofte, formell enteignet und der LPG uberlassen. Mit dem „Vorsitzenden" meint er den Vorsitzenden der LPG, dem sein Land und das Haus (und damit auch das personliche Inventar: „*...an meinem eigenen Schreibtisch...*") zufiel

recht und willkürlich. War er nicht freiwillig aus Westberlin zurückgekehrt und hatte damit Anspruch auf sein Land? Warum kann jemand so einfach mit der Todesstrafe drohen? Zudem hatte er doch auf den infolge der Unruhen im Juni 1953 verkündeten „Neuen Kurs"[12] gebaut. In der Bilanzierung dieser Episode stellt sich seine Hoffnung als Trugschluß heraus. *„Der Neue Kurs -- naja, das war ja auch nur der alte."* (Rechlin 1990). Bei der Kritik am System oder auch nur bei strittigen Fragen im Dorfalltag hielt sich Herr Rechlin in den nächsten Jahren zurück. Der Alptraum der verlorenen Jugend im Lager in Sibirien und die Allmacht des Apparates hatten bleibende Spuren bei ihm hinterlassen. Passagen, die seine Stellung gegenüber dem Staat und seinen Organen betreffen, sind voll von Sequenzen, die die Angst gegenüber diesem System dokumentieren. So sind in die Erzählungen über die Kollektivierung und die LPG-Zeit immer wieder Argumentationen eingebettet, die die damalige Haltung, wenn nicht entschuldigen, so doch eindringlich beschreiben und erklären wollen.

> *R: Na ja, der nu vollkommen Strom an ging oder gegen den Strom lauft, ne? Denn wurde ja, --- also das hat -- keiner gemacht, jeder sah ja ein, das ist zwecklos! Das ist ja* ***Dummheit*** *in der Beziehung,* ***meine*** *Meinung, ne? -- Und ich hab genug erlebt.* (Rechlin 1994)

Jeder Widerstand wird hier als zweckloses Unterfangen beschrieben: man wäre ja „dumm" gewesen, sich einer derartigen Gefahr auszusetzen. Außerdem wurde von ihm eine flexible Art sich anzupassen praktiziert, da man ja nicht andauernd *„gegen den Strom"* schwimmen konnte. Man mußte also schon in gewisser Weise mitmachen, alles andere fand er *„zwecklos"*. Selbst über die allgemein bekannten Mißstände zu sprechen, was ja weniger ist als *„vollkommen Strom an"* zu gehen, barg aus seiner Sicht Gefahren. Auch im engeren Kreis des Dorfes traute er sich nicht, frei zu reden, bestand doch die Gefahr einem Zuträger aufzusitzen.

> *R: Hat kein Zweck, hier laufen genug umher -- Zutrager --- man weiß nicht, man kennt sie nicht, man weiß sie nicht, aber dies Gefuhl immer, ne? --- Also immer, immer, ich weiß es nicht und, und, und - nee -- ((leise:) immer etwas unsicher, ne?) -- Und schimpfen und so weiter auf die Regierung und so, das hat doch keiner gemacht, ne? --- Das hatte ja auch keinen Zweck, soll man sich denn abends abholen lassen oder so?* (Rechlin 1994)

---

12 Herr Rechlin bezieht sich hier auf die kurzzeitige Abkehr vom „Aufbau der sozialistischen Landwirtschaft" zur Zeit des „Neuen Kurses". Immerhin verließen zwischen Juni 1953 und Februar 1954 33 000 Mitglieder die LPGen, 564 Genossenschaften wurden aufgelöst (Bauerkamper 1994: 136).

So wäre es verständlich gewesen, wenn Herr Rechlin und sein Schwiegervater in der härtesten Phase der Kollektivierung geringeren Widerstand leisten würden als die anderen Bauern. *„Na ja, und denn -- nee, und denn, der Schwiegervater sagt auch, einsperren lassen und, und -- das hat doch keinen Zweck, nö, dann gehen wir. Ende 59/60 sind wir dann in die LPG gegangen"* (Rechlin 1994). Bis dahin hatten sie alle Abgabesollerhöhungen überstanden und hätten sehr gut allein weiterwirtschaften können. Dennoch mußten sie sich dem Druck beugen, der von ihm als physischer und psychischer beschrieben wird, nicht als ökonomischer. Die Unterordnung unter das neue System der Kollektivwirtschaft auf dem Lande fiel bezüglich der Kontinuität der alltäglichen Arbeitsaufgaben nicht so schwer. Das Problem bestand in der „erzwungen-freiwilligen" Aufgabe der Autonomie. Entscheidungen wurden jetzt von der Leitung gefällt, Arbeitsaufgaben zugeteilt. Der Vorteil für Herrn Rechlin und seinen Schwiegervater (wohl auch für den heutigen Zustand des Hofes) war, daß sich ihr Arbeitsplatz auf dem enteigneten Hof befand: in den nun von der LPG genutzten großen Ställen. Ihre Arbeit außerhalb der totalen Kontrolle durch die Leitung und relativ eigenständig auf dem (immer als Eigentum betrachteten) Hof war solange erträglich, wie sich die Unterordnung auf das Ausführen von Befehlen beschränkte. Herr Rechlin hatte in der Gefangenschaft gelernt, mit solchen Vorgaben umzugehen und sich zur rechten Zeit vor einer drohenden Maßregelung zu ducken. Sein in der bäuerlichen Familie sozialisiertes Arbeitsethos konnte dahingegen weiterhin ausgelebt werden. Probleme gab es hingegen dann, wenn von der LPG in den Bereich des Hofes hineinregiert wurde.

> *R: Und da sage ich zu meinem Schwiegervater, ich sag, weißt du, die bauen da was an und da bin ich hingewesen und da sag ich, ich sag, ganz so geht es ja aber auch nicht, daß ihr einfach -- was anbaut und hier und so. -- Und da sagt der glattweg zu mir, „wenn ich* ***will****, kann ich die ganze Scheune umreißen, da hast du gar nichts zu sagen!" -- also sehen sie --- bei mir war es so, als ob das noch,* ***aber es war ja nicht mehr'*** *Nee, ich mein, die Gesetze waren nun mal so* (Rechlin 1990)

In dieser Passage wird deutlich, wie problematisch die Aufgabe des Besitzes für die Bauern war, und wie wenig sie sich damit abfinden konnten. Der Hof war zwar qua Genossenschaftsvertrag weiterhin Besitz der Familie, die Entscheidungsgewalt lag aber bei der LPG-Leitung. Sie konnte sich moderat gegenüber ihren Mitgliedern verhalten, aber auch jederzeit zeigen, wer hier die Gesetze auf seiner Seite hat. Der Vorteil, auf dem eigenen Hof weitgehend abgeschirmt von den anderen Beschäftigten der LPG und den Vorgesetzten arbeiten zu können, bezog sich aber allein auf den Ort der Arbeitstätigkeit.

Nur hier, und das auch nur im beschränkten Umfang, konnte er eigenverantwortlich seine Arbeit einteilen. So ist der relativ gute Zustand der Gebäude darauf zurückzuführen, daß er sich während und nach der offiziellen Arbeitszeit um die Instandhaltung und um notwendige Reparaturen kümmerte. Er blieb bis zu seiner Verrentung in „seinem“ Stall (den er übrigens *„Tierhaus“* nennt) und auf Drängen des Vorsitzenden sogar noch einige Monate länger. In beiden Interviews wird kein weiterer offener Zusammenstoß mit der Leitung oder Zwist mit den anderen Beschäftigten deutlich. Im Gegenteil, trotz der Vorbehalte und benannten Probleme lobt er den später entstehenden Zusammenhalt in der LPG.

Um das 1953 verlorene Grundstück seiner Eltern kümmerte er sich schon vor der Wende. Trotz der schlechten Erfahrungen, die er nach seiner Rückkehr aus Westberlin gemacht hatte, hatte er im Januar 1989 den Mut, wiederum einen Rückübereignungsantrag zu stellen. Zu dieser Zeit konnte er vom nahenden Ende der DDR noch nichts ahnen. Mit der Androhung, die Kommunalwahl im Mai zu boykottieren, versuchte er das Verfahren zu forcieren. Er war damit auch erfolgreich und sollte zumindest das Haus zurückerhalten. Die Wende fällt für ihn also mit der geglückten (und vor allem selber in Angriff genommenen) Rückübertragung zusammen. Er wollte allerdings nicht in diesem Haus wohnen, sondern in Tranlin bleiben. Es gelang ihm, auch diesen Hof 1990 aus der LPG zu nehmen. Das Grundstück teilte er sich mit der Familie der jüngeren Tochter, die 1978 heiratete und seit 1980 mit ihrem Mann und zwei Kindern einen Teil des Hauses bewohnt. Da die ältere Tochter in Dresden studiert hat und dort heute noch wohnt, ist sein Schwiegersohn, der Herr Reichert, der kommende Mann auf dem Hof.

Herr Reichert

Der Schwiegersohn Herrn Rechlins, Günter Reichert, wurde 1955 in Neubrandenburg als drittes Kind eines Schlossermeisters (der in einer PGH arbeitete) geboren. Er besuchte dort die zehnklassige allgemeinbildende polytechnische Oberschule (POS). Nach der Schule begann er eine Ausbildung zum Facharbeiter für Instandhaltung von Maschinen[13]. Nach seinem Wehrdienst wurde er von seinem Ausbildungsbetrieb weiterbeschäftigt und vorrangig bei Montagearbeiten außerhalb des Betriebes eingesetzt. Bei einem dieser Aufenthalte lernte er die Tochter des Herrn Rechlin kennen, die dort in der Sparkasse arbeitete. Sie heirateten und zogen zunächst zu seinen Eltern nach Neubrandenburg. Als sie aber 1979 ein Kind bekamen, wurde es in der

13 Entspricht dem Schlosserberuf.

Wohnung seiner Eltern zu eng. Sie beschlossen, zu den Eltern seiner Frau nach Tranlin zu ziehen. In der nahen Kreisstadt konnte Frau Reichert in der Sparkasse eine Position besetzen. Er fand Arbeit in der dortigen Brauerei, konnte aber sein Ziel, Meister zu werden, nicht weiterverfolgen. Das zweite Kind wurde 1983 geboren. 1985 fingt er in der LPG an zu arbeiten, die gegenüber dem Hof der Schwiegereltern ihren Fuhrpark und den Reparaturstützpunkt betrieb.

> *Rj: Praktisch seit 1980 hier in P. angefangen auf der Brauerei -- da als Schlosser ja, von da aus war ich denn -- bis 85 glaube ich, ja auf der Brauerei und dann haben die mich hier abgeworben, (lacht) die LPG braucht junge Leute -- ja -- und ich sag, ich komm -- unter einer Bedingung - wenn ich hier meinen Meister machen kann. Meisterschule, ich wollte dat auf der Brauerei auch, das hat nicht geklappt, da wollte man mich dann zwingen --- ich könnte nur Meister machen, wenn ich dann eben Mitglied werde -- der SED. No, hab ick gesagt, dann nicht, na ja dann haben sie noch paarmal hin und her und da ist die Sache ins Wasser gefallen.* (Reichert 1994)

Bei der LPG konnte er seinen Meister machen, ohne daß damit die Verpflichtung verbunden war, in die Partei eintreten zu müssen. 1990 bestand er die Meisterprüfung. Auch Günter Reichert beschäftigte sich viel mit dem Hof seiner Schwiegereltern, u. a. trug er Sorge für die Erhaltung der Bausubstanz. Gemeinsam mit den Schwiegereltern hielten sie auch Schweine. Seine Ansichten über die LPG deckten sich mit denen des Schwiegervaters. Sie stellten seine Begründung für das Engagement auf dem Hof dar.

> *Rj: Vor allem bei so einer mühseligen Arbeit durchgehalten! Man hat eben auch viel Freizeit ans Bein gebunden, vor allem mein Schwiegervater, ja, der hat eben viel hier gemacht, ne --- sonst war das auch nicht so gewesen - wenn die LPG hier* ***alleine*** *drauf gewirtschaftet hatte, dann war garantiert das Schweinehaus und das Viehhaus schon langst zusammengebrochen. Also das steht fest, das ware alles sang- und klanglos untergegangen. So wie hier viele Gehofte schon oder noch untergehen. Das ist dann -- erledigt, ja, das is nicht ihrs gewesen, und da wurde nur auf Kosten der Bausubstanz gewirtschaftet, bis es eben zu Ende war und dann wurde ausgezogen und dann war fertig, dann war die Sache erledigt.* (Reichert 1990)

Wenn man nicht will, daß alles zusammenfällt, dann muß man zwangsläufig mit anpacken und kann nicht einfach in der Gegend umherfahren, wie es seiner Meinung nach „*mancher*“ tut. Dann, so sein Argument im Interview, fällt alles zusammen und ist erledigt. Wie sein Schwiegervater trennte er dessen erlittenes Unrecht von den Problemen der alltäglichen Zusammenarbeit in der LPG. Er war sich 1990 bewußt, daß sich die Genossenschaft bei einem etwaigen Überleben keine eigene Werkstatt mit vier Schlossern und einer „*La-*

germieze" mehr leisten kann. Auch sein Schlossermeisterbrief war wertlos geworden, da der DDR-Abschluß Industriemeister heute nicht anerkannt wird. Nach einer relativ kurzen Phase der Arbeitslosigkeit 1991, in der er sich weiter um den Hof kümmerte und einen Nebenerwerbsbetrieb mit dem Schwiegervater anmeldete, begann er eine Umschulung in der Nähe Hamburgs zum Schlächter. Seitdem arbeitet er nun bei einem der wichtigsten Arbeitgeber der Gegend, einem modernen Fleischverarbeitungsbetrieb. Er arbeitet dort meistens in der Frühschicht von 4 Uhr 30 bis 13 Uhr. Die Tiere der Privatwirtschaft versorgt also der Schwiegervater. Die anderen anfallenden Arbeiten werden gemeinsam erledigt. Von den 40 Hektar sind momentan 35 Hektar verpachtet, 5 Hektar werden selbst bewirtschaftet. Viele Dorfbewohner (und so auch wir), nahmen 1990 an, daß Günter Reichert den Schritt zum Vollerwerbsbauern vollziehen würde. Die oben beschriebenen Aktivitäten legten diesen Schritt ebenfalls nahe, sowie das (jedenfalls nach außen präsentierte) gute Verhältnis zu den Schwiegereltern. Er meinte bei einem Gespräch 1993:

Rj: „Nöö, das wird doch nichts. --- Ach, solange das Geld immer Monat für Monat in die Tüte kommt, werd ich das machen, da hab ich doch mein Auskommen, ne."

Auf das Risiko einer eigenen Wirtschaft würde er sich unter den derzeitigen Bedingungen nicht einlassen. Als er sich während der Arbeitslosigkeit mit der Landwirtschaft beschäftigte, bemerkte er, daß ihm wichtiges Grundwissen fehlt und die zu bewirtschaftenden Flächen wohl zu klein sind, um einen Vollerwerbsbetrieb effizient führen zu können. Im Interview von 1990 fehlten noch das Vertrauen und der Mut, sich zu verschulden. 1994 resümiert er - ohne über seine jetzige Lage zu verzweifeln, daß er wohl eine Chance verpaßt hat.

*I: Und irgendwie ne Chance mit Vollerwerb, da haben wir uns schon druber unterhalten, das ist ja auch durch die --/**Nöö!**/40 Hektar, das ist ja man auch ein bißchen*

*Rj: Denn dat reicht ja nicht zu, ne?, dann mußt du, dann hättest du schon mindestens so -- zweihundertfuffzig, dreihundert Hektar, hattest du dann alleine haben müssen, ne? -- So, und das war ja dann ruckzuck alles weg. Die haben ja die Pachtverträge alle übernommen gehabt, ne, rucki, zucki, und dann haben für zwölf Jahre gleich gemacht, ne? -- So, und da haben die eben aufgepaßt -- ich mein, da hätte man gleich aufpassen mussen, so nach der Wende so, wo die sich aufgelöst haben, so, Schluß! Ich würde eben die -- diese ganze Seite bis nach X., das wär dann **gegangen**, ne? -- Aber da hatte man auch wieder einen **Mann** haben müssen, ne, und wovon den erstmal **bezahlen**? -- Erst wußte ja keiner, wie dat läuft, ne. So, wenn man* *jetzt das sieht, wie* ***das*** *jetzt angelaufen ist. Mit den ganzen Stutzungen und hin und her, na ja, dann, dann ist das alles kein Problem, ne?* ***Aber*** *wir sind so auch ganz gut bei gefahren, wollen wir mal sagen.* (Reichert 1994)

Somit scheint auch hier die Wiedereinrichtung eines Familienbetriebs kaum anstrebenswert, obwohl Günter Reichert so etwas wie eine Hoferbensozialisation erfährt. Im Fall des Hofes Rechlin-Reichert ist immerhin die Hoftradition durch die Kollektivierung nicht vollständig zerstört worden. Herr Rechlin, der mit Krisensituationen umzugehen weiß, machte das Bestmögliche aus den gesellschaftlichen und familiären Rahmenbedingungen. Er hatte das Glück, noch rechtzeitig in die LPG eingetreten zu sein, entgeht den Zwangsmaßnahmen, die für manche eine Verurteilung und Enteignung nach sich zogen. Zudem schafft er es, den Hof vor dem Verfall zu sichern - sicherlich ein wichtiger Grund für die Entscheidung der Familie der Tochter zur Rückkehr auf den Hof. Die Familien (mit den Enkeln drei Generationen) leben bis heute zusammen auf dem Hof, helfen sich bei seiner Erhaltung und teilen sich die Küche. Gemeinsam begannen beide einen Nebenerwerbsbetrieb aufzubauen. Zur Einrichtung eines Vollerwerbsbetriebes konnte sich der gelernte Schlosser und umgeschulte Schlächter Günter Reichert (noch?) nicht durchringen. Seine derzeit sichere, jedoch abhängige Erwerbsarbeit ist er nicht bereit, zugunsten der Selbständigkeit zu verlassen. Trotz relativ günstiger Bedingungen verbleibt die landwirtschaftliche Nebenerwerbswirtschaft auf dem Hof Rechlin/Reichert im Rahmen einer Hobbywirtschaft. Auch hier scheint die Kollektivierung im Bewußtsein der Menschen Fakten geschaffen zu haben, die der Einrichtung einer traditionellen Familienwirtschaft heute im Wege stehen.

Die Kollektivierung und ihre Folgen für die bäuerlichen Lebensläufe

Lassen die Folgen der Kollektivierung überhaupt ein Anknüpfen an die alte Struktur zu, wie es im LanpG angelegt ist? Für die Kinder der Bauern, die in der DDR berufliche Karrieren gemacht haben, scheint eine Rückkehr auf den elterlichen Hof heute höchst unwahrscheinlich zu sein. Dazu kommt das ihnen oft fremd gewordene dörfliche Milieu. Diese Generation wurde in einer Arbeitsgesellschaft[14] sozialisiert, die (abgesehen von den wenigen Gewerbe-

14 So begreift Martin Kohli die soziale Differenzierung in der DDR als die einer um die (Lohn-)Arbeit zentrierten Gesellschaft, deren spezifische soziale Organisation der Ar-

treibenden) auf lohnabhängigen Beschäftigungsverhältnissen beruhte. Sie werden, wie im Fall Günter Reicherts zu sehen ist, nicht einfach zugunsten einer unsicheren eigenen Wirtschaft aufgegeben. Der Arbeitsort und der Beruf der Hofnachfolger entscheiden offensichtlich zunächst darüber, ob neben der mentalen Bindung an den Hof überhaupt die notwendige räumliche Nähe zum Hof gegeben ist.

Im Vergleich der beiden Familien sind sehr unterschiedliche intergenerationelle Beziehungen zu beobachten. Auf der einen Seite der totale Abbruch der Hofkontinuität bei Familie Singler und geringe räumliche Bindungen, auf der anderen Seite das Zusammenwohnen auf dem Hof Rechlin/Reichert mit der gemeinsamen Hobbylandwirtschaft. Aber auch in diesem Fall sind das Anknüpfen an alte Traditionen und das Einrichten eines modernen Vollerwerbsbetriebes nahezu ausgeschlossen. Die gegebene räumliche Nähe zum Hof stellt noch lange nicht eine hinreichende Bedingung für eine Wiedereinrichtung dar. Offensichtlich hätte Günter Reichert dazu einen landwirtschaftlichen Beruf erlernen und ausüben müssen. Er hätte nach der Wende längere Zeit arbeitslos werden müssen, um diesen Plan konkreter angehen zu können (bzw. zu müssen?). Die Frage nach der Möglichkeit bzw. der Plausibilität des Anknüpfens an die Hoftradition läßt sich also nicht allein durch die Gegenüberstellung von Familienfällen mit engen oder weniger engen intergenerationellen Beziehungen klären.[15] Die beiden unterschiedlichen Fälle lassen den Schluß zu, daß ein Anknüpfen an die zerstörte Hoftradition heute wohl eher die Ausnahme bilden wird. Solche Ausnahmen sind bei günstigen Rahmenbedingungen wahrscheinlicher, wenn der ehemalige Bauer zu den Jüngeren seiner Generation (zwischen 1925 und 1935 geboren) gehört und der potentielle Hofnachfolger einen landwirtschaftlichen Beruf besitzt. Wie häufig diese Konstellation unter den Bauernfamilien in der DDR auftrat und wie oft dann heute tatsächlich wiedereingerichtet wird, müßte statistisch erfaßt werden. An der Ge-

---

beit den entscheidenden Ausgangspunkt fur die Strukturierung der Lebensläufe darstellte (Kohli 1994a).

15 Der einfachste Weg, Typen von erfolgreichen Wiedereinrichtern zu erfassen, ist wohl der, unabhängig von den Grenzen einer Gemeindestudie im gesamten Gebiet der neuen Länder direkt nach Wiedereinrichtern zu suchen, wie das in einschlagigen agrarwissenschaftlichen Studien geschieht. Dabei wird leider zu wenig auf die familiale Herkunft geachtet, da zu den Wiedereinrichtern auch LPG-Mitglieder gezählt werden, die nicht aus Bauernfamilien stammen. Wenn dazu individualistisch argumentiert wird (nach dem Motto: „Wenn es einer schafft, können es alle schaffen") verliert man aber das entscheidende Strukturprinzip der bäuerlichen Lebensläufe aus dem Auge, daß in der DDR durch das Abbrechen der Hoftradition durch die Kollektivierung gekennzeichnet ist.

schichte der Kollektivierung in Tranlin läßt sich klar ablesen, daß ein landwirtschaftlicher Beruf für viele Bauernkinder in der DDR wenig attraktiv war.

4. Wege in die LPG

Die Flächen und Gebäude, auf deren Grund der Örtliche Landwirtschaftsbetrieb (ÖLB), als Vorgänger der LPG Typ III[16], gebildet wurde, waren die Höfe derjenigen Bauern, die als erste aus der DDR in Richtung Westen flohen. In diesen Fällen wurden die Ländereien, Gebäude und das Inventar enteignet und unter die Nutzungsobheit der besagten ÖLB gegeben. In Tranlin flohen nicht weniger als vier der 16 Bauern bis 1960 in den Westen. In den Darstellungen der noch lebenden Tranliner Bauern und Bauernwitwen handelte es sich dabei vor allem um Bauern aus wirtschaftlich schwächeren Betrieben. Allein darauf lassen sich die Fluchtentscheidungen aber nicht reduzieren. Die willkürlichen Verurteilungen und überharten Strafen zur Zeit der SMAD (Sowjetischen-Militär-Administration Deutschlands) und in der DDR der 50er Jahre waren den Tranlinern schon vor den Schauprozessen gegen die Bauern im Herbst des Jahres 1959 bekannt. Die Angst vor drohenden Repressalien muß sehr groß gewesen sein. So flüchtete beispielsweise ein Bauer Hals über Kopf im April 1959 nach Westberlin, als er (durch den Rasierspiegel) den Dorfpolizisten seinen Hof betreten sah. Bald darauf folgte ihm die Familie nach Westberlin. Es ist nicht überliefert, was der Polizist eigentlich wollte, keineswegs wollte er den Bauern festnehmen. Hervorhebenswert erscheint an dieser Geschichte, daß der Auftritt des Dorfpolizisten auf dem Hof dieses Bauern zeitlich vor der folgenreichen Verhaftung der drei Bauern (vgl. den Fall Singler) lag und schon zu diesem Zeitpunkt panische Angst auslöste. Solche Verhaltensweisen sind eher typisch für Kriminelle, die jederzeit vor einer drohenden Verhaftung auf der Hut sein müssen, nicht jedoch für Bauern, deren Bodenständigkeit mehr als nur eine Metapher ist. Die Flucht dieses Bauern ist ein Zeugnis für die Kriminalisierung der Bauern. Da die drakonischen Strafen für „Wirtschaftsverbrechen", d. h. für eine tatsächliche oder nur

---

16 Die Statuten fur die LPG folgten der Ideologie der systematischen Hoherentwicklung zum Kommunismus, d. h. zu einem immer höheren Grad der Vergesellschaftung. In den LPGen Typ I („*jeder macht seins*") wurde noch zu einem Teil (Hof und Vieh) privat gewirtschaftet, wahrend in Typ III alles gemeinsam produziert wurde und nur noch eine private Hauswirtschaft im Umfang von einem ha und wenigen Tieren moglich war. Die Kollektivierung wurde in der DDR aber nicht, wie z. B. in China, bis zur vollstandigen Aufgabe aller privaten Guter in Kommunen gefuhrt.

konstruierte „Schieberei", nahezu jeden Bauern treffen konnten, mußten die „Kulaken" - wie sie nun bisweilen genannt wurden - jederzeit auf der Hut sein. Vor dem Bauern, dessen Fall gerade beschrieben wurde, flüchteten bereits drei andere Bauern mit ihren Familien. Sobald die Flucht der Hofbesitzer feststand, fiel deren Eigentum dem Staat zu.[17] Dieser überließ der ÖLB oder später der daraus gebildeten LPG Typ III die Flächen, Gebäude und das Inventar zur Nutzung. Der erste verlassene Hof im Dorf wurde 1952 auch gleich als Sitz der ÖLB genutzt. Vier Jahre später, 1956, flüchtete ein Bauer mit seiner Familie, weil er Probleme mit dem Ablieferungssoll hatte. Bei einem weiteren Hof, der ebenfalls 1956 verlassen wurde, sollen wirtschaftliche Probleme den Ausschlag gegeben haben.

Bis zum Sommer 1959 hatte sich das traditionelle Dorfgefüge drastisch zuungunsten der Bauern verschoben. Die 12 verbliebenen Bauernhöfe (von den ehemals 16) waren seit Generationen die größten landwirtschaftlichen Betriebe in Tranlin. 1958 gründeten die Bündner die LPG Typ I. Durch den Zusammenschluß von 10 Büdnereien übertraf sie mit insgesamt 90 Hektar Nutzfläche selbst die bewirtschaftete Fläche der größten Bauern. Die Bündner verbesserten durch diesen Zusammenschluß ihre Stellung im Dorf und gegenüber der staatlichen „Obrigkeit". Durch diesen Schritt konnten sie einer von außen oktroyierten Zwangskollektivierung entgehen. Sie wählten daher selbst den Typ I, in dem nur die Felder gemeinsam bewirtschaftet (*„eingebracht"*) wurden, die Höfe und das Vieh aber im Privatbesitz blieben. Den Eintritt eines Bauern in jene LPG Typ I hätte der Zusammenschluß von Büdnereien nicht erlaubt, wäre doch damit das hierfür notwendige Gleichgewicht zerstört worden.

Die verbliebenen Bauern konnten nun zusehen, wie aus dem zunächst wenig produktiven ÖLB ein weiterer großer landwirtschaftlicher Betrieb entstand, als 1958 hieraus die LPG Typ III „Frischer Wind" gegründet wurde. Sie besaß zu dieser Zeit schon einen stattlichen Fuhrpark und einige Gebäude, nämlich die der geflohenen Bauern. Zum Konkurrenten auf dem Produktmarkt wurde dieser Großbetrieb den Bauern nicht. Das Problem bestand nicht so sehr im Absatz der produzierten Güter, sondern in der Schaffung von Möglichkeiten, sie überhaupt zu erzeugen. Dazu war neben den knappen Produktionsmitteln und den Benachteiligungen der Bauern im Abgabe- und Preissystem nun auch die Knappheit der Arbeitskräfte getreten. Neben den gerade entstandenen Industriebetrieben und anderen städtischen Arbeitgebern

---

17 Das wurde durch die „Verordnung uber die Bewirtschaftung freier Betriebe und Flachen und die Schaffung von Betrieben der ortlichen Landwirtschaft (OLB)" vom 3 9.1953 geregelt.

stellten die Genossenschaften einen weiteren wichtigen Konkurrenten auf dem Arbeitsmarkt dar. Die ÖLB und später die LPG konnten dem ehemaligen „Gesinde" Angebote unterbreiten, die für sie paradiesisch klingen mußten. Neben sicheren Löhnen hatten sie als Genossenschaftler die Möglichkeit, eigenen Wohnraum zu beziehen (in den Häusern der Enteigneten bzw. durch Zuweisung von Bauland). Damit eröffnete sich für diesen Personenkreis auch die Perspektive einer Familiengründung, ohne dazu Kapital für ein eigenes Stück Land und ein Haus angespart zu haben. Anreize gingen sicherlich auch von der geregelten Arbeitszeit und dem Recht auf Urlaub aus. Außerdem bot der genossenschaftliche Großbetrieb Aufstiegschancen, die ein Bauernbetrieb nie bieten konnte. Aus den ehemaligen Knechten konnten nun Chefs werden: Vorsitzende, stellvertretende Vorsitzende, Brigadiere oder Abteilungsleiter.

Die bäuerlichen Betriebe gerieten somit unter einen doppelten Druck. Die schon seit dem 1. Dezember 1948 geltende Steuerreform[18] und die seit 1949 geltende Hektarveranlagung für das „Soll" an tierischen Produkten benachteiligte systematisch die größeren Bauern.[19] Zur Erwirtschaftung der profitablen „freien Spitzen" war eine höhere Arbeitsleistung erforderlich, eine Leistung, die ohne zuverlässige Arbeitskräfte schwerlich erreichbar war. Unter diesen Bedingungen grenzte es schon fast an ein Wunder, daß einige Großbauern Ende der 50er Jahre immer noch sehr gut wirtschafteten. Einige konnten sogar ihre Gebäude modernisieren. So wurde gerade in dieser Zeit auf dem Hof der Familie Singler der Kuhstall mit Kacheln ausgekleidet. Diese Art der Bauleistungen in einer Zeit der Knappheit wird bis heute von den kleineren Bauern argwöhnisch beurteilt. So meinte ein Zeitzeuge aus einem Nachbardorf, (Bündner, heute Vorruheständler *1937) über die Ausstattung des Hofs der Singlers: *„Ja irgendwelche Beziehungen oder sowas müssen die ja gehabt haben, die hatten ja damals den ganzen Stall GEKACHELT! Die hatte man ja nichtmal für die Wohnung."*

Da aber die hundertprozentige Kollektivierung erklärte Vorgabe der Partei war, mußte sich das „lokale Staatsorgan"[20] etwas einfallen lassen. Dazu wurde der Druck über die sogenannte „Agitationsarbeit" verstärkt. Da die

18 Hiernach mußten die Betriebe über 20 ha 30 Prozent mehr Steuern pro ha zahlen als die kleineren Betriebe.

19 Die Größe der Flächen sagt noch nichts über den Viehbestand aus. Das „Soll" wurde aber allein über die Betriebsgröße bestimmt. Um die Relation der unterschiedlichen Bemessungsgrenzen für pflanzliche Produkte zu verdeutlichen: 1950 mußten Betriebe bis 5 ha 6 dt/ha abliefern, Betriebe zwischen 20 und 50 ha 16 dt/ha (was einer Steigerung von 34 Prozent zum Vorjahr entsprach).

20 Sighard Neckel kennzeichnete unter diesem Label treffend das Modell kommunaler Politik in der DDR (Neckel 1992).

betreffenden Bauern die Agitatoren der Partei nicht auf ihren Hof ließen, wurden abends vor den Höfen Lautsprecherwagen eingesetzt. Auch auf dem Feld wurde tagsüber die *„Berieselung“* mit Parteiparolen fortgesetzt. Gezielt wurden auch die Arbeitskräfte von Gewerkschaftsfunktionären angesprochen. Sie sollten sich nicht zum *„Sklaven der Herren“* machen, nun endlich das kulturvolle Leben in der LPG genießen. Diesen Versuchen zum Trotz ließen sich die letzten Tranliner Bauern nicht von der Fortschrittlichkeit des Genossenschaftswesens sozialistischer Prägung überzeugen. Im Gegenteil, die verbliebenen privaten Höfe waren nicht nur produktiver, sie hatten eine bessere technische Ausstattung, mehr Vieh und zahlten ihren Beschäftigten mehr Lohn. Der Lebensstandard der Bauern lag wesentlich höher als der durchschnittliche Lebensstandard der übrigen Dorfbevölkerung. Sie leisteten sich Fernsehgeräte und in zwei Fällen sogar PKWs (werksneue Wartburgs), die ersten Autos im Dorf.

Im Sommer 1959 kam es zu Verhaftungen von drei Bauern und einem Bauernsohn. Mit einer Ausnahme wurden alle zur Einbringung der Ernte wieder freigelassen, keiner floh in den Westen. Erst im Herbst wurden sie unter dem (damals schwerwiegenden) Vorwurf eines Wirtschaftsverbrechens vor Gericht gestellt. Die Verhandlung wurde ähnlich dem Strickmuster stalinistischer Schauprozesse aufgezogen. Geladen wurden hierzu die Einwohner (vor allem die Bauern) Tranlins und der umliegenden Dörfer. Da Täter und Tat von vornherein feststanden, wurde viel Zeit zur „Aufdeckung” des Motivs benutzt. Die Stoßrichtung war klar: Profite aus Privatbesitz beruhen immer auf der Aneignung fremder Güter, ein privater Bauer schreckt also prinzipiell nicht vor kriminellen Handlungen zurück. Schuldig ist also allgemein jeder, der nicht der Sache der sozialistischen, kollektivierten Landwirtschaft dienen will. Zum Eintritt in die LPG wurden einzelne Bauern direkt noch wahrend des Prozesses gezwungen. Den verängstigten und beschuldigten Bauern wurde nahegelegt, um einer Bestrafung zu entgehen, die Namen der Bauern zu nennen, mit denen sie den Boykott der LPG vereinbart hätten. Die dabei genannten Bauern sagten lieber gleich im Gerichtssaal dem Eintritt in die LPG zu. Diese Situation schilderte mir 1994 z. B. die Witwe eines Bauern:

> *B:.. da haben die den Singler gefragt: Wer hat gesagt, daß Sie nicht in die LPG eintreten sollen? - In einer Art! -- Der war ganz verunsichert. --- Da meint er:/(ganz leise) Schliemann/.. Schliemann! -- naja, so - hmm. -- Jedenfalls - da -, da - haben wir gleich da sagen müssen, daß wir eintreten.* (Brunhilde Schliemann)

Daß dieser Prozeß im Wertehorizont der Tranliner, wenn nicht in jedem Fall prinzipiell als Unrecht, so doch immer als überzogen hart und in seiner Konsequenz (Tod Wilfried Singlers) als grausames Ereignis gewertet wird, ist unbestreitbar. Nicht alle Bauern wurden zur Rechenschaft gezogen, was als berechenbares und nachvollziehbares Kalkül interpretiert werden kann. Es ging in der Verhandlung nur vordergründig um die Aufklärung eines Betrugs. Das Ziel waren Abschreckung und möglichst viele „freiwillige" Erklärungen zum Eintritt in die LPG. Die als Gäste geladenen Bauern waren hier „Mitschuldige", die das Glück hatten, nicht selbst auf der Anklagebank Platz nehmen zu müssen. Der Widerstand der nichtbeschuldigten Bauern wurde somit endgültig gebrochen und der Zusammenhalt untereinander zerstört. Durch die willkürliche Auswahl von Beschuldigten aus ihrer Mitte blieb bis heute rätselhaft, warum einige verschont wurden. Hierbei drängt sich für die Beteiligten zwingend der Verdacht der partiellen Konspiration mit der Staatsmacht auf: Wurde X oder Y nicht behelligt, weil er diese oder jene Freunde hat, gab es interne Absprachen mit den Organen der Staatsmacht? Bei der Entscheidung zur Aufgabe des Betriebs konnte man sich nun nicht mehr auf eine Gruppe stützen, sondern war auf sich allein gestellt.

Den Verurteilten wurde die Entscheidung zur Betriebsaufgabe abgenommen. Zusätzlich zu den Zuchthausstrafen wurden sie enteignet. Ihre Betriebe und die der geflüchteten Bauern wurden der LPG zur Nutzung überlassen. Bei den enteigneten Betrieben handelte es sich um die modernsten und größten Betriebe Tranlins. Die Ställe der beiden Höfe waren bis zum Ende der LPG die wichtigsten Standorte der LPG „Frischer Wind". Der Vermögenseinzug umfaßte grundsätzlich das *gesamte* Vermögen, also neben dem Hof auch die Konten, alles Inventar und die Möbel[21] sowie die Fahrzeuge. Die Enteignung war die brutalste Form der Kollektivierungspolitik. Dagegen heben sich die Nutzungsverträge mit der LPG geradezu human ab. Im Vergleich mit dem Totalverlust bei einer Enteignung sind sie der wesentlich günstigere Weg in die Kollektivwirtschaft gewesen, haben aber die gleiche Ursache. Die Kollektivierung kann somit insgesamt als eine politisch motivierte, kollektivistische Zwangsmaßnahme gelten. Anhand der Hofgeschichten werden im Sinne der oral history die Pfade in die LPG plastisch. Es werden dabei drei Methoden der Kollektivierung sichtbar.

1. Wirtschaftliche Benachteiligungen der Bauern gegenüber den genossenschaftlichen Betriebsformen sollten sie zum Eintritt in die LPG „überzeugen". Hierzu zählten die höheren Abgabenlasten und verschärften Sanktionen gegenüber den „Sollschuldnern". Infolge dieser Maßnahmen

21 Im Kreisarchiv fanden wir einen langeren Schriftwechsel zwischen der Cousine eines Verurteilten und den zustandigen Behorden, bei dem darum gestritten wurde, ob sie ein Mobelstuck (Kanapee) ihres Besitzes aus den beschlagnahmten Gutern zuruckerhalten durfe.

flüchteten in Tranlin vier Familien, von denen mindestens zwei als Sollschuldner bekannt waren.

2. Die ideologisch motivierte Propaganda gegen die Bauern als „besitzende Klasse" unterstützt den wirtschaftlichen Druck. Die „Herren im Dorf" werden als „Großbauern" und „Kulaken" diffamiert. Die Agitation der Gewerkschaft brandmarkt die Tätigkeit beim Großbauern als rückständige „Sklavenarbeit", erst in der Genossenschaft könne sich der Mensch frei entfalten[22]. Damit wird es immer schwerer, Arbeitskräfte an den Hof zu binden oder auch nur kurzzeitig für die Erntehilfe zu finden.
3. Letztes Mittel gegen die „Unbelehrbaren" bestand in der Androhung und Anwendung physischer Gewalt. Wirtschaftliche Vergehen (bzw. deren Konstruktion) wurden zum Vorwand der Kollektivierung. Die exemplarisch harten Strafen führten zum gewünschten Ergebnis: Noch während oder kurz nach dem Prozeß unterschrieben die Bauern die Nutzungsverträge mit der LPG.

Keiner der Bauernhöfe übersteht diese Kollektivierungspolitik. Die Entscheidung zur Hofaufgabe läßt sich in jedem Fall auf mindestens eine der drei Methoden („Überzeugungsarbeit" im Parteijargon) zurückführen. Von Freiwilligkeit kann also keineswegs die Rede sein, weshalb durchaus von einer Zwangskollektivierung gesprochen werden kann. Weder Begeisterung an der Sache des Kommunismus, noch die Überzeugung, gemeinsam mit den kleineren Bauern effektiver zu wirtschaften oder andere Gründe für einen wirklich freiwilligen Eintritt in die LPG konnten in der Untersuchung gefunden werden. Die verschiedenen Wege aus den bäuerlichen Privatwirtschaften Tranlins sind daher nicht ein Zeichen höherer oder geringerer Identifikation mit dem Genossenschaftswesen, sondern ein Maß für stärkere oder schwächere Widerstandskräfte der Bauernfamilien.

Welche Folgen der Kollektivierung lassen sich nun für die Lebensläufe der Betroffenen festhalten?

Das Ende der selbständigen Wirtschaften ist als biographischer Bruch in allen Tranliner Lebensläufen der Bauern nachweisbar. Dabei fallen die Konse-

---

22 Vergleiche dazu die Selbstdarstellungen der Genossenschaftsbewegung. So wird im Buch „Der freie Bauer antwortet" geworben: „Immer mehr Genossenschaftsmitglieder nutzen die Freiheit fur ihre Fortbildung, fur Theaterbesuche, fur gemeinsame Ausfluge usw. Das alles sind Dinge, die sich der Einzelbauer nicht oder nicht in dem Maße erlauben kann. Er ist an seine Wirtschaft gefesselt, die es ihm meist nicht gestattet, z. B. ın Urlaub zu fahren, was in den LPG aber heute schon zur Selbstverständlichkeit geworden ist. Die personliche Freiheit und die Moglichkeit, sie auch zu nutzen, hat der Bauer also erst in der LPG." (Spiekermann [Hrsg.] 1959: 15)

quenzen für die weiteren Lebensläufe je nach Kohortenzugehörigkeit unterschiedlich aus. Die individuell unterschiedlichen Lebenswege lassen sich zu spezifischen biographischen Mustern der Generationen verdichten. Die Folgen der Kollektivierung stellen sich für die enteigneten Eltern und deren Kinder grundsätzlich unterschiedlich dar. Diese Betrachtungsweise folgt der Überlegung, daß „die Wirkung historischer Veränderungen auf das Handeln (..) durch die Stellung im Lebenslauf vermittelt." wird (Kohli 1980: 307). Die unterschiedlichen Auswirkungen historischer Ereignisse sowie deren Stellung im Lebenslauf für individuelle oder kollektive (i. S. von Kohorten oder Generationen) Lebensgeschichten ist seit längerem diskutiert und erforscht worden (Bude 1987, Elder/Rockwell (1987), Kohli/Robert 1984, Niethammer 1980). Zu überlegen ist nun, ob die Kollektivierung der Landwirtschaft als Bruch auch zu den historischen „Wasserscheiden" (Cain 1967) gehört, die in diesem Milieu zu einer „...scharfen Abgrenzung der Lebensweise zwischen früheren und späteren Generationen führen." (Kohli 1986b: 322).

5. Die Kollektivierung als Generationenbruch

Vor der Kollektivierung nahmen die Bauern die Spitzenposition in der Dorfhierarchie ein. Bis zu diesem Zeitpunkt hob sich auch ihre ökonomische Lage vom Dorfdurchschnitt ab. Mit der Kollektivierung verloren die Bauern nicht nur Eigentum, sondern auch Verfügungsgewalt, Macht und wichtige Statussymbole. In allen Interviews mit den Bauern ist dieser Aspekt der Abstiegserfahrung nachweisbar. Keiner der damals noch relativ jungen Bauern konnte außerhalb seines Hofes wieder eine neue, vom Hof und der Landwirtschaft unabhängige Karriere starten. Außer einem altersbedingten Umzug harrt diese Generation auf „ihren" Höfen aus, scheint mit ihnen auf Lebzeiten verbunden. Mit dem Besitz wurde bis dahin auch die soziale Position von Generation zu Generation in der Familie weitergegeben. Dazu war es aber notwendig, immer ein Kind „im Sinne des Denkens vom Hof her zu sozialisieren" (Hildenbrandt et. al. 1992), Sohn oder Tochter auf die Weiterführung des Familienbetriebes habituell vorzubereiten. Diese „Hoferbensozialisation" wird im Zuge der Moderne immer schwerer. Nach der Kollektivierung, bei der der Familienbesitz in gemeinschaftliches Eigentum übergeht, wird sie unsinnig. Die vor 1940 geborenen Bauern der „Hofgeneration" hatten ihre Primärsozialisation spätestens bis 1960 abgeschlossen. Ist diese gesetzte Grenze hinsichtlich des Heiratsalters und der Hofübernahme bei den jüngeren Bauern dieser Generation etwas zu früh, muß jedoch spätestens 1960 deren Berufsfindungsprozeß (also mit 20 Jahren) abgeschlossen gewesen sein. Diese Generation trennt sich nur in den Fällen von ihrem Hof, wo die Flucht in den Westen vollzogen wird.

Für die ab 1940 Geborenen findet der Beginn der Berufskarriere schon unter den Bedingungen der kollektivierten Landwirtschaft statt. Die gemeinsame Tendenz der neuen Generation liegt in der veränderten Lebensplanung und -führung der Jungen, die aus dem Rahmen bäuerlicher Regelhaftigkeit herausreicht. Das zeigt sich zum einen in den Berufskarrieren und zum anderen im Heiratsverhalten. Erwerbs- und Partizipationschancen werden außerhalb des Horizonts des Hofs gesucht. Mit dem - alle Bauernfamilien der DDR betreffenden - radikalen Abbruch der Hofkontinuität ändern sich somit die Perspektiven der Bildungsgeneration in beruflicher und familiärer Hinsicht. Eine neue Generation von „Bauern" wächst also schon während der Kollektivierung heran. Der erste Bauernsohn dieser neuen Generation (*1943) wird Elektroingenieur, sammelt Auslandserfahrungen und ist heute Bauleiter. Der zweite Bauernsohn dieser neuen Generation (*1945) erläuterte in einem Interview:

> *L: Naja und wie gesagt ah wenn alles seinen normalen Gang ---- gegangen - oder verlaufen wäre, das heißt die -- Kollektivierung heißt das oder das mit der Landwirtschaft nicht gekommen wa r e, ware ich mit* ***Sicherheit*** *Bauer geworden.* (Lübbe 1994)

Er wird ebenfalls Elektroingenieur, später Direktor der KWV (Kommunale Wohnungsverwaltung) in der Kreisstadt und ist heute Unternehmer. Sein Leben ist nicht mehr schicksalhaft an den Hof gebunden, sondern wird zu einem gestaltbaren Projekt. Die Berufs-„wahl" der Elterngeneration war an die materielle Grundlage der Familie und des Hofs gebunden, folgte damit dem „Hofdenken" (Kohli 1985: 11). Für Herrn Lübbe deutete sich die Regel der Lebensperspektive: „erst kam der Hof, dann die Personen" (Rosenbaum 1982: 56) noch an, er gewinnt aber mit dem faktischen Verlust der Hofbindung eine Palette an Optionen, die ihm ohne Kollektivierung nicht offengestanden hätte. Hildenbrandt et al. zeigen für Westdeutschland, daß die normale Hoferbensozialisation in Bauernbetrieben zwar immer schwieriger wird, aber noch immer zur notwendigen Bestandsgarantie im Mehrgenerationenprojekt der Höfe gehört. Das wirkt sich nachweisbar auf die Lebenslaufoptionen der jungen Hoferben aus. Am Beispiel Hans Hahns (*1958) machen sie deutlich, inwiefern die bäuerliche Sozialisation vom modernen Muster reflexiver Berufsfindungsprozesse abweicht. Hans Hahn: *„Das is eh auch ne Gewohnheitssache, wenn man anfängt mit acht oder neun Jahren schon hier zu arbeiten. Und dann gewöhnt man sich halt auch an die Arbeit, und es ist - ich* *weiß nich - es war eigentlich ganz selbstverständlich. Ich bin eigentlich gar nicht auf ne andere Idee gekommen; ich weiß nit warum, aber es hat sich halt so ergeben.“* (Hildenbrand et al. 1992: 88 und 133).

Ohne Kollektivierung hätte es sich für viele Hoferben in der DDR auch „*halt so ergeben*“, den Betrieb, gleich ihren Eltern, zu übernehmen. Anders als in Westdeutschland, wo das Modell der Familienbetriebe allmählich unter Druck geriet, vollzog sich dieser Wandel in der DDR bruchartig. Gelingt der hofsozialisierten Elterngeneration kein beruflicher Ausgleich des Verlusts des an den Hof gebundenen Status, bedeutet das gleiche Ereignis für die Bildungsgeneration die Individualisierung ihrer Erwerbsbiographie. Dieser Individualisierungsschub läßt auch die ständischen Heiratsregeln unter den Bauern abbrechen, was den Kindern eine freiere Partnerwahl ermöglicht. In nur einem Fall der Elterngeneration (von 40 untersuchten Hochzeiten) heiratete ein Jungbauer eine Frau nicht-bäuerlicher Herkunft. Selbst nach 100prozentig vollzogener Kollektivierung gibt es noch zwei „echte" Bauernhochzeiten in dieser Generation. Die Bildungsgeneration heiratet in keinem Fall nach diesem Muster. Die Regel, die noch für die Eltern galt: „Erst kommt der Güterverband und dann der Herzensverband"[23], ist für die Generation der ab 1940 Geborenen außer Kraft gesetzt. Eine Bauernhochzeit hat nun ebensowenig Sinn wie ein Altenteilvertrag, denn die Altersversorgung der Eltern ist mit deren zwangsmäßigen Übergang zur abhängigen Beschäftigungsform und damit dem Zugang zum Rentensystem gesichert. Was die Kennzeichnung dieser Generation als Bildungsgeneration rechtfertigt, sind derer überdurchschnittliche Bildungsabschlüsse. Auffällig ist zunächst der hohe Anteil von Fach- und Hochschulabschlüssen. Von den 18 erfaßten Lebensläufen von Bauernkindern schlagen 10 diese höheren Bildungswege ein. Bei den Fällen, in denen kein Studium abgeschlossen wird, sind Weiterqualifikationen (Meister) oder Aufstiege in der dörflichen Hierarchie zu verzeichnen. So besetzten zwei Brüder aus einer Bauernfamilie die wichtigsten außerlandwirtschaftlichen Positionen im Ort: Bürgermeister und Postchef der Ältere, Gastwirt der Jüngere.

Das radikale Vernichten dieser bäuerlichen Traditionen durch die Kollektivierung führt also zu einem Modernisierungssprung, der für die Individualisierung der Lebensläufe der jüngeren Generation sorgt. Erst die Jüngsten dieser Generation sind von den Schließungstendenzen des sozialen Raums betroffen, die ihnen den „standesgemäßen" Zugang zu höherer Bil-

---

23 Riehl, Willhelm Heinrich (1860): Bauern von guter Art. Vgl. auch Weber-Kellermann (1987: 56).

dung erschwerten[24]. Unter ihnen dürften auch die oben erwähnten Ausnahmen zu finden sein, bei denen die Kinder noch auf dem Hof der Eltern wohnen und sogar eine landwirtschaftliche Tätigkeit in der LPG ausgeübt haben. Nur unter diesen Bedingungen - und dann auch nur im Sonderfall (günstige familiäre und finanzielle Situation für eine Betriebsgründung) - wird an eine Wiedereinrichtung zu denken sein. In der Regel wird dieses Projekt aber an biographische Grenzen stoßen, da die ehemaligen Bauern zu alt sind und deren Kinder andere Lebenslaufoptionen gewählt haben. Wie viele der 12.000 bei der Bodenreform enteigneten Betriebe und der fast 50.000 Bauern (Betriebe über 20 Hektar im Jahr 1952) nun nach der Dekollektivierung an ihre ehemaligen Traditionen anknüpfen, könnte statistisch überprüft werden. Anhand der beschriebenen Einzelfälle deutet sich aber an, daß die Ausrichtung auf traditionelle Familienbetriebe im LanpG keine soziale (biographische) Basis hat. Es stellt somit auch keine günstige Grundlage für die ländliche Entwicklung dar, wenn um den Preis einer zweifelhaften Wiedergutmachung (die mit der Landrückgabe sowieso nicht zu leisten ist, siehe Fall Singler) einer alternativen Agrarpolitik die rechtlichen Grundlagen entzogen werden.

Abschließend soll betont werden, daß es sich bei dieser Zusammenfassung nicht um das abschließende Ergebnis der Studie in Tranlin handelt. Die nicht weniger interessanten Befunde zu den Familienstrukturen oder zur Problematik der Auf- und Abstiege, der ABM sowie die unterschiedlichen Geschichten der LPG Typ I und Typ III können in diesem kurzen Aufsatz natürlich nicht ausführlich behandelt werden. Bis hierhin sollte aber deutlich geworden sein, daß die sogenannten „weichen" Daten, zu denen ja auch die Biographien zählen, ziemlich harte Fakten schaffen. Die Vernachlässigung der Ausgangsbedingungen der Transformation durch die politischen Akteure schafft nun wiederum neue Fakten, deren Dramatik zukünftig nicht aus dem Blick geraten sollte.

Literatur

Bauerkämper, A., 1994: Von der Bodenreform zur Kollektivierung: Zum Wandel der ländlichen Gesellschaft in der Sowjetischen Besatzungszone und der DDR 1945-1952. In: Kaelble/Kocka/Zwahr (Hrsg.): Sozialgeschichte der DDR. Stuttgart: 119-143.

24 In verschiedenen Studien ist das Abebben der enormen Aufstiegsmobilitat der fruheren DDR-Jahre diskutiert worden, die fur die Stagnation in den letzten Jahren verantwortlich gemacht werden kann; vgl. z. B.: Niethammer 1991, Huinink/Mayer 1993.

Bentzien, U./Neumann, S., 1988: Mecklenburgische Volkskunde. Rostock.

Berger, P. A., 1991: Von Bewegungen in - zur Beweglichkeit von Strukturen: Provisorische Überlegungen zur Sozialstrukturanalyse im vereinten Deutschland. In: Soziale Welt (42. Jg.): 68-92.

Berking, H./Neckel, S., 1992a: Alte Kader, neue Eliten: Macht und Konflikt in einer ostdeutschen Stadt. In: Forschungsjournal NSB 3: 79-84.

Berking, H./Neckel, S., 1992b: Die gestörte Gemeinschaft: Machtprozesse und Konfliktpotentiale in einer ostdeutschen Gemeinde. In: Hradil, S. (Hrsg.): Zwischen Bewußtsein und Sein. Opladen: 151-171.

Bertraux, D./Bertraux-Wiame, I., 1991: „Was du ererbt von deinen Vätern": Transmissionen und soziale Mobilität über fünf Generationen. In: BIOS (4. Jg.) 1: 13-40.

Bieback-Diehl, L./Bohler, K.-F./Hildenbrand, B./Oberle, H., 1993: Der soziale Wandel auf dem Lande: Seine Bewältigung und Formen des Scheiterns. In: Soziale Welt (44. Jg.): 121-148.

Bohler, K. F./Hildenbrandt, B., 1990: Kontinuitätssicherung in landwirtschaftlichen Betrieben. In: Vonderach, G. (Hrsg.): Sozialforschung und ländliche Lebensweisen. Bamberg: 70-92.

Brauer, K./Dehn, C. (Hrsg.), 1995: Sozialwissenschaftliche Videographie: Erfahrungsberichte, Anwendungsmöglichkeiten und technisches Grundwissen. Berlin.

Brauer, K./Willisch, A., 1996: Verkehrte Welten: Sozialpsychologische Folgen der Vereinigung in einem mecklenburgischen Dorf. In: Kirche im ländlichen Raum (47. Jg.) 2: 50-55.

Brauer, K./Willisch, A., 1997a: „Aktive Verlierer" und „passive Gewinner": Neue Modi der sozialen Differenzierung im Transformationsprozeß. In: Hradil, S. (Hrsg.): Differenz und Integration. Verhandlungen des 28. Kongresses der Deutschen Gesellschaft für Soziologie in Dresden 1996, Frankfurt a. M.: 800-818.

Brauer, K./Willisch, A., 1997b: „Das verschenkte Land": Potentiale neuer Selbständigkeit im lokalen Prüffeld. Erscheint in: Thomas, M. (Hrsg.): Selbständige - Gründer - Unternehmer: Passagen und Paßformen im Umbruch. Berlin.

Brauer, K./Willisch, A./Ernst, F., 1996: Intergenerationelle Beziehungen, Lebenslaufperspektiven und Familie im Spannungsfeld von Kollektivierung und Transformation: Empirische Befunde aus der Gemeindestudie „Tranlin". In: Clausen, L. (Hrsg.): Gesellschaften im Umbruch. Frankfurt a. M.: 736-749.

Brauer, K./Willisch, A./Ernst, F., 1997: Die Landwirtschaft in der DDR und nach der Wende. Empirische Langzeitstudie: Lebenswirklichkeit zwischen Kollektivierung und Transformation, Expertise für die Enquete-Kommission „Überwindung der Folgen der SED-Diktatur im Prozeß der deutschen Einheit" des Deutschen Bundestages.

Bundesministerium für Ernährung, Landwirtschaft und Forsten (1995): Agrarbericht der Bundesregierung 1995. Agrar- und ernährungspolitischer Bericht der Bundesrepublik. Bonn.

Burkart, G. (Hrsg.), 1990: Sozialisation im Sozialismus. Lebensbedingungen in der DDR im Umbruch (Zeitschrift für Sozialisationsforschung und Erziehungssoziologie, 1. Beiheft 1990). Weinheim.

Burkart, G./Kohli, M., 1992: Liebe, Ehe, Elternschaft. Die Zukunft der Familie. München.

Elder, G. H. Jr./Caspi, A., 1990: Persönliche Entwicklung und sozialer Wandel. In: Mayer, K. U. (Hrsg.): Lebensverläufe und Sozialer Wandel (Sonderheft 31 der KZfSS): 22-57.

Elder, G. H. Jr./Rockwell, R. C., 1978: Historische Zeit im Lebenslauf. In Kohli, M. (Hrsg.): Soziologie des Lebenslaufs. Darmstadt: 78-102.

Elder, G. H. Jr./Rudkin, L./Conger, R. D., 1995: Intergenerational continuity and change in rural America. In: Bengtson, V. L./Schaie, K. W./Burton, L. M. (eds.): Adult intergenerational relations: Effects of societal change. New York: 30-60.

Elias, N./Scotson, J. L., 1990: Etablierte und Außenseiter. Frankfurt a. M.

Ernst, F., 1997: Bauern und „Andere". Handlungsstrategien unter sich verändernden ökonomischen und politischen Bedingungen am Beispiel der mecklenburgischen Gemeinde Tranlin, Diplomarbeit, eingereicht an der Humboldt Universität zu Berlin.

Fischer-Rosenthal, W., 1991: Biographische Methoden in der Soziologie. In: Flick et al. (Hrsg.): Handbuch der Qualitativen Sozialforschung. München: 253-256.

Fuchs, W., 1984: Biographische Forschung: Eine Einführung in Praxis und Methoden. Opladen.

Girtler, R., 1988: Aschenlauge: Bergbauernleben im Wandel. Linz.

Henkel, G., 1993: Der Ländliche Raum: Gegenwart und Wandlungsprozesse in Deutschland seit dem 19.Jahrhundert. Stuttgart.

Hildenbrand, B./Bohler, K. F./Jahn, W./Schmitt, R., 1992: Bauernfamilien im Modernisierungsprozeß. Frankfurt a. M.

Hofmann, W./Rink, D., 1993: Mütter und Töchter - Väter und Söhne: Mentalitätswandel in zwei DDR-Generationen. In: BIOS (6. Jg.): 199-223.

Huinink, J./Mayer, K. U., 1993: Lebensverläufe im Wandel der DDR-Gesellschaft. In: Joas, H./Kohli, M. (Hrsg.): Der Zusammenbruch der DDR: Soziologische Analysen. Frankfurt a. M.: 151-171.

Humm, A., 1994: Wandel der ländlichen Gesellschaft in der DDR und der BRD, 1952-1965. In: Triebel, A. (Hrsg.): Gesellschaften Vergleichen (Erträge des Gesellschaftsvergleichs 1). Berlin: 212-224.

Ipsen, G., 1933: Das Landvolk. Ein soziologischer Versuch. Hamburg.

Isermeyer, G., 1991: Umstrukturierung der Landwirtschaft in den neuen Bundesländern. In: Agrarwirtschaft (40. Jg.) 10: 31-37.

Jahoda, M./Lazarsfeld, P. F./Zeisel, H., 1960: Die Arbeitslosen von Marienthal. Frankfurt a. M., 1960 [1933].

Joas, H./Kohli, M. (Hrsg.), 1993: Der Zusammenbruch der DDR: Soziologische Analysen. Frankfurt a. M.

Kaelble, H./Kocka, J./Zwahr, H. (Hrsg.), 1994: Sozialgeschichte der DDR. Stuttgart.

Kallfass, H., 1991: Der bäuerliche Familienbetrieb: Das Leitbild für die Agrarpolitik im vereinten Deutschland. In: Agrarwirtschaft (40. Jg.) 10: 36-45.

Kleßmann, Ch., 1986: Die doppelte Staatsgründung: Deutsche Geschichte 1945-1955. Bonn.

Kleßmann, Ch., 1988: Zwei Staaten eine Nation: Deutsche Geschichte 1955-1970. Bonn.

Kocka, J. (Hrsg.), 1993: Historische DDR-Forschung: Aufsätze und Studien. Berlin.

Kohlı, M. (Hrsg.), 1978: Soziologie des Lebenslaufs. Darmstadt.

Kohli, M. et al., 1993: Engagement im Ruhestand: Rentner zwischen Erwerb. Ehrenamt und Hobby. Opladen.

Kohli, M., 1986: Gesellschaftszeit und Lebenszeit: Der Lebenslauf im Strukturwandel der Moderne. In: Berger, J. (Hrsg.): Die Moderne - Kontinuitäten und Zäsuren. (Soziale Welt, Sonderband 4), Göttingen: 183-208.

Kohli, M., 1988: Normalbiographie und Individualıtät: Zur institutionellen Dynamik des gegenwärtigen Lebenslaufregimes. In: Brose, H. G./Hildenbrand B. (Hrsg.): Vom Ende des Individuums zur Individualität ohne Ende. Opladen: 33-53.

Kohli, M., 1994a: Die DDR als Arbeitsgesellschaft? Arbeit, Lebenslauf und soziale Differenzierung. In: Kaelble, H./Kocka, J./Zwahr, H. (Hrsg.): Sozialgeschichte der DDR. Stuttgart: 31-61.

Kohli, M., 1994b: Zukunft und Erwartung aus der Sicht der Biographieforschung. In: Holst/Rinderspacher (Hrsg.): Erwartungen an die Zukunft. Frankfurt a. M.: 119-138.

Kohli, M., 1995: Rural families as a model for intergenerational transmission. In: Bengtson, V. L./Schaie, K. W./Burton, L. M. (eds.): Adult intergenerational relations: Effects of societal change. New York: 66-78.

Kohli, M./Robert G. (Hrsg.), 1984: Biographie und soziale Wirklichkeit. Neue Ansätze und Forschungsperspektiven, Stuttgart.

König, R. (Hrsg.), 1966: Soziologie der Gemeinde. (1. Sonderheft der KZfSS), Köln, 1966 [1956].

Lynd, R. S./Lynd, H. M., 1937: Middletown in transistion: A Study of cultural conflicts. New York.

Mayer, K.-U., 1991: Soziale Ungleichheit und Lebensverläufe: Notizen zur Inkorporation der DDR in die Bundesrepublik und ihre Folgen. In: Giesen, B./Leggewie, C. (Hrsg.): Experiment Vereinigung: Ein sozialer Großversuch. Berlin: 87-99.

Merl, St./Schinke, E. (Hrsg.), 1991: Agrarwirtschaft und Agrarpolitik in der ehemaligen DDR im Umbruch. Berlin.

Mittelbach, H., 1995: Zur Lage der Landwirtschaft in den neuen Bundesländern. In: Aus Politik und Zeitgeschichte B 33-34: 14-24.

Neckel, S., 1991: Status und Scham: Zur symbolischen Reproduktion sozialer Ungleichheit. Frankfurt a. M.

Neckel, S., 1992: Das lokale Staatsorgan: Kommunale Herrschaft im Staatssozialismus der DDR. In: Zeitschrift für Soziologie (21. Jg.): 252-268.

Neckel, S., 1995: Die ostdeutsche Doxa der Demokratie: Eine lokale Fallstudie. In: KZfSS (47. Jg.): 658-680.

Niethammer, L. (Hrsg.), 1980: Lebenserfahrung und kollektives Gedächtnis: Die Praxis der „Oral History“. Frankfurt a. M.

Niethammer, L., 1989: Annäherung an den Wandel: Auf der Suche nach der volkseigenen Erfahrung in der Industrieprovinz der DDR. In: Lüdtke, A. (Hrsg.): Alltagsgeschichte: Zur Rekonstruktion historischer Erfahrungen und Lebensweisen. Frankfurt a. M.: 238-345.

Niethammer, L./Plato, A. v./Wierling, D., 1991: Die volkseigene Erfahrung: Eine Archäologie des Lebens in der Industrieprovinz der DDR - 30 biographische Eröffnungen. Berlin.

Oevermann, U./Allert, T./Konau, E./Krambeck, J., 1979: Die Methodologie einer „Objektiven Hermeneutik“ und ihre allgemeine forschungslogische Bedeutung in den Sozialwissenschaften. In: Soeffner, H.-G. (Hrsg.): Interpretative Verfahren in den Sozial- und Textwissenschaften. Stuttgart: 352-433.

Piskol, J., 1991: Zur sozioökonomischen Entwicklung der Großbauern in der DDR 1945 bis 1960. In: Zeitschrift für Geschichtswissenschaft (39. Jg.): 419-433.

Priebe, H., 1936: Die Entwicklung der Betriebsgrößenverhältnisse der landwirtschaftlichen Betriebe in 30 Ortschaften des Kreises Greifswald vom Mittelalter bis zur Gegenwart. (Diss. Berlin), Würzburg-Neumühle.

Riehl, W. H., 1922: Bauern von guter Art. In: Riehl, W. H. (Hrsg.): Die bürgerliche Gesellschaft. Frankfurt a. M.: 57-75.

Rosenthal, G., 1995: Erlebte und erzählte Lebensgeschichte: Gestalt und Struktur biographischer Selbstbeschreibungen. Frankfurt a. M.

Schelsky, H., 1960: Wandlungen der deutschen Familie in der Gegenwart. Stuttgart.

Schlegelmilch, C., 1993: Deutsche Lebensalter: Erkundungen in einer sächsischen Kleinstadt. In: PROKLA (23. Jg.): 269-295.

Schlumbohm, J., 1994: Lebensläufe, Familien, Höfe: Die Bauern und Heuerleute des Osnabrückischen Kirchspiels Belm in proto-industrieller Zeit, 1650-1860. Göttingen.

Schütze, F., 1977: Die Technik des narrativen Interviews in Interaktionsfeldstudien: Dargestellt an einem Projekt zur Erforschung von kommunalen Machtstrukturen. Bielefeld.

Segalen, M., 1990: Die Familie: Geschichte, Soziologie, Anthropologie. Frankfurt a. M.

Soeffner, H.-G., 1989: Auslegung des Alltags - Der Alltag der Auslegung. Frankfurt a. M.

Spieckermann, H. (Hrsg.), 1959: Der freie Bauer antwortet auf Fragen zur Arbeit und Festigung der Landwirtschaftlichen Produktionsgenossenschaften. Berlin.

Srubar, I., 1991: War der reale Sozialismus modern? Versuch einer strukturellen Bestimmung. In: KZfSS (43. Jg.): 415-432.

Statistisches Bundesamt, 1994: Statistisches Jahrbuch für die Bundesrepublik Deutschland 1994. Wiesbaden.

Weber, H., 1991: DDR: Grundriß der Geschichte. Hannover.

Weber, M., 1892: Die Verhältnisse der Landarbeiter im ostelbischen Deutschland. Schriften des Vereins für Sozialpolitik Bd. 55, Leipzig

Weber, M., 1894: Entwicklungstendenzen in der Lage der ostelbischen Landarbeiter. In: Preußische Jahrbücher, Bd. 77: 437-473.

Weber, M., 1920: Gesammelte Aufsätze zur Wirtschaftslehre. Tübingen.

Weber-Kellermann, I., 1987: Landleben im 19. Jahrhundert. München.

Weidenfeld, W./Korte, K. R. (Hrsg.), 1992: Handwörterbuch zur deutschen Einheit. Bonn.

Wiese, L. v. (Hrsg.), 1928: Das Dorf als soziales Gebilde. (Ergänzungshefte zu den Kölner Vierteljahresheften für Soziologie 1). München.

Willisch, A., 1996: Im Schatten des Aufschwungs: Von Landarbeitern, Genossenschaften und ihren Mitgliedern. Diplomarbeit, eingereicht bei Heinz Bude.

Willisch, A./Brauer, K., 1997: Gemeinde und Biographie. Methodische Überlegungen und Ergebnisse einer Gemeindestudie. In: Arbeitshefte der Landesstelle für Berlin-Brandenburgische Volkskunde 1: Schöner unsere Städte und Gemeinden? Wandlungsprozesse im ländlichen Raum Ostdeutschlands. Berlin: 22-35.

Willisch, A./Brauer, K./Ernst, F., 1996: Kann eine *„ABM-Brigade"* die LPG ersetzen? Integration und Desintegration durch aktive Maßnahmen der Arbeitsförderung am Beispiel Tranlins. In: BISS-public 18: 81-91.

Zapf, W., 1991: Der Untergang der DDR und die soziologische Theorie der Modernisierung. In: Giesen, B./Leggewie, C. (Hrsg.): Experiment Vereinigung: Ein sozialer Großversuch. Berlin: 38-51.

Sozioökonomische Folgen der innerdeutschen Ost-West-Mobilität - die Westpendler und ihre Familienangehörigen[1]

Stefan Sandbrink

1. Einführung

Der Fall der Mauer und die von der Wirtschafts- und Währungsunion begleitete deutsche Vereinigung lösten in Deutschland räumliche Mobilität in großem Umfang aus. Die größte Bedeutung kam dabei der Migration von Ost- nach Westdeutschland zu. Nach Zahlen des Statistischen Bundesamtes beliefen sich die Ost-West-Wanderungen 1989 auf über 388.000, 1990 auf 395.000, 1991 auf 249.000 und 1992 auf 199.000 Personen. Dem standen West-Ost-Wanderungen in einer Größenordnung von 5.000 Personen 1989, 36.000 1990, und 80.000 1991 gegenüber (Statistisches Jahrbuch 1993: 87). Fur 1993 schätzte das Statistische Bundesamt 180.000 Umzüge von Ost- nach Westdeutschland und 135.000 in umgekehrter Richtung (Schwarze/Büchel 9/94: 128). Neben politischen und familiären Gründen, die wohl 1989 eine Rolle gespielt haben dürften, bot danach vor allem das unterschiedliche Niveau der Lebensbedingungen Anlaß für die Ost-West-Wanderungen. Wirtschaftliche Überlegungen waren von besonderer Wichtigkeit. Zunächst gingen überwiegend Einkommensaspekte in die Wanderungsentscheidung ein, nach der Einführung der Währungs-, Wirtschafts- und Sozialunion, die erstmals offene Arbeitslosigkeit in großem Umfang auslöste, vor allem Aspekte der Arbeitsplatzsicherheit (Dietz et al. 1992: 500).

Parallel zu den Ost-West-Wanderungen nahm die arbeitsbedingte Pendelmobilität zwischen Ost- und Westdeutschland rasch zu. In kleinerem Umfang waren daran westdeutsche Erwerbstätige beteiligt, die im Osten eine Arbeit aufnahmen, in größerem Umfang Ostdeutsche, die ihren Wohnsitz (zu-

1 Besonderer Dank gilt an dieser Stelle Herrn Prof. Dr. Gert Wagner und seinen Mitarbeiterinnen am Lehrstuhl fur offentliche Wirtschaft und Sozialpolitik II der Ruhr-Universität Bochum, Karin Rinne und Katharina Spieß, fur die intensive Betreuung meiner Diplomarbeit.

mindest den Hauptwohnsitz) in Ostdeutschland beibehielten und gezielt Arbeit im alten Bundesgebiet suchten. Sie bevorzugten grenznahe Regionen (Dietz et al. 1992: 499). Die Motive der sogenannten Westpendler liegen auf der Hand: Die Möglichkeit, leichter einen geeigneten Arbeitsplatz zu finden, relative Arbeitsplatzsicherheit, höhere Einkommen bei niedrigeren Wohnkosten im Osten und Aneignung von westlichem „Know-how" bei gleichzeitiger Einsparung von hohen Migrationskosten, die mit einem endgültigen Umzug verbunden sind (Schupp/Scheremet 1991: 2ff.)[2]. G. Wagner (1992: 85) weist allerdings auf die spezifischen materiellen und immateriellen Transaktionskosten hin, die durch lange Wegzeiten beim Arbeitspendeln entstehen.

Bei der Beurteilung des Westpendelns muß beachtet werden, daß diese Form der Arbeitsmobilität eine Reaktion auf eine besondere gesellschaftliche und ökonomische Situation ist: „Westpendeln ist weniger durch siedlungsstrukturelle Ursachen ..., sondern vor allem durch zahlreiche spezifisch umbruchsbedingte Faktoren bedingt" (Schmidt 1993: 1.159).

Bei der wissenschaftlichen Aufarbeitung dieses Themenbereichs wurde bislang die Ost-West-Mobilität in erster Linie unter gesamtwirtschaftlichen Aspekten diskutiert. Die Auswirkungen auf die Betroffenen selbst blieben weitgehend unbeachtet.

Der Aufsatz unternimmt den Versuch, Mikro- und Makroperspektiven räumlicher Mobilität im Zuge der deutschen Vereinigung miteinander zu verbinden. Anhand subjektiver Zufriedenheitsindikatoren, wie sie im „*S*ozio-*oe*konomischen *P*anel (SOEP)" seit 1990 in den neuen Bundesländern systematisch erhoben wurden, soll dargestellt werden, welche (subjektiven) Konsequenzen das Mobilitätsverhalten bei sich ändernden Rahmenbedingungen für die Betroffenen hat. Von Interesse sind nicht nur die positiven Auswirkungen, die Mobilitätsgewinne, sondern auch die negativen Auswirkungen, die Mobilitätskosten.

1.1 Datenbasis und methodische Vorbemerkungen

Die hier im folgenden dargestellte empirische Analyse der sozialen und ökonomischen Lage der Westpendler und ihrer Familien basiert auf Daten des Sozio-oekonomischen Panels. Das SOEP ist eine repräsentative Wiederholungsbefragung, die jährlich seit 1984 im alten Bundesgebiet und seit 1990 in

---

2 Bei der 2. Welle-Ost des SOEP 1991 sehen ca. 50 Prozent der Westpendler den Hauptgrund für ihre Erwerbstätigkeit im Westen in besseren Verdienstmöglichkeiten und ca. 44 Prozent in der Tatsache, keinen geeigneten Arbeitsplatz im Osten gefunden zu haben.

den neuen Bundesländern im Auftrag des Deutschen Instituts für Wirtschaftsforschung (DIW) durchgeführt wird.

Relevant für den hier vorliegenden Untersuchungsgegenstand sind die vier Befragungswellen in den neuen Bundesländern. Bei der Basisbefragung im Juli 1990 wurden ca. 4.500 Personen ab 16 Jahren in ca. 2.200 Privathaushalten befragt[3]. Die bisherigen Wiederholungsbefragungen fanden im März/April 1991, im Juni/Juli 1992 und Juni/Juli 1993 statt. Neben jährlich gestellten Standardfragen wurden dabei in den einzelnen Befragungswellen Daten zu unterschiedlichen Themenschwerpunkten erhoben. Durch diese Form des Fragebogendesigns werden Analysen sowohl auf der Querschnittsebene als auch auf der Längsschnittsebene möglich.

Bezogen auf das Mobilitätsverhalten, die Pendelmobilität der Befragten, wurden in der Basisbefragung lediglich allgemeine Fragen gestellt. Die Befragung von 1991 lieferte weitergehende Daten zur räumlichen Mobilität. So wurden die Länge und Dauer des Arbeitsweges, die Häufigkeit des Zurücklegens des Arbeitsweges, die räumliche Lage des Arbeitsplatzes (West- oder Ostdeutschland) sowie die Gründe für eine Erwerbstätigkeit im Westen erfragt. Zum überwiegenden Teil sind diese Variablen auch bei den Befragungen von 1992 und 1993 erhoben worden.

Die nachfolgenden empirischen Analysen können daher sowohl auf der Querschnittsebene als auch im Längsschnitt erfolgen und werden entsprechend kenntlich gemacht.

1.2 Definition „Westpendler"

Bedingt durch Inkongruenzen bei der Gestaltung der Fragebögen der vier Befragungswellen bleibt eine Abgrenzung des Pendlerbegriffs auf einige wesentliche Merkmale beschränkt, die leider nicht für alle Untersuchungszwekke befriedigend sind:

Allgemein wird als Pendler derjenige bezeichnet, dessen Arbeitsort zum Befragungszeitpunkt nicht am Wohnort (Hauptwohnsitz) liegt[4]. Eine Unter-

---

3 Zum einen werden Daten in Form eines Haushaltsfragebogens erhoben, die fur alle dem Haushalt zugehorigen Personen gelten, zum anderen werden Individualdaten (aller 16-jahrigen und älteren in den Befragungshaushalten) gewonnen, die in einem Personenfragebogen erfragt werden.

4 Diese Abgrenzung orientiert sich an der Definition des Statistischen Bundesamtes mit der Einschränkung, daß das Bundesamt nur diejenigen als Pendler erfaßt, die den Arbeitsweg taglich zurucklegen. Darauf wird in dieser Untersuchung verzichtet, da zu

scheidung in Nah- oder Fernpendler ist bei der Datenanalyse mit dem SOEP nur bedingt möglich, da bei der Befragung 1993 Informationen über Länge und Dauer des Arbeitsweges nur für Tagespendler vorliegen. Eine völlige Ausklammerung der Nicht-Tagespendler soll aus inhaltlichen Gründen nicht vorgenommen werden. Eine durchgängige Unterscheidung zwischen Tages- und sonstigen Pendlern ist nicht möglich, da nach dieser Unterscheidung 1992 nicht gefragt wurde.

Ein für den Untersuchungskontext entscheidendes Kriterium ist die Frage, ob sich der Arbeitsplatz in Ost- oder Westdeutschland bzw. Westberlin befindet. Das ermöglicht eine Unterscheidung zwischen Westpendlern und Pendlern innerhalb Ostdeutschlands[5].

Zusammenfassend können Westpendler im Kontext der Untersuchung folgendermaßen definiert werden:

„Westpendler" sind diejenigen Pendler, deren Hauptwohnsitz in den neuen Bundesländern liegt und deren Arbeitsstelle sich in den alten Bundesländern (einschließlich Westberlin) befindet. Zum Zeitpunkt der Befragung müssen sie zur Stichprobenregion Ostdeutschland gehören[6].

1.3 Entwicklung der Pendlerzahlen in Ostdeutschland auf der Basis des SOEP

In der Bundesrepublik gibt es keine Statistik mit „offiziellen Pendlerzahlen", was wohl nicht zuletzt mit den unterschiedlichen Definitionen von Arbeitspendeln zusammenhängt.

Ausgehend von der hier gültigen Pendlerdefinition ergibt sich aus den Daten der zweiten bis vierten Befragungswelle-Ost folgende Entwicklung der Pendelmobilität[7]:

Die Anzahl der Erwerbstätigen, die innerhalb der neuen Bundesländer pendeln (Ostpendler), belief sich im März/April 1991 auf gut zwei Millionen Menschen, was einer Quote von 27 Prozent aller ostdeutschen Erwerbstätigen[8] entsprach. Im Juni/Juli 1992 waren es knapp zwei Millionen Pendler.

---

vermuten ist, daß das Pendeln auch bei Wochenendpendlern und deren Familien erhebliche okonomische und soziale Folgen hat

5 Die Pendler innerhalb Ostdeutschlands werden in dieser Arbeit vereinfachend als „Ostpendler" bezeichnet.

6 Im SOEP als generierte Variable. H/I/J sampreg

7 In der Querschnittanalyse.

8 Ergibt sich aus der Frage „hp15" des Personenfragebogens. Ausgeklammert werden hierbei Wehrpflichtige und Personen im Mutterschafts- bzw Erziehungsurlaub

Aufgrund einer sinkenden Gesamterwerbstätigenzahl machte dies eine Quote von 29 Prozent aus. Eine leicht ansteigende Tendenz war in der Stichprobe 1993 mit 2,15 Millionen und einem Anteil von 31,4 Prozent Pendlern festzustellen. Die über die drei Befragungswellen hinweg relativ gleichbleibende Anzahl der Ostpendler scheint ein Indiz für die anhaltend schwierige Situation auf dem ostdeutschen Arbeitsmarkt zu sein, die dazu führte, daß Erwerbstätige in noch größerem Umfang auf Arbeitsstellen außerhalb ihrer Wohnorte angewiesen sind[9].

Die Zahl der Westpendler lag deutlich unter der der Ostpendler. Im April 1991 pendelten ca. 345.000 Erwerbstätige von Ost nach West, was einer Quote von 4,5 Prozent entsprach[10]. Im Juli 1992 betrug die Westpendlerquote bei 365.000 Westpendlern bereits 5,4 Prozent. Einer niedrigeren Erwerbstätigenzahl stand eine im Vergleich zur Vorwelle erhöhte Westpendlerzahl gegenüber. Diese Zahlen spiegeln den Zustand des gesamtdeutschen Arbeitsmarkts aussagekräftig wider. Im Osten waren die Folgen der Währungs-, Wirtschafts- und Sozialunion weiterhin deutlich auf dem Arbeitsmarkt zu spüren. Im Westen zeigte sich der Arbeitsmarkt, begünstigt durch den Vereinigungsboom, in einer guten, aufnahmefähigen Verfassung.

1993 war erstmals seit der Vereinigung eine Stagnation der Westpendlerquote festzustellen. Nach wie vor pendelten gut 365.000 Ostdeutsche in den Westen. Aufgrund leicht ansteigender Beschäftigtenzahlen im Osten bedeutete das sogar einen relativen Rückgang von 5,4 Prozent auf 5,3 Prozent. Dieses Ergebnis dürfte in engem Zusammenhang mit der rezessionsbedingten ungünstigen Entwicklung auf dem Arbeitsmarkt in Westdeutschland gestanden haben.

Vergleicht man die hier im Rahmen einer Querschnittanalyse ermittelten Westpendlerzahlen mit den Zahlen des „Arbeitsmarkt Monitors" der Bundesanstalt für Arbeit, so weist das SOEP wesentlich niedrigere Werte aus[11]. Die Bundesanstalt für Arbeit ermittelte für Juli 1991 541.000 Westpendler und für Mai 1992 451.000. Es wurde eingeräumt, daß es sich bei dem Juliwert

---

9 Arbeitspendeln war auch zu Zeiten der DDR durchaus üblich, doch wurde im Zuge der deutschen Vereinigung aufgrund der wirtschaftlichen Krise eine weiter zunehmende Bedeutung dieser Form räumlicher Mobilität prognostiziert (vgl. Schmidt 1993: 1159). Zu ahnlichen Schlußfolgerungen kommen auch Schupp/Scheremet (1991: 3).

10 Dies deckt sich in etwa mit dem Wert, den Schupp/Scheremet (1991) aus den Daten des SOEP ermittelten, der bei 4,3 Prozent lag. Allerdings handelte es sich damals um nicht bereinigte Zahlen und um eine Langsschnittanalyse der Wellen von 1990 und 1991. Ebenso dürften unterschiedliche Begriffsabgrenzungen vorliegen.

11 Sowohl das SOEP als auch der Arbeitsmarkt Monitor weisen einen großen Stichprobenfehler auf.

wohl um einen oberen Grenzwert handelt, der mit Unsicherheiten behaftet sei[12]. Für den November 1993 wurden über 600.000 Westpendler im Arbeitsmarkt Monitor angegeben. Allerdings scheint eine solche Entwicklung angesichts sinkender Beschäftigtenzahl in Westdeutschland eher unwahrscheinlich. Rein statistisch könnte sie auf einem Zufallsfehler oder auf Erhebungsprobleme des Arbeitsmarkt Monitors beruhen, der als schriftliche Befragung durchgeführt wird.

Gemessen an den Angaben des SOEP bestätigen sich die Prognosen nicht, die bis zum Ende 1991 eine Westpendlerzahl von über 500.000 vorhersagten (Schupp/Scheremet 1991: 3).

Zwar stiegen die Pendlerzahlen seit dem Fall der Mauer stetig an, aber nicht in dem erwarteten Umfang. Gründe dafür dürften in der sich seit 1992 verschlechternden Situation auf dem Westarbeitsmarkt, in einer stabilen Entwicklung auf dem Ostarbeitsmarkt, in sich angleichenden Einkommensverhältnissen und in den durch lange Pendelwegzeiten entstehenden Transaktionskosten gelegen haben.

Angesichts inzwischen veränderter wirtschaftlicher und sozialer Rahmenbedingungen stellt sich die Frage, ob es sich beim Westpendeln nach wie vor um ein Phänomen des Umbruchs handelt, oder ob es inzwischen nicht Ausdruck allgemein üblicher siedlungsstruktureller Arbeitspendelmobilität geworden ist. Muß das Pendeln ostdeutscher Arbeitnehmer nach Westdeutschland nicht eher als Folge der Existenz großstädtischer Ballungsräume und der funktionalen Trennung von Wohn- und Arbeitsorten gesehen werden?

2. Sozio-demographische Struktur von Pendlern aus den neuen Bundesländern

Nachfolgend soll untersucht werden, inwiefern es sich beim Westpendeln um ein selektives Verhalten handelt und wie sich die sozio-demographische Struktur der Westpendler von der entsprechenden Struktur der Ost- und der Nichtpendler[13] unterscheidet. Die uni- und bivariaten Untersuchungsergebnisse sind dabei durch multivariate Analysen zu prüfen. Es wird auf der Querschnittsebene der Befragung untersucht.

---

12 So die Einschatzung von der Infratest Sozialforschung im November 1991 (Infratest-Sozialforschung 1991. 43). Vor allem handelte es sich hierbei um definitorische Abgrenzungsprobleme.

13 Ostdeutsche Erwerbstatige, deren Arbeitsplatze innerhalb der Wohngemeinde liegen

Tabelle 1. Sozio-demographische Struktur von Erwerbstatigen in Ostdeutschland 4/1991

N = 2.836	Erwerbstatige insgesamt	Westpendler	Ostpendler	kein Pendler
Fallzahlen	2.836	131	784	1.921
Hochgerechnet (in 1.000)	7.690	345	2.078	5.267
	in Prozent			
Geschlecht				
Manner	54	83	65	49
Frauen	46	17	35	51
Altersgruppen				
17-25 Jahre	16	28	23	13
26-35 Jahre	28	39	28	27
36-45 Jahre	23	23	21	24
46-55 Jahre	27	10	23	29
56-65 Jahre	6	0	4	8
Durchschnittsalter in Jahren	*38*	*32*	*36*	*40*
Familienstand				
verheiratet	69	63	64	71
ledig	21	31	28	18
geschieden	8	5	6	9
verwitwet	2	1	2	2
Schulbildung				
niedrig	30	13	27	33
mittel	55	70	62	52
hoch	15	17	12	15
Berufsbildung				
kein Abschluß	6	9	10	5
Lehre	60	64	64	59
hoherer Abschluß	23	18	17	26
Uni	9	8	9	10
anderer Abschluß	1	1	1	1

Fortsetzung Tabelle 1				
N = 2.836	Erwerbstatige insgesamt	Westpendler	Ostpendler	kein Pendler
Stellung im Beruf	in Prozent			
Azubi	4	5	8	3
un-/angel. Arbeiter	11	22	9	11
Facharbeiter	39	42	33	30
einfache Angestellte	14	10	12	16
qualif Angestellte	15	11	12	17
hochqu. Angestellte	15	7	14	16
Sonstige	2	3	2	7
Kind(er) unter 16 Jahre im Haushalt				
ja	48	61	47	48
nein	52	39	53	52
Verheiratet mit Kind(ern) unter 16 Jahre				
ja	39	51	38	38
nein	61	49	52	52
Wohneigentum				
Eigentumer	13	69	20	8
Hauptmieter	77	31	63	83
Untermieter	10	0	17	9
Haushaltsgroße				
<= 2 Personen	29	16	24	32
3 Personen	34	38	35	34
4 Personen	30	36	33	28
>= 5 Personen	7	10	8	6
Haushaltsgroße durchschnittlich	*3,1*	*3,4*	*3,2*	*3,0*

Quelle. SOEP - Querschnittanalyse zweite Befragungswelle-Ost Marz/April 1991

Tabelle 2: Sozio-demographische Struktur von Erwerbstatigen in Ostdeutschland 7/1992

N = 2.438	Erwerbstatige insgesamt	Westpendler	Ostpendler	kein Pendler
Fallzahlen	2.438	141	746	1.551
Hochgerechnet (in 1.000)	6.734	365	1.994	4.374
	in Prozent			
Geschlecht				
Manner	55	79	63	49
Frauen	45	21	37	51
Altersgruppen				
17-25 Jahre	16	24	20	14
26-35 Jahre	29	41	30	28
36-45 Jahre	24	20	23	25
46-55 Jahre	26	13	24	27
56-65 Jahre	5	2	3	6
Durchschnittsalter in Jahren	*38*	*33*	*37*	*39*
Familienstand				
verheiratet	69	63	67	70
ledig	23	33	27	20
geschieden	7	3	5	8
verwitwet	1	1	1	2
Schulbildung				
niedrig	28	20	26	29
mittel	57	64	61	55
hoch	15	16	13	16
Berufsbildung				
kein Abschluß	8	13	8	7
Lehre	56	57	57	55
hoherer Abschluß	25	22	25	26
Uni	10	7	9	11
anderer Abschluß	1	1	1	1

Fortsetzung Tabelle 2				
N = 2.438	Erwerbstatige insgesamt	Westpendler	Ostpendler	kein Pendler
	in Prozent			
Stellung im Beruf				
Azubi	6	9	9	4
un-/angel. Arbeiter	11	23	10	11
Facharbeiter	30	40	37	26
einfache Angestellte	13	8	12	14
qualif. Angestellte	18	11	15	20
hochqu. Angestellte	15	5	13	16
Sonstige	7	4	4	9
Kind(er) unter 16 Jahre im Haushalt				
ja	50	58	51	49
nein	50	42	49	51
Verheiratet mit Kind(ern) unter 16 Jahre				
ja	40	48	40	40
nein	60	52	60	60
Wohneigentum				
Eigentumer	32	34	48	25
Hauptmieter	66	65	49	74
Untermieter	2	1	4	1
Haushaltsgroße				
<= 2 Personen	29	17	24	32
3 Personen	36	41	38	34
4 Personen	29	36	30	27
>= 5 Personen	7	6	7	8
Haushaltsgroße durchschnittlich	*3,1*	*3,3*	*3,2*	*3,0*

Quelle: SOEP - Querschnittanalyse dritte Befragungswelle-Ost Juni/Juli 1992

Tabelle 3: Sozio-demographische Struktur von Erwerbstätigen in Ostdeutschland 7/1993

N = 2.264	Erwerbstätige insgesamt	Westpendler	Ostpendler	kein Pendler
Fallzahlen	2.264	132	727	1.405
Hochgerechnet (in 1.000)	6.844	366	2.350	4.329
	in Prozent			
Geschlecht				
Männer	54	71	65	48
Frauen	46	29	35	52
Altersgruppen				
17-25 Jahre	15	17	19	13
26-35 Jahre	33	39	34	31
36-45 Jahre	26	27	26	26
46-55 Jahre	23	16	19	26
56-65 Jahre	3	1	2	4
Durchschnittsalter in Jahren	*37*	*35*	*36*	*38*
Familienstand				
verheiratet	68	61	65	70
ledig	24	37	27	21
geschieden	7	2	8	7
verwitwet	1	0	0	2
Schulbildung				
niedrig	26	18	24	25
mittel	60	63	63	58
hoch	14	19	13	17
Berufsbildung				
kein Abschluß	4	8	5	3
Lehre	60	61	61	60
höherer Abschluß	27	24	24	28
Uni	8	6	9	8
anderer Abschluß	1	1	1	1

Fortsetzung Tabelle 3				
N = 2.264	Erwerbstatige insgesamt	Westpendler	Ostpendler	kein Pendler
	in Prozent			
Stellung im Beruf				
Azubi	7	11	9	6
un-/angel. Arbeiter	12	20	12	12
Facharbeiter	28	36	35	23
einfache Angestellte	13	10	12	13
qualif. Angestellte	18	12	17	19
hochqu. Angestellte	13	8	10	15
Sonstige	9	3	5	12
Kind(er) unter 16 Jahre im Haushalt				
ja	53	57	53	52
nein	47	43	47	48
Verheiratet mit Kind(ern) unter 16 Jahre				
ja	42	41	41	42
nein	58	59	59	58
Wohneigentum				
Eigentumer	32	34	48	25
Hauptmieter	66	65	49	74
Untermieter	2	1	3	1
Haushaltsgroße				
<= 2 Personen	28	23	22	32
3 Personen	36	40	40	34
4 Personen	29	29	30	28
>= 5 Personen	7	8	8	6
Haushaltsgroße durchschnittlich	*3,1*	*3,2*	*3,2*	*3,0*

Quelle: SOEP - Querschnittanalyse vierte Befragungswelle-Ost Juni/Juli 1993

Tabelle 4: Sozio-demographische Struktur von Westpendlern 7/1993

N = 112	Ein-Wellen-Westpendler	Zwei-Wellen-Westpendler	Drei-Wellen-Westpendler
Fallzahlen	40	31	41
Hochgerechnet (in 1.000)	148	102	138
	in Prozent		
Geschlecht			
Manner	60	73	74
Frauen	40	27	26
Durchschnittsalter in Jahren	*37*	*35*	*34*
Familienstand			
verheiratet	50	64	67
ledig	41	36	29
geschieden	9	0	4
verwitwet	0	0	0
Haushaltsgröße durchschnittlich	*3,1*	*3,3*	*3,3*
Kinder unter 16 Jahre im Haushalt			
ja	52	71	58
nein	48	29	42
Schulbildung			
niedrig	11	31	12
mittel	60	55	68
hoch	29	14	20
Aktuelle Stellung im Beruf			
Azubi	9	12	6
un-/angel. Arbeiter	6	26	26
Facharbeiter	33	33	44
einfache Angestellte	11	10	6
qualif. Angestellte	40	16	16
Sonstige	1	3	2
Pendelhaufigkeit			
taglich	62	68	79
wochentlich	23	21	19
seltener	15	11	2
	durchschnittlich in DM		
Brutto-Arbeitsverdienst	*2.842,-*	*2.666,-*	*3.462,-*
Netto-Arbeitsverdienst	*1.950,-*	*1.950,-*	*2.490,-*
Netto-Haushaltseinkommen	3.800,-	3.880,-	4.360,-

Quelle SOEP - Langsschnittanalyse 2.-4. Befragungswelle-Ost

2.1 Der Einfluß sozio-demographischer Faktoren auf die Wahrscheinlichkeit, in den Westen zu pendeln

a) Ist Westpendeln eine Domäne der Männer?

Im Juli 1993 waren 71 Prozent[14] aller Westpendler Männer. Dem standen 65 Prozent Männer unter den Ostpendlern und nur 48 Prozent unter den übrigen Erwerbstätigen gegenüber. Im Vergleich zu den Befragungswellen 1991 (83 Prozent) und 1992 (79 Prozent) zeigt sich ein deutliches Absinken der Männerquote unter den Westpendlern. Demgegenüber veränderte sich der Männeranteil unter den beiden anderen Gruppen über die drei Wellen hinweg nur unwesentlich.

Bei einem Vergleich der Geschlechterverteilung nur unter den Tagespendlern[15], die bei den Westpendlern einen Anteil von 72 Prozent und bei den Ostpendlern einen Anteil von 92 Prozent ausmachen, lassen sich zwischen Ost- und Westpendlern keine wesentlichen Unterschiede mehr feststellen. So lag der Männeranteil unter den Westpendlern bei 64 Prozent und unter den Ostpendlern bei 62 Prozent[16].

Bezogen auf die Tagespendler (ca. 90 Prozent der pendelnden Frauen waren 1993 Tagespendlerinnen) wird deutlich, daß Frauen relativ häufig zeitlich längere Arbeitswege in Kauf nahmen. 27 Prozent der Frauen pendelten täglich weniger als 60 Minuten (40 Prozent der Männer), 43 Prozent der Frauen zwischen 60 und 120 Minuten (34 Prozent der Männer), 29 Prozent mehr als 120 Minuten (27 Prozent der Männer). Dabei legten sie im Durchschnitt weniger Kilometer zurück als männliche Erwerbstätige. Das betrifft besonders Westpendler, die täglich länger als 60 Minuten pendelten (Männer 70 km, Frauen 36 km). Erklärbar wird dieser Fakt dadurch, daß ca. 73 Prozent der Männer einen PKW für ihre Fahrt zur Arbeit benutzten gegenüber nur 37 Prozent der Frauen. Frauen fuhren zu knapp 63 Prozent mit öffentlichen Verkehrsmitteln.

Von den Frauen, die täglich länger als 120 Minuten pendelten, waren 68 Prozent verheiratet; von ihnen hatten wiederum 23 Prozent Kinder unter 16 Jahren. Von den Frauen, die weniger als 120 Minuten pendelten, waren 55 Prozent verheiratet und 75 Prozent der Frauen hatten Kinder unter 16 Jahren.

---

14 Die nachfolgenden Werte beziehen sich auf die gewichteten Fallzahlen.

15 Die Werte, die sich auf die Tagespendler beziehen, sind tabellarisch nicht erfaßt. Gleiches gilt fur die Unterscheidung zwischen Westdeutschland- und Westberlinpendlern

16 Ein ahnliches Verhaltnis laßt sich zudem bei den Westberlinpendlern beobachten, wo der Männeranteil bei lediglich 59 Prozent liegt.

Die Befunde zeigen deutlich, daß Männer häufiger pendelten als Frauen. Das scheint sich auf die geschlechtsspezifische Arbeitsteilung zurückführen zu lassen, die trotz einer vergleichsweise hohen Frauenerwerbstätigkeit auch in den neuen Ländern Realität geworden ist. Die mit dem Arbeitspendeln verbundenen Transaktionskosten mögen Frauen vom Arbeitspendeln abhalten. Das dürfte besonders für die zeitliche und die körperliche Belastung gelten. Aus soziologischer Sicht liegen einem geschlechtsspezifischen Pendelverhalten sowohl Verfügbarkeitszwänge (capability constraints) als auch Verknüpfungszwänge (coupling constraints) zugrunde (Franz 1984: 169ff.). Die Verfügbarkeitszwänge ergeben sich aus der Tatsache, daß Frauen häufiger als Männer auf öffentliche Verkehrsmittel angewiesen sind, was zu einer zeitlichen Verlängerung ihres Arbeitsweges und somit auch zur Einschränkung ihres Aktionsraums führen kann. Von Verknüpfungszwängen kann dann gesprochen werden, wenn vor allem verheiratete Frauen ihre beruflichen Vorstellungen in Einklang bringen müssen mit der Erwerbstätigkeit ihres Lebenspartners, der Erziehung ihrer Kinder und der Besorgung des Haushalts. Auch diese Umstände führen zu einer Einschränkung ihres beruflichen Aktionsradius. Aus den empirischen Befunden ergeben sich Indizien für das Vorhandensein solcher Zwänge. Danach sind Frauen tatsächlich in größerem Umfang als Männer auf öffentliche Verkehrsmittel angewiesen. Es zeigt sich beispielsweise, daß „westpendelnde" Frauen überdurchschnittlich häufig in Ostberlin zu finden sind. Frauen aus Ostberlin und dem Umland arbeiten danach besonders häufig in Westberlin, da die Stadt über eine gut ausgebaute Verkehrsinfrastruktur verfügt. Unter den Pendlern nach Westdeutschland sind nach den Ergebnissen des Arbeitsmarkt Monitors häufiger Frauen aus den grenznahen Gebieten zu finden, obwohl diese Gebiete traditionell über eine eher schwach ausgebaute Verkehrsinfrastruktur verfügen.

Ein Indiz für das Vorhandensein von Verknüpfungszwängen ist die Tatsache, daß Kinder unter 16 Jahren häufiger in Familien anzutreffen sind, in denen die Mütter täglich weniger als zwei Stunden pendelten.

Die Vermutung, daß das Pendeln in die alten Bundesländer und nach Westberlin eher eine Männerdomäne sei, scheint nach den vorliegenden Ergebnissen in dieser Form nicht mehr haltbar. Sie mag zwar noch für die Gruppe der Pendler nach Westdeutschland gelten, nicht aber für die Pendler nach Westberlin und nicht für Tagespendler[17].

---

17 Belege fur diese Aussagen liefert auch die Längsschnittanalyse der geschlechtsspezifischen Zusammensetzung der Westpendlergruppen. Demnach sank der Anteil der Männer, die erstmals pendelten von 81 Prozent 1991 auf 76 Prozent 1992 und 58 Prozent im Jahre 1993. Unterscheidet man zwischen Westdeutschlandpendlern und West-

Im Anschluß daran stellt sich die Frage, ob der Anstieg des Anteils der Frauen unter den Westpendlern lediglich eine Annäherung an das tatsächliche Geschlechterverhältnis auf dem ostdeutschen Arbeitsmarkt ist, oder ob die Gründe eher in der Veränderung der individuellen und familiären Situationen der betroffenen Frauen zu suchen sind (z. B. eigene Arbeitslosigkeit bzw. des Partners, vermehrte Kinderlosigkeit junger Paare), durch die Verknüpfungszwänge an Bedeutung verlören. Aufschlüsse darüber ergeben sich unter anderem aus der Altersstruktur der Westpendler, die nachfolgend analysiert werden soll.

b) Ist „Westpendeln" eine altersbedingte Erscheinung?

Das Durchschnittsalter der Westpendler lag im Juli 1993 bei ca. 35 Jahren. Damit waren die Westpendler im Durchschnitt ein Jahr jünger als die Ostpendler und knapp vier Jahre jünger als die Nichtpendler. 1992 waren die Westpendler im Schnitt drei Jahre jünger als die Ostpendler und sechs Jahre jünger als die Nichtpendler. Vergleicht man die Entwicklung des Durchschnittsalters aller Erwerbstätigen mit dem der Westpendler, so verringern sich die Unterschiede kontinuierlich. Der Altersdurchschnitt der Pendler nach Westberlin und nach Westdeutschland unterschied sich 1993 nur unwesentlich. Anders sieht es beim Geschlecht aus. Westpendlerinnen waren mit 36,6 Jahren durchschnittlich drei Jahre älter als ihre männlichen Kollegen. Bei den Pendlerinnen nach Westdeutschland betrug der Altersunterschied mehr als sechs Jahre. Ihr Durchschnittsalter lag bei 40 Jahren.

Verglichen mit dem Jahr 1992 ist es also zu einer deutlichen Veränderung gekommen. 1992 ließen sich keine wesentlichen Altersunterschiede mehr zwischen männlichen und weiblichen Westpendlern feststellen.

Grundsätzlich ist anzunehmen, daß das Alter der Erwerbstätigen einen nicht unerheblichen Einfluß auf die Wahrscheinlichkeit hat[18], in den Westen

---

berlinpendlern, lag der Anteil der Frauen bei den 1993 erstmals nach Westberlin pendelnden Erwerbstatigen bei 56 Prozent und 37 Prozent im Vorjahr. Die in der Querschnittanalyse vorliegende Verringerung des Manneranteils unter den Westpendlern von 1991-1993 ist ebenso wie die Zunahme des Frauenanteils unter den Neupendlern auf den uberproportional hohen Anteil von Mannern unter den Westpendlern zuruckzuführen, die zwischen der zweiten und der dritten Befragungswelle endgültig in den Westen zogen Ihr Anteil lag bei ca. 88 Prozent. Allerdings war ihr Anteil zwischen 1992 und 1993 mit nur noch 59 Prozent unterproportional niedrig. Insgesamt sind die Mengeneffekte der „Umzieher" weniger gravierend als die der Neupendler.

18 Das entspricht auch den grundsatzlichen Annahmen der mikroanalytischen Migrationstheorie. Je hoher das Alter ist, desto unwahrscheinlicher wird eine Investition in die Zukunft, d. h. das Verhaltnis der Mobilitatskosten zu den erwartenden Migrationsgewinnen verandert sich mit zunehmendem Alter zuungunsten der Migrationsgewinne.

zu pendeln. Im Fall der Westpendler scheint sich der Einfluß des Alters im Laufe der Zeit allerdings abzuschwächen. Das dürfte zum einen auf das niedrigere Durchschnittsalter der Nicht- und der Ostpendler und zum anderen auf den Zugang älterer Westpendler bzw. auf den Abgang jüngerer Westpendler zurückzuführen sein[19].

Hinweise auf den Zugang älterer Westpendler und den Abgang jüngerer Westpendler liefert in dem Fall die Längsschnittanalyse. Das Durchschnittsalter der Westpendler, die zwischen 1991 und 1992 endgültig in den Westen umgezogen sind, lag bei 25 Jahren, das Durchschnittsalter derjenigen, die weiterpendelten, bei 32 Jahren. Das Durchschnittsalter der Neupendler betrug 1992 und 1993 ca. 36 Jahre.

c) Spielt der Familienstand eine Rolle bei der Entscheidung, in den Westen zu pendeln?

Unter den Westpendlern können bezüglich des Familienstandes zwei große Gruppen unterschieden werden: die zusammenlebenden Verheirateten und die Ledigen. Die Anteile beider Gruppen blieben in allen drei Befragungswellen weitgehend stabil. Im Juli 1993 waren ca. 61 Prozent verheiratet und mit dem Partner zusammenlebend, 37 Prozent waren ledig.

Vergleicht man den Familienstand der Westpendler mit dem der Nichtpendler, so fällt der hohe Anteil der Ledigen (37 Prozent) unter den Westpendlern auf. Dagegen waren nur 21 Prozent der Nichtpendler ledig. Der Anteil der Verheirateten lag bei den Pendlern gegenüber den Nichtpendlern um 9 Prozent und der Anteil der Geschiedenen um 5 Prozent höher.

Auch Pendler nach Westberlin und Westdeutschland unterscheiden sich diesbezüglich. So lag der Anteil der verheirateten Pendler nach Westberlin lediglich bei ca. 50 Prozent, der der verheirateten Westdeutschlandpendler bei ungefähr 70 Prozent. Bei den Ledigen bestand ein Verhältnis von 48 Prozent zu 26 Prozent. 1991 machte der Anteil der Verheirateten in beiden Gruppen ca. 60 Prozent und der der Ledigen ca. 30 Prozent aus. Veränderte Werte wurden in der Befragung des Jahres 1992 sichtbar. Bei den Pendlern nach Westberlin sank der Anteil der Verheirateten auf 56 Prozent, während

---

Allerdings spielt die individuelle Situation des Erwerbstätigen (z. B. drohende bzw. vorhandene Arbeitslosigkeit, Vorhandensein einer Familie) bei der zu fällenden Entscheidung eine wichtige Rolle.

19 In diesem Zusammenhang dürfte die in den neuen Bundesländern bis 1992 befristete Vorruhestands- und Altersübergangsregelung im Rahmen des Arbeitsförderungsgesetzes eine bedeutende Rolle gespielt haben. Bis Ende 1992 wurde der Arbeitsmarkt damit um ca. 800.000 Personen entlastet.

der Anteil der Ledigen auf 40 Prozent anstieg. Bei den Pendlern nach Westdeutschland wurde eine gegenläufige Entwicklung beobachtet. Der Ledigenanteil sank auf 28 Prozent, der Verheiratetenanteil stieg auf über 67 Prozent. In jeder Befragungswelle lag der Anteil der Ledigen unter den Westpendlern deutlich über dem Anteil der ledigen Nichtpendler. Das Gegenteil war bei den Verheirateten der Fall.

Die Interpretation dieser empirischen Daten stützt die Annahme, daß Ledige eher pendeln als Verheiratete. Ledige müssen bei ihrer Pendelentscheidung und den dadurch bedingten Folgen im Unterschied zu den Verheirateten weniger Rücksicht auf Familienangehörige nehmen, was wiederum niedrigere Mobilitätskosten zur Folge hat.

In dem Zusammenhang ist auch die Haushaltsgröße und deren Korrelation mit dem Familienstand von Interesse. Ebenso muß in einer multivariaten Analyse geklärt werden, inwieweit das Alter mit dem Familienstand korreliert [20].

d) „Westpendeln" - eine Alternative für große und kinderreiche Haushalte?

Vergleicht man die Größe der Haushalte der Westpendler, der Ostpendler und der Nichtpendler über die drei Befragungswellen hinweg, so wird deutlich, daß die Pendelnden im Vergleich zu den übrigen Erwerbstätigen in deutlich größeren Haushalten (darunter überdurchschnittlich häufig in Haushalten mit mehr als drei Personen). Offensichtlich nimmt auch die Haushaltsgröße Einfluß auf die Wahrscheinlichkeit zu pendeln.

Dieser Befund steht im Widerspruch zu der bisherigen migrationstheoretischen Aussage, nach der die Migrationswahrscheinlichkeit mit zunehmender Haushaltsgröße unwahrscheinlicher wird (Esser 1991: 65ff.). Es wäre ein Beleg dafür, daß das Pendeln und speziell das Westpendeln eine Alternative zur Migration in die alten Bundesländer darstellt.

In allen drei Befragungswellen war der Anteil der Haushalte, in denen Kinder unter 16 Jahre lebten, bei den Westpendlern am höchsten. Besonders 1991 lag der diesbezügliche Anteil bei den Westpendlern mit 61 Prozent weit über dem der Ostpendler (47 Prozent) und der Nichtpendler. In den folgenden Jahren nahm die Differenz ab (1992 betrug das Verhältnis 58 Prozent zu 50 Prozent und 1993 57 Prozent zu 52 Prozent). Auffallend ist in dem Zusammenhang die Tatsache, daß der Anteil der verheirateten Westpendler mit Kindern unter 16 Jahren von 1992 bis 1993 deutlich sank (um 8 Prozent) und sich 1993 nur noch ganz unwesentlich von den Werten der übrigen verheira-

---

20 Schupp/Scheremet (1991: 14) nehmen aufgrund der Ergebnisse einer multivariaten Analyse an, daß „...die Gruppe der Verheirateten - bei Kontrolle des Alters - haufiger unter den Westpendlern anzutreffen ist."

teten Erwerbstätigen unterschied. Es ist daher anzunehmen, daß das Vorhandensein von Kindern unter 16 Jahren sich positiv auf die Wahrscheinlichkeit des Pendelns nach Westberlin oder Westdeutschland auswirkt. Gerade für diesen Personenkreis mag das Westpendeln eine Alternative zum Umzug in den Westen sein. Das dürfte vor allem auf Familien mit schulpflichtigen Kindern zutreffen, da sich bei einem Umzug die Migrationskosten zu Lasten der schulpflichtigen Kinder erheblich erhöhen.

e) Spielt der Beruf bei der Entscheidung, in den Westen zu pendeln, eine Rolle?

Während es im Bereich der Berufsausbildung kaum wesentliche Unterschiede zwischen den drei Gruppen gibt, zeigt sich bezüglich der aktuellen Stellung im Beruf ein anderes Bild. So stieg der Anteil der Auszubildenden unter den Westpendlern erheblich an (1991: 5 Prozent; 1992: 9 Prozent; 1993: 11 Prozent). Damit lag er 1993 deutlich über dem Anteil der Auszubildenden unter den Ost- und Nichtpendlern. Der Anteil der Facharbeiter (Facharbeiter, Meister, Vorarbeiter) unter den Westpendlern verringerte sich dagegen deutlich: von 41 Prozent (1991) über 40 Prozent (1992) auf 34 Prozent (1993). In der Gruppe der Nicht- und Ostpendler ist er demgegenüber deutlich geringer gewesen. Er lag aber noch deutlich über dem Anteil der Facharbeiter in den übrigen Gruppen. Gründe dafür könnten darin liegen, daß gerade Facharbeiter angesichts sicherer Arbeitsplätze endgültig in den Westen umzogen oder daß sie im Osten adäquate Anstellungen finden konnten[21]. Ein ebenso deutliches Übergewicht gegenüber den Nicht- und Ostpendlern ergibt sich unter den Westpendlern bei den un- und angelernten Arbeitern. Zwar nahm ihr Anteil von 1992 zu 1993 um gut 3 Prozent ab, jedoch lag er um mehr als 8 Prozent hoher als bei Nicht- und Ostpendlern.

Insgesamt kann die Hypothese aufgestellt werden, daß eine Berufstätigkeit als Arbeiter die Wahrscheinlichkeit erhöht, nach Westberlin oder West-

21 Die Uberprufung dieser Vermutung mit Hilfe einer Langsschnittanalyse erbringt Hinweise auf die Richtigkeit beider Vermutungen. Von den ca. 67.000 Westpendlern, die zwischen April 1991 und Juli 1992 in den Westen gezogen sind, waren über 50 Prozent Facharbeiter. Bei den 127.000 Westpendlern, die im selben Zeitraum wieder eine Erwerbstatigkeit im Osten aufgenommen haben, lag der Facharbeiteranteil bei ca. 38 Prozent (46.000). Demgegenüber lag der Anteil der Facharbeiter unter den Erwerbstatigen, die in diesem Zeitraum das Pendeln aufnahmen, bei lediglich 33 Prozent. Für den Zeitraum von Juli 1992 bis Juli 1993 zeigt sich ein deutlich verandertes Bild. Nur noch 28 Prozent (ca. 6.000) der Erwerbstätigen, die nach dem Westpendeln in den Westen umzogen, waren Facharbeiter. Dagegen lag der Facharbeiteranteil unter den Erwerbstatigen, die nach dem Westpendeln wieder im Osten einen Arbeitsplatz fanden, bei uber 43 Prozent (52.500). Die Quote der Facharbeiter unter den neuen Westpendlern lag wie im Jahr davor bei ca. 33 Prozent (48.700).

deutschland zu pendeln, während eine Tätigkeit als Angestellter, Beamter oder Selbständiger mit einer verminderten Wahrscheinlichkeit einhergeht.

2.1.1 Multivariate Analyse der sozio-demographischen Struktur der Westpendler

Multivariate Überprüfungen durch Logit-Schätzungen bestätigen weitgehend die Ergebnisse der deskriptiven Untersuchung. Bezüglich des Einflusses des Geschlechts auf die Wahrscheinlichkeit, in den Westen zu pendeln, ergibt sich bei der Befragung von 1993 ein signifikanter Befund. Männer pendeln signifikant häufiger in den Westen, allerdings mit einer abnehmenden Tendenz. Besonders interessant ist der Befund, daß, bezogen auf Tagespendler, Männer zwar häufiger unter den Westpendlern anzutreffen sind, aber nicht mehr signifikant häufiger.

Die Vermutung, daß das Alter grundsätzlich einen nicht unbedeutenden Einfluß auf die Pendelwahrscheinlichkeit hat, daß das Altersgefälle zwischen den Westpendlern und übrigen Erwerbstätigen aber abnimmt, findet in der multivariaten Analyse eine differenzierte Bestätigung.

Bei den Befragungen von 1991 und 1992 hatte das Alter einen signifikanten Einfluß auf die Wahrscheinlichkeit, in den Westen zu pendeln. Mit zunehmendem Alter verringerte sich danach die Pendelwahrscheinlichkeit. Dieser Einfluß war 1993 allerdings eindeutig nicht mehr signifikant.

Bezüglich des Familienstandes waren die Ergebnisse in allen drei Befragungswellen nicht signifikant[22]. Zwar weisen die Koeffizienten mit negativem Vorzeichen darauf hin, daß Verheiratete relativ seltener unter den Westpendlern anzutreffen waren, doch handelte es sich hierbei nicht um signifikante Einflüsse auf die Wahrscheinlichkeit westzupendeln.

Die Prüfung des Einflusses der aktuellen Stellung im Beruf auf die Wahrscheinlichkeit, in den Westen zu pendeln, ergibt folgende Ergebnisse: Besonders interessant ist der Befund bezüglich der Auszubildenden. Waren die Ergebnisse 1991 und 1992 nicht signifikant, so änderte sich dies 1993. Es gab demnach eine signifikant höhere Wahrscheinlichkeit, Auszubildende unter den Westpendlern zu finden. Der deskriptive Befund, daß 1993 wesentlich mehr Westpendler Auszubildende waren, bestätigte sich. Ein ähnlicher Befund gilt für die Facharbeiter.

---

22 In diesem Zusammenhang kann das Ergebnis, zu dem Schupp/Scheremet für 1991 kommen, nicht bestatigt werden. Weder wurde hier fur den Familienstand „verheiratet" ein Koeffizient mit positivem Vorzeichen ermittelt, noch war das Ergebnis signifikant.

Durchgehend signifikante Werte ergaben sich für die Gruppe der ungelernten und angelernten Arbeiter.

3. Pendelmobilität und individuelle Lebensqualität am Beispiel der Westpendler und ihrer Lebenspartner

3.1 Subjektive Zufriedenheitsindikatoren und Pendelmobilität

Neben objektiven Indikatoren, wie der Entwicklung der Höhe des Haushalteinkommes und der durch das Pendeln bedingten Veränderung der Familiensituation (z. B. Trennung vom bisherigen Lebenspartner[23], Veränderung individueller Zeitbudgets, Einschränkung bzw. Ausbau sozialer Kontakte), sind für die Erfassung der individuellen Lebensqualität vor allem subjektive Zufriedenheitsindikatoren von Bedeutung. In diesem Zusammenhang weist Zapf (Zapf/Glatzer 1984: 13ff.) darauf hin, daß Lebensqualität eine starke Wahrnehmungs- und Bewertungskomponente hat.

3.2 Zusammenhang von Mobilitätsverhalten und der allgemeinen gegenwärtigen Lebenszufriedenheit 1993

Für 1993 läßt sich für die Westpendler gegenüber den Ostpendlern, Nichtpendlern und Erwerbslosen[24] eine durchschnittlich höhere allgemeine Lebenszufriedenheit feststellen. So lagen die auf einer 11er Skala angegebenen Werte der durchschnittlichen Lebenszufriedenheit 1993 bei den Westpendlern bei 6,8, bei den Ostpendlern bei 6,3, bei den Nichtpendlern bei 6,4 und bei den Erwerbslosen bei nur 5,7.

Unterscheidet man die Westpendler nach der Dauer des Westpendelns, und zwar zwischen den „Drei-Wellen-Westpendlern", den „Zwei-Wellen-Westpendlern" und den „Ein-Wellen-Westpendlern" (Ein-Wellen-Westpendler werden 1993 erstmals als Westpendler aufgeführt, Zwei-Wellen-Westpendler seit 1992 und Drei-Wellen-Westpendler seit 1991), ergibt sich ein differenzierteres Bild. So lag die durchschnittliche Lebenszufriedenheit

---

23 Der Zusammenhang kann aufgrund zu niedriger Fallzahlen nicht analysiert werden.
24 bis 65 Jahre

der Drei-Wellen-Westpendler bei 7,4, der Zwei-Wellen-Westpendler bei 6,4 und der Ein-Wellen-Westpendler bei 6,5.

Ebenso war die Gruppe der Westpendler überdurchschnittlich stark mit ihrer Lebenssituation zufrieden[25]. Von den Westpendlern waren ca. 60 Prozent „in einem hohen Maße mit ihrem Leben zufrieden" gegenüber 48 Prozent der Ostpendler und 53 Prozent der Nichtpendler. Ein signifikanter Zusammenhang zwischen dem Mobilitätsverhalten einer „höheren allgemeinen gegenwärtigen Lebenszufriedenheit" läßt sich auf der bivariaten Analyseebene allerdings nicht feststellen. Ein solcher Zusammenhang ergibt sich dann, wenn die Gruppe der zum Befragungszeitpunkt der 4. Befragungswelle-Ost aktiven Westpendler nach der Dauer des Pendelns aufgeschlüsselt wird.

Insgesamt scheinen diese deskriptiven Befunde auf eine ungleiche Verteilung der gegenwärtigen Lebenszufriedenheiten zwischen den einzelnen Westpendlergruppen (Drei-, Zwei- und Ein-Wellen-Westpendler) hinzudeuten.

Die Ergebnisse der multivariaten Überprüfung durch Logit-Schätzungen bestätigen im wesentlichen die zuvor gemachten Beobachtungen[26]:

a) Der Sachverhalt „Westpendeln" an sich hat keinen signifikanten Einfluß auf die Wahrscheinlichkeit einer „höheren Lebenszufriedenheit". Allerdings ist die Lebenszufriedenheit auch nicht unterdurchschnittlich. Dies bezieht sich sowohl auf die Ostpendler als auch auf die Nichtpendler als Referenzgruppe.
b) Drei-Wellen-Westpendler zu sein, erhöht signifikant die Wahrscheinlichkeit, eine „höhere Lebenszufriedenheit" zu erreichen. Bei Zwei-Wellen- und Ein-Wellen-Pendlern ist das dagegen nicht der Fall (Referenzgruppen jeweils Nichtpendler und Ostpendler).
c) Drei-Wellen-Westpendler sind auch gegenüber den Zwei- und Ein-Wellen-Westpendlern signifikant zufriedener mit ihrem Leben".
d) Die Wahrscheinlichkeit, eine „höhere Lebenszufriedenheit" zu erreichen, ist im Vergleich zu den Erwerbslosen weder bei den Westpendlern noch bei den Ostpendlern und den übrigen Erwerbstätigen signifikant stärker ausgeprägt.

---

25 Als „in hoherem Maße Zufriedene" werden diejenigen Personen betrachtet, deren Angaben auf einer 11er Skala (0 entspricht „ganz und gar unzufrieden" und 10 entspricht „ganz und gar zufrieden") bei dem Wert 7 oder höher liegen. Diese Einteilung entspricht aus methodischen Grunden, wegen Fallzahlenproblemen nicht der Einteilung, die Glatzer vornimmt („hoch Zufriedene" 8-10).

26 Mit Ausnahme des Verhaltnisses „Ostpendler-Nichtpendler": So hat das Ostpendeln einen signifikant negativen Einfluß auf die Wahrscheinlichkeit einer höheren Lebenszufriedenheit.

Als Ergebnis der OLS-Regressionen ist festzustellen, daß alle Gruppen gegenüber den Drei-Wellen-Westpendlern signifikant unzufriedener sind. Ebenso wie in der Logitschätzung kommt die Sonderrolle der Drei-Wellen-Westpendler zum Ausdruck.

Ein verändertes Bild ergibt sich für das Verhältnis zwischen den Erwerbslosen und den Erwerbstätigen. Westpendler, Ostpendler und Nichtpendler sind mit ihrem Leben signifikant zufriedener als die Erwerbslosen.

3.3 Höhere Lebenszufriedenheit - eine Folge des Westpendelns?

Tabelle 5: Veränderung der Zufriedenheitswerte von neuen Westpendlern und Erwerbstätigen in Ostdeutschland (auf einer 11er-Skala)

a) Zeitraum 4/1991 - 7/1992

Zeitraum 4/1991 - 7/1992 (N = 2.026)	Erwerbstätige	Erstpendler
Allgemeine gegenwärtige Lebenszufriedenheit	- 0,1	+ 0,7
Erwartete Lebenszufriedenheit in 5 Jahren	- 0,3	+ 0,3
Zufriedenheit mit dem Arbeitsplatz	+ 0,2	+ 0,7
Zufriedenheit mit dem Haushaltseinkommen	+ 0,3	+ 2,5

b) Zeitraum 7/1992 - 7/1993

Zeitraum 7/1992 - 7/1993 (N=1.924)	Erwerbstatige	Erstpendler
Allgemeine gegenwärtige Lebenszufriedenheit	+ 0,1	+ 0,5
Erwartete Lebenszufriedenheit in 5 Jahren	- 0,2	+ 0,7
Zufriedenheit mit dem Arbeitsplatz	- 0,1	+ 0,4
Zufriedenheit mit dem Haushaltseinkommen	+ 0,5	+ 1,1

Quelle: SOEP - Längsschnittanalyse 2.-4. Befragungswelle-Ost

Um auszuschließen, daß es sich bei den Drei-Wellen-Westpendlern um eine Gruppe handelt, die sich bereits vor dem Westpendeln durch eine überdurchschnittlich hohe Lebenszufriedenheit auszeichnete, werden ihre Zufriedenheitswerte aus der Befragung des Jahres 1991, in der sie erstmalig als Westpendler ausgewiesen werden, mit denen der Ost-Basiserhebung von 1990 verglichen[27]. Dabei stellt sich heraus, daß die durchschnittliche gegenwärtige Lebenszufriedenheit bei den Drei-Wellen-Westpendlern zwischen Juli 1990 und April 1991 von 6,6 auf 7,0 anstieg. Der durchschnittliche Zufriedenheitswert bei allen Erwerbstätigen sank im gleichen Zeitraum dagegen von 6,6 auf 6,0. Dieses Ergebnis weist schon auf eine für diese Arbeit zentrale Hypothese hin: Westpendler maximieren zumindest kurzfristig ihren subjektiven Nutzen.

Die Gültigkeit dieser Hypothese soll überprüft werden am Beispiel der Veränderung der Zufriedenheitswerte zwischen dem Befragungszeitpunkt vor dem Westpendeln und dem Befragungszeitpunkt nach Aufnahme des Westpendelns[28]. Die in der dritten Befragungswelle-Ost erstmalig westpendelnden Erwerbstätigen verzeichnen in fünf Jahren deutlich ansteigende Durchschnittswerte bezüglich der Zufriedenheit mit dem Haushaltseinkommen (+2,5), der Arbeitsplatzzufriedenheit[29] (+0,7), der gegenwärtigen Lebenszufriedenheit (+0,7) und der erwarteten Lebenszufriedenheit (+0,3). Die Zufriedenheit mit der Freizeit sinkt dagegen erwartungsgemäß deutlich ab, während sich die Zufriedenheit mit der eigenen Gesundheit nur unwesentlich verändert. Verglichen mit den Veränderungen der Zufriedenheitswerte aller Erwerbstätigen der dritten Befragungswelle-Ost ergibt sich für die Westpendler eine deutlich positive Entwicklung. Dies gilt vor allem für die Bereiche Arbeitsplatzzufriedenheit und Zufriedenheit mit dem Haushaltseinkommen. Schlechter schneiden sie lediglich bei der Zufriedenheit mit der Freizeit ab, was angesichts einer stärkeren zeitlichen Belastung der Westpendler nicht verwundert. Besonders interessant ist die gegenläufige Entwicklung bei den Werten der erwarteten Lebenszufriedenheit in fünf Jahren. Während Westpendler zukünftig ein höheres Maß an Lebenszufriedenheit erwarten, rechnen die Erwerbstätigen insgesamt mit einer geringeren Zufriedenheit.

Für die vierte Befragungswelle-Ost ergibt sich - zumindest von der Tendenz her - ein weitgehend identisches Bild. Allerdings fallen hier die Zufrie-

---

27 Dieses Vorgehen ist methodisch nicht unproblematisch, da die Frage, ob sich der Arbeitsplatz in der alten BRD befindet, in der Basisbefragung nicht erhoben wurde. Allerdings gehen die Zahlen der amtlichen Statistiken fur 1990 noch von deutlich niedrigeren Westpendlerzahlen aus. Somit sollte es moglich sein, zumindest eine tendenzielle Aussage uber die Veranderung der Zufriedenheit vor und nach dem erstmaligen Westpendeln zu gewinnen.

28 Untersucht werden die neuen Westpendler der 3. und 4. Befragungswelle-Ost, da hier eine eindeutige zeitliche Abgrenzung des Westpendelns möglich ist. Auf eine Einbeziehung der 2.Welle-Ost wird an dieser Stelle aufgrund der bereits erwähnten methodischen Probleme verzichtet.

29 Dies gilt nur fur diejenigen, die auch schon in der Vorwelle erwerbstatig waren.

denheitsgewinne bezüglich des Haushaltseinkommens (+1,1) und des Arbeitsplatzes (+0,4) deutlich geringer aus. Westpendler realisieren aber immer noch in stärkerem Maße Zufriedenheitszuwächse als alle Erwerbstätigen. Eine Ausnahme bildet die Zufriedenheit mit der Freizeit, die bei den Westpendlern deutlicher abnimmt. Ebenso wie bei der dritten Befragungswelle-Ost fallen in der vierten Welle die sich unterscheidenden Erwartungen an die zukünftige Lebenszufriedenheit auf. Westpendler setzen auf eine positive Entwicklung, alle anderen Erwerbstätigen auf eine negative Entwicklung. Insgesamt gesehen, scheint sich die oben formulierte Hypothese des subjektiv steigenden Nutzen an den hier gewählten Beispielen zu bestätigen.

Zumindest in dem ersten Pendeljahr weisen die Westpendler im Vergleich zur Gesamtheit aller Erwerbstätigen deutlich stärker ansteigende Zufriedenheitswerte auf. Das gilt in erster Linie für die Zufriedenheitswerte, die in unmittelbarem Zusammenhang mit dem Westpendeln und seinen ökonomischen Folgen stehen. So ist die Zufriedenheit mit dem Haushaltseinkommen zu nennen. Westpendler verzeichnen höhere individuelle Arbeitseinkommen, und Westpendlerhaushalte verfügen über höhere Nettohaushaltseinkommen. Die ökonomische Situation steht wiederum in engem Zusammenhang mit der Arbeitsplatzsituation, wobei angesichts der kritischen Situation auf dem ostdeutschen Arbeitsmarkt und dem im Vergleich zum Westen noch niedrigeren Lohnniveau die Arbeitsplatzsicherheit und die Höhe des Einkommens bei der Bewertung wohl im Vordergrund stehen Ein weiteres Indiz für die positive Bedeutung des Westpendelns bzw. für die Hoffnungen, die damit verbunden sind, kommt in den deutlich positiveren Zukunftserwartungen zum Ausdruck.

3.4 Pendelbedingte Mobilitätskosten

Die durch arbeitsbedingte Pendelmobilität hervorgerufenen Belastungen führen dazu, daß Pendler in der Entfaltung ihrer Persönlichkeit im Arbeitsprozeß und in den persönlichen Lebensverhältnissen sich beeinträchtigt fühlen. Allerdings werden diese Belastungen von den Pendlern individuell unterschiedlich aufgenommen und verarbeitet. „Es muß davon ausgegangen werden, daß in wachsendem Ausmaß die Lebensqualität, Gesundheit, und das soziale Leben und Wohlbefinden der Betroffenen gravierend negativ und nachhaltig beeinflußt werden" (Ott/Gerlinger 1992: 163).

Die Länge und Dauer der arbeitsbedingten Wegezeiten sind die grundlegenden Belastungsfaktoren, die sich auf die Pendler auswirken und zwar in

Form veränderter Zeitbudgets, verminderter sozialer und familiärer Präsenz, zusätzlicher Mehrfachbelastungen, besonderer Erkrankungsrisiken und einer sinkenden Arbeitsmotivation.

Ob und wie Westpendler von solchen (steigenden) Mobilitätskosten betroffen sind, soll im folgenden analysiert werden.

3.4.1 Belastungen durch den Arbeitsweg

Tabelle 6: Mobilitatskosten: Große Belastungen durch den Arbeitsweg 7/1993 (in %)

N = 2.039	finanziell	zeitlich	nervlich-korperlich
Westpendler	20	52	23
Ostpendler	20	19	10
Nichtpendler	5	7	5

In der vierten Befragungswelle-Ost des SOEP wurden Erwerbstätige gefragt, welche Belastungen ihr Arbeitsweg in zeitlicher, finanzieller und körperlich-nervlicher Hinsicht verursacht. Als Antwortmöglichkeiten waren die Kategorien: „große Belastung", „geringe Belastung" und „keine Belastung" vorgesehen.

Eine Auswertung der Antworten zeigt einen hochsignifikanten Zusammenhang zwischen dem Mobilitätsverhalten (Westpendler und Nichtpendler) und der Belastung durch den Arbeitsweg. Das gilt sowohl für die zeitliche, die finanzielle als auch für die körperliche und nervliche Beanspruchung. Bezüglich der Dauer des Pendelns (Drei-, Zwei- und Ein-Wellen-Westpendler) und der Belastung durch den Arbeitsweg sind keine signifikanten Unterschiede festzustellen. Allerdings geben prozentual mehr Drei-Wellen-Westpendler große zeitliche und nervlich-körperliche Belastungen an als Zwei- und Ein-Wellen-Westpendler. Dies könnte ein Indiz dafür sein, daß es aufgrund der Belastung durch den Arbeitsweg bei längerfristigem Pendeln zu einem Anstieg der Mobilitätskosten kommt.

Mit Hilfe einer OLS-Regression soll der Einfluß der Arbeitswegbelastung auf die gegenwärtige Lebenszufriedenheit der Erwerbstätigen untersucht werden: Als multivariates Analyseergebnis bleibt festzustellen, daß hohe nervliche und körperliche Beanspruchungen einen signifikant negativen Einfluß auf die gegenwärtige Lebenszufriedenheit von Erwerbstätigen haben. Die zeitliche und die finanzielle Belastung haben dagegen keinen signifikanten Einfluß.

Überprüft man nun auf multivariater Ebene, inwieweit mit dem Mobilitätsverhalten größere nervliche und körperliche Beanspruchungen verbunden sind, so erhält man für die Gruppe der Ostpendler und der Westpendler einen hochsignifikanten Befund. Die Gruppe der Nichtpendler stellt dabei die Referenzgruppe dar.

Die multivariate Analyse bestätigt, daß beim Pendeln durch den Arbeitsweg Mobilitätskosten entstehen, die sich signifikant auf die gegenwärtige Lebenszufriedenheit auswirken.

3.5 Zur sozialen und ökonomischen Situation der Lebenspartner von Westpendlern

Wenn man die Mobilitätskosten überprüft, reicht es nicht aus, lediglich die Auswirkungen des Pendelns auf die Lebenssituation der betroffenen Pendler zu untersuchen; es müssen ebenfalls die Auswirkungen auf deren Lebenspartner bzw. auf die dazugehörigen Haushalte berücksichtigt werden, da durch das Westpendeln das soziale Umfeld, in erster Linie die Familie, betroffen sind[30]. Diese Form der Belastung durch das Arbeitspendeln kann als verminderte soziale und familiäre Präsenz bezeichnet werden (Ott/Gerlinger 1992: 170):

„Die Lage und die Dauer der arbeitsgebundenen Zeit (Arbeitszeit plus Wegzeit bei Normalarbeitszeit) beeinträchtigen die Zeiten, in denen primär soziale und familiäre Kommunikation stattfindet. Die familiäre Präsenz ist deutlich reduziert, was beispielsweise bei jungen Familien Probleme der Beteiligung an der Kindererziehung und des gemeinsamen Erlebens (zu einschlägigen Tageszeiten) zur Folge hat.“

Ein Indikator dafür ist die durch das Pendeln bedingten Verschiebungen im Zeitbudget von Westpendlern und deren Lebenspartnern.

3.5.1 Die Veränderung von Zeitbudgets bei Westpendlern und deren Lebenspartnern[31]

Bedingt durch das Westpendeln ergeben sich sowohl für die Westpendler als auch für ihre Lebenspartner Verschiebungen bei der Verwendung ihrer frei zur Verfügung stehenden Zeit. Männliche und weibliche Westpendler wen-

30 Esser (1980: 66ff.) und Wagner (1989: 140ff.) weisen auf die besondere Rolle der Familie bzw. des Haushalts im Zusammenhang mit Mobilitätsentscheidungen hin.

31 Dargestellt am Beispiel der Pendlerhaushalte, in denen zum Befragungszeitpunkt 1993 erstmalig Westpendler festgestellt wurden. Die Angaben über den Lebenspartner sind aufgrund einer niedrigen Fallzahl (N=28) statistisch nicht abgesichert.

den mehr Zeit für ihre Berufstätigkeit auf als Nichtpendler. Das ist wohl in erster Linie auf längere Arbeitswege zurückzuführen.

Tabelle 7: Pendelbedingte Veranderungen von Zeitbudgets bei Westpendlern und ihren Lebenspartnern 7/1993

a) Ein-Wellen-Westpendler (N =40)

7/1992 - 7/1993 Tätigkeitsbereich	Durchschnittliche Veränderung in Stunden
Berufstätigkeit	+ 2,5
Kindererziehung	- 0,6
Haushalt	- 0,2
Freizeit	+ 0,1
Reparaturen	- 0,5
Besorgungen	0,0

b) Lebenspartner der Ein-Wellen-Westpendler (N =11)

7/1992 - 7/1993 Tätigkeitsbereich	Durchschnittliche Veränderung in Stunden
Berufstätigkeit	- 0,1
Kindererziehung	- 0,4
Haushalt	+ 0,2
Freizeit	- 0,4
Reparaturen	+ 0,1
Besorgungen	+ 0,1

c) Lebenspartnerinnen der Ein-Wellen-Westpendler (N =17)

7/1992 - 7/1993 Tätigkeitsbereich	Durchschnittliche Veränderung in Stunden
Berufstätigkeit	- 1,0
Kindererziehung	0,0
Haushalt	+ 0,3
Freizeit	+ 0,1
Reparaturen	+ 0,1
Besorgungen	0,0

Quelle: SOEP - Längsschnittanalyse 2.-4. Welle-Ost

Der höhere Zeitaufwand für die Berufstätigkeit führt bei den weiblichen und bei den männlichen Pendlern dazu, daß sie für fast alle Tätigkeiten im Haushalt weniger Zeit aufbringen, als es vor dem Pendeln der Fall war.

Es stellt sich die Frage, ob und wie diese Verschiebungen durch die Lebenspartner kompensiert werden. Die Befunde der verschiedenen Befragungswellen zeigen, daß Frauen und Männer unterschiedlich reagieren. Frauen, deren Männer pendeln, verwenden mehr Zeit für Arbeiten im Haushalt als im umgekehrten Fall. Gleichzeitig sinkt der zeitliche Aufwand für die eigene Berufstätigkeit: Die durchschnittliche Arbeitszeit der erwerbstätigen Lebenspartnerinnen lag 1993 um ca. eine Stunde niedriger als 1992. Zudem waren ungefähr 25 Prozent der Frauen, die 1992 noch arbeiteten, 1993 nicht mehr erwerbstätig.

Bei Lebenspartnern von Westpendlerinnen ist dagegen kein wesentlicher zeitlicher Mehraufwand für die Tätigkeiten im Haushalt festzustellen. Auffällig ist bei dieser Gruppe allerdings auch eine sehr hohe zeitliche Belastung aufgrund der eigenen Berufstätigkeit.

Die hier gemachten Beobachtungen[32] lassen die Vermutung zu, daß Westpendeln, je nachdem, ob Männer oder Frauen pendeln, unterschiedliche Auswirkungen auf die jeweilige Arbeitsteilung im Haushalt hat. Pendeln Männer, vertieft sich die geschlechtsspezifische Arbeitsteilung: Frauen schränken ihre eigene Berufstätigkeit zugunsten einer stärkeren Wahrnehmung ihrer Verpflichtungen im Haushalt und in der Kindererziehung ein. Pendeln Frauen, kommt es dagegen zu einer Auflockerung der geschlechtsspezifischen Arbeitsteilung: Frauen bringen gezwungener Maßen weniger Zeit für Hausarbeiten und für die Kindererziehung auf. Allerdings erfolgt hier keine adäquate Kompensation der Belastungen durch den Lebenspartner. Insgesamt scheint in diesem Fall das Pendeln zu Lasten des Haushalts und gegebenenfalls der dazugehörenden Kinder zu gehen.

4. Die Folgen eines individuellen, situationsgebundenen Handelns am Beispiel des Westpendelns

Die in dieser Arbeit ausgewerteten Daten des SOEP weisen sowohl auf individueller als auch auf kollektiver Ebene auf Veränderungen im Charakter des Westpendelns hin. Hierzu seien zwei Sachverhalte als Beleg angeführt:

---

32 Aufgrund zu niedriger Fallzahlen sind diese Beobachtungen statistisch nicht abgesichert.

1. Die sozio-demographische Struktur der Westpendler hat sich seit 1991 signifikant verändert.
2. Die pendelbedingten Mobilitätsgewinne haben sich im Zeitverlauf deutlich reduziert.

Diese Entwicklungen müssen im Zusammenhang gesehen werden mit veränderten ökonomischen Rahmenbedingungen, die sich massiv auf den gesamtdeutschen Arbeitsmarkt ausgewirkt haben. Zum einen hat sich die Situation auf dem westdeutschen Arbeitsmarkt seit 1992 rezessionsbedingt verschlechtert, zum anderen stagniert die hohe Arbeitslosenquote seit dem dramatischen Arbeitsplatzabbau 1991/1992 auf dem ostdeutschen Arbeitsmarkt trotz arbeitsmarktpolitischer Maßnahmen. Gleichzeitig hat sich seit 1991 das Einkommensgefälle zwischen Ost- und Westdeutschland deutlich verringert.

Die beschriebene Veränderung der sozio-demographischen Struktur der Westpendler kann als eine Folge dieser Entwicklungen betrachtet werden. So pendelten in der Zeit nach der Vereinigung in erster Linie junge Männer in den Westen, darunter vor allem Facharbeiter, um auf diese Weise höhere Löhne als im Osten zu erzielen. Bedingt durch den drastischen Arbeitsplatzabbau in den neuen Bundesländern änderte sich der Kreis der Westpendler („Zweite Generation"). Unter ihnen befanden sich vor allem ältere Arbeitnehmer und viele Frauen; also genau die Gruppen, die zu den arbeitsmarktpolitischen Verlierern der Vereinigung gehörten. Offensichtlich erklärt sich die Entscheidung, Westpendler zu werden, vermehrt aus einer individuellen Notlage heraus, bzw. stellt sie eine Alternative zur Arbeitslosigkeit dar. Dieser Entscheidung liegt nicht mehr primär die Vorstellung zugrunde, höhere Einkommen zu erzielen. Gleichwohl: Das Pendeln bleibt weiterhin eine flexibel genutzte Adaptionsmöglichkeit an schwierige Verhältnisse.

Für veränderte „Motive" der Westpendler spricht auch folgender Sachverhalt: 1991 und 1992 sind Westpendler nicht nur grundsätzlich zufriedener mit ihrem Leben als die übrigen ostdeutschen Erwerbstätigen, sondern durch die Aufnahme des Westpendelns erhöht sich ihre allgemeine Lebenszufriedenheit. Gleiches gilt auch für die Zufriedenheit mit dem Haushaltseinkommen. Die 1993 zum ersten Mal in den Westen pendelnden Erwerbstätigen weisen dagegen keine signifikant günstigeren Werte auf. Der einzig signifikant (sogar hochsignifikant) positive Befund liegt bei dieser Gruppe (1991 und 1992) in der erwarteten Zunahme der Lebenszufriedenheit in den folgenden fünf Jahren., d. h. mit dem Pendeln werden besonders große Hoffnungen verbunden.

Es hat den Anschein, daß 1993 die Mobilitätsgewinne (vor allem hinsichtlich höherer Einkommen) im Vergleich zu 1991 und 1992 weit geringer bewertet werden. Sie übertreffen kaum noch die Mobilitätskosten, die sich hauptsächlich als arbeitswegbedingte Transaktionskosten darstellen und sowohl bei den Pendlern als auch bei deren Lebenspartnern anfielen. 1993 gelingt es zumindest einem großen Teil der Westpendler nicht mehr, einen größeren Nutzen aus dem Westpendeln zu ziehen. Es existierte keine andere, „einen größeren Nutzen versprechende" Handlungsalternative, beispielsweise in Ostdeutschland eine Arbeit zu finden.

Zukünftig kann davon ausgegangen werden, daß das Westpendeln bei einer weiteren Konsolidierung des ostdeutschen Arbeitsmarkts stärker im Kontext allgemein üblicher siedlungsstruktureller Arbeitspendelmobilität zu sehen ist, in dessen Mittelpunkt die Existenz großstädtischer Ballungsräume und die funktionale Trennung von Wohn- und Arbeitsorten steht. Erste Anzeichen dafür liefern bereits die veränderte sozio-demographische Struktur der Westpendler, die 1993 keine signifikanten Unterschiede mehr gegenüber den Ostpendlern aufweisen, die veränderte Relation von Mobilitätsgewinn und Mobilitätskosten und nicht zuletzt die steigende Anzahl von Pendlern nach Westberlin.

Rückblickend können die Folgen des Pendelns ostdeutscher Erwerbstätiger nach Westdeutschland aus individueller und gesellschaftlicher Sicht insgesamt als positiv bewertet werden:

Die Westpendler konnten trotz vorhandener Mobilitätskosten so hohe Mobilitätsgewinne erzielen, daß sie mit ihrem Leben zumeist zufriedener (auf keinem Fall aber unzufriedener) als die übrigen Erwerbstätigen in Ostdeutschland sind. Die Westpendler und ihre Lebenspartner stellen nach den vorliegenden Ergebnissen keine Verlierer der Vereinigung dar Als Verlierer der Deutschen Einheit lassen sich dagegen ganz klar die Erwerbslosen ausmachen, die gegenüber allen anderen Gruppen weit unzufriedener mit ihrem Leben sind.

Die Erwerbstätigkeit im Westen scheint einen beruflichen Qualifizierungseffekt zu haben. Darauf deutet eine vergleichsweise niedrige Arbeitslosenquote der Westpendler nach Beendigung des Westpendelns hin. Von diesem Qualifizierungseffekt profitieren vor allem angelernte und ungelernte Arbeiter, deren Anteil gemessen an allen ostdeutschen Erwerbstätigen unter den Westpendlern besonders hoch ist.

Eine nicht zu unterschätzende Bedeutung kommt dem Westpendeln in seiner verbindenden Funktion zwischen dem ostdeutschen und dem westdeutschen Arbeitsmarkt zu. Es ermöglicht im Gegensatz zur Migration, die für viele ostdeutsche Erwerbstätige eine attraktivere Alternative der räumlichen Mobilität darstellt, einen Ausgleich zwischen zwei regionalen Arbeitsmärkten zu erreichen, ohne dabei selektiv wirkende Wanderungsprozesse in größerem Umfang auszulösen.

Literaturverzeichnis

Büchel, F./Schwarze, J., 1994: Die Migration von Ost- nach Westdeutschland - Absichtserklärung und Realisierung. DIW-Diskussionspapier Nr. 87, Berlin.

Dietz, F./Gommlich, H./Karr, W., 1992: Ostdeutsche Arbeitnehmer in Westdeutschland. In: MittAB (25. Jg.) 4: 499-518.

Esser, H., 1980: Aspekte der Wanderungssoziologie. Darmstadt.

Esser, H., 1983: Die fremden Mitbürger. Düsseldorf.

Franz, P., 1984: Soziologie der räumlichen Mobilität. Frankfurt/New York.

Glatzer,W./Zapf, W. (Hrsg.), 1984: Lebensqualität in der Bundesrepublik. Objektive Lebensbedingungen und subjektives Wohlbefinden, Frankfurt/New York.

Magvas, E., 1993: Eine halbe Millionen Pendler aus den neuen Bundesländern - Bestandsaufnahme November 1992. In: IAB (Hrsg.): IAB Werkstattbericht Nr. 18. Nürnberg.

Ott, E./Gerlinger, Th., 1992: Die Pendlergesellschaft. Zur Problematik der fortschreitenden Trennung von Wohn- und Arbeitsort, Köln.

Sandbrink, S./Schupp, J./Wagner, G., 1994: Ost-West-Pendeln gehört zur Normalität des gesamtdeutschen Arbeitsmarktes. In: DIW-Wochenbericht 61: 51-52, 861-866.

Sandbrink, S./Wagner, G., 1995: Arbeitskräftemobilität und Lebensqualität - Das Beispiel der „Westpendler" und ihrer Lebenspartner in Ostdeutschland. Diskussionspapier 9/95 aus der Fakultät für Sozialwissenschaft der Ruhr-Universität Bochum, Bochum.

Scheremet, W./Schupp, J., 1991: Pendler und Migranten - zur Arbeitskräftemobilität in Ostdeutschland. DIW-Diskussionspapier Nr. 36, Berlin.

Schmidt, I., 1993: Westpendler, Ostpendler. Zum Arbeitspendeln im Umland von Berlin. In: Deutschland-Archiv (26. Jg.) 10: 1.159-1.170.

Wagner, G., 1992: Arbeitslosigkeit, Abwanderung und Pendeln von Arbeitskräften der neuen Bundesländer. In: Sozialer Fortschritt (41. Jg.) 4: 84-89.

Wagner, M., 1989: Räumliche Mobilität im Lebensverlauf. Stuttgart.

Teil 3

Politik und Verwaltung im Übergang

Der Koordinierungsausschuß zur Bildung des Landes Sachsen

Markus Schubert

„Homines novi, die von unten kommen
und aus dem Dunkel in die Helle des Öffentlichen,
in den Glanz der großen Politik aufsteigen
und sich dort einer Macht bemächtigen,
der sie noch eben absolut unterworfen waren."
Hannah Arendt: Über die Revolution

I.

Betrachtungen über wirtschaftliche, soziale, politische und psychologische Prozesse der deutschen Vereinigung füllen mittlerweile ganze Regale, demgegenüber ist das Interesse an den inneren Vorgängen in der DDR der Jahre 1989/90 in den Hintergrund geraten, obwohl diese die Voraussetzungen für die Wiederannäherung der beiden deutschen Staaten bildeten.[1] Wenn es stimmt, daß Sieger die Geschichte schreiben, dann scheint die DDR ein kollektiver Verlierer zu sein, aber nicht nur das überwundene politische System der sozialistischen Ein-Parteien-Herrschaft, sondern auch diejenigen, die durch die Herbeiführung des Umbruchs 1989/90 die Hinwendung der DDR zu Rechtsstaatlichkeit, Mehrparteiendemokratie, kommunaler Selbstverwaltung und Föderalismus und in der Folge zur nationalen Einheit der Deutschen in der Bundesrepublik ermöglicht und bewerkstelligt haben.

Im Zusammenhang mit dem Systemumbruch in der DDR wurde und wird oft über die Frage gerechtet, ob die Terminologie von Revolutionen hierfür praktikabel ist.

Wir gehen davon aus, daß eine gelungene Revolution nicht nur auf der geistigen Ebene stattfindet, indem Ideologien und Legitimationsgrundlagen

---

1 Dieser Aufsatz basiert auf: Schubert, M.: Der Koordinierungsausschuß zur Bildung des Landes Sachsen. Magisterprufungsarbeit an der Fakultat fur Sozial- und Verhaltenswissenschaften der Eberhard-Karls-Universitat Tubingen bei Prof. Gerd Meyer. September 1994.

der politischen Systems grundlegend ausgetauscht werden, sondern daß es vielmehr zu einem durchgreifenden Elitenwechsel in der Gesellschaft kommen muß, der den geistigen Wandel materiell sichert. Für die DDR heißt dies: Ablösung der durch die SED und die Parteien des Demokratischen Blocks geleiteten Kader im Staatsapparat, in Wirtschaft und Verwaltung sowie in vielen anderen Subsystemen, die in der DDR politischer Steuerung ausgesetzt waren, in westlichen liberal-demokratischen Systemen dagegen zu einem gewissen Grad autonom, jedenfalls zu einem geringeren Grad hierarchischer oder nur kontextueller politischer Steuerung ausgesetzt sind. Das gilt für vormals staatliche Unternehmen ebenso wie für Massenorganisationen, Medien, Schulen und Universitäten sowie Kultureinrichtungen. Die Erfahrungen in den Jahren nach dem Umbruch zeigten, daß hier zumeist kein umfassender Elitenwechsel gelungen ist, weil die kurze Zeit der liberalisierten DDR vom Frühjahr bis zum Herbst 1990 nicht genügte, um einen entsprechenden Erneuerungsprozeß politisch zu steuern. Ferner war dies politisch auch gar nicht gewollt, und schließlich half die Rechts- und Gesellschaftsordnung der Bundesrepublik, welche Vorstellungen von gesellschaftlicher Autonomie, Subsidiarität und Besitzstandswahrung verpflichtet ist, die Zustände in diesen gesellschaftlichen Bereichen zu konservieren. Was bis zur staatlichen Einheit Deutschlands im Oktober 1990 nicht reformiert war, blieb auf - kaum irgend vorhandene - Selbsterneuerungskräfte angewiesen.

Das gilt auch für Staat und Administration. Der Staat als Ort der Findung kollektiv verbindlicher Entscheidungen ist selbstredend erstes Ziel revolutionärer Änderungsbestrebungen. Wer hier nur auf die Auflösung der Staatlichkeit der DDR und die schlichte Ausdehnung staatlicher Strukturen der alten Bundesrepublik auf das Territorium der DDR verweist, unterliegt einer optischen Täuschung. Er übersieht, daß vor der Einheit mit den Bezirken und nach der Einheit mit den fünf neuen Ländern staatliche Ebenen bestanden. Es liegt also nahe zu untersuchen, inwiefern hier DDR-Strukturen bewahrt werden sollten und konnten. Solche Strategien könnten von politisch führenden Eliten des alten DDR-Regimes erdacht und im Prozeß der Länderbildung implementiert worden sein.

Bei Untersuchungen über die Länderbildung 1990 wird meistens nur der Wunsch der Demonstranten 1989/90 nach Föderalisierung notiert, werden Fragen nach der Zahl der zu bildenden Ländern und deren territorialer Abgrenzung erörtert. Die meisten der seltenen Monographien über die neuen DDR-Länder setzen sogar erst mit ihrer Gründung durch das Ländereinführungsgesetz vom 22. Juli 1990, mit deren Beitritt zur Bundesrepublik durch den Einigungsvertrag vom 3. Oktober 1990 oder gar erst mit den ersten

Landtagswahlen vom 14. Oktober 1990 ein. Dabei müßte doch schon die Tatsache, daß es bereits vor den Landtagswahlen und natürlich erst recht vor der Bildung der ersten Landesregierungen Länder und Landesinstitutionen gab, Grund genug für die Frage sein, in welchen politischen Prozessen diese Institutionen entstanden und durch welche politischen Eliten dies geschah.

Waren es die revolutionären Eliten aus den Bürgerbewegungen und von den Runden Tischen ? Waren es - im Vorgriff auf die staatliche Einheit - die „neuen Eliten" aus der Bundesrepublik und westlichen Bundesländern ? Oder waren es letztlich doch die alten Eliten der SED und der übrigen Parteien des demokratischen Blocks, des alten Staatsapparates und der Apparate der Bezirke, die die strukturellen und personellen Weichenstellungen vornahmen, welche fortan den Länderbildungsprozeß beeinflußten?

II.

1988/89 kam es in der DDR zu einer Pluralisierung von politischen Akteuren, welche die führende Rolle der SED zunehmend in Frage stellten. Aus verschiedenen Nischen- und Subkulturen (Literatenszenen, Umweltgruppen Friedensgruppen, kirchliche Gruppen, Bürgerrechtsgruppen u a. m.) entstand unter dem Massenzulauf der Demonstrationsbewegungen des Herbstes 1989, die sich erst am Ausreisewunsch, dann am Wunsch nach inneren Reformen der DDR nach dem Vorbild etwa Polens und Ungarns entzündeten, ein oppositionelles Milieu mit zentralen und lokalen Führungsfiguren.

Während die Akteure des Zentralen Runden Tisches in Berlin spätestens nach der ersten freien Volkskammerwahl im März 1990 an den Rand des Geschehens gedrängt wurden, hatten die regionalen Runden Tische - etwa in Dresden - von nun an erst ihre Bewährungsprobe in der Auseinandersetzung mit dem in den Bezirken höchst vitalen „ancien régime" zu bestehen.

An dieser Stelle können nicht alle Wendeereignisse in Dresden und den drei sächsischen Bezirken nachgezeichnet werden. Im Neuen Forum, unter den Rednern der Montagsdemos in Dresden, in der „Gruppe der 20", welche Oberbürgermeister Berghofer den Dialog abtrotzte, unter kirchlichen Laiengruppen, in der „AG Recht der DDR" der Dresdner Stadtverordnetenversammlung - überall begegnen wir Namen, die wir ab dem Jahreswechsel 1989/90 am Runden Tisch des Bezirks, ab Mitte des Jahres im Koordinierungsausschuß zur Bildung des Landes Sachsen (dem unser Hauptaugenmerk gelten soll) und bis heute in Landtag und Landesregierung des Freistaates

Sachsen wiederfinden: Arnold Vaatz, Erich Iltgen, Steffen Heitmann, Matthias Rößler, Helmut Münch u.a.m.

An dem Wunsch der Bevölkerung in Dresden, Leipzig, Chemnitz, Plauen im Erzgebirge und der Oberlausitz (mit Ausnahme der vormals niederschlesischen Gebiete um Görlitz) nach Wiedererrichtung des bis 1952 existierenden Landes Sachsen konnte kein Zweifel bestehen. Zeitgleich mit dem die nationale Einheit symbolisierenden Schwarz-Rot-Gold tauchten grün-weiße Fahnen und verbale Bekenntnisse zur Wiedergeburt Sachsens auf.

Als erster politischer Akteur bemächtigte sich freilich nicht der Runde Tisch der Thematik „Länderbildung", sondern es traten die Räte der Bezirke, vor allem der des Bezirks Dresden, in Erscheinung. Die Bezirksapparate waren unter der Oberfläche des Machtkampfs auf Republikebene von Erneuerungsimpulsen weitestgehend „verschont" geblieben, auch unter der CDU-geführten Regierung de Maizière stellten sie das administrative Kontinuum dar. Niemals kamen den Regierungen in Berlin und Bonn Bedenken dagegen, die Bezirke zu den Ländern umzubilden, aus denen sie 1952 in einem Akt der Zentralisierung hervorgegangen waren. Ungehört blieben etwa Appelle wie die der Verwaltungswissenschaftler Bernet und Lecheler (Jena/Erlangen), die nach einer empirischen Untersuchung eines Rates des Kreises konstatierten, „daß die Stellung und Aufgabe einer Verwaltung in einem freiheitlich-demokratischen Rechtsstaat mit demjenigen des Staatsapparates in der DDR nicht verglichen werden kann. Der Umbau auf der Verfassungsebene muß daher notwendig seine Fortführung in der Verwaltung finden. In einem staatsrechtlichen Umbruch, wie er derzeit in Deutschland geschieht, darf der berühmte Satz nicht ohne weiteres Geltung behalten, wonach „Verfassungsrecht vergeht - Verwaltungsrecht aber besteht!" (Bernet/Lecheler: X).

Es blieb freilich den revolutionären Eliten Dresdens vorbehalten, diesem Automatismus der Erhaltung von personellen DDR-Strukturen auch unter geänderten Vorgaben des politischen Systems im Zuge der Vorbereitung der Landesbildung Einhalt zu gebieten.

III.

Der Runde Tisch des Bezirkes Dresden konstituierte sich nach zwei von den Kirchen moderierten Vorberatungen verschiedener oppositioneller Gruppen mit der SED-Bezirksleitung (am 30. November 1989 und am 8. Dezember 1989) schließlich am 15. Dezember 1989 im Raum 281 des Rates des Bezirkes.

„Der Runde Tisch wurde notwendig, um für das Volk, das durch Machtmißbrauch und Korruption der ehemaligen Staats- und Parteiführung, unter Ausnutzung der festgeschriebenen Führungsrolle der Partei der SED, in eine tiefe Krise geführt wurde, umfassende demokratische Strukturen zu schaffen. Er ist legitimiert durch den Willen des Volkes, das auf der Straße gewaltfrei den Weg zur Demokratie erzwungen hat." (Runder Tisch des Bezirkes Dresden 1990a).

Mit dieser Präambel aus der Feder seines Moderators Erich Iltgen, dem Leiter des Bauamts des Bistums Dresden-Meißen, leitet der Runde Tisch sein Statut ein. Er legt sich von Anfang an Selbstbeschränkung in seinen Funktionen auf, die weit unterhalb einer parlamentarischen Legislative liegen. Er läßt sich - nicht zuletzt vom Rat des Bezirks - Sachverhalte vortragen und sieht sich keinesfalls (im Sinne des Revolutionsmythos der „Doppelherrschaft") in exekutiver Konkurrenz zum Rat. Vielmehr betrachtet sich der Runde Tisch als konsequent nicht-staatliches Gebilde. Als Institutionalisierung der durch die Demonstrationsbewegung erzeugten, für eine Demokratie konstitutiven Öffentlichkeit ist der Runde Tisch nach seinem Anspruch eine notwendige temporäre Plattform der Transformation der parteigeleiteten Gesellschaft in eine pluralistisch-demokratische.

Eine Parallelität ergibt sich eher zwischen Rundem Tisch und Bezirkstag. Eine Aufnahme in den Bezirkstag lehnen die Delegierten der Parteien und Basisgruppen am Runden Tisch ab, um diesem nach Einheitslistenwahlen gewählten Pseudo-Parlament nicht zusätzliche Legitimation zu verleihen. Erich Iltgen nimmt aber als kooptiertes Mitglied ohne Stimmrecht im Präsidium des Bezirkstages eine Wächterfunktion ein.

Indes unternimmt der Rat des Bezirkes erste Schritte in Richtung Länderbildung. Zum einen entsteht nach Besuchen des baden-württembergischen Ministerpräsidenten Lothar Späth am 10. Dezember 1989 und am 31. Januar 1990 eine - selbstverständlich mit den jeweiligen Räten abgeschlossene - Partnerschaft zwischen Baden-Württemberg und den drei sächsischen Bezirken mit einer sogenannten „Gemischten Kommission" zu diversen Politikfeldern und Verwaltungsaufgaben (Rat des Bezirkes Dresden 1990a, 1990b), zum anderen sorgt sich der Ratsvorsitzende Wolfgang Sieber auf der 17. Tagung des Bezirkstages am 1. Februar 1990 bereits über die Zukunft seines Apparates: „Es mehren sich in beängstigender Weise Rücktritte von Funktionären und das Ausscheiden von Fachleuten aus den Apparaten der Räte. [...] Es ist niemandem gedient, wenn nach den Kommunalwahlen am 6. Mai die Verwaltungsfachleute und Spezialisten nicht mehr zur Verfügung stehen." (Rat des Bezirkes Dresden 1990c). Sieber hält deshalb die „Schaffung eines

Beamtenrechts" für nötig. Ferner stellt der Ratsvorsitzende heraus, „daß die Neubestimmung von Funktionalorganen des Rates des Bezirkes in Richtung Land Sachsen notwendig wird." So bestehen seit Mitte Januar Pläne, das Fachorgan bezirksgeleitete Industrie zum „Wirtschaftsamt für mittelständische Industrie des Bezirkes Dresden/Sachsen" umzubilden. Gleichzeitig sollten die Akademie für sozialistische Wirtschaftsführung und das Bezirkserneuerungszentrum in ein „Informations- und Bildungszentrum für die mittelständische Industrie Dresden/Sachsen" umgebildet werden. Aus der entsprechenden Ratsvorlage geht nicht hervor, daß „Umbildung" neben der Umbenennung auch irgendeine Veränderung des Personalbestandes beinhaltet. So steht auch hier der strukturkonservierende Ansatz bei flexibler Anpassung an veränderte Rahmenbedingungen im Vordergrund.

Eine in mehrere Arbeitskreisen spezialisierte Arbeitsgruppe „Verwaltungsreform" beim Rat macht sich unterdessen bereits Gedanken über die Herausbildung einer Landesverwaltung. Der Runde Tisch mußte zur Kenntnis nehmen, daß die „Herausarbeitung von inhaltlichen Aufgaben, Rahmenstrukturen, Orientierungen und Maßnahmen *zur effektiven Nutzung des vorhandenen personellen und materiellen Bestandes in den Staatsorganen*" (Stellvertreter des Vorsitzenden und Vorsitzender der Bezirksplankommission 1990; Hervorhebung M. S.) Ziel der Arbeitsgruppe sei. Auch über die Bildung von Regierungspräsidien als Mittelbehörden der Landesverwaltung stellte man bereits Überlegungen an. Der Rat war jedenfalls nicht gewillt, die in Berlin laufenden Transformationsprozesse (Runder Tisch - Neuwahlen der Volkskammer - Regierungsbildung) auf Bezirksebene zu übertragen und somit den Apparat und seine Funktionsfähigkeit in Frage zu stellen.

Der Runde Tisch ließ sich bis April Zeit, um sich - erst vor dem drohenden eigenen Überflüssigwerden - dem Thema Länderbildung zuzuwenden. Bis dahin widmete sich das Gremium einem bunten Strauß an politischen, wirtschaftlichen und sozialen Themen. Der damalige Vertreter des Demokratischen Aufbruchs, Dr. Matthias Rößler, urteilt in der Rückschau über die Anfangsphase des Runden Tisches: „Wie eine Schar von Hühnern pickten wir in irgendwelchen Ecken die Körner auf, die die Funktionäre ausstreuten. Inzwischen brachten die ihre Schäfchen ins Trockene."[2]

Der Rat des Bezirkes setzte sich im April 1990 aus dem Vorsitzenden Kunze, der als Vertreter der NDPD den führungsschwachen Sieber ersetzt hatte, seinem ersten Stellvertreter Richter und sieben weiteren Stellvertretern mit Ressorts zusammen. Die Räte der Bezirke sahen sich Anfang 1990 in ei-

---

2 Gespräch mit M. Roßler am 5. Mai 1990

ner komfortablen Situation. Die Regierung der DDR, so war abzusehen, würde sich nach einer Phase unübersichtlicher Fraktionsbildungen und Koalitionsverhandlungen in die Marathonverhandlungen zur deutschen Einheit begeben. Jedenfalls würde sich das Hauptaugenmerk Berlins nicht auf den Fortgang der Verwaltung unterhalb der Republikebene richten. Ebenso würde die Volkskammer völlig durch die anstehende Gesetzgebung und Gesetzesnovellierung beansprucht, so daß die Abgeordneten allenfalls einen Teil ihrer Zeit auf kommunales Handeln würden verwenden können.

Die Kommunen würden durch die Wahlen am 6. Mai ebenfalls durch Plebiszit einem Austausch ihrer politischen Eliten unterzogen werden. Ein Heer unerfahrener Landräte, Bürgermeister, Kreis- und Stadtverordneter würde alle Hände voll zu tun haben, das öffentliche Leben an der Basis der politisch wie ökonomisch krisengeschüttelten DDR aufrechtzuerhalten. Keinesfalls hätten Initiativen zur Länderbildung von hier ausgehen können.

Die Runden Tische, die im Gefolge der Entwicklung auf Republikebene auch in den Bezirken und vielen Städten entstanden waren, würden nach den Kommunalwahlen in eine Legitimationslücke geraten. Ihre legitimatorische Überlegenheit, die sie aus der Verbindung mit der Demonstrationsbewegung zogen, galt zwar gegenüber den vor der Wende gewählten Volksvertretungen, nicht aber gegenüber solchen, die unter Bedingungen gewählt würden, die die Runden Tische zuvor eingefordert hatten.

In vielerlei Hinsicht gingen diese Überlegungen auf. Mit der Berliner Entscheidung, die Bezirkstage nicht neu wählen, sondern auslaufen zu lassen, stand den Räten der Bezirke der Weg fast überall offen, ihre Strukturen im größeren territorialen Zusammenhang zu reorganisieren und sich im Zuge der Neubildung von Ländern als deren unverzichtbares Fundament darzustellen. In Dresden sollte die entscheidende Einschränkung der Bewegungsfreiheit der alten Kräfte auf Bezirks- und künftiger Landesebene vom Runden Tisch des Bezirks und dem aus ihm hervorgegangenen Koordinierungsausschuß ausgehen.

IV.

Das Legitimationsproblem nach den freien Volkskammerwahlen löste der Runde Tisch im Bezirk Dresden - übrigens anders als vergleichbare Gremien - auf unprätentiöse Weise: Er paßte seine Zusammensetzung den Mehrheitsverhältnissen bei den Volkskammerwahlen im Bezirk an. Zwar behielten die 20 Gruppen je ein Grundmandat, die auf Republikebene erfolgreichen Parteien CDU, SPD, DSU und PDS erhielten aber zusätzliche Vertreter. Einer solchen Zusammensetzung ab dem 29. März 1990 stimmten alle Seiten zu - bis auf den Vertreter des Rates des Bezirkes, der auf eine ursprünglich vorgesehene Selbstauflösung des Runden Tisches gesetzt hatte. Dieser hatte für sich freilich gerade ein neues Betätigungsfeld gefunden: „Der Runde Tisch beschäftigt sich mit der Herausbildung des Landes Sachsen," beschloß das Gremium vier Tage nach der Volkskammerwahl (Runder Tisch 1990a). Auf diese Weise konnte der Runde Tisch seine klassische Aufgabe, nicht Organ der Demokratie, aber der Demokratisierung zu sein, unter veränderten Umständen fortsetzen. Jetzt mußte es nur noch gelingen, sich in den Länderbildungsprozeß einzuschalten und ein Zusammenspiel zwischen den Verwaltungen in Berlin und den Bezirken zu verhindern.

Diese Wende im Selbstverständnis des Runden Tisches kam nicht von ungefähr: Nachdem die Vertreter der Block-CDU das Interesse an dem Gremium verloren hatten, hatte die „Gruppe Vaatz" am Tisch Platz genommen. Arnold Vaatz und Herbert Wagner (ab Mai OB von Dresden) waren, vom Neuen Forum und der „Gruppe der 20" kommend, im Februar zur CDU gestoßen, wo sie auf einen reformorientierten Dresdner Stadtverband und einen block-dominierten Landesverband um den Vorsitzenden Klaus Reichenbach trafen. Letzterer plante von Berlin aus als Minister im Amt des Ministerpräsidenten seine Rückkehr nach Sachsen - als CDU-Ministerpräsident.

Mit dem Zustrom der Gruppe Vaatz - darunter Dieter Reinfried (CDU), Steffen Heitmann (parteilos), Helmut Münch und Matthias Rößler (DA), gewinnt der Runde Tisch in der Folge neuen revolutionären und machtbewußten Impetus und ist nun in der Lage, die Strategie des Rates des Bezirkes zu durchkreuzen.

Erstmals sichtbar wird dies bei der Verhinderung einer putschartigen Inszenierung des Rates, der am 18. April 1990 auf der Albrechtsburg zu Meißen ein „Kuratorium Land Sachsen" konstituieren wollte. Dazu luden der Rat und der seiner Auflösung entgegensehende Bezirkstag von Dresden eine illustre Schar von Gästen ein, die laut der versandten Einladung gar über einen Verfassungsentwurf beschließen sollten. Eilig ließen Arnold Vaatz und Steffen Heitmann einen eigenen Verfassungsentwurf in der Tageszeitung „Die Union" publizieren, woraufhin Erich Iltgen im Präsidium des Bezirkstages Protest gegen das unabgesprochene Vorgehen des Rates einlegte. Dabei bereitete es Schwierigkeiten, die Organe der anderen beiden Bezirke - auch die dortigen Runden Tische - von der Veranstaltung in Meißen abzubringen. Nach langer Diskussion einigte man sich darauf, die Veranstaltung zwar stattfinden zu lassen, aber den Programmablauf zu ändern, was auf eine völlige Entpolitisierung hinauslief. Der Verfassungsentwurf des Rates hat später nie wieder eine Rolle gespielt, während der aus der „Gruppe der 20" stammende Vaatz/Heitmann-Entwurf Grundlage für die weitere Verfassungsberatung vor allem in der Gemischten Kommission mit Baden-Württemberg war.

Arnold Vaatz hat in der Rückschau den Vorgang so bewertet: „Diesen Initialakt hat damals der Runde Tisch des Bezirkes verhindert, weil sonst die politische Initiative auf Personen übergegangen wäre, die dazu nirgendwie legitimiert waren; nämlich auf die damals amtierenden Räte der Bezirke. Nun hatte der Runde Tisch freilich auch keine demokratische Legitimation, und er war sich dieser Lage bewußt. Aber er hatte eine öffentliche Akzeptanz, die zu keiner Zeit grundlegend hinterfragt worden ist. Dies hat die Runden Tische der drei sächsischen Bezirke mehr legitimiert als irgendeine andere Institution, zu verhindern, daß das Land Sachsen ohne demokratisches Fundament gebildet wird." (Sächsischer Landtag 1991: 47).

Diese Einschätzung änderte nichts daran, daß allein Dresden in den folgenden Monaten Schauplatz der Machtauseinandersetzungen sein würde, während Räte und Runde Tische in Leipzig und Chemnitz im Prozeß der Landesbildung zunehmend marginalisiert wurden.

In den Arbeitsgruppen der gemischten Kommission mit Baden-Württemberg hatten die Reformer inzwischen besser Fuß gefaßt, was meist dem Klarblick einiger baden-württembergischer Beamter und Politiker zu verdanken war. So luden etwa der Geschäftsführer des CDU-Bezirksverbands Südbaden, Helmut Rau, und die Stuttgarter CDU-Landtagsfraktion unter Erwin Teufel alle namhaften Reformkräfte aus CDU, DSU und DA der drei sächsischen Bezirke eine Woche lang nach Rottenburg, um eine Strategie für das weitere Vorgehen in der Landesbildung zu erörtern. Die daraus resultierende Erklärung (vgl. Vorschlag zur Länderbildung in der DDR 1990) bildete das Fundament der Arbeit des künftigen Koordinierungsausschusses in Sachsen.

Dabei handelte es sich keineswegs um ein Credo der Basisdemokratie; die Erklärung zielte vielmehr auf die Einsetzung von Regierungsbeauftragten in den Bezirken, die Weisungsrecht gegenüber den Bezirksapparaten besitzen sollten. Runde Tische sollten wie die Bezirkstage aufgelöst werden.

---

3 Uber die dominierende Position des Runden Tisches Dresden uber die Gremien in Leipzig und Chemnitz urteilt Erich Iltgen (in einem Gespräch am 1. Marz 1994): „Die haben die Dimension nicht erfaßt und wären von den alten Bezirken uber den Tisch gezogen worden."

Zielsicher strebte die Gruppe Vaatz nunmehr die Etablierung eines Koordinierungsausschusses zur Landesbildung an, der - abgenabelt zum letztlich nur als Feierabendparlament organisierten Runden Tisch - den Bestrebungen des Bezirksapparates Paroli bieten sollte. Dabei bleibt das Legitimationsdefizit evident; die in Aussicht gestellte Bildung eines Vorparlamentarischen Ausschusses, ein Konzept, aus dem später das Sächsische Forum hervorging, war ja im Grunde nicht viel mehr als das von den Räten einberufene Kuratorium.[4]

Eine vom Runden Tisch in Dresden eingesetzte Arbeitsgruppe „Land Sachsen" holte bis Ende April die fehlende konzeptionelle Vorarbeit der Reformkräfte nach, so daß bereits im Mai der Koordinierungsausschuß vom Runden Tisch auf das Gleis in Richtung Landesbildung gesetzt werden konnte.

V.

Mittlerweile ist mit der Regierung de Maizière in Berlin freilich ein neuer Akteur im Konflikt um die Länderbildung aufgetreten. Dies führt dazu, daß die Frontstellung in Dresden vordergründig modifiziert wird. Zum Konflikt Alt/Neu kommt ein Konflikt Zentrale/Peripherie. Der Bezirkstag ist vor dem Hintergrund seiner drohenden Auflösung bereit, sich im Verein mit dem Runden Tisch gegen Zentralisierungstendenzen aus Berlin zu wehren. Den Vertretern der Gruppe Vaatz am Runden Tisch ging es ab Ende April nur noch darum, die eigene Machtstellung im Bezirk zu festigen, so daß der aus dem Runden Tisch erwachsene Koordinierungsausschuß zu einer unumstößlichen Größe wurde, die von Berlin nicht umgangen oder ausgeschaltet werden konnte.

Mit der aufkommenden Dominanz des Konflikts Koordinierungsausschuß versus Regierung in Berlin und ihres Bevollmächtigten in Dresden um die de-facto-Exekutive im Bezirk wurden Runder Tisch, Bezirkstag, aber auch der Rat des Bezirkes in eine Statistenrolle degradiert.

Da diese Strategie der Dresdener Erneuerungskräfte erfolgversprechender war als die Kooperation der drei schwachen Runden Tische, wurden die Akteure in Leipzig und Chemnitz fortan nur noch eingebunden, sofern und soweit dies aus Gründen der Legitimation unabdingbar war; ansonsten beharrte Dresden oftmals rücksichtslos auf seiner Führungsrolle.

---

4 In vielem erinnern Probleme und Losungsversuche an das Vorgehen der Provisorischen Regierung in Rußland im Sommer 1917.

Auf der 19. Tagung des Bezirkstages am 26. April 1990 läßt Erich Iltgen nach einem Vortrag vor den Abgeordneten diese sogar die Einsetzung des Koordinierungsausschusses bestätigen - wohl um in Berlin einen offiziöseren Eindruck zu hinterlassen (Bezirkstag Dresden 1990). Dem Bezirkstag wurde dabei glauben gemacht, es ginge um die Fortsetzung der Arbeitsgruppe „Bildung des Landes Sachsen" des Bezirkstages. Die anschließend am 3. Mai auf der 18. Beratung beschlossene Konzeption zur Bildung eines Vorparlamentarischen Ausschusses und eines Koordinierungsausschusses (künftig auch kurz KA, Anm. M. S.) Land Sachsen (Runder Tisch 1990b) erweckt noch den Eindruck, als ginge es um ein Kooperationsgremium der drei Bezirke, doch mit Einsetzung von Arnold Vaatz als geschäftsführendem Leiter war die Entscheidung über den Charakter des Gremiums, überspitzt gesagt als subversiver Wohlfahrtsausschuß einer Gruppe von Berufsrevolutionären, bereits festgelegt, ehe Erich Iltgen am 8. Mai in einem Schreiben an die Bezirkstage, Räte und Runde Tische in Chemnitz und Leipzig deren formale Zustimmung einholte (Runder Tisch des Bezirkes Dresden 1990b).

Beigefügt ist ein vom 6. Mai 1990 stammendes Memorandum „Vorschlag eines demokratischen Weges zur Bildung des Landes Sachsen": „Die Runden Tische der Bezirke und die Bezirkstage sind Institutionen, die im regionalen Bereich bis heute interimistisch beratende oder legislative Funktionen wahrnehmen. Aus diesen Institutionen heraus muß eine neue, die drei sächsischen Bezirke umfassende Einrichtung geschaffen werden, die die Bildung des Landes Sachsen vorbereitet. Sie soll der Regierung Vorschläge zu Verfahren, Institutionen und Personalentscheidungen vortragen und auf deren Berücksichtigung drängen." (vgl. Vorschlag eines demokratischen Weges zur Bildung des Landes Sachsen 1990).

Damit wird erstmals angesprochen, daß die Regierung in Berlin nunmehr erster Ansprechpartner ist. Daß der KA schließlich auch die vermeintlich letzte Hürde - die Zustimmung des Vorparlamentarischen Ausschusses am 17. Juni 1990 - nahm und der Vorsitzende des Rates der Bezirkes die Vorgänge offiziell an das Ministerium für regionale und kommunale Angelegenheiten in Berlin weiterleitete[5], kann nicht darüber hinwegtäuschen, daß in Berlin inzwischen ebenfalls Vorbereitungen zur Länderbildung angelaufen waren.

5 Kunze teilte schon am 8. Mai 1990 nach der Sitzung des Runden Tisches mit, „daß der Runde Tisch des Bezirkes Dresden beschlossen hat, Herrn Arnold Vaatz als geschaftsfuhrenden Beauftragten fur die Herausbildung des Landes Sachsen zu benennen. Herr Vaatz hat nun den Auftrag, sich mit den Runden Tischen der Bezirke Karl-Marx-Stadt und Leipzig abzustimmen. Vorbehaltlich dieser Abstimmung ist Herr Vaatz der Vertreter der drei Bezirke in Ihren Beratungen." (Schreiben des Ratsvorsitzenden Dr.

Einstweilen definierte der KA seine Aufgaben recht extensiv:

- „Erfassung aller Arbeitsgruppen, die im Zusammenhang mit der Länderbildung oder der Zukunft des Landes Sachsen Bedeutung haben, einschließlich deren Zusammensetzung und ihres Arbeitsstandes,
- Entscheidung über die weitere Arbeitsweise und den Arbeitsauftrag bestehender oder neuer Arbeitsgruppen oder Fachpartner,
- Koordinierung der Arbeitsgruppentätigkeit, Zusammenfassung und Dokumentation von Ergebnissen, Popularisierung und öffentliche Diskussion,
- Entgegennahme von Vorschlägen aus der Öffentlichkeit und Einordnung in die weitere Arbeit,
- Umsetzung von Regierungsentscheidungen zur Länderbildung,
- Erarbeitung von Entscheidungsvorlagen an die Regierung und Volkskammer,
- Vertretung des in Gründung befindlichen Landes Sachsen nach außen auf Länder- bzw. Regionalebene,
- Zusammenarbeit mit den bestehenden und entstehenden Gebiets- und Personalkörperschaften des öffentlichen Rechts" (Runder Tisch des Bezirkes Dresden 1990b).

Die in Dresden beschlossenen Konzepte drohten durch einen bereits am 2. Mai 1990 im Ministerrat der DDR getroffenen „Beschluß zum Vorschlag zur Sicherung der Regierungsfähigkeit in den Bezirken bis zur Bildung funktionsfähiger Länder" (Ministerrat der DDR 1990) zur Makulatur zu werden. Denn in Berlin wurde ein gänzlich anderes, zentralistischeres Modell beschlossen, das zunächst von der Auflösung der Bezirkstage ausging:

„[...] 2. Im Interesse der Regierbarkeit des Landes bleiben die Verwaltungsorgane der Bezirksebene bis zur Länderbildung im Sinne einer Auftragsverwaltung tätig. Zur einheitlichen Leitung dieser Verwaltungsorgane werden vom Ministerpräsidenten Regierungsbevollmächtigte ernannt.

Die Partei, die im Ergebnis der Kommunalwahlen die Mehrheit der Vorsitzenden der Stadt- und Landkreise stellt, unterbreitet in Abstimmung mit den Parteien, von denen ebenfalls im jeweiligen Wahlkreis Abgeordnetenmandate besetzt wurden, dem Ministerpräsidenten einen namentlichen Vorschlag zur Ernennung des Regierungsbevollmächtigten.

Diesen Parteien wird freigestellt, im eigenen Konsens dem Regierungsbevollmächtigten eine begrenzte Anzahl hauptamtlicher Stellvertreter zur Seite zu stellen.

Kunze an den Minister für regionale und Kommunale Angelegenheiten, M. Preiß, vom 8. Mai 1990)

Die Regierungsbevollmächtigten setzen die Leiter der Ressorts der Verwaltungsorgane der Bezirke ein. Dabei ist von der erforderlichen Fachkompetenz für das Funktionieren der bezirklichen Verwaltungsorgane auszugehen. [...]

3. [...] Beschlüsse noch bestehender Runder Tische sind für das exekutive Handeln der Verwaltungsorgane der Bezirke nicht verbindlich. [...]"

Dies war eine Konzeption, in die sich die Dresdener Aktivitäten auf den ersten Blick nur schwer einfügen ließen. Selbst gegenüber dem Prinzip des demokratischen Zentralismus und der Praxis der doppelten Unterstellung war dies ein Rückschritt im Hinblick auf regionale Selbständigkeit, bzw. - je nach Optik - ein Fortschritt im Prozeß der Zentralisierung.

Auf groteske Weise wird in diesem Vorschlag der Einfluß der Parteien - und damit die führende Rolle der CDU - festgeschrieben: Sie haben ein Vorschlagsrecht für ein staatliches Amt, wobei das Vorschlagsrecht wiederum an das damit nicht zusammenhängende Wahlergebnis auf Kreisebene gebunden ist!

Auf den zweiten Blick wiederum mag die Problematik also im Hinblick auf den Fortgang in Dresden/Sachsen nicht ersichtlich sein: Schließlich war erstens die CDU bei den Wahlen im März und Mai in allen drei Bezirken die bei weitem stärkste Kraft und waren zweitens die führenden Köpfe der Gruppe Vaatz Mitglieder der CDU. Diese hätte also Vaatz als Regierungsbevollmächtigten für Dresden benennen und dieser die Mannschaft des KA mit den Ressorts der Bezirksverwaltungsbehörde betrauen können.

Doch noch immer war Vaatz im Vorstand der sächsischen CDU ja ein isolierter Außenseiter. Erst nach der Fusion mit dem Demokratischen Aufbruch kamen weitere Reformer an die CDU-Spitze, ohne daß sich an der grundsätzlichen Minderheitensituation etwas ändern sollte, sieht man von der Dresdener CDU ab, die zugunsten der Erneuerungskräfte kippte, was später noch von Bedeutung sein sollte. Der innerparteiliche Machtkampf in der Sachsen-CDU blieb insofern vertagt, als diese für die drei Bezirke bewährte Kader zu Regierungsbevollmächtigten machte, Arnold Vaatz aber immerhin zu einem der Dresdener Stellvertreter ernennen ließ. Mit Blick auf die Bonner Parteizentrale konnte es sich der Landesvorsitzende Klaus Reichenbach schließlich nicht leisten, die im Februar beigetretenen Aushängeschilder wie Vaatz oder gar den Dresdener Oberbürgermeister Wagner aus der CDU ziehen zu lassen.

Es sei an dieser Stelle angemerkt, daß in anderen Bezirken, die nicht über eine machtbewußte, aus der Bürgerbewegung hervorgegangene Opposition verfügten, mit der Ernennung der Regierungsbevollmächtigten bereits die

Entscheidung über den künftigen Regierungschef verbunden war - in Sachsen-Anhalt (Gies) und Thüringen (Duchac).

In Sachsen nominierte die CDU für Chemnitz den 42jährigen Diplom-Ingenieur Dr. Albrecht Buttolo, seit 1979 Mitglied der CDU und seit 1989 Mitglied des Kreistages, für Leipzig den 51jährigen Diplom-Mathematiker Rudolf Krause, seit 1962 Mitglied der CDU, Mitglied im Bezirks- und Parteivorstand, 1989/90 deren stellvertretender Vorsitzender. In Dresden wurde Siegfried Ballschuh Regierungsbeauftragter, der bis dahin für die CDU Mitglied im Rat des Bezirkes mit Zuständigkeit für Wohnungspolitik und Wohnungswirtschaft war. Damit waren die Weichen gestellt für eine Rückkehr des CDU-Landesvorsitzenden Reichenbach nach Sachsen. Dieser versuchte im übrigen im Mai (vergebens), Arnold Vaatz auf eine Stelle im Amt des Ministerpräsidenten nach Berlin zu locken.[6]

Aus der Sicht von Vaatz war dies die kritischste Phase für den KA: „Damit stellte sich die Frage des Koordinierungsausschusses zunächst neu. Wir waren ja in dem Vakuum entstanden, daß es auf der mittleren Ebene überhaupt keine Vertretung gab. Jetzt war der springende Punkt: Wird der Koordinierungsausschuß von den Regierungsbeauftragten akzeptiert oder aufgelöst? Die Entscheidung in Berlin lautete gegen den Koordinierungsausschuß, denn wenn man den Koordinierungsausschuß gewollt hätte, dann wäre es das einfachste gewesen, daß derjenige, der den Koordinierungsausschuß leitet, zugleich Regierungsbeauftragter wird. Die Möglichkeit hätte sich ergeben, aber das war in Berlin nicht gewollt, und daher stand jetzt die Frage der Auflösung." (Sächsischer Landtag 1991: 48).

Aus der Aktenlage und aus den Gesprächen mit Akteuren läßt sich nicht schlüssig belegen, warum es nicht dazu kam. Plausibel erscheint ein folgendes etwaiges Motivbündel:

- Der Dresdener Regierungsbevollmächtigte war nicht nur nach übereinstimmender Ansicht im Lager der Gruppe Vaatz der politisch schwächste der drei Bevollmächtigten, er scheute zudem den Konfliktkurs und war um unkomplizierte und geräuscharme Transformation der Verwaltungsstrukturen bemüht. Der revolutionäre Impetus der Gruppe Vaatz blieb ihm stets fremd.
- Der KA hatte seine Arbeit in der Bezirksverwaltungsbehörde bereits aufgenommen, und der Runde Tisch hatte auch gegenüber dem Regierungsbevollmächtigten - in Erwartung einer Kontrolle durch den Vorparlamentarischen Ausschuß (VPA) - wiederholt seine Unterstützung für das

6 Schreiben des Ministers im Amt des Ministerprasidenten vom 19. Mai 1990

Gremium bekräftigt. Am Runden Tisch saßen schließlich auch Vertreter der SPD und der liberalen Parteien, die in der DDR-Regierung gleichfalls beteiligt waren.

- Neben dem Runden Tisch waren es vor allem einige Redakteure der CDU-eigenen Dresdener Tageszeitung „Die Union", die die Vorgänge um die Landesbildung argwöhnisch beobachteten. Wie schon ausgeführt, konnte sich Reichenbach eine skandalträchtige Abspaltung der Reformer aus der CDU im Hinblick auf sein öffentliches und das Ansehen in der West-CDU kaum leisten.
- Schließlich konnte Reichenbach die Gruppe Vaatz ohne weiteres Strukturen erdenken lassen, im Vertrauen darauf, nach seiner Rückkehr als Ministerpräsident tabula rasa zu machen und die Vorbereitungen des Koordinierungsausschusses samt seiner Mitglieder auf den Müllhaufen der Geschichte zu werfen. Diese Befürchtung hegte schließlich auch Vaatz selber: „Wir werden hier alle weggefegt !" soll er noch im August ausgerufen haben.[7]

VI.

Ein weiterer Punkt des Rottenburger Konzepts konnte nun angegangen werden: Das Ausschalten des Runden Tisches als politischer Faktor. Hatte man sich zwar gerade noch auf dessen Akzeptanz berufen, um das Mitwirken bei der Landesbildung zu rechtfertigen, nutzte man nun den Verweis auf die Legitimation durch die Übertragung von Kompetenzen durch den Regierungsbeauftragten; eine Kompetenz, die man diesem noch vor kurzem abgesprochen hatte. So schlug Vaatz in Übereinstimmung mit Ballschuh und zum Entsetzen von Leiter Erich Iltgen dem Runden Tisch kurzerhand die Auflösung vor. Dies verzögerte sich allerdings noch bis zur Zusammenkunft des „Sächsischen Forums".[8]

Um den neuen stellvertretenden Regierungsbevollmächtigten für Landesbildung Vaatz zeichneten sich rasch Strukturen eines Arbeitsstabes ab. Ihm

7 Gesprach mit Bernd-Dietmar Kammerschen am 2. Marz 1990

8 Auf das Sachsische Forum, eine einzigartige Einrichtung im Prozeß der Landerbildung in der DDR, kann in unserem Zusammenhang nicht naher eingegangen werden Auch wenn sein Leiter, Erich Iltgen, den Versuch betont, basisdemokratische Ansatze in die Begrundung des Landes Sachsen einzubringen, ist es doch in der Praxis bei seinen sieben Tagungen von Juli bis Oktober 1990 vor allem ein - gleichwohl wichtiges und gelungenes - Instrument der Öffentlichkeitsarbeit des Koordinierungsausschusses gewesen.

formal gleichgestellt waren nicht nur die - praktisch abgemeldeten - Amtskollegen in Leipzig und Chemnitz, sondern auch die Stellvertreter für Verwaltung Peter Adler (SPD) und für Personal Matthias Reichenbach (DSU). Für Gebäudeplanung wurde Hermann Henke (DSU) zuständig, der parteilose Steffen Heitmann für Recht und Verfassung, Erich Iltgen für die Vorbereitung des Landtages, der Landtagsverwaltung und die Leitung des Sächsischen Forums, Matthias Rößler für Kultus und Wissenschaft, u. a. m.

Diesen sogenannten Landesstrukturbeauftragten zugeteilt wurden sogenannte Arbeitsstäbe, zumeist mit Dresdnern besetzt, im übrigen vor allem mit den zunehmenden baden-württembergischen Leihbeamten bei der Bezirksverwaltungsbehörde und aus den gemischten Kommissionen. Später sollten sich auch die von Bonn kommenden Clearing-Beamten hier ansiedeln, während anderswo in der DDR weiter die Dezernenten der Bezirksverwaltungen, also de facto der alte Rat des Bezirkes Dreh- und Angelpunkt dieser Aktivitaten war.

Im einzelnen ging es nun darum,

- Ministerien und nachgeordnete Landesbehörden zu konzipieren,
- bestehende öffentliche und staatliche Einrichtungen zu erfassen und über ihre und die Weiterverwendung des Personals zu entscheiden,
- erste Ausschreibungen für Leitungsfunktionen in der Landesverwaltung zu starten,
- Gebäudeplanung vor allem für den Landtag und die Ministerien durchzuführen,
- erste Gesetzentwürfe, vor allem für eine Landesverfassung, zu erarbeiten, um den Start nach der Konstituierung des Landtages und der Landesregierung zu beschleunigen

Die alltägliche Verwaltungsarbeit überließ Vaatz dagegen Ballschuh und dessen Stellvertreter Adler, der sich mit Fragen der Heizölversorgung und den konkreten Existenzängsten der Angestellten der Behörde herumzuschlagen hatte, während die Gruppe Vaatz hinter verschlossenen Türen an Zukunftsentwürfen bastelte und ihren eigentlichen Vorgesetzten Ballschuh nötigenfalls unter dem enervierenden Einsatz brachialer Mittel - etwa dem eines wändedurchbrechenden Schlagbohrers - die Büroarbeit erschwerte.

Aufgaben und Interessen der beteiligten Akteure stellen sich nunmehr wie folgt dar: In Berlin wird seit Mitte Mai intensiver über Länderbildung beraten, seit auf der Grundlage der Koalitionsvereinbarung zwischen CDU. DSU, DA, SPD und BFD der Entwurf eines Ländereinführungsgesetzes vorlag. Es kann nur in Erstaunen versetzen. in welch vorbehaltloser Weise sich die aus den ersten freien Wahlen nach dem Umbruch hervorgegangene konservativ-liberale Regierung auf den SED-geprägten Apparat der Bezirke (und natürlich auch der Berliner Ministerien) einließ. Die Regierung griff auch auf die „Zielstellungen, Grundsätze und erste(n) Maßnahmen zur Durchführung einer Verwaltungsreform in der DDR” (vgl. Regierungskommission Verwaltungsreform o. J.) der Regierung Modrow zurück, die gleichfalls eine „weiche Landung” der Bezirksapparate in den neuen Länderstrukturen zum Ziel hatten. Die von der letzten SED-Regierung eingesetzte Regierungskommission für die Umsetzung der Verwaltungsreform setzte bemerkenswerterweise unter der Regierung de Maizière ihre Arbeit unverändert fort.

Die Bezirkstage wurden mit Beschluß der Volkskammer vom 17. Mai 1990 aufgelöst, die Räte der Bezirke sind mit dem Einsetzen der Regierungsbeauftragten formal aufgehoben, ihre Mitglieder arbeiten aber in aller Regel als Dezernenten der Bezirksverwaltungsbehörde unter den Regierungsbeauftragten weiter.

Der Regierungsbeauftragte leitet seine Macht aus der Delegation durch die Zentralregierung ab. In der Verfügung des Ministerpräsidenten 1/336 vom 5. Juni 1990 sind Aufgaben und Befugnisse detailliert geregelt. Das Aufgabenprofil beschreibt einen (fast) allmächtigen territorialen Administrator. Siegfried Ballschuh nennt seine Aufgabe in Dresden „keinen dankenswerten Posten”[9], die Strukturentwurfstätigkeit der Landesbildung überläßt er gerne seinem Stellvertreter Vaatz, wohl auch weil er die politische Dimension dieser Arbeit zum damaligen Zeitpunkt nicht ermißt.

Als die drei sächsischen Regierungsbeauftragten im weiteren Fortgang unter sich einen Landessprecher finden mußten, einigten sie sich auf den Leipziger Krause. „Buttolo war der Meinung, Krause solle das machen, Krause war auch dieser Meinung,” erinnert sich Ballschuh später resigniert.[10] Krause wurde später erster Innenminister Sachsens, Buttolo sein parlamentarischer Staatssekretär. Ballschuh wurde nicht wie erwartet mit einem Amt in der Ministerialverwaltung oder an der Spitze des Regierungspräsidiums Dresden „belohnt”, sondern zog sich in die private Wirtschaft zurück.

VII.

Der KA selbst ist eine nur schwer faßbare Größe, er erinnert an die Struktur eines frühmittelalterlichen Hofstaats. Zu einem engeren Kreis der Führungs-

---

9 Gesprach mit Siegfried Ballschuh am 28. Februar 1994
10 ebenda

personen, die sich ständig - und auf Stellen der Bezirksverwaltung - in der Geschäftsstelle aufhalten, kommen die Strukturbeauftragten, die in den Arbeitsstäben für ihre Ressorts zukünftige Strukturen entwerfen, ohne bereits über exekutive Befugnisse oder Zugriff auf Verwaltungen zu verfügen. Im Gegenteil: Die Büros des KA sitzen wie ein Stachel im Fleisch der Bezirksapparate, die von der Strukturentwurfstätigkeit in der 1. Etage des Gebäudes am Dr.Rudolf-Friedrichs-Ufer nichts Gutes zu erwarten hatten.

Der Leiter des KA nimmt schließlich die Rolle eines Hausmeiers ein, der zwar die alte Dynastie aus Legitimationsgründen nicht ablösen kann, aber die Machtübernahme durch den Aufbau einer durchgreifenden Verwaltungsstruktur effektiv antizipiert.

Der KA bemühte sich um einen regelmäßigen Sitzungsturnus auf Leiterebene, d. h. Arbeitsberatungen unter Leitung des stellvertretenden Regierungsbevollmächtigten für Landesbildung und unter Teilnahme der Landesstrukturbeauftragten. Diese organisierten eigenständig ihren Arbeitsstab, der je nach Ressort für Struktur- und Gesetzentwurfsarbeiten zuständig war. Einige Strukturbeauftragte - etwa der Landesstrukturbeauftragte Kultus Matthias Rößler - legten Wert auf eine präzise Aufgabendelegation im Arbeitsstab. In die Stabsarbeit eingebunden waren auch Leihbeamte aus Bayern (der Landesstrukturbeauftragte Finanzen Manfred Kolbe war selbst Leihbeamter) und vor allem aus Baden-Württemberg. Das Kabinett in Stuttgart hatte die Entsendung von 151 Leihbeamten beschlossen. Diese wurden zu einem geringeren Teil nach Berlin ins Umfeld von Klaus Reichenbach, zum Teil zu den Regierungsbevollmächtigten nach Leipzig und Chemnitz, zum größten Teil aber nach Dresden entsandt, wo sie nahezu zwangsläufig im Koordinierungsausschuß „landeten".

Im übrigen wurden in allen Arbeitsstäben Organigramme der zu bildenden Ministerien und einiger nachgeordneter Landesbehörden entwickelt, die später von der Clearing-Stelle beim Bundesinnenministerium sogar allen neuen Ländern modellhaft zur Verfügung gestellt wurden (Koordinierungsausschuß Land Sachsen 1990).

Bei all diesen Aufgaben war man sich im KA einerseits über die Vorläufigkeit seiner Entscheidungen bewußt, andererseits aber auch der normativen Kraft des Faktischen. So führte Arnold Vaatz Mitte September vor dem Sächsischen Forum aus:

„Das erste Extrem: Der frisch gewählte Regierungschef kommt rein in das Haus, und alles ist leer, und es ist alles in sein Belieben gestellt, wie er jetzt die Personalpolitik anzuschieben gedenkt. Das ist das eine, was wir vermeiden wollten. Das zweite Extrem: Er kommt rein, und alles ist voll.

Und die Regierungsinstitutionen sagen ihm im Grunde, was er zu entscheiden hat. Das wollen wir auch vermeiden.

Nun der Mittelweg: Es müssen Einstellungen erfolgen. Die Ministerien müssen schnell arbeitsfähig gemacht werden. Umstrukturieren kann man sie später. [...] Wir müssen wissen, daß es einerseits Sache der Regierung ist einzustellen, andererseits aber Bedingungen für eine Regierung geschaffen werden müssen. [...]"[11] Zu allem drängten ab September auch die Clearing-Beamten des Bundes zur Eile: „Herr Dr. Ermisch ermahnt die Anwesenden, mit der Einstellung von Mitarbeitern auf der unteren Ebene nicht bis zur Vereidigung der Minister zu warten, weil das eine Katastrophe gäbe, die zu vermeiden er beratend wirke," heißt es in einem Protokoll vom 10. Oktober 1990.

Schon am 8. August 1990 wurde eine Arbeitsgruppe aus Matthias Reichenbach und Helmut Münch gebildet, um einen konkreten Modus für eine Stellenausschreibung auszuarbeiten. Diese erfolgte in mehreren Tranchen ab Mitte September. Am Ende stapelten sich waschkörbeweise Bewerbungen, die der KA bei weitem nicht mehr selbst sichten konnte.

Schon im August trat also - sieht man von der intensiven Verfassungsberatung unter der Leitung von Steffen Heitmann ab - die Gesetzentwurfstätigkeit hinter Personalplanungen zurück. Im Zuge der Beratungen des Einigungsvertrages zeichnete sich ab, daß der Bund nur einen Teil der DDR-Behörden übernehmen würde, viele - auch politisch sensible - Einrichtungen würden den Ländern unterstehen.[12] Es bestand die Gefahr, daß hier DDR-Kaderstrukturen in Ländereinrichtungen „geparkt" werden sollten. Dafür sprach auch die Regelung, daß eine äußerst knapp bemessene Frist für erleichterte außerordentliche und ordentliche Kündigungen (bis zum Jahresende) gesetzt wurde. Berücksichtigt man, daß nach den Landtagswahlen etliche Zeit bis zur Landtagskonstituierung, zur Wahl des Ministerpräsidenten, zur Ernennung des Kabinetts, zur Arbeitsaufnahme der Ministerien vergehen sollte, so liegt es nahe anzunehmen, daß die DDR-Seite in den Verhandlungen zum Einigungsvertrag hier einmal mehr einen strukturkonservativen Ansatz wählte. Bedenkt man die spätere panikartige Abwicklung etlicher zunächst „übersehener" ideologiedurchtränkter Hochschuleinrichtungen in Sachsen kurz vor Jahresende 1990, leuchtet dieser Ansatz ein. Verläßliche Listen, wer alles im Staatsdienst beschäftigt war, gab es schließlich nicht in allen Fällen. Hinzu kamen Sonderfälle wie die sogenannten „Modrow-

---

11 Anlage zur Niederschrift der 4. Öffentlichen Beratung des Sächsischen Forum vom 13. September 1990: 21ff. (Unredigierte Bandaufzeichnung).

12 Verfassungsgesetz zur Bildung von Ländern in der Deutschen Demokratischen Republik - Ländereinführungsgesetz - vom 22. Juli 1990, § 22.

Lehrer", während der Wende hastig und massenhaft in den Schuldienst eingeschleuste ehemalige hauptamtliche Mitarbeiter der SED. Nur durch einen Zufall waren einige Computerdateien[13] mit deren Namen nicht vernichtet worden, so daß sie vergleichsweise problemlos durch die sächsische Kultusverwaltung aus dem Staatsdienst entfernt werden konnten.

Ansonsten wurde für die Personalüberleitung das Vorgehen des Versetzens in eine Warteschleife entwickelt (Presse- und Informationsamt der Bundesregierung 1990[14]), ein ruhendes Arbeitsverhältnis vom Tage des Beitritts an bis zu einer endgültigen Entscheidung der Landesregierung nach längstens drei Monaten. Für den interimistischen Träger der Landeshoheit, den Landessprecher und seinen Koordinierungsausschuß war die sogenannte „Fußnoten-Regelung" am „saubersten", die vorläufige Übernahme von Einrichtungen bis zum 31. Dezember 1990 mit der Option, dann doch die Arbeitnehmer in die Warteschleife zu schicken (Ministerium des Innern der DDR 1990). Diese Entscheidung blieb dadurch der gewählten Landesregierung vorbehalten. Dies wurde etwa im Fall der Bezirksverwaltungsbehörde angewandt.

Der KA bemühte sich unter der Federführung des stv. Regierungsbevollmächtigten für Personal, Matthias Reichenbach, um eine auf maximale Diskontinuität ausgerichtete Personalpolitik. Paradigmatisch der folgende Vermerk Reichenbachs vom 18. Juli 1990 an den Regierungsbevollmächtigten: „Die Personalpolitik spielt in den gegenwärtigen Erneuerungsprozessen in der Gesellschaft eine Schlüsselrolle (insbesondere für die öffentliche Verwaltung). [...] Leider stagniert die personelle Erneuerung in der Bezirksverwaltungsbehörde weitgehend. So muß die Lage momentan als sehr ernst bezeichnet werden. Nach der Volkskammerwahl und der Kommunalwahl ist die Zwischenebene Bezirk bedauerlicherweise nur umbenannt und personell kaum verändert worden. Das gilt es jetzt zügig anzugehen. Gemeinsames Ziel muß es sein, dem im Herbst dieses Jahres frei gewählten Sächsischen Landtag und der daraus hervorgehenden Landesregierung einen gut vorbereiteten und effizienten Grundstock für die Verwaltung der zu bildenden Ministerien zu übergeben.[...]

Ein besonders problematisches, ja traumatisches Gebiet ist die enge Verflechtung von Stasi- und SED-Strukturen (in diesem Fall der Bezirksverwaltungsbehörde). [...] Es gab schon viele Umbesetzungen im Haus und partielle

13 Stenographisches Protokoll der Arbeitssitzung beim Landesbevollmächtigten Dr. Rudolf Krause mit Regierungsbevollmachtigten, Strukturbeauftragten und Beratern. Dresden. 10. Oktober 1995: 15.

14 Bulletin Nr. 104: 877, Bonn, 6. September 1990. Art. 13 u. 14: 880. Zur „Warteschleife": Anlage II Kap- XIX, Sachgebiet A, Abschnitt III, Art. 1 Abs. (2) und (3): 1059.

Neustrukturierung. Es erscheint aber unklar, aufgrund welcher abgesicherter Strukturentscheidungen diese Veränderungen vorgenommen wurden. Insgesamt orientieren sich die genannten Änderungen jedoch viel zu sehr an der Versorgung vorhandenen Personalbestandes im Staatsapparat als an sachlich und fachlich fundiertem Bedarf [...] An den meisten Stellen sitzen die alten Leiter und arbeiten konzeptionell, strukturieren um und führen Eignungsgespräche. Das verstärkt die Verunsicherung der Mitarbeiter. Restaurative Tendenzen sind unverkennbar und führen bei vielen zu Resignation. [...] Hier wird neue Personalpolitik dafür sorgen, daß bisherige Strategen und durch jahrelanges Durchsetzen und Mittragen der stalinistischen SED-Politik belastete Leiter nicht erneut strategisch und konzeptionell tätig werden. Es ist unvertretbar, daß die alten Entscheidungsträger wieder entscheiden. Hier ist eine entschlossene und konsequente Haltung angebracht. [...]" (Bezirksverwaltungsbehörde Dresden ... 1990).[15]

Bis zum Eintreffen des Landessprechers ruhte die Arbeit der Personalüberleitung weitgehend, auch wenn die drei Regierungsbevollmächtigten darauf drängten, zumindest gegenüber den Bezirksverwaltungsbehörden, aber auch gegenüber der Volkspolizei, klare Zusagen bezüglich ihrer Wiederbeschäftigung zu machen. Während die Strukturbeauftragten für die neue Landesverwaltung Stellenpläne der künftigen Ministerien für das Soll-Personal reißbrettartig entwarfen, planten die Exponenten des Apparats bereits die Eingruppierung des Ist-Personals. Die Kernfrage der Erneuerung war demnach mit den Worten des Leiters des KA im Hinblick auf die Stellenpläne und Organigramme der Ministerialverwaltung: „Sind die Kästchen voll, oder sind die Kästchen leer ? Wir waren der Meinung, die Kästchen sind leer."[16]

VIII.

Der Landessprecher ist die zentrale Figur im Übergangsprozeß von den der DDR-Regierung verantwortlichen Regierungsbevollmächtigten in den Bezirken zu den neuen Ländern der neuen Bundesländer der Bundesrepublik und ihren Einrichtungen. Diese Institution war nicht etwa ein Erfordernis, das sich erst aus dem Einigungsvertrag ergab, sondern taucht vielmehr bereits am

15 Die sächsischen Revolutionäre bewegen sich mit ihrer Personalpolitik dabei ironischerweise auf dem Boden leninistischer Revolutionslehre: „Mit dem alten Apparat wurden wir die Macht zweifellos nicht behaupten konnen, ein neuer Apparat aber kann nicht auf einmal geschaffen werden." (Lenin o. J.)

16 Gesprach mit Arnold Vaatz im November 1993.

30. Juli 1990 in einer auf Beschluß des DDR-Ministerrats vom 25. Juli 1990 einberufenen Sitzung der Regierungsbevollmächtigten mit dem Minister für regionale und kommunale Angelegenheiten Preiß (CDU) unter Verweis auf Kompetenz- und Abstimmungsschwierigkeiten zwischen den Regierungsbevollmächtigten auf. Am 17. September 1990 erließ die Regierung in Berlin im Anschluß an einen Beschluß des Ministerrats vom 8. August „Regelungen zu Stellung, Aufgaben und Befugnissen der Landessprecher als Landesbevollmächtigte". Ihre Aufgabe ist demnach u.a. die „Vorbereitung der Bildung funktionsfähiger Landesregierungen einschließlich der gesamten Verwaltungsorganisation des künftigen Landes, deren personelle Besetzung und räumliche Ansiedlung sowie die Erarbeitung von Verfassungs- und anderen Gesetzesentwürfen; [...]" (Ministerrat der DDR - Der Ministerpräsident 1990). Ab dem Inkrafttreten des Einigungsvertrages unterstanden die Landessprecher bis zur Wahl eines Ministerpräsidenten den Weisungen der Bundesregierung.

Problematisch an den Regelungen war aus Sicht des KA lediglich, daß einmal mehr die Dezernenten der Bezirksverwaltungen ins Spiel gebracht wurden. Um sie sollten sich Arbeitsstäbe bilden, die dem Landessprecher unterstellt sind. Schon war im Bezirksapparat in Dresden eine Liste mit Beauftragten für die Bildung der künftigen Ministerien entstanden, auf denen sich selbstredend mit einer Ausnahme keine Mitglieder des KA fanden. Über den Parlamentarischen Staatssekretär im Ministerium für Familie und Frauen Hans Geisler (DA) gelangte ein Entwurf des Papiers vorab zum KA, so daß Vaatz umgehend gegensteuern und vollendete Tatsachen schaffen konnte. Am 11. September 1990 teilte er den drei Regierungsbevollmächtigten mit, daß im Land Sachsen zur Vorbereitung der Landesstrukturen zentrale Arbeitsstäbe zu bilden seien, die in Form der Arbeitsstäbe des KA bereits existierten. „Die Leitung (jedes Arbeitsstabes, Anm. M. S.) übernimmt vorerst der jeweilige Landesstrukturbeauftragte im Koordinierungsausschuß Dresden. Die derzeit amtierenden Ressort-Leiter (der Bezirksverwaltungsbehörde, Anm. M. S.) arbeiten in den zentralen Arbeitsstäben mit. Je Arbeitsstab wird, sofern noch nicht berücksichtigt, mindestens ein Berater aus Baden-Württemberg bzw. Bayern zugeordnet." (Vaatz 1990).

Auch die nun aus Bonn eintreffenden Bundesbeamten wurden diesen Stäben zugeordnet. Im Einigungsvertrag war die Gründung einer Bund-Länder-Clearingstelle für die Länderbildung beim Bundesminister des Innern vorgesehen (Presse- und Informationsamt der Bundesregierung 1990[17]). In den neuen

17 Bulletin Nr. 104: 877, Bonn, 6. September 1990, S.889.

Landeshauptstädten wurden schon im September jeweils Clearing-Büros eingerichtet. Auch hier ging die Gruppe Vaatz auf Nummer Sicher und ließ die Beamten vom Dresdener Flughafen abholen und umgehend zum Koordinierungsausschuß bringen, ehe diese Kontakt zu Landessprecher oder Bezirksverwaltungsbehörde aufnehmen konnten.[18] „Ein außerordentlicher Glücksumstand für den Koordinierungsausschuß" ist es nach Ansicht Vaatz' gewesen, „daß die Clearing-Stelle sich alles angeschaut hat hier in Sachsen und dann gesagt hat: Wir kooperieren mit dem Koordinierungsausschuß. [...] Damit ist der Koordinierungsausschuß auch in Bonn zu einer Größe geworden, die akzeptiert wurde." (Sächsischer Landtag 1991: 53).

In der kurzen aber - vor allem im Hinblick auf die Überleitung von Einrichtungen und Personal - entscheidungsdichten Zeit von der Einsetzung des Landessprechers bis zur Wahl des Ministerpräsidenten nimmt der KA die Rolle eines Vorschaltkabinetts ein. Die Führung des Landes Sachsen ab dem 3. Oktober 1990 besteht de facto aus einem Triumvirat aus dem Leiter des KA Arnold Vaatz, dem Koordinator der baden-württembergischen Leihbeamten Thomas Hirschle und dem Leiter des Clearing-Büros Günter Ermisch.

Der KA ist durch die neue Lage endgültig aus der Bezirksstruktur herausgewachsen und von der Bezirksverwaltungsbehörde und ihrem Chef, dem Regierungsbevollmächtigten Ballschuh, abgekoppelt. Er untersteht direkt der Aufsicht des Landessprechers. Auch erstreckt sich sein Wirkungsgebiet jetzt eindeutig auf das gesamte Land. Der Zwang zur Kooperation mit den Einrichtungen in Chemnitz und Leipzig, insbesondere mit den dortigen stv. Regierungsbevollmächtigten für Landesbildung, tritt mit der Anbindung an ein übergreifendes Länderorgan, eben den Landessprecher, in den Hintergrund.

Zusätzlich zu den zukunftsgerichteten Strukturentwurfstätigkeiten kommen nun, und das bedeutete nach Ansicht von Vaatz „eine außerordentliche Aufwertung und Anerkennung der Tätigkeit des Koordinierungsausschusses" (Sächsischer Landtag 1991: 51) konkrete administrative Aufgaben der laufenden Landesverwaltung.

Daß der KA-Leiter Vaatz jetzt die Funktion eines Chefs der Staatskanzlei ausübte (der er nach der Regierungsbildung in Sachsen ja auch blieb), geht auf eine Initiative seiner kongenialen Partner Ermisch und Hirschle zurück, die dem in seiner Sitzungsführung oft reichlich zerfahren wirkenden Landessprecher Krause ein solches Modell anrieten: Hirschle legte auf der Arbeitstagung beim Landessprecher am 4. Oktober 1990 dar, „man habe es jetzt mit dem Land Sachsen zu tun und damit die Pflicht, eine funktionsfähige Landes-

18 Gespräch mit Bernd-Dietmar Kammerschen am 2. März 1994

regierung vorzubereiten. Dem Landessprecher Dr. Krause müsse eine Organisation nachgeschaltet werden, die ministerielle Aufgaben erledigen könne und in ihrer rechtlich-gesetzlichen Konstruktion dem entspreche, was der Ministerrat für das Land sein (wird). Bisher habe der Koordinierungsausschuß unter Leitung von Herrn Vaatz sich mit den Strukturen der künftigen Ministerien und der Verwaltungsorganisation in Sachsen beschäftigt. Aus den bereits ressortmäßig gegliederten Gruppierungen gelte es nun eine Struktur zu schaffen, die über die rein organisatorische Aufgabe der Gestaltung der Ministerien hinaus auch die verwaltende Funktion übernehmen könne. Daher schlage man vor, die Arbeitsstäbe [...] zu dieser 'Kerntruppe' zu machen. [...] Es sei klar, daß die Arbeitsstäbe einer gewissen zentralen Steuerung bedürften. Man schlage vor, daß der Koordinierungsausschuß unter Leitung von Herrn Vaatz die Führung und Betreuung der Arbeitsstäbe mit der Errichtung einer Geschäftsstelle = Staatskanzlei in den neuen Formen weiterhin übernehme."[19]

Vaatz wertet dieses Modell in der Sitzung als Versuch „tatsächlich Verantwortung an diesem Punkt zu konzentrieren und Möglichkeiten für Entscheidungen zu schaffen." Der Leiter des Clearingstabes Ermisch verweist im Hinblick auf die administrativen Befugnisse der Arbeitsstäbe darauf, „daß die Arbeitsstäbe Weisungsrecht wie Ministerien haben müßten, sonst habe das keinen Zweck. Man müsse klar ausdrücken, daß da die Zukunft liege."[20]

Zwischen all den zukunftsträchtigen Organisationen wirkt der Landessprecher allmählich wie ein Fremdkörper des alten Systems. Dennoch geht von ihm nach wie vor alle Legitimation aus. Er behält sich auch in der neuen Struktur das letztgültige Weisungsrecht vor. Für den KA ergab dies die angenehme Situation, daß der Regierungsbevollmächtigte für den Bezirk Dresden zwar vor Ort war, aber keine Aufsichtsfunktion mehr wahrnehmen konnte, sondern jetzt umgekehrt samt seiner Behörde der Weisung durch die Arbeitsstäbe des KA unterstand, während der eigentliche Vorgesetzte, der Landessprecher, sich meist in Leipzig aufhielt und die Dinge laufen ließ.

IX.

Einen letzten Bedeutungswechsel erfuhr der KA durch die Landtagswahlen am 14. Oktober 1990 und die Wahl Kurt Biedenkopfs zum Ministerpräsi-

19 Stenographisches Protokoll der Arbeitssitzung beim Landesbevollmachtigten Dr. Rudolf Krause mit Regierungsbevollmachtigten, Strukturbeauftragten und Beratern Dresden. 4. Oktober 1995: 10 f.

20 ebenda S. 13

denten. Bis zur Ernennung des Kabinetts fungierte der KA als vorläufige Landesregierung und tagte unter der Leitung des Ministerpräsidenten. Dieser erließ am Tage seiner Wahl am 27. Oktober 1990 „zur vorläufigen Aufrechterhaltung der bestehenden Verwaltung im Freistaat Sachsen" eine Verfügung (Biedenkopf 1990):

„1. Der Koordinierungsausschuß mit seinen Arbeitsstäben nimmt seine Aufgaben bis auf weiteres gemäß der Verfügung des Landesbevollmächtigten vom 3. Oktober 1990 wahr.
2. Zu meinem Stellvertreter ernenne ich den Leiter des Koordinierungsausschusses, Herrn Arnold Vaatz.
3. Die Regierungsbevollmächtigten der Bezirke nehmen ihre Aufgabe als Leiter der Bezirksverwaltungsbehörden weiter wahr.
4. Ich behalte mir das Weisungsrecht auch in Einzelfällen der laufenden Verwaltung vor."

Nach der Ernennung der Minister wenige Tage später wurden die Sitzungen des Koordinierungsausschusses durch den Ministerrat abgelöst, die Arbeitsstäbe wurden unter der politischen Führung der neuen Minister zu vollwertigen obersten Landesbehörden, deren Bezeichnungen noch vom Koordinierungsausschuß festgelegt wurden. Wenngleich sie erst in den folgenden Monaten ihre volle Personalstärke erreichten, konnte doch jeder Minister auf ein bereits mit der Materie vertrautes und hochmotiviertes Personal zurückgreifen. Der Start der Staatskanzlei wurde ebenfalls durch die Kontinuität von Personal und Strukturen aus der Zeit des Interregnums erleichtert.

Am 27. November konnte der ehemalige Leiter des Koordinierungsausschusses und jetzige Staatsminister in der Staatskanzlei, Arnold Vaatz MdL, den gesamten KA zu einer Abschiedsfeier ins Hotel Schloß Eckberg einladen. Drei Tage später berief der scheidende Regierungsbevollmächtigte Dresden, Siegfried Ballschuh, Arnold Vaatz formell von der Funktion des Stellvertreters des Regierungsbevollmächtigten für Landesbildung ab.

Die Mitglieder des Koordinierungsausschusses, vor allem die engere Führungsspitze um Arnold Vaatz, finden sich, wie bereits verschiedentlich angedeutet wurde, fast ausnahmslos in Führungsfunktionen des Freistaates Sachsen wieder. Ministerpräsident Kurt Biedenkopf berief Arnold Vaatz zum Staatsminister in der Staatskanzlei, später wurde Vaatz Umweltminister und Mitglied im CDU-Bundesvorstand. Der spätere Bundespräsidentenkandidat Steffen Heitmann wurde - zunächst parteilos, später CDU-Mitglied - Justizminister, Hans Geisler (anfangs für den DA am Runden Tisch) wurde Sozialminister, Helmut Münch (ebenfalls aus dem DA stammend) bekleidete in der ersten Regierung des Freistaates das Amt des Parlamentarischen Staatssekretärs im Wirtschaftsministerium. Staatssekretär für Bundes- und Europaangelegenheiten wurde der Leiter des Clearingbüros, Günter Ermisch, Parl. Staatssekretär im Kultusministerium Klaus Husemann, zuvor Landesschulrat im Arbeitsstab Kultus. 1994 stieß mit Matthias Rößler als Kultusminister ein weiterer ehemaliger Landesstrukturbeauftragter ins Kabinett. Dagegen gehört mittlerweile keiner der aus den DDR-Bezirkseliten stammenden Politiker - Rudolf Krause (Leipzig), Innenminister, Albrecht Buttolo (Chemnitz) Innenstaatssekretär, und Horst Metz (Dresden), Umweltstaatssekretär - mehr dem Kabinett an.

Der Landesstrukturbeauftragte für Finanzen, Manfred Kolbe, wurde MdB (im Wahlkreis Grimma). Der Landesstrukturbeauftragte Landtag und Moderator des Runden Tisches Erich Iltgen wurde Landtagspräsident. Aus den Reihen und dem Umfeld des Koordinierungsausschusses ebenfalls MdL wurden - wenn nicht anders vermerkt für die CDU - Iltgen, Vaatz, Rößler und Münch, Peter Adler (SPD), Klaus Husemann, Horst Rasch, Hans-Jörg Kannegießer und Michael Weber (Bündnis 90/Grüne, ehemaliger stv. Regierungsbevollmächtigter Leipzig). Zudem bekleideten einheimische Kräfte und Leihbeamte aus dem KA hochrangige Funktionen in der Landesverwaltung, etwa als Amtschefs von Ministerien (Stilz/Justiz, Hirschle/Inneres), wurden Leiter von Zentralstellen (Feist/Inneres), oder nahmen Abteilungs- und Referatsleiterpositionen ein (Lotze, Maibaum, Retzlaff, Jenkner, Werner).

X.

Um so weit zu gelangen, mußte die Gruppe Vaatz im Vorfeld der Landtagswahl noch eine Mission erfüllen, die auf den ersten Blick so gar nicht zum Auftrag des Koordinierungsausschusses gehörte. Zu keiner Zeit bestand ein Zweifel, daß jeder aus der Block-CDU hervorgegangene Ministerpräsident die Vorbereitungen des KA und der CDU-Reformer ignorieren würde.

Die Akteure des KA mußten daher ein Interesse daran haben, daß der künftige Landeschef eine Person war, die sich auf den KA - seine Figuren und die von ihnen erdachten Strukturen - einlassen würde. Ansonsten wäre die Revolution in Dresden gewissermaßen auf der Zielgeraden abgefangen worden; der Runde Tisch, der Koordinierungsausschuß und sein Erneuerungsanspruch wären eine folgenlose Episode geblieben.

Nach den Erfahrungen bei der Auswahl der Regierungsbevollmächtigten war von der sächsischen CDU dabei nichts Gutes zu erwarten. Und in der Tat war von Anfang an nur ein Name als künftiger Ministerpräsident eines CDU-geführten Kabinetts im Gespräch: Der CDU-Landesvorsitzende und Minister im Amt des Ministerpräsidenten de Maizière, Klaus Reichenbach. Dieser hatte seine eigentlichen Aufgaben schon ab Mai seinem parlamentarischen Staatssekretär Günther Krause überlassen, der auch die Verhandlungsführung der DDR-Seite bei den Beratungen des Einigungsvertrags übernahm, und war weitgehend in der Versenkung verschwunden. Die Aktivitäten des KA in Dresden konnte er mit Gelassenheit betrachten, weil in Berlin zeitgleich andere Strukturen erdacht und personelle Überlegungen angestellt wurden.

Der Koordinierungsausschuß - genauer gesagt Arnold Vaatz, Erich Iltgen und Bernd-Dietmar Kammerschen - versuchte schon früh, etwa ab Juli, via Bundespartei Einfluß auf die Kandidatenkür zu gewinnen. Zwar erfreute sich Reichenbach in der CDU-Spitze großer Beliebtheit; drei Faktoren kamen den Erneuerern aber zugute:

1. CDU-Generalsekretär Volker Rühe hatte - übrigens von Anfang der DDR-Revolution an - ein Faible für die Reformkräfte und eine tiefsitzende Abneigung gegen die Block-CDU, die diese ebenso gründlich erwiderte.
2. Die Reformer hatten inzwischen den Kreisverband Dresden-Stadt weitgehend in ihrer Hand.
3. Die CDU-Bezirkszeitung „Die Union", genauer gesagt drei ihrer landespolitischen Redakteure, verstanden sich als Kampfblatt für den Koordinierungsausschuß und die Erneuerer in der CDU.

Diese drei Gunstfaktoren genügten zusammen mit dem geschicktem Agieren der Gruppe Vaatz, um den sächsischen CDU-Apparat auszuhebeln.

Im Juli kam es zu einem Treffen zwischen Vaatz und Rühe in Weimar, bei dem der Generalsekretär seine Bereitschaft erkennen ließ, einen Gegenkandidaten zu Reichenbach zu unterstützen, wenn dieser zuvor von sächsischen Kräften auf den Schild gehoben würde. Ebenfalls in Weimar, am 3. August 1990, kam es zu einer Begegnung des Staatssekretärs im innerdeutschen Ministerium Walter Priesnitz mit Vaatz, Iltgen, Reinfried und Münch, wobei sich Priesnitz schließlich zu einer Kandidatur überreden ließ.[21]

Auf Priesnitz war der KA durch Bernd-Dietmar Kammerschen aufmerksam geworden, den ehemaligen Berater der CDU/CSU-Bundestagsfraktion. Er war schon im Mai am Rande einer Veranstaltung im Rahmen der Dresdner Kathedralvorträge mit Staatssekretär Priesnitz, der seine Gymnasialzeit in Sachsen verbracht hatte, an der Elbe flaniert, wo dieser über eine mögliche Tätigkeit in einem künftigen Landeskabinett in Sachsen sinniert hatte. Den

---

21 Falsch ist die Darstellung des Biedenkopf-Biographen Wendt, der von einer Personalplanung des Adenauer-Hauses gegen den Willen der sachsischen Reformer ausgeht; er ubersieht auch schlicht die Nominierung durch die Dresdener CDU (Wendt 1994).

ganzen folgenden Tag bastelten die Redakteure der Union gemeinsam mit den CDU-Reformern am Artikel für die „Union“ am 5. August, der in Dresden wie eine Bombe einschlug: Die sächsische CDU stand vor einer Kampfkandidatur.

In den Wochen zuvor war Reichenbach bereits mehrfach angeschossen worden. Seine systemstabilisierenden Interviews vom September 1989 wurden wieder öffentlich diskutiert, der christdemokratische Startrompeter Ludwig Güttler hatte sich für Rita Süßmuth als Spitzenkandidatin ausgesprochen (o. V. 1990a), der Union-Redakteur Uwe-Eckart Böttger die schmale Front der Kritiker auf Überlebensgröße aufgeblasen (o. V. 1990b). Diese Artikel wurden wiederum vom KA per Telefax über Iltgens Bauamt des Bistums laufend an die CDU-Bundesgeschäftsstelle gesandt, wo sie Eingang in den meinungsbildenden täglichen CDU-Pressespiegel fanden, der ansonsten keine sächsischen Zeitungen auswertete. In Bonn mußte also der Eindruck einstehen, der sächsischen CDU drohe mit der Nominierung Reichenbachs eine Spaltung.

Vaatz lehnte sich nicht gegen Reichenbach persönlich aus dem Fenster, formulierte aber auf Vorschlag Iltgens fernsehöffentlich allgemeine Kriterien, die Reichenbach praktisch von einer Kandidatur ausschlossen: „Ich wünsche mir, daß kein Kandidat irgendeiner Partei für den sächsischen Landtag kandidiert, der vorher in einem Bezirkstag saß, der vor der Wende in der Volkskammer saß oder Mitglied der Bezirksleitung einer Partei war.” (o. V. 1990b).

Bedenken meldete auch der angesehene Dresdner OB Wagner an. Mit den alten CDU-Mitgliedern konnten es sich die Erneuerer freilich bei den eindeutigen Mehrheitsverhältnissen nicht gänzlich verderben, weshalb Vaatz seine Bedenken gegen Kandidaten der Block-CDU erst einmal in schulbuchmäßige Dialektik verkleidete:

„Das ist keine Schuldzuweisung. [...] Es geht mir vielmehr darum, solche Schuldzuweisungen und Hexenjagden zu vermeiden. Im Grunde will ich jene, die für Schläge unter die Gürtellinie schon deshalb ein gutes Ziel bieten, weil sie ‘Altlast’ zu verkörpern scheinen, vor diesen Angriffen schützen. Wenn man im Landtag sitzt, ist man eine vorzügliche Zielscheibe und zudem immer (ohne die geringste eigene Schuld) ein Anlaß, Debatten auf das Niveau der gegenseitigen Verdächtigungen und Vorhaltungen herabzusetzen.” (o. V. 1990c).

Am 11. August 1990 nominierte der Kreisparteitag der CDU Dresden mit überwältigender Mehrheit Priesnitz zum Kandidaten. Aber das brachte Reichenbach nicht zum Einlenken. Anläßlich eines Besuches des CDU-Generalsekretärs Rühe in Dresden rief er „seinen” Landesvorstand zusammen, der den ungeliebten Bonner zerfleischte. Auch DDR-Ministerpräsident de Maizière nahm öffentlich für seinen Minister Stellung. Der CDU-Landesvorstand lud die beiden Kandidaten am 17. August 1990 zu einer Vorstellung ein und ließ Priesnitz erwartungsgemäß abblitzen. Obwohl nicht förmlich nominiert wurde, ergab sich ein Mehrheitsverhältnis von 25:5 zugunsten Reichenbachs. Die Sitzung ließ Priesnitz gründlich demoralisiert zurück.

Reichenbach hatte allerdings am selben Tag - auf Bonner Druck, denn dort sah man bei einer Spaltung der Partei die Wahlchancen sinken - angedeutet, er werde auf eine Kandidatur verzichten, wenn auch Priesnitz zurückziehe und ein Bewerber gefunden werde, „der besser ist für Sachsen und die Partei."[22] Möglicherweise wurde Reichenbach auch eine Kabinettsfunktion für die Zeit nach der Bundestagswahl im Dezember in Aussicht gestellt.[23]

Bis zum Landesparteitag am 1. September 1990 verblieb nur wenig Zeit für einen erneuten Suchlauf. Bis zum 25. August, dem Tag der letzten Landesvorstandssitzung vor dem Parteitag wurde zwischen Dresden, Bonn und Stuttgart so lange hin und her telefoniert, bis nach der Absage Heiner Geißlers[24], der über die CDU Südbaden umworben worden war, der frühere nordrhein-westfälische CDU-Landesvorsitzende und Generalsekretär der Bundes-CDU, Prof. Kurt Biedenkopf, zu einer Kandidatur bereit war. Seit Anfang des Jahres war Biedenkopf als Gastprofessor an der Karl-Marx-Universität Leipzig bereits mit Sachsen verbunden. Der baden-württembergische CDU-Chef Lothar Späth, der schließlich die ausschlaggebenden Gespräche geführt hatte, schlug Biedenkopf noch am 25. August 1990 in der Landesvorstandssitzung in Chemnitz vor, wo Reichenbach - wie auch Priesnitz - seinen Verzicht erklärte und Biedenkopf nominiert wurde. Der Landesparteitag wählte ihn am 1. September ohne Gegenkandidaten trotz entsprechender Gerüchte um Landessprecher Rudolf Krause und den Volkskammerabgeordneten Bertram Wieczorek aus Auerbach.

Zuvor hatte Lothar de Maizière noch zugunsten Reichenbachs beim CDU-Bundesvorsitzenden interveniert. Auf einer denkwürdigen Begegnung am Rande einer Sitzung in Berlin soll er sich bei Helmut Kohl und Volker Rühe massiv über die Arbeit des Koordinierungsausschusses in Sachsen und dessen personalpolitische Aktivitäten beschwert haben. Seine abfällige Bemerkung: „Das sind doch alles Berufsrevoluzzer !" soll bei Kohl freilich die vergnügte Entgegnung hervorgerufen haben: „Genau solche Leute will ich !"

---

22 Sachsische Zeitung, Die Union, Neue Zeit, 17. August 1990

23 Das vermutet jedenfalls Wendt (1994: 105).

24 Geißler soll seine Absage mit dem geringen finanziellen Vorteil gegenuber seiner Tatigkeit als Bundestagsabgeordneter begrundet haben.

Literatur

Bernet, W./Lecheler H., 1990: Die DDR-Verwaltung im Umbau. Regensburg.

Bezirkstag Dresden, 1990: Beschluß „Weitere Maßnahmen bei der Herausbildung des Landes Sachsen". Beschluß-Nr. 141-19/90, 26. April.

Bezirksverwaltungsbehörde Dresden (Stellvertreter des Regierungsbevollmächtigten für Personalfragen), 1990: Zuarbeit zur Personalpolitik für die Beratung des Regierungsbevollmächtigten mit Volkskammerabgeordneten und für die Mitarbeiterberatung. 18. Juli, 7-seitiges Typoscript mit 2 Anlagen.

Biedenkopf, K., 1990: Verfügung des Ministerpräsidenten zur vorläufigen Aufrechterhaltung der bestehenden Verwaltung im Freistaat Sachsen vom 27. Oktober 1990.

Koordinierungsausschuß Land Sachsen, 1990: Entwurf: Struktur und Aufgaben der Ministerien im künftigen Land Sachsen. 27. August, 36-seitiges Typoscript mit Organigrammen.

Lenin, W. I., o. J.: Werden die Bolschewiki die Staatsmacht behaupten? In: Ausgewählte Werke in sechs Bänden, Bd. III: 636.

Ministerium des Innern der DDR, 1990: Fernschreiben an die Landessprecher vom 2. Oktober. „betr.: ueberfüehrung und abwicklung von laendereinrichtungen", Ziffer 5.

Ministerrat der DDR - Der Ministerpräsident, 1990: Regelungen zu Stellung, Aufgaben und Befugnissen der Landessprecher als Landesbevollmächtigte. Berlin 17. September, 3-seitiges Typoscript.

Ministerrat der DDR, 1990: „Beschluß zum Vorschlag zur Sicherung der Regierungsfähigkeit in den Bezirken bis zur Bildung funktionsfähiger Länder." Beschluß Nr. 4/2/90 vom 2. Mai, Endredaktion 21. Mai.

o. V., 1990a: „Sächsischer CDU-Wunsch: Rita Süßmuth nach Sachsen". In: Die Union, 24. Juli.

o. V., 1990b: Streit in der sächsischen CDU - Ministerpräsidentenkandidatur Klaus Reichenbachs stößt auf Widerstand". In: Die Union, 26. Juli.

o. V., 1990c: „Vorhaltungen vermeiden. Union-Interview mit Arnold Vaatz (CDU)". In: Die Union, 10. August.

Presse- und Informationsamt der Bundesregierung, 1990: Vertrag zwischen der Bundesrepublik Deutschland und der Deutschen Demokratischen Republik über die Herstellung der Einheit Deutschlands - Einigungsvertrag. Bonn.

Rat des Bezirkes Dresden, 1990a: Internationale Zusammenarbeit: Stand der Zusammenarbeit mit Baden-Württemberg und Bayern. 20. Februar 1990. 3-seitiges Typoscript.

Rat des Bezirkes Dresden, 1990b: Vereinbarung über die Bildung einer gemischten Kommission. 31. Januar 1990, 2-seitiges Typoscript und eine Anlage mit Übersicht über Fachgruppen und Leiter.

Rates des Bezirkes Dresden, 1990c: Bericht an den Bezirkstag am 1. Februar.

Regierungskommission Verwaltungsreform, o. J.: Zielstellungen, Grundsätze und erste Maßnahmen zur Durchführung einer Verwaltungsreform in der DDR. Undatiertes, nicht gezeichnetes 11-seitiges Typoscript.

Runder Tisch des Bezirkes Dresden, 1990a: Statut. Beschlossen am 11. Januar.

Runder Tisch des Bezirkes Dresden, 1990b: Schreiben an die Bezirkstage, die Räte und die Runden Tische der Bezirke Leipzig, Chemnitz und Dresden vom 8. Mai, unterzeichnet von Erich Iltgen.

Runder Tisch, 1990a: Protokoll der 14. Beratung vom 22. März.

Runder Tisch, 1990b: Protokoll der 18. Tagung am 3. Mai 1990. Text „Vorschlag zur Bildung eines Vorparlamentarischen Ausschusses (VPA) für das Land Sachsen", undatiert, 3 Seiten Typoscript und 3 Seiten Anhang mit dem Entwurf von Formularen für die Meldung von Personen

Sächsischer Landtag, 1991: Interview mit Arnold Vaatz. In: Von der Wende zum Parlament. Sachsen auf dem Weg zur Demokratie, Dresden: 47ff.

Stellvertreter des Vorsitzenden und Vorsitzender der Bezirksplankommission, 1990: Beschlußvorlage im Rat des Bezirkes Dresden: „Wege zur Herausbildung des Landes Sachsen". eingereicht am 17. Januar.

Vaatz, A., 1990: Telefax an die Regierungsbevollmächtigten Dresden, Leipzig und Chemnitz vom 10. September 1990.

„Vorschlag eines demokratischen Weges zur Bildung des Landes Sachsen". 3-seitiges Typoscript, Dresden, 6. Mai 1990.

„Vorschlag zur Länderbildung in der DDR". Typoscript mit 2 Unterschriftenblättern. Rottenburg, 29. März 1990

Wendt, A., 1994: Kurt Biedenkopf. Ein politisches Portrait, Berlin.

Die Ämterbildung in Brandenburg als politischer Prozeß

Klaus Schulenburg

1. Einleitung

Nach den Landtagswahlen am 14. Oktober 1990 waren die Landesregierungen in den neuen Bundesländern mit dem Aufbau der Landes- und Kommunalverwaltungen beschäftigt; das schloß die Anlage und Durchführung von kommunalen Gebiets- und Verwaltungsreformen ein. Dabei handelte es sich grundsätzlich um eine Wiederholung der Reformen auf Gemeinde-, Kreis- und Bezirksebene, die in den 60er und 70er Jahren in den alten Bundesländern durchgeführt worden waren. Die übergeordnete Fragestellung des vorliegenden Beitrags[1] ist: Welche Gemeinsamkeiten und welche Unterschiede bestehen zwischen diesen beiden Reformbemühungen?

Als Fallbeispiel für die Reformen auf Gemeindeebene in den neuen Bundesländern wird hier der politische Prozeß der Ämterbildung in Brandenburg vor dem Hintergrund der wissenschaftlichen Erkenntnisse über die Reformen in den alten Bundesländern betrachtet. Dabei stehen neben den Voraussetzungen dieser Reform zunächst der Ablauf der einzelnen Phasen der Programmentwicklung, die dabei handelnden Akteure und deren Einfluß auf das Reformprogramm im Mittelpunkt des Interesses. Es sollen mögliche Defizite der späteren Programmdurchführung angemessen interpretiert werden. In diesem Rahmen ist zu untersuchen, wie sich bei einer Gemeindereform der Zielkonflikt zwischen „Verbesserung der Leistungsfähigkeit der Verwaltung“ und „Beibehaltung der lokalen Demokratie“ ausgedrückt hat und wie die Handlungsakteure diesen Konflikt gelöst haben. Die in Brandenburg vorgefundenen Besonderheiten sollen schließlich den Verwaltungsreformen in den

1 Der Beitrag stellt eine Zusammenfassung meiner im Marz 1994 der sozialwissenschaftlichen Fakultat der Otto-Friedrich Universitat Bamberg vorgelegten Diplomarbeit „Die Ämterbildung in Brandenburg als politischer Prozeß“ dar, die von Prof. Dr. Hans-Ulrich Derlien betreut wurde (Zweitgutachter: Prof. Dr. Reinhard Zintl). Die Arbeit ist unter dem gleichen Titel als Nr. 30 der Verwaltungswissenschaftlichen Beitrage, hrsg. v. Hans-Ulrich Derlien, Bamberg 1994, veroffentlicht worden.

alten, aber auch in den anderen neuen Bundesländern gegenübergestellt werden, um mögliche Gemeinsamkeiten oder Unterschiede aufzudecken.

2. Ausgangslage vor der Reform

Bei allen Verwaltungsreformen in Brandenburg waren drei sich gegenseitig beeinflussende Grundlagen zu berücksichtigen: die geringe Bevölkerungsdichte von 89 Einwohnern pro Quadratkilometer, das schwach ausgeprägte zentralörtliche Gliederungssystem und die besondere Lage der Bundeshauptstadt Berlin (vgl. Presse- und Informationsamt o. J.: 17ff). Das Bundesland war vor den Kommunalreformen in folgende Gebietskörperschaften gegliedert: sechs kreisfreie Städte, 38 Landkreise und 1.807 kreisangehörige Gemeinden.[2] Teilt man die kreisangehörigen Gemeinden nach Einwohnergrössenklassen auf, zeigt sich ein Bild entsprechend Tabelle 1.

Tabelle 1: Die kreisangehorigen Gemeinden in Brandenburg nach Einwohnerklassen

Einwohner von ... bis unter ...	n	%	Landesbevölkerung (%)
0 - 100	36	2,0	
100 - 200	317	17,5	
200 - 300	353	19,5	12,3 (0 - 500)
300 - 400	291	16,1	
400 - 500	182	10,1	
500 - 1.000	322	17,8	8,5
1.000 - 5.000	227	12,6	17,6
5.000 - 10.000	38	2,1	9,7
10.000 und mehr	41	2,3	31,1
Gesamt	1.807	100,0	79,2

Quellen: o. V., Wohnbevolkerung des Landes Brandenburg vom 30. Juni 1990 nach Angaben des Statistischen Landesamtes Brandenburg (im Aufbau), o. O., o .J.; Ministerium des Innern, Die Zugange zum Land Brandenburg aus dem Land Mecklenburg-Vorpommern (Aufstellung der Daten der Gemeinden), 10. 8. 1991; eigene Berechnungen

2 Die Flachengroße, die Einwohnerzahl sowie die Zahl an kreisangehörigen Gemeinden Brandenburgs veranderten sich aufgrund des Staatsvertrages zwischen den Landern Brandenburg und Mecklenburg-Vorpommern uber die Anderung der gemeinsamen Landesgrenzen vom 9. Mai 1992, GVBl.-Bbg. I 1992: 246-249. Diese Veranderungen wurden bei allen Berechnungen vorweg mit berucksichtigt.

Fast zwei Drittel aller Gemeinden in Brandenburg hatten weniger als 500, annähernd 20 Prozent sogar weniger als 200 Einwohner. Lediglich 4,4 Prozent der Gemeinden hatten mehr als 5.000 Einwohner, in denen aber über 40 Prozent der Landesbevölkerung lebte. Ein Vergleich mit der Situation in den alten Bundesländern vor den Reformen zeigt, daß der Anteil an Kleinst- und Kleingemeinden mit 65,2 Prozent in Brandenburg deutlich höher war als dort. Die hohe Zahl an Kleinst- und Kleingemeinden beruhte auf der Tatsache, daß in der Zeit des Bestehens der Deutschen Demokratischen Republik keine Gebietsreform auf der Ebene der kreisangehörigen Gemeinden durchgeführt worden war. Die Gemeindestruktur in Brandenburg wie auch den anderen neuen Bundesländern war damit ebenso traditionell kleinräumig geprägt wie in den alten Bundesländern vor Einsetzen der dortigen Reformen.[3] Ein gewichtiger Unterschied mit großer psychologischer Bedeutung war die Tatsache, daß es auf dem Gebiet der Deutschen Demokratischen Republik keine kommunale Selbstverwaltung im Sinne des Art. 28 Abs. 2 GG gegeben hatte (vgl. Hauschild 1991). Die Grundlage einer solchen kommunalen Selbstverwaltung und für das dazugehörige Selbstverwaltungs-Bewußtsein in der Bevölkerung - beides war bei Einsetzen der Reformen in den alten Bundesländern nach 20 Jahren bereits fest verankert - wurde noch im letzten Jahr des Bestehens der Deutschen Demokratischen Republik mit der Kommunalverfassung (KommVerf-DDR) vom 17. Mai 1990 (GBl.-DDR I 1990, Nr. 28: 255ff) geschaffen. Den Kommunen in den neuen Bundesländern kam aufgrund des veränderten Zielsystems (vgl. Becker 1989: 906f) eine grundsätzlich neue Rolle im politisch-administrativen System zu (vgl. König 1993a). Die wiedergewonnene Selbstbestimmung der Kommunen erlangte im Zusammenhang damit, daß die Volkskammerwahl vom März 1990 und die Kommunalwahlen vom 6. Mai 1990 die beiden ersten freien Wahlen auf dem Gebiet der Deutschen Demokratischen Republik seit 57 Jahren darstellten, eine besondere Symbolik.

Vor diesem Hintergrund ist auch der Wiederholungscharakter der kommunalen Gebiets- und Verwaltungsreformen in den neuen Bundesländern zu sehen. Während die Reformen in den alten Bundesländern in einer Zeit des wirtschaftlichen Wachstums und einer aufkommenden Reformeuphorie einsetzten, begannen die Reformen in den neuen Bundesländern in einer Zeit des wirtschaftlichen und sozialen Systemumbruchs, der die Interessen der Bevöl-

3 Der Anteil der Gemeinden bis 500 Einwohner betrug vor der Reform (1961) in: Saarland: 22 Prozent; Nordrhein-Westfalen: 25 Prozent; Baden-Wurttemberg: 32 Prozent; Hessen: 46 Prozent; Niedersachsen: 49 Prozent; Bayern: 53 Prozent; Rheinland-Pfalz. 55 Prozent und Schleswig-Holstein: 57 Prozent. Quelle: Klopper 1964: 293.

kerung dort eher auf ökonomische Fragen richtete als auf Problemlagen der öffentlichen Verwaltung (vgl. Köstering 1991: 156f). Es waren aber nicht nur die gesellschaftlichen Randbedingungen anders, sondern auch das zu lösende Problem stellte sich in anderer Form dar. Während sich die Reformen in den 60er und 70er Jahren an einem modellhaften Endzustand der öffentlichen Verwaltung (vgl. Wagener 1974a) orientierten, hatte das Problem in den neuen Bundesländern einen eher operationalen Charakter,[4] da der anzustrebende Endzustand mit der Struktur und Leistungsfähigkeit der kommunalen Selbstverwaltungseinheiten in den alten Bundesländern vorgegeben war (vgl. Knemeyer 1993: 274f). Ob auch die Entscheidungssituation einen eher wohldefinierten Charakter hatte, war davon abhängig, inwieweit die Reformer in den neuen Bundesländern die Erfahrungen und Erkenntnisse des früheren Ausführungsprogramms „kommunale Gebiets- und Verwaltungsreform" nutzten.

3. Der Entscheidungsprozeß über die Amtsordnung

Zu Beginn eines Entscheidungsprozesses über ein Reformprogramm ist zunächst die Frage zu stellen, welcher Handlungsakteur des Entscheidungssystems die Reformdiskussion ausgelöst hat. Schnur (1966: 16ff) weist darauf hin, daß die Strategie und Taktik bei Verwaltungsreformen maßgeblich davon abhängt, ob die Regierung selbst die Initiative ergreift oder die Opposition im Parlament.

3.1 Der administrative Entscheidungsprozeß

Eine der wichtigsten Bedingungen für das Zustandekommen der aus den Parteien SPD, F.D.P. und BÜNDNIS '90 gebildeten „Ampelkoalition" in Brandenburg war der Bruch mit dem Verwaltungsaufbau der Deutschen Demokratischen Republik. Schon in den Koalitionsvereinbarungen wurden wichtige Entscheidungen über die zukünftige Verwaltungsorganisation getroffen.[5] Von zentraler Bedeutung war dabei die Auflösung der noch bestehenden Bezirksverwaltungsbehörden und der Verzicht auf die Einrichtung einer staatlichen Mittelinstanz (Regierungsbezirke). Ohne inhaltliche Festle-

---

4 Die Terminologie der Entscheidungstheorie kann in der hier vorgegebenen Kurze nicht dargestellt werden. Vgl. Becker 1989: 420ff; Kirsch 1977; Witte 1992: Sp. 552ff und Luhmann 1972.

5 Vgl. Landtag Brandenburg, 1. Wahlperiode, Plenarprotokoll 1/4 vom 22. November 1990: 53ff.

gungen zu treffen,[6] entschied man sich daneben für die baldige Durchführung einer kommunalen Gebiets- und Verwaltungsreform.

Die Überlegungen zu einer Gemeindereform wurden dabei lange Zeit von Gedanken über eine Kreisreform verdrängt.[7] Dies lag zum einen daran, daß man ausgehend von dem Ziel eines zweistufigen Aufbaus der Landesverwaltung eine Vergrößerung der Landkreise für notwendig hielt, um sie für die Übertragung staatlicher Aufgaben leistungsfähiger zu machen. Zum anderen vertrat man in Brandenburg, wie in den anderen neuen Bundesländern auch, die politische Auffassung, daß eine allgemeine Gemeindegebietsreform nicht gewollt und politisch nicht durchsetzbar sei (vgl. Schmidt-Eichstaedt 1993). Diese Meinung wurde vom Minister des Innern am deutlichsten vertreten; die Gemeindeorgane sollten bestehen bleiben, da sie noch kein volles Jahr im Rahmen ihrer durch die Kommunalverfassung zurückerhaltenen Selbstverwaltung tätig waren (vgl. PlPr. 1/12 vom 20. März 1991: 655). Die Antizipation möglicher Widerstände schloß als Restriktion für den weiteren Entscheidungsprozeß eine allgemeine Gemeindegebietsreform als Lösungsmöglichkeit aus. Mit der Zielvorstellung eines zweistufigen Aufbaus der Landesverwaltung führte das zunächst zu Überlegungen nach dem Prinzip einer „Reform von oben nach unten".

Der Berater des Innenministers Alwin Ziel für Fragen des Verwaltungsaufbaus, Heinz Köstering,[8] vertrat hingegen die Auffassung, daß die Gemeindereform in die Gesamtüberlegungen mit einzubeziehen seien. Für ihn war aufgrund seiner Erfahrungen bei den Reformen in Nordrhein-Westfalen die Entscheidungssituation klarer definiert als für die politischen Handlungsakteure. Sein Vorschlag, die zeitliche Abfolge umzukehren, war von der Überlegung geleitet, daß eine Reform der Landkreise erst sinnvoll sei, wenn das zukünftige Bild der darunterliegenden Ebene der Gemeinden geklärt sei (vgl. Pappermann 1993). Erst mit einer Gemeindereform, so seine Erfahrung, würden die Landkreise in ihren Aufgaben entlastet - eine wichtige Voraussetzung für deren stärkere Einbindung in den Vollzug staatlicher Aufgaben. Es sei daher unumgänglich, die Erfüllung örtlicher Aufgaben auf die Verwaltungs-

---

6 Quelle: Ministerium des Innern, Kabinettvorlage fur die Kabinettsitzung am 29. Jan. 1991 zur Verwaltungsorganisationspolitik der Landesregierung vom 25. Januar 1991.

7 Die erste Plenarsitzung im Landtag zum Thema „Verwaltungsaufbau" drehte sich allein um Fragen der Auflösung der Bezirksverwaltungen und des zweistufigen Verwaltungsaufbaus. Vgl. PlPr. 1/4 vom 22. November 1990: 53ff.

8 Der Ministerialdirigent a. D. Heinz Köstering, der während der kommunalen Gebiets- und Verwaltungsreformen in Nordrhein-Westfalen Leiter der Kommunalabteilung des dortigen Innenministeriums war, nahm im November 1990 im Zuge der Landerpartnerschaft zwischen Brandenburg und Nordrhein-Westfalen seine Beratertätigkeit auf.

einheiten der Gemeindeebene zurückzuverlagern.[9] Das durch eine Gemeindereform zu lösende Problem wurde also nicht primär in der Ausgangssituation auf Gemeindeebene gesehen, sondern aus der Neugestaltung der darüberliegenden Ebenen entwickelt.

Nach der Initiative für eine Gemeindeverwaltungsreform und der Verabschiedung vorbereitender Gesetze[10] standen für den ersten Entwurf eines Reformprogramms die politischen Ziele fest. Aus der Tabuisierung einer allgemeinen Gemeindegebietsreform ergab sich zunächst, daß die rechtliche Identität der Mehrheit der Gemeinden nicht aufgehoben werden sollte, um die Möglichkeiten bürgerschaftlicher Mitwirkung an kommunalpolitischen Entscheidungen zu sichern. Die Gemeindeverwaltungsreform sollte eine Verbesserung der Verwaltungskraft der Gemeinden herbeiführen. Auch zeitlich war ein Ziel fixiert: Die Reform auf Gemeindeebene sollte möglichst schnell und noch vor der Kreisgebietsreform durchgeführt werden (überörtliches Ziel). Mit Ausnahme der zeitlichen Dimension unterscheidet sich dieses Zielsystem kaum von dem der Reformen in den alten Bundesländern. So wurde auch in Brandenburg jener aus den alten Bundesländern bekannte Zielkonflikt zwischen „Verbesserung der Leistungsfähigkeit der Gemeinden" und „Optimierung der politischen Form der Gemeinde" (Thieme/Prillwitz 1981: 45) ausgelöst.

Nach der Festlegung des Zielsystems mußte nun nach Lösungsmöglichkeiten für das definierte Problem gesucht werden. Im politischen Raum bestanden aufgrund des zeitlichen Vorlaufs der Initiative der Ministerialverwaltung noch keinerlei Präferenzen für eine Lösung. Es war lediglich ausgeschlossen, den Status Quo beizubehalten. So hatte das Referat III-2 (Aufgaben- und Gebietsstruktur der Kommunen) des Innenministeriums in der Suchphase bei der Programmentwicklung und bei der Bewertung der gefundenen Lösungsmöglichkeiten einen sehr großen Entscheidungsspielraum.

In einer Zuarbeit für den Minister des Innern präferierte dessen Berater Köstering als Lösungsmöglichkeit das schleswig-holsteinischen Amt. Im Vergleich zu den übrigen aus den alten Bundesländern bekannten Zweistufenmodellen auf Gemeindeebene (vgl. Schimanke 1977) und zur Verwal-

9 Dies geht aus einer Zuarbeit Kosterings fur den Minister hervor. Quelle: Ministerium des Innern, Vorschläge zur Verwaltungsorganisation des Landes Brandenburg vom 28.1.1991

10 Gesetz uber die Organisation der Landesverwaltung (Landesorganisationsgesetz) vom 25. April 1991; GVBl.-Bbg. 1991: 148ff. Darin wurde als Artikel 2 das Gesetz zur Anderung des Gesetzes uber die Selbstverwaltung der Gemeinden und Landkreise in der DDR (Kommunalverfassung) verabschiedet.

tungsgemeinschaft nach § 31 KommVerf-DDR[11] komme für Brandenburg nur dieses Organisationsmodell in Frage, um die Verwaltungskraft zu stärken und den Gemeinden gleichzeitig einen größeren Raum zur Selbstverantwortung zu erhalten. Die Einführung eines mit der niedersächsischen Samtgemeinde oder der rheinland-pfälzischen Verbandsgemeinde vergleichbar stark zentralisierten Modells hätte zudem den Nachteil, daß aufgrund der unmittelbaren Wahl des Entscheidungsgremiums auf der Makro-Ebene eine zusätzliche Kommunalwahl durchgeführt werden müßte.[12]

Der erste Entwurf zur Amtsordnung vom 1. April 1991[13] wurde zunächst einer externen Prüfung unterzogen. Die Anhörung der Kommunen und der kommunalen Spitzenverbände (Landkreistag sowie Städte- und Gemeindebund Brandenburg) sollte für die verantwortlichen Handlungsakteure vor allem zweierlei leisten: Sie sollte Realisierungschancen abschätzen helfen (vgl. Luhmann 1978: 10f/62f) und gleichzeitig mögliche Widerstände bei den Kommunen und ihren Interessenverbänden aufdecken (vgl. Schnur 1966: 28f). Insgesamt ist der Entwurf der Amtsordnung bei den 640 Gemeinden, 42 Verwaltungsgemeinschaften und 33 Landkreisen, die sich an dem Anhörungsverfahren beteiligten, auf deutlich mehr Zustimmung als Ablehnung gestoßen. Auch die kommunalen Spitzenverbände befürworteten die Einführung einer Amtsverfassung (vgl. Köstering 1992: 369f). Das Amtsmodell als Lösungsmöglichkeit hatte damit seine Prüfung als „confirmation candidate" (Luhmann 1978: 10) bestanden. Gleichzeitig konnten die an das Ministerium des Innern herangetragenen Änderungsvorschläge ausgewählt und in die weiteren Überlegungen einbezogen werden, um die Chancen einer Durchsetzung des Reformprogramms im politischen Raum zu verbessern (vgl. Schnur 1966: 29).

Die überarbeitete Fassung des Entwurfes der Amtsordnung wurde als Artikel I des Artikelgesetzes über kommunalrechtliche Vorschriften im Land Brandenburg am 2. Oktober 1991 als Gesetzentwurf der Landesregierung in den Landtag eingebracht (LT-Drs. 1/433 vom 4. 10. 1991). Die Phase des ad-

---

11 Bereits vor Beginn des Entscheidungsprozesses über die Amtsordnung ist es zu einer Veränderung der Verwaltungseinheiten auf Gemeindeebene gekommen. Im Zeitraum von Mitte 1990 bis Mitte 1991 wurden in Brandenburg über 100 Verwaltungsgemeinschaften nach § 31 KommVerf-DDR gebildet, die etwa drei bis zehn Mitgliedsgemeinden, jedoch selten mehr als 3.000 Einwohner umfaßten (Köstering 1992: 371) Ursache dieser geringen Größe der Verwaltungsgemeinschaften war die Tatsache, daß die erste Phase der Veränderung der Verwaltungseinheiten auf Gemeindeebene in Brandenburg völlig freiwillig und unkoordiniert verlief

12 Quelle: siehe Fußnote 9.

13 Quelle: Ministerium des Innern, Erster Entwurf einer Amtsordnung für das Land Brandenburg vom 1. April 1991.

ministrativen Entscheidungsprozesses und der Politikvorbereitung durch die Verwaltung war damit bereits nach neun Monaten abgeschlossen. Daß diese Vorbereitungsphase im Vergleich zu denen der alten Bundesländer sehr kurz war, obwohl die Landesregierung bisher keine Reformerfahrung hatte (vgl. Schnur 1966: 21), war zum überwiegenden Teil dem Fachwissen der Verwaltungshelfer aus Nordrhein-Westfalen - speziell Köstering - zu danken, die diese Reform entscheidend prägten.

3.2 Der politische Entscheidungsprozeß

Schon bevor der Entwurf des Artikelgesetzes über kommunalrechtliche Vorschriften im Land Brandenburg in den Landtag eingebracht wurde, waren die Abgeordneten über das Vorhaben der Landesregierung informiert, eine Amtsordnung vorzulegen. Bereits Ende August 1991 nahm der Innenminister vor dem Plenum Stellung zu den Ergebnissen des Anhörungsverfahrens (vgl. PlPr. 1/24 vom 28. August 1991: 1.767f). Sowohl die erste Lesung des Gesetzentwurfes (vgl. PlPr. 1/27 vom 9. Oktober 1991: 2.015ff), als auch die Beratungen der Fraktionsvertreter im Landtagsausschuß für Inneres[14] zeigen deutlich die Übereinstimmung aller Landtagsfraktionen in Grundpositionen bei der Gemeindeverwaltungsreform. Nicht nur das Amtsmodell an sich wurde von allen Fraktionen anerkannt, sondern auch grundsätzlich das von Köstering angeführte Argument, daß die Verwaltungskraft - vor allem die personelle Ausstattung - eines Basisverwaltungsträgers erst ab einer Einwohnerzahl von 5.000 Einwohnern gegeben sei (vgl. Schnur 1984: 12ff). Diese Übereinstimmung läßt sich am ehesten damit erklären, daß die Einführung des Amtsmodells keine Umverteilung von Macht und Einflußmöglichkeiten in horizontaler Richtung auf der Gemeindeebene zur Folge hat. Während es bei einer Gemeindegebietsreform aufgrund der Auflösung von Gemeindevertretungen zu einer Veränderung der kommunalen Machtverhältnisse kommt, bleibt diese bei der Einführung des Amtes mit dem Erhalt der Gemeindevertretungen stabil. Die Umverteilung von Kompetenzen und Einflußmöglichkeiten findet nicht zwischen den Gemeinden, sondern in vertikaler Richtung zwischen den amtsangehörigen Gemeinden und dem Amt statt, wobei die Gemeinden unabhängig von ihrer Größe gleichermaßen betroffen sind. Der Verlust an Macht und Einflußmöglichkeiten in den Gemeindever-

---

14 Die folgenden Ausfuhrungen stutzen sich auf die Sitzungsprotokolle des Innenausschusses des Landtages Brandenburg: 1/268 vom 8 Januar 1992; 1/269 vom 22 Januar 1992 sowie 1/285 vom 27. Januar 1992.

tretungen wird aber mit der Einführung eines neuen mittelbar besetzten Beschlußorgans (Amtsausschuß) kompensiert.

Während die SPD dem Gesetzentwurf des von ihr gestellten Ministers am nachsten stand und damit für eine starke Makro-Ebene eintrat, entwickelten die übrigen Fraktionen zu einzelnen Bestimmungen des Gesetzentwurfs unterschiedliche Vorstellungen, die sich zum Teil über die Grenze zwischen Regierungskoalition und Opposition hinweg deckten. Nicht nur die Mitglieder der Oppositionsfraktionen, sondern auch die des BÜNDNIS '90 argumentierten aus der Sicht der einzelnen Gemeinden im Amt und traten für eine Stärkung der Subsysteme gegenüber der Makro-Ebene ein. Damit ergibt sich für die großen Parteien ein ähnliches Bild wie in den alten Bundesländern: Während die SPD aus einer technokratischen Sichtweise heraus und unter Betonung des Gleichheitsgrundsatzes stärkeres Gewicht auf die Verbesserung der Leistungsfähigkeit der Gemeinden legte, trat die CDU für eine stärkere Beibehaltung der lokalen Demokratie ein (vgl. Derlien 1978). Die PDS-LL und das BÜNDNIS '90 entwickelten dagegen ihre Forderungen nach einer starkeren Kontrolle und mehr Bürgernähe der Verwaltung sowie nach einer Starkung der Subsysteme aus basisdemokratischen Überlegungen.[15]

Der Landtag Brandenburg behandelte die Beschlußempfehlung und den Bericht des Innenausschusses in seiner 32. Plenarsitzung am 12. Dezember 1991 (vgl. PlPr. 1/32 vom 12. Dezember 1991: 2.352-2.362). Im Anschluß an die letzte Aussprache wurde der Gesetzentwurf bereits nach weniger als einem Jahr seit der Initiative zu einer Reform auf der Gemeindeebene mit nur wenigen Gegenstimmen vom Landtag verabschiedet. Die Amtsordnung für das Land Brandenburg (GVBl.-Bbg. 1991: 682ff) trat am 31. Dezember 1991 in Kraft.

Der parlamentarische Entscheidungsprozeß über die Amtsordnung wurde aufgrund des Zeitdrucks und der Übereinstimmung aller Fraktionen des Landtages in Grundsatzfragen vor allem dadurch geprägt, daß kein ausgearbeitetes Gegenmodell zu dem Vorschlag des Innenministeriums entwickelt wurde. Zunächst ist festzustellen, daß die Fraktionen zu einer Entwicklung eigenständiger und schlüssiger Gegenmodelle nur bedingt in der Lage waren, da sie sich selbst erst im organisatorischen Aufbau befanden und ihnen der Einsatz von Fachwissen aufgrund der hohen Arbeitslast und des geringen Personalbestandes kaum möglich war. Daneben bestand für die Landtags-

15 Sehr zurückgehalten hatte sich in den Beratungen des Innenausschusses die Fraktion der F.D.P.: Der Beschlußempfehlung des Ausschusses sind weder Änderungsanträge der F.D.P. beigefugt, noch sind Redebeiträge in den Ausschußberatungen dokumentiert. Lediglich uber das Abstimmungsverhalten laßt sich insofern eine Aussage machen, als daß die Vertreter der F.D.P. meist im Sinne der Regierungskoalition gestimmt hatten.

fraktionen auch keine Veranlassung für die Entwicklung von Gegenmodellen. Die Übereinstimmung in Grundsatzfragen der Reform führte so weit, daß die Operationalisierung der Oberziele weniger konfliktträchtig war als in den alten Bundesländern (vgl. Derlien 1978: 6f). Selbst der aus den alten Bundesländern bekannte Streit um Einwohnergrößen nahm eine andere Form an. In Brandenburg bestanden nicht verschiedene politische Auffassungen über die Zahl „5.000“ an sich, sondern lediglich über die möglichen Folgewirkungen der Einführung von Basisverwaltungsträgern dieser Größenordnung in bevölkerungsarmen Gebieten.

Das Fehlen eines Gegenmodells ermöglichte es der Landesregierung, im Anschluß an die reformvorbereitenden Gesetze ihre Kapazitäten zur Programmentwicklung zu nutzen, das Zweistufenmodell für die Reform nach eigenen Vorstellungen zu wählen und diesen Wahlakt zu begründen. Die grundsätzliche Übereinstimmung aller Landtagsfraktionen in der ablehnenden Haltung gegenüber einer allgemeinen Gemeindegebietsreform bot zudem die Möglichkeit, die Opposition in das Reformvorhaben einzubeziehen.

3.3 Die Amtsordnung

Die am Ende des Entscheidungsprozesses über die Amtsordnung stehende gesetzliche Grundlage ermöglichte den kreisangehörigen Gemeinden Brandenburgs in der Verbindung mit der Kommunalverfassung die Wahl zwischen zwei Reformmaßnahmen: freiwilliger Zusammenschluß mehrerer Gemeinden zu einer neuen Gemeinde bzw. Eingliederung einer kleineren in eine größere Gemeinde nach § 12 Abs. 2 KommVerf oder die Bildung eines Amtes nach den Bestimmungen der Amtsordnung.

Wie stark die letztgenannte Maßnahme an den Status Quo der Gemeindeebene anknüpfte, zeigt eine kurze Zusammenfassung des Inhaltes der Amtsordnung (vgl. Muth/Stork 1992). Nach den Bestimmungen der Amtsordnung einigen sich Vertreter von mindestens 5 kreisangehörigen Gemeinden mit zusammen mehr als 5.000 Einwohnern (§ 3 Abs. 1 AmtsO) über die Bildung eines Amtes. Nach der Beratung durch die Rechtsaufsichtsbehörde bestimmen die Vertretungen der Gemeinden selbst in einer öffentlich-rechtlichen Vereinbarung, die der Zustimmung des Ministers des Innern bedarf, den Namen und Sitz des Amtes sowie das Modell für die Amtsverwaltung (§ 1 Abs. 3). Nach der Amtsbildung entsendet jede Gemeinde unabhängig von ihrer Größe den Bürgermeister und ein Mitglied der Gemeindevertretung in den Amtsausschuß, der das oberste Beschlußorgan der Makro-

Ebene ist (§ 7). Der Amtsausschuß wählt anschließend den hauptamtlich tätigen Amtsdirektor (§ 9). Nach der Auflösung der Verwaltungen der Mitgliedsgemeinden kommen dem Amtsdirektor und der hauptamtlichen Amtsverwaltung die Erfüllung eigener Aufgaben (§ 5), die Vorbereitung und Durchführung von Aufgaben der Mitgliedsgemeinden (§ 4 Abs. 1) sowie die Vertretung der Gemeinden in gerichtlichen Verfahren und in Rechts- und Verwaltungsgeschäften zu (§ 4 Abs. 3). Als eigene Aufgaben (§ 5) übernimmt das Amt die ihm übertragenen Pflichtaufgaben zur Erfüllung nach Weisung, die Kassen- und Rechnungsführung sowie die Vorbereitung und Aufstellung der Haushaltspläne der Mitgliedsgemeinden. Ebenfalls als eigene Aufgaben erfüllt das Amt Selbstverwaltungsaufgaben der Gemeinden, sofern mehrere Mitgliedsgemeinden diese Aufgaben auf das Amt übertragen haben. Die Entscheidungskompetenz über die eigenen Selbstverwaltungsaufgaben verbleibt bei den Vertretungen der Mitgliedsgemeinden. Hier bereitet der Amtsdirektor lediglich die Beschlußfassung der Vertretungen vor und führt deren Beschlüsse durch (§ 4).

4. Die Ämterbildung

Die Amtsordnung als Output des Entscheidungsprozesses stellte gleichzeitig den Input für die Implementationsphase dar. Fragt man nach dem Grad der Programmierung des Verwaltungshandelns während der Ämterbildung, läßt sich dieses Gesetz als Konditionalprogramm und innerhalb dieses Oberbegriffs als Mischtyp aus Auswahl- und Arbeitsprogramm (Becker 1989: 449ff) beschreiben. Von den Grundzügen her handelt es sich bei der Amtsordnung auf den ersten Blick eher um ein Arbeitsprogramm: Die Zwecke (Stärkung der Selbstverwaltung) und Ziele (quantitative Maßstäbe der Amtsordnung) sind ebenso festgelegt wie die möglichen Maßnahmen (Zustimmung oder Nicht-Zustimmung zur Amtsbildung) und die Definition der Situation (Zustimmung zur Amtsbildung bei Gemeinverträglichkeit und Erfüllung der Maßstäbe). Der Ministerialverwaltung blieb demnach nur die Überprüfung, ob eine angestrebte Amtsbildung den Maßstäben entspricht, die Zustimmung dazu oder Versagung derselben. Teilweise handelt es sich bei der Amtsordnung aber auch gleichzeitig um ein Auswahlprogramm. Dies zeigt die Bestimmung, daß der Minister des Innern unter gewissen Umständen die Bildung von Ämtern festlegen kann, wozu innerhalb eines Ermessensspielraumes die Entwicklung von alternativen Lösungsmöglichkeiten durch die Verwaltung notwendig war.

4.1 Die Beratungsphase

Nachdem die Landesregierung den Gesetzentwurf zur Amtsordnung verabschiedet hatte, begann das Ministerium des Innern die Beratung der Landräte als Rechtsaufsichtsbehörden und der kreisangehörigen Gemeinden über das Verfahren bei der Ämterbildung vorzubereiten. In seinem Runderlaß vom 18. Oktober 1991 an die Landräte[16] unterstrich der Minister des Innern deren besondere Rolle bei allen anstehenden Reformen auf der kommunalen Ebene. Daneben gab der Minister Hinweise zum Verfahren bei der Auflösung und Neubildung von Gemeinden. Die Hinweise seien nötig, um freiwillige Zusammenschlüsse oder Eingliederungen von Gemeinden, die durch die Ämterbildung nicht ausgeschlossen, sondern vielmehr daneben gefördert werden sollten, zügig und rechtmäßig durchzuführen. Mit der Kenntnis über den Verfahrensablauf sollten die Landräte in die Lage versetzt werden, innerhalb ihrer Beratungstätigkeit zur Ämterbildung dort Hilfestellung zu geben, wo eine Neigung zur Selbstauflösung der Gemeinden erkennbar war. In seinem Erlaß[17] vom 31. Januar 1992 gab der Minister des Innern den Landräten detaillierte Hinweise zu der Verfahrensverordnung zur Amtsordnung.[18] Das beim Ministerium einzureichende „Beschlußpaket" über die Bildung eines Amtes habe sich zusammenzusetzen aus:

- der öffentlich-rechtlichen Vereinbarung der beteiligten Gemeinden,
- der Stellungnahme des Kreistages/der Kreistage,
- den Beschlüssen der Gemeindevertretungen über die Bildung des Amtes,
- dem Bericht der Rechtsaufsichtsbehörde(n) mit einer Bestätigung über die rechtliche Unbedenklichkeit der Gemeindevertretungs-Beschlüsse und
- bei kreisgrenzen-übergreifender Amtsbildung dem Vorschlag, welcher Landrat die Aufgabe der Rechtsaufsichtsbehörde über das Amt bis zur Kreisgebietsreform wahrnehmen soll.

Bereits unmittelbar nach diesem Erlaß reichten einige Landräte die erforderlichen Unterlagen beim Ministerium ein, da die Bildung von einigen Ämtern schon weit genug fortgeschritten war.

---

16 Quelle: Ministerium des Innern, Schreiben an die Landräte, Gemeindeverwaltungsreform und Kreisgebietsreform - Beratungspflicht der Landräte als Rechtsaufsichtsbehorden über die kreisangehörigen Stadte und Gemeinden vom 18. Oktober 1991.

17 Quelle: Ministerium des Innern, Schreiben an die Landrate, Ämterbildung im Land Brandenburg - Hinweise zum Verfahren bei der Genehmigung von Ämtern durch den Minister des Innern vom 31. Januar 1992.

18 Verordnung uber das Verfahren bei der erstmaligen Bildung sowie bei der Anderung und bei der Auflosung von Ämtern im Land Brandenburg (AmtsVVO) vom 13. Januar 1992; GVBl.-Bbg. II 1992, 22ff.

4.2 Die Freiwilligkeitsphase

Mit dem Begriff „Freiwilligkeitsphase" wird die Zeit zwischen dem Inkrafttreten der Amtsordnung am 31. Dezember 1991 und dem im Erlaß vorgegebenen Ablauf der Programmdurchführung am 30. Juni 1992 bezeichnet.[19] In diesem Zeitraum gingen die Anträge über die Bildung von 152 Ämtern im Referat ein, die von den Sachbearbeitern und Referenten im Rahmen eines formalisierten Verfahrens abgearbeitet wurden. Eine zügige Durchführung der Genehmigungsverfahren bei unproblematischen Fällen wurde teilweise durch die Unvollständigkeit oder Unzulänglichkeit der Unterlagen verhindert. Das Einholen der für die Genehmigung fehlenden Unterlagen nahm in einigen Fällen aufgrund der hohen Zahl der Verfahrensbeteiligten mehrere Wochen in Anspruch. Eine ganz andere Ursache für Verzögerungen der Ämterbildung im Nordwesten und Nordosten Brandenburgs stellte die späte Ratifizierung des Staatsvertrages zwischen Brandenburg und Mecklenburg-Vorpommern über die Änderung der gemeinsamen Landesgrenze dar.[20]

Ein reibungsloses Genehmigungsverfahren war die Voraussetzung für die Zustimmung zur Bildung der Ämter, die in der Freiwilligkeitsphase zustande kamen. Dabei spielte die eingehende Beratung der Gemeinden vor allem durch die Landräte, aber auch durch die Mitarbeiter des Referates eine bedeutende Rolle. Das unterschiedliche Engagement der Landräte war neben den territorialen Gegebenheiten die zweite Ursache dafür, daß man bei der Amterbildung in den einzelnen Kreisen unterschiedlich schnell vorankam. Bis zum 30. Juni 1992 wurden 54 Ämter in 24 Kreisen genehmigt. In acht Landkreisen kamen mehr als die Hälfte der insgesamt gebildeten Ämter zustande; in drei Kreisen konnte die Ämterbildung sogar schon abgeschlossen werden. Dagegen konnten in 14 Landkreisen keine Ämter genehmigt werden. Die Bildung der genannten Ämter verlief aus Sicht des Ministeriums des Innern ohne Widerstände beteiligter Gemeinden. Sie erfüllten mit nur einer Ausnahme alle gesetzlichen Vorgaben.

19 Der Ablauf der Freiwilligkeitsphase wie der Nachbesserungsphase wurde anhand einer Dokumentenanalyse aller 160 Verfahrensakten zu den Amtsbildungen rekonstruiert. Quelle: Ministerium des Innern, Verfahrensakten zur Ämterbildung.

20 Die Verzogerung war so erheblich, daß sich ein Teil der 22 betroffenen Gemeinden noch nach der Amtsordnung für Mecklenburg-Vorpommern zu zwei Amtern zusammengeschlossen hatten und erst anschließend in das Gebiet Brandenburgs eingegliedert wurden.

4.3 Die Nachbesserungsphase

In der Nachbesserungsphase vom 1. Juli 1992 bis zum 22. Dezember 1992 wurden die Bildungen von weiteren 106 Ämtern vom Minister des Innern genehmigt. In dieser Zeit kam es aufgrund des eingeschränkten Ermessensspielraums der Implementationsträger und auftretender Widerstände der Gemeinden in der ministeriellen Begleitung dieser Phase und in deren Ablauf zu Veränderungen gegenüber der Freiwilligkeitsphase.

Während in der Freiwilligkeitsphase die Anträge relativ isoliert betrachtet werden konnten, griffen nun die einzelnen Genehmigungsverfahren zu den Amtsbildungen soweit ineinander, daß sie nicht mehr getrennt bearbeitet werden konnten. Ursache dafür war, daß mit größerer Zahl genehmigter Ämter der Entscheidungsspielraum abnahm. Bestehende Ämter oder sehr weit fortgeschrittene Amtsbildungen sollten durch die weitere Zuordnung von Gemeinden nicht gefährdet werden. Kompliziert wurden einige Verfahren auch von einzelnen Gemeindevertretungen, die während der Ämterbildung nacheinander die Zugehörigkeit zu verschiedenen Ämtern beschlossen. Die zunehmende Verhärtung der Fronten zwischen den bei den schwierigen Amtsbildungen Beteiligten machte im Laufe der Nachbesserungsphase persönliche Gespräche zwischen diesen und den Vertretern des Ministeriums notwendig, um die zum Teil festgefahrenen Situationen zu klären und genehmigungsfähige Lösungen herzustellen.

Häufig konnten schon im ersten Gespräch zwischen Vertretern des Ministeriums und der Gemeinden, die nicht-genehmigungsfähige Amtsbildungen anstrebten, eine einvernehmliche Lösung hergestellt und ein entsprechender Verwaltungsakt erlassen werden. Teilweise setzten sich dabei die Vertreter der Gemeinden, unterstützt vom zuständigen Landrat, mit ihren Sachargumenten durch und erreichten für ein eigentlich nicht-genehmigungsfähiges Amt eine Ausnahmeregelung. Diese wurde jedoch nur dann erteilt, wenn eine andere Entscheidung für die Gemeinden oder für andere bestehende Ämter eine unverhältnismäßige Belastung bedeutet hätte und vermutet werden konnte, daß das nun zu genehmigende Amt lebensfähig sein würde. In anderen Fällen konnten die Gemeinden von den Vorteilen eines starken Amtes überzeugt werden. Hierbei nahmen die Mitarbeiter des Referates häufig eine Vermittlerrolle zwischen zerstrittenen Vertretern einzelner Gemeinden wahr. Eine gesetzeskonforme Lösung scheiterte oft allein an deren wechselseitigen Antipathien, die persönliche oder historische Ursachen hatten.

Aufgrund der wohldefinierten Situation und des operationalen Programms konnte über die Anträge auf Genehmigung von Amtsbildungen, nach einer ersten Phase der Einübung, aufgrund der quantitativen Bewertungsmaßstäbe routinemäßig entschieden werden. Schwierigkeiten traten nur insofern auf, als bei einer Unterschreitung der Mindestgrößen deren mögliche Auswirkungen auf die Verwaltungskraft abgewogen werden mußte. Waren bei den Genehmigungsverfahren Konflikte aufgetreten, konnten diese in den Fällen, in denen die jeweiligen Ziele der Ministerialverwaltung und der Betroffenen als variabel angesehen wurden, mit der Strategie der Überzeugung gelöst werden. Wurden die Ziele jedoch von beiden Seiten als fest angenommen, kam es auch zur Strategie des Aushandelns (vgl. March/Simon 1958: 129ff; Kirsch 1977: 57ff).

Tabelle 2: Dauer der Genehmigungsverfahren bei der Amterbildung[21]

Dauer des Genehmigungsverfahrens in Tagen	n	%
0 - 29	246	28,8
30 - 59	50	31,3
60 - 89	22	13,8
90 - 119	19	11,9
120 - 149	11	6,9
150 - 179	4	2,5
180 und mehr	8	5,0
Gesamt = 100%	160	

Wie zügig die Ämterbildung in Brandenburg durchgeführt wurde, zeigt die Dauer der einzelnen Genehmigungsverfahren (Tabelle 2), die sich anhand des zeitlichen Abstandes zwischen der Vorlage des Beschlußpakete und dem abschließenden Genehmigungserlaß durch den Minister ermitteln läßt. Annähernd drei Viertel aller Genehmigungsverfahren zu den Amtsbildungen (73,9 Prozent) wurden in weniger als drei Monaten vom Ministerium des Innern bearbeitet und abgeschlossen. Hilfreich für die Beschleunigung der Genehmigungsverfahren und damit der schnellen Realisierung der Ämterbildung war die relativ kurze Freiwilligkeitsphase von sechs Monaten. Der frühe Beginn der Nachbesserungsphase diente den Landräten und dem Ministerium des Innern dazu, auf die zögernden Gemeinden Druck ausüben zu können. Daß es dennoch zu Verzögerungen kam, lag an den dargestellten formellen Schwächen einiger Verfahren. Die sehr langen Genehmigungsverfahren von

21 Diese Tabelle wurde - wie alle folgenden auch - anhand der Dokumentenanalyse der Verfahrensakten zur Ämterbildung erstellt. Das Minimum bei den Genehmigungsverfahren betrug 7, das Maximum 241 Tage; im Mittel dauerte ein Genehmigungsverfahren 65 Tage.

mehr als 120 Tagen wurden mehrheitlich von Gemeinden, die Widerstand leisteten, verursacht.

Die schnelle Ämterbildung läßt sich vor allem auf die Homogenität des Implementationssystems (Grunow 1983: 147) zurückführen. Innerhalb des für kommunale Gebiets- und Verwaltungsreformen in Frage kommenden öffentlichen Sektors wurde die Implementation maßgeblich von administrativen Handlungsakteuren getragen. Politische Handlungsakteure hatten, mit Ausnahme der Gemeindevertreter auf der Adressatenebene, lediglich beobachtende und beratende Funktionen. Dies bedeutete, daß die Kommunikation zwischen den Implementationsträgern auf vorhandenen, rechtlich normierten und relativ eingeübten Wegen stattfinden konnte. Politische Macht- und Legitimationsgesichtspunkte spielten während der Implementation eine weniger bedeutende Rolle. An der Implementation waren mit dem Referat III-2 des Innenministeriums als programmentwickelnde und -durchführende Einheit, den Landräten und den Bürgermeistern drei Ebenen des öffentlichen Sektors beteiligt. Die Landräte bereiteten zwar als „Change Agents" (Becker 1989: 799) die Veränderungen auf unterster Ebene vor, konnten aber selbst nicht entscheiden. Die Einschaltung ihrer Orts- und Personenkenntnisse hatte, obwohl sie zu einer Erhöhung der Zahl der Akteure und Ebenen führte, eine positive Auswirkung auf die Programmdurchführung. Von besonderer Bedeutung war schließlich die hohe Beteiligungsintensität der unteren Implementationsträger und -adressaten. Sie waren nicht nur aktiv an der Implementation, sondern auch zu einem frühen Zeitpunkt an der Programmentwicklung selbst beteiligt, wodurch sie auf die anstehenden Veränderungen vorbereitet waren (vgl. Becker 1989: 799f).

4.4 Widerstände bei der Ämterbildung

Von den 1.669 kreisangehörigen Gemeinden, die an der Ämterbildung beteiligt waren, leisteten 174 (10,4 Prozent) Widerstand gegen Maßnahmen des Ministeriums des Innern. Anhand einer Inhaltsanalyse der 160 Verfahrensakten zu den Amtsbildungen konnten folgende Ursachen für den Widerstand ermittelt werden:

Tabelle 3: Ursachen der Widerstände der Gemeinden bei der Ämterbildung

Ursache der Widerstände	n	%
nicht-genehmigungsfähige Amtsbildung	115	66,1
nicht-genehmigungsfähige Amtszugehörigkeit	30	17,2
Ablehnung des Amtsmodells	15	8,6
Ablehnung des Amtssitzes	10	5,7
Ablehnung der Ämterbildung	4	2,3
Gesamt = 100%	174	

Die weitaus häufigste Ursache für den Widerstand der Gemeinden war die angestrebte Bildung eines nicht-genehmigungsfähigen Amtes (66,1 Prozent). Die zweithäufigste Ursache war die nicht-gesetzeskonforme oder nicht-gemeinverträgliche Zugehörigkeit einer einzelnen Gemeinde zu einem bereits genehmigten oder einem genehmigungsfähigen Amt (17,2 Prozent). Von geringerer Bedeutung war die Ablehnung des Verwaltungsmodells (8,6 Prozent) oder des Amtssitzes (5,7 Prozent), das bzw. der von der Mehrheit der amtsbildenden Gemeinden vorgeschlagen wurde. Auf grundsätzliche Ablehnung stieß die Ämterbildung lediglich bei vier Gemeinden (2,3 Prozent).

Tabelle 4. Begründungen der Widerstände nach den Ursachen

Ursache	nicht-genehmigungsfähige Amtsbildung	nicht-genehm. Amtszugehörigkeit	Ablehnung des Amtssitzes	Ablehnung des Amtsmodells	Ablehnung der Ämterbildung	Gesamt
historische Bindung	14 12,2%	5 16,7%				19 10,9%
bestehende Zusammenarbeit	75 65,2%	16 53,3%				91 52,3%
Sachargumente	24 20,9%	4 13,3%			3 75%	31 17,8%
Emotionen			10 100%	15 100%		25 14,4%
sonstige	2 1,7%	5 16,7%			1 25%	8 4,6%
Gesamt = 100%	115	30	10	15	4	174

Die Tabelle 4 zeigt die Begründungen in Abhängigkeit von den Ursachen der Widerstände. Mit der bestehenden Zusammenarbeit mit anderen Gemeinden - vor allem in Form von Verwaltungsgemeinschaften und gegenseitiger Verwaltungshilfe - begründeten die Gemeinden, die eine andere Amtsbildung (65,2 Prozent) oder eine andere Amtszugehörigkeit (53,3 Prozent) anstrebten, ihren Widerstand. Ausschließlich auf diese beiden Widerstandsursachen bezogen sich auch die Begründungen der Kategorie „historische Bindungen“ (12,2 Prozent bzw. 16,7 Prozent). Hier verwiesen die Gemeindevertreter auf die gemeinsame Zugehörigkeit zu einem früheren Kreis, einer Region oder auch zu einem gleichen Kirchenamt. Die zweithäufigste Begründung eines Widerstandes mit Sachargumenten wurde ebenfalls in erster Linie von der Gruppe der Gemeinden vorgebracht, die ein nicht-genehmigungsfähiges Amt bilden wollten (20,9 Prozent). Die Vertreter dieser Gemeinden sahen die Voraussetzungen für die Anwendung der Soll-Bestimmungen der Amtsordnung für gegeben an. Um eine Ausnahmeregelung zu erreichen, führten sie die gemeinsame Infrastruktur der beteiligten Gemeinden, eine besonders günstige Verkehrsanbindung an den geplanten Sitz der Amtsverwaltung, die positive wirtschaftliche Entwicklung im zukünftigen Amtsgebiet oder einen zu erwartenden Anstieg der Gesamteinwohnerzahl an. Reine Emotionen, deren Ursachen meist in historischen Beziehungen zwischen den Gemeinden lagen, dienten hingegen ausschließlich der Ablehnung des vorgeschlagenen Amtssitzes (100 Prozent) oder des vorgeschlagenen Amtsmodells (100 Prozent).

Tabelle 5 Von den Gemeinden ergriffene Maßnahmen zur Durchsetzung der Widerstande bei der Amterbildung

Art der Maßnahme	erste Maßnahme n	erste Maßnahme %	zweite Maßnahme n	zweite Maßnahme %
nur eine Maßnahme			123	70,7
Gespräch mit der Verwaltung	90	51,8	14	8,1
Bürgerbefragung	17	9,8	7	4,0
Einschaltung von Fürsprechern	8	4,6	6	3,4
gerichtliches Verfahren	4	2,3	24	13,8
Untätigkeit	4	2,3		
Petition	4	2,3		
nicht zu ermitteln	47	27.0		
Gesamt = 100%	174		174	

Die Widerstand leistenden Gemeinden ergriffen unterschiedliche Maßnahmen zur Durchsetzung ihrer Anliegen. 47 meist kleinere Gemeinden (27 Prozent) überließen den größeren Gemeinden die Führung der Verhandlungen mit dem Ministerium des Innern. Ihre Maßnahmen konnten aus diesem Grund nicht ermittelt werden. Bei den ersten Verhandlungsrunden setzten die meisten Gemeindevertreter (51.8 Prozent) zunächst auf das persönliche Gespräch mit den Mitarbeitern des Referates III-2, um ihre Argumente detailliert vortragen zu können. 14 Gemeinden nutzten diese Maßnahme erst, nachdem andere, in der Tabelle 5 aufgeführte Bemühungen erfolglos waren (8 Prozent). In 17 (9,8 Prozent) bzw. 7 (4 Prozent) Gemeinden wurden zur Feststellung des Bürgerwillens Bürgerbefragungen durchgeführt, deren Ergebnisse helfen sollten, das verfolgte Anliegen durchzusetzen. Auf die Fürsprache sachkundiger oder prominenter Persönlichkeiten - neben Bundestags- und Landtagsabgeordneten auch Wirtschaftssachverständige und Rechtsanwälte - verließen sich anfangs 8 (4,6 Prozent), später 6 Gemeinden (4,6 Prozent). Ebenfalls als eine Maßnahme wurde die bewußte Untätigkeit von Gemeinden ermittelt. In vier Fällen (2,3 Prozent) sahen die Gemeindevertreter keine Veranlassung, für ihre Anliegen aktiv zu werden.[22] In einem Fall der nicht-genehmigungsfähigen Amtsbildung reichten die Vertreter der Gemeinden eine Petition beim Landtag ein (2,3 Prozent), um auf ihr Problem aufmerksam zu machen und den Innenminister unter Druck zu setzen. Während nur vier Gemeinden, ohne weitere Maßnahmen zu ergreifen, schon in bezug auf den ersten ablehnenden Bescheid ein gerichtliches Verfahren einleiteten (2,3 Prozent), klagten 24 Gemeinden erst, nachdem ihre vorherigen Bemühungen gescheitert waren (13,8 Prozent).

Von den 174 Gemeinden, die Widerstand leisteten, konnten 94 (54 Prozent) ihr Anliegen verwirklichen. Die Tabelle 6 verdeutlicht die Beziehung der Erfolgsquote zu den Ursachen der Widerstände. Von den Gemeinden, die eine nicht-genehmigungsfähige Amtsbildung anstrebten, waren 62,6 Prozent erfolgreich. Sie konnten insgesamt 13 eigentlich nicht-genehmigungsfähige Ämter bilden. Dagegen konnten 11 Amtsbildungen nicht verwirklicht werden. In den Fällen, in denen die nicht-genehmigungsfähige Amtszugehörigkeit angestrebt wurde, scheiterten die einzeln auftretenden Gemeinden mehrheitlich (83,3 Prozent). Ebenfalls erfolglos waren diejenigen, die die Ämterbildung insgesamt ablehnten (100 Prozent). Im Falle der Ablehnung des vorgeschlagenen Amtssitzes hatten 60 Prozent der Gemeinden keinen Erfolg. Mit der Vertretung eines anderen Amtsmodells konnten sich 86,7 Prozent durchsetzen.

---

22 Von diesen Gemeinden lehnten zwei die Ämterbildung grundsätzlich ab, die beiden anderen strebten eine nicht-genehmigungsfahige Amtszugehorigkeit an.

Tabelle 6: Erfolg der Ursachen der Widerstande

Ursache	nicht-genehm. Amtsbildung	nicht-genehm. Amts-zugehorigkeit	Ablehnung des Amts-sitzes	Ablehnung des Amts-modells	Ablehnung der Àmter-bildung	Gesamt
kein Erfolg	43 37,4%	25 82,3%	4 40,0%	2 13,3%	4 100,0%	80 46,0%
Erfolg	72 62,6%	5 16,7%	6 60,0%	13 86,7%		94 54,0%
Gesamt = 100%	115	30	10	15	4	174

Tabelle 7: Erfolg der Begründungen der Widerstände

Begrundung	historische Bindung	bestehende Zu-sammenarbeit	Sachargu-mente	Emotionen	sonstige	Gesamt
kein Erfolg	9 47,4%	48 52,7%	7 22,6%	8 32,0%	8 100,0%	80 46,0%
Erfolg	10 52,6%	43 47,3%	24 77,4%	17 68,0%		94 54,0%
Gesamt = 100%	19	91	31	25	8	174

Der Erfolg der Gemeinden kann auch in Beziehung gesetzt werden zu den Begründungen für die Widerstände. Besonders erfolgreich waren Gemeindevertreter mit ihrem Widerstand, wenn sie ihn mit unveränderlichen Voraussetzungen der Amtsbildung oder der Amtszugehörigkeit begründeten (77,4 Prozent). Aber auch die Begründung mit konfliktträchtigen Emotionen waren mehrheitlich erfolgreich (68 Prozent). Dagegen führten die Verweise auf historische Bindungen (52,6 Prozent) oder auf eine bestehende Zusammenarbeit (47,3 Prozent) seltener zum Erfolg.

Tabelle 8. Erfolg der ersten Maßnahmen zur Durchsetzung der Widerstände

Maßnahme	Gesprach mit der Verwaltung	Burger-befra-gung	Einschal-tung v. Fur-sprechern	Gerichtl. Verfah-ren	Peti-tion	Untatig-keit	nicht zu ermitteln	Gesamt
kein Erfolg	40 44,4%	13 76,5%	2 25,0%			4 100,0%	21 44,7%	80 46,0%
Erfolg	50 55,6%	4 23,5%	6 75,0%	4 100,0%	4 100,0%		26 55,3%	94 54,0%
Gesamt=100%	90	17	8	4	4	4	47	174

Abschließend ist die Erfolgsquote der ergriffenen Maßnahmen zu betrachten (Tabelle 8 und Tabelle 9). Das Gespräch mit der Verwaltung als häufigste

Maßnahme war in der ersten Verhandlungsrunde eher erfolgreich (55,6 Prozent), brachte jedoch als zweite Maßnahme kaum noch Erfolg (21,4 Prozent). Die Fürsprache sachkundiger oder prominenter Persönlichkeiten war in 75 Prozent bzw. 100 Prozent erfolgreich. Bürgerbefragungen und Bürgerentscheidungen waren weniger ausschlaggebend, sofern sie als erste Maßnahme Verwendung fanden (23,5 Prozent).

Tabelle 9: Erfolg der zweiten Maßnahme zur Durchsetzung der Widerstände

Maßnahme	1 Maßnahme	Gespräch mit der Verwaltung	Bürgerbefragung	Einschaltung v. Fürsprechern	Gerichtl. Verfahren	Gesamt
kein Erfolg	46 37,7%	11 78,6%	3 42,9%		20 83,3%	80 46,0%
Erfolg	77 62,6%	3 21,4%	4 57,1%	6 100,0%	4 16,7%	94 54,0%
Gesamt = 100%	123	14	7	6	24	174

Die vier Gemeinden, die unmittelbar nach Erhalt eines ablehnenden Bescheids ein gerichtliches Verfahren einleiteten, und die vier, die eine Petition beim Landtag einreichten, setzten sich mit diesen Maßnahmen durch (jeweils 100 Prozent). Die Erfolglosigkeit eines gerichtlichen Verfahrens als zweite Maßnahme hatte ihre Ursache darin, daß diese Verfahren zum Zeitpunkt der Untersuchung noch nicht abgeschlossen waren und die Zustimmungs- bzw. Zuordnungserlasse bis zum Abschluß der Verfahren noch in Kraft waren.

4.5 Ergebnisse der Ämterbildung

Von den 1.807 kreisangehörigen Gemeinden in Brandenburg wurden 1.669 Gemeinden zu insgesamt 160 Ämtern zusammengefaßt, die nach der Anzahl ihrer Einwohner und der Anzahl der Mitgliedsgemeinden sehr unterschiedlich strukturiert sind.

Die jeweils ersten Klassen der Tabellen 10 und 11 stellen Ausnahmen von den gesetzlichen Vorgaben dar. Während 23 Ämter (14,4 Prozent) weniger als 5.000 Einwohner umfassen, haben 11 Ämter (6,9 Prozent) weniger als 5 Mitgliedsgemeinden. Da zwei Ämter beide Maßstäbe unterschreiten, wurden bei der Ämterbildung vom Ministerium des Innern insgesamt 32 Abweichungen (20 Prozent) von den Maßstäben der Amtsordnung zugelassen.

Nimmt man den in der Literatur angeführten „kritischen Punkt“ für den Koordinationsaufwand innerhalb eines Zweistufenmodells von 15 und mehr Mitgliedsgemeinden an (Wagener 1974b: 142ff), zeigt sich als Folge des

Festhaltens an dem Bestand der Kleinst- und Kleingemeinden, daß 30 von 160 Ämtern (18,8 Prozent) mehr als 15 Mitgliedsgemeinden umfassen. Da nach der Amtsordnung die Amtsverwaltungen für jede Mitgliedsgemeinde getrennte Haushalte führen, die jeweiligen Gemeindevertretungssitzungen vorzubereiten und die jeweiligen Beschlüsse durchzuführen haben, besteht die Gefahr, daß die mit der Einführung des Amtsmodells herbeigeführte Verbesserung der Verwaltungskraft in diesen Fällen durch den Verwaltungsmehraufwand wieder „paralysiert" wird (Knemeyer 1993: 283). Zudem dürfte die zum Teil sehr hohe Zahl der Mitglieder im Amtsausschuß (bis zu 44 Mitglieder) die Arbeitsfähigkeit dieses Gremiums belasten.

Tabelle 10: Die Ämter in Brandenburg nach Einwohnergrößenklassen und Zahl der Mitgliedsgemeinden[23]

Einwohner von ... bis ...	n	%	Mitgliedsgemeinden von ... bis ...	n	%
0 - 5.000	23	14,4	0 - 5	11	6,9
5.000 - 7.500	76	47,5	5 - 10	59	36,9
7.500 - 10.000	35	21,9	10 - 15	60	37,5
10.000 - 12.500	11	6,9	15 - 20	26	16,3
12.500 - 15.000	7	4,4	20 und mehr	4	2,5
15.000 und mehr	8	5,0			
Gesamt = 100%	160			160	

Neben den in der Amtsordnung festgelegten quantitativen Maßstäben waren zwei weitere Zielsetzungen wichtig. Ebenfalls aus der Amtsordnung ergibt sich das eher unbestimmte Ziel, Nahversorgungsbereiche bei der Ämterbildung zu berücksichtigen (§ 3 Abs. 1 AmtsO). Eine Möglichkeit, den Realisierungsgrad dieser Aufgabe zu beschreiben, besteht in dem Vergleich der Sitze der Amtsverwaltungen mit dem zentralörtlichen Gliederungssystem. Dabei sind jedoch mehrere Faktoren zu berücksichtigen: die schwache Ausprägung des zentralörtlichen Gliederungssystems; die Festlegung des Amtssitzes als alleinige Angelegenheit der an der Amtsbildung beteiligten Gemeinden (§ 1 Abs. 3 AmtsO) und das Problem der Deckungsgleichheit des Amtssitzes als Mittelpunkt des Amtes mit einem zentralen Ort. Die Wegstrecke und die Verkehrsanbindung zum Verwaltungssitz oder das Vorhandensein von Bürogebäuden waren für viele Gemeinden wichtigere Kriterien für die Festlegung

23 Im Mittel umfaßt ein Amt 7.686 Einwohner; das kleinste Amt hat 3.445, das größte 32.358 Einwohner. In bezug auf die Zahl der Mitgliedsgemeinden liegt das Mittel bei 10 Gemeinden, das Minimum bei 3 und das Maximum bei 22 Gemeinden.

des Amtssitzes als die Bedeutung der betreffenden Gemeinden für das Umland.

Tabelle 11: Deckungsgleichheit der Amtssitze mit zentralen Orten[24]

Zentrum	Zahl der Gemeinden mit Zentrumsfunktion	Zahl der Gemeinden als Amtssitze mit Zentrumsfunktion	Anteil der Amtssitze mit Zentrumsfunktion an der Gesamtzahl der Amtssitze in %	Anteil der Amtssitze mit Zentrumsfunktion an den Zahlen der Zentren in %
MZ1	18	3	1,9	16,7
MZ2	8	3	1,9	37,5
MZ3	6	3	1,9	50,0
GZ1	24	19	12,0	79,2
GZ2	51	49	30,8	96,1
GZ3	55	25	15,7	45,5
kein Zentrum	1.645	57	35,8	3,5
Gesamt	1.807	159	100,0	

Wie die Amtssitze auf die Klassen des zentralörtlichen Gliederungssystems[25] verteilt sind, zeigt Tabelle 11. Nach dieser Übersicht umfassen 35,8 Prozent aller Ämter kein Grund- oder Mittelzentrum. Diese Zahl relativiert sich jedoch bei näherer Betrachtung. In 16 dieser 57 Fälle wurden Gemeinden ohne Zentrumsfunktion als Sitz der Amtsverwaltung gewählt, obwohl mindestens eine andere amtsangehörige Gemeinde als Grundzentrum ausgewiesen ist. 18 der insgesamt 21 Ämter, die im Einzugsbereich von Berlin/Potsdam liegen, umfassen aufgrund ihrer Nähe zum Ballungskern kein Grund- oder Mittelzentrum. Berücksichtigt man diese Zahlen, verbleiben 23 Ämter (14,5 Prozent), bei denen keine Mitgliedsgemeinde die Voraussetzungen eines Grund- oder Mittelzentrums erfüllt.

---

24 In der Tabelle werden lediglich 159 Gemeinden als Sitz fur eine Amtsverwaltung ausgewiesen, da eine Gemeinde Sitz fur zwei Amtsverwaltungen ist.

25 Bei der Amterbildung wurde der erste Vorschlag eines zentralörtlichen Gliederungssystems vom Ministerium fur Umwelt, Naturschutz und Raumordnung berucksichtigt, der noch vor dem Vorschaltgesetz zum Landesplanungsgesetz und Landesentwicklungsprogramm fur das Land Brandenburg vom 6. Dezember 1991 (GVBl.-Bbg. I 1991: 616ff) erarbeitet wurde. In diesem zentralortlichen Gliederungssystem waren neben den in der Tabelle genannten Mittelzentren der ersten (MZ1), der zweiten (MZ2) und dritten Stufe (MZ3) sowie den Grundzentren der Stufe eins (GZ1), zwei (GZ2) drei (GZ3) auch vier Oberzentren als zukunftige kreisfreie Stadte vorgesehen. Quelle: Ministerium fur Umwelt, Naturschutz und Raumordnung, Die Zentralortstruktur des Landes Brandenburg, o. J.

Mit der Verringerung der Verwaltungseinheiten auf der untersten kommunalen Ebene sollte als überörtliches Ziel die Kreisgebietsreform vorbereitet werden. Für die Pflichtaufgaben zur Erfüllung nach Weisung existierten nach Abschluß der Ämterbildung 212 Basisverwaltungsträger (160 Ämter und 52 amtsfreie Gemeinden). Die Verringerung der Basisverwaltungsträger um 88,3 Prozent liegt im Rahmen dessen, was auch bei den Reformen in den alten Bundesländern mit der Einführung oder territorialen Verbreitung von Zweistufenmodellen erreicht worden war.[26] Die Abnahme der Gesamtzahl der Gemeinden um lediglich 4,8 Prozent beruht auf dem erklärten Ziel, selbst in bezug auf die Kleinst- und Kleingemeinden keine Zusammenlegungen und Eingemeindungen gegen den Willen der Betroffenen durchzuführen. Dieses Verhältnis ist deutlich geringer als in den alten Bundesländern.[27]

5. Zusammenfassung der Ergebnisse

Der Entscheidungsprozeß über die Amtsordnung in Brandenburg weist einige Merkmale auf, die den Wesenszügen eines „besten Weges einer Reform" im Sinne Schnurs (1966: 19ff; vgl. ders. 1970: 758ff) sehr ähnlich sind:

- Die Notwendigkeit einer baldigen Reform der Gemeindeebene wurde nicht nur von der Landesregierung, sondern auch von allen Fraktionen des Landtages anerkannt. Darüber hinaus bestand zwischen allen politischen Handlungsakteuren Einigkeit über die Restriktion „Ablehnung einer allgemeinen Gemeindegebietsreform".
- Aufgrund dieser Gemeinsamkeiten und des Fehlens von Gegenmodellen war es der Landesregierung möglich, ungehindert ein Reformprogramm zu erarbeiten und es als Einzelschritt eines umfangreichen Reformkonzeptes anzulegen. Dabei wurde mit dem Amtsmodell und dem Freiwilligkeitsgrundsatz ein Reformvorschlag gewählt, der sehr eng an dem bisher Bestehenden anknüpfte und die Herstellung eines Konsenses erleichterte.
- Die frühzeitige „Erkundung widerstrebender Interessen" im Form eines Anhörungsverfahrens und die ausgedehnte Informationssuche durch die Landesregierung sicherten den Gesetzentwurf der Amtsordnung inhaltlich ab.

---

26 Die Verringerung der Basisverwaltungstrager betrug in: Baden-Wurttemberg 86,23 Prozent; Bayern 83,97 Prozent; Niedersachsen 87,41 Prozent und Rheinland-Pfalz 84,92 Prozent: Quelle: Thieme/Prillwitz 1981: 79; zum Teil eigene Berechnungen.

27 Selbst in Schleswig-Holstein, wo die Zusammenlegung von Kleinstgemeinden eher behutsam durchgefuhrt worden war, verringerte sich der Gesamtbestand der Gemeinden um 17,24 Prozent. Quelle. Thieme/Prillwitz 1981: 79; eigene Berechnung.

- Die Landesregierung bezog die Landtagsopposition bereits vor dem eigentlichen parlamentarischen Entscheidungsprozeß mit der frühzeitigen Preisgabe von Informationen über ihr Vorhaben in den Reformprozeß mit ein.
- Störmanöver und Verschleppungstaktiken der Landtagsopposition blieben aufgrund des Zeitdrucks, unter dem die Reform stand, den mit den Koalitionsfraktionen geteilten Grundpositionen und der Beteiligung der Opposition an dem Reformvorhaben weitgehend aus.

Neben diesen Punkten ist festzustellen, daß der gesamte Entscheidungsprozeß wesentlich vom externen Fachwissen der Verwaltungshelfer aus dem Partnerland Nordrhein-Westfalen geprägt wurde. Sie - speziell Köstering - übernahmen nicht nur die Initiative für die Gemeindeverwaltungsreform, sondern arbeiteten auch das Reformprogramm aus. Dabei wurde nicht auf das frühere Reformmodell des eigenen Landes, sondern auf das von Schleswig-Holstein zurückgegriffen, da es den territorialen und politischen Voraussetzungen der Reform besser entsprach. Das an brandenburgische Verhältnisse angepaßte Amtsmodell war so überzeugend, daß es von keinem anderen Akteur im Entscheidungsprozeß in Frage gestellt wurde. Dennoch waren die Einflüsse der Betroffenen, der kommunalen Spitzenverbände und des Parlaments auf die Amtsordnung nicht unerheblich, da sie für die Weiterentwicklung des Reformmodells verantwortlich waren. Die verschiedenen auf Kompromisse zurückgehenden Änderungen der Entwürfe haben die Amtsordnung zwar in einzelnen Punkten stark modifiziert, konnten jedoch den einfachen Aufbau des Modells, der eine spätere Umgestaltung zu den Modellen „Samtgemeinde" oder „Verbandsgemeinde" ermöglichen soll, nicht aufheben.

Der parlamentarische Entscheidungsprozeß über die Amtsordnung war von einem niedrigen Konfliktniveau geprägt. Der geringe Eingriff des Reformprogramms in die Interessen der Parteien, die gemeinsamen Grundpositionen und die Dominanz der Exekutive bestimmten die dynamische Entwicklung. Von keiner Fraktion des Landtages wurden ausgearbeitete Gegenmodelle zu dem Reformvorschlag der Landesregierung entwickelt. Lediglich dort, wo Macht- und Legitimationsaspekte sowie ideologische Grundhaltungen der Parteien aufeinandertrafen, war die Herstellung eines Konsenses schwieriger. Aufgrund des erheblichen Zeitdrucks konnte er in diesen Punkten jedoch mit Konfliktlösungsstrategien herbeigeführt werden.

Die Implementation der Reform geschah zügig und konfliktarm. Das wurde möglich durch das homogene Implementationssystem und die frühzeitige Beteiligung der Implementationsadressaten an der Programmentwicklung. Während bei den Reformen in den alten Bundesländern aufgrund längerer Implementationsphasen und zum Teil im Zusammenhang mit veränderten Mehrheitsverhältnissen in den Landtagen Veränderungen im Zielsystem auftraten - als Beispiel seien hier nur die Veränderungen der Einwohner-Mindestgrößen genannt -, blieb das Zielsystem für die Ämterbildung in Brandenburg konstant (vgl. das Beispiel Baden-Württemberg bei Schimanke 1978: 107ff). Trotzdem wurden die vorgegebenen Ziele insgesamt nur teilweise erreicht. Dies lag jedoch nicht an der Qualität der Implementation, sondern an der Tatsache, daß schon bei der Programmentwicklung ein Zielsystem entwickelt wurde, das von vornherein Konflikte beinhaltete. Die angestrebten Einwohner-Mindestgrößen der Basisverwaltungsträger zur Verbesserung der Verwaltungskraft der Gemeinden, wobei möglichst geringe Entfernungen zur Verwaltungsbehörde entstehen sollten, und die Verwirklichung der Deckungsgleichheit von Verwaltungseinheit und Nahversorgungsbereich konnten angesichts der geringen Bevölkerungsdichte in weiten Teilen des Landes, des schwach ausgeprägten zentralörtlichen Gliederungssystems und des Grundsatzes der Freiwilligkeit der Reform nicht gleichzeitig erreicht werden.

Die Gemeindereform in Brandenburg unterscheidet sich von den Reformen in den alten Bundesländern vor allem durch den adaptiven Charakter der Wahl der Lösungsmöglichkeit und den schnellen Ablauf der einzelnen Phasen des Entscheidungs- wie auch des Implementationsprozesses. Inhaltlich hatte sich dagegen wenig geändert. In Brandenburg bestand ebenso wie in den anderen neuen Bundesländern von vornherein der von den früheren Gemeindereformen bekannte Zielkonflikt zwischen „Verbesserung der Leistungsfähigkeit der Verwaltung" und „Stärkung der lokalen Demokratie". Die politischen Randbedingungen führten jedoch dazu, daß das Ziel „Stärkung der lokalen Demokratie" höher bewertet wurde als in den alten Bundesländern. Da in der Deutschen Demokratischen Republik keine kommunale Selbstverwaltung im Sinne des Art. 28 Abs. 2 GG vorhanden war, wurde die politische Auffassung vertreten, daß sich ein Selbstverwaltungs-Bewußtsein erst entwickeln müßte. Dies führte in allen neuen Bundesländern dazu, daß unabhängig von den parteipolitischen Kräfteverhältnissen bisher keine allgemeine Gemeindegebietsreform durchgeführt wurde. Auch die dichter besiedelten Länder Sachsen, Sachsen-Anhalt und Thüringen haben mit dem Modell der „Verwaltungsgemeinschaft" ein wenig zentralisiertes Zweistufenmodell auf Gemeindeebene eingeführt, um dennoch eine Verbesserung der Leistungsfähigkeit der Gemeinden herbeizuführen (vgl. Schmidt-Eichstaedt 1993). Dabei hat nur die alleinregierende CDU in Sachsen den Schritt gewagt, für die Subsysteme verbindliche Einwohner-Mindestgrößen festzuschreiben (vgl. Knemeyer 1993: 282) Die Koalitionsregierungen in den übrigen neuen Bundesländern haben diese „Flurbereinigung" innerhalb des jeweiligen Zweistufenmodells entweder überhaupt nicht thematisiert oder eine verbindliche Festlegung vermieden.

In bezug auf die Makro-Ebenen der Modelle stand auch in den neuen Bundesländern mit der Zahl „5.000“ eine quantitative und nicht eine qualitative Bestimmung der Größen der Basisverwaltungsträger auf Gemeindeebene im Vordergrund (vgl. Püttner 1973: 24ff). Der Gedankengang war insofern derselbe wie bei den früheren Reformen: Die Programme wurden nicht aus der konkreten und zu analysierenden Problemlage der Gemeinden heraus entwickelt und konkretisiert - dazu fehlte den Regierungen in den neuen Bundesländern auch die Zeit -, sondern zur Reduktion der Komplexität des Problems aus den gleichen, aus den alten Bundesländern bekannten Zielen abgeleitet. Zur Operationalisierung dieser Ziele dienten wiederum die als optimal angesehenen Einwohner-Mindestgrößen, die - ebenfalls zur Reduktion der Komplexität - ungeachtet der regionalen Unterschiede in den Ländern verallgemeinert wurden. Die dabei mit dem Erhalt der Kleinst- und Kleingemeinden auftretenden Defizite der Reformen wurden zumindest in Brandenburg bewußt in Kauf genommen, um einerseits ein Mindestmaß an Verwaltungskraft der Gemeinden herzustellen, aber andererseits die zukünftige Entwicklung dieser kommunalen Selbstverwaltungseinheiten soweit wie möglich offen zu lassen.

Literatur

Becker, B., 1989: Öffentliche Verwaltung. Lehrbuch für Wissenschaft und Praxis, Percha.

Derlien, H.-U., 1978: Territorial Reforms in West Germany: Policy an Political Effects. Verwaltungswissenschaftliche Beiträge (hrsg. v. Derlien, H.-U.), Bamberg.

Grunow, D., 1983: Interorganisationsbeziehungen im Implementationsfeld und ihre Auswirkungen auf die Umsetzung und die Zielerreichung politischer Programme. In: Mayntz, R. (Hrsg.): Implementation politischer Programme II - Ansätze zur Theoriebildung. Opladen: 142-167.

Hauschild, Ch., 1991: Die örtliche Verwaltung im Staats- und Verwaltungssystem der DDR - Auf dem Weg in den gesamtdeutschen Bundesstaat: eine vergleichende Untersuchung. Rechtswissenschaftliche Veröffentlichungen des Osteuropa-Institutes an der Freien Universität Berlin (hrsg. v. Westen, K./Roggemann, H.), Bd. 16, Baden-Baden.

Kirsch, W., 1977: Einführung in die Theorie der Entscheidungsprozesse. 3 Bde. (Gesamtausgabe), Wiesbaden.

Klöpper, R., 1964: Gemeindegröße und Verwaltungsaufbau - Das Beispiel Rheinland-Pfalz. In: AfK 3: 292-300.

Knemeyer, F.-L., 1993: Verwaltungs- und Gebietsreformen in den jungen Bundesländern. In: Die Verwaltung 26: 273-289.

König, K., 1993: Die Transformation der öffentlichen Verwaltung: Ein neues Kapitel der Verwaltungswissenschaft. In: Verwaltungsarchiv 84: 311-327.

Köstering, H., 1991: Gedanken zu Kommunalreformen in den neuen Bundesländern. In: Braschos, F./Voigt, R. (Hrsg.): Kommunalpolitik in Stadt und Land - Grundlagen - Entwicklungsperspektiven - Praxis. Eine Einführung unter besonderer Berücksichtigung der neuen Bundesländer, Erfurt: 151-165.

Köstering, H., 1992: Einführung der Amtsverfassung im Land Brandenburg - Ein Beitrag zu den Kommunalreformen in den neuen Bundesländern. In: DÖV 45: 369-376.

Luhmann, N., 1978: Organisation und Entscheidung. Vorträge der Rheinisch-Westfälischen Akademie der Wissenschaft, Geisteswissenschaft G 232 (hrsg. v. d. Rheinisch-Westfälischen Akademie der Wissenschaft), Opladen.

March, J. G./Simon, H. A., 1958: Organizations. New York et al.

Muth, M./Stork, F., 1992: Amtsordnung für das Land Brandenburg - Kommentar. Schriftenreihe: Kommunale Fachliteratur (KFB), (hrsg. v. Städte- und Gemeindebund Brandenburg), Erfurt.

Pappermann, E., 1993: Kreisgebietsreform in den neuen Bundesländern: Kriterien für den Zuschnitt des Kreisgebietes und die Bestimmung des Kreissitzes. In: Neue Zeitschrift für Verwaltungsrecht 12: 242.

Presse- und Informationsamt der Landesregierung Brandenburg (Hrsg.), o. J.: Vorschaltgesetz zum Landesplanungsgesetz und Landesentwicklungsprogramm für das Land Brandenburg. Potsdam.

Püttner, G., 1973: Überlegungen aus der Sicht der Verwaltungswissenschaft zu den heutigen Bestrebungen einer Gebiets- und Verwaltungsreform. In: Wallthor, A. H. von/Petri, F. (Hrsg.): Grundfragen der Gebiets- und Verwaltungsreform in Deutschland. Veröffentlichungen des Provinzialinstituts für Westfälische Landes- und Volkskunde, Reihe 1, Heft 16, Münster: 24-33.

Schimanke, D., 1977: Mehrgliedrige kommunale Organistionsformen. In: AfK 16: 211-231.

Schimanke, D., 1978: Evaluierung von Verwaltungsprogrammen - Dargestellt am Beispiel der Verwaltungsreform Baden-Württemberg. In: Böhret, C. (Hrsg.): Verwaltungsreformen und politische Wissenschaft. Zur Zusammenarbeit von Praxis und Wissenschaft bei der Durchsetzung und

Evaluierung von Neuerungen, Schriftenreihe: Verwaltungsorganisation, Dienstrecht und Personalwirtschaft (hrsg. v. Kroppenstedt, F./Lepper, M., Bd. 6, Baden-Baden: 89-116.

Schmidt-Eichstaedt, G., 1993: Kommunale Gebietsreform in den neuen Bundesländern. In: APuZ B 36: 3-17.

Schnur, R., 1966: Strategie und Taktik bei Verwaltungsreformen. Schriftenreihe: Politik und Verwaltung, Heft 2, Baden-Baden.

Schnur, R., 1970: Widerstände und Schwierigkeiten bei Verwaltungsreformen - Einige pragmatische Bemerkungen. In: DVBl. 85: 753-760.

Schnur, R., 1984: Von der institutionellen Garantie der kommunalen Selbstverwaltung zum Optimierungsauftrag. In: Die Verwaltung 17: 1-18.

Thieme, W./Prillwitz, G., 1981: Durchführung und Ergebnisse der kommunalen Gebietsreform. Schriftenreihe: Die Kommunale Gebietsreform (hrsg. v. von Oertzen, H. J./Thieme, W.), Bd. I 2, Baden-Baden.

Wagener, F., 1974a: Neubau der Verwaltung - Gliederung der öffentlichen Aufgaben und ihrer Träger nach Effektivität und Integrationswert. Schriftenreihe der Hochschule Speyer, Bd. 41, Berlin (unveränderter Nachdruck der ersten Auflage von 1969).

Wagener, F., 1974b: Verwaltungsgemeinschaften oder Einheitsgemeinden. Untersuchung im Auftrag des Städtetages Baden-Württemberg, Speyer.

Witte, E., 1992: Entscheidungsprozesse. In: Frese, E. (Hrsg.): Handwörterbuch der Organisation. Enzyklopädie der Betriebswirtschaftslehre, Bd. II, Stuttgart: 552-565.

Entwicklung landesspezifischer Legitimationsmuster am Beispiel der Kreisgebiets- und Gemeindereform in Brandenburg und Sachsen

Stephanie Reulen

Die Kreisgebiets- und Gemeindereformen in den ostdeutschen Bundesländern gehörten zu den durchgreifendsten strukturellen Anpassungen an die westdeutschen Verhältnisse im Rahmen des Transformationsprozesses nach der deutschen Einigung. Der generell in Verwaltungsreformen angelegte Zielkonflikt zwischen der Effizienz der Verwaltung einerseits und ihrer Integrationsfunktion andererseits (vgl. Wagener 1974: 312) durchzog dabei als Leitmotiv die verwaltungspolitischen Reformmaßnahmen (vgl. Seibel 1993). Als ein spezifisches Merkmal dieses Zielkonflikts kann bei den Kreisgebiets- und Gemeindereformen in den ostdeutschen Bundesländern jedoch eine Variante des von Claus Offe beschriebenen "Dilemmas der Gleichzeitigkeit" (Offe 1991: 279-292) ausgemacht werden: Neue Erfordernisse administrativer Effizienz konfligierten mit den Integrationspotentialen einer gerade noch mit den Kommunalwahlen vom 6. Mai 1990 und der Kommunalverfassung vom 17. Mai 1990 aufgewerteten kommunalen Identität. Während die staatlichen Institutionen zusammenbrachen, erbrachten die Gemeinde- und Landkreisverwaltungen in den neuen Bundesländern Leistungen im Hinblick auf die Alltagsbedürfnisse der Bevölkerung (vgl. Bernet 1993: 27). Damit schufen sie den notwendigen lebensweltlichen Bezug in einer neuen, auf die ostdeutsche Bevölkerung oft feindlich wirkenden sozio-ökonomische Ordnung. Gerade diese Ordnung erforderte jedoch den Bruch mit den übernommenen DDR-Verwaltungsstrukturen, da der wirtschaftliche Neubeginn entscheidend von der Leistungsfähigkeit der kommunalen Verwaltung abhängt (vgl. Püttner 1992: 1; Laux 1992). Damit gingen von den Kreisgebiets- und Gemeindereformen in den ostdeutschen Bundesländern nachhaltige Legitimationszwänge aus.

Im Rahmen der folgenden quantitativen Inhaltsanalyse wurden die verwaltungspolitischen Legitimationsmuster im sächsischen und brandenburgischen Landtag untersucht. Der Untersuchung lag die Ausgangshypothese zugrunde, daß die verwaltungspolitischen Gestaltungsprozesse in Sachsen und Brandenburg durch die beteiligten Akteure, ihre Ideen und Interessen, ihre institutionell bedingten Einflußpotentiale und ihre Handlungsstrategien geprägt sind. Diese Einflußfaktoren verdichten sich im Zeitablauf und erzeugen landesspezifische Gestaltungsspielräume und Legitimationserfordernisse. Die Legitimationsanforderungen laufen in Brandenburg im Vergleich zu Sachsen auf eine Betonung „effizienzorientierter Aspekte" hinaus. Umgekehrt werden in Sachsen tendenziell eher „politisch-integrative" Gesichtspunkte in den Vordergrund gerückt.

1. Die Herausbildung landesspezifischer Gestaltungsspielräume in Sachsen und Brandenburg

Die o. g. These basierte auf einer früher von mir durchgeführten qualitativen Rekonstruktion der verwaltungspolitischen Gestaltungsprozesse. Als Ergebnis der Untersuchung (vgl. Reulen 1994) konnte festgestellt werden, daß in beiden Ländern der weitgesteckte organisatorische Handlungsspielraum zu Beginn der Kreisgebiets- und Gemeindereformen durch verwaltungspolitische Ideen ausgefüllt wurde, deren wesentliche Funktion die Reduktion von Unsicherheit war. Die Ideen beinhalten die grundlegenden Prinzipien bzw. Leitlinien der jeweiligen politischen Leitungsebene und die Umsetzungsvorstellungen bzw. Gestaltungsoptionen (vgl. Goldstein/Keohane 1993) der Experten in den Ministerialorganisationen sowie in den von ihnen eingesetzten Arbeitsgruppen. Katalytisch für die Formulierung der verwaltungspolitischen Leitideen und verwaltungsorganisatorischen Gestaltungsoptionen wirkten die Erfahrungen mit den Kommunalreformen in den westdeutschen Bundesländern und die ostdeutsche Legitimationskulisse, die durch die Erfahrungen mit dem DDR-Regime und dem noch weitgehend selbstbestimmten Aufbau der kommunalen Verwaltungsstrukturen in der Phase der „Wende" geprägt waren.

Zwischen den beiden Ländern zeigten sich allerdings erhebliche Unterschiede, sowohl was die Leitideen und Gestaltungsoptionen als auch deren Durchsetzung im verwaltungspolitischen Reformprozeß betraf. In Brandenburg enthielten die Leitlinien der „Ampelkoalition"(aus der neugegründeten SPD, der neustrukturierten FDP und den Grünen) den Verzicht auf eine Gemeindegebietsreform. Es wurde funktionale Dezentralität und die zügige Schaffung eines zweistufigen Verwaltungsaufbaus angestrebt. Die kommunale Ebene, d. h. die Landkreise und Gemeinden, sollten gestärkt werden. Damit wurde die Stärkung der kommunalen Verwaltungsstrukturen zum maßgeblichen Prinzip der Kreisgebiets- und Gemeindereformen. (vgl. Ministerium des Innern 1993). Der Prioritätensetzung entsprach bei den betreffenden Reformmaßnahmen ein typisch brandenburgischer verwaltungspolitischer Gestaltungsprozeß, bei dem die Landesregierung gegenüber dem Parlament und den betroffenen Landkreisen und Gemeinden über einen erheblichen Handlungsspielraum verfügte und die von den Experten entwickelten Gestaltungsoptionen weitgehend durchsetzen konnte. Die sächsische CDU-Staatsregierung hingegen verzichtete auf solche weitreichenden Gestaltungsziele. Vielmehr lautete die verwaltungspolitische Leitlinie „Konsens mit den betroffenen Akteuren" (vgl. z. B. Freie Presse vom 18. April 1991 und 10. Mai 1991). Dementsprechend entwickelte sich bei den sächsischen Kreisgebiets- und Gemeindereformen ein Verlaufsmuster, das durch das Primat des politischen Interessensausgleichs geprägt war. Ein Großteil der von den Experten entwickelten Gestaltungsoptionen wurden zugunsten politischer Kompromisse aufgegeben.

Bei der Kreisgebietsreform konnte in Brandenburg die Anzahl der Landkreise von 38 auf 14 Großkreise mit durchschnittlich 155.000 Einwohnern verringert werden. Der im Grundkonzept der Experten (vgl. Vorschlag der „Unbhängigen Arbeitsgruppe Kreisgebietsreform zur Kreisneugliederung"; Ministerium des Innern Brandenburg 1992) angestrebte Größenmaßstab von 150.000 Einwohnern (in dünnbesiedelten Gebieten annähernd 120.000 Einwohner) und das Primat der administrativen Strukturentwicklung fanden weitgehend Erfüllung. Das brandenburgische Grundkonzept orientierte sich bezüglich der Kreisgröße am Partnerland Nordrhein-Westfalen. 9 der 14 Kreise in Brandenburg weisen über 150.000 Einwohner auf. Abgesehen von einer Ausnahme erreichen alle Kreise eine Größenordnung von 120.000 Einwohnern. Um die Wirtschaftskraft Berlins und deren Entwicklungspotentiale in den ländlichen Raum hineinzutragen, wurden um das Agglomerationszentrum 8 Sektoralkreise gebildet. Die Anzahl der kreisfreien Städte wurde - der Zielsetzung der Experten entsprechend - von sechs auf vier reduziert. Die Kreisgebietsreform trat mit dem im Dezember 1992 vom Landtag verabschiedeten brandenburgischen Gesetz zur Neugliederung der Kreise und kreisfreien Städte am 5. Dezember 1993 in Kraft (vgl. KGNGB). Mit der Verabschiedung der 14 Einzelgesetze zur Bestimmung der Kreissitze am 31. März 1993 konnten die Kreissitze, mit Ausnahme der Stadt Neuruppin, in berlinferne, kreisangehörige Städte verlegt werden. Damit wurde den Expertenvorschlägen entsprochen (vgl. Landtag Brandenburg, DrS. 1653-1/666).

Bei der Kreisgebietsreform in Sachsen wurde zwar die Anzahl der Landkreise von 48 auf 22 mit einer durchschnittlichen Einwohnerzahl von 138.700 verringert. Die Zusammenlegung der Kreise erfolgte jedoch nicht nach eindeutigen Kriterien, sondern nach politischen Durchsetzbarkeitserwägungen. Fünf Kreise mit weniger als 100.000 Einwohnern liegen damit deutlich unter dem von den Experten angestrebten Richtwert von 125.000 Einwohnern (vgl. Sächsische Staatsministerium des Innern 1991: 14). Sachsen folgte hinsichtlich des Richtwerts für die Kreisgröße seinem Partnerland Baden-Württemberg. Der Richtwert war damit von vornherein deutlich niedriger angesetzt als in Brandenburg. Die in Sachsen - wie auch in Brandenburg - geplante Sektoralkreisbildung um große kreisfreie Städte konnte nur für Dresden und Chemnitz realisiert werden. Für Leipzig scheiterte diese Option. Kritisch zu hinterfragen ist die Leistungsfähigkeit der kreisfreien Städte Görlitz (70.448), Plauen (70.856), besonders der ursprünglich kreisangehörigen Stadt Hoyerswerda (62.000). Hoyerswerda wurde entgegen der ursprünglichen Absicht der Experten die Kreisfreiheit zugesprochen. Auch die Auswahl der Kreisstädte folgte nicht dem geforderten Aspekt der strukturpolitischen Ausgleichsfunktion. Vielmehr läßt die Festlegung der Kreisstädte keine Systematik erkennen. In dem Zusammenhang wurde gegen die zumindest im Gesetzentwurf der Staatsregierung genannte Vorgabe verstoßen, die Kreissitze in kreisangehörige Städte zu legen (Sächsischer Landtag: DrS. 1/2056 vom 29. Juni 1992). Sie verblieben weiterhin in den kreisfreien Städten Görlitz, Leipzig und Plauen. Die Kreisgebietsreform trat in Sachsen erst im August 1994 in Kraft. Aufgrund erfolgreicher Verfassungsklagen für die ehemaligen Kreise Dresden, Meißen, Kamenz, Hoyerswerda, Reichenbach und Plauen wurde die Reform erst im Januar 1996 wirksam. Sie wurde damit wesentlich später als in Brandenburg vollendet (vgl. SächS. GVBl. 1993: 549ff., 1995: 281-283).

Auch bei der Gemeindereform ließen sich deutliche Unterschiede sowohl bei den ursprunglichen Gestaltungsoptionen der Experten als auch bei deren Durchsetzungsgrad im verwaltungspolitischen Gestaltungsprozeß zwischen den beiden Ländern Sachsen und Brandenburg feststellen. Um einen zügigen Verwaltungsaufbau zu gewährleisten, wurde in Brandenburg die Bildung von Ämtern nach schleswig-holsteinischem Modell anvisiert. Das bayrische bzw. baden-württembergische Modell der Verwaltungsgemeinschaft wurde als zu schwach für eine Verbesserung der Verwaltungskraft und zu sehr auf Freiwilligkeit ausgerichtet eingeschätzt (vgl. Schulenburg 1994: 41). Den Vorstellungen der brandenburgischen Ministerialorganisation entsprechend konnte die Ämterbildung bereits im Dezember 1992 abgeschlossen werden (vgl. Bernig 1992: 11). Die sächsische Staatsregierung folgte bei der Bildung von Verwaltungsverbänden bzw. Verwaltungsgemeinschaften und größeren Einheitsgemeinden dem Muster seiner Partnerländer Bayern und Baden-Württemberg. Wie in den Partnerländern räumte die Staatsregierung un Sachsen der Gemeindeebene eine längere Freiwilligkeitsphase ein, um die politische Verarbeitungskapazität nicht zu überfordern (vgl. Hasenpflug/Schnabel 1993: 403).

Die Bestimmungen für ein Sächsisches Gesetz über die kommunale Zusammenarbeit erfuhren im verwaltungspolitischen Gestaltungsprozess in Sachsen einschneidende Veränderungen. Dagegen kam es bei den gesetzlichen Bestimmungen für eine Amtsordnung in Brandenburg zu keinen grundlegenden Änderungen. Deutlich wird das an den Regelungen zur Aufgabenverteilung zwischen dem Gemeindeverband und der Gemeinde und zum Status der Bürgermeister von Mitgliedsgemeinden eines Gemeindeverbands. Während in Brandenburg die Experten ihre Vorstellung durchsetzen konnten, daß die Erledigung von Selbstverwaltungsaufgaben grundsätzlich beim Amt liegt, konnte diese auch in Sachsen von den Experten geforderte Option (vgl. Sächsischen Staatsministerium des Innern 1993) nicht durchgesetzt werden. Im Sächsischen Gesetz über die kommunale Zusammenarbeit ist weiterhin die Möglichkeit gegeben, daß eine Mitgliedsgemeinde mit einem hauptamtlichen Bürgermeister Aufgaben im eigenen Wirkungskreis selbst erledigt, wenn die örtlichen Verhältnisse und die Verwaltungskraft es rechtfertigen (§ 8 SächsKomZG). Entgegen den ursprünglichen Vorstellungen der sächsischen Ministerialbürokratie können damit in Sachsen Mitgliedsgemeinden einer Verwaltungsgemeinschaft weiterhin eine eigene Verwaltung betreiben. In diesem Zusammenhang konnte sich in Sachsen nicht wie in Brandenburg (vgl. § 15 AmtsO) die aus verwaltungsökonomischen Gründen gestellte Forderung der Experten (vgl. Sächsisches Staatsministerium des Innern 1993) behaupten, daß die Bürgermeister eines Gemeindeverbands grundsätzlich ehrenamtlich tätig sind. Vielmehr erreichte die dortige CDU-Mehrheitsfraktion, daß die Bürgermeister von Mitgliedsgemeinden bereits in Gemeinden mit mehr als 3.000 Einwohnern den Status der Hauptamtlichkeit erhalten. In Ausnahmefällen kann bereits in Gemeinden mit mehr als 1.200 Einwohnern die Hauptsatzung darüber bestimmen, ob der Bürgermeister sein Amt hauptamtlich wahrnimmt (§ 4 SächS. KomZG).

Die abgeschlossene Ämterbildung in Brandenburg zeigt, daß der unter dem Aspekt der Leistungsfähigkeit anvisierte Richtwert von 5.000 Einwohnern weitgehend durchgesetzt wurde (vgl. Bernig 1992: 11). Da sich die Gemeindereform in Sachsen noch in der Freiwilligkeitsphase befindet, lassen sich über die kommenden Entwicklungen keine weiterführenden Aussagen treffen. Unter Umständen wird im weiteren Prozeß auch der für die Gemeindeverbände unter Effizienzaspekten festgelegte Richtwert von 5.000 Einwohnern unterschritten, da den Gemeinden im Rahmen der ausgeprägten Freiwilligkeits- und damit längeren Verhandlungsphase Chancen eröffnet wurden, die Akteure innerhalb der jeweiligen Ministerialorganisation auch von Zusammenschlüssen unter dem Richtwert zu überzeugen.

2. Quantitative Inhaltsanalyse der landesspezifischen Legitimationsmuster in Sachsen und Brandenburg

2.1 Methodische Grundlagen

Zum besseren Verständnis der quantitativen Inhaltsanalyse[1] der verwaltungspolitischen Legitimationsmuster im sächsischen und brandenburgischen Landtag wird im folgenden zunächst das methodische Vorgehen beschrieben; denn dabei waren Entscheidungen zu treffen, die sich maßgeblich auf die Ergebnisse auswirken können. Die Legitimationsmuster sind bei verwaltungspolitischen Gestaltungsprozessen - wie bereits angedeutet - grundsätzlich zweidimensional. Zum einen geht es um technokratische und zum anderen um politisch-integrative Werte. Als Analyseeinheit wurden die einzelnen Redebeiträge im Rahmen der Plenardebatten festgelegt, die danach codiert wurden, ob die Redner eher die technisch-administrative oder die politisch-demokratische Funktion verwaltungspolitischer Maßnahmen hervorgehoben haben. Beispiele für die technisch-administrative Funktion wären etwa Hinweise auf Maßstäbe der Leistungsfähigkeit der Verwaltung, ihrer Wirtschaftlichkeit oder der strukturpolitischen Ausgleichswirkung. Beispiele für die Betonung der politisch-integrativen Funktion sind Hinweise auf die erforderliche Akzeptanz bei den Bürgern, auf die Demokratisierung der Verwaltung

---

1 Im Gegensatz zu Befragungen, die meist nur eine Momentaufnahme liefern (das heißt die Entscheidungsorientierungen eines bestimmten Befragungstages), erlaubt die Inhaltsanalyse mit der Untersuchung von Legitimationsmustern über einen bestimmten Zeitraum die Aggregation solcher Momentaufnahmen und damit die Abbildung von dynamischen Prozessen (Buttolph 1991: 205). Des weiteren bietet die Inhaltsanalyse als nicht reaktives Meßverfahren den Vorteil, daß keine Veranderung des Untersuchungsobjekts durch die Untersuchung auftritt. Bei Befragungen kann dagegen als relativ sicher unterstellt werden, daß die verwaltungspolitischen Akteure sich auf dem Markt für politische Gestaltungsoptionen an den bestverkauflichen Mustern orientieren (Downs 1968).

oder die Berücksichtigung des Zusammengehörigkeitsgefühls der Bürger bzw. der regionalen und lokalen Identitäten sowie allgemeine Hinweise auf den Wert der neugewonnenen kommunalen Selbstverwaltung. Allerdings gibt es durchaus auch einzelne verwaltungspolitische Maßstäbe, die beiden Dimensionen zuzurechnen sind[2] und damit im Rahmen der Codierung als Doppelmaßstäbe einer dritten Kategorie zugeordnet wurden. So hat beispielsweise der Aspekt der Bürgernähe eine demokratische Komponente im Hinblick auf die Partizipationsmöglichkeiten der Bevölkerung. Er kann jedoch aus der Sicht des Bürgers auch die konkrete Leistungsfähigkeit betreffen. Gleiches gilt für den Aspekt einer Dezentralisierung der Verwaltung, der ohne weitere Konkretisierungen sowohl eine technokratisch-administrative Funktion der Verwaltung im Sinne einer damit verbundenen Kostenersparnis implizieren kann als auch die politisch-demokratische Funktion von Verwaltung im Sinne einer Kontrolle durch die Bürger bzw. deren Partizipationschancen (vgl. Thieme/Prillwitz 1981: 50). Als valide Codierungsgrundlage für die Inhaltsanalyse wurden daher insgesamt folgende Kategorien[3] zugrundegelegt:

1. Technokratische Funktion
   1.1 Effektivität/Leistungsfähigkeit: z. B. optimale Verwaltungskraft, Leistungsfähigkeit der Kreise, Mindesteinwohnerzahl, optimale Leistungskraft, ehrenamtliche Verwaltung von Kleingemeinden
   1.2 Wirtschaftlichkeit: z. B. größere Verwaltungseinheiten sind wirtschaftlicher, Sparsamkeit, Kosteneinsparung
   1.3 Struktureller Ausgleich: Ausgleichsmöglichkeit innerhalb der Kreise, Ausgleichsfunktion
2. Politisch-Integrative Funktion
   2.1 Zusammengehörigkeitsgefühl: z. B. geschichtlich gewachsene Bindungen, Gefühl der Zusammengehörigkeit und Verbundenheit
   2.2 Kommunale Selbstverwaltung im Sinne von Partizipation: Partizipation, Demokratisierung der Verwaltung, Beteiligung der Bürger an der Verwaltung
   2.3 Akzeptanz der Betroffenen: Freiwilligkeit, Akzeptanz der Bürger, Akzeptanz der Kreise und Gemeinden, demokratischer Prozeß

---

2 Konkrete Beispiele aus der Empirie finden sich in Seibel/Frenzel/Reulen 1993.

3 Dieses Kategorienschema ist einerseits nicht sehr komplex, was die Reliabilität des Codiervorgangs erhöht. Andererseits bleibt die Validität weitgehend gewährleistet, indem umstrittene Maßstäbe gesondert codiert werden (Früh 1991: 79).

3. Doppelmaßstäbe bzw. doppeldeutige Maßstäbe
   3.1 Bürgernähe: z. B. Bürgernähe, Erreichbarkeit, zumutbare Entfernung zum Verwaltungssitz
   3.2 Dezentralisation: Dezentralisierung
   3.3 Überschaubarkeit und Übersichtlichkeit

Bezüglich der Entscheidung, einzelne Redebeiträge als Analyseeinheit festzulegen, wurden einzelne Äußerungen als Codiereinheit gewählt. Das heißt, die einzelnen Redebeiträge wurden systematisch Äußerung für Äußerung danach überprüft, ob eine der oben genannten Kategorien zutrifft. Für die Messung der verwaltungspolitischen Deutungsmuster bot sich dann ein proportionales Meßverfahren an. Pro Redebeitrag wurde der Prozentsatz der Äußerung einer Kategorie ermittelt. Der Durchschnittswert eines Landes zeigt dann an, welche Kategorie in einem Land besonders in den Vordergrund gerückt wird. Mit diesem proportionalen Meßverfahren wurde vermieden, daß zum Beispiel ein Akteur A, der aufgrund seiner weitschweifigen Ausführungen verwaltungsorganisatorische Lösungen zehnmal mit „Demokratie-" und zehnmal mit „Administrationsaspekten" begründet, in höherem Maße als „demokratisch" und „effizient" eingeordnet wird als ein Akteur B, der kurz und präzise nur einmal den „Demokratie-" und den „Effizienzaspekt" hervorhebt.

Im Gegensatz zur qualitativen Rekonstruktion der verwaltungspolitischen Gestaltungsprozesse, die sich auf die Kreisgebiets- und Gemeindeverwaltungsreform beschränkte, wurden im Rahmen der quantitativen Analyse auch alle Plenardebatten über die Kommunalverfassungsreform (Gemeinde- bzw. Landkreisordnung), die allgemeine Verwaltungsorganisation und über generelle Fragen der Funktionalreform ausgewertet[4]. Diese Erweiterung erlaubt Rückschlüsse darüber zu ziehen, inwieweit unterschiedliche Legitimationsmuster lediglich für die Kreisgebiets- und Gemeindereform relevant sind oder auch für andere Themenbereichen gelten. Damit kann die Variable „Thema" als Kontrollvariable erfaßt werden, d. h. es kann überprüft werden, inwieweit sich, zumindest im Bereich der allgemeinen Verwaltungs- und Kommunalreform, tatsächlich landesspezifische oder eher themenspezifische Legitimationsmuster abzeichnen. Aus demselben Grund wurden als weitere Kontrollvariablen die „Fraktionszugehörigkeit", die „Zugehörigkeit zur Regierung, Regierungsfraktion und Opposition" sowie der „Zeitpunkt" der Plenardebatte codiert.

---

4 Eine ausfuhrliche Auflistung aller ausgewerteten Debatten findet sich im Literaturverzeichnis

Die Auswertung erfolgte im Rahmen einer Varianzanalyse[5] von 484 Redebeiträgen mit insgesamt 1893 codierbaren Begründungen. Der Untersuchungszeitraum beginnt im November 1990 und endet im Dezember 1993. Damit wurden alle Debatten zur Kreisgebiets- und Gemeindereform in Sachsen und Brandenburg erfaßt. Weiterführende Regelungen, zum Beispiel zum Sonderstatus kreisangehöriger Städte, wurden jedoch nicht miteinbezogen.

2.2 Verwaltungspolitische Legitimationsmuster in Sachsen und Brandenburg

Die aggregierten Länderdaten unterstützten - wie in Tabelle 1 ersichtlich (vgl. Abbildung 1) - in der Tat die These, daß in Sachsen offenbar demokratisch-integrative Orientierungen für die verwaltungspolitischen Entscheidungen wesentlich stärker handlungsleitend (60 Prozent) sind als in Brandenburg (45 Prozent). Umgekehrt wurde in Brandenburg die technokratische Funktion von Verwaltung weitaus stärker betont (Brandenburg: 44 Prozent; Sachsen: 30 Prozent). Die Auswertung der Parlamentsdebatten ergab zudem, daß in Brandenburg im Durchschnitt sowohl politisch-demokratische als auch technokratische Aspekte gleichermaßen angesprochen wurden, während in Sachsen die politisch-demokratische Funktion von Verwaltung deutlich stärker in den Vordergrund gerückt wurde.

Tabelle 1: Verwaltungspolitische Orientierungen in Sachen und Brandenburg - Prozentwerte auf der Anzahl der Falle basierend

	technische Funktion	*politische Funktion*
Sachsen	30%	60%
Brandenburg	44%	45%

Anmerkung: Fur Sachsen betragt N=213, fur Brandenburg N=271.

Diese Ergebnisse werden durch eine Detailanalyse untermauert, die - wie in Tabelle 2 und Abbildung 2 dargestellt wird - eine stärkere Betonung aller Einzelaspekte der politisch-demokratischen Funktion in Sachsen nachweist. So wurden in Sachsen sowohl Aspekte der Zusammengehörigkeit der Bevölkerung (hi-

5 In einer Varianzanalyse indizieren unterschiedliche Durchschnittswerte der abhangigen Variablen (in diesem Fall das "verwaltungspolitische Klima") in den Kategorien der unabhangigen Variablen (z. B. Sachsen/Brandenburg) das Vorhandensein einer Beziehung. "Eta 2" indiziert, wieviel der Varianz in der abhängigen Variablen durch die unabhangige Variable erklärt werden kann. Es bedeutet, daß damit die Stärke der Beziehung zwischen den Variablen gemessen wird.

storisch gewachsener Kulturraum, landsmannschaftliche Gegebenheiten, lokale und regionale Identität) als auch das Kriterium der kommunalen Selbstverwaltung im Sinne einer demokratischen Partizipation (Mitgestaltung der Bürger am Gemeinwesen, Stärkung des Handlungsspielraums der Städte und Gemeinden) und letztlich das Kriterium der generellen Akzeptanz der Betroffenen (keinerlei Zwangseingemeindungen, Bevölkerungswille) stärker betont. Demgegenüber wurde in Brandenburg auf alle Einzelkriterien der technokratischen Funktion der Verwaltung, wie Effizienz, Effektivität sowie struktureller Ausgleich, ein stärkeres Gewicht gelegt. Dieses sehr konsistente Muster wird erst bei den Indikatoren der Kategorie „doppeldeutiger Maßstäbe" durchbrochen. Hier zeigt sich, daß im brandenburgischen Fall die Betonung der Bürgernähe im Zusammenhang mit der Dezentralisierung zu sehen ist und daher nicht notwendigerweise als kommunalfreundliche Handlungsorientierung interpretiert werden kann. Unter anderem aus diesen Ambivalenzgründen wird sich die weitere Untersuchung mit den Einflußfaktoren der ersten beiden Funktionen der Verwaltung befassen.

Abbildung 1: Verwaltungspolitische Orientierungen in Sachsen und Brandenburg

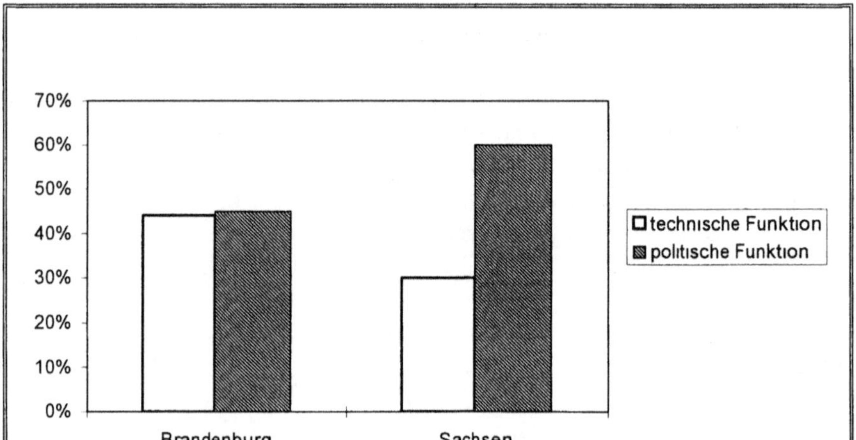

Die Betrachtung der einzelnen unabhängigen Variablen erlaubt eine weiterführende Interpretation der o. g. Ergebnisse (vgl. Tabelle 3). Die Auswertung der Inhaltsanalyse ergab, daß außer der Variable „Zeit" alle Variablen (Land, Partei, Regierung/Regierungsfraktion/Opposition und Thema) einen statistisch signifikanten Einfluß auf die Betonung zumindest eines der zentralen Aspekte aufweisen. Das heißt, die Wahrscheinlichkeit einer „rein zufälligen Beziehung" zwischen den unabhängigen Variablen (Land, Partei, Regierung/Regierungsfraktion/Opposition und Thema) ist zumindest statistisch gering. Den am meisten konsistenten und bei weitem stärksten Einfluß auf die Wahl eines Begründungs- bzw. Rechtfertigungsmusters übt die Variable „Partei“ aus. Sie erklärt eine Varianz von immerhin 3,8 Prozent bzw. 3,5 Prozent und damit mehr als das Doppelte wie die Variable Regierung/Opposition mit ca. 1 Prozent.

Tabelle 2: Verwaltungspolitische Orientierungen in Sachsen und Brandenburg - absolute Häufigkeit und Prozentwerte auf der Anzahl der Äußerungen basierend

	Sachsen	Brandenburg
technische Funktion		
Effektivität/Leistungsfähigkeit	16,4% (117)	24,6% (290)
Wirtschaftlichkeit	4,6% (33)	8,8% (104)
Struktureller Ausgleich	8,3% (59)	10,5% (124)
politische Funktion		
Akzeptanz der Betroffenen	28,2% (201)	24,9% (294)
Zusammengehörigkeitsgefühl	7,3% (52)	3,1% (37)
Kommunale Selbstverwaltung	21,7% (155)	14,0% (165)
Doppelmaßstab		
Abgrenzung nach Planungsräumen	5,9% (42)	4,4% (52)
Bürgernähe/Erreichbarkeit	5,0% (36)	6,2% (73)
Überschaubarkeit	1,4% (10)	0,7% (8)
Dezentralisierung	0,1% (1)	1,8% (32)
Sonstiges	0,9% (7)	0,6% (1)

Anmerkungen: Für Sachsen beträgt N=713, für Brandenburg N=1.180

Tabelle 3: Einfluß der einzelnen unabhängigen Variablen verwaltungspolitische Orientierungen (in Varianzen (eta²)

Variablen	*technische Funktion*	*politisch-integrative Funktion*
Land	0,004	0,007*
Regierung/Opposition	0,010*	0,012*
Thema	0,031**	0,003
Partei	0,038**	0,035**
Zeit	0,004	0,001

Anmerkung: Mit * versehene Varianzen weisen ein Signifikanzniveau von F<0,05, Varianzen mit ** einen Signifikanzwert von F<0,01 auf. Für Sachsen beträgt N=213, für Brandenburg N=271.

Abbildung 2: Verwaltungspolitische Orientierungen in Sachsen und Brandenburg

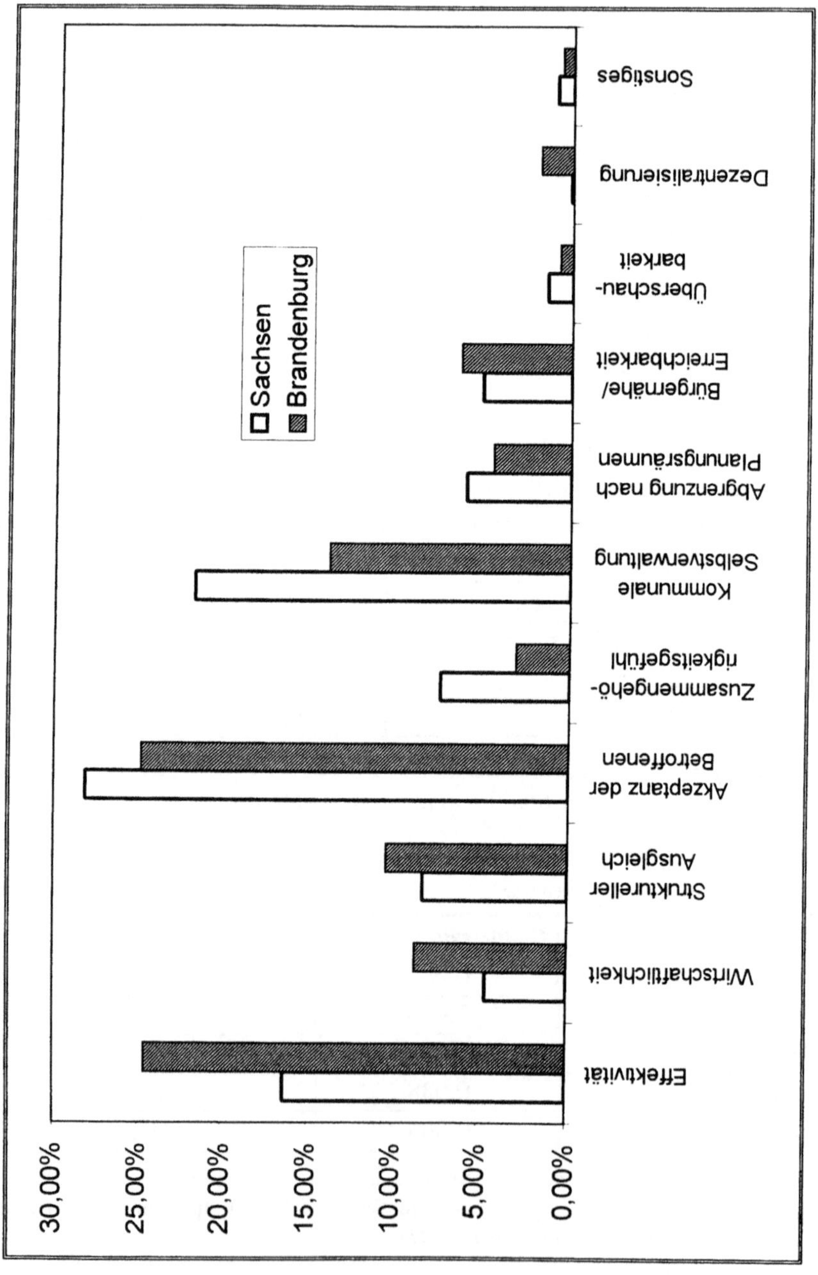

Angesichts dieses Ergebnisses scheint eine eingehendere Analyse der Variable „Partei“ angebracht, die in Tabelle 4 (vgl. auch Abbildungen 3 und 4) präsentiert wird. Bei der Betrachtung der ideologischen Orientierung der Parteien läßt sich - salopp ausgedrückt - wenig Überraschendes feststellen: „Je weiter links, desto demokratischer; je weiter rechts, desto effizienter“. Näher ausführen und diskutieren ließe sich dabei die ideologische Umorientierung der SED-Nachfolgepartei PDS. Nimmt man ihre Landtagsabgeordneten beim Wort, so zielt sie in ihrer Politik besonders auf die politisch-demokratische Funktion von Verwaltungsstrukturen ab. In Sachsen äußert sich das aus der Bürgerbewegung entstandene Bündnis 90 am meisten demokratieorientiert, während in Brandenburg die PDS selbst diese Partei übertrumpft. In Tabelle 4 ist ersichtlich, daß sich für die Variable „Partei“ der tendenzielle Zusammenhang zwischen politischer „links-rechts“- Orientierung und der Betonung bestimmter Verwaltungsaspekte in beiden Ländern gleichermaßen vorfindet. Allerdings wird auch hier deutlich, daß alle sächsischen Parteien im Vergleich zu ihren brandenburgischen Parteifreunden stärker die politisch-demokratische Funktion von Verwaltung hervorheben. Damit untermauert auch dieses Ergebnis die These, daß die verwaltungspolitischen Deutungsmuster landesspezifisch variieren, wobei in Sachsen offenbar integrationspolitische Aspekte eine deutlich stärkere Rolle spielen.

Tabelle 4: Verwaltungspolitische Orientierungen einzelner Parteien in Sachsen und Brandenburg - absolute Haufigkeit und Prozentwerte auf der Anzahl der Falle basierend

Land	Verwaltgs.-funktion	Fraktion				
		CDU	SPD	FDP	PDS	B 90
Sachsen	*technische Funktion*	43% (72)	35% (43)	21% (18)	20% (48)	12% (31)
	pol.-dem. Funktion	45% (72)	58% (43)	69% (18)	71% (48)	81% (31)
Brandenburg	*technische Funktion*	44% (58)	51% (109)	50% (24)	27% (42)	36% (33)
	pol.-dem. Funktion	41% (58)	39% (109)	37% (24)	66% (42)	49% (33)

Anmerkung: Fur Sachsen betragt N=212, fur Brandenburg N=266

Abbildung 3: Technokratische Orientierungen der Parteien in Sachsen und Brandenburg

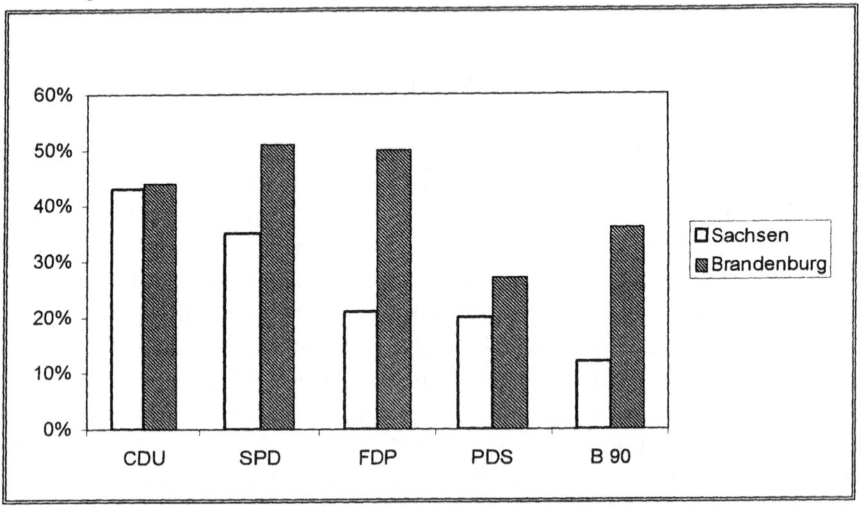

Abbildung 4: Politisch-integrative Orientierungen der Parteien in Sachsen und Brandenburg

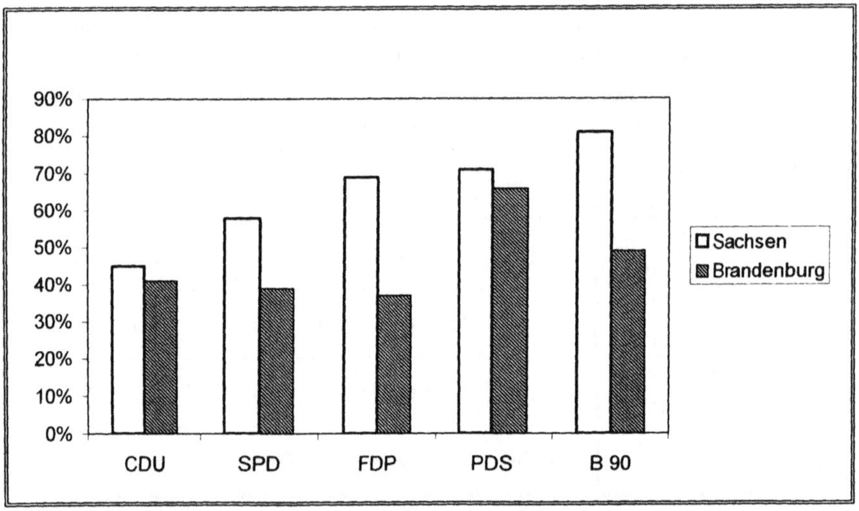

Als weitere Kausalbeziehung wurde der konsistente Zusammenhang zwischen Regierungs- und Oppositionsangehörigkeit festgestellt. Tabelle 5 (vgl. auch Abbildungen 5 und 6) schlüsselt damit verbundene Orientierungen genauer auf. Dabei wird ersichtlich, daß in beiden Ländern, die Regierungsmitglieder generell stärker verwaltungspolitische Entscheidungen mit Effizienzargumenten begründen als die jeweiligen Regierungsfraktionen im Parlament. Die Regierungsfraktionen im Parlament sind wiederum stärker effizienzorientiert als die Oppositionsfraktionen. Des weiteren wird deutlich, daß beide Regierungen, im Gegensatz zu den Regierungs- und Oppositionsfraktionen, grundsätzlich die Ideen der Leistungsfähigkeit der kommunalen Gebietskörperschaften (Sachsen: 50 Prozent; Brandenburg: 49 Prozent) gegenüber integrativen Gesichtspunkten in den Vordergrund (Sachsen: 32 Prozent; Brandenburg: 43 Prozent) stellen.

Diese grundlegenden Tendenzen sind allerdings länderspezifisch zu gewichten. So rückt sogar die sächsische CDU-Regierungsfraktion die demokratische Funktion von Verwaltung stärker in den Vordergrund (44 Prozent) als die brandenburgische CDU, die dort in der Opposition sitzt (41 Prozent). Die sächsische CDU-Regierungsfraktion scheint selbst dann noch stärker verwaltungsorganisatorische Lösungsmuster mit „demokratisch-integrativen Aspekten" zu legitimieren (47 Prozent), wenn man sie mit der gesamten in Brandenburg bestehenden Ampelkoalition (41 Prozent) vergleicht. Umgekehrt werden verwaltungspolitische Entscheidungen von der brandenburgischen Regierungs- und Oppositionsfraktion im Vergleich zu Sachsen eher mit Effizienzargumenten begründet.

Zusammenfassend läßt sich also auch beim quantitativen Vergleich der Legitimationsmuster der Parteien in beiden Ländern die Feststellung treffen, daß Sachsen stärker als Brandenburg auf den Integrationswert verwaltungspolitischer Lösungen Wert legt. Eine Ausnahme stellen offenbar die Landesregierungen dar, da entgegen dem oben festgestellten demokratieorientierteren verwaltungspolitischen Klima in Sachsen die brandenburgische Regierung stärker demokratieorientiert argumentiert. In ihrer Effizienzorientierung unterscheiden sich die beiden Landesregierungen jedoch kaum. Zieht man in Betracht, daß lediglich 6 Prozent der Redebeiträge (insgesamt nur 12 Redebeiträge) in Sachsen von der Staatsregierung stammen, relativiert sich das Ergebnis, da es aufgrund der geringen Fallzahl statistisch nur von geringer Bedeutung ist. Das Ergebnis verliert zudem an Gewicht, wenn man bedenkt, daß sich - so das Resultat der qualitativen Untersuchung - in Brandenburg die Experten innerhalb der Ministerialbürokratie und der Landesregierung zu den dominierenden, d. h. durchsetzungsfähigsten Akteuren entwickelten, in Sachsen hingegen die CDU-Landtagsfraktion. Damit sind in Sachsen die Orientierungsmuster der Staatsregierungsmitglieder weniger relevant als die der Mitglieder der CDU-Fraktion, die die verwaltungsorganisatorischen Lösungen maßgeblich bestimmten. Ein Vergleich der Orientierungsmuster der dominierenden Akteure der brandenburgischen Landesregierung und der sächsischen CDU-Regierungsfraktion unterstützt wiederum die allgemein festgestellte

Tendenz, daß in Brandenburg eher technokratische und in Sachsen eher politisch-integrative Handlungsorientierungen für die verwaltungspolitischen Gestaltungsprozesse maßgebend waren. Die geringe Beteiligung der sächsischen Staatsregierung in den Plenardiskussionen untermauert vielmehr auch das in der qualitativen Untersuchung festgestellte Ergebnis, nach dem die sächsische Staatsregierung den Reformmaßnahmen offenbar nur eine geringe Aufmerksamkeit entgegenbrachte (in Brandenburg stammen immerhin 15 Prozent der Redebeiträge von Mitgliedern der Landesregierung).

Tabelle 5: Verwaltungspolitische Orientierungen der Regierung, der Regierungsfraktion und der Oppositionsfraktion in Sachsen und Brandenburg - absolute Häufigkeit und Prozentwerte auf der Anzahl der Fälle basierend

	technische Funktion		*politische Funktion*	
	Sachsen	Brandenburg	Sachsen	Brandenburg
Regierung	50% (12)	49% (41)	32% (12)	43% (41)
Regierungs-fraktion	42% (60)	48% (130)	47% (60)	41% (130)
Oppositions-fraktion	23% (141)	37% (100)	68% (141)	51% (100)

Anmerkung: Fur Sachsen betragt N=213, fur Brandenburg N=271

Abbildung 5: Technokratische Orientierungen der Regierungen, Regierungsfraktionen und Oppositionsfraktionen

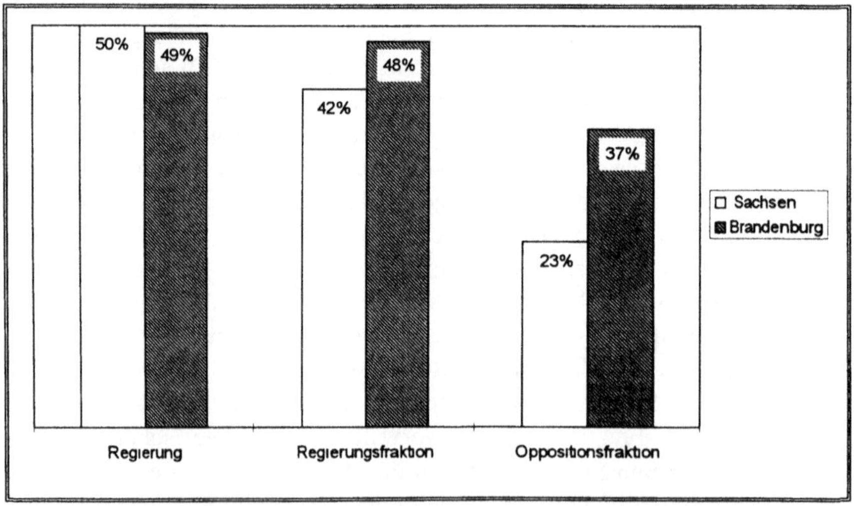

Abbildung 6: Politisch-integrative Orientierungen der Regierungen, Regierungsfraktionen und Oppositionsfraktionen

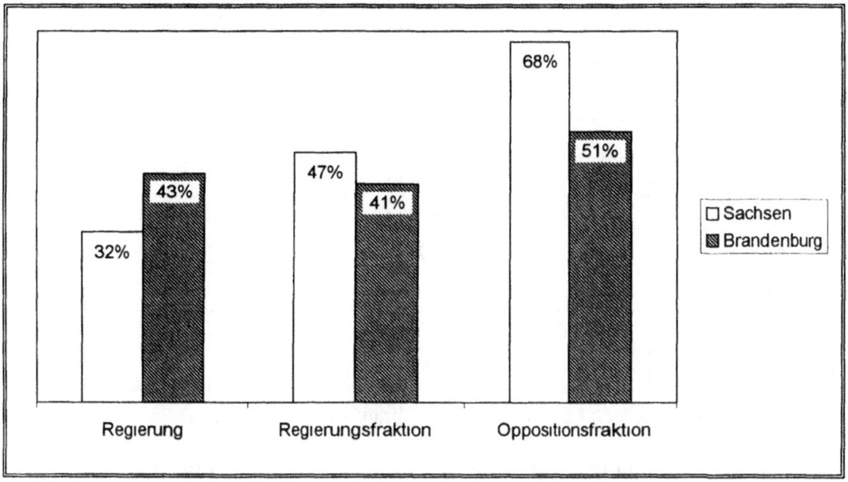

Nachdem gezeigt wurde, daß sich bei der Variablen „Partei“ landesspezifische Unterschiede festmachen lassen und sie den stärksten Einfluß auf die Wahl von Rechtfertigungsmustern ausübt, sollen im folgenden kurz die Ergebnisse zu den Variablen „Thema“ und „Zeit“ angeführt werden, auch wenn sie nicht zu statistisch signifikanten Ergebnissen geführt haben.

Bei der Variablen „Thema“ fällt auf (vgl. Tabelle 6), daß Fragen zur Verwaltungsorganisation (Beibehaltung der Mittelinstanz) und Funktionalreform sowie zur Gemeindereform deutlicher unter Effizienzgesichtspunkten behandelt wurden. Umgekehrt läßt sich bei den Themen „Gemeinde- und Landkreisordnung“ sowie „Kreisgebietsreform“ eine politische Semantik feststellen, die mit Begriffen von „politischer Identität“ und „demokratischer Partizipation“ angereichert war, was möglicherweise als Ausdruck unterschiedlicher öffentlicher Aufmerksamkeit verstanden werden kann.

Weiterhin ist es bezeichnend, daß während des Analysezeitraums in Sachsen wesentlich mehr über Themen diskutiert wurde, die generell eher eine integrative Konnotation hatten (in Brandenburg lagen zum Analysezeitpunkt noch keine Plenarprotokolle zur Gemeinde- und Landkreisordnung vor). Umgekehrt wurde in Brandenburg wesentlich mehr über jene Themen debattiert, bei denen technische Aspekte im Vordergrund standen (zum Analysezeitpunkt lag in Sachsen noch keine Debatte über die Funktionalreform vor).

Tabelle 6: Verwaltungspolitische Orientierungen in Sachsen und Brandenburg nach Themenbereichen - absolute Haufigkeit und Prozentwerte auf der Anzahl der Falle basierend

Thema	*technische Funktion*		*politische Funktion*	
	Sachsen	Brandenburg	Sachsen	Brandenburg
Gem. Ord.	30% (40)	–	70% (40)	–
Krs. Ord.	10% (28)	–	87% (28)	–
Gem.Krs.Ord.	67% (2)	36% (42)	4% (2)	62% (42)
Gem. Gebts.	39% (13)	38% (31)	59% (13)	54% (31)
Krs Gebts	31% (122)	42% (115)	55% (122)	47% (115)
Gem. Krs.Gebts.	–	52% (30)	–	34% (30)
Mittelinstanz	52% (8)	49% (47)	20% (8)	30% (47)
Funk.Ref.	–	70% (6)	–	2,2% (6)

Anmerkung: Fur Sachsen betragt N=213, fur Brandenburg N=271.

Die Frage, ob Brandenburg lediglich „effizienz“-bezogener erscheint, weil hier mehr über „Effizienz”-Themen diskutiert wurde, kann allerdings verneint werden. So zeigt sich auch bei den Reformthemen, die in beiden Ländern gleichermaßen (auch quantitativ) auf der Tagesordnung standen, wie etwa die Kreisgebiets- und Gemeindereform, daß in Sachsen die politischen Aspekte der Verwaltung höher bewertet wurden. Lediglich bei den Themen im Zusammenhang mit der Mittelinstanz erscheint Brandenburg wesentlich demokratieorientierter zu sein (30 Prozent) als Sachsen (20 Prozent). Aber auch hier fällt auf, daß beide Länder „Effizienzaspekte“ gleich gewichten. Betrachtet man die Debatten, die ausschließlich die Gemeindereform zum Inhalt hatten (Artikelgesetz über kommunalrechtliche Vorschriften in Brandenburg, Sächsisches Gesetz über kommunale Zusammenarbeit), so wurde der technische Aspekt der Verwaltung in beiden Ländern gleichermaßen gewichtet (Sachsen: 39 Prozent; Brandenburg 38 Prozent). Allerdings wurde die politische Funktion in Sachsen wiederum wesentlich stärker (57 Prozent) als in Brandenburg (47 Prozent) betont. In dem Zusammenhang sind jedoch die brandenburgischen gemischten Debatten, die sowohl die Ämterbildung als auch die Kreisreform zum Inhalt haben (Zwischenbericht über den Stand und die Probleme bei der Ämterbildung und bei der Vorbereitung der Kreisgebietsreform; Aktuelle Stunde zu den Ergebnissen der Ämterbildung und den Voraussetzungen der Kreisgebietsreform in Brandenburg) und die sich keinem der Themenbereiche eindeutig zuordnen ließen, noch nicht einbezogen worden. Zieht man in Betracht, daß diese Debatten jedoch relativ stark von „Effizienzargumenten“ geprägt waren (52 Prozent aller Redebeiträge hoben technokratische Aspekte in den Vordergrund, 34 Prozent demokratische Aspekte), wird die festgestellte Tendenz: Brandenburg „effizienzorientiert“/ Sachsen „demokratieorientiert“ verstärkt. Dieser Sachverhalt wird untermauert, wenn man alle Debatten zur Kreis- und Gemeindereform in eine Gesamtbetrachtung einschließt (vgl. Tabelle 7, Abbildungen 7 und 8). Hier zeigt sich, daß in Sachsen die Diskussionen wesentlich stärker von „Integrationsargumenten“ (55 Prozent) geprägt waren, als das in den brandenburgischen Debatten der Fall war (46 Prozent).

Tabelle 7: Verwaltungspolitische Orientierungen in Sachsen und Brandenburg nach Reformbereichen - absolute Haufigkeit und Prozentwerte auf der Anzahl der Falle basierend

Thema	*technische Funktion*		*politische Funktion*	
	Sachsen	Brandenburg	Sachsen	Brandenburg
Gemeindereform	39% (13)	38% (31)	59% (13)	54% (31)
Kreisgebietsreform	31% (122)	42% (115)	55% (122)	47% (115)
Gem. & Krs. Gebts. (Mischbeitr.)	–	52% (30)	–	34% (30)
Durchschnittswerte	32% (135)	43% (176)	55% (135)	46% (176)

Anmerkung: Fur Sachsen betragt N=213, fur Brandenburg N=271.

Abbildung 7: Technokratische Orientierungen nach Reformbereichen

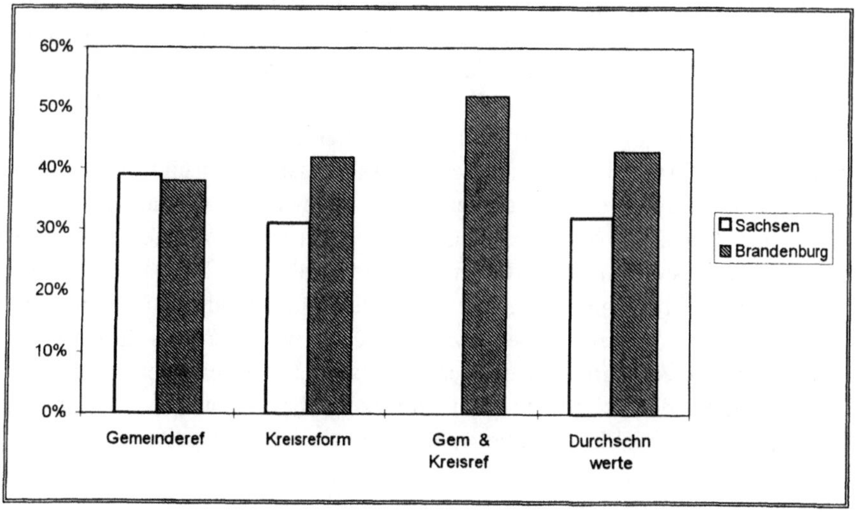

Abbildung 8: Politisch-integrative Orientierungen nach Reformbereichen

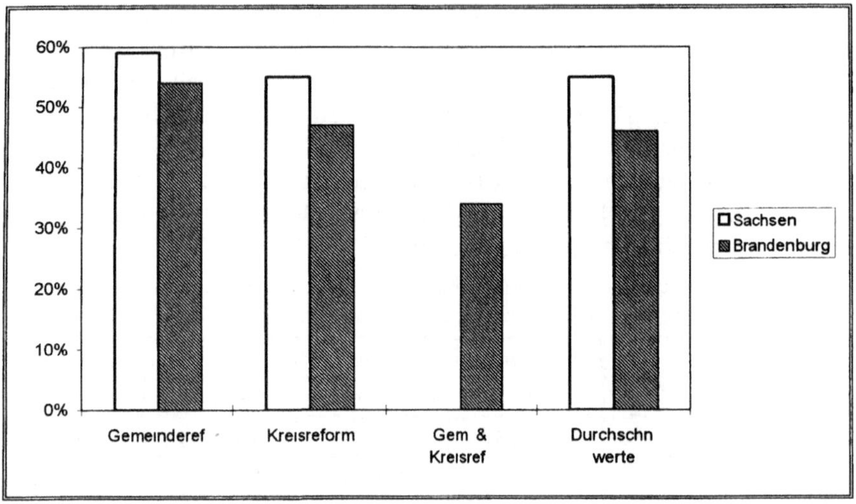

Abschließend soll die „Zeit“ als Variable kurz anhand der Tabelle 8 (vgl. a. Abbildungen 9 und 10) betrachtet werden. Während des Untersuchungszeitraums sind gewisse Schwankungen in der Gewichtung der politisch-demokratischen und der technokratischen Funktion von Verwaltung festzustellen. So wurden in beiden Vergleichsländern zu Beginn des Untersuchungszeitraums technokratische Aspekte stärker in den Vordergrund gerückt, während im Zeitablauf zunehmend politisch-integrative Gesichtspunkte betont wurden. Da die Variable „Zeit“ jedoch keinen signifikanten Einfluß hat, sind diese Veränderungen hauptsächlich auf unterschiedliche Diskussionsthemen zurückzuführen. Während zu Beginn des Untersuchungszeitraums die Frage des allgemeinen Verwaltungsaufbaus und der Mittelinstanz auf der Tagesordnung standen - also Themen mit verwaltungstechnokratischen Aspekten von Bedeutung waren - bestimmte beispielsweise 1992 die Kreisgebietsreform die Parlamentsdebatten - also ein Thema, in dem eher politisch-demokratische Argumente im Vordergrund standen. Insgesamt zeigt sich wiederum, daß im Vergleich zu Sachsen in Brandenburg über den gesamten Analysezeitraum hinweg technokratische Orientierungen für den Reformprozeß handlungsleitend waren. Umgekehrt bestimmten in Sachsen eher politisch-integrative Ideen die verwaltungspolitischen Diskussionen.

Tabelle 8: Veränderung der Durchschnittswerte von politischen und technokratischen Wertäußerungen - Prozentwerte auf der Anzahl der Fälle basierend

Jahr	politisch-integrative Werte		technische Werte	
	Sachsen	Brandenburg	Sachsen	Brandenburg
1990	-	11%	-	67%
1991	61%	33%	37%	47%
1992	62%	48%	26%	40%
1993	60%	47%	30%	44%

Anmerkung: Für Sachsen beträgt N=213, für Brandenburg N=271.

Abbildung 9: Politisch-integrative Orientierungen im Zeitverlauf

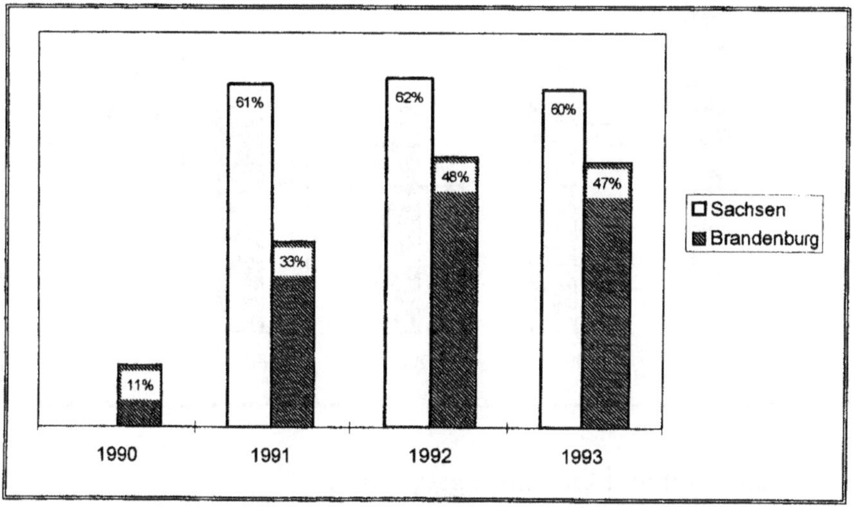

3. Systematische Interpretation

Zusammenfassend läßt sich festhalten, daß die quantitative Analyse der gebrauchten rhetorischen Legitimationsmuster in den Landtagen von Sachsen und Brandenburg im wesentlichen auch der qualitativen Rekonstruktion der verwaltungspolitischen Gestaltungsprozesse bei der Kreisgebiets- und Gemeindereform entsprechen. Die Regierung und die Koalition in Brandenburg verfügten über einen größeren Handlungsspielraum und über eine größere Argumentationsbasis als die Regierung und die Regierungsfraktion in Sachsen. So konnten die regierenden Politiker in Brandenburg die tatsächlichen verwaltungspolitischen Maßnahmen sowohl mit technokratischen als auch mit demokratischen Erfolgen rechtfertigen. Staatsregierung und Regierungsfraktion in Sachsen hingegen hatten technokratische Erfolge nicht vorzuweisen und hätten diese mit dem dominierenden Rechtfertigungsrepertoire auch schwerlich herbeiargumentieren können. Mit Hilfe weiterer Erkenntnisse aus der qualitativen Untersuchung, lassen sich im folgenden jene Variablen identifizieren, die die jeweiligen Gestaltungsspielräume und Legitimationsmuster in Sachsen und Brandenburg nachhaltig beeinflußten.

Abbildung 10: Technokratische Orientierungen im Zeitverlauf

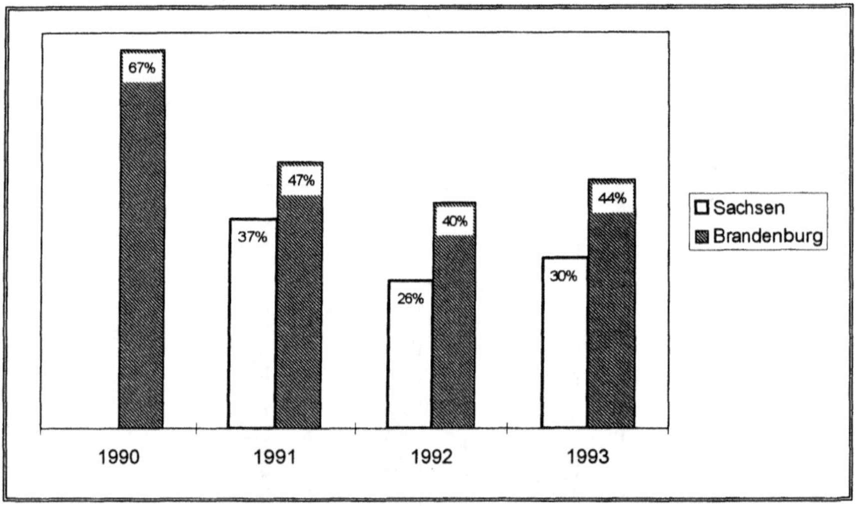

3.1 Leitideen und Gestaltungsoptionen

Die unterschiedlichen Legitimationsmuster in Sachsen und Brandenburg können zunächst als Ausdruck der unterschiedlichen Leitideen der jeweiligen Regierungen und der von den Experten entwickelten Gestaltungsoptionen und Entscheidungsprämissen interpretiert werden. Die Experten in der sächsischen Ministerialorganisation orientierten sich bei der Entwicklung der Gestaltungsoptionen für die Kreisgebiets- und Gemeindereform von vornherein an den süddeutschen, tendenziell eher politisch-integrativen Modellen der Partnerländer Bayern und Baden-Württemberg. Demgegenüber orientierten sich die Experten in der brandenburgischen Ministerialorganisation bei der Entwicklung ihrer Gestaltungsoptionen an den technokratischen Modellen von Nordrhein-Westfalen bzw. Schleswig-Holstein. In beiden Ländern prägten damit die Erfahrungen der westdeutschen Kommunalreformen maßgeblich die verwaltungspolitischen Gestaltungsprozesse. Inwieweit die Experten ihre konkreten Vorstellungen durchsetzen konnten, hing jedoch u. a. von den verwaltungspolitischen Leitideen der jeweiligen politischen Führung ab, wobei auch hier der Einfluß spezifischer Sozialisationsprozesse offensichtlich war. Es kann zunächst festgestellt werden, daß hinter beiden Leitideen die Motivation eines verwaltungspolitischen Demokratisierungsideals stand, das vom Anti-Zentralismus und einer Orientierung auf die Stärkung der dezentralen Gewalten getragen war. Vermutlich war der kognitive Hintergrund jedoch ganz unterschiedlich. In Brandenburg waren für die verwaltungspolitischen Leitideen der „Dezentralisierung" und „Kommunalisierung" eher die ostdeutschen Erfahrungen prägend. In Sachsen hingegen waren für die Leitidee der „Konsensfindung" eher die westdeutschen Erfahrungen ausschlaggebend. Darüber hinaus hatte die brandenburgische Leitidee anders als in Sachsen nicht nur eine politische Komponente, sondern auch eine organisatorische. Eine Gemeindegebietsreform - wie in Brandenburgs Partnerland Nordrhein-Westfalen - wurde ausgeschlossen. Des weiteren waren mit der Abschaffung der Mittelinstanz, der Orientierung auf eine organisatorische Dezentralität und eine dementsprechende Stärkung der kommunalen Gebietskörperschaften bereits hier jene effizienzorientierten Entscheidungskriterien angelegt, die sowohl die verwaltungspolitischen Gestaltungsprozesse als auch die verwaltungspolitische Rhetorik im brandenburgischen Landtag geprägt haben. Hinzu kommt daß sich die brandenburgische Staatsregierung, insbesondere Innenminister Ziel, aktiv und vehement für die Durchsetzung der von den Experten entwickelten Entscheidungsprämissen einsetzte und das Primat der administrativen Strukturentwicklung offensiv für ihre politische Profilierung nutzte. Damit konnte das Primat der administrativen Strukturentwicklung auch in der Öffentlichkeit und für die betroffenen Akteure Aufmerksamkeit und Verbindlichkeit erzielen (vgl. March/Olsen 1989: 61-64).

In Sachsen hingegen war mit der verwaltungspolitischen Leitidee der „Konsensfindung" den Reformvorstellungen der Ministerialorganisation faktisch schon die Grundlage entzogen, da sich die sächsische Staatsregierung auch nicht mit den Entscheidungsprämissen der Ministerialorganisation beschäftigte. Damit fehlten in Sachsen strukturierende Entscheidungskriterien, die die Beteiligten bei einem Abweichen unter erhöhten Begründungszwang gesetzt hätten. Vielmehr konnten die Akteure - je nach Interessenlage - eine willkürliche Auswahl treffen. Die demokratieorientierten Legitimationsformen im sächsischen Landtag eigneten sich damit offensichtlich gut zur Rechtfertigung der individuellen bzw. institutionellen Interessenlagen.

Die Bedeutung argumentativer Vorgaben im Sinne von klar strukturierten Entscheidungsprämissen und deren öffentliche Aufmerksamkeit sollte nicht unterschätzt werden. Zwar machten die Fälle auch deutlich, daß die handlungsleitende Funktion von Ideen im Sinne von Entscheidungsprämissen mit der Art der Politikinhalte und der Entscheidungssituation variiert (vgl. Majone 1993: 97; vgl. Garret/Weingast: 186). Sie waren insbesondere dann handlungsleitend, wenn keine Verteilungsimplikationen bestanden oder diese unklar waren. Demgegenüber waren sie bei der Frage des Kreissitzes und damit bei horizontalen Verteilungskonflikten, die ein Nullsummenspiel implizierten, zu bestimmten Zeitpunkten (vgl. Benz 1994: 11), insbesondere zu Beginn der verwaltungspolitischen Gestaltungsprozesse, machtlos. Vielmehr waren dann die individuellen und institutionellen Eigeninteressen der Akteure von Bedeutung, auch wenn die von den Reformmaßnahmen betroffenen Akteure - namentlich die Landräte und Wahlkreisabgeordneten - die Forderung nach dem Kreissitz mit Argumenten der Effizienz bzw. Demokratie begründeten. Eine begrenzte Anzahl eindeutiger Entscheidungsprämissen kann aber durchaus zur Selbstbindung der politischen Akteure beitragen. So führten anscheinend bei der Kreisgebietsreform die klaren Entscheidungsprämissen in Brandenburg zu stabilen Lösungen, da sich die Legitimationskraft der administrativen Strukturentwicklung und die Logik des Strukturausgleichs offensichtlich als stark genug erwiesen. Demgegenüber ermöglichte die für Sachsen typische konzeptionelle Mehrdeutigkeit, daß hier gerade die vor Ort ausgehandelten Kompromisse immer wieder gekippt werden konnten und die Kreisgebietsreform ausgerechnet aufgrund von "Anhörungsfehlern" zunächst partiell scheiterte (vgl. Frenzel 1995: 132ff).

3.2 Institutionelle Machtverhältnisse

Die unterschiedlichen verwaltungsorganisatorischen Lösungen und Legitimationsmuster in Sachsen und Brandenburg lassen sich nicht allein auf die Existenz unterschiedlicher Leitideen bzw. Gestaltungsoptionen und deren Aufmerksamkeit zurückführen. Von entscheidender Bedeutung für die unterschiedlichen Legitimationsmuster und verwaltungspolitischen Gestaltungsprozesse waren auch die institutionellen, z. B. aus Wahlergebnissen resultierenden Ausgangsbedingungen. Sie bestimmten die Macht- und Einflußverteilung und damit die Vetomöglichkeiten der politischen Akteure und beeinflußten, welche Interessen, Ideen und Strategien formuliert und durchgesetzt wurden (vgl. Immergut: 1993: 391-416). Während in Brandenburg die institutionellen Machtverhältnisse durchgreifenden Reformmaßnahmen und einer konzeptionellen Veränderung nicht entgegenstanden, begrenzten sie in Sachsen von vornherein weitreichende Veränderungen des Status Quo bzw. begünstigten sie konzeptionelle Veränderungen.

Daß in Sachsen die demokratieorientierten verwaltungspolitischen Legitimationsmuster dominierten und das Motiv für durchgreifende Reformmaßnahmen vergleichsweise schwach ausgeprägt war, ist wenig erstaunlich, wenn man sich die Machtbasis der sächsischen Staatsregierung vergegenwärtigt. Die CDU in Sachsen stellte alle Landräte sowie sehr viele Bürgermeister und kommunale Mandatsträger und verfügte über alle Direktmandate im Landtag. Sie mußte damit besondere Rücksicht auf ihre Mandatsträger nehmen. Insofern stand die sächsische Staatsregierung von vornherein unter außerordentlich hohem Kompromißzwang. Die Leitidee der "Konsensfindung" kann daher als Ausdruck dieser Machtverhältnisse interpretiert werden. Die SPD in Brandenburg hingegen stellte nur 30 von 44 Wahlkreisabgeordneten und 19 der 37 Landräte. Auch ihre kommunalpolitische Verankerung war relativ schwach ausgeprägt. Damit konnte die brandenburgische SPD Entscheidungen auch auf Kosten des politischen Gegners treffen, bzw. waren dessen Einflußmöglichkeiten von vornherein geringer.

Ein weiterer Erklärungsfaktor für die unterschiedlichen Legitimationsmuster im sächsischen und brandenburgischen Landtag liegt in institutionellen Unterschieden zwischen einer Koalitions- und einer Alleinregierung. In der brandenburgischen Koalitionsregierung kam dem relativ kleinen Koalitionsausschuß, auf den die einzelnen Abgeordneten wenig Einfluß hatten, eine enorme Bedeutung zu. Die Abgeordneten unterlagen einem gewissen Fraktionszwang, den in dem Führungsgremium ausgehandelten Entscheidungsprämissen und damit auch dem Primat der administrativen Strukturentwicklung zuzustimmen. Demgegenüber verschaffte das in der sächsischen Alleinregierung praktizierte Aushandeln von Konflikten innerhalb der Fraktion den Abgeordneten, darunter bei horizontalen Verteilungskonflikten vor allem einzelnen machtvollen Akteuren einen enormen Einfluß, ihre Interessen durchzusetzen. Insofern läßt sich erklären, warum der sächsische Gesetzentwurf der Staatsregierung zur Kreisgebietsreform im Zug der parlamentarischen Debatten erhebliche konzeptionelle Veränderungen erfuhr, während der brandenburgische weitgehend unverändert verabschiedet wurde.

Die Funktion der Legitimationsmuster lag in Sachsen also mutmaßlich in der Beschwichtigung der Landkreis- und Gemeindevertreter und in der Reklamierung landespolitischer Zugeständnisse. Hier wird der institutionell begrenzte Handlungsspielraum der sächsischen Landesregierung reflektiert.

Wenn die aus den Verwaltungsreformen hervorgegangenen Verwaltungsstrukturen schon nicht effizient sein konnten, so sollten sie wenigstens als demokratisch präsentiert werden. Die in Brandenburg zwischen Technokratie und Demokratie ausgeglichenen verwaltungspolitischen Legitimationsmuster können hingegen als Reflex der Handlungsspielräume der brandenburgischen Landesregierung interpretiert werden.

3.3 Strategien

Die institutionellen Strukturen determinieren nicht die Entscheidungsprozesse, sondern wirken lediglich einschränkend oder begünstigend, indem sie die Handlungsspielräume der politischen Akteure begrenzen oder eröffnen. Sie bestimmen in der Regel nicht die Strategien der Akteure. Der Aspekt des unabhängigen Einflusses von Strategien, die auf Strukturen und die Durchsetzungsfähigkeit von Ideen zurückwirken können, gilt in besonderem Maße für verflochtene Strukturen, die durch eine Verbindung mehrerer Entscheidungsarenen gebildet werden. Dabei verfügen die an den Grenzstellen handelnden Akteure über erhebliche Handlungsspielräume: Im Gegensatz zu allen anderen Akteuren, die auf Entwicklungen in Arenen, denen sie nicht angehören, nur reagieren, also nur indirekten Einfluß nehmen können, stehen sie in mehreren Arenen gleichzeitig und vermögen ihre zentrale Stellung und Rolle als "multilateral brookers" strategisch zu nutzen (Benz 1992: 14). Neben dem unterschiedlichen Engagement der jeweiligen Regierung für die verwaltungsorganisatorischen Entscheidungsprämissen der Experten (vgl. 3.1) kam im Hinblick auf dieses Argument, z. B. den Problembearbeitungsstrategien der Regierungen bei der Kreisgebietsreform, eine entscheidende Bedeutung zu. Die Bestimmung der neuen Kreissitze gehörte hier zu den umstrittensten Fragen, die oftmals auch bereits akzeptierte Kreiszuschnitte wieder zu zersprengen drohten. Die Akteure der lokalen Ebene befanden sich in einer Spielsituation, die für das „Battle of the Sexes-Spiel" charakteristisch ist, da Kooperationsinteressen im Hinblick auf den Kreiszuschnitt und Verteilungsinteressen bezüglich des Kreissitzes gleichzeitig relevant wurden (Scharpf 1992: 80,82). Die Einigung über den Kreiszuschnitt war dabei häufig (nicht immer) für die politischen Akteure vorteilhaft. Gleichzeitig war diese Kooperationsoption, im Vergleich zu einer - auf Grund des Verlusts des Kreissitzes - nicht realisierbaren „fairen Lösung" für eine der beteiligten Parteien nachteilig.

Wegen des anhaltenden Konflikts über die Kreissitze entschloß sich die brandenburgische Regierung zu einer prozeduralen Trennung: Die Frage der

Kreiszuschnitte regelte ein Neugliederungsgesetz, für die Bestimmung der Kreissitze gelten 14 Einzelgesetze. Das begünstigte die Durchsetzung der Regierungsentwürfe und damit deren Entscheidungsprämissen im Parlament. Durch diese Strategie des „sequentiellen Entscheidens" (Scharpf/Reissert/Schnabel 1976: 61) über Koordinations- und Verteilungsfragen wurde es insbesondere den Wahlkreisabgeordneten im Parlament erleichtert, den Vorschlägen der Landesregierung bezüglich der Kreiszuschnitte zuzustimmen, da die Frage des Kreiszuschnitts nicht unmittelbar ihre Wahlkreisinteressen und mögliche Wählerstimmen berührte.[6]

Mit dieser prozeduralen Trennung von Koordinations- und Verteilungsproblemen konnte die Zahl der Entscheidungsmöglichkeiten und damit auch der potentiell betroffenen Akteure im Rahmen der Gesetze über die Kreissitze begrenzt werden. Innerhalb eines bereits gesetzlich festgelegten Kreiszuschnitts waren für die Abgeordneten die Entscheidungsoptionen insofern eingeschränkt, als lediglich die ehemaligen Kreisstädte im Rahmen des neuen Kreiszuschnitts zur Entscheidungsdisposition standen. Die Alternative eines anderen Kreiszuschnitts, und damit verbunden auch eines potentiell anderen Kreissitzes, war damit ausgeschlossen. Damit wurde auch verhindert, daß mögliche weitere Akteure betroffen wurden.

Im Gegensatz zu Brandenburg wurden in Sachsen mit dem Entwurf des Kreisgebietsreformgesetzes die Bestimmungen sowohl der Kreiszuschnitte als auch der Kreissitze als „Paket" in den Landtag eingereicht. Mit dieser Strategie der „Paketlösung" waren insbesondere die Wahlkreisabgeordneten, die ausschließlich der CDU-Fraktion angehörten, bei der Bestimmung des Kreiszuschnitts auch gleichzeitig von der Festlegung des Kreissitzes betroffen und damit als Repräsentanten ihres Wahlkreises potentielle Gegner des Regierungsentwurfs. Gleichzeitig hatten die vom Kreissitzverlust betroffenen Wahlkreisabgeordneten durch die noch nicht gesetzlich festgelegte Kreiszuschnittsfrage die Entscheidungsoption, mit anderen vom Kreissitzverlust bedrohten Wahlkreisabgeordneten über einen anderen Kreiszuschnitt zu verhandeln. Dahinter stand das Ziel, daß aus sicheren Verlierern mindestens ein Gewinner hervorgehen sollte, was wiederum die Zahl der betroffenen Akteure erhöhte. Mit dieser Strategie der „Paketlösung" wurde also die Machtposition der sächsischen Regierung im Parlament geschwächt, während umgekehrt die der kommunalen Ebene gestärkt wurde.

6 Spekulationen über den zukünftigen Kreissitz konnten allerdings nicht ganz ausgeschlossen werden. Das widerspiegelte sich insbesondere in den Stellungnahmen der direkt betroffenen Wahlkreisorgane.

Daß diese Strategien zwar ihren Nutzen in der speziellen Situation erlangten, aber nicht als kontingent zur jeweiligen Entscheidungssituation zu betrachten sind, zeigen ähnliche Muster der Durchsetzung von Regierungsvorstellungen bei der Gemeindereform. Bezüglich der Gemeindereform konnten die nordrhein-westfälischen Berater die brandenburgische Landesregierung von einer aktiven Problembearbeitungsstrategie überzeugen und ihnen raten, wie in Nordrhein-Westfalen eine Gemeindereform parallel zur Kreisgebietsreform durchzuführen. Handlungsleitend für diese Vorgehensweise war der technokratische Aspekt eines zügigen zweistufigen Verwaltungsaufbaus. Im Vergleich dazu übernahm die sächsische Staatsregierung von vornherein die süddeutsche reaktive Problembearbeitungsstrategie seiner Partnerländer Bayern und Baden-Württemberg, indem sie der Gemeindeebene eine längere Freiwilligkeits- und damit auch längere Verhandlungsphase einräumte, um ihre Interessen durchzusetzen.

Daher sind die Strategien von Akteuren zwar einerseits als unabhängige Variable zu betrachten, andererseits sind sie aber von den Handlungsorientierungen und Leitideen der Akteure abhängig, die als „transformation rules" (Scharpf 1991: 61) von Interaktions- und Entscheidungsprozessen fungierten. Die unterschiedlichen Leitideen im Spannungsverhältnis zwischen Demokratie und Effizienz wirkten sich entsprechend in den beiden Ländern als Handlungs- und Entscheidungsmuster aus. Sie können grob folgendermaßen beschrieben werden: Im Rahmen der „Konsensorientierung" der sächsischen Staatsregierung wurde die Vorgabe zur Berücksichtigung kommunaler Interessen und damit auch politisch-integrativer Aspekte von vornherein sehr stark in den Vordergrund gestellt. In den konkreten Interaktionen zwischen der Regierung und der kommunalen Ebene wirkte sich die politisch-integrative Orientierung der sächsischen Regierung als kooperativer Entscheidungsstil aus. Er war dadurch charakterisiert, daß er das Ziel einer Einigung über das Ziel der Behauptung individueller Interessen stellte und dadurch bereits in der territorialen Arena Kompromisse zwischen der Landesregierung und der kommunalen Ebene ausgehandelt wurden. Demgegenüber bewirkte die Effizienzorientierung der brandenburgischen Regierung eine individualistische Interaktionsorientierung und einen konfliktorischen Entscheidungsstil, wobei sie ihre Interessen auch auf Kosten des politischen Gegners durchsetzte.

3.4 Zusammenfassung

Vergleicht man die verwaltungspolitischen Legitimationsmuster im sächsischen und brandenburgischen Landtag, so unterstützen sie in der Tat die These, daß in Sachsen offenbar eher „politisch-integrative" Aspekte für die verwaltungspolitischen Entscheidungen handlungsleitend waren als in Brandenburg. Dagegen wurde in Brandenburg wesentlich stärker die „technokratische Funktion" betont. Die unterschiedlichen Legitimationsmuster in Sachsen und Brandenburg können dabei als Reflex der jeweiligen landesspezifischen Gestaltungsspielräume interpretiert werden. Anhand der qualitativen Rekonstruktion der verwaltungspolitischen Gestaltungsprozesse bei der Kreisgebiets- und Gemeindereform ließen sich jene Variablen identifizieren, die die verwaltungspolitischen Gestaltungsspielräume und die entsprechenden Legitimationsmuster maßgeblich beeinflußten.

Einen zentralen Einflußfaktor stellten zunächst die „Ideen" im Sinne der Gestaltungsoptionen der Experten und der verwaltungspolitischen Leitideen der Regierungen durch ihre perzeptionsleitende und präferenzbildende Funktion dar. Durch sie wurden die Präferenzen als auch Strategien der Akteure auf der Basis von Wissen und Werten strukturiert. Die von den brandenburgischen Experten innerhalb der Ministerialorganisation entwickelten Gestaltungsoptionen orientierten sich von vornherein an den eher technokratischen Modellen seines Partnerlandes Nordrhein-Westfalen (bei der Kreisgebietsreform) bzw. an Schleswig-Holstein (bei der Gemeindereform). Im Vergleich dazu richteten sich die Experten in Sachsen von vornherein an den kommunalfreundlicheren, politisch-integrativen Modellen der Partnerländer Bayern und Baden-Württemberg aus. Inwieweit die von den Experten entwickelten Gestaltungsoptionen durchgesetzt werden konnten, hing dabei von der verwaltungspolitischen Leitidee der jeweiligen politischen Führungsebene ab. Den von der brandenburgischen Landesregierung formulierten Leitideen einer Dezentralisisierung, Kommunalisierung und einer dementsprechenden Stärkung der kommunalen Gebietskörperschaften entsprach ein verwaltungspolitischer Gestaltungsprozeß, bei dem die Regierung über einen erheblichen Gestaltungsspielraum verfügte und es vermochte, die Gestaltungsoptionen auch auf Kosten des politischen Gegners durchzusetzen. In Sachsen entsprach dem Primat der Konsensfindung ein typisch sächsischer verwaltungspolitischer Gestaltungsprozeß, bei dem der Handlungsspielraum der sächsischen Staatsregierung begrenzt und ein Großteil der von den Experten entwickelten Gestaltungsoptionen, die im Vergleich zu Brandenburg zum Teil bescheideneren Charakter trugen, zugunsten politischer Kompromisse aufgegeben wurden.

Die Erklärungskraft der Variablen „Ideen" läßt sich aber anhand der qualitativen Rekonstruktion der verwaltungspolitischen Gestaltungsprozesse spezifizieren, da sie den Einfluß der Variablen „institutionelle Machtverhältnisse" und „Strategien" sowie die iterativ-reziproke Entwicklung der Variablen im Verlauf des Entscheidungsprozesses belegten. So zeigten die Fallstudien, daß die institutionellen Machtverhältnisse sowohl die Genese als auch die Durchsetzungsfähigkeit verwaltungspolitischer Ideen beeinflussen können. In Sachsen stand die CDU-Landesregierung unter einem erhöhten Kompromißzwang, da sie die Interessen ihrer kommunalen Mandatsträger berücksichtigen mußte. Umgekehrt begünstigen in Brandenburg die institutionellen Machtverhältnisse die Chancen der brandenburgischen Landesregierung, die von den Experten entwickelten Gestaltungsoptionen auch auf Kosten des politischen Gegners durchsetzen zu können. Allerdings wurde auch hier wieder ein reziproker Aspekt aus den Fällen ersichtlich. Die Variable „Strategie" erwies sich unabhängig von den institutionellen Machtverhältnissen als zentraler Faktor, um gerade diese institutionell bedingten Machtverhältnisse und Gestaltungsspielräume zu beeinflussen. So eröffnete bei der Kreisgebietsreform in Brandenburg die Strategie des „sequentiellen Entscheidens" über den Kreiszuschnitt und die Kreissitze der brandenburgischen Landesregierung erhebliche Gestaltungsspielräume, ihre Vorstellungen durchzusetzen. In Sachsen hingegen wurde der Handlungsspielraum der Staatsregierung durch die Strategie der Paketlösung im Sinne eines einzigen Gesetzentwurfs für die Kreiszuschnitts- und Kreissitzbestimmung erheblich eingeschränkt. Der reziproke Effekt, der sich mit Strategien verbindet, ist der Befund, daß Strategien nicht zufallsverteilt waren. Vielmehr wurden sie neben situativen Elementen durch den Einfluß von „transformation rules" geprägt. Mit anderen Worten, Ideen wirken sich via Strategien auf Institutionen und strukturelle Machtverhältnisse aus.

Insgesamt stellt der Reformprozeß in Sachsen und Brandenburg einen sehr komplexen dynamischen Handlungs- und Entscheidungszusammenhang dar, wodurch die Eigendynamik zwischen den Variablen „Ideen", „Strategien" und „institutionellen Machtverhältnissen" Pfadabhängigkeiten erzeugt: Es entstehen kognitive Sachzwänge, wodurch die Gestaltungsspielräume ihr landesspezifisches Gepräge erhalten. Die verwaltungspolitischen Gestaltungsprozesse können daher nicht als Totaltransfer der westdeutschen Verhältnisse (vgl. Lehmbruch 1993) betrachtet werden. Vielmehr resultieren die verwaltungsorganisatorischen Lösungen in Sachsen und Brandenburg aus originären verwaltungspolitischen Gestaltungsprozessen. Sie reflektieren in unterschiedlichem Ausmaß intendierte bzw. nicht-intendierte Imitationen und Innovationen.

Nicht zuletzt hat die Rekonstruktion der verwaltungspolitischen Gestaltungsprozesse zu einem Bild des Reformprozesses beigetragen, das sich wesentlich auch von dem Garbage-Can-Muster unterscheidet, wie es manche Autoren für Verwaltungsreformen konstatieren (vgl. Olsen 1991: 90f.). So weichen die Reformprozesse von dem unstrukturierten Modell aus Problemen, Lösungen, Teilnehmern und Entscheidungsgelegenheiten ab (vgl. Kieser/Kubicec 1978: 72-76; Scharpf 1987: 130). Vielmehr haben Ideen als Kombination aus Leitideen und Gestaltungsoptionen zur Strukturierung von Präferenzen und zur Reduktion von Unsicherheit in Bezug auf deren Wirkungsweise und damit zur Strukturierung der Reformprozesse beigetragen, auch wenn die Ideen und deren Durchsetzung wiederum selbst in Abhängigkeit von spezifischen institutionellen Machtverhältnissen und Strategien zu sehen sind.

Literaturverzeichnis

Benz, A., 1992: Mehrebenen-Verflechtung: Verhandlungsprozesse in verbundenen Entscheidungsarenen. In: Benz, A./ Scharpf, F. W./ Zintl, R. (Hrsg.): Horizontale Politikverflechtung: Zur Theorie von Verhandlungssystemen. Frankfurt/New York: 147-197.

Benz, A., 1994: Policies als erklärende Variable in der politischen Theorie: Einige Überlegungen zu einem (30 Jahre alten) Theorieproblem - Entwurf - Beitrag zum Workshop „Policy - Forschung und historische Analyse“ der DVPW-Sektion Staatslehre und politische Verwaltung am 13./14.Januar in Konstanz.

Bernet, W., 1993: Gemeinden und Gemeinderecht im Regimewandel. Von der DDR zu den neuen Bundesländern. In: Aus Politik und Zeitgeschichte: 27-38.

Bernig, S., 1992: Alle Ämter im Land Brandenburg gebildet. In: Brandenburg Kommunal 2: 11-12.

Buttolph, J., 1991: Political Science Research Methods. Washington D.C.

Downs, A., 1968: Ökonomische Theorie der Demokratie. Tübingen.

Frenzel, A., 1995: Die Eigendynamik ostdeutscher Kreisgebietsreformen. Eine Untersuchung landesspezifischer Verlaufsmuster in Brandenburg und Sachsen, Baden-Baden.

Früh, W., 1991: Inhaltsanalyse. Theorie und Praxis, München.

Garret, G./Weingast, B. R., 1993: Ideas, Interests and Institutions: Constructing the European Community's Internal Market. In: Goldstein, J./ Keohane, R. O. (Eds..): Ideas and Foreign Policy: Beliefs, Institutions, and Political Change. Ithaca/London: 173-206.

Goldstein, J./Keohane, R., 1993: Ideas and Foreign Policy. In: Goldstein, J./ Keohane, R. (Eds.): Ideas and Foreign Policy: Beliefs, Institutions, and Political Change. Ithaca/London: 3-31.

Haas, P. M., 1992: Introduction: Epistemic Communities and International Policy Coordination. In: International Organization (46. Jg.) 1: 1-35.

Hasenpflug, H./ Schnabel, F., 1993: Kreisgebietsreform in Sachsen. In: Landes- und Kommunalverwaltung 12: 402-405.

Immergut, E., 1992: The rules of the game: The logic of health policy making in France, Switzerland and Sweden. In: Steinmo, S./Thelen, K./Longstreth, F. (Eds.): Structuring Politics. Historical institutionalism in comparative analysis, Cambridge/New York: 57-89.

Immergut, E., 1993: Institutions, Veto Points, and Policy Results: A Comparative Analysis of Health Care. In: Journal of Public Policy (10. Jg.) 4: 391-416.

Kieser A./Kubicec, H., 1978: Organisationstheorien II. Stuttgart/Berlin/Köln/ Maintz.

Laux, E., 1992: Ziele und Maßstäbe der Kommunalreform - Lehren aus den Verwaltungs- und Gebietsreformen in den westlichen Bundesländern. Manuskript zum Vortrag bei der Akademie für Raumforschung und Landesplanung, gehalten am 19. März.

Lehmbruch, G., 1993: Institutionentransfer im Prozeß der Vereinigung: Zur politischen Logik der Verwaltungsintegration in Deutschland. In: Seibel, W./Benz, A./Mäding, H. (Hrsg.): Verwaltungsreform und Verwaltungspolitik im Prozeß der deutschen Einigung. Baden-Baden: 41-66.

Majone, G., 1993: Wann ist Policy Deliberation wichtig? In: Windhoff-Heritier, A. (Hrsg.): Policy-Analyse. Kritik und Neuorientierung, Opladen: 97-115.

March, J. G./Olson, J., 1989: Rediscovering Institutions. The Organizational Basis of Politics, New York/Toronto.

Offe, C., 1991: Das Dilemma der Gleichzeitigkeit. Demokratisierung und Marktwirtschaft in Osteuropa. In: Merkur 45: 279 - 292.

Olsen, J. P., 1991: Political Science. Parallel Agendas but Mutual Disregard. In: Czada, R. M/Heritier, A. (Eds.): Political Choice. Institutions, Rules and the Limits of Rationality, Frankfurt/Boulder/Colorado: 87-119.

Püttner, G., 1992: Kommunale Gebietsreform in den neuen Ländern. In: Püttner, G./Bernet, W. (Hrsg.): Verwaltungsaufbau und Verwaltungsreform in den neuen Ländern. Beiträge zum Deutsch-Deutschen Verwaltungsrechtskolloquium, Berlin/Bonn/München: 1-5.

Reulen, S., 1994: Die Entwicklung landesspezifischer Strategien am Beispiel der Kreisgebiets- und Gemeindereform in Brandenburg und Sachsen. Diplomarbeit im Studiengang Verwaltungswissenschaft an der Universität Konstanz, unveröff.

Scharpf, F. W., 1976: Theorie der Politikverflechtung. In: Scharpf, F./Reissert, B./Schnabel, F. (Hrsg.): Theorie und Empirie des kooperativen Föderalismus in der Bundesrepublik. Kronberg: 13-70.

Scharpf, F. W., 1985: Plädoyer für einen aufgeklärten Institutionalismus. In: Hartwich, H.-H. (Hrsg.): Policy-Forschung in der Bundesrepublik Deutschland. Ihr Selbstverständnis und ihr Verhältnis zu den Grundfragen der Politikwissenschaft, Opladen: 164-170.

Scharpf, F. W., 1987: Grenzen der institutionellen Reform. In: Ellwein, Th. et al. (Hrsg.): Jahrbuch zur Staats- und Verwaltungswissenschaft. Baden-Baden: 111-154.

Scharpf, F. W., 1991: Institutions, Decision Styles, Policy Styles. In: Czada, R. M./Heritier, A. (Eds.): Political Choice. Institutions, Rules and the Limits of Rationality, Frankfurt/Boulder/Colorado: 53-86.

Scharpf, F. W., 1992: Koordination durch Verhandlungsverfahren. In: Benz, A./Scharpf. F. W./Zintl, R. (Hrsg.): Horizontale Politikverflechtung: Zur Theorie von Verhandlungssystemen. Frankfurt/New York: 11-27.

Schulenburg, K., 1994: Die Ämterbildung in Brandenburg als politischer Prozeß. Diplomarbeit im Studiengang Politikwissenschaft an der Fakultät Sozial- und Wirtschaftswissenschaften der Otto-Friedrich-Universität in Bamberg.

Seibel, W., 1993: Zur Situation der öffentlichen Verwaltung in den neuen Bundesländern: Ein vorläufiges Resümee. In: Seibel, W./Benz, A./Mäding. H. (Hrsg.): Verwaltungsreform und Verwaltungspolitik im Prozeß der deutschen Einigung. Baden Baden: 477-498.

Seibel, W./Frenzel, A./Reulen, S., 1993: Verwaltungsorganisation und Verwaltungsstil. Zwischenbericht für die Thysenstiftung, Konstanz.

Thieme, W./Prillwitz, G., 1981: Durchführung und Ergebnisse der kommunalen Gebietsreform. Baden-Baden.

Wagener, F., 1974: Neubau der Verwaltung. Schriftenreihe der Hochschule für Verwaltungswissenschaft, Speyer/Berlin.

Verzeichnis der Rechtsgrundlagen

Brandenburg

Gesetz über die Organisation der Landesverwaltung - Landesorganisationsgesetz vom 25. April 1991, GVBl.Bdbg. 1991, S. 147.

Amtsordnung für das Land Brandenburg, GVBl.Bdbg. 1991, S. 616.

Gesetz zur Neugliederung der Kreise und kreisfreien Städte im Land Brandenburg (Kreisneugliederungsgesetz KNGBbg) vom 24. Dezember 1992, GVBl.Bdbg. 1992, S. 546.

Gesetz über die Neuordnung des Kommunalwahlrechts im Lande Brandenburg, die Änderung der Kommunalverfassung sowie die Änderung der Amtsordnung vom 22. April 1993, GVBl.Bdgb. 1993, S. 10.

Sachsen

Sächsisches Gesetz zur Kreisgebietsreform (Kreisgebietsreformgesetz - SächsKrGebRefG) vom 24. Juni 1993, Sächs.GVBl. 1993, S. 549.

Sächsisches Gesetz über kommunale Zusammenarbeit (Sächs-KomZG) vom 19. August 1993, SächS. GVBl. 1993, S. 815.

Erstes Gesetz zur Änderung des Kreisgebietsreformgesetzes und anderer kommunalrechtlicher Vorschriften vom September 1995, SächS. GVBl. 22/1995, S. 281.

Zweites Gesetz zur Änderung des Kreisgebietsreformgesetzes und anderer kommunalrechtlicher Vorschriften vom September 1995, SächS. GVBl. 22/1995, S. 283.

Verzeichnis einschlägiger Plenarprotokolle und Drucksachen

Brandenburg

Landtag Brandenburg: Pl.pr. 1/4 vom 22. November 1990
Landtag Brandenburg: Pl.pr. 1/10 vom 20. Februar 1991
Landtag Brandenburg: Pl.pr. 1/15 vom 7. Mai 1991
Landtag Brandenburg: Pl.pr. 1/15 vom 25. April 1991
Landtag Brandenburg: Pl.pr. 1/12 vom 20. März 1991
Landtag Brandenburg: Pl.pr. 1/27 vom 9. Oktober 1991
Landtag Brandenburg: Pl.pr. 1/47 vom 14. Mai 1992
Landtag Brandenburg: Pl.pr. 1/48 vom 3. Juni 1992
Landtag Brandenburg: Pl.pr. 1/49 vom 24. Juni 1992
Landtag Brandenburg: Pl.pr. 1/53 vom 30. September 1992
Landtag Brandenburg: Pl.pr. 1/56 vom 29. Oktober 1992
Landtag Brandenburg: Pl.pr. 1/57 vom 25. November 1992
Landtag Brandenburg: Pl.pr. 1/58 vom 16. Dezember 1992
Landtag Brandenburg: Pl.pr. 1/58 vom 2. September 1992
Landtag Brandenburg: Pl.pr. 1/61 vom 20. Januar 1993

Landtag Brandenburg: Pl.pr. 1/63 vom 11. Februar 1993
Landtag Brandenburg: Pl.pr. 1/66 vom 31. März 1993
Landtag Brandenburg: Pl.pr. 1/70 vom 26. Mai 1993
Landtag Brandenburg: Pl.pr. 1/72 vom 27. Mai 1993
Landtag Brandenburg: Pl.pr. 1/72 vom 23. Juni 93
Landtag Brandenburg: Pl.pr. 1.73 vom 24. Juni 1993.
Landtag Brandenburg: Plpr.1/75 vom 2. September 1993
Landtag Brandenburg: Pl.pr. 1/76 vom 29. September 1993
Landtag Brandenburg: Drs. 1/77
Landtag Brandenburg: Drs. 1/85
Landtag Brandenburg: Drs. 1/137
Landtag Brandenburg: Drs. 1/433
Landtag Brandenburg: Drs. 1/970
Landtag Brandenburg: Drs. 1/1058
Landtag Brandenburg: Drs. 1/1157
Landtag Brandenburg: Drs. 1/1157
Landtag Brandenburg: Drs. 1/1259
Landtag Brandenburg: Drs. 1/1457-1/1472
Landtag Brandenburg: Drs. 1/1520-1/1524
Landtag Brandenburg: Drs. 1/1607
Landtag Brandenburg: Drs. 1652
Landtag Brandenburg: Drs. 1.1653-1/1666
Landtag Brandenburg: Drs. 1/1789
Landtag Brandenburg: Drs. 1/1790-1803
Landtag Brandenburg: Drs. 1/1902
Landtag Brandenburg: Drs. 1/2079
Landtag Brandenburg: Drs. 1/2202
Landtag Brandenburg: Drs. 1/2231
Landtag Brandenburg: Drs. 1/2474
Landtag Brandenburg: Drs. 1/2503
Landtag Brandenburg: Drs. 1/3058

Sachsen

Sächsischer Landtag: Pl.pr. 1/28 vom 20. September 1991
Sächsischer Landtag: Pl.pr. 1/33 vom 19. Dezember 1001
Sächsischer Landtag: Pl.pr. 1/36 vom 24. Januar 1992
Sächsischer Landtag: Pl.pr. 1/43 vom 10. April 1992
Sächsischer Landtag: Pl.pr. 1/42 vom 9. April 1992

Sächsischer Landtag: Pl.pr. 1/43 vom 10. April 1992
Sächsischer Landtag: Pl.pr. 1/49 vom 9. Juli 1992
Sächsischer Landtag: Pl.pr. 1/57 vom 20. November 1992
Sächsischer Landtag: Pl.pr. 1/61 vom 22. Januar 1993
Sächsischer Landtag: Pl.pr. 1/63 vom 19. Februar 1993
Sächsischer Landtag: Pl.pr. 1/64 vom 18. März 1993
Sächsischer Landtag: Pl.pr. 1/67 vom 23. April 1993
Sächsischer Landtag: Pl.pr. 1/70 vom 25. Mai 1993
Sächsischer Landtag: Pl.pr. 1/71 vom 17. Juni 1993
Sächsischer Landtag: Pl.pr. 1/74 vom 15. Juli 1993
Sächsischer Landtag: Pl.pr. 1/97 vom 26. Mai 1994
Sächsischer Landtag: Pl.Pr. 2/17 vom 6. September 1995
Sächsischer Landtag: Drs. 1/640
Sächsischer Landtag: Drs. 1/789
Sächsischer Landtag: Drs. 1/804
Sächsischer Landtag: Drs. 1/986
Sächsischer Landtag: Drs. 1/1446
Sächsischer Landtag: Drs. 1/1447
Sächsischer Landtag: Drs. 1/1640
Sächsischer Landtag: Drs. 1/2056
Sächsischer Landtag: Drs. 1/2367
Sächsischer Landtag: Drs. 1/2610
Sächsischer Landtag: Drs. 1/2939
Sächsischer Landtag: Drs. 1/3113
Sächsischer Landtag: Drs. 1/3114
Sächsischer Landtag: Drs. 1/3202
Sächsischer Landtag: Drs. 1/3349
Sächsischer Landtag: Drs. 1/4509
Sächsischer Landtag: Drs. 2/0536
Sächsischer Landtag: Drs. 2/0813
Sächsischer Landtag, Drs. 2/0813
Sächsischer Landtag: Drs. 2/1587
Sächsischer Landtag: Drs. 2/1588

Sonstige einschlägige Dokumente

Brandenburg

Landkreistag Brandenburg: Stellungnahmen zum Beschluß des Koalitionsausschusses vom 4. April 1991, Potsdam 8. April 1991.

Landkreistag Brandenburg: Kriterien zur Bestimmung des Kreissitzes, Rundschreiben Nr. 96/97 vom 9. April 1992.

Landkreistag Brandenburg: Kreisgebietsreform, hier: Auswirkungen des Verlustes des Kreissitzes, Rundschreiben-Nr.: 125/92 vom 7. Mai 1992.

Landkreistag Brandenburg: Stellungnahme vom 7. September 1992.

Ministerium des Innern Brandenburg: Vorschlag der Unabhängigen Arbeitsgruppe „Kreisgebietsreform“ zur Kreisneugliederung, Potsdam, November 1991.

Ministerium des Innern Brandenburg: Runderlaß III Nr. 16/1992 vom 24. März 1992.

Ministerium des Innern Brandenburg: Verwaltungsreform im Land Brandenburg - Probleme, Ansätze, Perspektiven, Potsdam 1993.

Ministerium des Innern Brandenburg: Verwaltungsreform im Land Brandenburg. Probleme, Ansätze, Perspektiven. Eine Zwischenbilanz. 16. April 1993.

Städte- und Gemeindebund Brandenburg: Vorschlag für eine Amtsordnung für das Land Brandenburg vom 25. Juni 1991.

Städte- und Gemeindebund Brandenburg: Stellungnahme vom 2. September 1992.

Sachsen

Landkreis Dresden: Normenkontrollantrag des Landkreises Dresden vom 6. Oktober 1995 (Material aus dem Innenministerium).

Sächsischer Landkreistag: Protokoll der 1. Landräteberatung beim Ministerpräsidenten.

Sächsischer Städte- und Gemeindetag: Stellungnahme zum Entwurf des sächsischen Kreisreformgesetzes vom 15. Juni 1992.

Sächsischer Verfassungsgerichtshof: Presseerklärung vom 19. Mai 1994.

Sächsischer Verfassungsgerichtshof: Presseerklärung vom 23. Juni 1994.

Sächsisches Staatsministerium des Innern: Ergebniszusammenfassung der Kabinettssitzung vom 3. März 1992 zur Kreisreform.

Sachsisches Staatsministerium des Innern: Entwurf eines Denkmodells zur Kreisreform, Stand 14. November 1991.

Sächsisches Staatsministerium des Innern: Sächsisches Staatsministerium des Innern an die Geschäftsstelle Kabinett. Ergebnis der Anhörung, Az. 22-0500.2/39 vom 25. März 1993.

Sächsisches Staatsministerium des Innern: Begründung zum Gesetz über Stadt-Umlandverbände für den Freistaat Sachsen (SUVG), Referentenentwurf vom 20. Oktober 1993.

Sächsisches Staatsministerium des Innern: Grundsätze für die kommunale Zielplanung vom 18. November 1993.

Sächsisches Staatsministerium des Innern: Aktenzeichen: 24-0500.2/161. Entwurf für ein erstes Gesetz zur Änderung des Kreisgebietsreformgesetzes und anderer kommunalrechtlicher Vorschriften vom 8. November 1994.

Sächsisches Staatsministerium des Innern: Entwurf für ein Zweites Gesetz zur Änderung des Kreisgebietsreformgesetzes und anderer kommunalrechtlicher Vorschriften vom 13. Dezember 1994.

Zusammenarbeit an der deutsch-polnischen Grenze

Euroregionen, Interreg und Phare-CBC gefangen im Netz?

Oliver Schwab

Abwanderung, Arbeitslosigkeit, Randlage ohne funktionierende Verbindungen über die Grenze, keine Geschäfte, keine Perspektiven - „Kietz ist das letzte Loch vor der Hölle" - so beschreibt ein Bürger der deutsch-polnischen Grenzregion seinen Wohnort. Das Erbe deutsch-demokratischen Wirtschaftens und Politikmachens stürzte die Grenzregionen zu Polen in eine tiefe Krise. Nicht nur, daß der Strukturwandel nach dem Zusammenbruch der DDR wie sonst auch überall bewältigt werden mußte. Dazu kam noch eine jahrzehntelange Tradition des Abschottens zwischen den sozialistischen „Bruderländern" Polen und DDR. „Das ging sogar so weit, daß Lebensmittel im fünf Kilometer westlich gelegenen Manschnow abgeladen wurden, weil die Straße hierher so schlecht war und weil man meinte, der Ort liegt ja sowieso am Ende der Welt" berichtet der Bürgermeister von Kietz (Die Zeit 1993).

Erst die Entwicklungen nach der Wende haben den politischen Handlungsspielraum geschaffen, nach Lösungen für die Probleme der Grenzregionen zu suchen. Ausgehend von den Erfahrungen an den EU-Binnengrenzen, boten sich Euroregionen als Instrument der Problemlösung im Grenzbereich an. Seit den Anfängen 1991 haben sich mittlerweile vier deutsch-polnische Euroregionen gebildet, die weithin gute Kritiken für ihre Arbeit bekommen. „Da tut sich unheimlich viel", stellt zum Beispiel Monika Wulf-Mathies fest (Tagesspiegel 1995). „Auf dem historischen Weg, der zum Ziel (des Beitrittes Polens zur EU; O. S.) führt, haben die Euroregionen eine hochbedeutende Rolle gespielt" urteilt Andrzej Byrt, stellvertretender Minister im polnischen Amt für Außenwirtschaft (Europäische Kommission u. a. 1995: 45). Dagegen werfen Schlagzeilen wie „Euregios im Projektwirrwarr" und „Bürokratischer Hürdenlauf für die Euroregionen" ein anderes, weniger glänzendes Licht auf die Arbeit der deutsch-polnischen Euroregionen. Eine Umfrage im September 1995 hat dann auch zutage gebracht, daß die Euroregionen praktisch nicht in der Lage sind, gemeinsam grenzüberschreitende Projekte zu planen und umzusetzen (Schwab 1995).

Die Frage lautet daher, ob die deutsch-polnischen Euroregionen in ihrer aktuellen Form einen wirksamen Beitrag zur grenzüberschreitenden Zusammenarbeit leisten können. Besonders berücksichtigt wird dabei die Verflechtung der Regionen in das Mehrebenennetzwerk europäischer grenzüberschreitender Förderung.

Die Arbeit will auf diese Frage antworten. Sie ermöglicht Aussagen

- zur Eignung der bestehenden Hauptinstrumente für die Förderung der grenzüberschreitenden Zusammenarbeit an der deutsch-polnischen Grenze,
- zu den Interessen- und Akteursstrukturen des gesamten Netzwerkes der grenzüberschreitenden Zusammenarbeit,
- zur Eignung des Modells EUREGIO für die deutsch-polnische Grenze.

Zunächst wird das Modell EUREGIO vorgestellt (1.) sowie der „Erfolg"-Begriff grenzüberschreitender Projektarbeit operationalisiert (2.). Danach wird die Struktur des Netzwerkes der grenzüberschreitenden Zusammenarbeit an der deutsch-polnischen Grenze vorgestellt (3.), bevor dessen Implementation evaluiert wird (4.). Abschließend und fünftens werden die Ergebnisse zusammengefaßt.

1. Das Modell EUREGIO

Ein wesentliches Element der Entwicklungsstrategie der Grenzregionen war die Verbesserung der grenzüberschreitenden Zusammenarbeit. Der dabei eingeschlagene Weg war wesentlich inspiriert und auch direkt angeleitet von den Erfahrungen an den Binnengrenzen der EU. „In ihrem Versuch, die grenzüberschreitende Zusammenarbeit kurzfristig zu intensivieren, verfolgen deutsche und polnische Kommunen - mit der Unterstützung der Länder Brandenburg, Mecklenburg-Vorpommern und Sachsen - das Modell der lokalen Institutionalisierung grenzübergreifender Zusammenarbeit" (Scott 1995: 87). Besonders die EUREGIO an der deutsch-niederländischen Grenze konnte „sich im Laufe der Zeit sogar zu einem Modell für die grenzüberschreitende Zusammenarbeit in Europa entwickeln" (Raich 1995: 161). Die Europäische Union unterstützt seit der Strukturfondsreform von 1988 die grenzüberschreitende Zusammenarbeit ganz gezielt. Seit 1990 steht hierfür an den EU-Binnengrenzen die Gemeinschaftsinitiative INTERREG zur Verfügung. Diese europäische Förderung ist für die Euroregionen die mit Abstand bedeutendste Quelle für die Finanzierung von Projekten der grenzüberschreitenden Zusammenarbeit. In diesem Umfeld waren die Euroregionen in der Lage, erfolgreich grenzüberschreitende Zusammenarbeit zu organisieren. Erfolge werden bei der ökonomischen Entwicklung der Regionen festgestellt, wo die Euroregionen „partiell einen Ausgleich für die - vor allem in Grenzregionen durch die periphere Lage bedingten - ökonomischen und strukturellen Nachteile schaffen" (Raich 1995: 184f.), genauso wie bei der Integrationswirkung der Kooperation, wo „der transnationale Regionalismus sich als Basis horizontaler Integration innerhalb eines 'Europas von unten' belegen läßt" (Groß/Schmitt-Egner 1994: 98) .

Angesichts dieser Erfolgsurteile knüpften die neugegründeten deutsch-polnischen Euroregionen an das Vorbild der EUREGIO an. Es entstanden jeweils auf jeder Seite der Grenze Kommunalverbände, die sich in einer Kooperationsvereinbarung zu den Euroregionen an der deutsch-polnischen Grenze zusammenschlossen. So arbeiten seit 1993 an der deutsch-polnischen Grenze vier Euroregionen: Euroregion Pomerania, Euroregion Pro Europa Viadrina, Euroregion Spree-Neiße-Bober und Euroregion Neiße. Auch die deutsch-polnischen Euroregionen werden von der Europäischen Union finanziell unterstützt. Allerdings ist hier die Struktur wegen der Lage an der EU-Außengrenze komplizierter. Das bedeutet für die finanzielle Förderung grenzüberschreitender Zusammenarbeit, daß nicht wie EU-intern auf einen Topf (INTERREG-II) zugegriffen werden kann. Vielmehr sind zwei Fördertöpfe notwendig: INTERREG-II für die EU-Innenseite, ein Teilprogramm der EU-Hilfen für den wirtschaftlichen Aufbau in Mittel- und Osteuropa, PHARE-CBC für die EU-Außenseite. Damit verbunden sind wesentlich komplexere und mehrschichtigere Abstimmungs- und Koordinationsmechanismen als in den EU-Binnengrenzregionen. Die Euroregionen an der deutsch-polnischen Grenze sind somit in ein wesentlich komplexeres Verwaltungsnetzwerk eingebunden als die an den EU-Binnengrenzen bisher existierenden. Dennoch wollen auch hier die Euroregionen dazu beitragen, die „Wirtschaftskraft zu erhöhen" und die „Integration zu fördern" (Dornier 1993: 94ff).

Es ist keineswegs selbstverständlich, daß das Organisationsmodell EUREGIO die erhöhten Abstimmungs- und Koordinationsanforderungen auch erfüllen kann. Der Einfluß des komplizierten Politik- und Verwaltungsnetzwerkes an der deutsch-polnischen Grenze auf die Erfolgschancen der Euroregionen wird weiter untersucht.

2. Erfolg regionaler grenzüberschreitender Zusammenarbeit

In der wissenschaftlichen Literatur findet sich bis dato kein umfassendes Erfolgskonzept regionaler grenzüberschreitender Zusammenarbeit, das eine Bewertung im Sinne einer Evaluation mit Antworten auf die Fragen nach Zielerreichung und Wirkung zulassen würde. Eine systematische wissenschaftliche Begleitung und Evaluation der grenzüberschreitenden Zusammenarbeit geschieht bisher nur ansatzweise und auf niedrigem analytischen und theoretischen Niveau[1]. Eine Reihe von Publikationen, wie z. B. die des LACE-Projektes (Linkage-Assistance and Cooperation for the European Border Regions - s. die verschiedenen LACE o. J.) oder auch juristische sowie einige politikwissenschaftliche Untersuchungen (z. B. Pernthaler 1991; Cochrane 1994; Wolters 1994) führen aus unterschiedlichen Gründen gar keine Ziel- oder Ergebniskonzepte ein. Eine kleine Anzahl von Publikationen untersucht die Integrationswirkungen (Hrbek/Weyand 1994; Groß/Schmitt-Egner 1994; Europarat 1995; Raich 1995), bleibt dabei aber deskriptiv mit analytischen Ansätzen. Als einzige Arbeit, die konkret unter dem Vorsatz einer Evaluation die deutsch-polnische grenzüberschreitende Zusammenarbeit untersucht, liegt ein Projektbericht aus dem Institut für Regionalentwicklung und Strukturplanung vor (Scott 1995). Die Auswertung der Empirie und Analyse der konkreten deutsch-polnischen Situation beruht allerdings nicht auf einem kohärenten Modell und empirischen Daten grenzüberschreitender Zusammenarbeit. Sie ist vielmehr explizit auch durch „qualitatives bzw. intuitives Wissen" (Scott 1995: 60) gekennzeichnet und kommt somit über das Niveau der Argumentation über Plausibilitäten an wesentlichen Stellen nicht hinaus.

Daher wird hier eine eigene Erfolgsbedingung entwickelt. Die Entwicklung einer Erfolgsbedingung für grenzüberschreitende Zusammenarbeit geht von den beiden Zielkategorien „Wirtschaftskraft erhöhen" und „Integration fördern" aus. Diese Kategorien finden sich durchgängig in den Zielformulierungen der beteiligten Hauptakteure, also der Euroregionen als 'Regionalentwicklungsagenturen' und der Europäischen Kommission, die durch die

---

1 Raich 1995 stellt beispielsweise fest, daß „eine ausfuhrliche deskriptive Bestandsaufnahme aber gerade in der neueren politikwissenschaftlichen Forschungsliteratur - soweit ersichtlich - bislang nicht geleistet wurde." (S. 20). Entsprechend leistet ihre Arbeit primar eine Bestandsaufnahme der moglichen Organisationsformen grenzuberschreitender Zusammenarbeit. Auf ahnlichem Niveau bewegen sich Groß/Schmitt-Egner 1994.

Auflage der Finanzinstrumente Rahmenbedingungen setzt, die später nicht mehr verändert werden können.

Das *Ziel, die Wirtschaftskraft zu erhöhen,* bezieht sich auf die realen Entwicklungsprobleme der Grenzregionen. Grenzüberschreitende Zusammenarbeit hat hier die gleiche Zielsetzung wie jede andere Regionalpolitik auch. Es geht im weitesten Sinne um Verbesserung der Standortfaktoren und Erhöhung der wirtschaftlichen Leistungsfähigkeit. Die Euroregion Neiße beispielsweise formuliert als Ziel die „Förderung der Wirtschaft und Ausgleich des Lebensstandards" (Europäische Kommission u. a. 1996: 29). Auch die Europäische Kommission will mit der Förderung dazu beitragen, in den Regionen „die spezifischen Entwicklungsprobleme im Interesse der lokalen Bevölkerung und in umweltverträglicher Weise zu überwinden" (Verordnung (EG) Nr.1628/94, Art. 3,i). Zum Erreichen dieses Entwicklungszieles hat grenzüberschreitende Zusammenarbeit einen spezifischen Beitrag zu leisten, sie soll die Grenzen durchlässiger machen. Wenn die Verkehrsverbindungen geknüpft sind, sonstige Infrastruktur besteht, regionale Märkte etabliert werden konnten, Kooperationen zwischen Menschen und Unternehmen beiderseits der Grenze anlaufen, werden sich, so die Hypothese, auch Wohlfahrts- und Gleichheitseffekte einstellen. Um einen derartigen regionalpolitischen Mehrwert im Vergleich zu herkömmlichen Instrumenten der Regionalpolitik zu bewirken, müssen die Euroregionen folglich in der Lage sein, grenzüberschreitende Projekte auf den Weg zu bringen. Diese Leistung muß von den Programmen ermöglicht und von Politik und Verwaltung umgesetzt werden. Grenzüberschreitende Zusammenarbeit muß mehr sein als Zonenrandförderung. Das Verwaltungsnetzwerk muß in der Lage sein, grenzüberschreitende Projektanträge unter INTERREG-II und PHARE-CBC koordiniert zu bearbeiten und zu bewilligen.

Neben dem Ziel, die Wirtschaftskraft zu erhöhen, verfolgen die Akteure noch das *Ziel, die Integration zu fördern.* Die Euroregionen wollen beispielsweise „Vertrauen und Zusammenarbeit" oder „die Idee der europäischen Einheit und der internationalen Verständigung fördern" (Europäische Kommission u. a. 1995: 25-42). Die Europäische Kommission will „Netze der Zusammenarbeit" (Verordnung (EG) 1628/94, Artikel 3) einrichten und weiterentwickeln. Regionale Kooperation wird vom Europäischen Rat als ein wichtiges Element in der Strategie der Heranführung Mittel- und Osteuropas an die EU genannt (Europäischer Rat 1994). Das Integrationsziel liegt inhaltlich quer zu allen Tätigkeiten der grenzüberschreitenden Zusammenarbeit. Maßnahmen in allen möglichen Bereichen können Integrationswirkung haben. Die Wirkung wird um so stärker sein, je intensiver und dauerhafter die

Kontakte über die Grenze hinweg sind. Auch das Integrationsziel kann also nur erreicht werden, wenn grenzüberschreitend koordiniert gemeinsame Projekte gefördert werden können. Auch hier besteht die Anforderung an Programme sowie Politik und Verwaltung, grenzüberschreitende gemeinsame Projekte koordiniert bewilligen zu können.

Den beiden Zielkategorien der Förderung der Wirtschaftskraft sowie der Integration ist also ein Zielelement gemeinsam: die *Grenzüberschreitung*. Für das Ziel, die Wirtschaftskraft der Grenzregionen zu fördern, ist es ein Zwischenziel, die Grenzen durchlässiger zu machen, um so - mit primärer Stoßrichtung auf den Wirtschaftsbereich - die regionalen Probleme mitzulösen. Für das Integrationsziel ist es wiederum ein Teilziel, das den regionalen Aspekt der Integrationsbemühungen begünstigen soll. In beiden Zielkategorien ist jedoch die Grenzüberschreitung nicht hinreichend zur Zielerreichung. Wirtschaftliche Entwicklung muß sich noch nicht einstellen, wenn die Grenzen durchlässiger sind. Genauso wenig muß sich durch die Möglichkeit zu Kontakten eine nachhaltige Integration ergeben. Dennoch spielt die Grenzüberschreitung eine wesentliche, aber unterschiedliche Rolle für beide Zielkonstrukte: Wenn sie auch nicht hinreichend ist, soll sie doch wirtschaftliche Entwicklung begünstigen. Hier ist die Grenzüberschreitung ein begünstigender Faktor. Integration hingegen ist ohne das Durchlässigerwerden von Grenzen gar nicht denkbar. Hier ist die Grenzüberschreitung eine notwendige Bedingung. Der regionalpolitische Mehrwert grenzüberschreitender Zusammenarbeit hängt somit von der Grenzüberschreitung der Projekte ab. Diesen Erfolgsindikator verwendet der Europäische Rechnungshof in seiner Ex-post-Evaluation von INTERREG-I. „Die Prüfung der OP[2] hat ergeben, daß nur ein kleiner Teil der vorgesehenen Ausgaben direkt Maßnahmen der grenzüberschreitenden Zusammenarbeit betrifft. Der größte Teil entfällt auf Maßnahmen, die - häufig ohne interregionale Zusammenarbeit - auf der einen oder der anderen Seite der Grenze stattfinden. Diese Vorhaben hätten im Rahmen anderer bestehender Gemeinschaftsinterventionen durchgeführt werden können." (Europäischer Rechnungshof 1995: 116).

Im weiteren soll nun geprüft werden, inwieweit die Programmstruktur sowie die bisherige Implementation und Umsetzung von INTERREG-II und PHARE-CBC an der deutsch-polnischen Grenze es ermöglichen oder verhindern, grenzüberschreitende Projekte umzusetzen. Der Erfolg der regionalen

2 Operationelle Programme zu INTERREG: Grundlegende Texte der mittelfristigen Finanzplanung. Hier fur INTERREG-I auf den Zeitraum 1989-1993 bezogen.

grenzüberschreitenden Zusammenarbeit in den Euroregionen an der deutsch-polnischen Grenze wird an der *Komplementaritätsbedingung* gemessen:

Die Komplementarität ist dann erreicht, wenn es möglich ist, aus INTERREG-II und PHARE-CBC gemeinsame Projekte beiderseits der Grenze nach einer kohärenten Planung zu fördern. Wenn diese Bedingung erfüllt ist, ist davon auszugehen, daß ein regionalpolitischer Mehrwert und so Wohlfahrts- und Integrationseffekte realisiert werden können.

Zur Beantwortung der Frage, ob die deutsch-polnischen Euroregionen diese Bedingung erfüllen können, wird zunächst ein Überblick über die deutsch-polnischen Euroregionen und ihre Einbindung in das Netzwerk europäischer Regionalpolitik gegeben.

3. Euroregionen im Netzwerk europäischer Regionalpolitik

Der Ansatz der Politiknetzwerke wird oft zur Analyse gerade europäischer Mehrebenensysteme herangezogen. Ein Policy-Netzwerk ist „eher kasuistisch auf die Erklärung eines Politikprogramms definiert, dessen Ergebnis ganzheitlich unter Berücksichtigung der Wechselwirkung von Politik-Strukturen, -Prozessen und -Inhalten erforscht wird" (König 1994: 160). Ein Policy-Netzwerk setzt sich aus drei Elementen zusammen: Akteure, Strukturen und Prozesse (Héritier 1994).

- Die *Akteure* sind handlungstheoretisch fundiert. Sie zeigen demnach rationales, nutzenorientiertes Verhalten. Im Rahmen des Möglichen verfolgen sie ihre eigenen *Interessen.* Als Teil des zu untersuchenden Netzwerkes versuchen sie, durch die Ergebnisse des Policy-Prozesses einen Nutzen zu erlangen, den sie sonst nicht realisieren könnten. Diesen Nutzen gewinnen sie durch Verhandlungen, die die Netzwerk-Interaktionen bestimmen.
- Diese Verhandlungen finden jedoch nicht im freien Raum statt, sondern werden durch *Strukturen,* also institutionelle Vorkehrungen, formale Regeln und bestimmte Steuerungsmechanismen (Héritier 1994: 434) geregelt und stabilisiert. Die institutionellen Strukturen haben eine doppelte Wirkung. Auf der einen Seite schränken sie die Handlungsmöglichkeiten der Akteure ein. Auf der anderen Seite stabilisieren sie die Interaktionen und sind somit konstituierend für das Netzwerk.
- Unter den *Prozeß*aspekten werden die Eigenschaften der Verhandlungen innerhalb des strukturellen Rahmens in einem Policy-Netzwerk gefaßt. Es geht darum, beispielsweise Sanktionsmöglichkeiten, Exitoptionen, Stra-

tegien (package-deals,...), Abstimmungsprinzipien, Informationsflüsse usw. zu erfassen.

Die Untersuchung der Erfolgsaussichten der deutsch-polnischen Euroregionen erfolgt in Anlehnung an die Policy-Netzwerkanalyse. Zunächst werden die beteiligten Akteure identifiziert.

3.1 Akteure

Alle vier deutsch-polnischen Euroregionen entsprechen im wesentlichen dem Vorbild der EUREGIO. Die juristische Konstruktion der Euroregionen ist in allen Fällen im wesentlichen dieselbe. Auf jeder Seite der Grenze besteht eine Kommunalgemeinschaft, die nach nationalem Recht organisiert ist. Auf deutscher Seite wurde meist die Form eines Vereins gewählt. Mitglieder sind die Landkreise und kreisfreien Städte. Dazu kommen noch wichtige Akteure aus der Region, wie zum Beispiel Universitäten, Industrie- und Handelskammern usw. Auf polnischer Seite stehen diesen Kommunalverbänden Vereine polnischer Gemeinden gegenüber. Auch Wojewodschaftsvertreter sind in den Vereinen beteiligt. Zwischen den beiden Partnern diesseits und jenseits der Grenze wird eine Kooperationsvereinbarung geschlossen, durch die auch die Organe der Euroregion ins Leben gerufen werden. Institutionell besteht eine typische Euroregion aus einer Präsidentschaft, einem paritär besetzten Rat als beschlußfassendem Gremium und einem oder zwei Sekretariaten. In allen Entscheidungen wird auf strikte Parität geachtet.

Zur Förderung von Projekten steht den Euroregionen als gezielt grenzüberschreitend konzipiertes Instrumentarium die Förderung aus der EG-Regionalpolitik zur Verfügung. Das Verfahren wird allerdings durch die Tatsache verkompliziert, daß die deutsch-polnische Grenze auch EU-Außengrenze ist. Auf der deutschen Seite, und damit innerhalb der EU, kann die Gemeinschaftsinitiative INTERREG eingesetzt werden. Allerdings ist sie strikt an Territorialität gebunden. Die Notwendigkeit, auf der polnischen Seite eine Ergänzung zu schaffen, um eine effektive grenzüberschreitende Kooperation zu ermöglichen, wurde bald erkannt. Schon 1994 wurde aus dem EG-Hilfsprogramm für die wirtschaftliche Umgestaltung in Mittel- und Osteuropa, PHARE, ein Haushaltstitel für die Ergänzung von INTERREG auf der polnischen Seite eingerichtet. Mit Beginn des Jahres 1995 wurde aus diesem Haushaltstitel ein eigenes Programm unter PHARE: PHARE-Cross-Border-Cooperation (CBC). Mit der Aufnahme der Euroregionen in INTERREG-II und der Förderung aus PHARE-CBC steht im Zeitraum bis 1999 prinzipiell ein Finanzinstrumentarium zur Förderung grenzüberschreitender Zusammenarbeit an der deutsch-polnischen Grenze zur Verfügung. Für die deutsch-polnische Grenze sind aus INTERREG für diesen Zeitraum 157,07 Millionen ECU (zzgl. einer nationalen Beteiligung von 50 Prozent der EU-Mittel vorgesehen, das ergibt eine Gesamtsumme von 236,51 Millionen ECU; Europäische Kommission 1995a-c) für PHARE-CBC sind ca. 260 Millionen ECU vorgesehen (Europäische Kommission 1995d).

Durch die Zusammenführung zweier verschiedener Finanzinstrumente, um die grenzüberschreitende Zusammenarbeit zu fördern, werden auch zwei verschiedene Verwaltungsverfahren nötig. Die Euroregionen sind dadurch in ein Mehrebenennetzwerk von Politik und Verwaltung eingebunden. Für die Durchführung der Programme sind Akteure von vier Politikebenen von vorrangiger Bedeutung:

Europäische Ebene

- Europäische Kommission, Generaldirektion XVI (Regionalpolitik)
- Europäische Kommission, Generaldirektion Ia (Außenwirtschaft)

Nationale Ebene

- Bundesregierung
- polnische Regierung

Subnationale Ebene

- Landesregierungen von Mecklenburg-Vorpommern, Brandenburg, Sachsen
- Wojewodschaften Szczecin, Gorzow Wlkp., Zielona Gora, Jelenia Gora

Regionale Ebene

- Euroregionen Pomerania, Pro Europa Viadrina, Spree-Neiße-Bober, Neiße

Für den weiteren Verlauf der Untersuchung werden nur die Akteursgruppen beachtet, d. h. die durchaus vorhandenen unterschiedlichen Interessen und Positionen der Landesregierungen, Wojewodschaften und Euroregionen werden vernachlässigt. Es wird nur von *den* Landesregierungen, Wojewodschaften und Euroregionen gesprochen. Die Aussagefähigkeit der Ergebnisse wird dadurch nur wenig beeinflußt, da die „typischen" Interessenstrukturen die internen Unterschiede in den einzelnen Gruppen deutlich überlagern und damit immer als bestimmend hervortreten, während unterschiedliche Positionen eher in Detailfragen auftreten.

Die verschiedenen Akteure sind in beide Verfahren unterschiedlich intensiv eingebunden. Dementsprechend unterscheiden sich auch die Strukturen und Prozesse des Netzwerkes je nach Verfahren und Prozeßphase.

3.2 Prozesse

Die Betrachtung der Prozesse wird auf den Implementationsprozeß von INTERREG-II und PHARE-CBC eingeschränkt. Sowohl die vorgeschalteten Phasen der Problemdefinition, Agenda-Gestaltung und Politikformulierung als auch die folgenden der Evaluation und Neuformulierung der Politik werden ausgeblendet. Implementationsprozesse im europäischen Mehrebenenumfeld haben allerdings eine ganz eigene Qualität. „Ein Großteil der europäischen Entscheidungen kommt erst im Prozeß der Politikimplementation zustande: Im direkten Kontakt zu den implementierenden Instanzen der Mitgliedstaaten kann über Subventionszuweisungen, Politikprioritäten, Programmerstellung und Ausführungsmodalitäten verhandelt werden" (Tömmel 1994). Diese Eigenschaft gilt auch für die grenzüberschreitende Zusammenarbeit. Auf der europäischen Ebene werden die Finanzinstrumente wie auch INTERREG-II und PHARE-CBC relativ weitgefaßt und mit noch relativ ungenauen Vorgaben verabschiedet. Die Kataloge förderfähiger Maßnahmen lesen sich fast wie Wunschzettel von Regionalpolitikern. Allerdings reicht die finanzielle Ausstattung der Finanzinstrumente bei weitem nicht aus, alle Wünsche zu erfüllen. Daher werden von der Verabschiedung der Instrumente auf Europäischer Ebene bis zur Auszahlung der Mittel verschiedene Konkretisierungen vorgenommen. Dabei wird das ursprünglich in den Rechtsakten vorgesehene Finanzinstrument wesentlich präzisiert. Diese Konkretisierung findet auch im Rahmen der Implementation von INTERREG-II und PHARE-CBC statt. In diesem Prozeß können drei Stufen unterschieden werden, in deren Verlauf INTERREG-II und PHARE-CBC inhaltlich immer weiter konkretisiert werden. Ausgehend von den Richtlinien und Verordnungen werden die beiden Programme dadurch wie in einem Trichter immer mehr konkretisiert und auf bestimmte Maßnahmen fokussiert. Erst wenn sie diesen Trichterprozeß durchlaufen haben, ist zu sehen, wie die relativ weiten Vorgaben auf der europäischen Ebene im weiteren konkretisiert wurden. Die wesentlichen Phasen sind:

- *Schaffung der Finanzinstrumente INTERREG-II und PHARE-CBC:* Hier liegt der Nullpunkt des untersuchten Verfahrens: Am 1. Juli 1994 wird durch die Mitteilung 94/C/180/13 die Gemeinschaftsinitiative INTERREG-II für die „Entwicklung von Grenzregionen, grenzübergreifende Zusammenarbeit und ausgewählte Energienetze" geschaffen. Mit ihr ist erstmals auch die Förderung der grenzüberschreitenden Zusammenarbeit an den Außengrenzen der EU möglich. Schon im Haushalt 1994 der Kommission wird ergänzend zu INTERREG-II ein Posten von 15 Millionen ECU aus dem PHARE-Programm für Projekte auf polnischer Seite reserviert. Dieses Provisorium wurde ab 1995 auf ein Volumen von jährlich ca. 50 Millionen ECU für die polnische Grenze zu Deutschland ausgebaut. Rechtliche Grundlage dafür ist die Verordnung (EG) Nr. 1628/94 der Kommission vom 4. Juli 1994 „über die Durchführung eines Programms über grenzüberschreitende Zusammenarbeit zwischen den Ländern Mittel- und Osteuropas und Mitgliedstaaten der Europäischen Union im Rahmen der Aktion PHARE".

- *Programmierung:* Die EU-Regionalpolitik wird seit der Strukturfondsreform von 1988 im Verfahren der Programmierung implementiert. Für INTERREG-II geschieht das durch die Operationellen Programme (OP), die für jedes Bundesland von der Landesregierung in Kooperation mit den Euroregionen erstellt werden. Das Operationelle Programm präzisiert in einer mittelfristigen Finanzplanung für den Zeitraum 1995-1999 die geplanten Maßnahmen und Aktionen unter INTERREG-II. Für PHARE ist im allgemeinen kein Programmierungsverfahren vorgesehen. Die PHARE-Mittel werden nach jährlichen Verhandlungen ausgereicht. Dies war für PHARE-CBC im Jahr 1994 genauso. Seit 1995 werden auch die PHARE-CBC-Mittel programmiert. Die polnische Regierung in Warschau war für die Erstellung eines „Polish-Multiannual Cross Border Indicative Programme 1995-1999" (MIP) verantwortlich. Für beide Finanzinstrumente liegen damit Dokumente der mittelfristigen Finanzplanung vor, die als Ergebnis von Verhandlungen zwischen den beteiligten Partnern den Rahmen der Rechtsakte zur Schaffung der Finanzinstrumente konkretisieren.
- *Entwicklung und Realisierung von Projekten:* Nach den, im betrachteten Zeitraum einmaligen Prozeßschritten der Schaffung der Finanzinstrumente und der Programmierung wird für den übrigen Geltungszeitraum als ständiger Prozeß die Entwicklung und Realisierung von Projekten ablaufen. Hier muß sich erweisen, ob die mittelfristigen Planungsvorgaben der programmatischen Texte auch umgesetzt werden und die in den Rechtsakten genannten Ziele erreicht werden können.

Im weiteren wird nun untersucht, ob das Netzwerk in der Lage ist, die oben hergeleitete *Komplementaritätsbedingung* im Verlauf dieser Prozeßphasen zu erfüllen.

4. Grenzüberschreitend - ja oder nein? Evaluation von INTERREG-II und PHARE-CBC

Die Evaluation erfolgt anhand der oben erarbeiteten Leitfrage: Kann die grenzüberschreitende Zusammenarbeit wirklich Grenzüberschreitung in den Projekten bewirken? Es wird für den 1994 begonnenen und bis 1999 laufenden Förderzeitraum eine Evaluation des implementierten Verwaltungsnetzwerkes vorgenommen; daraus ergeben sich Aussagen über die Erfolgsaussichten der grenzüberschreitenden Zusammenarbeit in den deutsch-polnischen Euroregionen. Die hierzu vorgenommene Aufteilung des Implementationsprozesse in drei Phasen hat auch methodische Konsequenzen.

- *Schaffung der Finanzinstrumente INTERREG-II und PHARE-CBC.* Hier wird ein statischer Vergleich der Ergebnisse der Politikformulierung, der INTERREG-II-Mitteilung und der PHARE-CBC-Verordnung vorgenommen. Ergebnis der Analyse sind Aussagen über die Komplementarität der Programme.
- *Programmierung.* Hier wird ein statischer Vergleich der programmatischen Texte vorgenommen. Die Spannungen und Probleme während der Aushandlung der Operationellen Programme bleiben unberücksichtigt. Die inhaltliche Konkretisierung in den Programmtexten kann schon erste Aussagen über die Komplementarität der möglichen Projekte liefern.
- *Entwicklung und Realisierung von Projekten:* Die Analyse des Antragsverfahrens wird nicht nur statisch, sondern auch unter Einbezug von Prozeßelementen vorgenommen. Dabei wird auf Basis der vorher gewonnenen Erkenntnisse bezüglich der Interessen wesentlicher Akteure eine abschließende Einschätzung der zu erwartenden Performanz der grenzüberschreitenden Zusammenarbeit unter INTERREG-II und PHARE-CBC gegeben.

4.1 Die Finanzinstrumente INTERREG-II und PHARE-CBC

Die Auflage der Finanzinstrumente dient hier als Nullpunkt des Verfahrens. Die vorherigen Verhandlungsprozesse werden ausgeblendet. In beiden grundlegenden Texten finden sich allgemeine Zielformulierungen und ein Katalog der förderfähigen Maßnahmen. Durch einen synoptischen Vergleich der INTERREG-II-Mitteilung und der PHARE-CBC-Verordnung kann beantwortet werden,

- ob INTERREG-II und PHARE-CBC mit deckungsgleichen Zielsetzungen errichtet wurden, und

- ob unterhalb dieser Zielsetzungen einzelne Maßnahmen grenzüberschreitend gestaltet werden können.

Volle Komplementarität wäre gegeben, wenn beide Finanzinstrumente sowohl in ihrer Zielsetzung als auch in den förderfähigen Maßnahmen absolut inhaltlich übereinstimmen würden. Dann wäre - zumindest auf dieser Prozeßstufe - eine Grenzüberschreitung der konkreten Projekte möglich. Entsprechend könnte die Frage nach der Grenzüberschreitung schon auf dieser Prozeßstufe verneint werden, wenn beide Programme weder gleiche Zielsetzungen noch gemeinsame förderfähige Maßnahmen enthielten.

Die Quellentexte sind

- die „Mitteilung KOM 94/C 180/13 an die Mitgliedstaaten über die Leitlinien für die von ihnen aufzustellenden Operationellen Programme im Rahmen einer Gemeinschaftsinitiative für die Entwicklung von Grenzregionen, grenzübergreifende Zusammenarbeit und ausgewählte Energienetze (Interreg-II)" vom 1. Juli 1994.
- die „Verordnung (EG) Nr. 162894 der Kommission vom 4. Juli 1994 über die Durchführung eines Programms über grenzüberschreitende Zusammenarbeit zwischen den Ländern Mittel- und Osteuropas und Mitgliedstaaten der Europäischen Union im Rahmen der Aktion PHARE".

4.1.1 Ziele

Im Vergleich der Zielformulierungen fällt eine Reihe von *Gemeinsamkeiten* auf: So setzt die Förderung jeweils an den „spezifischen" (PHARE) bzw. „besonderen" (INTERREG) Entwicklungsproblemen der Region an. Als Ursache dieser Probleme wird jeweils die „Stellung"/„Isolierung" in der jeweiligen Volkswirtschaft angesehen. Diese Förderung soll beidemal „im Interesse der lokalen Bevölkerung" vonstatten gehen. INTERREG-II soll in einer „mit dem Umweltschutz zu vereinbarenden Weise", PHARE-CBC in „umweltverträglicher Weise" fördern. Durch beide Instrumente soll auch die Möglichkeit der „Zusammenarbeit" genutzt werden.

Allerdings stehen dem schon einige *Widersprüche und Ungereimtheiten* gegenüber: PHARE-CBC soll vorrangig gemeinsam durchgeführte Projekte unterstützen. Eine solche Bindung an gemeinsame Projekte fehlt in INTERREG-II. Hier sollen vor allem die Gebiete innerhalb der EU bei der Bewältigung ihrer Entwicklungsproblemen unterstützt werden. Eine Koppelung an PHARE-CBC fehlt in der Zielformulierung. Erst weiter unten findet sich die Formulierung: „Soweit möglich sollte (...) Planung und Durchführung auf grenzüberschreitender Basis in Verbindung mit grenzübergreifenden Aktionen erfolgen, die im Rahmen anderer Gemeinschaftsprogramme, insbesondere der PHARE-Programme, in benachbarten Drittländern unterstützt werden."

„Soweit möglich sollte" formuliert eine andere Qualität als „wird in erster Linie". Es deutet darauf hin, daß in INTERREG-II der Schwerpunkt eher auf der endogenen Entwicklung der Region liegt (Entwicklungsziel), während PHARE-CBC eher als explizit grenzüberschreitend konzipiert ist (Integrationsziel). Das spiegelt auch die Ressortverteilung auf europäischer Ebene wider: Die Generaldirektion XVI, die für INTERREG-II zuständig ist, beschäftigt sich mit Regionalpolitik (innerhalb der EU), die GD I ist für Außenwirtschaft (außerhalb der EU) und PHARE-CBC zuständig. INTERREG-II entstammt den Gemeinschaftsinitiativen und damit der Regionalpolitik mit primär regionalpolitischer Zielsetzung. PHARE-CBC entstammt dem PHARE-Programm, „durch das die Integration unterstützt wird"[3]. Vor diesem Hintergrund wirft die leicht unterschiedliche Akzentsetzung in beiden Texten die Frage auf, ob nicht beide Programme von unterschiedlichen Rationalitäten geleitet sind[4]. Falls sie aber nicht kompatibel gestaltet sind, könnte es sein, daß die Komplementaritätsbedingung nicht erfüllt werden kann. Ob diese Dilemmasituation eintreten könnte, soll im weiteren geprüft werden.

Neben diesem konzeptionellen Problem fällt eine inhaltliche Ungereimtheit auf: PHARE-CBC soll ausdrücklich die Schaffung regionaler Netze und die Anbindung an großräumigere Netze leisten. In INTERREG-II sind diese Zielsetzungen aber exklusiv an die Grenzregionen der Binnengrenzen gebunden. Diese Formulierungen nehmen Bezug auf die Konzeption der Transeuropäischen Netze. Die Konzeption bezieht sich auf „große" Infrastruktur: Hochgeschwindigkeitsbahnstrecken, Autobahnen, Flughäfen, Flußausbau, Energie- und Kommunikationsnetze. Nach den Formulierungen in den Texten soll PHARE-CBC den Anschluß regionaler Netze an die europäischen Netze unterstützen, INTERREG-II dagegen für die Außengrenzen nicht explizit. Damit erscheint ein inhaltliches Ungleichgewicht schon angelegt: PHARE-CBC müßte demzufolge einen Schwerpunkt in den aufgeführten Infrastrukturbereichen haben, der in INTERREG-II zumindest an der deutsch-polnischen Grenze fehlen dürfte.

---

3 Europaischer Rat. 1994. Schlußfolgerungen des Europaischen Rates der Staats- und Regierungschefs in Essen am 9. und 10 Dezember 1994. Anhang IV - Bericht des Rates an den Europaischen Rat (Essen) uber die Strategie zur Vorbereitung des Beitritts der assozuerten MOEL

4 Diese Vermutung wird gestutzt durch eine Bemerkung des Vertreters der GD XVI, Herrn Hotte, auf der Konferenz der Euroregionen in Frankfurt (Oder) vom 28.-30. September 1995. Er wies ausdrucklich darauf hin, daß INTERREG-II Innenpolitik und PHARE-CBC Außenpolitik sei. Dokumentiert in Europaische Kommission u . a. 1995.

4.1.2 Förderfähige Maßnahmen

Sowohl die INTERREG-Mitteilung als auch die PHARE-Verordnung enthalten einen Katalog der förderfähigen Maßnahmen. Inhaltlich werden die förderfähigen Maßnahmen unter INTERREG-II und PHARE entsprechend dem „Rahmenabkommen zwischen der Bundesregierung und der polnischen Regierung über die grenzüberschreitende Zusammenarbeit" folgenden fünf Handlungsfeldern zugeordnet:

- Verkehr, Infrastruktur, Umwelt;
- Wirtschaftliche Entwicklung;
- Landwirtschaft;
- Menschliche Ressourcen;
- Raumplanung, Studien, Technische Hilfe.

Im Bereich Verkehr, Infrastruktur, Umwelt sind die Instrumente weitgehend deckungsgleich. Eine Ausnahme bildet der Bereich Trinkwasser/Abwasser, wo die Trinkwasserversorgung unter INTERREG intensiver förderfähig ist. Im Bereich der wirtschaftlichen Entwicklung liegt weitestgehende Übereinstimmung vor. Die unter INTERREG, nicht aber unter PHARE-CBC mögliche Einrichtung von Naturparks sollte ein kleineres Problem sein, da solche Aktionen wohl in PHARE-CBC auch unter die Formulierung der „Förderung des Tourismus" oder „Vermeidung von Umweltschäden" subsumiert werden können. Im Bereich Landwirtschaft fallen Ungleichgewichte auf, die schon schwerwiegender sind: INTERREG-II setzt hier einen Schwerpunkt auf Produktivitätssteigerung, Produktdiversifizierung und Marktstruktur, der in PHARE-CBC keinerlei Entsprechung findet. Aus den beiden Programmen sind Maßnahmen in dem Bereich nicht grenzüberschreitend koordiniert finanzierbar. Der Bereich „Menschliche Ressourcen" deckt sich weitestgehend. Ausnahme sind hier Kooperationen im Bereich Kultur und Bildung, die aus PHARE-CBC nicht zu unterstützen sind. Um Raumplanung, Studien und Technische Hilfe fördern zu können, sehen die beiden Instrumente nur relativ geringe Unterschiede vor. Daß die Technische Hilfe zur direkten Umsetzung der Förderung (Programme und Projekte) auf polnischer Seite intensiver erfolgt, erscheint plausibel, da hier der ganze Verwaltungsapparat erst noch die „europäischen Verfahren" einüben muß. Auffälliger ist, daß INTERREG-II einen deutlich weiteren Bereich abdeckt, was die Förderung der Überwindung von Systemunterschieden auf regionaler Ebene angeht. Dieser Sonderaktionsbereich ist unter PHARE deutlich schwächer.

4.1.3 Zusammenfassung

In der Prozeßstufe, in der Finanzinstrumente geschaffen werden, sind INTERREG-II und PHARE-CBC noch weitestgehend kohärent gestaltet. In einigen inhaltlichen Punkten lassen sich allerdings schon bedeutende Differenzen feststellen:

- Landwirtschaft: Produktivitätssteigerung, Produktdiversifizierung und Marktstrukturen können hier nicht grenzüberschreitend kohärent gefördert werden.
- Kultur und Bildung: eine gemeinsame Förderung von Kultur und Bildung ist nicht möglich.
- Transeuropäische Netze: Nach den Zielformulierungen erscheint es zweifelhaft, ob der Anschluß an die Transeuropäischen Netze förderfähig ist. Dieses Problem findet sich bei den förderfähigen Maßnahmen so nicht.

Ein konzeptionelles Problem besteht in der Ausrichtung der beiden Programme aufeinander. PHARE-CBC ist deutlich auf INTERREG-II ausgerichtet; die entsprechende Formulierung in der INTERREG-II-Mitteilung ist deutlich weniger konkret. Als Erklärung wurden die unterschiedlichen Programmrationalitäten angeboten, denen die beiden Finanzinstrumente entstammen: Die Strukturfonds der EU - als Quelle von INTERREG-II - sind mit einer struktur- und regionalpolitischen Rationalität auf die Förderung von einzelnen Regionen ausgerichtet. Sie sind damit eher an einem Wohlfahrts- und Gleichheitsziel orientiert. Demgegenüber ist das PHARE-Programm für Wirtschaftshilfe in Polen mit einem deutlichen Integrationsziel versehen. Diese Überlegung führt zu folgender *These I: INTERREG-II kann an der Außengrenze seine Zielsetzungen nur eingeschränkt realisieren, weil es zwar als grenzüberschreitendes Programm konzipiert ist, aber nicht, wie an den Binnengrenze, „mit sich selber" ergänzt werden kann und selbst nicht ausreichend anschlußfähig an andere Programme (wie z. B. PHARE-CBC) ist. Weil die Ergänzung von PHARE-CBC dadurch nicht gegeben ist, kann auch PHARE-CBC seine Ziele nicht realisieren.*

4.2 Programmierung

Programmierung ist ein in der EU-Regionalpolitik übliches Verfahren der mittelfristigen Finanzplanung. Die EU-Verwaltung verfügt über keinen eigenen Verwaltungsunterbau, den sie zur Implementation ihrer Förderprogramme nutzen könnte. Sie ist vielmehr auf die Kooperation mit den nationalen und subnationalen Verwaltungen angewiesen. Diese werden in den INTER-

REG-II- und PHARE-CBC-Implementationsprozeß erstmals, wenn auch in unterschiedlichem Ausmaß, in der Prozeßstufe der Programmierung eingebunden. Die Programmtexte haben dabei den Stellenwert von „Anträgen“, die nationale Verwaltungen unter Explizierung ihrer mittelfristigen Planungen mit den Fördermitteln bei der Kommission stellen.

Die Einbindung ist als Prinzip der „Partnerschaft“ einer der Eckpfeiler (z. B. Marks 1993: 396) europäischer Regionalpolitik. Der Programmierungsprozeß für INTERREG-II, das eine Gemeinschaftsinitiative darstellt, ist entsprechend dieses Prinzips gestaltet. Grundlage ist die Mitteilung zu INTERREG-II. Auf ihr aufbauend, wird in einem Verhandlungs- und Konsultationsprozeß zwischen den zuständigen nationalen und subnationalen Verwaltungen sowie der EU-Kommission ein Mehrjahresprogramm erstellt, das die Verwendung der Mittel aus den EU-Finanzinstrumenten genauer bestimmt. Dazu erarbeiten die Mitgliedstaaten jeweils programmatische Texte. Für INTERREG-II sind das die Operationellen Programme (Europäische Kommission 1995b-d). Verantwortlich für deren Erstellung sind die Länderregierungen. Das betrifft hier: Mecklenburg-Vorpommern, Brandenburg, Sachsen. Von Land zu Land verschieden, sind die Euroregionen unterschiedlich stark in den Prozeß der Erstellung der Operationellen Programme eingebunden. In Brandenburg als dem dezentralistischen Extremfall wurden die ersten Entwürfe zum Operationellen Programm von den Euroregionen in eigener Regie erstellt. Die Landesregierung wollte sich zunächst auf eine Moderations- und Redaktionsrolle beschränken. Auch wenn diese Rolle im Laufe des Verfahrens aufgegeben wurde zugunsten einer stärkeren Position, wurde das Operationelle Programm für Brandenburg in einem ständigen Konsultationsprozeß zwischen Landesregierung und den beiden brandenburgischen Euroregionen erstellt. Das zentralistische Gegenextrem ist die sächsische Regierung. Hier wird INTERREG-II von der Staatskanzlei abgewickelt. Das bezieht sich auch auf die Erstellung der Operationellen Programme. Die Euroregionen wurden am Prozeß der Aushandlung nicht im Rahmen von Konsultationen oder Verhandlungen, sondern nur durch unverbindliche Zuarbeiten beteiligt. Die Ergebnisse dieser Verhandlungen werden der Kommission GD XVI vorgelegt, die darüber befindet, ob das Programm den Anforderungen der INTERREG-II-Mitteilung genügt und darauf hin den Mittelabfluß genehmigt.

Auf polnischer Seite ist der Programmtext, der den Operationellen Programmen unter INTERREG-II entspricht, das „Polish-Multiannual Cross Border Indicative Programm 1995-1999“. Der Verhandlungsprozeß gestaltet sich anders, da PHARE nicht den Prinzipien der EU-Regionalpolitik unterliegt. Es ist vielmehr als Regierungsprogramm konzipiert. Der Ansprechpartner ist die polnische Regierung. Im Bereich der EU-Außenpolitik greift die Kommission nicht wie in der Regionalpolitik direkt auf subnationale Gebietskörperschaften und Verwaltungen zu, sondern bewegt sich ausschließlich auf der Regierungsebene. Das Indikative Programm für PHARE wurde daher auch zwischen der polnischen Regierung und der Kommission ausgehandelt. Die Aushandlung selber gleicht dem Vorgehen bei INTERREG-II: Die polnische Regierung erstellt einen Vorschlag, der von der Kommission auf der Grundlage der Verordnung zu PHARE-CBC geprüft und letztendlich akzeptiert wird.

In der Interpretation des Implementationsprozesses der grenzüberschreitenden Zusammenarbeit als einem „Trichterprozeß" leisten die Programmierungsverfahren eine erste Konkretisierung der weitgefaßten Ziel- und Maßnahmenformulierungen aus der ersten Prozeßstufe. Der Rahmen, den die EU mit der INTERREG-II-Mitteilung und der PHARE-CBC-Verordnung vorgegeben hat, wird nun gefüllt: auf deutscher Seite mit den Ziel- und Maßnahmenformulierungen der Landesregierung und der Euroregionen. Auf polnischer Seite mit den entprechenden Positionen der polnischen Regierung. Durch diese Konkretisierung werden nationale/subnationale Interessen in den „Trichterprozeß" der grenzüberschreitenden Zusammenarbeit eingebracht.

Die Struktur der Verhandlungsprozesse zu den Programmen weist bereits auf ein Problem des Prozesses hin: Die Entscheidungen über die mittelfristige Finanzplanung wird national jeweils auf verschiedenen Ebenen getroffen. Auf der deutschen Seite verhandeln die subnationalen Verwaltungen vollberechtigt mit der Kommission. Je nach Bundesland sind sogar die Vertreter der Euroregionen mitentscheidend tätig. Auf polnischer Seite liegt demgegenüber die Verantwortung auf der Ebene der nationalen Regierung. Die Entscheidungszentren liegen also in dieser Prozeßstufe auf deutscher Seite auf subnationaler/regionaler Ebene, auf der polnischen Seite dagegen auf der nationalen Ebene. Dadurch entsteht die Gefahr, daß in den Programmen jeweils unterschiedliche Interessen vertreten werden: Auf deutscher Seite eher regionale, auf polnischer eher nationale. Ob sich in den Programmtexten divergierende Interessen und Schwerpunktsetzungen deutlich nachweisen lassen, wird nun geprüft.

Inhaltlich finden sich in den Programmen jeweils folgende Elemente:

- Regionale Zielsetzungen auf der Basis eines Regionalentwicklungskonzeptes.
- Prioritäre Maßnahmen, die zur Erreichung dieser Ziele geplant sind.

Darüber hinaus beinhalten die Programme Finanztabellen, aus denen die Verwendung der Mittel nach den einzelnen Förderschwerpunkten bis 1999 ersichtlich wird. Damit kann außer den Zielen und Maßnahmen als dritte Vergleichsgröße die

- Finanzausstattung und geplante Verwendung der Mittel

herangezogen werden. Die vorher in den Texten eventuell festgestellten Interessenunterschiede können so auch gewichtet werden.

4.2.1 Ziele

Es wird zwischen allgemeinen Zielen, die für das gesamte Programm formuliert werden, und Einzelzielen, in denen die allgemeinen Ziele konkretisiert werden, unterschieden.

Im Bereich der Allgemeinen Zielsetzungen fallen die *Gemeinsamkeiten* auf. In allen Programmtexten sind die Ziele: den „Lebensstandard heben" und die „Wirtschaftskraft erhöhen" aufgeführt. Das bedeutet: Sowohl die polnische Regierung als auch die deutschen Länderregierungen sehen das Wohlfahrtsziel als erstrebenswert an. Bei der etwas ausdifferenzierten Nennung von Einzelzielen besteht nur in der Frage der grenzüberschreitenden Zusammenarbeit Übereinstimmung. Ob als gutnachbarschaftliche Beziehungen, Erhöhung der regionalen Identität, Integration der Bevölkerung, promotion of cooperation - in allen Programmen taucht diese Integrationszielgröße auf. Allerdings sind damit auch schon die Gemeinsamkeiten erschöpft.

Die *Unterschiede* bei den allgemeinen Zielsetzungen haben eher den Charakter von Akzentverschiebungen. So betonen zumindest zwei deutsche Programme schon auf dieser allgemeinen Stufe den Integrationsaspekt, Brandenburg mit wirtschaftlichem Schwerpunkt. Anders ist das Bild bei den konkretisierten Einzelzielen. Auf der polnischen Seite werden gegenüber den INTERREG-Programmen drei zusätzliche Zielkategorien genannt: „to complement INTERREG programmes", „to address wider environmental problems" und „to encourage the creation and development of cooperation networks on each side of the border and establishment of links between these networks and wider EU networks". Zumindest in zwei der Operationellen Programme zu INTERREG-II wird ein anderer Akzent gesetzt: hier steht die Stärkung des Wirtschaftspotentials (Brandenburg) und die Profilierung einer Touristik- und Wirtschaftsregion (Mecklenburg-Vorpommern) als Ziel neben der Förderung der grenzüberschreitenden Zusammenarbeit.

Der Vergleich der Zielformulierungen zeigt wichtige Gemeinsamkeiten auf. Die allgemeinen Zielformulierungen sind - auf sehr abstraktem Niveau - weitestgehend kompatibel. Die unterschiedlichen Akzentsetzungen fallen nicht aus dem Rahmen. Die Akzentverschiebungen sind bei der etwas konkreteren Formulierung von Einzelzielen schon auffälliger. Hier verbindet die gemeinsame Zielsetzung der „Förderung der Kooperation" die beiden nationalen Schwerpunkte: die „Stärkung des Wirtschaftspotentials" auf deutscher Seite und die „Schaffung von Netzen in der Region", die Anschluß an EU-Netzwerke haben, auf polnischer Seite.

Damit deuten sich Unterschiede im Verständnis der grenzüberschreitenden Zusammenarbeit an: Die deutsche Seite interpretiert sie als ein Instrument der Regionalentwicklung und schränkt die Zieldefinitionen in Übereinstimmung mit der GD XVI der Europäischen Kommission auf Entwicklungen innerhalb der Grenzregion ein. Für die polnische Seite spielt neben der unzweifelhaft vorhandenen regionalen Perspektive die wesentlich großräumigere Annäherung an Europa (zum Beispiel durch den Anschluß an die Transeuropäischen Netze) eine bedeutende Rolle. Das könnte darauf hinweisen, daß in den weiten übereinstimmenden Zielkonstrukten divergierende Interessen verpackt sind, die erst bei einer Konkretisierung zutage treten. Wenn das so ist, hätten auch die allgemeinen Zielformulierungen keinen Kohärenzeffekt, da sie in der Konkretisierung von Interessendifferenzen überlagert werden.

4.2.2 Prioritäre Maßnahmen

Die Hauptleistung der Programmtexte besteht darin, die allgemeinen Zielsetzungen in eine konkrete Entwicklungsstrategie umzusetzen, die in den einzelnen Handlungsfeldern die jeweils geplanten Maßnahmen nennt. Dadurch lassen sich die bisher inhaltlich noch recht vagen Aussagen erstmals konkreter für die einzelnen Handlungsfelder spezifizieren. Es wird möglich, innerhalb der fünf Aktionsfelder (- Verkehr, Infrastruktur, Umwelt; - Wirtschaftliche Entwicklung; - Landwirtschaft; - Menschliche Ressourcen; - Raumplanung, Studien, Technische Hilfe) anhand der jeweils vorgesehenen Maßnahmen Aussagen über die Komplementarität der in den Programmen gesetzten Schwerpunkte zu treffen.

Es treten einige schwerwiegende inhaltliche Disparitäten in den programmatischen Texten zutage. So setzt das polnische Programm einen auffällig starken Akzent auf die „große" Infrastruktur, wie Regionalflughäfen. Eisenbahn- und Wasserverkehr, der durch INTERREG-II nicht ergänzt wird. Im Wirtschaftsbereich sind die Unterschiede weniger deutlich. Auf polnischer Seite gibt es eine leichte Akzentverschiebung zu direkter Investitionsförderung und Infrastruktur, auf deutscher Seite zu Marketing- und Kooperationsmaßnahmen. Eine Differenz ist in den sonstigen landwirtschaftlichen Maßnahmen zu erkennen. In Polen wird angestrebt, die Landwirtschaft durch

Strukturanpassung selber produktiver zu machen. In Deutschland werden eher ländliche Strukturmaßnahmen und die Diversifizierung ländlicher Einkommen verfolgt. Im Bereich der Menschlichen Ressourcen liegt auf polnischer Seite das Bemühen auf institutionellen Kooperationen und Austauschmaßnahmen. Die deutsche Seite schließt darüber hinaus noch beschäftigungswirksame Maßnahmen mit ein, wie die Eingliederung von Problemgruppen in den Arbeitsmarkt. Im Bereich Technische Hilfe, Raumplanung und Studien bestehen keine wesentlichen Unterschiede.

Die Übersicht über die geplanten Maßnahmen weist auf ein immanent unterschiedliches Verständnis des Sinns der beiden Finanzinstrumente hin: Auf polnischer Seite werden sie als Infrastrukturprogramm akzentuiert. Es soll durchaus Basisinfrastruktur geschaffen werden, die nicht nur regional begrenzt ist, sondern den Dimensionen der Transeuropäischen Netze nahekommt. Auf deutscher Seite wird INTERREG eher als ein „Luxus"-Programm gesehen, mit dem man sich Dinge leisten kann, die man sonst nicht bekommen würde. Es geht nicht darum, für eine größere Einheit Basisinfrastruktur (Ausnahme: Grenzübergänge) zu schaffen, sondern es geht um regionale Verkehrsverbindungen. Außerdem stehen die wirtschaftliche Entwicklung und die menschlichen Ressourcen stärker als auf der polnischen Seite im Mittelpunkt.

In den einzelnen Aktionsfeldern sind unterschiedliche Schwerpunktsetzungen zu erkennen. Von besonderer Bedeutung ist der Infrastrukturbereich, wo die Interessen doch weit auseinandergehen. Inwieweit diese inhaltlichen Differenzen praktisch zum Tragen kommen, hängt davon ab, welche Projekte verwirklicht werden. Ein Indikator für die Gewichtung dieser inhaltlichen Differenzen ist die geplante Finanzausstattung der einzelnen Handlungsfelder. Damit lassen sich die unterschiedlichen Interessenkonstellationen quantifizieren.

4.2.3 Finanztabellen

Für INTERREG-II maßgeblich sind die Finanztabellen der Operationellen Programme, für PHARE-CBC die des Mehrjahres-Indikativ-Programms. Mit diesen Angaben kann in den fünf Hauptaktionsfeldern die Mittelverwendung für den Zeitraum 1995-1999 zwischen dem MIP und den INTERREG-II-OP verglichen werden. Die gerade festgestellten inhaltlichen Abweichungen können so quantifiziert und gewichtet werden. Ihre Relevanz wird dadurch deutlicher. Ein Vergleich der Finanztabellen führt Tabelle 1.

Tabelle 1: Finanzplanung INTERREG-II/PHARE-CBC bis 1999

Handlungsfeld	INTERREG-II Deutsch-polnische Grenze*	% der gesamten INTERREG-Mittel	PHARE-CBC an der deutsch-polnischen Grenze*	% der gesamten PHARE-Gesamtmittel
Verkehr/Infrastruktur/ Umwelt	72,84	44,08	221,00	85,00
Wirtsch. Entwicklung	32,86	25,16	7,80	3,00
Landwirtschaft	15,33	9,28	7,80	3,00
Menschl. Ressourcen	30,25	17,98	10,40	4,00
Technische Hilfe	5,79	3,50	13,00	5,00
Gesamt	157,07	100,00	260,00	100,00

* Angaben in Mio. ECU

Die Gegenüberstellung läßt ganz erhebliche Unterschiede in der Schwerpunktsetzung sichtbar werden. Eklatant ist die unterschiedliche Gewichtung des Handlungsfeldes Verkehr/Infrastruktur/Umwelt. Die polnische Seite konzentriert hier den mit weitem Abstand größten Anteil ihrer Mittel. 85 Prozent der PHARE-CBC-Förderung, das sind mehr als 233 Millionen ECU, sollen in dem Bereich eingesetzt werden. Dem stehen auf deutscher Seite unter INTERREG-II nur 72,84 Millionen ECU und damit ein Anteil von 44,08 Prozent gegenüber. Diese deutlich sich unterscheidende Gewichtung zieht „Schieflagen" in den anderen Handlungsfeldern nach sich: Im Bereich Wirtschaft sollen aus INTERREG etwa vierfach höhere Mittel als unter PHARE eingesetzt werden, im Bereich der Menschlichen Ressourcen beträgt das Verhältnis 3:1 und in der Landwirtschaft 2:1. Lediglich bei Raumplanung/Studien/Technischer Hilfe setzt Polen nochmals doppelt so viel Mittel ein wie die deutsche Seite.

Damit wird klar ersichtlich, beide Seiten vertreten durchaus andere Schwerpunkte. Das deutsche und das polnische Verständnis der grenzübergreifenden Zusammenarbeit unterscheiden sich deutlich.

Der für 1995 vorliegende PHARE-CBC-Finanzvorschlag deutet darüber hinaus darauf hin, daß das Programm sich mittlerweile von der ursprünglich vorgesehenen engen Koppelung an INTERREG-II „emanzipiert" hat. Die Finanztabelle belegt, daß den PHARE-CBC-Mitteln von 49 Millionen ECU lediglich ergänzende Mittel im Volumen von 14,08 Millionen ECU auf der EU-Seite gegenüberstehen. Angesichts der Kaufkraftunterschiede wird dieser Unterschied noch eklatanter. Der Anteil der grenzüberschreitend verknüpften Projekte ist gering und beschränkt sich auf die Bereiche Wirtschaftliche Entwicklung und Umwelt. Der Anteil, den INTERREG-II an den 14,08 Millionen ECU hat, läßt sich nicht isolieren, da die Angaben INTERREG-II und bilaterale deutsche Mittel zusammenfassen. Dennoch bleibt festzuhalten, daß im Jahre 1995 eine grenzüberschreitende Ergänzung nur in Höhe von 29 Prozent der PHARE-CBC-Mittel vorgesehen war.

4.2.4 Zusammenfassung

Die Befunde aus dem Vergleich der Operationellen Programme machen deutlich, daß beide Seiten durchaus verschiedene Interessenschwerpunkte haben. Wenn im Mehrjahres-Indikativ-Programm festgestellt wird, daß die programmatischen Texte ähnliche Ziele und Prioritäten verfolgen (Europäische Kommission 1995a: 13), so kann das nach dem vorgenommenen Vergleich nicht bestätigt werden. Selbst wenn in den Texten Gemeinsamkeiten auftreten, werden sie durch die Gewichtung, die ein Vergleich der mittelfristigen Finanzplanung liefert, deutlich relativiert. Wenn gemeinsame Ziele formuliert werden, ist zu berücksichtigen, daß die jeweils notwendigen Maßnahmen eine unterschiedliche finanzielle Ausstattung besitzen. Auf diese Weise wird die gemeinsame Zielerreichung in Frage gestellt. Eine Auflistung kompatibler Prioritäten ohne die Gewichtung durch die Finanzplanung, wie sie im MIP vorgenommen wird, zeigt somit nur die halbe Wahrheit. Auffällig sind bei dem vorgenommenen Vergleich nicht die Gemeinsamkeiten, sondern vielmehr die Unterschiede.

Die Befunde stützen die *These II: Die Lokalisierung der Entscheidungszentren für den Programmierungsprozeß auf verschiedenen Ebenen beeinflußt die in den Programmen sich widerspiegelnden Interessen. Auf deutscher Seite werden subnationale/regionale Interessen vertreten, auf polnischer nationale. Durch derartige Interessendifferenzen ist die Erfüllung der Komplementaritätsbedingung und damit der Erfolg der regionalen grenzüberschreitenden Zusammenarbeit gefährdet.*

Zu einem ähnlichen Ergebnis kommt auch der Bericht über die Implementation von PHARE-CBC im Jahre 1994: „Whilst the MIP and the OP should contain identical priority axes, the measures covered by these axes will often diverge, reflecting the different stages of development and different priorities at either side of the border" (Europäische Kommission 1995e: 24).

Inhaltlich deuten sich die unterschiedlichen Interessenkonstellationen schon bei den allgemeinen Zielsetzungen der Programme an. Die verschiedenen Nuancen schlagen sich bei der Formulierung der einzelnen Maßnahmen nieder. Auf polnischer Seite werden nahezu alle Bereiche an „großer" Infrastruktur gefördert: Bahnverbindungen, Regionalflughäfen, Strom-, Gas- und Wassernetze, Schiffahrt, Autobahnen - alles Projekte, die nicht primär eine regionale Ausrichtung haben. Die deutsche Seite beschränkt sich dagegen eher auf regionale Projekte, wie Serviceeinrichtungen, Reit- und Wasserwanderwege, Informationsmaßnahmen. Unterschiedlich ist auch die Akzentsetzung in anderen Bereichen. Die Tendenz dieser inhaltlichen Differenzen läßt sich so zusammenfassen: PHARE-CBC wird von der polnischen Seite als ein Basisinstrument der Förderpolitik gesehen, mit dem erst einmal grundlegende Aufgaben in den einzelnen Handlungsfeldern erfüllt werden sollen: Basisinfrastruktur, Direktinvestitionen, allgemeine Ausbildung, weniger landwirtschaftliche Reformen. Das heißt, es handelt sich um solche Aufgaben, die sowieso zu leisten sind und die nicht unbedingt regionalen Interessen folgen. Auf deutscher Seite wird INTERREG-II dagegen als ein Programm mit regionalem, grenzüberschreitendem Mehrwert eingesetzt. Basismaßnahmen, die auf polnischer Seite unter PHARE-CBC fallen, werden hier nicht aufgeführt. Sie werden von anderen Instrumenten übernommen (Gemeinschaftsaufgabe, EFRE-Förderung, Aufschwung Ost,...). INTERREG-II soll hier - eher feinmaschig - auf regionaler Basis die inhaltlichen Lücken ausfüllen, die von den größeren Programmen gelassen wurden. Die unterschiedlichen Schwerpunktsetzungen führen dazu, daß die Programme in ihrer Finanzausstattung zum Teil sehr weit auseinanderklaffen.

Um abschätzen zu können, inwieweit diese unterschiedlichen Akzente in der Umsetzung zum Tragen kommen und auf die Ergebnisse der grenzüberschreitenden Zusammenarbeit einwirken, wird nun der Vergabeprozeß der Mittel unter dem Gesichtspunkt der Koordinierungs- und Vermittlungsfähigkeit einer eingehenden Prüfung unterzogen.

4.3 Entwicklung und Beschluß von Projekten

Nach der Schaffung der Finanzinstrumente INTERREG-II und PHARE-CBC, die den Rahmen der möglichen Förderung abstecken, und der Planung der konkreten Maßnahmen entscheidet sich im Verlauf der Realisierung von Projekten, welche der in den Programmen vorgesehenen Einzelmaßnahmen tatsächlich umgesetzt werden kann. Es hängt erstens davon ab, für welche Vorhaben in den Regionen Projektträger vorhanden sind. Diese Einflußgröße steht außerhalb des Sichtfeldes der Untersuchung. Zweitens werden aber auch die Interessendifferenzen, die sich in den Prioritätensetzungen der Programme niederschlagen, Einfluß auf die zu realisierenden Projekte und damit auf die inhaltlichen Ergebnisse der Förderung haben. Hier zeichnet sich eine Rückkopplung im Prozeß ab: Die polnische Regierung hat im MIP festgeschrieben, daß mit großem finanziellen Akzent Infrastrukturmaßnahmen gefördert werden sollen. Inhaltlich hat sie es so dargestellt, daß vor allem „große“ Infrastruktur förderfähig ist. Für die Umsetzung solcher Großprojekte allerdings steht die polnische Zentralregierung nahezu monopolistisch da. Es sieht so aus, als hätte die polnische Regierung sich ein Förderprogramm für die Durchsetzung ihrer eigenen, nationalen Projekte geschrieben. Vor diesem Hintergrund lautet die Frage, ob die bestehenden Interessen im Sinne einer an regionalen Zielgrößen ausgerichteten Förderpolitik ausgeglichen werden können. Diese Leistung müßte das Antragsverfahren erbringen.

Die aufgeworfene Frage soll beantwortet werden, indem der Prozeß der Antragsbewilligung geprüft wird auf

- die Lage der Entscheidungszentren,
- die Interessenkonstellationen der entscheidenden Akteure,
- die Vermittlungsmöglichkeiten bei Interessendifferenzen.

4.3.1 Die Akteure und das Vergabeverfahren - Struktur des Antragsnetzwerkes

INTERREG-II und PHARE-CBC folgen unterschiedlichen Antragswegen. Beide Wege werden kurz mit dem Ziel nachvollzogen, die jeweils beteiligten Akteure und ihre Stellung im Netzwerk herauszufiltern.

Für die Beantragung von INTERREG-II-Fördermitteln wenden sich die Antragsteller zunächst an die Euroregionen. Bei positivem Beschluß in der Euroregion muß in Kooperation mit den zuständigen Landesministerien die nationale Kofinanzierung gesichert werden. Damit einher geht im Ministerium eine zweite inhaltliche Prüfung des Antrages. Wenn das zuständige Ministerium den Antrag unterstützt, kann er im Lenkungsausschuß rechtswirksam beschlossen werden. Im Lenkungsausschuß vertreten sind die Landesregierung durch die zuständigen Ministerien und die Euroregion. Nach dem Beschluß im Lenkungsausschuß können die Mittel ausgereicht werden. Information über die beschlossenen Projekte erhalten die GD XVI der Europäischen Kommission sowie der JPMC (Joint Programming and Monitoring Committee). An dem Verfahren des Beschlusses von INTERREG-II-Anträgen sind somit Euroregionen und die Landesregierungen als entscheidende Akteure beteiligt.

Einen ganz anderen Weg nehmen die zu beschließenden PHARE-CBC-Projektanträge. Durch den Charakter von PHARE-CBC als Regierungsprogramm wird hier als Antragsteller ausschließlich die Regierung in Warschau auftreten. Auf Basis des MIP werden konkrete Sektorprogramme jahresweise verfaßt. Diese mehr als nur Einzelmaßnahmen umfassenden Programme werden als Anträge eingereicht. Erst seit diesem Jahr werden die Sektorprogramme für PHARE-CBC auf Vorschläge aus den Regionen gegründet. Die Regionen haben allerdings keine gesicherten Mitsprache- und Einwirkungsrechte. Zunächst, als Vorprüfung werden die Anträge das JPMC vorgelegt. Er hat die Aufgabe, die vorliegenden Maßnahmen und Projekte auf ihren grenzüberschreitenden Charakter hin zu prüfen. Er spricht allerdings nur Empfehlungen aus. Entsprechend dem PHARE-Antragsverfahren werden dann mit der Empfehlung des JPMC die PHARE-CBC-Anträge dem PHARE-Verwaltungsausschuß vorgelegt. Dieser Ausschuß ist auf europäischer Ebene angesiedelt. Vertreten sind in ihm die Mitgliedstaaten der EU unter dem Vorsitz der Kommission. Der Verwaltungsausschuß gibt eine Stellungnahme ab. Entschieden wird über den Antrag durch die Kommission. Nur wenn die Stellungnahme des Verwaltungsausschusses und die Entscheidung der Kommission sich nicht decken, wird die Entscheidung an den Rat überwiesen und die Umsetzung auf sechs Wochen aufgeschoben. Der Rat kann nun die Entscheidung der Kommission korrigieren. Wenn er das nicht tut, tritt die Entscheidung nach der sechswöchigen Frist in Kraft. Im Rahmen der Beschlußfassung von PHARE-CBC-Anträgen sind somit die polnische Regierung und die Europäische Kommission entscheidend beteiligt.

Ein Vergleich der beiden Antragswege führt zu folgenden Ergebnissen:

- Die Entscheidungszentren beider Verfahren liegen weit auseinander: INTERREG-II-Anträge werden im Zusammenspiel von Landesregierungen und Euroregionen entschieden. Die Entscheidung über PHARE-CBC-Anträge spielt sich zwischen der polnischen Regierung und der Europäischen Kommission bzw. dem Rat ab.
- Die an den Entscheidungen beteiligten Akteure sind nicht identisch. Die Bewilligung von INTERREG-II- und PHARE-CBC-Mitteln wird auf verschiedenen Ebenen ohne direkte Beteiligung eines Akteurs in beiden Verfahren getroffen. Inwieweit beide Verfahren dennoch vermittelt werden können, wird weiter unten analysiert.

4.3.2 Die Interessen der Hauptakteure

Die Interessenlagen der Hauptakteure entscheiden mit über die Leistungsfähigkeit des gesamten Vergabesystems. Denn das Handeln der Akteure ist wesentlich von ihren Interessen bestimmt. Auch bei getrennten und unabhängig voneinander ablaufenden Antragswegen können kohärente Projekte herauskommen, wenn und soweit die Hauptakteure gemeinsame Interessen haben und sich ergänzende Zielsetzungen verfolgen. Gleichwohl kann davon ausgegangen werden, daß die zu verabschiedenden Anträge bei differierenden Interessenlagen der Hauptakteure nicht kohärent sind. Auf der Basis der Analysen der programmatischen Texte sowie der Rechtsakte in den vorherigen Kapiteln können die Interessenkonstellationen der Hauptakteure näher bestimmt werden.

Zwischen den beiden Vergabeverfahren treten klare Interessendiskrepanzen der entscheidenden Akteure auf: Sowohl die Euroregionen als auch die Landesregierungen auf deutscher Seite wollen INTERREG-II-Mittel regional und grenzüberschreitend einsetzen, um einen regionalen „outcome" zu erreichen. Dabei soll ein Effekt erzielt werden, der durch sonstige Förderungsmaßnahmen und -programme nicht zu erreichen ist. Dagegen steht für die polnische Regierung und die mitentscheidende Generaldirektion I der Europäischen Kommission im Vordergrund die Heranführung Polens mit überregionalem „outcome" an die EU und die interne polnische Basisförderung. Somit ist davon auszugehen, daß sich die Vergabeverfahren nicht dazu eignen, gemeinsame Projekte zu entwickeln. Wie aus den vorliegenden Anträgen ersichtlich ist, wird diese Hypothese dadurch verstärkt, daß die Projektträger ebenfalls von unterschiedlichen Ebenen kommen. Auf deutscher Seite sind vor allem regionale Akteure vertreten. Der Anteil der Gebietskörperschaften, die als Antragsteller auftreten, ist nach Einschätzung der Euroregionen eher gering. Demgegenüber werden die polnischen Projekte fast vollständig als Regierungsprojekte durchgeführt.

Angesichts dieser Interessenkonstellationen und der weit auseinanderliegenden Entscheidungszentren ist nicht zu erwarten, daß innerhalb des jetzt vorliegenden Vergabeverfahrens für INTERREG-II- und PHARE-CBC-Mittel grenzüberschreitende Projekte in nennenswertem Ausmaße verwirklicht werden können. Um es doch zu ermöglichen, müßten Koordinationsstrukturen eingerichtet werden, die sicherstellen, daß ein kohärenter und grenzüberschreitend koordinierter Mitteleinsatz verwirklicht werden kann. Solche Koordinationsstrukturen wurden bisher nur teilweise eingerichtet.

4.3.3 Vermittlungsmöglichkeiten bei Interessendifferenzen

INTERREG-II- und PHARE-CBC-Mittel werden nach getrennten Verfahren vergeben. Um grenzüberschreitende gemeinsame Projekte zu realisieren, wären Koordinations- und Abstimmungsmechanismen zwischen den beiden

Prozessen notwendig, insbesondere angesichts der weitreichenden Interessendifferenzen zwischen den Hauptakteuren. Solche Abstimmungsfunktionen würden Informationsaustausch und darüber hinaus Koordinationskompetenz erfordern. Strukturell können diese Anforderungen im Netzwerk der grenzüberschreitenden Zusammenarbeit durch zwei Vorkehrungen gelöst werden. Entweder durch Akteure, die in beiden Verfahren entscheidend vertreten sind, oder durch spezielle Verhandlungs- und Informationsaustauschgremien. Für beide strukturellen Möglichkeiten lassen sich Beispiele finden:

- In beiden Antragsprozessen vertreten sind die Euroregionen und die Europäische Kommission.
- Speziell mit dem Ziel der Koordination wurde ein Joint Programming and Monitoring Committee (JPMC) eingerichtet.

Die *Euroregionen* können intern gemeinsame Projekte entwickeln und abstimmen. Aber vor allem die polnische Seite ist auf das Wohlwollen der Regierung angewiesen, wenn diese Projekte auch umgesetzt werden sollen. Eine effektive Abstimmung zwischen dem INTERREG-II- und dem PHARE-CBC-Vergabeverfahren durch die Euroregionen ist damit nicht möglich.

Die *Europäische Kommission* spielt im INTERREG-II-Verfahren erst dann eine Rolle, wenn die Abstimmungen zwischen der Euroregion und der Landesregierung schon weitestgehend abgeschlossen sind. Die Kommission wird die Möglichkeit, die PHARE-CBC-Projekte durch Entscheidungsverweigerung auf die INTERREG-II-Projekte „hinzubiegen", wohl kaum in Anspruch nehmen. Die Abstimmungskompetenz der Kommission kann nicht abschließend beurteilt werden. Allerdings sprechen die aufgezeigten Konstellationen für keine effektive Koordination über die Kommission.

Neben diesen beiden Akteuren, die in beiden Vergabeprozessen eine Rolle spielen, wurde noch ein spezielles Gremium geschaffen, das koordinierend wirken soll. Dieses *Joint Programming and Monitoring Committee (JPMC)* hat ausgesprochene Koordinationsaufgaben. Das Mehrjahres-Indikativ-Programm geht sogar davon aus, daß „the complementary and coordination of activities on both sides of the border is achieved through [..] the Joint Programming and Monitoring Committee" (Europäische Kommission 1995a: 10). Im PHARE-CBC-Vergabeverfahren ist es direkt eingebunden. Es definiert gemeinsame Projekte und leitet auf der Basis der Vorschläge der Warschauer Regierung Projektempfehlungen an die Kommission zum endgultigen Beschluß weiter. Es kann somit Empfehlungen aussprechen, aber nicht direkt über PHARE-CBC-Projekte mitentscheiden. Die Rolle des JPMC ist gegenwärtig nicht klar zu umschreiben. Die Geschäftsordnung läßt einen relativ weiten Interpretationsspielraum. Weit ausgelegt würde sie dem Ausschuß die Kompetenz zur selbständigen Festlegung konkreter Projekte zugestehen. Die Darstellungen des deutschen Vorsitzenden des JPMC zielen in diese Richtung: „Es wurde vereinbart, daß der gemeinsame Ausschuß sicherstellen wird, daß bei den konkreten Projektentscheidungen sowohl im Rahmen von PHARE-CBC als auch INTERREG-II eine ausreichende Information und Beteiligung der jeweils anderen Seite sichergestellt wird" (Europäische Kommission u. a. 1995: 55). Bei der bisherigen Konstruktion der Antragswege ist es allerdings fraglich, ob eine Beteiligung wirklich gewährleistet werden kann. Im PHARE-CBC-Antragsverfahren hat der JPMC zwar die Funktion, eine Empfehlung abzugeben, im INTERREG-Verfahren ist er jedoch formal dem Lenkungsausschuß als beschlußfassendem Gremium nachgeschaltet, so daß es fraglich ist, inwieweit hier eine Beteiligung erfolgen kann. Ob eine wirkliche Beteiligung des JPMC, die Information, Beratung und Abgabe von Stellungnahmen voraussetzt, bei einer Tagungsfrequenz von sechs Monaten gewährleistet werden kann, ist zweifelhaft. Wie das mit den Zielvorstellungen von vier Monaten Bearbeitungszeit zu vereinbaren ist, die aus den Euroregionen gefordert werden, muß sich erst noch zeigen. Festzuhalten bleibt einstweilen, daß der JPMC wenigstens eine institutionalisierte Möglichkeit der Koordination bietet.

4.3.4 Zusammenfassung

Zusammenfassend läßt sich feststellen, daß in den Antragsverfahren zu PHARE-CBC und INTERREG-II die Entscheidungszentren weit auseinander liegen. PHARE-CBC wird zwischen der polnischen Regierung und der Europäischen Kommission entschieden, INTERREG-II zwischen den Euroregionen und den Landesregierungen. Direkte strukturelle oder prozessuale Verknüpfungen zwischen beiden Prozessen sieht das Netzwerk in seiner momentanen Gestaltung nicht vor. Die Möglichkeit, dennoch zu kohärenten Ergebnissen zu gelangen, ist angesichts der deutlichen Interessendifferenzen der Hauptakteure gering. Um so wichtiger wäre es, Vermittlungsmöglichkeiten zwischen beiden Verfahren zu schaffen. Die beiden Akteure, die an beiden Verfahren beteiligt sind, können die geforderten Informationsaustausch- und Koordinationsfunktionen nicht erfüllen. Die Europäische Kommission nicht, da sich auch in ihr die festgestellten Interessendifferenzen in der Aufteilung der Zuständigkeit zwischen „Innenpolitik" (GD XVI) und „Außenpolitik" (GD I) niederschlagen, die Euroregionen nicht, da sie auf der polnischen Seite zu weit außen vor bleiben, wenn sie einmal ihre Projektvorschläge eingereicht haben. Es bleibt als Koordinationsinstanz nur der Joint Programming and Monitoring Committee übrig. Seine Leistungsfähigkeit bezüglich des Informationsaustausches und der Koordination muß sich noch erweisen. Eine erste Einschätzung läßt gute Prognosen für den Informationsaustausch, aber Skepsis bezüglich der Koordination erwarten.

Das führt zur *These III: Das Problem der Koordinierung zweier unterschiedlicher Verfahren mit verschiedenen Akteuren und unterschiedlichen Interessen sowie weit auseinanderliegenden Entscheidungszentren kann im Verlauf des Antragsverfahrens nicht gelöst werden. Einziger Ansatzpunkt für koordinative Kompetenz ist der JPMC. Seine Einbindung in beide Verwaltungsverfahren, seine zeitlichen Möglichkeiten und die niedrige Sitzungsfrequenz lassen aber eine effektive Koordination während der Antragsverfahren unwahrscheinlich werden.*

5. Ausblick

Die Evaluation des implementierten Verwaltungsnetzwerkes für die deutsch-polnische Zusammenarbeit unter INTERREG-II und PHARE-CBC belegt, daß die Euroregionen mit diesen Programmen kaum Projekte durchführen können, die die *Komplementaritätsbedingung* erfüllen. Vielmehr werden zwei verschiedene „Zonenrandförderungen" vorgenommen, die nicht wirklich aneinandergeknüpft sind. Es werden kaum Projekte realisiert, die nicht mit anderen, nicht grenzüberschreitenden Programmen auch förderfähig wären.

Der spezifische Beitrag der grenzüberschreitenden Zusammenarbeit zur Erreichung solcher Ziele, wie die „Wirtschaftskraft stärken" und die „Integration fördern", wird nicht geleistet. Ganz im Gegenteil verursachen komplizierte Abstimmungsbemühungen bei unterschiedlichen Interessenlagen eher Frustration. Von Beteiligten ist schon jetzt zunehmend die Frage nach der Effizienz des ganzen Systems zu hören.

Die Verbindung von INTERREG-II mit PHARE-CBC stellt kein geeignetes Instrumentarium zur Förderung grenzüberschreitender Zusammenarbeit dar. INTERREG-II ist ein regionales „Luxus"-Programm, PHARE-CBC ein nationales Basis-Infrastrukturprogramm. Beide decken sich nur in kleinen Teilen: grenzüberschreitende Verkehrsverbindungen und Wasser-/Abwasserbehandlung. Daneben fallen sie in weiten Teilen auseinander: PHARE-CBC wird für große Verkehrsinfrastrukturmaßnahmen eingesetzt (z. B. Regionalflughäfen), INTERREG-II für kleinere Infrastruktur, Wirtschaftskooperation. Landwirtschaft und menschliche Ressourcen. Den Euroregionen stehen mit den beiden Finanzinstrumenten angesichts der gravierenden Interessendifferenzen und der fehlenden Koordinationsmöglichkeiten im Antragsverfahren keine Möglichkeiten offen, regionale grenzüberschreitende Zusammenarbeit zu fördern. Die Euroregionen an der deutsch-polnischen Grenze werden ihre Erfolgserwartungen zurücknehmen müssen.

Angesichts der Situation an der deutsch-polnischen Grenze, die geprägt ist von unterschiedlichen Kompetenzstrukturen - starke Länder und Regionen auf deutscher, starker Nationalstaat auf polnischer Seite - sowie von differierenden Interessenstrukturen, stellt sich die Frage, ob die Euroregionen überhaupt das richtige Instrument zur Gestaltung regionaler Zusammenarbeit sind. Die engen regionalen Abstimmungen und Kooperationen, die an der deutsch-niederländischen Grenze funktionieren, müssen nicht von vornherein auch an der deutsch-polnischen Grenze adäquat sein. Bei den gegebenen Kompetenz- und Interessenstrukturen droht den Euroregionen, daß ständig Probleme auftreten und Konflikte ausgetragen werden müssen, die ihre Leistungsfähigkeit überfordern. Eine solche Konfliktlinie stellt beispielsweise die Diskussion um eine Dezentralisierung in Polen dar, eine andere ergibt sich aus unterschiedlichen Ausgangssituationen und Interessendefinitionen in Deutschland und Polen. Hinzu kommt noch eine Überfrachtung der Euroregionen mit den hohen, von den Binnengrenzen der EU transferierten Zielsetzungen. Besonders das Ziel, die „Wirtschaftskraft zu stärken", baut Erwartungshaltungen auf, von denen noch nicht einmal klar ist, ob die etablierteren Euroregionen an der Westgrenze der Bundesrepublik sie wirklich einlösen können. Aufgrund dieser ausgeprägten Problemstruktur arbeiten die deutsch-polnischen Euroregionen unter der ständig akuten Bedrohung des Scheiterns an ihren so hochgesteckten Zielen.

Als Handlungsempfehlungen bleiben:

- Die altbekannte Forderung, die Programme INTERREG-II und PHARE-CBC prozedural und inhaltlich enger aneinander zu koppeln oder sogar in ein Programm überzuführen, kann durch die vorliegenden Analysen nur bestätigt werden, wenn an dieser Grenze grenzüberschreitende Zusammenarbeit funktionieren soll.
- Die mögliche Gefahr, die Euroregionen durch zu hohe Erwartungen zu überfordern, kann durch eine neu geführte Zieldiskussion behoben werden. Grundlinie in dieser Diskussion müßte sein, sich von der Vorstellung zu verabschieden, das Ziel, die „Wirtschaft zu stärken" als gleichberechtigt neben dem Integrationsziel anzusehen.
- Angesichts der System- und Interessendifferenzen sollte überlegt werden, ob für die Erreichung der - evtl. dann auch abgespeckten - Ziele der Euroregionen nicht ein weniger aufwendiges regionales Koordinationssystem

genügen würde. Das würde, zumindest vorläufig, den Abschied vom Organisationsmodell EUREGIO für die Gestaltung der regionalen grenzüberschreitenden Zusammenarbeit zwischen Deutschland und Polen bedeuten.

Epilog: Auch die (beim Abfassen der Diplomarbeit noch nicht vorliegenden) Projektlisten für 1996 bestätigen die Einschätzung, daß gegenwärtig an der deutsch-polnischen Grenze wirklich gemeinsame Projekte praktisch nicht durchführbar sind..

Literatur

Cochrane, A., 1994: Beyond the Nation State? Building Euro-Regions. In: Bullmann, U. (Hrsg.): Die Politik der dritten Ebene. Regionen im Europa der Union, Baden-Baden: 394-406.

Die Zeit, 1993: Brückenbau am Ende der Welt. Deutschland und Polen wollen ihre gemeinsame Grenzregion voranbringen.

Dornier (Hrsg.), 1993: Entwicklungs- und Handlungskonzept für die Euroregion Spree-Neiße-Bober. Bd.1, Friedrichshafen.

Eichener, V./Voelzkow, H., 1994: Europäische Integration und verbandliche Interessenvermittlung. Ko-Evalution von Politisch-administrativem System und Verbändelandschaft. In: Eichener, V./Voelzkow, H. (Hrsg.): Europäische Integration und verbandliche Interessenvermittlung. Marburg: 9-25.

Europäische Kommission, 1995a: PHARE-CBC Cross-Border-Cooperation, Poland-Germany. Multi-Annual-Indicative-Programme.

Europäische Kommission, 1995b: Operationelles Programm INTERREG-II - Brandenburg.

Europäische Kommission, 1995c: Operationelles Programm INTERREG-II - Mecklenburg-Vorpommern.

Europäische Kommission, 1995d: Operationelles Programm INTERREG-II - Sachsen.

Europäische Kommission. 1995e: Report on the Implementation of Cross-Border-Cooperation between the Community and Countries of Central and Eastern Europe in 1994.

Europäische Kommission/Europäisches Parlament (Hrsg.), 1995: Euroregionen-Konferenz Frankfurt (Oder)/Slubice. Berlin.

Europäischer Rat. 1994: Schlußfolgerungen des Europäischen Rates der Staats- und Regierungschefs in Essen am 9. und 10. Dezember.

Europäischer Rechnungshof, 1995: Jahresbericht zum Haushaltsjahr 1994. Luxemburg.

Europarat (Hrsg.), 1995: Handbook on transfrontier co-operation for local and regional authorities. (Transfrontier co-operation in Europe No.4), Strasbourg.

Grimm, F.-D., 1995: Veränderte Grenzen und Grenzregionen, veränderte Grenzbewertung in Deutschland und Europa. In: Institut für Länderkunde Leipzig (Hrsg.): Regionen an deutschen Grenzen - Strukturwandel an der ehemaligen innerdeutschen Grenze und an der deutschen Ostgrenze. (Beiträge zur regionalen Geographie 38), Leipzig: 1-16.

Groß, B./Schmitt-Egner, P., 1994: Europas kooperierende Regionen - Rahmenbedingung und Praxis transnationaler Zusammenarbeit deutscher Grenzregionen in Europa. Baden-Baden.

Héritier, A., 1994: Policy-Netzwerkanalyse als Untersuchungsinstrument im europäischen Kontext: Folgerungen aus einer empirischen Studie regulativer Politik. In: Héritier, A. (Hrsg.): Policy-Analyse. PVS-Sonderheft 24: 432-447.

Hrbek, R./Weyand, S., 1994: Betrifft: Das Europa der Regionen. München.

Jachtenfuchs, M./Kohler-Koch, B. (Hrsg.), 1996: Europäische Integration. Opladen.

König, T., 1991: Policy- und Netzwerkanalyse. In: Ellwein, T./Hesse, J. J./ Mayntz, R./Scharpf, F. W. (Hrsg.): Jahrbuch zur Staats- und Verwaltungswissenschaft. Bd. 5, Baden-Baden: 241-256.

König, T., 1994: Intergouvernementale versus supranationale Politikfeldstrukturen. Eine Konzeption prototypischer Interaktionsmuster privater und politischer Akteure zum Vergleich europäischer Politikbereiche. In: Eichener, V./Voelzkow, H. (Hrsg.): Europäische Integration und verbandliche Interessenvermittlung. Marburg: 151-180.

LACE (Hrsg.), o. J. a: Das Europa der Bürger: Der Fall der Grenzregionen.

LACE (Hrsg.), o. J. b: Infrastruktur und Planung in grenzüberschreitenden Regionen.

LACE (Hrsg.), o. J. c: Institutionelle Aspekte grenzüberschreitender Zusammenarbeit.

LACE (Hrsg.), o. J. d: Zusammenarbeit zwischen Unternehmen und Entwicklung von Grenzregionen.

LACE (Hrsg.), o. J. e: Informationsbroschüre.

Malchus, V.v., 1992: Sachstandsbericht über die grenzübergreifende Zusammenarbeit zwischen Deutschland und Polen. unveröff. Ms.

Marks, G., 1993: Structural Policy and multilevel Governance in the EC. In: Cafruny, A.W./Rosenthal, G. (Hrsg.): The State of European Community. Vol.2: The Maastricht Debate and Beyond, Longman: 391-410.

Pernthaler, P. (Hrsg.), 1991: Außenpolitik der Gliedstaaten und Regionen. Wien.

Raich, S., 1995: Grenzüberschreitende und interregionale Zusammenarbeit in einem „Europa der Regionen". Schriftenreihe des Europäischen Zentrums für Föderalismus-Forschung, Band 3, Baden-Baden.

Schwab, O., 1995: INTERREG-II und PHARE-CBC an der deutsch-polnischen Grenze. Ergebnisse einer Befragung, unveröff.

Schwab, O., 1996: Das Euroregion-Konzept regionaler grenzüberschreitender Zusammenarbeit - Erfolgsbedingungen und erste Erfahrungen an der deutsch-polnischen Grenze. Diplomarbeit, unveröff.

Schwab, O., i. E.: Euroregionen an der deutsch-polnischen Grenze - Gefangen im Politik- und Verwaltungsnetz?. In: Raumforschung und Raumordnung.

Scott, J., 1995: Internationale Perspektiven der grenzüberschreitenden Regionalentwicklung: Chancen für den deutsch-polnischen Grenzraum. Internes Arbeitspapier des Instituts für Regionalentwicklung und Strukturplanung, unveröff.

Tagesspiegel, 1995: Interview mit Monika Wulf-Mathies, 22. Oktober.

Tömmel, I., 1992: System-Entwicklung und Politikgestaltung in der Europäischen Gemeinschaft am Beispiel der Regionalpolitik. In: Kreile, M. (Hrsg.): Die Integration Europas. PVS-Sonderheft 23: 185-208.

Wolters, M., 1994: Euregios along the German Border. In: Bullmann, U. (Hrsg.): Die Politik der dritten Ebene. Regionen im Europa der Union, Baden-Baden.

Die Transformation der kommunalen politischen Elite in den neuen Bundesländern am Beispiel der Gemeindevertretung der Stadt Jena

Bernd Redlingshöfer, Ursula Hoffmann-Lange

1. Einleitung

Regimewechsel sind immer mit einer erhöhten Elitenzirkulation verbunden, wobei vor allem das Ausmaß der Transformation der politischen Elite im engeren Sinne ein zentraler Indikator dafür ist, wie tiefgreifend der Regimewechsel tatsächlich war (vgl. Derlien 1991: 8). Hieraus ergibt sich für die neuen Bundesländer die Frage, wie groß das Ausmaß des Elitenaustauschs in der politischen Elite seit 1989 war, und wer die Personen sind, die den Repräsentanten des alten Regimes nachfolgten. Dies hängt natürlich nicht zuletzt von der Verfügbarkeit eines Reservoirs neuer Kandidaten für Führungspositionen ab, die in Opposition zum alten Regime standen. Ein Blick auf die alte Bundesrepublik nach 1945 zeigt in dieser Hinsicht, daß der Elitenaustausch im Sektor Politik zwar am umfassendsten war, daß jedoch von der Existenz einer zur Übernahme *aller* relevanten Führungspositionen fähigen Gegenelite nur bedingt die Rede sein konnte. Edinger (1960) schloß aus den Ergebnissen seiner Untersuchung über die frühen Eliten in der alten Bundesrepublik, daß die Annahme wohl unrealistisch ist, eine solche Gegenelite könne sich unter den Bedingungen eines autoritären Regimes mit umfassendem Machtanspruch entfalten.

Auch wenn das SED-Regime von seiner Struktur her dem Naziregime natürlich nur bedingt vergleichbar war, so galt jedoch auch für dieses, daß sich vor Oktober 1989 eine organisierte Opposition nur in Ansätzen entwickeln konnte. Die unter dem Dach der evangelischen Kirche operierenden informellen Gruppen verstanden sich zunächst nicht als *politische Opposition*, sondern suchten einen eigenständigen Weg zwischen Anpassung und Verweigerung (vgl. Rebenstorf 1992). Nach massiven Zugriffen auf innerkirchliche Räume, z. B. der Durchsuchung der Umweltbibliothek in der Ostberliner

Zionskirche, wurde der latent schwelende Konflikt zwischen den kirchlichen Basisgruppen und der Staatsführung jedoch immer deutlicher, auch wenn dem als bedrückend empfundenen politischen System nach wie vor kein geschlossenes gesellschaftspolitisches Gegenmodell gegenübergestellt wurde.

Die systemsprengende Kraft der Bürgerbewegungen lag daher primär in der Zurückweisung des umfassenden Regelungsanspruchs der SED, nicht in der Entwicklung eines Modells für ein alternatives politisches Herrschaftssystem. Auch verstanden sich die Bürgerbewegungen nicht als Keimzellen neuer Parteien. Dennoch wurden sie im Gefolge der Massendemonstrationen im Herbst des Jahres 1989 zu Hoffnungsträgern für eine demokratische Erneuerung der DDR (vgl. Glaeßner 1991: 46ff.). Sie setzten unter anderem die Etablierung der Runden Tische durch. Als diese Runden Tische sich dann vom Veto-Organ zur politischen Steuerungsinstanz entwickelten (vgl. Thaysen 1990: 76ff.), nahmen ihre Mitglieder plötzlich die Funktion einer neuen gesellschaftlichen Elite ein.

Diese Personen der ersten Stunde scheinen allerdings von der weiteren politischen Entwicklung eingeholt und überrollt worden zu sein. Hilke Rebenstorf vertritt daher - für die nationale Ebene - die These, daß es sich bei ihnen nur um eine Transformationselite für einen begrenzten Zeitraum handelte. Die Marginalisierung der Bürgerbewegungen sowie die Angleichung der politischen Strukturen und Rekrutierungsmuster an westdeutsche Muster waren nach ihrem Dafürhalten eine Konsequenz der Übernahme des politischen Institutionensystems der alten Bundesrepublik. Für die Zukunft erwartet sie daher in Ost und West ein einheitliches System der politischen Interessenvertretung und -vermittlung, das sich grob in zwei Kategorien unterteilen läßt: Auf der einen Seite die etablierten Parteien, und auf der anderen Seite die „Neuen Sozialen Bewegungen" (1992: 164ff.). Die Entwicklung auf nationaler Ebene hat diese These weitgehend bestätigt (vgl. hierzu auch Derlien 1991). In der vorliegenden Studie soll nun der Frage nachgegangen werden, inwieweit dies auch für die kommunale Ebene gilt. Als Beispiel dafür wurde die Stadtverordnetenversammlung (seit 1994: der Stadtrat) von Jena herangezogen.

2. Die Entwicklung der Kommunalordnung in Thüringen

Die Einführung einer bürgerschaftlichen Selbstverwaltung in den Städten und Gemeinden war eine der wesentlichen Forderungen der friedlichen demokratischen Revolution im Herbst 1989. Die in den städtischen Zentren entstandene Volksbewegung war von Beginn an auch eine kommunale Bewegung. Neben den großen politischen Zielsetzungen der Überwindung der alten Machtstrukturen und der demokratischen Erneuerung wurden konkrete, die täglichen Lebensinteressen der Bürger betreffende kommunalpolitische Forderungen erhoben: Beseitigung der kommunalen Altlasten, Stadtsanierung, Verringerung der Umweltbelastungen und die Lösung vordringlicher Aufgaben der territorialen Infrastruktur.

Während die westdeutschen Bundesländer zu diesem Zeitpunkt bereits über eine mehr als vierzigjährige Erfahrung in der kommunalen Selbstverwaltung und über einschlägige Kommunalordnungen verfügten, mußten entsprechende kommunale Strukturen nach der politischen Wende in der DDR quasi aus dem Stand entwickelt werden. Dabei war der Zeitdruck enorm, da bereits im Mai 1990 die ersten freien Kommunalwahlen durchgeführt wurden. Für diese Wahlen, wie auch für die Tätigkeit der neuen kommunalen Vertretungskörperschaften, mußte eine neue gesetzliche Grundlage geschaffen werden.

Die von der Regierung de Maiziere eingebrachte neue DDR-Kommunalverfassung (KV), das „Gesetz über die Selbstverwaltung der Gemeinden und Landkreise in der DDR“, wurde von der neugewählten Volkskammer am 17. Mai 1990 mit verfassungsändernder Zweidrittelmehrheit beschlossen, d. h. erst nach den Kommunalwahlen vom 6. Mai. Eine verfassungsändernde Mehrheit war erforderlich, da die zuvor gültige DDR-Verfassung keine institutionelle Garantie der kommunalen Selbstverwaltung kannte. Die neue Kommunalverfassung „stellte den *entscheidenden verfassungsmäßigen und rechtlichen Schritt* dar, die kommunale Selbstverwaltung als ein tragendes Prinzip demokratischer, freiheitlicher und sozialer Rechtsstaatlichkeit zu verwirklichen, die Macht zu dezentralisieren und das bisherige vorherrschend zentralistische Leitungs- und Planungssystem, dem auch die Städte und Gemeinden unterworfen waren, zu beseitigen“ (Petzold/von der Heide 1991: 16). Noch vor der Bildung der neuen Länder erhielten die Gemeinden und Kreise den Status von Selbstverwaltungskörperschaften (zurück).

Mit dem Beitritt der DDR zur Bundesrepublik wurden die im Grundgesetz verankerten verfassungsrechtlichen Garantien der kommunalen Selbstverwaltung auch auf die Landkreise und Gemeinden der neuen Bundesländer ausgedehnt. Zudem wurde die kommunale Selbstverwaltung in den neuen Landesverfassungen verankert. Der Einigungsvertrag legte fest, daß die noch von der Volkskammer beschlossene Kommunalverfassung vom 17. Mai 1990 (nunmehr als Landesrecht) bis zum Erlaß eigener Gemeinde- und Landkreisordnungen durch die neuen Landtage in Kraft bleiben sollte. In allen fünf neuen Ländern wurde diese Kommunalverfassung schon bald modifiziert und ergänzt. In Thüringen geschah dies mit der Vorläufigen Kommunalordnung vom 24. Juli 1992 (VKO), die bis zum Inkrafttreten der reformierten Kommunalverfassung bei den Kommunalwahlen 1994 in Kraft blieb.

Oberstes Willens- und Beschlußorgan der Gemeinde wurde die 1990 für vier Jahre gewählte Gemeindevertretung, die in Städten zunächst weiterhin als Stadtverordnetenversammlung bezeichnet wurde (§§ 21 und 22 KV bzw. VKO). Analog zu den Kommunalverfassungen in den alten Bundesländern, ist sie im Rahmen der Gesetze grundsätzlich für alle öffentlichen Angelegenheiten in der Gemeinde zuständig.

Der (Ober-)Bürgermeister ist das zweite zentrale Selbstverwaltungsorgan der Gemeinde (§§ 20 und 27 KV bzw. VKO). Er ist oberster politischer Repräsentant der Gemeinde und steht der Verwaltung vor. Allerdings sah man zunächst von seiner Direktwahl nach dem Vorbild der Süddeutschen Ratsverfassung ab, wohl um der Gefahr einer Rückkehr zu den machtlosen „örtlichen Volksvertretungen" der alten DDR und einer zu starken Konzentration der Entscheidungsbefugnisse bei der Verwaltung vorzubeugen. Die (Ober-)Bürgermeister wurden daher nach der Kommunalverfassung von 1990 von der Gemeindevertretung für eine vierjährige Amtsdauer gewählt, die an die Wahlperiode der Gemeindevertretung gebunden war.

Auch die vom Thüringer Landtag am 16. August 1993 verabschiedete Thüringer Gemeinde- und Landkreisordnung (ThürKo), die mit den Kommunalwahlen im Juni 1994 in Kraft trat, lehnt sich stark an die Süddeutsche Ratsverfassung an. Wesentliche Änderungen gegenüber der ersten Wahlperiode sind aber die Direktwahl des (Ober-)Bürgermeisters als Verwaltungschef mit sechsjähriger Amtszeit, die Verkleinerung der nun als *Gemeinde- bzw. Stadtrat* bezeichneten Gemeindevertretung (Mandatszahl gebunden an die Einwohnerzahl), die Verlängerung der Wahlperiode des Gemeinde- bzw. Stadtrats auf fünf Jahre und die Unvereinbarkeit eines Mandats in der Gemeindevertretung mit einer hauptberuflichen Tätigkeit in der Gemeindeverwaltung. Dezernenten bzw. Amtsleiter müssen seitdem bei ihrer Amtsübernahme ihren Sitz in der Gemeindevertretung aufgeben.

Im Verhältnis zwischen Gemeindevertretung und Verwaltungsspitze besteht auch nach der neuen Kommunalverfassung Zweiköpfigkeit, da - anders als in der Süddeutschen Ratsverfassung - nicht der (Ober-)Bürgermeister den Vorsitz im Gemeinde- bzw. Stadtrat einnimmt, sondern ein aus dessen Mitte gewählter Vorsteher. Gleichzeitig kann der Gemeinde- bzw. Stadtrat auch in die (laufenden) Angelegenheiten des Bürgermeisters eingreifen.

Die ersten freien Kommunalwahlen am 6. Mai 1990 fanden „in gewisser Weise im juristisch luftleeren Raum statt", da die Kommunalverfassung zu diesem Zeitpunkt noch nicht erlassen war (Barth 1991: 40). Die Kommunalwahlen am 12. Juni 1994 wurden dagegen bereits nach den veränderten Regeln der neuen Kommunalordnung durchgeführt. Aufgrund von §23 der ThürKo war der Jenaer Stadtrat zudem von 100 auf 46 verkleinert worden. Parallel zur Stadtratswahl wurde der Oberbürgermeister direkt gewählt. Gemäß §23, 4 ThürKo verloren zudem die hauptamtlichen Beigeordneten (Dezernenten), die allesamt in den Stadtrat gewählt worden waren, ihr Stadtratsmandat zugunsten von Nachrückern von der Kandidatenliste ihrer jeweiligen Partei.

3. Die Transformation des lokalen Parteiensystems und die Kommunalwahlen von 1990 und 1994 in Jena

Schon bevor die Volkskammer am 1. Dezember 1989 den Führungsanspruch der SED aus Artikel 1 der DDR-Verfassung strich und das „vertrauensvolle Bündnis" zwischen SED und Blockparteien auch formell aufgekündigt wurde, begann sich in der DDR ein neues Parteiensystem zu formieren. Dabei dominierten zwei Prozesse: Zum einen die Umgestaltung der alten DDR-Parteien, zum anderen die Gründung neuer politischer Parteien und Bewegungen (vgl. Möller 1993: 88ff.). Auf diese Entwicklungen kann im vorliegenden Rahmen nicht im einzelnen eingegangen werden. Daher soll an dieser Stelle für die Entwicklung in Jena lediglich auf die Untersuchung von Kreikenbom u.a. (1993) verwiesen werden.

Bei der Kommunalwahl vom 6. Mai 1990 traten in Jena insgesamt 16 Parteien bzw. Gruppierungen an. Die neuen politischen Kräfte - Demokratischer Aufbruch (DA), Grüne Partei, Neues Forum und SPD - hatten bereits Anfang Februar eine „Jenaer Wahlpartnerschaft" gegründet, um den Wahlkampf der beteiligten Gruppen zu koordinieren, der sich vor allem gegen die PDS richten sollte. Im Vorfeld der Kommunalwahl schloß sich der Bund Freier Demokraten (BFD) diesem Wahlbündnis an. Der DA verließ es allerdings noch vor der Kommunalwahl zugunsten einer „Allianz" mit der CDU. Trotz gemeinsamer Veranstaltungen konnte sich die Wahlpartnerschaft jedoch nicht auf ein gemeinsames Wahlkampfprogramm einigen. Gemeinsame Kandidatenlisten waren ohnehin nicht vorgesehen.

Die Wahlen erbrachten das in Tabelle 1 dargestellte Ergebnis, wobei sich im Verlauf der Wahlperiode durch Übertritte noch einige Veränderungen in den Fraktionsstärken ergaben. Die anschließenden Koalitionsverhandlungen erwiesen sich als schwierig. Der Wahlsieger CDU/DA strebte eigentlich eine Koalition mit nur einem Partner an, doch ein Zusammengehen allein mit den Liberalen oder der DSU war nicht tragfähig. Aufgrund einer offenbar ungeschickten Verhandlungsführung manövrierte sich die CDU dann ins Abseits. Die SPD wiederum strebte eine Koalition der „Jenaer Wahlpartnerschaft" an, ohne die CDU und unter Duldung der PDS.

Tabelle 1: Ergebnisse der Kommunalwahlen ın Jena

Partei/Gruppierung	Stimmen (in %)	Mandate
6. Mai 1990[a]		
CDU/DA	34,9	35
SPD	21,3	22
PDS	12,7	13
Grüne Liste	8,8	9
FDP/BFD	6,8	7
Neues Forum	6,0	6
DSU	6,0	6
Unabhg. Frauenverband	1,1	1[b]
Kulturbund	0,6	1[c]
Sonstige	1,6	-
12. Juni 1994[d]		
SPD	25,2	12
CDU	21,4	10
PDS	19,7	9
FDP	13,7	7
Bündnis 90/Grüne	9,9	5
Bürger für Jena	5,4	3
Neues Forum	3,6	-
Statt Partei	1,0	-

a Quelle: Meisel (1992: 67)
b Fraktion Grune Liste
c Fraktıon Neues Forum
d Quelle: Thuringer Landeszeitung vom 14 6 1994

Angesichts des immensen Problemdrucks und wohl auch aus Furcht vor einer starken CDU-Opposition, rang man sich schließlich zu einer Kompromißlösung durch, nämlich zu einer Großen Koalition von fünf der insgesamt sieben Fraktionen. Nur die PDS und die DSU blieben in der Opposition. Die ausgehandelte Kompromißlösung beinhaltete auch Absprachen über die Wahl des Oberbürgermeisters, der Dezernenten und des Stadtverordnetenvorstehers.

Auf der konstituierenden Sitzung der neugewählten Stadtverordnetenversammlung wurde die noch vom Runden Tisch beschlossene Ausschreibung des Oberbürgermeisteramtes für nichtig erklärt. Der Oberbürgermeister sollte statt dessen aus den Reihen der Stadtverordneten gewählt werden. Von den ursprünglich fünf Kandidaten stellten sich nur zwei tatsächlich zur Wahl. Mit einer Mehrheit von 55 Stimmen - aus SPD, FDP, BFD, Grüner Liste und Neuem Forum - wurde der BFD-Kandidat (heute FDP) Peter Röhlinger zum Oberbürgermeister gewählt.[1]

Die Tatsache, daß sich in Jena in der ersten Wahlperiode eine „Große Koalition" formierte, sollte jedoch nicht zu der Schlußfolgerung verführen, kommunale Selbstverwaltung in Jena (oder in Ostdeutschland allgemein) sei nicht (partei-)politisch geprägt, sondern folge einem harmonischen Konkordanzmodell. Zwar wurde mit der Großen Koalition in gewisser Weise das Modell der Runden Tische fortgesetzt, d. h. es waren an ihr alle während der Wende maßgeblichen Parteien und Gruppierungen beteiligt. Auch gab es Anzeichen, daß die Umsetzung der jeweiligen parteipolitischen Programmatik zugunsten einer pragmatischen Lösung der anstehenden kommunalen Probleme zurückgestellt wurde. Obwohl die PDS von den Reformkräften abgelehnt wurde, wurde eine Zusammenarbeit auch mit ihr grundsätzlich nicht ausgeschlossen, und die Sacharbeit der PDS-Stadtverordneten scheint sogar hohe Akzeptanz gefunden zu haben.

Dennoch gab es in dieser ersten Wahlperiode durchaus auch schwerwiegende politische Konflikte: Innerhalb der Koalition bestanden diese vor allem zwischen den beiden großen Koalitionspartnern CDU und SPD und brachten die Koalition mehrmals an den Rand des Platzens. Die anfangs vorherrschende Konsensorientierung wurde bald deutlich überlagert „von Elementen, die auf die Übernahme parteienstaatlich-konkurrenzdemokratischer

---

1 Der CDU-Spitzenkandidat - Stimmenkönig bei der Kommunalwahl - konnte dabei mit 32 Stimmen nicht einmal seine eigene Fraktion geschlossen hinter sich bringen. Die Ämter des Ersten Bürgermeisters (Stellvertreter des Oberbürgermeisters) und des Stadtverordnetenvorstehers gingen an die CDU, das Amt des Zweiten Bürgermeisters an die SPD. Gemäß der Koalitionsvereinbarung stellte die CDU vier Dezernenten, die SPD drei, das Neue Forum zwei, FDP und Grüne Liste je einen.

Orientierungsmuster durch Teile der kommunalpolitischen Akteure in Jena schließen lassen. Die große Koalition... führt damit keineswegs zu einer 'Entparteipolitisierung', sondern schränkt konkurrenzdemokratische Tendenzen lediglich ein. Sie wird zum Teil sogar als geradezu lästiges Relikt aus der Wendezeit empfunden, das im 'Ernstfall' keine bindende Wirkung auf die Beteiligten auszuüben vermag." (Meisel 1992: 128)

Nach der Wahl von 1994 präferierte die SPD als Wahlsieger anfangs eine „Ampel-Koalition" mit Grünen und FDP, nicht zuletzt, um den nach der neuen Kommunalverfassung nunmehr direkt gewählten (FDP-)Oberbürgermeister und Verwaltungschef in die Koalition mit einzubinden. Eine nochmalige Koalition unter Einschluß der CDU, die 1994 deutliche Verluste hinnehmen mußte, wurde von der SPD kategorisch abgelehnt. Wohl wegen Vorbehalten der FDP-Fraktion gegenüber Bündnis 90/Grünen kam es jedoch bei der Wahl der vier hauptamtlichen Beigeordneten letztlich zu einer „rot-grünen Minderheitskoalition" mit Duldung der PDS, und zwar noch einen Tag bevor dieses Modell auch im Landtag von Sachsen-Anhalt realisiert wurde. Dabei gab es ungewöhnlich heftige verbale Auseinandersetzungen: So war von PDS-"Kielschweinen", die das rot-grüne Koalitionsboot stabilisieren würden, und von „Kuckuckseiern" die Rede. Drei der vier hauptamtlichen Beigeordnetenposten gingen an Stadträte der SPD, von denen zwei bereits in der vorangegangenen Wahlperiode Dezernenten gewesen waren, der vierte an einen Stadtrat von Bündnis 90/Grüne.

Für die Wahl des Oberbürgermeisters hatten alle neun zur Stadtratswahl angetretenen Parteien bzw. Gruppierungen eigene Kandidaten nominiert. In der Stichwahl zwischen dem SPD-Kandidaten, der im ersten Wahlgang rund 26 der Stimmen erhalten hatte, und dem Kandidaten der FDP mit rund 28 Prozent der Stimmen, setzte sich der FDP-Kandidat durch. Der seit 1990 amtierende, damals noch von der Stadtverordnetenversammlung gewählte Oberbürgermeister wurde wiedergewählt, ohne jedoch im Stadtrat über eine Mehrheit zu verfügen.[2]

2 Der Oberburgermeister und die vier hauptamtlichen Beigeordneten, die allesamt in den neuen Stadtrat gewahlt worden waren, mußten gemaß der geanderten Kommunalordnung ihre Sitze an Nachrucker abgeben. Diese standen allerdings zu Beginn der Datenerhebung z. T. noch nicht fest und konnten daher bei der Erhebung nicht berucksichtigt werden. Im Gegensatz zu den hauptamtlichen Beigeordneten, die in den Stadtratssitzungen lediglich beratende Funktion haben, hat der Oberbürgermeister jedoch qua Amt weiterhin Sitz und Stimme in der Vertretung.

4. Datenbasis und Fragestellungen

Die vorliegende Arbeit versucht am Beispiel der Stadt Jena zwei Fragen nachzugehen. Zum einen, wie umfassend der Elitenaustausch auf kommunaler Ebene war und inwieweit die „Transformationselite" darin noch heute präsent ist. Zum anderen sollen die Rekrutierungsmuster der Mandatsträger mit denen Westdeutschlands verglichen werden, um zu sehen, in welchem Maße sich eine Angleichung an westdeutsche Muster vollzogen hat. Die Gemeindevertretung eignet sich für eine solche Untersuchung vor allem deshalb, da sie dasjenige Organ ist, dem die letztendliche Entscheidungskompetenz für Aufgaben des kommunalpolitischen Wirkungskreises obliegt und aus dem sich in der Regel die Führung der Gemeindeverwaltung rekrutiert.

Die Untersuchung[3] wurde als Totalerhebung angelegt und in Form einer schriftlichen Befragung mittels eines standardisierten Fragebogens durchgeführt. Der Fragebogen orientierte sich an früheren Untersuchungen zur westdeutschen Kommunalpolitik, mußte jedoch an die spezifischen ostdeutschen Verhältnisse und das andersartige Untersuchungsziel angepaßt werden. Er enthielt fast ausschließlich Faktenfragen, d. h. es ging primär um eine Erhebung von Strukturmerkmalen, nicht um eine Meinungsbefragung. Den Befragten wurde in einem Begleitschreiben die Einhaltung der datenschutzrechtlichen Bestimmungen und der Anonymität zugesichert.[4]

In die Untersuchung wurden alle Stadtverordneten der Wahlperiode 1990-1994 und alle 1994 gewählten Stadträte einbezogen. Dabei wurden auch Nachrücker sowie vorzeitig aus der Stadtverordnetenversammlung ausgeschiedene Personen berücksichtigt. Von den insgesamt 153 Personen konnten 144 tatsächlich ermittelt und angeschrieben werden.[5] 94 von diesen

---

3 Die Erhebung wurde im Spätsommer 1994 von Bernd Redlingshöfer im Rahmen seiner Diplomarbeit im Diplomstudiengang Politikwissenschaft an der Universität Bamberg durchgeführt. Sie trägt den Titel *"Transformation der politischen Elite in den neuen Bundesländern am Beispiel der Gemeindevertretung der Stadt Jena"*.

4 Die Anonymität wurde dadurch gewährleistet, daß die Versendung der Fragebögen durch das Büro des Stadtrats vorgenommen wurde. Die Rückantwort erfolgte ohne Namensnennung direkt an die Universität Bamberg. Die Rücklaufkontrolle anhand der Befragtennummern, die Basis für eine Nachfaßaktion war, wurde ebenfalls vom Büro des Stadtrats vorgenommen. Nur das Büro des Stadtrats hatte bzw. hat Zugriff auf die Liste mit der Zuordnung der Befragtennummern zu den Namen und Adressen der Zielpersonen, während umgekehrt das Büro des Stadtrats nicht auf die ausgefüllten Fragebögen zurückgreifen kann.

5 Die Vorsitzenden der verschiedenen Fraktionen, wurden - soweit erreichbar - telefonisch um Unterstützung gebeten. Als Reaktion auf das erste Anschreiben ergab sich nach etwa 4 Wochen ein Rücklauf von 63 ausgefüllten Fragebögen. Diejenigen, die

schickten einen ausgefüllten Fragebogen zurück, was einer Ausschöpfungsquote von 65,3 Prozent entspricht, 61,5 Prozent für die Mitglieder der Stadtverordnetenversammlung (80 von 130) und 63,0 Prozent für die Mitglieder des Stadtrats (29 von 46). Im Vergleich zu anderen Elitebefragungen ist diese Rücklaufquote durchaus zufriedenstellend.

Für die Zuverlässigkeit der Daten spricht zum einen, daß eine relativ große Anzahl von Befragten Angaben zu der potentiell heiklen Frage nach Parteimitgliedschaften vor der Wende gemacht hat. Zudem ließen sich die Gesamtzahlen zu den vor und während der Wende eingenommenen Funktionen teilweise anhand von Dokumenten nachprüfen und weisen durchweg eine hohe Übereinstimmung auf.

5. Sozialprofil der Befragten

Die Elite der DDR läßt sich aufgrund der mangelnden Offenheit der Elitenrekrutierung als weitgehend „monopolistisch" charakterisieren. Sie zeichnete sich durch eine einheitliche ideologische Ausrichtung aus, während Differenzierungen nach Generation, Sektor und Parteizugehörigkeit eine nur untergeordnete Rolle spielten. Eine proportionale Rekrutierung aus allen Schichten der Bevölkerung war zwar erklärtes ideologisches Ziel, tatsächlich gab es jedoch deutliche Tendenzen zur sozialen Schließung (vgl. Geißler 1992: 89ff.). Dies zeigt sich schon an der geringen Elitenzirkulation und der zunehmenden Überalterung (vgl. Schneider 1994: 149ff.). Von daher geben die soziodemographischen Merkmale der Befragten Auskunft über Veränderungen im Zuge des Demokratisierungsprozesses.

5.1 Geschlecht

Bei einer Gesamtzahl von insgesamt 153 Mandatsträgern lag der Frauenanteil in der ersten Stadtverordnetenversammlung bei rund 22 Prozent. Zu Beginn der Wahlperiode betrug er sogar lediglich 18 Prozent. Die Zunahme im Verlauf der Wahlperiode ist vor allem darauf zurückzuführen, daß die 105 Frauen unter den 429 Kandidaten (25 Prozent) überdurchschnittlich häufig auf

---

bis dahin noch nicht geantwortet hatten, wurden vom Büro des Stadtrats mit einem Erinnerungsschreiben und einem Ersatzfragebogen nochmals angeschrieben. Parallel dazu wurden die Fraktionsvorsitzenden nochmals persönlich darum gebeten, in ihrer jeweiligen Fraktion für die Beteiligung zu werben.

den hinteren Listenplätzen plaziert waren und einige Frauen daher erst als Nachrücker in die Stadtverordnetenversammlung einziehen konnten (vgl. Barth 1991: 54). Lediglich die Grüne Liste fiel mit einem Frauenanteil von rund 40 Prozent aus dem Rahmen. Im 1994 gewählten Stadtrat liegt der Frauenanteil mit rund 24 Prozent zwar etwas höher, jedoch sind die Frauen im Verhältnis zu ihrem Anteil an der Bevölkerung nach wie vor deutlich unterrepräsentiert.

Diese Unterrepräsentation von Frauen innerhalb der politischen Elite ist nun allerdings kein spezifisch ostdeutsches Phänomen, sondern findet sich praktisch überall. Ein Vergleich mit einer 1986/1987 durchgeführten Untersuchung bei baden-württembergischen Gemeinderäten zeigt beispielsweise, daß dort der Frauenanteil je nach Gemeindegröße zwischen 7 und 22 Prozent schwankte (vgl. Köser 1991: 144f.). Für 1994 belief er sich in den ostdeutschen Gemeinden über 20.000 Einwohnern auf 24 Prozent. Noch 1983 hatte er in den westdeutschen Kommunen vergleichbarer Größe bei lediglich 13 Prozent gelegen. Bezieht man zusätzlich die Zahlen für die anderen politischen Ebenen mit ein, so lassen sich drei Ergebnisse festhalten: Einmal zeigen Vergleichszahlen eine deutliche Zunahme des Frauenanteils gegenüber den frühen achtziger Jahren, die sich in den neunziger Jahren weiter fortgesetzt hat. Zweitens existieren deutliche Unterschiede zwischen den verschiedenen Parteien, wobei die Grünen und die PDS die höchsten Frauenanteile aufweisen, mit weitem Abstand gefolgt von der SPD, während CDU, FDP und vor allem die CSU das Schlußlicht bilden. Drittens zeigen die Zahlen, daß es kaum Unterschiede zwischen den neuen und den alten Bundesländern gibt (vgl. Hoecker 1996: 30f.).[6] Die Zahlen für Jena fallen dabei keineswegs aus dem Rahmen des Üblichen.

Die Ursachen für die Unterrepräsentation von Frauen in politischen Ämtern sind vielfach diskutiert worden. Sie sind im niedrigeren politischen Organisationsgrad des weiblichen Bevölkerungsteils zu suchen, der wiederum auf ein überkommenes Rollenverständnis und damit eine geringere Motivation zur Übernahme öffentlicher Ämter zurückzuführen ist, teilweise jedoch auch auf mangelnde Abkömmlichkeit von Frauen aufgrund familiärer Verpflichtungen (vgl. Hoffmann-Lange 1992: 132f.).

Demgegenüber lag der Frauenanteil in den DDR-Parlamenten aufgrund von Quotenregelungen weit höher. Bereits 1981 betrug er in den Gemeinde-

6 In den ostdeutschen Landtagen betrug der Frauenanteil 1990 16,8 Prozent und stieg bis 1994 auf 29,2 Prozent, während er sich in den westdeutschen Landtagen 1994 auf 24,0 Prozent belief. Im Bundestag beträgt der Anteil für ost- und westdeutsche Abgeordnete gleichermaßen rund ein Viertel (vgl. Hoecker 1996: 31f.).

vertretungen 34,8 Prozent und in der Volkskammer 32,4 Prozent. Gleichzeitig entsprach er aber in den wichtigeren politischen Entscheidungsgremien wie dem SED-Zentralkomitee (10,5 Prozent) oder den Sekretariaten der SED-Bezirksleitungen (7,4 Prozent) den niedrigeren westdeutschen Werten (vgl. Schneider 1994: 80f.; Meyer 1986: 44).

5.2 Bildung

Das häufig mit den Schlagworten „Akademisierung" und „Professionalisierung" beschriebene Phänomen, daß „nämlich in fast allen Führungspositionen die Ansprüche an die formale Ausbildung steigen, und ein Universitätsdiplom tendenziell die Voraussetzung für Elitezugehörigkeit wird" (Zapf 1965: 176), gilt auch für lokale politische Führungsgruppen. Für die befragten Jenaer Gemeindevertreter ergab sich über alle Fraktionen hinweg ein Anteil von etwa 90 Prozent mit Abitur, und drei Viertel der Befragten weisen sogar einen Hochschulabschluß auf (vgl. Tabelle 2).

Diese Anteilswerte weichen deutlich vom Bildungsniveau in der Gesamtbevölkerung der neuen Bundesländer ab, für die der Mikrozensus 1991 nur 12,5 Prozent Personen mit Abitur und 7,3 Prozent mit Hochschulabschluß ergab (vgl. Statistisches Bundesamt 1995: 70f.). Ähnlich wie dies zuvor für das Geschlecht festgestellt wurde, entsprechen auch diese Ergebnisse weitgehend den Ergebnissen westdeutscher Untersuchungen. Der Anteil der Hochschulabsolventen liegt in der Befragungsgruppe etwas höher als bei den Mitgliedern westdeutscher Gemeindevertretungen und fast ebenso hoch wie in der ostdeutschen Elite insgesamt, wo er 79 Prozent beträgt (vgl. Bürklin u.a. 1995).

Die Analyse der Berufsstruktur der kommunalen Mandatsträger erscheint besonders aufschlußreich für deren soziale Zusammensetzung, da wir es hier mit Mandatsträgern zu tun haben, die ihre Funktion in der Gemeindevertretung ehrenamtlich, d. h. neben ihrem bürgerlichen Beruf ausüben.[7] Dabei springt zunächst der geringe Anteil an Arbeitern ins Auge, der allerdings angesichts des hohen Bildungsniveaus der Befragten nicht weiter verwunderlich ist. Die beiden größten Berufsgruppen sind die Beschäftigten des Öffentlichen Dienstes und die Angestellten, gefolgt von den Selbständigen und Freiberuflern. Der im Verhältnis zu den Ergebnissen westdeutscher Untersuchungen deutlich geringere Anteil der Selbständigen und Freiberufler ist an-

7 Im Fragebogen wurde nach dem *gegenwartigen*, d. h. dem 1994 ausgeübten Beruf gefragt, der nur bei den Mitgliedern des neugewahlten Stadtrats mit ihrem parallel zum Mandat bzw. vor der Wahl ausgeubten Beruf zusammenfallt.

gesichts des noch unterentwickelten Mittelstandes in den neuen Bundesländern ebenfalls leicht erklärlich.

Tabelle 2: Formaler Bildungsgrad, Ausbildungsniveau und Berufsstruktur der Mandatsträger (Spaltenprozentwerte)

	STVV (inkl. Nachrücker)		Stadtrat		Gesamt	
	n	%	n	%	n	%
Schulabschluß						
weniger als Abitur	10	12,5	1	3,4	11	11,7
Abitur/ Hochschulreife	70	87,5	28	96,6	83	88,3
höchste berufliche Qualifikation						
Facharbeiter	2	2,5	2	6,9	4	4,3
Meister/(Berufs-) Fachschule o.ä.	8	10,0	0	0,0	8	8,5
Fachhochschulabschluß	11	13,8	1	3,4	11	11,7
Hochschulabschluß	58	72,5	25	86,2	69	73,4
eine andere	1	1,2	1	3,4	2	2,1
Beruf						
Arbeiter	2	2,5	0	0,0	2	2,1
Selbständige/ Freiberufler	9	11,3	3	10,3	10	10,6
Beamte/Angest. im Öfftl. Dienst	19	23,8	8	27,6	22	23,4
Angestellte im privaten Sektor	32	40,0	4	13,8	33	35,1
Rentner/Pensionäre/ Vorruheständler	5	6,2	2	6,9	6	6,4
Sonstiges [a]	13	16,2	12	41,3	21	22,4
Gesamt	80	100,0	29	100,0	94	100,0

a....... z.B.: arbeitslos, noch in Ausbildung befindlich

Der hohe Anteil der Beschäftigten des Öffentlichen Dienstes - im neuen Stadtrat die größte Berufsgruppe - läßt auf eine ähnliche Entwicklung wie in der westdeutschen politischen Elite schließen. Dies hat mit der Politiknähe, der zeitlichen Flexibilität und den Beurlaubungsregeln des Öffentlichen Dienstes zu tun (vgl. Gau 1983: 61). Bei Angehörigen von Gemeindevertretungen kommt darüber hinaus noch zum Tragen, daß infolge der immer schwieriger werdenden Aufgaben und der oft erheblichen zeitlichen Belastung die „Kommunalpolitik nach Feierabend“ für die Angehörigen von Berufen mit größerer Politikferne und mit geringerer zeitlicher Flexibilität zunehmend schwieriger wird.

5.3 Altersstruktur

Um einen einheitlichen zeitlichen Bezugspunkt zu gewährleisten, wurde für die Mitglieder der Stadtverordnetenversammlung ihr Alter zum Zeitpunkt der Kommunalwahl 1990, für die Mitglieder des Stadtrats ihr Alter zum Zeitpunkt der Kommunalwahl 1994 zugrundegelegt. In der Stadtverordnetenversammlung (inkl. Nachrücker) beträgt das Durchschnittsalter 43 Jahre, im neugewählten Stadtrat fast 48 Jahre (vgl. Tabelle 3).

Tabelle 3: Altersstruktur der Mandatsträger (Spaltenprozentwerte ohne fehlende Werte)

	STVV (inkl. Nachrücker) (z. Zt. KW 90)		STVV (ohne Nachrücker) (z. Zt. KW 90)		Stadtrat (z. Zt. KW 94)	
	n	%	n	%	n	%
18-35 Jahre	20	25,3	12	20,7	5	17,2
36-45 Jahre	24	30,4	19	32,8	4	13,8
46-55 Jahre	24	30,4	18	31,0	14	48,3
56-65 Jahre	11	13,9	9	15,5	5	17,2
über 65 Jahre	0	0,0	0	0,0	1	3,4
Gesamt	79[a]	100,0	58[a]	100,0	29	100,0
Mittelw.	43,5		44,3		47,9	
Min.	21,0		21,0		19,0	
Max.	64,0		64,0		67,0	
Stdabw.	10,1		10,0		12,4	

a ohne 1 k.A.

In beiden Wahlperioden sind die 56-65jährigen und in noch stärkerem Maße die über 65jährigen unterrepräsentiert, die Gruppe der 46-55jährigen ist dagegen überrepräsentiert. Umgekehrt finden sich im Vergleich zu den Gemeindevertretungen in Westdeutschland überdurchschnittlich viele Mandatsträger unter 35 Jahren (vgl. Gau 1983: 52; Mielke/Eith 1993: 162). Man kann daraus schließen, daß besonders unmittelbar nach der Wende relativ viele junge Leute ein kommunalpolitisches Mandat erlangt haben, was wiederum für einen beträchtlichen Elitenwandel spricht. Betrachtet man die einzelnen Fraktionen, so weisen die Angehörigen der Grünen Liste (bzw. 1994 Bündnis 90/Grüne) in beiden Wahlperioden das geringste Durchschnittsalter auf. Sie sind gleichzeitig die einzige Fraktion, bei der die 18-35jährigen die stärkste Altersgruppe stellen.

5.4 Ortsverbundenheit und Verankerung in Vereinen und Organisationen

Gerade bei den Angehörigen einer Gemeindevertretung ist die Ortsverbundenheit von besonderem Interesse, die gleichzeitig auch Auskunft über die regionale Mobilität der Mandatsträger gibt. Die Befragten wurden daher gefragt, wie lange sie bereits in Jena leben. Lediglich 22 (23,4 Prozent) der 94 Befragten sind dort geboren. Hieraus kann man jedoch keinesfalls auf eine geringe Verbundenheit mit der Stadt schließen. Denn alle Befragten hatten zum Zeitpunkt der Befragung schon seit mindestens sieben Jahre in Jena gelebt, rund 90 Prozent seit mindestens 14 Jahren und fast 70 Prozent seit mindestens 25 Jahren. Für den Zeitpunkt der Kommunalwahl 1990 ergab sich eine durchschnittliche Wohndauer in Jena von rund 29 Jahren, für die Kommunalwahl 1994 sogar ein Durchschnittswert von rund 34 Jahren. Dies spricht für eine ausgeprägte Vertrautheit der Mandatsträger mit den örtlichen Verhältnissen. Bemerkenswert ist in diesem Zusammenhang auch, daß alle Befragten schon vor der Wende in Jena gelebt hatten, es unter ihnen also, anders als in den ostdeutschen Landtagen (vgl. Derlien/Lock 1994: 65), keine „West-Importe“ gibt.

Ähnlich wie Geburtsort und Wohndauer können auch Mitgliedschaften und Engagement in Vereinen bzw. Verbänden Auskunft über die Verankerung der Mandatsträger im lokalen sozialen Leben geben. Für erfolgreiche Kommunalpolitiker stellen sie sogar „eine nahezu unverzichtbare Basisanbindung“ (Mielke/Eith 1993: 165) dar, denn sie bilden die „Grundlage eines Interaktionssystems lokaler Eliten“ (Siewert 1979: 169). Von den 94 Befragten gaben lediglich neun (9,6 Prozent) an, nicht Mitglied in einem Verein/Verband zu sein (vgl. Tabelle 4). Der Organisationsgrad ist also sehr hoch und verblüfft insbesondere in Anbetracht der Tatsache, daß es in der DDR keine freiwilligen Vereinigungen im westlichen Sinne gab, und daß die meisten Jenaer Vereine/Verbände daher erst nach der Wende gegründet wurden. Der Organisationsgrad in Vereinen/Verbänden liegt dabei nur geringfügig niedriger als in westdeutschen Kommunalparlamenten, wo er fast 100 Prozent erreicht (vgl. Köser 1991: 146; Gau 1983: 88).

Tabelle 4: Mitgliedschaften der Mandatsträger in Vereinen und Organisationen (Mehrfachnennungen möglich; Spaltenprozentwerte)

	Gesamt n=94		davon: regelm. aktiv	Vorstand/ Funktion
	n	%	n	n
Gewerkschaft	29	30,8	4	0
Berufsverband/berufsständ. Org.	21	22,3	5	5
Unternehmer-/Landw.-/ Wirtschaftsverband	9	9,6	2	3
Kirchengem./relig. Org.	43	45,7	15	5
soziale/karitative Organisation	22	23,4	6	7
Bürgerverein/ Bürgerinitiative	20	21,3	2	12
Sonst. Vereine/Organisationen	41	43,6	6	20
Gesamt[a]	185		40	52

a Zahl der Nennungen

Differenziert nach Fraktionen, zeigen sich deutliche Unterschiede bezüglich der Art der Mitgliedschaften. Die Vertreter von SPD und PDS sind zu jeweils mehr als 60 Prozent Mitglieder einer Gewerkschaft. Bei der SPD folgt danach Mitgliedschaft in kirchlichen bzw. religiösen Organisationen mit rund 39 Prozent. Mehr als drei Viertel der CDU-Fraktionsmitglieder engagieren sich in kirchlichen Organisationen und 29 Prozent in berufsständischen Organisationen. Bei den Grünen (Grüne Liste bzw. Bündnis 90/Grüne) gaben 38,5 Prozent eine Mitgliedschaft in einer Bürgerinitiative sowie jeweils rund 31 Prozent eine in sozialen bzw. karitativen Organisationen und Gewerkschaften an.

6. Politische Rekrutierung

Nach dem karrieretheoretischen Ansatz Dietrich Herzogs (1975) kann der Aufstieg in politische Führungspositionen als mehrstufige Positionssequenz aufgefaßt werden, bei der jedes eingenommene politische Amt die Chancen des Aufstiegs in höhere Positionen beeinflußt. Herzog geht davon aus, daß die institutionellen und organisatorischen Strukturen den Variationsspielraum politischer Karrieren begrenzen, daß sich also bestimmte *Karrieremuster* herausbilden. Dabei unterscheidet er vier Karrierephasen (1975: 44ff.):

- die Phase der (frühen) politischen Sozialisation,
- die Phase der politischen Rekrutierung,
- die Phase der politischen Karriere,
- die Phase der Elitenrekrutierung im engeren Sinn.

Für die vorliegende Arbeit bleibt dabei die Phase der frühen politischen Sozialisation außer Betracht.

6.1 Zeitpunkt des erstmaligen Eintritts in eine politische Partei

Im Hinblick auf den Zeitpunkt des erstmaligen Eintritts in eine politische Partei muß zwischen parteilichen Altbindungen und Neubindungen unterschieden werden. Im Falle von *Altbindungen* lag der Zeitpunkt des erstmaligen Parteibeitritts vor 1989. Als *Neubindung* werden demgegenüber diejenigen Befragten klassifiziert, die frühestens 1989 erstmals einer politischen Partei, gleichgültig ob neu oder reformiert, beigetreten sind.

Insgesamt gaben 30 Befragte Altbindungen an. In beiden Wahlperioden macht deren Anteil rund ein Drittel der Mandatsträger aus (vgl. Tabelle 5). Erstaunlicherweise hat im 1994 gewählten Stadtrat der Anteil der Altbindungen nicht ab-, sondern sogar geringfügig zugenommen. Hieraus kann man schließen, daß eine Mitgliedschaft in der SED oder einer Blockpartei kein gravierendes Hindernis bei der Kandidatur für politische Ämter darstellt. Dabei handelt es sich überwiegend um ehemalige Mitgliedschaften in der SED und der Blockpartei CDU, die auch nach der Wende als Mitgliedschaften in der PDS oder der CDU beibehalten wurden. Elf der 30 Befragten mit einer Altbindung gehören heute allerdings keiner Partei mehr an.

Die Verteilung der Altbindungen auf die einzelnen Fraktionen ist allerdings sehr ungleich, soweit man dies aus den geringen Fallzahlen schließen kann. Sowohl in der Stadtverordnetenversammlung als auch im Stadtrat verzeichnen die PDS-Fraktion und die CDU-Fraktion jeweils die höchsten Anteilswerte. Die Fraktionen der neugegründeten Parteien und Organisationen weisen dagegen nur vereinzelt personelle Verbindungen zum alten Parteiensystem auf.

Tabelle 5: Politischer Erfahrungshintergrund der Mandatsträger[a]

	STVV (inkl. Nachrücker) n	STVV (inkl. Nachrücker) %	Stadtrat n	Stadtrat %
Art der Parteibindung				
Altbindung	26	32,9	10	34,5
Neubindung	39	49,4	15	51,7
keine	14	17,7	4	13,8
Parteimitgliedschaft zum Zeitpunkt der Befragung 1994:				
ja	55	68,8	19	67,9
nein	25	31,3	9	32,1
Mandatstr. mit Parteifunktionen vor erster erfolgr. Kandidatur	16	27,1	4	22,2
Beginn der polit. Karriere				
Altkarriere	10	12,8	4	14,3
Neukarriere	68	87,2	24	85,7
Mandatsträger aus engerer Transitionselite	9	11,2	2	7,1
In Bürgerrechtsbewegung aktive Mandatsträger:				
vor Oktober 1989	21	26,6	5	18,5
nach Oktober 1989	23	29,1	8	29,6
Mandatsträger aus weiterer Transitionselite	47	59,5	13	48,1

a Prozentwerte bezogen auf die jeweilige Gruppe:
STVV inkl. Nachrücker n = 80
Stadtrat . n = 29
(fehlende Werte nicht berücksichtigt)

Die Tatsache, daß insgesamt rund zwei Drittel der Mandatsträger ohne Verbindung zum alten Parteiensystem sind, kann als Indiz für einen durchgreifenden Austausch der alten politischen Elite betrachtet werden. Verglichen mit den Mandatsträgern der fünf ostdeutschen Landtage, von denen immerhin etwa 45 Prozent Altbindungen aufweisen (vgl. Derlien/Lock: 68), ist dieser in der Gemeindevertretung Jenas sogar noch ausgeprägter.

6.2 Die Rolle der Parteien bei der politischen Rekrutierung

Die politischen Parteien haben in der (alten) Bundesrepublik ihre Schlüsselrolle bei der politischen Rekrutierung zunehmend ausgebaut. Sie nehmen nicht nur eine Monopolstellung für die Rekrutierung von Bundes- und Landespolitikern ein, sondern dominieren vielfach auch die des kommunalpolitischen Führungspersonals, wobei sich hier allerdings je nach Bundesland und Gemeindegröße auch Freie Wählergemeinschaften behaupten konnten (vgl. Herzog 1976: 25; Holtmann 1992: 13f.).

Zunächst soll hier die Mitgliedschaft in einer politischen Partei betrachtet werden. Unterstellt man in Anlehnung ans Rebenstorf (1992: 168f.) eine Angleichung an westdeutsche Rekrutierungsmuster, so müßte der Anteil der parteilosen Befragten relativ gering sein. Berücksichtigt man zusätzlich noch, daß sich die neugegründeten Parteien bei der ersten freien Kommunalwahl im Mai 1990 noch in der Aufbauphase befanden, so sollte dies vier Jahre später noch sehr viel deutlicher zutage treten.

Zum Zeitpunkt der Wahl 1990 waren 39,7 Prozent der befragten Mitglieder der Stadtverordnetenversammlung (ohne Nachrücker) parteilos. Sechs der 1990 noch Parteilosen sind dann in der Folge der Partei beigetreten, für die sie im Gemeindeparlament saßen, wodurch der Anteil der Parteilosen auf 31,3 Prozent sank. Der Anteil der parteilosen Stadtratsmitglieder entspricht mit 32,1 Prozent dem zu Ende der ersten Wahlperiode, liegt jedoch deutlich unter dem von 1990. Dies dürfte nicht zuletzt darauf zurückzuführen sein, daß die Zahl der zu vergebenden Sitze um mehr als die Hälfte reduziert wurde und die Konkurrenz um Listenplätze daher größer war.

Dennoch ist auch 1994 immer noch fast ein Drittel der befragten Stadträte ohne Parteimitgliedschaft. Damit läßt sich nur bedingt eine zunehmende *Parteipolitisierung* der Gemeindevertretung in Jena konstatieren. Da, wie bereits erwähnt, freie Wählergemeinschaften und parteilose Kandidaten auch in einigen westdeutschen Bundesländern auf kommunaler Ebene eine Rolle spielen, kann man hieraus aber nicht auf ein spezifisch ostdeutsches Muster der politischen Rekrutierung schließen.

6.3 Parteifunktionen

In Westdeutschland ist die Einnahme von Parteifunktionen eine nahezu unumgängliche Voraussetzung auch für kommunalpolitische Karrieren (vgl. Gau 1983: 70f.). Unter der Annahme, daß die Parteien in Ostdeutschland ebenso wie im Westen bei der Kandidatenaufstellung gerne auf bewährte Parteifunktionäre zurückgreifen, läßt sich also auch in unserer Umfrage ein relativ hoher Anteil an Befragten erwarten, die bereits vor ihrer (Wieder-)Wahl Parteiämter wahrnahmen.

Von den 59 Befragten, die 1990 in die Stadtverordnetenversammlung einzogen, gaben 16 (27,1 Prozent) an, bereits vor ihrer Wahl eine Parteifunktion innegehabt zu haben. Unter den 14 Befragten, die 1994 erstmals in den Stadtrat gewählt wurden, lag der entsprechende Anteilswert bei 28,6 Prozent (n=4). Der Anteil der „Parteifunktionäre" unter den erstmaligen Kandidaten liegt in der zweiten Gruppe also kaum höher als in der ersten. Dies zeigt zunächst jedoch lediglich, daß eine Parteifunktion keine zwingende Voraussetzung für eine erstmalige erfolgreiche Kandidatur ist. Bezieht man dagegen auch die wiedergewählten Stadtratsmitglieder in die Betrachtung mit ein, so ist der Anteilswert der Inhaber von Parteiämtern im Jahr 1994 auf 41,4 Prozent (n=12) gestiegen.

Diese Anteilswerte wurden zunächst auf der Basis *aller* Befragten der entsprechenden Gruppe berechnet. Verwendet man als Prozentuierungsbasis lediglich die befragten Parteimitglieder, so steigt der Anteil der Parteifunktionäre unter den parteipolitisch gebundenen Stadträten in der zweiten Wahlperiode sogar auf 57,9 Prozent (11 von 19). Insofern war das Wahljahr 1990 also ein Sonderfall, da die neuen Parteien zu diesem Zeitpunkt noch nicht auf ein ausreichendes Reservoir an bewährten Funktionsträgern zurückgreifen konnten und die reformierten Parteien dies vielfach bewußt vermieden.

6.4 Zeitpunkt des Beginns der politischen Karriere

Zur Analyse des Ausmaßes der Elitentransformation ist bei den Karrieremustern zwischen Altkarrieren und Neukarrieren zu unterscheiden. *Altkarrieren* treffen auf solche Mandatsträger zu, die bereits vor Oktober 1989 eine politisch verantwortliche Position innehatten. Dabei werden Positionen in den Volksvertretungen, den kollektiven Verwaltungsorganen (Räten) und den Parteileitungen - jeweils auf Gemeinde-, Kreis-, Bezirks- und nationaler Ebene - berücksichtigt. *Neukarrieren* durchlaufen hingegen diejenigen Befragten, die erst während oder nach der Wende erstmals eine politisch verantwortliche Position erlangten.

Von den insgesamt 94 Befragten ließen sich 11 (12 Prozent) mit Altkarrieren identifizieren, wobei die eingenommenen Positionen aber überwiegend von eher untergeordneter Bedeutung waren. Es ist allerdings nur folgerichtig, daß 10 dieser Befragten zugleich parteiliche Altbindungen aufweisen (vgl. Tabelle 5). Insgesamt hatte also die überwiegende Mehrheit von 88 Prozent der befragten Mandatsträger keine politisch verantwortliche Position unter dem alten Regime. Die alte politische Elite wurde demnach auf kommunaler Ebene weitgehend durch unverbrauchte Gesichter abgelöst. Das Ausmaß dieses Austauschs wird noch deutlicher, wenn man berücksichtigt, daß vor der Wende allein die Jenaer Stadtverordnetenversammlung 225 Sitze zählte. Der Elitenwechsel ist in der Jenaer Gemeindevertretung deutlich durchgreifender ausgefallen als bei den Abgeordneten der fünf ostdeutschen Landtage, denn dort fanden Derlien/Lock (1994), daß 22 Prozent der Abgeordneten durch eine vorangegangene politische Funktion mit dem alten System verbunden waren.

6.5 Zugehörigkeit zur Transformationselite

Woher kommen nun die Personen der neuen politische Elite? Stammen sie aus der vormaligen „Gegenelite" der DDR-Bürgerrechtsbewegungen bzw. aus der *Transformationselite*, die in der Phase des Übergangs die politische Verantwortung übernahm, oder haben sie ihre politische Karriere erst nach dem politischen Umbruch begonnen? Um dies herauszufinden, wurden die Mandatsträger zum einen gefragt, ob sie in der turbulenten Phase des Übergangs eine Position in den Interimsräten, an den Runden Tischen oder in der ersten freigewählten Volkskammer bekleidet hatten. Zum anderen wurde erhoben, ob und gegebenenfalls seit wann sie in der Bürgerrechtsbewegung aktiv waren.

Von den 93 Befragten, die auf die erste dieser Fragen geantwortet hatten, gaben 15 (16,1 Prozent) eine Mitgliedschaft in einem der Gremien der Übergangszeit an. Vier dieser 15 Befragten wiederum hatten bereits in der alten DDR eine politisch verantwortliche Position innegehabt. Insgesamt hatten also nur 10,7 Prozent (n=11) der Befragten in der Phase des Übergangs *erstmalig* eine politische Funktion übernommen und gehören damit zur *engeren Transformationselite.* Die CDU-Fraktion in der Stadtverordnetenversammlung kann dabei mit sechs die größte Zahl an Mandatsträgern aus der engeren Transformationselite vorweisen. Im 1994 gewählten Stadtrat sind aber insgesamt nur noch zwei Personen dieser Gruppe vertreten.

Dieses für idealistische Reformer eher enttäuschende Bild relativiert sich aber wieder etwas, wenn man zusätzlich Aktivitäten in der DDR-Bürgerrechtsbewegung berücksichtigt. Von den 92 Befragten, die die entsprechende

Frage beantworteten, gaben 50 (54,4 Prozent) solche Aktivitäten an, davon 24 (26,1 Prozent) schon vor Oktober 1989, 26 (28,3 Prozent) erst danach. Die *weitere Transformationselite* derjenigen, die entweder in der Bürgerrechtsbewegung aktiv waren und/oder der engeren Transformationselite angehörten, umfaßt damit 53 (57,6 Prozent) Befragte. Auch von den Mitgliedern des neuen Stadtrats ist noch fast die Hälfte in der Bürgerrechtsbewegung aktiv gewesen. Damit findet Rebenstorfs These von einer „Transformationselite für eine begrenzte Zeit", die nach Wende und Vereinigung bereits wieder zur „Gegenelite" geworden sei, für die Gemeindevertretung Jenas keine Bestätigung.

7. Karrierisierung

7.1 Durchgängige und abgebrochene Karrieren

Zunächst lassen sich drei unterschiedlichen Typen des Karriereverlaufs unterscheiden: von *durchgängigen Karrieren* kann bei solchen Mandatsträgern gesprochen werden, die bereits in der ersten Wahlperiode ein Mandat in der Stadtverordnetenversammlung innehatten und 1994 wiedergewählt wurden. Dabei wird nicht weiter differenziert, ob das Mandat bereits von Beginn der ersten Wahlperiode an ausgeübt wurde, oder ob es sich dabei um Nachrücker handelt. *Abgebrochene Karrieren* sind solche, bei denen die Mandatsinhaber lediglich in der ersten Wahlperiode Mitglied der Stadtverordnetenversammlung waren. Hier muß jedoch noch weiter differenziert werden zwischen solchen Personen, die 1994 erneut kandidierten, und solchen, die entweder vorzeitig ihr Mandat aufgaben oder nach Ablauf der ersten Wahlperiode nicht wiederkandidierten. *Neulinge* sind schließlich alle diejenigen Mitglieder des neuen Stadtrats, die in der ersten Wahlperiode noch kein Mandat hatten.

Unter den 46 Stadträten, die 1994 gewählt wurden (nicht nur den tatsächlich befragten), weisen 24 (52,2 Prozent) eine durchgängige Karriere auf, d. h. sie hatten bereits in der vorangegangenen Wahlperiode einen Sitz in der Stadtverordnetenversammlung. Einer von ihnen war dabei zwischenzeitlich ausgeschieden, wurde jedoch 1994 wiedergewählt. Andersherum betrachtet: Von den 100 Stadtverordneten, die am Ende der ersten Wahlperiode in der Stadtverordnetenversammlung saßen, sind lediglich 23 in den neuen, auf 46 Sitze verkleinerten Stadtrat eingezogen. Es hat also von der ersten zur zweiten Wahlperiode ein beachtlicher personeller Austausch stattgefunden. Dieser war bei den Fraktionen von SPD mit zwei Drittel Neulingen und Bündnis 90/Grünen mit vier Fünftel Neulingen besonders groß.

Der Anteil der vorzeitig ausgeschiedenen Mandatsträger in der Stadtverordnetenversammlung gibt darüber hinaus Aufschluß über das Ausmaß der Fluktuation, das bereits *während* der ersten Wahlperiode stattfand. Diese Gruppe umfaßt 30 der 100 anfänglichen Stadtverordneten. Besonders hoch ist der Anteil dieser *Abbrecher* bei den Fraktionen von DSU, PDS und der Grünen Liste.

7.2 Altkarrieren, Parteimitgliedschaft und -funktionen

Im vorliegenden Zusammenhang ist natürlich von Interesse, welchen Einfluß Parteimitgliedschaft, politische Vorpositionen und Ämterkumulation auf den Fortgang der kommunalpolitischen Karriere haben. Dabei werden in der folgenden Analyse nur die insgesamt 80 Befragten berücksichtigt, die zwischen 1990 und 1994 Mitglied der Stadtverordnetenversammlung waren, einschließlich vorzeitig Augeschiedenen und Nachrückern.

Von den zehn befragten Mitgliedern dieser Gruppe, die eine *Altkarriere* aufzuweisen haben, hat die Hälfte ihr Mandat vorzeitig aufgegeben bzw. 1994 nicht wiederkandidiert. Die andere Hälfte wurde jedoch zumindest zur Wiederwahl aufgestellt. Von den 68 Befragten mit einer *Neukarriere* hat hingegen etwas weniger als die Hälfte (45,6 Prozent) 1994 erneut kandidiert (vgl. Tabelle 6). Man kann daraus schließen, daß eine Altkarriere die Fortsetzung der politischen Karriere in der zweiten Wahlperiode offensichtlich nicht behindert hat. Diese Aussage steht allerdings unter dem Vorbehalt, daß sie auf einer sehr kleinen Fallzahl basiert.

Von den 14 Befragten mit *Interimspositionen* gaben acht vorzeitig ihr Mandat auf bzw. kandidierten nicht mehr für den neuen Stadtrat. Sechs kandidierten erneut, und drei von ihnen wurden wiedergewählt. Angesichts der geringen Fallzahlen läßt sich jedoch auch hier kein eindeutiger Effekt feststellen.

Sehr viel deutlicher zeigt sich demgegenüber der Effekt der Parteimitgliedschaft. Lediglich acht der 25 parteilosen Mitglieder der Stadtverordnetenversammlung kandidierten 1994 erneut, nur zwei von ihnen erfolgreich. Demgegenüber wurden 29 der 55 befragten Parteimitglieder erneut wieder aufgestellt, auch wenn nur 23,6 Prozent (n=13) von ihnen auch wiedergewählt wurden.

Tabelle 6. Der Effekt der Parteimitgliedschaft und politischen Vorpositionen auf den Mandatsverlauf der Mitglieder der Stadtverordnetenversammlung (Zeilenprozentwerte, fehlende Werte nicht berücksichtigt)

	durchgängige Karriere		*abgebrochene Karriere* mit Wieder-Kandidatur		ohne Wieder-Kandidatur		
	n	%	n	%	n	%	
Altkarriere							
ja	3	30,0	2	20,0	5	50,0	10
nein	11	16,2	20	29,4	37	54,4	68
Interimsposition							
ja	3	21,4	3	21,4	8	57,1	14
nein	12	18,2	19	28,8	35	53,0	66
Parteimitgliedschaft 1994							
ja	13	23,6	16	29,1	26	47,3	55
nein	2	8,0	6	24,0	17	68,0	25
Parteifunktion seit KW 1990							
ja	8	32,0	7	28,0	10	40,0	25
nein	7	12,7	15	27,3	33	60,0	55

Ein ähnliches Bild ergibt sich bei den seit der Kommunalwahl 1990 ausgeübten Parteiämtern. 32 Prozent der 25 Stadtverordneten, die solche Ämter innehatten bzw. noch innehaben, erlangten im neuen Stadtrat erneut ein Mandat, gegenüber lediglich 12,7 Prozent ohne Parteiamt. Umgekehrt stellen die Funktionsträger unter den durchgängigen Karrieren mehr als die Hälfte (53,3 Prozent), im Vergleich zu 45,5 Prozent in der Gesamtgruppe. Allerdings wurden sieben der 15 zur Wiederwahl angetretenen Kandidaten mit Parteiämtern nicht mehr in den neuen Stadtrat gewählt. Der entsprechende Anteilswert ist jedoch bei den 22 Kandidaten ohne Parteiämter mit 68,2 Prozent (n=15) deutlich höher. Funktionsträger legten im Vergleich zu den anderen Befragten ihr Mandat auch selten vorzeitig nieder, nämlich zu lediglich 8 Prozent gegenüber 20 Prozent. Parteiämter sind demnach, ähnlich wie im Westen, ein gewichtiger politischer Karrierefaktor.

7.3 Horizontale Ämterkumulation

Die Analyse der Ämterkumulation, d. h. der gleichzeitigen Einnahme mehrerer politischer Ämter, gibt Auskunft über typische Positionsverbindungen. Generell ist dabei zwischen vertikaler und horizontaler Ämterkumulation zu unterscheiden. *Vertikale Ämterkumulation* ist die gleichzeitige Ausübung politischer Ämter auf unterschiedlichen Ebenen. *Horizontale Ämterkumulation* dagegen betrifft die gleichzeitige Ausübung von Ämtern derselben Ebene.

Untersuchungen über politische Karrieren in Westdeutschland haben ergeben, daß kommunalpolitische Mandate oftmals die Basis für einen Aufstieg in Positionen einer höheren politischen Ebene darstellen und zur Absicherung auch danach häufig noch für längere Zeit beibehalten werden (vgl. Herzog 1975: 85ff.). Angesichts der Diskontinuität des politischen Systems und des Umstands, daß letztlich alle Befragten (noch) am (Neu-)Beginn ihrer politischen Karriere stehen, spielt allerdings die vertikale Ämterkumulation in der Befragungsgruppe kaum eine Rolle. Lediglich 3 der 94 Befragten gaben an, seit der Kommunalwahl im Mai 1990 eine Position auf überörtlicher Ebene innegehabt zu haben.

Die horizontale Ämterkumulation ist Folge einer innerparlamentarischen Führungsauswahl und kann gleichzeitig als Unterscheidungsmerkmal zwischen „Hinterbänklern" und parlamentarischer Elite dienen. Dementsprechend stellten Gabriel u.a. (1984) in nordrhein-westfälischen Großstadtparlamenten einen fast linearen Zusammenhang zwischen der Zugehörigkeitsdauer zum Rat und der Wahrnehmung von Ämtern und Funktionen in Rat und Fraktion fest.

Von den 80 befragten Stadtverordneten gaben 36 (45 Prozent) an, in der abgelaufenen Mandatsperiode ein zusätzliches politisches Amt (ohne Parteiämter) innegehabt zu haben, und zwar in der Fraktion (Vorstand oder Geschäftsführung), in der Gemeindevertretung (Präsidium oder Ausschußvorsitz) oder in der Verwaltungsführung (Bürgermeister oder Dezernent). Von diesen 36 Personen sind 11 (30,6 Prozent) auch im neuen Stadtrat vertreten, während es von den 44 Befragten ohne derartige Positionen lediglich vier (9,1 Prozent) sind. Trotz des kurzen Zeitraums erlauben diese Daten den Schluß, daß der horizontalen Ämterkumulation eine maßgebliche Bedeutung für kommunalpolitische Karrieren zukommt. Allerdings entfällt wegen der neuen Inkompatibilitätsregeln in Zukunft die Möglichkeit einer Verbindung von Stadtratsmandat und Position in der Stadtexekutive bzw. -verwaltung.

8. Zusammenfassung

Die Untersuchung hat also ergeben, daß sich die Mitglieder der Jenaer Gemeindevertretung in ihrer sozialen Zusammensetzung kaum von westdeutschen Kommunalpolitikern unterscheiden. Ihr formaler Bildungsgrad, ihre Ortsverbundenheit und ihr Engagement in Vereinen und Organisationen des vorpolitischen Raumes sind außerordentlich hoch. Im Vergleich zu den DDR-Gemeindevertretungen sind ferner Frauen deutlich geringer vertreten. Im Hinblick auf die Berufsstruktur dominieren wie im Westen die Beschäftigten des Öffentlichen Dienstes. Selbständige und Freiberufler sind dagegen (noch) nicht so stark vertreten wie in westdeutschen Kommunalparlamenten.

Ein erstes Indiz für einen Austausch der alten politischen Elite ist die verhältnismäßig große Anzahl von unter 35jährigen. Auch weist nur rund ein Drittel der Befragten Verbindungen zum alten Parteiensystem der DDR auf, wobei es sich zudem in den meisten Fällen um eine bloße Parteimitgliedschaft handelte. Nur etwa ein Siebtel hatte eine Position im politisch-administrativen System der DDR inne, und die meisten dieser Positionen waren darüber hinaus von eher untergeordneter Bedeutung. Der weitaus größte Teil der befragten Mandatsträger erlangte schließlich die erste politisch verantwortliche Position erst während oder nach der Wende.

Weniger als ein Sechstel der Befragten ist der engeren Transformationselite zuzurechnen. Zwischen der ersten und zweiten Wahlperiode ist zudem ein deutlicher Rückgang dieses Personenkreises zu konstatieren. Die Personen, die in der Phase der politischen Wende eine entscheidende Rolle spielten, sind also fünf Jahre danach aus den politisch verantwortlichen Gremien weitgehend verschwunden. Allerdings gab mehr als die Hälfte der Befragten an, in der Bürgerrechtsbewegung aktiv gewesen zu sein. Auch unter den befragten Mandatsträgern der zweiten Wahlperiode trifft dies immer noch auf fast die Hälfte zu. Der weitgehende Rückzug der Mitglieder der vormaligen „Gegenelite" scheint also durch das Engagement anderer Personen aus dem Umfeld der Bürgerbewegungen zumindest teilweise kompensiert worden zu sein.

Bei der Rekrutierung der Mandatsträger in den neuen ostdeutschen Gemeindevertretungen scheinen die Parteien (noch) keine so dominierende Rolle wie in den westdeutschen Kommunalparlamenten zu spielen. Zwar ist weit mehr als die Hälfte der Befragten Mitglied einer Partei, aber auch im 1994 gewählten Stadtrat findet sich noch fast ein Drittel Parteilose. Allerdings ist die Parteimitgliedschaft in der zweiten Wahlperiode wichtiger geworden.

Bei der ersten demokratischen Kommunalwahl im Mai 1990 konnten sowohl die neugegründeten, als auch die reformierten Parteien offenbar noch nicht auf ein ausreichendes Reservoir an bewährten Funktionsträgern zurückgreifen. Lediglich 27,1 Prozent der damals Gewählten hatten zuvor bereits einmal eine Funktion in einer Partei innegehabt. Vier Jahre später war die Situation anders: Die Zahl der zu vergebenden Sitze war um mehr als die Hälfte reduziert und das Reservoir an ehemaligen oder amtierenden Parteifunktionären gewachsen. Der Anteil der Befragten mit Parteiämtern lag in der zweiten Wahlperiode dementsprechend wesentlich höher. Angesichts der erschwerten Wahlbedingungen ist es jedoch bemerkenswert, daß nach wie vor ein beachtlicher Teil der Stadtratsmitglieder weder Mitglied noch Funktionsträger einer Partei ist.

Das Ausmaß des personellen Wechsels von der ersten zur zweiten Wahlperiode ist außerordentlich hoch. Schon im Verlauf der ersten Wahlperiode legten 30 Prozent der ursprünglich Gewählten ihr Mandat vorzeitig nieder, und nur etwa die Hälfte der Mitglieder des neuen Stadtrats hat eine durchgängige Karriere vorzuweisen. Als Faktoren, die die Kontinuität politischer Karrieren begünstigen, kristallisierten sich die Mitgliedschaft in einer Partei, die Ausübung von Parteiämtern sowie horizontale Ämterkumulation, d. h. die zusätzliche Einnahme von Positionen in Fraktion, Stadtverordnetenversammlung oder Stadtverwaltung. heraus.

Trotz der geringen Fallzahlen und des kurzen Untersuchungszeitraums deuten diese Ergebnisse darauf hin, daß die von Rebenstorf konstatierte Angleichung der politischen Rekrutierungs- und Karrieremuster an diejenigen Westdeutschlands sich auch in den ostdeutschen Kommunen relativ rasch durchgesetzt hat.

Literatur

Barth, S., 1991: Wahlen und Wahlverhalten in Jena 1990. Magisterarbeit, Universität Tübingen.

Berking, H./Neckel, S., 1991: Außenseiter als Politiker: Rekrutierung und Identitäten neuer lokaler Eliten in einer ostdeutschen Gemeinde. In: Soziale Welt 42: 283-299.

Bürklin, W. et al., 1995: Die Potsdamer Elitestudie 1995. I. Staatsverständnis, Rekrutierung und Kontakte, Manuskript, Universität Potsdam.

Derlien, H.-U., 1991: Regimewechsel und Personalpolitik - Beobachtungen zur politischen Säuberung und zur Integration der Staatsfunktionäre der DDR in das Berufsbeamtentum. Bamberger Verwaltungswissenschaftliche Beiträge Nr. 27, Bamberg.

Derlien, H.-U./Lock, S., 1994: Eine neue politische Elite? Rekrutierung und Karrieren der Abgeordneten in den fünf neuen Landtagen. In: Zeitschrift für Parlamentsfragen 25: 61-94.

Edinger, L. J., 1960: Post-Totalitarian Leadership: Elites in the German Federal Republic. In: American Political Science Review 54: 58-82.

Gabriel, O. W./Haungs, P./Zender, M., 1984: Opposition in Großstadtparlamenten. Melle.

Gau, D., 1983: Politische Führungsgruppen auf kommunaler Ebene: Eine empirische Untersuchung zum Sozialprofil und der politischen Karrieren der Mitglieder des Rates der Stadt Köln. München.

Geißler, R., 1992: Die Sozialstruktur Deutschlands. Opladen.

Glaeßner, G.-J., 1991: Der schwierige Weg zur Demokratie - Vom Ende der DDR zu deutschen Einheit. Opladen.

Herzog, D., 1975: Politische Karrieren - Selektion und Professionalisierung politischer Führungsgruppen. Opladen.

Herzog, D., 1976: Partei- und Parlamentskarrieren im Spiegel der Zahlen für die Bundesrepublik Deutschland. In: Zeitschrift für Parlamentsfragen 7: 25-34.

Hoecker, B., 1996: Politische Partizipation von Frauen im vereinigten Deutschland. In: Aus Politik und Zeitgeschichte 21-22: 23-33.

Hoffmann-Lange, U., 1992: Eliten, Macht und Konflikt in der Bundesrepublik. Opladen.

Holtmann, E., 1992: Politisierung der Kommunalpolitik und Wandlungen im lokalen Parteiensystem. In: Aus Politik und Zeitgeschichte 22-23: 13-22.

Köser, H., 1991: Der Gemeinderat in Baden-Württemberg: Sozialprofil, Rekrutierung, Politikverständnis. In: Pfizer, Th./Wehling, H.-G. (Hrsg.): Kommunalpolitik in Baden-Württemberg. 2. Aufl., Stuttgart: 141-161.

Kreikenbom, H./Schaarschmidt, B./Weigel, P., 1993: Der Wandel der regionalen Organisationsstrukturen soziopolitischer Interessenvermittlung im Raum Jena. KSPW-Kurzstudie, Jena.

Meisel, D., 1992: Kommunalpolitische Entscheidungsprozesse in einer Kommune der Fünf Neuen Länder (FNL). Magisterarbeit, Universität Erlangen-Nürnberg.

Meyer, G., 1986: Das politische System der Deutschen Demokratischen Republik. Frankfurt.

Mielke, G./Eith, U., 1993: Honoratioren oder Parteisoldaten? In: Gabriel. O. W./Troitzsch, K. G. (Hrsg.): Wahlen in Zeiten des Umbruchs. Frankfurt a. M.: 157-202.

Möller, B., 1993: Kommunale Parteienentwicklung seit der Wende - dargestellt am Beispiel Frankfurt (Oder). In: Sowi 22: 88-96.

Petzold, S./Heide, H. J. von der (Hrsg.), 1991: Handbuch zur kommunalen Selbstverwaltung: praxisnahe Informationen, Arbeitshilfe und Beratung. Regensburg.

Rebenstorf, H., 1992: Elitentransformation in Ostdeutschland. In: Leif, Th. et al. (Hrsg.): Die politische Klasse in Deutschland. Eliten auf dem Prüfstand, Bonn: 152-171.

Schneider, E., 1994: Die politische Funktionselite der DDR. Opladen.

Siewert, H.-J., 1979: Lokale Elitesysteme: Ein Beitrag zur Theoriediskussion in der Community-power-Forschung und ein Versuch zur empirischen Überprüfung. Königstein.

Thaysen, U., 1990: Der Runde Tisch oder wo blieb das Volk?: Der Weg der DDR in die Demokratie. Opladen.

Zapf, W., 1965: Wandlungen der deutschen Elite. Ein Zirkulationsmodell deutscher Führungsgruppen 1919-1961, München.

Von der Opposition zur Position

Das Politikverständnis bürgerbewegter Frauen der DDR vor und nach der deutschen Vereinigung

Ingrid Miethe

1. Das Untersuchungsproblem

Der schnelle Bedeutungsverlust der ostdeutschen Bürgerbewegungen im Prozeß der deutschen Vereinigung ist bekannt und wurde vielfach beschrieben. Was dabei zumeist nicht beachtet wird, ist die deutlich geringere Teilnahme von Frauen gegenüber Männern an der Institutionalisierung der Bewegung. Gerade Frauen sind aus der institutionalisierten politischen Öffentlichkeit verschwunden.

Über die hohe Beteiligung von Frauen an den Herbstereignissen '89 wird heute viel gesprochen und spekuliert - empirische Nachweise darüber stehen bislang allerdings aus. Da es in den Oppositionsgruppen der DDR und den sich daraus entwickelnden Bürgerbewegungen keine formale Mitgliedschaft gab, wird der Frauenanteil zumeist nur geschätzt.

Für den Herbst 1989 existiert jedoch ein sehr wichtiges Dokument, das Aufschluß über die Geschlechterverteilung der Sympathisanten des NEUEN FORUMS[1] geben kann: Der erste Aufruf des NEUEN FORUMS vom September '89, der die Aufforderung enthielt, mit der Unterschrift Mitglied des NEUEN FORUMS zu werden[2].

---

1 Die folgenden Aussagen beziehen sich ausschließlich auf das NEUE FORUM. Das NEUE FORUM stellte innerhalb der Bürgerbewegungen des Herbstes '89 die zahlenmäßig stärkste Bewegung dar.

2 Auch wenn der Aufruf die Aufforderung beinhaltete, Mitglied im NEUEN FORUM zu werden, ist das keinesfalls gleichzusetzen mit einer Mitgliedschaft in einem Verein oder einer Partei im üblichen Sinne. Die Listen hatten vielmehr die Funktion, einen „gesellschaftlichen Bedarf" nachzuweisen, um der behördlichen Argumentation, daß dieser Bedarf nicht existiere und damit keine Notwendigkeit der offiziellen Zulassung des NEUEN FORUMS bestehe, Paroli bieten zu können. Die Weitergabe des Aufrufs erfolgte zunächst noch unter illegalen Bedingungen; die Vervielfältigung war äußerst kompliziert. Zum Zeitpunkt der Legalisierung des NEUEN FORUMS sollen die Listen von zweihunderttausend (Schulz 1992: 18) Menschen unterschrieben gewesen sein. Nach meinen Re-

Die Auszählung der Unterschriften dieses Dokumentes für den Zeitraum September bis Oktober/November 1989 ergab ein Geschlechterverhältnis, das sich in etwa bei 40 Prozent Frauen zu 60 Prozent Männern einpendelte.

Tabelle 1: UnterzeichnerInnen des ersten Aufrufes des NEUEN FORUM[3]

Ort	Gesamt	Anzahl Frauen	in %	Anzahl Männer	in %
Berlin	11.574	4.237	36,6	7.337	63,4
Halle	6.490	2.595	39,9	3.895	59,9
Leipzig	4.494	1.550	34,4	2.944	65,5
Erfurt[4]	358	131	36,6	227	63,4
Gesamt	22.916	8.513	37,2	14.403	62,8

Interessant werden diese Zahlen, wenn sie ins Verhältnis gesetzt werden zur Zahl derer, die später wirklich Mitglied im NEUEN FORUM wurden, sozusagen in eine kontinuierliche politische Arbeit im institutionalisierten Rahmen hinüberwechselten.

Tabelle 2: Mitglieder im NEUEN FORUM (Stand: 17.September 1990)[5]

Mitglieder Gesamt	Frauen	in %	Männer	in %
722	144	19,9	578	80,1

Der Anteil der Frauen hat sich von 37,2 Prozent auf 19,9 Prozent (minus 17,3 Prozent) reduziert. Eine Weiterarbeit oder feste Anbindung an das NEUE FORUM scheint danach für Frauen weniger attraktiv als für Männer gewesen

cherchen halte ich diese Zahl für zu hoch angesetzt. Auch wenn heute nicht mehr alle Listen erhalten sind, dürfte es sich kaum um mehr als 100 000 Unterschriften gehandelt haben. Unter den Bedingungen der Illegalität ist das immer noch eine enorm hohe Zahl.
Zu beachten ist außerdem, daß diese Klientel keinesfalls identisch mit den ursprünglichen Oppositionsgruppen war, sondern vielmehr der Klientel einer programmatisch offenen „Sammlungsbewegung" (Knabe 1992: 13) entsprach und damit sehr konträre Bevölkerungsteile in sich vereinte. Die Unterschrift beinhaltete also keine formale Mitgliedschaft und läßt keine Rückschlüsse über die tatsächliche Aktivität im NEUEN FORUM zu. Sie beinhaltete aber einen allgemeinen Protest gegen das politische System und ein grundsätzliches Interesse an politischer Artikulation überhaupt.

3 Quelle: Eigene Auszählungen in Halle (Listen im Privatarchiv) und Berlin (Listen im Archiv der Robert-Havemann-Gesellschaft). Die Auszählung der Leipziger Listen wurde vom „Archiv der Bürgerbewegungen" Leipzig durchgeführt.

4 Die Erfurter Zahlen sind eine Stichprobe von Listen, die sich im Robert-Havemann-Archiv in Berlin befinden. Sie wurden entnommen, um Hinweise auf ein eventuelles Nord-Süd-Gefälle zu erhalten.

5 Quelle: Eigene Berechnungen auf der Grundlage von Listen im Archiv der Robert-Havemann-Gesellschaft, Berlin.

zu sein. Insgesamt ist natürlich zu berücksichtigen, daß sich die Gesamtzahl der Mitglieder des NEUEN FORUMS massiv reduziert hat. Ein großer Anteil wechselte zu etablierten Parteien, v. a. zum Bündnis 90/Grüne[6] und zur SPD. In der SPD in den neuen Bundesländern waren 1991 beispielsweise 21,6 Prozent Frauen organisiert (Höcker 1995: 78). Auch diese Zahl liegt deutlich unter dem Frauenanteil des NEUEN FORUMS zum Zeitpunkt der Sammlungs- und Mobilisierungsphase[7].

In der Mobilisierungsphase der Bürgerbewegungen zeigten also viele Frauen Interesse an politischer Aktivität. Deutlich seltener jedoch vollzogen sie den Prozeß der Institutionalisierung.

Worin können nun die Ursachen für diese Entwicklung gesehen werden?

Eine wesentliche Ursache liegt, neben strukturellen und machtpolitischen Aspekten[8] (die im Rahmen dieses Aufsatzes nicht untersucht werden können), im Politikverständnis der Frauen. Wie Politik beschrieben und begriffen wird, ist von zentraler Bedeutung, wenn die Gründe erfaßt werden sollen, warum sich so viele Frauen für einen Weg außerhalb der politischen Institutionen entschieden haben. Das Politikverständnis bürgerbewegter Frauen der DDR entstand in einem gesellschaftlich anderen Kontext, beinhaltete subjektiv andere Wertvorstellungen und mußte zunächst mit den Erwartungen und Anforderungen in der institutionalisierten Politik kollidieren. Deshalb wird der Schwerpunkt des vorliegenden Artikels auf der Beschreibung des Politikverständnisses dieses Personenkreises liegen. Die Kollisionspunkte mit heutigen Erfordernissen institutionalisierter Politik werden abschließend kurz benannt, aber nicht explizit ausgeführt.

---

6 Da die Bundesgeschäftsstelle von Bündnis 90/Grüne die Mitglieder nicht nach Geschlecht differenziert, ist keine Aussage zum weiblichen Mitgliederanteil möglich. Für das gesamtdeutsche Bündnis 90/Grüne wird ein weiblicher Mitgliederanteil von etwa einem Drittel geschätzt (Höcker 1995: 85). Zu den neuen Bundesländern existieren bisher keinerlei Vergleichszahlen.

7 Einzig bei der PDS ist der Frauenanteil mit 43 Prozent (Höcker 1995: 87) deutlich höher. Da die Bürgerbewegungen ihre Klientel jedoch überwiegend nicht aus der ehemaligen SED rekrutierten, kann der hohe Frauenanteil nicht in ein direktes Verhältnis zum NEUEN FORUM gesetzt werden. Der hohe Frauenanteil muß sehr differenziert und im Kontext der Situation der DDR-Gesellschaft gesehen werden (vgl. Penrose 1993: 101 ff. und Höcker 1995: 87).

8 In der Partizipationsforschung werden im wesentlichen zwei Linien als Ursache für die Unterrepräsentanz von Frauen untersucht. Einerseits werden die Ursachen in einem vom männlichen Normalfall abweichenden Politikverständnis gesucht. Zum anderen gilt der Schwerpunkt vieler Studien der Untersuchung institutioneller Ausschlußmechanismen (vgl. z. B. Hoecker 1987, Rebenstorf 1990, Meyer 1992, Schöler-Macher 1994, Schaeffer-Hegel 1995).

Die Basis für die folgenden Ausführungen bilden empirische Daten in Form von zehn lebensgeschichtlich-narrativen Interviews, die ich im Rahmen einer 1995 abgeschlossenen Studie durchgeführt habe (Miethe 1995). Die (überwiegend prominenten) Interviewpartnerinnen kamen aus den verschiedenen gemischtgeschlechtlichen Bürgerbewegungsgruppen wie NEUES FORUM, DEMOKRATIE JETZT und DEMOKRATISCHER AUFBRUCH. Während der 80er Jahre[9] in der DDR arbeiteten sie in den verschiedensten oppositionellen Gruppen[10] der DDR mit, wie den FRAUEN FÜR DEN FRIEDEN[11] und der INITIATIVE FRIEDEN UND MENSCHENRECHTE[12]. Das wichtigste Kriterium für die Auswahl der Interviewpartnerinnen war dabei, daß diese Frauen in der Wendezeit auf den unterschiedlichsten Ebenen der institutionalisierten Politik (von kommunaler- bis Volkskammer-/Bundestagsebene) tätig waren und das heute nicht mehr sind.

Im Rahmen dieses Aufsatzes ist es nicht möglich, auf den detaillierten empirischen Erkenntnisprozeß[13] einzugehen, der zu meinen Thesen geführt hat. Im folgenden werden deshalb einige m. E. besonders wesentliche Ergebnisse zusammengefaßt.

Für die Interpretation der empirischen Daten als auch für die Nachvollziehbarkeit des Politikverständnisses hat es sich als sinnvoll erwiesen, den Umgang mit den Worten „politisch“ und „Politik“ differenzierter zu untersuchen. In welchem Kontext benutzen die Frauen selbst diese Worte, und mit

---

9 Der Schwerpunkt liegt dabei auf dem Zeitraum der 80er Jahre in der DDR. Diese Eingrenzung ist sinnvoll, da in der Zeit eine neue Qualität oppositioneller Arbeit in Form der oppositionellen Gruppen entstand. Diese Gruppen werden relativ übereinstimmend als die entscheidenden Vorläuferinnen für die im Herbst ‘89 entstandenen Bürgerbewegungen angesehen.

10 Auch bezeichnet als „kirchliche Basisgruppen“, „politisch alternative Gruppen“ oder „informelle Gruppen“.

11 Die FRAUEN FÜR DEN FRIEDEN gründeten sich 1982, zunächst in Berlin und dann in anderen größeren Städten der DDR, als Reaktion auf das neue Wehrdienstgesetz, das für den Fall der Mobilmachung die Einbeziehung von Frauen zum aktiven Wehrdienst vorsah (vgl. Kukutz 1995: 1285 ff.).

12 Die INITIATIVE FRIEDEN UND MENSCHENRECHTE (IFM) gründete sich 1986 und war die erste oppositionelle Gruppe, die sich öffentlich als Opposition artikulierte. Sie war die erste Gruppe, die auch außerhalb des Schutzraumes der evangelischen Kirche aktiv wurde (vgl. Templin/Weißhuhn 1992: 150 ff.).

13 Für die Auswertung zum Politikbegriff erfolgte eine sprachanalytische Interpretation des Umganges mit den Worten „Politik“ und „politisch“, die an das Verfahren der objektiven Hermeneutik angelehnt ist und auch den latenten Sinngehalt des Gesagten erfassen soll. Die Ergebnisse des dritten Kapitels basieren auf einer qualitativen Inhaltsanalyse der Interviews (Strauss 1991: 56 ff.)

welchen Assoziationen sind sie verbunden? Darauf wird im folgenden Kapitel ausführlicher eingegangen.

An ausgewählten Beispielen von Aussagen der interviewten Frauen werden anschließend wesentliche Dimensionen des Politikverständnisses herausgearbeitet und deren Bedeutung für die folgenden Transformationsprozesse beschrieben. Abschließend wird der Frage nachgegangen, inwieweit ein spezifisches Politikverständnis bürgerbewegter Frauen mit dafür verantwortlich ist, daß sich viele Frauen für einen Weg außerhalb der politischen Institutionen entschieden haben und was diese Entscheidung in ihrem Selbstverständnis bedeutet.

2. Der Umgang mit dem Politikbegriff

Bei der Verwendung des Politikbegriffs in den Interviews fällt auf, daß er nicht ohne weiteres verwendet werden kann, sondern irgendeiner Form der Erklärung bedarf. Für die genauere Untersuchung erfolgte deshalb eine sprachanalytische Interpretation zum Umgang mit den Worten „politisch" und „Politik" in den Interviews.

Bei der Verwendung dieser Worte fallen semantische Besonderheiten auf, die auf eine negative Besetzung der Begriffe für die DDR-Zeit hinweisen. Es läßt sich eine Assoziationskette von Politik = Staat = SED finden. Dies zeigt sich v. a. in einer Vermeidung der Worte „politisch" und „Politik" bzw. in häufigen Abbrüchen um diese Wortverbindungen. Darüber hinaus läßt sich eine Diskrepanz zwischen selbstdefiniertem und assoziativem Sinngehalt der Begriffe feststellen.

Eine assoziative Verwendung ist häufig innerhalb von freien Erzählungen zu finden. Auf der Ebene erfolgt zumeist eine Verbindung zu traditionellen, institutionalisierten Politikbereichen, die hinsichtlich der DDR-Zeit mit SED = Staat = Stasi gleichgesetzt werden. Damit verbunden ist eine deutliche Abgrenzung von diesem Begriff. So unterbrach beispielsweise eine Interviewpartnerin nach nur wenigen Zeilen ihre Erzählung, die auf meine Eingangsfrage erfolgte, um über die Begriffe „politisch" und „Politik" zu polemisieren:

> *„... wobei ich natürlich, mit dem Begriff politisch, Politik eigentlich Schwierigkeiten habe (lacht). Selbst heute noch. Immer zu sagen, wenn man jetzt anderer Meinung bei irgendwas ist und irgendwas zu tun, dann ist man politisch. Also, hm, ja. Das fällt mir heute noch schwer das so zu sehen. Das kann aber auch damit zusammenhängen, daß das irgendwie immer noch negativ besetzt ist, auch heute noch.[...] Alles was eigentlich direkt als politisch definiert wurde,*

> *war das was ich nicht wollte, also zum Beispiel Phrasen dreschen, Leute, die unglaubwurdig sind, die selber ziemlich demagogisch oder eben auch autoritar auftreten. Eigentlich bis hin zur Berufsschulzeit in DDR-Zeiten. Da brauch ich nicht viel zu sagen, die ich teilweise abgrundtief gehaßt habe.“*

Beginnend in der Wendezeit wird mit diesen Begriffen stärker das eigene Handeln in Verbindung gebracht. Der Bereich der Politik wird dabei deutlich über den institutionalisierten Raum hinausgehend gefaßt. „*.. das ganze Alltagsleben war ja plötzlich eine gemeinsame öffentliche Angelegenheit...*“, beschrieb eine Interviewpartnerin die politische Arbeit in der Wendezeit.

In dem Maße, wie sich dann eine gesamtdeutsche Situation entwickelte, werden mit den Begriffen zunehmend die traditionellen, institutionalisierten Politikbereiche wie Parteien, Wahlkampf, Institutionen, Bundestag und die „große Politik“ verbunden.

Die assoziative Verwendung der Worte steht in krassem Widerspruch zum eigendefinierten Verständnis der Begrifflichkeit. Zu dieser *eigendefinierten Verwendung* zählen Stellen im Interview, an denen bewußt versucht wird, zu definieren, was politisch sei. Auf einer solchen Ebene distanzieren sich viele Interviewpartnerinnen davon, Politik auf die institutionalisierte Ebene zu reduzieren:

> *„...und da ich Politik als etwas ansehe, was nicht reduziert sein sollte auf das Handeln in extra dafür ausgewiesenen Institutionen, sondern daß das schlechthin die Gestaltung von Gemeinwesen ist...“*

Mehr noch als auf der Ebene der bewußten, verbalen Reflexion zeigt sich das erweiterte Verständnis von Politik auf der Handlungsebene. Die Bereiche, die von den Interviewten als politisch beschrieben werden, reichen weit über den institutionalisierten Raum hinaus, umfassen außerparlamentarische Gruppenzusammenhänge ebenso wie die Nutzung des Privatraumes und gegenseitige Unterstützung.

Was kann die Diskrepanz zwischen der assoziativen und der eigendefinierten Verwendung des Politikbegriffs bedeuten?

Nach wie vor sind genügend Studien zu finden (vgl. Bundesministerium für Frauen und Jugend 1992, 1993; Institut für Demoskopie Allensbach 1993), die Politik und politisches Interesse auf den traditionellen Bereich der institutionalisierten Politik reduzieren. Häufig sind die Gradmesser für politisches Engagement nach wie vor Wahlbeteiligung oder Mitgliedschaft in einer Partei. Frauen waren über die Jahrhunderte uberwiegend von dieser Form der Politik ausgeschlossen, so daß es immer „die anderen“ waren, die Politik machten.

Die Interviewten teilen als Mitglieder ihrer Kultur zunächst einmal deren Vorstellungen von Politik. Sie wurden innerhalb dieser Kultur sozialisiert und waren eingebunden in das Politikverständnis einer Gesellschaft, die Politik nicht weniger eng faßte[14], als das für die Bundesrepublik beschrieben wird (vgl. Höcker 1987; Meyer 1987; Schöler-Macher 1994).

Um diese Begriffe für sich selbst zu beanspruchen, ist ein Akt der bewußten Reflexion und Neubesetzung erforderlich. Dies zeigt sich daran, daß die Begriffe in erster Linie für die Bereiche angewandt werden, die durch eine lange und intensive Reflexionsarbeit bewußt neu besetzt und definiert wurden (Frauengruppe, neue Politik, Bürgerbewegungspolitik). Bezeichnenderweise benutzen die Interviewpartnerinnen, die auf eine lange politische Biographie zurückblicken können, jene Worte problemloser für ihr eigenes Handeln. In ihren eigenen Definitionen und vor allem in ihrem praktischen Handeln und Verständnis spiegelt sich das wider, was als „erweitertes Verständnis von Politik" (vgl. Meyer 1987; Bilden 1994) beschrieben wird.

Sobald sie jedoch die Begrifflichkeit unreflektiert, unbewußt benutzten, verfallen sie in das alte Verständnismuster von Politik, das auf der bewußten Ebene gar nicht ihrem Selbstverständnis entspricht.

Beide Begriffe, sowohl das „institutionell verengte" als auch das erweiterte Politikverständnis, existieren parallel zueinander. Beide Begriffe entsprechen je nach Thema auch dem Selbstverständnis der Interviewten. Aus dieser Auswertung lassen sich drei wichtige Schlußfolgerungen ziehen:

1. Der Politikbegriff unterliegt hinsichtlich der DDR-Zeit einer negativen Besetzung, die z. T. bis heute im Sprachgebrauch der Interviewpartnerinnen weiterwirkt und demzufolge methodologisch berücksichtigt werden muß.
2. Der Sprachgebrauch, mit dem die Interviewpartnerinnen ihre politische Aktivität in der DDR beschreiben, birgt die Gefahr der Minderbewertung. Es ist in der Wahrnehmung durch andere ein Unterschied, ob davon gesprochen wird: „wir waren aktiv" oder „wir waren *politisch* aktiv". Es ist ein weiterer Unterschied, ob davon gesprochen wird: „ich habe *es* halt gemacht", oder ob benannt wird, was da konkret gemacht wurde - nämlich politische Aktionen, die mitunter sehr viel Mut voraussetzten. Das Weglassen dieser Begriffe birgt die Gefahr in sich, daß die Arbeit der Frauen von ZuhörerInnen nicht unbedingt in ihrem politischen Charakter

14 Oder noch enger als für westliche Systeme beschrieben: Die Definitionen der gängigen DDR-Nachschlagewerke reduzieren den Politikbegriff ausschließlich auf die Partei, den Staat und den Klassenkampf. „Politik", so Lenin, „das ist der Kampf zwischen den Klassen um die Macht im Staat". (Philosophisches Wörterbuch, Bd. 2, 1975: 941). Westliche Nachschlagewerke weisen demgegenüber eine breiter gefaßte, pluralistische Beschreibung auf (vgl. Lexikon zur Soziologie 1994: 503).

verstanden wird. Im Weglassen der Begriffe liegt auch ein Herunterspielen der eigenen Leistungen durch die Frauen selbst.

3. Eine wirklich positive Besetzung des Politikbegriffes und seine Verwendung für das eigene Handeln ist nur dann möglich, wenn eine immer aufs neue bewußt einsetzende Um-Definierungsarbeit und bewußte Neubesetzung des Begriffes erfolgt. Das ist eine sehr aktive Arbeit gegen die bisherige Definitionsmacht um diesen Begriff, die nie beendet ist und immer wieder von neuem erfolgen muß.

Die Besonderheiten im Umgang mit dem Politikbegriff sind wesentlich für die nun folgenden Ausführungen zu den verschiedenen zentralen Dimensionen des Politikverständnisses. Mitunter erschließt sich dabei der politische Charakter der Handlung mehr aus dem Kontext, als daß er direkt sichtbar wird.

3. Zentrale Dimensionen des Politikverständnisses

Im folgenden werden sechs Dimensionen des Politikverständnisses bürgerbewegter Frauen der DDR beschrieben. Es sind das:

1. das Verständnis von Politik als Widerstandshandeln,
2. die Repression als Fremddefinition politischen Handelns,
3. Politik als gemeinsames Handeln und die Suche nach dem Verbindenden,
4. der hohe Stellenwert menschlicher Beziehungen und Kontakte,
5. die Priorität der Praxis gegenüber der Theorie und
6. der geschlechtsintegrative Ansatz.

Die verschiedenen Dimensionen lassen sich individuell unterschiedlich stark ausgeprägt in allen Interviews finden. Jede Dimension für sich allein genommen wird noch nicht als ausreichend beschrieben, um etwas als politisch zu verstehen. Der politische Charakter einer Handlung ergibt sich erst aus einer Kombination der verschiedenen Dimensionen. Für die meisten Interviewten wurde es dann politisch, als sie sich in Gruppen zusammenfanden (Gemeinsamkeit), dort gemeinsam handelten (Praxis) und die Staatssicherheit auf sie aufmerksam wurde (Repression als Ausdruck der Fremddefinition). Die Kombination der drei Aspekte ist in den Interviews die häufigste Verknüpfung, um etwas als politisch zu definieren.

3.1 Politik als Widerstandshandeln

„..da wußte ich, daß wir wieder in den Widerstand gehen mußten...“

Wenn die Interviewpartnerinnen nun, wie im vorigen Kapitel beschrieben, die Worte „politisch“ und „Politik“ gerne vermeiden - mit welchen Begriffen beschreiben sie dann ihr politisches Handeln?

Auf die Frage nach „politisch aktiv werden“ antwortete eine Interviewpartnerin:

„Ja, also jetzt könnte ich viel erzählen, was so an Widerstand gewesen ist...“ Es wurde jedoch nicht nach „Widerstand“, sondern nach „politisch aktiv werden“ gefragt - die naheliegende Assoziation war jedoch „Widerstand“. Diese Verknüpfung von politischer Aktivität mit Widerstand zeigt sich auch in den anderen Interviews.

Das Politikverständnis der Befragten hinsichtlich der DDR-Zeit ging von einem Verständnis von Politik als Widerstandshandeln aus. Der Widerstand war stark reaktiv, bezog seine Legitimität aus einem hohen moralischen Anspruch und war fast immer mit einem persönlichen Risiko verbunden.

Die Handlungsorientierung erfolgte dabei an der Staatsmacht, die die Funktion eines klar faßbaren (feindlichen) Gegenübers einnahm. Die von den Interviewten teilweise selbst in Anspruch genommene Bezeichnung vom „klaren Feindbild Staat“ bezeichnet jedoch nur eine Seite des Verhältnisses. In den Interviews sind Aussagen, die auf ein grundsätzliches Bejahen und eine angestrebte Demokratisierung des Sozialismus hinzielten, deutlich häufiger als die Beschreibungen eines klaren Feindbilds. Immer wieder wurde ein Dialog mit dem Staat eingefordert. Der Staat sollte endlich die Themen und Probleme zur Kenntnis nehmen, die von der Opposition formuliert wurden. Diese Interviewpartner kritisierten damit die totalitären Herrschaftsstrukturen, identifizierten sich aber trotz allem mit dem Land DDR (vgl. dazu auch Hellwerth/Schwarz 1995: 149 ff. und Penrose 1995: 17).

> *„..wir hatten ein klares Feindbild. Das waren ganz klar anzugreifende Strukturen ...“*

sagte eine Interviewpartnerin. Wenige Zeilen später sagte sie aber auch:

> *„... mein Anliegen mit, weswegen ich verstärkt dieses Land nicht ausbluten zu lassen. Die Tendenz ging ja dahin, daß alle nur noch abhauten, oder sich in irgendwelchen Ausreisegruppen formierten. Also eigentlich, frontal gegen den Staat. Und woran mir eigentlich gelegen war, so'n Dialog zwischen den Machthabern und denen, die hier doch als Opposition schon auch anerkannt waren..“*

Diese Identifizierung mit dem Staat spiegelt sich auch in der Stellung zur Ausreiseproblematik - einer in den meisten Interviews ganz zentralen Thematik - wider. Die oppositionellen Gruppen grenzten sich sehr stark von den „Ausreisenden" ab, obwohl natürlich immer wieder Mitglieder der Gruppen weggingen. Neu Hinzukommende wurden oft verdächtigt, nur deshalb politisch aktiv werden zu wollen, um damit die eigene Ausreise zu beschleunigen. Das deckte sich nicht mit dem politischen Selbstverständnis der Oppositionellen in den Gruppen, die sich entschlossen hatten, in der DDR zu bleiben.

Zum eigenen Selbstverständnis politischer Aktivität gehörte daher immer, im Lande zu bleiben und die bestehenden Zustände in der DDR zu verändern. Alle Interviewten gingen an irgendeiner Stelle des Interviews auf das Thema Ausreise ein. Für alle hätte das Weggehen das Aufgeben der politischen Aktivität bedeutet:

> *„...hab darüber nachgedacht nicht mehr in der DDR zu bleiben, sondern gleich mit der Konsequenz politisch aufzuhören zu arbeiten und wegzugehen.."*

> *„...und die Alternative wäre gewesen in den Westen zu gehen. Und diese Chance hätte es ja auch gegeben. Das wäre sozusagen das Aufgeben gewesen..."*

Es wird daran deutlich: Politische Aktivität war im Selbstverständnis dieser Frauen an die DDR gebunden. Die DDR zu verlassen, hätte das Ende der politischen Arbeit bedeutet. Das unterstreicht, wie stark dieser Widerstand[15] *am*, aber nicht *gegen* den Staat orientiert war.

Vor diesem Hintergrund werden auch die Positionen der Bürgerbewegungen im Herbst '89 verständlich, als viele Gruppierungen sich nur widerstrebend dafür entschieden, sich vom Gedanken eines reformierten Sozialismus zu trennen und die deutsche Vereinigung zu bejahen.

3.2 Repression als Fremddefinition politischen Handelns

„..die Zahl der Zuführungen kann ich nicht zählen..."

Ein Phänomen, das sich durch alle Interviews zieht, ist das, was als „Fremddefinition politischen Handelns" bezeichnet werden kann. Politisches

15 Der Widerstandsbegriff wird hier in dem Sinne verwendet, wie die Interviewpartnerinnen ihn selbst verstanden. Innerhalb der Sozial- und Geschichtswissenschaften ist der Widerstandsbegriff ein vielumstrittener Begriff, der in seiner Fundamentalposition daran festgemacht wird, daß er auf politischen Machtwechsel, Umsturz oder Staatsstreich orientiert ist. Das trifft auf die DDR-Opposition nicht zu. In dem Zusammenhang ist es hilfreich, den Widerstandsbegriff, wie er von der NS-Forschung formuliert wurde, heranzuziehen. Das Ziel dieses Widerstandes war es, „ein Zeichen für Anstand, für Humanität, für Solidarität zu setzen [...]. Widerstand ist nicht allein Kampf gegen die Obrigkeit, gegen den Staat schlechthin, sondern Widerstand ist Zeugnis, ist exemplarische Beschwerde des Menschen, ist Menschenrechtsbewegung und kann bis heute sittliche Maßstäbe politischen Handelns zu begründen helfen." (Steinbach 1989: 24).

Handeln wird dabei über die Handlungen (Repressionen) der Staatsmacht definiert und geht davon aus, daß auf politische Aktionen in jedem Fall eine Reaktion (zumeist staatliche Repression) erfolgen wird.

Diese Fremddefinition tritt zurück in dem Maße, in dem das Handeln ganz bewußt als eigenes selbstbewußtes Handeln erfahren wird. Doch auch wenn sie in den Hintergrund tritt, bleibt eine enge Verbindung von Handeln und Repression bestehen.

Dabei wirkte die Erwartung von Repression (solange sie nur erwartet wurde und nicht wirklich erfolgte) für die politische Aktivität behindernd und hemmend. Die erwartete Repression war allgegenwärtig und wurde für die meisten Handlungen von vornherein antizipiert:

> *„...ich hab dann Angst gekriegt. Ich hab dann zu dem R. gesagt: 'du, ich sehe, daß das, also das muß sein. Aber ich kann da jetzt nicht mitmachen. Ich hab, ich kann das nicht, ich kann das nicht verantworten. Ich würde G. wahrscheinlich große Schwierigkeiten machen, wenn ich jetzt da anfange, politisch zu arbeiten. Laß mich, daß ich verhaftet werde und G. kann einfach nicht weiterarbeiten'. Und dabei hab ich ja nicht gearbeitet zu der Zeit. Also irgendwo ging's ja auch um die Existenz dieser Familie. Und .. ich hab mich denn da rausgenommen. .. oach, das hat mir wahnsinnige Probleme bereitet, dann im Nachhinein...“*

Die reale Erfahrung von Repression wirkte dagegen angstmindernd. Das betrifft insbesondere die Repressionen, die sozusagen das maximal Mögliche (Inhaftierung) darstellten. Einmal bis zu diesem Punkt gelangt, wurde den Frauen zunehmend klarer, daß es *„auch kein Zurück mehr gibt“*, und die Staatsmacht kaum noch Möglichkeiten der Steigerung[16] in der Hand hatte.

> *„...das kulminierte in der Verhaftung. Danach ging das aber weiter, weil ich ja jetzt, ich muß mal wirklich sagen, so erst recht, nun erst recht. Also es hat gar nicht stattgefunden, daß ich jetzt Angst gekriegt hab durch die Erfahrung der Inhaftierung. Also entweder hab ich das verdrängt, oder so, ich weiß nicht. Ich muß für mich sagen, ich bin noch militanter geworden dadurch...“*

Die Repression war zumeist auch der einzige „Erfolg“ politischen Handelns. Genauer gesagt: Oppositionelles Handeln in der DDR hatte in fast jedem Fall „Folgen“, allerdings meistens keinen „Erfolg“. Auch die Erfolglosigkeit der politischen Handlungen wurde von vornherein antizipiert.

> *„...man konnte es ja überhaupt nicht machen mit ner Hoffnung auf einen ganz geringen Erfolg. Also was ja normalerweise das Handeln eines Menschen in der*

16 Inhaftierungen erfolgten relativ selten, stellten also überwiegend eine ständige latente Bedrohung dar. Repressionen für die eigene berufliche Entwicklung oder gegen Familienangehörige gingen dem in der Regel bereits voraus. Eine Steigerung hätte demzufolge nur noch in einer Abschiebung in den Westen bestanden, was jedoch weniger als Repression empfunden wurde.

normalen Gesellschaft bestimmt, daß er sich uberlegt, wenn ich das und das mache, was kann ich erreichen und was kann ich nicht erreichen, und was ware das Maximal. Fur uns war ja schon von vornherein ganz hundertprozentig klar, daß wir uberhaupt nicht erreichen, daß wir nur erreichen, daß wir auf uns aufmerksam machen. Also das war sicher, die würden das Gesetz nicht zurückneh-men. Trotzdem wußte man, also eben nur, wenn das nicht, dann wird's noch schlimmer."

Das ist eine stark defensive Politikdefinition. Sie ist nur zu verstehen unter den Bedingungen eines totalitären Regimes, das jeder Handlung eine politische Bedeutung zumißt und sie mit entsprechenden Repressionen belegt. Viele Handlungen, die unter den Bedingungen einer demokratischen Gesellschaft Spielarten alltäglichen Verhaltens wären[17], werden in einem totalitären System in den Rang von Widerstandshandeln erhoben.

Diese Situation wurde von den Frauen für die heutige Zeit deutlich verändert beschrieben. Mit dem Wegfall (bzw. der veränderten Reichweite) der Repression entfällt heute die oben beschriebene Fremddefinition politischen Handelns. Eine Interviewpartnerin beschrieb an dieser Stelle die Veränderung in der Wendezeit:

„...ich mußte anfangen, anders politisch zu denken, aus der Gruppe heraus. Nicht nur noch Widerstand zu leisten, sondern ich steh fur meinen Inhalt ein.."

In der heutigen Situation entfällt auch die Gewißheit, daß auf eine politische Aktivität eine Reaktion zu erwarten ist. Einige Frauen sprechen heute die Schwierigkeiten an, die sie haben, sich politisch zu verorten. Ein Aspekt dieser Schwierigkeiten hängt mit dem Wegfall der Fremddefinition zusammen. Heutige Ohnmachtserfahrungen gehen auch auf die Erfahrungen mit oppositionellem Handeln in der DDR zurück, in der bereits geringe politische Aktivitäten massive Gegenreaktionen auslösten. Im neuen Gesamtdeutschland sind die Frauen viel mehr als zu DDR-Zeiten dazu gezwungen, *selbst* zu definieren, was für sie politisch ist (vgl. auch Schenk/Schindler 1995: 190).

Die oben beschriebene Fremddefinition und Systembezogenheit ist nur ein Teilaspekt des Politikverständnisses der Interviewten. Sie wurden nicht nur von der Staatsmacht definiert, sondern definierten sich auch sehr klar

17 Vor allem zu Beginn der oppositionellen Tatigkeit war es keineswegs erklarte Absicht der Frauen, politisch aktiv zu werden. Viele trafen sich beispielsweise zunächst nur in kleineren Freundeskreisen und diskutierten sie bewegende Probleme, die in der DDR-Gesellschaft tabuisiert waren. Politisch wurde es dabei haufig erst dadurch, daß die Staatssicherheit auf diese Zusammenschlusse aufmerksam wurde und Repressionen erfolgten. Zu vorsatzlich nach außen wirksamen Handlungen, wie z. B. dem Schreiben von Flugblattern und Eingaben oder der Herausgabe von Samisdatschriften, kam es erst in einem fortgeschritteneren Stadium zu oppositioneller Aktivitat.

selbst, setzten sich über staatliche Definitionen und Zuschreibungen hinweg und entwickelten eigene Konzepte. Darauf soll im folgenden ausführlicher eingegangen werden.

3.3 Politik als gemeinsames Handeln und die Suche nach dem Verbindenden

„ich habe mich nicht mehr allein gefühlt...“

In allen Interviews läßt sich die Vorstellung von Politik als gemeinsames Handeln finden. Darin sind drei wesentliche Aspekte enthalten:
1. die Möglichkeit, dem Anders-Sein und der Isolation zu entgehen,
2. eine gewisse Sicherheit gegenüber Repression zu erhalten, und
3. das Zurückstellen eigener Interessen für ein selbstgewähltes gemeinsames Ziel.

3.3.1 Die Möglichkeit, dem Anders-Sein und der Isolation zu entgehen

Zwei Interviewpartnerinnen begannen bereits in den Eingangssequenzen der Interviews darauf hinzuweisen, daß sie sich bewußt „anders als die Anderen“ erlebten. Sechs weitere gingen im Verlaufe des Interviews auf dieses „Anders-Sein“ ein.

> *„...also ich war mir meiner Rolle bewußt. Ich bin nicht normal. Ich bin nicht die Normalbiographie. Ich bin nicht der normale Mensch. Und wenn ich mich noch so anstrenge, ich werde immer anders sein...“*

So standen am Anfang der politischen Biographie Erfahrungen des „Anders-Seins“, zum einen aus einem spezifischen familiären Kontext (z. B. Pfarrerstöchter) heraus, zum andern dadurch, daß ihre bisherigen sozialen Gruppen sich aufgrund ihres beginnenden politischen Engagements abwandten. Der Zusammenschluß mit anderen Oppositionellen in den Gruppen gab damit die Möglichkeit, aufgefangen zu werden, ein neues soziales Umfeld zu erhalten und der Isolation zu entkommen.

Die Gruppen boten die Möglichkeit, Themen zu besprechen, die entweder in der offiziellen Gesellschaft tabuisiert waren oder dem ganz spezifischen Kontext der oppositionellen Arbeit entsprangen und von daher öffentlich kaum thematisierbar waren[18]. *„Ich habe mich nicht mehr alleine gefühlt“*, beschreibt eine Befragte die Anfänge der Frauenfriedensgruppe.

3.3.2 Eine gewisse Sicherheit gegenüber Repressionen

Die gemeinsame Arbeit in der Gruppe bot eine gewisse Sicherheit vor Repressionen. Das betraf z. B. die Möglichkeit, für den Fall der eigenen Inhaftierung eine (wenn auch kleine) Öffentlichkeit zu erreichen und beispielsweise Betreuungsmöglichkeiten für die Kinder zu besprechen:

> *„...und dann natürlich so den Kontakt, den Anker zu haben, wenn mir was passiert. Leute haben einfach Sachen von mir und haben Adresse und haben Namen und konnen suchen. Also so'n Anker, so'n Rettungsanker. Das war ganz, das war ganz, das war schon toll.“*

Die Zusammenarbeit mit anderen bot noch einen zusätzlichen Schutz, wenn sie über die „Ost-West-Lagergrenzen“ hinweg erfolgte. So wurden Kontakte zu westdeutschen Gruppen als größere Sicherheit für die eigene Arbeit und die eigene Person empfunden. Damit bestand zumindest die Möglichkeit, daß im Falle einer Repressionsmaßnahme eine breitere Öffentlichkeit erreicht wurde. Das Bewußtsein, daß die über die Ost-West-Grenze hinausgehenden Kontakte einen Schutz darstellten, reifte bei vielen Interviewten allerdings erst im Laufe der Zeit.

> *„...wir hatten ja auch immer so ne Angst vor einer Veröffentlichung im Westen. Das war ja erst sehr viel später, daß wir begriffen haben, daß genau das es war, was uns geschutzt hat...“*

3.3.3 Das Zurückstellen eigener Interessen für ein selbstgewähltes gemeinsames Ziel

Es war den Interviewten auch klar, daß sie durch ihr politisches Engagement immer wieder in Situationen kommen würden, wo sie allein sind. Das Verständnis innerhalb der oppositionellen Gruppen war jedoch, daß ein gemeinsames Handeln erfolgversprechender ist als ein individuelles:

> *„...und das, was die Frauengruppe gemacht hat, das war damals für mich ne Moglichkeit, aufgefangen auch in der Gruppe sich, sich zu so was zu äußern. Ich denke, daß ich als Einzelperson das bestimmt nicht so, so bewegt hätte. Aber in der, ja in der Gemeinschaft, von diesen Frauen, war's einfach auch moglich...“*

---

18 Dies betrifft Themen der Kindererziehung, der Umwelt- und Friedensproblematik ebenso wie den Umgang mit Repressionen

Die Frauen suchten nach dem, was sie verband, um gemeinsam handeln zu können, nicht nach dem, was sie unterschied. Sie leugneten damit nicht die Unterschiede, die zwischen ihnen bestanden, stellten sie jedoch nicht in den Mittelpunkt. Gesucht wurde nach den verbindenden Inhalten, die ein gemeinsames Handeln ermöglichten. Damit war das Zurückstellen (nicht das Verleugnen!) der eigenen Individualität hinter die Interessen einer (selbstgewählten) Gemeinschaft bzw. gemeinsamen Vision verbunden.

In dieser Vorstellung gemeinsamen Handelns spiegelt sich eine realsozialistische Sozialisation wider, die immer die Unterordnung des Individuums unter die Interessen der Gemeinschaft forderte (vgl. auch Penrose 1993: 74 f.). Eine Verstärkung hat dieses Grundverständnis durch die Erfahrungen von Isolation und Repression erhalten. Dadurch entstand bei den Frauen ein Politikverständnis, das von der Notwendigkeit gemeinsamen Handelns geprägt ist. Das gemeinsame Handeln ist zum einen für den eigenen Schutz notwendig, zum anderen aber auch von der Vorstellung geprägt, nur gemeinsam eine Chance gegen einen übermächtigen Gegner zu haben.

3.4 Der hohe Stellenwert zwischenmenschlicher Beziehungen und Kontakte

„... bei Bärbel am Küchentisch gewissermaßen..."

Zwischenmenschliche Beziehungen und Kontakte nehmen einen hohen Stellenwert in den Interviews ein. Der menschliche Zusammenhalt wird immer wieder als wichtig beschrieben, um überhaupt Kontakt zu den Gruppen zu bekommen und, um weiter in dieser Form aktiv sein zu können. Zu DDR-Zeiten waren es häufig nicht nur die freundschaftlichen, sondern sogar die verwandtschaftlichen Beziehungen, auf denen die Vernetzung und die Kontakte der politischen Arbeit beruhten.

Die engen Vernetzungen hatten Vor- und Nachteile. Einerseits sollte potentiellen IM[19] das Eindringen in die Gruppen erschwert werden[20]. Andererseits führten sie aber auch zu einer gewissen Abschottung nach außen, *„wenn man eben niemanden kannte"*. Diese Abschottung kann auch als eine der Ursachen angesehen werden, warum die Gruppen sich bis zum Herbst '89 nicht

19 Inoffizielle Mitarbeiter des Staatssicherheitsdienstes der DDR.

20 Inwieweit das allerdings wirklich gelang, ist recht fraglich. Die enorm hohe Zahl der IM z.B. innerhalb der Initiative Frieden und Menschenrechte spricht eher dagegen. Innerhalb der Frauenfriedensgruppen lag der IM-Anteil allerdings deutlich niedriger (vgl. „Weibblick" 1994).

wesentlich verbreiterten. Die DDR-Opposition verblieb sozusagen im Familienkreis. Im Beginn des Umbruchs im Herbst '89 bildeten sich die verschiedenen Bürgerbewegungsgruppen dann nicht nach grundsätzlich unterschiedlichen politischen Positionen[21], sondern vielmehr entlang der bestehenden Freundeskreise und Netzwerke.

Die privaten Beziehungen und der private Raum dominierten das politische Geschehen der DDR-Opposition. „Am Küchentisch", „in der Küche", „in unserem Wohnzimmer", „bei Katja zu Hause" waren Räume der politischen Arbeit. Damit fand die politische Arbeit in einem Raum statt, der (im Gegensatz zur politischen Institution) traditionell einen weiblich geprägten Raum darstellt. Politische Aktivität im Oppositionsmilieu der DDR war immer mit persönlicher Freundschaft verbunden. Politisch-aktiver-werden war möglich durch das Knüpfen und Vernetzen verwandtschaftlicher und freundschaftlicher Beziehungen. Das Anmelden eines „allgemeinen Interesses" eines bisher Außenstehenden an einer Mitarbeit wirkte eher als „Stilbruch" und führte nur im Ausnahmefall dazu, in Gruppen mitarbeiten zu dürfen. Eine Vorstellung von Politik als „Arbeitsbeziehung" oder gar als Arbeitsverhältnis mit klaren Arbeitszeiten lag den Frauen völlig fern. Es gab insofern auch keine klare Trennung zwischen politischer Aktivität und Privatleben, da beides ineinander überging, mitunter fast deckungsgleich war. Das haben die Frauen auch selbst so beschrieben: „Das Private und Öffentliche gehen ineinander über"[22], schrieb 1987 dazu die Hallenser Frauenfriedensgruppe.

3.5 Die Priorität der Praxis gegenüber der Theorie

„aber ach, was haben wir alles gemacht..."

Die Priorität der Praxis gegenüber theoretischen Überlegungen und Gesprächen zieht sich durch alle Interviews. Für die DDR-Zeit wurde zumeist das praktische Tun beschrieben; theoretische Themen, über die die Interviewten in den Gruppen sprachen, wurden erwähnt, aber inhaltlich nicht weiter ausgeführt. Was gemeinsam gemacht werden konnte, war in ihrem Verständnis wichtiger als die theoretische Auseinandersetzung: *„...ich hab Schwierigkeiten damit, wenn das Verbale über dem Praktischen steht..."* erklärte eine Interviewpartnerin diese Situation.

---

21 Die programmatischen Unterschiede zwischen den einzelnen Gruppen waren gering (vgl. Rink 1991: 60, „Wir sind ein Volk" 1989).

22 Selbstdarstellung der Hallenser „Frauen fur den Frieden"/Ev. Kirchenkreis Halle, Januar 1987.

Wie immer die Frauen im Interview das Verhältnis von Theorie und Praxis auch bestimmten, immer ordneten sie sich selbst den Teil des praktischen Handelns zu, den anderen (z. B. den Männern, den West-Grünen) den Theorieteil:

„...die sind uns manchmal auf die Nerven gegangen, die Männer, mit ihren langatmigen Diskussionen. Wo wir als Frauen irgendwie schneller zum Punkt kamen. Wo wir gesagt haben, Frauen haben nicht so viel Zeit (lacht). Die können sich nicht hinsetzen und also irgendwas so lange theoretisch bekakeln, sondern müssen dann irgendwo überlegen, was kann man denn ***machen****...“*

Dabei wurde der praktische Teil als der eigentlich Entscheidende angesehen. Politik war stark an praktisches Handeln gebunden. Nur im Ausnahmefall sprachen die Interviewten über die Inhalte von Diskussionen oder über theoretische Auseinandersetzungen. Das Entscheidende war, was gemeinsam gemacht werden konnte. Darin zeigt sich die Verknüpfung des zuvor beschriebenen Punkts der „Gemeinsamkeit“ mit praktischem Handeln.

Beginnend in der Wendezeit und stärker werdend seit der deutschen Vereinigung, wurde von den Frauen eine stärkere Gewichtung der Theorie gegenüber dem praktischen Tun beschrieben:

[Thema: Fraktionssitzung]: „...ja, das mit politischer Tätigkeit heutzutage, hab ich große Schwierigkeiten damit. Auch daß die abendelang beim Bier sitzen und immer wieder, immer wieder unterhalten noch und nöcher. Sag ich, was kommt am Ende raus. Ja, du kannst nur sagen, wir ham Gedanken eingebracht und den und den und das angedacht, und alles so, all die Wörter haben was mit ***denken*** *dran hängen. Vielleicht würd ich's mal mit* ***tun*** *oder so, wirklich schwer für mich zu trennen. [Pause] Also wenn jetzt die Kinder so. Tja ist mir zur Zeit eben, in den letzten Jahren wichtiger geworden. [...] Ich bin nicht mehr bereit, die Kinder abzugeben nur um irgendwo was zu theoretisieren, daran macht sich zur Zeit meine Bereitschaft auch fest.*

I.M.: Wie praktisch das ist?

AJ: Ja. was am Ende steht...“

Nur eine einzige Frau reflektierte aus heutiger Sicht kritisch die Minderbewertung von Theorie. Sie beschrieb für die Wendezeit ein Theoriedefizit, das mit dafür verantwortlich gewesen sei, daß sie nicht schnell genug auf die veränderten Situationen eingehen konnten.

Von den anderen wird das Fehlen theoretischer Konzepte nicht angesprochen[23]. Zwar kommt immer wieder der hohe Stellenwert von Bildung zum

---

23 Im Gegensatz zu anderen Oppositionsbewegungen der ehemaligen Ostblockstaaten , die sich zu einem hohen Prozentsatz aus kritischen Intellektuellen zusammensetzten, wurden in der ostdeutschen Opposition kaum politische Theorien oder Konzepte entwickelt (vgl. Knabe 1992: 12).

Ausdruck, die ja mit theoretischer Auseinandersetzung verbunden ist, aber die Priorität der Praxis über die Theorie wird damit nicht in Frage gestellt. Die Praxis und das praktische Handeln sind das Entscheidende. Andere - PolitikerInnen, Parteien, Vereine des heutigen „westlichen" politischen Systems - werden daher auch heute nach ihren Handlungen und nicht nach ihren theoretischen Erklärungsmustern hinterfragt.

Die Priorität praktischen Handelns gegenüber theoretischen Auseinandersetzungen kann auf ein durch realsozialistische Sozialisationserfahrungen verinnerlichtes marxistisches Grundverständnis zurückgehen. Im marxistischen Denken wird immer die Praxis als die Basis für theoretische Konzepte angesehen[24], die Praxis ist danach das Entscheidende und nicht die Theorie. Die Vermittlung solcher marxistischen Theoreme lief über alle offiziellen Sozialisationsinstanzen des SED-Staates. Diese Instanzen wurden von den Frauen als hochgradig „dogmatisch", „unglaubwürdig" und nicht im Zusammenhang stehend mit dem realen Leben und den alltäglichen Problemen erlebt. Die Diskrepanz zwischen dem, was von offizieller Seite propagiert wurde und dem, was real in der Praxis passierte, war nach Einschätzung der Interviewten enorm. Theoretische Erklärungsversuche (in allen Massenmedien) gingen kaum auf die wirklichen Probleme ein, sondern versuchten sie weitestgehend zu negieren, zu beschönigen oder umzudeuten. Bei der Frage nach Theorie entstand deshalb als erste Assoziation die einer dogmatischen Ideologie, die keinerlei Erklärungsrelevanz für die praktischen Probleme besitzt. Die Frauen folgten zwar einer marxistischen Zuordnung, besetzten aber aufgrund der eigenen negativen Sozialisationserfahrungen den Bereich der Theorie hochgradig negativ im Sinne von Ideologie. Theoretische Konzepte werden damit auch heute noch zunächst auf deren „Nicht"-Ideologiecharakter hinterfragt.

3.6 Der geschlechtsintegrative Ansatz

„...daß wir so ein Sprungbrett hatten..."

Die meisten der Interviewpartnerinnen arbeiteten in der DDR gleichzeitig in einer reinen Frauengruppe, zumeist einer Gruppe der „Frauen für den Frieden", und in gemischtgeschlechtlichen Oppositionsgruppen. Sie beschrieben die Frauengruppe als eine wesentliche Sozialisationsinstanz - einen Raum,

24 „Ideen oder theoretische Uberlegungen konnen uberhaupt nichts ausfuhren." Dazu bedarf es lt. marxistischem Verstandnis immer „der praktischen Gewalt" (vgl. Philosophisches Wörterbuch der DDR 1975. 1965 und 1120).

der für sie sehr wichtig war, innerhalb derer sie Erfahrungen sammeln konnten, die sie dann befähigten, sich auch in gemischtgeschlechtlichen Zusammenhängen wieder einbringen zu können[25].

> *„...weil ich glaube, daß in dieser Frauengruppe wir wirklich auch, also jede für sich auch gewachsen ist. Wir also selbstbewußter geworden sind. Und wir so ein Sprungbrett hatten, vom dem aus wir dann auch anderes gemacht haben und dann später in andere Gruppen auch gegangen sind...“*

Der politische Anspruch war trotz getrennter Aktionen von Frauen und trotz der Arbeit in einer reinen Frauengruppe ein integrativer Ansatz: Frauen sollten gemeinsam mit Männern politisch handeln, wobei Frauen jedoch ihre eigenen Räume brauchen. Frauen haben auch in der politischen Arbeit ein ihnen eigenes Selbstverständnis.

> *„...daß ich nicht mehr frauenspezifisch arbeiten würde [Anm. I.M.: heute]. Also ich könnte mir nicht vorstellen, jetzt nur in ner Frauengruppe zu arbeiten. Das würde sich unterscheiden, damals war das für mich ne ganz wichtige Zeit. Und da hätt ich och nicht mit Männern arbeiten wollen, weil, weil natürlich dieser machtpolitische Faktor. Und auch, man hatte immer den Eindruck, als Frau sich schlechter artikulieren zu können, schlechter durchsetzen zu können in Diskussionen, man fühlte sich gelangweilt, von irgendwelchen Statements von irgendwelchen Männern sich anzuhören. Also das, da kann ich mich jetzt durchsetzen, da hab ich auch unheimlich viel gelernt, aus dieser Zeit. Ich denke ich hätte heute, oder ich weiß, daß ich heute keine Schwierigkeiten mehr habe, in ner gemischten Gruppe zu arbeiten...“*

Das Frauenthema und die damit verbundenen Probleme wurden überlagert von den gemeinsamen Erfahrungen des Lebens und der Aktivität in einem totalitären System. Das wird insbesondere am Stellenwert der einzelnen Themen innerhalb des narrativen Teils der Interviews deutlich. An erster Stelle stehen Themen wie Angst vor Repressionen, moralisch wertende Aussagen, erlebte Repressionen, Aufrüstung, Ausreisewelle, Spannungen mit der Kirche. Nur zwei der zehn Frauen sprechen das Thema Frau-Sein im narrativen Teil an. Die anderen sprechen darüber erst auf Nachfrage. In den Antworten auf die Nachfrage wird allerdings deutlich, daß dieser Sachverhalt für sie ein

---

25 Ich möchte an dieser Stelle darauf hinweisen, daß ich nur diejenigen Kreise der „Frauen für den Frieden“ interviewt habe, die während der Wendezeit in gemischtgeschlechtlichen Zusammenhängen arbeiteten - das war mein Auswahlkriterium. Teile der „Frauen für den Frieden“, z. T. aus Berlin oder dem thüringischen Raum, waren maßgebliche Mitinitiatorinnen des Unabhängigen Frauenverbandes (UFV) und waren auch schon vor der Wende stärker feministisch orientiert als die von mir untersuchte Gruppe. An dieser Stelle können eventuell innerhalb der Gruppen „Frauen für den Frieden“ Unterschiede existieren, die ich hier nicht erfassen kann, da ich die Vergleichsgruppe nicht interviewt habe.(Vgl. Hampele 1992: 225).

sehr wichtiges Thema ist, und sie sich auch ganz bewußt als Frauen definieren. Es ist *ein* wichtiges Thema, steht jedoch nicht unbedingt an erster Stelle.

Beispielsweise werden Umweltzerstörung und Rüstungswahnsinn nicht als grundsätzliche Folgen des Patriarchats verstanden. Vielmehr stellen diese Themen für die Frauen eigenständige Bereiche dar, die die Frauenfrage in ihrer Wichtigkeit überlagern können. Dies bedeutet keineswegs, daß sie die DDR nicht als einen patriarchalen Staat verstanden und selbst entsprechenden geschlechtsspezifischen Diskriminierungen unterlagen. Die Beschränkungen durch das totalitäre Gesellschaftssystem oder biographische Besonderheiten stellten oft eine stärkere Beeinträchtigung dar als das Erleben der Benachteiligungen als Frau. Der sozialistische Staat wurde zwar als einschränkend und totalitär für die Ausübung persönlicher Freiheitsrechte, nicht aber als Verursacher von Frauenunterdrückung erlebt. Bezeichnenderweise betrafen die wenigen Diskriminierungserfahrungen, die überhaupt beschrieben wurden, die Zeit nach der deutschen Vereinigung[26].

4. Fazit: Das Politikverständnis bürgerbewegter Frauen der DDR - Kollisionen mit der institutionalisierten Politik

Abschließend möchte ich die wichtigsten Komponenten des Politikverständnisses nochmals kurz zusammenfassen und dabei kurz auf einige Kollisionspunkte mit den Gegebenheiten heutiger institutionalisierter Politik hinweisen.

1. Das Politikverständnis der interviewten Frauen aus der Bürgerbewegung ist nur vor dem Hintergrund des DDR-Systems zu verstehen. Es hat sich in dem spezifischen Kontext ihrer Lebensumstände und durch ihre politischen Erfahrungen in der DDR herausgebildet. Es entsprach damit der damaligen gesellschaftlichen Situation. Um dieses Verständnis von Politik mit heutigen Erfordernissen in Übereinstimmung zu bringen bzw. um eigene Vorstellungen so zu modifizieren, daß sie in der jetzigen Gesellschaft einen ihnen entsprechenden Handlungsraum finden können, sind Reflexionsprozes-

26 Ich erachte es als eine Fehldeutung, wie es häufig gerade auf westlicher Seite geschieht, die Situation so zu deuten, daß die Frauen erst heute ein Bewußtsein für diese Diskriminierungserfahrungen bekommen, und es zuvor übersehen haben. Die Interviewpartnerinnen haben bis zur deutschen Vereinigung 7 Jahre lang gemeinsam in Frauengruppen zusammengearbeitet und sehr bewußt ihre Rolle als Frauen reflektiert und hinterfragt.

se erforderlich, die für die meisten Interviewpartnerinnen bisher nicht abgeschlossen sind.

2. Die Frauen beschreiben ihre Aktivitäten nicht unbedingt mit den Worten „politisch" oder „Politik". Der Politikbegriff unterliegt einer DDR-bedingten Negativbesetzung, von dem die Frauen sich abgrenzen. Das muß berücksichtigt werden, um den politischen Charakter der Handlungen (auch ohne Verwendung dieser Worte) erfassen zu können. Die Vermeidung der Worte beinhaltet also nicht, daß eine Handlung oder eine Position nicht als politisch verstanden wird, sondern lediglich, daß diese Begriffe abgelehnt werden. Das Hineingehen in politische Institutionen bedeutet auch, die eigene negativ besetzte Assoziationskette (Politik = Staat = Partei/SED) durchbrechen zu müssen.

3. Das Politikverständnis ist geprägt durch eine Ambivalenz zwischen Selbst-Definieren und Definiert-Werden. Es ist nur zu verstehen in der wechselseitigen Beeinflussung und Abhängigkeit von Staatsmacht und Opposition.

Die Selbstdefinition steht gleichzeitig für die Freiräume, die Menschen sich auch innerhalb totalitärer Systeme schaffen können.

Die interviewten Frauen gingen davon aus, daß schon auf geringe Handlungen staatliche Reaktionen (Repressionen) erfolgen werden. Heutige Ohnmachtserfahrungen resultieren nicht zuletzt aus dem Ausbleiben derartiger staatlicher Reaktionen. Dadurch, daß ein Einbeziehen von Öffentlichkeit in einem für DDR-Verhältnisse unvorstellbaren Ausmaß möglich geworden ist, ist die Reichweite politischer Handlungen deutlich größer geworden. Dagegen ist die Beachtung, die derartigen Handlungen zugemessen wird, deutlich geringer geworden. Nur im seltensten Fall wird es gelingen, beispielsweise durch die Veröffentlichung eines Textes, eine ganze Staatsmaschinerie ins Rollen zu bringen, wie das in der DDR durchaus möglich war.

4. Die Interviewten lehnen den Staat nicht grundsätzlich ab, sondern streben an, ihn zur Lösung von Problemen heranzuziehen. Kritisiert wurden an der DDR die totalitären Strukturen, nicht jedoch der Staat an sich. Daraus ergibt sich für die Frauen das Dilemma, daß sie den Staat zwar als ein Mittel zur Lösung politischer Fragen betrachten, aber dieser Bereich für sie aufgrund entsprechender Erfahrungen in der DDR negativ besetzt ist (Staat = SED) und sie sich davon eher abgrenzen möchten. Ein Hineinbegeben in Institutionen muß also heute gegen den eigenen Widerstand erfolgen.

5. Die interviewten Frauen haben ein praktisch-pragmatisches Politikverständnis. Es läßt sich eher als ein „gelebtes Politikverständnis" verstehen, als daß explizit darüber reflektiert wird. Theoretische Reflexionen nehmen einen sehr geringen Stellenwert ein. Das bedeutet nicht eine Ablehnung von Theorie an sich, sondern in erster Linie die Hinterfragung theoretischer Konzepte auf deren „Nicht-Ideologie-Charakter“.

Dementsprechend werden auch PolitikerInnen, Parteien oder Vereine des heutigen politischen Systems nach ihren Handlungen und nicht nach ihren Erklärungs- oder Legitimierungsmustern hinterfragt. An dieser Stelle entstehen Kollisionspunkte mit der westdeutschen Frauenbewegung, in der theoretische Konzepte einen deutlich höheren Stellenwert einnehmen und der von östlicher Seite oft genug eine „Ideologisierung“ vorgeworfen wird.

6. Eine wesentliche Komponente des Politikverständnisses ist die Vorstellung gemeinsamen Handelns. Dieses gemeinsame Handeln beinhaltet, eigene Interessen, zumindest für die Dauer einer selbstgewählten Aktivität, zurückzustellen und sich im Umgang mit den anderen am Verbindenden und nicht am Unterscheidenden zu orientieren.

Eine derartige Zurücknahme individueller Interessen im Hinblick auf ein gemeinsames Ziel erfordert ein hohes Maß an individueller Autonomie. So erfuhren die Frauen in der gemeinsamen Arbeit in den oppositionellen Gruppen eine Entwicklung der eigenen Individualität und befähigten sich zugleich, das Ausleben der eigenen Subjektivität eingrenzen zu können. Damit haben sie Fähigkeiten erworben, die für die Entwicklung einer demokratischen Kultur notwendig und richtungsweisend sein können. Die am Konsens orientierte Politikvorstellung kollidiert allerdings mit dem in den politischen Institutionen praktizierten Mehrheitsprinzip, dem sie sich - so sie in der institutionalisierten Politik aktiv bleiben wollen - unterordnen müssen.

7. Die Basis für politische Aktivität bildeten zwischenmenschliche Beziehungen und Kontakte. Politische Aktivität und persönliche Freundschaft waren miteinander verbunden.

Diese Vorstellung bürgerbewegter Frauen über die Verbindung von Politik und persönlicher Freundschaft, der hohe Wert zwischenmenschlicher Beziehungen und die Vorstellung gemeinsamen Handelns als Grundlage der politischen Aktivität kollidiert mit einem Politikverständnis in den Institutionen, das als hierarchisch, formalisiert und distanziert beschrieben wird. Wesentliche Merkmale politischer Arbeit in den Institutionen sind eine „Flügelzugehörigkeit“ und (männliche) Seilschaften. Damit verbunden sind für Frauen als „newcomer“ im politischen Geschäft „Erfahrungen der Fremdheit“[27].

27 Die Bedeutung und der Umgang mit der „Fremdheit von Frauen in der Politik“ sind ausführlich bei Schöler-Macher beschrieben (vgl. Schöler-Macher 1994: 67 ff.) Die dort nachgewiesenen Probleme treffen m. E. auf die ostdeutschen Frauen in potenziertem Maße zu.

Für ostdeutsche Frauen ist der Einstieg in derartige Zusammenhänge besonders schwierig. Sie sind in dreifacher Hinsicht Neulinge im (institutionalisierten) politischen Geschäft: Als Frauen, als Ostdeutsche und als ehemalige Oppositionelle. Sie nehmen von daher zunächst eine Außenseiterinnenposition ein. Es fehlen ihnen die Netzwerke, auf denen sie bisher ihre politische Aktivität aufbauten. Sie arbeiten in einem Bereich, der sich an anderen Regeln und Wertmaßstäben orientiert.

8. Die Beschränkungen politischen Handelns durch das totalitäre Gesellschaftssystem und biographische Besonderheiten stellten oft eine stärkere Beeinträchtigung für die Frauen in der DDR dar als das Erleben einer Benachteiligung als Frau.

Machtungleichheiten zwischen den Geschlechtern werden dabei nicht negiert, nehmen aber nicht unbedingt Priorität ein. Je nach Zeitereignis oder biographischem Kontext kann die Geschlechterfrage Priorität erlangen, um in einem anderen Kontext wieder zurückzutreten.

Gesellschaftskritik beinhaltet für die interviewten Frauen nicht in erster Linie Patriarchatskritik; die wird vielmehr als ein Teil der Gesellschaftskritik verstanden[28]. Die Thematisierung anderer Probleme (Umweltzerstörung, Rüstung) und Patriarchatskritik stehen unabhängig und gleichwertig nebeneinander.

Der politische Anspruch der interviewten Frauen ist ein integrativer: die Frauen gemeinsam mit den Männern. Das beinhaltet allerdings auch, daß Frauen sich innerhalb der geschlechtlich gemischten Arbeitszusammenhänge zeitweilig oder auch dauerhaft Freiräume schaffen. Bei den Frauen ist ein Bewußtsein darüber vorhanden, daß sich Frauen diese Räume nur selbst schaffen können.

9. Der Ort der politischen oppositionellen Arbeit in der DDR war der Privatraum, der traditionell stärker einen „weiblichen Raum" darstellt. An dieser Stelle ergeben sich für die Situation in der institutionalisierten Politik deutliche Unterschiede. Der private (maximal halböffentliche) Raum als Ort des politischen Geschehens für die DDR-Opposition wurde abgelöst vom institutionalisierten öffentlichen Raum, der sich „an den Gegebenheiten bzw. Erfordernissen des ‘männlichen Normalfalls’ orientiert" (Schöler-Macher 1994: 89). Es ist das, im Gegensatz zum vielzitierten, weiblich geprägten „Küchentisch" der DDR-Opposition ein „Handlungsraum, in dem Männer das Sagen haben, weil sie dort über die entsprechende institutionelle Legitimation verfügen"

28 Nicht zu verwechseln mit einem marxistischen Verständnis von Haupt- und Nebenwiderspruch, bei dem die Geschlechterfrage dem Hauptwiderspruch untergeordnet wäre!

(ebenda: 252). Durchsetzungsstrategien in dem so veränderten politischen Konkurrenzkampf müssen erst erlernt werden. Sie können nur erlernt werden, wenn sie (was bisher noch nicht der Fall ist) zunächst grundsätzlich bejaht werden.

5. Ausblick

Der Rückzug der Frauen aus der institutionalisierten Politik in Form von Parteien und Parlamenten ist unter anderem auch in einem Politikverständnis begründet, das auf einen gesellschaftlich anderen Kontext bezogen war, subjektiv andere Wertvorstellungen beinhaltete und mit den Erwartungen dieser Form der Politik kollidieren mußte. Die DDR-Vergangenheit ist dabei nicht lediglich Geschichte, sondern die in ihr gemachten Erfahrungen sind von grundlegender Bedeutung für das gegenwärtige Selbstverständnis und die Partizipation an der demokratischen politischen Kultur.

Die mit dem Prozeß der Wende und der nachfolgenden deutschen Vereinigung einhergehenden Strukturbrüche vollzogen sich innerhalb kürzester Zeit. Sie betrafen sowohl gesellschaftliche Transformationsprozesse als auch unmittelbar das Leben und den Alltag der Menschen. Die damit verbundene Neuorientierung betrifft nicht nur die Suche nach dem neuen politischen Selbstverständnis und dem neuen politischen Lager, sondern umfaßt eine grundlegende Überprüfung *aller* Lebensbereiche. Dabei kann die bisherige Geschichte und Sozialisation nicht einfach abgestreift werden, sondern die Modifizierung bisheriger Lebens- und Politikentwürfe ist individuell sehr verschieden und dauert länger als die Durchführung struktureller gesellschaftlicher Transformationen. Von diesem Prozeß sind auch diejenigen Menschen nicht ausgeschlossen, die diesen Wechsel herbeigesehnt und maßgeblich mitinitiiert haben.

Für eine weitere politische Aktivität ist eine gedankliche Verarbeitung der DDR-Vergangenheit und der Partizipationserfahrungen in der Wendezeit ebenso wichtig wie die aktuelle Einmischung und Kritik am jetzigen gesamtdeutschen System.

Innerhalb der Befragtengruppe hat sich nach der Wende eine deutlich breitere Ausfächerung des Politikverständnisses ergeben. Die interviewten Frauen stellen im Hinblick auf ihre politischen Handlungen und ihren individuell sehr verschiedenen Umgang mit der neuen Situation eine inhomogene Gruppe dar: von der Frau, die sich voller Freude und Lust in politische Ämter einbringt, bis zur Frau, die sich völlig aus der institutionalisierten Politik zurückgezogen hat; von der Frau, die die deutsche Vereinigung mit ihren neuen

Möglichkeiten begrüßt hat, bis zur Frau, die dieses neue System völlig ablehnt; von der Frau, die es immer noch genießt, endlich ohne Repressionen leben zu können, bis zur Frau, die bereits wieder - wegen „Entzäunung eines AKW“ - inhaftiert wurde.

Wenn man der Frage nach der heutigen politischen Partizipation der bürgerbewegten Frauen der DDR ein auf Parteien und Parlamente verengtes Politikverständnis zugrunde legt, läßt sich feststellen, daß deutlich weniger Frauen als Männer aus den Bürgerbewegungen des Herbstes ‘89 in die institutionalisierte Politik hinüberwechselten. Doch auch das ist offensichtlich kein Spezifikum *ost*deutscher Frauen. Der ostdeutsche weibliche Mitgliederanteil liegt in allen Parteien (mit Ausnahme der SPD) über dem Frauenanteil der gesamtdeutschen Partei (Höcker 1995: 75 ff.). Es haben also viele ostdeutsche Frauen nicht den Schritt von der politischen Bewegung zur Partei gemacht, nichtsdestotrotz sind zumeist in Ostdeutschland noch mehr Frauen in Parteien organisiert als in Westdeutschland.

Wird dieses enge Politikverständnis jedoch erweitert auf den Bereich der außerparlamentarischen Zusammenhänge, so läßt sich sagen, daß die Frauen aus den Bürgerbewegungen heute nicht weniger als vor der deutschen Vereinigung politisch aktiv sind. Alle interviewten Frauen arbeiten weiterhin in den verschiedensten außerparlamentarischen Gruppen und Zusammenhängen. In diesem Bereich wird voraussichtlich auch in Zukunft das Schwergewicht ihrer Arbeit liegen. Das entspricht im Politikverständnis der Frauen weniger einem Rückzug aus „der Politik“ als vielmehr der Infragestellung des institutionalisierten Politikbereiches als einzig möglichem.

Literatur

Bilden, H. et al., 1994: Frau geht voraus. Frauen ein unterschätztes Innovationspotential in den Gewerkschaften, München/Wien.

Bundesministerium für Frauen und Jugend, 1992: Frauen in der Bundesrepublik Deutschland. Bonn.

Bundesministerium für Frauen und Jugend, 1993: Junge Nichtwählerinnen. Eine Analyse der Entwicklung, Anzahl, Struktur und Motive junger Nichtwählerinnen, Materialien zur Frauenpolitik 30/93, Bonn.

Fuchs-Heinitz et al. (Hrsg.), 1994: Lexikon zur Soziologie. Opladen.

Hampele, A., 1992: Frauenbewegung in den Ländern der ehemaligen DDR. In: Forschungsjournal NSB 1: 34-41.

Helwerth, U./Schwarz, G., 1995: Von Muttis und Emanzen. Feministinnen in Ost- und Westdeutschland, Frankfurt.

Höcker, B., 1987: Frauen in der Politik. Eine soziologische Studie, Opladen.

Hocker, B., 1995: Politische Partizipation von Frauen. Ein einführendes Studienbuch, Opladen.

Institut für Demoskopie Allensbach (Hrsg.), 1993: Frauen in Deutschland, Lebensverhältnisse, Lebensstile, Zukunftserwartungen. Die Schering Frauenstudie '93, Köln.

Klaus, G./Buhr, M. (Hrsg.), 1975: Philosophisches Wörterbuch. Bd. 2, Leipzig.

Knabe, H., 1992: Opposition in einem halben Land. In: Forschungsjournal NSB 1: 9-15.

Kukutz, I., 1995: Die Bewegung 'Frauen für den Frieden' als Teil der unabhängigen Friedensbewegung der DDR. In: Deutscher Bundestag (Hrsg.): Enquete-Kommission 'Aufarbeitung von Geschichte und Folgen der SED-Diktatur in Deutschland'. Baden-Baden/Frankfurt: 1.285-1.408.

Maleck-Lewy, E./Penrose,V. (Hrsg.), 1995: Gefährtinnen der Macht. Politische Partizipation von Frauen im vereinigten Deutschland - eine Zwischenbilanz, Berlin.

Meyer, B., 1987: Frauen an die Macht!? Politische Strategien zur Durchsetzung der Gleichberechtigung von Mann und Frau. In: Aus Politik und Zeitgeschichte B 9-10: 15-28.

Meyer. B., 1992: Die „unpolitische" Frau. Politische Partizipation von Frauen oder: Haben Frauen ein anderes Verständnis von Politik? In: Aus Politik und Zeitgeschichte B 25-26: 3-13.

Miethe, I., 1995: Bürgerbewerte Frauen der DDR vor und nach der deutschen Vereinigung. Diplomarbeit Berlin: Technische Universität/FB Erziehungswissenschaft (unveröff.).

Penrose, V., 1993: Orientierungsmuster des Karriereverhaltens deutscher Politikerinnen. Bielefeld.

Penrose, V., 1995: Staatsverständnis und politische Strategien von Frauen. In: Hypatia, Januar: 12-19.

Rebenstorf, H., 1990: Frauen im Bundestag - anders als die Männer? In: Der Bürger im Staat, (40. Jg.) 1: 17-24.

Rink, D., 1991: Soziale Bewegungen in der DDR. In: Roth/Rucht (Hrsg.): Neue soziale Bewegungen in der Bundesrepublik Deutschland. Bonn.

Schaeffer-Hegel, B., 1995: Frauen mit Macht. Zum Wandel der politischen Kultur durch die Präsenz von Frauen in Führungspositionen, Pfaffenweiler.

Schenk, Ch./Schindler, Ch., 1995: Frauenbewegung in Ostdeutschland - Innenansichten. In: Maleck-Lewy/Penrose (Hrsg.): Gefährtinnen der Macht. Berlin: 183-202.

Schöler-Macher, B., 1994: Die Fremdheit der Politik. Erfahrungen von Frauen in Parteien und Parlamenten, Weinheim.

Schulz, M., 1992: Neues Forum. In: Müller-Enbergs et al. (Hrsg.): Von der Illegalität ins Parlament. Werdegang und Konzepte der neuen Bürgerbewegungen, Berlin: 11-105.

Steinbach, P., 1989: Widerstand aus der Arbeiterbewegung. In: Zenner, M. (Hrsg.): Der Widerstand gegen den Nationalsozialismus. Bochum: 23-54.

Strauss, A., 1991: Grundlagen qualitativer Sozialforschung. Datenanalyse und Theoriebildung in der empirischen soziologischen Forschung, München.

Templin, W./Weißhuhn, R., 1992: Initiative Frieden und Menschenrechte. In: Müller-Enbergs et al. (Hrsg.): Von der Illegalität ins Parlament. Werdegang und Konzepte der neuen Bürgerbewegungen, Berlin: 148-166.

„Weibblick", UFV (Hrsg.), 1994: Frauen im Visier der Stasi. Dokumentation zur Tagung vom 12. 11.

„Wir sind das Volk", 1990: Die Bewegung. September/Oktober 1989, Halle/Leipzig.

Die Autorinnen und Autoren des Bandes

Claudia Ackermann

Dr. rer. nat., Dipl.-Psychologin, geb. 1968; von 1987 bis 1993 Studium der Psychologie und von 1993 bis 1997 Forschungsstudium an der Technischen Universität Dresden, Promotion 1997, Forschungsschwerpunkt: Bewältigung von Arbeitslosigkeit; seit 1997 Psychotherapeutin mit freier Praxis und Dozentin an der Volkshochschule Leipzig.

Anschrift: Lerchenrain 53, 04277 Leipzig.

Bettina Becker

Dipl.-Sozialwissenschaftlerin, geb. 1968; von 1991 bis 1996 Studium der Sozialwissenschaften an der Humboldt-Universität zu Berlin; seit 1996 Promotionsstipendium an der School of Health and Community Studies, King Alfred´s College, Winchester; *Gegenwärtige Forschungsschwerpunkte:* Schmerzen, Biographie, Gerontologie.

Anschrift: School of Health and Community Studies, King Alfred´s College, Winchester SO22 4NR, Großbritannien.

Karin Bock

Dipl.-Pädagogin, geb. 1970; von 1990 bis 1995 Studium der Erziehungswissenschaft an der Martin-Luther-Universität Halle-Wittenberg; seit 1995 Promovendin der Hans-Böckler-Stiftung am Fachbereich Erziehungswissenschaften der Martin-Luther-Universität Halle-Wittenberg; *Gegenwärtige Forschungsschwerpunkte:* Generationen- und Familienforschung, Politische Sozialforschung.

Anschrift: Martin-Luther-Universität Halle-Wittenberg, Fachbereich Erziehungswissenschaften, Institut für Pädagogik, Franckeplatz 1, Haus 3, 06110 Halle (Saale).

Kai Brauer

Dipl.-Soziologe, geb. 1965; von 1990 bis 1995 Studium der Soziologie an der Freien Universität Berlin, von 1993 bis 1995 studentischer Mitarbeiter bei der Forschungsgruppe Lebenslauf und Altern (FALL); seit 1995 Stipendiat des Graduiertenkollegs „Gesellschaftsvergleich in historischer, soziologischer und ethnologischer Perspektive" in Berlin; *Gegenwartige Forschungsschwerpunkte*: Gemeindesoziologie, Biographieforschung und Familiensoziologie.

Anschrift: Freie Universität Berlin, Institut für Soziologie, Graduiertenkolleg Gesellschaftsvergleich, Babelsberger Straße 14-16, 10715 Berlin.

Thomas Bulmahn

Dipl.-Soziologe, geb. 1965; von 1990 bis 1995 Studium der Soziologie und der Wirtschaftswissenschaften an der Humboldt-Universität zu Berlin und der Freien Universität Berlin; seit 1995 Wissenschaftlicher Mitarbeiter am Wissenschaftszentrum Berlin für Sozialforschung, Abteilung Sozialstruktur und Sozialberichterstattung; *Gegenwärtige Forschungsschwerpunkte:* Soziale Ungleichheit und soziale Mobilität.

Anschrift: Wissenschaftszentrum Berlin für Sozialforschung, Reichpietschufer 50, 10785 Berlin.

Markus Danwerth

Dipl.-Kaufmann, geb. 1966; von 1989 bis 1994 Studium der Betriebswirtschaftslehre an der Katholischen Universitat Eichstätt; seit 1995 Wissenschaftlicher Mitarbeiter am Lehrstuhl für Volkswirtschaftslehre, insbesondere Finanzwissenschaft, an der Katholischen Universität Eichstätt; *Gegenwärtige Forschungsschwerpunkte*: Internationale Besteuerung, Europäische Integration.

Anschrift: Katholischen Universität Eichstätt, Wirtschaftswissenschaftliche Fakultät Ingolstadt, Auf der Schanz 49, 85049 Ingolstadt.

Andreas Fier

Magister Artium in Betriebswirtschaft und Politischer Wissenschaft, geb. 1967; von 1990 bis 1995 Studium der Politischen Wissenschaft und Betriebswirtschaftslehre an der Universitat Mannheim; seit 1995 Wissenschaftlicher Mitarbeiter am Zentrum fur Europaische Wirtschaftsforschung Mannheim; zudem seit 1997 Referent für Wirtschafts- und finanzpolitische Fragen; Mittelstand, Innovationsförderung, FhG im Bundesministerium für Bildung, Wissenschaft, Forschung und Technologie; *Gegenwärtige Forschungsschwerpunkte*: Transformations- und Innovationsprozesse, Technologiepolitik.

Anschrift: Zentrum für Europäische Wirtschaftsforschung GmbH, Postfach 10 34 43, 68034 Mannheim.

Philipp Yorck Herzberg

Dipl.-Psychologe, geb. 1966; von 1990 bis 1995 Studium der Psychologie an der Humboldt-Universität zu Berlin; seit 1995 je eine halbe Doktorandenstelle bei der Daimler-Benz AG, Abteilung Mensch und Fahrzeug sowie an der Universität Leipzig, Lehrstuhl Psychodiagnostik; *Gegenwärtige Forschungsschwerpunkte*: Aggression und Aggressivität, Diagnostik.

Anschrift: Daimler-Benz AG, Abt. Mensch und Fahrzeug (F1M/FM), Daimlerstraße 143, 12251 Berlin.

Audrey Hoffmann

Dipl.-Soziologin, geb. 1962; von 1990 bis 1995 Studium der Soziologie, Psychologie und Pädagogik an der Freien Universität Berlin; seit 1995 Wissenschaftliche Mitarbeiterin am Interdisziplinären Zentrum für Angewandte Sozialisationsforschung e.V. (IZAS), Berlin; *Gegenwärtige Forschungsschwerpunkte*: Soziale Lage und Alltagsstruktur von Familien mit Kindern, kindliche Lebensbedingungen und familiärer Streß, Lebenskonzepte junger Mütter.

Anschrift: Ortolfstraße 178, 12524 Berlin.

Ursula Hoffmann-Lange

Universitätsprofessorin, Dr. habil., geb. 1943; Studium der Soziologie und Politikwissenschaften an der Universität Mannheim, Diplom 1970, Promotion 1977, Habilitation 1990; Forschungs- und Lehrtätigkeit an den Universitäten Mannheim und Austin (Texas) sowie am Deutschen Jugendinstitut München; seit 1994 Professorin für Politikwissenschaft an der Universität Bamberg; *Forschungsschwerpunkte:* Politische Soziologie (insbesondere Eliten, politische Kultur), Vergleich politischer Systeme.

Anschrift: Universität Bamberg, Professur für Politikwissenschaft, Feldkirchenstraße 21, 96045 Bamberg.

Regina Kröplin

Dipl.-Sozialwissenschaftlerin, geb. 1964; von 1990 bis 1996 Studium der Sozialwissenschaft an der Universität Bremen, 1993 Mitarbeiterin im Rahmen einer wissenschaftlichen Begleitforschung zu einem Umschulungsprojekt für Frauen aus Ost- und Westberlin, von 1994 bis 1995 Mitarbeiterin im Forschungsprojekt „Lebenswelt im Umbruch" an der Universität Bremen; seit 1996 Wissenschaftliche Mitarbeiterin am Institut für kulturwissenschaftliche Deutschlandstudien der Universität Bremen; *Gegenwärtige Forschungsschwerpunkte:* Mitarbeiterin an der qualitativen Studie „Unterschiede und Gemeinsamkeiten von Jugendlichen in Ost und West".

Anschrift: Oewerweg 119, 28325 Bremen.

Jochen Lang

Dipl.-Politologe, geb. 1971; von 1991 bis 1996 Studium der Politischen Wissenschaft, Volkswirtschaftslehre und des Öffentlichen Rechts an der Universität Würzburg und der Freien Universität Berlin; seit 1996 Geschäftsführer der Arbeitsgemeinschaft Regionalpolitik & Evaluation, Berlin; *Gegenwärtige Forschungsschwerpunkte:* Europäische Integration, europäische und nationale Strukturpolitik, Implementationsforschung, Evaluationsforschung.

Anschrift: AG Regionalpolitik & Evaluation, Neckarstraße 5, 12053 Berlin.

Ingrid Miethe

Dipl.-Pädagogin, geb. 1962; von 1990 bis 1995 Studium der Erziehungswissenschaften, Soziologie, Psychologie und Politikwissenschaften an der Technischen Universität Berlin, Aufbaustudium Qualitative Methodik an der Freien Universität Berlin; zur Zeit Promovendin der Hans-Böckler-Stiftung am Fachbereich Politische Wissenschaften der Freien Universität Berlin zum Thema „Kontinuität und Bruch politischer Aktivitäten von Frauen der DDR-Opposition und der Bürgerbewegungen des Herbstes ´89 im lebens-, familien- und zeitgeschichtlichem Kontext"; *Gegenwärtige Forschungsschwerpunkte:* Frauen- und Geschlechterforschung, Biographieforschung, Neue Soziale Bewegungen.

Anschrift: Hohensteiner Weg 3, 15345 Klosterdorf.

Marcus Müller

Dipl.-Soziologe, geb. 1967; von 1989 bis 1995 Studium der Soziologie und Psychologie an der Universität Mannheim; seit 1996 Wissenschaftlicher Mitarbeiter am Institut für Soziologie der Universität Heidelberg; *Gegenwärtige Forschungsschwerpunkte:* Alterssicherung und Akzeptanzforschung.

Anschrift: Universität Heidelberg, Institut für Soziologie, Sandgasse 9, 69117 Heidelberg.

Bernd Redlingshöfer

Dipl.- Politologe, geb. 1968; von 1990 bis 1995 Studium der Politikwissenschaft an der Otto-Friedrich-Universität Bamberg mit den Wahlpflichtfächern Kommunikationswissenschaft, Volkswirtschaftslehre und Öffentliches Recht, zudem von 1990 bis 1995 Praktika und freie Mitarbeit bei verschiedenen Hörfunksendern; von 1995 bis 1997 Volontariat zum Hörfunk-Redakteur bei der Radio NRW GmbH in Oberhausen; seit 1997 Nachrichten-Redakteur und -Sprecher beim Mitteldeutschen Rundfunk MDR 1 - Radio Thüringen in Weimar.

Anschrift: Windischenstraße 3, 99423 Weimar.

Stephanie Reulen

Dipl.-Verwaltungswissenschaftlerin, geb. 1967; von 1987 bis 1995 Studium an der Universität Konstanz; seit 1995 Wissenschaftliche Mitarbeiterin an der Fakultät für Verwaltungswissenschaft der Universität Konstanz; *Gegenwärtige Forschungsschwerpunkte:* Staatliche Institutionenbildung in Ostdeutschland.

Anschrift: Universität Konstanz, Fakultät für Verwaltungswissenschaft, 78434 Konstanz.

Stefan Sandbrink

Dipl.-Sozialwissenschaftler, geb. 1965; von 1989 bis 1994 Studium an der Ruhr-Universität Bochum; seit 1995 Wissenschaftlicher Mitarbeiter am Zentrum für Sozialpolitik der Universität Bremen; *Gegenwärtige Forschungsschwerpunkte:* nationale und internationale Migration.

Anschrift: Universität Bremen, Zentrum für Sozialpolitik, Parkallee 39, 28209 Bremen.

Wolfgang Schnecking

Dipl.-Sozialwissenschaftler, geb. 1959; von 1989 bis 1992 Studium der Soziologie an der Hochschule für Wirtschaft und Politik Hamburg, von 1992 bis 1996 Studium der Sozialwissenschaft an der Universität Bremen; seit 1997 Wissenschaftlicher Mitarbeiter an der Zentralen Wissenschaftlichen Einrichtung (ZWE) Arbeit und Region (Bremen); *Gegenwärtige Forschungsschwerpunkte:* Umverteilung von Arbeit und Einkommen - Risiken und Chancen solidarischer Arbeitszeitpolitik.

Anschrift: Auf der Kuhlen 34, 28203 Bremen.

Markus Schubert

Magister Artium in Politikwissenschaft, geb. 1968, von 1988 bis 1990 und 1991 bis 1995 Studium der Politikwissenschaft und Geschichte an der Eberhard-Karls-Universität Tübingen; seit 1995 Doktorat bei Prof. Anton Pelinka, Leopold-Franzens-Universität Innsbruck, über Konzepte personaler Autonomie zur Lösung von Nationalitätenkonflikten in Mitteleuropa; zudem Hörfunk-Nachrichtenredakteur in Stuttgart und München.

Anschrift: Kernerstraße 47, 70182 Stuttgart.

Klaus Schulenburg

Dipl.-Politikwissenschaftler, geb. 1968; von 1989 bis 1995 Studium der Politikwissenschaft an der Otto-Friedrich-Universität Bamberg; seit 1996 Wissenschaftlicher Mitarbeiter am Lehrstuhl für öffentliches Recht und Verwaltungslehre der Heinrich-Heine-Universität Düsseldorf; *Gegenwärtige Forschungsschwerpunkte:* Kommunalpolitik, Implementationsforschung, Verwaltungssoziologie.

Anschrift: Hans-Sebald-Straße 14, 91301 Forchheim.

Oliver Schwab

Dipl.-Politologe, geb. 1970; von 1991 bis 1996 Studium an der Universität Würzburg und der Freien Universität Berlin; seit 1996 Gesellschafter der Arbeitsgemeinschaft Regionalpolitik & Evaluation; seit 1997 Wissenschaftlicher Mitarbeiter am Institut für Stadtforschung und Strukturpolitik, Berlin;

Gegenwärtige Forschungsschwerpunkte: Europäische Regionalpolitik, grenzüberschreitende Zusammenarbeit, Europäische Integration.

Anschrift: AG Regionalpolitik & Evaluation, Neckarstraße 5, 12053 Berlin.

Rafael Weiß

Dipl.-Verwaltungswissenschaftler, geb. 1968; von 1989 bis 1995 Studium der Verwaltungswissenschaft an den Universitäten Bielefeld und Konstanz, ergänzt um ein neunmonatiges Berufspraktikum in der Verwaltung des Landtages Mecklenburg-Vorpommern; seit 1995 Angestellter der TU Unternehmensberatung GmbH, Oldenburg: Juniorberater; *Gegenwärtige Arbeitsschwerpunkte:* Organisationsentwicklung, TQM, Modellierung der Schnittstellen von Wirtschaft, Politik und Verwaltung - Moderation, Mediation, Konfliktmanagement.

Anschrift: Huntewinkel 17A, 26203 Wardenburg.

Amina Zuk

Dipl.-Volkswirtin sowie Magister Fachübersetzer Englisch, geb. 1970; von 1990 bis 1995 Studium der Volkswirtschaftslehre an der Martin-Luther-Universität Halle-Wittenberg; seit 1996 Produktmanagerin für Software in einem Computerverlag; *Gegenwärtige Forschungsschwerpunkte:* Internationale Wirtschaftsbeziehungen, Mittelstand.

Anschrift: Curieweg 30, 40591 Düsseldorf.

Die Herausgeberin und die Herausgeber des Bandes erreichen Sie über:

Verlag Leske + Budrich
c/o Herrn Edmund Budrich
Gerhart-Hauptmann-Straße 27, 51379 Leverkusen
Tel.: (02171) 20 79, Fax: (02171) 41 209

GPSR Compliance

The European Union's (EU) General Product Safety Regulation (GPSR) is a set of rules that requires consumer products to be safe and our obligations to ensure this.

If you have any concerns about our products, you can contact us on ProductSafety@springernature.com

In case Publisher is established outside the EU, the EU authorized representative is:

Springer Nature Customer Service Center GmbH
Europaplatz 3
69115 Heidelberg, Germany

Batch number: 10809466

Printed by Printforce, the Netherlands